中国塑料工业年鉴

China Plastics Industry Yearbook

2002—2003

中国塑料加工工业协会主办

化学工业出版社
·北　　京·

（京）新登字 039 号

图书在版编目（CIP）数据

中国塑料工业年鉴．2002—2003/中国塑料加工工业协会主办．—北京：化学工业出版社，2003.9
ISBN 7-5025-4688-X

Ⅰ．中…　Ⅱ．中…　Ⅲ．塑料工业-中国-2002—2003-年鉴　Ⅳ．F426.7-54

中国版本图书馆 CIP 数据核字（2003）第 078325 号

中国塑料工业年鉴
China Plastics Industry Yearbook
2002—2003
中国塑料加工工业协会主办
责任编辑：白艳云
责任校对：陈　静
*
化学工业出版社出版发行
（北京市朝阳区惠新里 3 号　邮政编码 100029）
发行电话：（010）64982530
http://www.cip.com.cn
*
新华书店北京发行所经销
北京管庄永胜印刷厂印刷
三河市东柳装订厂装订
开本 787 毫米×1092 毫米 1/16　印张 39¾　字数 1303 千字
2003 年 10 月第 1 版　2003 年 10 月北京第 1 次印刷
ISBN 7-5025-4688-X/TQ・1782
定　价：260.00 元

《中国塑料工业年鉴》（2002—2003）编委会名单

沈士华　中国塑料加工工业协会人造革专业委员会　理事长
张玉川　北京市塑料工业协会　理事长
张荣祥　中国塑料加工工业协会泡沫塑料专业委员会　理事长
张真和　全国农业技术推广服务中心　处长
张福培　中国塑料加工工业协会双向拉伸聚酯薄膜专业委员会　理事长
陆伟民　中国塑料加工工业协会注塑制品专业委员会　理事长
陈　宇　北京市化学工业研究院　副院长
陈　杰　中国石化集团经济技术研究院　副处长
陈　燕　中国塑料加工工业协会　工程师
陈力辉　中国塑料加工工业协会塑料管道专业委员会　理事长
陈从公　中国塑料加工工业协会复合薄膜制品专业委员会　理事长
金日光　北京化工大学　学术委员会主任
周永泰　中国模具工业协会　副秘书长
周延龄　中国塑料加工工业协会　副秘书长
周理水　浙江省塑料工业协会　秘书长
郑　恺　中国工程塑料工业协会　秘书长
承　清　中国塑料加工工业协会中空制品专业委员会　理事长
赵安赤　中国塑料加工工业协会改性塑料专业委员会　理事长
耿孝正　北京化工大学　教授
贾润礼　华北工学院塑料研究所　所长
郭庆人　中国塑料加工工业协会塑料节水器材专业委员会　理事长
唐赛珍　中国塑料加工工业协会降解塑料专业委员会　秘书长
黄　锐　四川大学高分子材料系　教授
曹常在　中国塑料加工工业协会医用塑料专业委员会　理事长
崔守信　中国塑料加工工业协会农用薄膜专业委员会　理事长
章林伟　建设部住宅产业化促进中心　处长
傅永彬　中国塑料加工工业协会　副秘书长
曾家华　中国塑料加工工业协会　副秘书长
蔡明池　中国包装协会塑料包装委员会　副主任委员兼秘书长
漆宗能　中国科学院化学研究所　教授

穆以升　轻工业塑料加工应用研究所　副所长

主　　编： 廖正品

副 主 编： 刘均科　许　琳

年鉴撰稿人名单（按姓氏笔画为序）

丁言行　于　岩　马占峰　王　晶　王卫群　王世义
王占杰　王存吉　王克智　王洪新　王恩达　王淑香
王德禧　韦　华　文秀松　孔德海　石春平　史立科
吕朝晖　朱文利　刘　涛　刘山生　刘丰田　刘本刚
刘汉龙　刘均科　刘英俊　刘胜军　关亚芹　许　琳
许　榕　许政仓　杜国田　杨忠民　杨洪献　李双全
李国俊　肖传文　吴　方　吴立峰　吴学海　吴耀根
何　芃　何福庆　何嘉松　沈士华　宋云鹤　张　军
张玉川　张玉英　张学仁　张振綦　张涌涛　张惠芳
张福培　陈　宇　陈　杰　陈　燕　陈家琪　苗　丹
欧　梅　金洪波　周永泰　周国银　周南桥　周理水
郑　恺　郑少华　赵红军　胡瑞芬　贾润礼　顾大全
钱汉英　倪众勤　翁云煊　凌　伟　唐赛珍　黄小薇
盛新强　章林伟　隋佩侠　董　彬　蒋大勇　傅永彬
曾家华　曾新榕　蔡明池　廖正品　熊　辉　潘小梅
潘庆功

出 版 说 明

《中国塑料工业年鉴》由中国塑料加工工业协会主办，中国塑料加工工业协会和全国塑料加工工业信息中心承担组稿工作。本年鉴为第2卷，与首卷在时间和内容上保持了连续性，全面反映了2001年、2002年中国塑料工业的发展状况。

《中国塑料工业年鉴》坚持为全塑料行业服务的宗旨；努力为合成树脂、助剂、塑料机械、模具和制品生产企业沟通信息、相互了解架起桥梁；为从事和涉及塑料工业的研究、生产、销售的各界人士提供全方位的行业动态、市场和技术信息。

《中国塑料工业年鉴》（2002—2003）设有专论、大事记、全国塑料工业生产经营情况统计、综述、各地区塑料工业情况、主要制品行业概况、上市公司、科研院所、高等院校、专利技术、重点企业、人物风采等栏目。

在本卷年鉴的组稿、编辑和出版工作中，得到了中国轻工业联合会和各有关上级部门，各兄弟部门，各省、市、自治区塑料协会、塑料公司及塑料行业管理部门，中国塑料加工工业协会所属各专业委员会，中国轻工业信息中心、中国机械工业塑料机械科技信息网，化学工业出版社、全国近百家科研院所和高等院校、轻工业塑料加工应用研究所和全国塑料加工工业信息中心等单位的领导与专家的关心、支持，参与年鉴的撰稿、组织、筹划、宣传和出版等工作。《中国塑料工业年鉴》编委会向所有关心、支持和参与年鉴各项工作的领导、专家和朋友们表示衷心的感谢。恳请广大读者对《中国塑料工业年鉴》的不足之处给予批评和指正。

《中国塑料工业年鉴》编辑委员会

2003.10.8

EXALT 旋暘集團

powered by WALZEN IRLE

WALZEN IRLE

战略联盟合作 (STRATEGIC ALLIANCE)

我们很高兴在此宣布德国专业制造塑料及橡胶工业辊轮之领导厂商WALZEN IRLE，与压延设备龙头旋阳集团(EXALT GROUP)，于2002年10月签订战略联盟合约。WALZEN IRLE同意将其最新设计MONO THERM 200 S™独家授权旋阳集团(EXALT GROUP)使用。此MONO THERM 200 S™是WALZEN IRLE公司的专利设计产品。

WALZEN IRLE为国际知名之辊轮制造商，可提供不同产业各项用途所适合之最佳辊轮材质，例如具有抗变形性之K40/50-V-G系列的复合式冷激铸铁、CR25/35系列之高铬铁材质、FS1/2系列之锻钢材质。此外WALZEN IRLE更不断研发新型设计以满足客户需求，例如最新辊轮设计TRIPASS 200™。

WALZEN IRLE更拥有最新颖的设备及技术，提供全系列之辊轮表面处理，例如镀铬及热磨处理，以达到客户要求之表面精密度及偏心度。

由于辊轮轮面的均温程度决定PVC薄膜产品的质量及耗损率，WALZEN IRLE为此研发出革命性的专利设计MONO THERM 200 S™，它可为客户带来其他辊轮供应商所不能提供之高效能的辊轮均温性及相关特性，进而带给客户更大的生产效益。

有关更详细的资料，欢迎来电向我们索取。

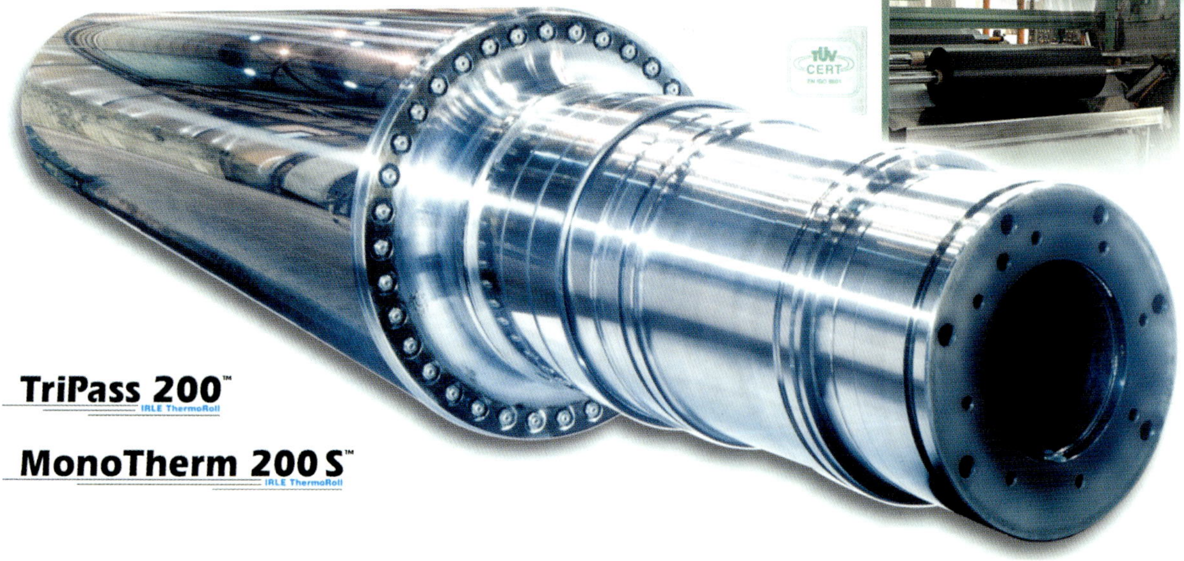

旋阳集团上海泓阳机械有限公司
地址：上海市嘉定区徐行镇澄浏路783号
邮编：201808
电话：021-59552339转801
传真：021-59553339

WALZEN IRLE GMBH
P.O. Box 3161 · 57244 Netphen(Deuz)
Germany, European Union
Phone +49 - 2737 - 504 - 0
Fax +49 - 2737 - 504 - 111
http://www.walzenirle.com

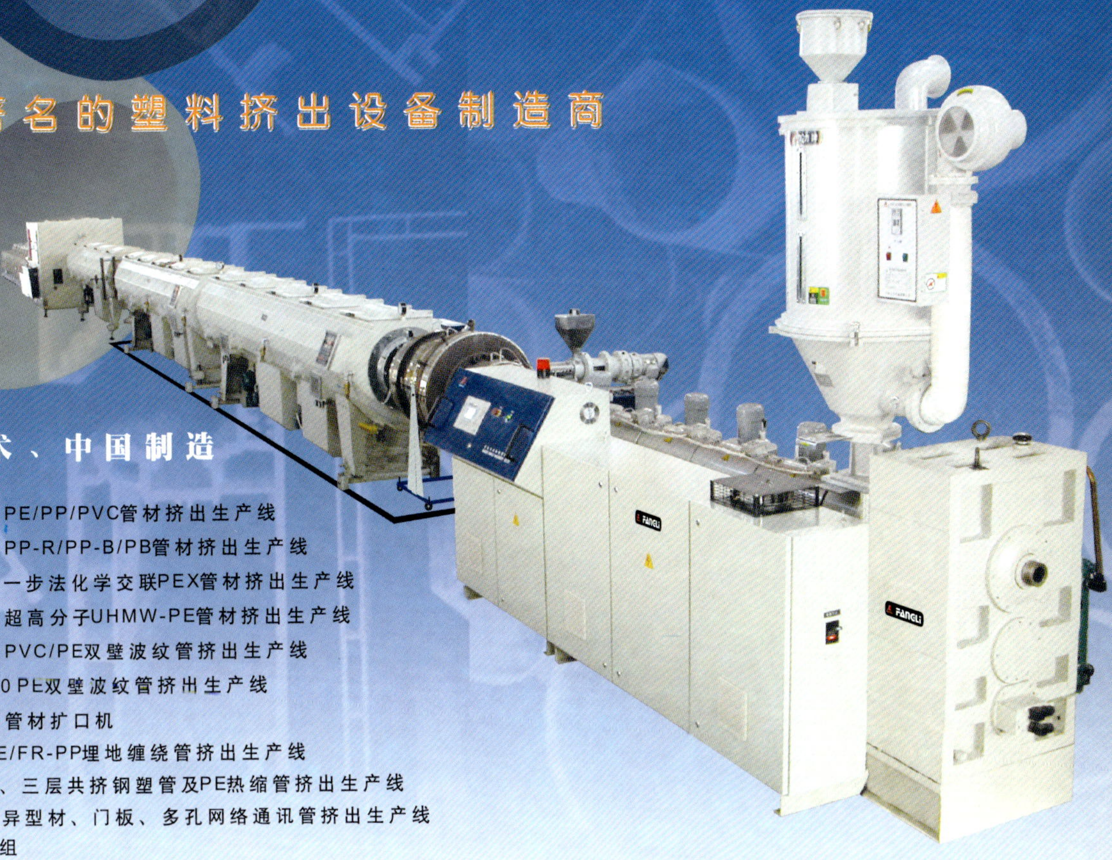

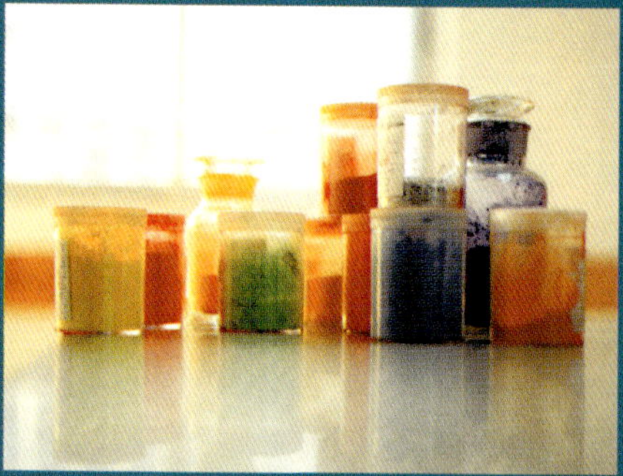

湖北凯乐新材料科技股份有限公司

董事长：朱弟雄

湖北凯乐新材料科技股份有限公司前身为荆州塑料管材厂，创建于1982年，开始从不足2万元起步，通过近10年的资本积累，于1993年2月改制成立股份公司。1999年元月被省科技厅认定为高新技术企业，4月份通过中国科学院和科技部的“双高”论证。1999年通过**ISO9001**质量体系认证，2000年7月在上海证券交易所挂牌上市（凯乐科技600260）。是中国塑料加工工业协会副理事长单位。公司现有员工1800人，其中各类中、高级技术人员176名。公司占地面积40万平方米，总资产10.2亿元，净资产 8.72亿元，拥有各类先进设备218台（套），年生产能力18万吨。连续十二年实现经济效益两位数高速增长，连续三年利税突破亿元。

公司主导产品四大类：

1、塑料门窗异型材；

2、应用于给排水、通信、电力、电工管道系统的各种类型PVC、PE、PP、P VC-C管材、管件；

3、应用于高速公路、堤坝建设的新型土工合成材料：塑料格栅、格网、三维植被网垫等；

4、光缆、通信电缆等光电通信材料及通信线路护套管。

公司先后荣获湖北省“用户双满意企业”、“首届百佳诚信纳税人”和“全国轻工行业优秀企业”、“全国化学建材先进集体”、全国重合同守信用企业。1997–1999连续三年被中质协评为“全国质量效益型先进企业”。今年又获得“全国精神文明建设先进单位”称号。公司董事长朱弟雄先后荣获“湖北省有突出贡献的青年专家”、“全国轻工系统全心全意依靠职工的优秀经营者”、“全国轻工行业优秀企业家”及“中国经营模范”、“全国青年星火带头人标兵”、“全国质量管理工作卓越领导者”、“全国优秀质量管理推进者”称号。并当选受聘为中塑协副理事长、中国社会科学联合会研究员、省党代表、十届全国人大代表。

公司未来的发展战略：坚持技术领先、开拓创新的原则，发扬公司“以人品铸产品”的企业经营理念，始终把提高员工素质、科技进步、产品创新作为企业的立足之本，在努力抓好公司技术中心的基础上，走产、学、研相结合的道路，以技术为依托、以质量为保证、以产品的适销为目标，抓好新型土工合成材料和光纤、光缆通信材料的研究、开发和生产，提高产品的技术含量，让“凯乐”品牌走向世界。

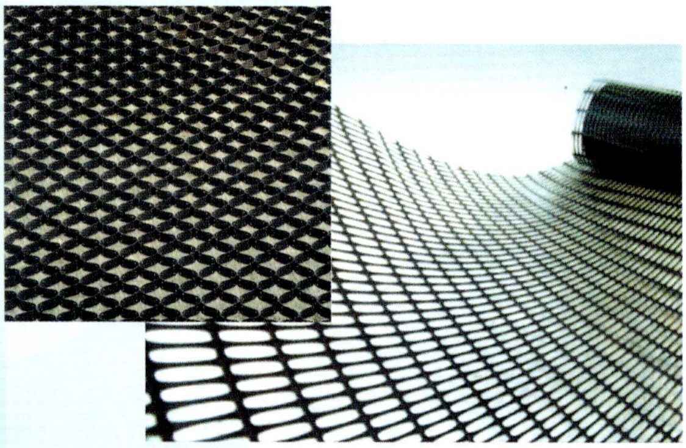

地　址：湖北省荆州市公安县凯乐塑料工业城
邮　编：434300
电　话：0716-5209337 0716-5209804
传　真：0716-5209379
网　址：www.kaile.com.cn
E-mail：kailegroup@371.net

目　录

专　论

大　事　记

政 策 法 规

全国塑料工业生产、经营情况统计

综　述

各地区塑料工业

主要制品行业概况

上 市 公 司

专利技术

科研院所

高 等 院 校

重点企业介绍

人物风采

附　录

Contents

专　论

积极开展工业重组活动，大力推进产品结构调整
——在中国聚氨酯泡沫行业CFCs整体淘汰计划实施研讨会上的讲话

廖正品

根据国家经贸委领导的指示精神，“十五”期间要以经济结构战略性调整为主线，切实转变经济增长方式，着力提高国民经济的整体素质。工业重组改造和结构优化升级，是经济结构战略性调整的重要组成部分，对于我国经济保持较快增长至关重要。我们要坚持以市场为导向、企业为主体、技术进步为支撑，积极开展工业重组活动，大力推进产品结构调整，促进全国塑料行业蓬勃发展。下面我想讲四个问题，不妥之处请大家批评指正。

（一）塑料制品工业结构调整的新思路

随着塑料制品经济的快速发展，塑料工业作为其重要的基础材料得到持续快速健康发展。近几年增长速度平均达10%以上，基本上满足了工业、农业等各条战线的需求。但是目前品种偏少、中低档产品偏多、高科技和高附加值含量偏低、生产集中度不高等状况，与市场需求和行业发展存在一定差距。塑料制品工业重组活动、企业结构调整和产品结构调整的紧迫性在我国加入WTO，国际市场全球化，国内市场国际化，参与国际市场竞争日益激烈的形势下，越来越显得突出。

我国已跻身于世界塑料大国行列，塑料机械制造能力10万台套，门类齐全，在世界排名第一；合成树脂突破900万吨，在世界排名第五；塑料制品为2 000万吨，在世界排名第二。塑料工业总产值1 899亿元，利税129亿元，塑料制品出口511万吨，创汇52.4亿美元，各项指标比上年均有较大幅度增长。

我国拥有13亿人口，有9亿分布在广大的农村，存在城乡两个市场，为扩大内需，对塑料制品行业势必要加快工业重组、行业结构调整、产品结构调整，主要在6个重点子行业。

1. 农用棚膜和地膜

我国农用塑料棚膜和地膜产量在世界排名第一，国家定点生产企业308家，经逐步进行企业重组改制，规模化发展，前30家企业的产量占全国总产量的60%以上，年使用量超过110万吨。我们要大力提高产品的功能，提高棚膜的功能性，做到寿命长、耐老化、防雾、防滴、高透明、高保温、增强光能转化，提高农作物的光合作用，注意解决地膜残存在土壤中的“白色污染”问题，开发推广避蚜虫、除病害、除草等多种功能性有色地膜。

2. 塑料节水器材

塑料节水器材是落实中央提出的“把节水灌溉作为革命性措施来抓”像地膜一样同等重要的生产资料。全国有塑料节水器材30多家企业，骨干企业十几家，企业向规模化，产品向系列化发展，产品质量不断提高，与国外差距不断缩小。我们要加强输水管道和输水渠道防渗膜的生产，大力开发适合于不同地区、不同作物的各种类型喷灌、微灌的管道、管件、喷头等配件。据国家气象部门预测，2002年我国将是10年来降水偏少的年份，因此要大力推

广应用抗旱、节水、增产的农用塑料节水器材和增温、保墒的农用覆盖材料以及节水型灌溉输水管道和输水渠道防渗膜等新产品的有效供给，这对我国严重缺水国来说是十分重要不可缺少的。

3. 塑料包装材料

人类已进入文明社会，包装塑料制品应用领域日益扩大，产品开发前景广阔。如BOPP有70余条生产线，能力50万吨，产量接近60万吨，满负荷生产，向大型化发展，从3千～4千吨发展到2.5万吨，幅宽4.2～8米以上，其应用份额居BOPET、BOPS、BOPA之首。BOPET现有大小生产线近30条，生产能力约11万吨，骨干生产企业16家，生产量8万吨左右，用于包装基材，在塑料包装材料中占有较大份额，并将不断扩大，其应用范围已延伸开展到粮食、建材、食品、蔬菜、药品、洗涤用品、化妆品、化工产品等各领域，要加大力度引导对复合膜、包装膜、保鲜膜、容器、周转箱、托盘等包装制品的投入，增加产品科技含量，不断满足包装市场不断增长的需求，要将塑料绿色环保产品渗透到大小超市及农贸市场中，品种和数量也要大幅度增加。

4. 建筑用塑料材料

塑料建材是建筑业的重要材料，包括塑料管道、塑料门窗、新型防水材料、建筑涂料等四大类。企业要不断发展，向万吨级方向发展，少数企业向十几万吨级以上规模发展，要充分利用现有生产能力，全面提高产业化的生产应用水平，逐步实现产业规模化、产品系列化和配套化。以塑料管材和塑料门窗为重点推广的建筑塑料制品的调整应向适应于不同外部气候环境，向适应于不同建筑物使用要求、功能、色调和室内装饰的需求方面增加新品种。

5. 工程塑料应用大幅度增长

家电、电子、汽车、交通运输、邮电通讯、国防工业等配套件中的迅速发展促进着工程塑料的不断发展。要多品种、高档次、高质量、高科技含量能够满足各行业产品配套的产品和零部件是开发的重点，也是增加效益的亮点。

6. 废弃塑料回收利用与环境保护

保护人类赖以生存的地球环境，彻底解决塑料包装材料的污染问题，首先要加强综合治理，提高全民族素质和环保意识。要继续认真贯彻执行国家有关规定，重视一次性塑料制品对自然环境造成“白色污染”的问题，要进一步加强对废弃塑料的回收和再利用，加强宣传教育，进一步普及保护环境的意识，提高全民族素质，养成不乱丢废弃塑料习惯。

（二）PS/PE泡沫塑料行业工业重组的成功尝试

在国家环境保护总局外经办的领导下，泡沫行业工作组支持优秀企业，开展企业重组活动。我们在1998年支持国内最大的PE发泡网套生产企业——新疆梨花包装有限公司准备了我国第一个PE泡沫伞型项目，梨花公司下属24家分公司共有生产线43条，项目资金总额448万美元。在执行过程中，我们提出了合厂并线的改造模式，在新疆梨花公司的密切配合下将24家企业合并为5家进行替代改造。该项目在2000年内改造完毕。经聘请的技术经济专家对项目进行跟踪分析，同期对比得出结论：通过合厂并线，节省了项目公用工程的资金投入，能更有效地利用资金，提高了淘汰质量和进程；有助于公司总体的资金运转，减少了一倍多的资金占压；合厂并线后职工人数减少1/3，提高了劳动生产率；降低了消耗定额，提高了资源利用率。通过改造，企业的设备技术水平、综合竞争实力得到加强。

为达到扶优扶强，淘劣限弱，优化泡沫行业结构的目的，我们又支持新疆梨花包装有限公司收购、兼并了27家企业47条PE挤出泡沫生产线，又申请到第二个PE泡沫伞型项目，资金总额530万美元的赠款支持，更深一步地开展工业重组活动，在进一步合并到上述5个合并点的基础上，直接销毁了原有的26条生产线，利用赠款购进韩国先进的6条大型PE挤出发泡片材机组，从而不仅调整了梨花公司的产品结构，同时调整了企业结构，减少了网套行业过剩生产能力，而且增加了国内国际市场适销对路的供应能力。

实践证明，梨花项目的改造成功，PE泡沫行业工业重组新的尝试，调动了各地区有代表性的大企业工业重组的积极性，也积累了一定的经验，根据设备工艺不同、产品种类区别、分布地域差异摸索出不同的工业重组模式。

（三）积极开展工业重组活动，促进PU泡沫塑料行业新发展

推进经济结构的战略性调整，既是我国泡沫塑料行业自身发展的内在要求，更是我国加入WTO后新的挑战，在21世纪更趋激烈的国际竞争赢得主动的迫切需要。外国企业不可能把PU泡沫大量运到我国销售，但为追求利润在中国设厂，就地生产是可能的。

1999年多边基金批准了由山东周边31家企业组成的PU硬泡伞形项目，设备改造资金174万美元，差价补偿378万美元。经研究，决定用差价补偿费在具有较强MDI生产能力和组合料开发能力的山东烟台万华合成革集团有限公司建立组合料配料中心，以提供无CFCs组合料的方式向下游企业进行补偿，保证了替代效果。同时发挥大企业技术优势，不仅建立起先进的现代化配料系统，组合料开发中心，提高开发研制手段和技术水平，而且改变企业小而全、小而弱的经营局面，使PU硬泡行业趋于专业化分工明确，技术先进，注意产品质量的发展态势。这是继PE泡沫行业合厂并线工业重组模式之后又一新的工业重组新尝试，得到了国内各界人士高度的赞扬和充分的肯定。

《中国聚氨酯泡沫行业CFC-11整体淘汰计划》已于2001年12月在加拿大蒙特利尔市召开的第35次多边基金得到批准，获得赠款5 384.6万美元，用于替代聚氨酯泡沫行业剩余的10 651吨CFC-11发泡剂。我国承诺到2010年使全国泡沫塑料行业完全淘汰CFC物质的使用。

我认为召开本次PU泡沫行业CFC-11整体淘汰计划实施研讨会，是非常适时的。目前，世界上PU年产量为750万吨，年需求量为820万吨。我国PU产量逐年上升，1997年为65.45万吨，1998年为70万吨，2000年为75万吨左右，预计2002年可达89万吨，2005年可达106.5万吨，为当今世界迅速发展的一种优良合成材料，是继PE、PP、PVC、PS之后的第五大塑料。PU被广泛应用于轻工、纺织、电子、化工、医疗、建筑、汽车、国防、航空航天等国民经济各部门，产量在不断增长，抓好ODS替代具有重要意义。我们要研讨PU泡沫行业CFC替代工作和行业结构调整相结合的方式；要探讨促进国内发泡设备、原辅材料通过技术进步适应替代改造进程要求等主要问题。我们邀请了20多家企事业领导出席会议，特别是请来新疆梨花包装有限公司高岩董事长、成都锦江泡沫总厂叶庆宪厂长和河南鑫源实业有限公司卜庆飙董事长，他们将介绍工业重组活动的经验，对大家将会有较大的启发。通过他们的介绍，我深信尽管工业重组活动是一系统工程，涉及诸多困难和问题，但只要按照刘主任的指示和要求去办，大家心想国家向多边基金执委会的承诺一定要兑现，困难是能克服的，问题都会得到解决，实施PU整体淘汰计划，开展工业重组活动将会按计划进行。本次研讨会，还将筹备成立全国聚氨酯行业ODS淘汰协调工作委员会，以及研讨编制《中国聚氨酯行业ODS淘汰与行业发展战略》等文件，为的是一个共同目的，实施聚氨酯泡沫ODS淘汰计划，促进全国泡沫塑料行业的蓬勃发展。

（四）实施工业重组活动，大力推进产品结构调整，应采取的政策举措与建议

我国已加入世贸组织，减让进口关税，取消配额和许可证等非关税措施以及开放流通领域，势必给我国塑料工业发展带来新的更大的挑战。要迎接挑战立于不败之地，最根本之计在于尽快提高工业水平，增强竞争力。

我们要使聚氨酯泡行业整体素质尽快提高，就一定要开展对规模小，技术、人才缺乏的中、小企业进行改组、改造和结构优化升级，就要以企业组织结构调整为切入点，把装备陈旧的生产线淘汰掉，以先进的具有适度规模的新生产线取而代之，如成都锦江泡沫厂等十家企业拟捣毁旧生产线，新建现代化的企业集团；河南鑫源实业公司将八个小厂组建成一个大型的企业等新经验真难得可贵，把不成规模的民营企业重组，彻底改变了产业集中度低，专业化水平低的传统手工业作坊生产方式，是具有实施聚氨酯泡沫行业整体淘汰 ODS 的重要举措。

中国聚氨酯泡沫行业 CFC 整体淘汰计划实施时逢“十五”建设期间，我们要把聚氨酯企业组织的调整作为工业结构调整的切入点，加快企业优胜劣汰机制的形式，促进生产要素和市场份额向优势企业集中，像河南省、成都市的典型经验，要让更多的企业掌握，在其他省市地区条件较成熟的类似企业，要积极推进组建企业集团的模式，把有限的资金用在发展企业集团上，这是加快淘汰进程的措施之一。

当今，人类已进入 21 世纪，国家制定的第十个五年计划，阐明了发展重点与方向，要求采取行之有效的政策和措施，加快塑料工业的发展。为迎接加入 WTO，参与国际竞争，我们要同心同德，奋发有为，使我国塑料工业由生产大国、消费大国、进口大国成为生产强国、技术强国、先进大国而努力奋斗！

2002 年 1 月 19 日

（作者为中国塑料加工工业协会理事长兼秘书长）

加强人造革、合成革标准化工作，积极应对 WTO

——在全国人造革、合成革制修订标准工作会议上的讲话

廖正品

全国人造革、合成革制修订标准工作会议在国家经贸委、中国轻工业联合会和温州市领导的关怀与重视下，特别是温州市合成革商会孙会长等同仁的大力支持下，得到相关企业领导的鼎力相助，今天如期正式召开，我代表中国塑料加工工业协会和全国塑料制品标准化技术委员会向大家表示热烈的欢迎和衷心的感谢。

根据国家标准化管理委员会国标委计划［2002］41 号《关于下达（2002 年制修订国家标准项目计划）的通知》和国家经济贸易委员会国经贸厅行业［2002］73 号《二〇〇二年行业标准项目计划》的要求，本次工作会议，一是全国塑料制品标准化技术委员会秘书处紧紧依靠在座的各位同行制修订鞋用人造革、合成革行业标准；二是会议将针对我国加入 WTO 后，如何推动产品质量水平的提升，提高产品和产业的国际竞争力提出对策和建议；三是研讨人造

革、合成革发展动向和标准系列框架；四是为尽快将鞋用人造革、合成革行业标准制定好，拟组建各项标准起草小组，确定标准编写进度。总之，我们将在短短的两天要落实所提出的各项标准起草工作、计划安排，以确保标准起草任务的按时完成。

我们是制鞋大国，约占世界鞋产量的42%。为了使人造革、合成革适应我国鞋业用革的需要，我认为要努力做好下列几项工作。

（一）人造革、合成革行业要加大力度开发新品，立足国内市场，争取扩大出口

人造革、合成革行业是塑料工业的一个重要组成部分。人造革、合成革的各项优良性能是天然皮革无法取代的，它在我国各经济行业广泛使用。人造革、合成革生产在国际上已有60多年发展历史，我国自1958年开始研制生产人造革，它在我国塑料工业中是发展较早的行业。当今，我国已成为世界人造革、合成革生产大国和消费大国，但人造革、合成革行业发展现状为传统产业的成分重、起点低。目前处于落后的、传统的与先进的工艺的三个不同的技术档次产品同时角逐市场的状况，产品结构缺乏竞争力，高档品种还大量依赖进口，出口远小于进口，先进的生产线比重小，技术结构亟待优化。

我国人造革、合成革已发展成为塑料制品工业的支柱行业之一。当然，就我国整个塑料工业来说，已迈入世界大国行列，是世界上的生产大国、消费大国、进口大国。自改革开放以来，人造革、合成革行业随着国外工艺设备相继引进，和国内塑机生产线的成套设备不断增加，很多民营企业大量选用了国产人造革、合成革生产线。人造革、合成革行业正向适度规模的方向发展。一些民营企业经营不善倒闭，又一些新的民营企业兴起，而国营企业比例进一步缩小，私营企业则不断迅速发展起来。行业技术状况、产品、档次都有较大提高。压延法，干法PU/PVC，湿法PU与合成革的生产发展迅猛。

目前，国内人造革、合成革企业2 400家，生产线7 200条，生产能力估计达15亿平方米。在生产设备方面，据估计有：湿法生产线（PU）100条左右，其中投资在2亿人民币以上的有70～80条；干法生产线（PU/PVC）为300条；压延生产线为170～180条；钢带法、涂刮法为100条。从设备能力来看，人造革、合成革生产能力已超出市场需求，企业间的竞争十分激烈，相当多的企业产品销售经营困难，有的企业面临亏损，少数的企业转换生产方式，改制之后市场销售发展势头看好。尽管国内市场产品销售不畅，但高档革每年尚有较大数量进口。如1996年海关统计数据从日本、韩国和中国台湾省进口PVC人造革11.17万吨，用汇1.96亿美元；PU人造革、合成革2.8万吨，用汇1.3亿美元，合计为13.97万吨，用汇3.26亿美元。2000年进口人造革、合成革为15.43万吨，用汇5.44亿美元；出口人造革、合成革仅6.95万吨，创汇1.74亿美元。2001年人造革、合成革进口量为11.3万吨，用汇3.1亿美元；出口量为2.8万吨，创汇5 326万美元（人造革、合成革海关进出口统计见附表）。从进出口情况可见：PU革进口量同比增长0.91%、出口量增长11.81%，进口额同比增长20.53%、出口额增长10.74%；PVC革进口量同比增长－12.41%、出口量增长4.46%，进口额同比增长－7.57%、出口额增长－4.11%。由此表明：PU革进口数量增长不大，而相对应的进口额增幅很大，高档革进口继续增加；PVC进口量和进口额均下降，出口量增加，而出口额下降。去年，由于多种变化的因素导致进出口下降较大，但进口人造革、合成革数量和金额相对于出口仍是增加的，且进口量是出口量的4倍多，进口额是出口额的近6倍。其原因是高档的人造革、合成革国内需求量大，而生产量小，不能满足市场需求。因此面对WTO，人造革、合成革发展的关键之一必须从产品质量上、花色品种上下工夫，技术创新，开发新

品，立足国内市场，争取扩大出口。

（二）人造革、合成革行业如何应对 WTO

我国人造革、合成革行业自 1978 年改革开放以来的 20 年间得到蓬勃发展，尤其是 1995 年以来保持高速度的发展。我国的人造革、合成革生产企业，主要分布在浙江、江苏、广东和山东等沿海省市，就广东省来说，佛山塑料集团是拥有人造革、合成革先进生产装备的大型企业，其产品跟全国的重点企业一样发展势头很好。就温州来讲人造革、合成革的发展十分惊人，其企业之多，生产线之多，产量之大、出口之多都居全国各省市之首。据不完全了解，全国将近一半的人造革、合成革是产自温州，温州市是名副其实的人造革、合成革之都。我国的人造革、合成革行业的产品从仿形到仿真发展过程中越来越向天然真皮靠近，物理性能和微观结构方面更接近甚至有的方面超过天然皮革，应用领域日趋广阔。但是人造革、合成革行业目前在产品结构、工艺技术装备水平、产品质量、区域分布及原材料供应等方面与先进的日本等国还存在着一定差距。如：产品结构缺乏竞争力，行业大部分产品属中低档，高档产品还依赖进口。因此我国人造革、合成革行业虽发展成为一个庞大的企业群体，但如何应对 WTO 参与国际市场竞争，值得大家深思，应提出切实可行的对策和措施。

加入 WTO 乃当今世界潮流。我国于 2001 年 11 月 10 日正式加入 WTO。事实上，加入 WTO 不仅给我国人造革、合成革行业带来挑战，更为本行业提供了稳定开放、公平竞争的国际贸易环境。我国加入 WTO，我们要把注意力集中到努力提高产品质量、降低生产成本、改善经营管理和开拓国内外市场上，这是企业生存发展的基本条件；我们要创造条件，资产重组、转换机制，组建集团，以适应激烈的市场竞争，我国塑料行业已组建一大批规模不等的企业集团，增强了行业整体实力，像烟台万华集团、湖南安塑集团等大型企业集团，已使企业发展驶入快车道；我们要加速企业的结构调整和优化，按照国际市场惯例组织生产经营、加快产品的更新换代；我们要切实改变观念，增强参与国际市场竞争意识、技术创新意识，根据国内外市场的需求，生产适销对路的产品，在国内市场国际化的形势下才能立于不败之地。

（三）中国塑料加工工业协会人造革、合成革专业委员会要热情为企业服务，促进行业的新发展

中国塑料加工工业协会人造革、合成革专业委员会以上海塑料制品一厂牵头，沈士华理事长及其他领导的共同努力下，依靠全国人造革、合成革企业，包括相关行业在一起，为促进我国塑料工业的发展特别是人造革、合成革这样一个很有发展潜力的行业，功不可没。今后还应继续依靠广大的会员单位以及未入会的重点企业为行业发展发挥更大的作用。

在我国行业协会是企业与政府之间的桥梁和纽带，是政府体制进一步深化的产物，是促进行业发展的需要，是行业管理的基础。行业协会的发展是市场经济发育和成熟的必然。

中国塑料加工工业协会人造革、合成革专业委员会自 1987 年成立以来，为推动全行业的技术进步，产品升级换代，沟通国内外信息，开展交流与合作，咨询服务，帮助企业解决难题，摸清行业现状及发展动态，制订标准和规划等方面做了大量的行业管理工作，得到广大人造革、合成革厂家的充分肯定和好评，同时也应该指出若没有广大的会员单位和企业领导的支持和密切的配合是根本不可能的。在新的形势下，国家将逐步赋予行业协会 17 条管理职能及委托承办的 4 项任务，制定有关政策，引导协会健康发展。我真诚地期待着中国塑料加工工业协会人造革、合成革专委会从国情出发，加强专委会的组织建设，发展更多的会员，壮大自己的队伍，闯出一条加强行业管理，促进行业发展的新路子。

在这里，我衷心希望中国塑料加工工业协会人造革、合成革专委会的同志认清政府职能和

机构转变后的新形势，转变思想观念，紧紧依靠广大会员单位，开拓进取，努力完成政府和全行业的重托，深入研究加入WTO的应对措施，探讨新形势下行业管理的模式，为行业内外众多企业服好务，充分发挥交流信息的优势，办好《人造革简讯》，进行全行业的调查，摸清行业基本情况和采集企业发展新鲜经验，推进企业的健康发展，不断增强协会的凝聚力、号召力和影响力，为行业整体水平的提高做出新贡献，迎接我国人造革、合成革行业发展的新纪元。

这次制定、修订人造革、合成革行业标准的工作，事实上几年前就已开始了。当时为顺应企业的要求，为促使人造革、合成革在鞋业中更广泛地应用，提升人造革、合成革在制鞋业中的地位和作用，促进人造革、合成革行业和制鞋行业的共同发展，我们曾向上级主管部门报送了要制定、修订人造革、合成革国标的计划。中国塑料加工工业协会与中国皮革和制鞋工业研究院以及常熟人造革总厂、烟台万华集团、北京塑料三厂、安塑集团、温州人造革厂和温州市塑料工业协会等单位通力合作，在北京、常熟和温州分别召开过几次制定鞋用人造革、合成革标准的专题研究座谈会议。我认为今年以前所做的工作和制定、修订标准的各项准备，无不对今天国家正式批准起草标准的工作会议打下良好的基础。我还深感到这次会议得到国家经贸委、温州市等部门领导和朋友们的多方支持，在诸位的共同努力和密切配合下，会议一定能取得圆满成功！

2002年7月9日于温州

抓住机遇迎接挑战，重视改性塑料研究，实施行业发展战略

——在中国塑料加工工业协会改性塑料专业委员会2002年常务理事会扩大会议上的讲话

廖正品

今天，借中国塑料加工工业协会改性塑料专业委员会常务理事会扩大会议暨改性热点技术及产品论坛在我国西部的青海省西宁市召开之际，我们和大家欢聚一堂，共同探讨我国改性塑料行业发展的新技术、新产品，感到十分高兴。这将对进一步提升我国塑料行业改性技术发展和进一步推进西部塑料行业发展将产生很好的作用。

下面我们就改性塑料和塑料行业面临的机遇和挑战讲几点意见。

（一）改性塑料在我国塑料行业发展过程中始终扮演着重要的角色，并在逐步取得新进展

1. 塑料改性技术发展水平现状

改性塑料一直是我国塑料行业发展的重点和热点，已成为降低塑料材料和制品成本，提高企业经济效益的有效办法，符合我国国情，应用范围广，深受广大加工企业的重视和专家的青睐。塑料改性是获得具有独特性能的新型高分子材料的最佳途径，塑料改性技术的进步和改性塑料行业的壮大已成为塑料行业发展新的增长点。尤其近几年，改性技术新途径和新方法的不断拓展和应用，新的改性塑料及其新产品的不断推出，为改性塑料赋予了新的含义。

近几年，改性塑料、功能性塑料和新型复合材料均以10%以上的速度发展，特别是被誉为明日之星的“ABC”（即塑料合金 Alloy、塑料共混物 Blend 和填充增强复合塑料 Composite）；现场聚合合金化技术，互穿网络合金技术，层状分散性塑料合金技术；液晶高分子增强塑料、电子辐射改性塑料；如导电、导热、导磁、光敏、记忆性的功能性塑料以及功能薄膜如电渗析膜、微孔过滤膜、超过滤膜、血液渗析膜、逆渗透膜、气体分离膜等逐步得到应用，使生产和加工技术获得进一步提高和完善，在产品性能改进和系列化、功能化方面也取得了重大进展，改性塑料由于投资少、成本低，不但能满足市场发展需要，而且为塑料加工提供更适合选择的原料。

改性塑料同时也渗透到国民经济的各个方面，带动了非金属矿深加工、塑料原料、助剂和塑料加工机械等相关产业的发展。塑料改性在有些方面还具有我国独立自主开发、在技术上领先于其他国家的鲜明特色。当今大家在研究开发的纳米复合材料、降解及环保材料、微孔泡沫塑料以及托盘、木塑制品等就是近期塑料界人士关注的高技术材料和环境保护产品，有实际的推广和应用价值，为改性塑料的功能性应用空间的拓展起到示范作用。

发达国家改性塑料发展也很快，各种功能塑料的开发和应用远远走在我国之前，代表着先进的生产力水平。而我国改性塑料行业不到20年历史，当前技术发展水平已初具规模，发展势头和速度都很好，我们要在应用领域、技术发展水平和经济效益上加快步伐，去赶上世界发达的技术发展水平。

2. 积极开展企业重组，调整产品结构，促进改性塑料行业发展

我国已加入世贸组织，减让进口关税，取消配额和许可证等非关税措施以及开放流通领域，势必给我国塑料行业发展带来新的更大的挑战。要迎接挑战立于不败之地，最根本之计在于尽快提高塑料加工业水平，增强竞争力。

随着塑料行业的快速发展，塑料作为其重要的基础材料得到持续快速健康发展。但是目前品种偏少、中低档产品偏多、高科技和高附加值含量偏低、生产集中度不高等状况，与市场需求和行业发展存在一定差距。塑料制品行业重组活动、企业结构调整和产品结构调整的紧迫性在我国已加入 WTO，国际市场全球化，国内市场国际化，参与国际市场竞争日益激烈的形势下，越来越显得突出。

改性塑料行业也不例外，技术创新固然重要，强强联合、弱势转化、区域性、专业化协作、产业和产品的结构调整在提升竞争力、生存能力方面同样是很重要的，而且还能促进体制创新，解放生产力。

3. 科研机构、大专院校继续加大改性塑料的研究开发，做好企业技术创新的后盾

近几年，随着我国加入 WTO，西方发达国家的塑料界巨头以及其他国家拥有高科技含量的新技术和新产品的竞争力优势企业纷纷抢滩中国市场，从长远来说虽然对促进我国塑料行业发展和竞争力的提升有好处，但从近期来说对我国内企业势必造成很大冲击。这样就为我国塑料行业的广大的科技工作者和专家们提出了新的课题和挑战。7月23～28日，中国塑料加工工业协会、华南理工大学和广东顺德秦川恒利在顺德举办了精密注射培训班，今后我们还要举办类似的像今天这样的技术性论坛和培训，进一步提升我国塑料行业的技术发展水平。

我们正赶上入世和国民经济快速增长的大好机遇，塑料改性企业应尽快在科研开发、技术创新能力加大投入，在人才培训和储备、信息资源挖掘、组织结构调整和管理水平提升上尚需进一步改革创新，以抗衡不断加大的竞争压力。科研机构、大专院校继续与企业互动式的技术

协作将加速技术创新和进步、技术转化为生产力的步伐。

改性塑料专业委员会为中国塑料加工工业协会办得最好的专委会之一，它的规模以及在我国塑料界的影响是有目共睹的；集中了一大批改性专家、教授和科技人员，代表着我国改性塑料的技术发展水平；它的一系列的举措加深了与企业间的联系，也为我国塑料改性企业的技术交流、创新和成果转化以至于经营管理水平的提高搭建了协作的平台；在某些方面开创了协会发展的良好风气和模式，还继续在技术转化为生产力、协会发展模式和自身发展方面探索。

（二）塑料行业面临的机遇与挑战

我国已是WTO成员，将进一步改善我国塑料行业的国际市场环境，为扩大出口创造了条件，并带来了新的增长发展空间；加快了全行业的产业结构调整的步伐；有利于吸收同行业的先进科技和管理方法；同时也为塑料企业转换经营机制创造了有利的条件等。

随着我国向世贸组织成员承诺时间的推进和整体关税大幅降低，塑料工业中产、供、销等环节对手增多，市场竞争更加激烈，在市场机制尚不健全的情况下，塑料行业也将会暂时受到不同程度的影响和冲击。但是，我们与国外相比仍具有比较明显的发展优势：一是本土化优势，国内市场前景广阔，有着巨大的发展潜力；二是劳动力成本优势，我国劳动力成本一般只相当于欧美国家的十分之一，且素质一般优于其他发展中国家；三是我国社会的稳定和经济的稳步增长为塑料行业的发展提供了强大的动力与支撑。这些优势，会在入世后的一段时间内将更加显现出来。

为加快缩小与世界先进国家差距、在世界强国之中立足，并为国家的经济建设和人民生活做出新的更大贡献，要充分利用好过渡期的相关政策，强炼“内功”，提高企业参与国际竞争力。为此，特强调下列几点。

首先，依靠技术进步，结构调整，提高装备水平。

一是企业的生存与发展，必须以市场为导向。不断调整结构，要加大对技术科研的投入，建立健全大中型企业技术中心，加强产、学、研全方位的立体合作，加速形成有利于技术创新和科技成果转化的有效运行机制。根据优势互补，利益共享的原则，加强与国内国际间技术协作，加快企业的技术进步和产品结构的调整。同时，积极采用新技术、新工艺，采用新的生产方式和经营管理模式，开发新产品，稳定和扩大市场占有率的同时实现市场价值。并注重利用新技术与传统产品的嫁接改造，不断提高产品的质量档次和技术含量，实施企业产品的升级换代。

二是提高塑料机械与模具的水平是塑料制品能否加快发展的关键所在。要切实加强引进先进设备的消化、吸收和创新工作，同时采用多种生产等形式合作以及购买必要的制造技术的方式，着重提高塑料机械及成套设备的技术水平。

三是开发产品新的应用领域，拓宽新的发展空间。无论是农用、包装、建筑用塑料领域，还是为其他工业产品配套用塑料领域，以及和人民生活息息相关的各种塑料领域，今后仍然要积极开拓新的应用领域，把原有的应用领域加以拓宽和引向深化，以较少的投入换回较大幅度的可持续增长。

四是灵活利用市场机制，开发物美价廉，适销对路的新产品。我国是一个发展中国家，多年来，塑料制品为提高人民生活水平做出了贡献。研制和开发更加物美价廉的设计新颖的塑料产品，用最新改性塑料材料和功能性新材料制作的适合我国市场需求塑料产品是我们一直追求的目标，为社会进步和提高人民生活质量再上一个台阶。

第二，提高各级管理人员素质，最大限度发挥资源功效。

企业各级领导，不管是管人的，还是管物的，都应采用科学的管理方法，以使资源功效得到最大发挥。要切实做好企业结构调整与转制工作，实施科学的管理方法，建立和不断完善现代企业制度；要加强管理，提高质量，降低成本，向管理环节要效益，积极开拓市场，进一步提高市场占有率，企业要充分利用国家的现行政策和企业的自身优势加大国际国内市场的开拓力度，面对两个市场，利用两种资源。实行产品结构调整、企业组织结构调整，提高企业的整体素质。

我国塑料制品行业以中小企业为主。近年来三资企业与私营企业发展很快，目前三资企业已占企业总数的15%以上。调整企业结构首要任务是通过重组、兼并、联合、破产、债权转股权以及吸纳发展多元经济成分等手段，组建企业集团，形成经济规模，以经济技术为纽带，优势互补，实现东西部联手，推进企业改革，大力促进经济体制和经济增长方式的根本转变。

第三，实施行业管理，发挥行业协会的桥梁与纽带作用。

随着我国政府机构改革不断地深化，为更好适应市场经济的发展，行业协会要充分发挥协会职能，并承担着全行业协调管理的重任；作为政府与会员之间的桥梁和纽带，以反映行业愿望，研究行业发展方向，制定行业规划和产品标准，培育专业市场，组织技术交流与培训，参与质量管理监督，举办国际与国内展览，提供信息服务为己任，努力为行业发展服务。

按照国家有关政策，针对塑料行业发展现状，一方面要加快培育一批拥有自主知识产权、主业突出、核心能力强的大公司和企业集团。另一方面积极促进中小企业向“小、精、特、新”方向发展。协会将尽力协助国家及地方政府优化塑料企业区域分布，抓住机遇迎接挑战、加快行业发展。

（三）塑料行业发展对策与建议

1. 今后一段时期的基本思路

今年是实施“十五”计划的第二年，塑料行业的健康发展在国民经济 GDP 增长中将会发挥着积极的作用。我国塑料产品的产量在 2000～2005 年之间的年增长率将为 10%左右，“十五”末产量将达 2 500 万吨/年；2006～2015 年之间的年增长率将为 8%，年产量将达到 5 000 万吨。

长期以来，我国塑料行业使用的合成树脂原料除部分国产产品外，仍有不少原料依靠进口。1983～1998 年国产合成树脂与塑料加工用原料的比例，年平均为 49.5%，1999 年我国合成树脂的产量为 851 万吨，进口则为 1 119 万吨。2000 年合成树脂产量 1 080 万吨，进口合成树脂 1 002 万吨，占总消费的 50%以上。到 2001 年合成树脂产量 1 204 万吨，进口合成树脂大幅增长，达 1 426 万吨，创进口最高记录。尽管我国合成树脂工业在迅速发展，2005 年我国乙烯年生产能力将达 880 万吨，合成树脂产量与乙烯产量之比为 1.85，则合成树脂产量将为 1 465万吨（开工率 90%），占当年塑料用原料的比例可达 58%左右，但届时仍将有 1 000 万吨左右的合成树脂需要靠进口来满足生产需求。现在看来，该目标不到 2005 年即可实现。

通过引进消化吸收，大力开展应用基础研究，提倡鼓励产学研相结合，加大科研成果向生产经营的转化等措施实施全行业技术进步。努力加强质量体系认证工作，到 2005 年行业内大型骨干企业和部分具有较强经济实力的中小型企业都应将积极取得 ISO 9000 质量体系认证。

2. 要坚持技术创新

我国塑料行业在今后的十几年中要在加工技术与机械装备方面迈上新的台阶，在国际大市场中赢得竞争的主动权。就必须要依靠科技进步，坚持技术创新。

今后塑料行业技术水平的提高要重点突出轻量化、复合化和功能化。

轻量化直接关系到制品的成本和对资源的有效利用；复合化是提高塑料制品性能，扩大制品应用领域的重要途径；功能化是目前各种塑料制品普遍追求的目标，主要体现在赋予塑料制品新的功能，如电、热、光、磁及阻燃、降解等功能。

对于现已出现的一些新技术和新材料，如茂金属聚合物、纳米复合材料、拉伸技术、气体辅助注塑成型技术、热流道技术等也应给予高度重视。

20 世纪 80 年代中期发展起来的纳米材料，由于其独特的小尺寸效应，表面与界面效应，在电、磁、光、声、热、力学、催化等方面呈现出许多独特的性能，纳米复合材料可将无机物的刚性、尺寸稳定性和热稳定性与聚合物的韧性、可加工性、介电性及阻隔性完美地结合起来，在高新技术和塑料制品领域有广泛的前景，被称为“21 世纪最有前途的材料”。

3. 塑料制品行业发展重点

(1) 农用塑料中，要提高棚膜的功能性，做到长寿耐老化、防雾又防滴、高透明高保温、实现光能转化提高农作物的光合作用；对地膜要解决残存在土壤中的“白色污染”问题，同时开发除蚜虫、除草、有色等多种功能性地膜。

节水型灌溉要加强输水管道和输水渠道防渗膜的生产，大力开发适合不同地区不同作物的各种类型喷灌与微、滴灌管道、管件、喷头等配套件。“十五”期间将新增节水灌溉面积 1.4 亿亩。节水用灌溉管、喷、微灌用配套管材和管件及塑料井管等将会以超常规速度发展。

(2) 应重视包装材料的功能化，如高阻隔性、耐高温和保鲜等，同时也应防止功能过剩、过度包装造成资源浪费。

(3) 结合我国国情设计合理的门窗型材结构，加大城镇排水、排污管推广应用，大力推行建筑装修装饰材料以塑代木。

(4) 重点发展为汽车、家电、电子、电气、交通运输、邮电通讯、国防军工、文体健身等行业配套使用的塑料材料或制品。

(5) 为解决塑料产品特别是一次性制品易对自然环境造成“白色污染”的问题，充分利用自然资源，加强废弃塑料回收和再生利用以及降解研发工作是搞好环保的重要课题。

总之，我国作为世贸组织成员，在面对走向全球经济化的时刻、在知识经济来临的时代，实现现代化的管理，加强科技成果的转化，用技术创新推动塑料行业的快速发展，为不远的将来实现由塑料大国向塑料强国转变的目标而努力奋斗。

2002 年 8 月 4 日于西宁

中国塑料节水器材基本现状与发展对策

——在全国塑料研究所技术信息协作网 2002 年会上的讲话

廖正品

为了贯彻落实党中央、国务院实施西部大开发战略，让幅员辽阔、土地肥沃的祖国披上绿装，使缺水干旱的农田增产丰收，保持国民经济的可持续发展，我国需要加大力度发展现代化灌溉技术和农用塑料节水器材，以此促进现代农业和城市园林化的进一步发展。借此机会，我想就“中国塑料节水器材基本现状与发展对策”讲几点意见。

一、塑料节水灌溉器材发展现状

塑料节水器材灌溉技术在西方发达国家已有上百年的历史，我国的现代喷、滴灌技术始于20世纪50年代，1974年，我国引进微灌技术，迄今已有20多年。在1978年改革开放前，我国的经济基础薄弱，塑料工业发展相对滞后，塑料节水器材发展很缓慢。到90年代，随着我国塑料工业迅猛发展，农用塑料节水器材也日趋成熟。在党和国家领导人以及各级政府有关部门的高度重视和大力支持下，农用塑料节水器材在农业生产中得到了一定范围的运用和推广，使我国古老的农业灌溉方式发生了新的根本性变革。

1. 国外发展现状

在全球范围，德国、瑞士等国家生产节水灌溉器材装备和设备控制仪器处于先进水平。美国、以色列等国的节水灌溉应用技术在世界处于领先地位。节水灌溉产品从灌水器、过滤器、施肥（药）装置、管材、管件到自动控制设备，已形成标准化，且技术成熟，生产企业规模较大，如美国雨鸟公司，是目前世界上最大的节水灌溉器材生产企业，在30多个国家设有办事处，产品销往130多个国家，其系列产品覆盖农业、园林、城市绿化、庭院、运动场、工业除尘等灌溉和防渗领域。近年来，美国、以色列在技术上又有较大突破，仅在20世纪80年代微灌灌水器就有100多种，现已逐步开始淘汰落后产品。

（1）以色列的微灌技术应用

微灌技术的发展最有代表性的国家首推以色列，其温室种植全部采用微灌，以滴灌为主。拥有像耐特菲姆、普拉斯托、美滋-雷鸥等多家世界著名灌溉公司。

以色列温室滴灌的最高水利用率为95%，其滴灌产品分为两类：一是滴管类，二是滴头类。目前普遍流行的是一体化滴灌管（带），即滴头和滴灌管结合为一体、安装使用非常方便。滴头间距一般为30cm、50cm、75cm、100cm，管壁厚从0.15～2mm，有的一次性使用，有的寿命可长达20年。最新的产品主要是压力补偿型的内镶式滴管，有效提高了灌水均匀性，便于机械化长距离铺设。滴头类产品种类也很多，有管上式滴头、可拆卸滴头、压力补偿滴头。其新近研制的压力补偿式滴头可靠改变水流通道的长度来调节流量，且进入压力补偿的状态较快，均匀度较高，在水流进口还安有过滤装置。在运行开始和结束有自冲洗功能，能减少堵塞。

以色列开发了一系列用于温室灌溉的微喷头产品。每个微喷头的耗水量大约在30～300L/h之间，喷洒半径1～6m。这种灌溉方式可以使水的有效利用率达85%。开发出的系列化缝隙式、折射式、旋转式微喷头及连接件产品，材质好、耐磨损、喷洒效果好、外观精美。近几年来推出的脉冲式微灌技术代表着一种新的灌水方式的应用，节水效果更好，但成本也相对较高。

微灌方法的采用，给施肥技术带来了极大的变化，它导致了一个全新的概念——水肥灌溉的兴起，滴灌系统进行施肥，直接接触植物的根部，可以避免浪费，这是一般施肥方法所不具备的。自动施肥系统应用已非常广泛，施肥器受计算机或小型控制器控制，以实现精确施肥。主要有泵注方式、文丘里式、压差式、水驱动混合注入式等，其中水驱动混合注入式应用越来越广泛。

以色列有许多专业生产过滤器的厂家，根据用户需要可提供几个到几十个过滤器组成的过滤站，专门用于处理微灌水源，且自动化程度高，采用了电磁阀控制开关和反冲洗。主要产品有网式、叠片式、离心式、砂石式过滤器。新型叠片过滤器的特点：一是叠片流道设计采用曲面形式提高了过滤面积，扩大了水流量，减少了水头损失；二是设计了反冲洗流道，在正常工作状态下无需打开，仅旋转外壳一定角度就可方便地实现反冲洗污物，十分方便。

微灌方式普遍采用计算机控制。埋在地下的湿度传感器，可以传回有关土壤湿度的信息。还有的传感系统能通过检测植物的茎和果实的直径变化，来决定对植物的灌溉间隔。在温室等设施内较多使用小型灌溉控制器，这种设备通常能控制几路或十几路。

在以色列，已经出现了在家里利用电脑对灌溉过程进行全部控制（无线、有线）的农场主。以色列开发出多个系列的农业自动灌溉的配套阀门，如电动和水动遥控电磁阀、减压阀、调压阀、安全或止回阀、逆止阀和流量控制阀等。

（2）美国的微灌技术应用

美国是目前世界上微灌面积推广最多的国家，20 世纪 90 年代初就已超过了 60 万公顷，约占全国当时总灌溉面积的 3%，雨鸟公司生产出流量为 2L/h、4L/h、8L/h 的压力补偿滴头、非压力补偿滴头及应用广泛的紊流压力补偿滴灌带。该种滴灌带紊流态出水，抗堵塞性较好，压力补偿功能使得出水均匀，并可埋于地下，减少蒸发损失。微喷头品种较丰富，主要有折射式和旋转式，每个系列有多种喷嘴和多种喷洒形式，并能方便装拆和清洗。配套产品也很发达，包括多系列的滤网过滤器、压力调节器、化肥-农药注入器及各种类型的控制器。化肥-农药注入器是由泵辅助将溶液连续定量注入微灌管道的专用装置，拥有 1～4 个流路，注入流量为 0～57L/h，每一路均配有流量计和调节阀。同时也生产系列文丘里式化肥-农药注入器。电磁阀品种规格非常丰富，有的产品带过滤功能，能在运行状态下清洗，还有的产品带调压组件，保证压力恒定。控制器有机械电子式和电子式交流与直流多种自动控制器，其中 ESP-MC 控制器分 8、12、16、24、32 及 40 站 6 种型号，最多可控制 120 个电磁阀，可设置 4 种控制程序，一站可在一天内多次开启，适合微灌频繁的特点。在温室使用自动灌溉控制效果尤为明显。

（3）澳大利亚的微灌技术应用

澳大利亚是世界上推广微灌面积较多的国家之一。其制造的薄壁滴灌带滴头贴压在滴灌带内壁上，多进口入口过滤、紊流流道和激光狭道出口提高了防堵能力，同时减少了根茎侵入。还开发出许多补偿式滴头及微喷头。微喷头用均流器使其具有压力补偿作用，当压力变化时保持出水均匀。并提供各种喷洒图形满足作物不同生育期和作物大小的灌溉需要。

（4）法国的微灌技术应用

法国的 DOSATRON 肥料农药混合器代表了当今国际领先水平。工作原理是：水流进入混合器内，驱动主活塞，与之相连的注入器活塞跟随上下运动，从而吸入待注的物品溶液进入混合室。其特点是不用电力依靠水压驱动，能调节浓度，有较好精度控制。工作压力（0.3～6.0）$\times 10^5$Pa，可调整 0.2%～10%的注入比例。流量为 10～20L/h，较普通压差式施肥精度有很大提高。

从世界范围来看，微灌产品生产主要分布在欧、美等国，澳大利亚也有部分生产。微灌技术发源地为以色列耐特菲姆公司，以色列普拉斯托微灌产品规格最多，以色列纳安公司主要以设计、灌溉技术为主体。以上公司的特点是各有所长，技术发展均有侧重，但生产规模较小。

总之，国外的生产厂家先进技术的发展无疑对我国的微灌节水产品的发展和创新起到了积极有效的推动作用。

2. 国内发展现状

我国是世界上13个贫水国之一，农业用水占总用水量的70%以上，而灌溉用水又占农业用水的90%。党的十五届三中全会《关于农业和农村工作若干重大问题的决定》指出："水资源短缺越来越成为我国农业和经济社会发展的制约因素，必须引起全党高度重视"。因此，大力发展节水农业，把推广节水灌溉作为一项革命性的措施来抓，大幅度提高水的利用率，努力扩大农田有效灌溉面积。由于塑料原料可根据不同的模具加工成各种不同复杂形状的特点，从而生产出的塑料节水灌溉器材已成为现代灌溉设备的重要组成部分，给农业灌溉提供了理想的输水管网，为我国农业生产和经济社会发展起着重要的作用。

在我国微灌技术于上世纪50年代起步，但一直发展很缓慢，直到1974年，引进了墨西哥微灌技术才开始进行研制创新与开发应用，尤其是我国改革开放以来，塑料工业获得了蓬勃发展，已成为与钢材、水泥、木材三大材料并驾齐驱的新型材料产业，塑料给农用节水器材提供了较为理想的原材料，有力地推动了农用节水器材的向前发展。据不完全统计，塑料节水器材已占各类农用塑料器材总量的60%以上。到目前为止，我国节水灌溉器材生产企业已有100多家，其中，塑料节水器材生产企业有30多家，各种塑料节水灌溉器材产量已达30多万吨。据水利部不完全统计，截止2001年底，全国已发展节水灌溉工程面积3亿亩，其中渠道防渗灌溉1.7亿亩，低压管道输水灌溉9 050万亩，喷灌3 500万亩，微灌450万亩。"九五"以来，全国用于发展节水灌溉的资金约520亿元，其中中央和地方财政补助约170亿元，占33%，贷款、集体和农民自筹占67%。塑料节水灌溉的推广应用，为稳定农业生产和提高产品产量、质量，降低生产成本，同时，也为增加农民收入，发展农村经济提供了有力的支撑。

通过近几年各塑料节水器材生产企业的不懈努力，我国的塑料节水器材有了长足的发展，但仍处在引进吸收消化阶段，而在理论研究、规划设计、系统造型、设备生产、工程建设等方面与国外先进技术（设备）及产品还存在较大的差距。到目前为止，我国塑料节水器材是以单翼迷宫式滴灌带、内镶式滴灌带和压力补偿式滴灌管等三种产品为主流。国内的各种微灌节水器材的价格均低于国外同类产品的价格水平。

我国农业节水灌溉中减少从水源地到田间输水过程中水量损失的措施有渠道防渗、低压管道输水、喷灌与滴灌等，这些措施既能减少输水损失，又能减少田间灌水损失，而采用这些措施则需要大量塑料节水灌溉器材，因此输水用塑料管、喷灌、微灌、膜下滴灌用配套管材和管件，质轻而刚度大的塑料井管、埋地管等将会得到更大的推广应用。比如塑料管道输水技术已是一项成熟技术，广泛应用在全国广大农村，尤其是管材的品种，不仅有聚氯乙烯（PVC-U）管，还有高密度聚乙烯（HDPE）管，制造工艺等方面都取得了突破性进展，使管材耐老化、抗冻性、抗腐蚀性和机械强度等性能指标明显提高。

总之，我国节水灌溉设备技术水平在不断提高，正沿着适用、先进、成套、可靠的方向发展。

根据水利部提供的资料，我国节水灌溉工程面积在2001年底达3亿亩，新疆累计建成喷滴灌农田169万亩。在"十五"期间全国计划达4.5亿亩，仅新疆就将达550万亩，需要各种塑料节水器材如各类管材与管件、灌水器、喷头、防渗用薄膜、土工布等约200万吨。这个数字对居世界第二位达2 000万吨的我国塑料制品来说，考虑我国国情发展的需要，其比例将会有新的增长。对于一次性回收塑料滴灌带被列入国家重点新产品开发计划，节水灌溉设备快速开发平台与设计软件被列入国家“863”计划。

为使塑料节水器材的生产满足水利部门、农业部门以及城市建设发展的需要，一定要加强行业协调和适度管理，发挥塑料节水器材生产企业的群体优势，扶优扶强，加强技术交流和研发创新工作，加快培育一批拥有自主知识产权的塑料节水产品，力争在较短时期里使我国的塑料节水产品在技术性和适用性上有一个新的突破。同时，企业在生产塑料节水器材时要按市场规律办事，要因地制宜，要讲求实效；要加强自身建设，积极参与市场竞争，守法经营，自觉维护市场秩序；要建立健全售后服务体系和信息反馈系统，使节水产品在技术性能上不断创新，降低成本，让广大农民用得起、用得好，得到实惠，减轻劳动强度，达到节水增收，使广大的农民兄弟真正成为农业节水灌溉的主力军，这是塑料生产厂家的出发地点和落脚点。

二、塑料节水灌溉器材存在的主要问题

我认为，目前我国塑料节水器材行业正沿着持续快速之路发展，但也存在不可忽视的问题，分别有以下几个方面。

① 产品数量、品种和质量与国外先进水平有差距。大力发展节水农业的关键在于合理采用现代灌溉设备，但目前节水器材在数量、品种和质量上都与国外先进水平还有一定差距，集中表现在产品品种单一、规格不全、相互配套水平低、标准不统一、制造偏差大、质量稳定性差、工作可靠性和耐久性等较低。而且，企业生产规模小，售后服务和回收工作均有较大差距，这些都直接影响到塑料节水灌溉产品的普及推广。要加速发展我国塑料节水器材，企业一定要以市场需求为导向，以科技进步为依托，在引进和消化吸收国外先进技术的基础上不断开发研制创新，提高产品质量，增加品种规格，降低成本费用，才能适应我国农业的特点和最大限度满足发展农业节水事业的要求，才能更好地为加快实现农业现代化提供有效服务。

② 生产企业规模小，生产集中度低，技术研发能力弱。我国塑料节水灌溉器材的生产企业存在生产规模小和生产集中度低等诸多问题。现有的30多家塑料节水器材生产企业只有极少数企业年实际生产量达万吨以上，而绝大多数企业都在1万吨以下。而发达国家同类生产企业的年生产规模较大，有的企业高达十几万吨。

生产企业的技术研发能力滞后。微灌产品流道设计是滴灌产品的核心技术，属微流态技术领域，我国此项技术研究还十分薄弱，甚至没有一家研究机构能够准确提供水在滴头流道内的流态参数分析。

③ 配套能力差，缺乏周到的售后服务。企业生产的各种塑料节水器材配套能力不足。因标准不统一，而有的企业规格不齐全，制造偏差大，质量不稳定，产品品种选择余地小、价格又高，售后服务不到位等都存在这样那样的问题，直接影响到农用塑料节水灌溉产品的推广和普及。

④ 市场竞争无序，产品未经检测就进入市场。塑料节水灌溉器材产品市场无序竞争混乱。由于没有建立有效的产品质量监督体系，产品质量良莠不齐，一些小企业用简单设备生产的滴灌产品不经检测就投放市场，以不正当的手段参与市场竞争，劣质产品低价销售，挤占市场。产品不要说在农业生产使用过程中的工作可靠性和耐久性能，就连一个生产周期都很难维持，损农、坑农的事情时有发生，给农民在经济上造成不应有的损失，而且在社会上也造成不良影响，使节水灌溉工程和国家投资不能发挥应有效益。

⑤ 我国农业用水价格偏低。农业用水价格一直是靠国家政策保护的，没有按市场经济运

作，从而不能引起广大农民对农业节水灌溉的足够认识，误认为节水是政府的事。这样也给塑料节水灌溉产品的推广应用造成一定的消极因素。

三、对发展塑料节水器材的几点建议

当今，随着全球水资源危机的日益加剧，节约用水已成为世界各国普遍关注的问题。1977年，阿根廷“联合国世界水大会”断言：“水，不久将成为一个深刻的社会危机，世界上的石油危机之后的下一个危机，就是水危机。”1997年1月，联合国在《对世界淡水资源的全面评价》的报告中指出：缺水问题将严重地制约21世纪经济和社会发展，并可能导致国家间的冲突。

鉴于水是人类生存的生命线，是经济发展和社会进步的物质基础，是实现可持续发展的战略资源。因此，我国积极推广农业节水灌溉是一件功在当代，利在千秋的伟大事业。回顾过去，展望未来，如今在全国范围内使用塑料节水器材已成为推广农业节水灌溉技术的重要组成部分。

新疆天业依靠科技进步、科技创新创造性的节水农业模式，得到了党和国家领导人的高度重视，也得到了社会各方面的充分肯定和支持。新疆天业员工研制开发的先进的塑料节水器材，曾在1999年8月《全国农用塑料节水器材发展规划及推广应用研讨会》和去年8月《西部大开发塑料论坛》两次会议上作了典型介绍，新疆天业拥有知识产权的膜下灌溉技术在国内外均具有推广应用价值。朱镕基总理亲自签署的、我国援助塔吉克斯坦的滴灌项目已由新疆天业承办。国家副主席胡锦涛、国务院副总理李岚清等中央领导都先后考察了新疆天业，他们都充分肯定了新疆天业在农业节水灌溉工作中取得的成绩。但是，目前推进农业节水灌溉和对节水器材使用中还存在着不少困难和问题：一是发展节水农业，特别是滴灌技术的产业政策和统一规划尚需进一步研究和完善；二是部门分工不明确，影响有效利用水资源；三是很多相关政策尚未适时调整。如今农田应用的塑料滴灌节水器材，未能按农资产品对待，无法享受减免增值税政策；四是对滴灌核心技术的研究创新未形成国家团队的力量。农业节水技术产业化是一系统工程，单靠一个或几个企业进一步提升产业技术水平力量薄弱。如滴灌产品流道设计这个核心技术至今尚未完全攻破，没有一个研究机构能够提供水在滴头流道内的流态参数分析；五是市场秩序混乱。项目一红火，大家就一哄而上，产品质量难以保证。为解决上述问题，使新疆天业的经验在更大范围推广应用，发挥应有的作用；使我国塑料节水灌溉器材行业得到蓬勃发展，特提出以下几点建议，供政府有关部门参考。

1. 进一步加强领导，制订统一规划，大力推广应用节水农业新技术

新疆天业走出了一条节水增效的道路，有效地解决了一直制约我国大规模推广应用滴灌技术的价格问题、滴灌水的过滤问题及生产设备国产化问题等难题，特别是由新疆天业研究开发的大田膜下滴灌器材，到2002年，每亩一次性投入降至300元以下，以后每年一亩投入在60～70元之间；一亩棉花亩增比较效益200元左右。亩造价的大幅下降，亩增效益大幅提高，这一降一增，突破了农业节水的盲区，开创了农业节水中的亮点。这就为大面积应用滴灌技术创造了基本条件，该经验对全国具有特别重要的示范作用。

各级政府都应把推广节水灌溉作为一项革命性措施来抓，明确部门分工，制定合理规划，扎扎实实地抓落实。各地要进一步明确目标和任务，因地制宜地采取不同的节水灌溉技术和模式。对于旱缺水的地区特别是西部地区，要尽早地推广应用。同时，要与缺水地区农民节水水窖的利用结合起来，与退耕还林还草的生态建设结合起来，与发展机械化现代农业结合起来。

节约的水资源，一般不要用于扩大耕地面积，要考虑让水给生态建设。对水资源丰富的地区，对搞喷灌效果比较好的地区，不一定都改成滴灌。要充分利用存量资源，抓住节水设备更新换代的时机，搞节水灌溉技术的替代升级。

2. 加大政策支持力度，提高我国农业的国际竞争力

对我国企业来说，竞争对手，主要应是国外企业。由于我国的技术总体水平比国外的低，靠的是价格优势，但我国已是 WTO 的成员国，这优势将逐步弱化。现已有十几家国外节水灌溉专业企业进入我国市场，他们正以其优势千方百计扩大市场份额，据了解以色列和美国的两家公司分别在甘肃和新疆两个省区建厂。为此，特建议：除国内企业要加强联合，加强产品开发研制外，国家应加大对中小企业的风险资金的投入，培育名牌企业，提高竞争力，并且建议国家统一研究制定促进节水农业发展的政策。一是将农用塑料节水产品列入第二批《当前国家鼓励发展的节水设备（产品）目录》；二是将塑料节水产品列入农资产品目录，享受农资产品减免增值税政策，进一步降低塑料节水器材的成本，加大推广力度；三是改变农产品的补贴办法，把以前补贴在价格环节的钱转向补贴农田节水设施和推广应用新技术，把节水灌溉的地下管道部分列入农田基础设施建设的范畴，对农户应用节水灌溉技术，给予农田节水基础设施和技术推广应用补贴；四是制定支持节水农业的投资政策，列入国家重点投资项目，多渠道增加资金投入，把支持的重点从以开源和新增灌区为主转向建设高效节水农业为主；五是制定合理的农业灌溉水价格，适当提高水的价格，拉开时段差价，调动农户节水的积极性。

3. 强化节水灌溉技术研究，走产学研一体化的道路，形成强大、持续的技术创新能力

要认真总结国内外节水灌溉的成功经验和成熟技术，进一步发挥大专院校和科研院所的人才优势和技术优势，以企业创新为平台，积极进行节水灌溉技术的持续创新。一是加快节水灌溉先进科技成果的集成、转化和应用。在引进、消化、吸收和创新的基础上，建立适合我国国情的研制、开发和生产体系，生产更加质优价廉的节水灌溉设备，进一步降低农业投资成本。二是高度重视灌溉试验工作，把试验作为技术创新的延伸。加强适时灌溉、测土施肥等按作物需求保持土壤墒情最佳状态的研究，与农户应用中的创新结合起来，进一步提高水肥的综合利用效率。三是建立国家级研发中心，中国有 960 万平方公里，国土面积大，有几个研发中心是需要的，例如在西北新疆耕地辽阔，占全国总面积的六分之一，应有像样的研发中心，建议以新疆天业的研究中心为基础，组建国家级研发中心。对一些技术难题，组织各方面的力量联合攻关，为发展节水农业提供技术支持。

4. 加快建立行业标准和市场准入制度，整顿和规范市场秩序

最近，李岚清、温家宝同志就节水灌溉均有批示，温家宝同志还具体指示要“……，尽快制定有关技术标准并规范市场秩序，……”我们将按中央领导的指示和上级领导的要求，高质量、高速度完成标准项目。

① 制定好塑料节水灌溉器材国家标准。在国家还没有统一的有关技术标准、技术规范和管理规程的前提下，暂可以新疆天业现有的技术标准、技术规范和管理规程为基本的行业标准，并责成新疆天业进一步修订和完善现有的技术标准、技术规范和管理规程，供制定新的节水国家标准时作为参照。

塑料节水器材国家标准制定由国家经贸委提出，全国塑料制品标准化技术委员会归口。2001 年 11 月 29 日资源司翟副司长明确提出了制定塑料节水器材国家标准的指示要求。

2002 年 1 月开始中国塑协塑料节水器材专委会向全国塑料制品标准化技术委员会上报了

制定塑料节水灌溉器材三项 GB/T 标准：压力补偿式滴头及滴灌管、单翼迷宫式滴灌带、非压力补偿内镶式滴灌管（带）。5 月 16 日国家标准化管理委员会批准计划，6 月 10 日由全国塑料制品标准化技术委员会召集中国塑料加工工业协会、中国塑料加工工业协会塑料节水器材专业委员会与有关专家、企业共同商讨并对标准起草工作进行了安排。

8 月 18～19 日在新疆石河子市召开的全国节水灌溉技术应用推广现场会上召开了首次征求制定国家标准修改意见座谈会，并通报了有关情况。本次会议后将花较长的时间，开展调研，广泛听取水利、农业部门专家、企业领导和有关人士的意见，提出修改稿，拟今年底在中国塑料加工工业协会塑料节水器材专委会年会上召开初审会。在 2003 年 6 月拿出送审稿，2003 年 9 月发布。同时，考虑着手制定塑料节水器材设备国家标准以及建立标准化技术体系。

② 对符合节水行业标准的节水器材生产企业，建议由国家经贸委考核，并分批用文件在全国公布；对尚达不到技术标准、技术规范和管理规程的节水器材生产企业，要限期整顿，整顿后仍达不到技术标准的要取消其从业资格，决不能让质量低劣的产品流入市场。

③ 严格执行国家农资市场管理规定，完善市场准入标准制。建议当新建节水器材企业，达不到技术标准、技术规范和管理规程时，不能批准其开业。未经批准擅自生产经营的企业，要加大处罚力度，勒令其停业，并追究相关部门和领导的责任。建议，今后批准新上节水器材生产企业的批准权放在各省、市、自治区经贸委，并报国家经贸委备案，最终批准其产品进入市场的资质权应由国家经贸委考核确定。

④ 建议继续支持、鼓励把新疆天业大田膜下滴灌节水器材品牌做大、做强。支持、鼓励以新疆天业为核心企业，组建由国内相关企业和科研单位参加的高效节水器材集团，以增强参与国际竞争的能力。新疆天业的塑料节水器材生产规模在全国是最大的，有 100 多条生产线，代表着产业化发展方向。

⑤ 为保护农民利益，建议今后国家要对进入市场的节水器材产品价格作协调工作。建议国家要抓好塑料节水器材认证工作；中国塑料加工工业协会塑料节水器材专委会，要开展行业协调价格活动，引导行业健康有序发展。

5. 建立健全技术服务体系，为推广应用节水灌溉技术提供优质服务

国家有关部门在共同编制教材的基础上，采取各种方式，要加强对基层技术人员和管理人员的培训，提高员工的专业素质和技术水平，建设高素质的节水灌溉技术队伍。强化对节水器材从业人员的技术培训，传授各种先进适用的技术。建立健全以企业为主体的节水灌溉技术服务体系，实行规划设计、设备供应、施工组织、技术指导和人员培训的全过程服务。

6. 建立信息网络系统

各有关领导要关注世界塑料节水先进技术与发展状况，为广大塑料节水器材生产企业提供准确的信息服务，逐步缩小我国塑料节水器材技术水平与国外先进技术的差距。

同志们、各位新老朋友：我坚信通过这次会议将会使越来越多的人关注和支持农业节水事业的发展。为进一步实施党中央、国务院提出的西部大开发战略，加快中西部地区发展，加强生态环境保护和建设，巩固农业的基础地位，奠定良好的基础。我也坚信通过大力发展农业节水事业，建设山川秀美大西北的宏伟蓝图在不久的将来定会实现。

2002 年 8 月 27 日于太原

蓬勃发展的中国人工皮革——合成革工业

廖正品

塑料工业是一个新兴行业，塑料制品广泛应用于工农业生产和人民生活的各个方面。人造革、合成革是塑料制品的主要产品之一，原材料来源丰富，基本物理性能优良，应用范围广泛，其用量是天然皮革无可比拟的，人造革、合成革的大量使用还有利于环境保护。

一、人造革、合成革行业发展现状

中国人造革、合成革生产企业主要分布在浙江、江苏、广东和山东等沿海省市，目前中国已成为世界人造革、合成革生产大国。自改革开放以来，随着国外先进工艺设备的相继引进，行业技术状况、产品、档次都有较大提高，压延法、干法PU/PVC、湿法PU等合成革生产技术发展迅猛。

目前，国内人造革、合成革生产能力已达35亿平方米。据估计，在生产设备方面，湿法生产线（PU）为150条左右，干法生产线（PU/PVC）为300条左右，压延生产线为200条左右，钢带法、涂刮法生产线为100多条。从设备装备来看，人造革、合成革生产能力已超出市场需求，企业间竞争十分激烈，不少企业产品销售经营困难，面临亏损，仅有少数企业市场销售不错。尽管国内市场产品销售不畅，但进口高档合成革每年仍有较大数量。如1996年中国从日本、韩国和中国台湾省进口PVC人造革11.17万吨，价值1.96亿美元，PU人造革及合成革2.8万吨，价值1.3亿美元，合计为13.97万吨，价值3.26亿美元。2000年中国进口人造革、合成革为15.43万吨，价值5.44亿美元；出口人造革、合成革仅6.95万吨，创汇1.74亿美元。

自1979年以后，在对内搞活经济、对外实行开放的方针指引下，上海、北京、广州、徐州等地引进压延法聚氯乙烯（PVC）人造革生产设备；武汉、长沙、佛山、石家庄等地引进了成套的离型纸法生产设备。引进设备总能力在$1\times10^8 m^2/a$以上，为增加人造革的花色及品种创造了技术条件。

据国家统计局最新统计，2002年1～6月份，全部国有和年产量销售收入在500万元及500万元以上的非国有独立核算工业企业，塑料人造革产量为19.66万吨，增长6.9%；塑料合成革产量为12.2万吨，增长21.9%；泡沫塑料产量达30.5万吨，增长30.1%。下半年生产形势仍保持大幅度增长，1～8月份，人造革产量累计达271 674吨，同比增长11.99%；合成革产量达172 260吨，同比增长18.55%。

从人造革、合成革行业的主要经济指标来看，利税总额、利润总额和应缴增值税等都呈现大幅度增长势头。今年1～6月份，人造革、合成革及泡沫塑料行业上述几项指标分别比去年同期增长51.9%、91.58%和24.91%。

据海关统计，今年1～6月份，中国人造革、合成革出口量达52 793.2吨，同比增长32.13%，出口额达13 268.4万美元，同比增长25.38%；同期人造革、合成革进口量达66 866.7吨，同比负增长10.81%，进口额为24 664.9万美元，同比负增长4.69%。由此可见，随着国内消费结构发生变化，人造革、合成革产品产量、质量、品种基本上都呈上升趋势。过去靠进口的产品，如今国内已能供给，且质量好、价格低廉。因此，中国人造革、合成革市场总体形势是：进口呈大幅度负增长，出口则大幅度增长。

二、人造革、合成革行业发展特点

中国人造革、合成革行业的发展，已成为一个新兴的颇有发展潜力的产业，突出地表现为下列几个特点。

1. 人造革、合成革发展迅速，市场日益拓宽

当今，日常生活中花色品种繁多的革制品随处可见，如室内装饰、沙发面料、汽车内饰、服装、鞋类和箱包等，人们往往认为这些制品是天然皮革制作的，其实不然，这些革制品相当大的份额被人造革、合成革所占据。

在中国，人们习惯将用 PVC 树脂为原料生产的人造革称为 PVC 人造革（简称人造革）；用 PU 树脂为原料生产的人造革称为 PU 人造革（简称 PU 革）；用 PU 树脂与无纺布为原料生产的人造革称为 PU 合成革（简称合成革）。对 PU 人造革、PU 合成革来说，目前行业还没有准确地命名，但有人习惯上把上述三种革统称为人工皮革，人工皮革（简称人工革）中合成革占有相当大的比重和市场份额。对于非天然皮革的定义尚待予以命名，到底如何命名？有待大家来统一和规范，以给它一个较为恰当的名称。

人造革、合成革是塑料工业的一个重要组成部分，在国民经济各行业被广泛使用。人造革、合成革生产在国际上已有 60 多年发展历史，中国自 1958 年开始研制生产人造革，它在中国塑料工业中是发展较早的行业。近几年来，中国人造革、合成革行业的发展不仅是生产企业装备生产线的增长、产品产量连年增长、品种花色年年增加，而且行业发展过程中有了自己的行业组织，有相当的凝聚力，从而能把中国人造革、合成革企业，包括相关行业组织在一起，发展成一个有相当实力的行业。

继 PVC 人造革之后，PU 合成革经过科技专家们 30 多年的潜心研究和开发，作为天然革的理想替代品，获得了突破性的技术进步。

PU 涂于织物表面最早出现于 20 世纪 50 年代的市场上，到了 1964 年，美国杜邦公司开发出了一种用作鞋帮的 PU 合成革。日本公司建立了一套年产 60 万平方米的生产线之后，经过 20 多年的不断研究开发，PU 合成革无论在产品质量、品种，还是产量上都得到了快速地增长。其性能越来越接近天然皮革，某些性能甚至超过天然皮革，达到了与天然皮革真假难分的程度，在人类的日常生活中占据着十分重要的地位。

当今，日本是最大的合成革生产国，可乐丽、帝人、东丽、钟纺等几家公司的产品基本上代表着国际 20 世纪 90 年代的发展水平。其纤维及无纺布制造向着超细化、高密度化和高无纺效果方向发展；其 PU 制造向着 PU 分散液、PU 水乳液方向发展，产品应用领域不断拓宽，从开始的鞋用、箱包领域发展到服装、球类、装饰等其他特殊应用领域，遍及人们日常生活的方方面面。

2. 人造革、合成革对天然皮革的挑战

天然皮革由于具有优良的天然特性被人们广泛用于生产日用品和工业品，但随着世界人口的增长，人类对皮革的需求倍增，数量有限的天然皮革早已不能满足人们这种需求。为解决这一矛盾，科学家们几十年前即开始研究开发人造革、合成皮革，以弥补天然皮革的不足。50 多年的研究历史过程就是人造革、合成革向天然皮革挑战的过程。

科学家们从研究分析天然皮革的化学成分和组织结构开始，从硝化纤维漆布着手，进入到

PVC 人造革，这是人工皮革的第一代产品。科学家在这一基础上，做了多方面的改进和探索，首先是基材方面的改进，随后是涂层树脂的改性和改进。到了 20 世纪 70 年代，合成纤维的无纺布出现针刺成网、黏结成网等工艺，使基材具有藕状断面、空心纤维状，达到了多孔结构，而符合天然革的网状结构要求；当时的合成革表层已能做到微细孔结构聚氨酯层，相当于天然革的粒面，从而使 PU 合成革的外观和内在结构与天然革逐步接近，其他物理特性都接近于天然革的指标，而色泽比天然革更为鲜艳；其常温耐折达到 100 万次以上，低温耐折也能达到天然革的水平。

超细纤维 PU 合成革的出现是第三代人工皮革。其三维结构网络的无纺布为合成革在基材方面创造了赶超天然皮革的条件。该产品结合新研制的具有开孔结构的 PU 浆料浸渍、复合面层的加工技术，发挥了超细纤维巨大表面积和强烈的吸水性作用，使得超细级 PU 合成革具有了束状超细胶原纤维的天然革所固有的吸湿特性，因而不论从内部微观结构，还是外观质感及物理特性和人们穿着舒适性等方面，都能与高级天然皮革相媲美了。此外，超细纤维合成革在耐化学性、质量均一性、大生产加工适应性以及防水、防霉变性等方面更超过了天然皮革。

实践证明，合成革的各项优良性能是天然皮革无法取代的，从国内外的市场来分析，合成革也已大量取代了资源不足的天然皮革。采用人造革及合成革做箱包、服装、鞋、车辆和家具的装饰，已日益得到市场的肯定，其应用范围之广，数量之大，品种之多，是传统的天然皮革无法满足的。

三、温州“中国合成革之都”的崛起，标志着我国合成革的发展进入了一个新阶段

今年初，温州市人民政府要求授予温州为“中国合成革之都”，在温州市合成革商会与温州市塑料工业协会的密切配合下，中国轻工业联合会委托中国塑料加工工业协会牵头组成专家考核组对温州合成革行业进行实地考察，由广东、浙江、江苏、山东等省塑料公司（协会）的领导及专家组成的考核组一致认为：为进一步强化中国人造革、合成革行业的聚集效应，继续做大做优温州合成革产业，建中国合成革之都非常必要。2002 年 10 月 13 日，中国轻工业联合会陈士能会长和浙江省叶荣宝副省长为温州“中国合成革之都”揭牌，标志“中国合成革之都”正式成立，这意味着中国合成革行业在走向世界的历程中迈出了新的可喜的一步。

浙江温州市人造革、合成革生产的发展十分迅速，其企业之多、生产线之多、产量之大、出口之多都居全国各省市之首，温州市是名符其实的人造革、合成革之都。温州合成革行业发展十分迅猛，从 20 世纪 90 年代初就已成为全国合成革的主要生产基地。全市拥有合成革企业 90 多家，固定资产达 30 多亿元，现代化生产线 240 多条，后加工辅助设备 1 000 多台，年产合成革 28 万吨，占全国总产量的 52%。在全国拥有固定销售点和用户 4 000 多家，年销售额 80 多亿元，占国内市场份额近 70%，且产业区域特色鲜明，发展势头强劲。

温州合成革通过 10 多年持续高速发展，已形成了一批龙头及明星企业。温州人造革有限公司是全国民营企业 500 强和市级百家重点骨干企业之一，是温州市合成革商会会长单位，为温州市合成革产业的发展做出了突出的贡献。该公司成立于 1993 年，是生产聚氯乙烯革和各种合成革的民营人造革厂。该公司聚氯乙烯革设备有压延设备和浇铸设备各 2 条线，生产服装用、包袋用、汽车用革，有干法人造革生产线 4 条（年生产能力达 1 800 万米），湿法生产线 2 条（年生产能力为 1 200 万米）。公司以生产服装用革为主，同时也生产包袋革、鞋用革等，这些革分别销往国内 20 多个省、市、自治区。公司现在每月生产以尼龙特立克为基布的服装用和以聚酯棉织物为基布的包袋用、鞋用、杂质用人造革约 120 万米（按 54in 宽计算，

1in=25.4mm)，销售比例为国内60%，国外40%（以欧洲、美国、韩国为主）。该公司在香港亚太皮革展上展出了具有一体感的柔软风格和外观的高品质差别化人造革，受到客户的高度评价。

为了扩大产量开拓市场，温州人造革有限公司在原址近郊新建起了一座人造革厂，计划今年秋天建成，现正在进行2条干法和2条湿法生产线和附属设备的安装工作。该厂建成后，该公司的年产量可达到5 000万米，将成为中国最大的人造革厂。

温州合成革行业在发展过程中，不仅创造了显著的经济效益和社会效益，而且还十分重视环保治理工作。全行业共投资2.08亿元，建设了52套DMF回收循环使用装置系统，日处理废水6 200多吨，不但能使废水排放达到国家标准要求，而且还增加了企业的经济效益。

四、广州狮岭（国际）皮革皮具城——人工皮革商贸洽谈国际之窗

广州花都皮革皮具产业发展已有20多年的历史。近几年来，由于区委区政府高度重视，因势利导，把皮革皮具业作为支柱产业和发展重点，注重发挥狮岭皮革皮具特色区域产业优势，通过实施政府主导发展战略，充分调动和合理调整各种生产要素，集中资源优势扶优扶强，使狮岭皮革皮具业从自生自发的阶段，走上了由政府扶持引导、企业自主发展的良性轨道，促进了全区皮革皮具产业的迅猛发展。

广州花都狮岭（国际）皮革皮具城是人工皮革——人造革、合成革商贸洽谈国际之窗。花都皮革皮具业的发展，得到了国家、省、市行业主管部门和广州市委市政府的重视和支持。狮岭（国际）皮革皮具城已被列入广州市四大批发市场。2002年9月，中国轻工业联合会和中国皮革工业协会正式授予花都狮岭“中国皮具之都”的荣誉称号。该皮革皮具城由广州市贵丽实业有限公司（香港独资企业）投资，该公司在生产经营皮革皮具产品方面，历史悠久、享誉海内外。皮革皮具城有一套行之有效的管理方法，吸引了许多人造革、合成革企业参加展销。在本次皮革皮具节上，仅温州市合成革商会就有60多家企业参展。皮革皮具城紧靠107国道和广州火车站，离全国最大的集装箱货运站仅1公里，距新建的广州国际白云机场仅7公里。海、陆、空交通便捷，地理位置得天独厚，属目前全国最具规模的皮革皮具大型专业批发市场。

皮革城一、二期建筑面积12万平方米的皮革五金、原材料商铺已全面开业，来自意大利、西班牙、韩国、中国台湾、香港、澳门、江苏、浙江等20多个国家和地区的生产厂家已进场经营。2001年1月中国首届皮革皮具节的成功举办以来，吸引了众多海内外商家纷纷前来投资洽谈业务，城内车水马龙，交易繁忙。今秋十月，三期工程已建成“中国广州皮具数码城”，是目前全国规模最大的、现代化管理最完善的、永不落幕的皮革皮具交易城。“2002中国（狮岭）第二届皮革皮具节暨中国（狮岭）首届国际人造革合成革发展论坛、商贸洽谈会”在这里隆重召开。今后我们将抓住中国加入WTO后皮革工业面临的发展机遇，继续坚持政府主导型发展战略，大力扶持推动狮岭皮革皮具特色区域经济发展，把花都皮革皮具产业做大做强。

五、与时俱进，团结奋斗，迎接入世挑战，在竞争中生存发展

目前，我国人造革、合成革的生产集中在浙江温州、山东烟台、广东佛山和湖南长沙等地。

中国最大的合成革企业——烟台万华合成革集团有限公司与台湾的三芳化学工业公司合作，并注人民间资本，在去年12月31日成立了烟台万华超细纤维股份有限公司，将“合成革事业”移交给该公司管理，在前不久举行的香港亚太皮革展上，该公司首次露面。新公司凝聚了民间资本的活力，全方位展开合作，目标是成为中国合成革第一。

烟台万华合成革公司是1978年中国技术进口总公司从日本的可乐丽株式会社购买的“制鞋用合成革”成套设备和制造技术而建设的大型合成革企业，它的前身是“六五”期间的“烟台合成革总厂”。作为中国现代企业制度的试点企业之一，该公司拥有和大日本油墨化学工业株式会社合资生产合成革用聚氨酯树脂“CRISVON”的烟台华大化学工业公司等12家子公司。新公司的目标是强化、扩充烟台万华合成革的“合成革事业”，正式生产、销售1997年开发，1999开始生产的以“超细尼龙纤维制品”为主的各种合成革。

该公司拥有年产300万平方米的一条“超细尼龙纤维制品”和“极细尼龙纤维制品”生产线，产品以运动鞋及男士鞋用革为主，还有球、包、皮带、服装用革等月产约40万平方米，以国内市场70%、国际市场30%的比例进行销售。“超细尼龙纤维合成革”是1997年烟台万华合成革厂用自己的技术开发的产品，1998年完成了“超细尼龙纤维生产线的树脂加工及抽出部分”的“后处理工程”，1999年完成了聚氨酯树脂加工的“后处理工程”。主要设备从欧洲引进，投资金额约1.3亿元人民币。尼龙纤维的细度是0.01旦尼尔，从1999年开始生产，以“大富革”的商品名进行销售。在今年4月的香港亚太皮革展上，产品得到了日本及欧美有关人员的高度评价。

湖南安塑股份有限公司研制成功湿法PU透气革，这种产品具有普通PU革的诸多特点，还具有显著的透气性和透湿性，已形成年产1 200万平方米透气服装革的能力。

佛山市塑料集团股份有限公司双龙分公司注重人造革、合成革后处理技术的开发。市场占有率在不断提高。

在今年春季的香港亚太皮革展上，国内有浙江禾欣实业、烟台万华超纤、温州人造革等24家公司参展。10年前，第一次参展的中国人造革企业是佛山塑料二厂（现在的佛山塑料集团），以后，参展的公司一次比一次多，去年是14家，今年参展的企业最多。显示了中国人造革、合成革行业发展壮大的良好态势。

六、中国合成革蓬勃发展，对周边国家地区带来积极的影响

中国合成革崛起，引起周边国家和地区的关注。无论生产合成革制造商，还是代理商都看到中国合成革行业蓬勃发展的现状和未来，以及巨大的市场潜力，他们都纷纷研究策略，调整战略，瞄准中国市场。

一是针对中国高档合成革需求量大，用高新技术开发新产品。为能在中国市场上占有较大的份额，日本、韩国商社都采用高新技术开发鞋用“合成革、人造革”新产品，有：古典玻璃感觉的“antique glass”、独特的“裂纹”感觉的“Bomber状”、带血管状花纹和刷子把花纹的“刷子把”、致密的山羊皮状花纹的“Nome soff”、稍微粗一点的山羊皮状变色革并可以和天然革一样适用鞋油的革等。为积极推进用于多种用途的差别化产品的开发，采用了世界上先进的超级细纤维无纺布，利用水溶性聚氨酯树脂加工成的环保型感性丰富的麂皮状合成革。对于聚氯乙烯（PVC）革，从以装饰用为主，正朝向汽车用材料、鞋、包、家具等领域的用途拓展。

二是看中中国巨大的服装和鞋市场。韩国人造革有名的制造商确定了从量的扩大向重视收益性转移的“高附加值化”战略，以湿法革为中心，向“服装革和运动鞋革”等高级品领域倾斜。

中国台湾省的人造革产业组织——合成革工业同业工会指出，由于中国大陆良好的投资环境有不少的生产企业向大陆转移，在中国大陆的投资势头升温。加之大陆人造革产业技术的提升，使之靴鞋市场趋向天然革及二榔皮、合成革，中国台湾地区普通人造革产业不如高档合成革产业兴旺，因而该地区的合成革制造商则下大力气抓一般运动鞋用合成革的销售，今年的目标是比去年有新的增加。

三是汽车是中国支柱产业，加大汽车用革的产业化与扩大营销网络。日本、韩国和台商知晓中国汽车用的“光面合成革、人造革”需求大增，对汽车的内饰领域，包括变速杆外包革、方向盘、座椅表皮、车用周边部分、顶棚等多种用途市场前景看好。由于汽车用人造革、合成革内饰材料数量和品种的增加，促使日本、韩国、中国台湾省的人造革、合成革制造商加大对汽车用革的产业化，直接在大陆建厂产品直销；供应商则将提供人造革、合成革的企业所在地视作为汽车制造厂在东南亚和中国拓展业务的战略要地。

七、中国人造革、合成革的工作重点及发展方向

为了使人造革、合成革适应国民经济发展的需要，我们认为要努力做好下列几项工作。

1. 加强人造革、合成革标准化制定工作

根据国家标准化管理委员会和国家经济贸易委员会的要求，中国塑料加工工业协会和全国塑料制品标准化技术委员会秘书处组织人造革、合成革行业专家制（修）定了鞋用人造革、合成革行业标准和国家标准六项：

a. 鞋里用聚氨酯（PU）人造革（行业标准制定）；

b. 鞋面用聚氨酯人造革（行业标准制定）；

c. 鞋面用聚氯乙烯人造革（行业标准制定）；

d. 聚氨酯束状超细纤维合成革（行业标准制定）；

e. 聚氨酯合成革（行业标准制定）；

f. 聚氯乙烯人造革有害物质限量（强制性国家标准制定）。

此外，专家们针对中国加入 WTO 后，如何推动产品质量的提升，提高产品和产业的国际竞争力提出了对策和建议，还研讨了人造革、合成革发展动向和标准系列框架。

2. 要加大力度开发新品

当今，中国已成为世界人造革、合成革生产和消费大国，但中国人造革、合成革行业的发展现状是传统产业的成分重，起点低，目前处于落后的、传统的与先进的工艺三个不同技术档次的产品同时角逐市场的状况，产品结构缺乏竞争力，高档品种还大量依赖进口，出口远小于进口，技术先进的生产线比重小，技术结构亟待优化。

2001 年中国人造革、合成革进口量为 11.3 万吨，价值 3.1 亿美元；出口量为 2.8 万吨，创汇 5 326 万美元。从进出口情况可见：中国 PU 革进口量同比增长 0.91%、出口量增长 11.81%，进口额同比增长 20.53%、出口额增长 10.74%；PVC 革进口量同比负增长 12.41%、出口量增长 4.46%，进口额同比负增长 7.57%、出口额负增长 4.11%。由此表明：中国 PU 革进口数量增长不大，而相对应的进口额增幅却很大，高档革进口继续增加；PVC 进口量和进口额均下降，出口量增加，而出口额下降。去年，由于多种因素导致进出口下降较大，但进口人造革、合成革数量和金额相对于出口仍是增加的，且进口量是出口量的 4 倍多，进口额是出口额的近 6 倍。其原因是高档人造革、合成革国内需求量大，而生产量小，不能满足市场需求。因此，面对中国加入 WTO 的大好形势，中国人造革、合成革发展的关键之一是必须从产品质量上、花色品种上下工夫，加强技术创新，开发新品，以立足国内市场，争取扩大出口。

3. 适应经济全球化的潮流，立足国内市场，扩大出口

中国人造革、合成革行业从 1978 年改革开放以来的 20 年间得到了蓬勃发展，尤其是 1995 年以来保持了高速增长的势头。中国人造革、合成革行业的产品从仿形到仿真的发展过程中，其性能和质量越来越向天然皮革靠近，某些物理性能和微观结构更接近甚至超过天然皮革，应用领域日趋广阔。但是，中国人造革、合成革行业目前在产品结构、工艺技术、装备水平、产品质量、区域分布及原材料供应等方面与日本等先进国家相比还存在着一定差距。如产品结构缺乏竞争力、行业大部分产品属中低档、高档产品还依赖进口。因此，中国人造革、合成革行业虽发展成为了一个庞大的企业群体，但企业如何应对挑战参与国际市场竞争，值得大家深思。

加入 WTO 虽然给中国人造革、合成革行业带来了挑战，但更为本行业提供了稳定开放、公平竞争的国际贸易环境。我们要把注意力集中到努力提高产品质量、降低生产成本、改善经营管理和开拓国内外市场上，这是企业生存发展的基本条件；我们要创造条件，重组资产，转换机制，组建集团以适应激烈的市场竞争，中国塑料行业已组建了一大批规模不等的企业集团，增强了行业整体实力，像烟台万华集团、湖南安塑集团等大型企业集团已使企业发展驶入了快车道；我们要加速企业的结构调整和优化，按照国际市场惯例组织生产经营，加快产品的更新换代；我们要切实转变观念，增强参与国际市场的竞争意识、技术创新意识，根据国内外市场的需求，生产适销对路的产品。

结束语

中国人造革、合成革工业从无到有、从小到大、从弱到强的近 50 年发展历程表明，中国已成为世界人造革、合成革生产大国。国家制定的第十个五年计划，阐明了发展重点与方向，要求采取行之有效的政策和措施，加快人造革、合成革工业的发展。为适应中国加入 WTO 后的新环境，参与国际竞争，我们要加倍重视人力资源开发，提高全行业整体素质；要依靠科技进步，加快产业升级和技术创新；要不断调整产业结构，提高装备技术水平；要大力争创名牌产品，从而在激烈的国内外市场竞争中立于不败之地。

2002 年 10 月 26 日于广州

继续开发高效功能农膜新技术，促进农用薄膜新发展

——在中国农用塑料应用技术学会农用塑料制品分会第五次代表大会闭幕式上的讲话

廖正品

中国农用塑料应用技术学会农用塑料制品分会第五次代表大会就要圆满结束了，我谨代表中国塑料加工工业协会和中国农用塑料应用技术学会向大会的东道主上海石油化工股份有限公司和相关部门的领导和同志们表示诚挚的谢意，并向来自全国各地关心、支持塑料制品分会的中外各界朋友表示衷心的感谢。这次年会开得很成功，参会代表空前的多，会议气氛热烈、严

谨、有序，论文、报告内容丰富，达到了同行业相互交流、沟通的目的，也达到了预期的目的。会议圆满成功的召开将为农膜生产应用再上一个新台阶、为塑料行业的发展产生积极的影响。

借此大会，让我向大家汇报塑料行业的一些情况。

一、我国农用塑料行业基本情况

众所周知，我国是一个农业大国，13亿人口中9亿分布在广大的农村乡下，这就是国情，决定了农业是国民经济的基础，实现农业的可持续发展是关系到我国国民经济健康发展和社会稳定的大事。农用薄膜是我国塑料工业中最重要的组成部分，是现代化农业发展中重要的生产资料。我国是世界上人口最多而农业资源相对不足的发展中国家，农业的发展极大地促进着我国农用薄膜的发展。

2001年我国塑料制品产量已超2 000万吨，产值突破2 000亿元，销售额达2 000亿元，加工能力已经远远超过2 000万吨。塑料制品的出口逐年在增加，已达560万吨，且出口远远大于进口的180万吨。我国是世界上塑料机械第一生产大国，有10万台套门类齐全的装备，但不是强国。国内塑料机械企业生产的设备仅有10%左右出口。目前，在全国2 000多万吨塑料制品加工能力中，进口的先进设备约占1/4。2001年我国合成树脂总产量为1 000多万吨，但远远满足不了国民经济各部门对塑料制品日益增长的需求，还进口合成树脂达1 426万吨，创进口最高记录，因而表观需用量在2 400万吨左右。塑料制品总的需求旺盛，生产势头强劲。

据最新统计，塑料制品行业全部国有和年产品销售收入500万元及以上非国有独立核算工业企业，今年1～6月份，塑料制品产量累计完成651.11万吨，比上年同期增长14.1%；累计完成工业总产值（90年不变价）1 108.67亿元，比上年同期增长15.83%，产值总额占轻工行业总产值的10.21%，在轻工22个主要行业中位居第三；实现产品销售率97.07%；产品销售收入1 047.28亿元，增长13.8%；实现利税80.9亿元，比上年同期增长22.2%；利润总额为48.4亿元，同期相比增长27.4%。

总计中：塑料薄膜131.19万吨，比上年同期增长7.9%；塑料板片材38.26万吨，增长18.5%；塑料棒管材62.24万吨，增长14.7%；塑料丝及编织品74.91万吨，增长15.6%；塑料人造革19.66万吨，增长6.9%；塑料合成革12.2万吨，增长21.9%；泡沫塑料30.5万吨，增长30.1%；塑料包装箱及容器29.46万吨，增长25.1%；日用塑料制品65.65万吨，增长11.1%；其他塑料制品178.58万吨，增长14.4%。

农用薄膜产量继一季度大幅度下降后，1～6月份，降幅有所减缓，比去年同期下降1.3%，累计完成产量39.89万吨。二季度统计数据表明：塑料薄膜产量占塑料制品总产量的20.1%；日用塑料制品占10.1%；塑料棒管材占9.6%；塑料板片材占5.9%；分别位于塑料制品行业小类产量排序前五位。泡沫塑料、塑料包装箱及容器、塑料合成革行业位于增幅榜前三位。

我国是全世界农地膜生产和使用最多的国家，是其他所有国家总和的1.6倍。据不完全统计，目前全行业已拥有大小规模不等的农膜生产企业近千家，生产能力200万吨以上，实际年产量超过100万吨，其中年生产能力万吨以上的企业约60家。大型骨干企业约30家，其生产能力和年产量均占全国总量的60%，棚膜耗用量已达70万吨，地膜年销量45万吨；园艺设备2 600万亩，农地膜覆盖面积在2.2亿亩以上，农地膜实际消费量已超过110万吨。我国塑料工业已形成门类较完整的工业体系，并成为与钢材、水泥、木材并驾齐驱的新型材料产业，我国已步入世界塑料制品大国行列。可以说，我国塑料企业已具备一定的实力参与国际竞争，面向未来，形势喜人。

二、塑料工业面临的机遇与挑战

我国成为WTO成员后，特别是在党的十六大之后，将进一步改善我国塑料工业的国际市场环境，为扩大出口创造了条件，并带来了新的增长发展空间；加快了全行业的产业结构调整的步伐；有利于吸收同行业的先进科技和管理方法；同时也为塑料企业转换经营机制创造了有利的条件。

随着我国向世贸组织成员承诺时间的推进和整体关税大幅降低，塑料工业中产、供、销等环节对手增多，市场竞争更加激烈，在市场机制尚不健全的情况下，塑料工业也将会暂时受到不同程度的影响和冲击。但是，我们与国外相比仍具有比较明显的发展优势：一是本土化优势，国内市场前景广阔，有着巨大的发展潜力；二是劳动力成本优势；三是我国社会的稳定和经济的稳步增长为塑料工业的发展提供了强大的动力与支撑。这些优势，会在入世后的一段时间内将更加显现出来。

同时，我们还应清醒地看到塑料行业总体水平与发达国家相比还有一定差距，主要表现为：一是总体技术水平相对较低，缺乏核心技术；二是经营管理水平较低，劳动生产率不高；三是产业集中度低，区域发展不平衡。

三、农用塑料发展的方向与工作重点

我国农用塑料薄膜生产应着力抓好下列几方面。

1. 地膜功能化和专用化

这个问题，对在座的各位来讲，是十分清楚的，但有必要加以强调，让产量再高些、品种再多此、使用寿命再长些，这是广大用户的迫切要求。近几年来，随着生产技术的发展、人工费用的提高，具有除草和稳定增加地温功能的黑色地膜；具有除蚜虫、除草、反光和降低地温功能的黑白或黑灰双面地膜；适用于育苗移栽作物应用的打孔地膜；具有选择杀草功能的除草地膜；具有阻隔远红外辐射的保温地膜以及可控降解地膜等各种各样的功能化和专用地膜产品，都将在大面积逐步扩大示范推广应用。特别应引起大家关注的是对地膜要解决残存在土壤中的“白色污染”问题，同时要开发功能化和专用化地膜。

2. 功能性棚膜高效能化

20世纪90年代后期以来，在国家农业投资和相关政策的导向作用下，各地纷纷创建农业科技示范园区，一些非农企业的投资转向创办农业科技型企业，大型连栋温室和永久性塑料日光温室、大棚的发展速度显著加快，从而对功能性棚膜提出了高强度、高耐候、长效无滴、防尘等高效能的要求。同时，随着设施园艺科技推广普及工作的深入，许多设施蔬菜、瓜果集中产区农民提出了功能性棚膜产品更新换代的要求，除了长寿耐老化外，具有高透明高保温、无滴消雾、高效转光等新功能的换代产品深受欢迎。我国是世界上农膜生产大国，但不是强国，功能膜仅约20万吨，约占总量的30%，其数量偏小，使用年份不长。因此从国情出发，这就为我国功能性棚膜及其专用树脂新产品开发提供了市场动力。国外有名的企业也看中了我国的巨大市场，千方百计推销长寿功能膜，如西班牙、韩国、日本等国家。

3. 农用覆盖材料多样化

长期以来，国产农用覆盖材料的品种类型比较单调，透明覆盖材料主要是PE、PVC薄膜，近几年增加了EVA薄膜。外保温覆盖材料主要是草毡、草帘、纸被，高寒地区还有棉被、棉毡；内保温覆盖材料主要是薄膜和无纺布，遮阳覆盖材料主要是芦帘。20 世纪 80 年代中后期开始发展塑料遮阳网。随着我国市场经济体制的完善，设施园艺现代化的不断推进，农用塑料制品加工技术的进步，以及农业经济承受力的增强，茂金属薄膜，编织薄膜，氟塑薄膜，PC 板材，半发泡聚乙烯保温材料和防水防潮、轻便实用型保温被，内张反光保温网，内张防湿保温膜，以及防虫网等多种新型农用覆盖材料，都将在一定范围内试验、示范、推广，以满足设施园艺发展对农用覆盖材料多样化的需求。本次会议要宣讲农用 PE 吹塑薄膜国际标准（草案）和农用 EVA 流滴耐老化薄膜国际标准（草案）。近年来，超薄农用地膜席卷农村，其中五花八门、颜色各异的彩色农膜已占到农用地膜总量的 1/3。

自 1979 年推广应用农用地膜以来，改变了传统农业的耕作技术，增产增收，给农民带来了实惠，推进了农业生产技术的提升，随之带来的“白色污染”给“白色革命”蒙上了一层阴影，产生的环保负面效应已引起社会各界的强烈反响，保护赖以生存的地球环境资源是人类生存发展的大问题，抓好降解塑料地膜的开发应用是一项重要工作。在强化人们的环保意识、重视和清除使用农膜所带来的污染，兴利除弊的同时，应积极研制开发多种新型优质、加厚（据悉，国外强度高的薄膜普遍厚度为 15μm 以上，而我国目前生产的产品多为 8μm 以下，且双零六的居多）、耐老化、无污染、经济实用的可回收或降解的农用地膜，要争取早日形成产业化，尽快满足国内外市场的需求，是我们生产者的历史使命。

4. 要引导继续急剧扩展的农膜市场

据了解，“十五”期间，我国将新增各类园艺设施面积 520 万亩，其中大型园艺设施约占 60%，耐候功能膜的年销量将增加 5 万吨以上，约占棚膜年销量的 34%；地膜覆盖栽培面积将扩大 4 500 万亩，地膜的年销量增加 12.5 万吨；遮阳网、防虫网覆盖栽培面积扩大 100 万亩，年用网量新增 1.2 亿平方米；塑料钵体软盘育苗移栽面积扩大 6 000 万亩，推广普及率将提高 15 个百分点；新增节水灌溉工程面积 1 亿亩，其中渠道防渗输水灌溉 5 800 万亩，低压管道输水灌溉 2 100 万亩，喷灌 1 600 万亩，微灌 500 万亩；畜牧、水产专用暖棚面积将扩大 25 万亩，氨化、青储、缠绕膜的年需求量将达到 20 万吨左右；水产养殖专用塑料网具、农产品储藏保鲜和包装用膜的需求将增长六成以上，其他农塑制品需求也将大幅增长。

2010 年，全国园艺设施面积将增加到 3 800 万亩左右，占适宜推广面积的 50%以上，耐候功能膜的年需求量将增加到 30 万吨左右，约占棚膜年销量的 40%，在覆盖面积大量增加的情况下，棚膜的年需求量仍保持在目前 70 万吨左右的水平上；地膜覆盖栽培面积将扩大到 3.1 亿亩，推广普及率达到 41.3%，地膜的年耗用量增加到 78 万吨左右；遮阳网、防虫网覆盖栽培面积扩大到 600 多万亩，年用网量将达 7.5 亿平方米，年需求量可达 2.5 亿平方米；塑料钵体软盘育苗移栽面积将达 2.5 亿亩；节水灌溉工程面积有望增加到 5 亿亩，约占旱地面积的 50%，节水灌溉器材年需求量将达 125 万吨以上；畜牧、水产专用暖棚面积将扩大到 150 万亩左右，氨化、青储、缠绕膜的年需求量将达到 30 万吨左右；农产品储藏保鲜和包装用膜及塑料容器的需求量将在“十五”的基础上翻两番，水产养殖专用塑料网具等其他农塑制品需求也将有较大增长。

形势的发展需要大量的农用薄膜，不仅要求产品品种和数量的增加，更重要的是加工技术水平的提高，产品质量的提高和多功能化，这才是我们的落脚点和着眼点。

5. 农膜企业要开发新产品，向规模化、集团化发展

我国农用塑料行业的基本状况是塑料大型企业（集团）少，中小企业多，一些产品未能形

成集约化、规模化经营。塑料工业区域发展不平衡，沿海与中西部差距不断扩大。为加快缩小与世界先进国家差距、在世界强国之中立足，并为国家的经济建设和人民生活做出新的更大贡献，要从企业的实际出发，通过强强联合、掺股、兼并、收购和实行规范化的现代企业管理制度，重组资产，实现优势互补，改变我国农膜企业老、小、散、多的现状，提高企业的整体素质。鼓励和促进企业跨行业、跨地区的资产重组、联合并购，培育大型企业集团，提高企业的国际竞争力，将农膜行业做大、做强。就整个农用塑料行业来说，一定要把握住历史机遇、采用先进技术、注重技术改造，提高产品档次、规范行业行为，促进农用塑料制品乃至全国塑料制品行业的健康有序发展。

6. 加强行业协会的建设，为农用塑料的发展做贡献

中国农用塑料应用技术学会农用塑料制品分会自1987年成立以来，不断发展壮大，由13家会员单位发展为100多家，为农用塑料制品行业的技术进步、技术创新，做出了突出成绩，为现代农业提供了优质农用塑料棚膜和地膜，开展了多项重要的推广应用研发试验工作，同时促进了农用塑料制品的发展及其加工技术整体水平的提高，也促进了塑料机械与模具、塑料树脂与助剂的发展。第五届中国农用塑料学会农用塑料制品分会经选举产生了新的理事会，在“十五”期间，农用塑料制品分会仍然担负着推动农用塑料制品、特别是农地膜行业技术进步，促进产品质量的提高，推动我国农膜行业的发展的重要任务。

总之，我国作为世贸组织成员，在面对经济全球化的形势下，我们要实现现代化的管理，加快科技成果的转化，加强国际交流与合作，用技术创新推动塑料工业的持续快速健康发展。我国农膜行业必须时刻保持清醒的头脑，根据自身的实力，认真分析对手，积极研究对策，知己知彼，扬长避短，苦练内功，采取一切切实可行的办法，发展壮大我国农膜行业，去迎接挑战。要为在不远的将来把我国农用塑料制品从生产大国、消费大国变成世界先进的强国而努力。

2002年11月2日于上海

可回收利用发泡聚苯乙烯材料市场前景广阔

——在第十六届AMEPS董事会议、2002年中国塑料加工工业协会EPS专委会年会暨国际EPS回收会议上的讲话

廖正品

今天，迎来了第十六届亚洲可发性聚苯乙烯（EPS）制造者协会（AMEPS）董事会议、2002年中国塑料加工工业协会EPS专委会年会暨国际EPS回收会议在上海隆重召开，这是亚洲EPS行业历史性的重要会议，必将对亚洲EPS行业的发展起着积极的作用，产生良好的影响。我有幸出席感到很高兴，请让我谨代表中国塑料加工工业协会和全国塑料制品标准化技术委员会向大会表示热烈的祝贺，并向全国各地关心、支持塑料行业的专家、企业家，中外各界朋友表示热烈的欢迎和诚挚的谢意。

借此难得的机会，我想讲几点意见，供大家参考。

一、中国发泡聚苯乙烯概况

1. 中国塑料制品行业基本情况

中国塑料行业已步入世界大国行列。2001 年全国塑料行业发展形势喜人。塑料制品产量已超 2 000 万吨，总产值突破 2 000 亿元，总加工生产能力已经远远超过 2 000 万吨。整个加工行业中大多数的生产企业的机械与模具水平在不断提升，产品档次和质量有所提高，塑料制品品种和数量有明显的增加，在满足国内消费的同时出口逐年在增加，且出口达 560 万吨，远大于进口的 180 万吨。此外，2001 年中国合成树脂总产量超过 1 000 万吨，但远远满足不了国民经济各部门对塑料制品日益增长的需求，还进口合成树脂 1 426 万吨，创进口最高记录，因而 2001 年全国塑料表观需用量为 2 400 多万吨。

据最新统计，塑料制品行业全部国有和年产品销售收入 500 万元及以上非国有独立核算工业企业，2002 年 1～6 月份，塑料制品产量累计完成 651.11 万吨，比上年同期增长 14.1%；累计完成工业总产值（90 年不变价）1 108.67 亿元，比上年同期增长 15.83%，产值总额占轻工行业总产值的 10.21%，在轻工 22 个主要行业中位居第三；实现产品销售率 97.07%；产品销售收入 1 047.28 亿元，增长 13.8%；实现利税 80.9 亿元，比上年同期增长 22.2%；利润总额为 48.4 亿元，同期相比增长 27.4%。

总计中：塑料薄膜比上年同期增长 7.9%；塑料棒管材增长 14.7%；塑料板片材增长 18.5%；塑料丝及编织品增长 15.6%；塑料人造革增长 6.9%；塑料合成革增长 21.9%；塑料包装箱及容器增长 25.1%；泡沫塑料增长 30.1%；还有日用塑料制品增长 11.1%，其他塑料制品增长 14.4%。

二季度统计数据表明：塑料薄膜产量占塑料制品总产量的 20.1%；日用塑料制品占 10.1%；塑料棒管材占 9.6%；塑料板片材占 5.9%；分别位于塑料制品行业小类产量排序前五位。泡沫塑料、塑料包装箱及容器、塑料合成革行业位于增幅榜前三位，泡沫塑料增幅位居榜首。

2. EPS 行业基本情况

EPS 是塑料行业的重要组成部分之一，也是泡沫塑料中重要品种之一。1979 年，我国 EPS 产量不到 5 000 吨，其中 60%的原材料还需要进口，到去年，我国 EPS 的加工企业有 500 多家，生产能力已达 120 万吨，产量 68 万吨（见表 1），原料基本实现了国产化，在工业、农业、国防、交通运输、电子电器都有应用。主要应用领域首位为包装、其次为建筑，分别达 36 万吨、26 万吨，其他方面的用量将日渐增多（见表 2）。

表 1　中国 EPS 制品产量　　万吨

年份	EPS 原料生产能力	EPS 制品产量	年份	EPS 原料生产能力	EPS 制品产量
1998	50	30	2000	100	65
1999	80	52	2001	120	68

注：以上数据不包括港澳台地区。

表 2　中国 EPS 制品应用范围情况　　万吨

年份	包装	板材	其他	年份	包装	板材	其他
1998	19.5	10.35	0.15	2000	35.75	26	3.25
1999	31.2	18.2	2.6				

注：以上数据不包括港澳台地区。

二、EPS为环境友好材料

众所周知，聚苯乙烯（PS）源自于石油产品，其生产过程中的排污较容易达到排放标准，它的制品加工过程更加符合环境保护要求，无污染物产生，为洁净生产。EPS具有密度低（25kg/m^3）、比强度高、吸水率低、耐酸碱、隔热隔声性好，保温性好，防震、可装饰、易成型等优点以及优异的性能价格比使它得到迅猛发展，在工业、农业、交通运输业、军事工业、航天工业及日用品等领域得到广泛应用，包装业、建筑业、家用电器等方面具有可观的经济效益、社会效益和环保效益。

EPS中98%是空气，材料仅占2%，是一种可固定空气的、用空气包装防震的、可节省石油资源的优良包装材料，平均1m^{2}可承重5t的质量。它也是优良的环境友好材料，因为它的发泡剂是丁烷、戊烷一类的碳氢化合物，从历史上看从没使用过对臭氧层有破坏作用的氟氯烷类作发泡剂；它不伤害森林资源，可以代替一些木材和纸的某些用途，假若没有EPS，则将需要更多的木材和纸，那将影响到森林资源；它的基本构成是碳和氢，不含有害物质；它完全燃烧后，生成二氧化碳和水，不产生有害气体；它燃烧时产生的黑烟是空气不足导致燃烧不完全而产生的炭黑，不是特别有害的物质，完全焚烧的残灰中不含铅、镉等重金属；它不产生二噁英，因为产生二噁英的条件是有碳、氢、氧、氯在高温下反应生成的，EPS不含氯，单独焚烧时在理论上不产生二噁英。大气中的微量氯，有可能参加反应，JEPSRA委托外部机构进行了检测，结果没有发现二噁英，二噁英必须在一定浓度的氯存在下，在250～400℃时最易产生；它不含有环境荷尔蒙，EPS中含有极其微量的苯乙烯的二聚体、三聚体，有人担心这些是否有雌性激素作用（女性荷尔蒙作用），日本苯乙烯工委委托权威的中立试验机构荷兰的TNO进行了测试，结论是苯乙烯的二聚体、三聚体没有雌性激素，是安全的；EPS对地球环境的影响很小，德国学科研究共同体在1992年研究了EPS与纸浆模塑、再生硬纸板的寿命周期评价，得出的结论是：与之相比，EPS对地球环境的影响很小。

世界上先进国家广泛使用EPS多年的实践证明，EPS是一种优良的材料，能再生循环利用，是符合国家有关政策的，符合经济发展和环境保护的统一，是走资源节约型发展道路和可持续发展之路的首选材料。到目前为止，在世界上还没有一个国家禁止使用EPS作包装材料，这也是和大力宣传与再资源化利用分不开的。中国塑料加工工业协会EPS专委会在1996年年会上就提出“只有回收EPS，才能发展EPS”的口号，在1998年年会上提出“回收EPS，从我做起，从现在做起”的口号，为的是力争使保护地球环境，资源有效利用落实到实处。

近年来，很多的商品包装耗用了数十万吨的EPS，EPS的回收利用成效显著。昨日，谢文雄先生的报告已生动地阐述了EPS回收利用的成功之举措与宝贵经验。目前，EPS在各个行业的应用非常广泛，如：各种家用电器、电视机、通讯器材、计算机、瓷器、工艺美术品等许多行业产品的包装防震材料都普遍地选用了EPS，却很少在商店门前、街道等公共场所看见乱抛乱丢弃EPS的不良现象。

EPS环保问题，随着国家环境保护政策与措施的深入人心，人们的环境保护意识的增强，“视觉污染”源头得以根治，环境保护事业将更加兴旺，产生更大的经济效益、社会效益和环保效益。

三、EPS发展前景看好

EPS制品由于独特的品质、低廉的价格，应用领域广阔。除在缓冲包装、食品保鲜包装、内外墙保温、隔热等方面大量应用外，近几年还在建筑、工业领域越来越显得令人瞩目。EPS

在建筑上的应用突出的贡献在于其保温、隔热性能，它在建筑上的大量使用能有效地降低空调的使用和采暖能耗，并减少二氧化碳的排放。以西欧为例，其 EPS 建材占其 EPS 总量的70%。2008 年奥运会在中国北京举行，我国的产业政策和市场需求将使 EPS 材料大显身手，前景看好。

中国塑料加工工业协会 EPS 专委会自 1985 年成立以来，由知名企业家、专家、教授组成理事会，名誉会长陈德薰董事主席、廖有章董事长、会长张荣祥、副会长林铜开、华若中、侯树亭和纪良德以及徐则中秘书长等群策群力、同舟共济，紧紧依靠专委会广大会员单位及海内外的企业家、各界同仁鼎力合作，为 EPS 行业发展做出了贡献。而今中国塑料加工工业协会加入 EPS 亚洲制造者协会（AMEPS），亚洲各国塑料界的合作与友谊将不断增强，让我们携起手来加大力度对 EPS 的推广应用、技术开发、回收利用、信息交流，定期举办展览暨国际论坛。我深信通过我们共同努力一定能共创 EPS 行业持续、快速、健康发展美好的明天！

2002 年 11 月 7 日于上海

塑料制品加工业产销两旺前景喜人

曾家华

全国塑料制品加工业在充满生机与活力的 2001 年中取得了蓬勃发展，产销两旺，效益显著，前景喜人。2001 年 1～12 月全国塑料制品完成工业总产值 2 043.86 亿元，比上年同期增长 14.9%，产值总额在轻工行业中名列第二；产品销售收入 2 005.9 亿元，增长 15.3%，实现利税 154.7 亿元，增长 22.1%。当然，全国塑料制品业获得了可喜成绩，离不开相关的塑料合成树脂、加工设备、应用等部门密切的配合以及我国政府有关政策宏观导向的指引和支持。具体如下：

一、中国塑料工业发展迅猛、前景广阔

随着石油化工迅速发展，高分子合成材料将越来越广泛用于工业、农业、电子、国防、建筑以及日常生活等各个领域。目前世界合成树脂产量已超过 1.6 亿吨。中国合成树脂产量1995 年为 423 万吨，1999 年为 841 万吨，从 1990～1999 年平均年增长率为 15%，2000 年合成树脂总产量已突破 1 000 万吨，将居世界第五位合成树脂大国（详见表 1、表 2、表 3）。

表 1　中国历年合成树脂产量

项目		1975 年	1980 年	1985 年	1990 年	1991 年	1992 年	1994 年	1995 年	1996 年	1997 年	1998 年	1999 年	1990～1999 年平均	2000 年	2001 年
中国大陆	产量/kt	330	898	1 232	2 268	2 837	3 332	3 685	4 239	4 953	6 110	6 765	8 417		10 800	
	较前年增长/%	8.55	13.24	4.41	10.20	25.09	17.45	5.05	15.03	16.84	23.36	10.72	24.42	15.34	28.31	
	占世界比例/%	0.85	1.50	1.62	2.29	2.82	3.15	3.17	3.44	3.76	4.26	4.54	5.37			
中国台湾	产量/kt	370	998	1 541	2 752	3 076	3 519	3 918	4 046	4 582	4 658	4 631	4 990			
	较前年增长/%	10.45	11.14	13.07	9.68	11.77	14.40	13.07	3.27	13.25	1.66	−0.58	7.75	6.62		

续表

项　目		1975年	1980年	1985年	1990年	1991年	1992年	1994年	1995年	1996年	1997年	1998年	1999年	1990～1999年平均	2000年	2001年
中国台湾	占世界比例/%	0.95	1.66	2.02	2.78	3.05	3.38	3.37	3.28	3.48	3.25	3.10	3.82			
中国合计	产量/kt	700	1 896	2 773	5 020	5 913	6 851	7 603	8 285	9 535	10 768	11 396	13 407			
	占亚洲比例/%	11.01	17.95	18.87	21.46	23.37	23.51	24.04	24.17	24.74	23.52	24.49	27.44			
	占世界比例/%	1.80	3.16	3.64	5.07	5.87	6.47	6.54	6.72	7.24	7.51	7.64	8.55			
亚洲	产量/kt	6 358	10 563	14 699	23 387	25 305	29 137	31 632	34 277	38 535	45 781	46 532	48 862			
	较前年增长/%	−18.38	−2.69	12.93	10.97	8.20	15.14	5.86	8.36	12.42	18.80	1.64	5.01	8.90		
	占世界比例/%	16.39	17.62	19.27	23.63	25.14	27.52	27.20	27.80	29.24	31.94	31.21	31.18			
世界合计/kt		38 783	59 950	76 261	98 964	100 683	105 876	116 313	123 297	131 788	143 352	149 115	156 717			
较前年增长/%		−13.94	−6.20	5.68	3.80	1.74	5.16	7.66	6.00	6.89	8.77	4.02	5.10	5.12		

表 2　世界主要合成树脂生产国和地区排位表

年份	位次	1	2	3	4	5	6	7	8	9	10
1995年	国家	美国	日本	德国	韩国	法国	中国	比利时	荷兰	中国台湾	意大利
	产量/kt	35 701	14 027	10 330	6 689	5 093	4 239	4 100	4 100	4 046	3 485
1996年	国家	美国	日本	德国	韩国	法国	中国	中国台湾	比利时	荷兰	意大利
	产量/kt	39 951	14 660	10 862	7 260	5 300	4 953	4 582	4 300	4 200	3 545
1997年	国家	美国	日本	德国	韩国	中国	法国	中国台湾	比利时	荷兰	意大利
	产量/kt	45 930	15 209	11 858	8 137	6 110	5 800	4 636	4 000	3 640	3 550
1998年	国家	美国	日本	德国	韩国	中国	法国	中国台湾	比利时	荷兰	意大利
	产量/kt	43 347	14 079	12 858	8 456	6 765	6 000	4 631	4 431	4 100	3 960
1999年	国家	美国	日本	德国	韩国	中国	法国	中国台湾	比利时	荷兰	意大利
	产量/kt	46 200	14 569	13 860	9 083	8 417	6 250	4 990	4 400	4 100	3 975

表 3　中国历年塑料制品产量　　万吨

年　份	1995年	1996年	1997年	1998年	1999年	2001年
各种产品总产量	994.39	1 574.21	1 534.33	846.84①	937.59①	1 185.34
塑料薄膜 （其中农膜）	229.90	240.63 (93.31)	239.21 (94.85)	191.73 (82.89)	206.56 (75.48)	242.55 (81.73)
塑料板片材	60.70	77.5	72.15	53.57	62.81	78.81
塑料棒管材	70.98	89.01	87.01	51.23	58.56	121.39
塑料丝及编织制品	184.04	222.38	250.89	134.39	134.63	148.23
塑料人造革	43.96	40.08	40.12	32.09	34.20	43.35
塑料合成革	8.89	5.74	7.94	5.65	7.43	11.22

续表

年　　份	1995年	1996年	1997年	1998年	1999年	2001年
泡沫塑料	46.24	61.69	57.67	19.29	28.95	53.96
塑料包装箱及容器	55.99	75.51	75.22	40.53	44.83	53.76
塑料鞋	19.85	30.19	34.94	15.47	13.02	16.56
日用塑料制品	139.85	342.35	326.86	108.83	133.66	128.79
其他		389.04	342.23	194.06	212.94	

① 系全部国有和年产品销售收入500万元以上的非国有工业企业统计数字。

中国塑料制品随着国内外市场需求的变化，不断进行调整与优化，全国塑料加工能力1995年为1 000余万吨，2000年为2 000多万吨，塑料制品总产量1995年为994.4万吨，1997年、1998年均超过1 500多万吨，其消费比例包装占23%，电器占12.5%，建筑占8.5%，农业占8%，鞋类占5.2%，交通占4.2%，机械零件、医疗器械，玩具文体、家具分别占3.5%，塑料制品总产量居世界第二位。据国家统计局从1998年起按国家统计局的统计方法（凡非国有企业销售收入500万元以下未统计）进行统计，2001年塑料制品的企业为6 724个，从业人员115.8万人，工业总产值为2 043.86亿元，利润总额91.63亿元，利税总额为154.72亿元。中国塑料制品近几年出口增长迅速，1995年出口269.9万吨（31.4亿美元）。2001年塑料制品出口为535.8万吨，同比增长4.95%，出口额为55.5亿美元，同比增长5.97%（详见表4）。中国塑料加工机械进入90年代，年均增长率达到22%，企业已达600多家，产品有混配料设备，注射成型机、挤出生产线、中空成型机、压延生产线等19大类，具有10万台以上的塑料机械能力，成为世界塑料机械制造大国。目前中国塑料工业无论是原材料的生产、塑料制品的加工、塑料机械的制造以致塑料的应用都形成了一套较完整的体系，并具有了一批国际先进水平的现代化企业。

表4　2001年全国塑料制品业完成情况

塑料制品总产量	1 185.34万吨	同比增长	13.1%
产品销售收入	2 005.91亿元	同比增长	15.27%
利润总额	91.63亿元	同比增长	31.09%
利税总额	154.72亿元	同比增长	22.14%
资产总计	2 279.15亿元	同比增长	13.49%
企业个数	6 724个	从业人数	115.82万人
亏损企业	1 403个	亏损额	16.86亿元
海关出口	535.8万吨	出口额	55.5亿美元

塑料工业既是消费品工业，又是新型材料工业，具有科技含量高、应用广、市场前景好的行业，预计到2005年市场增长为10%，中国塑料制品总产量将达到2 500万吨，2015年市场增长速度为8%，总产量将达到5 000万吨。

二、中国塑料管材及塑料异型材、门窗制品发展迅速

化学建材是继钢材、木材、水泥之后，当代新兴的第四大类新型建筑材料。塑料管材、塑料异型材、门窗是化学建材中用量较多的两个主要品种。中国政府从1994年开始由建设部、原化学工业部、原中国轻工总会、国家建材局、原中国石化总公司五个部委联合组织“全国化学建材协调领导小组”制定和发布有关大力发展化学建材的目标、规划、政策、规范等，在短短几年中，中国塑料管材、异型材、门窗获得了迅猛的发展，全国塑料管材1994年生产能力为24万吨，产量为15万吨，2001年产量为121万吨，管材的生产线已达2 000余条，硬聚氯乙烯管材万吨级以上生产规模的大型企业全国已超过30家，其中全国最大广东顺德联塑集团能力为6万吨，该集团2000年生产各种塑料管材、管件产量达5万吨，又如福建亚通集团今年各种塑料管材规模将达8万吨。塑料异型材及门窗制品1994年生产能力为20万吨，2001年达到130万～140万吨，并形成2 000多条塑料异型材生产线，塑料门窗组装厂已超过8 000家，能力超过1.6亿平方米，并有万吨级以上塑料异型材生产企业30多家，其中大连实德集团1999年型材能力已达16万吨，2001年该集团塑料异型材产量约18万吨，年底合计总能力达到28万吨。目前中国塑料管材、塑料异型材及门窗无论从原材料生产、加工设备的制造、产品生产的工艺技术、产品标准及应用施工规范都形成了一套较完整的体系，并具有了一批国际先进水平的大型加工现代化企业。中国是一个具有13亿人口的大国，建筑业的市场十分巨大。塑料建材不仅能大量代钢、代木、替代传统建材，而且具有节能、节材、保护生态、改善居住环境、提高建筑功能与质量、降低建筑自重、施工便捷等优点。建筑业是国民经济的支柱产业，今后，5～10年我国建筑业将会有较大的发展，它成为我国新的消费热点和新的经济增长点。全国化学建材协调领导小组相继制定了“关于加强我国化学建材生产和应用的若干意见”，“国家十五和2010年发展规划纲要”、“关于加速化学建材推广应用和限制淘汰落后产品的规定”等文件，这些文件大大加速了中国塑料建材生产及应用的发展。据了解，2000年，全国新建住宅的建筑室内排水管道系统50%采用塑料排水管，城市供水管道30%采用塑料管，预计2010年全国新建住宅室内排水管80%采用塑料管，城市供水50%采用塑料管。塑料门窗2000年市场占有率约在15%以上。2010年市场占有率约在30%以上。有的城市目前使用塑料门窗已达到80%。预测2005年建筑用塑料制品占总产量16%，约400万吨。

随着塑料管材应用领域的不断地扩大，塑料管材的品种也不断地开拓增加，除了早期开发的供、排PVC管材、化工管材、农田排灌管材、燃气用聚乙烯管材外，近几年先后开拓最多有PVC芯层发泡管材、PVC、PE双壁波纹管材、铝塑复合管材、交联PE管材、塑钢复合管材、聚乙烯硅芯管等。随着我国通讯工业的发展，对硅芯管需求急剧增多，从1997年上海第一家生产硅芯管，现在已有5～6家万吨级生产企业，总能力约达10万吨。还有河北、甘肃等地分别引进国外先进设备，生产特大口径（1 000～2 600mm）塑料管材。

塑料异型材及门窗引进国外先进设备技术并加以消化吸收，不断开拓，目前无论是型材设备还是组装设备和模具，可说是集世界各国之精华。从工艺技术来说，基本上掌握了双料共挤、双色共挤，以及覆膜、印刷、烫印、喷涂等生产工艺。钢塑复合挤出，一模双股、四股挤出，高速挤出等技术领域也进入开发研制生产阶段。

三、农用塑料在现代农业科学技术发展中发挥越来越重要作用

我国是一个人口众多的农业大国，政府一向把农业放在首位来抓。农用塑料在现代农业科学技术中起着越来越重要作用。多年来不断开拓农用塑料品种，不断改善提高农用塑料品种的性能，如农用育秧膜、棚膜、青储膜、多功膜、防滴膜、反光膜、地膜、遮阳网、缠绕膜、塑料育秧容器、防虫网、捕捞网具、农用器械、输水用塑料管、喷灌、滴灌以及各种水利用土工膜等农用塑料产品。农用塑料制品生产企业也先后建成了一批先进大型企业，如河北宝硕集团，山东济南三塑集团，其生产农地膜的规模都在 5 万吨以上。中国农用塑料薄膜（包括大棚膜、地膜）产量居世界首位，1997 年产量为 95 万吨，1999 年地膜用量为 44 万吨，地面覆盖面积为 1.8 亿亩，棚膜用量为 65 万吨，覆盖面积为 2 000 万亩，全国农地膜实际消费量为 110 万吨。据农业部的预测，2005 年，我国可覆盖的地膜面积分别为 5.5 亿亩和 5 000 万亩，约需 300 万吨。还有塑料节水器材，它具有省水、省工、保土、保肥、美化环境增产的效果。中国塑料加工工业协会 2001 年 8 月在新疆召开了“西部大开发塑料论坛”，在大会期间正式成立了“中国塑料加工工业协会塑料节水器材专业委员会”，目的是更好地开拓塑料节水器材的生产与应用工作。预计 2005 年新增节水灌溉面积 1.5 亿亩，其中喷灌 7 900 万亩，滴灌 1 000 万亩，管道输水 1 400 万亩和渠道防渗 5 000 万亩等共约需 170 万吨。农用塑料对农业起着增产、增收、防灾、减灾、节水的作用，从而促进农业的持续发展，保证农产品的有效供应，增加农民收入，保持社会稳定都具有十分重要意义。预测 2005 年农用塑料产品占全国塑料制品总产量的 19%，约为 470 万吨。

四、包装用塑料具有广阔的市场前景

包装用塑料在塑料制品中具有极其重要的位置，主要表现为发展速度快、品种多、产量大、用途广、市场潜力大等特点，产量较大的有塑料编织袋、塑料周转箱、塑料包装容器、热收缩薄膜、缠绕薄膜、复合薄膜等，其中 BOPP、BOPET 等双向拉伸薄膜发展速度快。近几年来一直是包装行业中投资关注的热点，也是国内塑料加工行业关注热点。众所周知，我国人口众多，随着中国工业、农业高速发展，人民生活水平不断提高，因而对包装提出了新的概念、新的需求，大大加速了我国包装用塑料的发展。如 1980 年全国塑料包装产量仅为 19 万吨，1990 年为 85 万吨，1998 年为 203 万吨，2000 年为 350 万吨，约占全国包装总产量的 13%以上。双向拉伸薄膜是众多包装用塑料中佼佼者（全球的 PET 约为 600 万吨，包装消费约占 19%），我国开发其产品主要在 80 年代后期，特别是近几年来，据不完全统计全国双向拉伸设备已超过 100 条生产线，其中 BOPP 近 80 条，BOPET 近 30 条（1968 年第一条生产线从德国布鲁克纳引进），前者能力约为 50 万～55 万吨（产量约 40 万吨），后者约为 15 万吨（产量约 7 万吨），据有关资料分析：BOPET 包装用市场需求较大，约占总量 50%，电器占 2%，音像占 8%，建筑装饰占 10%，电子行业占 2%，护卡占 5%。BOPP 今后几年需求也明显增加，据有关人士预测 2010 年国内需求将会达到 80 万吨。其次 PET 瓶目前全国共 100 多条生产线，其中 50 多条是从国外引进。总生产能力为 30 万吨（90 亿个）。塑料包装应用领域广，可以开发具有各种不同性能如阻透性、耐温性、耐冷冻、耐蒸煮、可降解等各种不同塑料包装制品满足不同领域不同产品包装的需要。

今后包装用塑料制品发展，从产品上看包装用薄膜仍是今后的重点市场，主攻方向，它约占总包装用塑料的 50%以上，我国包装市场十分巨大，我国是粮食生产大国，产量近 5 亿吨，水泥 5 亿吨，化肥 3 070 万吨，还有矿石产品、农产品、原盐、食糖、棉花、各类蔬菜、水果以及各种食品等都需要各种不同性能的包装材料，预测 2005 年我国塑料制品总产量为 2 500 万吨，包装用塑料约占总产量的 22%，约为 550 万吨，是各类塑料制品中产量最大的产品。因此，我国包装用塑料具有很大的发展空间，市场潜力巨大。

五、正确认识塑料与环保的关系，加大对废弃塑料的管理回收利用力度

随着现代工业科学技术迅速发展，保护环境越来越显得突出和重要。工业生产大量排出的废物废气以及人们的大量产品的应用后的废弃，对自然环境带来越来越大的污染，在塑料工业中由于塑料产量迅速增加，应用量日益加大。因此，塑料回收利用，是共同关注的问题，目前中国塑料制品的产量在短短的几年中由几百万吨，猛增到1 000多万吨，而回收利用不到10％。特别是塑料薄膜和一次性使用的包装薄膜、餐盒、包装衬垫物，由于质轻体积庞大，不易回收，若不小心，不及时处理，就很容易丢弃在街头，公路、田野、江河湖泊，房屋的周围，严重影响环境卫生。因此，被人们称为“白色污染”。不少地方下令禁产、禁用。因此，必须做好回收利用。政府对这个问题十分重视，采取了不少措施和办法，号召人们做好有关宣传回收利用工作。中国塑料加工工业协会为做好此项工作，专门组织成立了废弃塑料回收利用再生专业委员会，除了做好加强提高全民环保意识宣传外，着重对废弃塑料的管理、回收利用措施、政策以及技术路线、产品开发和应用等多方面进行交流与合作，从而进一步推动搞好废弃塑料回收利用，同时，今后还继续做好降解塑料的研究开发和应用工作。

塑料工业是一门新兴的高分子合成材料工业，具有广阔发展空间，市场潜力十分巨大。我国塑料工业经过了近50年的发展，在新世纪之初已进入了世界塑料大国行列，随着当今经济全球化发展的形势变化，市场竞争日益激烈，如何使行业快速、健康、稳步向前发展，必须不断总结、研究、分析行业的现状与问题。当前，中国塑料工业主要问题：一是塑料原料仍然短缺，每年进口塑料原料大于国产料；二是塑料制品加工设备仍然大量引进，如：双向拉伸薄膜加工设备进口占60％～70％；三是塑料制品的品种、质量、档次、水平有待进一步调整与提高；四是地区发展不平衡，差距大，应加大力度，缩小差距；五是我国目前对塑料合成树脂表观消耗量按人口平均仍然很低，与发达国家相比差距很大。

2002年7月2日

（作者为中国塑料加工工业协会副秘书长）

大 事 记

2001年塑料行业大事记

【1月】

中国塑料加工工业协会廖正品理事长发表新千年贺辞

20世纪过去了，在新年到来之际，我代表中国塑料加工工业协会向多年来为中国塑料工业的发展辛勤工作、无私奉献的老领导、老朋友及塑料界的各位同仁致以最诚挚的谢意！向所有关心、支持我国塑料工业发展的国内外的新老朋友致以最崇高的敬意和新世纪的问候！回顾过去，我国塑料工业取得了显著成绩，正由世界塑料大国向世界塑料强国方向迈进。“十五”期间，塑料工业要发展，就必须深化改革、加快产业结构调整步伐，重在调整和优化结构，要通过“两个创新”，实现“三个突破”，推动“一个转变”。“两个创新”就是制度创新和技术创新；“三个突破”即在改革上要有突破，调整上要有突破，效益上要有突破；“一个转变”是推动我国塑料工业由生产大国、消费大国向生产强国、技术强国转变。近年来，塑料制品总产量年平均增长约10%，力争到2005年将达到2 500万吨，实现总产值约2 500亿元，全行业扭亏为盈，出口创汇达到60亿美元，通过技术改造，大中型骨干企业的工艺与技术装备达到国际20世纪90年代水平，并通过ISO 9000质量体系认证，70%的塑料制品达到国际90年代末的水平，其余30%为当时国际先进水平；“十五”后10年年均增长率为8%，到2010年要实现塑料制品总产量3 673万吨，到2015年总产量达到5 000万吨，届时世界先进水平的塑料产品品种将上升到50%。由此可见，已迈入世界塑料大国的我国塑料行业，任重而道远，要不断地去拼搏，要意气风发地去奋斗！在新世纪到来之际，我国又面临加入WTO，经济全球化使市场竞争更趋激烈，“优胜劣汰，适者生存”是市场经济的必然结果。对于企业来说，谁能适时掌握市场经济脉搏，谁就能立于不败之地，在竞争中求生存、求发展。我们衷心地祝愿塑料行业和广大塑料企业不断兴旺发达，事业有成，共同开创21世纪塑料工业新纪元。进入新世纪，为实现《全国塑料工业“十五”计划和2015年规划》的宏伟目标，我们要坚持以经济建设为中心，发展高新技术产业，把塑料行业的发展建立在企业发展的基础上，想企业所想，急企业所急，把协会工作的着眼点和立足点放在行业服务上，加强调查研究，把握行业的发展方向，努力为企业的生存发展做好全方位的服务工作。推动塑料工业的持续、稳定、健康地发展。

值此人类进入21世纪第一春之际，我代表中国塑料加工工业协会并以我本人的名义，衷心祝愿塑料行业的企业家、专家、教授、工程技术人员和经营管理人员和全体同仁共同度过一个欢乐祥和的节日！

龙腾千禧，再创新局！

中国塑料加工工业协会公布2001年工作要点

国家经贸委发布的《关于加快培育和发展工商领域协会的若干意见》，进一步明确了新形势下行业协会的地位和作用，确定了行业协会自律、协调、监督和维护企业合法权益以及协调政府部门加强行业管理的三大职能。2001年是世纪交替之年，中国塑料加工工业协会工作要点是：

1. 为企业做好全方位的服务。
2. 配合国家经贸委和民政部做好中国塑料加工工业协会专委会的重新登记工作。
3. 加强协会的自身建设，发挥桥梁和纽带作用。
4. 加强塑料再生利用和环境保护工作。
5. 加强重点企业的统计工作，建立数据库，引导企业创建自己的品牌加强对重点企业（协会会员单位）沟通与了解，通过抓统计工作，依靠重点企业或集团龙头企业，建立数据库。同时对中国塑料加工工业协会无锡经济信息交流站的工作要加强指导，其统计工作委托无锡站承担。
6. 办好展览会，加强力度开展国际交流活动。
7. 积极采用国际标准和国家标准，为最大限度地把握产品质量，努力加强质量体系认证工作，逐步使全行业大型骨干企业和部分具有较强经济实力的中小型企业通过ISO 9000质量体系认证，部分企业通过ISO 14000质量体系认证。
8. 积极筹备开好“西部大开发塑料论坛”会。
9. 做好协会日常工作。

塑料行业淘汰ODS取得重大进展

7日 新疆梨花包装有限公司第一个伞形项目验收汇报会及第二个伞形项目总承包签字仪式在中国轻鑫工程总公司召开。这标志着我国塑料行业淘汰ODS（破坏臭氧层物质）取得了重大进展。国家环保总局外经办刘亿副主任和中国塑料加工工业协会廖正品理事长出席会议并做了重要讲话。

新疆梨花包装有限公司第一个伞形项目是1998年批准的，总投资448.851 6万美元，该项目和第二个伞形项目全部使用联合国多边基金的赠款，用于把新疆梨花包装有限公司在聚乙烯发泡制品的生产中使用的发泡剂CFC-12替换为对大气臭氧层无破坏的丁烷。

此前，项目已经通过了第一个伞形项目验收小组的预验收。项目完成以后，每年可以淘汰 ODS 1 146 吨。

刘亿副主任和廖正品理事长在讲话中对伞形项目运作方式和专家的作用给予充分肯定。根据刘亿副主任建议，第二个伞形项目将在第一个伞形项目的基础上，进一步改进运作方式，加快项目进度。

聚氯乙烯（PVC）生产、应用与环境保护国际研讨会召开

9日 由国家环保总局污控司、中国氯碱工业协会、中国塑料加工工业协会共同举办的“聚氯乙烯（PVC）生产、应用与环境保护国际研讨会”在北京隆重举行。中国塑料加工工业协会廖正品理事长致词并做“中国塑料工业现状及展望”的报告；国家环保总局污控司王吉处长和中国氯碱工业协会张国民秘书长分别做“加强对 PVC 废塑料的环境管理”、“中国聚氯乙烯树脂行业现状，发展前景”的报告。

会议邀请了欧洲聚氯乙烯制造商协会（ECVM）执行主任 J-P De Greve 先生介绍了 ECVM 以及欧洲塑料加工协会（EUPC）的情况，并做“欧盟 PVC 同行业倡议-现状与前景”的报告；美国乙烯研究院总裁兼首席执行官 Tim Burns 先生做“乙烯研究院在市场应用方面面临的课题和对策”的报告；美国西方石油公司副总裁 William Carroll 先生做全球 PVC 需求展望的报告和美国二噁英情况的介绍；澳大利亚乙烯协会执行主任 Rob Faulkner 先生做关于亚太乙烯网络和 PVC 在 2000 年悉尼奥运会限制使用的介绍以及对 2008 年北京申奥的建议；日本乙烯环境协会主任 S. Sasaki 先生和分会主席 H. Hori 先生介绍了日本 PVC 工业状况以及日本二噁英回收的情况。到会的还有我国塑料行业有关的专家、教授，PVC 行业生产、应用单位的代表，就国内外 PVC 行业需求和发展趋势、应用方面、PVC 与环境保护关系及回收利用方面做了交流和探讨，还就一些热点问题进行专门讨论。建议 PVC 同行在全球范围内联合起来，在生产、加工和回收利用等各个环节上不断采取新技术，使产品不断升级为对环境更有利，从而促使 PVC 工业健康稳定的发展。

洛阳制冷机械厂聚氨酯板生产中 CFCs 替代项目通过验收

12日 《洛阳制冷机械厂聚氨酯板生产中 CFCs 替代项目》顺利通过国际、国内验收。国际验收由 UNDP（联合国开发计划署）发泡专家 Tommy Lauridsen 先生在国家环保总局外经办项目官员张亦萌的陪同下顺利完成。国内验收组由国家环保局、中国塑料加工工业协会、国内贸易局、洛阳市环保局、洛阳市劳动局、洛阳市消防支队西工消防科、黎明化工院和中国航空导弹研究院专家组成；行业主管部门中国塑料加工工业协会理事长、高级工程师廖正品担任验收组组长，验收会议由国家环保总局外经办王迎主持。

该项目是 1997 年 11 月由蒙特利尔公约多边基金组织第二十三次执委会批准，UNDP 作为国际执行机构，项目目标是在洛阳制冷机械厂聚氨酯板生产每年淘汰 130 吨 CFCs。洛阳制冷机械厂通过国际招标，从意大利 Cannon 公司购进两台具有国际领先水平的高压发泡机和一套预混装置，同时自筹 35 万美元购置大型层压机一台，并对发泡模具进行了更新改造。验收会上，国际专家和国内专家听了企业项目实施报告，并参观了新的聚氨酯硬泡生产线和设备运行情况，产品质量符合国家和行业标准。国际、国内专家一致认为，新的发泡生产线能够满足企业生产需要，符合国家在环境保护、劳动安全卫生和消防等方面的有关规定，实现了项目文件规定的年淘汰 130 吨 CFCs 的目标。UNDP 专家 Tommy Lauridsen 先生签署项目完工证书和项目产权移交书，国内验收组组长廖正品签署项目验收意见书，宣布该项目通过验收。

中国塑料加工工业协会 PVC 低发泡板材专委会第二届年会召开

第二届中国塑料加工工业协会硬质 PVC 低发泡板材专业委员会年会暨会员代表大会在昆明召开，来自全国各地的 50 余名代表参加了会议。

会议由东道主云南麒麟塑化集团公司总经理顾宝祥主持，中国塑料加工工业协会 PVC 低发泡板材专委会理事长、北京华林新型材料有限责任公司总经理叶东钢代表第一届理事会向大会做了专委会 2000 年年度工作总结：中国塑料加工工业协会 PVC 低发泡板材专委会成立两年来，本着发展中国 PVC 产业，推广节能环保型材料的宗旨，为会员、为企业做了大量的工作；推广技术革新和经验交流，组织召开生产和技术方面的专题研讨会，推动国际间的技术交流与合作，协助中国塑料加工工业协会组织企业参观国际塑胶展览会；发挥桥梁和纽带作用，加强内外联系，做好统计、信息交流工作等。

会议审议并表决通过了理事会《关于修改专委会章程的提案》，选举产生了新一届理事会领导。会议期间，代表们就 PVC 低发泡板材生产技术、应用方向及 21 世纪 PVC 行业的发展前景进行了积极热烈的讨论，并进行了技术生产经验交流。

【2 月】

中国轻工业联合会正式成立

19 日 国家经贸委召开新闻发布会，按照国务院批准的《国家经贸委管理的国家局机构改革和国家经贸委内设机构调整方案》的要求，撤销国家经贸委管理的九个委管国家局，有关行政职能并入国家经贸委，对撤销的委管国家局联系的近 300 个行业协会实行分行业、分层次管理，国家经贸委直接联系 10 个综合性行业协会，其他 200 余家协会授权综合性行业协会管理。

在国家轻工业局宣布撤销后，新组建的中国轻工业联合会于 2 月 28 日召开了干部大会，中国轻工业联合会会长陈士能郑重宣告“中国轻工业联合会正式成立”。杨志海副会长传达了中编办关于“同意中国轻工行业协会联合会更名为中国轻工业联合会”的批复和国家经贸委关于联合会会长、副会长、秘书长人选的批复，陈士能会长做了题为《振奋精神、同心同德、求新务实、努力开创中轻联工作新局面》的讲话。目前，中国轻工业联合会由 44 个行业协会、11 个专业学会构成。

【3 月】

“光转换农膜研制开发”项目通过鉴定

2 日 北京华盾塑料公司和北京浩志科技发展有限公司共同承担的北京市科委“光转换农膜研制开发”项目在北京通过鉴定。

农业、化工、塑料加工等方面的七位专家组成的鉴定委员会，在经过认真审查、考核后，对该项目的完成给予了高度评价，专家们一致认为该项目的研究成果居国内外领先地位，达到国际先进水平。

徐州一建集团重组徐州塑料厂

28 日 徐州一建集团重组徐州塑料厂新闻发布会暨 2001 年徐州人造革、薄膜产品订货会在徐州举行，徐州市常务副市长苗敬柱及市体改委、市建管局、市塑料公司、市财政局、地税局、国税局、银行系统和全国各地用户近百人参加了会议，中国塑料加工工业协会副秘书长丁言行等出席了会议。

徐州一建集团是国家一级企业，集建筑施工、房地产开发、机械施工、塑料化工、商业贸易于一体的跨行业、跨地区的综合性企业集团，已获 ISO 9002 质量体系认证，并取得对外经营签约权。集团总资产近 10 亿元，拥有工程技术人员近千人，大中型施工机械 1000 余台（套），全员技术装备率 1.2 万元/人。

经过重组，新组建的宏源塑胶公司和伟业塑胶有限公司继承了原国有企业的精良装备和无形资产，经过一年多的努力，目前生产线已投入正常生产。

PE 埋地排水结构壁管标准会议召开

30 日 全国塑料制品标准化技术委员会管材分会在北京召开了“PE 埋地排水结构壁管标准会议”。来自全国各地的 PE 埋地排水结构壁管及其生产设备的 20 多家企业的代表参加了会议。

会上成立了 PE 埋地排水结构壁管国家标准起草小组，确定了起草单位、参编单位和编写工作计划，讨论了标准的文本框架及分工。决定 PE 埋地排水结构壁管国家标准以最新版欧洲标准 PrEN13476：2000 为采标基准。分为 PE 双壁波纹管和 PE 缠绕结构壁管两部分。

国内准备开发 PE 埋地排水结构壁管的企业应注意国家标准起草工作的进展情况，建议在国家标准制定前企业标准要以欧洲标准 PrEN13476 为采标基础。

新型反应挤出设备在华南理工大学研制成功

31 日 由华南理工大学聚合物新型成型装备国家工程研究中心承担的“九五”国家重点科技（攻关）计划项目“聚合物动态反应加工技术及设备开发”在广东省汕头市通过由教育部组织的技术鉴定及验收。中国塑料加工工业协会廖正品理事长参加了此次鉴定会。徐僖院士、毛炳权院士等行业内著名专家组成的鉴定委员会认为该项目在理论上突破了控制聚合物单体后缩聚反应及多相多组分聚合物混后改性过程及停留时间分布不可控的难点，通过将振动力场引入聚合物反应挤出全过程，解决了振动力场作用下聚合物反应加工过程中的质量、动量、能量的传递及平衡问题。新设备工作原理正确、可行，方法新颖、独特，是国内外聚合物反应成型加工领域的重大创新，该技术处于国际领先水平。该项目的研制开发成功，将对我国聚合物单体后缩反应技术及聚合物化学反应改性技术，聚合物合金化、功能化技术的进步起到推动作用，使传统反应设备更新换代，对我国聚合物工业将产生巨大的经济效益和社会效益。

【4 月】

中国塑料加工工业协会医用塑料专委会成立

2 日 中国塑料加工工业协会医用塑料专业委员会成立大会在国家药管局和天津市有关领导和行业同仁的支持下，在天津召开。

国家医药监督管理局医疗器械司卜长生处长在会上做了重要讲话。中国塑料加工工业协会、天津市科委、市经委和塑料集团的有关领导莅会并讲话。

会上天津市塑料研究所、吉林省塑料研究所、天津哈娜好医材有限公司、山东威高集团等被推选为第一届理事会理事长单位和副理事长单位，与来自全国各地的其他 20 多家企业共同组成第一届理事会。理事会讨论并通过了专委会《章程》，向全行业发出《倡议书》要求行业自律，不造假、不售假；呼吁政府加大打假力度。与会代表还讨论了专委会工作计划，并就同行业共同关心的问题充分交流了看法，探讨了促进行业发展的思路。对专委会的工作提出了建设性的意见。

与会代表讨论了组建大型医用塑料市场的可行性，一致认为这是一个机制创新的举措。有利于维护良好的市场秩序，有利于保障消费者利益，有利于维护守法生产、经营企业的合法权益。建议先从网上市场开始，尽快建立专委会自己的网站，探索对行业产品开展电子商务。创造条件成立医用塑料市场。

短短两天的会议，与会代表充分沟通，对专委会的工作寄予厚望，对我国医用塑料产业的发展充满信心。

第二届华南国际塑料工业展览举办

6～9 日　由中国塑料加工工业协会、广东省塑料工业协会、广东省经贸委、深圳市经发局共同主办的第二届华南国际塑料工业展览会、第五届华南国际模具工业技术及设备展览会在深圳市中国高新技术成果交易会展中心举办。本届展览会是在华南地区举办的一次专业性展览会，其规模超过往届，展出面积 12 000 多平方米，有来自中国、美国、英国、意大利、中国香港地区和台湾省等国家和地区的 400 多家国际知名塑胶厂商参展，展会盛况空前，吸引了海内外观众近 5 万人次参观。北京、天津、上海、江苏、浙江、黑龙江、辽宁、河北、河南、四川、山东、福建、广西、山西等塑料工业协会和模具协会协办了此次展览会。

华南地区是中国最大的塑料进出口基地、转口贸易基地、生产基地和再生、改性塑料生产基地。此次展览会的内容丰富，不仅有大量的文字、音像资料和图片，而且实物展品及产品也较多。展出的有吹塑机、注塑机、挤出机及后处理和印刷设备、测试及控制仪器、辅助设备、原料和添加剂、模具及其他塑胶加工设备等。展览会期间，为了促进中外技术交流与合作，举办了多场不同主题的技术交流活动。

2001 年部分省市塑料公司、行业协会工作座谈会召开

随着国务院机构改革的继续和深化，地方行业协会的机构也发生了很大的变化。为了适应改革的需要，进一步沟通情况，加强合作与交流，研讨塑料行业发展的共性问题，加快塑料工业的快速发展，中国塑料加工工业协会在深圳召开了部分省市塑料公司、行业协会工作座谈会。会议由中国塑料加工工业协会廖正品理事长主持，他通报了近期国家机构改革的情况，并就新形势下行业协会的工作性质、任务、职能及如何开展工作等与代表进行了座谈，北京、天津、山东、黑龙江、河南、广东等塑料协会的代表在会上发言，探讨新形势下塑料行业协会自立、自治、自养，协调、服务和管理的新模式，会上中国塑料加工工业协会与地方协会相互通报了 2001 年重大活动安排，还倾听了地方协会对中国塑料加工工业协会工作的建议与意见。

中国塑料加工工业协会聚酯薄膜专委会 2001 年第一次全体会议召开

中国塑料加工工业协会聚酯薄膜专委会在广东省佛山市召开了 2001 年第一次全体会议，杜邦鸿基张福培等企业家和会员单位的代表出席了会议。

中国塑料加工工业协会廖正品理事长做了题为“团结奋斗，加大反倾销力度，促进聚酯薄膜健康有序发展”的讲话：全国聚酯薄膜行业拥有 22 家骨干企业，生产能力超过 10 万吨，基本上能满足国民经济发展的需求。聚酯薄膜具有的密封性、耐高温、透明度、光泽性和平整性等优良性能，在包装材料中的广泛应用已得到公认。随着我国人们环境意识的增强，保护环境法规的逐步健全，对包装材料薄型化、轻量化、资源化、节约资源、降低能耗、可回收再生利用的要求将更加严格。BOPET 和 PET 包装材料具有的特点，在保持同样阻隔性能的条件下，其用量少、易回收利用且燃烧无毒气体放出。市场前景好，但要充分发挥其性能优势，仍需根据其特点进一步开发新品，增强参与国际市场竞争的能力。我国 BOPET 行业协会对韩国 BOPET 反倾销成功在国内外都可称得上是成功的先例；如果没有在座各位支持和佛山杜邦鸿基牵头，如果没有大家的共同努力、通力合作，是绝对不可能的。在新世纪到来之际，我国又面临加入 WTO，经济全球化使市场竞争更趋激烈，“优胜劣汰、适者生存”是市场经济的必然结果。

中国塑料加工工业协会注塑制品专委会年会召开

16～19 日　中国塑料加工工业协会注塑制品专

委会年会在西安市召开。会议由注塑制品专委会理事长单位、无锡市巨龙塑化股份有限公司陆伟民主持，注塑专委会秘书长顾大全做2001年二届四次年会工作报告，会上苏州富事达塑业有限公司包建成总经理做“建立现代企业制度”，四川大学高分子材料与工程学吴智华博士做“国内外注塑成型技术发展动态”专题报告。与会代表就行业现状及前景进行讨论，会议还安排参观了西安塑料四厂、西安高新技术产业开发区西安高新塑业有限公司。

据年会报告：2000年全国轻工注塑制品行业35家生产企业完成产量8.8万吨，其中周转箱2.3万吨，日用制品0.7万吨，家电配件0.7万吨，工业配件0.4万吨，汽车配件0.4万吨，与去年同期相比，工业总产值增长4.5%，完成工业总产值12.4亿元，同比增长12.3%。整个注塑行业经济营运仍保持平衡，稳中有进的局面。特别在沿海地区发展较快，如常州巨力塑料实业总公司、广州洛民塑料有限公司注塑制品产量突破万吨，成为行业中销售超亿元，产量超万吨的盈利大户。但目前行业中有些企业产品结构调整不到位、中低档产品偏多，市场开发不够，应用领域不畅，生产规模过小，在市场中缺乏竞争力，影响企业的效益。为了更好促进行业发展需要，注塑专委会要做好以下工作：一是做好行业的调查，尽快完成编制“注塑行业第十个五年计划”工作；二是继续做好本行业企业结构调整工作，适当的时期做好理事会的换届改选工作；三是继续组织专委会成员有关人员参加国外考察和技术培训活动。

中国塑料加工工业协会氟塑料专委会二届五次理事扩大会召开

19～20日 中国塑料加工工业协会氟塑料专委会二届五次理事扩大会在理事长单位北京塑料研究所的组织下在北京召开。来自全国各地的20多家单位的代表出席了会议。中国塑料加工工业协会廖正品理事长出席了会议。

会议讨论了2001年工作计划和换届选举的准备工作事项，听取了专委会章程的修改意见。

2000年专委会在中国塑料加工工业协会的领导下，完成了大量工作：参加了由国防科委、国家经贸委、科技部、财政部和解放军总装备部联合主办的“国防军工协作配套成果展示会”、完成了“中国氟塑料加工行业现状及2010年设想”资料讨论稿等。2001年专委会将以新的面貌迎接新的挑战，使氟塑料成型加工行业在新世纪有一个突飞猛进的发展：召开全体会员代表大会，选举产生第三届委员会；召开中、日氟塑料成型加工技术交流会；出版“氟塑料通讯”；组织编制“聚四氟乙烯薄膜规范军用标准”初稿；制定氟塑料行业“十五计划”；开设专委会网站等。

会议还讨论了吸收外资会员、聘请个人理事等事项，并决定于2001年9月中旬召开第三届理事会议。

《发泡聚苯乙烯餐具是否有害健康及其污染如何治理》研讨发布会召开

21日 由北京凯发环保技术中心举办的《发泡聚苯乙烯餐具是否有害健康及其污染如何治理》研讨发布会在北京燕京饭店举行。出席会议的有中国环境科学院副院长夏青、中国塑料工程学会降解塑料研究会理事长唐赛珍、中国消费者协会邱建国、北京消费者协会副秘书长王秀霞、铁道部劳卫所副所长、检测站站长陈佐和标准室主任胡宝泉、国家塑料制品质量监督检验中心副主任翁云煊、中国塑料加工工业协会副秘书长傅永彬以及北京部分报社记者。北京凯发环保技术中心主任董金狮主持会议。

10多年来，发泡餐具因其物美价廉，在确保人们饮食健康以及生活快节奏等方面发挥了很大的作用，现在年使用量高达10万吨左右（相当于200亿只餐盒）。但是由于消费者随意丢弃、回收管理不及时以及产品本身降解腐烂困难等原因造成了日益严重的白色污染。

会议发布了国内外关于发泡餐具是否对人体有害及其安全性能的评价资料。介绍了国内外关于废塑料及发泡餐具治理的有关政策及法规情况。会议指出：世界上本无垃圾，是人类自己制造了垃圾；垃圾是放错了位置的资源；埋在一起的垃圾是资源的浪费，惟有分类处理才能将其合理利用。相信在政府政策的引导下，在回收利用组织的精心策划和运作下，在社会各界的支持下，用我们的爱心、信心和恒心去善待资源，保护环境，无垃圾社会就一定能够实现。

中国塑料加工工业协会农膜专委会二届八次委员会扩大会议召开

25～27日 中国塑料加工工业协会农用薄膜专委会二届八次委员会扩大会议在重庆召开。60家会员单位及农膜添加剂、塑料机械等相关单位的90多位代表到会。中国塑料加工工业协会廖正品理事长、丁言行副秘书长等应邀到会听取汇报并指导工作。大会由专委会副理事长单位、天津第二塑料制品厂厂长耿葆刚和专委会副理事长单位上海三花薄膜厂副厂长何兴安分别主持。

这次会议的中心内容是：1. 审议农膜专委会2000年工作总结；2. 审议并修改《我国农膜行业第

十个五年计划》；3. 与农膜相关行业单位进行技术交流。

农膜专委会理事长、石家庄恒东企业集团公司董事长崔守信代表专委会做了题为《团结一致、共同努力、迎接挑战》的工作报告。报告对一年来专委会工作进行了总结，提出了专委会今后的工作重点：一是进一步加强农膜专委会组织机构；二是发挥协调职能，广泛开展行业经济技术合作；三是开展品牌宣传活动，提高企业产品知名度；四是加强行业基础管理，提高信息服务质量；五是继续发挥政府与企业间的桥梁和纽带作用。

中国塑料加工工业协会理事长廖正品发表了题为《发挥行业协会的作用，促进塑料工业的发展》的讲话。他对农膜专委会的工作，给予了充分的肯定，并要求农膜专委会在迈入21世纪的今天仍然要担负起推动农地膜行业技术进步、促进产品质量的提高、维护企业的利益、沟通企业与政府间的信息的责任，继续发挥桥梁和纽带作用。

与会代表就工作报告和“农膜行业第十个五年计划”以及农膜企业改制经营等问题进行了分组讨论后，代表们充分肯定了农膜专委会所做的工作，对今后的工作方向提出了很好的建议，如农膜专委会发展方向问题、修改地膜生产标准问题、修改农膜第十个五年计划问题。

会议期间，北京花山助剂厂、广东金明塑胶设备有限公司、韩国成进化学公司、埃克森中国公司、湖南神光稀土材料厂等企业的代表分别向与会代表介绍了本企业产品。与会代表在这次会议上通过相互交流，学到了许多先进经验，为本企业今后的发展开拓了思路。

【5月】

中国塑料加工工业协会发布在网上开展“向国内外各界介绍优秀企业活动”的通知

中国塑料加工工业协会是中国塑料行业跨地区、跨部门的全国性行业组织，由企业、企业集团、事业单位、区域性协会、科研院所和高等院校等单位自愿组成，经中华人民共和国民政部门注册登记的社会经济团体法人。中国塑料加工工业协会下设20多个专业委员会，有2 000多家会员单位，分布于全国30个省、市、自治区。中国塑料加工工业协会网站（www. cppia. com. cn）经一年的试运行，目前全面改版，将开设政策法规、行业动态、产品与市场、环境保护、新产品、新工艺、新设备、会议信息、质量标准等10余个栏目。

为了促进塑料行业企事业单位、科研院所间的交流与合作，给企业带来更多的发展空间、创造更大的经济效益，协会决定，在中国塑料加工工业协会网站上介绍行业内优秀企业及领导人形象、开展推广企业产品的活动。

中国塑料加工工业协会异型材及门窗制品专委会2001年度第一届理事会召开

16～17日 中国塑料加工工业协会异型材及门窗制品专委会2001年度第一届理事会在京召开。来自各地几十家大中型企业、科研机构的法人代表、工程技术人员和科研人员代表参加了会议。根据国务院的有关精神，会议针对行业内存在的不正常现象、面临的市场问题，决定在行业内大力开展自律、扶优、创名牌活动。随着我国经济的飞速发展，旧城改造、城建拆迁、小城镇建设的拉动，建材市场日益繁荣，塑料异型材及其制品企业异军突起，得到迅猛发展。在市场上所占份额越来越大，具有十分广阔的市场前景。

但是，近年来，塑料异型材及门窗制品行业也同其他一些行业一样，一些企业出现了偷工减料，掺杂使假现象，损害了消费者的利益，影响了塑料异型材及其以塑料异型材为材质的门窗企业的声誉。出现了无序生产，不正当竞争的情况，影响了行业的健康正常发展，长此下去，将影响行业的健康发展。

针对上述种种情况，本次会议邀请质量万里行的有关单位领导到会做了报告，会议提出了响应和贯彻国务院《关于整顿和规范市场经济秩序的决定》的意见。讨论了在行业内开展“行业自律、扶优创名牌”活动的具体内容。与会代表认真学习了国务院《关于整顿和规范市场经济秩序的决定》，根据国务院的《决定》规划和调整了行业工作重点，并提出了加强行业管理的几点意见：1. 实行行业自律；2. 建立信用制度；3. 建立行业内的监督体系，采取边整边改的方式不断巩固整顿和规范本行业的市场经济秩序。研究讨论了在塑料异型材及门窗制品行业成立专家委员会及相关职责、工作内容。讨论修改了“定点生产企业”的条件，以及发展、考评、管理“定点生产企业”的办法。在全体会议上宣读了“GB/T 8814标准修订预阶段”会议纪要，并征求听取了代表们对标准修订方面的广泛意见。

纳米碳酸钙原位聚合PVC技术通过鉴定

20日 由太化集团有限公司化工厂与杭州华纳化工有限公司合作开发生产成功的纳米碳酸钙原位聚合PVC技术，通过山西省经贸委、山西省省化工行业办组织的新产品投产鉴定。

由清华大学、中国塑料加工工业协会、山西省省技术监督局等11个单位的专家组成的技术委员会和用户单位代表一致认为，太化首次采用计算机DCS控制纳米碳酸钙原位聚合过程，技术起点高，在该领域处于国内领先水平，填补了国内大工业生产纳米PVC的空白，对我国PVC行业采用高新技术提升传统产业技术档次，开发PVC新产品具有积极的示范作用，为企业带来明显的经济效益和社会效益。

贯彻执行国家经贸委第6号令“淘汰一次性发泡塑料餐具”工作座谈会召开

28日 为贯彻落实国家经贸委6号令，解决一次性泡沫塑料餐具屡禁不止的现状，国家经贸委产业政策司召集中国塑料加工工业协会、中国包装协会、食品协会、餐饮协会、物流协会、环保产业协会等有关一次性泡沫餐具的生产、使用、运输相关协会召开了“贯彻执行国家经贸委第6号令淘汰一次性发泡塑料餐具工作座谈会”。根据会议精神，中国塑料加工工业协会拟采取以下措施协助国家经贸委做好6号令落实工作：1. 中国塑料加工工业协会及各专委会要求一次性发泡餐具生产企业，从大局出发，统一思想，认真贯彻执行禁令；2. 要求各相关专委会在对外宣传过程中，坚持正确舆论导向，制止和国家政策相违背的言论；3. 中国塑料加工工业协会作为企业和政府沟通的桥梁和纽带，在贯彻执行国家政策的前提下，将反映各有关企业正当要求和愿望，希望各企业积极配合，做好停产中的清理、安置、转型工作。

【6月】

佛山杜邦鸿基薄膜有限公司宁波开发区分公司投产

佛山杜邦鸿基薄膜有限公司宁波开发区分公司举行了投产庆典仪式，中国塑料加工工业协会廖正品理事长到会，并讲了话。

我国现有双向拉伸聚酯薄膜（BOPET）生产企业20余家，拥有生产线近30条（包括各种国产的中小型和进口的大中型生产线），生产能力（若全面运行）近120kt/a。近20家企业拥有国际上先进的技术、设备和管理，聚酯薄膜行业整体装备水平和技术水平已明显提高，产品多样化，已为我国工业、民用复合基材包装，特别是为我国兵器、航空、航天、船舶、电子新技术发展配套的需要做出了卓越的贡献。佛山杜邦鸿基公司是中国双向拉伸聚酯薄膜（BOPET）行业组织的牵头单位，依靠广大会员单位对韩国聚酯薄膜反倾销成功，促进了全行业的健康发展。

全国塑料加工工业信息中心2001年年会在张家界举行

全国塑料加工工业信息中心2001年年会于6月19日在湖南张家界举行。来自全国各地的100多位代表参加了这次年会。会议期间，中国塑料加工工业协会廖正品理事长向全体代表介绍了我国塑料工业的“十五规划”以及目前塑料行业的生产现状和市场形势。大会邀请了国内有关专家就塑料行业的可持续发展问题，塑料与环境，加入世贸组织对我国塑料工业的影响及行业发展方向和动态等问题进行了探讨。会议还就许多技术专题进行了介绍和广泛交流。与会代表对全国塑料加工工业信息中心十几年来为推动行业进步所做出的工作表示感谢和关心，并提出了许多很好的建设性建议。希望信息中心加强建设，真正成为塑料行业加工领域技术信息和市场信息交流的窗口、相互沟通的桥梁，为我国塑料工业的发展做出应有的贡献。

中国塑料加工工业协会网站推出众多新栏目

中国塑料加工工业协会网站（www.cppia.com.cn）经一年的试运行，于2001年6月全面改版。在开设政策法规、行业动态、产品与市场、环境保护、新产品、新工艺、新设备、会议信息、质量标准等10余个栏目的同时，中国塑料加工工业协会网为塑料行业企业提供特色服务项目。

大型农膜（土工膜）生产线试车成功

广东金明塑胶设备有限公司通过与德国莱芬豪舍公司的技术合作，产品技术水平及自动化程度大大提高了的SJ160×25×3-MJ-20000生产线在河北宝硕集团公司一次验收成功。

新的生产线采用著名的莱芬豪舍公司2000年最新设计的全自动收卷技术和膜泡内冷技术，具有世界领先的技术水平。

宝硕集团是国内塑料加工行业内实力雄厚的大型骨干企业。在此之前，已与广东金明公司有过成批量订购塑料加工设备的业务合作关系。此次为扩大生产能力，选择金明公司的大型吹膜生产线，这是国内最大、亚洲第一的大型生产线，试车工作的复杂程度和技术难度都很高，此次试车全部完成了生产线各项指标的考核。一次试车，一次成功，并立即转入正常生产，连续不断地提供合格的制品，宝硕集团的验收评价为：“达到国际先进水平，在国内土工膜设备中绝对是一流设备。”

大型多层共挤吹塑生产线（而且是一机两用）能够在如此短的时间内，如此低的原料消耗量的要求下，完成调整试车，这在国内外塑料行业内都是少有先例的，又一次显示了国产塑机发展水平的新进步。

公布农膜和地膜的抽查结果

国家质检总局对全国农膜和地膜质量进行了抽查，结果显示，农用薄膜产品质量较好。

此次抽查了北京、河北、上海、江苏、安徽、山东、河南、湖南、广东、四川、重庆、贵州、云南等14个省、直辖市的49家农用薄膜生产企业生产的79种样品，合格77种，抽样合格率为97.5%。其中，聚乙烯农膜产品41种，抽样合格率为100%；聚乙烯地膜产品38种，合格36个，抽样合格率为94.5%。抽查结果表明，国有、集体企业以其加工能力较强、管理体系相对完善、人员素质相对较高、产品质量较好的优势，在激烈的市场竞争中站稳了脚跟。

本次抽查中，抽查的股份制企业无论数量还是产品数量均比1999年和2000年有所增长，抽样合格率为100%，显示股份制企业已逐渐发展成为我国聚乙烯农膜、地膜行业的骨干企业。针对本次抽查中反映出的问题，国家质检总局责成地方质量技术监督部门督促有关生产企业加强企业管理，进一步提高质量意识，规范生产工艺流程，并配备齐全的检验手段，尽快提高产品质量。

【7月】

中国塑料加工工业协会BOPET专业委员会2001年第二次全体会议召开

1日　中国塑料加工工业协会BOPET专业委员会第二次全体会议在广东南海召开。会议由该专业委员会理事长单任佛山杜邦鸿基薄膜有限公司张福培总经理主持，15个会员单位均派员参加了会议。会议交流了BOPET各企业上半年生产经营情况，相互沟通了市场、原料、设备以及开展反倾销等有关信息，并就下半年工作做了安排，重点是继续做好会员信息沟通，进一步完善标准的制定，以共同促进BOPET行业的健康发展。

MDI产业发展战略研讨会召开

7日　中国轻工联合会、中国石油和化学工业协会召开了中国MDI产业发展战略研讨会，国家计委、国家经贸委有关司局、聚氨酯工业协会、中国塑料加工工业协会的领导和中国科学院陈冠荣院士、中国工程院李俊贤院士等专家出席了会议。烟台万华聚氨酯股份有限公司董事长兼总经理丁建生介绍了我国MDI现状、问题及发展前景，公司技术人员汇报了MDI工程开发情况及工艺和质量情况。

会议期间，专家们对国际MDI发展状况、趋势和加入WTO以后中国MDI产业发展趋向进行了研讨，认为烟台万华在引进、消化、吸收的基础上开发具有自主知识产权的MDI制造技术，已成为全世界为数不多掌握该项技术的公司。在参与国际竞争中掌握了主动权。烟台万华公司在技术创新、制度创新方面取得的成功经验值得宣传、推广。同时，专家们对于烟台万华开拓、占领市场，增强产品竞争能力提出许多好的建议，认为烟台万华应进一步加快发展步伐，扩大生产规模，尽快形成世界规模的生产能力。

第2届“促进西亚北非地区经贸合作联合座谈会”召开

12～13日　为进一步贯彻落实中央“走出去”开放战略，促进行业外向型经济的发展，积极开拓中东及其周边地区的国际市场，中国轻工业联合会组织了《中国轻工优质出口商品中东交易会》。为组织好这次活动，中国塑料加工工业协会专门派副秘书长丁言行同志参加了外经贸部西亚非洲司、外交部亚非司在京共同举办的第2届“促进西亚北非地区经贸合作联合座谈会”（由中国机电产品展览中心承办）。会上，外经贸部西亚非洲司领导介绍了我与西亚北非地区国家经贸关系发展现状与前景；外交部亚非司领导介绍西亚北非地区宏观形势、地区政策；我驻西亚北非地区国家部分回国述职的大使、参赞分别介绍具体国别市场的情况；中国机电产品展览中心（阿联酋沙迦）介绍“中心”的经营运作情况等，并介绍了该地区需求购的产品，其中轻工产品中需求购的塑料商品有：

① 化学建材类　塑料管材、塑料门窗、塑料装饰板、窗帘；

② 机械产品及设备　塑料注塑机（400～800g）、挤出机、吹膜机、制袋机、封口机、成型机、塑料模具及产品、喷滴、灌溉工程及设备；

③ 产品　注塑产品（周转箱）、吹塑产品（桶）、日用塑料制品等。

青岛德意利集团3种新品通过专家鉴定

28日　致力于产品创新的青岛德意利集团又有3种新产品通过了由青岛市科技局组织、中国塑料加工工业协会廖正品理事长等11位专家组成鉴定委员会的成果鉴定。专家们一致认为，德意利集团研制的大口径中空壁缠绕管材生产线、大口径中空壁缠绕管材和UPVC内螺旋空壁管材生产线3种产品，各项技术指标均达到国际先进水平，具有较好的社会效益、经济效益和环境效益。

通过专家鉴定的3种产品之一的大口径中空壁缠

绕管材生产线，是参照欧洲 PrEN13476-1 排水管道标准，综合消化吸收芬兰 KWH 公司和韩国的生产技术的基础上，创新提高，自行设计研制的。专家们对德意利生产的大口径中空壁缠绕管材也进行了鉴定。该缠绕管材符合欧洲 PrEN13476-1 地下排污管道系统施工技术标准要求，缠绕粘连牢固，其技术水平达到国际先进，是水泥管和铸铁钢管的更新换代产品。

专家鉴定称，德意利研制的 UPVC 内螺旋空壁管材生产线，整机采用 PLC 控制，性能稳定，生产效率高，其技术经济水平达到国际先进，填补了国内空白；生产出的 UPVC 内螺旋空壁管材质轻，隔音效果好，落水时水沿管壁螺旋而下，基本上解决降低落水噪声问题。该生产线还可生产普通 PVC 管材、发泡管材、内螺旋发泡管材，实现了一机多用。

成立于 1998 年底的青岛德意利集团凭借高新技术产业、优秀的专业人才和新的经营理念，以市场需求为导向，不断加大科研开发力度，每年都有多个国内空白产品推向市场，加快了企业“做大”的步伐，目前已发展成拥有机械、管业、型材、科发、科贸 5 个公司的现代化民营高科技股份制企业集团，被青岛市政府命名为高新技术企业和“十佳”民营企业，成为建设部重点科研成果推广项目完成单位。他们研制的铝塑复合管生产线、PPR 管材生产线、高速挤出硅芯管材生产线、钢塑复合管生产线、隔热断桥彩色铝合金门窗、静电粉末喷涂铝合金型材等系列产品，填补了 14 项国内空白，获得 24 项国家专利，6 项获香港国际发明奖，企业总体科研水平达到国内同行业领先地位。

【8 月】

BOPP 激光防伪收缩膜通过国家科技成果鉴定

由海南现代企业股份有限公司研发成功的 BOPP 激光全息防伪收缩膜日前通过国家科学技术成果鉴定。鉴定会由海南省科技厅组织并主持，由中国塑料加工工业协会理事长廖正品等 7 名高分子材料专家组成的鉴定委员会认为：该产品具有不易仿造，易于普通消费者识别、环保无毒、不影响被包装产品本身性能与功用、外形美观等特点。该产品成功解决了 BOPP 收缩膜生产配方及压印工艺等技术难题，为国内首创，工艺技术居国内领先水平。

BOPP 激光全息防伪收缩膜是含多项专有技术的新型防伪产品。该产品防伪标志清晰易辨，一目了然，极易于消费者识别，是国内防伪技术的重大突破。BOPP 激光全息防伪收缩膜应用范围广，可大量应用于卷烟、医药食品及音像制品等行业的产品防伪包装。目前，海南现代企业股份有限公司已开始向国内卷烟厂用户供货。

农用薄膜专委会理事长单位扩大会议召开

12～15 日 中国塑料加工工业协会农用薄膜专业委员会 2001 年理事长单位扩大会在大连召开。石家庄恒东企业集团公司董事长崔守信、上海三花薄膜厂厂长徐玲、天津市第二塑料制品厂厂长耿葆刚、河南塑胶股份有限公司董事长李晓侠、大连塑料九厂厂长闫超等 5 位会员代表出席了会议。

会议的中心内容：①审议农膜专委会章程修订稿；②研讨农膜专委会今后工作安排及设想；③增选副理事长单位及常务理事单位，完善组织机构。

农膜专委会理事长、石家庄恒东企业集团公司董事长崔守信简要总结了农膜专委会 2001 年上半年的工作。

会议认为，近年来一些会员单位发展较快，大力支持专委会工作，积极参加专委会各项活动，按时缴纳会费，在行业内知名度较高，而另一些的常务委员单位、委员单位的法人代表、企业名称、归属等出现了变更，还有个别单位长期不参加专委会活动，不能发挥中坚作用，并且多年不缴纳会费，不履行义务，因此必须进行调整。会议提议副理事长单位由原来的 2 名，增加为 6 名，并提议增选河南塑胶股份有限公司、大连第九塑料厂、新疆天业集团有限公司、白山喜丰塑料股份有限公司为副理事长单位，同时建议常务理事单位由原来的 13 名增加为 15 名，并提议更换一些常务理事单位。会议对专委会的组织机构设置也提出了建议。新一届常务理事会，将在近期内召开。

西部大开发塑料论坛召开

17～22 日 由中国塑料加工工业协会主办，新疆生产建设兵团农八师、石河子市人民政府协办，新疆天业股份有限公司承办的“西部大开发塑料论坛”在新疆石河子市召开，到会代表共 326 人，提交论文 92 篇，有 26 名代表在大会做专题发言。会议印发了《西部大开发塑料论坛文集》。

与会代表就“国家对西部大开发的发展战略”、“西部大开发给塑料行业带来的发展机遇”、“塑料节水器材在西部地区的发展前景”、“高新技术在塑料产业中的应用”等议题进行了深入的探讨。与会代表认为此次论坛对中国塑料行业抓住西部大开发的世纪机遇，促进中国塑料工业持续、快速、健康发展具有深刻的意义。代表们对此次西部大开发塑料论坛的召开极为满意，并希望中国塑料加工工业协会在改革开放的新形势下，继续举办不同题材的活动，以促进塑料行业健康、持续的发展。

中国轻工业联合会张善梅副会长在会上做重要讲话；中国科学院院士、四川大学教授徐僖先生做了题为“对开发用于西部地区农业现代化的高性能高分子材料的思考”的发言；中国塑料工业协会廖正品理事长做了“加强国内外交流合作，推进塑料行业持续快速健康发展，为西部开发和发展做贡献”的报告；国务院西部大开发办公室、国家经贸委、国家计委、科技部、水利部、建设部、农业部和环保总局等部门的领导，水利、农业、塑料行业的专家约50人到会并讲话。会议还特别邀请了国际灌排协会主席丹尼斯先生及7家外国公司的专家，就国内外塑料节水器材技术发展状况、趋势及应用情况等进行了技术、经验交流。

国际灌溉协会主席丹尼斯谈到：国际灌溉协会目前有25 000多名会员，美国已有1 400多家企业加入国际灌溉协会。协会宗旨是节约用水、提高用水质量、保护环境。用水危机是全世界均存在的问题，希望中国能加入国际灌溉协会。国际灌溉协会建立国际水资源的水权转让条例，提高人们对水的重视程度，防止水资源损失。水资源紧张环节主要在农业灌溉。全球2亿6千万公顷土地均在使用传统漫灌技术，微灌、低压喷灌比传统漫灌节水1倍以上，美国各种灌溉技术中，漫灌占45%，低压大田喷灌为50%，滴灌只有5%，主要用于水果、蔬菜等高附加值作物。塑料滴灌器材对水质要求很高，但节水效率非常高。喷灌技术因适合大片土地而发展很快，现采用低压喷灌，使用年限可达25年以上，故在美国发展很快。采用何种灌溉技术，与地块的大小、周围环境及土壤条件等有很大关系，喷灌和微灌技术各有优缺点，两种技术是互补的。希望与新疆天业股份有限公司进行合作，共同发展双方优势产品。

“论坛”研讨和制定了塑料行业如何贯彻党和国家西部大开发战略部署，贯彻江泽民总书记等国家领导人对节水工作的批示精神；分析在新世纪实施西部大开发战略给我国塑料行业带来的机遇和挑战，使塑料行业特别是塑料节水企业抓住这一良机，为我国中西部地区经济的发展和节水工作做出贡献。

“论坛”重点讨论了节水农业发展战略、塑料节水器材推广应用、化学建材工业在西部的发展前景、塑料高新技术（包括纳米材料）的最新进展等。与会代表踊跃发言，各抒己见，提出了许多宝贵的意见和思路。

与会代表还考察了农八师144团河水滴灌棉田、121团盐碱滴灌棉田、135团荒漠滴灌棉田、石河子高新技术园区，并参观了新疆天业节水器材生产、检验现场。

中国塑料加工工业协会塑料节水器材专业委员会成立

17日　中国塑料加工工业协会塑料节水器材专业委员会成立。全国30余个塑料节水器材主要生产企业参加了会议，并选举产生第一届理事会，选举新疆天业股份有限公司郭庆人董事长为专委会理事长兼秘书长。理事会决定将秘书处设在新疆天业股份有限公司，并在北京设秘书处办事处。

18日　举行中国塑料加工工业协会塑料节水器材专业委员会授牌仪式，中国塑料加工工业协会廖正品理事长兼秘书长授牌，塑料节水器材专业委员会理事长兼秘书长郭庆人接牌。

20日　中国塑料加工工业协会节水器材专业委员会委员召开了专委会第一次会议，与会会员对专委会今后如何开展工作进行了充分讨论，并形成了会议纪要。

还塑料食品袋一个清白

“聚苯乙烯发泡塑料餐具有毒论”的余波未逝，近日来又出现了关于“塑料食品袋有毒”的不科学报道。8月6日某广播电台在新闻联播节目中报道了黑龙江省某专家谈塑料食品袋在50℃以上使用，会放出铅盐毒素，危害人类身体健康；8月9日北京某报一篇题为“塑料食品袋使用不当会中毒”的文章中，许多模糊的概念，失实不科学的报道，给曾对方便人们生活、提高人们生活质量和满足食品、农产品保护包装方面做出较大贡献的塑料食品袋加上了莫须有的罪名，给它的发展前景蒙上了一层浓厚的阴影。这些错误报道给不明真相的消费者带来疑惑，也将给塑料食品袋生产企业带来不必要的经济损失。对此，原轻工部塑料局陈文瑛总工、中国塑料加工工业协会廖正品理事长、周延龄副秘书长、中国包装协会塑料包装委员会蔡明池秘书长、北京莱斯特科贸有限责任公司徐蓓蕾董事长、中国塑料加工工业协会改性塑料专委会刘英俊秘书长、中国塑料工程学会降解塑料研究会唐赛珍理事长、清华大学高分子研究所赵安赤教授、四川大学高分子材料科学与工程系黄锐教授、北京塑料研究所庄甦所长、华创天元实业发展有限责任公司李鹏总工、《中国塑料》杂志杨惠娣主编、《塑料》杂志杨明锦主编等作为长期从事塑料工业的管理和科技工作者，要求其向公众予以澄清，还塑料食品袋一个清白。

① 文中“塑料食品袋有多毒”一节中说到：“食品，尤其是熟食，用塑料食品袋包装以后，常常容易变质，人吃了这类变质食品后，会引起呕吐、腹泻等食品中毒症状。医学界发现，塑料本身会释放有害气体，……对儿童健康发育影响尤为突出……”。其实，当前用作食品包装袋的材质主要是聚乙烯、聚丙烯、

聚酯、尼龙等，在美国经食品及药物总局（FDA）、我国经卫生防疫部门根据国标检测认可，上述品种完全适用于食品包装。根据国内20多年的应用实践，从未发现如报道所说由于使用塑料食品袋而出现的中毒现象。当前我国食品包装以单层薄膜制造的居多。聚乙烯、聚丙烯单层膜防水性好，但阻氧性较差，包装食品的保质期较短。国外和我国对要求较长保质期的食品，特别是熟食肉类食品，主要采用聚乙烯、聚丙烯、聚酯、尼龙等多层复合或与高阻透性树脂如乙烯/乙烯醇聚合物、聚偏二氯乙烯或与铝箔、氧化硅蒸镀膜（软玻璃）等构成的多层复合薄膜，以及真空包装技术等，其保质期可随薄膜的材质、层合结构、包装技术以及包装食品类别而不同，可以具有几天至几年不同的保质期。

② 文中指出："现在市场上使用的大部分是聚氯乙烯塑料食品袋……，塑料燃烧后残存大气里的氯化物及重金属离子严重地危害人类健康和生态环境……"这完全不符合事实。我国从80年代起已禁止使用含有增塑剂的软质聚氯乙烯塑料制造食品包装袋，而目前市场上的食品包装袋主要材质是聚乙烯、聚丙烯、聚酯和尼龙，这些塑料的分子结构中根本没有氯化物和重金属离子存在，因此在燃烧时不可能放出危害人类健康的气体，另外，文中所说"超薄塑料袋（厚度在0.025mm以下）也是禁止装食品的"也属不实之词。其实北京等一些城市禁用超薄塑料袋是基于不易回收和由于质轻随风飘扬影响市容景观的问题，而不是由于有毒而禁止超薄塑料袋用来包装食品。

③ 文中说到"目前市场上销售和使用的塑料食品袋，绝大多数是各地小型企业或家庭作坊生产的，有相当数量是再生塑料制品……未经消毒处理，就私下加工成食品袋投入市场，这些再生料含有严重超标的病菌和致癌物……"这也不符合事实，当前国内市场用的塑料食品袋，如我国每年粮食、糖、盐塑料包装袋需求量近百万吨，许多食品如牛奶、醋、酱油、熟食品、乳制品等使用的多层复合塑料食品袋、保鲜袋，绝大部分是由大型国营、集体、民营和三资企业生产的。我国食品卫生法明确规定，回收再生料严禁用来生产食品包装袋。

④ 文中还说"有关专家反复呼吁，购买食品最好使用纸、布袋盛放。国外基本上已摒弃了塑料食品袋……"。这是不符合事实的。无论塑料食品袋、纸袋、布袋均各具特性，其用途也应各有自己的定位，应根据包装内容物的要求各得其所，如购买带汁熟食品、酱类食品、豆腐、肉类、活鱼等采用纸袋或布袋包装，抛掉价格因素，其包装效果也不言自明。还必须指出，造纸过程污染严重，纸袋不耐水、不耐油，目前市场耐水、耐油纸是用塑料喷淋或覆膜制得的。国外也有一些商店使用布袋，是为了节约塑料原材料，而不是因为塑料有毒。下面引用国外最新数字说明塑料袋使用的概况。

① 据美国 The Fredonia Group Inc. 的调查和预测，美国1998年塑料软包装材料的需求量为2037.6kt，在软包装总需求中占71.3%，美国塑料软包装材料1989～1998年的10年间增长率为3.5%，而纸和铝箔分别为0.5%和1.1%。据预测1998～2003年5年间年均增长率为2.7%，纸和铝箔分别为0.4%和0.8%。

② 欧洲1998年软包装材料的组成中，塑料占69.9%，纸和铝箔各14.7%，玻璃纸0.7%。近年来塑料薄膜在欧洲食品包装市场中日益受宠，由于开发了新型的聚乙烯、聚丙烯牌号，由其制得的薄膜在同等强度下，可以减薄30%以上，符合环保减量化措施，将成为占领未来食品包装市场的主导产品。

③ 据预测，到2001年塑料薄膜在世界食品包装市场的销售金额将由1994年的180亿美元增加到230亿美元，产量将由5500kt增加到6500kt，在食品包装市场中所占比例由56.3%增加到59.3%。日本1999年软包装薄膜产量1174kt，比1998年增加1.1%。由以上数字可以表明，塑料食品袋是不可能禁用的，而且随着科技的进步，它必将在促进食品包装市场繁荣的同时不断发展自己，并将具有更大的竞争力和生命力。

【9月】

中国塑料加工工业协会异型材及门窗制品专业委员会2001年年会召开

16～18日 中国塑料加工工业协会异型材及门窗制品专业委员会2001年年会在北京召开。出席会议的有：国家有关部委领导，塑料加工工业协会异型材及门窗制品专业委员会会员、会员单位法人代表、工程技术人员，国外同行业代表、专业机构负责人，京冀等地房地产商，建筑工程设计部门代表及非会员单位塑料门窗组装厂代表，新闻单位记者等1 600余人。

大会分别由中国塑料加工工业协会廖正品理事长、济南德佳公司邓小鸥总经理等人主持。

大会以江泽民"七一"重要讲话为指针，以贯彻落实国务院《关于整顿规范市场经济秩序的决定》为中心内容，以指导和规范行业行为为主要议题，就在新形势下行业如何健康发展为主题召开了企业家高层论坛会。

会上，中国轻工业联合会会长陈士能、建设部科技委员、化学建材专家顾问李国泮高级工程师、建设部科技发展促进中心副主任彭家琪、建设部科技司处长韩爱兴、国家质量监督检验检疫总局执法督察司侯广丞处长、中国塑料加工工业协会副理事长杨力行分别做了重要讲话，特邀嘉宾罗森海姆门窗技术研究所所长侯恩斯坦代表欧洲门窗协会秘书长海伯特做了讲话。理事长单位河北宝硕集团有限公司副总经理韩连贵到会并讲了话，专委会秘书长王存吉做了工作报告。8家大中型企业的董事长、总经理做了重点发言。

为了让与会代表在生产加工实用技术方面有实实在在的收获，年会请国内外几十个品牌产品厂家、科研所的工程技术人员，以指导和现场演示的方式进行了技术交流和产品介绍。与此同时，近百厂家的机械设备、模具、原辅料、配件及成品在大厅和广场进行了展示，年会还组织与会人员到福田、燕郊、北新3个公司、厂家进行了参观学习。

会议要求会员单位。第一，认真开展自律活动，协助专委会制定行规行约，要从自身做起，高标准、严要求，讲质量、讲服务、讲信誉，树立良好的企业形象。第二，协助搞好行业产品经济秩序的整顿，坚决反对为图一己一时之利，倾轧同行、肆意进行价格战的恶性竞争的短视行为。企业要致力于加强管理，挖潜降耗，优质低价，提高服务水平和质量赢得用户、占领市场，跳出低层次的竞争。第三，引进新工艺，研发新产品，提高产品竞争力。要创造条件建立科研开发机构，努力争取出科研成果，技术创新，有自己的知识产权和自主的技术。入世在即，应该有危机感和紧迫感。

会议号召专委会会员企业，要注意到小城镇和广大农村市场的潜在大量需求，要踊跃投身于西部开发中去，要紧紧抓住北京举办奥运会这一大好时机，立即行动起来，努力使产品更规范、更优质、更先进，市场进一步扩大，以迎接加入世贸组织的挑战。让我们的民族工业产品赶上和超过世界先进水平，跨出国门，走向世界。

中国塑料加工工业协会为塑料企业开展制作网站进行网络服务

为了促进我国企（事）业单位的繁荣与发展，给企业创造商业机会，充分利用信息时代的有利时机，宣传企业形象、推广企业产品、开展电子商务、共享信息资源，同时，也为企业提高工作效率，降低运营成本，减少管理费用奠定基础，中国塑料加工工业协会决定开展为塑料企业制作网站和开展网络宣传服务活动。

广洋稀土稳定剂20kt生产线投产

廖正品理事长参加了广洋稀土稳定剂20kt生产线投产庆典暨高效挤塑系统新技术展示会，并发表了“依靠科技创新，加强推广应用，促进新兴材料的蓬勃发展”的讲话。

广洋是国内最大的稀土稳定剂生产厂家、最大的硬质聚氯乙烯（PVC-U）发泡板材生产和后加工基地。在短短的6年中，已发展成集科研、助剂生产、PVC-U加工、后加工一体化、规模化的集团式高新技术企业。广洋公司自行研制开发稀土多功能稳定剂是以我国资源丰富的轻稀土混合氧化物为主原料的无毒稳定剂，在环保、性能价格比等方面都具有突出的优越性，是有毒金属稳定剂的理想替代产品。产品的性能特点是：有优良的热稳定性、耐候性能、加工性能好、有独特的偶联增容作用、内增塑增韧作用、优异的电绝缘性能、无放射性危害、不含致癌胺类物质等。产品已获准进入美国、欧洲、日本等国市场。稀土稳定剂项目的扩产成功，在助剂行业具有先导及创新的意义。

中国塑料加工工业协会PVC低发泡板材专委会第三届年会召开

20～21日 中国塑料加工工业协会PVC低发泡板材专委会第三届年会在成都召开，全国各地企业代表40余位参加会议，中国塑料加工工业协会理事长廖正品出席会议并向大会致贺辞。周延龄副秘书长到会并讲话，讲话中介绍了2001年1～6月份塑料加工行业的生产情况，以及为了进一步推广应用PVC低发泡板材要努力开发与其配套的各种异型材和PVC发泡板材专用加工工具和设备等。PVC低发泡板材专委会理事长王佑军做工作报告。报告中主要介绍了一年来在广大会员单位支持和合作下，专委会发挥了中介组织作用，开展了信息服务，技术交流取得一定成果。总结过去，展望未来，专委会认为肩负责任重大，并看到由于受外部经济环境和其他因素制约和影响，整个行业发展尚不平衡。突出表现在有些企业为适应市场需要增加生产线，扩大了能力，增加了产品品种，提高了产品质量，形成有一定经济规模和较完善的生产和管理体系，成为我国化学建材工业的重要组成部分，例如，广州宝力威、山东华潍、齐齐哈尔金枫、山东海泰、北京华林、四川成飞等。

但也有部分企业由于产品品种和产品质量影响，生产能力未能很好发挥，这样的企业亟待进行调查，准确找到解决对策，使这部分会员走出困境，以便和低发泡板材专委会全体会员一道共同努力，为振兴和繁荣PVC发泡板材事业做出更大贡献。

塑料异型材高性能挤出模具通过技术鉴定

25 日 由中船重工集团第七一六研究所杰瑞模具公司研制的塑料异型材高性能挤出模具在江苏连云港市通过省级技术鉴定。

塑料异型材高性能挤出模具在塑料异型材生产上具有高的挤出速度、大的挤出产量、高稳定性、低能耗以及型材制品表面光洁、断面尺寸精密、理化性能好的特点。挤出牵引速度可达 3.5～4.5m/min、挤出产量大于 200kg/h。若双束挤出，速度可大于 2.8m/min×2，挤出产量大于 300kg/h。该公司经近两年研制采用先进的制造技术，通过计算机模拟分析技术（CAE 技术）、计算机辅助制造技术（CAM 技术）以及型腔挤压、珩磨抛光等技术；型腔尺寸加工精度达到±0.03%，型腔表面粗糙度达到镜面，模具的连续稳定生产时间大于 100h。

专家认为：该公司产品的研制成功使我国塑料异型材挤出模具达到了国际先进水平，可以大范围地替代进口产品，可大大地降低型材生产成本。提高塑料异型材市场竞争能力和企业经济效益。

天津丹海公司生态利生物降解母料万吨级产业生产工艺及装备通过鉴定

26 日 天津丹海公司“生态利生物降解母料”科技成果鉴定会召开，会议由天津市计委主持，中国塑料加工工业协会理事长廖正品任鉴定委员会主任，白景美、高洪兴为副主任等专家委员参加了鉴定。

生态利生物降解母料是发展的新趋势，不仅可节约有限的石油资源而且能生产多个品种，应用领域广泛。建议迅速扩大产品生产规模，进一步加强产品的应用和推广，继续跟踪降解性能实验，满足市场急需。

安塑弹性 PU 透气革产业化项目建成投产

28 日 湖南安塑股份有限公司隆重举行年产 1 200万平方米弹性 PU 透气革项目建成投产庆典，这是我国人造革行业的一件大事，中国塑料加工工业协会廖正品理事长出席会议祝贺并讲话。

湖南安塑股份有限公司加大科技投入，主攻弹性 PU 透气革的开发研制，于 1998 年开发出国际先进水平的弹性 PU 革，解决了传统人造革不透气的难题，使我国成为继日本之后能够生产这种产品的少数国家之一。

2000 年安塑进行年产 1 200 万平方米弹性 PU 透气革项目建设，现已胜利完成，被国家计委授予“国家高技术产业化示范工程”。

我国作为纺织服装出口大国，弹性 PU 透气服装革必将受到国际市场的欢迎。这种弹性透气服装革、沙发革既能满足国内需要，同时又能扩大出口创汇，具有极大的市场潜力和发展前景。

泡沫塑料行业 CFCS 淘汰工作取得进展

泡沫塑料行业目前在全国有 1 000 多家企业，其中有 4 个子行业以 CFCs（CFC-11、CFC-12）作为发泡剂，它们是 PS 挤出泡沫、PE 挤出泡沫、PU 软泡和 PU 硬泡。泡沫塑料行业的 ODS 淘汰目标是：在 2005 年前完成 PS/PE 挤出泡沫使用的 ODS 替代；2010 年前实现 PU 软泡和硬泡使用的 ODS 替代。

截止 2000 年度，中国泡沫行业共有 163 个替代项目获得批准，获赠款 8 396 万美元，可实现 6 946 吨 ODS 的替代。

自 1998 年至今，已有 2 个 PE 泡沫伞形项目、1 个 PU 硬泡伞形项目获多边基金执委会批准，获赠款 1 500 万美元，可实现 2 600 吨 ODS 淘汰，涉及 63 家企业。其中以新疆梨花包装有限公司为主的 25 家 PE 泡沫网套企业组成的第一个以伞型方式申报的 CFCs 替代项目，在第 25 次多边基金执委会上得到批准，赠款金额 448 万美元，项目完成后可淘汰 1 146 吨 CFC-12。2001 年 8 月，该项目通过了验收。目前，又开发了 1 个 PU 硬泡，2 个 PU 软泡伞形项目，项目进展顺利。

同时，还开展了行业机制的编制工作，通过认真细致的调查和三年的辛苦工作，2001 年 5 月，《中国泡沫行业 ODS 整体淘汰计划》文件编制完成，已提交第 34 次执委会，有待第 35 次执委会审批。该计划申请赠款金额为 9220 万美元，将覆盖中国泡沫行业的软泡、硬泡、自结皮三个子行业的所有 ODS 淘汰计划。

建设“无 CFCs 组合料供料中心”，从源头解决 CFCs 的替代问题，可提高企业的整体素质，促进行业技术进步和工业重组以达到国家产业结构调整的目标；建设“供料中心”可发挥大企业集团优势，有利于政府监控，从源头入手，抓住一点控制一片，确保多边基金赠款的有效性；建设“供料中心”标志着我国长期以来在泡沫行业 CFCs 替代中，从单纯末端产品的替代开始转入到替代产品的生产。另外，PU 泡沫无 CFCs 技术适用的聚醚、助剂的开发战略正在研究过程中。

【10 月】

中国塑料加工工业协会人造革专委会 2001 年年会召开

中国塑料加工工业协会人造革专委会 2001 年年会在广州召开。会上中国塑料加工工业协会廖正品理事长发表了“应对 WTO，发展我国人工制革行业”的重要讲话。

廖理事长概括地介绍了人工革这一新型原材料及人工皮革行业的发展，就我国加入 WTO 后，如何发展人工制革行业，以及人造革专业委员会如何为企业服务，促进行业发展等问题做了论述。他希望中国塑料加工工业协会人造革专委会的同志认清政府职能和机构转变后的新形势，转变思想观念，紧紧依靠广大会员单位，开拓进取，努力完成政府和全行业的重托，深入研究加入 WTO 的应对措施，探讨新形势下行业管理的模式，为行业内外众多企业服好务，充分发挥交流信息的优势，办好《人造革简讯》，进行全行业的调查，摸清行业基本情况和企业发展新鲜经验，促进企业的共同发展，不断增强协会的凝聚力、号召力和影响力，为行业整体水平的提高做出新贡献，迎接我国人工制革行业发展的新纪元。

2001 年中国国际高新技术成果交易会举办

中国国际高新技术成果交易会简称高交会，是由中科院、外经贸部、科技部、信息产业部和深圳市人民政府共同组织的，每年一届，10 月份在深圳举办。首届高交会于 1999 年 10 月举办，参会人数达 30 万之多，大会成交额为 64.94 亿美元。2000 年举办的第二届高交会再次引起商家、投资者和工商界及企业界人士的高度重视，展览面积达 36 000 平方米，成交额为 85.4 亿美元，比首届增加了 31.4%。

12～17 日 第三届高交会在深圳召开，为了促进新材料技术的发展，把握世界先进水平的发展潮流，本届高交会举办了新材料技术专业展，深入介绍各行业的最新技术和产品，为参展商提供更多的宣传和交流机会。

中国农用塑料应用技术学会农塑制品分会 2001 年年会召开

13～15 日 中国农用塑料应用技术学会农塑制品分会 2001 年年会在广东省汕头市举行。到会 90 多个单位，代表 170 余人。

本次年会得到了行业学（协）会和地方领导的大力支持。中国塑料加工协会廖正品理事长、杨力行副理事长、全国农用塑料应用技术学会秘书长张真和以及汕头市金园区区长等领导亲临会议。会议通报了行业发展动态及趋势等热点问题。

大会还进行了技术交流。天津联合化学公司对其农用棚膜专用树脂 LLDPE9085、LLDPE7047 做了介绍，Exxon 公司介绍了 m-LLDPE 在农膜上的应用。北京市化工研究院、克莱恩公司、氰特公司、汽巴精化公司等国内外厂商介绍了他们研究的新型光稳定剂的应用情况；临安塑料化工助剂厂、北京花山助剂厂报告了聚烯烃农用棚膜助剂的应用情况；德国莱芬豪舍公司介绍了吹塑薄膜设备进展。广东金明塑胶设备有限公司结合样机展示，介绍了塑料机械新技术和新产品。

川路集团型材公司举行开业庆典

16 日 川路集团公司召开开业庆典活动，中国塑料加工工业协会廖正品理事长到会并讲话祝贺。

川路塑胶公司自 1986 年创建，15 年来在省、市各级领导关怀和重视下，川路领导和职工经不懈地努力，使川路已成为我国颇有影响的新型化学建材生产厂，是目前国内同行业中规模大、品种齐、质量优、开发能力强、效益好的骨干企业。塑料管道和异型材及门窗制品是化学建材行业的重要组成部分，塑料管道制品，尤其是 PVC-U 上下水管是大宗的重要的化学建材，都是川路的名牌产品，如今川路塑胶集团公司又建成万吨级塑料异型材一期工程，为我国塑料异型材增加了加工能力、增添了产量，凭借川路集团较高的技术力量和管理水平，以及优异的产品质量和完善的销售网络，一定能发挥其作用促进我国的塑料异型材及门窗行业发展，达到行业“十五”和 2015 年发展规划的目标要求。

中国石化第三次石化市场研讨会召开

16～17 日 中国石化第三次石化市场研讨会在北京召开。会议由中国石化集团公司经济技术研究院主持，到会单位除了石化有关生产企业集团外，还有国内塑料加工有关企业代表参加。会议安排有关专家分别做了“2001 年油品市场分析及明年预计”、“国内石化产品市场分析及未来预测”、“国际石油价格分析及预测”、“中国塑料包装业发展状况及展望”、“合成树脂在我国农业中应用及展望”、“中国塑料加工行业发展的现状与前景”、“我国化学建材的现状及发展”、“中国合纤工业的现状及发展”以及“2001 年国际经济形势分析与今后两年形势展望”等专题报告。

中国塑料加工工业协会氟塑料加工专委会第三届会员大会召开

16～19 日 中国塑料加工工业协会氟塑料加工专委会第三届会员代表大会在张家界召开。56 家会员单位近百名代表参加了会议，国家经贸委经济运行司王建中处长、中国轻工业联合会新材料办公室李英高工、中国塑料加工工业协会李国俊副秘书长等出席了会议。李国俊副秘书长代表廖正品理事长在新一届会员代表大会上讲话，并祝大会圆满成功。

会议听取了第二届专委会工作报告和“我国含氟材料加工行业现状调研及2010年发展设想”的报告。会议以表决的形式通过了“中国塑料加工工业协会氟塑料加工专委会章程（讨论稿）”，经过等额选举的形式产生了北京塑料研究所、武汉市工程塑料有限公司、天津第九塑料制品厂等25个单位为第三届专委会理事单位。接着举行了三届一次理事会，选举北京市塑料研究所为理事长单位，庄所长任理事长。中国轻工业联合会新材料办公室、武汉市工程塑料公司等六家单位为常务理事单位，同时聘请王桂芬、陈文荣为名誉理事长。

会后，召开了“中外氟塑料成型加工技术交流会”。

汕头市塑胶商会举行十周年庆典

28日 汕头市塑胶商会举办成立十周年庆祝活动，中国轻工业联合会陈士能会长致信以示祝贺，中国塑料加工工业协会、汕头市委、市府等地方领导及各界专家、企业家参加了庆祝活动。

汕头市塑胶商会成立十年来，坚持“科技兴塑、发展经济、服务会员”的战略，为发展汕头经济做出了贡献，到目前为止，会员企业达上百家，涵盖了塑料原料、塑料制品、塑料机械设备、辅料助剂和商贸领域，会员企业总资产近50亿元，年工贸总额近百亿元。汕头市塑胶商会依据地处经济特区，民营企业发展迅猛的特点，积极开展合作交流，加强对外联络、牵线搭桥、提供服务、增强商会的凝聚力，并主动向汕头市府提出了《加快我市塑胶工业发展的建议》，引起了市领导有关方面的重视。

【11月】

中国石化咨询信息网年会召开

中国石化集团公司第八届石化咨询信息网年会在无锡召开。中国塑料加工工业协会丁言行副秘书长参加会议，并代表廖正品理事长做了《我国塑料工业现状与发展》的发言。石化行业是塑料制品的上游行业，石化行业的兴旺、发达、直接关系到塑料制品行业的发展，希望中国石油行业能够迅速、蓬勃的发展，使下游企业，尽快减少进口，多使用国产原料，希望石化产品能够在品种、质量、数量上满足国内需求，从而使制品企业能够生产出更多更好的满足人民日益提高的生活需求，赶上和超过世界水平。

应邀出席这次会议，并作专题报告的有：国务院发展研究中心宏观经济部部长、研究员米建国同志报告题为《当前宏观经济形势解析》；国家信息中心经济预测部产业发展预测处处长、高级经济师张学颖报告题为《中国经济进入新的适度增长平台区间》，中国纺织工程学会化纤专业委员会秘书长、教授级高工李瑞报告题为：《新世纪中国化纤工业回顾与展望》。中国石化集团经济技术研究院顾问、教授及高工朱康福、副总、教授级高工朱和到会并做了报告中石化咨询公司经理朱煜也到会并做了讲话。来自石化系统的研究院、规划院、油田等代表分别在会上做了相关技术专题报告。

中国塑料加工工业协会建立全国塑料行业重点企业季度统计制度

为适应社会主义市场经济发展的需要，及时了解塑料行业情况，研究制定行业政策，加强宏观调控以及塑料行业企业间的信息交流，中国轻工业信息中心与中国塑料加工工业协会决定建立全国塑料行业重点企业季度统计制度。

资料每季度二期，分别为综合册、企业册。《全国塑料行业信息-综合册》以反映塑料行业整体发展状况的信息为重点，内容涉及：塑料制品行业年度与季度的分地区、分行业主要经济技术指标、产品产量、海关进出口统计、销售收入亿元以上企业基本情况和大量的塑料行业信息；《全国塑料行业信息-企业册》则以反映塑料企业的生产经营情况的信息为主，内容包括：企业主要经济效益指标、产、销、存情况等信息。将以点、面结合的方式，全方位的反映塑料行业的发展水平。

全国塑料研究所技术信息协作网年会召开

20～22日 全国塑料研究所技术信息协作网第十四届年会在江西省鹰潭市召开。来自全国各地塑料行业的专家和代表60余人出席了会议。协作网理事长包建成总结了一年来的工作；中国塑料加工工业协会许琳代表廖正品理事长出席了会议，并宣读“中国塑料工业现状与发展趋势”的报告；参加会议的各研究机构的专家和代表宣读了研究报告。代表们对“蒙脱土在制备纳米聚烯烃中的进展”、“聚合物/纳米无机复合过程中的几个问题”、“挤出开孔微孔发泡技术”、“计算流体力学（CFD）及其软件包在双螺杆挤出中的应用”等16篇论文在大会上进行了交流。

会上还进行了各研究所的经验交流，共同探讨在经济大潮和加入WTO以后，如何站稳脚跟，稳步发展以及在研究所的体制改革、机制创新方面的作法和经验。

中国塑料加工工业协会降解塑料专业委员会成立大会召开

24～27日 中国塑料加工工业协会降解塑料专

业委员会成立大会暨2001年中国降解塑料技术交流会召开。应邀参加会议的领导有中国轻工业联合会副会长张善梅、国家环保总局政策法规司司长李恒远、中国环保产业协会副理事长蒋小玉、福建省城镇集体工业联合社副主任顾正、福建省环保产业协会常务副会长、秘书长林甄、福建省经贸委行业管理办公室副主任许榕、中国国际人才开发中心高科技委员会副总裁徐蓓蕾、中国塑料加工工业协会副理事长杨力行等在会上做了指导性发言。对我国现阶段研究开发的各种降解塑料在环保中的作用给予了充分肯定；对我国从事降解塑料研究、生产和应用的广大企业家、科技工作者的辛勤劳动和取得的进展表示赞赏；对中国塑料加工工业协会降解塑料专委会的成立表示热烈祝贺；并对专委会今后的工作提出了建议和希望。原轻工部塑料局总工陈文瑛、中国塑料加工工业协会理事长兼秘书长廖正品、江苏科亚化工装备有限公司总经理刘光知、四川大学教授王玉忠、南京苏石降解树脂有限公司总经理陈昌平给大会发来了贺词。出席会议的代表有来自全国20多个省市70多名专家、教授、企业家以及新华社等单位的新闻工作者。

中国塑料加工工业协会降解塑料专委会是由我国从事降解塑料研究开发与生产的企事业、大专院校、科研院所等48家单位自愿、自发、自下而上组织起来的新型的行业组织，充分反映了民主办会、共谋发展的共同愿望，体现了为企业服务的宗旨。通过这次会议，极大地鼓舞了从事降解塑料同仁对降解塑料市场前景的信心，这将对促进我国降解塑料事业、环保事业的发展发挥更大的作用。

国家质检总局发布最新室内装修材料有害物质限量标准

29日 国家质检总局和国家标化管理委员会在北京发布了10项室内装饰装修材料强制性国家标准，包括人造板及其制品中甲醛释放限量、溶剂型木器涂料、内墙涂料、胶黏剂、木家具、壁纸、聚氯乙烯卷材地板、地毯衬垫及地毯用胶黏剂等8项材料中有害物质限量和释放量，混凝土外加剂中释氨限量，建筑材料放射性核素限量。这些标准包括了室内装饰装修材料中氨、甲醛、挥发性有机物（VOC）、苯、甲苯、二甲苯、游离甲苯二异氰酸酯（DTI）氯乙烯单体、苯乙烯单体，可溶性的铅、镉、铬、汞、砷等有害元素的限量指标，其限量指标达到了国外有关标准水平，基本上满足了人身健康安全的需要，为规范我国室内装饰装修的生产和市场监督提供了技术依据，将促进我国装饰装修材料产品技术进步和产业升级，把室内污染物危害降低到最低限度。

【12月】

2001年上海国际塑胶机械设备及原料、辅料展览会举行

8～10日 由中国塑料加工工业协会、中国机械设备进出口总公司主办，西麦克国际展览有限责任公司、上海新望族展览服务有限公司、杭州望族展览服务有限公司承办的“2001上海国际塑胶机械设备及原料、辅料展览会”在上海世贸商城举行，此次展会展出各类塑料橡胶原料、加工设备、加工技术，以及相关配套的各种液压、气动和电控元器件、各类模具及制品、各类原料、工程塑料粒料、工程塑料制品、工程塑料共混及塑料合金的生产技术、加工设备、辅助设备及相关的计算机应用系统等。

举办聚氯乙烯塑料助剂与配方设计技术学习班

10～15日 中国塑料加工工业协会异型材及门窗制品专业委员会、中国工程塑料工业协会塑料助剂专业委员会共同举办的《聚氯乙烯塑料助剂与配方设计技术学习班》在北京化工大学举办，来自全国各地的近200名学员参加了学习。

中国塑料加工工业协会廖正品理事长到会并发表了题为“以优质优价产品去开拓市场是塑料门窗行业发展的必由之路”的讲话：聚氯乙烯塑料助剂配方与设计技术，涉及的产品相当多，用途非常广，让广大的工程技术人员与管理工作者有较好的了解，熟悉、掌握相关技术具有重要的意义，将起到积极的作用。聚氯乙烯塑料助剂配方与工程设计技术，是塑料成型加工重要的组成部分。塑料型材门窗在PVC树脂型号选定的情况下，严格认真地把住PVC助剂配方与设计非常关键。我国现有PVC树脂生产能力330万吨，产品200多万吨，进口192万吨，目前PVC硬制品的比重已大大提高，占一半以上。配方与工艺对产品质量直接有很大的影响，在配方确定下，设备必须跟着工艺走，在工艺相同的情况下，管理是关键。通过这次举办聚氯乙烯塑料助剂配方与设计技术学习班，在座的二百多位学员就像“种子”一样播种在全国各地，一定为全国塑料型材门窗行业的发展结出丰硕的果实，为使迈入21世纪的我国塑料工业由大国变为先进的强国做出较大的贡献。

学习班特邀了中科院、清华大学、北京化工大学等专家、教授为学员们讲课，通过6天的学习，使学员们受益匪浅，纷纷要求以后多组织这样的培训，以此促进整个行业的进步。

“聚合物新型成型装备国家工程研究中心”通过竣工验收

30 日 广东省计委受国家计委的委托，对华南理工大学聚合物新型成型装备国家工程研究中心竣工进行验收。验收委员会听取了工程中心的竣工工作报告，认真审查了相关文件、资料，观察了工程中心研究开发基地和产业化基地。对照工程中心建设项目可行性研究报告及国家计委关于聚合物新型成型装备国家工程研究中心项目可行性研究报告的批复（计科技[1998] 181 号）文件，经认真讨论，验收委员会一致认为，工程中心具有国际先进水平的电磁动态加工技术研发，并在运行机制、队伍建设、人才培养等方面进行了一系列创新性探索和尝试，对于工程中心建设，具有示范作用。综上所述，华南理工大学聚合物新型成型装备国家工程研究中心经过三年的建设，已形成预期的工程化研究开发和工程化验证的能力。达到了国家工程研究中心的建设目标和要求。验收委员会一致认为：华南理工大学聚合物新型成型装备国家工程研究中心项目建设竣工验收合格。

（中国塑料加工工业协会　丁言行）

2002 年塑料行业大事记

【1 月】

陈士能会长做“趋利避害、扬长避短，做好入世的应对工作”的报告

新年伊始，中国轻工业联合会会长陈士能做了“趋利避害、扬长避短，做好入世的应对工作”的报告，对入世后轻工企业面临形势和今后工作做了分析，主要内容如下。

在分析轻工业的比较优势和市场环境的变化时，要十分清醒地认识到我国轻工企业与国外先进企业的差距。一是总体技术水平低，缺乏核心技术；二是产业集中度低，产品趋同化现象严重；三是经营管理能力较弱，劳动生产率不高，使我国在劳动力成本方面优势的发挥受到很大限制。

我们只有抓紧工作，充分利用好这几年过渡期，尽快提高国际竞争力，才能赢得主动，在激烈的市场竞争中制胜。

一要利用好过渡期。要清醒地看到，保障条款是有时限要求的，更不是保护落后。入世后，所有企业都面临一个重新“定位”的问题，应抓好 5 个环节。(1) 要在管理上尽快与国际惯例接轨，如具备“三证”，即 ISO 9000 质量体系认证，ISO 14000 环保认证、ISO 1800 安全卫生认证等。(2) 要积极参与国际分工，把自己置身于国际大环境中全面审视。要从内部深入分析企业在经营理念、研发创新、人才组织、资本运营、管理、营销、财务、生产及信息系统等方面的优势和劣势的变化。同时要调查分析研究企业外部因素，产业发展、技术进步、市场需求、客户心理、竞争对手、相关产业等方面的发展变化对企业经营与发展的影响，深入分析竞争态势，从战略上和对策上研究企业如何对关键的机会与威胁做出快速反应。(3) 积极探索扩大产品出口和产能输出。(4) 要积极探索产业产品纵向整合和企业间多种形式的联合重组。(5) 要善于给头脑定价。争夺优秀人才将是市场经济以人为本特征的必然结果。要着力塑造吸引人才、留住人才的企业文化氛围，造就能令人心情舒畅，有助于激发和释放全新能力的宽松环境，增强企业人员的归属感，努力塑造团队合作精神，让人才在企业竞争中充分地发挥作用。

二要抓住入世有利时机，实施出口多元化战略，千方百计扩大出口。首先是巩固和拓展美、欧、日及东南亚市场。它们是我国轻工业品出口的主要市场和传统市场，约占轻工业品出口的 70%以上。其次要大力开拓俄罗斯、拉美市场。我国工业品对俄去年出口 20 亿美元，基本上是轻工业产品，占我国出口贸易的近 1%，基数较小，潜力较大，是前景广阔的市场。2000 年我国与拉美的贸易额为 127 亿美元，占我国总贸易额的 2%，占拉美总贸易额的 1%，可见有很大发展潜力。三是重视开拓印度、非洲市场，积极开发中东市场。我们应该抓紧建立渠道，进入那里的市场，我们现在轻工业的总体水平已经具备了参与这些国家和地区国际竞争的能力。

三要利用入世的机遇，学会利用国际市场，不断提高国际化经营水平。入世给轻工企业提供了以平等身份利用国际条件参与竞争的可能，轻工业作为国际化、外向度较高的产业，特别是国内著名的大企业、大公司，一定要有雄心壮志，要以全球为我们的市场，以大手笔来重组资源。我们一定要充分认识到，当前市场竞争将由生产能力的竞争转向生产能力乘以流通能力的竞争，将由直接争夺客户的竞争转向争夺销售终端、创造客户价值的竞争，将由对货币资本投资的竞争转向对人力资本获取的竞争，将由价格战、广告战等单一形式的竞争转向提升产品的技术含量和附加值的高层次竞争。我们需要认真总结交流，不断加快参与国际市场竞争的步伐，展示我国轻工业的风采。

四要采取切实有效的措施，加大品牌的培育力度。名牌的创立、保护和发展，归根到底取决于消费者对产品质量的信赖和好评。没有一流的质量，就不可能赢得消费者的“货币选票”，也就不可能获取利润。名牌不是与生俱来的，而是多种因素综合作用、长期努力的结果。可以说，名牌的成长过程，既是企业实力不断壮大的过程，同时也是品牌宣传、社会参与和支持的过程。企业需要名牌，名牌需要规模。没有名牌，企业就无法领取市场通行证；没有规模，名牌就不能扩大对市场的占有率。只有名牌与规模联动，才能将产品的“优”转化为市场的“优”。

五要加强反倾销、反补贴工作，保障轻工产业安全。首先要围绕经济结构的战略性调整，进一步研究细化我国轻工行业的各项应对措施，保障轻工业产业的安全。如何有效开展反倾销、反补贴、保障措施工作，依法保护企业合法权益，是应对措施中的重要内容。入世后，中国企业将更加直接面对国际市场，面临的反倾销形势也更为严峻，敢打、善打“洋官司”，应该成为中国企业的一堂必修课。最近，国务院已经正式发布了《中华人民共和国反倾销条例》等三个新的条例，从 2002 年 1 月 1 日起实施。我们要认真学习三个条例，按照条例的规定，结合行业的情况，与各有关方面积极配合，把反倾销、反补贴和保障措施等手段用好。

《中国塑料加工工业协会通讯》改版

《中国塑料加工工业协会通讯》是中国塑料加工工业协会主办的一份信息刊物。自创办以来，《中国塑料加工工业协会通讯》始终贯彻国家有关塑料行业的政策、法规，传达政府的意图，交流行业信息，坚持以面向行业、服务于企业、推动塑料工业的发展为宗旨，不断地丰富信息服务的内容，增加刊物的信息量，提高办刊质量。作为信息媒体，在传递信息、加强协会与各会员单位的联系、促进各会员单位之间的信息沟通、宣传企业、推动协会工作等方面发挥着积极的作用。

随着社会主义市场经济的深入发展，企业对《中国塑料加工工业协会通讯》的内容和形式提出了更高的要求，因此，自 2002 年起《中国塑料加工工业协会通讯》改为大 16 开、彩色封面，形式和内容将更加丰富，以便更好地宣传企业，为企业服务。

第 22 次 BOPP 行业信息会召开

由贵州西众塑胶股份有限公司主持召开的第 22 次 BOPP 行业信息会，是企业家自愿组织起来的 BOPP 行业信息会。协调价格，交流信息，共商价格上下波动幅度，企业自律规范市场，促进行业健康有序发展。廖正品理事长代表中国塑料加工工业协会到会，并在会上发表题为“企业自律规范市场的典范”的讲话。

此次 BOPP 信息交流会，除广东等省 BOPP 行业协会单独召开外，其他地区都参加到信息交流会，按区域性开展活动较灵活，大家聚在一起交朋友，沟通信息，介绍经验，共同商议和制定行业规划。

中国聚氨酯泡沫行业 CFC-11 整体淘汰计划实施研讨会召开

19～20 日 中国聚氨酯泡沫行业 CFC-11 整体淘汰计划实施研讨会在河南省郑州市举行。国家环保总局外经办主任刘亿、中国塑料加工工业协会理事长廖正品、国家环保总局外经办项目三处处长熊康、财务处处长余力风、国家环保总局环境与经济政策研究中心曹凤中、北京大学环境科学中心胡建信以及来自全国 50 多家生产聚氨酯泡沫制品、替代设备、替代技术与原料的企业代表参加了此次会议。

代表一致通过了成立“全国聚氨酯行业 ODS 淘汰协调工作委员会”的提议。委员会宗旨是：遵守国家法律、法规，贯彻国家有关方针、政策，致力于协助中国政府开展聚氯酯泡沫塑料行业的 ODS 物质淘汰工作，向政府献计献策，反应行业要求。开展企业间经济、技术协作，推动泡沫塑料行业结构调整，促进技术进步。

【2 月】

国通高新管业公司“2002 年度新产品技术交流会暨产品订货会”召开

安徽国通高新管业股份有限公司“2002 年度新产品技术交流会暨产品订货会”召开。中国塑料加工工业协会曾家华副秘书长代表廖正品理事长参加会议，并谈了当前全国塑料管材生产及应用发展的现状与前景。

PVC 化学建材在中国的市场前景广阔，商机无限。安徽国通管业领导有远见、有胆略，抓住这个市场好机遇，在我国塑料工业，尤其在塑料管材发展的方向上抢先向前迈出了一大步，与奥地利辛辛那提挤出技术有限公司合作，计划在今后 5～10 年内共同投资额 15 亿元人民币，兴建年产 30 万吨新型塑料管材基地，该项目建成投产后将成为中国乃至亚洲最大的新型塑料管材企业。

河北宝硕 30m^3 大型聚合釜纳米 PVC 树脂生产技术通过鉴定

6 日 由河北宝硕集团股份有限公司氯碱分公司开发生产的纳米碳酸钙原位聚合 PVC 树脂，在保定市通过河北省科技厅的鉴定。

该项目中完成的纳米碳酸钙微乳化法氯乙烯原位聚合技术，所生产的纳米PVC树脂是一种具有优良性能的高分子新材料，可广泛应用于各种化学建材中。这是我国纳米技术走向产业化规模的重大技术创新。尤其是用DCS计算机控制30m^3大型聚合釜生产纳米PVC树脂，填补了国内空白。

通过电子显微镜及原子力显微镜等高科技评价手段指导项目开发，对所涉及的纳米乳化分散技术，纳米PVC原位聚合及成粒过程控制等重大技术难题提出了有效的解决方案，其产业化技术在国内生产中处于领先水平。在30m^3大型釜上生产的纳米PVC树脂，经用户应用及河北省产品质量监督检验院测试评价，其热性能、加工流变单性能、制品主要力学性能等三项性能均有大幅度提高。

该项目生产的纳米PVC树脂，其生产成本与普通PVC树脂相当，其性能价格比优于普通PVC树脂，是适销对路的产品，有广阔的市场前景。

此项目已具备万吨级工业化规模生产的基础，在我国属首家通过鉴定。

【3月】

HDPE大口径双壁波纹管生产线和双壁波纹管通过鉴定

3日 无锡市桥联轻化机械公司研制的HDPE大口径双壁波纹管生产线通过了专家鉴定。

该生产线特点为“二机共挤、分层分流、正负压成型工艺”。采用大功率、高转速、BM螺杆的2台专用挤出机；复合式螺旋口模；环型真空模块成型和履带式内真空水风共冷的成型机，该机设计合理，主线数字集中控制。熔体温差±1℃，保证了生产线的同步性和稳定性。机组生产效率和成品率高。经用户使用，反映良好。经无锡市产品质量监督检验所检测，产品符合JB/T 8061—1996《单螺杆塑料挤出机》和Q/320206YPKT01—2002《HDPE大口径双壁波纹管生产线》标准。经国家化学建筑材料测试中心检测，其生产的制品符合Q/320203QPKD01—2001《高密度聚乙烯双壁波纹管》标准。

在对HDPE大口径双壁波纹管生产线鉴定的同时对其产品双壁波纹管进行了鉴定。无锡市光明建材有限公司生产的HDPE双壁波纹管，采用波纹内充气先进技术，大幅度提高了管材环刚度和内层性能，经国家化学建筑材料测试中心（建工测试部）检测，产品符合（Q/320206QPKD01—2001《高密度聚乙烯双壁波纹管》）企业标准。无锡市光明建材有限公司生产的大型HDPE双壁波纹管是采用无锡市桥联轻化机械有限公司研制的大型双壁波纹管生产线，其最大口径可在ϕ710mm，达到国内外同类产品先进水平。

该公司生产的HDPE大口径双壁波纹管是一种低能耗节能管材，具有质量轻，强度高，耐外压，抗变形，耐腐蚀等优点。经用户使用，对管材的质量、接口设计和安装操作均反映良好。

中国塑料加工工业协会管道专业委员会（筹）预备会召开

10日 中国塑料加工工业协会根据民政部有关“做好全国社会团体分支机构、代表机构登记”文件要求，着手组建塑料管道专业委员会，并在全国塑料制品标准化技术委员会的塑料管材、管件及阀门分技术委员会召开的年会期间，召开了塑料管道专业委员会预备会。

预备会由中国塑料加工工业协会理事长廖正品主持，来自全国各地的塑料管道生产企业和部分原料、管道用户及检验仪器生产厂家的73位代表参加。

会议首先由中国塑料加工工业协会理事长廖正品介绍了民政部有关“做好全国社会团体分支机构、代表机构登记”文件精神和对复查登记的具体要求。同时对协会有关塑料管道专委会的组建工作的具体安排做了说明。成立了专委会筹备组，筹备组在廖正品理事长的领导下，进行具体的筹备工作。

中国塑料加工工业协会塑料异型材及门窗制品专委会赴欧考察

3月下旬 两年一次的世界最大的国际门窗展在德国纽伦堡召开，欧洲门窗协会特邀请中国塑料加工工业协会异型材及门窗制品专委会组团参观并进行技术商务考察与技术交流。为此，异型材专委会组织了第二批赴欧考察团。

赴欧考察团成员来自各地生产领域的会员单位，除参观、学习外，最重要的是对欧洲门窗行业状况有了整体的认识，了解了欧洲的新技术、新产品、优良的设备以及先进的管理方式。特别是门窗产品方面，有做工精巧的各种各样开启方式的门窗，也有各种特殊功能的新特产品，并有根据用户要求制作的超常性能的门窗，例如，防大口径子弹、防炸弹门窗；内藏式卷帘窗（折帘由一种薄如纸的软性材料制作，表面有金属镀层，内外不同颜色）；只换气不进风的换气窗；360°自由转动窗；门坎密闭装置等。

中国塑料加工工业协会廖正品理事长、专委会秘书长王存吉与欧洲门窗协会海伯特秘书长就目前合作的项目以及进一步深入合作等内容进行了会谈，达成一致意见，开始分头进行工作。在罗森汉姆门窗技术研究所，王存吉秘书长与罗森汉姆门窗技术研究所侯恩斯坦所长代表双方达成了在中国组建 RAL 质量认证分支机构的合作协议。应侯恩斯坦所长的要求，中国塑料加工工业协会异型材及门窗制品专委会将全权承担中国方面的工作任务。今后中国的相关企业取得 RAL 质量认证和到罗森汉姆门窗技术研究所进行门窗检测等事宜，均由专委会统一协助办理。

【4 月】

《第三届华南国际塑料工业展览会》举办

1～4 日 由中国塑料加工工业协会、广东塑料工业协会、深圳市经济发展局主办的《第三届华南国际塑料工业展览会》、《第六届华南国际模具技术及设备展览会》、《华南国际仪器仪表及工业自动化设备展览会》在深圳市高交会展览馆举行，中国塑料加工工业协会副理事长李国俊等出席了展览会，本次展览会吸引了包括德国、美国、日本、中国台湾、香港等塑料、模具的生产大国及地区的商家共 400 多家，总展出面积达 15 000m^2，国际标准展位达 800 多个。

华南地区是中国最大的模具和塑料生产基地，随着我国加入“WTO”和世界制造业中心的转移，给我国制造业带来前所未有的巨大商机。由于拥有得天独厚的优越条件，使这个专业展览会得到迅速的发展，并已成为华南地区最具规模的行业品牌展会。

第十二届亚洲塑料论坛召开

10～11 日 第 12 届亚洲塑料论坛（APF）常务会在新加坡举行，10 个成员国 32 位代表出席了会议。中国塑料加工工业协会曾家华副秘书长代表中国塑协参加此次论坛。在此期间中国、印度、越南应邀参加了第十届亚洲塑料工业联合会（AFPI）常务会，并在大会举行的“亚洲塑料商机的研讨会”上代表中国做了发言，题目为“中国塑料工业现状与未来”，会议期间还组织代表参观了在新加坡举办的“2002 年亚细安塑胶工业展（ASEANPLAS)”。

陈士能会长会见“美国塑料工程师协会”（SPE）代表团一行

12 日 中国轻工业联合会会长陈士能在北京会见了以“美国塑料工程师协会”（SPE）主席 Mr. Terence J. Browitt 为团长的代表团全体成员。参加会见的还有中国轻工业联合会国际合作部安志主任、顾东方处长，中国塑料加工工业协会廖正品理事长，中国科学院化学所漆宗能教授等。

陈士能会长向客人介绍了我国塑料工业发展的现状，Browitt 先生向我方介绍了“美国塑料工程师协会”（SPE）的有关情况，Browitt 先生和中国塑料加工工业协会廖正品理事长就如何进一步加强合作进行了探讨。廖正品理事长也希望能与 SPE 在塑料加工工业方面广泛的开展技术交流与合作。

甘肃省塑料协会成立

12 日 经甘肃省有关部门批准，甘肃省塑料协会在兰州市宣布成立，中国轻工业联合会陈士能会长致信表示祝贺，甘肃省手工业联社主任吴敏、甘肃省轻纺工业办公室主任韩贵生、甘肃省经贸委调研员刘宗福、甘肃省民政厅民间组织管理局副局长建宏等领导同志出席，中国塑料加工工业协会副理事长李国俊到会表示祝贺。甘肃省皮革塑料公司、甘肃省皮革塑料研究所及参加甘肃省塑料加工工业协会的 54 家企事业单位代表共同讨论通过了甘肃省塑料协会章程，选举产生了协会的组织机构：吴敏任会长、仲兆光任理事长，黄增源、马定国、石永新、黄嘉森和李井泉任副理事长，张学仁任秘书长，王刚任副秘书长等。甘肃省塑料协会全体会员充满信心，决心在省各级领导支持下抓住西部大开发和中国入世的机遇，加快甘肃塑料工业的发展，为使甘肃成为塑料加工的强省而团结奋斗。

中国泡沫行业 ODS 整体淘汰培训会议召开

15 日 泡沫行业 CFC-11 整体淘汰计划培训会议在深圳召开。在国内外相关机构鼎力相助下，经过特别工作组全体人员的共同努力，各项准备工作就绪，特别是泡沫行业 ODS 淘汰特别工作组与国际执行机构世界银行共同编制了《中国泡沫行业 CFC-11 整体淘汰计划项目实施手册》。有意向参加工业重组的企业代表和专家共 40 多人参加了此次会议。

会上中国塑料加工工业协会廖正品理事长指出：以项目实施手册为指南加快聚氨酯泡沫 ODS 淘汰进程，使潜在的项目企业以及行业专家了解行业机制的实施方式、年度计划中项目的申请和实施程序、项目文件的编制方法以及最新的替代技术发展状况。

专题报告之后，企业代表和有关专家就项目实施的具体问题进行了热烈地讨论。今年是我国泡沫行业 CFC-11 整体淘汰计划的第一个实施年度，我们一定要以项目实施手册为指南，加快聚氨酯泡沫 ODS 整体淘汰进程，早日实现全行业无氟的承诺。

亚通公司径向定位塑料方形托架获国家专利

福建亚通新材料科技股份有限公司自行设计研制

的径向定位塑料方形托架荣获国家实用新型专利证书，并填补了国内空白。

自去年以来亚通公司为了克服由于塑料管方形托架内直接的支撑面都是圆柱面的，支撑塑料管时，塑料管会转动，影响其使用功能的缺点，开发研制出一种具有技术先进、设计合理、使用方便等优点的托架。该产品在塑料管方形托架内直接内圆支撑面上，设置二条凸轨，安装时，将有外圆直槽的塑料管的直槽套入凸轨即可，使塑料管与方形托架连接牢固，并使塑料管可实现径向定位。这一成果已在亚通公司及全国生产基地推广使用，且已收到良好的经济效益和社会效益。

【5 月】

《瓶用聚对苯二甲酸乙二醇酯（PET）树脂》国家标准通过预审

15～17 日 《瓶用聚对苯二甲酸乙二醇酯（PET）树脂》国家标准预审会在扬州召开。中国工程院蒋士成院士、中国石化仪征化纤股份有限公司、中国塑料加工工业协会（受国家经贸委委托参会）、中国石化股份有限公司、国家石化有机原料合成树脂质检中心、全国塑料标准化技术委员会树脂产品分会以及瓶用 PET 树脂生产商和用户共 17 个单位 36 名代表参加了会议。

采用高黏度聚对苯二甲酸乙二醇酯生产的聚酯瓶具有强度大、质量轻、便于运输、透明度高、阻气性好等优点，广泛用于碳酸饮料、矿泉水、酒、食油、药品以及其他食品的包装。但是树脂中残存的乙醛是一种有毒有机物，对人体的中枢神经系统有较强的抑制作用，能引起消化道、呼吸道疾病以及其他脏器病变。因此，对树脂中的乙醛含量做出强制性的规定是保证人民身体健康的迫切要求。此项标准是根据国家质量监督检验检疫总局国标委计划（2001）7 号文件和中国石化集团公司［2002］1 号文件的精神，由中石化仪征化纤股份有限公司和中石化北京燕山石油化工股份有限公司共同承担此项任务。负责起草制标单位在原国际 GB/T 17931—1999《瓶级聚酯切片》基础上进行修订，经过调研、测试进行分析以及此次预审会审议，对“瓶用聚对苯二甲酸乙二醇酯（PET）树脂”国标的送审稿进行逐条逐句的讨论，达成了共识，一致通过了送审稿。会上通过的“瓶用 PET 树脂的技术要求 ”以及“瓶用 PET 树脂中乙醛含量的测定”。

新型平膜扁丝机组在汕头通过鉴定

18 日 由汕头市光华机械实业有限公司与华南理工大学联合研制的“SJDD425-PL1100 型电磁动态塑化挤出平膜扁丝机组”在汕头市通过省（部）级科技成果鉴定。

该机组率先采用瞿金平教授发明的“电磁动态塑化挤出”技术取代传统的螺杆式挤出机；采用 PLC 可编程序控制器和人机界面终端控制系统对生产过程进行集中控制，使整机实施智能化自动控制，提高了自动化水平；采用磁感应卷绕机取代力矩式卷绕机，在扁丝收卷方面与牵引速度更为协调，丝色平整美观，松紧适中；该新型平膜扁丝机组塑化效果好、高效能，挤出部分与传统的螺杆式挤出机相比节电约 40%（实际耗电约 510 度/吨），实现了降低电耗的目的。据测试，每台设备正常生产，每年可省电约 16 万度，降低综合生产成本60 万～70 万元；添加料的用量和面料的利用率分别提高了 40%～50%。该产品经汕头市产品质量监督检验所检测，主要技术指标达到广东省企业产品标准 Q/STGH 4—2002《电磁动态塑化挤出平膜扁丝机组》的要求。

轻工行业积极推进名牌产品战略工作

根据“中国名牌战略推进委员会”的安排，2001 年对 10 种消费类产品开展了中国名牌产品的评价认定试点工作，其中涉及轻工行业的有 5 类产品，经评选共有 20 家企业的 24 种产品被授予 2001 年“中国名牌”产品称号。到目前为止，国家工商总局已经授予驰名商标的轻工产品达 100 个，占所授全国 42 类行业驰名商标总数的 51.2%。今后，中轻联积极支持各行业协会采取措施，加大培育名牌的力度，支持对以地域经济为特色的一些地方开展“特色区域创建”活动，推动名牌产品不断发展壮大。

中国塑料管道发展战略与新技术推广研讨会召开

25～29 日 由全国化学建材协调组塑料管道专家组、建设部科技发展促进中心主办的“中国塑料管道发展战略与新技术推广研讨会”在上海召开。国家化学建材协调组、建设部科技发展促进中心、建设部科技司的领导参加并主持了会议，中国塑料加工工业协会许琳代表廖正品理事长出席了会议。

会议主题是积极创新、规范市场、迎接挑战、促进塑料管道可持续发展。建设部科技促进中心张主任进行了总结发言，他指出，经过几天的研讨，发现目前塑料管行业存在一些问题。1. 今后将加强产业调整，淘汰落后产品，推广应用新技术、新产品，立足于民族化学建材的发展，支持扶植成规模企业的发展；2. 坚持高标准、高起点，开发出有自己知识产权的系列化产品；3. 严格执行国家标准；4. 各地要强化市场监管，规范市场行为；5. 加强管配件、新产品的开发，加大标准设计规程的制定；6. 合理竞争，保证企业可持续发展。

【6 月】

GB/T 8814 门、窗用硬聚氯乙烯（PVC-U）型材国标第三次修订会召开

2～5 日　在成都召开了“GB/T 8814 门、窗用硬聚氯乙烯（PVC-U）型材国标第三次修订工作会”，此标准是在 GB/T 8814 1988 年版和 1998 年版的基础上进行修订，此项标准的修订一方面要适应我国加入 WTO 的新形势要求，有利于国际交流与合作，有利于产品扩大出口，另一方面产品的标准要符合当前生产技术发展与应用，有利于行业的发展，使标准更先进、更科学、更合理。此次标准的修订工作由天津市塑料研究所担任组长单位，并吸收了国内典型企业组成了标准修订工作组，经过调查研究做了大量工作。本标准对应于欧洲《CEN 12608（2000 英文版）门窗生产用未增塑聚氯乙烯（PVC-U）型材分类、要求和试验方法》。

为了使标准更科学地反映当前生产的实际水平，标准起草小组对 18 个单位的样品进行试验验证数据。自大连工作会以后，从 3 月份开始到 5 月份，完成了除耐气候老化以外的所有试验验证项目，包括色差、壁厚、直线偏差、主型材质量、加热后尺寸变化率、落锤冲击、焊角应力、维卡软化温度、弯曲弹性模量、拉伸冲击强度、冲击强度等 10 余项的数据验证。

中轻联表彰轻工业质量效益先进企业“宝硕股份、山东泰峰”获此殊荣

11 日　中国轻工业联合会召开“表彰 2001 年度全国轻工业质量效益先进企业暨培育轻工名牌产品座谈会”，决定授予 100 家企业为 2001 年度“全国轻工业质量效益型先进企业”。出席此次会议并讲话的领导有国家质量监督检验检疫总局于献忠司长；中国质量协会副会长、中国名牌战略推进委员会副主任艾来同志；中国工业经济联合会林宗棠会长；中国名牌战略推进委员会荣剑英常务副秘书长；中国广告协会武高汉秘书长。

颁奖仪式在人民大会堂举行，中国轻工业联合会会长陈士能、副会长杨志海、藩蓓蕾、张善梅、王世成和各行业协会为先进企业颁发了证书。在 2001 年获奖的 100 家企业中，塑料行业获奖的企业有：河北宝硕股份有限公司、山东泰峰塑料土工材料有限公司。

单、双向拉伸塑料土工格栅生产线及技术通过鉴定

13 日　大连塑料研究所研制开发的“单、双向拉伸塑料土工格栅网生产线及技术”通过了大连市科技局主持的科学技术成果鉴定会。由中国塑料加工工业协会廖正品理事长及 15 位国家级专家组成的技术鉴定委员会，听取了项目完成情况汇报，考察了生产线生产过程，进行了质询。

该项技术中土工格栅纵向拉伸的双级多点拉伸技术，为国内外首创。横向拉伸技术采用了结构合理的夹具及先进可靠的调速手段与加温方式，生产线传动平稳，温控均匀、可靠，技术先进。

产品经国家轻工业塑料产品质量监督检测大连站、水利部基本建设工程质量检测中心站检测，各项性能指标符合 GB/T 17689—1999《塑料土工格栅》规定，达到了国外同类产品的国际先进指标，其中 2%、5%伸长率下的单位宽度拉力均超过了国际同类产品。

本技术生产的土工格栅产品，具有强度高、质量轻、价格低廉、性能可靠的特点，具有显著的经济效益和社会效益，可以替代国外产品，且还可向国际上出口。产品可广泛应用于铁路、公路、水利、电力、港口、市政、矿山建设等领域，起到显著的结构加强作用，施工方便、快捷、节省工程投资，提高工程质量等优点，具有广阔的应用前景。

中国塑料加工工业协会在网上开展向国内外各界介绍企业活动

中国塑料加工工业协会网站（www. cppia. com. cn）经一年的运行，开设政策法规、行业动态、产品与市场、环境保护、新产品、新工艺、新设备、会议信息、质量标准、原料行情和塑料论坛等十余个栏目，已与国内外几十个同行业网站建立链接，并有众多国内外大型公司、企业入住，日访问量近千人。

为了促进塑料行业企事业单位、科研院所间的交流与合作，给企业带来更多的发展空间、创造更大的经济效益，协会秘书处决定，继续在中国塑料加工工业协会网站上开展介绍行业内优秀企业及领导人形象、推广企业产品的活动。

2002 年全国塑料加工工业信息中心年会在成都举行

19～22 日　2002 年全国塑料加工工业信息中心年会在四川成都市举行，本届年会是我国加入 WTO 后塑料行业面临经济全球化的步伐加快情况下召开的，分析了我国塑料行业所面临的新形势和竞争格局，大家认为核心是提高产品的质量和管理水平，提高装备的技术水平，增强竞争力。来自全国各地的近百名代表参加了会议，中国塑料加工工业协会许琳高

工代表廖正品理事长做了“我国塑料工业发展现状”的报告，四川省塑料工业协会张振蓁理事长向与会代表介绍了四川省塑料工业发展情况。

会议期间中国科学院院士、四川大学徐僖教授向代表做了高水平的学术报告，华南理工大学聚合物加工设备及工程研究中心博士生导师周南桥教授介绍了电磁动态塑化装置的最新研究进展、华南理工大学工业装备与控制工程学院院长、博士生导师黄汉雄教授做了从微米到纳米材料中空成型技术发展的研究报告、四川大学博士生导师黄锐教授做了熔融共混法制备聚合物/纳米无机粒子复合材料的研究报告、中国科学院化学所王德禧教授对 2001 年世界塑料新材料发展概况做了评述、四川大学唐志玉教授做了流变学在注塑模具设计中的应用、秦川恒利塑机公司许忠斌博士介绍了用于光盘生产的新型精密注塑机的研制情况，该设备技术含量高，填补了国内空白。年会进行了充分的技术交流，并参观了四川大学高分子材料与科学国家重点实验室。

首部《中国塑料工业年鉴》(2001) 出版

以全面反映中国塑料工业现状，真实记录中国塑料工业发展历程的《中国塑料工业年鉴》(2001) 已经出版。本年鉴由中国塑料加工工业协会主办，中国塑料加工工业协会和全国塑料加工工业信息中心组稿、编辑，是新中国成立后，全国塑料行业的第一部年鉴。中国轻工业联合会陈士能会长、原国家轻工业部塑料工业局总工程师陈文瑛教授、中国科学院院士著名高分子材料专家徐僖院士分别担任编委会名誉主任和副主任。中国塑料加工工业协会廖正品理事长担任编委会主任兼主编。

年鉴主要内容包括中国塑料工业 50 多年来的历史回顾，塑料行业大事记，全国塑料工业生产情况统计，合成树脂、助剂、塑料机械、模具生产情况及市场分析，各省、市、自治区塑料工业现状及主要塑料产品的生产和市场情况；标准化工作、最新颁布的国家标准目录、通过 ISO 质量体系认证的企业名单；科技进步、专利技术、科研院所、高等院校、重点企业、著名专家和企业家介绍等内容。

《中国塑料工业年鉴》(2001) 内容丰富，数据准确可靠。全国各省、市、自治区塑料协会、塑料公司、行业主管部门，中国塑料加工工业协会所属各专业委员会，行业内有关领导和著名专家、学者共 100 多位同志参加了撰稿工作。

《年鉴》是了解全国塑料行业生产现状、技术发展水平和市场情况的重要文献。中国石化出版社出版，全书 100 多万字，16 开本，精装，面向国内外发行。

中国塑料加工工业协会山西分会——山西省塑料行业协会成立

19 日 山西省塑料行业协会经过一年多的积极筹备，经山西省经济贸易委员会、山西省民政厅批准，在太原市正式成立。出席成立大会的省、市领导有原山西省政协主席郭裕怀、山西省民政厅副厅长赵克平；山西省经贸委产业处处长马云侠；山西省民间组织管理局局长李光烈；山西省轻工行业管理办公室主任曹文杰；太原市政协副主席、太原市科技局局长袁实。中国塑料加工工业协会廖正品理事长专程到会祝贺，并发表了讲话。

山西省塑料行业协会是企事业单位、科研院所、大专院校自愿发起、自发组成的。出席这次会议的有来自山西省建设厅、华北工学院、太原市塑料研究所等 44 家单位，60 多名代表。与会代表认真听取了山西省塑料行业协会筹备领导小组组长单位太原市塑料研究所所长张玉英做的筹备工作报告，讨论并表决通过了“山西省塑料行业协会章程”。聘任山西省政协主席郭裕怀为协会的名誉理事长；并选举产生了山西省塑料行业协会第一届理事会理事长、副理事长、秘书长和常务理事。新当选的理事长太原市塑料研究所所长张玉英宣布了聘任的副秘书长和专家委员会、塑料管道专业委员会、型材及门窗专业委员会主任和副主任名单。大会期间还举办了全省塑料产品小型展示会，来自山西省建筑、规划设计和施工等 20 多个单位的 120 名领导、专家工程技术人员参观了展览。

中、新两国塑料加工工业协会正式签署长期合作与交流谅解备忘录

20 日 中国塑料加工工业协会廖正品理事长与新加坡塑胶工业总会林金凉会长在北京正式签署了“中国塑料加工工业协会与新加坡塑胶工业总会关于长期合作与交流谅解备忘录”。中国轻工业联合会陈士能会长、国际合作部安志司长与新加坡驻华使馆陈燮荣大使、新加坡塑胶工业总会永久名誉会长曾庆海、中国新加坡商会邹福来等出席了签字仪式。

中、新双方就进一步加强双方之间的长期合作与交流，促进两国塑胶工业的发展形成共识。

中国塑料加工工业协会管道专业委员会成立大会召开

23～25 日 中国塑料加工工业协会在上海召开了中国塑料加工工业协会塑料管道专业委员会成立大会。中国塑料加工工业协会廖正品理事长主持了大会，并就如何做好专委会的工作做了重要报告。建设部张庆风主任、章林伟处长，柴文忠副处长、中国灌区协会冯广志会长，氯碱协会和上海市化学建材行业协会江天梅秘书长、上海塑料行业协会 PVC 制品专业委员会吴悦孝秘书长参加了会议。参加此次会议的还有塑料加工企业、塑料机械、仪器、原料、助剂、检测单位等共 225 名代表。到会的各部门领导就专委会的成立和塑料管道的发展以及目前存在的问题做了发言，特别是水利部的有关领导在“抓好塑料管材生产和推广，促进农业节水和农村供水更快发展”的报告中，对于多年来农业节水和农村供水使用塑料管理的情况做了详细的总结，充分肯定了多年来的工作成绩，同时对某些因工程质量问题造成“德政工程”成了“伤心工程”的沉痛教训，影响整个农村供水事业的发展的问题，提请专委会认真对待，希望塑料加工行业能够给市场提供性能优异的经久耐用的塑料管道产品。

会议期间，国内 10 个有代表性的著名塑料管道加工知名企业的领导，就如何搞好专业委员会的工作在大会上发表了意见和建议，提出专委会要下大力量搞好行业自律，提高产品质量。到会代表对专委会的工作寄予极大希望，要求专委会按照国务院关于行业协会工作有关指示精神，努力工作，为行业服务。新当选的理事长福建亚通新材料科技股份公司的陈力辉发表了“与时俱进，共创未来”的讲话。新当选的秘书长就专委会的具体工作提出了设想和计划。

大会安排了技术交流，著名的燃气用聚乙烯管道产品生产企业，英国 Fusion 公司介绍了目前受到广泛关注的聚乙烯燃气管件的生产和连接技术、美国著名标志 NSF 发放单位的专家介绍了在美国产品质量标志工作方式等。

会议还安排全体与会代表参观在上海举办的“第十六届中国国际塑料橡胶工业展览会”。

中国塑料加工工业协会塑料管道专业委员会召开第一届理事会

23 日　中国塑料加工工业协会在上海召开了塑料管道专委会第一届理事会第一次会议，会议选举产生了中国塑料加工工业协会塑料管道专业委员会第一届理事会的理事长、副理事长和秘书长。

会议代表对本次选举结果表示满意，副理事长所在单位具有广泛的代表性，他们将在各个产品组中发挥作用。专委会秘书处还在会上宣布了各个工作组的组长单位。秘书处将根据工作需要配备工作人员。

中国塑料加工工业协会召开 2002 年常务理事会议

24 日　中国塑料加工工业协会在上海召开了“2002 年中国塑料加工工业协会常务理事会议”，有 38 位常务理事出席了会议，廖正品理事长在会上做了“中国塑料加工工业协会今年的工作计划和完成情况”的汇报，会议通报了协会的财务收支情况和协会常务理事变更情况，会议还对最近申请担任常务理事的单位和人员进行表决。

中国塑料加工工业协会与韩国合成树脂工业协同组合联合会签约仪式举行

24 日下午　中国塑料加工工业协会廖正品理事长率领中国塑料加工工业协会工作人员和中国塑料加工工业协会部分常务理事与韩国合成树脂工业协同组织联合会会长权重一行在上海举行了两协会友好合作协议的签署仪式。该签署文件是双方就合作、发展的议题进行了友好会谈，协商基础上达成的，对两国塑料行业交流与发展具有十分重要的意义。

第十六届中国国际橡塑展开幕

25 日　全国最大型的塑料橡胶工业展——第十六届中国国际塑料橡胶工业展览会在上海浦东新国际博览中心隆重开幕。中国轻工业联合会张善梅副会长、中国塑料加工工业协会理事长廖正品和欧洲塑料橡胶工业机械制造商协会主席纽曼博士参加了展览会开幕式，并致辞剪彩。中国塑料加工工业协会廖正品理事长发表了“加强中外交流与合作，促进塑料工业新发展”讲话。

五天的展期中，逾 600 多家展商及 50 000 多名业内人士到会，分别来自 24 个国家及地区，其中奥地利、加拿大、德国、意大利、韩国、中国、英国、美国及中国台湾省都组织展团参加。展会阵容鼎盛，展出面积达 36 000m^2，比去年在广州举行的“国际橡塑展”面积增加 80%，是自 1983 年举行首届以来最具规模的一届。

此次橡塑展是欧洲塑料和橡胶工业机械制造商协会（EUROMAP）在中国惟一赞助的同类型展会，由雅式展览服务有限公司、国家轻工业联合会中国塑料加工工业协会、上海塑料行业协会、上海商亚展览服务有限公司及上海外经贸商务展览有限公司主办及协办，是中国最具影响力的专业展览会之一。

展览会展出了 250 多台机械，包括先进的塑料加工机械、模具、辅助设备、测量及控制设备、橡胶加工机械设备及化工原材料。为方便展商与国内的厂商洽谈业务，大会特设五大专业区，分别为辅助及测试仪器专区、化工及原材料专区、模具专区、饮料/啤酒技术及塑料包装设备专区和橡胶设备专区。其中的化工及原材料专区的展场面积更达 6 400m^2，打破了历届的纪录，业内知名的供应商如巴斯夫、拜耳、博禄、

BP公司、雪佛龙-菲利普斯、德固萨、陶氏、道康宁、杜邦、埃克森美孚、美国通用电气、沙伯 SABIC 及沙特基础工业等都展出了新产品，包括树脂、色母料、各种塑料及橡胶添加剂、原材料及工程塑料等。

为了方便观众及时、准确、便捷地查询展览会的有关信息，主办方突破传统展览方法，采用了先进的虚拟展台技术，收到良好的效果。

【7 月】

中国轻工业联合会陈士能会长率团赴温州考察

中国轻工业联合会陈士能会长应温州市政府邀请率团赴温州考察了温州的轻工业生产情况；应浙江省政府要求，考察了中国轻工业联合会与中国商业联合会、浙江省人民政府即将联合举办的“2002 年中国轻工产品（温州）博览会”的情况。博览会定于 10 月 13 日至 15 日在温州即将落成的温州国际会展中心举行。温州已形成部分轻工产品的主要生产基地，如塑料编织袋、塑料薄膜、人造革合成革的生产数量均在国内占有重要地位，温州正在申请成为“中国塑编之都”、“中国合成革之都”和“中国塑料薄膜基地”。

中国塑料加工工业协会是此次博览会的支持单位之一，派员参加了此次温州的考察活动。

精密注射成型技术高级研讨班举办

22～28 日　由中国塑料加工工业协会和华南理工大学工业装备与控制工程学院联合主办，顺德市秦川恒利塑机有限公司承办的“精密注射成型技术高级研讨班”在广东省顺德市已圆满结束。中国塑料加工工业协会廖正品理事长、广东省塑料协会符岸理事长、华南理工大学工业装备与控制工程学院黄汉雄院长、顺德市科技局郭步强副局长、秦川恒利黄步明总经理等参加了开幕式并讲了话，其中廖理事长做了“我国注塑行业基本现状与‘十五’期间发展方向”的讲话。研讨班邀请了北京化工大学王兴天教授、四川大学黄锐教授、华南理工大学黄汉雄教授、恒利公司黄步明总经理等国内知名教授，专家就精密注塑成型技术进行了介绍，来自全国各地的 40 多名学员参加了研讨班。

玉溪耀龙塑胶有限公司“中空壁 HDPE 缠绕管”通过鉴定

25 日　由云南省建设厅和云南省经贸委共同主持，在玉溪市召开了玉溪耀龙塑胶有限公司“中空壁聚乙烯（HDPE）缠绕管”新产品鉴定会。该中空壁聚乙烯（HDPE）缠绕管是以聚乙烯树脂（HDPE）为主要原料，经缠绕焊接成型工艺制成的管材。生产过程采用新一代 PLC 电脑控制和数据采集系统，实现多点速度线性和非线性控制，自动化程度高，能有效保证生产工艺的稳定性和可靠性。该中空壁聚乙烯（HDPE）缠绕管结构壁设计参照了国外先进技术，在保证环刚度指标下，管材质量轻，可降低工程成本，有利于管材的推广应用。经国家化学建材检测中心和云南省产品质量监督检验中心检测，所检测项目符合 Q/YYL01—2002 企业标准的要求。该公司检测设备较为齐全，并已通过 ISO 9001：2000 质量体系认证，质保体系完善，具备大批量生产能力。

【8 月】

浙江大东南集团有限公司引进年产 6 万吨 BOPP 高新技改项目全面实施

1 日　浙江大东南集团有限公司黄水寿董事长与德国布鲁克纳公司远东地区高级销售经理伯尔图先生在浙江省大东南科技工业园内，隆重举行了“中外合作引进年产 6 万吨 BOPP 薄膜生产线高新技术改造项目”签约仪式，诸暨市委、市府主要领导和经济管理部门的负责人参加了签字仪式并表示热烈的祝贺。这标志着浙江大东南集团有限公司引进年产 6 万吨 BOPP 高新技改项目已全面实施，同时也拉开了该公司新一轮“大投入、大发展”的序幕。

该项目总投资 2 988 万美元，注册资本 2 886 万美元，其中计划引进外资达 1 010 万美元，争取到 2003 年 8 月初竣工投产。与此同时，该公司近两年内准备建设实施的引进年产 8kt 光转换农用塑料薄膜生产线、引进年产 15kt 纳米透气 BOPP 薄膜生产线、引进年产 6 000 吨真空镀铝膜生产线等五个高新技术改造项目的前期准备和审批列项工作已全部结束，目前正在与国外设备制造商洽谈设备的引进事项，计划在 2004 年 6 月前全部竣工投产。

高品质镁盐晶须通过鉴定

16 日　江苏山达化工有限公司与中科院金属研究所合作研究开发的“高性能无机阻燃、增强纤维——镁盐晶须”中试科技成果通过了江苏省科技厅组织的鉴定。晶须是在特殊条件下以单晶形式生长形成的纤维，其亚微米和纳米级尺寸的直径以及有序的原子排列，使之具有极高的强度。镁盐晶须作为一种功能性晶须，添加到塑料中可起到增强、阻燃、防老化的效果；添加到涂料中用作增黏剂，可提高涂料的触变性、黏度、抗流动性及涂层的强度，并具有消光性。此外镁盐晶须还可用作过滤材料，并可改善复合材料的电性能。以两院院士师昌绪以及中国塑协理事长廖正品等组成鉴定委员会。成果的中试规模生产工艺技术成熟，设计合理，技术路线可行，环保评价符合标准，具备了产业化的条件，生产过程中在原料的选取、水热法制备晶须工业化技术、促进剂的采用及节能技术等方面具有创新性和先进性，在塑料复合材料、涂料等领域有广阔的应用前景。

全国节水滴灌技术应用推广现场会召开

18～19日 由国家经贸委、水利部、农业部联合主办的全国节水滴灌技术应用推广现场会在新疆石河子市举行。

国家计委、财政部、科技部、外经贸部、国务院西部开发办等有关部门，全国13个省市、自治区和新疆生产建设兵团以及中国塑料加工工业协会、中国塑料加工工业协会塑料节水器材专业委员会等有关单位的专家200多人参加了会议。会议由新疆石河子市政府承办。

水利部农村水利司姜开鹏副司长致开幕词并做了题为“大力推广节水灌溉技术促进农业结构调整”的报告，国家经贸委资源节约与综合利用司赵家荣司长做了题为“大力推进节水灌溉技术的产业化促进经济社会的可持续发展”的报告，中国塑料加工工业协会廖正品理事长兼秘书长对塑料节水器材的发展现状提出了对策与建议，新疆生产建设兵团刘新齐副司令员、农八师师长、石河子市宋志国市长、兵团节水灌溉建设办公室顾烈烽等领导讲了话。新疆天业（集团）有限公司郭庆人做了题为“与时俱进，开创应用推广大田膜下滴灌技术的新局面”的报告。

中国塑料加工工业协会全国塑料研究所技术信息协作网2002年年会召开

27～29日 中国塑料加工工业协会全国塑料研究所技术信息协作网（以下简称“协作网”）2002年年会在山西省太原市召开，来自全国各地的代表60多人参加了年会，开幕式上协作网理事长包建成致词后，中国塑料加工工业协会廖正品理事长、山西省塑协理事长、太原市塑料研究所所长张玉英分别介绍了中国和山西省塑料工业的概况。会上协作网理事长总结了国内塑料研究所的变迁、存在的问题和发展建议。美国Honeywell公司的夏丹先生就公司的汽车用塑料尼龙和PET材料、汽车引擎进气歧管的加工做了技术交流。

大会共收到论文23篇，有12篇学术报告在会上做了交流。另外，无锡市侨联轻化机械公司和南京城盟化工机械股份有限公司在会上介绍了企业情况。

会议期间还召开了两次理事长会议，讨论了会议的组织、扩大会员队伍、调整理事会以及2003年的工作。

【9月】

重庆庆兰“4米幅宽双向拉伸塑料土工格栅”通过鉴定

9日 重庆市经济委员会受国家经贸委委托对重应庆兰实业有限公司承担的2001年国家重点技术创新项目“4米幅宽双向拉伸塑料土工格栅”进行了鉴定。中国塑料加工工业协会廖正品理事长等专家参加了鉴定。

该产品经“重庆市产品质量监督检验所”检测，其物理性能指标达到GB/T 17689—1999的标准要求。采用挤出热冲孔连续单向拉伸工艺为国内首创，该项目的整体技术达到国际同类产品的水平。完成了国家经贸委国经贸技术［2001］441号文计划项目的要求。该项目自行研制、设计和加工的生产设备和检测手段完备，建立了较完善的质量管理体系，实现了原材料的国产化。该产品具有质量轻、韧性好、使用寿命长、纵向横向强度差异小、幅面宽、强度高等特性，可广泛用于岩土工程的加固、加筋材料，是新型的节能节材产品，生产过程无环境污染。

中国塑料加工工业参观考察团赴台进行行业技术交流活动

12～24日 以中国塑料加工工业协会廖正品理事长为团长的中国塑料加工工业参观考察团一行12人赴台进行了行业技术交流活动，受到中国台湾地区塑料企业及科研单位、环保产业协会等各方人士的热烈欢迎。考察团团长、中国塑料加工工业协会廖正品理事长在双方交流会谈时表达了今后进一步合作、扩大双方往来的意愿，并与对方刘狄龙理事长共同签署了交流合作议定书。

考察团参观了位于台中市工业区的塑胶工业技术发展中心，并参观了试验车间与各种研究、检测实验室。还参观了位于台中市的新英机械厂股份有限公司和位于台南市的凤记铁工厂股份有限公司。

2002年全国PVC塑料加工工业技术年会召开

19～23日 “2002年全国PVC塑料加工工业技术年会”在杭州市召开，中国塑料加工工业协会廖正品理事长到会，并做了题为“发展中的我国工程塑料产业化势在必行”的报告。会议主题就围绕关于我国PVC生产与加工行业中新技术、新动态、新进展进行交流，包括原材料、助剂、加工技术、模具、环保等方面内容，主题突出、内容丰富。聚氯乙烯制品是塑料制品中主要品种，产量大，品种多，应用面广，发展速度快。会上有来自大专院校、科研单位及生产企业的专家、教授代表对 PVC 加工技术进行较深入的专题发言与交流。

中国塑料加工工业协会异型材及门窗制品专委会2002年年会召开

24～26日 中国塑料加工工业协会异型材及门窗制品专委会行业年会在北京召开。

出席本届会议的有：中国轻工业联合会、国家经贸委、中国名牌战略推进委员会、建设部以及中国塑料加工工业协会的领导，专业委员会会员企业、会员单位法人代表，企业管理、研发、营销部门代表，专业委员会专家顾问、相关科研院所、高等学校科研人员、部分西部省区相关行业协会领导，京冀地区房地产商、建工设计院设计人员，新闻单位以及非会员企业的列席人员。据粗略统计，到会参加各种会议的总人数约 1 600 余人。

以“合理布局、科技先导、健康、有序的行业发展”为年会中心内容。中国轻工业联合会会长陈士能，国家经贸委产业政策司副司长、国家行业协会管理办公室主任马荣凯，建设部科技委委员、化学建材专家组顾问李国泮，建设部科技发展促进中心副主任彭家祺，建设部科技司副处长、化学建材协调组成员柴文忠等领导分别做了报告。中国塑料加工工业协会副理事长杨力行代表协会讲了话，企业代表中山中标建材有限公司董事长黄锦灿发了言，秘书长王存吉向大会做了 2002 年工作报告。

欧洲门窗协会会长海伯特，德国罗森海姆门窗研究所所长侯恩斯坦率领企业家代表应邀出席了会议，并对其协会和研究所做了介绍，德国 BKV 公司和瑞士 EGOKIEFER 公司也向大家介绍了他们公司的基本情况。清华大学、四川大学、北京化工大学、安徽国风、京滨鑫元、北新五金也做了介绍性发言。中国名牌战略推进委员会常务副秘书长荣剑英就“企业培育发展名牌产品”进行了重要讲话。还就有关标准的修订召开了国家塑料型材门窗行业人员同设计、生产人员以及产品用户单位的座谈会。

会议期间召开了第四届五次理事会，理事会议讨论了专委会秘书处提交的若干议题，通过了《专家委员会章程（草案）》和组织编撰《塑料型材、门窗推荐手册》两个议案。

农村供水工程项目管理宣讲班举办

25～27日 为保证农村供水工程质量，进一步规范农村供水工程建设中的材料、设备采购行为，水利部在北京举办了“农村供水工程项目管理宣讲班”，并邀请中国塑料加工工业协会塑料管道专业委员会协助宣讲了有关塑料管道产品的标准、检测方法和施工安装要求的基本知识，并安排参观了管材生产企业。

MP/CPR/99/076 中国 27 家 EPE 泡沫网套企业淘汰 CFC-12 伞形项目廊坊梨花包装有限公司验收会暨淘汰设备销毁仪式

30日 MP/CPR/99/076 中国 27 家 EPE 泡沫网套企业淘汰 CFC-12 伞形项目企业（以下简称 PE-2 伞形项目）重组合并点之一廊坊梨花包装有限公司项目完工验收会暨淘汰设备现场销毁仪式，在国家环保总局外经办刘亿主任、中国塑料加工工业协会廖正品理事长的亲临下在廊坊开发区举行。参加这次验收会及设备销毁仪式的还有本项目的国际执行机构联合国工业发展组织（UNIDO）驻京办事处、国内执行机构中国化工建设总公司（CNCCC）、工程总包方中国轻鑫工程总公司（BCEL）、项目支持单位北京中绿公司、北京华塑公司、中国环境报等的有关领导、专家和记者。

这次项目验收及设备销毁是 PE-2 伞形项目中 5 个合并点之一。其他已通过销毁验收的 4 个合并点分别是成都梨花包装有限公司、库尔勒梨花果业有限公司、蒲城梨花果业有限公司及梨花礼泉分公司。按照项目总体要求，本项目采取企业重组、合厂并线的执行方式，对所属的 47 条生产线中的 26 条直接销毁，21 条进行替代改造。5 个合并点共计销毁使用 CFC 的 PE 泡沫生产线 26 条，改造 21 条生产线中与使用 CFC 相关的成型系统、高压注入泵、加热器、螺杆混炼头等。项目执行完毕将淘汰 CFC8257t/a。

在设备销毁仪式上，国家环保总局外经办刘亿主任、中国塑料加工工业协会廖正品理事长分别讲了话。对 PE-2 伞形项目 5 个合并点完工并通过验收表示祝贺，并对参与此项目的建设单位泡沫塑料淘汰 ODS 特别工作组专家、中国化工建设总公司、中国轻鑫工程总公司、梨花公司等的工作给予了充分的肯定和赞扬，本项目廊坊梨花公司共计销毁生产线 13 条。

随着廊坊梨花项目验收以及设备销毁工作的完成，历时一年八个月的 MP/CPR/99/076 中国 27 家 EPE 泡沫网套企业淘汰 CFC-12 伞形项目将划上一个圆满的句号。

【10月】

第二届中国塑料制品交易会暨塑料产业发展研讨会召开

12～14日 由中国塑料加工工业协会等与台州市人民政府共同主办的第二届中国塑料制品交易会暨

塑料产业发展研讨会在台州市路桥区隆重举行。

中国人大常委会副委员长布赫、中国塑料加工工业协会理事长廖正品、中国塑料机械协会秘书长戴仲尧和浙江省、中国石化集团、中国石油集团的有关领导，以及台州市的主要领导出席了展会的开幕仪式。

展会场地设在台州市路桥区，面积计 2.5 万平方米，有 700 个展位，主要以塑料制品、原料、模具和机械等进行现场展示与交易，中国石化总公司及下属的上海、燕山、齐鲁、扬子、天津、中原、金陵等七家石化企业和中国石油总公司参加了展会。

与展会同期举行中国塑料产业发展研讨会，汇聚塑料界一流专家，就塑料产业发展趋势、政策导向及新型材料、改性塑料等最新科研成果进行研讨和发布，并举行专家的现场咨询活动。参加此次研讨会的代表达 400 多人。

中国塑料加工工业协会 PVC 低发泡板材专委会第四届年会召开

12～14 日 中国塑料加工工业协会 PVC 低发泡板材专业委员会第四届年会在山东省章丘市召开。参加会议的有 36 家会员单位及塑料助剂、塑料机械等相关单位 48 名代表。中国塑料加工工业协会派员参加了会议。会议主要内容：1. 审议低发泡板材专委会 2002 年工作报告；2. 换届选举第四届专委会理事长、副理事长成员单位，讨论通过吸收新会员单位；3. 举办板材行业及相关行业之间座谈与交流。

低发泡板材专委会理事长、黑龙江美城集团鸡西久美塑料有限公司总经理王佑军代表第三届专委会做工作报告，提出了专委会今后的工作重点，广州宝力威化学建材公司等 5 个单位就行业现状的发展前景进行了专题发言。

会议安排专委会全体代表参观了山东省章丘海富塑胶有限公司，淄博塑料助剂厂等单位。会议最后讨论确定 PVC 低发泡板材专委会第五届年会将在齐齐哈尔金枫塑胶有限公司承办。

授予温州市“中国合成革之都”“中国塑编之都”“中国塑料薄膜生产基地”荣誉称号

一、温州“中国合成革之都”的崛起，标志着我国合成革的发展进入了一个新阶段

13 日 中国轻工业联合会陈士能会长和浙江省叶荣宝副省长为温州“中国合成革之都”揭牌，标志“中国合成革之都”正式成立，这意味着中国合成革行业在走向世界的历程中迈出了新的可喜的一步。

今年初，温州市人民政府要求授予温州为“中国合成革之都”，在温州市合成革商会与温州市塑料工业协会的密切配合下，中国轻工业联合会委托中国塑料加工工业协会牵头组成专家考核组对温州合成革行业进行实地考察，由广东、浙江、江苏、山东等省塑料公司（协会）的领导及专家组成的考核组一致认为，为进一步强化中国人造革、合成革行业的聚集效应，继续做大做优温州合成革产业，建中国合成革之都非常必要。

浙江温州市人造革、合成革生产的发展十分迅速，其企业之多、生产线之多、产量之大、出口之多都居全国各省市之首，温州市是名符其实的人造革、合成革之都。温州合成革行业发展十分迅猛，从 20 世纪 90 年代初就已成为全国合成革的主要生产基地。全市拥有合成革企业 90 多家，固定资产达 30 多亿元，现代化生产线 240 多条，后加工辅助设备 1 000 多台，年产合成革 280kt，占全国总产量的 52%。在全国拥有固定销售点和用户 4 000 多家，年销售额 80 多亿元，占国内市场份额近 70%，且产业区域特色鲜明，发展势头强劲。

温州合成革行业在发展过程中，不仅创造了显著的经济效益和社会效益，而且还十分重视环保治理工作。全行业共投资 2.08 亿元，建设了 52 套 DMF 回收循环使用装置系统，日处理废水 6 200 多吨，不但能使废水排放达到国家标准要求，而且还增加了企业的经济效益。

二、中国塑编之都——三个地方的经济“支柱”

塑料编织袋是温州传统产品，是塑料行业中生产企业最多、产量最大的产品。温州编织袋生产企业 500 多家，拥有编织袋生产线 1 000 多条，各种圆筒织机 15 000 多台，年产编织袋 80 多万条。目前，温州编织袋生产主要集中在平阳、苍南、瑞安三县市，是这三县市的支柱产业。

三、中国塑料薄膜生产基地跨越式大发展

近几年来温州塑料行业积极响应温州市政府二次创业的号召，全行业生气勃勃呈现出一派持续、稳定、高速发展的势态。现温州市塑料制品工业已发展成为温州市的重点支柱产业之一。

近五年来获跨越式发展起来的产品，集中在瑞安市。瑞安塑料薄膜生产已形成区域性优势，近三年来他们投资 8 亿多元用于技改，现有塑料薄膜生产企业 30 多家，预计 2002 年薄膜产量可达 25 万吨，成为全国最大的区域性薄膜生产基地。今年瑞安、苍南又投入近 5 亿元引进三套具有先进水平的塑料薄膜生产线，将分别于今明两年投产。瑞安市人民政府还发了专门文件扶持发展塑料生产，编制了全行业科技进步规划，确立了浙江华滨包装材料有限公司、浙江华泰塑胶股份有限公司为行业龙头，并于 2001 年 3 月成立了行业协会，加强了行业管理，他们决心把瑞安的塑料薄膜生产做大做强，使之进入全国先进行列。

因此，中轻联综［2002］142号文件：正式授予温州市“中国合成革之都”“中国塑编之都”“中国塑料薄膜生产基地”荣誉称号。

全国塑料着色与色母粒学术、技贸信息交流会召开

14～16日 为适应市场经济及西部地区的发展，提高我国色母粒行业的技术水平和经济效益，加强国内外技术交流和贸易往来以及企业互通信息及经验交流，全国塑料着色与色母粒学术、技贸信息交流会在重庆召开。260多个单位的300余位代表参加了会议。中国塑协副理事长李国俊出席会议并讲话。20多篇国内外专家的论文在会上进行了交流。

此次会议促进了色母粒行业与塑料加工行业的合作，正像中国塑料加工工业协会李国俊副理事长指出的：从事塑料加工的单位与从事塑料着色剂的单位更加密切的合作，少量的色母粒就改变了塑料的单调，增加了色彩，塑料加工与助剂行业的合作，必定促进塑料行业的发展。

中石化第九届石化咨询信息网年会召开

16～18日 中石化第九届石化咨询信息网年会在西安市召开，会议主要交流石油和化工工程、经济技术的信息咨询工作，更好地为我国石油和石化工业发展服务。会上有国务院发展研究中心、国家信息中心、中国石化集团、仪征化纤股份有限公司、中国塑料加工工业协会、中国石化新星华北分公司、兰州炼油化工等十余个单位代表、专家分别做了题为“当前经济形势的几点分析”、“经济形势分析与展望”、“搞好炼厂优化提高竞争力”、“中国聚酯工业的现状与发展对策”、“塑料制品加工业产销两旺前景喜人”、“当今国际国内石油石化的宏观形势与未来发展趋势”、“世界合成树脂市场分析及预测”等发言。

2002年中国可持续发展及环境降解塑料工业发展国际论坛召开

25～27日 由联合国工发组织科学与高科技国际研究中心（ICS-UNIDO）、中国塑料加工工业协会降解塑料专委会、清华大学联合召开的“2002年中国可持续发展及环境降解塑料工业发展国际论坛”在北京举行。大会由中国塑料加工工业协会降解塑料专委会副理事长、清华大学陈国强教授主持，ICS-UNIDO纯化学与应用化学区域协调员、管理理事 Mr. Stanislav Miertus、清华大学生物学院院长赵南明和中国塑料加工工业协会副理事长杨力行代表主办方分别致欢迎辞。ICS-UNIDO Mirada Da crar 教授、UNIDO驻北京办事处官员 Rudcf walder、国家经贸委副秘书长甘智和、科技部高新技术及产业化司司长邵立勤、中国轻工业联合会副会长张善梅应邀出席了大会并做了重要讲话。

参加会议的代表有来自美国、德国、日本、加拿大、新加坡、澳大利亚等国外专家和企业代表，国内有来自北京，上海、天津等十多个省市的国内专家、教授和企业家共约100人。会议共收到论文和报告32篇，部分公司和企业还同时在会上展示了他们的新产品和最新成果。

中国塑料加工工业协会人造革专委会2002年年会召开

26～28日 中国塑料加工工业协会人造革专委会2002年年会在广州花都召开，出席会议的会员单位24家代表46人，特邀单位23家代表34人。

会议召开了“首届中国国际人造革合成革发展论坛”。论坛报告会由中国塑料加工工业协会李国俊副理事长主持，广州市花都区陈国区长致词，中国塑料加工工业协会理事长、全国塑料制品标准化技术委员会主任廖正品做“蓬勃发展的中国合成革工业”报告。还举办了制定人造革合成革标准的第二次会议，全国塑料制品标准化技术委员会陈家琪副主任对人造革合成革6项行业标准制定的进度进行了检查和指导。

2002年中国（狮岭）首届国际人造革合成革发展论坛商贸洽谈会开幕

26～28日 中国塑料加工工业协会与中塑协人造革专委会在广州市花都区组织召开了中国（狮岭）首届国际人造革合成革发展论坛暨商贸洽谈会，出席会议的单位有167家，代表398人，其中特邀单位17家代表22人。意大利企业3家、德国企业1家、韩国企业2家、港台地区企业3家，会议开得十分活跃。中国轻工业联合会陈士能会长、中国皮革协会徐永理事长、中国塑料加工工业协会廖正品理事长及广东省游宁丰副省长、广州市张广宁副市长、花都区陈国区长等领导参加了“2002中国（狮岭）第二届皮革皮具节暨中国（狮岭）首届国际人造革合成革发展论坛商贸洽谈会”开幕式并发表了讲话。与会领导同时参加了广州花都“中国皮具之都”仪式。

【11月】

2002年中国工业装备博览会召开

16日 “2002中国国际工业加工技术与装备博览

会”在广东东莞的广东现代国际展览中心隆重召开。中国塑料加工工业协会理事长廖正品先生出席了剪彩仪式并致辞。本次展会充分体现基地化、专业化、国际化的特色，汇集了280个工业装备生产企业，共540个展位，展览面积达12 000多平方米。4天的展期共吸引了33 000多人前来参观采购，展会总成交额达4.5亿元，其中现场成交1.5亿元，意向成交额达3亿多元。

同期举行的2002年广东省塑料工业协会工作会议通报了行业发展状况，并召开了行业信息发布会。

宝硕集团包装材料事业部宝莱公司开业庆典

宝莱项目年产BOPP包装薄膜22kt，一次试车成功，只用了20t原料，这在BOPP薄膜史上也是少有的。

要上马的两条3.5万吨BOPP生产线，可望一年三个月后建成投产。2004年在BOPP包装产品上将达到100kt/a能力。正在上马的POF即热收缩包装，2003年即可达到12kt。新增PVC塑料门窗50kt，已开始定货。新增PVC污水管道60kt，已部分进入安装。4.2万吨天然气管道已开工建设。第四批国债项目新增年产30kt多功能大棚膜，明年3月底投产。到2004年，BOPP包装可达110kt，PVC门窗120kt，PVC给水管道120kt，PE燃气管50kt，大棚膜100kt，至少可提前一年实现主导产品达500kt。

张善梅率团赴韩回访韩国合成树脂工业协同组合联合会

6日 中国轻工业联合会访韩代表团由张善梅副会长为团长、国际合作部安志主任、酿酒工业协会耿兆林理事长、轻工质量认证中心陶小年副主任和塑料加工工业协会李国俊常务副理事长一行五人前往汉城访问。韩国合成树脂工业协同组合联合会权重湜会长亲切会见了张副会长一行。权会长介绍了该联合会设立的目的、职能、组织机构等。张副会长等也向韩方介绍了中国塑料加工工业情况，双方对协会工作进行了交流，张副会长还询问了韩国在塑料产品对环境的影响和废旧塑料回收方面的情况及经验。权会长介绍了韩国塑料行业对环境保护的重视，及其制定了相应的国家和行业标准的情况，韩国政府和联合会对降解塑料的开发、生产和应用都很重视，韩国政府希望生产更多的降解塑料产品。会谈中张副会长和权会长都表示中韩两国是近邻，双方应继续加强合作与交流，定期互访，加强双边科技、贸易、信息诸方面的合作，促进两国塑料加工业的发展。

在权会长的热情陪同下，代表团拜访了韩国中小企业协同组合中央会金荣洙会长，参观了韩国产业资源部技术标准院和塑料袋生产企业。

（中国塑料加工工业协会　李国俊）

【12月】

第二届塑料助剂与配方设计技术学习研讨班举行

5～12日 中国塑料加工工业协会异型材及门窗制品专业委员会和中国工程塑料工业协会塑料助剂专委会共同举办的“第二届塑料助剂与配方设计技术学习研讨班”结业，廖正品理事长到会并做题为“加强行业合作，抓好专业培训，提高塑料行业人员整体素质”的报告。

研讨班聘请了20多位国内知名学者、专家、教授讲课。研讨班时间虽短，由于大家珍惜宝贵的学习机会，师高弟子强，理论联系实际、内容丰富指导性强，学有所用，普遍反映收获大，希望今后多办这类学习研讨班。

宝硕集团“新型缠绕包装薄膜”新产品通过专家鉴定

20日 国家经贸委委托河北省经贸委主持召开了河北宝硕集团公司开发研制的“新型缠绕包装薄膜”新产品专家鉴定会。

宝硕集团为研制开发“新型缠绕包装薄膜”采用具有90年代国际先进水平的多层共挤流延膜生产线，选择合理的工艺，筛选最佳配方，配备完善检测手段，在研制过程中解决了真空吸料堵塞、薄膜厚度控制等关键技术问题，使产品耐穿刺性好、防老化性能优良、拉伸倍数高、自黏性强，达到牧草青储包装和工业缠绕包装的技术要求；产品经国家塑料制品监督检验中心检测，各项指标超过了Q1 BSBCJ02—2002标准，主要性能指标达到和超过了欧洲ENISO 0527—3标准，产品经多家用户使用，反应良好。

全国塑料制品标准化技术委员会2002年年会召开

全国塑料制品标准化技术委员会召开2002年年会在北京召开，国家经贸委行业规划司白英处长、轻工业联合会综合业务部杨立部长、中国塑料加工工业协会曾家华副秘书长就中国加入WTO后面临新世纪、新机遇、新挑战以及全球经济一体化发展的趋势、中国塑料制品加工行业如何做好满足新的质量控制标准的要求以及如何适应新世纪国内外塑料市场变化需求、持续、健康、快速向前发展，做了题为“搞好塑料行业质量与标准化工作，以适应新世纪塑料市场变化需求”“我国标准化工作现状及发展对策研究”等发言。会议对规范和进一步完善、制定标准起到了指导作用。

湖南安塑集团“年产1 200万平方米弹性PU透气服装革、沙发革”项目竣工验收

29～30日 湖南省发展计划委员会受国家发展计划委员会委托，在长沙市主持召开了湖南安塑股份有限公司“年产1 200万平方米弹性PU透气服装革、沙发革”国家高技术产业化示范工程项目竣工验收会议。

该项目是2000年12月经国家计委批准立项，2001年开始建设，4条生产线所有关键设备及辅助设备生产能力、生产工艺技术水平，环保设备和措施等均达到了设计要求，经国家军需产品质量监督检验中心等单位检测质量合格，形成了年产1 200万平方米弹性PU透气服装革、沙发革生产能力。

该项目是以“安塑股份”自行开发，并具有自主知识产权的弹性PU透气服装革新产品科技成果为基础的，通过引进意大利和中国台湾省的先进生产设备，解决了PU透气革产品工业化生产过程中的一系列技术难题及技术关键，包括针织布与机织布的复合技术，双薄低耗，低浓度湿法加工，高湿干态下不剥离，经低温态下也不剥离的核心加工技术和表面印刷柔软防水等措施，以及进一步完善弹性PU透气革的生产工艺，其生产工艺先进、合理，便于操作，并有多项创新，自动化控制程度高，产品质量稳定，使“安塑股份”生产弹性PU透气革的技术装备和工艺水平自动化程度均跨入了国际先进行列，使我国成为世界上实现了弹性PU透气革规模化生产的少数国家之一。该示范工程在环保设施、消防、劳动安全卫生、档案资料等方面均已通过相关主管部门的专项竣工验收，产品质量综合水平达到国外同类产品质量先进水平，成品合格率达到95%，PU透气革与天然皮相比具有品种多、花色齐全、耐低温抗疲劳、耐磨性能等优于天然皮，达到美化人类服装的效果，有益于生态平衡。

该示范工程的建设，积累了弹性PU透气革湿法与干法生产线设计、施工、安装、调试的经验，并在试生产中总结出一套完整、合理的规模化生产式工艺，这对今后同类PU革生产线的建设将起到示范作用。同时，本项目实施经验对传统人造革行业进行产品结构调整，实现产品升级换代具有指导意义。

《门、窗用未增塑聚氯乙烯（PVC-U）型材》国家标准审定会召开

30日 国家标准《门、窗用未增塑聚氯乙烯（PVC-U）型材》审定会在北京召开。会议由全国塑料制品标准化技术委员会主持、参加会议有国家标准委审核部、中国轻工联合会、中国塑料加工工业协会以及生产、用户等单位，会议由20名代表组成专家审核组进行审查。

该项标准由天津市塑料研究所负责起草，本标准是在原GB 8814—88、GB/T 8814—1998基础上进行修订，并修改采用欧洲标准化技术委员会制定的《EN12608（2002英文版）门窗生产用未增塑聚氯乙烯（PVC-U）型材分类、要求和试验方法》标准。标准起草小组根据国家标准委采用国际标准及我国加入“WTO”要求的精神指引下，经过一年多以来做了大量的调查研究、分析、试验工作，一连分别召开了“三次制标工作会议”，提出了该项标准的正式送审稿，供专家审查。

《门、窗用未增塑聚氯乙烯（PVC-U）型材》国家标准送审稿经过到会代表以及专家审查组的认真审查，并提到了某些更合理的修改意见，会议一致同意通过本标准。

（中国塑料加工工业协会　丁言行）

政 策 法 规

2001年国家与塑料行业相关的政策法规

一、民政部徐瑞新副部长谈行业协会的“培育、发展、整顿、改革”

2001年2月7日，中国工业经济联合会会长林宗棠、常务副会长杜金陵、副会长顾家麒同志，前往民政部向徐瑞新副部长、民间组织管理局陈光耀副局长汇报了中国工经联有关工作，并就行业协会、联合会“培育、发展、整顿、改革”等问题交换了意见。徐瑞新副部长做了重要讲话，主要内容如下：

中央提出培育发展社会中介组织，我们要很好的把培育和管理结合起来。我们非常愿意和中国工经联共同研究、探讨工业经济领域社会体制的改革。请工经联就全国工业经济方面的协会做一全面调查研究，包括国家经贸委管理之外的协会，如：铁道、交通、邮电、建设和军工等部门的行业协会，在调研基础上，写出报告，报给民政部、经贸委和国务院。调查报告内容可包括：工业行业协会的体制、改革、调整、规范和有关政策。八个国家工业局撤销以后，工业行业协会如何改革，民政部、经贸委共同商量，提出了一个工业行业协会的改革方案，正在落实。中国工经联是很有经验的，希望你们充分发挥联合组织作用，作为政府、行业企业之间的桥梁纽带，承上启下，联合起来，多干些事。

对民间组织要区别对待，要优先培育发展工业行业协会。监督管理从严掌握的重点主要放在那些业务宽泛、特别是社会意识形态领域的团体。整顿、规范协会，要把职能相同、相近的合并，要拿出一个调整方案来。

徐副部长表示：关于请工经联就工业经济领域协会调研问题，民政部尽快发一个课题研究的委托函，遇到问题时我们共同研究。

当谈到工业经济联合会需成立专业委员会的问题时，徐副部长表示，只要你们同意、经贸委同意，报到民政部我们立即办。

最后，双方还就企业家办会、双会长制、主席团制以及协会的经费、会费、税收有关政策等问题，交换了意见。

二、关于《贯彻执行国家经贸委第6号淘汰一次性发泡塑料餐具工作座谈会》精神的通知

为贯彻落实国家经贸委6号令，解决一次性泡沫塑料餐具屡禁不止的现状，国家经贸委产业政策司于2001年5月28日召集中国塑料加工工业协会、中国包装协会、中国食品工业协会、中国餐饮协会、中国物流协会、中国环保产业协会等有关一次性泡沫餐具的生产、使用、运输相关协会召开了“贯彻执行国家经贸委第6号淘汰一次性发泡塑料餐具工作座谈会”。根据会议精神，中国塑料加工工业协会拟采取以下措施协助国家经贸委做好6号令落实工作：1. 中国塑料加工工业协会及所属各专委会要求一次性发泡餐具生产企业，从大局出发，统一思想，认真贯彻执行禁令；2. 要求各相关专委会在对外宣传过程中，坚持正确舆论导向，制止和国家政策相违背的言论；3. 中国塑料加工工业协会作为企业和政府沟通的桥梁和纽带，在贯彻执行国家政策的前提下，将反映各有关企业正当要求和愿望，希望各企业积极配合，做好停产中的清理、安置、转型工作。

三、国家又放开部分商品价格

国家计委以计价格［2001］1218号文件，下达了关于放开和下放部分商品和服务价格的通知。

国家计委于7月4日公布了《国家计委和国务院有关部门定价目录》，表明国家将放开包括国产农膜原料、天然橡胶及轮胎和化工产品在内的大多数原由中央政府制定的商品和服务价格。同时将国家价格主管部门继续定价的包括天然气和部分化肥等在内的商品和服务项目减少为13种（类）。这一改革措施将从今年8月1日起执行。

据介绍，改革开放以来，随着经济体制改革和市场供求的变化，国家逐步放开了大部分商品和服务价格。到1992年，政府定价的项目减少为141种(类)。1992年以来，又明令放开了原油、部分石油化工产品等35种商品和服务价格。在今年7月4日发布的《国家计委和国务院有关部门定价目录》中，国家对包括化工产品、轮胎在内的62种原未再要求必须审批但尚未明令放开的商品和服务价格进行放开，同时又明令放开现行由中央政府定价的国产农膜原料、天然橡胶等10种商品和服务价格，由经营者自主定价。并规定对以上明令放开的项目，均由经营者根据市场情况自主制定价格，各部门和地方各级人民政府均不得截留定价权。

经过这次放开后，国家计委及国务院有关部门制定政府指导价和政府定价的商品和服务减少为13种(类)，包括国家储备用原油、成品油、中央救灾储备化肥等重要的中央储备物资，国家专营的产品，部分化肥、天然气等。其中部分化肥的定价范围指合成氨年生产能力30万吨以上的大型氮肥企业生产的尿素、硝酸铵出厂基准价格及浮动幅度；有经营资格的企业按照中央进口配额进口的化肥港口结算价格。天然气的定价范围为陆上油气田天然气。

四、“十五”节水灌溉目标确定

水利部明确提出“十五”期间节水灌溉发展目标，即在灌溉用水总量零增长的前提下，使全国平均每亩灌溉面积用水量在“九五”末的基础上再减16立方米，通过节水挖潜为新增灌溉面积3 000万亩提供水源保障，使全国平均灌溉水利用系数提高3～5个百分点，多数地区达到0.45，大中城市郊区达到0.5以上；万元农业产值耗水量在2000年的基础上再下降450立方米。计划新增节水灌溉工程面积1亿亩，达到3.8亿亩，新增节水技术措施面积1亿亩，达到3.5亿亩。

“九五”期间，全国节水灌溉工作成效显著，300个节水增产重点县建设任务全部完成，并通过了验收，12个节水灌溉示范市建设取得阶段性成果，同时，对208个大型灌区进行了以节水为中心的续建配套和技术改造，兴建了668个国家级节水增效示范区。据统计，5年全国共新增节水灌溉工程面积1.15亿亩，用于发展节水灌溉的资金约430亿元。

节水灌溉的普及，取得了显著节水效果。在全国灌溉用水总量零增长的情况下，新增6 400万亩灌溉面积，改善原有的7亿多亩灌溉面积。全国平均单位灌溉面积用水量从1995年的476立方米下降到2000年的439立方米。多数地方灌溉水利用系数从“八五”末的0.30～0.40提高到0.40以上，取得了年节水250亿立方米的效果。同时，通过农业节水，使“九五”期间全国新增的近280亿立方米供水能力，能够集中用于城市和工业。

五、关于若干农业生产资料征免增值税政策的通知

为支持农业生产发展，经国务院批准，财政部、国家税务总局7月20日就若干农业生产资料征免增值税的政策发出通知，主要内容如下：

1. 下列货物免征增值税

(1) 农膜。

(2) 生产销售的除尿素以外的氮肥、除磷酸二铵以外的磷肥、钾肥以及以免税化肥为主要原料的复混肥（企业生产复混肥产品所用的免税化肥成本占原料中全部化肥成本的比重高于70%）。“复混肥”是指用化学方法或物理方法加工制成的氮、磷、钾三种养分中至少有两种养分标明量的肥料，包括仅用化学方法制成的复合肥和仅用物理方法制成的混配肥（也称掺合肥）。

(3) 生产销售的阿维菌素、胺菊酯、百菌清、苯噻酰草胺、苄嘧磺隆、草除灵、吡虫啉、丙烯菊酯等48项。

(4) 批发和零售的种子、种苗、化肥、农药、农机。

2. 对生产销售的尿素统一征收增值税，并在2001年、2002年两年内实行增值税先征后退的政策。2001年对征收的税款全额退还，2002年退还50%，自2003年起停止退还政策。增值税具体退税事宜，由财政部驻各地财政监察专员办事处按财政部、国家税务总局、中国人民银行《关于税制改革后对某些企业实行“先征后退”有关预算管理问题的暂行规定的通知》（[1994] 财预字第55号）的有关规定办理。

3. 对原征收增值税的尿素生产企业生产销售的尿素，实行增值税先征后退政策从2001年1月1日起执行；对原免征增值税的尿素生产企业生产销售的尿素，恢复征收增值税和实行先征后退政策以及对农业生产资料免征增值税政策，自2001年8月1日起执行，《关于延续若干增值税免税政策的通知》（财税明电 [2000] 6号）第四条同时停止执行。

六、WTO的七项基本原则

WTO的基本原则是在继承GATT（关税与贸易总协定）基本原则的基础上，进行必要的补充和修改而来的，它们源于1994年的GATT、服务贸易总协定和历次多边贸易谈判所达成的一系列协议。最主要的几项原则如下：

1. 最惠国待遇原则：是指缔约一方现在和将来给予任何第三方的优惠，也给予所有缔约方。在国际贸易中，最惠国待遇是指签订双边或多边贸易协议的一方在贸易、关税、航运、公民法律地位等方面，给予任何第三方的减让、特权、优惠或豁免时，缔约另一方或其他缔约方也可以得到相同的待遇。

2. 国民待遇原则：是指在贸易条约或协议中，缔约方之间相互保证给予对方的自然人（公民）、法人（企业）和商船在本国境内享有与本国自然人、法人和商船同等的待遇。就是把外国的商品当作本国商品对待，把外国企业当作本国企业对待。其目的是为了公平竞争，防止歧视性保护，实现贸易自由化。

3. 无歧视待遇原则：又叫无差别待遇原则，是WTO最重要的原则之一。它规定缔约方一方在实施某种限制或禁止措施时，不得对其他缔约方实施歧视待遇。无歧视待遇的原则要求每个缔约方在任何贸易活动中，都要给予其他缔约方以平等待遇，使所有缔约方能在同样的条件下进行贸易。

4. 互惠原则：互惠是指两国或多国之间在贸易利益或特权方面的相互或相应让与。互惠原则体现在关税、运输、非关税壁垒方面削减和知识产权方面的相互保护等。

5. 关税减让原则：关税和非关税措施是国家管制

进出口贸易的两种常用方式。与名目繁多的非关税措施相比，关税的最大优点是它具有公开性和可计量性，能够清楚地反映关税对国内产业的保护程度。在WTO中关税是惟一合法的保护方式，不断地降低关税是WTO最重要的原则之一。目前，关税的总体水平，发达国家大约在4%以下，发展中国家约为10%左右。

6. 取消数量限制原则：数量限制是非关税壁垒中最常用的方法，是政府惯用的手段，常被用来限制进出口数量。WTO倡导贸易自由化，主张取消任何非关税壁垒。数量限制的主要形式是：配额、进口许可、自动出口约束和禁止。

7. 透明度原则：贸易自由化和稳定性是WTO的主要宗旨，而实现这一宗旨，有赖于增强贸易规章和政策措施的透明度。因此，WTO为各缔约方的贸易法律、规章、政策、决策和裁决规定了必须公开的透明度原则，其目的在于防止缔约方之间进行不公平的贸易。透明度原则已经成为各缔约方在货物贸易、技术贸易和服务贸易中应遵守的一项基本原则，它涉及贸易的所有领域。

七、2002年关税总水平降至12%

经国务院关税税则委员会全体会议审议通过，并报国务院批准，我国将从2002年1月1日起，履行我国加入世贸组织承诺的2002年关税减让义务，关税总水平由15.3%降至12%。在今后几年中，我国还将根据加入世贸组织的关税减让义务，继续逐步降低关税（见附表）。

附:2002年主要产品平均关税税率表

产品门类	降低关税后平均税率
工业品	11.6%
原油及成品油	6.1%
木材、纸及其制品	8.9%
纺织品和服装	17.6%
化工产品	7.9%
交通工具	17.4%
机械产品	9.6%
电子产品	10.7%
农产品	15.8%
水产品	14.3%

据国务院关税税则委员会办公室负责人介绍，根据我国加入世贸组织关税减让义务，2002年我国将有5300多个税目的税率不同程度降低，降幅面达73%。

从2002年起，我国还将对进口税则税率的栏目作相应调整，即将实行的税率栏目有4个，分别为最惠国税率、协定税率、特惠税率和普通税率。另外，从2002年1月1日起，我国将对700多种原产于韩国、斯里兰卡和孟加拉国三个曼谷协定成员的进口产品实行比最惠国税率进一步优惠的曼谷协定税率。

八、扶优扶强提高我国产品国际竞争力、名牌产品管理有了新规定

国家质检总局局长李长江签发了总局令，《中国名牌产品管理办法》自2001年12月29日起执行。该《办法》是国家质检总局适应入市要求，履行入世承诺，大力推行扶优扶强措施，提高我国产品国际竞争力而制定的。

国家质检总局负责制定中国名牌产品推进工作的目标、原则、计划、任务和范围，对中国名牌战略推进委员会的工作进行监督和管理，并依法对创中国名牌产品成绩突出的生产企业予以表彰。

据了解，推进名牌战略的实施，加强中国名牌产品的监督管理，规范中国名牌产品的评价，推动企业实施名牌战略，引导和支持企业创名牌，指导和督促企业提高质量水平，增强我国产品的市场竞争力，是制定该《办法》的指导思想。

《办法》中，对名牌产品的组织管理、申请条件、评价指标、评价程序、监督管理进行了具体的规定。对不符合我国市场经济发展要求和入世新形势要求，与法律法规相抵触的规章进行了及时的修订和废止。2001年6月18日国家质检总局发布的《中国名牌产品评价管理办法（试行）》同时废止。

《办法》指出，中国名牌产品评价工作要建立以市场评价为基础，以社会中介机构为主体，以政府积极推动、引导、监督为保证，以用户（顾客）满意为宗旨的总体推进机制。中国名牌产品评价工作坚持企业自愿申请，科学、公正、公平、公开，不搞终身制，不向企业收费，不增加企业负担的原则。

九、国家鼓励开展资源综合利用、税收政策有突破

国家经贸委在深入调查研究的基础上，根据目前企业在开展资源综合利用和发展新型墙体材料方面所遇到的困难，经与财政部、国家税务总局协调，提出了国家鼓励开展资源综合利用和发展新型墙体材料的税收优惠政策建议，并提出了《享受税收优惠政策新型墙体材料目录》，经国务院批准，该税收政策近日由财政部和国家税务总局联合发布。

《财政部、国家税务总局关于部分资源综合利用及其他产品增值税政策问题的通知》（财税［2001］198号）将部分资源综合利用产品增值税政策明确如下：

一、自2001年1月1日起，对下列货物实行增值税即征即退的政策

（一）利用煤炭开采过程中伴生的舍弃物油母页

岩生产加工的页岩油及其他产品。

（二）生产原料中掺有不少于30%的废旧沥青混凝土生产的再生沥青混凝土。

（三）利用城市生活垃圾生产的电力。

（四）在生产原料中掺有不少于30%的煤矸石、石煤、粉煤灰、烧煤锅炉的炉底渣（不包高炉水渣）及其他废渣生产的水泥。

二、自2001年1月1日起，对下列货物实行按增值税应纳税额减半征收的政策

（一）利用煤矸石、煤泥、油母页岩和风力生产的电力。

（二）部分新型墙体材料产品，包括非黏土砖、建筑砌块、建筑板材14类共23种产品（见《享受税收优惠政策新型墙体材料目录》）。

十、鼓励外商投资产业目录摘录（与塑料有关部分）

制造业

（八）化学原料及化学品制造业

1. 重油催化裂化制烯烃生产

2. 年产60万吨及以上规模乙烯生产（中方相对控股）

3. 乙烯副产品C5-C9产品的综合利用

4. 大型聚氯乙烯树脂生产（乙烯法）

5. 有机氯系列化工产品生产（高残留有机氯产品除外）

6. 基本有机化工原料：苯、甲苯、二甲苯（对、邻、间）衍生物产品的综合利用

7. 合成材料的配套原料：双酚A、4,4′-二苯基甲烷二异氰酸酯、甲苯二异氰酸酯生产

8. 合成纤维原料：精对苯二甲酸、丙烯腈、己内酰胺、尼龙66盐生产

9. 合成橡胶：溶液丁苯橡胶、丁基橡胶、异戊橡胶、丁二烯法氯丁橡胶、聚氨酯橡胶、丙烯酸橡胶、氯醇橡胶生产

10. 工程塑料及塑料合金生产

11. 精细化工：催化剂、助剂及石油添加剂新产品、新技术，染（颜）料商品化加工技术，电子、造纸用高科技化学品，食品添加剂、饲料添加剂，皮革化学品、油田助剂，表面活性剂，水处理剂，胶黏剂，无机纤维、无机粉体填料生产

12. 纺织及化纤抽丝用助剂、油剂、染化料生产

13. 汽车尾气净化剂、催化剂及其他助剂生产

14. 天然香料、合成香料、单离香料生产

15. 高性能涂料生产

16. 氯化法钛白粉生产

17. 氟氯烃替代物生产

18. 大型煤化工产品生产

19. 林业化学产品新技术、新产品开发与生产

20. 烧碱用离子膜生产

21. 生物肥料、高浓度化肥（钾肥、磷肥）、复合肥料生产

22. 高效、低毒和低残留的化学农药原药新品种开发与生产

23. 生物农药开发与生产

24. 环保用无机、有机和生物膜开发与生产

25. 废气、废液、废渣综合利用和处理、处置

（十）化学纤维制造业

1. 差别化化学纤维及芳纶、氨纶、碳纤维等高新技术化纤生产

2. 黏胶无毒纺等环保型化纤的生产

3. 日产400吨及以上纤维及非纤维用聚酯生产

（十一）塑料制品业

1. 聚酰亚胺保鲜薄膜生产

2. 农膜新技术及新产品（光解膜、多功能膜及原料等）开发与生产

3. 废旧塑料的消解和再利用

（十二）非金属矿物制品业

1. 日熔化500吨级及以上优质浮法玻璃生产（限于中西部地区）

2. 日产2 000吨及以上水泥熟料新型干法水泥生产（限于中西部地区）

3. 年产1万吨及以上玻璃纤维（池窑拉丝工艺生产线）及玻璃钢制品生产

4. 年产50万件及以上高档卫生瓷生产

5. 陶瓷原料的标准化精制、陶瓷用高档装饰材料生产

6. 玻璃、陶瓷、玻璃纤维窑炉用高档耐火材料生产

7. 无机非金属材料及制品生产（人工晶体、高性能复合材料、特种玻璃、特种陶瓷、特种密封材料、特种胶凝材料）

8. 新型建筑材料生产（轻质高强多功能墙体材料、高档环保型装饰装修材料、优质防水密封材料、高效保温材料）

9. 非金属矿深加工（超细粉碎、高纯、精制、改性）

（十五）金属制品业

1. 非金属制品模具设计、制造

2. 汽车、摩托车模具（含冲模、注塑模、模压模等）、夹具（焊装夹具、检验夹具等）设计、制造

十一、我国将立法规范再生资源回收利用管理工作

国家经贸委资源节约与综合利用司指出：

再生资源回收利用是我国资源综合利用和环保产业的重要组成部分。随着我国现代化建设的发展、人们生活水平的提高以及生活方式的改变，再生资源的产生量将会越来越多，品质和种类也会发生较大变化。大力开展再生资源综合利用，物尽其用，变废为宝，化害为利，是合理利用资源，保护环境，促进经济可持续发展的重要措施。

我国再生资源（废旧物资）回收利用工作始于50年代，在计划经济时期已建立起以物资部门和供销合作系统为主渠道的回收、加工体系。随着市场经济的发展，一些靠回收废旧物资起家的流动商贩，逐步发展成为具备回收、加工能力的企业群体，再生资源（废旧物资）回收利用行业迄今已有各类企业5 000多家，回收网点16万个，回收加工厂3 000多座，从业人员140多万。目前，我国六大类废旧物资年回收量已突破5 000万吨，年回收总值已逾450亿元，其中六大类废旧物资的年回收率分别为：废钢铁约85%；废有色金属回收率约80%；废塑料约25%；废橡胶约47%；废纸约20%；废玻璃约13%；报废汽车年回收量已达40多万辆。废旧物资主要品种年加工预处理量达2 000多万吨，其中废旧车船和机械设备拆解能力近千万吨；有色金属和贵金属回收、提纯能力大大提高，废旧物资回收加工机械产品规格呈多样化发展，已建立再生资源回收利用科研机构和专业技术教育院系近10所，再生资源（废旧物资）回收利用活动正逐步向产业化方向发展。

随着我国市场经济体制的建立，各种经济成分相继进入再生资源领域，一方面，有力促进了回收利用工作的发展。另一方面，由于法律制度不健全，管理工作未跟上，也引发了一些社会问题。如废旧物资回收渠道混乱，废旧金属争相收购，电力生产和城市公用设施被盗事件时有发生等。同时，再生资源回收利用存在投入少，科技攻关及推广缺乏资金，发展缺乏后劲等一系列问题，制约着行业的进一步发展。因此，迫切需要立法，规范市场，将这项工作尽快纳入法制化轨道，使其健康有序地发展。

为此，国家经贸委已将《再生资源回收利用管理条例》列入国务院颁布的法律规划，目前正在会同有关部门抓紧研究起草，计划年底前送国务院法制办。同时加大经济政策的研究力度，提出有效促进再生资源回收利用的政策措施，引导各地建立以社区回收网点为基础的点多面广和服务功能齐全的废旧物资回收利用体系。我们衷心希望社会各界积极参与立法工作，有关信息请反馈《管理条例》起草小组。

十二、“十五”全国技术创新纲要

为进一步贯彻落实《中共中央、国务院关于加强技术创新，发展高科技，实现产业化的决定》，指导全国技术创新工作，国家经贸委制定了《“十五”全国技术创新纲要》，具体内容如下。

“十五”期间是我国改革开放和社会主义现代化建设承前启后、继往开来的重要时期，也是我国社会主义市场经济体制逐步完善、国民经济进行战略性结构调整和企业改革与发展的重要时期。“十五”期间要继续深入实施全国技术创新工程，推动以企业为中心的技术创新体系建设，提高企业技术创新能力和我国的国际竞争力，促进国民经济持续快速健康发展。

（一）“十五”技术创新工作面临的环境

建国50年，特别是改革开放20多年，我国已经形成了门类齐全、具有一定规模的工业生产体系，一些主要产品产量跃居世界前列，我国过去长期存在的商品短缺状况基本改变，一批重大技术装备已基本立足国内生产，重点行业生产水平与国外差距明显缩短。“九五”时期，通过实施技术创新工程，我国的技术创新体系框架初步形成，技术创新的法律法规、政策体系逐步建立和完善，企业技术创新环境得到改善，企业技术创新意识和技术创新能力得到了增强。

“十五”期间，技术创新工作将面临新的国内外环境。

(1) 国际科技、经济竞争日益激烈。世界范围的经济结构调整，尤其是发达国家的产业结构正在发生重大变化，在经济全球化的大趋势下，跨国公司迅速扩张，对全球资源配置的能力增强，引起了投资方式和国际分工的变化，加速了研究开发、生产、投资、贸易、金融等各个领域的全球化，密切了国际经济联系，也加剧了国际竞争。跨国公司通过不断加大对研究开发的投入，增强自身的技术创新能力，提高对关键核心技术的垄断程度，以获取超额利润。在经济全球化的大趋势下，各国在扩大开放的同时，加强研究制定相关政策，提高本国整体竞争力和企业技术创新能力。

(2) 科学技术飞速发展，知识或智力资源的占有、配置、生产和运用已经成为经济发展的重要依托，综合国力竞争将更加依赖技术创新。科学技术各领域相互渗透、交叉融合，不断产生出新的成果，影响到经济及社会生活的各个方面。特别是信息技术的发展，将给未来社会带来革命性的突破。技术领先成为竞争优势的关键因素，企业通过技术创新，不断追求技术优势的领先，加速技术成果的转化，使产品从研究开发到商品化的过程大大加快，生命周期缩短，研究开发成本提高，对技术创新人才需求迫切，投资风险加大。

（3）国内经济的发展和市场的变化对技术创新提出了新的要求。近年来，短期经济条件下以供给不足为特征的供需矛盾进一步改善，新的产业结构性矛盾日益突出，战略性经济结构调整迫在眉睫。面对日趋激烈的国际竞争和严峻的国内就业压力，大力发展高新技术产业，加快用高新技术和先进适用技术改造和提升传统产业，如强技术创新，发展高科技实现产业化是加速我国经济结构调整的一项紧迫任务。

（4）我国加入世贸组织将改变传统技术创新工作方式。随着我国加入世贸组织（WTO）及国内经济、科技、教育体制改革的不断深化，市场的开放程度将大大提高，市场机制对资源配置的基础性作用进一步强化。技术创新与制度创新和管理创新紧密结合成为企业提高国际竞争力的重要内容，企业技术创新体系建设成为现代企业制度建设的重要组成部分。随着改革的深化和社会主义市场经济的逐步完善，政府的职能将进一步转变，政府宏观调控的方式和手段也将随之改变，协调、引导、监督、服务，运用经济、政策和法律手段引导企业技术创新活动将成为政府的主要工作方式。

（二）指导思想和工作原则

“十五”时期技术创新工作要以邓小平理论为指导，按照《国民经济建设和社会发展第十个五年计划纲要》的总体部署，促进经济结构调整和综合国力与企业竞争力的增强，以企业为主体，以市场为导向，提高企业的技术创新能力和促进产业技术升级。在“九五”工作的基础上，进一步推进“技术创新工程”的实施，整体推进全国技术创新工作的深入开展，建立和完善具有我国特色的技术创新体系，形成有效的运行机制，促进国民经济持续、快速、健康发展，促进社会主义市场经济体制的形成与完善。

（1）坚持市场导向，遵循市场规律的原则。充分发挥市场机制在配置资源和引导技术创新活动方面的基础作用。发挥参与市场竞争的各个主体作用，促进企业之间的公平竞争。要通过市场引导企业技术创新，按照加入 WTO 的要求，逐步形成开放、竞争、有序的要素市场，努力建立和形成与国际接轨的技术创新市场环境。

（2）坚持企业是技术创新主体的原则。增强企业核心竞争力。引导和促进企业技术创新体系的建设。增强企业的技术创新动力和技术创新决策的自主性。促进企业之间和以企业为主体的产学研联合，引导企业面向国际市场开展技术创新，进行国际合作。

（3）坚持技术创新与管理创新、制度创新系统推进的原则。把建设技术创新体系与建立现代企业制度结合起来，作为企业改革与发展的重要内容，促进企业的改革、改组、改造和加强管理，推动企业在技术进步、质量管理、市场开拓、售后服务等各方面的整体进步。将技术创新与技术引进、消化、吸收及技术改造相结合，提高企业的技术创新能力，增强企业的国际竞争力。

（4）坚持“有所为、有所不为”，突出重点的原则。从国情出发，发挥比较优势，采用系统设计、突出重点、分步推进、综合协调的方式、推进企业技术创新。

（三）主要目标和任务

在“九五”实施《技术创新工程》的基础上，技术创新工作要面向国内、国际两个市场，利用两种资源；要促使企业成为资源配置主体，发挥市场机制作用；着眼于促进我国工业整体素质提高和培育企业核心竞争力。

（1）“十五”期间要基本形成以企业为主体的技术创新体系，构建有利于技术创新的环境，政府、企业和社会初步建立适应 WTO 规则的技术创新工作机制，促使企业成为技术创新的主体。

① 促进建立以企业技术中心为主要方式的企业技术创新体系。

② 促进建立为企业服务的技术创新社会服务体系。

③ 促进建立以经济政策和法律手段为主要方式，发挥经济杠杆作用的技术创新政府宏观调控体系。

（2）“十五”期间要围绕产业技术升级和结构调整，推进建立可持续发展的共性技术、关键技术、前瞻性技术的开发机制。

① 促进我国建立和完善与国际接轨的技术标准体系，研究技术壁垒，促使我国企业参与国际竞争，拓展我国经济结构调整和产业技术升级的技术支撑空间。

② 组织一批产业的关键共性和前瞻性技术开发，促进企业的技术进步和结构调整，开发一批关系国家经济安全的关键技术，推进企业知识产权，研究开发一批具有自主知识产权的技术和工艺。促进国家企业的新产品产值率和专利数量大幅提高，技术进步对工业经济增长的贡献率达到45%以上。

③ 开发和推广一批节能节水、资源综合利用、清洁生产、环境保护，促进可持续发展的公共技术及公益性技术，基本淘汰高耗水、高耗能、高污染的落后生产工艺，传统产业技术水平有较大提高。

④ 建立以国家重点工程为依托的重点关键成套装备和配套技术的研制、开发机制，开发、研制一批重大技术成套装备和主导产品。

⑤ 突出重点，促进一批企业提高技术创新能力

和核心竞争力，培育一批具有自主知识产权、具有国际水准技术创新能力的大公司和企业集团。

⑥ 促进一批科技成果转化和高新技术产业化，培育一批新的经济增长点，高技术产业工业产值占工业总产值的比重，由目前的9%提高到16%左右，增加值占国内生产总值比重由目前的4%提高到6%左右。

（中国塑料加工工业协会　马占峰）

2002年国家与塑料行业相关的政策法规

一、2002年1月10日，国家经贸委以“国经贸资源［2002］9号”公告发出“关于印发再生资源回收利用‘十五’规划的通知”

随着我国国民经济的快速发展和人民生活水平的不断提高，生产和生活过程中产生的能够回收利用的各种再生资源日益增多。大力开展再生资源回收利用，是提高资源利用效率，保护环境，建立资源节约型社会的重要途径之一。为贯彻落实“十五”计划纲要，促进经济增长方式转变和可持续发展，特制定再生资源回收利用“十五”规划。

1. 发展现状与存在的问题

再生资源回收利用已有一定规模。改革开放以来，在国家一系列鼓励再生资源回收利用优惠政策的支持下，我国废旧物资回收行业得到较快发展，再生资源回收加工体系初步形成。目前，全国已有各类废旧物资回收企业5 000多家，回收网点16万个，回收加工厂3 000多个，从业人员140多万人；据不完全统计，2 000年我国再生资源回收量已突破5 000万吨，年回收总值450亿元；废旧物资回收企业主要品种年加工预处理量达2 000多万吨，废旧车船和机械设备拆解能力近千万吨，有色金属和贵金属回收、加工能力和加工质量大大提高。目前，一个遍布全国、网络纵横的再生资源回收加工体系已初步形成。

再生资源回收利用取得显著的经济和社会效益。“九五”期间，我国累计回收利用废钢铁1.6亿吨，废有色金属600多万吨，废塑料1 000多万吨，废纸4 000多万吨。据测算，每利用一吨废钢铁，可炼钢850千克，相对于用铁矿石炼钢可节约成品铁矿石2吨，节能0.4吨标准煤；每利用一吨废纸可生产纸浆800千克，相对于木浆造纸可节约木材3立方米，节约标准煤1.2吨，节电600千瓦，节水100立方米。“九五”时期，仅回收利用的废钢铁和废纸两项，相当于节约成品铁矿石3.2亿吨，节约标准煤6 400万吨，节约木材1.2亿立方米，节电240万千瓦，节水40亿立方米。目前我国钢、有色金属、纸浆等产品三分之一以上的原料来自再生资源。

再生资源回收加工利用技术水平进一步提高。近年来，我国废旧物资回收企业基本摒弃了“收进来，卖出去”的传统经营模式，采取了清洗、除油、去污、干燥、拆解、剪切、打包、破碎、分选、除杂等加工预处理手段，加工生产各类再生原料，并逐步向产业化方向发展。在铂族金属回收利用工艺研究上，我国已充分运用现代分离提取技术，实现了高效回收和提纯。某些废旧物资，如含贵金属废料的回收利用技术，废橡胶制取超细胶粉，废塑料生产化工涂料等回收利用技术已接近或达到国际水平。

我国再生资源回收利用存在的主要问题如下。

资源回收率低，不易回收利用的再生资源丢弃现象严重。据测算，目前我国可以回收而没有回收利用的再生资源价值达300亿～350亿元。每年约有500万吨左右的废钢铁、20多万吨废有色金属、1 400万吨的废纸及大量的废塑料、废玻璃等没有回收利用。由于我国废旧物资零星分散，其回收、加工、运输费用高，销售价格低，致使部分品种回收量减少，与实际生成量相差较大，资源流失严重，再生资源回收利用率与世界先进水平相比差距较大。如我国每年丢弃的镉镍电池（二次电池）2亿多只；废旧家用电器、电脑及其他电子废弃物的回收处理还未能提上日程。

废旧物资回收利用企业普遍经营规模小、工艺技术落后。尽管国家出台了一系列优惠政策鼓励和扶持废旧物资回收行业的发展，但目前绝大多数废旧物资回收加工企业仍是微利或无利，基本没有条件和能力引进或采用新技术、新工艺、新设备，产品的技术含量和附加值较低，从而阻碍了再生资源回收利用的发展进程。另一方面，国有回收企业由于历史原因形成的人员、债务包袱重，市场竞争能力和抗风险能力弱，经济效益差，相当一部分回收企业亏损严重，某些回收公司经营难以为继，废旧物资回收行业发展呈低水平徘徊。

再生资源回收利用技术开发投入严重不足。由于资金投入少，技术开发能力弱，导致废旧物资加工处理工艺落后，技术及装备水平极低，一些与再生资源加工处理相伴的环境污染物未能妥善处理。即使是先进适用的技术，也由于缺少资金而难以推广应用。大部分再生资源的加工处理技术还十分落后，与资源综合利用和环境保护的要求差距甚远。

2. “十五”再生资源回收利用面临的形势和任务

我国国民经济和社会发展“十五”计划纲要提出，“十五”时期，要大力推进资源综合利用技术研究开发，加强废旧物资回收利用，加快废弃物处理的产业化，促进废弃物转化为可用资源。再生资源回收利用面临前所未有的发展机遇和挑战。

再生资源回收利用是实现资源永续利用的重要措施。积极推进再生资源回收利用，将大量社会生产和消费后废弃的资源回收再利用，可以减少对原生资源的开采，提高资源综合利用水平；既节约了大量的资源，又推动了经济增长方式由粗放型向集约型转变。因此，大力提高再生资源回收利用水平，是促进资源永续利用的重要措施。

再生资源回收利用是治理污染，改善环境的必然要求。目前，我国垃圾累计堆放量已达60多亿吨，占用土地5亿平方米，对土壤、地下水、大气造成现实和潜在的污染相当严重。因此，积极推进再生资源的回收利用是治理污染的重要措施。随着我国综合国力的增强和居民生活水平的提高，人们对城市环境质量的要求会越来越高，国家将进一步加大环境污染综合治理的力度，这将为再生资源回收利用的发展创造有利的条件和良好的社会环境。

再生资源回收利用面临严峻挑战。随着经济的发展，家用电器和电子产品拥有量的增加，以及人们环境意识的提高，再生资源回收利用将面临更加繁重的任务。一是公众对过去未能很好回收和处理的废干电池、废润滑油等污染严重，危害较大的废弃物更为重视，要求进行无害化处理和资源综合利用。二是未来几年电脑、复印机、手机等电子废弃物以及冰箱、电视机、洗衣机、空调器等废旧家用电器的数量将大幅度增加，如何有效地回收和处置这些现代垃圾，使之变废为宝，将是再生资源回收利用面临的重大而紧迫的课题。

3. 指导思想、发展目标与重点

(1) 指导思想

坚持实施可持续发展战略，以提高再生资源回收利用率和保护环境为目的，加快法规建设，依靠技术进步，加强科学管理，提高回收利用水平，减少环境污染。深化企业改革，增强企业自我发展能力；加强回收网络建设，加快再生资源回收利用的市场化、规模化进程，促进再生资源回收利用健康、有序发展。

(2) 发展目标

2005年，再生资源回收利用总值达到550亿元以上。主要品种年回收量为：废钢铁3 600万～3 700万吨，废有色金属200万吨，废塑料500万～600万吨，废纸1 700万吨；回收拆解报废汽车80万辆，拆解废船100万轻吨，轮胎翻新总量790万条，废家用电器和废电脑回收量达到废弃总量的80%以上。

(3) 发展重点与示范工程

加强再生资源加工设施建设，提高加工质量，加快产业化进程。建设具有一定规模和水平的再生资源加工基地，并以此为中心，形成再生资源回收、加工、利用的产业链条；研究开发一批急需的废弃物无害化处理技术和再生资源加工利用技术，如：废旧镉镍电池（二次电池）、废润滑油、废油漆及电子废弃物的无害化处理技术，废家用电器、电脑及报废汽车等的再制造工程及资源综合利用技术。

建设若干个不同层次、不同类型、不同规模的再生资源回收集散基地和规范化的再生资源交易市场，促进再生资源回收、加工、利用的规模经营和一体化进程，提高社会综合效益。

重点建设几个规模适度、管理先进、符合环保要求的废家用电器、电脑，报废汽车回收拆解中心，减轻废弃物对环境的危害。

集中力量支持一批示范工程，包括：以钢铁企业为龙头的报废汽车回收拆解一体化示范工程，废旧铬镍电池（二次电池）无害化处理示范工程，废润滑油回收处理示范工程，废纸回收分选造纸示范工程，废家用电器、电脑再制造及加工处理示范工程等。

按照建立现代企业制度的要求，对废旧物资回收企业实行战略性调整，通过组建企业集团，实行股份制改造，开办中外合资合作企业等形式，培育一批有竞争力的大型废旧物资回收企业集团，以此带动再生资源回收利用向产业化方向发展。

4. 主要对策与措施

(1) 加快制定相关法律法规，实施依法管理

研究制定《再生资源回收利用管理条例》及相配套的办法和标准，包括：《废旧家用电器回收利用管理办法》、《废电池回收利用管理办法》、《废旧电脑等电子废弃物回收利用管理办法》、《废纸回收利用管理办法》、《废旧轮胎回收利用管理办法》以及《报废汽车回收拆解技术规范》、《国内废纸分类标准》等，提出一些操作性强的法律规范，将再生资源回收利用逐步纳入法制化管理的轨道。

(2) 加大经济政策的支持力度

认真落实国家鼓励再生资源回收利用的有关政策，如：废旧物资回收企业免征增值税的政策，翻新轮胎免征消费税政策，废船进口环节增值税先征后返政策等。

研究提出有效促进再生资源回收利用的政策措施。在财政体制和投资体制改革的过程中，研究加大公共财政对再生资源回收利用的支持力度，并在信贷等方面给予必要支持，对经济效益差、但社会效益显著的不易回收的再生资源，国家在政策上鼓励企业回收和利用，包括支持一些经营好、符合上市条件的物资回收企业上市，为企业直接融资创造条件；对再生资源回收加工处理中心、再生资源信息网络等方面的

示范项目，优先安排技改投资并给予财政贴息。

(3) 推进技术进步，增加科技投入

国家将通过各种渠道，增加对再生资源回收利用科技开发的投入，支持有影响、有带动作用的关键项目，尤其是那些不能一次性处理且生产成本高，经济效益低，但社会效益显著、量大面广的再生资源回收利用项目，拟通过科技攻关重点突破。对再生资源科技开发、高新技术产业化示范项目，纳入科技三项费用的支持范围。同时，要加强国际交流与合作，适当引进国外先进的再生技术、设备，按照市场经济的办法引进国外的人才和资金，促进再生资源回收利用技术管理水平的提高，以适应加入WTO后的国际竞争环境。

(4) 积极推动再生资源回收利用体系建设

引导各地建立以社区回收网点为基础的点多面广和服务功能齐全的回收网络，形成回收和集中加工预处理为主体、为工业生产提供合格再生原料的再生资源回收体系。同时推动建立设施先进、管理手段现代化的再生资源交易市场、科学先进的再生资源综合利用处理中心等组成的系统工程，促进再生资源回收加工预处理利用良性循环。

(5) 加强信息和统计工作，提高管理水平

强化信息服务，抓好统计基础工作，及时收集、整理和发布国内外再生资源回收利用信息，引导全社会再生资源回收利用上水平、上台阶。积极推动中介组织和协会建立再生资源回收利用信息系统和数据库，实现信息资源共享，提高管理水平。

(6) 加大宣传和教育力度，提高全民资源意识

充分利用广播、电视、互联网等现代化的宣传工具，进一步加大宣传力度，提高全社会的资源意识和环境意识。通过宣传，使公众了解我国资源利用和环境保护的严峻现实及再生资源回收利用的重要意义，树立节约资源、保护环境的观念。尤其是要建立自觉利用再生品，愿意承担一部分废旧物资加工利用成本的意识。将有关废旧物资回收利用知识列入中、小学教材，提高全社会对废弃物资源化重要性的认识，使全民都来理解、支持和自觉参与再生资源回收利用事业。

二、关于国家科研计划项目研究成果知识产权管理的若干规定（科技部　财政部　2002年3月5日）

为贯彻落实《中共中央、国务院关于加强技术创新，发展高科技，实现产业化的决定》（中发［1999］14号）精神，促进我国自主知识产权总量的增加，加速科技成果转化，保障国家、单位和个人的合法权益，对以财政资金资助为主的国家科研计划项目（包括科研专项项目，以下简称科研项目）研究成果的知识产权管理，做出如下规定。

(1) 科研项目研究成果及其形成的知识产权，除涉及国家安全、国家利益和重大社会公共利益的以外，国家授予科研项目承担单位（以下简称项目承担单位）。项目承担单位可以依法自主决定实施、许可他人实施、转让、做价入股等，并取得相应的收益。同时，在特定情况下，国家根据需要保留无偿使用、开发、使之有效利用和获取收益的权利。

(2) 单位申请承担科研项目时，须提交该项目的知识产权可行性分析报告。项目执行过程中，项目承担单位需根据相关领域知识产权的发展动态，及时调整研究策略和措施。

(3) 项目承担单位需建立规范有效的知识产权管理制度，对项目执行过程中产生的研究成果及时采取知识产权保护措施，依法取得相关知识产权，并予以有效管理和充分使用。

(4) 科研计划归口管理部门要将知识产权管理制度是否健全作为确定项目承担单位的重要条件。在科研项目合同中需明确约定项目承担单位管理、保护研究成果知识产权的义务，并依据合同对履行义务情况组织检查和验收。对不履行义务或履行不当、造成重大损失的，依法追究项目承担单位和主要责任人的责任。

科研计划归口管理部门对涉及国家安全、国家利益和重大社会公共利益的科研项目，需在立项或验收时予以确认，明确项目成果知识产权管理方式，拟定成果转化和应用方案。

(5) 科研项目研究成果取得相关知识产权的申请费用、维持费用等知识产权事务费用，一般由项目承担单位负担。经财政部门批准，在国家有关科研计划经费中可以开支知识产权事务费，用于补助负担上述费用确有困难的项目承担单位。

(6) 国务院有关部门和省、自治区、直辖市人民政府可以根据国家需要，报请国务院批准，决定科研项目研究成果在一定的范围内推广应用，允许指定的单位实施，并区别不同情况，决定实施单位或无偿使用，或由实施单位按照国家有关规定向项目承担单位支付知识产权使用费。

(7) 项目承担单位应当建立科技成果转化机制，采取有效措施，积极促进科研项目研究成果的转化。项目承担单位转让科研项目研究成果知识产权时，成果完成人享有同等条件下优先受让的权利。

(8) 项目承担单位要按照《中华人民共和国促进科技成果转化法》、《中华人民共和国专利法》和《国务院办公厅转发科技部等部门关于促进科技成果转化若干规定的通知》（国办发［1999］29号）等有关规

定，对科研项目研究成果完成人和为成果转化做出贡献的人员给予奖励和报酬。

(9) 科技部、财政部会同有关部门，根据本规定修订和完善各项科研计划管理制度，明确知识产权管理办法，制定科研项目合同知识产权标准条款，并负责组织实施和监督检查。

(中国塑料加工工业协会　马占峰)

2002 年海关进出口税则（塑料部分）

商品编号	商品名称备注	进口税率		增值税	消费税	计量单位	监管条件
		最惠国	普通				
3901	**初级形状的乙烯聚合物**						
3901 10 00.10	初级形状相对密度<0.94 的聚乙烯(进口到岸价格高于 1 400 美元/t)	12.9	45.0	17.0		千克	7A
3901 10 00.90	初级形状相对密度<0.94 的聚乙烯(进口到岸价格不超过 1 400 美元/t)	12.9	45.0	17.0		千克	7A
3901 20 00.10	初级形状相对密度≥0.94 的聚乙烯(进口 CIF 价高于 1 400 美元/t)	12.9	45.0	17.0		千克	7A
3901 20 00.90	初级形状相对密度≥0.94 的聚乙烯(进口 CIF 价不超过 1 400 美元/t)	12.9	45.0	17.0		千克	7A
3901 30 00	初级形状乙烯-乙酸乙烯酯共聚物	8.4	45.0	17.0		千克	A
3901 90 10	乙烯-丙烯共聚物(乙丙橡胶)(乙烯单体单元的含量大于丙烯单体单元)	10.3	45.0	17.0		千克	A
3901 90 20	线型低密度聚乙烯	12.9	45.0	17.0		千克	A
3901 90 90	其他初级形状的乙烯聚合物	10.3	45.0	17.0		千克	A
3902	**初级形状的丙烯或其他烯烃聚合物**						
3902 10 00.10	电工级初级形状聚丙烯树脂(灰分含量不大于30×10^{-6})	10.0	45.0	17.0		千克	7A
3902 10 00.90	其他初级形状的聚丙烯	10.0	45.0	17.0		千克	7A
3902 20 00	初级形状的聚异丁烯	11.8	45.0	17.0		千克	
3902 30 10	乙烯-丙烯共聚物(乙丙橡胶)(丙烯单体单元的含量大于乙烯单体单元)	11.8	45.0	17.0		千克	
3902 30 90	其他初级形状的丙烯共聚物	11.8	45.0	17.0		千克	
3902 90 00	其他初级形状的烯烃聚合物	11.8	45.0	17.0		千克	
3903	**初级形状的苯乙烯聚合物**						
3903 11 00	初级形状的可发性聚苯乙烯	11.8	45.0	17.0		千克	7A
3903 19 00	初级形状的其他聚苯乙烯	11.8	45.0	17.0		千克	7A
3903 20 00	初级形状苯乙烯-丙烯腈共聚物	12.0	45.0	17.0		千克	
3903 30 00	丙烯腈-丁二烯-苯乙烯共聚物(初级形状的 ABS 树脂)	11.8	45.0	17.0		千克	A
3903 90 00	初级形状的其他苯乙烯聚合物	11.8	45.0	17.0		千克	
3904	**初级形状的氯乙烯或其他卤化烯烃聚合物**						
3904 10 00	初级形状的纯聚氯乙烯(纯指未掺其他物质)	11.8	45.0	17.0		千克	7A
3904 21 00	初级形状未塑化的聚氯乙烯	11.8	45.0	17.0		千克	7
3904 22 00	初级形状已塑化的聚氯乙烯	11.8	45.0	17.0		千克	7
3904 30 00	氯乙烯-乙酸乙烯酯共聚物(初级形状的)	9.0	45.0	17.0		千克	
3904 40 00	初级形状的其他氯乙烯共聚物	12.0	45.0	17.0		千克	

续表

商品编号	商品名称备注	进口税率		增值税	消费税	计量单位	监管条件
		最惠国	普通				
3904 50 00	初级形状的偏二氯乙烯聚合物	11.8	45.0	17.0		千克	
3904 61 00	初级形状的聚四氟乙烯	10.0	45.0	17.0		千克	
3904 69 00	初级形状的其他氟聚合物	8.4	45.0	17.0		千克	
3904 90 00	初级形状的其他卤化烯烃聚合物	10.0	45.0	17.0		千克	
3905	**初级形状的乙酸乙烯酯或其他乙烯酯聚合物；初级形状的其他乙烯基聚合物**						
3905 12 00	聚乙酸乙烯酯的水分散体	10.0	45.0	17.0		千克	
3905 19 00	其他初级形状聚乙酸乙烯酯	10.0	45.0	17.0		千克	
3905 21 00	乙酸乙烯酯共聚物的水分散体	10.0	45.0	17.0		千克	
3905 29 00	其他初级形状的乙酸乙烯酯共聚物	10.0	45.0	17.0		千克	
3905 30 00	初级形状的聚乙烯醇(不论是否含有未水解的乙酸酯基)	14.0	45.0	17.0		千克	
3905 91 00	其他乙烯酯或乙烯基的共聚物(初级形状的)	10.0	45.0	17.0		千克	
3905 99 00	其他乙烯酯或乙烯基的聚合物(初级形状的，共聚物除外)	10.0	45.0	17.0		千克	
3906	**初级形状的丙烯酸聚合物**						
3906 10 00	初级形状的聚甲基丙烯酸甲酯	8.4	45.0	17.0		千克	
3906 90 00	其他初级形状的丙烯酸聚合物	8.4	45.0	17.0		千克	
3907	**初级形状的聚缩醛、其他聚醚及环氧树脂；初级形状的聚碳酸酯、醇酸树脂、聚烯丙基酯及其他聚酯**						
3907 10 10	初级形状的聚甲醛	11.8	45.0	17.0		千克	
3907 10 90	其他初级形状的聚缩醛(聚甲醛除外)	11.8	45.0	17.0		千克	
3907 20 00	初级形状的其他聚醚	11.8	45.0	17.0		千克	
3907 30 00.10	初级形状的环氧树脂(进口到岸价格高于1.2美元/千克)	11.8	45.0	17.0		千克	
3907 30 00.90	初级形状的环氧树脂(进口到岸价格不超过1.2美元/千克)	11.8	45.0	17.0		千克	
3907 40 00	初级形状的聚碳酸酯	8.4	45.0	17.0		千克	
3907 50 00	初级形状的醇酸树脂	10.0	45.0	17.0		千克	
3907 60 11	高黏度聚对苯二甲酸乙二酯切片	11.8	45.0	17.0		千克	7A
3907 60 19	其他聚对苯二甲酸乙二酯切片	11.8	45.0	17.0		千克	7A
3907 60 90	其他初级形状聚对苯二甲酸乙二酯	8.4	45.0	17.0		千克	A
3907 91 00	初级形状的不饱和聚酯	11.8	45.0	17.0		千克	
3907 99 00	初级形状的其他聚酯	8.4	45.0	17.0		千克	
3908	**初级形状的聚酰胺**						
3908 10 10.10	尼龙11、尼龙12切片(即聚酰胺11;12切片)	11.8	45.0	17.0		千克	
3908 10 10.90	聚酰胺-6,6切片等(包括聚酰胺6;6,9;6,10;6,12)	11.8	45.0	17.0		千克	
3908 10 90	其他初级形状的聚酰胺6,6等(包括聚酰胺6;6,9;6,10;6,12;11;12)	8.4	45.0	17.0		千克	
3908 90 00	初级形状的其他聚酰胺	10.0	45.0	17.0		千克	
3909	**初级形状的氨基树脂、酚醛树脂及聚氨酯类**						
3909 10 00	初级形状的尿素树脂及硫脲树脂	8.4	45.0	17.0		千克	
3909 20 00	初级形状的蜜胺树脂	8.4	45.0	17.0		千克	
3909 30 00	初级形状的其他氨基树脂	8.4	45.0	17.0		千克	

续表

商品编号	商品名称备注	进口税率		增值税	消费税	计量单位	监管条件
		最惠国	普通				
3909 40 00	初级形状的酚醛树脂	8.4	45.0	17.0		千克	
3909 50 00	初级形状的聚氨基甲酸酯	11.8	45.0	17.0		千克	
3910	**初级形状的聚硅氧烷**						
3910 00 00	初级形状的聚硅氧烷	8.4	45.0	17.0		千克	
3911	**初级形状的石油树脂、苯并呋喃-茚树脂、多萜树脂、多硫化物、聚砜及本章注释三所规定的其他品目未列名产品**						
3911 10 00	初级形状的石油树脂等(等指苯并呋喃树脂,茚树脂,苯并呋喃-茚树脂及多萜树脂)	8.4	45.0	17.0		千克	
3911 90 00.10	芳基酸与芳基胺预缩聚物	8.4	45.0	17.0		千克	
3911 90 00.30	改性三羟乙基脲酸酯类预缩聚物	8.4	45.0	17.0		千克	
3911 90 00.40	聚苯硫醚	8.4	45.0	17.0		千克	
3911 90 00.50	偏苯三酸酐和异氰酸预缩聚物	8.4	45.0	17.0		千克	
3911 90 00.90	其他初级形状的多硫化物、聚砜等(等包括本章注释三所规定的其他编号未列名产品)	8.4	45.0	17.0		千克	
3912	**初级形状的其他品目未列名的纤维素及其化学衍生物**						
3912 11 00.10	未塑化二乙酸纤维素等(包括未塑化三乙酸纤维素)	6.5	40.0	17.0		千克	
3912 11 00.90	初级形状的未塑化乙酸纤维素(未塑化二乙酸纤维素和未塑化三乙酸纤维素除外)	6.5	40.0	17.0		千克	
3912 12 00	初级形状的已塑化乙酸纤维素	6.5	40.0	17.0		千克	
3912 20 00	初级形状的硝酸纤维素(包括棉胶)	6.5	45.0	17.0		千克	
3912 31 00	初级形状的羧甲基纤维素及其盐	6.5	45.0	17.0		千克	
3912 39 00	初级形状的其他纤维素醚	6.5	45.0	17.0		千克	
3912 90 00	初级形状的其他未列名的纤维素(包括化学衍生物)	6.5	45.0	17.0		千克	
3913	**初级形状的其他品目未列名的天然聚合物(例如藻酸)及改性天然聚合物(例如,硬化蛋白、天然橡胶的化学衍生物)**						
3913 10 00	初级形状的藻酸及盐和酯	10.0	45.0	17.0		千克	
3913 90 00	初级形状的其他未列名天然聚合物[包括改性天然聚合物(如硬化蛋白)]	6.5	50.0	17.0		千克	
3914	**初级形状的离子交换剂,以品目 3901 至 3913 的聚合物为基本成分的**						
3914 00 00	初级形状的离子交换剂(以品目 3901 至 3913 的聚合物为基本成分的)	6.5	45.0	17.0		千克	
3915	**塑料的废碎料及下脚料**						
3915 10 00	乙烯聚合物的废碎料及下脚料	11.8	50.0	17.0		千克	AP
3915 20 00	苯乙烯聚合物的废碎料及下脚料	11.8	50.0	17.0		千克	AP
3915 30 00	氯乙烯聚合物的废碎料及下脚料	11.8	50.0	17.0		千克	AP
3915 90 00	其他塑料的废碎料及下脚料	11.8	50.0	17.0		千克	AP
3916	**塑料制的单丝(截面直径超过 1mm)、条、杆、型材及异型材,不论是否经表面加工,但未经其他加工**						
3916 10 00	乙烯聚合物制单丝、条、杆及型材(包括异型材,单丝截面直径超过 1mm)	10.0	45.0	17.0		千克	

续表

商品编号	商品名称备注	进口税率		增值税	消费税	计量单位	监管条件
		最惠国	普通				
3916 20 00	氯乙烯聚合物制单丝、条、杆及型材(包括异型材,单丝截面直径超过1mm)	10.0	45.0	17.0		千克	
3916 90 10	聚酰胺制的单丝、条、杆及型材(包括异型材,单丝截面直径超过1mm)	10.0	45.0	17.0		千克	
3916 90 90	其他塑料制单丝、条、杆及型材(包括异型材,单丝截面直径超过1mm)	10.0	45.0	17.0		千克	
3917	**塑料制的管子及其附件(例如,接头、弯管、法兰)**						
3917 10 00	硬化蛋白或纤维素材料制人造肠衣(香肠用肠衣)	10.0	50.0	17.0		千克	A
3917 21 00	乙烯聚合物制的硬管	10.0	45.0	17.0		千克	
3917 22 00	丙烯聚合物制的硬管	10.0	45.0	17.0		千克	
3917 23 00	氯乙烯聚合物制的硬管	10.0	45.0	17.0		千克	
3917 29 00	其他塑料制的硬管	10.0	45.0	17.0		千克	
3917 31 00	塑料制的软管(最小爆破压力为27.6MPa)	10.0	45.0	17.0		千克	
3917 32 00	其他未装有附件的塑料制管子(未经加强也未与其他材料合制)	8.4	45.0	17.0		千克	
3917 33 00	其他装有附件的塑料管子(未经加强也未与其他材料合制)	8.4	45.0	17.0		千克	
3917 39 00	塑料制的其他管子(经加强或与其他材料合制的)	11.8	45.0	17.0		千克	
3917 40 00	塑料制的管子附件(如接头,衬管及法兰等)	10.0	45.0	17.0		千克	
3918	**块状或成卷的塑料铺地制品,不论是否胶黏;本章注释九所规定的塑料糊墙品**						
3918 10 10	氯乙烯聚合物制糊墙品(本章注释九所规定的糊墙品)	10.0	45.0	17.0		千克	
3918 10 90	氯乙烯聚合物制的铺地制品(块状或成卷的,不论是否胶黏)	10.0	45.0	17.0		千克	
3918 90 10	其他塑料制的糊墙品(成卷或块状的)	10.0	45.0	17.0		千克	
3918 90 90	其他塑料制的铺地制品(成卷或块状的,不论是否胶黏)	10.0	45.0	17.0		千克	
3919	**自黏的塑料板、片、膜、箔、带、扁条及其他扁平形状材料,不论是否成卷**						
3919 10 10	丙烯酸树脂类为主的自黏塑料板等(含片膜箔带扁条及其他扁平形状材料,成卷的,宽度≤20c)	8.4	45.0	17.0		千克	
3919 10 91	宽度≤20cm的胶囊型反光膜	8.4	45.0	17.0		千克	
3919 10 99	其他宽度≤20cm的自黏塑料板片等(包括膜、箔、带、扁条及其他扁平形状材料,成卷的)	8.4	45.0	17.0		千克	
3919 90 10	其他胶囊型反光膜	8.4	45.0	17.0		千克	
3919 90 90	其他自黏塑料板,片,膜等材料(包括箔、带、扁条及其他扁平形状材料,不论是否成卷)	8.4	45.0	17.0		千克	
3920	**其他非泡沫塑料的板、片、膜、箔及扁条,未用其他材料强化、层压、支撑或用类似方法合制**						
3920 10 00.10	农用非泡沫聚乙烯薄膜(未用其他材料强化、层压、支撑或用类似方法合制)	8.4	45.0	13.0		千克	
3920 10 00.90	非泡沫聚乙烯板、片、膜、箔及扁条(未用其他材料强化、层压、支撑或用类似方法合制,非农用)	8.4	45.0	17.0		千克	
3920 20 00.10	农用非泡沫聚丙烯薄膜(未用其他材料强化、层压、支撑或用类似方法合制)	8.4	45.0	13.0		千克	

续表

商品编号	商 品 名 称 备 注	进口税率		增值税	消费税	计量单位	监管条件
		最惠国	普通				
3920 20 00.90	非泡沫聚丙烯板，片，膜，箔及扁条（未用其他材料强化、层压、支撑或用类似方法合制，非农用）	8.4	45.0	17.0		千克	
3920 30 00	非泡沫聚苯乙烯板、片、膜、箔、扁条（未用其他材料强化、层压、支撑或用类似方法合制）	8.4	45.0	17.0		千克	
3920 43 00.10	农用软质聚氯乙烯薄膜（增塑剂含量≥6%，未用其他材料强化、层压、支撑）	11.8	45.0	17.0		千克	
3920 43 00.90	聚氯乙烯板、片、膜、箔及扁条（增塑剂含量≥6%，未用其他材料强化、层压、支撑）	11.8	45.0	17.0		千克	
3920 49 00.10	其他农用软质聚氯乙烯薄膜（非泡沫料的，未用其他材料强化、层压、支撑）	9.0	45.0	13.0		千克	
3920 49 00.90	其他聚氯乙烯板、片、膜、箔及扁条（非泡沫料的，未用其他材料强化、层压、支撑，非农用）	9.0	45.0	17.0		千克	
3920 51 00	聚甲基丙烯酸甲酯板、片、膜、箔及扁条（非泡沫料的，未用其他材料强化、层压、支撑）	8.4	45.0	17.0		千克	
3920 59 00	其他丙烯酸聚合物板、片、膜、箔及扁条（非泡沫料的，未用其他材料强化、层压、支撑）	8.4	45.0	17.0		千克	
3920 61 00	聚碳酸酯制板、片、膜、箔、扁条（非泡沫料的，未用其他材料强化、层压、支撑）	8.4	45.0	17.0		千克	
3920 62 00.10	9μm≤厚≤15.9μm 聚酯薄膜（聚对苯二甲酸乙二酯制，型号 XA10AUDIO）	8.4	45.0	17.0		千克	
3920 62 00.20	5μm≤厚≤8.9μm 聚酯薄膜（聚对苯二甲酸乙二酯制，型号 XL07AUTEN）	8.4	45.0	17.0		千克	
3920 62 00.30	16μm≤厚≤29.9μm 聚酯薄膜［聚对苯二甲酸乙二酯制，型号 XB30CAB(N)］	8.4	45.0	17.0		千克	
3920 62 00.40	50μm≤厚≤99.9μm 聚酯薄膜［聚对苯二甲酸乙二酯制，型号 XB30CAB(M)］	8.4	45.0	17.0		千克	
3920 62 00.90	其他聚对苯二甲酸乙二酯板片膜等（包括箔及扁条，非泡沫料，未用其他材料强化、层压、支撑）	8.4	45.0	17.0		千克	
3920 63 00	不饱和聚酯板、片、膜、箔及扁条（非泡沫料的，未用其他材料强化、层压、支撑）	10.0	45.0	17.0		千克	
3920 69 00	其他聚酯板、片、膜、箔及扁条（非泡沫料的，未用其他材料强化、层压、支撑）	10.0	45.0	17.0		千克	
3920 71 00	再生纤维素制板、片、膜、箔及扁条（非泡沫料的，未用其他材料强化、层压、支撑）	8.4	45.0	17.0		千克	
3920 72 00	钢纸制板、片、膜、箔及扁条（非泡沫料的，未用其他材料强化、层压、支撑）	10.0	35.0	17.0		千克	
3920 73 00	醋酸纤维素制板、片、膜、箔及扁条（非泡沫料，未用其他材料强化、层压、支撑）	8.4	45.0	17.0		千克	
3920 79 00	纤维素衍生物制板、片、膜、箔及扁条（非泡沫料的，未用其他材料强化、层压、支撑）	10.0	45.0	17.0		千克	
3920 91 00	聚乙烯醇缩丁醛板、片、膜、箔、扁条（非泡沫料的，未用其他材料强化、层压、支撑）	8.4	45.0	17.0		千克	
3920 92 00	聚酰胺板、片、膜、箔、扁条（非泡沫料的，未用其他材料强化、层压、支撑）	10.0	45.0	17.0		千克	
3920 93 00	氨基树脂板、片、膜、箔、扁条（非泡沫料的，未用其他材料强化、层压、支撑）	8.4	45.0	17.0		千克	

续表

商品编号	商 品 名 称 备 注	进口税率		增值税	消费税	计量单位	监管条件
		最惠国	普通				
3920 94 00	酚醛树脂板、片、膜、箔、扁条(非泡沫料的,未用其他材料强化、层压、支撑)	10.0	45.0	17.0		千克	
3920 99 10	聚四氟乙烯制非泡沫塑料板、片、箔(含膜及扁条,未用其他材料层化、支撑或类似方法制)	8.4	45.0	17.0		千克	
3920 99 90	其他非泡沫塑料板、片、膜、箔、扁条(未用其他材料强化、层压、支撑)	8.4	45.0	17.0		千克	
3921	**其他塑料板、片、膜、箔、扁条**						
3921 11 00	泡沫聚苯乙烯板、片、带、箔、扁条	10.0	45.0	17.0		千克	
3921 12 10.10	泡沫聚氯乙烯人造革及合成革(纺织材料以化纤为主,塑料质量不超过70%)	12.7	70.0	17.0		千克/米	
3921 12 10.90	其他泡沫聚氯乙烯人造革及合成革	12.7	70.0	17.0		千克/米	
3921 12 90.10	泡沫聚氯乙烯板、片、带、箔、扁条(纺织材料以化纤为主,塑料质量不超过70%)	8.4	45.0	17.0		千克	
3921 12 90.90	其他泡沫聚氯乙烯板、片、带、箔等(便条包括扁条)	8.4	45.0	17.0		千克	
3921 13 10.10	泡沫聚氨酯制人造革及合成革(纺织材料以化纤为主,塑料质量不超过70%)	12.7	70.0	17.0		千克/米	
3921 13 10.90	其他泡沫聚氨酯制人造革及合成革	12.7	70.0	17.0		千克/米	
3921 13 90.10	泡沫聚氨酯板、片、带、箔、扁条(纺织材料以化纤为主,塑料质量不超过70%)	8.4	45.0	17.0		千克	
3921 13 90.90	其他泡沫聚氨酯板、片、带、箔、扁条	8.4	45.0	17.0		千克	
3921 14 00	泡沫再生纤维素板、片、膜、箔、扁条	10.0	45.0	17.0		千克	
3921 19 10	其他泡沫塑料制人造革及合成革	12.7	70.0	17.0		千克/米	
3921 19 90	其他泡沫塑料板、片、膜、箔、扁条	8.4	45.0	17.0		千克	
3921 90 10	离子交换膜	6.5	30.0	17.0		千克	
3921 90 20	以聚乙烯为基本成分的板片(以玻璃纤维加强的)	6.5	45.0	17.0		千克	
3921 90 30	聚异丁烯为基本成分的板片卷材(附有人造毛毡的)	6.5	45.0	17.0		千克	
3921 90 90.10	未列名塑料板、片、膜、箔、扁条(与化纤为主的纺织材料合制,塑料质量不超过70%)	6.5	45.0	17.0		千克	
3921 90 90.90	其他未列名塑料板、片、膜、箔、扁条	6.5	45.0	17.0		千克	
3922	**塑料浴缸、淋浴盘、洗涤槽、盥洗盆、坐浴盆、便盆、马桶座圈及盖、抽水箱及类似卫生洁具**						
3922 10 00	塑料浴缸、淋浴盘、洗涤槽及盥洗盆	12.0	80.0	17.0		千克	
3922 20 00	塑料马桶坐圈及盖	12.0	80.0	17.0		千克	
3922 90 00	塑料便盆、抽水箱等类似卫生洁具	12.0	80.0	17.0		千克	
3923	**供运输或包装货物用的塑料制品;塑料制的塞子、盖子及类似品**						
3923 10 00	塑料制盒、箱及类似品(包括塑料制板条箱,供运输或包装货物用的)	12.0	80.0	17.0		千克	
3923 21 00	乙烯聚合物制袋及包(供运输或包装货物用的)	12.0	80.0	17.0		千克	
3923 29 00	其他塑料制的袋及包(供运输或包装货物用的)	12.0	80.0	17.0		千克	
3923 30 00	塑料制坛、瓶及类似品(供运输或包装货物用的)	12.3	80.0	17.0		千克	
3923 40 00	塑料制卷轴、纡子、筒管及类似品	10.0	35.0	17.0		千克	
3923 50 00	塑料制塞子、盖子及类似品	12.0	80.0	17.0		千克	
3923 90 00	供运输或包装货物用其他塑料制品	12.0	80.0	17.0		千克	
3924	**塑料制的餐具、厨房用具、其他家庭用具及盥洗用具**						
3924 10 00	塑料制餐具及厨房用具	12.0	80.0	17.0		千克	A

续表

商品编号	商品名称备注	进口税率		增值税	消费税	计量单位	监管条件
		最惠国	普通				
3924 90 00	塑料制其他家庭用具及盥洗用具	12.0	80.0	17.0		千克	
3925	**其他品目未列名的建筑用塑料制品**						
3925 10 00	塑料制囤、柜、罐、桶及类似容器(容积超过300升)	12.0	80.0	17.0		千克	
3925 20 00	塑料制门、窗及其框架、门槛	12.0	80.0	17.0		千克	
3925 30 00	塑料制窗板、百叶窗及类似制品(包括威尼斯式百叶窗和塑料制窗零件)	12.0	80.0	17.0		千克	
3925 90 00	其他未列名的建筑用塑料制品	12.0	80.0	17.0		千克	
3926	**其他塑料制品及品目3901至3914所列其他材料的制品**						
3926 10 00	办公室或学校用塑料制品	12.0	80.0	17.0		千克	
3926 20 00	塑料制衣服及衣着附件(包括塑料制手套)	12.0	90.0	17.0		千克	
3926 30 00	塑料制家具,车厢及类似品的附件	12.0	80.0	17.0		千克	
3926 40 00	塑料制小雕塑品及其他装饰品	12.0	100.0	17.0		千克	
3926 90 10	塑料制机器及仪器用零件	10.0	35.0	17.0		千克	
3926 90 90	其他塑料制品(包括品目3901至3914所列材料的制品)	12.0	80.0	17.0		千克	

(中国塑料加工工业协会　许琳)

全国塑料工业生产、经营情况统计

2001 年全国塑料制品行业生产、经营情况统计

一、行业概况

根据国家统计局 2001 年统计资料，塑料工业规模以上企业数为 6 884 个，占轻工行业企业总数（55 322 个）的 12.44%，全部从业人员平均人数 117.14 万人，塑料制品产量 1 185.34 万吨，同比增长 13.08%，工业总产值（不变价）2 114.37 亿元，工业销售产值（当年价）为 2 055.46 亿元，其中：出口交货值（人民币）501.49 亿元，出口占销售产值的 24.4%，产品销售率为 96.20%，资产合计为 2 265.9亿元，资产负债率为 56.38%，产品销售收入为 2 040.60 亿元，利润总额为 91.62 亿元，利税总额为 157.55 亿元。塑料制品出口 535.82 万吨，创汇 55.50 亿美元；塑料制品进口 150.97 万吨，贸易顺差 17.05 亿美元。塑料制品业固定资产投资完成额为 100.12 亿元，全部建成投产项目 475 个，新增生产能力 94.18 万吨。

二、塑料制品行业在轻工行业中的地位

据中国轻工业联合会 2001 年轻工业统计年报统计，从轻工业 20 个行业主要经济指标排序来看，塑料制品行业排名均在前列。各项指标占行业比重为 10%左右。塑料制品行业已成为轻工行业的支柱产业之一。

(1) 按工业总产值（当年价）排序，塑料制品行业为第二位，占轻工行业的 9.93%；

(2) 按工业增加值排序，塑料制品行业为第三位，占轻工行业的 9.58%；

(3) 按工业销售产值排序，塑料制品行业为第二位，占轻工行业的 9.86%；

(4) 按出口交货值排序，塑料制品行业为第二位，占轻工行业的 10.33%；

(5) 按产品销售收入排序，塑料制品行业为第二位，占轻工行业的 10.14%；

(6) 按年人平均人数排序，塑料制品行业为第三位，占轻工行业的 9.30%；

(7) 按利税总额排序，塑料制品行业为第三位，占轻工行业的 9.48%；

(8) 按利润总额排序，塑料制品行业为第三位，占轻工行业的 12.04%；

(9) 按资产合计排序，塑料制品行业为第四位，占轻工行业的 10.27%。

三、塑料制品产量

塑料制品产量 1 185.34 万吨，同比增长 13.08%，其中：塑料棒、管材增幅最快，增长 54.54%，泡沫塑料增幅为 29.76%，塑料板片材增幅为 21.69%，除塑料鞋产量较去年同期下降 2.03%外，其他塑料制品产量均有不同程度的增长。

（一）行业分布

从塑料制品分品种产量占总产量的比重看，塑料制品产量主要分布在：其他塑料制品（产量 286.7 万吨，占塑料制品总产量的 24.2%），塑料薄膜（产量 242.5 万吨，占塑料制品总产量的 20.5%），塑料丝及编织品（产量 148.2 万吨，占塑料制品总产量的 12.5%），日用塑料制品（产量 128.8 万吨，占塑料制品总产量的 10.9%），塑料棒管材（产量 121.4 万吨，占塑料制品总产量的 10.2%），塑料合成革所占比重最小，为 0.9%，产量 11.22 万吨。

（二）地区分布

塑料制品产区主要集中在以下几省：广东省（产量 319.02 万吨，占总产量的 26.9%），浙江省（产量 194.58 万吨，占总产量的 16.4%），江苏省（产量 131.83 万吨，占总产量的 11.12%），山东省（产量 80.39 万吨，占总产量的 6.78%），以上四省产量合计占全国塑料制品总产量的 60%。其他年产量超过 50 万吨的省份还有：河南省（55.7 万吨）、福建省（53.6 万吨）、辽宁省（52.8 万吨）。

四、海关进出口

塑料制品进口 150.97 万吨，比上年同期下降 7.85%；塑料制品出口 535.82 万吨，增长 4.95%，创汇 55.50 亿美元，贸易顺差 17.05 亿美元。出口产品中，数量增长幅度最大的是塑料丝及异型材，同比增长为 55.92%，其次是塑料铺地制品，增长幅度为 33.69%，人造革、合成革增长 24.32%，位居第三位。

五、固定资产投资

塑料制品业固定资产投资完成额为 100.12 亿元，其中：基本建设投资完成额为 44.49 亿元，更新改造为 55.63 亿元。按建设性质分：新建 43.31 亿元，扩建 45.98 亿元，改建 5.56 亿元。新增固定资产 77.66 亿元。施工项目个数 795 个，其中新开工项目 568 个。全部建成投产项目 475 个，项目建成投产率为 59.8%，新增生产能力 94.18 万吨（详见统计篇附表）。

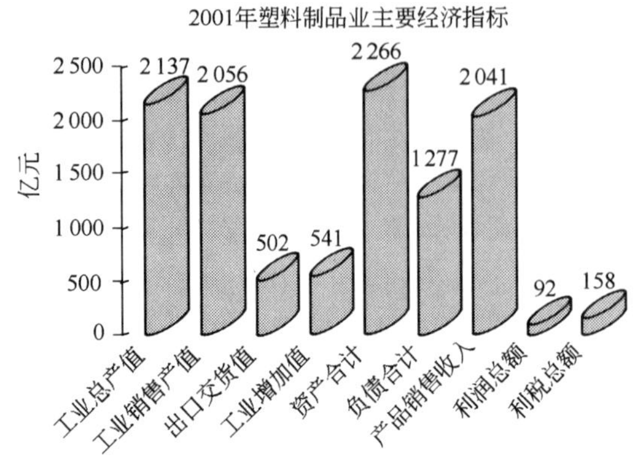

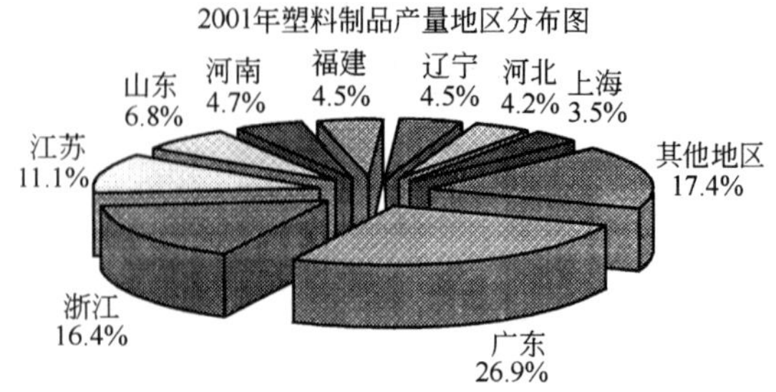

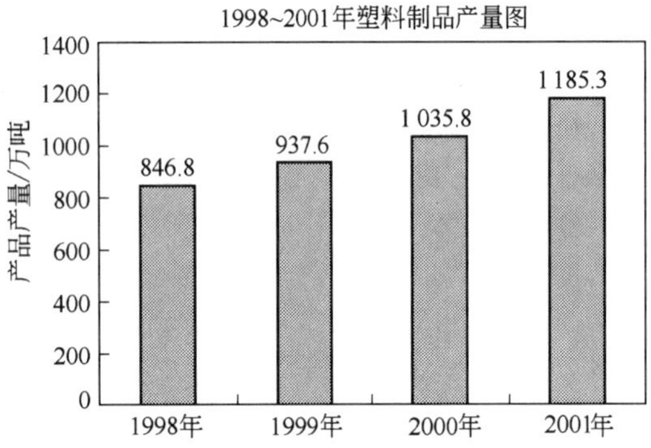

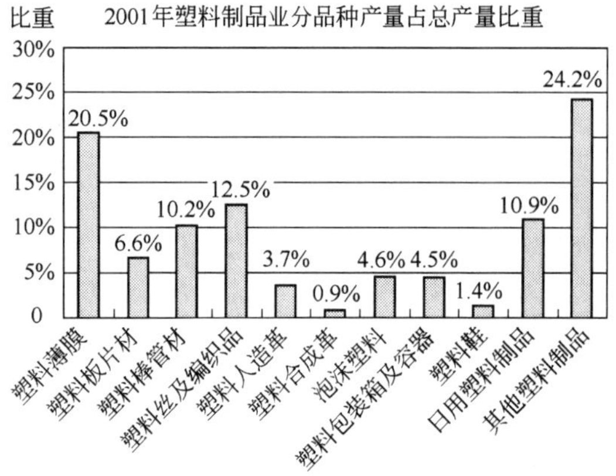

塑料制品 1998～2001 年产量 万吨

行 业 名 称	1998 年	1999 年	2000 年	2001 年
塑料制品总计	846.84	937.59	1 035.76	1 185.34
塑料薄膜	191.73	206.56	229.10	242.55
其中:农用薄膜	82.89	75.48	81.28	81.74
塑料板片材	53.57	62.81	65.51	78.81
塑料棒管材	51.23	58.56	74.64	121.40
塑料丝及编织品	134.39	134.63	143.63	148.23
塑料人造革	32.09	34.20	41.00	43.35
塑料合成革	5.65	7.43	13.15	11.22
泡沫塑料	19.29	28.95	36.14	53.96
塑料包装箱及容器	40.53	44.83	51.13	53.76
塑料鞋	15.47	13.02	17.26	16.57
日用塑料制品	108.83	133.66	124.26	128.79
其他塑料制品	194.06	212.94	239.94	286.70

2001 年塑料制品行业主要经济指标占轻工行业比重及位次表 亿元

指 标 名 称	轻工行业合计	塑料制品业	所占比重/%	塑料制品业在轻工 20 个行业排序中的位次
工业总产值(当年价)	21 524.97	2 136.60	9.93	2
工业增加值	5 653.05	541.38	9.58	3
工业销售产值	20 855.37	2 055.46	9.86	2
出口交货值	4 856.00	501.49	10.33	2

续表

指标名称	轻工行业合计	塑料制品业	所占比重/%	塑料制品业在轻工20个行业排序中的位次
产品销售收入	20 126.25	2 040.59	10.14	2
年平均人数(万人)	1 259.45	117.14	9.30	3
利税总额	1 662.56	157.55	9.48	3
利润总额	761.17	91.62	12.04	3
资产合计	22 056.23	2 265.90	10.27	4
负债合计	13 406.93	1 277.41	9.53	4

塑料制品行业企业主要经济指标总表一(分行业) 万元

行业名称	企业个数/个	亏损企业数/个	工业总产值(当年价)	工业销售产值(当年价)	出口交货值/人民币	工业增加值(当年价)
轻工行业总计	55 322	12 429	215 249 663	208 553 671	48 559 955	56 530 525
塑料制品业	6 884	1 408	21 366 036	20 554 589	5 014 949	5 413 846
塑料薄膜制造业	741	188	3 507 560	3 419 155	550 348	827 154
塑料板、管、棒材制造业	934	198	3 607 465	3 355 536	282 628	935 950
塑料丝、绳及编织品制造业	1 045	206	2 007 034	1 927 099	266 049	566 359
泡沫塑料及人造革、合成革制造业	765	167	2 549 097	2 483 148	467 165	608 608
塑料包装箱及容器制造业	548	107	1 397 283	1 338 393	178 388	406 154
塑料鞋制造业	335	72	719 563	696 634	376 397	188 096
日用塑料杂品制造业	585	104	1 746 379	1 683 086	696 574	403 401
塑料零件制造业	457	77	1 763 660	1 704 154	650 235	435 503
其他塑料制品	1 474	289	4 067 995	3 947 384	1 547 165	1 042 621

塑料制品行业企业主要经济指标总表二(分行业) 万元

行业名称	资产合计	负债合计	产品销售收入	利润总额	利税总额	全部从业人员平均人数/人
轻工行业总计	220 562 345	134 069 322	201 262 454	7 611 666	16 625 631	12 594 456
塑料制品业	22 658 989	12 774 060	20 405 924	916 178	1 575 525	1 171 428
塑料薄膜制造业	4 612 038	2 761 792	3 492 694	171 762	274 776	164 717
塑料板、管、棒材制造业	4 136 549	2 458 921	3 414 781	178 951	298 994	136 166
塑料丝、绳及编织品制造业	2 016 927	1 301 780	1 892 455	36 733	118 192	183 545
泡沫塑料及人造革、合成革制造业	2 645 987	1 474 729	2 390 731	78 667	154 958	106 691
塑料包装箱及容器制造业	2 017 393	1 017 904	1 287 717	85 538	143 630	64 892
塑料鞋制造业	515 224	255 771	688 400	11 977	31 604	71 646
日用塑料杂品制造业	1 322 882	679 433	1 633 649	59 989	107 369	96 278
塑料零件制造业	1 612 115	829 844	1 722 544	107 542	166 244	85 791
其他塑料制品	3 779 874	1 993 886	3 882 953	185 019	279 758	261 702

塑料制品行业企业主要经济指标总表一(分地区) 万元

地区	企业个数/个	亏损企业数/个	工业总产值(不变价)	工业总产值(当年价)	工业销售产值(当年价)	出口交货值/人民币	工业增加值
全国总计	6 884	1 408	21 143 697	21 366 036	20 554 589	5 014 949	5 413 846
北京	176	47	289 296	275 294	284 738	11 750	78 112
天津	209	55	522 467	555 526	519 881	53 332	158 291
河北	212	43	674 580	625 547	602 269	40 765	174 364
山西	37	10	48 078	42 004	38 661		8 943
内蒙古	13	5	29 073	28 750	26 830		6 350
辽宁	188	62	685 077	697 209	612 859	110 472	188 448

续表

地　区	企业个数/个	亏损企业数/个	工业总产值(不变价)	工业总产值(当年价)	工业销售产值(当年价)	出口交货值/人民币	工业增加值
吉　林	76	24	130 786	132 949	130 317	933	41 979
黑龙江	82	27	263 671	255 931	236 725	997	76 414
上　海	561	98	1 497 907	1 693 571	1 654 531	388 630	474 712
江　苏	770	155	2 703 225	2 983 679	2 870 354	339 178	687 574
浙　江	1 087	90	3 112 319	2 810 568	2 695 608	589 419	601 633
安　徽	154	34	651 823	568 631	546 508	7 442	165 485
福　建	359	75	1 127 087	1 147 937	1 117 322	587 022	306 124
江　西	50	13	64 941	68 678	57 657	1 522	24 642
山　东	439	64	1 533 625	1 637 744	1 592 430	227 395	427 079
河　南	265	42	395 579	510 422	501 629	70	130 781
湖　北	208	32	592 574	556 303	535 984	9 016	186 710
湖　南	96	28	125 483	147 446	143 627	742	40 278
广　东	1 390	354	5 737 931	5 648 349	5 449 793	2 625 826	1 366 904
广　西	58	21	91 803	82 402	79 713	6 532	23 807
海　南	10	4	23 943	21 728	22 269		4 626
重　庆	51	10	74 699	74 287	74 460		21 788
四　川	116	23	258 998	249 940	241 695	589	66 856
贵　州	33	11	64 577	56 547	52 905		15 692
云　南	54	17	86 623	104 450	101 320	974	27 570
西　藏	3	2	159	159	127		95
陕　西	39	17	37 419	38 957	34 786		11 167
甘　肃	87	21	155 569	162 416	154 734	2 420	46 292
青　海	3	3	3 259	3 257	3 282		759
宁　夏	10	2	9 728	13 642	11 417		5 319
新　疆	48	19	151 410	171 729	160 163	9 947	45 061

塑料制品行业企业主要经济指标总表二(分地区)　　万元

地　区	资产合计	负债合计	产品销售收入	利润总额	利税总额	全部从业人员平均人数/人
全国总计	22 658 989	12 774 060	20 405 924	916 178	1 575 525	1 171 428
北　京	575 561	316 420	276 498	8 825	18 830	19 219
天　津	772 028	433 188	534 735	52 046	85 710	29 861
河　北	1 009 111	685 752	564 373	29 180	50 940	38 459
山　西	77 765	54 005	35 000	−503	497	6 602
内蒙古	50 208	44 085	22 759	−2 247	−1 092	2 979
辽　宁	884 521	582 548	629 831	23 275	41 868	32 028
吉　林	222 402	155 645	119 540	2 586	5 906	19 434
黑龙江	433 027	344 717	237 219	585	12 568	15 884
上　海	2 186 931	1 067 248	1 656 728	112 985	177 409	70 434
江　苏	2 397 122	1 373 585	2 788 415	118 589	230 349	112 469
浙　江	2 147 882	1 179 668	2 646 412	170 198	272 443	145 417
安　徽	689 510	400 906	528 575	50 930	73 023	27 101
福　建	1 013 381	500 427	1 109 528	37 271	64 793	70 820
江　西	87 133	61 653	53 036	1 389	4 079	6 990

续表

地　区	资产合计	负债合计	产品销售收入	利润总额	利税总额	全部从业人员平均人数/人
山　东	1 546 835	929 443	1 550 582	58 461	108 944	91 333
河　南	393 711	222 647	483 925	21 816	39 374	45 736
湖　北	597 346	306 986	542 118	36 698	57 949	34 906
湖　南	225 712	148 901	115 713	3 398	8 384	13 437
广　东	5 552 478	2 884 855	5 493 291	170 370	268 506	302 850
广　西	103 123	62 857	78 890	2 762	6 772	8 260
海　南	48 475	36 679	23 126	124	1 417	1 042
重　庆	113 516	57 447	70 460	296	2 977	5 900
四　川	274 585	141 533	222 781	7 368	15 041	18 237
贵　州	102 338	52 737	49 668	268	1 886	5 312
云　南	166 130	100 974	104 344	4 403	8 847	6 180
西　藏	965	787	126	－23	－14	66
陕　西	66 190	49 113	26 835	－468	341	4 329
甘　肃	375 968	212 084	170 688	8 014	11 788	20 151
青　海	6 055	4 395	3 624	－151	－108	416
宁　夏	17 663	10 899	11 617	161	646	2 231
新　疆	521 341	351 889	224 505	－2 425	5 462	13 345

2001 年行业塑料制品产品产量表

行　业　名　称	2001 年产量/t	同比增长/%	所占比重/%
塑料制品总计	11 853 447	13.08	100.0
塑料薄膜	2 425 494	8.18	20.5
其中:农用薄膜	817 352	7.26	6.9
塑料板片材	788 115	21.69	6.6
塑料棒管材	1 213 964	54.54	10.2
塑料丝及编织品	1 482 343	8.85	12.5
塑料人造革	433 502	3.06	3.7
塑料合成革	112 212	9.32	0.9
泡沫塑料	539 609	29.76	4.6
塑料包装箱及容器	537 617	7.79	4.5
塑料鞋	165 675	－2.03	1.4
日用塑料制品	1 287 906	7.67	10.9
其他塑料制品	2 867 011	8.50	24.2

2001 年地区塑料制品产品产量表(一)　　t

地　区	塑料制品总计	塑料制品中	
		塑料薄膜	其中:农用薄膜
全国总计	11 853 447	2 425 494	817 352
北　京	129 920	27 750	18 697
天　津	146 901	58 782	12 856
河　北	496 662	157 814	73 234
山　西	52 738	21 300	18 242
内蒙古	8 471	1 915	1 906
辽　宁	528 338	88 883	49 441
吉　林	79 924	51 801	51 438

续表

地　　区	塑料制品总计	塑料制品中	
		塑料薄膜	其中:农用薄膜
黑龙江	90 176	34 022	15 008
上　海	411 619	102 904	53 978
江　苏	1 318 310	247 679	15 776
浙　江	1 945 795	193 925	25 552
安　徽	372 193	48 485	17 720
福　建	536 214	107 349	218
江　西	44 398	2 606	946
山　东	803 859	229 165	171 175
河　南	557 324	243 107	104 749
湖　北	296 452	45 830	2 509
湖　南	82 812	9 556	2 326
广　东	3 190 251	500 291	9 530
广　西	122 866	17 574	3 325
海　南	12 590	4 103	
重　庆	48 131	6 460	1 573
四　川	196 919	53 323	40 060
贵　州	35 200	12 712	4 370
云　南	86 011	51 715	31 787
西　藏			
陕　西	22 462	2 215	677
甘　肃	86 502	39 214	37 475
青　海	1 483		
宁　夏	10 110	1 388	945
新　疆	138 817	63 625	51 838

2001 年地区塑料制品产品产量表(二)　　t

地　区	塑料制品中				
	塑料板片材	塑料棒管材	塑料丝及编织制品	塑料人造革	塑料合成革
全国总计	788 115	1 213 964	1 482 343	433 502	112 212
北　京	5 768	7 561	18 822	5 816	2 415
天　津	7 915	4 377	10 742	1 097	25
河　北	2 333	86 396	102 999	6 614	
山　西	6 741	12 950	7 524		
内蒙古	86	4 207	1 938		
辽　宁	36 227	113 559	78 152	5 046	16 373
吉　林	5 806	1 083	7 316	3 613	
黑龙江	1 913	5 733	28 482		
上　海	37 291	15 305	14 544	19 775	750
江　苏	199 886	79 932	69 698	153 791	35 822
浙　江	71 641	167 325	341 376	94 159	18 433
安　徽	113 550	47 267	75 882	2 066	10 593
福　建	8 791	140 129	15 615	18 987	1 970
江　西	323	3 410	12 429		
山　东	60 630	104 551	213 680	5 329	8

续表

地区	塑料制品中				
	塑料板片材	塑料棒管材	塑料丝及编织制品	塑料人造革	塑料合成革
河南	3 923	24 443	141 684	3 584	
湖北	19 233	65 598	84 226	9 080	
湖南	22 029	4 477	14 517	7 303	3 148
广东	161 541	187 770	78 894	95 792	22 516
广西	213	13 893	39 448	13	
海南	23	1 929	4 654		
重庆	2 660	13 047	5 056	205	
四川	9 756	45 455	37 185	1 232	
贵州	2 334	1 817	11 760		
云南	1 231	1 227	13 343		
西藏					
陕西		7 882	4 780		159
甘肃	497	5 762	31 244		
青海			588		
宁夏	701	1 841	4 952		
新疆	5 073	45 037	10 810		

2001 年地区塑料制品产品产量表(三)

t

地区	塑料制品中				
	泡沫塑料	塑料包装箱及容器	塑料鞋	日用塑料制品	其他塑料制品
全国总计	539 609	537 617	165 675	1 287 906	2 867 011
北京	12 452	21 392	20	4 819	23 105
天津	1 587	14 613	3 389	3 154	41 221
河北	14 484	25 052	6 858	17 015	77 097
山西	390	693		15	3 125
内蒙古	119	93			112
辽宁	4 425	7 671	563	24 301	153 138
吉林	589	3 900		1 955	3 861
黑龙江	1 221	1 994	189	248	16 375
上海	5 044	86 222	1 263	36 717	91 804
江苏	175 092	54 239	979	93 841	207 351
浙江	137 016	68 628	14 238	297 609	541 446
安徽	2 763	18 942		8 296	44 349
福建	13 293	7 041	41 944	57 695	123 399
江西	284	1 715	71	11 880	11 680
山东	16 326	27 545	150	43 865	102 610
河南	10 627	14 666	2 596	63 624	49 071
湖北	423	23 736		26 766	21 561
湖南	293	11 815		5 900	3 773
广东	131 047	118 240	90 824	544 945	1 258 391
广西	1 699	3 109	1 702	26 808	18 405
海南		1 881			
重庆	3 132	3 846		9 720	4 005

续表

地　　区	塑　料　制　品　中				
	泡沫塑料	塑料包装箱及容器	塑料鞋	日用塑料制品	其他塑料制品
四　川	2 411	13 861		1 870	31 826
贵　州	133	843		1 700	3 902
云　南	3 420	2 043	857	754	11 421
西　藏					
陕　西	407	728			6 291
甘　肃	250	2 012	32	2 479	5 010
青　海	129				766
宁　夏				522	706
新　疆	555	1 097		1 410	11 210

（中国轻工业信息中心　张涌涛）

2002年全国塑料制品行业生产、经营情况统计

一、我国工业经济及轻工行业整体运行概况

2002年，我国工业经济整体运行速度、质量和效益全面提高，总体形势好于预期，工业生产增速明显提升，出口交货值大幅攀升，产品销售率稳步增长，经济效益水平逐月提高。在这种形势下，2002年1～12月份，轻工全行业生产也继续呈现稳步增长态势。规模以上轻工企业累计完成工业总产值23 161.38亿元，同比增长17.59%，产品销售收入22 968.03亿元，同比增长16.18%；利税总额1 879.89亿元，比去年同期增长289.69亿元，增幅为18.22%。利润总额948.52亿元，比去年同期增长224.09亿元，增幅为30.9%。轻工产品累计出口额908.9亿美元，同比增长19.32%；累计进口额252.5亿美元，同比增长13.75%；贸易顺差656.4亿美元。

二、塑料制品行业主要经济指标完成情况

塑料制品行业是轻工行业中近几年发展速度较快的行业之一，增长速度一直保持在10%以上。据最新统计，2002年1～12月份，塑料制品行业全部国有和年产品销售收入500万元及以上非国有独立核算工业企业共计7 480个，累计完成工业总产值（90年不变价）2408.48亿元，比上年同期增长17.66%，占轻工行业总产值的10.4%，产值总额在轻工22个主要行业中位居第三；实现产品销售率97.45%，高于轻工行业平均水平。

1～12月份，塑料制品行业产品销售收入2302.8亿元，比去年同期增长15.31%；实现利税181.15亿元，比去年同期增长17.43%；利润总额为109.82亿元，同期相比增长22.05%；值得注意的是，虽然塑料制品行业发展近几年呈稳速增长态势，但从企业个体角度看，企业经济效益增长则呈现明显的不平衡现象，有两极分化趋势。企业亏损面有所扩大，亏损企业1 394个，占全部塑料企业总数的18.6%；亏损额21.25亿元，比去年同期上升10.4%。

三、产品产量与产品结构

2002年1～12月份，塑料制品产量累计完成1 400.53万吨，比2001年同期增长13.96%；12月完成137.28万吨，增长13.54%。

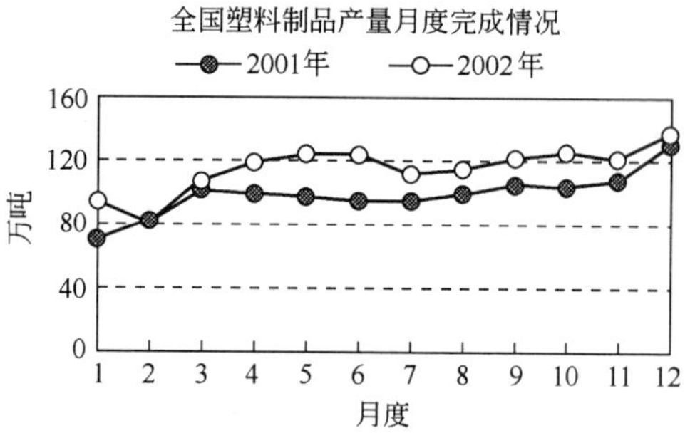

总计中：塑料薄膜累计生产279.9万吨，比去年同期增长11.1%；塑料板片材85.3万吨，增长

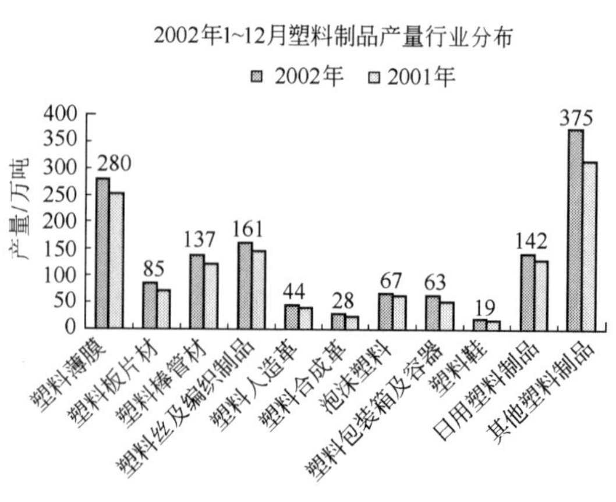

19.2%；塑料棒管材 136.9 万吨，增长 12.18%；塑料丝及编织品 160.7 万吨，增长 9.8%；塑料人造革 44.5 万吨，增长 12.7%；塑料合成革 28.04 万吨，增长 18.9%；泡沫塑料 66.9 万吨，增长 6.9%；塑料包装箱及容器 63.03 万吨，增长 23.6%；塑料鞋 18.9 万吨；增长 13.3%；日用塑料制品 141.7 万吨，增长 9.9%；其他塑料制品 374.6 万吨，增长 19.0%。

今年农用薄膜生产起伏较大，但总产量与去年基本持平。12 月份产量 8.77 万吨，比去年同期增长 8.86%，1～12 月份累计产量 80.9 万吨，与去年同期相比减少 0.01 个百分点。

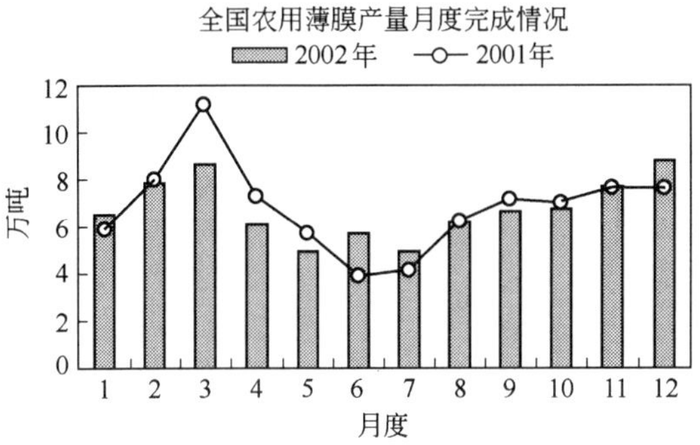

从全国几个主要农用薄膜生产省份情况看，山东、河南两省农膜生产形势比较稳定，产量继续保持增长，分别达到了 15.2 万吨、10.1 万吨，居全国第一、二位；从增长幅度及绝对值看浙江省增幅为 56.5%，增加 1.4 万吨；新疆、辽宁、河北产量下降幅度较大，其中新疆降幅为 30.6%，减少 1.5 万吨。

（中国轻工业信息中心　张涌涛）

四、2002 年塑料制品生产 100 强企业

安徽安利合成革有限公司
安徽国风集团有限公司
安徽海螺塑料型材有限责任公司
安徽天大企业（集团）公司
常州巨力塑料集团有限公司
澄海市华翔塑料有限公司
大连爱丽思欧雅玛工贸有限公司
大连日东塑料加工有限公司
大连实德塑料建材有限公司
东莞润丰金属塑胶有限公司
东莞市康荣塑料制品有限公司
佛山东冠包装材料有限公司
佛山塑料集团股份有限公司
福建亚通塑胶有限公司
福建振云塑胶有限公司
福清市明达塑胶（福建）有限公司
广东榕泰实业股份有限公司
广州宏铭塑胶工业有限公司
广州市塑料工业股份有限公司
河北宝硕集团有限公司
河北亚大塑料制品有限公司
河南省漯河市塑料厂
河南遂平县华强塑胶有限公司
珠海中富公司
恒隆胶品（深圳）有限公司
厚宏日用制品（深圳）有限公司
湖北凯乐新材料科技股份有限公司
华夏塑料（中山）有限公司
惠州市德赛精密部件有限公司
吉林省白山市喜丰塑料股份有限公司
江苏蝙蝠塑料集团有限公司
江苏江南塑料集团公司
江苏琼花塑料
江苏三笑集团
江苏省银杉实业集团有限公司
江苏珠花集团公司
江阴海达集团有限公司
江阴市龙山集团公司
江阴市模塑集团有限公司
金达塑胶五金制品（深圳）有限公司
锦州彩练塑料集团有限责任公司
开平市长沙华侨尼龙工艺厂
兰州银兰工贸集团有限公司
廊坊新兴包装制品有限公司
雷盛德奎实业有限公司
丽光精密（中山）有限公司
利乐华新（佛山）包装有限公司
辽阳塑料制品厂
漯河华强塑胶有限公司
明达塑胶（厦门）有限公司
明辉塑胶制品（深圳）有限公司
南海市南方包装有限公司
南京中达制膜（集团）股份有限公司
南塑建材塑胶制品（深圳）有限公司
南亚塑胶工业（广州）有限公司
南亚塑胶工业（南通）有限公司
南英塑胶工业（南通）有限公司
宁波利时塑胶有限公司
上海紫江集团
蓬莱市福合橡塑有限公司
鹏思特（天津）实业有限公司
鹏映塑料（深圳）有限公司

乔奥华塑胶制品（深圳）有限公司
青岛成进塑料有限公司
青岛宏达塑胶总公司
青岛交河塑料有限公司
日新（天津）塑胶有限公司
瑞安市华滨包装材料厂
三水市健力宝塑料制品有限公司
三水市金本镇合成塑料五金制品厂
山东北联集团公司
山东环球渔具股份有限公司
山东三塑集团有限公司
上海敬炫塑胶制品有限公司
上海英济电子塑胶有限公司
上海紫江企业集团股份有限公司
申达集团公司
深圳石化塑胶集团股份有限公司
沈阳中富瓶胚有限公司
顺德市联塑科技实业有限公司
太平洋塑胶（福建）有限公司
天津塑料集团公司
天马精塑（中山）有限公司
威海市正棋塑胶集团公司
温州人造革有限公司
上海紫东化工塑料公司
武汉塑料工业集团股份有限公司
新疆天业股份有限公司
亚光耐普罗精密注塑（天津）有限公司
烟台万华合成革集团有限公司
张家港易华塑料有限公司
浙江大东南塑胶集团公司
浙江三友集团有限公司
浙江无名皮塑集团有限责任公司
浙江永高塑业发展有限公司
浙江中财招商投资股份有限公司
中包云梦塑料薄膜厂
中山永宁塑料制品有限公司
珠海经济特区中富实业股份有限公司
湖南安塑股份有限公司

五、2002 年合成树脂生产 100 强企业

北京燕化石化股份公司
大庆石化总厂
吉林化学集团公司
兰州化学工业公司
齐鲁石化集团公司
上海石化股份公司
扬子石化公司
茂名石化公司
高桥石化总厂
广州石化总厂
中原石化公司
福建炼化公司
九江石化总厂
武汉石化总厂
长岭石化总厂
荆门石化总厂
镇江奇美公司
洛阳石化总厂
中原石化公司
盘锦乙烯工业公司
大连石化公司
辽阳石化公司
乌鲁木齐石化总厂
独山子石化总厂
汕头海洋集团
天津联合化学有限公司
扬子巴斯夫公司
北京化工二股份有限公司
天津渤海集团
沧州化工股份有限公司
江苏北方氯碱集团公司
上海氯碱股份有限公司
新乡树脂厂
天津乐金大沽化学有限公司
苏州华苏有限公司
山东潍坊亚星化学股份有限公司
上海天原化工厂
宜宾天原集团有限公司
常州化工厂
浙江巨化股份有限公司
四川省金路树脂有限公司
黑龙江齐化化工有限责任公司
贵州遵义碱厂
南通树脂股份有限公司
锦化化工（集团）有限公司
焦作化电（集团）有限责任公司
无锡化工集团有限公司
河南神马集团
无锡格林艾普化工股份有限公司
福建省东南电化股份公司
青岛海晶化工集团有限公司
宁夏金星氯碱化工有限公司
天津石化公司

新疆中泰化学股份有限公司
巨化集团公司
山东德州石油化工总厂
南宁化工股份有限公司
湖南株洲化工集团有限责任公司
西安热电集团
杭州电化集团有限公司
河南锦捷集团有限公司
沈阳化工股份有限公司
武汉富化集团有限公司
河北盛化化工有限公司
唐山市冀东化工集团有限责任公司
牡丹江寒利化工有限责任公司
太原化学工业集团公司
内蒙古黄河化工有限公司
济宁中银电化有限公司
河北宝硕集团公司
新疆天业集团
河北盛华化工有限公司
镇江国亨化学有限公司
温州锦纶厂
宜昌昌龙氯碱化工有限公司
鹰山石化总厂
镇江塑料厂
重庆长风化工厂
自贡鸿鹤化工股份有限公司
余姚凡伟工程塑料厂
中山市南荣化工有限公司
顺德锦纶厂
上海金菲石油化工有限公司
山西三维集团股份有限公司
四川维尼龙厂
广东新会美达尼龙厂
岳阳化纤厂
浙江慈溪金轮集团
张家港骏马化纤股份有限公司
大连西太平洋公司
仪征化纤公司
南通合成材料厂
湛江中美化工公司
烟台万华聚氨酯股份有限公司
雪佛龙化工（张家港）有限公司
江苏兴达泡塑集团
宁波 LG 甬兴化工有限公司
珠海裕化聚酯有限公司
海南兴业聚酯股份有限公司
广州亚美聚酯股份有限公司

六、2002 年塑料助剂生产 100 强企业

安徽芜湖化工厂
北京房山福利化工厂
北京花山助剂厂
北京华颖化工有限公司
北京化工厂
北京化工三厂
北京化工四厂
北京化工研究院
常州宗唐化学公司
大连油脂化学厂
福建闵侯侯官塑料厂
福州医疗化工总公司
广东广洋高科技实业有限公司
广州源丰塑料助剂公司
哈尔滨化工试剂厂
哈尔滨化工四厂
哈尔滨化工五厂
杭州半山助剂厂
杭州大自然有机化工实业有限公司
杭州东旭助剂有限公司
杭州海虹化工有限公司
杭州新奥特种化学品有限公司
杭州有机化工厂
河北衡水桃城化工助剂有限公司
河北廊坊龙泉助剂厂
河北南宫化工厂
河南鹤壁助剂厂
河南庆安化工集团公司
黑龙江龙新化工有限公司
湖北博尔德化学公司
湖北南昌化工总厂
湖北襄樊第二化工厂
湖南衡阳湘华化工厂
湖南洪江有机化工厂
吉化公司联合化工厂
江苏省江阴市有机化工厂
江苏东台市天腾化工有限责任公司
江苏飞翔化工股份有限公司
江苏化工农药集团
江苏江都化工厂
江苏靖江旭光塑胶有限公司
江苏九江市星火化工厂
江苏溧阳联盟福利化工厂
江苏省江阴市有机化工厂

江苏太仓塑料助剂厂
江西永友化工有限公司
江阴市硕山东风合成化工厂
锦州化工厂
辽阳有机化工厂
内蒙古皓海化工有限责任公司
南京金陵化工厂
齐鲁乙烯鲁华化工厂
齐鲁增塑剂股份公司
山东宏信化工有限公司
山东莱芜市宏鲁精细化工有限公司
山东临沂三丰化工有限公司
山东龙口道恩化学有限公司
山东沂源瑞丰高分子材料厂
山西长治化工厂
山西交城富丽化工公司
山西省化工研究所
上海中华化工厂
上海长风化工厂
上海长征第二化工厂
上海彭浦化工厂
上海溶剂厂
沈阳化工厂
沈阳新城化工厂
沈阳助剂厂
石家庄白龙化工有限公司
镇江前进化工厂
四川泸州天然气化工有限公司
苏州安利化工厂
苏州助剂厂
太仓涤纶化工厂
天津晨光化工有限公司
天津红星化工厂
天津力生化工厂
天津联瑞化工有限公司
天津溶剂厂
天津中和化工厂
温州龙化塑料助剂有限公司
温州鹿城勤达塑料助剂有限公司
温州润华化工实业有限公司
温州天丰 PVC 助剂有限公司
温州天盛集团塑料助剂有限公司
无锡市大众化工有限责任公司
西安惠凯化工有限公司
营口塑料助剂厂
张家口化工厂
浙江德清东来化学有限公司
浙江建德有机化工厂
浙江金海雅宝化工有限公司
浙江瑞安化工总厂
浙江温州塑化助剂厂
重庆长江扬帆化工有限公司
淄博塑料助剂厂
淄博增塑剂厂
自贡有机化工厂
遵义光大精细化工公司

（中国塑料加工工业协会
全国塑料加工工业信息中心）

七、地区分布

从塑料制品产量地区分布上看，广东省、浙江省、江苏省三省塑料制品产量合计为 773.64 万吨，占塑料制品总计的 55.2%。

从各省塑料制品分品种产量占全国同类产品产量比重看：

广东省塑料薄膜、塑料鞋、日用塑料制品、其他塑料制品产量居全国首位；

浙江省塑料棒管材、塑料丝及编织品、塑料合成革产量居全国首位；

江苏省塑料板片材、塑料人造革、泡沫塑料居全国首位。

2002年1~12月份塑料制品产量地区分布图

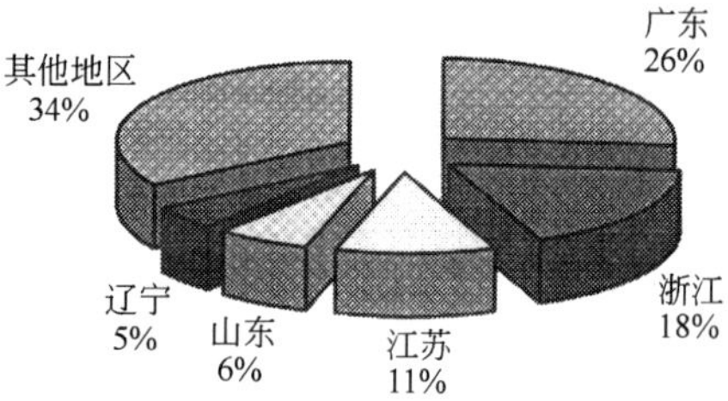

塑料制品分品种产量前三位的地区见下页表：

从表中可以看出，我国塑料鞋、泡沫塑料、塑料人造革、合成革制造业产业集约度较高，产量前三位的地区小计占总产量的比重超过了 70%。各地区产品结构上也各具特色。

八、海关进出口

2002 年，我国轻工产品出口总额达到 908.9 亿美元，同比增长 19.32%，约占我国外贸出口总额的三分之一；实现贸易顺差 656.4 亿美元，相当于我国累计实现贸易顺差的 2 倍。轻工业正成为我国外贸出口的主力军。

塑料制品出口仍继续保持快速增长的势头。据海关总署统计，塑料制品累计出口 720.85 万吨，同比

塑料制品分品种产量前三位地区统计表　　　　万吨

行业名称	产品总产量	产量前三位地区小计总产量比	第一位		第二位		第三位	
			地区	产量	地区	产量	地区	产量
塑料制品总计	1 400.5	55.2%	广东	361.0	浙江	253.9	江苏	158.8
塑料薄膜	279.9	44.1%	广东	63.8	江苏	31.0	浙江	28.6
其中:农用薄膜	80.9	39.9%	山东	15.2	河南	10.1	河北	7.0
塑料板片材	85.3	56.9%	江苏	18.0	安徽	17.0	广东	13.6
塑料棒管材	136.9	43.9%	浙江	23.3	广东	20.5	福建	16.4
塑料丝及编织制品	160.7	48.6%	浙江	39.4	山东	24.2	河南	14.5
塑料人造革	44.5	83.8%	江苏	18.7	浙江	10.6	广东	8.0
塑料合成革	28.0	73.9%	浙江	8.8	江苏	6.3	辽宁	5.7
泡沫塑料	66.9	81.8%	江苏	25.7	浙江	19.0	广东	10.0
塑料包装箱及容器	63.0	51.8%	上海	13.3	广东	12.0	浙江	7.4
塑料鞋	18.9	90.2%	广东	9.0	福建	6.3	浙江	1.7
日用塑料制品	141.7	68.7%	广东	53.1	浙江	34.1	江苏	10.2
其他塑料制品	374.6	68.3%	广东	157.7	浙江	70.3	江苏	28.0

增长 19.29%；出口额 79.1 亿美元，同比增长 19.59%；出口额占轻工产品出口总额的 8.7%。塑料制品累计进口 162.07 万吨，同比增长 5.18%；进口额 45.2 亿美元，同比增长 12.76%；进口额占轻工产品出口总额的 17.9%。贸易顺差 33.9 亿美元。其中：出口方面，塑料丝及异型材出口量增长 79.45%、塑料铺地制品增长 56.15%；进口方面，塑料铺地制品增长 22.24%；人造革、合成革，较去年同期下降 6.71%；从单位产品平均单价上看，(出口：平均 1 097.33 美元/吨；进口：平均 2 789.2美元/吨) 我国目前塑料制品出口品种多数为一些低端产品，产品附加值较低。产品工艺、技术含量等方面较同类进口产品均有较大差距（具体数据详见下表）。

总体上看，塑料制品进出口贸易存在较大顺差，但这种顺差主要靠塑料制品出口总量的增长来实现的。中国轻工业联合会会长陈士能在 2002 年 1 月召开的全国轻工行业工作座谈会上谈到，目前，轻工出口产品中高附加值和高科技含量的产品仍然较少，出口市场仅集中于少数国家和地区，“走出去”的形式也相对单一，不少企业缺乏真正的跨国经营战略和标准化操作方式。为此，轻工行业将进一步加快走向世界的步伐，逐步实现由产品输出到资本输出、品牌输出，调整产品结构，提高产品质量和档次，提高产品的附加值，进一步拓展俄罗斯、印度、中东、非洲、拉美等地市场。

九、行业重点企业情况

据统计，2002 年 1～12 月份，中国塑料制品行业规模以上企业共计 7 480 家，其中，大中型企业约占 10%，产品销售收入亿元以上企业 397 家，共完成产品销售收入 1 010.6 亿元，即占行业企业总数的 5.3%的企业，完成塑料制品行业总销售收入的 43.9%。

佛山塑料集团股份有限公司、常州塑料集团、浙江大东南塑胶集团公司、申达集团公司、烟台万华合成革集团有限公司、芜湖海螺型材科技股份有限公司、江苏三笑集团，河北宝硕集团有限公司、江阴市模塑集团有限公司、浙江省鸿达集团有限公司、新疆天业股份有限公司、无锡市兴达泡塑新材料有限公司、大连实德塑料工业有限公司、安徽国风集团有限公司、明达塑胶（厦门）有限公司产品销售收入都超过 10 亿元，其中，佛山塑料集团股份有限公司、常州塑料集团、浙江大东南塑胶集团公司产品销售收入超过 20 亿元。

2002 年 1～12 月份塑料制品海关出口统计

产品名称	出口量/t		出口额/万美元	
	1～12 月份累计	同比增长/%	1～12 月份累计	同比增长/%
塑料制品	7 208 496.8	19.29	791 014.5	19.59
1. 塑料丝及异型材	6 635.9	79.45	1 166.6	46.52
2. 塑料管材	68 028.2	28.87	10 102.6	30.83

续表

产品名称	出口量/t		出口额/万美元	
	1～12月份累计	同比增长/%	1～12月份累计	同比增长/%
3. 塑料板、片材	364 143.1	29.59	54 231.9	26.12
4. 人造革、合成革	121 222.9	40.24	30 569.2	35.17
5. 塑料铺地制品	225 559.3	56.15	17 786.4	60.43
6. 其他塑料制品	6 422 907.4	17.32	677 471.8	17.52

2002年1～12月份塑料制品海关进口统计

产品名称	进口量/t		进口额/万美元	
	1～12月份累计	同比增长/%	1～12月份累计	同比增长/%
塑料制品	1 620 688.9	5.18	452 047.8	12.76
1. 塑料丝及异型材	11 733.3	9.55	2 508.9	9.61
2. 塑料管材	26 675.6	8.19	14 056.2	19.05
3. 塑料板、片材	854 990.7	7.42	187 779.2	17.51
4. 人造革、合成革	11 767.2	−6.71	51 703.3	−1.90
5. 塑料铺地制品	24 095.3	22.24	4 028.0	34.01
6. 其他塑料制品	568 745.3	4.21	191 972.1	12.07

（数据来源：海关总署）

亏损企业1 394家，占塑料制品企业总数的18.63%，比去年同期减少1.13%。但亏损额有所扩大，比去年增长10.4%。

塑料制品行业的高速发展使产业集约度有进一步集中的趋势，但集约度还不高。行业中尚未形成只有几家企业集团在国内整个市场上的激烈竞争局面。但地区性的行业垄断企业集团还是存在的。据塑料工业“十五”规划，到2005年，塑料制品需求量为2 500万吨，预计未来几年内，优势企业集团会不断扩大市场份额、继续保持行业内领先地位，市场也会淘汰一大批落后企业。在整个产业高速发展的同时，企业也要遵循市场发展的规律，要居“安”思危，不断增强企业综合实力，调整产品结构，提高竞争力。

十、问题与建议

中国塑料制品工业有自身的特点，产品品种繁多，企业数目众多，但普遍规模偏小，企业综合实力不强。我国塑料工业发展今后需解决几个问题。

（一）总体技术装备水平偏低。目前多数企业仍以国产设备和工艺为主，在近期实施技改的企业中，只有少数采用了进口设备和技术，而少数引进的设备和技术又往往并不是最先进的。正在使用的设备中大约有20%属于高能耗、低产出的设备。

（二）我国塑料工业产品结构缺乏竞争力。中低档产品多、高档与配套产品少，通用技术产品多，高技术、高附加值产品少、一些高档产品仍需大量进口。总体技术装备水平偏低，是造成这种情况的主要原因之一。中低档产品生产严重过剩，在市场上的直接表现为供过于求，也影响到企业的经济效益。

（三）科技力量投入不足、技术结构亟须优化。企业市场竞争力不强，赢利能力降低，也会导致科技力量投入不足，使具有自主知识产权的高科技塑料制品数量很少，严重制约了我国塑料工业向更高的目标发展。

（四）企业规模普遍偏小。我国塑料制品企业众多，规模以上企业达到了7 480个，其中大、中型塑料制品企业约占行业企业总数的10%，近几年，通过新建、重组、转制等方式新组建了一些大型企业集团，在技术设备水平、管理水平、产品结构等方面处于国内同行业领先地位，企业赢利能力显著增强，竞争力有所提高，增强了行业整体实力，在推动行业发展上起到了重要的作用。虽然我国企业集团有了较大发展，但是与国际同行业大公司相比，我国企业集团整体规模相对较小、技术开发能力较低、产品结构还显落后、只有少数企业的产品代表了行业的最高水平。管理水平差距较大、盈利能力不强的问题仍比较突出。

（五）企业管理水平有待提高。加入WTO给塑料制品行业带来了挑战，也为本行业提供了稳定开放、公平竞争的国际贸易环境。2002年是中国成为WTO成员国的第一年。反思2002年国内塑料市场，种种市场迹象表明，塑料产业竞争的区域边界正在逐渐消逝，中国塑料企业正全面置身于全球范围的竞争与合作之中，全新的竞争格局带来全新的市场环境。国内塑料企业面临的已不再是单纯的产品技术领域的挑战。传统的管理体制、营销观念已经难以解决企业所面临的生产、经营问题，因此，国内塑料生产企业在注重产品结构调整，提高高附加值产品的比重，提升产品质量的同时，更需要加强企业组织管理能力。

综上所述，中国塑料制品行业不仅要改善企业生存发展的基本条件，把注意力集中到努力提高产品质量、降低生产成本、改善经营管理和开拓国内外市场上；还要积极创造条件，加快培育具有国际竞争力的大型骨干企业，增强企业核心竞争力。加大现有企业集团内部的改组与整合力度，加速企业的结构调整和优化，按照国际市场惯例组织生产经营，加快产品的更新换代；要切实转变观念，增强参与国际市场的竞争意识、技术创新意识，根据国内外市场的需求，生产适销对路的产品，以适应激烈的市场竞争。

（中国轻工业信息中心　张涌涛）

综　　述

固定资产投资

2001 年塑料制品业固定资产投资完成情况表

项　目	计量单位	合　计	基本建设	更新改造
投资完成额	亿元	100.12	44.49	55.63
其中：新建	亿元	43.31	35.97	7.34
扩建	亿元	45.98	6.31	39.67
改建	亿元	5.56	0.40	5.16
新增固定资产	亿元	77.66	32.57	45.09
固定资产交付使用率	%	—	73.2	81.1
施工项目个数	个	795	306	489
其中：新开工项目	个	568	214	354
全部建成投产项目个数	个	475	157	318
项目建成投产率	%	59.8	51.3	65.0
新增生产能力	吨	941 770	183 250	758 520

（中国轻工业信息中心　张涌涛）

塑料制品进出口统计

2001 年塑料制品海关出口情况表

产品名称	2001 年出口		比上年同期增长	
	数量/万吨	金额/万美元	数量/%	金额/万美元
轻工产品出口总值		7 450 142		5.08
塑料制品	535.82	555 035	4.95	5.97
其中：塑料丝及异型材	0.37	796	55.92	20.24
塑料管材	5.28	7 726	13.30	17.34
塑料板片	26.28	37 028	3.70	−3.91
人造革、合成革	8.64	22 661	24.32	30.01
塑料铺地制品	14.44	11 087	33.69	30.91
其他塑料制品	480.80	475 737	3.95	5.24

2001 年塑料制品海关进口情况表

产品名称	2001 年进口		比上年同期增长	
	数量/万吨	金额/万美元	数量/%	金额/万美元
轻工产品进口总值		2 254 929		0.59
塑料制品	150.97	384 456	−7.85	−1.07
其中：塑料丝及异型材	1.07	2 289	23.76	20.00
塑料管材	2.47	11 807	2.37	19.23
塑料板片	76.76	144 129	−10.43	−1.25
人造革、合成革	14.41	52 707	−6.58	−3.03
塑料铺地制品	1.97	2 999	16.11	19.34
其他塑料制品	54.28	170 526	−5.98	−1.99

（中国轻工业信息中心　张涌涛）

通用树脂

一、概述

随着国民经济和石油化工的发展，我国合成树脂的生产规模不断扩大，工艺技术不断提高，产品产量不断增加，具有了一定的实力。特别是近十几年来，一大批大中型乙烯装置建成投产，加速了我国合成树脂工业的发展。我国合成树脂产量由 1985 年的 1.2327×10^6t 增加到 2002 年的 13.665×10^6t。在这 18 年间，我国合成树脂产量年平均增长率达 15.2%。其中，聚乙烯（PE）、聚丙烯（PP）、聚氯乙烯（PVC）、聚苯乙烯（PS）、ABS 树脂等 5 大合成树脂产量由 1985 年的 1.018×10^6t 增加到 2002 年的 12.8919×10^6t。在这 18 年间，我国五大合成树脂产量年平均增长率达 16.1%。

到 2002 年底，我国五大合成树脂生产能力达 14.796×10^6t/a。据统计，2002 年我国五大合成树脂生产装置平均开工率为 87.1%。其中，聚乙烯 97.3%，聚丙烯 94.5%，聚氯乙烯 79.6%，聚苯乙烯 82.9%，ABS 仅为 56.1%。

二、现状

（一）聚乙烯

聚乙烯是由乙烯等单体聚合而成的一种热塑性塑料。由于聚乙烯的原料来源非常丰富，而且聚乙烯产品具有优良的物理机械性能、电绝缘性、耐化学腐蚀性、耐低温性和优良的加工性能，同时其产品可用于制造薄膜、管材、瓶、桶、贮罐、汽车零件、电线电缆、玩具等，广泛应用于工业、农业、通讯，以及日常生活等各个领域，因此，聚乙烯得到较快的发展，并在合成树脂生产中一直占据首要地位。

聚乙烯按其密度可分为高密度聚乙烯（HDPE）、低密度聚乙烯（LDPE）和线型低密度聚乙烯（LLDPE）；按其生产方法可分为高压聚乙烯（生产低密度聚乙烯）、低压聚乙烯（生产高密度聚乙烯）及全密度聚乙烯（生产线型中低密度和高密度聚乙烯）。

我国聚乙烯工业始于 60 年代，经过 30 多年的发展，现已基本形成了 LDPE、HDPE、LLDPE 品种配套，淤浆法、气相法、管式法、釜式法、溶液法工艺类型比较齐全的生产体系。2002 年，我国聚乙烯生产能力 3.651×10^6t/a，比 1995 年增加了 126.0%。在已建成投产的 31 套生产装置中，低密度聚乙烯生产装置 8 套，生产能力为 0.883×10^6t/a，占聚乙烯总生产能力的 24.2%；高密度聚乙烯生产装置 11 套，生产能力为 1.193×10^6t/a，占聚乙烯总生产能力的 32.7%；线型低密度和全密度聚乙烯生产装置 12 套，生产能力为 1.575×10^6t/a，占聚乙烯总生产能力的 43.1%。

2002 年，我国聚乙烯产量 3.5520×10^6t，比 2001 年增长了 15.2%，其中，低密度聚乙烯产量 0.9776×10^6t，高密度聚乙烯产量 1.1884×10^6t，线型低密度聚乙烯产量 1.3860×10^6t。同期，我国聚乙烯进口量 4.5594×10^6t，表观消费量 8.1007×10^6t，产量消费比 0.44。在五大合成树脂中，聚乙烯进口量和表观消费量居第 1 位。近年我国聚乙烯供需状况见表 1。

表 1　近年我国聚乙烯供需状况

时　间	生产能力/($\times10^6$t/a)	产量/($\times10^6$t)	进口量/($\times10^6$t)
1998 年	2.4908	2.2921	2.4625
1999 年	2.6105	2.7140	2.5990
2000 年	2.6470	3.0000	2.9671
2001 年	3.1040	3.0830	4.1125
2002 年	3.6510	3.5520	4.5594
时　间	**出口量/($\times10^6$t)**	**表观消费量/($\times10^6$t)**	**产量消费比/%**
1998 年	0.0349	4.7197	49
1999 年	0.0114	5.3016	51
2000 年	0.0093	5.9578	50
2001 年	0.0070	7.1885	43
2002 年	0.0107	8.1007	44

（二）聚丙烯

在通用树脂中，聚丙烯无论在生产能力还是产量上均已占据重要地位，成为仅次于聚乙烯的第二大品种。聚丙烯具有原料易得、价格低廉、质量轻、无毒、透明度高、可在较高温度下使用、易加工、抗挠曲性好、抗冲击强度好等优点，被广泛用于生产薄膜、管材、板材、医疗器械、包装袋、捆扎绳、渔网、周转箱、编织袋、洗衣机内桶及底座、汽车保险杠、汽车内饰件及仪表盘、家用电器壳体及配件、丙纶衣衫、地毯等，成为轻工、化工、纺织、建材、包装、汽车等工业领域中一种较为重要的产量增长较快的合成树脂。

我国聚丙烯工业始于 1970 年兰州化学工业公司 5kt/a 装置的投产。随后，1976 年燕山石化公司 80kt/a 溶剂淤浆法装置、1979 年辽阳化纤公司 35kt/a 溶剂法装置相继投产，1987 年扬子石化公司建成 1 套 140kt/a 液相本体法装置。20 世纪 80 年代中期，国内许多炼厂利用炼厂丙烯建成了一批千吨级的间歇法小本体聚丙烯装置。进入 90 年代，我国陆续引进了 10 多套采用海蒙特（Himont）公司和三井油化工艺的聚丙烯生产装置。1998 年以后，采用国内设计的液相本体-气相法聚丙烯生产装置相继投产，标志着我国聚丙烯工业的发展进入了新的阶段。2002 年，我国有聚丙烯生产厂 72 家，合计生产能力 3.96×10^6t/a，其中，连续法聚丙烯生产装置 32 套，生产能力 2.97×10^6t/a，间歇法聚丙烯生产装置 106 套，生产能力 0.986×10^6t/a。

2002 年，我国聚丙烯产量 3.7417×10^6t，比 2001 年增长了 12.0%，其中，连续法聚丙烯生产装置产量 2.9510×10^6t，比 2001 年增长了 13.8%。同期，我国聚丙烯进口量 2.4423×10^6t，表观消费量 6.1715×10^6t，产量消费比 0.61。在五大合成树脂中，聚丙烯进口量和表观消费量居第 2 位。近年我国聚丙烯供需状况见表 2。

表 2 近年我国聚丙烯供需状况

时 间	生产能力/(×10^6t/a)	产量/(×10^6t)	进口量/(×10^6t)
1998 年	2.6187	2.0749	1.5451
1999 年	3.0560	2.6877	1.4727
2000 年	3.1575	3.2395	1.6403
2001 年	3.3710	3.3395	2.0865
2002 年	3.9600	3.7417	2.4423
时 间	出口量/(×10^6t)	表观消费量/(×10^6t)	产量消费比/%
1998 年	0.0283	3.5917	58
1999 年	0.0087	4.1517	65
2000 年	0.0102	4.8696	67
2001 年	0.0093	5.4167	62
2002 年	0.0125	6.1715	61

（三）聚氯乙烯

聚氯乙烯具有阻燃、绝缘、耐磨损、耐腐蚀、价格低廉、原材料来源广泛等优良的综合性能，其加工方法主要有：挤出、注塑、压延和吹塑等。聚氯乙烯经加工后可以制成管材、管件、棒材、型材、薄膜、片、电线电缆绝缘材料、人造革、地板砖、玩具、鞋、瓶子、唱片、防腐材料、防水材料等制品，广泛用于轻工、建筑、农业、电力、电子电气、包装、日常生活等多方面。聚氯乙烯是五大热塑性合成树脂之一，其产量仅次于聚乙烯（PE）和聚丙烯（PP）居第 3 位，其消费量占合成树脂总消费量的 29%左右，也居第 3 位。由于聚氯乙烯消耗氯碱生产中 30%的氯气，因此，聚氯乙烯对碱、氯平衡和氯碱工业的发展具有极其重要的作用。

我国聚氯乙烯开发及生产始于 20 世纪 50 年代，70 年代以前我国聚氯乙烯原料生产均采用电石法工艺。70 年代中期北京化工二厂引进 80kt/a 聚氯乙烯悬浮聚合生产装置，其原料路线是采用乙烯法工艺制氯乙烯。经过几十年的发展，我国聚氯乙烯工业取得了长足的进步。

氯乙烯生产主要有乙烯法和电石法两种工艺。除此之外，有一些聚氯乙烯生产企业还采取进口氯乙烯（VCM）或二氯乙烷（EDC）来生产聚氯乙烯。2002 年我国氯乙烯和二氯乙烷进口量分别达到 744.7kt 和 250.4kt。受多种因素的影响，一些原采用电石法原料路线的中小企业改用进口的聚氯乙烯或二氯乙烷。2002 年，我国有聚氯乙烯生产厂约 80 家，合计生产能力 4.26×10^6t/a。从生产原料来看，采用乙烯为原料生产聚氯乙烯的企业有 4 家，生产能力 790kt/a，占全国聚氯乙烯总生产能力的 18.5%；采用二氯乙烷裂解生产聚氯乙烯的企业有 5 家，生产能力 310kt/a，占全国聚氯乙烯总生产能力的 7.3%；采用氯乙烯单体直接聚合生产聚氯乙烯的企业有 15 家，生产能力 740kt/a，占全国聚氯乙烯总生产能力的 17.4%；采用电石法生产聚氯乙烯的企业有 58 家，生产能力 2 420kt/a，占全国聚氯乙烯总生产能力的 56.8%。由此可以看出，目前我国聚氯乙烯生产仍以电石法为主。

近几年来，我国聚氯乙烯消费仍然以薄膜、人造革、塑料鞋、电缆等软制品为主，约占聚氯乙烯总消费的 60%，管材、管件、异型材、板片材等硬制品的比例占 40%左右。随着我国建筑业的大力发展，我国聚氯乙烯硬制品的比例仍将进一步提高。

2002 年，我国聚氯乙烯产量 3.3887×10^6t，进口量 2.231×10^6t，表观消费量 5.6023×10^6t，产量消费比 0.60。近年我国聚氯乙烯供需状况见表 3。

表 3 近年我国聚氯乙烯供需状况

时 间	生产能力/(×10^6t/a)	产量/(×10^6t)	进口量/(×10^6t)
1998 年	2.0760	1.5991	1.5770
1999 年	2.5665	1.9156	1.7973
2000 年	3.2000	2.3873	1.9241
2001 年	4.2350	2.8768	2.5080
2002 年	4.2550	3.3887	2.2514
时 间	出口量/(×10^6t)	表观消费量/(×10^6t)	产量消费比/%
1998 年	0.0400	3.1361	51
1999 年	0.0303	3.6826	52
2000 年	0.0408	4.2706	56
2001 年	0.0363	5.3485	54
2002 年	0.0378	5.6023	60

（四）聚苯乙烯

聚苯乙烯是由苯乙烯单体通过游离基聚合反应而得到的。在工业上一般用本体法或悬浮法工艺制得。

聚苯乙烯主要有 3 个品种：通用型聚苯乙烯（GPPS）、抗冲型聚苯乙烯（HIPS）和可发泡聚苯乙烯（EPS）。通用型聚苯乙烯具有良好的透明性、耐水、耐光、电绝缘性能和低吸湿性，加工流动性好、易于成型加工、容易染色。

我国聚苯乙烯生产始于 20 世纪 60 年代。1960 年，我国第 1 套自行设计的 500t/a 悬浮法聚苯乙烯生产装置在上海高桥石化公司投产，1961 年，兰州化学工业公司引进了 1 套 1kt/a 本体法聚苯乙烯生产装置。此后，我国采用国产化技术陆续建成了一些小规模生产装置。进入 80 年代以来，我国开始引进国外先进技术建成万吨级生产装置，并取得了较快的发展。目前，国内聚苯乙烯生产厂家有 30 余家，大部分生产能力在 30kt/a 以下，只有镇江奇美化工有限公司、江苏兴达泡塑集团、扬子-巴斯夫苯乙烯系列产品有限公司、汕头海洋（集团）公司和宁波 LG 甬兴化工有限公司等几家生产规模达到 100kt/a，其中，江苏兴达泡塑集团仅生产 EPS，扬子-巴斯夫苯乙烯系列产品有限公司既生产 GPPS/HIPS，也生产 EPS，其他厂家生产 GPPS/HIPS。

2002 年，我国聚苯乙烯生产能力 2.11×10^6t/a，产量 1.7497×10^6t，进口量 1.6275×10^6t，表观消费量 3.3340×10^6t，产量消费比 0.52。近年我国聚苯乙烯供需状况见表 4。

表 4　近年我国聚苯乙烯供需状况

时　间	生产能力 /($\times10^6$t/a)	产量 /($\times10^6$t)	进口量 /($\times10^6$t)
1998 年	0.6542	0.4575	1.3759
1999 年	0.7092	0.5429	1.5170
2000 年	1.1075	0.8141	1.5283
2001 年	1.7850	1.5000	1.5381
2002 年	2.1100	1.7497	1.6275
时　间	出口量 /($\times10^6$t)	表观消费量 /($\times10^6$t)	产量消费比 /%
1998 年	0.0976	1.7358	26
1999 年	0.0279	2.0320	27
2000 年	0.0656	2.2768	36
2001 年	0.0467	2.9914	50
2002 年	0.0432	3.3340	52

（五）ABS 树脂

ABS 树脂是由丙烯腈、丁二烯和苯乙烯组成的三元共聚物，具有卓越的综合物理和机械性能，并具有较高的冲击强度。ABS 树脂无毒、无嗅、坚韧、质硬、呈刚性，具有较好的耐低温性和耐蠕变性。ABS 树脂的耐磨性能很好，虽然不能用做自润滑材料，但由于有良好的尺寸稳定性，故仍可用于中等负荷的轴承材料。ABS 树脂是无定形聚合物，加工性能优良，可用一般加工成型设备加工，如注塑、挤出、中空成型、真空成型、发泡、压延等成型方式，还可以进行喷涂金属、电镀、焊接和黏合等二次加工。ABS 树脂以其优良的性能，广泛用于汽车、电器仪表和机械工业，此外，还适宜做建材、家具、日用品、办公用品、体育用品和玩具等。

我国早在 1963 年就开始研制开发 ABS 树脂。1970 年兰州化学工业公司合成橡胶厂建成我国第 1 套乳液接枝法 ABS 树脂生产装置，1975 年正式投产时的能力为 2kt/a。1978 年上海高桥石化公司自行开发乳液接枝-乳液 AS 掺合法 ABS 树脂生产装置开车成功，1986 年实际生产能力达到 2kt/a。

上述 2 套 ABS 树脂生产装置不仅生产技术落后，而且还很不完善，一些工序尚不配套，自动化水平较低，产品质量难以进一步提高。直至 20 世纪 80 年代初，全国 ABS 树脂产量始终在 3kt/a 左右，远远满足不了市场需求。此后，我国陆续引进了多套 ABS 树脂生产装置，不仅使我国 ABS 树脂产能和产量有了较大的提高，品种增加，而且，生产技术水平也有了较大的飞跃。到了 90 年代，ABS 树脂生产装置的引进趋向于大型化，技术水平、产品质量、市场竞争力均有一定的提高，但与世界水平相比仍有较大差距。

2002 年，我国 ABS 生产能力 0.82×10^6t/a，产量 0.4598×10^6t，进口量 1.6376×10^6t，表观消费量 2.0778×10^6t，产量消费比 0.22。在五大合成树脂中，ABS 产量消费比最低。近年我国 ABS 供需状况见表 5。

表 5　近年我国 ABS 供需状况

时　间	生产能力 /($\times10^6$t/a)	产量 /($\times10^6$t)	进口量 /($\times10^6$t)
1998 年	0.1900	0.0986	1.0708
1999 年	0.2400	0.1353	1.3342
2000 年	0.4650	0.1845	1.4697
2001 年	0.7320	0.3200	1.4260
2002 年	0.8200	0.4598	1.6376
时　间	出口量 /($\times10^6$t)	表观消费量 /($\times10^6$t)	产量消费比 /%
1998 年	0.0291	1.1403	9
1999 年	0.0213	1.4482	9
2000 年	0.0275	1.6267	11
2001 年	0.0287	1.7173	19
2002 年	0.0196	2.0778	22

三、发展规划

（一）发展重点

坚持装置大型化、产品系列化、结构均衡化、技术独特化、服务优质化的原则，在以更快的速度扩大总量的同时，重视品种牌号的开发，特别是合成树脂专用料比例的提高，缓解总量不足和结构性短缺双重矛盾。

1. 发展总量，解决品种上生产和消费之间的矛盾

占五大合成树脂消费量80%的聚乙烯、聚丙烯和聚氯乙烯仍是今后发展的重点。特别是聚氯乙烯消费增长较快，“十五”期间要增加产量，改进工艺。聚苯乙烯和ABS目前主要依赖进口，生产和消费的矛盾比较突出，要采取多种投资方式，结合合资大乙烯和现有乙烯改扩建，建设和改造聚苯乙烯和ABS装置，逐步提高国产聚苯乙烯和ABS在合成树脂总产量中的比例和市场占有率。

鼓励国有企业、民营企业和国外投资者采取独资、合资等不同形式，配合乙烯改造和新建乙烯项目，采用先进的工艺技术改造和新建经济规模的合成树脂生产装置。

2. 调整结构，提高合成树脂专用料比例

调整合成树脂品种牌号的生产，提高档次，促进其向多样化、系列化、专用化、高性能化的方向发展。开发生产诸如低密度聚乙烯高强度拉伸缠绕膜专用树脂、重包装袋专用树脂和电缆专用树脂；高密度聚乙烯薄壁注塑成型制品专用树脂、汽车油箱专用树脂和纤维专用树脂；聚丙烯洗衣机内桶和底座专用树脂、薄壁注塑制品专用树脂以及聚丙烯吹塑容器等市场急需的专用树脂。

3. 注重国产化与创新，提高合成树脂整体技术水平

“十五”期间，合成树脂技术发展的重点；继续完善超冷凝气相聚乙烯、环管本体法聚丙烯国产化成套技术以及共聚单体、催化剂等配套技术。要重视研究开发塑料回收、再利用技术和合成树脂新产品。

（二）发展预测

表6 2005年我国合成树脂发展预测

品 种	生产能力/($\times10^6$t/a)	需求量/($\times10^6$t)	2000～2005年需求量年均增长率/%
聚乙烯	6.77	10.40	11.8
聚丙烯	5.39	8.30	11.3
聚氯乙烯	6.57	8.42	14.5
聚苯乙烯	3.71	3.55	9.3
ABS	1.18	2.00	4.2
五大合成树脂	23.62	32.67	11.4

据预测，2005年我国聚乙烯、聚丙烯、聚氯乙烯、聚苯乙烯、ABS树脂等五大合成树脂生产能力将达到23.62×10^6t/a，需求将达到32.67×10^6t。预计2000～2005年，五大合成树脂需求年增长率将达到11.4%，其中，聚乙烯、聚丙烯和聚氯乙烯增长较快。五大合成树脂各品种发展预测见表6。

（中国石化集团公司经济技术研究院 陈杰）

工程塑料

工程塑料是一种可作为结构性材料，并在长期较宽的温度范围内，在较为苛刻的机械应力和化学物理环境中能够保持优良的机械性能、电性能、耐热耐化学品的新型材料。广泛用于机械零件、电子电气制品、仪器仪表结构部件和人们日常生活用品等各个方面。工程塑料在中国发展很快，随着我国电子、汽车、机械、建筑工业的不断发展，工程塑料行业正走向一个快速增长的阶段。

我国是一个发展中的国家，工程塑料工业发展水平与发达国家相差较远，基础相对薄弱，目前主要生产厂大都是由科研院所和中小企业发展而来，资金实力与技术力量还很落后，随着国民经济现代化发展的步伐加快，各个领域对工程塑料的需求不断增长，供需矛盾十分突出，远远满足不了国民经济各部门和人民生活日益增长的需要，2001年五大工程塑料实际用量为50万吨，比2000年增加10.8万吨，增长幅度为26.9%，是1999年的1.54倍。我国加入世贸组织后，加工行业发展迅速，工程塑料的需求量不断增加，一方面体现在进口树脂量的增长，另一方面体现在国内工程塑料改性行业加快发展速度，仅2001年在珠江三角洲一带，新上塑料改性生产线190多条，预计新增生产能力60万吨，其中用于工程塑料改性的生产线40条，可形成年产8万多吨的生产能力。

近年来国外企业也纷纷来华投资建立改性加工厂，如GE在番禺建的掺混工厂三年内从2.5万吨/年扩大到了6.3万吨/年，在上海又建了一套2.5万吨的工厂，2003年也将建到6万吨；杜邦在深圳建立了POM改性工作；普利万在苏州，DSM在江阴，罗地亚在上海，日本宝理、旭化成在上海都建有改性工厂；台湾晋伦、耐特、长春、南亚、中刚、国桥、奇美，香港毅兴行等也都在中国建有改性厂，另外还有一些国外厂商计划在中国设厂，如拜耳、帝人、BASF、出光、三菱、旭化成、大日本油墨等，这些国外公司的进入，将进一步推进国内工程塑料的生产水平和技术水平的提高，同时也将进一步加剧国内的市场竞争。

表1和表2例出了我国近年来工程塑料的需求状况和进口情况。

表1　我国近年来工程塑料的需求量　　万吨

品　种	1998年	1999年	2000年	2001年	2002年	平均增长率
PA	6.2	6.7	8.32	12	13.8	22.85%
PC	8.7	13	16.4	21.3	36	43.5%
POM	6.6	8.3	9.6	10.7	13	18.65%
PBT/PET	2.4	3.6	4.1	4.4	5.6	24.6%
MPPO	0.57	0.9	0.98	1.5	1.8	25.6%
合计	24.47	32.5	39.4	50	70.2	30.3%

表2　近年来进口工程塑料的统计　　万吨

品　种	1998年	1999年	2000年	2001年	2002年	平均增长率
PA	11.75	15	19.36	13.37	18.3	12.57%
PC	10.88	16.05	23.64	26.57	41.5	40.85%
POM	6.34	9.06	10.82	10.9	13.6	21.86%
PBT	1.9	2.1	2.2	2.3	3.3	15.82%
MPPO	30.45	0.89	0.96	1.3	1.7	21.8%
合计	107.1	43.4	56.98	54.44	78.4	25.6%

表3　工程塑料尼龙的市场消费结构

汽车	电子电气	机械行业	轻纺行业	包装行业	其他	合计
20%	30%	31%	4%	11.7%	3.3%	100%

一、尼龙（PA）

聚酰胺由于它独特的低密度、高拉伸强度、耐磨、自润滑性好、冲击韧性好，具有刚柔兼顾的性能，加上在我国应用历史悠久，因此应用领域较为广泛，主要用于机械行业、交通运输行业、低压电器和民用工业。近几年来，通过改性和共混、填充，性能提高很多，品种也增加不少，产量也有大幅度提高。

2001年国内聚合能力为52万吨，产量43万吨，用于工程塑料的改性树脂量只占其中的5%，其他均为纤维制品；BOPA和复合薄膜以及工程塑料改性树脂绝大部分仍依靠进口。工程塑料主要消费领域是机械工业、电子、电气、汽车行业和部分民用产品，其中汽车工业、运输业和包装行业将成为新的消费增点。

在机械行业中尼龙以生产电动工具、气动工具为主，约占该行业总消费量的55%，在电器行业中以生产空气开关、断路器为主，约占该行业消费量40%。汽车行业目前主要用于电器连接件、水箱水室、发动机装饰罩、正时齿带罩等。随着我国汽车行业的快速发展，材料消费结构也正向国际化靠拢，今后汽车的进气歧管、发动机气缸盖、罩盖也将采用尼龙，一汽已在江苏建立了尼龙进气歧管的生产厂，二汽也有计划自己加工进气歧管。（目前尼龙进气歧管全部依靠进口）可以说，今后两年汽车行业是尼龙最大的潜在消费市场。

在改性技术方面，尼龙合金近几年发展较快，各种牌号的改性尼龙与合金被广泛应用到各个领域，通过改性，不但能提高尼龙的冲击性能、流动性能和其他的力学性能等内在性能，还能提高尼龙的表面光洁度，而且还可以在增加矿物质填充量的情况下不影响外观，降低树脂的吸水变形。

在树脂合成技术方面，长碳链尼龙成为了中外关注的热点，我国自行研制开发的尼龙1212、1313，已在国外引起了反响，上海赛璐化工的尼龙11也引起国际市场的普遍关心。2001年我国尼龙市场的消费结构见表3。

二、聚碳酸酯

聚碳酸酯是一种综合性能优异的热塑性树脂。聚碳酸酯具有优良的抗冲击强度、延伸性、尺寸稳定性、耐热性和耐寒性，透明性能良好，无毒、卫生、能着色，在国民经济各行业中有着广泛的用途。

在机械工业中，聚碳酸酯可用来制作齿轮、齿条、蜗杆、螺帽等。在电子仪表行业中，聚碳酸酯用于制作电器工具的外壳、仪表屏、计算器（机）和商业设备的外壳、垫片等。在安全及医疗器械方面，制作安全帽、防爆玻璃，做医疗器械、器皿能耐较高温度消毒。在建筑、照明工业上，主要是用做透明板材、建筑玻璃、路灯罩、指示标板牌等。在包装材料方面，聚碳酸酯主要用于饮用水桶和瓶、饮料瓶、牛奶瓶和家用食品容器等。在交通运输方面，可用于制造飞机、汽车、船的窗玻璃、灯、仪表盘以及汽车保险杠等。在其他应用领域，主要用于制造纺织用纱管，还可以用于制造如杯、盘、烤面包器、保温瓶、电吹风壳、电熨斗等日用品，以及用于文体器材及工业包装等。

聚碳酸酯与其他材料共混，形成PC合金，其性能会更加完善，能适应多种独特的性能和需要。作为聚合物共混的PC类合金历史非常久，还在PC刚刚开始销售时就开发了PC/ABS、PC/PE、PC/PMMA等合金，随后PC/PBT类合金也开发出来。目前PC/ABS合金市场开发已活跃起来，在汽车和办公室自动化方面都需要大量的PC/ABS合金。如电脑外围设备、OA设备、手提电话、电池及充电器外壳大量使用PC/ABS合金。

PC用量最大的方面还是光盘和CD-ROM等信息存储产品。2001年仅光盘消费量就达到6.7万吨，2002年约10万吨，2002年较2001PC用量增加50%以上，光盘用量的增长也起着关键的作用。目前光盘在工程塑料中是单一品种用量最大的产品。PC在建材方面主要是生产阳光板。在机械行业用于电锤和空心钻以及食品加工机械和厨房设备、医疗器械等方面。在纺织行业原来PC主要用来加工纬纱管，纱管的用量占全国PC消费量的40%，但近几年纱管基本用再生料加工，所以轻纺行业PC用量明显降低。在包装行业主要是用于生产5加仑饮水瓶和旅行杯、奶瓶。近几年相对用量也有所下降。聚碳酸酯的消费结构见表4。

三、聚甲醛（POM）

POM具有优越的机械性能和化学性能，因此它可用做许多金属和非金属材料所不胜任的材料。目前在国内使用较多的是生产精密度高的小模数齿轮，精密仪器计量仪表部件，塑料拉锁、钮扣、卡扣、窗帘导轨、打火机部件、自来水龙头、管道阀门和农用机械。由于它耐磨且润滑性好也用做轴承和一些机械部件以及承担动力体系的零部件。POM本身无毒，自洁，不污染环境，因此也被用于食品加工业和乳制品机械。

目前我国已有POM生产装置三套。云天化引进波兰技术建造的1万吨/年装置，已将能力提高到1.5万吨/年，并准备再上一套同样装置，将生产能力提高到3万吨/年。吉林石井沟的装置已经恢复生产，上海溶剂厂也准备将原有的3 000吨/年装置经改造并恢复生产，并扩充为2万吨/年的生产能力。日本宝理公司已决定在南通建6万吨/年的POM厂，杜邦、旭化成决定在张家港建设一期2万吨/年。二期为6万吨/年的POM厂。两个工厂都将于2004年建成，2005年正式投产。

改性厂在国内有两个，一个是杜邦在深圳1万吨/年的改性厂 和宝理在上海2 500吨/年的改性厂，预计到“十五”末期我国将有9万吨/年 POM产量。表5列出了2001年聚甲醛的消费结构。

四、热塑性聚酯

热塑性聚酯是一个比较大的家族，它包括了PET（聚对苯二甲酸乙二酯）、PBT（聚对苯二甲酸丁二酯）、PCT（聚对苯二甲酸环已烷二酯）和PTT（聚对苯二甲酸丙二酯）以及聚芳酯、聚酯弹性体等。其中作为工程塑料最常用的最PBT和PET。

PBT首先由塞拉尼斯公司1964年开发成功，于20世纪70年代以玻璃纤维增强形式投放到市场。PBT工程塑料凭借其优异的综合性能广泛用于电子电气、汽车、机械、照明等行业。我国PBT树脂于20世纪80年代初开始生产，目前聚合生产能力已超过35kt/年，在五大工程塑料中是开发最成功的一个。2002年树脂产量18kt，改性PBT产量24kt，但同国外相比，在技术水平，生产规模和市场竞争力方面，还存在着一定差别，进口树脂和进口改性粒料仍然占据了大部分的市场份额，针对国外汽车电子两大块市场，国内一直以电子电气行业为主。汽车消费不超过10%，而美国和日本PBT在汽车行业的消费量均超过了50%。国产PBT市场主要集中在节能灯方面，高性能高附加值的产品却为国外产品所占领。据说三房巷集团的30%玻璃纤维增强PBT经过多年的改进，各项指标已基本与Valox420seo一致，有望进入高端产品市场。

PET近年来用于工程塑料的日渐增多，它的耐热性和表面光洁度都高于PBT，目前在国内应用较多的是杜邦FR530国内也有几家工厂正在试生产，力争替代进口材料。PEN和PCT都是一种新型高性能工程塑料，但由于原料来源问题短期内较难形成生产规模。表6列出了2001年PBT/PET消费结构。

表4　聚碳酸酯的消费结构

汽车	电子电器	机械	建材	轻纺	包装	光媒体	其他	合计
4.7%	20.6%	10.6%	14%	2.8%	7%	31.3%	10%	100%

表5　2001年聚甲醛的消费结构

汽车	电子电器	机械	轻纺	其他	合计
8.3%	29%	8%	30%	24%	100%

表6　2001年PBT/PET消费结构

汽车	电子电器	机械行业	轻纺	其他	合计
7%	73%	8%	3%	9%	100%

表7　MPPO的消费结构

汽车	电子电气	机械行业	轻纺	其他	合计
15.4%	63%	5%	2.3%	14.3%	100%

表8　工程塑料的市场预测　　万吨

年　份	PA	PC	POM	PBT　PET	MPPO	合计
2003年	16.5	40	14	6.8	2.2	79.5
2005年	21	56	18	10	3	108
2010年	40	78	25	18	6	167

五、改性聚苯醚（MPPO）

MPPO是一种电性能优异、耐热性、阻燃性、耐热水性和耐候性都非常好的材料，长期使用温度在－120～120℃，在－40～＋80℃范围内其力学性能随温度、湿度的变化很小，相对密度小（仅1.06），因此广泛用于电子、汽车、办公设备、医疗器械、航天航空等领域。目前国内用量在15kt/a左右。90年代初，我国曾建成两套聚合装置，形成了2kt/a树脂生产能力的4kt/a的掺混能力，但目前已停产，只剩下国内其他几个共混工厂，日超工程塑料、北京市化工研究院、福建多菱、上海树脂所均有规模生产共混改性装置，产量在4kt/年左右。最近在山西芮城准备新上一套1万吨/年MPPO的聚合装置。表7列出了MPPO的消费结构。

六、工程塑料的市场预测

工程塑料市场预测见表8。

（中国工程塑料工业协会　郑恺）

塑料助剂

塑料助剂是塑料工业的重要组成部分，其作用和功能不仅关系到制品的加工性，同时与制品的稳定性、功能性密切相关。塑料助剂的开发和应用对于塑料工业的发展和进步具有非常重要的作用。2001年是“十五”计划的第一年，中国塑料工业继续保持较高的增长势头，塑料助剂的产耗量突破了历史最高水平。一些新功能、高效能的助剂品种得到开发和应用，中国塑料助剂工业的产耗结构开始趋向成熟。这一年，全国塑料助剂消费量接近120万吨（不包括填充剂和增强剂），消费额约90亿元，分别较上一年度提高11.2%和13%。其中，增塑剂的消耗量最大，表观消费量达到75万吨，占整个塑料助剂总消费量的62.5%。聚烯烃成核剂和塑料抗菌剂、抗静电剂的年平均增长率最高，分别较2000年增长100%、100%和75%。表1归纳和比较了2001年度国内塑料助剂的产耗量与年平均增长率。

一、增塑剂

1. 生产与市场现状

增塑剂是塑料加工中产能最大和消费量最大的一类塑料助剂，我国的总生产能力约90万吨/年，生产厂达130多家，万吨级装置有16套，能够生产近100个品种，常用的有30多种，主要产品有邻苯二甲酸酯类（其中以DOP、DBP为主）、对苯二甲酸酯、二元酸酯类、烷基磺酸酯、环氧酯、氯化石蜡、磷酸酯类等。2001年我国增塑剂年产量达到65万吨，而此前的2000年，我国增塑剂产量为56万吨，比2000年增长16.1%。表2示出近几年我国增塑剂产量。

聚氯乙烯是增塑剂的主要消费对象，随着PVC树脂消费量的不断增加，尤其是当前我国PVC制品仍以软制品为主的情况下，增塑剂消费量亦呈增长趋势，因国内增塑剂产量不足，每年需从韩国、日本、德国、印尼、中国台湾、美国等地进口大量各类增塑剂，进口品种主要是邻苯二甲酸酯类，DOP的进口量最大，其次为DBP、DINP、DIDP，每年进口均超过万吨。2001年，全国增塑剂的表观消费量达到75万吨，较2000年增长7.1%，一个值得注意的动向是，线性长碳链脂肪醇类邻苯二甲酸酯类增塑剂（如811酯、DINP、DIDP等）的消费比例明显升高，表明国内增塑剂消费趋势开始与世界发展趋势一致。从增塑剂的产量来看，近年来有明显的增长势头，进口量趋向减少，究其原因，除国家加强了打击走私犯罪

表 1　2001 年中国塑料助剂产耗量与年平均增长率

分类	产量/万吨		年增长率/%	消耗量/万吨		年增长率/%
	2000 年	2001 年		2000 年	2001 年	
增塑剂	56	65	16.1	70	75	7.1
热稳定剂	9.0	11.0	22	8.5	11.5	37.5
阻燃剂	13	13.6	4	13	13.5	3.8
加工和抗冲改性剂	10	12	20	10.5	12.6	20
抗氧剂	1.3	1.5	17	0.8	1.0	25
光稳定剂	0.15	0.19	27	0.12	0.16	33
润滑剂	3	3.3	10	3	3.5	6.7
抗静电剂	0.2	0.32	60	0.2	0.35	75
偶联剂	0.26	0.36	38.5	0.26	0.30	15.4
成核剂	0.005	0.15	200	0.015	0.03	100
抗菌剂	0.02	0.04	100	0.02	0.04	100
其他	0.3	0.4	33	0.35	0.50	43
合计	93.235	107.86	15.7	106.765	119.02	11.2

表 2　近几年我国增塑剂产量　　kt

品　种	1995 年	1996 年	1997 年	1998 年	1999 年	2000 年	2001 年
邻苯二甲酸酯类	250	252	293	259	328	421	510
DBP 和 DIBP	78	77	70	71	70	72.6	100
DOP	172	172	182	189	212	280	340
其他	0.1	2.8	40.4	40	45	68.4	70
对苯二甲酸酯	1.3	0.6	0.6	1	1.9	2.6	1.5
二元酸酯	4.2	2.5	3.0	1.7	1.2	1.5	0.6
烷基磺酸酯	28.8	10.1	3.7	1.3	0.7	1.0	0.6
环氧酯	0.6	0.7	0.5	5	8	8.3	8.5
氯化石蜡	50	45	50	46	42	45	47
磷酸酯	2.0	1.2	1.3	1	1.5	2.5	3.0
其他	57.5	87	99	67	72	81.8	80.5
合计	450.9	399.1	451.1	382	454.3	562.7	651.7

活动，一定程度上遏制了增塑剂市场的无序竞争外，国内增塑剂行业的重组与调整，一批万吨级，甚至10万吨级的规模化、自动化邻苯二甲酸酯类增塑剂的生产装置相继投产，从而大大提高了国产通用型增塑剂品种的市场竞争能力，市场份额逐渐增加。这也是近年来国内增塑剂产量增加的主要原因。

2. 增塑剂产品结构与主要生产企业

在增塑剂产品结构中，邻苯二甲酸酯类占主导地位，近几年产量逐年有所增加，所占比重不断提高，1995 年占增塑剂总产量的 55.4%，1999 年达到约 70%，而且其中 DBP 的产量及所占比重逐年下降，综合性能优良的 DOP 的产量有所增加，近年 DOP 年均增长率约为 4%左右。氯化石蜡占增塑剂总消费量的 11%，烷基磺酸酯类占 0.8%，二元酸酯占

0.7%，磷酸酯类占0.3%，对苯二甲酸酯及环氧酯各占0.1%，而其他类增塑剂（如偏苯三酸酯、柠檬酸酯、聚酯等）占17%左右。从各类增塑剂的产能变化来看，邻苯二甲酸酯类增塑剂整合速度明显加快，如计划经济时期形成的小规模（千吨级）、间歇法、分散状的格局基本被打破，而一批万吨级、连续法、相对集中的局面已经初步形成。表3归纳了国内增塑剂主要生产企业及能力。

表3　我国增塑剂主要生产商及其生产情况

生产厂家	生产能力/(kt/a)	主要品种
齐鲁增塑剂股份公司	200	DOP、DBP、DIBP
山东宏信化工有限公司	110	DOP、DBP、DIBP
金陵石化化工一厂	70	DOP
天津溶剂厂	40	DOP、DBP、DIBP
北京华颖化工有限公司	30	DOP
哈尔滨化工四厂	30	DOP
哈尔滨化工试剂厂	5	DOP
石家庄白龙化工有限公司	60	DOP
福州医疗化工总公司	10	DOP
湖北博尔德化学公司	20	DOP、DBP、DIBP、TOTM
杭州大自然有限公司	10	DOP、DBP
河南庆安化工集团公司	100	DOP、DBP、DIBP、TOTM
江苏化工农药集团	10	DOP、DBP
浙江华泰精细化工公司	50	DOP
广东中山市	100	DOP
广东东莞	30	DOP
广东-埃克森公司	40	DINP

在国内一百多家增塑剂的生产企业中，2001年产量达1万吨以上的企业有16家，达2万吨以上的企业有15家，年产量5万吨以上的企业有8家。山东齐鲁增塑剂股份有限公司2001年产量达到15万吨，居全国首位；其次是山东宏信化工有限公司，2001年产量8.27万吨；中石化金陵石油化工有限责任公司居第三位，2001年产量7.24万吨。

3. 增塑剂行业的问题与不足

应当指出，尽管我国增塑剂工业得到了迅速发展，但存在的问题亦不容忽视。概括起来，包括如下几点。首先，与国外相比，产品结构不合理的矛盾仍然非常突出。如DBP、DIBP等品种由于对生态不利，很多国家已禁用，而我国仍占总量的25%以上，相反，柠檬酸酯、810酯、聚酯、偏苯三酸酯、环氧酯等无毒、耐久综合性能较好的品种则不到1%。尽快调整品种结构是当今中国增塑剂行业面临的主要任务。

其次，中国增塑剂行业技术水平、生产工艺和设备参差不齐。一方面，一批连续化、规模化、自动化的现代化邻苯二甲酸酯类增塑剂生产装置得到不断发展，另一方面一些20世纪60～70年代建成的酸催化法、全间歇式、手动控制的落后装置和工艺仍然存在，这些生产装置往往生产规模小、物耗能耗高、污水排放量大、产品质量稳定性差，已经很难适应当今世界增塑剂行业的竞争局面。

4. 国内科研及产业化成果

2001年国内增塑剂行业技术开发依然活跃，根据文献报道，具体表现在如下几个方面。

① 中国石化集团金陵石化有限责任公司研究院以苯酐、2-丙基-1-庚醇为原料，合成了新型增塑剂邻苯二甲酸二（2-丙基庚）酯（DPHP），在各项性能方面均接近或超过常用增塑剂DOP、DOTP、DIDP，弥补了我国生产高碳异构增塑剂的空白，是一个有前途值得开发研究的增塑剂新品种。此外，该院还以苯酐、乙二醇单丁醚为原料，在钛酸四丁酯催化剂的存在下，经酯化反应合成了新型抗静电增塑剂——邻苯二甲酸二（2-乙氧乙基）基酯（DBEP)，与DOP相比，DBEP可有效降低PVC糊黏度，改善PVC糊黏度的稳定性，提高PVC膜的拉伸强度和断裂伸长率，且具有较低的体积电阻，可明显提高塑胶制品的抗静电性能。除以上成果外，一种新型的无毒增塑剂乙酰柠檬酸三丁酯（AT-BC）也在该院中试成功，并投入批量生产，因其无毒、安全，是国内塑料行业使用增塑剂的首选，可广泛应用于医药和食品等与人类生活息息相关的领域，它的投产为我国填补了一项市场空白，其技术指标完全达到了国外同类产品标准。

② 金陵石化公司化工一厂还对50kt/a增塑剂装置进行扩产改造，实现了连续化生产，采用四釜阶梯式串联代替传统的单釜，达到了节能降耗的目的。

③ 湘潭大学化学化工学院以有机磷酰化合物作为缩合催化剂，合成特种增塑剂对硝基苯甲酸异辛酯。方法可行，工艺简单，产物易分离，填补国内产品空白，具有较好的工业化前景。

④ 湘潭工学院化工系的科研人员采用在杂多酸

催化下与异丁醇直接酯化再经减压蒸馏的工艺制得合格的邻苯二甲酸二异丁酯（DIBP）增塑剂，苯酐回收利用率可达95%以上。

⑤ 南昌职业技术师范学院以从二羧酸中分离出的戊二酸和异辛酯为原料，在硅钨杂多酸催化下合成戊二酸二异辛酯，对戊二酸的开发利用进行了初步的探讨。

⑥ 我国南方地区最大的增塑剂生产基地——福建省长乐市宝联化工有限公司，1月底又与台商洽谈，再投入2亿元，续建50kt苯酐和50kt增塑剂装置，该项目被福建省经贸委列入2002年度全省重点技改项目加以重点扶持。

⑦ 山东齐鲁增塑剂公司在实现了单套装置规模18万吨/年的技术同时，还自行研制开发成功了用硫酸做催化剂，常压、全连续生产DBP、DIBP装置，并能在同一套装置上用非酸性催化剂生产多个品种，生产能力达到6万吨/年的新工艺技术，开创了这一领域的先例，填补了国内空白。该公司已投产了增塑剂810酯，其增塑效率高，耐热性、耐挥发性、耐候性、卫生性和制品透明性均优于DOP，在性能要求高的PVC制品中可替代邻苯二甲酸二异壬酯（DINP）、癸二酸二辛酯（DOS）等增塑剂。

二、加工和抗冲改性剂

加工和抗冲改性剂是一种高聚物类助剂，主要用于硬质或半硬质聚氯乙烯制品的加工领域。其中，加工改性剂旨在促进树脂熔融，改变熔体的黏弹行为和强度，改善制品加工性能和表观性能，市售产品以丙烯酸酯类聚合物为主。抗冲改性剂多用于硬质PVC制品加工，是以弹性体增韧为基本原理的抗冲改性途径，作为抗冲改性剂，主要类型包括氯化聚乙烯（CPE）、丙烯酸酯类聚合物（ACR）、甲基丙烯酸甲酯-丁二烯-苯乙烯共聚物（MBS）、丙烯腈-丁二烯-苯乙烯共聚物（ABS）、乙烯-醋酸乙烯共聚物（EVA）等。其中，ACR抗冲改性剂的抗冲改性和耐候性优异，并兼具一定的加工改性效果，因而在抗冲改性剂领域具有突出的地位，也是当今世界PVC抗冲改性剂发展的主要方向。MBS系透明硬质PVC制品的抗冲改性剂重要类型，但由于分子内具有丁二烯不饱和键，耐候性差，一般用于户内制品。CPE廉价易得，是通用型抗冲改性剂品种。20世纪90年代以来，中国PVC制品软硬结构发生了显著的变化，硬质品比例的增加带动和促进了加工和抗冲改性剂工业的发展，2000年全国加工和抗冲改性剂总消耗量约12.5万吨，其中，加工改性剂为3万吨，抗冲改性剂为9.5万吨，加工改性剂基本为ACR，同时也有少量的类苯乙烯加工改性剂应市。抗冲改性剂以CPE的消耗量最大，估计占90%左右。应当指出，基于PVC型材市场竞争的加剧，国内塑料加工行业对ACR抗冲改性剂出现了明显的市场需求，一些企业正在积极应对市场，国产ACR抗冲改性剂的品种已经投放市场，预计未来几年ACR抗冲改性剂在整个PVC抗冲改性剂市场的销售份额将逐年增长。MBS类抗冲改性剂的技术壁垒已经被打破，一些千吨级的装置陆续建成投产。

1. 生产与消费现状

2001年，我国加工和抗冲改性剂的总产能力为15万吨/年，产量约为12万吨，生产企业50余家。当年全国消费量达到12.5万吨，其中CPE的消费量最大，约9万吨，占总消费量的72%；ACR约3万吨，占24%；MBS等0.5万吨，约占4%。

我国加工改性剂的开发和研究始于20世纪80年代初，经过20多年的努力，ACR加工改性剂由最初单纯的促进熔融型品种ACR 201发展到目前具有润滑性、发泡改性等功能的加工改性剂品种ACR-301、401、530等并存。而且，加工改性剂的化学类型也不再完全局限在丙烯酸酯类聚合物方面，一些类聚苯乙烯聚合物加工改性剂的品种也开始应市。2001年国产ACR加工改性剂产品已经基本满足了国内市场的需求，表4归纳了国内ACR加工改性剂主要生产企业及能力。

表4 我国ACR系列产品主要生产厂家

序号	生产厂名称	产品牌号	生产能力/(t/a)	2001年产量/t
1	苏州安利化工厂	ACR-201,301,401,Ⅱ	5 000	4 500
2	黑龙江龙新化工有限公司	ACR-Ⅰ,Ⅱ	2 500	2 500
3	山东沂源瑞丰高分子材料厂		5 000	3 000
4	山东淄博塑料助剂厂	ACR-201、301、401、PA-530等	8 000	5 000
5	齐鲁石化研究院		1 500	1 000

续表

序号	生产厂名称	产品牌号	生产能力/(t/a)	2001年产量/t
6	无锡有机玻璃厂	ACR-201,401,901	5 000	3 500
7	温州润华化工实业有限公司	ACR-201,401	4 000	3 000
8	温州龙化塑料助剂有限公司		2 000	1 500
9	温州天盛集团塑料助剂有限公司		1 500	1 000
10	其他(如武汉径河、长治卫星、江苏东台、佛山电化厂及淄博和温州的另外厂家)		8 000	4 000
合计			43 000	29 000

长期以来，国内抗冲改性剂生产以氯化聚乙烯(CPE)为主，2001年产量在9万吨左右。但随着PVC门窗型材、管材管件等硬制品加工和应用性能要求的提高以及PVC透明制品需求的增长，国内抗冲改性剂的产耗结构正在悄然发生变化，核壳结构的ACR、MBS等消费量持续增长，每年都要从国外进口一定数量的产品。另一方面，ACR、MBS的合成技术也有重大突破，部分企业已经开始批量供货。在这种形势下，2001年国内抗冲改性剂市场CPE的消费比例降低了5～8个百分点，这也标志着我国抗冲改性剂领域产品结构调整的步伐正在加快。

2. 加工与抗冲改性剂行业存在的问题与不足

与国外相比，我国加工和抗冲改性剂领域仍然存在着问题和不足。

首先，产品结构不平衡的矛盾十分突出。CPE作为抗冲改性剂支配市场的局面仍然没有太大的改观，ACR、MBS等高效能的抗冲改性剂的产业化刚刚起步，品种数量少、技术和质量与进口产品的差距明显、产能低，目前尚无能力与国外公司竞争。

其二，生产规模小，单产能力低，行业分散和无序竞争的问题比较突出。

我国加工和抗冲改性剂行业起步较晚，近年来市场需求增长很快，但行业分散经营的状况愈加明显。目前行业内ACR类加工和抗冲改性剂生产企业多达30余家，除苏州安利化工厂、山东淄博塑料助剂总厂、浙江黄岩化工六厂等少数企业的ACR生产规模达到5 000吨以上外，多数企业的生产能力还维持在1 000吨或1 000吨以下，这种分散状况导致行业内品种雷同、竞争无序，产品质量难以保证。

3. 技术进展与市场前景

传统意义上的加工和抗冲改性剂主要适用于PVC硬制品和半硬制品，随着国民经济的快速发展，国家加大基础设施建设的投入力度，建筑用塑料制品，尤其是PVC型材、管材的市场需求快速增长，为加工和抗冲改性剂行业的发展提供了良好的机遇。市场分析表明，2005年全国加工和抗冲改性剂的需求量在18万吨左右，其中ACR的增幅最大，估计将达到7万吨以上。完善ACR抗冲改性剂生产技术、扩大产能将是未来几年加工和抗冲改性剂行业面临的主要任务。

综合文献报道，2001年国内加工和抗冲改性剂行业技术进展主要表现在如下几个方面。

厦门电化厂拟定引进国外技术建设年产10 000吨ACR加工和抗冲改性剂生产基地，这一举措将打破我国ACR改性剂行业长期以来自发研究的历史，其潜在的意义在于消化和吸收国外先进技术，从而带动国内ACR改性剂行业的技术进步。

山西省化工研究院将ACR改性剂技术延伸到PET、PC等工程塑料和聚合物共混合领域，其性能达到国外同类产品的应用水平。

温州龙化塑料助剂有限公司成功开发MBS之接枝聚合技术，推出了MBS系列产品，经有关部门检验，属无毒类产品，适用于食品和药品包装，用做PVC抗冲改性剂，且有促进塑化，改善制品表面光洁性的效能。其中M-51和M-51A适用于PVC薄膜和片材，相当于钟渊公司的B-31和B-51，吴羽公司的BTA-705；M-22适用于PVC瓶粒料、扭结膜，相当于钟渊公司的B-22，吴羽公司的BTA-712；M-338适用于PVC高抗冲不透明制品，相当于钟渊公司的M-511，吴羽公司的BTA-751。该公司已经成为国内产量最大、品种最全、质量最佳的MBS生产企业之一。

吉化集团公司在苏州安利化工厂规划建设年产5 000吨ACR抗冲改性剂生产装置，其建成后与现有年产5 000吨加工改性剂装置一道形成年产10 000吨的生产能力，继续保持其在国内ACR改性剂的龙头地位。此外，吉林石化研究院与苏州安利化工厂共同开发的丙烯酸酯类抗冲改性剂 ACR-Ⅱ有优异的综合性能，特别是优良的耐低温性能，是目前 PVC 异型材行业极受青睐的增韧剂。其各项性能指标达到和接近 Rohm & Haas 公司 KM-355 性能指标要求，受到国内用户好评。有望成为国产 ACR 抗冲改性剂的主导产品。

三、热稳定剂

热稳定剂一般特指适用于聚氯乙烯及氯乙烯共聚物等含卤树脂，旨在抑制其在加工温度下降解的稳定化助剂。通常包括铅盐类、复合金属皂类、有机锡类、有机锑类和某些纯有机辅助热稳定剂。近年来，聚氯乙烯作为塑料建材的主体得到了迅速发展，与之相适应，中国聚氯乙烯的产品结构发生了显著变化，硬制品的消费比例明显提高，热稳定剂的消费量呈现较快的增长势头。统计表明，2001 年全国热稳定剂的总消费量为 11.5 万吨，较 2000 年增长 37.5%。就消费结构来看，铅盐类产品在热稳定剂中仍然居于主导地位，接近总消费量的 50%左右。有机锡、稀土稳定剂等高效、无毒或低毒稳定剂的消费比例增幅较大，热稳定剂的消费结构逐步趋于合理。

1. 生产和消费现状

我国热稳定剂的生产和应用始于 20 世纪 50 年代。近十多年来，随着 PVC 工业的快速发展，尤其是硬制品比例的大幅度提高，刺激和带动了热稳定剂行业的发展。据统计，2001 年我国热稳定剂的生产能力约为 15 万吨/年以上，生产厂约 80 余家，品种 100 个以上，但常用的有 50～60 种，主要品种包括铅盐类（含三碱式硫酸铅、二碱式亚磷酸铅等）、硬脂酸盐类（含 Ba、Cd、Zn、Ca、Pb、Mg 等）、复合金属皂类热稳定剂、有机锡（锑）类、稀土类及有机辅助稳定剂等。与 2001 年相比，由于国家有关部门加大了对上下水管材铅含量的限制以及门窗型材行业对铅盐稳定剂无尘化、无害化要求的提高，热稳定剂行业无铅化、复合化趋势的发展更加明显。作为标志，稀土稳定剂、复合钙锌等无毒品种的消费比例从上一年度的 35%提升到 40%多，无尘复合铅类稳定剂在铅盐类稳定剂中的市场份额由 30%多增加到 45%。这一年，甲基锡稳定剂在浙江、江苏等地开花，在价格趋降的同时大大抑制了进口产品对国内市场的冲击，实现了热稳定剂行业多年的期望。表 5 显示了国内近年来热稳定剂产量和结构的变化。

2. 技术与产业发展

限制镉皂、改造铅盐、发展无毒高效热稳定剂仍然是 2001 年聚氯乙烯热稳定剂行业技术开发的主题。

消除粉尘污染，开发复合型铅盐技术是铅盐类热稳定剂发展重点。无尘铅盐生产基地中南京金陵化工厂、浙江温州塑料助剂总厂的产能均达到了 10 000t/a，而温州颜实化工厂、重庆长江化工厂、内蒙古通辽市扎鲁特旗助剂厂、江苏栗阳助剂厂等也形成了较大的生产规模。这些企业的产品大多是通过配合润滑剂制造，产品以粒状和片状替代传统粉状，很好地解决了粉尘污染、计量困难等问题。

河北衡水市桃城化工助剂有限责任公司研制成功一种高效低铅塑材稳定剂，填补了国内一项空白，该稳定剂具有含铅量低、稳定性强、抗老化性能好等特性，含铅量较国内同类产品低 40%以上，不含任何三氧化硫物质，可广泛用于塑料加工、塑管制造等方面，且在相同配方使用量上可降低 10%左右，已通过有关部门技术鉴定，获得了国家技术专利，具有广泛

表 5 国内热稳定剂产量和结构变化

名 称	1995 年		1999 年		2000 年		2001 年	
	产量/万吨	比例/%	产量/万吨	比例/%	产量/万吨	比例/%	产量/万吨	比例/%
总计	4.90	100.0	7.65	100.0	8.35	100.0	10.98	100.0
三碱式硫酸铅	1.55	31.1	3.1	40.5	3.0	35.9	3.5	31.9
二碱式亚磷酸铅	0.34	6.8	0.8	10.4	1.0	12.0	1.2	10.9
金属盐类	2.01	40.4	1.7	22.2	1.75	21.0	2.2	20.0
有机锡类	0.1	2.0	0.35	4.6	0.40	4.8	0.55	5.0
复合型	0.05	1.0	1.1	14.4	1.40	16.8	2.3	20.9
稀土类			0.5	6.5	0.7	8.4	1.0	9.1
其他	0.87	17.5	0.1	1.3	0.1	1.2	0.23	2.1

的经济效益和社会效益，为国内无尘铅盐稳定剂的低铅化奠定了良好的基础。

四川联合大学开发出“PVC低铅复合稳定”，被批准为国家级科技成果重点推广计划项目，该成果已在四川联大高分子助剂研究所组建并形成年产2 000吨产品的能力，分为挤出级、注塑级、卫生级和绝缘级四个型号，适用于生产PVC管、板、丝、膜、型材、合金注塑件和软水管以及电线电缆用，含铅量低、加工性能好、产品表面光洁、热稳定性优、价格便宜，市场竞争力强。

温州龙化塑料助剂有限公司经三年攻关研制出甲基硫醇锡LH-181热稳定剂，具有优异的热稳定性和初期着色性，透明度极好，同时具有理想的加工性能，适用于硬质PVC的各种加工工艺，其质量已经过有关部门检测，各项指标均达到美国同类产品水平，毒性指标经检测也完全符合美国FDA标准，可用于食品包装材料。产品外观、透明度、塑化性、热稳定性均达到美国进口TM-181-FS产品水平，可等量替代同类进口产品。杭州东旭助剂有限公司自行研制开发生产的甲基锡热稳定剂是有机锡热稳定剂中的最新一代产品，其性优于其他有机锡热稳定剂，可广泛用于PVC硬片、透明粒子、热收缩膜、管件、异型材等制品，填补了国内空白，可替代国际最先进的同类甲基锡产品。

中南工业大学研究了由三氧化二锑-巯基羧酸脂肪醇为原料，一步法合成巯基羧酸酯锑的新工艺以及用焦锑酸钠与巯基乙酸异辛酸酯反应，一步合成五(巯基乙酸异辛酯）锑。中南工业大学与湖南益阳氮肥厂充分利用湖南锑资源，开发了锑系有机热稳定剂AST-201，目前主要用于PVC硬质透明片和塑料透明管等，完全可以部分替代有机锡热稳定剂。

大连轻工业学院制得新型复配液体环烷酸稀土稳定剂比硬脂酸稀土稳定剂透明性好，抗冲击、拉伸性能与液体钙-锌稳定剂相当。南京金陵化工厂利用自行新研制的大分子、高含锌（MHZn）热稳定剂，同CaSt进行复配研究，MHZn/CaSt属无毒环保型热稳定剂，与有机热稳定剂的协同效应好，具有广谱性。用于PVC塑料的软、半软、硬质制品的初步配方中，其拉伸强度达到并超过相关制品的标准要求。利用该化合物复配的MHZn/CaSt复合热稳定剂，通过润滑剂的系统进一步配合设计，可作为PVC塑料的异型材、管材、片材、医用塑料、食品、玩具软制质品等系列无毒环保型加工助剂。中国船舶重工集团公司第716所研制开发的PVC用高效复合稳定剂产品，选用先进的配方和特殊的催化剂及生产工艺，解决了原料的粉尘和废水处理问题，基本无“三废”排放，技术先进，生产工艺独特，从而使生产周期大大缩短，生产效率明显提高，同时也为国内首创，产品性能优良，在国内同类产品中属先进水平。

广东工业大学化工系开发出的一种新型无毒热稳定剂-马来酸单酯稀土（RETM）的热稳定性和透明性优于硬脂酸稀土，且由RETM组成的新型无毒复合热稳定剂的性能价格比更优，应用范围广，不但适用于软质制品，而且可用于半硬质PVC制品的加工。西北工业大学的研究人员研制成功一种由环氧大豆油合成环氧脂肪酸稀土的新方法，其对PVC的热稳定性作用类似于硬脂酸稀土，具有长期型热稳定剂的特征，但其热稳定效能明显优于后者，可代替硫醇辛基锡达50%而不降低热稳定性，而硬脂酸稀土只能代替约25%。

福建师范大学高分子研究所成功研制出一种新型高效无毒的钙/锌类复合稳定剂，该所还通过静态刚果红法及热烘法研究合成了新型锌皂，其热稳定性优于其他锌皂，与硬脂酸钙复合，发挥良好的协同稳定作用，初期着色性小，长期稳定性好，无毒价廉。广东顺德锦湖化工厂引进国外先进技术和设备研制生产了Ba/Ca/Zn、Ba/Zn、Cd/Zn等多种液体复合稳定剂，可替代进口产品，适合PVC透明产品的加工要求。

广东工业大学和汕头市龙湖区三金助剂厂共同研制成功了HRS-2无毒透明稀土复合PVC热稳定剂，该新型PVC热稳定剂是有机稀土、锌、锡与辅助添加剂的多元复合剂，具有无毒、高效、高透明、润滑加工性好、应用成本低等特点，适用于软PVC加工中取代有毒的钡、镉和丁基硫醇锡热稳定剂，也适用于在PVC加工中部分替代硫醇锡热稳定剂，环保效益十分显著。

2001年3月我国自行设计的年产2 000吨SS-218甲基锡生产线在湖北省南星化工总厂筹划建设，这条现代化生产线，流程设计科学，布局合理，自动化程度高，生产工艺先进，是目前国内首次建设的规模最大的先进自动化生产线。

大连实德与英国开米森合作成立的开米森化工产品有限公司建成2万吨/年PVC复合稳定剂装置，生产五大系列的铅盐和钙/锌复合稳定剂，产品稳定性强、耐候性好、光泽度高、加工工艺及制品的物理机械性能稳定，计量准确，颗粒料粉尘小，使用操作简单。

广东广洋高科技实业有限公司在原有6 000t/a稀土热稳定剂的基础上，于2001年10月顺利投产了2万吨/年的生产装置，生产12个牌号，这对我国热稳定剂的产品结构调整、规模结构调整和技术结构调整起到促进作用。该年度广洋公司上市成功，成为我国塑料助剂行业首家上市企业。

3. 趋势与发展

随着PVC应用领域的扩展，特别是异型材、管材、板材等用量扩大，PVC制品的产耗量将大幅度增加，预计2005年国内PVC制品的市场需求量为530万吨，2010年达到700万吨，热稳定剂消费与PVC树脂的消费量和PVC硬制品比例的增加关系密切，与之相适应，2005年国内热稳定剂的需求量约为15～16万吨，2010年达到20～21万吨。顺应世界发展潮流，取代铅、镉等有毒重金属是未来中国热稳定剂工业发展的必然趋势。

四、阻燃剂

1. 产能与消费

阻燃剂作为难燃化助剂是一类能够有效地抑制聚合物制品燃烧，降低烟雾和有毒有害气体的功能性助剂。根据化学组成，市售阻燃剂主要包括无机类和有机类。无机阻燃剂以氢氧化铝、氢氧化镁、硼酸锌、三氧化二锑为主，同时包括一些具有抑烟作用的金属氧化物（如氧化钼等）。有机类阻燃剂涉及卤系（含氯系和溴系）、磷系、氮系、硅系等。2001年全国阻燃剂产能约18万吨，产量13.6万吨，消费量达到13.5万吨，其中无机类阻燃剂所占比例超过50%。在有机类阻燃剂中，氯系阻燃剂（特别是氯化石蜡类）所占比例偏高，约为70%左右，溴系阻燃剂居次，约为20%。磷系和卤代磷酸酯类阻燃剂约占6%，其他为4%。

2. 技术和产业化进展

北京理工大学国家阻燃材料专业实验室是我国研究开发阻燃剂的重点科研单位，在阻燃机理和品种开发方面曾取得许多重要的科研成果。据报道，2001年该室设计并合成了一种新型磷酸酯阻燃剂，具有极好的成炭性和热稳定性。

安徽省化工研究院经过多年的研究和应用开发，2001年通过了磷酸三（2,4-二溴苯基酯）（简称BPP）阻燃剂项目的技术鉴定。这种具有两种阻燃元素的新品种熔点低、热稳定性高、与基础树脂的相容性好，在具有良好阻燃效率的同时可明显改善树脂的力学性能和加工性能。该品用于30%玻璃纤维增强PBT中，其分子中Br/P的协同效应使其阻燃性能优于阻燃剂BPO。BPP可广泛用于PBT、PET、PC、PPO、ABS等工程塑料及其合金，特别适用于透明材料（如PC、PMMA等）的阻燃，对材料的透光率无不良影响。

山西省化工研究院以包覆红磷为基础开发了TU系列、TE系列和TP系列复合阻燃剂。其中TU系列用于PU软泡，与Al（OH）$_3$配合使用有更好的效果；TE系列以红磷与膨胀型阻燃剂A（自制）为配方基础，适用于PE制品，可使制品的氧指数大为提高。

南京理工大学化工学院的研究人员以三氯氧磷、双酚A和苯酚为原料，合成了新型双酚A磷酸酯齐聚物阻燃剂。

南京师范大学化学与环境科学学院以氰脲酸、三聚氰胺为原料合成阻燃剂氰脲酸三聚氰胺（MCA），可广泛用于橡胶、塑料、尼龙、酚醛树脂、环氧树脂、丙烯酸乳液，是润滑效果极佳的添加剂。

北京化工大学开发出高抑烟型纳米阻燃剂，该技术采用全返混爆式成核技术，产品粒度分布在20～50nm之间，品种包括纳米$Mg(OH)_2$、纳米$Al(OH)_3$、水滑石等，可广泛添加在各种防火涂料、聚合物材料之中。由该技术生产的高抑烟纳米阻燃剂还可明显改善合成材料的各种机械性能。

湘潭大学以邻苯二甲酸酐和乙二胺为原料可高效制得白色阻燃剂N,N'-亚乙基双四溴邻苯二甲酰亚胺，不采用任何有机溶剂和有机助剂，成本低，产品纯度高，外观洁白，适合工业生产。

合肥华达阻燃助剂厂对多种白色无卤阻燃增效剂与$Mg(OH)_2$的复配效果进行了数百次试验，2001年成功地开发了较优异的复配组合，其阻燃效果好，添加量少，能够较好地保持材料强度、拉伸性能和加工性能，而且可大幅度降低阻燃材料成本，具有较高的经济效益，该$Mg(OH)_2$复配阻燃剂适用于生产低烟无卤白色或彩色高阻燃电线电缆、注塑料等。

烟台大学化学工程系通过正交试验确定了以ZnO、H_3BO_3为原料合成硼酸生产新型阻燃剂硼酸锌2335（$2ZnO \cdot 3B_2O_3 \cdot H_2O$）的工艺路线，产品经测定，脱水温度在350～455℃，特别适用于高温下加工的高分子材料。

安徽省轻工业学校研究出十溴二苯醚（DBDPO）/Sb_2O_3和聚磷酸铵为阻燃主体的HIPS阻燃配方。

湖南大学化学化工学院采用均匀实验设计和单纯形寻优法得出，氯化溴法催化合成十溴二苯醚最佳工艺条件，与传统的溴素法和溶剂法相比，具有活性好，选择性好的特点，更适于工业化，更具有一定的应用价值。

岳阳石油化工总厂研究所以不饱和聚酯树脂为囊材，微胶囊化处理氮-磷膨胀型阻燃剂，可明显减少阻燃剂的吸湿性，提高阻燃制品的耐水性能及电性能。

湖南省浏阳市有机化工有限公司完成了颗粒型八溴醚及工业化生产科研项目，该成果具有很好的粒径分布、无粉尘的环保效益以及白度好、熔点高、耐热性强等特点，质量已达到或超过国外同类产品水平。

上海化工研究院投产建设我国首条微胶囊包覆阻燃剂生产线，该生产线的设计能力为每年 200 吨，属于完全排除卤元素的抑烟产品。

2001 年国内石蜡生产龙头沈阳化工股份有限公司水相悬浮液法生产取得成功，新工艺不再采用四氯化碳，是国内首家采用水相悬浮法生产氯蜡-70，预计今后生产能力可突破 4 000 吨。传统的四氯化碳溶剂法生产氯蜡-70 产品，无法达到四氯化碳含量 $<500\times10^{-6}$ 的规定指标，本工艺不但不含四氯化碳，各项指标明显提高，产品质量和生产的连续性、稳定性也都有改善。

3. 阻燃剂的市场前景与发展方向

阻燃剂是关系人类社会文明安全的聚合物助剂，随着合成材料的发展，中国阻燃剂市场将继续保持较高的增长势头。行业预测，2005 年全国阻燃剂需求量将达到 17 万吨以上，2010 年为 20 万吨。顺应世界趋势，发展高效无机阻燃抑烟剂、溴代联苯醚替代品和膨胀型阻燃剂将是今后一个时期内我国阻燃剂行业面临的主要任务。

五、润滑剂

润滑剂属于加工改性助剂的范畴，多用于硬质 PVC、ABS、POM 等塑料制品的加工，同时热固性塑料的脱膜剂、聚烯烃薄膜使用的爽滑剂亦在润滑剂的统计之列。其所涉及的化合物包括烃类（石蜡、聚乙烯蜡、氧化聚乙烯蜡等）、高级脂肪酸及其金属皂、高级脂肪醇、脂肪酸酯、脂肪酰胺和有机硅等。2001 年国内润滑剂总消耗量达 3.5 万吨，其中热塑性塑料加工用润滑剂约占 70%。就消费结构来看，硬脂酸、石蜡、聚乙烯蜡、硬脂醇等通用型品种消耗比例较高，但高效的脂肪酸酯（尤其是复合酯）、脂肪双酰胺等增长幅度较大。硬脂酸丁酯、GMS 以及类似德国汉高公司结构的 G16、G60、G70、G70s、G74 脂肪酸酯类润滑剂均已大面积上市，脂肪双酰胺类润滑剂 EBS 及其改性品种的产能进一步扩大，在脱膜剂方面，一些适应环境要求的水基品种开发成功，这一切都是中国塑料润滑剂行业技术进步的标志。专用化、功能化仍是今后润滑剂品种开发的重要方向。

六、光稳定剂

1. 产能与消费

光稳定剂属于耐候性稳定化助剂，旨在通过屏蔽、吸收紫外线或猝灭紫外线激发的激发态分子能量、捕获自由基等方式达到抑制光氧化降解，延长制品寿命之目的。目前应市的品种主要包括二苯甲酮类、苯并三唑类、三嗪类等紫外线吸收剂，镍盐类激发态猝灭剂和受阻胺类光稳定剂等。光稳定剂多用于户外制品，农用塑料大棚膜是国内最大的光稳定剂消费市场。据统计，2001 年中国光稳定剂总消费量为 1 600吨，其中 65%为耐候农膜所用，30%为户外管材、型材、片材等消费。从结构来看，受阻胺光稳定剂的产耗量最大，以 622、944 为代表的聚合型受阻胺光稳定剂品种已经成为农膜用光稳定剂的支柱产品。值得注意的是，以苯并三唑类和二苯甲酮类为代表的紫外线吸收剂产能迅速增加，并已走出国门，出口创汇。表明我国光稳定剂行业的产品结构趋向合理。

2. 技术进展与发展趋势

2000 年中国光稳定剂技术开发异常活跃。在受阻胺品种开发方面，继第一代低分子量品种 GW-540、770 和第二代聚合型高分子量品种 622、944 之后，第三代、第四代复合型和反应型品种 783、628 研发成功，预示着我国受阻胺光稳定剂正在接近国外先进水平。在紫外线吸收剂领域，苯并三唑类新品种 UV-329（UV-5411）、三嗪类高效紫外线吸收剂 UV-425（UV-1164）和全新结构的无色高效紫外线吸收剂 UV-419 开始应市，这无疑极大地丰富了国内光稳定剂市场的品种和结构。

展望未来，光稳定剂的市场前景十分诱人，根据国家轻工总会的发展规划，2005 年国内仅农膜行业对光稳定剂的需求量就将达到 2 000 吨以上，加上其他方面需求，2005 年、2010 年我国光稳定剂需求量将分别超过 2 500 吨和 5 000 吨。

结合国内光稳定剂发展现状和世界光稳定剂的发展趋势，确定今后我国光稳定剂行业的发展方向如下：①加强光稳定剂的基础研究，创新开发具有提高产品光、热稳定耐久性、耐水解及耐油性，降低挥发性、毒性，改善与聚合物的相容性的新结构和新品种；②加大受阻胺光稳定剂中间体的国产化力度，尽快实现具有代表性的重要品种的国产化；③强化应用技术的研究，开发具有专用化、功能化的复合型光稳定剂品种。

七、抗氧剂

抗氧剂主要用于聚烯烃及工程塑料的加工和应用，其作用在于抑制树脂在加工和应用环境下的热氧降解，提高制品的商品价值和使用价值。根据功能和作用，抗氧剂通常分为主抗氧剂、辅助抗氧剂和重金属离子钝化剂三种类型。其中，就化学结构而言，塑料用主抗氧剂以受阻酚类化合物为主，辅助抗氧剂则以亚磷（膦）酸酯和硫代酯类化合物为重要类型，重金属离子钝化剂能够钝化变价金属离子，消除其对树脂氧化降解反应的催化作用，一般为酰肼类和草酰肼类化合物。实际应用中，主、辅抗氧剂协同配合，由受阻酚与亚磷（膦）酸酯构成的二元复合抗氧体系是目前塑料等聚合物抗氧稳定化的主要途径。2001 年全国抗氧剂总生产能力约 2 万吨，产量 1.5 万吨，消费量约 1 万吨左右，市场竞争异常激烈。通用型抗氧剂产品的售价跌至建国以来最低水平，甚至也是当今世界价位最低的国家和地区。这一年国内 CIBA 高桥年产 4 400 吨抗氧剂装置开车，浙江金海化工有限公司与美国雅宝公司合资成立金海雅宝化工有限公司，也使当年抗氧剂出口能力急剧增长，我国抗氧剂行业开始由净进口转向净出口。

就通用品种的生产和供应而言，中国塑料抗氧剂已经达到或接近国外先进水平，1010、1076、168 以及由其为主要组分的复合型抗氧剂 B215、B225 等产能和指标基本满足了国内聚烯烃树脂的市场需求。然而，总体来看，专用化、高性能结构的品种数量不足，相当数量的品种仍需依赖进口。可喜的是，2001 年国内在抗氧剂新品种开发方面取得了明显的进步，代表世界发展潮流的碳自由基捕获剂、半受阻酚抗氧剂、新型高效亚磷酸酯辅助抗氧剂的研究都有新的进展，标志着我国抗氧剂工业正在走向成熟。

八、发泡剂

发泡剂是一种轻量化助剂，能够使聚合物制品在加工条件下发泡，以求制得具有微泡结构的发泡制品。发泡剂依其结构可以分为物理发泡剂和化学发泡剂两大类型，化学发泡剂一般包括无机发泡剂和有机发泡剂，有机类发泡剂在塑料加工中尤为关键和重要。随着塑料建材、制鞋业等制品加工和应用技术的进步，发泡异型材、泡芯管等产耗量逐年增多，对发泡剂的需求趋旺，2001 年估计国内化学发泡剂的需求量近 3 万吨，其中偶氮类发泡剂（发泡剂 ADC）及其改性品种的消耗量最大，约占化学发泡剂总需求量的 80%左右。另外，苯磺酰肼类发泡剂产品（如 TSH，OBSH 等）亦开始批量供应市场。一个显著的变化是，发泡剂 ADC 不再仅仅以单一结构的商品形式应市，而以其为主要组分，配合不同的发泡助剂、成核助剂的专用化、精细化复合发泡剂品种开始抢滩市场，有些公司的产品还出口国外，结束了我国发泡剂 ADC 产品单一化的局面。展望未来，塑料用发泡剂的开发将趋向专用化、精细化、功能化，高温发泡剂、低温发泡剂，符合环境保护要求的物理发泡剂 CFCs 替代品是发泡剂发展的主要方向。

九、抗静电剂

抗静电剂作为消除聚合物表面静电的功能化助剂，在矿用塑料、电子器械包装等领域具有重要作用。综合文献报道，迄今用于塑料制品的抗静电剂包括涂敷型和添加型两种类型，工业上以添加型为主。从化学结构来看，涉及表面活性剂和亲水聚合物。亲水聚合物是近年来出现的永久型抗静电剂，目前尚未广泛使用。因此，国内市售抗静电剂基本上属于表面活性剂类，包括阳离子季铵盐型、阴离子磺酸盐型、脂肪酸多元醇酯和烷醇（酰）胺非离子型等。矿用塑料和包装塑料制品是抗静电剂的主要应用领域，2001 年 BOPP 膜市场对抗静电剂的需求增长较快，估计当年国内抗静电剂的消费总量在 3 500 吨左右，亦属当年塑料助剂领域增长幅度最大的助剂类别。应当指出，基于塑料制品加工温度的提高，对抗静电剂的耐热性提出了更高的要求，因此，永久型和高耐热型抗静电剂开发非常关键。

十、其他功能性助剂

其他功能性助剂包括偶联剂、成核剂、防雾滴剂、抗菌剂和转光剂等。

1. 偶联剂

偶联剂是填充材料表面有机化的改性剂，包括有机硅烷类、钛酸酯类、铝酸酯类、锆酸酯类、铝钛复合类、铝锆复合类、脂肪酸类以及近年来出现的高分子量官能聚合物类等。一般地，偶联剂对填充/增强材料的活化改性具有选择性，例如，硅烷偶联剂多用于含硅填料或增强材料的活化处理，钛酸酯类、铝酸酯类、锆酸酯类、铝钛复合类、铝锆复合类则主要用于 $CaCO_3$ 等非硅填料或增强材料的表面改性。相对而言，中国偶联剂工业的发展比较成熟，迄今为止，几乎所有的国外产品结构国内都有生产，而且拥有以铝酸酯类、铝钛复合类为代表的具有自主知识产权的偶联剂产品。近年来，基于塑料建材、通用塑料填充改性以及高填充可降解塑料的发展，偶联剂的市场规模逐年递增，据估计，2001 年全国偶联剂的总消费量为 6 000 吨，其中近一半的市场被硬脂酸等廉价产品占有，硅烷类、钛酸酯类、铝酸酯类等专用结构的产品消耗量达 3 000 吨。值得注意的是，随着纳米改性聚合物应用技术开发的发展，满足其改性要求的偶联剂品种开发将越来越引人注目。另外，一些具有特殊官能团结构的聚合物类相容剂（如马来酸酐接枝聚烯烃）对无机填料或增强材料亦有偶联改性功能，其在无机填充或增强材料改性中的地位不容忽视。

2. 成核剂

成核剂是一类新功能塑料助剂，适用于不完全结晶聚合物树脂（尤其是聚丙烯）的结晶改性，市售产品几乎无一例外地应用于聚丙烯制品。根据成核剂诱导聚丙烯树脂成核结晶形态的不同，一般分为α晶型成核剂和β晶型成核剂。α晶型成核剂通过提供晶核，诱导聚丙烯树脂以α晶型结晶，提高制品的结晶速度、结晶温度和结晶度，并使晶粒尺寸微细化，最终达到增光、增透、增刚、提高热变形温度和缩短成型周期之目的。迄今为止，见诸报道的α晶型成核剂的化合物主要包括二苄叉山梨醇（DBS）类、芳基磷酸酯盐类、取代芳基羧酸盐类、脱氢松香酸皂类等，尤以DBS类应用最为普遍。β晶型成核剂能够诱导聚丙烯树脂以β晶型结晶，提高制品抗冲击强度、热变形温度并增加透气性，改善印刷性和涂饰性。β晶型成核剂使抗冲改性和提高热变形温度达到统一的特性在聚丙烯的工程化改性方面具有特别重要的意义。我国成核剂的开发和应用历史不长，但近年来发展速度很快，2001年全国成核剂的总消费量约300吨，绝大多数用于增透改性，国产化产品开始逐步占领国内市场。可喜的是，这一年国内聚烯烃成核剂的开发和研究取得了举世瞩目的成绩，一方面以增透为主要功能的二苄叉山梨醇类成核剂品种产能不断增加，生产企业已经不再局限于为数不多的助剂科研单位，透明剂的国产化基本成为现实。另一方面成核剂的品种开发更加深入，山西省化工研究院继TM系列DBS成核剂产品应市之后，2001年又有TMB系列β晶型成核剂和TMA系列取代芳基羧酸铝盐类α晶型成核剂进入中试，山西省化工研究院、华东理工大学还分别开展了芳基磷酸酯类成核剂的研究，标志着我国聚烯烃结晶化助剂开发正在步入快速发展的轨道。

3. 抗菌剂

抗菌剂是一类具有抑菌和杀菌功能的新型助剂，其作用是赋予聚合物制品卫生自洁性和防止由微生物引起的老化降解，又有微生物抑制剂之称。根据化学组成的不同，抗菌剂一般分为有机抗菌剂和无机抗菌剂。有机抗菌剂多系有机砷、有机锡等有毒金属的有机化合物和含硫、含磷、含氮的杂环化合物，具有杀菌性强、即效性好之特点，同时存在卫生安全性差、可能使微生物产生耐药性、在高温等苛刻条件下易分解等缺陷，通常用于加工温度较低的增塑聚氯乙烯、聚乙烯等热塑性塑料。无机抗菌剂是利用金属离子的抗菌杀菌作用抑制细菌的繁殖和生长的，目前实际使用的抗菌离子基本上局限在对人体安全无害的银、锌、铜等为数不多的无毒金属离子方面，尤以银离子的抗菌能力最强。抗菌离子一般附着在沸石、磷酸盐、羟基磷灰石、可溶性玻璃等无机物载体上，通过缓释作用提高抗菌的持久性。与有机抗菌剂相比，无机抗菌剂的耐热性高，抗菌持久性好，不产生耐药性，特别适合在聚丙烯、工程塑料等高温加工的塑料和化纤材料。近年来，基于人类社会活动的日益频繁，公共卫生安全越来越受到重视，抗菌剂正面临着一个快速发展的市场机遇。据报道，2001年全国塑料抗菌剂产量400吨，主要用于家电产品和儿童玩具等塑料制品。

4. 防雾滴剂

防雾滴剂是适用于包装薄膜和农膜的功能化助剂，其作用在于消除和抑制由于被包装和农用大棚内部水分蒸发到薄膜表面而凝缩成雾滴的现象。根据防雾滴剂的功能，一般分为流滴剂和消雾剂。流滴剂实际上是表面活性剂的应用，涂覆或添加的流滴剂能够在薄膜表面形成一个极薄的取向分子层，降低聚合物薄膜的表面张力，使蒸发到表面的水分以水膜形式存在，有效地抑制水分凝缩成滴，避免水滴滴落对包装物和大棚植物造成危害，并改善其感官性能。由于流滴剂使薄膜表面水分以水膜形式顺壁流下，因此形象地称为流滴剂。流滴剂多为脂肪酸多元醇酯、脂肪烷醇酰胺、烷基胺环氧乙烷加合物等非离子表面活性剂及其复合物，目前农用大棚膜是流滴剂的最大消费领域，2001年全国流滴剂消耗量约4 500吨。消雾剂旨在消除大棚内的雾气，一般为有机氟、有机硅等特殊表面活性剂，中国消雾剂的应用历史不长，但随着高效农业的发展，近年来引起了广泛关注，市售产品多为日本进口，2001年国内有关单位已经开展了消雾剂的研究与开发工作，浙江临安等地批量供应部分含硅消雾剂产品，并取得初步成效，由此将带动国内农用大棚消雾技术的发展。尽管近年来我国防雾滴剂技术开发取得了显著成效，但在防滴持久性、防滴性与消雾性的平衡方面仍存在一定的不足，解决上述问题是未来防雾滴剂开发和应用领域面临的主要课题。

应当指出，塑料助剂的类别远不至上面所述，除着色剂、交联剂等传统助剂外，相容剂、保温剂、光转化剂、光降解剂、螺杆清洗剂等新功能助剂随着科学技术的发展和塑料制品应用领域的拓展还在不断增加，这些新功能助剂的开发和应用将极大地促进中国塑料工业的技术进步和发展。

（山西省化工研究院　王克智　张惠芳）

2001年我国塑料机械工业概况与发展

2001年是我国塑料机械工业继20世纪90年代持续发展时期后又一快速发展的一年。不仅是产品产量，销售和出口为近年增长最快的年份之一，同时也是效益增长高于产值增长的一年。

一、概况

(一) 主要经济指标

2001年，我国塑料机械工业总产值95.14亿元，比2000年增长11.56%；利润7.58亿元，同比增长21.55%；销售金额86.94亿元，同比增长19.64。出口创汇3.12亿美元，同比增长30.09%。表1为2001年我国塑料机械工业主要经济指标及增长情况。

(二) 主导产品

注射机、挤出机和吹塑机三大主导产品合计产量为50 009台，其中注射机占75.88%，挤出机19.75%，吹塑机4.36%。表2列出2001年我国塑料机械主导产品产量及增长情况，表3为2001年我国双螺杆挤出机产量及增长情况。

二、技术进步与产品结构

随着我国市场经济的进一步深入发展，市场竞争进一步加剧，新产品新技术是企业增强市场竞争力的重要条件。因此，近年来，开发新产品，掌握新技术已经得到企业的普遍重视。一般企业每年都有2～3个，有的高达10～20个新产品通过不同级别的鉴定，投入市场。新产品产值一般占企业工业总产值的20%～30%，有的高达50%～60%。

近年我国塑料机械技术进步表现为新产品新技术开发速度加快，起点较高。新产品新技术的涌现，也为加快产品结构的调整创造了有利条件。

从整体上说，国际塑料机械制造技术近年没有出现突破性或革命性的成果，一直在原有的塑料成型方式上快速的提高、完善，而我国的塑料机械制造技术同发达国家比较还有一定的差距。通过消化吸收国外先进制造技术，填补国内空白或开发具有国际先进水平的产品，是目前我国塑料机械新产品新技术开发的主要途径。同时充分发挥我国相关学者、工程技术人员的聪明才智，另辟蹊径或在消化吸收国外先进技术的基础上进行重大创新，也取得了显著成绩。

塑料管材应用领域涵盖了建筑、农业、水利、通讯、市政和日常生产生活等各个方面，其生产和应用及加工设备无疑是我国近年来发展最快的产品之一。以建筑化学管材加工设备为例，20世纪90年代中期我国引进了第一条铝塑复合生产线，在市场需求的驱

表1　2001年我国塑料机械工业主要经济指标及增长情况

项目	工业总产值/万元	销售金额/万元	利润/万元	销/产/%	利/销/%
2000年	852 856	726 617	62 345	85.20	8.58
2001年	951 400	869 380	75 778	91.38	8.72
增长/%	11.56	19.64	21.55	6.18	0.14

表2　2001年我国塑料机械主导产品产量及增长情况

项目	注射机			挤出机			吹塑机		
	产量/台	销售/台	销/产/%	产量/台	销售/台	销/产/%	产量/台	销售/台	销/产/%
2000年	29 331	27 629	94.02	7 784	7 176	92.19	1 425	1 138	83.80
2001年	37 950	35 629	93.88	9 880	8 965	90.74	2 179	2 083	95.60
增长/%	29.39	28.96	−0.32	26.93	24.93	−1.45	52.91	83.04	11.80

表3　2001年我国双螺杆挤出机产量及增长情况

项目	同向平行双螺杆挤出机			异向平行及锥形双螺杆挤出机		
	产量/台	销售/台	销/产/%	产量/台	销售/台	销/产/%
2000年	844	791	93.71	1 255	1 209	96.34
2001年	1 394	1 248	89.53	1 195	966	80.84
增长/%	39.45	57.77	−4.18	−4.63	−20.10	−15.50

动下，仅仅经过约5年的时间，国内能够提供铝塑管材生产线的企业就超过了50家。其关键技术如铝管的焊接、铝塑的复合等普遍得到了很好解决。大部分产品在配置的完整性和先进性、生产效率和制品质量等方面都达到了国际先进水平。同期内，开发成功并形成批量生产的还包括无规共聚聚丙烯（PP-R）管，交联聚乙烯（PEX）管、塑料不锈钢复合管、钢塑复合管等建筑管材加工设备。给水用/燃气用埋地聚乙烯（PE）管材机组开发也是近年来消化吸收先进技术较快的一种产品。关键技术为：适用于加工中、高密度聚乙烯（MDPE，HDPE）的高速、高效的单螺杆挤出机，具有混炼效果好、滞留时间短、不产生熔迹线和对中性精确的机头及先进的定型、冷却、牵引、测厚和切割等配置。近年来国产挤出机正朝着大扭矩、高转速和高效率的方向发展并取得了一定成效。宁波方力企业发展有限公司螺杆直径ϕ90mm的单螺杆挤出机，配置电机功率160kW，螺杆转速120r/min，产量500kg/h。国产挤出机普遍采用了先进的分离型螺杆和开槽机筒。江南塑料机械有限公司开发了二阶螺杆，机头普遍采用适合于聚烯烃类加工也是目前国际先进的篮式机头，螺旋机头或板式机头，可编程序器和液晶显示触摸屏工控机也得到了成熟应用。其他管材加工设备如挤出和缠绕波纹管、硅芯管、内壁螺旋管及微灌管等加工设备无论在适应原材料、产品规格、机制造水平方面都有长足发展，可基本满足国内市场的需求。

塑料薄膜加工设备相对于其他加工设备在我国有较长的制造历史，但长期以来国产挤出吹塑薄膜设备只能加工单层薄膜，20世纪90年代中期由于市场需求旺盛，螺旋机头制造技术逐渐普及，叠加机头得以推广应用，冷却、牵引和取卷技术进一步完善，多层共挤吹塑薄膜设备制造技术已日趋成熟。目前批量生产的设备可加工5层以内的塑料薄膜，并有加工7～9层的技术储备。广东金明塑胶设备有限公司、山东华冠集团股份有限公司和大连冰山橡塑股份有限公司在2001年先后试制成功的土工膜加工设备，都采用了膜内冷却（IBC）技术，对发展我国共挤吹塑宽幅厚膜打下了良好的基础。（IBC）内冷技术采用闭环控制系统，可实现在膜内气压稳定的情况下进行冷热空气交换，冷却效果得到显著改善，产量提高达20%～35%，降低了大型挤出吹塑薄膜机组的高度。在控制系统中留有测厚装置的接口，可满足需要测厚装置用户需求。内冷技术在发达国家80年代就已成熟并得到了普遍的应用。同期我国也开始探讨研制，但由于体制、机制、经费等原因，更重要的是由于市场原因，始终未见成果。与其相似的还有挤出流延膜生产线。80年代中期，山东塑料机械场率先引进了挤出流延膜加工设备，但由于各种原因，未能形成批量生产，而山东华冠集团股份有限公司在原有基础上仅用了近2年试制成功幅宽2 000mm的共挤流延透气膜生产线。采用了衣架式透气平膜机头、定比拉伸技术、伺服变频控制、双向多流道结构，控制精度±1/10 000，辊面温差≤±1℃。经国家级鉴定，填补了国内空白，主要技术经济指标达到了90年代国际同类产品先进水平。

近年来，技术创新能力得到进一步加强。我国具有全部知识产权的新产品新技术不断涌现。被国外科学家誉为“真正的发明”的电磁动态挤出机，经过以华南理工大学瞿全平教授为首的研究人员和业内广大工程技术人员的坚持不懈的努力，在理论上得到进一步完善的同时，在应用中得到了稳步扩展，不仅成功的在注射、挤出和吹塑成型技术上得到应用，在反应挤出混炼设备上也通过了国家级的鉴定，批量投向市场。由电磁动态挤出机组成的PE、PP片材生产线，已基本上占领广东省市场。广东泓利塑料机械有限责任公司黄步明总经理经过多年潜心研制成功的四缸直锁注射机，在欧、美、日等8个国家和地区注册了发明专利，结束了我国如视听光盘、仪器仪表等精密塑料件加工全部依赖进口设备的状态。目前已批量生产从300～10 000kN各种规格的产品，产值达8 000多万元。北京化工大学江波教授和北京凤记塑料机械有限责任公司先后研制了磨盘式混炼挤出机，物粒通过螺杆传送，多级磨盘研磨，混合炼塑，同传统混炼设备比较，提高了物粒细化，分散等混炼效果，扩大了加工原料的适应范围，对于加工磁性、纳米等复合塑料具有显著的优势。北京建诚机械有限公司等研制成功的全钢塑料异型材挤出机、机头和窗框拼装装置，同时解决了复合、发泡、共挤、切割和焊接等关键成型技术，引起了国内外同行的关注。近年研制成功，技术上有所突破的还有全电子注射机、无拉杆大型注射机、磁性注射机、木塑挤出生产线、超高分子量聚乙烯管材生产线等，其主要技术经济指标大多数达到或接近国际先进水平。

由于市场调控的增强，新产品新技术开发的加快和制造技术的提高，产品结构调整与市场需求的结合更加紧密，更加快速。首先体现在宏观上更加合理。

三种主导产品产量比中，注射机和挤出机的比例从1985年的1∶1，1990年的2.77∶1，1995年的3.00∶1，到2001年的3.84∶1，可以说已经基本上达到合理的结构。吹塑机在我国起步较晚，20世纪80年代中期开始小批量生产挤出吹塑设备，进入90年代后，除了液体如饮料、化妆品、化工原料等包装市场需求快速增长带动外，吹塑技术逐步进入工业制件如集装箱、集装箱托盘、汽车塑料件等生产领域，为吹塑机的发展带来了机遇。至今国产吹塑机可满足挤出吹塑、注射吹塑和轴向拉伸吹塑三种成型工艺需求，其产量从1990年的164台，1995年的699台，发展到2001年的1425台，在三个主导产品总量中比例已从1990年的2.77%，发展到2001年的4.35%。国产吹塑机比注射机和挤出机具有更大的发展空间，除了包装领域需求快速增长外，还因为用于吹塑工业制件的设备应占市场容量的60%左右，而我国吹塑工业制件市场还处于开发阶段。

产品结构调整除了在各种主导成型设备数量上宏观比例日趋合理外，在制造水平提高的基础上，近年来在设备的成套性和市场的适应性上得到了普遍重视，取得了显著成效。

成套性的提高特别表现在挤出成型上。多年来，主辅机的观念根深蒂固。由于市场竞争的需要，这种观念已经得到了极大冲击。20世纪80年代中期，绝大多数企业只能提供主机，80年代末主辅机比例为1∶0.7，2001年达到1∶1.15。对于机械制造厂来说，主辅机开发是独立的，但对于用户则是不可分割的整体。目前大部分挤出机制造厂都可以提供生产线，包括配置本企业生产或国内其他企业生产的甚至进口的性能匹配的装置。成套性的提高还表现在除了提供成套加工设备外，相当部分的企业已经具有提供用户生产制品所需的原料配产，工艺参数等能力，少量企业同设计部门协作，可以承担交钥匙工程。

多年来，国产塑料机械产品制造技术大部分处于中档水平。对于需求高档产品的市场，技术水平上不去，对于低挡产品的市场，价格下不来，而在中档产品的市场中，则技术和价格都满足不了要求。目前绝大多数企业对产品的发展都有自己的市场定位。技术力量上强，装备条件好并具有较好的营销力量的企业已在包括发达国家在内的需求高档产品的市场取得了进展，有的企业有1/3的产品销往国外。

三、市场

（一）2001年产品出口和进口及我国市场容量

近三年是我国塑料机械产品出口处于历史上增长最快的时期。长期以来出口创汇一直在5 000万美元左右，1998年首次超过亿美元，2001年达到2.38亿美元，比2000年增长31.09%。由于塑料工业的高速发展和市场对设备需求的多样性，2001年进口产品也是增加较快的一年。表4和表5分别为2001年塑料机械出口、进口情况和2001年国产和进口设备在国内市场占有率。

根据表1、表4和表5计算，2001年我国塑料机械市场容量按销售金额计算为240.60亿元，较2000年的206.88亿元增加了16.29%，其中进口设备179.46亿元，国产设备61.14亿元，分别占国内市场容量的75.00%和25.00%。进口和国产的设备国内市场占有率与2000年基本上持平，国产主导产品市场占有率略有下降，这是由于出口增加所致。

（二）我国塑料机械工业快速发展的动力

首先是塑料制品在国家基础和支柱产业中得到了越来越广泛的应用，促使了塑料加工业的高速发展，给作为其装备的塑料机械创造了越来越多的商机，如塑料管材在农业、建筑、水利、通讯、市政和日常生活用品中广泛地推广应用，为我国发展塑料管材管件加工设备带来强劲的动力。目前可提供管材管件加工设备的企业达150家以上，几乎遍及挤出机和部分注

表4　2001年塑料机械出口、进口情况

项　目	进　口			出　口		
	金额/亿美元	折人民币/亿元	占国内市场/%	创汇/亿美元	折人民币/亿元	占国内/外销售/%
2000年	18.61	153.90	74.39	2.38	19.68	23.07
2001年	21.70	179.46	75.00	3.12	25.80	27.12
增长	16.16		0.61	31.09		4.05

表5　2001年国产和进口设备(按台计)在国内市场占有率

项　目	市场容量	国产设备		进口设备	
		数量/台	占有率/%	数量/台	占有率/%
注射机	44 206	30 268	68.47	13 938	31.53
挤出机	10 902	8 161	74.86	2 741	25.14
吹塑机	2 222	1 914	86.14	308	13.86
合　计	57 330	40 343	70.37	16 987	29.63

射机及吹塑机制造企业。注射机是塑料管材应用中必不可少的装备。据了解，2001 年国内市场容纳的注射机近 10%左右用于管件生产，部分注射机生产企业销售出去的产品有近三分之一用于管件生产。吹塑成型的管件在汽车等上的应用，也是近年来吹塑设备发展较快的原因之一。因此，生产经营管材加工设备已成为我国塑料机械工业的新的经济增长点。

其次是国外市场的进一步开拓，国际市场已在我国塑料机械工业发展中占据了重要的地位。2001 年出口产品已占国产产品销售的 27.12%，出口增加值为 2001 年我国塑料机械工业的增长贡献达 21%左右。我国号称“世界工厂”，目前就塑料机械而言，和这个称号相差甚远。塑料机械虽然含有高新技术，但总体上仍属于传统产业，我们完全可以逐步增加国际市场的占有率。

第三是国产塑料机械产品品种、规格的增加和制造技术水平的提高，更大程度地适应了国内外市场的需求。国内外市场需求的增长是客观存在的，而我国塑料机械工业发展速度关键决定于我国塑料机械制造技术水平提高这一主观因素。我们相信，随着我国基础工业的进步，经济实力的增强和创新能力的提高，将为我国塑料机械工业的发展开拓更加广阔的空间。

注：本文有关数字是在中国轻工机械协会，中国机电进出口商会和北京中轻亚泰塑料科技有限公司提供的资料基础上，笔者进行了汇总并做了部分修正，仅供参考。

（中国轻工业机械总公司　许政仓）

2001 年我国塑料机械部分重点企业概况

一、概述

2001 年机械工业塑料机械科技信息网共对塑料机械行业 70 个企业进行了生产基本情况统计。其中国有企业 17 个，占统计总数的 24%；集体企业 20 个，占统计总数的 29%；私有企业 10 个，占统计总数的 14%；股份制企业 17 个，占统计总数的 24%；合资企业 9 个，占统计总数的 13%。按产品分类，注塑机企业 20 个，占统计总数的 29%；挤出机及生产线企业 28 个，占统计总数的 40%；中空成型机企业 5 个，占统计总数的 0.7%；其他 14 个，占统计总数的 20%。

2001 年受统计的 70 个企业共完成工业生产总值 573 747.88 万元，其中塑料机械 432 561.35 万元。产值超亿元的企业有 15 个（含兼业企业），具体情况见表 1。

二、骨干企业及主导产品

将所统计的塑料机械企业及产品按挤出类（包括所有的挤出成型和挤出造粒等）、注塑类、中空类、辅助及其他等分类，并统计分类企业在 2001 年的生产情况（前 10 名）和产品分类产量，其详情请见表 2～表 4（辅助及其他产品略）。由于受统计范围所限，故各类产品所占的比例不能很准确地说明当前中国塑料机械的构成，故此项数据仅供参考。

表 1　2001 年受统计的产值超亿元企业的生产基本情况（含兼业企业）　　万元

单位名称	工业总产值	销售金额	年末库存	利润
大连冰山橡塑股份有限公司	21 360(现)	22 253	1 163	2 104
宁波海天股份有限公司	99 051	83 099	2 004	12 423
云南昆船第一机械有限公司	19 061	17 028	1 349	273
南京工艺装备制造厂	13 867	11 913	2 474	125
山东华冠集团有限责任公司	48 054	40 810	3 220	3 186
上海申威达机械有限公司	19 206	20 093	4 243	1 745
上海轻机股份有限公司	30 000	28 031	7 856	2 303
东华机械有限公司	21 913	22 032	2 720	558
无锡格兰机械有限公司	35 200	18 600	3 000	2 280
震德塑料机械厂有限公司	38 484	42 633	3 058	6 400
浙江申达塑料机械有限公司	25 280(现)	26 350	3 500	1 906
宁波市海达塑料机械有限公司	10 366	10 260	898	1 016
舟山市金海机械有限公司	15 200	13 800	200	1 200
潍坊中云机器有限公司	13 000	15 000	1 200	2 700
秦川机床集团有限公司	43 678	45 591	2 762	1 245

表 2　2001 年受统计的挤出类前 10 名企业的基本生产情况　　万元

单位名称	工业总产值	销售额	年末库存	利润
山东华冠集团有限责任公司	48 054	40 810	3 220	3 186
上海轻工机械股份有限公司	30 000	28 031	7 856	
大连冰山橡塑股份有限公司	21 360(现)	22 253	1 163	2 104
上海申威达机械有限公司	19 206	20 093	4 243	1 745
舟山市金海机械有限公司	15 200	13 800	200	1 200
南京工艺装备制造厂	13 867	11 913	2 474	125
江苏科亚化工装备有限公司	7 882	9 221	746	600
青岛顺德塑料机械有限公司	7 805	7 203		860
浙江华业塑料机械有限公司	6 500	4 411	56	256
广东金明塑胶设备有限公司	5 300	4 900		

表 3　2001 年受统计的注塑机前 10 名企业的基本情况　　万元

单位名称	工业总产值	销售额	年末库存
宁波海天股份有限公司	99 051	83 099	2 004
震德塑料机械厂有限公司	38 484	42 633	3 058
无锡格兰机械有限公司	35 200	18 600	3 000
浙江申达塑料机械有限公司	25 280(现)	26 350	3 500
东华机械有限公司	21 913	22 032	2 720
宁波市海达塑料机械有限公司	10 366	10 260	898
浙江金鹰塑料机械有限公司	7 500	6 780	1 450
广东华联塑料机械有限公司	6 000	5 200	1 200

表 4　2001 年受统计的企业产品分类产量

产品分类	挤出类	注塑类	中空类
产量/台	23 289	17 282	121
所占比例/%	57	42	0.3

从统计的 70 个企业看，除了个别的配套件企业和兼业企业外，注塑机企业规模较大，大部分企业都能实现批量生产，因此其效益高。而挤出类企业，由于产品批量小，单件生产多，这就使企业的规模良莠不齐，大到具有几百条生产线生产能力的企业，而小则到几条生产线生产能力的企业，企业的人数也相差很远。有的家庭就是一个企业或一个公司，实际上是揽了活之后再外包或外购。这样发展下去，不但企业规模不易形成，还造成了市场发展畸形、浪费严重等局面。另外，通过统计发现，中空成型类机械在我国的发展比较缓慢。到目前为止，真正能形成一定规模，自我开发新产品的企业还有待发展。本次受统计的 70 个企业中，专业生产中空成型机械的企业只有一个，其他三个均为兼业企业，按统计数计算，其比例是不协调的。随着世界经济一体化的发展，希望国内的中空成型机械能够尽快地形成一定的规模和一定的设计、生产能力，与挤出类、注塑类形成适当的比例，协调发展。

三、市场及销售

2001 年塑料机械行业企业的销售发展不均。一些产品比较专一的生产厂其生产和销售呈上升趋势，而一些产品比较繁杂的企业和管理不善、开发能力不足的企业则呈下降趋势，个别企业出现赤字。

从产品类别上看，注塑机企业受统计的企业数为 24 个（基本上是骨干企业），占统计总数的 34%，其销售收入为 232 264.33 万元，占统计总数的 60.9%；挤出类机械，包括挤出机及各种挤出生产线，如吹膜机、挤管机、挤板机、异型材、造粒、扁丝等，受统计的企业数为 34 个，占统计总数的 49%，其销售收入为 143 011.5 万元，占总收入的 37.5%，这与挤出类企业规模偏小，产品批量小有一定的关系；中空类机械由于受统计企业的数目所限，其销售收入只占总数的 1.5%，有些不正常。但也反映出中空类塑料机械还需更进一步发展。

2001 年塑料机械行业的出口好于上年。受统计的企业全年总出口塑料机械台数为 2 003 台（初步统计），出口创汇 4 137.72 万美元，比上年增加了 2 495.7万美元。其中注塑机出口 1 244 台；挤出类机械出口 188 台，中空类出口 2 台，其他为 571 台。出口创汇比较突出的企业有宁波海天股份有限公司，出口 HT80～HT1250 系列注塑机 598 台，创汇 2 106 万美元，比上年增加了 1 626 万美元；东华机械有限公司，出口 TTI 系列全自动注塑机 281 台，创汇 633 万美元，比上年增加了 233.26 万美元；无锡格兰机械有限公司出口 WG 系列全自动注塑机 220 台，创汇

330万美元，比上年增加了153万美元；浙江申达塑料机械有限公司出口FT80-FT520系列塑料注射成型机125台，创汇280万美元，比上年增加了219.07万美元；舟山市金海机械有限公司创汇440万美元。

2001年受统计的塑料机械行业企业出口创汇前10名企业的基本情况如表6所示，表5为2001年受统计企业产品分类销售收入情况（其他产品略）。从表5，表6中可以看出，注塑机企业效益之所以比挤出类企业好，除国内市场份额较大外，很大一部分来自国外市场。如果我们的挤出类企业也能增加出口量，发展国外的市场，则局面就会大大改观了。

表5　2001年受统计企业的产品分类销售收入(其他略)

产品分类	挤出类	注塑类	中空类
销售额/万元	143 012	232 264	5 790
所占比例	37.5%	60.9%	1.50%

四、新技术与新产品

(一) 注塑机

宁波海天股份有限公司在2001年与浙江大学生产工程研究所联合，正在研制开发“基于UG的注塑机模板系统的智能化软件”，其主要内容为：a.模板结构优化软件算法研制——基于UG有限元分析平台，对结构应力拓扑进行分析判断，去除低应力网格，对高应力区进行准确分析，直至得到应力分布较合理的模板结构；b.模板结构的参数化设计——建立模板标准数据库；建立参数化数据管理系统；建立参数化图形生成系统。2001年宁波海天股份有限公司还与浙江大学机械工程学会联合开发了“HTD88电动式塑料注射成型机”；主要内容是“绿色环保概念产品的设计方法与应用”、“工程知识系统技术与支持”、“整机概念设计和结构设计”。2001年宁波海天股份有限公司开发的新产品有：HTF1 600X/1注塑机，锁模力16 000kN，注射量7 114g；HTF2 000X/1注塑机，锁模力20 000kN，注射量8 812g；HTF 2 800X/1注塑机，锁模力28 000kN，注射量31 990g；HTK58注塑机，锁模力为580kN，注射量为78g；HTK88注塑机，锁模力为880kN，注射量为130g。此外，还开发了变频注塑机：HTFX150-J、HTFX250-J、HTFX300-J，并已实现批量生产；PVC管用专用注塑机：HTV80X～HTV250X；热固性塑料专用注塑机：HTG80～HTG300；磁性材料专用注塑机：HTC80；瓶坯专用注塑机：HTF360X；双清色注塑机：HTS328等。

宁波市海达塑料机械有限公司2001年度开发了HDE108、HDE138、HDE428、HDE50等新产品。其中HDE880主要用于加工大中型电器配件，如空调、洗衣机等；HDE428主要用于加工小产品、小电器及精密度高的配件。

东华机械有限公司2001年开发并生产了TTI-50U～200U型全电动注塑机。该机重复精度误差为0.01%，比相应的液压驱动注塑机能耗降低50%以上，连接的电力设备仅是液压驱动注塑机所需电力设备的25%。熔胶螺杆位置由数字精密控制，减少了背压，大大降低了模腔内张力，特别适合光学元件、医疗器具、食品行业等对精度和洁净度要求高的塑料产品。

顺德市秦川恒利塑机有限公司2001年开发的新产品有：JPH10全液压高精密微型注塑机，锁模力为100kN，注射量为13.5g；JPH30全液压高精密微型注塑机，锁模力300kN，注射量为45g；JPH80热固性塑料注射机，锁模力800kN，注射量为112g。其中JPH10、JPH30用于生产微型精密电器元件、接插件、微型电机、电子齿轮等精密零件。JPH80型热固性塑料注塑机在开发上，针对热固性塑料的成型工艺要求，对机筒、螺杆的某些主要参数进行优化组合，使塑化能力和注射速率得到较大的提高；在定、动模板的结构上做了合理的调整，解决了普通电木注塑机模具温度高而影响机器性能和寿命的老大难问题；借鉴国外先进经验，合理设置冷却系统使螺杆、机筒的工作温度始终控制在一个理想状态，克服了普通电木注塑机停机后再开机时机筒、射嘴容易堵塞的问题。

表6　2001年受统计企业塑料机械出口创汇前10名的企业情况

企业名称	产品名称	出口数量	交货值/万元	创汇/万美元	出口国家
宁波海天股份有限公司	海天“HT”牌注塑机	598	17 433	2 106	欧美、亚洲等30个国家
东华机械有限公司	TTI全自动注塑机	281	5 462	633	欧洲等
舟山金海机械有限公司	螺杆，机筒		3 600	440	德国、日本等
无锡格兰机械有限公司	WG全自动注塑机	220	2 880	330	波兰、匈牙利等
浙江申达塑料机械有限公司	FT80-FT520注塑机	125	2 340	280	法国、韩国、俄罗斯
青岛顺德塑料机械有限公司	PP-R冷热水管等	16	931.2	110.8	新加坡、菲律宾等
大连塑料机械厂	吹膜机组，造粒机组	24	364	43.85	朝鲜、俄罗斯、塔吉克等
济宁市金工塑料工业有限公司	发泡膜，管材等机组	8	310	37.86	伊朗、缅甸、俄罗斯

无锡格兰机械有限公司研制成功了大型二板式注塑机 WGPT-2 700。该机锁模力为 27 000kN，螺杆直径 210mm，螺杆长径比为 20∶1，理论注射量为 4 万克。

（二）挤出机

2001 年大连冰山橡塑股份有限公司开发了：①SJGM-F4500×3 塑料共挤吹塑复合膜辅机，最大展开宽度为 16m，吹制薄膜厚度 0.08～0.14mm，适合吹制 LDPE、LLDPE、EVA 等塑料；②SJ-120×30F、SJY-F150×60 并联三管挤出机组，产量为 250kg/h，螺杆长径比为 30∶1；③SJP-75×32、SJLS-F12×6 塑料挤出排气拉丝机组，螺杆长径比为 32∶1，生产能力为 80kg/h；④SJW-300×6 塑料喂料挤出机，最大产量（SPVC）约为 2 100kg/h；⑤SYLM-F4r5000 塑料压延拉伸拉幅膜辅机，工作速度为 12～120m/min；⑥SYRG-F4r2030 塑料压延人造革辅机，工作速度为 10～100m/min，制品最大宽度为 1 500mm；⑦SY-4r2030 塑料四辊压延机，最小压延厚度 0.08mm，最大压延厚度 0.5mm，最大压延制品宽度 1 600mm；⑧SJSH-72×36 双螺杆塑料混炼挤出造粒机组及 SJ-150×12、SJL-F150、SWSZ-110 小色母料造粒机组的主机、辅机和双锥塑料喂料装置等。

2001 年大连冰山橡塑股份有限公司的 SJL-F90 双螺杆塑料混炼挤出造粒机组获大连市科技进步二等奖。

新乡塑料机械厂 2001 年开发了 SRN-1700 湿法人造革生产线；SRTF-2300 多功能涂覆生产线；SY4F-2500 四辊压延机；SK-560、SK-610 双输出轴炼塑机等。

常州塑料机械有限公司 2001 年推出了STM1000 涂塑复合机组，采用流延法平膜挤出涂膜工艺，选用可进退的大长径比塑料挤出机，温度自控，并配置了长寿过滤网及高精度平膜机头，冷压辊和硅胶辊滑动采用气动结构，并无强迫水冷却系统。复合机采用电磁调速电机驱动。该机双面复合，一次成型，自动化程度高，功能齐全，操作简单，是生产二合一编织布，三合一、六合一纸塑复合材料的设备。挤出模头宽度 800mm，可复合的产品最大宽度为 700mm。

潍坊中云机器有限公司坚持走产、学、研联合开发的路子，连续四年每年都有新产品推向市场。继超高分子量聚乙烯挤出设备和一步法化学交联聚乙烯管材后，2001 年又开发了钢塑复合管生产线，并与青岛海洋大学联合开发研制出 ϕ200～ϕ1 200mm 大口径高密度聚乙烯双壁波纹管生产线。

山东华冠股份有限公司（山东塑料机械厂）2001 年开发研制了：①5FM1300-Ⅱ五层共挤复合薄膜机组，挤出机为 SJ-45/25，4 台，长径比为 25∶1，主要用于吹塑 LDPE、EVA、LLDPE 或其混合物的三种料五层或四种料五层的复合薄膜；②SBPG1000-Ⅰ双重壁排水管生产线，可生产 PVC、PPC，管径为 ϕ150～ϕ300mm 的塑料管材；③3FMS1300-Ⅰ三层复合双冷法包装膜机组，螺杆长径比为 28∶1，挤出机 EX-55 2 台，EX-65 1 台，适合吹塑 LDPE、EVA、LLDPE 或其混合物为原料的三种料三层、两种料三层的复合薄膜等。

广东金明新开发了三层共挤（旋转牵引）下吹水冷式吹膜机，并有 2 项技术取得了国家专利，该机可一次制得 PP 与 PE、PA、EVOH、MLLDPE 等原料复合的三层共挤膜，采用不同原料可制备耐阻隔、耐刺、防潮、防氧化、方便印刷和热填充的薄膜制品。

上海挤出机厂 2001 年研究开发了以下产品。①木塑复合材料包装托盘生产线。该生产线由 SJ-120×28 单螺杆挤出机和 SJY-F200×100 塑料型材辅机组成，螺杆转速 6～60r/min，电机功率 110kW（变频），最大生产能力 200kg/h。②ϕ150～ϕ300mm 超高分子量聚乙烯管材挤出生产线。该生产线主机为 SJ-150×25A，电机功率 132kW，带强制喂料装置及自动上料装置，辅机为 SJG-F450，其牵引速度为 0.05～0.5m/min，牵引力大于 30 000～40 000N。③SJ-200×25A 塑料挤出机，螺杆转速 7～70r/min，生产能力 1 000kg/h，驱动电机功率 400kW 陶瓷加热，广泛适用于多种热塑性塑料制品的生产。

（三）中空吹塑机

华丰机械有限公司 2001 年开发出 AFBA 新型标准吹塑机系列。这一机型有 HFBA45、55、65、55R、65R、75R 等标准系列，全部采用法国 TE 挤出变频调速器，更节能；螺杆长径比为 24∶1，带混炼头，塑化效果更佳；操作采用电脑可编程控制；硬齿面齿轮箱，寿命长，噪声小；特殊钢模头，流道顺畅，气动系统采用进口气阀，通径加大，提高了制品质量。

广东金明开发了①双工位、双层共挤、四模腔全自动吹瓶机；②5 层共挤双工位吹瓶机；③BM230 型储料式大型中空成型机，并有三项技术获国家专利。

五、产品鉴定

大连冰山橡塑股份有限公司开发研制的 SJW-200×6SWSZ-140 塑料色母料挤出造粒机组和 SJSH-2001 年 90×40BSJL-F90 双螺杆塑料混炼挤出造粒机组，2001 年 6 月 28 日在广州通过了省级技术鉴定。SJW-200×6SWSZ-140 塑料色母料挤出机造粒机组主要用于色母料和各种母料的造粒生产，经惠州太阳神化工有限公司使用验证，机械性能优良，制品质量上乘。

SJSH-90×40BSJL-F90双螺杆塑料混炼挤出造粒机组，主要用于生产硅烷交联PE电缆粒料和硅烷交联PE管材粒料，经广州番禺光耀星瀚塑料有限公司一年半运行，实践证明机组各项性能均能满足生产工艺要求，产品塑化混炼情况良好，粒子颗粒形态规整、光滑。

青岛胶州市新大成塑机公司研制成功的绿色环保管材—纳米抗菌PP-R管材机组2001年通过了建材行业和环保卫生行业专家鉴定。

纳米抗菌PP-R管材自动化生产线采用了3台挤出机强力混炼及螺旋分配共挤复合成型等先进技术，使纳米抗菌材料与PP-R料共混，均匀地包覆在管材内壁表面，起到抗菌消毒作用，并且管材外表面带有标识线。经化学建材监测中心和上海工业微生物研究检测中心检测，各项经济技术指标均达到行业标准要求，具有无毒、无味，表面光洁度高，摩擦系数小，不结垢，流速快，耐压，抗老化，环刚度好等优点，冷热水均可传输。

青岛德意利集团研制的新型中空大口径缠绕管生产线及其配套的管件于2001年7月28日正式通过了专家鉴定。青岛德意利集团自行研制的HDPE中空壁缠绕管生产线，使用PE63级和PE80级HDPE基料，采用挤出方形管的缠绕方式，同时通过挤出熔胶粘接，可生产ϕ200～ϕ3 000mm系列规格的缠绕管。

宁波方力公司发展有限公司的无规共聚聚丙烯(PP-R)生产线2001年通过鉴定。该公司在吸收国外先进技术的基础上，研制了PP-R管材专用生产线。该生产线采用带特殊混炼段的专用BM型螺杆、加料段开槽的机筒和篮式低压多流道共挤标识线机头。生产线的定径冷却系统设有高位水箱平衡系统，由流量计控制，两室真空定型，高速喷淋，具有无屑切削和平整断面的切割装置。经宁波产品质量监督检验所对该生产线进行检测证明，该生产线符合GB/T 8061—1996单螺杆塑料挤出机、GB/T 2627—1991塑料挤出硬管辅机和Q/NFJ04—2000 PP-R无规共聚聚丙烯管材挤出生产线的要求。由该生产线生产的PP-R管材经国家化学建筑材料测试中心检测，所测项目符合ISO/DIS15874-2.2—1999标准要求。

东华机械有限公司开发研制的TTI-50U～200U全电动系列注塑机2002年5月10日通过了专家学者的鉴定，专家组一致认为：①该产品图样、技术文件准确、完整、统一，符合国家有关标准的规定，可以指导生产；②该系列产品经机械工业塑料机械产品质量监督检测中心检测，各项性能指标参数均达到了JB/T 7267—1994塑料注射成型机产品标准要求，按JB/T 50018—1994塑料注射成型机产品质量分等标准，评定为优等品；③该系列产品是将已在数控机床加工中心等机电设备上获得成功的数字驱动技术，应用于注塑机开发而研制的最新产品，该系列产品配置了具有自主知识产权的全电动注塑机专用控制系统，采用了现场总线、模糊PID温控等先进技术，注塑机运行重复精度和控制周期内的响应速度等综合性能指标达到了国际先进水平，可广泛用于高品质透镜、光学仪器、医疗器皿、CD光盘等精密制品的生产。

新乡市塑料机械厂生产的SRL-1700及SRL-1800离型纸载体法人造革生产线2001年通过了省级新产品鉴定，并被列入国家级重点新产品，年累计销售达25套，销售额达3 000多万元。

六、质量及标准

2001年中国机械工业联合会下达了机械行业标准制修订计划，其中塑料机械产品有两项纳入该计划：料斗式塑料干燥机，修订JB/T 6494—1992，由苏州轻工电机塑料机械厂负责起草；塑料挤出异型材辅机，制定标准，由上海申威达机械有限公司负责起草。

全国橡胶塑料机械标准化技术委员会及橡胶机械、塑料机械标准化分技术委员会第三届三次工作会议于2001年12月4日至8日在福建邵武市召开。会议审查并原则通过了由上海申威达机械有限公司、苏州轻工电机塑料机械厂分别起草的“塑料挤出异型材辅机”、“料斗式塑料干燥机”两项行业标准送审稿。塑机分会还对1995年以前颁布的17项行业标准进行了复审，其审查结论为：“塑料机械术语”、“塑料注射成型机”和“塑料挤出硬管辅机”等3项标准需要进行修订；“鞋用转盘注射成型机”和“塑料混合机”等两项标准需进行修改；其余12项标准通过确认。会议通过了秘书处提交审议的制定“开放式炼胶机炼塑机安全要求”、“密闭式炼胶机、炼塑机安全要求”、“橡胶塑料压延机安全要求”等项安全标准的提案；通过了塑机分会秘书组提出的增列“铝塑复合管机组”行业标准的制定计划的建议。

宁波市海达塑料机械有限公司的“海达”牌注塑机于2001年4月被评为宁波市名牌产品；2001年6月，宁波市海达塑料机械有限公司通过了由北京新世纪质量体系认证中心审核的ISO 9001质量体系认证，并同时通过了NQA英国国家质量认证；2001年6月，经验收合格，宁波市海达塑料机械有限公司被授予宁波市高新技术企业；2001年12月，“海达”商标被评为浙江省著名商标。

大连冰山橡塑股份有限公司2001年在产品质量大提高方面进行了多项技术攻关：①包覆式双金属螺杆元件工艺攻关——选择合理的粉末预置程序，进行相关的实验，确定合金层的熔缩率、熔流特性和熔覆温度，合理选择熔覆设备，探索可行的冷加工工艺方法；②球墨铸铁镀硬铬工艺攻关——解决球墨铸铁镀铬层结合力差、易析氢而且真实表面积大等问题；③用棒铣刀加工螺杆元件的计算机模拟与计算攻关——用计算机计算并模拟出棒铣刀加工螺旋元件时的刀具直径、刀具偏角及走刀方向等与螺槽断面尺寸的关系，从而准确地设计出粗加工和精加工棒铣刀等。通过不断的技术攻关，使产品质量从根本上上了一个新台阶，使“大橡塑”产品市场占有率稳中有升。

由东华机械有限公司生产的、经香港华大机械有限公司（WELLTEC）出口到美国的“精灵王”G系列注塑机在美国注塑机评比中荣获第四名。

七、基本建设及技术改造

宁波海天股份有限公司投资2 500万美元，建立了子公司——宁海大港海天机械有限公司。该公司占地面积90万平方米，厂房面积5万平方米，拥有一条先进的注塑机装配流水线，可年产中小型注塑机4 000多台。

宁波市海达塑料机械有限公司2001年投资650多万元，添置了数控铣堂床、龙门铣床、碳硫分析仪等有较高自动化程度和精度的金加工设备及理化测试设备。另投资60多万元与托普软件合作开发了信息网络管理系统，将公司各部门仓库、车间的数据纳入局域网系统。

八、对外合作

越南国家工业部副部长裴春区率领的越南塑料总公司塑机项目考察团一行20人，于2002年3月4日到大连冰山橡塑股份有限公司进行考察参观访问。双方就拟在越南建立塑机加工、组装、销售和合资合作建厂等意向进行了洽谈，签订了合作协议备忘录，并商定合适时间在河内举行下一轮洽谈。

尼日利亚、加纳、埃及、摩洛哥、加蓬等非洲6国驻华使节2001年12月21日到海天机械有限公司参观。会谈中，使节们详细了解了海天机械有限公司在各自国家的市场开拓情况及销售业绩，表示将尽力帮助贵公司在各国家设立分公司。

全印度塑料制造者协会（简称AIPMA）访华代表团一行80多人，于2001年6月27日访问了顺德市秦川恒利塑机有限公司。该代表团详细考察了秦川恒利塑机有限公司，听取了有关本公司生产的获中、日、欧美等国专利的全液压四缸直锁二板式注塑机及公司的发展情况的介绍，对该公司的专利技术和产品表示了浓厚的兴趣。

（大连塑料机械研究所　王淑香）

2002年我国塑料机械工业基本情况

一、概述

根据塑料机械科技信息网的统计，机械工业塑料机械行业2002年生产发展情况总体呈上升趋势。其中注塑机类生产企业，基本全线上升。但上升额度比较大的有宁波海天股份有限公司、震德塑料机械厂有限公司及东华机械有限公司等；而挤出机类企业，产品专业性强的企业仍比兼业企业好，当然这与管理与经营也是分不开的。浙江金湖塑料机械有限公司，江苏维达机械有限公司、潍坊中云机械有限公司等业绩不错。在统计的企业中，没有专产中空类产品的企业。从统计的情况看，不论是注塑机类还是挤出机类，都不乏一些新的企业一跃而上，而个别的老企业却一落千丈的现象。当然，大部分老企业仍蒸蒸日上，再上新台阶。

2002年机械工业塑料机械科技信息网共对塑料机械行业63个企业进行了生产基本情况统计。其中国有企业10个，占统计总数的15.9%；集体企业7个，占统计总数的11.1%；私有企业4个，占统计总数的6.3%；股份制企业36个，占统计总数的57.1%；合资企业6个，占统计总数的9.5%。按产品分类，注塑机企业19个，占统计总数的30.2%；挤出机及生产线企业33个，占统计总数的52.4%；中空成型机企业3个，占统计总数的4.8%；其他8个，占统计总数的12.7%。

2002年受统计的63个企业共完成工业生产总值646 887.79万元，比上年统计的70个企业总产值增加了73 139.91万元，其中塑料机械工业总产值为522 403.03万元，比上年统计的70个企业增加了89 841.68万元。受统计的产值超亿元的企业有15个（含兼业企业），具体情况见表1。

二、骨干企业及主导产品

将所统计的塑料机械企业按挤出机类（包括所有的挤出成型和挤出造粒等）、注塑机类、中空吹塑机类、辅助机及其他等分类，并统计分类企业在2002年的生产情况（前10名）和产品分类产量，其详情请见表2～表4（辅助及其他产品略）。由于受统计企业范围所限以及有的企业产品跨两大类甚至三大类，在这种情况下，只能按产值多的产品归类，因此有些统计数据仅供参考。本统计各类产品所占的比例只能基本上说明当前中国塑料机械的构成。

由于有的企业没有填写生产台数或有的企业填写的是销售台数，因此，上述数据仅供参考。

不过，抛除统计误差，仍能从63个企业中看到，除了个别的配套件企业和兼业企业外，注塑机规模较大的企业多。尽管统计的企业数只有19个，占统计总数的30.2%，但年产量却约为26 620台，占统计总数的86%，且大部分企业都能实现批量生产，因此其效益较高。而挤出类企业，由于产品批量小，单件生产多，企业的规模、技术水平相差悬殊，生产效益明显低下。虽然统计的挤出类企业数占统计总数的52.7%，可生产台数却只占总数的13%，这充分说明了企业效益与企业规模和生产批量之间的关系。

中空成型类机械在我国的发展仍比较缓慢，但比上年有所增加。在本次统计的63个企业中，虽均为非专业中空成型机械的生产厂，但产量却比上年增加了151台，占总台数的0.9%（上年为0.3%）。

表1　2002年受统计的产值超亿元企业的基本生产情况(含兼业企业)　万元

单位名称	工业总产值	销售额	年末商品库存	利润
大连冰山橡塑股份有限公司	27 302	24 613	1 126	1 109
宁波海天股份有限公司	135 386	136 071	9 894	22 439
南京科亚实业有限公司	14 000	12 000	1 800	1 500
山东华冠股份有限公司	48 299	49 680	6 414	2 989
上海申威达机械有限公司	12 940	11 105		2 220
上海轻机股份有限公司	27 218	25 678		1 669
东华机械有限公司	37 799	26 313	4 610	2 510
无锡格兰机械有限公司	27 847	16 803	4 029	1 092
震德塑料机械厂有限公司	50 413	46 037	3 890	12 073
浙江申达塑料机械有限公司	29 800	31 150		2 180
宁波市海达塑料机械有限公司	15 125	13 417	146	1 739
潍坊中云机器有限公司	16 480	13 200	3 860	1 692
江苏维达机械有限公司	22 723	16 400	809	1 277
浙江金湖塑料机械有限公司	25 600	24 900	560	4 049
南京工艺装备制造厂	14 368	12 347	2 671	379

表2　2002年受统计的挤出机类企业的基本情况(前10)　万元

单位名称	工业总产值	销售额	年末商品库存	利润
山东华冠集团有限责任公司	48 299	52 617	6 414	2 989
大连冰山橡塑股份有限公司	27 302	24 613	1 126	1 109
浙江金湖塑料机械有限公司	25 600	24 900	560	4 049
潍坊中云机器有限公司	16 480	13 200	3 860	1 692
南京科亚实业有限公司	14 000	12 000	18 000	1 500
上海申威达机械有限公司	12 940	111 05		2 220
江苏维达机械有限公司	12 015	11 211	609	1 008
浙江华业塑料机械有限公司	8 500	6 000	61	538
青岛顺德塑料机械有限公司	7 805	7 203		860
上海轻工机械股份有限公司	7 082			

表 3　2002 年受统计的注塑机企业的基本情况(前 10)　　万元

单位名称	工业总产值	销售额	年末商品库存	利润
宁波海天股份有限公司	135 386	136 071	9 894	22 439
顺德震德塑料机械有限公司	50 413	46 037	3 890	12 073
东华机械有限公司	37 799	26 313	4 610	2 510
浙江申达塑料机械有限公司	29 800	31 150		2 180
无锡格兰机械有限公司	27 847	16 803	4 029	1 092
宁波市海达塑料机械有限公司	15 125	13 417	146	1 739
浙江金鹰塑料机械有限公司	9 148	8 955	1 071	785
广东泓利机器有限公司	7 500	7 000	500	600
太原汾机注塑机厂	3 690	3 250	180	260

表 4　2002 年受统计企业的产品分类产量
（其他略）

产品分类	挤出类	注塑类	中空类
产量/台	25 732	26 620	272
所占比例	49%	51%	0.50%

表 5　2002 年受统计企业塑料机械产品分类销售收入情况

产品分类	挤出类	注塑类	中空类
销售额/万元	186 811.5	300 471.6	6 180.4
所占比例	37.9%	60.9%	1.30%

三、市场及销售

2002 年机械工业塑料机械行业总体销售形式好于上年。受统计的 63 个企业，塑料机械总销售额为 493 463.52 万元，比上年 70 个企业的 381 066 万元增加了 112 397.52 万元。但也有个别的企业由于管理不善，产品质量降低，使销售形式比上年下降；还有的企业，虽然生产能力和销售形式好于上年或与上年持平，但效益却比上年下降，这可能是因为产品价格偏低或成本上升的缘故。

从产品类别上看，受统计的注塑机企业数为 19 个（基本上是骨干企业数），占统计总数的 30.2%，销售额约为 300 471.6 万元（兼业企业除外），比上年 24 个企业的 232 264 万元增长了 68 207.6 万元，占总销售额的 60.9%。虽然比例数与上年相同，但企业数减少，总数增加，因此就注塑行业来讲，2002 年比上年有明显增长，增长率为 29.4%；挤出类机械，包括挤出机及各种挤出生产线，如吹膜机、挤管机、挤板机、异型材、造粒和压延机、扁丝机等，受统计的企业数为 33 个，占统计总数的 52.4%，其销售收入约为 186 811.52 万元，占总收入的 37.9%，(个别大企业没有被统计)，与上年相比，挤出类企业销售值增加了 43 799.52 万元；中空类机械由于受统计企业的数目所限，其销售收入约为 6 180.4 万元，占总销售额的 1.3%（见表 5)。

2002 年机械工业塑料机械行业的出口总额高于上年。受统计的 63 个企业全年总出口创汇 4 815.26 万美元，出口塑料机械总台数为 1 910 台（个别企业没报台数），比上年增加了 677.54 万美元。从统计的情况看，上年出口前 10 名的企业，除 2 个企业没有统计外，有 5 个企业出口额降低，还有 3 个企业被挤出了前 10 名。可见，国内企业在国外还没有稳定的市场份额，谁经营得好，谁付出的多，谁就有回报。2002 年保持强劲出口势头的企业有宁波海天股份有限公司及浙江申达塑料机械有限公司，分别比上年增长了 3.6%和 3.39%。今年新增的出口前 10 的企业有浙江金湖塑料机械有限公司，潍坊中云机器有限公司，山东华冠股份有限公司，顺德市震德塑料机械厂有限公司及广东泓利机器有限公司等。由于有的企业没有被统计或统计不全，故此处的排名仅供参考。从统计的情况看，注塑机企业仍比挤出及中空成型类企业好。产品分类出口情况请见表 6。表 7 为 2002 年受统计的机械工业塑料机械行业企业出口前 10 名的基本情况。

从各表均可以看出，注塑机企业生产、销售和出口都好于挤出类和中空成型类。这也符合市场需求规律，但目前这一差距有些偏大。

四、新技术与新产品

（一）注塑机

表 6　2002 年受统计的塑料机械企业产品分类出口情况

产品分类	挤出类	注塑类	中空成型类	其他	合计
创汇/万美元	1 280.25	3 407.08	30	97.93	4 815.26
所占比例	26.59%	70.76%	0.62%	2.03%	100%

宁波海天股份有限公司在 2002 年推出了 HTFX 系列注塑成型机。该系列共有 18 个机型，锁模力从 58 吨到 3 600 吨，注射量从 80 克到 50 000 克。该系列机器吸取了国外先进注塑机的技术优点，科学地运用 CAD/CAE/CAPP/CAM 技术，通过三维建模、机构装配、运动仿真、有限元分析，优化了关键零部件。锁模部分采用内卷式斜排五铰双曲肘结构，通过仿真技术对运动学和动力学特性优化，保证了开合模平稳、锁模力均衡；固定模板和移动模板采用箱式结构，经过有限元应力分析，在重量比传统的筋板式减少 10%的条件下，刚性则提高了 30%以上；模板平行度误差一般保证在国家优等品允差值的 50%；移动模板采用液压平衡支承提高运动速度，保证运行平稳；注射部分的塑化组件经优化设计，一般共配置了 A、B、C 三种螺杆，为特殊用户储备了几十种专用螺杆，注射装置实现可调式多段注射压力和速度的控制，采用双导柱支撑、双缸平衡注射，整机体现了组合化、通用化、模块化、标准化的设计理念；广泛适应于家电、日用、包装、环保、汽车、航空业等的塑料制品加工。

在科技攻关方面，2002 年海天股份有限公司完成了①注射闭环系统的研制。为了满足客户对高精度注射的要求，海天股份有限公司于 2002 年 9 月和 10 月相继推出了 HTF150 和 HTF250X1 注射闭环系统。该系统采用 BOSCH 注射伺服阀、BOSCH SPR 卡和注射压力传感器、注射位置传感器，能实现注射速度闭环、保压压力闭环和预塑背压压力闭环。在注射和储料过程中，当实际的注射速度、保压压力和储料背压因各种因素（油温、料温、摩擦力和内泄等）引起与设定不同时，装在注射缸上的压力传感器和位置传感器会迅速把信号反馈给 SPR 卡，SRP 立刻对实际值和设定值进行比较计算，并补偿给伺服阀，使实际的速度压力和设定值始终相同。该系统主要特点是注射精确度高、反映速度快、V/P切换迅速、稳定性好，直接反映在产品上为制品重量准确、尺寸精度高。②双金属机筒的研制。由于传统的氮化机筒氮化层浅，由表面向芯部的硬度和 N 浓度迅速下降，使得原来不足的耐磨性、耐腐蚀性更加不足。而双金属机筒具有高的且沿层深均匀一致的耐磨性和耐腐蚀性，不论在盐酸、硫酸、（H_2SO_4 浓度为 50%）的溴化氢、氟化氢、醋酸（以上三种浓度为 10%）等中都具有极为优秀的耐腐蚀性，这是氮化处理所不能相提并论的。另外，双金属合金即使在温度升高到 600℃时，其硬度不变。

2001～2002 年度海天股份有限公司被授权的技术专利有 9 项，分别是：注塑机 HTW88 蓝色外观设计，专利号：ZL01311244.9；注塑机 HTW380 蓝色外观设计，专利号：ZL01311055.1；注塑机 HTF300X 米黄色外观设计，专利号：ZL01311056.X；注塑机头板箱式结构造型设计，专利号 ZL013111244.9；注塑机二板箱式结构造型设计，专利号：ZL01311274.0；注塑机尾板新式结构造型设计，专利号：ZL01311290.2；注塑机固定模板（头板）结构设计，专利号：ZL0123845.4；注塑机移动模板（二板）结构设计，专利号：ZL01238499.2；注塑机可调整模板（尾板）结构设计，专利号：ZL01238531.X。

表 7　2002 年受统计企业出口创汇前 10 名基本情况

企业名称	产品名称	出口数量	交货值/万元	创汇/万美元	出口国家
宁波海天股份有限公司	海天“HT”牌注塑机	808	21 044	2 182	欧美、亚洲等 30 个国家
浙江金湖塑料机械有限公司	螺杆、机筒		4 800	600	德国、日本
大连冰山橡塑股份有限公司	挤出类、密炼类等		3 197	404	中东、东南亚等
浙江申达塑料机械有限公司	FT80-FT520 注塑机	158	3 100	375	法国、韩国、俄罗斯
东华机械有限公司	“90F”注塑机	245	2 887.5	348.82	欧洲等
无锡格兰机械有限公司	WG 全自动注塑机	65	1 581	190	波兰、匈牙利等
顺德市震德塑料机械有限公司	“CJ”牍注塑机	77	1 494.46	180.56	巴西、澳大利亚
潍坊中云机器有限公司	双壁波纹管生产线	2	913	110	伊朗等
青岛顺德塑料机械有限公司	PP-R 冷热水管等	12		107.5	科威特
山东华冠股份有限公司	中空成型、挤出机等	54		83.97	日本、美国、阿联酋

福建龙岩塑料机械厂 2002 年开发研制了 LS600EVA 发泡成型机，主要用于 EVA 鞋底和拖、凉鞋的生产。该设备国内首创。

（二）挤出机

2002 年大连冰山橡塑股份有限公司开发了①SJSH-90×40B SJL-F90 同向双螺杆塑料混炼挤出造粒机组。主要技术规范：螺杆直径 ϕ（90×2）mm；螺杆长径比 40∶1；螺杆形式为积木组合式；螺杆转速为 40～400r/min；生产能力为 450～600kg/h；电机功率为 355kW；自动加料机加料能力 800kg/h；PE 主料失重称，加料能力为 60～600kg/h 等，适合于生产硅烷交联乙烯电缆粒料和硅烷交联乙烯管材粒料。在结构上，该机采用双金属夹套结构机筒，内层是离心浇注的硬质合金层，具有耐磨、耐腐蚀、成本低的特点。机组采用进口 PLC 进行连锁控制，水下切粒的电气传动采用富士变频器控制。②SY-4Г1830 塑料四辊压延机组。该机组辊筒规格为 ϕ（610～1 830）mm；辊筒线速度为 6～60m/min；主电机功率分别为 45kW 和 75kW；工作线速度为 12～120m/min；卷取宽度为 500～1 550mm；卷取厚度为 0.05～0.5mm 等。该压延机的辊筒由冷硬铸铁制成，侧辊、上辊为中空光辊，中辊、下辊为钻空热磨削光辊；辊筒附有中高度，机组设中辊交叉装置、拉回装置、下辊双向预弯曲装置；引离辊、预冷辊、压花辊、结构都为夹套螺旋式，每个辊都做动平衡；机组采用 PLC 进行逻辑连锁控制，采用 CT 全数字直流装置进行驱动控制。③包装膜机组。该机组由 SJ65×30L 挤出机与 SJM-F1400 辅机组成，可以吹制折幅宽 1 200mm 以下高压聚乙烯（LDPE）地膜和包装膜，还可以在一定条件下吹制线性低密度聚乙烯（LLDPE）薄膜和低压聚乙烯（HDPE）薄膜。主要技术参数：SJM-F1400B 吹膜辅机采用螺旋芯棒式组合机头，其中 ϕ300 机头配有两种 ϕ300 口模，一个调整环，可以提供 1.5 和 2.1 两种模口间隙，用户可根据加工物料的性质及膜的规格、厚度等选用。④小型色母料挤出造粒机组。该机组由 SJ150×12 单螺杆塑料挤出机、SWSZ-110 双锥塑料喂料装置及 SJL-F150 塑料挤出造粒辅机组成，主要用于连续生产聚乙烯色母粒。主要技术参数：挤出机螺杆直径 ϕ150mm；螺杆长径比 12∶1；转速 5.5～55r/min；辅机模板直径 ϕ175mm；孔数 91 个；孔径 ϕ2.1mm；双锥喂料装置的螺杆直径 ϕ（335×113）mm；转速 2～20r/min；电机驱动功率为 7.5kW×2。结构特点：螺杆是一组同步异向相互啮合的锥形双螺杆，其中每根螺杆都直接与双包络蜗轮减速器相连，螺杆轴由三套轴承固定在轴承箱上，螺杆与物料接触部位镀铬，螺杆尾部与机筒配合处设有正反螺纹，以防止物料泄漏；换网装置采用滑板式换网形式，可以实现在不停车的情况下进行换网。在换网装置的壳体上设有压力和温度传感器，可以监控熔体压力和温度，并且根据熔体压力监控滤网的堵塞情况。⑤ϕ75 挤出拉丝生产线。该生产线由 SJP-75×32 排气挤出机和 SJLS-F12×6 塑料拉丝辅机组成，专门用于连续生产尼龙拉丝。主要技术参数：主机螺杆直径为 ϕ75mm；长径比 32∶1；螺杆转速 11～110r/min；生产能力 80kg/h；辅机模板孔数分别为 ϕ3mm×3，ϕ4mm×2，ϕ5mm×1；工作转速 50r/min。结构特点：螺杆结构新颖，转速高，长径比大，物料塑化质量高，机器性能好，专门用于聚酰树脂（尼龙 6）的挤出。为了适应尼龙丝的成型，该生产线采用直角式成型机头，机头的内流道均经精细加工，并镀硬铬抛光，表面光滑，喷丝板及分流板均采用不锈钢材料，以便于熔融物料的流动，使尼龙丝制品表面光滑。另外，也非常便于清洗和更换机头模口。⑥ϕ72 双螺杆混炼挤出造粒机组。主要技术参数：主机螺杆直径为 ϕ72mm；长径比为 36∶1；螺杆形式为积木式；螺杆转速为 30～300r/min；生产能力为 150～400kg/h。结构特点：双螺杆同向旋转，输送效率高，自洁性能好，物料在机筒内停留时间短，且分布均匀。螺杆元件可根据物料的不同性能任意组配，使塑化达到最佳状态，从而提高制品的质量。

广东金明塑胶设备有限公司，2002 年新开发了①M5B-1200Q 五层共挤（旋转牵引）薄膜吹塑机组。该机组采用锥形五层共挤组合式机头，其共挤层数可升级；采用 IBC 膜泡内冷系统；旋转牵引；电脑集中控制，并可实现多台设备集中远程控制。该机组可适应吹膜级 PA、EVOH、PVDC、MLLDPE、LDPE、LLDPE、EVA 及黏合树脂等多种原料的加工，薄膜制品折径为 1 000mm，厚度为 0.02～0.20mm，产量为 100kg/h。②MS3R-1200Q 三层共挤双向拉伸热收缩膜吹塑机组。该机组采用三层锥形共挤组合式模头，各层温度可独立控制；采用内外冷却系统；德国进口的远红外线辐射加热片的采用，保证了加热的均匀性；配备的检测膜面温度的 IRON 红外线测温仪，能够及时提供吹胀膜泡所需的温度数据。该机组可适应加工普通 PP、改性 PP、LLDPE、EVA 等多种原料，薄膜制品折径为 1 000mm，厚度 0.012～0.025mm，产量（膜厚为 0.02mm 时）为 100kg/h。③SJ50×28×3-GM-1000 三层共挤（旋转牵引）水冷式薄膜吹塑机组。该机组采用带屏障段的混炼螺杆；采用特殊的冷却水环，对 PP 成分的膜泡采用水冷可保证制品的光亮透明度和挺括度；机组采用新型的联合旋转牵引收卷系统；适用于PP、PE、mLDPE、PA、PET、EVOH、SURLYN（黏合剂）等多种原料的加工，薄膜制品折径为1 000mm，厚度为0.02～0.08mm，产量80kg/h。④SJ160×25×3-MJ-20000三层共挤吹塑复合土工膜机组。该机组采用螺旋芯式三层共挤内复合机头；引进德国先进的IBC内冷技术，闭环控制，内装有进口超声波检测探头，不仅能使膜泡内部达到快速冷却的效果，同时能提高产品的质量和产量；农膜八折装置是在吸收国外先进技术的基础上研制的，具有上、下牵引、八折以及调偏等功能；适合HDPE、LLDPE、LDPE、EVA等多种原料的加工，产量为1 800kg/h，最大幅宽7 000mm，厚度为0.5～2mm。

兰州兰泰塑料机械有限公司2002年开发的新产品有①万吨级SHJ-92双螺杆挤出生产线。该生产线可满足PP、PE、EVA、PC、PS、ABS等填充改性及其他生产要求。②STJ-68/150双阶式双螺杆挤出机组。该机组是半蔽交联电缆料专用设备，采用同向双螺杆＋单螺杆挤出机，完成物料在双螺杆机内充分混炼、塑化、分散，在单螺杆机内实现均化和稳定挤出。③SPJ-92热固性树脂挤出专用设备。该机的螺杆直径为ϕ92mm；转速为30～300r/min；生产能力为300～800kg/h；机筒采用带高耐磨衬套的剖分式结构，螺杆、机筒均为“积木式”设计，可按工艺要求进行任意组合来满足多种热固性树脂塑炼、改性等加工。④纳米母料专用双螺杆挤出机组。主机为SHJ-38同向双螺杆配混挤出机，产量为50kg/h，主要用于PVC的增韧改性，也可用其他PVC硬制品增韧改性。⑤热熔胶造粒挤出机。该机采用滚刀式切粒装置，专门用于高熔融指数热熔胶类共聚物的造粒。配用SHJ-68A双螺杆配混挤出机，产量可达150kg/h。

山东华冠股份有限公司自主开发研制并已批量生产的新产品有①MSX（L）木塑型材挤出生产线。该生产线利用废弃木材（下脚料、废料等）稻草纤维及回收废旧塑料（PE、PP、PVC等）为主要原料，经木质纤维表面处理技术和高分子合成技术来生产木塑复合材料。根据工艺要求，采用了强力输送型机筒，提高了输送能力；温度控制采用新型温控仪表，提高了温度控制精度；传动系统采用变频电机拖动，具有传动平稳，调速范围宽等特点。②TDG-65通讯电缆多孔管生产线。该生产线利用单螺杆挤出机、真空定型台、牵引、切割、堆放架等装置，以PE、PVC为主要原料，配置不同的模头及相应原定型模具，可实现各种截面形状的多孔管材的挤出。③PPB棒材挤出生产线。该生产线用于生产ϕ7.9～ϕ28.6mm的PPB棒材制品，主要用于生产耐HFC-134a汽车空调橡胶软管的模具以及实验用模具，也可作为塑料机加工件的原料。该机采用带螺旋槽的机筒，加强挤出机的输送能力；螺杆为BM螺杆加混炼元件，混炼效果好；螺旋式机头可降低机头压力，保证物料均匀挤出；为保证挤出棒材密实无空心，采用了补偿式水冷结构；履带牵引装置可实现变频调速。④EPE-L系列丁烷发泡片材机组。该系列产品包括EPE-90、EPE-105、EPE-120、EPE-150，可生产厚度为0.7～10mm、宽度为1 000～1 300mm的制品，制品发泡倍数为25～40。⑤2MB3200-I两层共挤复合包装膜机组。该机组采用两台SJ-90/30C挤出机作为主机，使用连续旋转的吹塑成型工艺，生产折径为3 200mm的复合包装薄膜。

常州塑料机械有限公司2002年推出了STM1000涂塑复合机组，采用流延法平膜挤出涂膜工艺，选用可进退的大长径比塑料挤出机，温度自控，并配制了长寿过滤网及高精度平膜机头。该生产线可双面复合，一次成型，自动化程度高，是生产二合一纺织布、三合一、六合一纸塑复合材料的设备。挤出模头宽度为800mm，可复合产品最大宽度为700mm。

上海挤出机厂2002年研究开发了①SJ-200×25B超高分子量聚乙烯管材机组（与北京化工大学合作）；②SJSP-132×23异向平行双螺杆塑料挤出机。由于超高分子量聚乙烯是分子量为150万以上的线性聚乙烯，具有普通聚乙烯和其他工程塑料所无法比拟的耐磨性、耐冲击性、自润滑性等优异的综合性能，因此其管材广泛应用于矿山、冶金等行业。但也正是由于这些性能，使挤出加工该材料难度很大，目前世界上只有少数发达国家能生产这种设备。SJ-200×25B是在SJ-150×25A“超高”挤出技术的基础上开发成功的，现已提供给山西用户。

青岛科技大学2002年开发了五层共挤一步成型PE基高强度钢塑复合管技术，该技术国际首创，在同一条流水线上可生产ϕ110～ϕ200mm不同规格的钢塑复合管。

青岛顺德塑料机械有限公司2002年最新设计开发了SJRG-Z1000大口径中空壁缠绕管生产线。该生产线设计合理，性能稳定，操作方便，自动化程度高，具有较高的科技含量。

（三）中空成型机

2002年秦川塑机研发了①国内第一台30升双工位全自动塑料中空成型机——SCJ30×2。该机主要由机架、挤出机、可控机头、成型机、吹胀装置、机械手、液压、气动系统等组成，适用于加工以普通吹塑级聚乙烯和高分子量聚乙烯为原料的中空制品；②SJB180/75×30塑料挤出钢管包覆机组，该机螺杆直

径为 ϕ180mm，生产率为 1 200kg/h，整机配置高，集中控制，操作安全、方便。挤出机及模头采用国际先进的计算机塑料分析软件进行设计，塑化质量好，挤出效率高。

五、产品鉴定

大连冰山橡塑股份有限公司开发研制的 SJSH-92×32 SJL-F92 双螺杆塑料混炼挤出造粒机组（1 万吨/年合成树脂混炼挤压造粒机组）的技术鉴定会于 2002 年 11 月 2 日在兰州举行。该机组由大连冰山橡塑股份有限公司和中国石化公司合成橡胶厂共同研制，适用于无机填料改性、塑料与橡胶共混、回收等造粒，是合成树脂生产的关键设备。经过评审委员对“技术报告”、“用户使用报告”、“查新报告”和“检验报告”等技术鉴定资料和技术文件的审阅以及现场考察，一致认为：该机组设计合理，结构新颖：采用衣架式机头，出流均匀；采用 PLC 触摸屏控制方式，控制简捷、可靠；在螺杆、芯轴的设计与制造上亦有突破；主要技术参数达到国外同等规模产品的先进水平，国内处于领先地位。

广东金明塑胶设备有限公司的 M5B-1200Q 五层共挤薄膜吹塑机组于 2002 年 12 月 1～2 日通过了由汕头科技局主持的鉴定。该机组采用自有的波状螺杆，多层共挤组合（叠加）机头，膜泡内冷控制，水平式薄膜旋转牵引系统，自动收卷及现场总线控制等高新技术。结构设计合理，外形美观，自动化程度高，适用于 PA、EVOH、mLLDPE 等多种树脂生产具有高阻功能的五层共挤塑料包装材料。

宁波海天股份有限公司研制的 HTF3600X 塑料注射成型机于 2002 年 7 月 8 日通过了由宁波市经济委员会主持的新产品鉴定会。鉴定委员会一致认为：机器塑化能力强、移模速度快、运行平稳性好、噪声小、无渗漏、电气及液压控制系统响应灵敏、切换平稳、成型工艺参数调节方便、整机运行可靠、生产效率高。该机外形美观，机械结构布局合理，控制系统先进，使用了专用电脑及液压比例控制，是节能型的机电一体化产品，填补了国内空白，技术性能达到了国际九十年代同类机型的水平，可取代进口。

由广东汕头市光华机械实业有限公司与华南理工大学联合研制的电磁动态塑化挤出平膜扁丝机组，于 2002 年 5 月在汕头市通过了省（部）级科技成果鉴定。

该机组采用了①电磁动态塑化挤出技术取代传统的螺杆式挤出技术；②PLC 可编程控制器和人机界面终端控制系统，对整机实施智能化控制；③磁感应卷绕机取代力矩式卷绕机。该机组高效节能，挤出部分可省电 40%～50%。

六、质量及标准

2002 年海天股份有限公司、张家港华丰公司、上海挤出机厂、福建龙岩塑料机械厂等顺利通过了 ISO 9001：2000 版第二次监督审核。

七、基本建设及技术改造

机械工业塑料机械行业的基本建设及技术改造投资均比上年有很大的增加，如福建龙岩塑料机械厂 2002 年新建厂房 2 022 平方米，总投资 176 万元。太原汾机注塑机厂 2002 年新建厂房 3 000 平方米，新增设备投资 2 000 多万元，宁波海天股份有限公司添置了一台国内惟一的价值 800 万人民币的奥地利产旋风螺杆铣床，等等。

八、对外合作

大连冰山橡塑股份有限公司 2002 年从加拿大阿尔法公司引进了 HFO 旋转人字板技术，配套在公司相应的挤出生产线上。该构件由人字板、旋转器、气垫辊、导辊、变频电机、减速器、速比减速箱、控制系统及机架等组成。整个旋转器为环卧式结构，占用高度小，可节省厂房费用。旋转器往复旋转 360°，旋转速度可根据工艺要求调整。

（大连塑料机械研究所　王淑香）

我国塑料模具行业的现状及发展情况

根据国民经济行业分类（GB/T 4754—2002），塑料成型模具是模具制造行业中的一大类产品。塑料模具共分 7 类，它们是：热塑性塑料注塑模、热固性塑料注塑模、热固性塑料压塑模、挤塑模、吹塑模、真空吸塑模和其他类塑料模。在各类塑料模具中，注塑模的量最大，也最有代表性。

一、我国塑料模具行业的现状

1. 我国塑料模具的发展

塑料模具的发展是随着塑料工业的发展而发展的，在我国，起步较晚，但发展很快，特别是最近几年，无论在质量、技术和制造能力上都有很大发展，取得了很大成绩。这可以从下列几个方面来看。

（1）CAD/CAM/CAE 技术的应用

现在 CAD/CAM/CAE 技术在塑料模的设计制造上应用已越来越普遍，特别是 CAD/CAM 技术的应用较为普遍，取得了很大成绩。目前，使用计算机进行产品零件造型分析、模具主要结构及零件的设计、数控机床加工的编程等已成为精密、大型塑料模具设计生产的主要手段。一些塑料模主要生产企业利用计算机辅助分析（CAE）技术对塑料注射过程进行流动分析、冷却分析、应力分析等，合理选择浇口位置、尺寸、注塑工艺参数及冷却系统的布置等，使模具设计方案进一步优化，也缩短了模具设计和制造周期。

（2）电子信息工程技术的应用

应用电子信息工程技术进一步提高了塑料模的设计制造水平。国内一些主要的塑料模生产企业已经实现了通过客户提供的产品三维信息盘片和网上产品电子信息来进行预算、报价、设计审定、设计更改等，这不仅缩短了生产前的准备时间，而且还为扩大模具出口创造了良好的条件。由于直接利用了用户提供的产品电子信息，大大缩短了CAD/CAM的技术准备时间，出相应缩短了模具的设计和制造周期。

（3）气体辅助注射成型技术的使用更趋成熟

几年前还是刚刚开始应用的气体辅助注射成型技术近年来发展很快，更趋成熟。目前，不少企业已能在电视机外壳、洗衣机外壳、汽车饰件以及一些厚壁塑料件的模具上成功地运用气辅技术，一些厂家还使用CMOLD气辅软件，取得了良好效果。

（4）热流道技术的应用更加广泛

近年来，热流道技术发展很快，热流道模具比例不断提高。虽然在全国范围来说，热流道模具比例仍然不高，但也有一些模具企业，热流道模具已占其模具生产总量的1/3左右。现在，一般内热式、外热式元件以及分流板多点热喷嘴的结构应用已比较普遍，具有先进水平的针阀式喷嘴和通断控制式喷嘴国内也能自行设计制造。与此相应，国产商品化热流道系统元件也已出现。

（5）精密、复杂、大型模具的制造水平有了很大提高

目前，国内生产的小模数塑料齿轮等精密塑料模具已达到国外同类产品水平。在齿轮模具设计中采用最新的齿轮设计软件，纠正了由于成型压缩造成的齿形误差，达到了标准渐开线造型要求。显示管隔离器注塑模、多注射头塑封模、高效多色注射塑料模、纯平彩电塑壳注塑模、洗衣机滚筒注塑模、塑料管路多通接头注塑模、汽车灯及汽车饰件注塑模、冰箱吸塑发泡模等一大批精密、复杂、大型模具的设计制造水平也已达到或接近国际水平。使塑件尺寸精度达到6～7级的塑料模具国内已可生产，其分型面接触间隙为0.02mm，模板的弹性变形为0.05mm，型面的表面粗糙度为Ra=0.05～0.025mm。使用CAD三维设计、计算机模拟注塑成型、有些模具零件达到互换、抽芯脱模机构设计新颖等，对精密、复杂模具的制造水平提高起到了很大作用。20吨以上的大型塑料模具的设计制造也已达到相当高的水平。34英寸彩电塑壳和65英寸背投电视机壳模具，8kg洗衣机塑料模具、汽车保险杠和仪表盘的注塑模等大型模具，国内都已可生产。国内最大的塑料模具已达50吨。

（6）模具寿命不断提高

通过采用优质模具钢、对模具工作零件进行相应的热处理、采用高质量模架再镶入淬火工具钢件等结构，近年来模具寿命不断提高，不少模具的寿命已能达到100万次以上。

（7）模具效率不断提高

挤出速度达4m/min以上的高速塑料异型材挤出模国内已能商品化供应。双腔共挤、多腔注塑（塑封膜已达2000腔）、采用热流道技术等使模具效率不断提高。不少企业在自动脱模（脱流道）方面精心设计，同时更加重视冷却系统的设计，使模具的效率大幅度提高，有的甚至能使注塑生产效率提高几倍。

（8）采用模具先进加工技术及设备

采用模具先进加工技术及设备，使模具制造能力大为提高。高速铣削技术及高速铣削机床在模具加工中的使用，已使模具加工效率有了显著提高。目前，主轴转速达到25 000r/min以上的高速铣床国内已引进多台，转速达到8 000r/min以上的机床就更多了，使用高速铣床，采用高速铣削技术，不但能使模具精度和表面质量得到大幅度提高，而且模具制造周期大为缩短。国外引进的高精度数控电加工机床的使用也使模具制造能力得到提高。某些国外电加工机床具有内容丰富、实用可靠的工艺数据和专家系统，使模具的深槽窄缝加工、微细加工、镜面加工等效率和质量大大提高。新的模糊控制系统具有加工反力的监测和控制，提高了大面积加工的深度控制精度。电火花混粉加工技术的应用有效地提高了模具表面质量。模具逆向工程技术、快速经济模具制造技术、三维扫描测量技术及数控模具雕刻机的发展与应用，对模具制造能力的提高也起到了很大作用。

2. 我国塑料模具的差距

综上所述，我国塑料模具的质量、技术和制造能力近年来确实发展很快，有些已达到或接近国际水平，尤其是随着改变开放政策的不断深入，“三资”企业蓬勃发展，对我国塑料模具设计制造水平的提高起到了非常大的作用。然而，由于我国模具制造基础薄弱，各地发展极不平衡，因此总体来看，与国际先进水平相比和与国内外市场需求相比，差距还很大。这主要表现在下列方面。

（1）塑料模具产品水平（见下页表）

塑料模具产品水平

项目＼水平	国外先进水平	国内综合水平
型腔精度表面粗糙度	0.005～0.01mm Ra0.10～0.05μm	0.02～0.05mm Ra0.20～0.40μm
生产周期(以中型塑料模为例)	1个月左右	2～3个月左右
非淬火钢模寿命 淬火钢模寿命	10万～60万次 200万～500万次	10万～30万次 50万～100万次

(2) 工艺装备水平

我国塑料模制造企业设备数控化率和CAD/CAM应用覆盖面比国外低得多，且设备不配套、利用率低的现象十分严重。国产设备在精度、加工表面粗糙度、刚性、稳定性、可靠性及刀具和附件的配套性和精度保持性等方面与国外相比仍有较大差距。

(3) 开发能力及经济效益等方面

国外模具企业技术人员比例很高，多数企业在25%以上，有些在50%以上，有些企业往往是大多数职工可在技术与生产岗位上互换，具有很高素质，加之企业对产品开发很重视，经常与产品厂一起共同开发产品与模具，因此有很强的开发能力。我国模具企业技术人员比例低，多数企业在10%～15%之间，且大多数只注重模具开发，不重视产品开发，因此综合开发能力很低，在市场上常处于被动地位。

经济效益方面，国外工业发达国家每个模具职工平均创造模具产值15万～20万美元，而我国只有5万～10万元人民币。国外模具企业大都有一定利润，而我国模具企业大都是微利甚至亏损。

(4) 管理及其他方面

国内外模具企业管理上的差距十分明显。管理上差距所带来的问题往往比技术上的差距更为严重。利用计算机进行科学管理在国外企业中已十分广泛，而国内还很少采用。到目前为止，通过ISO 9000认证的模具企业全国只有1%左右。另外，诸如企业结构、产品结构、技术结构及企业运营机制等方面，国内外差距也较大。

(5) 产需矛盾

我国塑料模具市场总体上供不应求，特别是大型、精密、复杂、长寿命塑料模产需矛盾十分突出，满足率只有60%左右。尤其是为工程塑料配套的模具，目前满足率只有40%左右。工程塑料是我国重点支持和优先发展的产业，预计每年将有25%的增长率。为解决这个矛盾，每年只好大量进口。2002年共进口橡塑模具约6.93亿美元，其中绝大部分是塑料模具。

3. 我国塑料模具企业、人员及材料等方面情况

我国共有各种类型的模具制造企业约2万家，其中能生产塑料模具的企业占六成以上，但专业生产塑料模具的企业估计占一半左右，约为1万家，但达到一定规模的企业要少得多。主要企业详见附录。

全国模具行业从业人数约为50万人，其中属塑料模具企业的人员约有20多万人。

2002年全国塑料模具总产值约为140亿元左右，约占全部模具总量的38%～39%。生产出这些塑料模具，约需多种模具材料30多万吨，其中碳结钢仍占多数，主要来自国内各钢厂。在这30多万吨材料中，工模具钢也占了相当比例，估计有10万吨左右。主要钢种有P20（3Cr2Mo)、5NiSCa、718（40CrMnNiMo)、SM1（Y55CrNiMnMoV)、SM2（Y20CrNi3AlMnMo)、PMS(10Ni3MnCuAl)等及部分热工模具钢。这些工模具钢，大多数也来自国内各钢厂，但进口也不少，估计国产化率约为70%。

4. 我国塑料模具进出口情况

2002年，我国共进口模具5.54万吨，计12.72亿美元。其中塑料或橡胶用模具为253.85万套，计6.93亿美元。计全部进口模具的54.5%。由于海关统计塑料或橡胶模具为同一个税号，因此无法将塑料模与橡胶模分开。但据分析，塑料模占其中的大部分，橡胶模只是一小部分。

2002年，我国出口模具1.95万吨，计2.52亿美元。其中塑料或橡胶用模具为46.78万套，计1.72亿美元，计全部出口模具的68.3%。

进口的塑料模具主要来自日本、我国台湾省和韩国，其次是我国香港特别行政区和美国，他们分别占28.2%、26.6%、11.7%、7%和3.8%。

出口的塑料模具主要货源地是广东、浙江、上海和福建。他们分别占57%、13.9%、11%和5.2%。

出口塑料模具主要市场是我国香港特别行政区、日本、我国台湾省、美国和新加坡，其次是越南、泰国、马来西亚、韩国、印度、印度尼西亚和墨西哥等地。

5. 我国塑料模具比较发达的地区、主导产品及主要应用领域

我国塑料模具产地虽然遍布全国各地，但主要集中在东南沿海各省市，其中尤以珠江三角洲和长江三角洲一带最为集中。按省市来说，广东省和浙江省最为发达。这两个省所生产的塑料模具约占全国总量的三分之

二。东莞、深圳、顺德是广东省内塑料模具生产最为发达的地方。宁波、台州是浙江省内塑料模具生产最为发达的地方。塑料注射模具是塑料模具中的主导产品，它们主要服务于汽车、摩托车和电器（尤其是家用电器）行业，其次是机械、电子、建材等行业。

6. 我国塑料模具行业标准化工作概况

我国塑料模具行业标准化工作是整个模具行业标准化工作一部分，标准化工作是从“全国模具标准化技术委员会”成立以后的1983年才开始的。

我国模具标准化体系包括四大类标准。即：模具基础标准、模具工艺质量标准、模具零部件标准及与模具生产相关的技术标准。如果按模具分类来分，我国塑料模具方面已有塑料注射模具标准、塑料异型材挤出模具标准及塑料模架标准等共43项。

模具行业中经常提到“模具标准化程度”这个概念。这个概念比较复杂，有别于机械行业中常用的“标准化程度”。后者一般可以用标准件采用率来衡量，而前者往往是指“模具标准件使用覆盖率”。由于我国模具标准化工作起步较晚，模具标准件生产、销售、推广和应用工作也比较落后。因此，模具标准件品种规格少、供应不及时、配套性差等问题长期存在，从而使模具标准件使用覆盖率一直较低。近年来虽然由于外资企业的介入，比例已有较大提高，但总的来说还很低。据初步估计，目前这一比例大致为40％～45％之间。而国际上一般在70％以上，其中中小模具在80％以上。由于我国模具企业的性质和所在的地区不同，模具标准件使用覆盖率存在很大差异。三资企业要比其他企业高，南方的企业要比北方的高。这在广东表现得最明显。广东集中了大量的三资企业，他们带动了其他企业的观念的转变和市场的发展，因而广东的模具企业模具标准件的使用覆盖率要远远高于其他地区的模具企业。

贯彻模具标准，采用模具标准件，不但能有效提高模具质量，而且能降低模具生产成本及大大缩短模具生产周期。有关统计资料表明：采用模具标准件可使企业的模具加工工时节约25％～45％；能缩短模具生产周期30％～40％。由此可见模具标准化是何等重要！随着工业产品多品种、小批量、个性化、快周期生产的发展，为了提高市场经济中的快速应变能力和竞争能力，在模具生产周期已显得越来越重要的今天，模具标准化的意义已更为重大。

由于我国模具标准化工作起步晚、进展慢，再加过去“大而全”、“小而全”、“自产自配”等陈旧观念的影响，因此，我国模具标准件长期以来一直是品种规格少、生产规模小、流通不畅通、即使是目前生产较多的模架、导向件、推杆推管、弹性元件等，也是中低档产品多，中高档产品少。一些外资企业生产的高档模具标准件，由于价格昂贵而影响其推广应用。

模具标准件适合于社会化大批量专业化生产，但我国长期以来却一直是散、乱、差的局面。所谓“散”，主要是模具标准件生产厂点太多太散，很少能形成经济批量。所谓“乱”，主要是标准乱，一个企业往往要按国标、行标和过去的好几个部标及某些企标生产，而且还要按日、德、美、瑞士等外国标准和某些国外著名企业的企标生产。同时，模具标准件市场也乱，无序竞争造成许多不良后果。所谓“差”，就是模具标准件的质量差和企业的效益差。近年来随着外资企业的介入，这种状况虽有改善，但仍未根本改变。生产与需要相比，尚有较大差距。部分企业不从质量和水平上下功夫，却只在价格上做文章，致使过分压价以后造成偷工减料、鱼目混珠、质量下降，从而殃及许多企业，使得模具标准件总体利润率下降，有些企业甚至到了亏损的边缘。

销售环节在模具标准件市场上起着重要作用。目前全国虽然已有销售点近百家，但大多数规模不大、库存不多、销售额小，即使是中国模具工业协会标准件委员会模具标准件联合销售网内的50多家经营单位，也存在同样的问题。个别单位计划开展网上销售和电子商务，但这一工作刚起步不久，要形成规模尚待时日。

现就使用覆盖率最大及大面广的注塑模架和推杆推管二类产品为例对产需情况作些初步分析。

（1）注塑模架

注塑模架生产厂家很多。估计生产注塑模架的厂家全国共有40家以上，其中大多数年生产量不足千套，有万套能力以上的企业不到10家，其中龙记集团公司、东莞明利钢材模具制品有限公司和德胜公司以及广东顺德新强盛模具公司的生产规模属于第一方阵，每个企业注塑模架年产值都可达亿元以上，有的可达几亿元。苏州中村重工钢模公司、深圳南方模具厂、深圳龙华实业公司、深圳市兴龙机械模具有限公司、昆山中大模架有限公司、浙江亚轮模架有限公司、四川江东机械厂、南通龙腾机械有限责任公司、昆山宏顺大型模架有限公司等属第二方阵，注塑模架年产值都可达1千万元以上。这2个方阵共10多个企业注塑模架年产值可达20多亿元，占到全国总产量的90％以上。按需要来说，目前全国约需注塑模架30多亿元。但是国内市场并未达到这个规模，这主要是注塑模架自产自配比例较高和出口较多。我国北方和广大的中西部地区，由于专业化程度较低和历史原因造成的一些陈旧观念至今尚未根本改变，因此模具生产单位所需的注塑模架大多数仍旧自产自配而很少外购。所以目前注塑模架的市场主要集中在珠江三角洲，其次是长江三角洲地区。其中广东最为集中，其次是浙江、江苏、上海、山东。

由于模具用户对模具生产周期要求越来越短，因此生产大中型注塑模架的企业已开始往预挖型腔和打深孔等深加工方向发展，现在已取得良好效果。

(2) 推杆推管

由于工艺复杂和价格低廉，因此推杆推管的专业化生产在众多的模具标准件中是搞得最好的，其使用覆盖率也几乎达到了100%。日资盘起工业（大连）有限公司是我国生产推杆推管最大的企业，它生产的推杆推管质量上乘，价格昂贵，大量出口。广州实力模具标准件公司目前具有年产3 000万支的能力，是内资企业中规模最大的企业，该公司生产的推杆推管品种规格及档次较多，可以满足不同层次的需要，且有部分成品出口。广州市东华模具推杆厂、增城富强模具实业有限公司、安徽利达模具标准公司、天津河东区振华模具标准件厂和天津恭华模具标准件有限公司已都有年产1 000万支左右的能力。上述7家企业的产量约占全国总量的80%左右，推杆推管市场产需基本平衡。生产企业已注意到改进工艺、增加品种、提高产品质量和档次以及进一步发展专业化生产的重要性。特别是名列前茅的几家企业，都正在设法用先进工艺进行技术改造来提高自己在市场中的竞争能力。

我国“十五”模具行业发展规划提出：模具标准件要扩大品种、提高精度，达到互换。其中主要品种，如模架、导向件、推杆、弹性元件等，要实现按经济规模大批量生产。2005年模具标准件使用覆盖率达到60%，2010年达到70%以上（其中大型模具60%零件实现标准化）。基本满足市场需要。模架、导向件、推杆、推管、弹性元件、标准组件、小型标准件（如标准凸凹模、浇口套、定位圈、拉钩等）和热流道元件是发展重点。由此可见模具标准化及模具标准件方面任务之艰巨和前景之美好。中国模具工业协会标准件委员会提出：标准化是基础，专业化是方向，商品化是关键。这是模具标准化工作的指导思想。

7. 塑料模具行业的发展特点和存在的问题

由于塑料有一系列特殊的优越性，它的应用面已越来越宽，应用量也越来越大，而塑料原料一般都要通过模具来变成塑料制品，所以塑料模具行业的发展速度要快于模具行业总的发展速度，其中为工程塑料配套的塑料模具尤为明显。这是塑料模具行业发展的主要特点。塑料模具一方面将越来越大，另一方面将越来越精密，这也是塑料模具行业的发展特点。

塑料模具行业的产品与国外先进水平的差距，模具企业工艺装备、开发能力、经济效益、管理、产需矛盾等方面存在的问题已在“我国塑料模具的差距”中有过简单的阐述。此外，模具企业机制不够灵活有效、模具技术人才和管理人才的普遍缺乏、模具材料的品种规格和性能不能满足模具生产需要、模具标准件的生产供应和社会配套协作条件差等也都是塑料模具行业存在的问题。

二、我国塑料模具的发展趋势

塑料模具生产企业在向着规模化和现代化发展的同时，“小而专”、“小而精”仍旧是一个必然的发展趋势。从技术上来说，为了满足用户对模具制造的“交货期短”、“精度高”、“质量好”、“价格低”的要求，以下的发展趋势也较为明显。

1. 在模具设计制造中将全面推广CAD/CAM/CAE技术

CAD/CAM/CAE技术是模具技术发展的一个重要里程碑，实践证明，CAD/CAM/CAE技术是模具设计制造的发展方向。现在，全面普及CAD/CAM/CAE技术的条件已基本成熟。随着微机软件的发展和进步，技术培训工作也日趋简化。在普及推广模具CAD/CAM技术的过程中，应抓住机遇，重点扶持国产模具软件的开发和应用；加大技术培训和技术服务的力度；进一步扩大CAE的技术应用范围。有条件的企业应积极做好模具CAD/CAM技术的深化应用工作，即开展企业信息化工程，可从计算机辅助工艺设计开始逐步向计算机集成制造系统乃至向虚拟制造发展，逐步深化和提高，用于模具设计制造的计算机软件将向智能化、集成化方向发展。

2. 快速原型制造（RPM）及相关技术将得到更好的发展

快速原型制造（RPM）技术是美国首先推出的。它是伴随着计算机技术、激光成型技术和新材料技术的发展而产生的，是一种全新的制造技术，是基于新颖的离散/堆积（即材料累加）成型思想，根据零件CAD模型，快速自动完成复杂的三维实体（模型）制造。RPM技术是集精密机械制造、计算机、NC技术、激光成型技术和材料科学最新发展的高科技技术，被公认为是继NC技术之后的一次技术革命。RPM技术可直接或间接用于模具制造，首先是通过立体光固化(SLA)、叠层实体制造（LOM）、激光选区烧结(SLS)、三维打印（3D-P）、熔融沉积成型（FDM）等不同方法得到制件原型，然后通过一些传统的快速制模方法，获得长寿命的金属模具或非金属的低寿命模具，主要有精密铸造、粉末冶金、电铸和熔射（热喷涂）等方法。这种方法制造模具有技术先进、成本较低、设计制造周期短、精度适中等特点，从模具的概念设计到制造完成，仅为传统加工方法所需时间的1/3和成本的1/4左右。因此，快速制模技术与快速原型制造技术的结合，将是传统快速制模技术进一步深入发展的方向。用RPM技术制造出原型后，或用实物，使用旋转铸造（用热硬化橡胶做模具）可快速、低成本地制造小批量零件，发展前景很好。

RPM技术还可以解决石墨电极压力振动（研磨）成型法中母模（电极研具）制造困难问题，使该法获得新生。基于 RE（逆向工程技术）及 RPM 的模具并行开发系统，具有开发质量高、开发成本低及开发周期短等优点。

3. 高速铣削加工将得到更广泛的应用

国外近年来发展的高速铣削加工，机床主轴转速可达 40 000～100 000r/min，快速进给速度可达到 120m/min，加速度可达 1～2g，换刀时间可提高到 1～2s。这样就大幅度提高了加工效率，并可获得 $Ra \leqslant 1\mu m$的加工表面粗糙度。另外，还可加工硬度达 60HRC 的模块，形成了对电火花成型加工的挑战。高速切削加工与传统切削加工相比还具有温升低（加工工件只升高 3℃）、热变形小等优点。目前它已向更高的敏捷化、智能化、集成化方向发展。高速铣削必须与相应的软件、加工工艺、刀具及其夹紧头相配合。高速铣削加工技术的发展促进了模具加工技术的发展，特别是对汽车、家电行业中大型型腔模具制造注入了新的活力。

4. 模具高速扫描及数字化系统将在逆向工程中发挥更大作用

高速扫描机和模具扫描系统已在我国 200 多家模具厂点得到应用，取得良好效果。该系统提供了从模型或实物扫描到加工出期望的模型所需的诸多功能，大大缩短了模具的研制制造周期。有些快速扫描系统可快速安装在已有的数控铣床及加工中心上，采集的数据通过软件可自动生成各种不同数控系统的加工程序及不同格式的 CAD 数据，用于模具制造业的“逆向工程”。高速扫描机扫描速度最高可达 3m/min，大大缩短了模具制造周期。

由于模具扫描系统已在汽车、摩托车、家电等行业得到成功应用，相信在“十五”期间将发挥更大的作用。逆向工程和并行工程将在今后的模具生产中发挥越来越重要的作用。

5. 电火花铣削加工技术将得到发展

电火花铣削加工技术也称为电火花创成加工技术，这是一种替代传统的用成型电极加工型腔的新技术，它是用高速旋转的简单的管状电极作三维或二维轮廓加工（像数控铣床一样），因此不再需要制造复杂的成型电极，这显然是电火花成型加工领域的重大发展，国外已有使用这种技术的机床在模具加工中应用。预计这一技术将得到发展。

6. 超精加工和复合加工将得到发展

航空航天等部门已应用纳米技术，必须要有超高精度的模具制造超高精度的零件。随着模具向精密化和大型化方向发展，加工精度超过 $1\mu m$ 的超精加工技术和集电、化学、超声波、激光等技术综合在一起的复合加工将得到发展。兼备两种以上工艺特点的复合加工技术在今后的模具制造中将有广阔的前景。

7. 热流道技术将得到推广

由于采用热流道技术的模具可提高制件的生产率和质量，并能大幅度节省制件的原材料和节约能源，所以广泛应用这项技术是塑料模具的一大变革。国外热流道技术的发展很快，许多塑料模具厂生产的模具已有一半用上了热流道技术，有的厂甚至已达 80% 以上，效果十分明显；国内近几年来已开始推广应用，但总体还达不到 10%，个别企业已达到 30% 左右。制定热流道元器件的国家标准，积极生产价廉高质量的元器件，是发展热流道技术的关键。

8. 气体辅助注射技术和高压注射成型等工艺将进一步发展

气体辅助注射成型是一种塑料成型的新工艺，它具有注射压力低、制品翘曲变形小、表面质量好以及易于成型壁厚差异较大的制品等优点，可在保证产品质量的前提下，大幅度降低成本。国外该工艺已比较成熟，国内目前在汽车和家电行业中正逐步推广使用。气体辅助注射成型包括塑料熔体注射和气体（一般均采用氮气）注射成型两部分，比传统的普通注射工艺有更多的工艺参数需要确定和控制，而且气体辅助注射常用于较复杂的大型制品，模具设计和控制的难度较大，因此，开发气体辅助成型流动分析软件显得十分重要。

为了确保塑料件精度，将继续研究发展高压注射成型工艺与模具以及注射压缩成型工艺与模具。在注射成型中，影响成型件精度的最大因素是成型收缩。高压注射成型可增加塑料件尺寸的稳定性。模具要求刚性好、耐高压，特别是精密模具的型腔应淬火，浇口密封性好，模温能准确控制。注射压缩成型技术是在模具预先半开模状态或者在锁模力保持中压或低压，注射熔融树脂，然后以最大的锁模力进行压缩成型，其效果是：a. 成型件局部内应力小；b. 可得到质量好的厚壁成型件；c. 对于塑件狭窄的部件也可注入树脂；d. 用小注射力能得到优良的制品。该类模具的理想模具结构是：a. 注射时树脂以低的流动阻力迅速充填型腔；b. 充填后能立刻遮断浇口部；c. 压缩作用应仅限于型腔部。

9. 模具标准化程度将不断提高

我国模具标准化程度正在不断提高，估计目前我国模具标准件使用覆盖率已达到 35%～40%，国外发达国家一般为 80%左右。为了适应模具工业发展，模具标准化工作必将加强，模具标准化程度将进一步提高，模具标准件生产也必将得到发展。

10. 优质材料及先进表面处理技术将进一步受到重视

在整个模具价格构成中，材料所占比重不大，一般在10%～30%之间，因此选用优质钢材和应用相应的表面处理技术来提高模具的寿命就显得十分必要。对于模具钢来说，要采用电渣重熔工艺，努力提高钢的纯净度、等向性、致密度和均匀性及研制更高性能或具特殊性能的模具钢，如采用粉末冶金工艺制作的粉末高速钢及采用熔铸工艺的模具钢等。另外，模具钢品种规格多样化、产品精料化、制品化，尽量缩短供货时间亦是重要方向。

其他优质模具材料如硬质合金、陶瓷材料、复合材料等的扩大应用也十分重要。

模具热处理和表面处理是能否充分发挥模具钢材料性能的关键环节。模具热处理的发展方向是采用真空热处理。模具表面处理除完善普及常用表面处理方法，即扩渗，如：渗碳、渗氮、渗硼、渗铬、渗钒外，应发展设备昂贵、工艺先进的气相沉积（TIN、TIC等）、等离子喷涂等技术。由于铝合金材料质量轻、切削性能好、导热导电率高、焊接性能优良，用它作模具材料可缩短制模周期和降低模具成本，且用于塑料模可有30万次以上寿命，因此用铝合金进行高速切削来制作快速经济模具已在世界上得到较为广泛的使用，我国也已开始使用。预计今后将会得到较快发展。

11. 模具研磨抛光将向自动化、智能化方向发展

模具表面的光整加工是模具加工中未能很好解决的难题之一。模具表面的质量对模具使用寿命、制件外观质量等方面均有较大的影响，我国目前仍以手工研磨抛光为主，不仅效率低（约占整个模具周期的1/3），且工人劳动强度大，质量不稳定，制约了我国模具加工向更高层次发展。因此，研究抛光自动化、智能化是重要的发展趋势。日本已研制了数控研磨机，可实现三维曲面模具的自动化研磨抛光。另外，由于模具型腔形状复杂，任何一种研磨抛光方法都有一定局限性。应注意发展特种研磨与抛光方法，如挤压研磨、电化学抛光、超声抛光以及复合抛光工艺与装备，以提高模具表面质量。

12. 模具自动加工系统的研制和发展

随着各种新技术的迅速发展，国外已出现了模具自动加工系统。这也是我国长远发展的目标。模具自动加工系统应有如下特征：多台机床合理组合；配有随行定位夹具或定位盘；有完整的机具、刀具数控库；有完整的数控柔性同步系统；有质量监测控制系统。

13. 虚拟技术将得到发展

计算机和网络的发展正使虚拟技术成为可能。虚拟技术可以形成虚拟空间环境，实现虚拟装配，虚拟合作设计、制造，合作研究开发，及建立虚拟企业。“九五”期间模具行业对此已开始探索，“十五”期间应有所发展。

附录　我国塑料模具部分主要生产企业名单

表1　以大中型塑料模具为主产品的主要生产企业

企业名称	邮政编码	地　址
海尔模具公司	266101	山东省青岛市高科园海尔路1号
上海紫燕模具工业有限公司	201206	金桥金港路1000号
浙江模具厂	318020	浙江黄岩黄光城青年西路199号
东莞汇科模具塑胶制品有限公司	511768	广东省东莞市长安镇大新围工业区
广州导新模具注塑有限公司	510430	广州市白云区石井镇石槎路
深圳康佳精密模具制造有限公司	518053	广东深圳特区华侨城
广东科龙模具有限公司	528303	广东省顺德市容奇镇空港路13号
顺德市百年科技发展有限公司	528311	广东顺德美的工业城
夏普模具工业控制系统有限公司	200135	浦东金海路1537号
合肥荣事达模具有限公司	230088	合肥市长江西路669号高新技术产业开发区
宁波德业金塑模具制品有限公司	315803	宁波经济技术开发区G7区花浦路8号
广州林仕豪模具制造有限公司	510730	广州经济技术开发区秀丽小区银海街3号
南海华达模具塑料有限公司	528244	广东省南海市里水镇新兴路
上海延锋汽车饰件有限公司	200001	上海市康健路145号
青岛海信模具有限公司	266510	山东省青岛市经济技术开发区团结路18号

续表

企业名称	邮政编码	地　址
浙江黄岩模具二厂	318020	黄岩西门工业区
亿力电器模具有限公司	318020	黄岩东城经济开发区缘汀路219号
太仓求精塑模有限公司	215422	江苏省太仓县老闸镇新华街7号
无锡小天鹅模具制造有限责任公司	214035	江苏省无锡市惠钱路67号
南京熊猫模具有限公司	210002	南京市中心东路301号
大连保税区大显模具制造有限公司	116600	辽宁省大连市保税区仓储加工区1C-31
宁波华信模塑制造公司	315020	浙江宁波市环城北路9号
宁波华众模具制造有限公司	315722	浙江象山西周镇安路102号
浙江宁海县第一注塑模具厂	315600	浙江宁海城关客运总站北侧
宁波跃飞模具有限公司	315600	浙江省宁海城关兴宁北路58号
宁海县大鹏模具塑料有限公司	315600	浙江省宁海正学东路28号
青岛塑料模具实业公司	266032	山东省青岛市四方区小白干路143号
山东省诸城市宏达模具股份有限公司	262234	山东诸城市朱解镇
珠海中航模具塑料有限公司	519070	广东省珠海金鸡西路南侧
天津通信广播公司模具厂	300140	天津市河北区新大路185号
广州市振兴塑料模具有限公司	510660	广州市天河东圃二马路72号
宁波北仑大矸华达塑料模具厂	315000	宁波北仑
江苏吴县塑料制品厂	215134	江苏苏州吴县渭塘镇渭西路
重庆塑料机械模具厂	630050	重庆九龙坡区谢家湾工农三村一号
北京鑫迪模具制造公司	102600	北京大兴黄村兴华中路1号
浙江黄岩三叶集团有限公司	318020	浙江黄岩
成都航天模塑股份有限公司	610100	成都市龙泉驿区航天北路中段
福建福日模具厂	350013	福州市晋安北路28号
厦门海盛模具有限公司	361006	福建省厦门市湖里区长虹路33号
黄河机电股份有限公司模具厂	710043	西安幸福北路8号
台州模具集团有限公司	318055	浙江台州市新桥工业区11号
宁波申江汽车部件有限公司	315600	宁海县跃龙开发区跃龙二路1号
宁海县南杰模塑有限公司	315600	浙江省宁海县城关下金村口
浙江黄岩澄江模具厂	318020	浙江黄岩圣堂
浙江省黄岩大众汽塑模具厂	318020	浙江黄岩城西模具工业区黄长路
浙江黄岩红旗塑料模具厂	317400	浙江黄岩城关西门工业区黄长路108号
黄岩模具三厂	317703	浙江省黄岩泷江新村
浙江黄岩兰华塑料模具厂	317400	浙江黄岩西门新堂路36号
浙江黄岩沿江模具有限公司	318020	黄岩城关镇东路
浙江省黄岩美多模具厂	318020	黄岩东城省级工业开发区澄江路10号

续表

企业名称	邮政编码	地　址
浙江黄岩洛嘉塑料有限公司	318020	浙江省黄岩城关印山路 60 弄 28 号
黄岩中亚模具公司	318020	浙江黄岩黄长路 118 号
黄岩黄燕模具集团有限公司	318020	黄岩黄长路 471 号
宁波远东制模公司	315400	宁波市余姚模具城金型路 9-13 号
宁波市锦隆塑模公司	315400	余姚市开发 B 区北滨江路 328 号
宁波市星火模具厂	315600	浙江省宁海跃龙二路 2 号
宁海县城关创新模具制造厂	315600	浙江省宁海模具城
宁海县上达模具有限公司	315600	浙江省宁海城关中山西路 168 号
浙江黄岩重型塑料模具厂	318020	浙江省黄岩西城红旗路 3 号
广州市华通模具实业有限公司	510050	广州市小北路蟹岗道北中学侧门
北京牡丹电子设备开发公司	100083	北京市海淀区花园路 2 号
天津广播器材公司模具厂	300210	天津大沽南路 882 号
上海广电模具公司	200033	上海田林路 140 号
宁波达时模具制造有限公司	315722	浙江象山县西周镇
浙江黄岩亨达塑料模具厂	318020	浙江黄岩城关新堂路 15 号
浙江黄岩宇驰模具制作公司	318020	浙江黄岩围城东路
遵义群建塑胶制品有限公司	563003	贵州省凯山 295 信箱 2 分箱
吉林模具制造有限公司	132020	吉林省吉林市永吉经济开发区
黄岩模具六厂	318020	浙江省台州市黄岩城关轴承路 155 号
中山威力模具制造中心	528403	广东省中山市孙文东路 76 号
珠海市通晶塑胶有限公司	519070	珠海市前山镇梅溪双龙山工业区
大连大显股份有限公司	116035	大连市甘井子区革镇堡
江苏江阴模塑集团总公司	214423	江苏省江阴市周庄镇
余姚市工程塑料厂	315400	浙江省余姚市阳明西路 237 弄 11 号
广州市番禺联合模具厂		广州市番禺区鱼窝头镇大同村
宁波横河模具有限公司	315318	浙江省慈溪市横河镇大桥南
东莞航天精密模具有限公司	523853	广东省东莞市长安镇锦厦河西工业区
深圳市华益盛模具有限公司	518103	深圳宝安区福永镇东区农电工业区 2 幢
深圳兰光注塑模具有限公司	518052	深圳市南山区北环路塘尾小区一号楼
南海市华达模具塑料有限公司	528244	广东省南海市里水镇新兴路
苏州市振元模具制造有限公司	215101	苏州市振元模具制造有限公司
上海华庄模具有限公司	201803	上海市嘉定区江桥镇爱特路 75 号
常州市华威模具有限公司	213015	江苏省常州市清潭路 254 号
宝应县江淮塑胶模具厂	225801	江苏省宝应县苏中北路宝胜桥北首
浙江豪马塑料模具有限公司	318020	浙江省台州市黄岩西城东路
浙江黄岩滨海模具塑料厂	318020	浙江省台州市黄岩印山路 60 弄 28 号

续表

企业名称	邮政编码	地　　址
宁波舜宇模具有限公司	315400	浙江省余姚市新建北路288号
象山达和模业有限公司	315722	浙江省象山县周镇崟港路107号
慈溪市海燕塑料制品有限公司	315325	浙江省慈溪市天元工业区
宁波万隆模塑成型有限公司	315806	宁波市北仑区大矸镇工业区
宁波南方塑料模具有限公司	315176	宁波市鄞州区古林镇薛家工业区
广州市番禺联合科技发展有限公司	511475	广州市番禺区鱼窝头镇大同村
顺德市科尔技术发展有限公司	528306	顺德市容桂镇高黎工业区朝光路
深圳市东博模具有限公司	518132	深圳市宝安区公明镇玉律工业区

表2　以中小型精密塑料模具为主产品的主要生产企业

企业名称	邮政编码	地　　址
双林精密模具有限公司	315613	浙江省宁海县西店大路
烟台无隆模塑有限公司	265500	山东省烟台市福山高新产业区振华街771号
北京国兴电子精密模具公司		
北京兆维工装有限公司	100016	北京市朝阳区酒仙桥路14号
浙江赛豪实业有限公司	318020	浙江省台州市黄岩区北城五里牌349号
慈溪市天龙模具有限公司	315301	浙江省慈溪市宗汉镇新界路
深圳南方模具厂	518067	深圳蛇口工业大道南21号华展大厦二楼
慈溪市翔龙实业总公司	315318	浙江省慈溪市横河镇工业区
浙江省慈溪市横河塑料模具厂	315318	浙江省慈溪市横河镇大桥路6号
莱芜精瑞模具有限公司	271113	山东省莱芜市长勺北路286号
天津市神光新技术开发公司	300220	天津市河西区怒江道8号
哈尔滨华瑞精密模具厂	150000	哈尔滨市南岗区学府路1号
天津市津荣天和机电有限公司	300112	天津市南开区介园西道
大连理工大学模具研究所	116023	大连凌水河
上海超日精密模具有限公司		
俊达塑胶模具制造厂	523846	广东省东莞市长安镇咸西莲花工业区第二幢
青天机械(上海)有限公司		

表3　部分专门模具主要生产企业

企业名称	邮政编码	地　　址	专门模具类型
铜陵三佳模具股份有限公司	244000	安徽省铜陵市石城路	塑料异型材挤出模、塑封模
连云港杰瑞模具技术有限公司	222006	江苏省连云港市海连东路42号	塑料异型材挤出模、塑封模
北京长城牡丹模具制造有限公司	100083	北京市中关村南大街46号院南区1号	塑料异型材挤出模、塑封模
洛阳市建园模具制造有限公司	471900	河南省偃师市商城西路	塑料异型材挤出模
湖北鄂丰模具有限公司	436003	湖北省鄂州市站前路8号新工业园区	塑料管路模具
顺德威利坚实业有限公司	528306	广东省顺德市容桂镇成业路16号	塑料管路模具

续表

企业名称	邮政编码	地　址	专门模具类型
滁州市宏达模具制造有限公司	239000	安徽滁州市凤阳路488号	吸塑模具
昆山市三建模具机械有限公司	215312	江苏省昆山市石牌镇人民南路18号	吸塑模具
光宇电脑模具有限公司	362211	福建省晋江陈埭沟西工业区90号	鞋模
黄岩东方模具厂	318020	浙江省台州市黄岩城关西城东路	塑料管路模具
皖东经纬模具制造有限责任公司	239200	安徽省来安县北大街108号	吸塑模具

表4　塑料模具标准件主要生产企业

单位名称	地　址	邮政编码	主要产品
浙江黄燕模具集团有限公司	浙江黄岩西城工业区	318020	塑料模架
深圳南方模具厂	深圳蛇口工业大道华展大厦	518067	塑料模架
昆山市中大模架有限公司	昆山市震川路226号	215300	大中型塑料模架、压铸模架
1001模具标准件研究所	西安市小寨西路13号	710061	模具弹簧、汽车模具标准件
浙江亚轮塑料模架有限公司	浙江金华市解放西路426号	321001	塑料模架
广州东华模具推杆厂	广州市增城纺织路16号	511300	顶杆、推管
天津恭华模具标准件有限公司	天津北辰区津围公路东侧	300402	顶杆、推管
盘起工业(大连)有限公司	大连开发区锦州路锦州街5号	116600	顶杆、推管、独立导柱
广东增城富强模具实业有限公司	广东增城罗岗工业区	511300	顶杆、推管
天津河东区振华模具标准件厂	天津河东区郑庄子大街长虹胡同11号	300182	顶杆、推管
安徽利达模具标准件厂	安徽芜湖市江北水楼工业区	238311	顶杆、推管
昆山华星模具导向件有限公司	昆山城北高科园模具富士康路	215300	导柱导套
顺德市新强盛模具有限公司	顺德市陈村镇大都工业区	528313	塑料模架
东莞龙记模架有限公司	东莞市常平镇桥沥管理区	523586	塑料模架
增城市实力模具标准件有限公司	增城荔城镇西山仓路6号	511300	顶杆、推管
南通黄海注塑模架厂	江苏如东县开发区朝阳路17号	226400	塑料模架
昆山宏顺大型模架有限公司	昆山高科技园区模具区富士康路	215316	大中型塑料模架、压铸模架
昆山精密模具标准件有限公司	昆山市昆太路756号	215300	导柱导套
无锡市东风模具模架厂	江苏省无锡市井亭东路底	214026	模架
北京兆维工装有限公司	北京市朝阳区酒仙桥路14号	100016	标准凸凹模、冲头
武汉金龙模板公司	武汉江夏区武昌大道2号	430200	塑料模模板
东莞明利钢材模具制品有限公司	广东省东莞市大朗镇高英管理区	511756	塑料模架
深圳兴龙华实业有限公司	深圳蛇口工业大道北79号龙华大厦	518067	塑料模架
四川自贡大安永力导向件厂	自贡大安区马冲口沙鱼坝路108号	643010	导柱导套
江苏吴县市弹簧厂	苏州吴县市北桥镇河南	215144	模具弹簧
浙江诸暨弹簧总厂	诸暨市草塔镇府州路113号	311812	模具弹簧
深圳兴龙机械模具有限公司	深圳水贝工业区贝丽北路71号	518020	塑料模架
无锡市标准模具模架厂	无锡市湖滨路唐城街8号	214081	塑料模架
嵊州市保尔模具成套有限公司	浙江省嵊州市城关镇兴盛街5号	312400	模块、模板

续表

单位名称	地　　址	邮政编码	主要产品
山东模具总公司	济南道德北街 62 号	250022	塑料模架
上海龙记金属制品有限公司	上海市松江工业区新桥分区民益路 68 号	201612	塑料模架
重庆江东机械厂	重庆市万州区沱口 4 号	404020	塑料模架
昆山宏顺大型模架有限公司	江苏省昆山市高科技园区模具区富士康路	215316	塑料模架

表 5　模具标准件及模具材料主要销售企业

单位名称	邮政编码	地　　址
苏州华东机电化工配套公司	215001	苏州市(平门)平齐路 14 号 8
沈阳北方嘉鹏模具有限公司	110031	沈阳皇姑区昆山中路 27 号
北京模具技术服务部	100010	北京美术馆后街 34 号
南京奇腾达模具机电分公司	210007	南京市白下区大光路菜市口 4 号
天津精工模具技术服务部	300120	天津红桥区大丰路 115 号
苏州平江区物资协作公司模具服务部	215005	江苏苏州西花桥巷 1 号
西安黄河模具配件商行	710048	西安东郊互助路 66 号付 11 号
重庆市小九龙模具制造销售公司	630030	重庆沙坪坝沙中路 276 号
广东揭阳建容模具配件总汇	522000	揭阳市榕城区北窖桥头(电焊机厂)
广东澄海荣盛模具配件经营部	515800	澄海市环城东路 69 号、71 号
青岛精工模具电子技术有限公司	266012	青岛市北区泰山路 102 号
徐州宏志工卡模具配件公司	221006	江苏徐州水漫桥路中段
福建新科模具配件五金行	362261	晋江安海鸿江西路 38 号
辽宁北方模具公司	110032	沈阳皇姑区北陵大街 20 号
南京华中模具有限公司	210006	南京市仙鹤街 89 号
济宁宏远模具有限公司	272100	山东济宁吴太闸路(开关厂门东)
天津广达电加工模具技术总汇	300101	天津南开区西南角
深圳建强机床工具商行	518020	深圳水贝工业区贝丽北路 7 栋 111 号
温州市机械模具服务中心	325000	温州市黎明西路 29 弄 6 号机械大厦
汕头澄海欧达曼模具材料销售公司	515021	汕头市金湖西路新乡货场
上海模具公司经营部	200040	上海余姚路 182 号
天津市模具工业联合公司	300201	天津市河西区围堤道 93 号
江苏昆山凯意工模具配套有限公司	215300	昆山市环城北路 58 号
吉林省工模具集团公司	130021	长春市红旗街 12 号
辽宁省模具工业公司	110031	沈阳市沈河区惠工街泽工南巷 6 号
济南齐鲁模具开发公司	250031	山东济南东工商河路 36 号
大连模具工业联合公司	116021	大连沙河口区新华街 201 号
四川省电加工技术发展中心	610015	四川成都下同仁路新 38 号

续表

单位名称	邮政编码	地　址
福建泉州宝玲综合发展有限公司	362000	福建泉州北旧环城电校宿舍边
湖南省模具公司经营部	410011	长沙市八一西路 437 号
昆明模具公司	650051	昆明市环城北路 238 号
西安西都模具有限公司	711048	西安市咸宁西路 28 号
广州万豪机械模具配件有限公司	510360	广州芳村大道西 134 号
河北省模具工业技术开发公司	050051	石家庄市合作路 81 号
南京金陵模具机电总汇	210007	南京白下区大光路 50-4 号
成都模具工业服务部	610017	成都东珠市街 17 号附 13 号
四川机床设备工模具工业公司	610017	成都市玉沙路 90 号
辽宁东北模具有限公司	110032	沈阳皇姑区北陵大街 25 号 1 门
福建新东建机械模具有限公司	350007	福州苍山区连江南路高湖口三座
浙江台州市路桥真诚模配有限公司	318050	台州路桥机电五金城 6 幢 11 号
山东模具中心经营部	250031	济南济洛路 129 号
成都蜀华模具研究所	610051	成都市建设北路三段 412 号
哈尔滨天龙大型模具开发公司	150069	哈尔滨动力区前宏路 81 号
浙江慈溪金海大厦	315300	慈溪环城南路 400 号
广州东华模具推杆厂深圳经营部	518000	深圳松岗镇松岗第二工业区路口
郑州市许继模具经销部	450004	郑州市东明路 41 号

（中国模具工业协会　周永泰）

科技进步

液晶聚合物合成及应用的技术进展

一、前言

液晶聚合物基本上可分为溶致型（LLCP）和热致型（TLCP）两大类，而从分子结构考虑，液晶聚合物又可以分为主链型液晶聚合物和侧链型液晶聚合物。用于结构材料的主要是主链型热致液晶聚合物，多为一些聚酯型液晶聚合物。由于这类 TLCP 具有出色的力学性能，易于成型加工，因而在航天航空、电子电气、国防军工等高技术领域得到广泛应用。自从 20 世纪 80 年代以来，TLCP 的研究开发得到了前所未有的关注，其显著标志是世界上很多著名的大型化工公司竞相致力于 TLCP 的研发和工业化生产。据统计，近年来，TLCP 的年均需求增长率达到 25%，远高于一般工程塑料和其他特种工程塑料的增长速度。

二、液晶聚合物的合成

聚酯型液晶聚合物主要采用熔融缩聚的方法来合成。为提高聚合物的分子量及改善聚合物分子链中的链段序列分布，往往采用分步加料及后固相缩聚的方法。不同的 TLCP 品种，及不同的生产商采用的合成方法可能略有差别，有一步法、二步法，也可采用三步串联反应法以及近年来新出现的连续熔融缩聚法等。应该说现有的商品 TLCP 的生产技术已取得了重大突破，产品质量也比较稳定。

当今世界范围主要的 TLCP 生产商及 TLCP 牌号有：Solvay 先进聚合物公司的 Xydar®（原 BP Amoco 公司业务），Eastman 公司的 Titan®，Ticona 公司和 Polyplastics 公司的 Vectra®（原 Celanese 公司业务），DuPont 公司的 Zenite®，日本三菱工程塑料株式会社的 Novaccurate®，日本住友化学株式会社的 Sumikasuper®和日本尤尼奇卡公司的 drun®等。其他一些公司如 BASF、Bayer、ICI、日本的可乐丽、川崎制铁、日本石油化学、出光石油化学等公司也在进行或曾经进行了一定规模的 TLCP 生产。这些液晶聚合物具有不同的化学结构，其熔点、相应的加工温度和其他物理、机械性能也有所不同，因此应用领域也略有差别。

目前 TLCP 合成方面的研发热点是：改进现有常用的单体的合成工艺，降低单体的生产成本，或使用价格低廉的单体，同时扩大聚合物生产规模，以逐步降低树脂的生产成本和销售价格；通过分子设计，引入新的结构单元，调节聚合物的性能，开发新型TLCP树脂，以适应不同的市场需求。

三、含液晶聚合物的共混物及复合材料的研究现状

对TLCP进行共混与复合改性，是开发TLCP用途的重要途径，除了可以降低TLCP的使用成本、拓宽其应用范围外，还可以赋予TLCP制品不同的功能，以满足不同的使用要求。相关的研究主要包括以下3个方面。

（一）原位复合材料（热塑性聚合物/液晶聚合物的共混物）

将TLCP与其他热塑性聚合物（TP）进行共混，除了上述的可以降低TLCP使用成本外，还具有如下的优点：对其他树脂起到原位增强的作用，特别是可用于一些常规增强纤维不能使用的场合，如纤维和膜制品等；可以改善一些难加工聚合物的加工性能，特别是那些耐热型高性能树脂，如聚醚砜（PES）、聚砜（PSF）、聚醚酰亚胺（PEI）、聚醚醚酮（PEEK）和聚芳酯（PAR）等，起到加工助剂的作用；制品表面光洁度好；制品易于回收；改善尺寸稳定性、耐热性、阻燃性等。

1987年，美国学者首先提出了原位复合材料（in-situ composite）的概念以来，这类基于热塑性聚合物（TP）/热致液晶聚合物（TLCP）共混物的新型材料由于其易于加工和原位增强的优越性吸引了大批学者从事此领域的研究。应该说，在原位复合材料刚一出现的时候，人们对其前景过于乐观，学术界和产业界都对其寄予厚望，但至今原位复合材料的研究开发并没有想像的那么成功。究其原因主要在于已研究的原位复合材料体系中TLCP增强的效果不够显著，加上TLCP的高价格及制品中或多或少存在的各向异性问题未能很好解决，没有达到“TLCP少量加入，材料性能明显提高”的预期效果。但经过这样一段时间的系统深入的研究，对加工过程中复合材料内液晶聚合物形态的形成与控制因素、加工流变学、力学性能等都有了很多规律性的认识。近年来，原位复合材料的研究已从量变向质变转移，即从大范围、多品种地与热致液晶聚合物共混，转向对少数品种从界面控制、开发新型加工方法及优化加工条件等角度，提高原位复合材料的综合性能，以充分发挥增强组分热致液晶聚合物的优越性。采用增容的办法，提高TLCP与基体树脂的界面相容性，从而提高材料的力学性能是目前研究比较多的内容。一般可以把原位复合材料的增容技术分为以下几种。

1. 引入具有增容作用的第三组分

这些增容的第三组分还可以分以下几种。

（1）功能化聚合物，如马来酸酐接枝聚丙烯（PP-*g*-MAH）对PP/Vectra B950、PP/Vectra A950和PP/LC-3000等体系具有较好的增容作用。增容后材料的力学性能在纵向（沿注射成型流动方向）和横向方向均有显著提高。PP-*g*-MAH的加入，细化了TLCP微纤，同时TLCP微纤的分布更加均匀。另外，经增容后的材料注射样条表面极其光滑。一般认为增容剂中的酸酐基团与液晶共聚酯中的端氨基（如Vectra B）或端羟基（如Vectra A、LC-3000等）发生了化学反应，原位生成的接枝共聚物起了界面改性剂的作用，降低了TLCP与基体树脂的界面张力，提高了共混物的相容性。

（2）离聚物。因为离聚物能与多种聚合物树脂完全相容或者部分相容，适应的范围比较宽，是一类很好的界面相容剂。如离聚物（轻度磺化聚苯乙烯锌盐Zn-SPS）对PA6/TLCP、PC/TLCP、PSF/TLCP、PEI/TLCP和PS/TLCP等体系均有较好的增容效果，可使体系的力学性能明显提高，在PSF/TLCP体系中，当TLCP含量相同情况下，2（wt）%的Zn-SPS的加入，可使体系的拉伸强度提高75%，模量提高39%。一般认为，离聚物中的某些极性基团与液晶聚合物和基体聚合物的某些基团之间会存在特殊相互作用，包括：离子-偶极，偶极-诱导偶极相互作用，从而在两相界面之间形成物理交联，提高了相间的相容性。

（3）嵌段共聚物和接枝共聚物。对于不相容的二元共混物A和B，采用共聚物A-co-B或A-co-C作为增容剂的报道较多，这里C组分与B相容。如PE-LCP（SBH）、PP-LCP（SBH）和PBT-LCP（SBH），可分别用来增容PE/SBH、PP/SBH和PBT/SBH体系。

2. 在分散相液晶分子链上引入和TP基体相同或相似的结构单元

清华大学周其庠等采用工程塑料液晶化的方法，即把液晶基元引入到工程塑料的分子链中，首次合成出含有液晶基元的聚酯碳酸酯，该聚合物与PC的主链上均含有双酚A单元。以此与PC共混后，制得的原位复合材料中两相间具有良好的相容性，材料的强度也较好。日本学者报道了以一种新型聚酰亚胺类热致液晶聚合物分别与两种不同结构的聚酰亚胺（PEI和N-TPI）进行熔融共混制得原位复合材料。发现该液晶聚合物与N-TPI具有较好的相容性，并认为这种相容性可能来源于二者在化学结构上的相似性。

3. 酯交换反应

在聚酯之间形成的共混物中，酯交换的现象比较常见也比较重要，而目前已商品化的 TLCP 大多属于液晶共聚酯，如 PHB/HNA（Vectra A）、PHB/PET（X7G，Rodrun）等，当这一类 TLCP 与 PET、PBT、PEN、PC 和 PAR 等聚酯的工程塑料原位复合时，在高温熔融状态下，就有可能发生一定程度的酯交换反应，由此原位生成某种具有杂化结构的共聚物，从而能改善体系的相容性。需要指出的是，酯交换反应的发生及反应程度与很多因素有关，如共混物的加工条件（如共混方法、加工温度、时间）、共混物组分间黏度的匹配、液晶共聚酯的组成，以及酯交换催化剂的使用等等。应该说聚酯间共混物在熔融加工中存在的酯交换反应程度对最终制品的性能影响很大，随着酯交换反应的进行，一般经历从共混物到嵌段共聚物再到无规共聚物这样一个过程，即导致共混物不断向无规方向进行。在此过程中，共混物的性能，如力学性能、热性能、结晶行为和溶解性能等均发生较大变化。酯交换反应程度过小，当然不利于提高共混物的相容性，但如果酯交换反应程度过大，有可能导致热致液晶聚合物失去其液晶性能，以致起不到预期的增强效果。这里就涉及酯交换反应程度的控制问题，即如何做到既能提高基体树脂与液晶聚合物的相容性，又能保持液晶聚合物的特性，形成理想的微纤结构。因此对这一类原位复合材料加工条件的选择无疑非常重要。

4. 多元共混

简单的 TP/TLCP 二元共混往往存在如下几个问题：液晶相与基体相界面之间的黏结力太差；控制 TLCP 的微纤化比较困难；有的 TLCP/TP 二元共混物还存在耐冲击性差或基体耐化学腐蚀性差等缺点。为了能得到一种性能均衡的材料，人们尝试进行了多元共混方面的研究，其中包括三元和四元共混，以三元为多，可分为 $TLCP/TP_1/TP_2$ 和 $TLCP_1/TLCP_2/TP$ 两种。三元共混的情况有点类似于前面提到的加入第三组分，但区别在于：第三组分作为一种增容剂的加入，其用量一般较少，常低于 10%，且第三组分本身属于预先设计合成的聚合物；而三元共混物一般选取商品聚合物作为共混组分，各组分含量一般没有严格限制。

例如对于 PEI/PEEK/TLCP（HX4000）三元共混体系，由于 PEEK/TLCP 二元共混物在 TLCP 含量低于 50%时是相容的而高于此值时是部分相容的，PEEK/PEI 二元共混物是完全相容的，这种三元共混物可以通过调整三种聚合物的含量得到强度和韧性不同的材料，对材料的性能可进行裁剪。这类材料已被证明在减摩耐磨和自润滑领域表现出较好的应用前景。在研究 PC/PBT/TLCP 三元共混合金时，人们发现：和 PC/TLCP 相比，三元共混明显地提高了 TLCP 微纤在基体树脂中的分散程度，而且 PC/PBT/TLCP 的加工黏度低于 PC/PBT 合金和纯的 TLCP，含 30（wt）% TLCP 的 PC/PBT/TLCP 材料的模量和强度比 PC/PBT 分别提高了 3 倍和 2 倍。在聚酯酰亚胺（PEsI）对聚醚酰亚胺（PEI）/热致液晶聚酯酰胺（PEA）共混体系中，PEsI 可作 PEI/TLCP（PEA）的相容剂，可以使 PEA 的分散性明显提高，材料的伸长率、模量和拉伸强度均得到提高，而且，相容化共混物与未相容化共混物相比具有更高的抗冲击强度。在 PET/PC/TLCP，PA/ABS/TLCP 和 PPS/PSF/TLCP 等体系中已得到了类似的结果。对于 $TLCP_1/TLCP_2/TP$ 类三元共混物，因为液晶聚合物种类的限制，体系不太多，主要为 Vectra A/PHB-PET/TP。如将液晶共聚酯（PHB-PET）加入到原本不相容的 PEI/Vectra A950 体系中，所得三元共混物的拉伸强度和冲击强度均比二元共混物有明显提高。形貌学研究表明，液晶组分的微纤化提高，界面黏结力良好。在 $TLCP_1$（K161）/$TLCP_2$（PHB-PET）/TP（PC 或 PET）三元共混体系中，第二种液晶（PHB-PET）的加入，可使分散相的尺寸明显减小，且相间存在较强的黏结作用。同时，三元共混物的加工黏度和温度比二元共混物降低，既节约了能耗，又避免了树脂在高温下的降解。而在 Vectra A/LC-3000/PC 三元共混体系中，LC-3000 可以起到相容剂的作用，使 Vectra A 的耐热性在共混物中较好地表现出来，即使在 150℃以上仍具有良好的性能。

TLCP 与一些热塑性聚合物，如 PES、PSF、PTFE、PEEK、PEI 等聚合物的合金相继获得一定规模的商业化应用。但总体而言，目前 TLCP 和其他热塑性聚合物的共混物还处于开发阶段，共混物作为商品的种类还比较少。不过，目前的相关研究仍很活跃，应该说，从性能和成本两方面综合考虑，这一类新型共混物材料的应用前景还是广阔的。

（二）含液晶聚合物的混杂复合材料

对原位复合材料来说一个主要的原因是仅仅通过 TLCP 微纤增强而达到力学性能提高的程度有限。由此提出了由宏观纤维和微观纤维混杂增强的新概念。该复合材料的结构一般由以下三个组分构成：宏观纤维（如玻璃纤维，碳纤维或芳纶纤维等），TLCP 微纤和基体树脂。宏观纤维在复合材料加工以前就具有其纤维形状，TLCP 微纤是在三元复合材料体系熔融加工时就地生成。我们把这种用原位生成的 TLCP 微纤和宏观纤维混杂增强的热塑性树脂材料称为原位混杂复合材料。对于 CF/PES、CF/PEEK 和 GF/PC 这样一些树脂基复合材料，由于宏观纤维的存在，在熔融加工时表观熔融黏度和加工扭矩很高。而TLCP的加入可以明显地降低体系的表观熔融黏度和加工扭矩，有利于原位混杂复合材料的加工，这在以高性能树脂如PES，PEEK等为基体时显得尤为重要。更令人感兴趣的是一些原本不能注射成型的体系如CF/PES，CF/PEEK等，由于TLCP组分的加入，变得可以注射成型，且性能也得到提高。既改善了加工性又提高了性能，这对于以高性能树脂作为基体的原位混杂复合材料的实际应用来说是非常重要的。和纤维增强复合材料相比，原位混杂复合材料中的碳纤维、玻璃纤维等宏观纤维的长径比大。TLCP的加入使宏观纤维的断裂大大减少，而且，这些纤维的长径比随着TLCP含量的增加而提高。随着TLCP含量的增加，这些宏观纤维沿着熔体流动方向的取向度增加，这主要是由于降低了熔融黏度的缘故。相比较短纤维增强塑料，原位混杂复合材料的力学性能得到提高。显然这种增强作用来自于复合材料中的宏观纤维，而TLCP微纤对微裂纹具有阻断作用。其他类型的原位混杂复合材料包括热塑性聚合物/液晶聚合物/无机晶须原位混杂复合材料，热塑性聚合物/液晶聚合物/无机粒子（如纳米SiO_2）原位混杂复合材料。由于在平衡材料价格、性能和加工等方面的先进设计思想，这类材料的开发正在引起人们的注意。

（三）基于液晶聚合物的复合材料

通过复合或增强改性，生产系列TLCP产品，是国外各大TLCP制造商一致的做法，这些公司很少单独出售纯的液晶聚合物产品。为了进一步提高TLCP的综合性能或改善某一方面的性能，一般都加入了各种类型的填料或增强剂，包括玻璃纤维、碳纤维、金属晶须、石墨片、云母片、滑石粉、炭黑等。不同的填料在提高了TLCP的强度、刚性、韧性、耐磨性、可涂覆性、充模流动性、电性能、改善各向异性、提高制品的焊缝强度以及降低使用成本等方面发挥着重要作用。比较著名的商品如DuPont公司的Zenite® 3130、3140、6130、6140、7130、7145等，Ticona和Polyplastic公司的Vectra® A130、B130、C130、E130、T130等，Solvay先进聚合物公司的Xydar® G-430、G-930、M-345、MG-350等TLCP系列均为此类产品。可以说，对LCP进行增强、填充改性是TLCP产品系列化的主要措施，也是投资小、见效快的捷径。

四、液晶聚合物材料的加工

采用常规的挤出和注塑成型技术对TLCP、TLCP共混物或TLCP复合材料进行加工时，得到的TLCP制品中常不可避免地出现皮芯不均匀结构，特别是焊缝强度很低，各向异性明显，一度制约了TLCP的应用。因此，开发新型、有效的加工技术，充分发挥TLCP的高强度、高模量的潜在性能，扩展其应用领域，是成为发展TLCP工业的极其重要的环节。近年来，在TLCP加工技术的开发方面也取得了很多成果。

旋转模塑法是解决TLCP制品中各向异性最好的加工方法，通过控制模具的旋转速度和其他工艺参数，可以生产出不同取向程度的TLCP制品，以控制材料的力学性能。采用该技术可以制备出性能优异的TLCP管材和薄膜。推拉式注射成型法也可以降低制品力学性能的各向异性，更有意义的是，采用这种加工方法注射成型的制品特别是纯TLCP制品的焊缝强度得到了明显改善。美国科学家开发出针对原位复合材料的双挤出机加工法，其过程如下：基体树脂和TLCP分别在温度不同的两台挤出机中塑化，用T形管联结两台挤出机，将高温的TLCP熔体快冷后引入到基体树脂中使之成为连续的细流，然后，TP/TLCP共混物通过一个含静态混合器的混合头，使共混物中的TLCP组分分散成更细小的熔体微纤，复合材料熔体离开混合头后再挤出，通过一个毛细管模头后经一定牵伸得到TLCP取向很好的复合材料。采用上述的加工方法一个明显的优点在于TLCP组分可以加热到很高的温度，然后快冷至其熔点温度以下仍能保持液态。这一点非常重要，首先，TLCP在高温下可以完全熔融，特别是对结晶度较高的TLCP如Vectra A系列；其次，TLCP熔体冷却后再和基体树脂共混，可避免基体树脂的降解，这样就可以制备高熔点TLCP和大品种塑料如PE、PVC、PS等原位复合体系。而采用多层共挤出法可用于制备TLCP和其他热塑性聚合物（如PET）的多层薄膜和多层复合板材。采用挤出吹塑法，可用来生产TLCP薄膜和瓶子。美国Celanese公司曾开发了针对TLCP的挤塑发泡法，在熔融加工过程中，采用物理或化学的方法，制备出轻质、高强的TLCP泡沫材料。随着TLCP材料应用领域的扩展，将进一步促进其加工技术的开发与进步，而加工技术的进步又会促进TLCP的应用。

五、液晶聚合物材料的应用

据美国商务通信公司预测，北美市场用于电子电器元件的树脂消费量将在未来几年有大的增长。其中热塑性塑料的表现将会较热固性塑料好得多。至2006年，热塑性塑料的用量有望增至15.5万吨，年均增长率为4.8%，其中，高性能热塑性树脂的需求增势将最为猛烈，而液晶聚合物增长速度为7.1%。

由于TLCP材料特有的高强度、高模量、耐锡焊、线膨胀系数极小、熔融加工流动性好，适于薄壁成型，对电子工业表面安装部件的小型化、薄壁化、高密度化极为有利，因此广泛用于制造耐锡焊、耐电弧的各种线圈骨架、印刷线路板、接插件、继电器罩壳和集成电路封装成品、线路成型品等。在很多领域，TLCP材料正逐渐替代传统的材料。例如，柔性印刷线路板广泛使用在电影摄影机、录像机、PDA、小型电子设备、印刷机和计算机等产品上。目前主流的技术是采用聚酰亚胺薄膜，但TLCP材料已日益显示出其优越性，特别是吸湿性方面TLCP更是优势明显。聚酰亚胺的吸湿率（按质量比）为2.9%，而TLCP仅为0.04%，而且TLCP具有更低的介质常数。使用TLCP材料，极大地提高了生产效率，降低了加工成本，而且提高了部件的可靠性。在现代电子产品中，TLCP材料都有很多具体的应用，如芯片接插件、电脑光驱、VCD和DVD设备的支架、插座、连接器、电气开关、打印机、复印机、传真机的零件等。在家电中的应用包括电烤箱、微波炉中使用的耐热容器等。

TLCP制品在汽车工业中具有重要的应用，如用于制造汽车发动机内各种零部件（如燃油输送系统的泵和桨叶，调速传感器等）、汽车灯座和电路系统等。在化工领域，TLCP材料可用于制造耐腐蚀泵的零部件、化工仪表材料、阀门材料等。在医疗器械的应用中，TLCP可用于制作牙科工具、可高温消毒的医用托盘、盒、碟等。最近国外正在开发TLCP在轻武器中的应用，如枪托、弹托、塑料子弹壳等。而TLCP在航空航天领域中的应用包括人造卫星和飞机中的零部件、雷达天线屏蔽罩、高绝缘薄壁的电子部件以及飞机外壳复合材料等。

近年来，随着加工技术的逐步完善，TLCP管材的应用日益看好。如TLCP管材在医疗设备中的应用包括：用于插入人体进行照相和其他操作的套管；手术过程中用于引入或排除流体的导管；电手术笔的笔杆，其直径很小（约5mm），前端安装了高压电极，用于病变组织的切除或灼烧手术；直径很细的套管，内装导线，用于操作手术器械，以及其他手术器械等。TLCP管材还可以用于制造轻质、阻燃、高强、耐腐蚀、耐高温低温的管道，用于输送低温流体、腐蚀性化学流体等。另外，TLCP管材还在体育设备、旅游休闲产品等领域具有很多潜在的用途。通常用于耐腐蚀性的环氧树脂管材的加工包括纤维编织或缠绕、浸渍、固化、涂覆等多步操作，加工成本较高。而TLCP管材的成型只需要熔融挤出一步。加工上的简易化在一定程度上抵消了原料价格的劣势。

近年来，人们发现，TLCP是一种新型高阻隔材料。如TLCP薄膜是一类性能极其优越的包装材料，在可蒸煮容器或包装袋、防潮医药包装、耐高温容器和耐腐蚀包装容器等方面的应用引人注目。而多层瓶、罐类TLCP产品，比现在使用的PET制品能更好地阻隔氧气和气味，如TLCP/PET瓶（美国Superex聚合物公司生产，TLCP的用量只占5%或10%），作为一种密闭性好、轻质、方便易携带的容器，在美国已取得广泛的应用，如药品瓶、啤酒瓶等。

目前比较著名的TLCP纤维有由Vectra®熔纺制备的Vectran®和Ekonol®纤维，TLCP纤维是强度最高的TLCP制品，而且蠕变性小，耐长期高强负荷，具有超强的耐磨损性能，耐高温和耐化学性能优越，在很多领域可替代钢制或不锈钢制绳索。目前TLCP纤维已用于制造渔网、钓鱼线、降落伞伞绳、弓箭的弓弦、球拍的网线、轮船的缆绳、声纳浮标的绳索、深水采样器缆绳、直升飞机救援提升缆绳、光纤的增强材料以及热气球的绳索、旅游探险用的帆布包。也是利用TLCP纤维织物特有的强耐割穿性能，其制品已用做火星探测器在火星表面软着陆用气囊的外包覆层，可以抵挡尖利的岩石棱角的割划。TLCP纤维还可以用于其他对轻质高强要求较高的受拉构件。

六、国内液晶聚合物材料的研究现状与对策

在国内，中科院化学所、中科院长春应用化学研究所、清华大学、北京大学、东华大学（前中国纺织大学）、复旦大学和原化工部晨光化工研究院等单位，在TLCP的合成、性能以及应用方面做了很多研究工作。其中清华大学、复旦大学和晨光化工研究院侧重于TLCP的合成研究，并将部分研究成果推向产业化，进行了TLCP的小批量生产。如晨光化工研究院已建立起小规模半连续化试验装置，目前已能提供少量试用产品。该院采用腐蚀性小的酚转换法并辅以共聚改性措施，用熔融缩聚、固相缩聚二步法合成出高分子量的产品，拥有全芳香族TLCP知识产权，并获得专利权。但总体说来，我国在液晶聚合物的合成方面无论是生产规模，还是产品质量和发达国家相比都存在不小的差距。而且这个差距是全方位的，包括单体制备技术、催化剂、化工设备及聚合技术等。我国学者在液晶聚合物的共混、复合方面做出了一系列很有特点的研究工作。如对热塑性树脂的原位混杂增强是中科院化学所何嘉松等提出的一个全新的概念，在实验上实现了由微米级直径的宏观纤维和亚微米级直径的TLCP微纤混杂增强热塑性树脂基体的原位混杂复合材料。这项工作已得到国际著名化工公司的重视与资助。最近何嘉松等还应邀就液晶聚合物共混物撰写专论，作为论述液晶聚合物英文专著中的一章（该专著已在美国出版）。

在目前我国已加入 WTO 的情况下，作为高技术、新材料范畴的液晶聚合物材料的自主研究开发工作亟待加强。根据我国目前原料供应状况和研究进展情况，今后应该重点突破一两种液晶聚合物合成与应用开发技术，能够生产出质量稳定、性能接近国外类似产品先进水平的液晶聚合物，并达到一定的生产规模。在此基础上，大力开展增强、填充、共混改性和加工、应用方面的研究工作，实现产品的系列化和定型化，开拓其应用领域，抓紧实现 TLCP 产品的国产化和实用化，以适应我国新时期高技术产业迅速发展对高性能高分子材料提出的迫切要求。

（中国科学院化学研究所工程塑料国家重点实验室　何嘉松，张军）

聚合物纳米复合材料实用化技术进展

一、前言

纳米粒子表面界面效应、小尺寸效应及量子尺寸效应和聚合物密度小、耐腐蚀、易加工等优良特性的结合便呈现了不同于常规聚合物复合材料的性能。纳米粒子的介入不仅改善了聚合物的强度、刚性、韧性，而且还有利于提高聚合物的透光性、阻隔性、耐热性、导电性、杀菌防霉性、吸波性、防紫外性等。由于加工简便，效果明显，产业界对聚合物纳米复合材料的市场前景，持乐观态度。据报道到 2009 年产值超过 1 亿英镑的纳米复合材料品种将有 PP、PA、PET 和 PVC，平均年增长率超过 30%，充分显示了纳米材料在通用大品种塑料的高性能化和工程塑料功能化方面的重要作用和纳米复合材料巨大的潜在市场。自 1990 年日本丰田公司推出第一个 PA6/*n*-MMT（纳米蒙脱土）产品 UBEPA1015 以来，纳米改性塑料的研究迅速形成了热潮。CA 近三年来收录的相关文献平均每年超过了二百篇，成了当今材料研究的热点。

聚合物/无机纳米复合材料的性能在很大程度上取决于无机纳米材料的表面修饰状况和它们在聚合物材料中的分散状态。本文就这一领域的最新进展做一简要概述。

二、聚合物纳米复合材料进展

（一）聚合物纳米黏土复合材料

1. 聚丙烯/*n*-MMT

20 世纪 90 年代初 Montell 北美汽车事业部推出一种 TPO 基纳米复合材料，应用于汽车内、外装饰件。5%*n*-MMT 增强 TPO 的刚度相当于 25%～35% 滑石粉填充 PP 的效果。1991 年丰田汽车、三菱化学共同开发成功 PP（60）/EPR（30）/滑石粉（10）纳米复合材料。性能如表 1 所示。

表 1　丰田纳米 PP 复合材料（TSPO-1）性能

性　能	NPP
熔体流动速率/(g/10min)	18.0
弯曲模量/MPa	1 500
冲击(缺口)强度/(J/m)	510
线膨胀系数/(×10^{-5}/℃)	6.5
洛氏硬度(RH)	65
热变形温度(0.46MPa) / ℃	120

TSPO-1 用于汽车前后保险杠，使原保险杠厚度由 4mm 减至 3mm，质量减轻约 1/3。1994 年丰田公司又相继推出了用于汽车内饰件的 PP 纳米复合材料，牌号为 TSOP-2，TSOP-3，并计划在 13 种内饰件、7 种外饰件上推广应用。

美国 Nanocor Co.（纳米黏土公司）成立于 1995 年，是美国 AMCOL 的全资子公司。它购买了日本丰田研究所（TOYOTA）及密执安州立大学的专利，开发出系列 *n*-MMT 土及其聚烯烃母粒产品。表 2 列示出了 Nanomer（聚烯烃母粒）应用情况。

表 2　Nanomer（聚烯烃母粒）应用情况

树脂材料	熔融流动指数/(g/10min)	条件	拉伸强度/MPa	弯曲模量/MPa	缺口冲击/(J/cm)	热变形温度/℃
均聚 PP	4	原树脂	32	1 150	0.37	86
		纳米聚合物	38	2 040	0.37	115
	35	原树脂	35.2	1 590	0.21	113
		纳米聚合物	39.9	2 310	0.21	121
共聚 PP	6.5	原树脂	26.3	840	0.37	71
		纳米聚合物	30.3	1 350	0.53	81

续表

树脂材料	熔融流动指数/(g/10min)	条件	拉伸强度/MPa	弯曲模量/MPa	缺口冲击/(J/cm)	热变形温度/℃
HDPE	4	原树脂	23.8	680	1.59	71
		纳米聚合物	26.5	1 170	0.59	77
TPO	12	原树脂	19.5	780	5.22	71
		纳米聚合物	21.8	1 230	5.22	85

表中所示结果表明，纳米黏土的加入导致复合材料的刚度和耐热性明显增加，冲击韧性的下降并不明显。

图1绘出了聚丙烯/黏土纳米复合材料的弯曲模量与 *n*-MMT 含量的相关性。

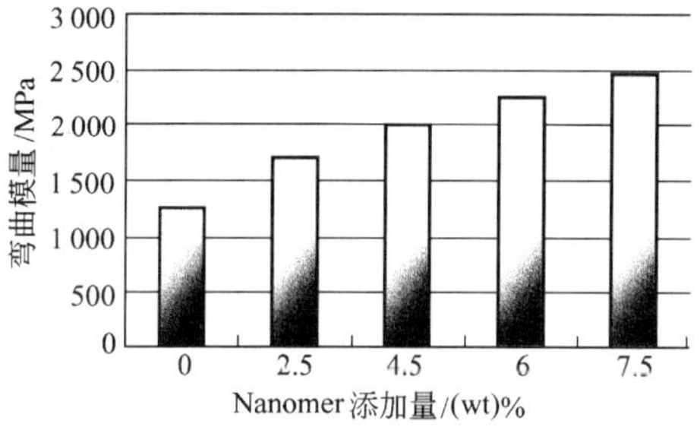

图1　PP/*n*-MMT 弯曲模量与 *n*-MMT 含量的相关性

聚丙烯/*n*-MMT 复合物性能在很大程度上取决于 *n*-MMT 晶片的剥离程度及其在聚丙烯中的分散状况。美国 Ford Co. 开发了一些 PP/*n*-MMT 复合新工艺：如利用超临界流体技术预加热黏土，以改进黏土晶片的分散和扩展；在加工中利用超声波能量提高纳米黏土的分散、插入和层离，据说可以省掉或减少相容剂的用量。

荷兰 TNO 公司开发了一种规模化生产聚合物/*n*-MMT 复合材料新工艺，即 Planomerl 工艺。该工艺采用一种嵌段共聚物改性黏土，可使黏土与树脂基体相容，使之完全混合。目前使用该工艺已成功的生产出 PA、PE、PP、PS、PMMA、PU 等黏土纳米复合材料。

最近美国 Nanomat Co. 开发出了纳米滑石粉（*n*-Talc）和纳米碳酸钙（*n*-$CaCO_3$）的商业化产品。*n*-Talc 最大平均粒径 100nm，*n*-$CaCO_3$ 最大平均粒径 50nm，与 *n*-MMT 不同，*n*-Talc 不需分层。上述两种纳米粉体均可应用于 PO、ABS、PVC、TPEs 和热固性 SMC。

新加坡 Nano Mater. Tech. Ltd. Co. 开发出一种 *n*- $CaCO_3$，粒径 15～40nm，商品名 NPCC。据报道 2%～4%NPCC 可使 UPVC 管材冲击强度提高 6 倍，减少 CPE（增韧剂）用量 50%，已在我国山西投产 10kt/a。

n-MMT、*n*-$CaCO_3$ 与 PP 熔体共混合原位聚合工作国内均有报道，可提高冲击强度 2～4 倍，拉伸强度稍有提高，但迄今没有提高刚性和耐热性的报道。

如前所述，用 *n*-MMT、*n*-TiO_2、*n*-SiO_2 等添加到聚合物中制成的纳米复合材料，不仅可以有效地提高聚合物的刚度和耐热性，同时也能为聚合物增加一些特殊的功能，如抗菌性、阻隔性、耐候性、阻燃性等。如利用 *n*-TiO_2 具有较强的光催化氧化功能制成的绿色环保涂料；在树脂中添加少量 *n*-MMT、*n*-SiO_2 制成的远红外保温材料、阻燃消烟材料、阻隔材料已经获得了成功的应用。文献报道，2%、5%的 *n*-MMT 添加到 PA6 后，复合材料的热释放速率值分别下降了 32%和 63%，且燃烧时不产生烟雾。国外称这种纳米复合方法是阻燃技术的革命。

2. 尼龙/*n*-MMT

纳米黏土经过有机阳离子物质的插层化处理显示了一定的极性，因而和 PA、PET 等极性高分子的混合和分散相对容易得到较好的结果。

PA/*n*-MMT 复合物有如下特点：

① 结晶速度比普通 PA6 快，晶粒细化；

② 抗蠕变性好：纯 PA6（80MPa，150h）蠕变量为 100；30%滑石粉填充 PA6 蠕变量为 30，而 PA6/*n*-MMT 蠕变量为 18；

③ 良好的阻隔性；

④ 10 次循环再造粒物性不变；

⑤ 密度低、强度高、刚性好、耐热性好；

⑥ 优异的加工性能，不塌坑、不溢边。

表3列出了 PA6/*n*-MMT 聚合插层与熔体插层效果的对比。

结果表明，不同插层方法对复合材料弯曲模量及耐热性的提高均十分显著，聚合插层的效果更好一点。图2、图3分别绘出了美国纳米黏土公司产品 Nanomer 1.24TL 填充 PA 的效果。

如图所示，2%的 *n*-MMT 的加入对复合材料弯曲模量和耐热性的影响就已十分显著。但遗憾的是文

表 3　PA6/*n*-MMT 聚合插层与熔体插层效果的对比

项　　目		PA6	PA6/*n*-MMT	PA6/*n*-MMT
拉伸强度/MP		82.4	102	99.0
断裂伸长率/%		136.0	43.6	45.5
冲击(缺口)强度/(kJ/m²)	23℃	11.5	6.5	3.6
	−18℃	10.1	6.5	5.3
弯曲强度/MPa		106	130	130.2
弯曲模量/MPa		2 051	2 853	3 014
热变形温度/℃(1.82MPa)		60	119	92
n-MMT 含量/%		0	3.2	3.9

献对 *n*-MMT 与 PA6 复合物冲击韧性的相关性却略而不谈。

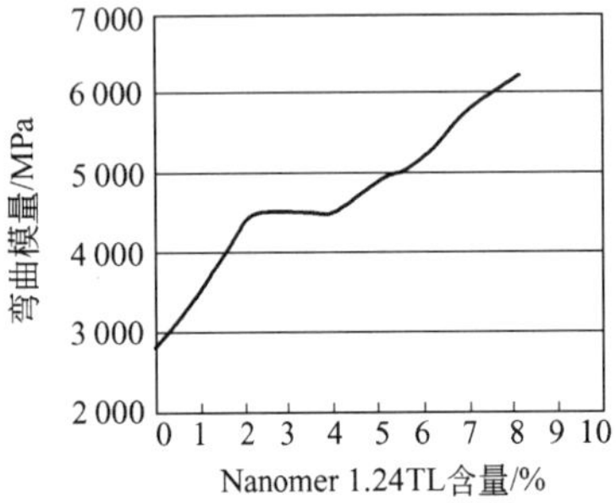

图 2　PA6/*n*-MMT (Nanomer 1.24TL) 复合物性能

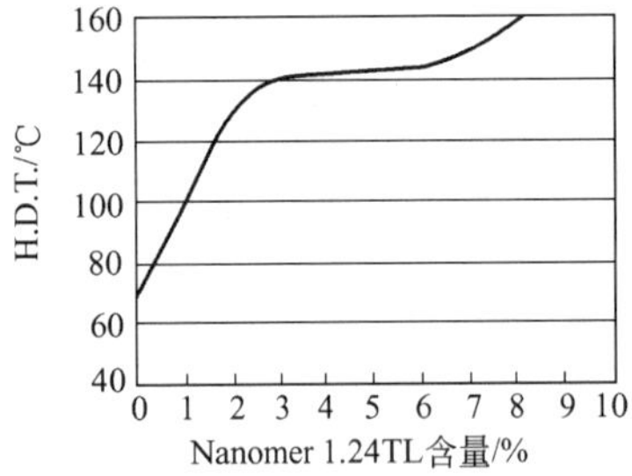

图 3　PA6/*n*-MMT (Nanomer 1.24TL) 复合物性能

纳米尼龙复合物作为包装塑料中的阻隔材料国外应用已成热点。美国 Honeywell Co. 开发了一种 PA6/*n*-MMT 高阻隔材料，2% *n*-MMT/PA6 比纯 PA6 阻氧性提高 2 倍，4%*n*-MMT/PA6 则提高 5 倍。他们开发的 Aegis OX——"活化/钝化阻隔材料"，*n*-MMT 为钝化阻隔层、吸氧剂为活化剂，据称可使 PA6 的 O_2 透过率下降 100 倍，作为三层结构啤酒瓶的芯层可使啤酒货架寿命由不足 120 天提到 180 天。

美国 UBE Co. 也利用尼龙纳米黏土复合材料开发燃油系统用阻隔材料，5%*n*-MMT/PA6 或 PA66 共混物可使汽油渗透率下降 4 倍，已用该技术已开发成功阻隔燃油管道，商品名为 Ecobesta 。

美国 Nanocor Co. 开发了 PA MXD6/*n*-MMT 高阻隔树脂，商品名 Imperm.。用于三层 PET 瓶的芯层，厚度为 PET 瓶厚度的 10%，比纯 PET 瓶透氧性可下降 100 倍，且中间不需要黏结层，故不存在回收问题，另一优点是 PA MXD6 的热行为和结晶过程和 PET 极相似，加工很方便而且阻隔瓶可保持玻璃色要求的透明度。

(二) 聚合物无机纳米粒子复合微球

如前所述，纳米黏土属层状硅酸盐，通常需要通过有机阳离子的插层处理扩大硅酸盐片层间的间距，以使得在尔后的聚合插层或熔体插层过程中，聚合物单体或链段能够进一步插入硅酸盐的片层之间，形成均一分散乃至全剥离的聚合物/纳米黏土复合材料。如果把黏土的插层化处理看做是对无机粒子的表面修饰，则无机纳米粒子复合微球化成了这一领域的研究热点。

1. 尼龙/*n*-SiO_2 复合微球

日本大油墨化学开发出一种常温，常压无机/有机材料原位聚合反应制备尼龙/*n*-SiO_2 复合材料新工艺。将尼龙单体和 60%以上的水溶化液体状 SiO_2 以界面聚合反应方式轻而易举的制得了超微粒子均匀分散的尼龙/*n*-SiO_2 复合材料。传统聚合物/无机纳米复合材料的制备工艺是将无机材料超微粒子化，而后混入聚合物单体或直接与聚合物进行熔融掺混，由于相容性问题，填充量超过 40%时（大多数纳米粒子填充量远远低于此值），就会发生粒子凝聚现象，极难达到纳米复合的效果。新工艺是在液相中进行的，便于尼龙与纳米 SiO_2 同时反应。制得的纳米复合材料可以在上述浓度范围内设定任意粒子径或填充比例。用这种方法制得的 PA/n-SiO_2 母粒可以直接用于制备纳米复合材料。

2. 烷基化 n-SiO_2/MMA 复合微球

钱翼清等利用乳液聚合的方法制备了烷基化纳米 SiO_2/MMA 复合微球。TEM 的观测表明乳液聚合的粒子基本呈球形，中心 SiO_2 为核，外壳为与 SiO_2 有化学键的 PMMA。这种烷基化 n-SiO_2/MMA 乳液聚合物可以用于通过共混提高诸如 PC 等高分子材料的某些性能。此种工艺的关键在于纳米 SiO_2 的表面修饰，适当的乳化体系和超声波分散工艺。

3. 含微孔的 n-SiO_2/聚合物复合微球

美国俄亥俄州立大学的 John Lannutti 等开发了一种含微孔的 n-SiO_2/耐热聚合物微球复合材料。工艺的关键在于复合时，用压力迫使熔融的树脂进入这些微孔，并使 n-SiO_2 和聚合物的分子间形成牢固的化学键。这种复合材料的强度是基体塑料的 3～4 倍、韧性为 4～5 倍。Lannutti 称这种现象为“协和增韧”和“跨粒子增韧”，即这种复合材料在受到外加力场的冲击时，可将冲击化为各 SiO_2 分子间的相互几百万次小小的冲击，所以当裂纹穿过复合材料延伸时，这种复合材料能将裂纹变得越来越细，一直到冲击的能量消散。

（三）新型纳米增强剂——“POSS”

美国加州 Hybrid Plastics Co. 不久前宣称，开发出了一种全新思路的纳米增强剂“POSS”。这是一种采用多面体低聚倍半氧硅烷（或称 POSS）技术合成的一种具有纳米结构的化学改性的 SiO_2 微粒。“POSS”的特点是它能溶于溶剂和树脂中，因而能确保实现分子分散。同时保持低黏度，从而加大了填充量。它可与熔化的树脂相熔合成一体，因而不影响加工流动性。但当温度降至 POSS 的熔点以下时，它便立即固化并形成纳米结构起到增强作用。POSS 的另一个特点是它的单体或齐聚物都与树脂发生接枝共聚，使接枝物玻璃化温度提高到树脂本身的分解温度以上，而接枝产物的分解温度又比树脂提高了 40～100℃，这使它高温下仍保持了良好的加工流动性。该公司宣称 POSS 是近 50 年来开发出的第一种全新思路的化学产品，它具有纳米黏土的优点、却没有纳米黏土的缺点，它的出现使正在开始发挥巨大潜能的纳米黏土产品黯然失色。

（四）碳纳米管

碳纳米管 1991 年问世，是石墨中一层或若干层碳原子卷曲而成的笼状纤维，内部是空的（如图 4 所示），直径只有几到十几纳米，大约为人发的十万分之一。这种独有的结构形式和奇特的物理化学特性以及潜在的应用前景，引起了各国科学家的极大兴趣，被公认为是一种性能优异的新型功能材料和结构材料，已成为当前物理学、化学、材料学等领域的国际研究热点之一。

1. 碳纳米管特性

碳纳米管具有如下特性：

• 极低的密度，为钢密度的六分之一；

• 极高的机械强度，为钢的 100 倍；

• 极高的导电率，为铜的一万倍；

• 极高的活性，其表面原子数约占 50%；

• 具有较高的储氢能力、吸附能力、包括对微波的吸附。

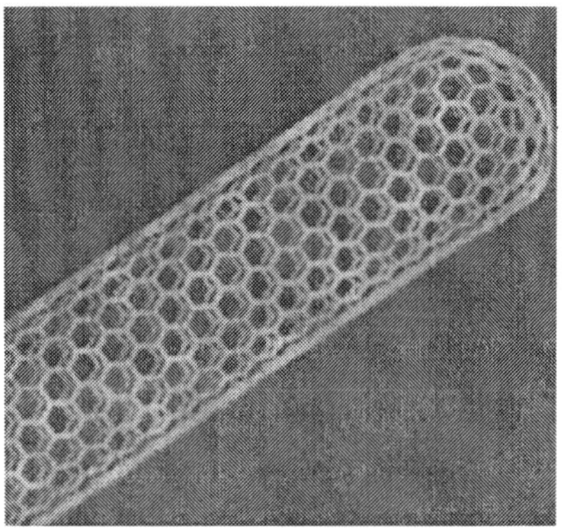

图 4 碳纳米管结构图

2. 碳纳米管的应用

碳纳米管的奇异特性，使其具有巨大的潜在应用市场。

• 轻而柔，是制造防弹背心的理想材料；

• 是太空至地球惟一自由悬挂而不被自身质量拉断的绳索；可能成为人类进入地球外层空间的通道材料；

• 远距离输电电缆的理想材料；

• 高活性、高选择性催化剂载体材料；

• 锂离子电池的负极材料，双层电容电极材料；

• 储氢材料；

• 吸波材料；

• 电磁波屏蔽材料；

• 纳米电子学器件、量子器件；

• 扫描隧道显微镜，原子力显微镜探针材料；

• 碳纳米顶端尖锐，极易发射电子，用于制作电子枪，推动了壁挂式电视的发展。日本伊势电子工业 2001 年试制成功发射极采用碳纳米管（CNT）的 14.5 英寸大画面彩色显示器，亮度达 1 万 cd/m^2，日本三菱商社、三井物产、住友商社已进军这一领域。

3. 超强碳纳米管缆绳

文献报道，法国一家研究机构开发出一种制造碳纳米管缆绳工艺。将碳纳米管灰分散在洗涤剂溶剂中，用聚合物溶液将碳纳米管材料浓缩成网，通过纺丝将碳纳米管网变成有序排列的带状纤维，然后将上百亿股碳纳米管带状纤维绞成缆绳。

4. 中国碳纳米管产业走在世界前列

据报道，美国诺贝尔奖得主理查得·斯莫利试验室每天可生产碳纳米管 200g，预计 2002 年日产量可达 9.07kg。日本三井物产公司宣布该公司碳纳米管生产装置将在 2002 年 9 月投入运行，产量可达 120t/a。清华南风纳米粉体技术产业化工程中心开发的 15kg/h 碳纳米管批量生产技术创国际新高，按每年 8 000 小时计，产能将达 120t/a。表明我国碳纳米管产业化技术已走在世界前列。

三、小结

聚合物无机纳米复合材料的迅速崛起为提升传统产业注入了新的活力。层状硅酸盐纳米材料和其他无机纳米与聚合物材料复合时共同存在的表面界面问题涉及的技术发展很快。这也是国内聚合物纳米材料尚未完全解决好的技术关键，应该引起大家的关注。

（中国科学院化学研究所　王德禧）

入世后，中国塑料添加剂应加快发展

进入 21 世纪后，中国塑料产业已跃居世界前列，合成树脂表观消费量居世界第二，成为塑料大国，但非强国。中国塑料添加剂行业理应与塑料产业发展同步，但其现状远落后于塑料产业的发展，具体表现如下。

1. 基础薄弱，生产装备和工艺落后。除十余个增塑剂和 PVC 加工助剂企业规模达万吨以上外，生产规模数千吨的助剂企业也只有屈指可数的几个 PVC 热稳定剂企业，如广东广洋、淄博助剂等；还有少数抗氧剂生产厂，如浙江金海-雅宝；以及阻燃剂企业，如山东海化。总体来讲，国内助剂企业多为作坊式企业，生产的产品技术含量低，性能雷同，生产技术人员素质偏低，生产工艺和技术装备远落后于国际先进水平，缺乏规模化生产企业，市场竞争力偏弱。

2. 拥有自主知识产权的助剂品种及技术寥寥无几。随着我国石化企业相继引进国外先进的合成树脂生产技术，与之配套的合成、加工和功能助剂也随之以超高价位进入中国市场。尽管助剂国产化工作引起了政府相关部门和企业的高度重视，国产助剂如抗氧剂 1010、1076、168（PL-10）等，受阻胺光稳定剂 622（BW-10LD）、770、292、783 等成功问世，大大推进了助剂国产化进程，富有成效地平抑了进口同类助剂品种的价格，但上述技术仍立足于仿制或对国外过期专利技术的照搬，缺乏创新性，也就难以形成自主知识产权。几十年来，能称得上我国自主开发的助剂品种为数甚少，多为一些表面活性剂复合物，如抗静电剂、流滴剂等。此类品种与国外同类产品相比，尚有差距。稀土化合物在塑料中的应用成为我国自主创新的亮点。目前已成功实现工业应用的有 PVC 稀土热稳定剂和少量稀土类光转换剂。

3. 入世后，国产助剂的成本优势不复存在。众所周知，中国的劳动力成本低。这种低成本只是相对单一劳动者的使用成本而言。对于那些管理水平低下、自动化程度低、生产规模达不到经济规模的小型或作坊式企业而言，其产品的综合人力成本并不比国外那些管理集约化、工艺过程自动化、生产规模化、市场全球化的跨国企业生产的同类产品低，甚至会更高。入世前，关税保护使得国产助剂比同类进口产品有着 10%～20%的价格优势。入世后，随着关税的逐步下调，这种优势不复存在。

4. 市场竞争恶劣。国内同类或同档助剂的重复生产，为了争夺用户，竞相压价，导致恶性竞争。

入世后，全球经济一体化，市场国际化。我们必须正视差距，但并非发展无望。何去何从，关键在于自身努力。综合分析现状，国内助剂企业仍具备其独有的优势和发展机缘。首先，我们身处全球最大的塑料助剂消费市场之一——中国。需求必将带动相关产业的发展。其次，几十年的发展，尽管良莠不齐，我们毕竟建立了产业基础。现有资源的整合以及再利用，将使国产助剂生产的规模化、集约化和有序化成为现实。再者，我国精细化工成果储备丰富，研发力量雄厚，只要行业引导得当，创新成果会不断涌现。第四，助剂产业的现状已引起国家科技主管部门和相关行业的高度重视。中国塑料加工工业协会廖正品理事长多次谈到，塑料制品功能的提升、附加值的提高，很大程度上依赖于助剂产业的同步发展。政府的政策支持和行业的正确引导，必将促使助剂产业的腾飞。第五，大量涌入的外资合成树脂以及塑料加工企业势必逐步实现资源本土化。针对如此优势，国内业界人士应保持头脑清醒，重点从以下方面入手，努力创业。

1）联合将成为助剂产业发展的必由之路。巨大的市场需求，强大的竞争压力，迫使助剂生产企业不得不考虑今后如何发展。将助剂工业按小化工（对精细化工技术的片面理解）思路去操作恐怕已不合时宜。引进外资，引入外智、购买外国先进技术或允许其以股份形式参入都值得国内助剂企业高度重视，而且此类合作在国内助剂行业已有成功典范。山东海洋化工集团与以色列死海溴化物集团建立合资企业，大规模生产阻燃剂十溴二苯醚，产品将于2003年正式投放市场，届时进口阻燃剂的份额将大幅度降低。浙江金海化工有限公司与美国雅宝化工的合资企业金海-雅宝公司已成功运转，抗氧剂产品的国内市场占有率稳居第一，出口量逐步增加。资金资本合作、市场合作、企业整合兼并、产学研结合、甚至关停并转是当前小型助剂企业不可忽视的问题。合作不等于此长彼消，而是更大地提高资本的运转效率，获得更高的回报以及更大的市场份额。国内助剂企业对此理解并不充分，主要受制于意识的狭隘。

2）助剂产业的原始性技术创新活动应得到政府、行业以及企业的大力支持和推动。国内助剂界对于助剂产业的原始性技术创新存在两种消极观点。一是国外同行投入大量的人力、物力、财力对各类助剂的开发利用进行了系统研究，这是我国现有科技投入水平达不到的。二是国外对助剂产品的相关技术进行了全方位研究，品种多而全，内容广又深。我们不可能超越他们，搞出自主知识产权的助剂成果。与其赶超无果，倒不如保持差距稳定，安心仿制，紧随其后，不致落后太多就可以。殊不知，入世后，知识产权保护已纳入法制轨道，国外专利的权利要求也日趋周密、细致，覆盖范围加宽，时效延长，可合法仿制的内容空间越来越小。如果只满足于仿制国外15～20年有效期满的专利，那我们的助剂水平就永远落后发达国家20～30年。我们真的是创新无门，自主无路吗？答案是否定的。近十几年来，我国高等院校、科研院所和相关企业利用我国独有稀土资源（占全球储量的85%以上）开发的稀土类塑料助剂，堪称原创性技术成果。目前已投入大规模工业应用的是PVC用稀土热稳定剂，年产量超过2万吨。少量工业应用的还有聚烯烃农用棚膜光转换剂。广东炜林纳功能材料有限公司自主开发的五种塑料稀土助剂已通过广东省科技成果鉴定，与会专家盛赞此类成果填补了国内外空白，达到国际先进水平。炜林纳公司科技人员深入研究了稀土元素价电子层空轨道多，易接受多个配体提供的孤对电子形成配位络合物等特点，精心筛选稀土分离的廉价产物——轻稀土混合物为原料。在PVC加工改性剂如ACR的结构基础上引入稀土化合物制成PVC用稀土加工改性剂WAC，使用性能明显优于同类进口产品。同理制成了PVC用稀土润滑剂WXC和PVC用稀土无机刚性粒子增韧剂WMH。更为可贵的是，炜林纳公司独创性地将稀土类助剂引入聚烯烃的加工和功能化。用其稀土化合物WOT处理无机刚性粒子（如$CaCO_3$），可实现聚烯烃的增韧增刚。稀土类成核剂WBG用于聚丙烯，可使聚丙烯的β型结晶比例达85%以上，且经过2～3次热历程后，β型结晶比例变化不大，显著提高聚丙烯的韧性和耐热性能（均聚聚丙烯热变形温度提升40℃）。此外，单一结构的助剂品种无法满足塑料制品的多功能要求。助剂的发展趋势之一是通过复合实现多功能化。利用配方调优技术，合理选择复合组分，特别注意各组分间的协同作用，制成单包化的多功能助剂，也是一种富有实效的创新。北京市化学工业研究院研制成功的受阻胺光稳定剂BW-6911就是一种具有独立知识产权的助剂产品。因此，发掘具有中国资源特色和市场特点的原始性技术创新点，使其逐步形成中国自主的知识产权，将积极推动中国助剂工业的发展和腾飞。

3）入世后，助剂业界人士必须具备强烈的助剂市场全球化意识。虽然我国助剂工业基础薄弱，技术相对落后，与国外先进水平有较大差距，但我们相当数量的助剂和助剂原料中间体可进入国际市场，参与竞争。出口不畅的原因并不仅仅在于产品质量和销售渠道，更多的问题表现在不了解游戏规则，质量保证体系不健全，不熟悉国外同类产品的标准特别是内控标准，包装标识不符合国际惯例等等，更为惨痛的问题表现在国内同行自相残杀，竞相压价，令人坐收渔翁之利。

4）政府和行业的正确引导，是助剂工业健康发展的有利保证。长期以来，助剂工业并未得到化工或轻工部门足够的重视，只是作为一种配套或附属产品行业在自行发展。可喜的是，近两年来，科技主管部门、所属行业以及应用行业均越来越多地关注助剂的发展，希望通过助剂水平的提高，来促进塑料大国向强国转变。

（北京市化学工业研究院 陈宇）

建筑冷热水塑料管的选择与应用

塑料管与传统管材相比具有许多优越性，它质量轻、耐腐蚀、水流阻力小、施工安装便利、节约能源，因此得到了迅速的发展，已成为管道工程中一类非常重要的管材门类，并占据了相当大的市场份额，其应用领域也越来越宽，尤其是在建筑与市政工程中的应用市场。

一、建筑给水塑料管的发展现状

改革开放以来，我国国民经济的飞速发展，使人民生活水平有了显著提高。随着物质基础的提高，人们对健康水平的要求越来越高，同时对节能环保、生态保护和可持续发展也倍加重视。生活水平的提高，使人们对饮用水的水质要求也越来越高。当前由于饮用水水质的二次污染的现象较为普遍，因此许多城镇居民住户期望获得更加安全的饮用水，为此，市场上出现了瓶装、桶装纯净水、超纯水、矿泉水的供应。

由于饮用水输送管道的腐蚀而导致饮用水受到二次污染是城镇居民饮用水受污染的主要原因之一。我国由于受到经济条件的限制，房屋建造开发商对建安造价有一定的控制，城镇住宅建筑的给水管道大多采用传统的镀锌钢管，尤其是在既有的住宅建筑中，住宅建筑中镀锌钢管的使用率高达90%以上。众所周知，镀锌钢管的防腐是根据牺牲阳极的原理，靠镀锌层来保护钢管免遭腐蚀。因此镀锌钢管的防腐能力和寿命期限，取决于镀锌层的厚度及其附着力。如果镀锌层较薄，或镀锌工艺落后导致镀锌层附着力差都会大大影响镀锌钢管防腐效果和使用年限。一旦镀锌钢管的防腐能力受到破坏，由于钢材的锈蚀，就会导致"红水"现象，水质出现异味、异臭，影响饮用水的水质。

值得关注的是，20世纪80年代中期以来，尤其是进入90年代以后，各种新型的塑料管在建筑冷热水管道的应用，冲击着金属管在此领域的传统统治地位。例如在欧洲，在最近的10～15年里，各种新型塑料管在建筑冷热水管道领域已占据了36%的市场份额。根据德国KWD所做的市场调查表明，1994年在欧洲的已有建筑冷热水管道共计1 269百万英尺(386 791km)，其中金属管市场占有率为67%；到1997年，建筑冷热水管道增加到1 605百万英尺(489 204km)，新建管道增长率为12.65%，而金属管的市场占有率却减小到64%。其重要原因就是塑料管具有良好的耐腐蚀性和节能优势，而挤占了更大的市场。20世纪80年代以后，由于新型塑料管的相继问世，在许多发达国家逐步淘汰或禁用镀锌钢管作为建筑冷热水的供水管材，取而代之的是铜管和各种新型塑料管。从表1可清楚看到这一事实。

钢管的镀锌工艺大致有两种，一种是采用热镘镀锌方法；另一种是采用冷镀锌方法，即电镀方法。采用冷镀锌方法生产的镀锌管中锌的镀层强度和耐久性都很难达到要求，一般使用寿命仅有几年。1999年建设部、国家经贸委、国家技术监督局、国家建材局联合发文（建住房295号），自2000年6月1日起，在城镇新建住宅中，禁止使用冷镀锌钢管用于室内给水管道，并根据当地实际情况逐步限时禁止使用热镀锌钢管，推广应用新型塑料管，有条件的地方也可推广应用铜管。

表1　1997年欧洲建筑冷热水管材应用情况

管材	用量/(×10⁶m)	比例/%
PE-X	302	19
PP-R	147	9
PB	44	3
CPVC	18	1
铝塑复合管	65	4
镀锌钢管	309	19
铜管	706	44
不锈钢管	14	1
合计	1 605	100

二、建筑冷热水塑料管的基本要求与条件

作为建筑的冷热水管材应满足如下的基本功能要求：

① 保证供水水质满足国家生活饮用水卫生标准。管材的卫生性能必须通过《生活饮用水输配水设备及防护材料的安全性评价标准》(GB/T 17219—1998)的评价要求；

② 管材的额定工作压力不得小于1.0MPa，水压强度试验要求不得小于1.5MPa，并能承受由于水锤所造成的瞬时压力冲击；

③ 作为用于建筑热水管及供暖管道的管材输送介质额定工作温度不得小于70℃，瞬时的最高工作温度95℃；

④ 用于建筑冷热水塑料管材的使用寿命和耐久性不得小于50年；

⑤ 管道的连接方式简便易行，并且可靠；

⑥ 管道系统的管材、管件、支吊卡具、施工安装机具及其附配件应配套齐全，满足工程施工安装和使用的要求。施工安装应便利，满足住宅建筑体系的要求。

评价某种塑料管的性能优劣与否，是观察它在各种温度环境下，长期受应力作用下的性能衰减情况。目前国际上普遍采用ISO 9080《采用外推法测定热塑性塑料管长期静液压强度》(Plastics piping and ducting systems—Determination of the long-term hydrostatic strength of thermoplastics materials in pipe form by extrapolation)标准的方法进行塑料管使用性能的评价。

用于建筑给水管道的管材选择余地比较大，除了铝塑复合管、交联聚乙烯管、三型改性聚丙烯管等新型塑料管材外，常用的聚氯乙烯、聚乙烯等塑料管均能满足工程使用要求。建筑冷热水系统塑料管参考使用工况条件见表2。

表 2　建筑冷热水系统塑料管参考使用工况条件

工况代码	使用工况	T_o		T_{max}		T_m	
		℃	寿命/年	℃	寿命/年	℃	寿命/时
1	用于热水供应(60℃)	60	49	80	1	95	100
2	用于热水供应(70℃)	70	49	80	1	95	100
3	用于低温地板供热	30	20	50	4.5	65	100
		40	25				
4	用于地板供热与低温散热器	40	20	70	2.5	100	100
		60	25				
5	用于高温散热器	60	25	90	1	100	100
		80	10				

注：T_o—系统的设计使用温度；

T_{max}—是系统在使用过程中短时间内可接受的最高使用温度；

T_m—控制装置失灵时的故障温度。

表 3　塑料管材与传统管材性能对比表

材料		密度/(g/cm³)	热膨胀系数/(×10⁻⁶/℃)	热导率/[W/(m·℃)]	拉伸强度/MPa	弹性模量/MPa
塑料管材	热塑性	0.09～1.8	50～180	0.14～0.5	23～50	600～3 500
	热固性	1.3～2.0	22～31	0.19～0.26	62	900～19 000
传统管材	钢	7.2～7.8	12～16	33～52	160～1 400	9 000～27 000
	黄铜	8.5	19	120	500	100 000
	紫铜	8.75	17	390	220	120 000
	铝	2.7	23	220	76	69 000
	铅	11.35	30	35	17	14 000
	混凝土	1.8～2.5	11	—	1.3～3.4	14 000～34 000

用于建筑热水管及供暖管的管材对其额定的使用温度有一定的要求。根据德国给水与燃气协会(DVGW)的要求，此类塑料管必须同时具备如下四个条件：

① 持续的额定工作压力≥1.0MPa（在寿命 50 年之内）；

② 持续的额定工作温度≥70℃（在寿命 50 年之内）；

③ 设计安全系数≥1.5；

④ 使用年限≥50 年。

根据上述四个条件的要求，显然 UPVC 管和 PE 管难以达到要求，因此这两类塑料管是不能用于建筑热水管和供暖管的。

三、建筑冷热水塑料管道的应用

塑料管与金属管的性能有很大差异，因此在塑料管系统的设计、施工安装与应用上，要充分考虑塑料管的特性。这里将重点研究讨论塑料管系统设计中应特别注意之处。

塑料管的材料特性与传统管材的性能有很大差异(见表 3)，因此在塑料管系统的设计、施工安装与应用上，要充分考虑塑料管的特性。掌握和了解塑料管的特性，可以在工程设计中扬长避短。通过合理的设计，可将塑料管的不利因素降到最低或彻底回避。正是由于塑料管所具有的一些特性，在塑料管系统的设计与应用中，管道的布置可以更具有灵活性；管径的确定，与传统金属管材也不一样，必须考虑使用温度对管材寿命和承压力的影响；塑料管的热胀冷缩的性能，如果在设计中不予充分考虑，就可能出现由于温度压力的作用，使管道接头部位受到较大拉拔力而出现的破坏现象。

1. 管材壁厚的确定

塑料管的设计与传统管材不一样，尤其是用于热水输送和采暖的管道。塑料管的使用寿命与系统的工作温度和压力有很大的关系。因此在确定管材壁厚和规格选择时，要充分考虑长期温度可能对管材承压的影响。而采用镀锌钢管等传统管材进行管道系统设计时，一般只是根据系统工作压力来确定管材的承压等级即可，可忽略温度的作用。

用于冷热水输送的塑料管的设计选用，应按如下步骤进行：

表 4　塑料管与常用金属管的弹性模量

管材	PAP	PP-R	PE-X	PB	CPVC	钢管	铜管
弹性模量/MPa	66 000	800	600	3 500	3 500	210 000	110 000

表 5　塑料管与金属管的线性膨胀系数表

管材	PP-R	PE-X	PB	CPVC	PAP	PE	镀锌钢管	铜管	铝管
膨胀系数/[$\times 10^{-5}$m/(m·℃)]	18	20	13	8	2.5	14	1.2	1.8	2.3

① 确定设计系统的工作温度和压力；

② 根据 ISO 有关标准，确定选用管材，在所要求的工作温度下的 HDB（Hydrostatic Design Basis）值；

③ 选择确定所期望的安全系数 F；

④ 依 HDS/F 确定许用设计应力 S；

⑤ 根据$\frac{2S}{P}=\frac{D}{e}-1=\mathrm{SDR}-1$，选择所期望的管材规格；

⑥ 依据 ISO 4065 标准，选择符合标准规格的管材；

⑦ 重新对设计系统进行复核，看是否能达到设计要求。

2. 管道系统的布置

弹性模量是材料在弹性范围内应力与应变之比。弹性模量的大小反映了材料的柔软性能。弹性模量越小。材料的弹性就越大。表 4 列出了塑料管与常用金属管的弹性模量值。塑料管的柔韧性要比金属管好得多，刚性较金属管低得多，因此塑料管弯曲方便，更适合用于隐蔽安装，塑料管正好能发挥它的优势。

现代建筑室内装饰追求管道系统的隐蔽，有利于室内空间整洁。正是由于塑料管的柔韧性的特点，以及塑料管的价格也较金属管更具有竞争力，因此它给建筑室内管道的布置的多样化带来了变革。传统的管道布置方式，大都采用枝状（T 形）布线方法（见图 1），这种方式大量用于金属管的明装敷设，它的优点是管道用量少，管道布置占用的空间也较少，但最大的缺点是系统受用水量和水压的变化影响较大，管道的干扰性比较大。

新型塑料管的管道系统布置方式，虽然管道用量大，管道布置占用空间多，但用水和水压比较稳定，管道受干扰影响非常小，也有利于降低供水压力损失，达到节能和环保的要求，并联式布置和环形布置更适合于要求流量稳定和水压较低的场合。

铝塑复合管和交联聚乙烯管具有较好的柔韧性特点，因此在欧洲许多发达国家、美国和日本采用这两种塑料管作为建筑冷热水管材时，管道系统的布置方式，完全改变了传统的枝状串联敷设的做法，而是更多地采用并联和环形布置方式。并联敷设的方法，进水干管通过入户后的分水器，将水分成多路，直接将水送到各个用水点，减少了中间的管道连接和管件的用量。减少了接头，也降低了漏水的可能性，而且也保证了水量和水压的平稳，比较适合于隐蔽敷设。

3. 消除塑料管的热膨胀影响

塑料管的线性膨胀系数比较大，一般为镀锌钢管的 6～17 倍，比铜管高出 5～11 倍，因此塑料管敷设时，一定要充分考虑由于温度变化造成管道胀缩作用的影响，表 5 列出塑料管与金属管的线性膨胀数。

由于温度变化的影响，管道系统胀缩变化可用下式计算：

$$\Delta L=\alpha \cdot L \cdot \Delta t \qquad (1)$$

式中　ΔL——管道受温度影响的变化量，m；

α——材料的热膨胀系数，10^{-5}m/(m·℃)；

L——计算管道长度，m；

Δt——变化温差，℃。

在建筑冷热水管道系统中，消除管道膨胀的措施很多，一般采用伸缩接头或弹性敷设的方式来消除伸缩的影响。伸缩接头是一种专用管件，采用这种方法费用较高。采用伸缩接头的伸缩量的确定，可按公式（1）进行计算。采用弹性敷设的方法（见图 2 所示），比较简单，也较经济，无需复杂的附加设备。

采用弹性敷设的方法，确定消除热膨胀的预留自由壁长度 L 是至关重要的。L_1 的长度确定可按公式（2）计算：

$$L_1=C \cdot \sqrt{\Delta L \cdot d_i} \qquad (2)$$

式中　L_1——自由悬臂长度；

ΔL——温度引起 L 段管道变形长度；

d_i——管道的直径；

C——与管道材质相关的系数，取值见表 6。

4. 管道的连接

从系统上考虑，管道的连接涉及管材与管材、管材与管件、管材与器具（水嘴、水表、阀门等）的过度连接。连接件采用同一材质，可采用粘接或热融（电热融、承插热融、板式热融）连接等；连接件采用不同材质，采用机械卡式连接等。

① 串联式(枝状)管道布置

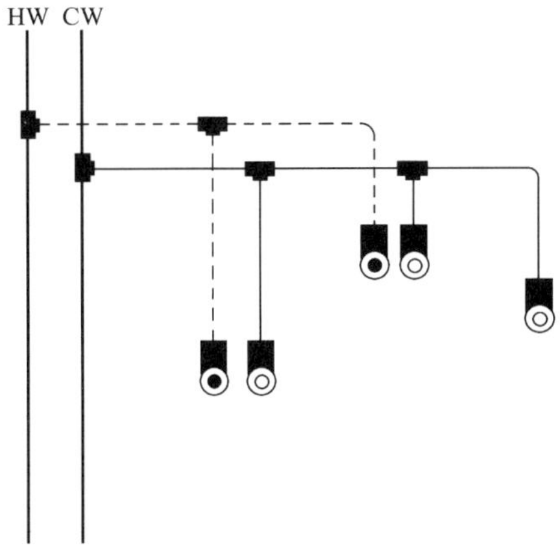

特点

- 管道占用空间少,比较经济;
- 适用于刚性较大的管材明设安装;
- 缺点是管道的干扰性大,水头损失大,用水量和水压变化较大

② 连续式管道布置

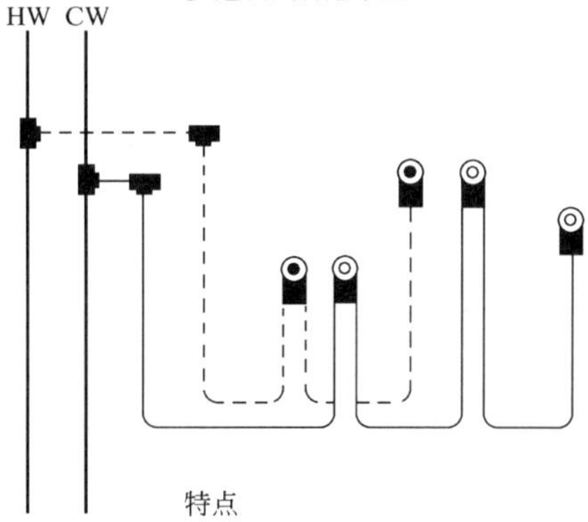

特点

- 管道用量小,比较经济;
- 管道干扰性大,用水量和水压变化大;
- 水头损失大

③ 并联式管道布置

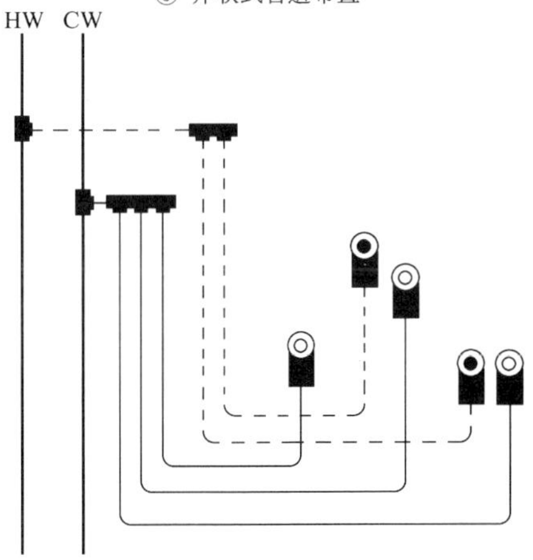

特点

- 管道干扰性小,便于维护和检修;
- 压力损失小,用水和水压比较稳定;
- 管道接头少,降低了漏水的可能性,可靠性强;
- 缺点是管道用量大,管道布置占用空间多

④ 环形管道布置

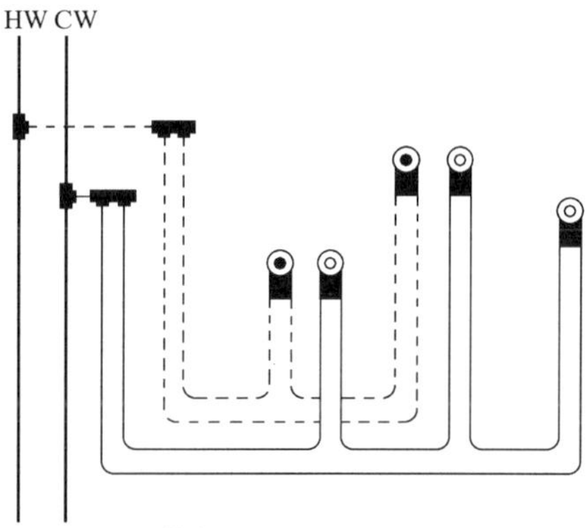

特点

- 各用水点均由两个方向供水;
- 相对连续式管道布置,压力损失可减少1/3;
- 无滞留水,有利于水质卫生

⑤ 循环连续管道布置

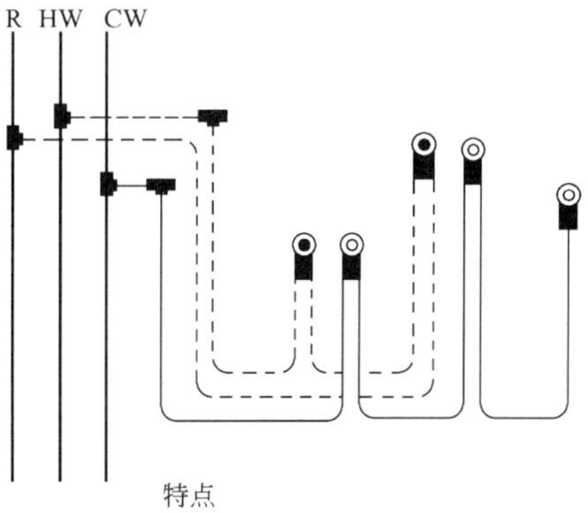

特点

- 适用于有集中热水供应系统,热水龙头即开,即可获得热水;
- 无滞留热水

图1　管道系统布置图

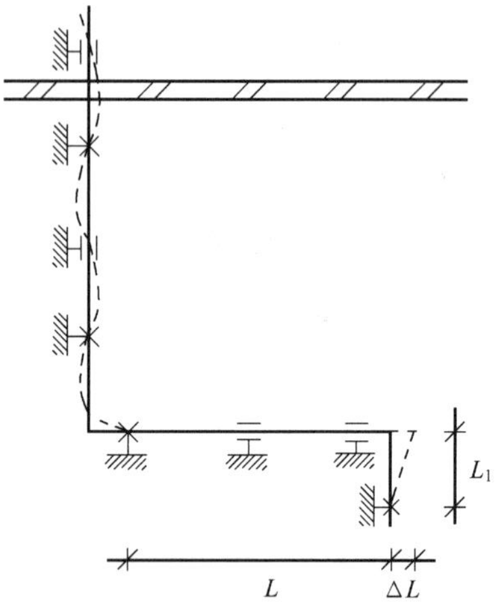

图 2 消除塑料管热膨胀示意

表 6 各种管材的 *C* 值表

管材	PVC	PE-X	PP-R	PB	HDPE
C 值	34	12	30	10	27

塑料管的连接（见表 7），主要采用三种连接方式：热熔连接、胶黏剂粘接、挤压夹紧（机械式）。其他方式，比如法定接和螺纹连接用的较少，只是在一些特殊部位采用。

表 7 塑料管连接方法适用表

材料	粘接(SC)	承插焊接(SM)	电熔丝焊接(EF)	机械式连接(M)	承插密封连接
UPVC	+				+
CPVC	+				
PAP				+	
PE		+	+	+	
PE-X			+	+	
PP-R		+	+	+	
PB		+	+	+	

（1）机械式夹紧连接

夹紧连接是靠塑料管和连接件之间的机械作用连接。塑料管的管壁被两个挤压面夹住，并将压力施加在管壁表面上。卡件作用在管壁上的压力，通过挤压面之间产生摩擦阻力，以阻止管子从连接部位拔脱。

塑料的蠕变强度对机械夹紧式连接的持久密封性和抗拉拔牢固程度具有相当大的关系。因为机械夹紧式连接的原理是靠卡件对管壁表面施压，致使管壁表面产生一定量的变形，而作用产生摩擦力抵抗管道内压力波动所产生的拉拔力，以及由于管道胀缩所产生的温度应力。由水锤现象所产生的管道拉拔力对管接头的密封性能影响最大。

机械式的夹紧连接（见图 3）的密封性和耐久性与材料的蠕变性能，热膨胀性能和夹持凹痕有很大关系。夹紧力的过大可能导致材料加速蠕变，会使材料的耐久性受到影响，最好的解决办法是加大夹紧面，减小压强，尽可能减少塑料管的蠕变。

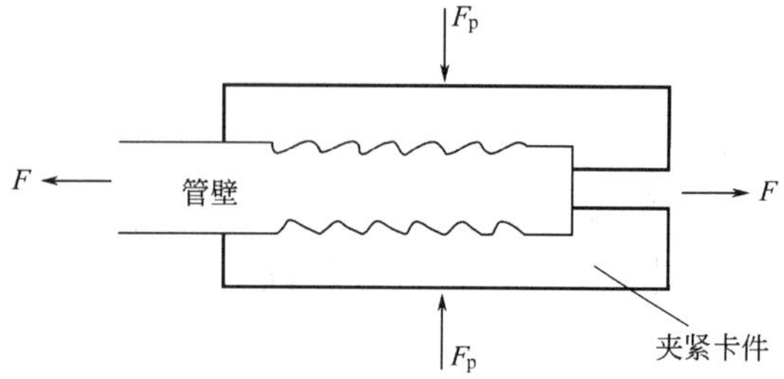

图 3 机械卡紧接头示意

夹持凹痕过于锋利也会导致应力集中，导致材料在此部位产生断裂（见图 4），从而影响连接的可靠性。如果夹痕过浅，可能由于材料的热胀冷缩效应而影响接头的密封性。因此在设计机械式夹紧接头时，应充分考虑这几个方面的作用影响。

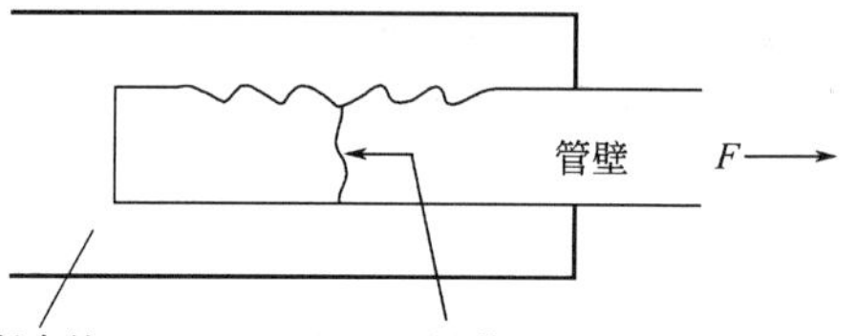

图 4 接头部位断裂示意

机械夹紧式连接有卡套式（C 型锁紧卡是密封）、卡环式、卡压式等几种形式。目前国内采用机械卡式连接最普遍的是采用卡套式连接方法。卡套式连接方式属于比较原始的机械卡式连接方法，它的连接可靠性较低，轴向抗拉拔力也较低，因此这种连接方式仅适用于较小口径（$\phi\leqslant 25$mm）的管道连接。卡套式连接方法的施工安装质量受人为因素的影响也较大。

（2）热熔连接

塑料管的热熔连接只适应于聚烯类的热塑性塑料管，如 PE、PB、PP 等，热熔连接还必须是两个同类材料之间进行连接。

塑料管的热熔连接是一个物理过程。加热时，原来固态塑料紧密排列的分子链熔化交叉。加热时间达到一定的时候，将两部分立即并合连接，且固定，并在熔合接缝处施以一定的压力。熔接处由于受到压力的作用，使熔化部位的分子链重新开始链接，而形成一个整体。连接后随着温度的冷却降低，塑料逐步固化，而使熔接部位完全闭合为一个整体。

常用的热熔连接有三种方式：（板式）对接，承插熔接和专用电熔丝管件连接件。热熔连接的质量与实际操作时控制的温度、时间、接缝压力有很大的相关性。

PP-R 和 PB 管一般采用热熔连接，而 PAP 管和 PE-X 管普遍采用机械卡式连接。

(3) 接头性能要求

各种连接接头的适用性应必须达到 ISO 10508 标准的要求，才有可能保证接头使用的密封性和可靠性。ISO 10508 标准对接头的适用性制定了严格的标准，见表 8。

表 8　建筑冷热水管道系统连接试验

试验项目	连接方法			
	承插熔接 (SW)	电熔连接 (EF)	粘接 (SC)	机械连接 (M)
内压试验	+	+	+	+
拉拔试验				+
热循环试验	+	+	+	+
压力循环试验			+	+
弯曲试验				+
真空试验			+	+

① 压力试验

在 20℃±2℃试验环境下，试验压力为 1.5 倍的额定工作压力，持压 1h，不渗漏。

② 温度循环试验

在恒定的额定工作压力下，进行 5 000 次温度循环试验，不得有渗漏现象。试验温度为每 15min 交替变换一次，即低温（20℃±2℃）15min，高温（最高允许使用温度 T_{max} + 10℃，但最高不超过 90℃）15min。

③ 压力波动循环试验

在 23℃±2℃试验环境下，进行 10 000 次压力波动循环试验，不得有渗漏现象。试验压力为每分钟交替变化 30 次。最低压力为（0.1±0.05）MPa，最高压力为（1.5±0.05）MPa。

④ 抗拉拔试验

分两种试验条件进行：

a. 在 23℃±2℃环境下进行抗拉拔试验。接头部位的抗拉拔力以 1.5MPa 管内压换算成管壁断面承受的拉拔应力（N），持续张拉时间 1h，不得有拔脱现象；

b. 试验条件为 T_{max}+10℃，接头部位的抗拉拔力以管材的额定工作压力换算成管壁断面承受的拉拔应力（N），持续张拉时间 1h，不得有拔脱现象。

⑤ 弯曲试验

弹性模量≤2 000MPa 的塑料管，应按 ISO 3503 标准要求进行管道承压的弯曲试验。试验条件为 23℃，试验压力为 1.5MPa，保压时间为 1h，不得有渗漏现象。

⑥ 真空试验

在真空试验压力为 0.08MPa 时，持压时间 1h，试验条件 23℃，真空度的变化不得大于 0.005MPa。试验过程中，接头部位不得发生渗漏现象。

5. 管道系统的试压方法

管道系统施工安装完毕后，都要按有关的质量评定要求进行管道系统的试压，以检验系统是否达到设计要求和施工安装的质量标准。由于塑料管受温度、压力的影响，会发生体形变化，打压以后会出现轻微膨胀的现象，其膨胀量的大小与温度和升压的速率有直接关系。由于塑料管道的膨胀会产生压降，从而有可能影响管道系统试压的准确性。因此，塑料管道系统的试压方法与金属管道的试压方法是不一样的，在正式试压之前，要采用措施消除塑料管由于体形变化的影响，对试验结果的干扰。

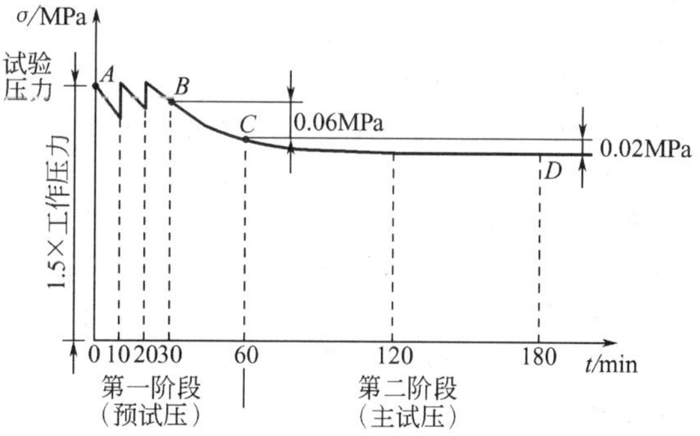

图 5　塑料管系统的打压试验图

为尽可能地消除温度、压力、时间对管道系统容积变化的影响，得到尽可能可靠而准确的试验结果，应将塑料管道系统的试压分两个阶段进行（塑料管系统的打压试验曲线见图 5）。第一阶段为预试压阶段：首先，缓慢地向管道内充满水，并将管道内的空气排净，升压至 1.5 倍的工作压力（最低试验压力不得小于 1.5MPa）；每间隔 10min 补压一次，补压至试验要求压力，共补压两次；记录最后一次补压后 10min 的压降值，再继续观测压降 30min，并记录这 30min 后的压降，其压降的最大值不得超过 0.06MPa。一切都合格后，则预试压顺利完成。第一阶段预试压的目的就是要消除温度、压力等对塑料管道发生体形变化的影响。

第一阶段试压完成后，立即进行第二阶段的试压。第二阶段的试压是持续观测压降变化情况。如果再继续保压 2h 后的压降不大于 0.02MPa，试压顺利通过，否则重新试验，以判别问题所在。

总之，可应用于建筑冷热水输送管道的塑料管有多种选择，如何根据设计要求、管道的敷设方式、塑料管的材性等工程因素，正确的选择适宜的塑料管，以期满足工程的技术经济合理性是至关重要的。

（建设部住宅产业化促进中心　章林伟）

微孔塑料成型技术的研究进展

一、概述

微孔塑料（Microcellular Plastic）是一种新型的泡沫塑料。与传统泡沫塑料相比，其泡孔直径更小（1～10μm），泡孔密度更大（10^9～10^{12}个/cm^3），泡孔分布更均匀。微孔塑料的这种独特的微孔结构，使其具有许多优异的物理和力学性能，如较高的抗冲击强度和韧性，良好的隔声性能，很低的导电系数和热导率等。微孔塑料在食品包装、汽车、航空零件、生物医学材料、各种家电产品（如洗衣机内缸、计算机、空调和冰箱外壳及其零件）和信息工程用品（如手机和电话机外壳、接插件、绝缘纤维等）等方面都发挥了独特的功效，具有十分广阔的市场前景和应用价值，是21世纪材料领域的一个研究热点。

微孔塑料的概念和制备方法于1981年由美国麻省理工学院（MIT）的J. E. Martini在其硕士毕业论文中提出。随后，MIT的N. P. Suh教授在美国MIT-工业聚合物加工项目和美国科学基金的资助下，成立了MIT-工业化微孔塑料研究实验室，并于1994年将该实验室的微孔发泡塑料连续挤出技术转到新成立的Trexel聚合物技术公司，开始将实验室的研究成果转入工业化规模的生产。1997年，工业化规模的微孔发泡挤出设备问世，生产规模由MIT的每小时几千克增加到45～105kg/h。Trexel公司将这种生产微孔塑料的技术注册为Mucell™，并与全世界十几家有名的材料加工设备公司（如KrassMaffei、Uniloy-Milacron、Engel、Husky、Arburg、AlusisseComposite、Mar-Lee公司等）合作开发注射和吹塑微孔发泡塑料设备。现在该公司已可以生产PS、PE、PP、刚性PVC型材、热塑性弹性体等多种微孔塑料。我国对微孔塑料成型技术的研究起步很晚，到目前为止只有华南理工大学，中科院化学所等少数科研单位对其进行实验研究。因此，有必要提高人们对微孔塑料的认识，引起国家科技部门和各产业界的关注，加快科研步伐，争取早日实现微孔塑料的商业化。

二、成型技术及方法

目前，微孔塑料成型技术主要有相分离技术、单体聚合反应技术、超临界流体沉析技术和气体过饱和技术等4种成型技术。其中，气体过饱和技术是研究最成熟、应用最广泛、商业化潜力最大的一种成型技术。其主要步骤为：首先使聚合物在高压下被惰性气体（CO_2或N_2）饱和，形成聚合物/气体均相体系；然后利用聚合物温度升高和压力降低产生的热力学不稳定性使聚合物基体生成泡孔；最后通过控制发泡温度和时间让泡孔增长至所需尺寸即可得到微孔塑料。使用气体过饱和技术，可以用间歇成型、注射成型和连续挤出成型等方法制备微孔塑料。

1. 间歇成型

在微孔塑料的研究中，间歇成型是最早采用的方法，它包括三个步骤。

① 将已预先形成的聚合物零件或料坯置入充满高压气体的压力容器中，在温度低于聚合物玻璃化温度（T_g）以下，气体（CO_2或N_2）通过扩散渗透溶解于固体聚合物之中，得到固体聚合物/气体均相体系。

② 将溶解有大量气体的聚合物零件从压力容器中取出，放入温度控制在玻璃化温度（T_g）左右的常压油浴槽中。由于外部压力突然急剧下降，使聚合物内气体具有极高的过饱和度，在聚合物中瞬时形成大量的气泡核并开始长大。

③ 将泡孔已长大到所需尺寸的聚合物零件放入冷水槽中急冷，使泡体定型得到微孔塑料制品。间歇成型法成核速率高、泡孔结构易于控制，并且可以很方便地制备结构微孔塑料，所以常用于理论研究，例如微孔塑料的泡孔结构与力学性能的关系，过饱和气体的性质、压力、浓度对微孔成核数目的影响等等。它的缺点是生产周期长、产量低，大大限制了微孔塑料的商业应用。

2. 注射成型

微孔塑料注射成型的主要步骤是：物料由料斗加入机筒中，通过螺杆、料筒与物料之间的摩擦发热和加热器的加热塑化作用使物料熔融成为聚合物熔体。高压气体注入机筒内与聚合物熔体混合，然后通过螺杆头部装置的混合元件将注入的发泡剂搅混、分散均化，随后进入静态混合器进一步混合，形成聚合物/气体均相体系。当聚合物/气体均相体系进入扩散室后，体系进一步均化。紧接着，通过加热器快速加热聚合物/气体均相体系，由于体系温度急剧升高使发泡剂在熔体中的溶解度下降，从而使体系中的气体产生极大的热力学不稳定性，气体从熔体中析出形成大量的微小气泡核。为了防止机筒内已形成的气泡核长大，机筒内要保持高压。在进行注射操作前，由高压气瓶经气阀向型腔中通入压缩空气。当型腔中充满了压缩空气后，螺杆前移使含有大量微小气泡的聚合物熔体注入型腔中。由压缩空气所提供的背压可以防止气泡在充模过程发生膨胀。当充模过程完成后，释放型腔内压力使气泡膨胀。与此同时，由于模具的冷却作用使泡体固化定型。尽管注射成型本身是间歇的，但其发泡成型过程却是连续的，与间歇成型是有根本区别的。但是该方法是通过快速升温来使气泡成核的，由于聚合物的热导率很小，该方法只适用于加工薄壁零件。另外，快速升温的幅度有限，也限制了其应用范围。

3. 连续挤出成型

1984 年，J. E. Martini 等成功地开发了微孔塑料的连续挤出成型技术，大大提高了生产效率。图 1 是微孔塑料单螺杆片材挤出机。

由图 1 可见，连续挤出成型法也是直接将气体注入聚合物熔体中，通过螺杆的混合剪切扩散作用以形成聚合物/气体均相体系的。为了加快气体溶解过程，挤出系统中串联有静态混合器，经混合后的聚合物/气体均相体系进入特殊的成核喷嘴，压力快速降低，使体系中的气体过饱和，气体从熔体中析出形成大量微小泡孔，最后熔体通过温度较低的成型口模使体系温度降低从而抑制泡孔长大，得到微孔发泡塑料。

微孔塑料的连续挤出成型方法具有能连续生产、产品的长度不受限制、产量高、产量与质量稳定、投资少等优点，成为国内外学者们研究的重点。

三、微孔塑料成型技术的新进展

用连续挤出成型方法制备微孔塑料的过程一般可分为聚合物熔体/气体均相体系的形成、气泡核的形成、气泡的膨胀和固化定型三个阶段。其中泡核的形成对泡孔的密度和分布起着决定性的作用，是控制泡体质量的关键阶段。图 2 为微孔塑料连续挤出成型过程示意图。

微孔塑料连续挤出成型的技术关键主要有以下两点。第一，要迅速形成聚合物/气体均相体系。以往，人们用间歇法制备微孔塑料时，试样在 CO_2 中浸润的时间非常长（一般在 48h 以上），所以气体能较充分的扩散进入聚合物基体从而形成均相体系。但是如果在挤出机上生产时，聚合物/气体均相体系的形成需要在数分钟甚至几十秒内完成，所以必须采用一种能快速在聚合物熔体中扩散的气体作为发泡剂。第二，泡核的形成阶段对泡孔的密度和分布起着决定性的作用，是控制泡体质量的关键，与一般泡沫塑料相比，微孔塑料最显著的特点是气泡尺寸非常小，而泡孔密度非常大，所以要求在成核阶段形成大量分布均匀的气泡核。

1. 用超临界 CO_2 作发泡剂

20 世纪 90 年代初，微孔聚合物研究领域的最重要进展就是使用超临界 CO_2 作为发泡剂，替代普通的高压 CO_2 和 N_2，最早的报道始见于 1992 年 N. P. Suh 教授的专利，超临界流体是指当物质的温度和压力处于它的临界温度和临界压力以上时的流体状态。图 3 为物质的压力-温度图，其中 C 点为物质的临界点，该点相对应的温度和压力分别称为临界温

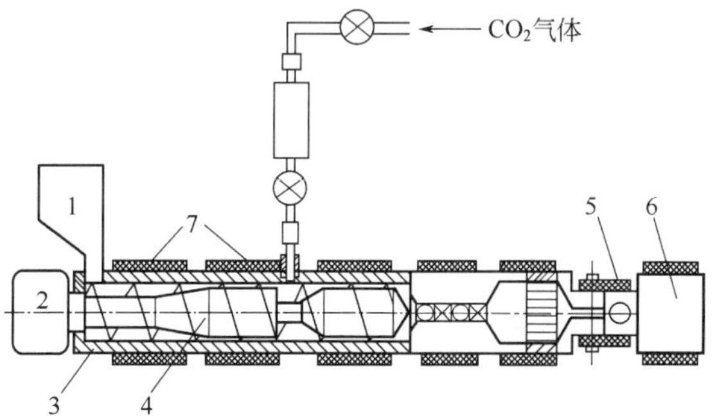

图 1　微孔塑料片材挤出系统

1—加料斗；2—传动装置；3—机筒；4—螺杆；5—成核喷嘴；6—发泡成型模头；7—加热器

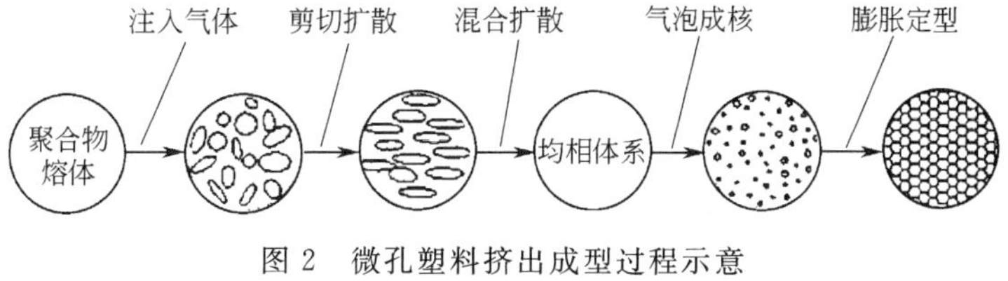

图 2　微孔塑料挤出成型过程示意

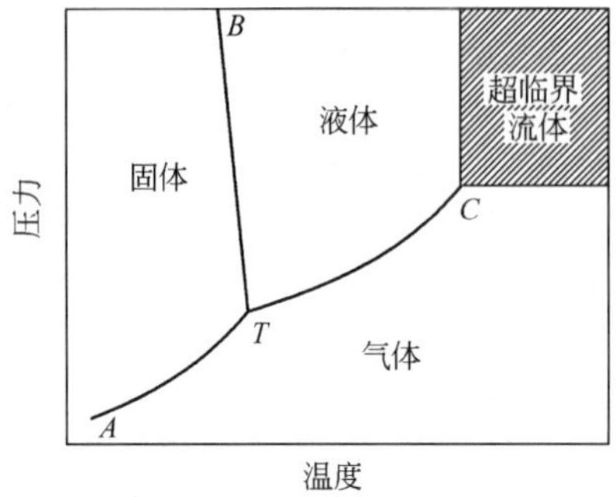

图 3 纯物质的压力-温度图

度 T_c 和临界压力 P_c，图中高于临界温度和临界压力的阴影区域即为超临界状态。表 1 为几种物质的超临界参数。

表 1 几种物质的超临界参数

物质	临界温度 T_c/℃	临界压力 P_c/MPa
二氧化碳	31.1	7.37
乙烷	32.3	4.88
乙烯	9.3	5.04
氮	−147.0	3.39
氨	132.5	11.28
苯	288.9	4.89
环己烷	280.3	4.07
水	374.2	22.05

温度高于 31.1℃，压力大于 7.38MPa 的 CO_2 即为超临界 CO_2，它具有对多数有机物溶解性能好、黏度低、扩散系数大、无毒、不燃、化学惰性、无溶剂残留、价廉易得、使用安全、不污染环境等独特优点。并且，超临界 CO_2 与聚合物不发生相互作用，能降低聚合物的玻璃化转变温度，并大幅提高其他气体或小分子化合物在被增塑后的聚合物中的扩散速度和溶解吸附程度，可兼作增塑剂，是一种十分理想的微孔塑料物理发泡剂。

2. 用齿轮泵作气泡核引发装置

在微孔塑料成型过程中，气泡的成核是一个重要阶段，Park 等人开发的连续挤出成型技术，其关键就是设计了特殊的气泡核引发装置，使饱和了超临界流体的聚合物熔体在离开挤出机前能够引发足够数目的气泡核。该方法的装置如图 4 所示。基本过程为，聚合物首先在螺杆中熔融塑化，然后超临界流体通过机筒注入到聚合物熔体中，通过螺杆的剪切混合作用以及随后混合器的作用，得到聚合物/气体浓度均匀的溶液。此后，聚合物/气体溶液进入引发装置引发足够数量的气核，然后流经成型流道流出模具，定型。控制引发后到定型之间的发泡时间和温度可控制泡体结构。Park 设计的引发装置为一升温装置，通过使饱和溶液升温达到热力学不稳定状态来引发气核。Park 用此方法成功地制造出具有微孔结构的塑料细丝。

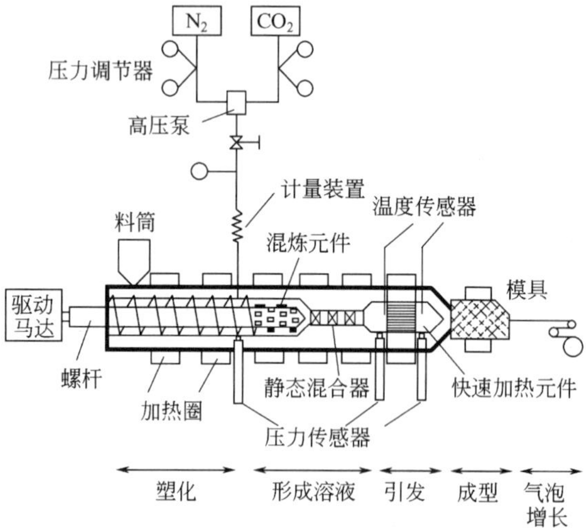

图 4 挤出发泡装备示意

尽管如此，上述 Park 的升温引发挤出法仍有不足。首先对耐温性差的聚合物材料不易使用，其次在熔融塑化加工温度之上的可升温范围并不大，因而难于得到足够的引发成核推动力。对此，Park 和 Baldwln 等又设计出快速压降喷嘴装置，如图 5 所示。它是由长度 L 和直径 d 的圆柱形流道构成或由长度 L 和厚度为 d 的板式流道构成的。当黏性聚合物/发泡体体系流经这长而窄的喷嘴时，由于摩擦作用，压力随着距离而下降。通过利用熔体流过喷嘴所产生的瞬时压力降 ΔP 来引发气核，同样得到了良好的引发结果。

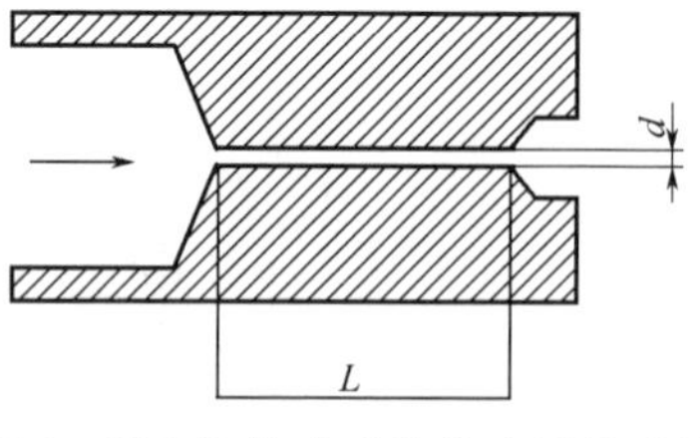

图 5 微孔泡核成型的快速压降元件

采用快速释压口模的连续挤出系统结构简单，不需要过多的辅助设备，是目前研究最多的一种微孔塑料连续挤出成型方法。但是，它也存在着明显的缺点：①快速释压口模是依靠摩擦作用产生压力降，为了得到极高的压力释放速率，口模流道的截面积就必须非常小，因此只适用于生产小截面的微孔塑料片材和棒材，产量受到限制；②熔体通过快速释压口模时产生的压力降和压力降速率与挤出流率是相互关联的，而口模中产生的压力降和压力降速率是影响气泡成核速率的决定因素，所以必须严格控制挤出流率。

最近 Herrmann 发明了用齿轮泵作为快速降压成核装置（图 6），齿轮泵包括两个相互啮合的齿轮，至少一个齿轮的转速根据流动控制是可调节的。仅当齿轮泵的进口压力大于出口压力时，齿轮泵才能够作为快速压降元件。通过齿轮泵的压降由齿轮泵的进出口压力差决定。进口压力依赖于挤出机螺杆的转速，出口压力由下游的成型模具阻力确定。因为聚合物/发泡剂体系在齿轮泵内的流动是正位移流动，在齿轮泵内没有压降发生，仅当聚合物/发泡剂体系离开齿轮泵时，压降才发生。齿轮泵的流率完全由齿轮泵的齿轮转速决定。

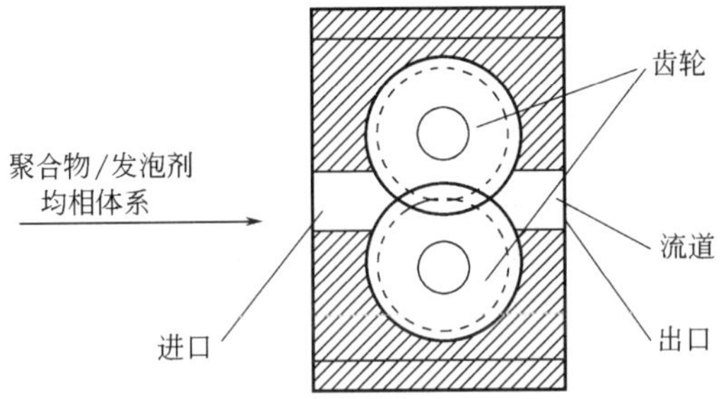

图 6　齿轮泵压降成核装置

3. 振动技术在微孔塑料成型中的应用

将振动引入泡沫塑料成型加工是人们对泡沫塑料成型机理的深入研究而探索出的一种新型成型加工方法。对聚合物熔体施加振动的方法主要有两种类型：一类是声波或超声波振动，表现为高频小振幅振动；另一类是机械振动，即振动的频率较低而振幅较大。

（1）超声波振动技术

S. K. Byon 与 J. R. Youn 研究了超声振动对热塑性塑料挤出发泡成核行为的影响，试验结果发现在突然降低体系压力时引入超声振动，比没有超声振动作用得到的泡孔结构更多而且均匀。因为超声振动可以在聚合物熔体中很多微小的局部区域形成负压，即超声振动可以在聚合物熔体中形成许多微小的空穴，当激化作用产生的负压足够大时，这些空穴可以作为气泡的成核点，其作用相当于非均相成核，从而提高了气泡的成核率。H. Park 等人在聚氨酯泡沫塑料反应注射成型过程中引入超声振动，同样发现引入超声振动后能得到比不加振动时泡孔分布更均匀，数量更多的低密度泡体，证明超声振动确实能起强化气泡成核的作用。

（2）电磁动态成型技术

由于泡核的形成阶段是控制泡体质量的关键，因此有必要深入研究影响气泡成核的工艺参数，为制定合适的发泡工艺条件提供依据。温度、压力和压力释放速率对气泡成核产生了一定的影响，但都不是主要的影响因素。经过多位专家近 20 年的研究发现：剪切应力能促进气泡成核，且影响作用比其他工艺参数明显得多。1981 年，Yoo 和 Han 发现在结构泡沫注射成型中，聚合物熔体内的应力对气泡变形产生了很大影响，从而引起了人们对气泡成核过程中剪切作用的兴趣。Biesenberger 和 Lee 发现，当气体在聚合物熔体中的实际浓度低于其溶解度时，剪切作用能促进气泡核的形成，从而提出了剪切成核的概念。J. H. Han 和 C. D. Han 采用光散射技术研究了 PS/FC-11 体系在剪切流场中的气泡成核过程，他们也认为剪切应力大的地方气泡成核速率大。S. T. Lee 通过研究 LDPE/HCFC 系统中剪切速率与泡孔密度的对应关系，进一步用实验验证了增大剪切速率可以提高微孔塑料成型的气泡成核率，然而实验是通过改变挤出过程中的挤出产量和口模尺寸来提高剪切速率的，与此同时，压力和压力释放速率也得到提高，所以他们研究的是压力、压力释放速率和剪切作用的综合影响作用。Lee CHEN 用发泡过程模拟机分别研究了剪切速率和压力释放速率与气泡成核速率之间的关系，发现：与压力释放速率相比，剪切速率对于提高气泡成核率的作用更大，尤其在饱和压很低的时候。图 7 所示为发泡过程模拟机的测试装置。

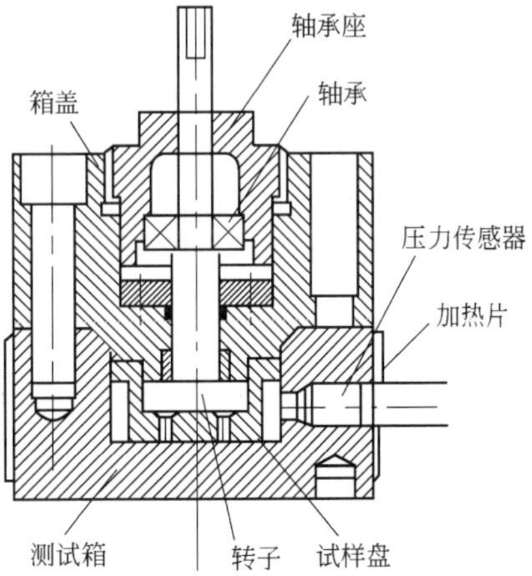

图 7　发泡模拟机的测试装置

从诸多实验结果和理论分析可知，提高剪切作用可以增加微孔塑料挤出过程的气泡成核率，但是到目前为止，除了提高转速，增加挤出产量以外，人们还没有找到一种能够提高熔体剪切作用行之有效的方法。电磁动态挤出成型技术是一种全新的聚合物塑化挤出加工方法，这种挤出设备的电机转子直接参与了聚合物的塑化挤出过程，可以利用转子的转动、谐波振动和轴向振动，直接将电磁功率转换为热能、压力及动能，完成物料的输送、塑化挤出成型。简言之，塑料电磁动态挤出设备将机械振动场引入到聚合物塑化挤出全过程，实现了物料动态塑化挤出。图 8 为电磁动态塑化挤出机结构示意图。

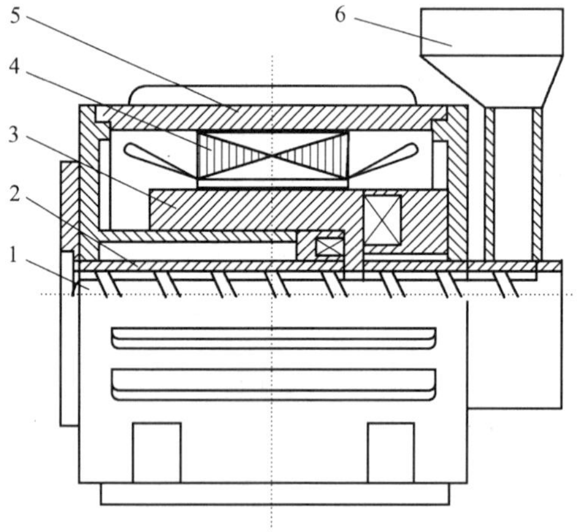

图 8　电磁动态塑化挤出机结构示意

1—螺杆；2—料筒；3—转子；4—定子；5—机座；6—料斗

试验证明，振动力场的引入使聚合物挤出加工过程产生了许多传统成型加工中没有的新现象，如加工温度明显降低，熔体的黏性，弹性减少，混合混炼效果提高、制品质量提高等。这些现象预示，若将振动力场引入到微孔塑料挤出成型过程中，必将对其成型过程产生重大影响。

首先，电磁动态挤出成型过程中的加工温度明显低于传统的挤出方法。使用电磁动态挤出技术可以降低加工温度、加快聚合物熔体/气体均相体系的形成，有利于提高挤出产量，也利于操作的稳定性。

其次，电磁动态挤出成型的混合效果明显高于传统的挤出方法。这是因为高分子链在振动产生的往复剪切和挤压作用下发生拉伸取向，高分子间的自由体积均匀分布，使得各种小分子添加剂、发泡剂（超临界 CO_2）能够均匀分布在聚合物熔体中。

再次，用电磁动态挤出成型技术进行微孔发泡有利于生成大量均匀细密的泡孔。这是因为，成核过程中的泡胚，在振动力场作用下受到挤压和往复剪切作用，产生三维取向，降低了气泡长大的势能，极大诱发气泡核的形成。振动力场下的发泡过程实质上是机械能转换成了气泡成核的界面能。

最后，与传统的挤出发泡方法相比，电磁动态发泡挤出成型技术，不仅可以通过控制温度、挤出速度，而且还能通过调节振动参数（频率、振幅）来有效地控制挤出发泡过程，以获得不同泡孔形态的微孔塑料。

微孔塑料是一种物理、力学性能良好的新型材料，它在汽车、航空航天、建材和家具制造领域具有广阔的市场前景。但是长期以来，我国对微孔发泡塑料的成型技术研究甚少，在经过长期的理论论证和技术准备之后，希望通过引入新的成型技术——电磁动态挤出成型技术，以丰富微孔塑料挤出成型理论并开发出具有自己特色的振动力场强化的聚合物微孔发泡挤出成型装备。

（华南理工大学聚合物成型加工工程教育部重点实验室，聚合物新型成型装备国家工程研究中心　朱文利　周南桥　盛新强）

我国塑料托盘的发展与展望

塑料托盘是近几年来物流行业重要的新兴产品，它分为双面和单面托盘，在各种场合均可单元化、标准化包装，配合托盘车或叉车，提高搬运的机械化，更能做到过目知数，对使用环境有高度的适应性，有助于物流的合理化、有效化、高效率、低成本。

塑料托盘在国内面市较晚，成本相对较高，但随着我国由粗放散装式的储运方式逐步向集中整箱集约式的储运方式转变，塑料托盘在我国正处于高速增长期。目前我国每年使用的托盘在 1 亿只以上，按发达国家塑料托盘占托盘总量比例 40％的一半计算，国内塑料托盘的需求量也将达到 2 000 万只，这还不包括塑料托盘的更新与发展增长。相关数字统计表明我国托盘正以不低于 2 000 万只/年左右的速度递增。其中木质托盘约占 90％左右，塑料托盘约占 8％左右，钢托盘、塑木托盘及其他材质的托盘约占 2％左右。这几年塑料托盘的平均年更新率和增长率均在 10％左右，其中石化、烟草、食品、医药和运输等行业使用塑料托盘数量更是成倍增长。就国内目前塑料托盘生产能力而言，5～10 年后才能达到供需基本平衡。

目前国内几大塑料托盘生产厂都加快了扩大产能的步伐，以满足骤热的市场需求。与此同时，我国乙烯生产规模的快速发展，降低了塑料托盘的生产原料成本；国外的塑料加工业巨头也在悄然向内地挺进。通用电气（GE）塑料集团亚太地区总部将从东京迁往上海，并把在中国的塑料产能扩大 50％以上，另有一些外商则以合资、兼并等手段扩大在华的塑料产能，目前价格已不再是塑料托盘最大的劣势。

一、塑料托盘的行业现状

目前国内企业主要采用注塑、中空吹塑、挤出成型三种方式生产塑料托盘。因采用注射成型法生产工序少，生产效率较高，产品质量稳定，现在国内注射托盘生产企业有近30家。中空吹塑成型法一次成型，工艺简便、成本较低，但制品壁厚不均匀，尺寸稳定性差，目前国内形成规模的中空吹塑托盘生产企业仅有三家。挤出成型法生产的塑木托盘均为组装式，其成本最低，并同时具有塑料托盘与木托盘的优点，国内已有五、六家企业生产但并未形成规模。

国内塑料托盘的行业现状（见表1）。

二、塑料托盘的优点

塑料托盘采用HDPE为主要原料成型加工，与木制、钢制托盘相比有以下优点。

(1) 安全性好。不助燃、无静电、防爆、防滑、不导电，无针无刺，确保货物和作业者的安全。

(2) 寿命长。使用寿命是木托盘的5～7倍，是钢制托盘的2～3倍。添加抗紫外线剂，提高户外日晒使用寿命。

(3) 环境保护性能好。无味无毒、耐酸碱、易清洗、不霉烂，可回收利用再成型，节约木材。

(4) 外形平整美观，整体性好，尺寸精度高，互换性好。

(5) 运输成本低。质轻、大幅度降低集装箱货物运输费用。海关不需进行卫生检验，降低运输成本。

(6) 价格相对较低。塑料托盘是同规格合金钢托盘的1/5～1/6。按照使用寿命计算价格，塑料托盘是同规格木制托盘寿命价格的1/3～1/2。

(7) 维护费用低。免除专人修理费用。

(8) 适应性强。双面四向皆可操作，有效提高工作效率及空间活用化。对于洁度要求高的工厂标准，非塑料托盘不可。

(9) 承重与自重比大。塑料结构可进行CAD设计，降低质量，提高承重与自重之比，同时可降低塑料托盘的成本。

三、塑料托盘有待改进方面

塑料托盘具有钢质托盘、木质托盘、纸质托盘无法比拟的优势，但在很多方面还有待于改进。

(1) 注射与吹塑托盘在使用时会发生不可恢复的弯曲变形，尤其是在货架使用时。

表1 国内塑料托盘主要生产企业(按拼音排序)

序号	厂家名称	产品成型方式	序号	厂家名称	产品成型方式
1	北京华盾塑料有限责任公司	中空吹塑	19	南京音飞货架制造有限公司	注射成型
2	常州市工程塑料厂	塑木复合	20	齐鲁石化公司齐华塑料托盘厂	注射成型
3	慈溪市环发塑料托盘有限公司	注射成型	21	山东力扬工贸有限公司	注射成型
4	慈溪市奇阳塑业有限公司	注射成型	22	上海帆顺实业公司	中空吹塑
5	重庆塑料四厂	中空吹塑	23	上海冠恒工业设备有限公司	注射成型
6	大森塑胶工业(苏州)有限公司	注射成型	24	上海力卡塑料托盘制造厂	注射成型
7	东莞市宝成塑料制品有限公司	注射成型	25	上海派瑞特塑料托盘制造有限公司	注射成型
8	福日公司工程塑料厂	注射成型	26	上海日豪塑料制品有限公司	注射成型
9	河北邢台大成化工有限公司	中空吹塑	27	上海物豪塑料有限公司	注射成型
10	江苏连云港德泰箱包有限公司	中空吹塑	28	上海兴达塑料制品服务部	注射成型
11	金陵石化公司	注射成型	29	深圳深蓉塑料制品有限公司	注射成型
12	锦州市瑞龙实业公司	注射成型	30	四川广汉锐星塑胶有限公司	注射成型
13	廊坊市东升塑料制品有限公司	注射成型	31	无锡巨龙塑化公司	注射成型
14	力王塑胶有限公司	塑木复合	32	无锡南丰塑业有限公司	塑木复合
15	南京凯普逊物流仓储设备制造有限公司	注射成型	33	无锡顺发塑机模具有限公司	注射成型
16	南京欧利特金属制品有限公司	注射成型	34	宜宾市五粮液集团普什有限公司	注射成型
17	南京新众亚货架有限公司	注射成型	35	厦门鹏远实业有限公司	注射成型
18	南京塑料厂	注射成型	36	浙江黄岩佳宝塑料模具厂	注射成型

（2）生产使用的原料多为 HDPE、PP，对使用的环境适应性较差（例如在 100℃以上使用），虽可通过改性等方式改进，但同时也提高了产品的成本；另外还受生产设备的限制，有些设想较难实现。

（3）采用注射与中空吹塑生产方式时，需大量的模具投入，制品的外形、尺寸等均受模具的限制，较难满足用户对于外形、尺寸多样性的要求。

（4）挤出成型生产的木塑托盘多用挤出的板条和带复翼的工字形连接板组装而成，在美观度、特殊场合的使用上有一定的限制。

四、塑料托盘技术标准

ISO 6780—1988：联运通用平托盘-主要尺寸及公差

ISO 8611—1988：联运通用平托盘-试验方法

GB/T 15234—94：塑料平托盘

部分企业也制定了企业标准。

五、塑料托盘的发展方向

1. 新型材料的使用

现在市场上能够替代木质托盘的其他材料，按照市场占有率排序依次为塑料托盘、金属托盘、复合材料托盘。其中塑料托盘和金属材料托盘的生产工艺和应用已经相对比较成熟。

国内生产塑料托盘的原材料多为 HDPE、PP，托盘制品要具有足够的强度、刚性和抗冲击性，还要有一定的耐候性。为了达到上述要求，可以在生产过程中加入填充材料提高冲击韧性；根据不同的使用要求加入相应的功能性母粒、助剂；使用玻璃纤维增强 PP 或 HDPE 以提高刚性和抗蠕变性能。

复合材料制成的托盘，目前技术比较成熟的是塑木复合材料。它是将塑料和木质纤维（如木粉、稻壳、秸秆等）按照一定的比例混合后加入特定的改性剂，经过高温熔合然后挤出一定性状的型材，再经过组合制成托盘。塑木材质的托盘同时具有了塑料托盘的优点比如防腐蚀、易清洗，同时又具有木质托盘的优点比如：后期加工简单、成本相对塑料托盘比较低等特点。其主要性能指标如表 2 和表 3 所示。

挤出成型木塑托盘的基本工艺原理是：将树脂颗粒与植物纤维粉末混合在一起干燥和改性后，送入双螺杆挤出机，使混合物料在一定的温度下，经过双螺杆对其进行剪切和混炼，加之特殊的改性剂的作用，使树脂的高分子与植物纤维粉末形成特有的分子网状结构，使得挤出型材具备良好的加工性和优异的物理化学性能。

表 4 列出了几种材质的托盘性能比较。除了比木

表 2　材料的物理性质

属性	检验	数值	属性	检验	数值
特殊重力/(g/cm^3)		1.1	不光滑面吸水度(24h)	ASTMD570	0.3%
膨胀系数/$℃^{-1}$		3.5×10^{-5}	焚烧检验/s	ASTMD570	0
吸湿度		0.1%	UV 变坏程序/(mm/a)	UL-94-V-0	0.050
吸水度(24h)		0.2%			

表 3　材料的化学特性

特性	检验	低	高	特性	检验	低	高
延长度/%	ASTMD790-92	3.6	4.2	压缩模量/GPa	ASTMD695	1.2	1.8
弯曲模量/GPa	ASTMD790-92	3.1	4.2	压缩强度/MPa	ASTMD695	30	40
弯曲强度/MPa	ASTMD790-92	48.8	52.6				

表 4　几种材质托盘比较

性　能	塑木托盘	木质托盘	塑料托盘	金属托盘
每次使用的费用	最低	高	比较低	比较低
结构尺寸的稳定性	稳定	不稳定	稳定	稳定
强度		一般	一般	高
防潮性	高	低	高	高
吸水性	无	高	无	无
被污染性	无	高	无	无
安全性	高	低	高	高
顾客定制尺寸	随意	随意	固定	相对固定

托盘更耐用外，塑木复合托盘比塑料托盘价格上更便宜。通过以上的比较，可以看到新型复合材料的优点是很明显的。复合材料应用于托盘的生产，将极大的降低传统托盘生产使用中对宝贵的木材资源的消耗，其可回收再使用的特点，使其具有更突出的性能价格比，更强的适应性使其具有更广阔的使用空间。

2. 采用新工艺

（1）在塑料托盘中采用聚烯烃发泡技术，提高单位质量的刚性，冲击性能，同时可以降低成本。

（2）注塑制品可以采用外部气体辅助成型的方法，缩短成型周期、提高制品外观质量及各项物理机械性能。

六、行业良性发展亟待解决的问题

1. 塑料托盘的尺寸繁多、不统一

国内生产的托盘产品现基本按 GB/T 15234—94《塑料平托盘》标准的技术要求进行检验，但托盘的使用者对制品的要求是多种多样的，符合该标准的产品往往很难满足用户的使用要求。目前流通中的托盘规格比较多。规格（mm）包括：2 000×1 000；1 500×1 100；1 500×1 000；1 400×1 200；1 300×1 000；1 200×1 000；1 200×800；1 200×1 100；1 100×1 000；1 100×1 100；1 100×900；1 000×1 000；1 000×800；1 200×1 200；1 300×1 600；1 300×1 100 等几十种规格。其中塑料托盘的规格相对比较集中，主要是 1 100×1 100 和 1 200×1 000，约占塑料托盘的 50%左右。现在企业使用的托盘多为平面四向进叉双面，约占托盘使用总数的 60%左右。其余的还有平面双向进叉双面使用托盘、单面使用平式托盘、箱式托盘和柱式托盘。特种托盘的使用数量比较少。箱式托盘现多用于企业生产过程中的物料搬运，基本上不进入流通。

由于目前托盘的规格多样，使我国的托盘在使用时很难与国际运输器具相匹配（例如国际通用的集装箱等）。企业为了能适应相关的国际运输工具，不得不向托盘生产企业订购与本企业周转使用规格不一致的托盘，从而增加了企业的出口成本，降低了产品的国际竞争力。

2. 塑料托盘的标准应尽快与世界接轨

当前我国《塑料平托盘》的标准与国际标准有着较大的差距，国内塑料托盘制品正处于高速增长期，目前的国家标准已很难适应生产、流通的要求。也没有哪家企业有足够的影响力使得同行共同采用或认同其所采用的标准，而且更换标准也会给一些企业带来很大的损失，所以应尽快修订我国的塑料平托盘国家标准。

七、物流产业对塑料托盘发展的影响

1. 政府推动力度加大，但没有形成合力

现代物流业在国际上已成为与高科技产业、金融业并驾齐驱的朝阳产业，引起了各级领导、各级政府、各界人士的高度重视。国家领导人明确指出要把现代物流业作为国民经济重要产业与新的经济增长点，并列入了“十五”规划；全国已有 20 多个省市 30 多个中心城市做出或正在制定物流发展规划，有的已进入实施阶段；原国家经贸委已把现代物流与连锁经营、电子商务一起成为推进流通现代化的三大重点，并准备出台有关产业政策。新成立的商务部拟加大推进力度；国家发改委正在着手制定中国物流业发展总体规划；国家标准化委员会已决定成立全国物流标准化技术委员会；国家科技部已把“电子商务与现代物流示范工程”作为“十五”重大科技攻关项目；国家教育部已同意在大学开设物流专业；财政部、铁道部、交通部、信息产业部、国家民航总局等都从自身业务出发，把发展现代物流摆上了议事日程。

中国的现代物流业需要政府的推动，这几年这种推动力明显加大，但许多部门各自为战，并没有形成合力。在不少省市，有的是计划部门牵头，有的是交通部门牵头，有的是经贸部门牵头，浪费了人力、物力、财力，反而会阻碍物流业的发展。国家与各地方政府都应设立协调小组。

2. 物流发展的地域性、行业性特点明显，呈不均衡发展

均衡是相对的，不均衡是绝对的，物流业的发展也是一样。目前中国物流业发展地域性、行业性特点十分明显。从地域讲，东部起步最早、发展最快、规模最大，特别是长江三角洲、珠江三角洲与环渤海地区。中部要落后于东部，但好于西部。从总体讲，东部已处于发展阶段，而中西部则处于起步阶段。从行业讲，物流需求大的主要是中外合资与外商独资企业、连锁企业、日用化工品行业、家电行业、烟草行业、医药行业、汽车行业等等。

3. 城市成为物流重要结点，但综合物流水平不高

城市是商流、物流、信息流、资金流和人流的中心，并以此影响和带动农村的发展，不管这个城市是工业城市、商贸城市或旅游城市，都必须形成一个点线面结合的综合物流体系，城市本身就是一个重要物流结点。现代物流对中心城市经济发展有以下 7 个方面的影响。第一，城市作为工业集中地，物流业发展可以降低生产成本，提高市场竞争力。物流业也是走新型工业化之路的强大支撑。第二，城市物流环境的

优劣，是引进内外资的重要条件，是能否进入全球采购系统的重要条件。第三，城市作为一个人口居住的集中地，物流水平是人们生活质量的重要标志之一。第四，城市物流的发展，可以起到对周边城市的辐射作用和对农产品物流的带动作用。第五，物流业作为一个新兴的服务业，可以带动产业结构调整，增加就业，提高城市化率。第六，城市物流发展是进出口贸易能否正常进行与加速发展的重要条件。第七，降低物流成本在城市 GDP 中的比重，是这个城市综合实力、竞争力、经济效率与宏观调控力的体现。但从总体讲，目前除少数城市以外，综合物流仍处于低水平。

4. 跨国物流企业在中国实行“抢滩战略”，物流业已成为外资与民间资本投资热点

中国物流市场很大，但中国物流比较落后，加上中国加入世界贸易组织的承诺，这就给跨国物流公司进入中国物流市场一个非常有利的时机。这几年，世界前 10 强物流公司纷纷进军中国，除特批独资的以外，纷纷成立中外合资物流企业，迅速在大城市布点，抢占中国物流市场。如美国联邦快递与天津大田集团合作，于 1999 年共建大田联邦快递有限公司，业务已扩展到中国 210 个城市，经营额每年以 30% 速度上升。世界 500 强中，近 400 家在中国投资了 2 000多个项目，国际上 50 家最大零售企业 2/3 已进入中国，这些集团纷纷在中国设立采购中心，使与采购相关的物流业快速起步。目前物流业已成为外资与国内民间资本投资的热点之一。

5. 传统运输与仓储企业向第三方物流企业加快转型，工商企业物流管理有所加强，但物流需求增长慢于供给增长

传统国有运输企业与仓储企业加大了自身改革力度，向现代企业制度迈进，有的已经上市。在物流市场激烈的竞争下，实行资产重组与流程再造，加速向第三方物流企业转型，如中远、中外远、中海、中铁、中邮、中储等等，或整体改造提升为物流企业；或整合内部物流资源，组建物流公司；或与外方组成中外合资物流公司。一些大中型工业与流通企业也开始重视企业采购与物流系统的改造，如青岛海尔、上海大众、长春一汽、中石化、中石油、北京联想、上海华联、山东三联等等，都将成为工商物流业发展的带头羊。

但要明确指出的是，由于长期以来中国企业走的是一条“大而全”、“小而全”的模式，目前工商企业物流的需求增长要慢于物流企业供给的增长，而物流企业供给的增长从总体讲又是低水平、小规模的，在许多方面又满足不了物流需求的需要。

6. 用信息化、标准化带动物流现代化有所推进，但差距很大

信息网络技术是现代物流的基础，也可以说是第一要素。中国物流企业与国外物流企业的差距，最大的体现在两个方面：一是信息网络技术落后；二是服务理念太差。这几年，信息网络技术普遍受到重视，企业物流信息平台推进速度较快，社会公共物流信息平台也在规划建设，已涌现了一批优秀案例。但由于主观认识差异与实际困难（如缺乏资金等），这项工作差距很大，需要有一个过程才能解决。

标准化对物流业的发展生命攸关，没有标准化，物流全过程与供应链全过程将无法进行，将加大物流运作成本，而使现代物流失去意义。目前各部门都有一些行业标准，但国家标准少，且各项标准之间往往不可连接。物流标准既包括物流硬件标准，也包括物流软件标准，这项工作已到了非常迫切的程度，而各部门的互相扯皮已影响了这一进程。

7. 物流人才工程已经启动，但人才短缺短期内难于解决

物流人才是全国短缺人才之一，据初步结算，到 2010 年，高级物流人才需求量约为 20 万～30 万，加上中级、初级物流人才数量很大。如何解决，一是学历教育。目前已启动大学本科与研究生教育以及大中专教育，有的城市已试点职业高中，目前全国已有近 40 所大学设物流专业或物流专业方向。二是继续教育。就是对在职人员开展培训，或取得国外国内设立的资格证书，或短期培训证书。三是上岗资格培训，即持证上岗。这需要带动部门规范，需要一个过程。

物流人才包括研究人才、管理人才、规划设计人才与操作人才，都十分紧缺。目前企业要招聘一个物流总监肯定比招聘一个总经理要难得多，物流人才的短缺是一个客观事实，不可能靠短期的努力就可以解决。

八、结束语

塑料托盘是个快速发展的新产品，保护环境以塑代木，国际、国内物流业的发展，为塑料托盘的发展提供了巨大市场和商机。随着科技的发展，塑料托盘生产用原材料、工艺等也会随之发展。由于塑料托盘在使用性能上的优势越来越为用户所认可，塑料托盘取代木托盘成为物流主导产品已是今后发展的必然趋势，成为各企业及相关行业关注的焦点。塑料托盘在我国有着广泛的发展前途。

（北京华盾塑料有限责任公司　倪众勤
何福庆　董彬　于岩）

饮水机用塑料饮用水桶的发展过程和现状

一、发展过程

1. 国内聚碳酸酯树脂行业背景

聚碳酸酯（PC）是目前用量最大的工程塑料之一，其高透明性和高抗冲击强度兼备的性能十分突出。据不完全统计，目前国内建有聚碳酸酯建材中空板生产线20余条，年需用聚碳酸酯树脂7万吨左右，预计到2005年将达14万吨；国内光盘生产能力迅速增长，据不完全统计现有生产线200余条，年需用聚碳酸酯树脂达3万吨，预计到2005年将达5万吨，但国内生产光盘用聚碳酸酯专用料目前仍属空白；由于国内人民生活水平逐步提高，饮水机在家庭、宾馆饭店、企事业单位等得到迅速普及，聚碳酸酯的饮用水桶、瓶等的用量随之激增，每年约耗用2万～3万吨聚碳酸酯树脂，预计到2005年将达6万吨左右。

根据发达国家的统计数据，聚碳酸酯在电子、电气、汽车制造业中的使用比例在40%～50%，而我国在该领域的使用量仅占10%左右。电子电气和汽车制造业是今后中国迅速发展的支柱产业，未来这些领域对聚碳酸酯的需求量是巨大的。由于国内产能严重不足，国家每年要花费大量外汇进口以弥补缺口。2001年聚碳酸酯树脂进口达26.6万吨，净消费达21万吨，预计2005年国内消费量将达到35万～45万吨，供需矛盾十分突出，亟待发展。

2. 饮用水桶发展过程

伴随我国人民生活水平的不断提高，饮水方式也随之发生了巨大变化，人们需要更卫生、更健康的饮用水，国外得到普及的灌装水、直饮水已开始逐渐引入我国，并得到迅速发展。

20世纪90年代初期，广东省珠海中富工业集团公司首先引进国外聚碳酸酯（PC）饮用水桶的生产线，其产品于1994年通过省级鉴定，1995年被评为国家级新产品。当时国内饮水桶企业使用的生产设备主要由国外如日本、美国、德国等国生产，设备价格比较昂贵，每台需花费数百万，个别甚至高达近千万元；使用原料主要为美国通用公司（GE公司）生产的聚碳酸酯（PC）树脂，价格在5万元/吨以上，每个容积19L饮水桶的价格近百元。

20世纪90年代后期，国内一些塑料机械企业如广东东莞东华机械、江苏华丰（王牌集团）、安徽国宝等开始研制饮水桶生产设备，设备销售价格在百万元/台左右。但仍主要使用美国通用公司产聚碳酸酯原料，少量企业使用德国拜耳公司原料（PC），引进原料价格每吨2万元左右；此时我国上海、重庆等地引进的聚碳酸酯生产线也已开始投产并投入使用。

目前，饮水桶主要用聚碳酸酯树脂制造，但也有少数企业由于PC原料价格昂贵而以聚对苯二甲酸乙二醇酯（PET）树脂为原料生产饮用水桶，但此类桶在外观（透明性）、机械性能（耐磨、抗冲击等）方面与聚碳酸酯桶尚有一定差距。每个PC桶的价格在20～36元之间，而PET桶的价格约在十几元左右。目前全国PC桶生产线在100条左右，国产设备约占60%，PET桶生产线在10条左右。

为规范产品质量，由全国塑料制品标准化技术委员会组织珠海中富工业集团公司等单位起草的强制性行业标准QB 2460—1999《聚碳酸酯（PC）饮用水罐》与2000年9月开始实施，但PET桶目前尚无质量标准，也没有不允许生产使用的禁令。

市场上应用的饮水桶规格众多，由1加仑、3加仑到5加仑不等，但以5加仑桶用量最为普及。

3. 水桶、水桶使用周转及桶装水生产过程简介

图1是水桶生产示意图，图2是水桶周转流程示意，图3是桶装水生产线的示意。在水桶周转环节中，部分企业利用破碎原料再次生产水桶，此类行为是不应当提倡的。

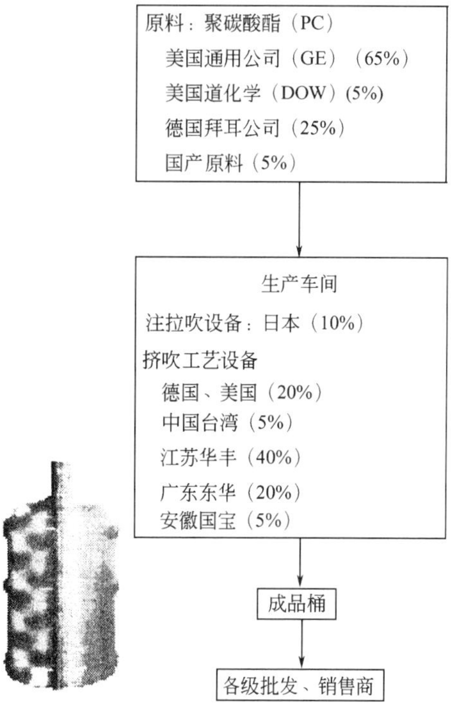

图1　饮用水桶生产过程

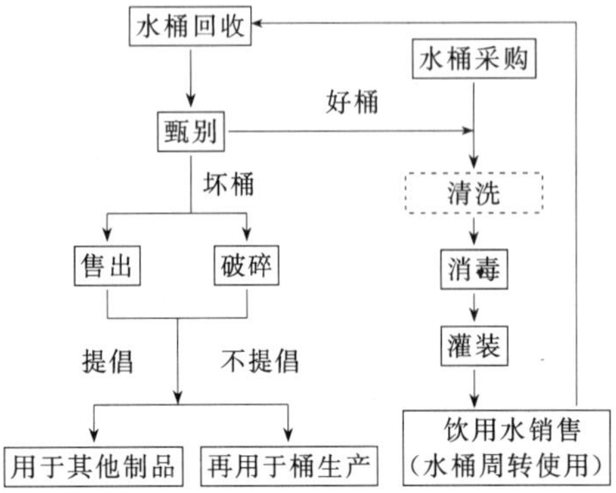

图 2　桶的使用与周转

二、饮用水桶质量现状

1. 饮水桶产品类型

目前市场上的饮用水桶大致可分为 4 类，第一类是“白桶”，是以全新食品级 PC 料制作的，色泽淡蓝而明快舒畅，透光度好，桶身无麻点杂质，一些较大型企业或重视质量的企业和水厂生产及应用此类桶，这是符合标准要求的聚碳酸酯（PC）饮用水罐；第二类称“杂桶”，是由于销售扩张和降低原料成本的需要，向客户回收的带有其他品牌标识的 PC（聚碳酸酯）桶；第三类是用其他原料生产的塑料桶，主要是聚对苯二甲酸乙二醇酯（PET）树脂，有淡蓝、蓝黑、淡白等几种颜色。PET 饮水桶与 PC 桶比较其寿命短、强度差、外观色相差；第四种就是引发轩然大波的“黑桶”，经检查核实，“黑桶”使用的也是 PC 原料，但它们的来源不同，有的是回收的破旧 PC 桶，有的是回收的废旧光碟软盘或废弃医用瓶、摩托车配件，有的甚至是进口洋垃圾，其卫生性能最为堪忧，威胁着人民的身体健康。

2. 饮水桶产品产量

目前全国拥有 PC 桶的生产线 100 余条，每条生产线的平均生产能力约 20 万只/年，全国饮用水桶的产量每年约 2 千多万只。

3. 产品的质量状况

目前市场上引水桶质量参差不齐，但由于珠海中富集团、科信集团两大饮水桶生产企业的存在，其产品产量约占全国水桶用量的 70%，因此正规生产、符合标准要求的“放心桶”是主流。但部分“杂桶”、“黑桶”也占有一定的市场份额。抽查中发现，在郑州、石家庄等地市场上仍有每只 8 元的饮水桶销售，如此低的价格，其质量可想而知。究其原因，随着纯净水厂铺天盖地的出现，一些小型水厂为追求低成本，开始使用非食品级、报废桶料甚至垃圾料生产水桶，或在市场上刻意寻找低价桶。这样给废旧原料经销、劣质桶的生产企业带来了机会。饮用水桶在成型加工中通常要添加少量加工助剂，如果片面追求低成本，不注意选择毒性低、质量好、符合卫生要求的原料和添加剂，环境卫生管理不善，水桶的物理机械性能特别是卫生性能就难以符合要求，产品潜在的危害性极大。

2002 年以前，饮用水桶市场相对来说比较混乱，对劣质水桶的各种报道见诸各种不同媒体，当时的情况表明劣质产品对消费者的身体健康存在潜在巨大威胁。但经过媒体报道后，各地方质量技术监督局组织卫生、工商等部门开展质量大检查。据反映，一些被曝光地区在检查中的确发现不少企业使用光盘料、回收料生产饮用水桶，但未发现有医用垃圾被使用。经过反复检查、处置，遏制了一些企业使用废旧光盘生产水桶的不法行径，使水桶的生产企业走上了正途。极少数不法厂商已转入地下生产与经营，不易被掌握、发现，市场上销售劣质水桶者为规避检查，往往只放一个样品桶招引客户，谈判成交后再定货、供货，这需要采取更灵活的监督方式才能加以控制。

4. 使用原料

当前聚碳酸酯饮用水桶主要使用美国通用公司、道化学公司、德国拜耳公司的原料，其中通用公司聚碳酸酯料的市场占有率约 65%。国产料在性能上尚难以完全满足加工和制品的要求，因此，原料市场主要由国外公司（主要是美国通用公司）所垄断。

在 20 世纪 90 年代初、中期时，原料价格曾超过每吨 5 万元，但目前 PC 价格已降至每吨 1.8 万～2.5 万元。由于少数生产企业对市场的垄断，使饮水桶生产企业在选择原料供应商时，没有更多的选择余地，导致原料价格波动受制于少数垄断公司，价格居高不下，致使饮水桶价格相对较高。这也给一些生产

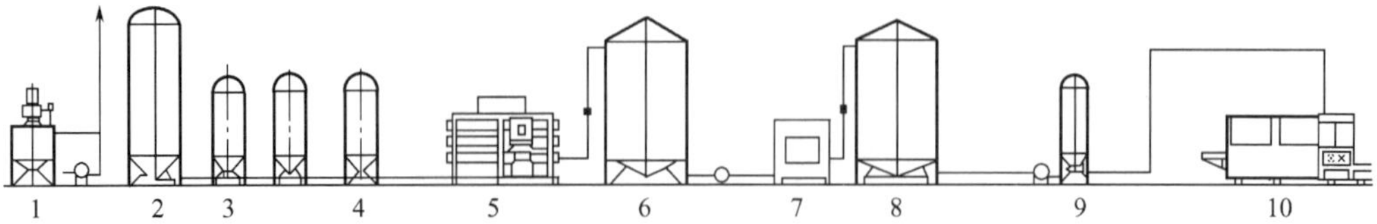

图 3　五加仑桶装水生产线示意

1—加药装置；2—多介质过滤器；3—活性炭过滤；4—精密过滤器；5—反渗透装置；
6—无菌水罐；7—紫外线灭菌；8—无菌水罐；9—精密过滤器；10—水桶灌装

回收料或“黑心”料的原料企业提供了市场机会和更大的利润空间。

5. 饮水桶生产设备

国内厂家使用的进口设备主要从日本、美国、德国等国家及我国的台湾地区引进，其设备价格昂贵，每台在几百万元甚至上千万元。从生产方式看，日本设备以注拉吹生产工艺为主，其特点是产品一次成型，无需修剪瓶口，无废料产生；美国、德国的设备则以挤吹为主，产品需由人工进行瓶口修剪。国产设备的生产方式也是以挤吹成型的，研制及生产此类设备企业主要有广东东莞东华机械、江苏华丰（王牌集团）、安徽国宝等。此外，还有许多加工、销售桶胚的企业，由制桶企业购买桶胚后进行二次加工生产饮水桶。

6. 饮用水桶国内分布情况

由于饮水机的普及，饮用水桶的生产几乎遍及全国大中型城市，主要有浙江、广东、北京、石家庄、西安、成都、重庆、昆明、天津、山东、江苏、安徽、上海、福建、沈阳、长春、郑州、武汉、长沙等。其中产量较大的省市是浙江、广东、北京、成渝地区等。

三、水桶的标准情况

目前，市场上饮用水桶按照原料来分，有聚碳酸酯（PC）饮用水桶、聚对苯二甲酸乙二醇酯（PET）饮用水桶、聚氯乙烯饮用水桶（极少）等。但现有饮用水桶的产品标准只有行业标准 QB 2460—1999《聚碳酸酯（PC）饮用水罐》，部分省市也制定了聚碳酸酯（PC）饮用水桶的地方标准（如上海市）。而 PET 等其他材料加工制作的饮用水桶尚没有国家或行业产品标准规范，都是按企业标准进行生产和销售，但相关产品标准都基本引用了 PC、PET、PVC 等塑料成型品卫生性能标准，如 GB 14942—1994《食品容器、包装材料用聚碳酸酯成型品卫生标准》、GB 13113《食品容器、包装材料用聚对苯二甲酸乙二醇酯成型品卫生标准》、GB 9681—1988《食品容器、包装材料用聚氯乙烯成型品卫生标准》（具体标准见附件）。存在问题是部分企业标准或地方标准引用卫生性能标准时有缺项行为，易产生质量漏洞。

四、优质桶与劣质桶的应用情况

周转使用的饮用水桶主要是 PC 桶，有少量 PET 桶及极少数 PVC 桶。一些规模较大的水厂，使用的水桶也较为正规，因为这些企业的前期投入较大，注重产品质量，客户拥有量也远远大于那些小厂。为了提高生产效率，这些大企业一般都采取机械灌装生产线，如果水桶的机械强度不足，在机械压盖时受不住机械压力，会引起水桶变形或破坏。所以这些企业必须采用正规的 PC 材料桶。但一些规模较小的水厂，一般只有几百个客户，每天出水几十桶左右，受利益的驱使，需要降低占用的流转资金，就可能使用价格比较低廉的水桶。这些廉价桶，不仅危害了广大客户的身体健康，还给整个饮用水行业带来了极大的负面影响。“换桶开户”是这个行业中不成文的规矩，而一些新上马的小型水厂往往也借此以一个劣质水桶更换用户原用的优质 PC 水桶，或者“大方地”给用户免费送桶，条件是由他们向用户长期提供饮用水。而由于水桶的周转使用，留在用户手中的劣质桶就有可能进入大水厂的回收系统。这种“换桶开户”对大水厂来说是极不公平的，首先大水厂因采取机械灌装生产线，生产成本比手工灌装要高，而他们所使用水桶的价格当然也比使用劣质桶的小水厂的高得多，他们在“换桶开户”过程中所“换”来的桶，有可能就是不能再投入使用的劣质桶。处理这些不能使用的桶，又会花去企业相当的物力、财力。据有些大型水厂反映，他们每年要更换许多不符合标准的水桶，而这些水桶都是他们在给客户换水时“换”来的。这些已经进入流通领域的劣质 PET 桶、劣质的 PC 桶，已经成为大型饮用水企业的一大累赘。

因此，规范和完善桶装饮用水的生产、流通和营销运作方式及市场的水桶使用标准，已刻不容缓。

五、媒体报道情况

2001 年，针对国内劣质饮用水桶泛滥的不良状况，各类媒体进行了大量的批评报道，引起了地方质量监督部门的重视。在批评报道后，质量监督部门对饮用水桶的质量开展了严格的监督，使饮用水桶的产品质量，特别是卫生质量得到了明显提高。如媒体报道生产劣质饮水桶较多的浙江省宁波地区，在 2002 年一年中，其质监局、卫生局、工商局等部门就联合进行了三次大检查。宁波市质监局在曝光后的首次检查中，接受检查的 14 家企业中就发现有 3 家企业使用了回收光盘料，有 7 家企业使用废旧 PC 桶回收料。但在最后一次检查中，均未发现此类现象。本次抽查，仅宁波地区就抽查了 8 家水桶生产企业，占本次抽查企业总数的 17.4%，但没有发现卫生性能不合格企业。

六、饮用水桶的回收利用途径尚待解决

任何一个产品都有寿命期限，饮用水桶也不例外。周转使用损坏、淘汰的 PC 桶，尚没有更好的回收再利用的其他途径。但已有一些地方将回收的桶粉碎后加工制成其他用途的制品如大棚顶棚阳光板等。饮用水桶有质量轻、体积大的特点，其淘汰后的回收、运输及处置，值得有关部门研究解决。同时，按照食品卫生法有关规定，应考虑制定回收料在食品包装容器中限制使用的法律法规。

七、如何初步鉴别桶的真假

（1）目测：正品桶桶底标有生产厂家和生产日期，桶体透明度好，颜色为蓝色或白色，桶壁极少有气泡、黑点与杂质；劣质桶透明度差，颜色为深蓝或紫色，桶壁一般存在气泡、黑点与杂质等缺陷。

（2）手感：正品桶表层光滑；劣质桶摸上去高低不平，特别是瓶口摸着刺手。

（3）按压：劣质桶一般有较严重的壁厚不均，因此将空桶放在地上用力往下按时，正品桶一般不会变形，而劣质桶有变形现象。在桶周按压，劣质桶桶周可明显感觉到异常的变形不匀现象。

（4）听音：正品桶在地上碰撞，声音清脆，劣质桶音质沉闷。

（国家塑料制品质量监督检验中心
翁云煊、刘山生、凌伟）

2001～2002年通过质量认证的部分企业名单

吉林市吉展钢结构压型彩色钢板有限公司

地址：吉林省吉林市西安路216号
邮政编码：132012
电话：0432-4880288
传真：0432-4880288
法人代表：徐杰
注册编码：1101A0056
认证标准：GB/T 19001—1994 idt ISO 9001：1994
覆盖范围：压型彩色钢板、复合夹芯板、轻型钢结构、焊接球网架、螺栓球网架、C型钢、聚苯乙烯泡沫板的设计、开发、生产、安装和服务过程

上海龙达包装有限公司

地址：上海市小昆山私营经济开发区（松江）
邮政编码：201616
电话：021-57761142
传真：021-57761142
法人代表：张银龙
注册编码：1101B0065
认证标准：GB/T 19002—1994 idt ISO 9002：1994
覆盖范围：塑料（HDPE）中空制品的生产和服务过程

山东兴鲁化工股份有限公司

地址：山东省淄博市临淄区乙烯路312号
邮政编码：255411
电话：0533-7523096
传真：0533-7523650
法人代表：国　胜
注册编码：1701B00390R0M
认证标准：GB/T 19002—1994 idt ISO 9002：1994
覆盖范围：偏氯乙烯、工业用合成盐酸、高纯盐酸、回收聚氯乙烯树脂、水质稳定剂、聚丙烯酸钠的生产

香河县华鑫泡沫厂

地址：河北省香河县永泰路
邮政编码：065400
电话：0316-8320130
传真：0316-8317584
法人代表：丁云忠
注册编码：2301B0152
认证标准：GB/T 19002—1994 idt ISO 9002：1994
覆盖范围：软质聚氨酯泡沫塑料的生产和服务

傈阳市东宇箱包有限公司

地址：江苏省保阳市天目湖镇沙河路6号
邮政编码：213333
电话：0519-7980425
传真：0519-7980401
法人代表：蒋伟年
注册编码：2301B0156
认证标准：GB/T 19002—1994 idt ISO 9002：1994
覆盖范围：聚氯乙烯、高压聚乙烯人造革材料的生产和服务

温江强力实业有限责任公司

地址：四川省成都市温江县公平镇和平街6号
邮政编码：611130
电话：028-2650139
传真：028-2650139
法人代表：黄又春
注册编码：2701B00064R0M
认证标准：GB/T 19002—1994 idt ISO 9002：1994
覆盖范围：热缩套管

萧山航民非织造布有限公司

地址：浙江省杭州市萧山区瓜沥镇航民村
邮政编码：311241
电话：0571-82557808
传真：0571-82563368
法人代表：朱重庆
注册编码：3001B00246R0M
认证标准：GB/T 19002—1994 idt ISO 9002：1994
覆盖范围：非织造布（合成革基布）的生产，安装和

服务

张掖市金鹿铝塑复合管有限公司

地址：甘肃省张掖市东北郊工业区

邮政编码：734000

电话：0936-8436008

传真：0936-8436068

法人代表：张班静

注册编码：3001Q10268R0S

认证标准：GB/T 19001—2000 idt ISO 9001：2000

覆盖范围：铝塑复合管的生产

中国质量认证 2002 年第 11 期

沈阳瑞得塑胶制造有限公司

地址：辽宁省沈阳市道义开发区正良五路 8 号

邮政编码：110136

电话：024-89737878

传真：024-89737879

法人代表：沈学冰

注册编码：0702Q10232R0S

认证标准：GB/T 19001—2000 idt ISO 9001：2000

覆盖范围：建筑塑料门窗用密封条、中空玻璃用弹性密封剂、中空玻璃用复合式胶条等系列产品的设计、开发和生产

北京鑫军威高科技有限公司

地址：北京市中关村科技园区万寿路丙 27 号 4 号办公室

邮政编码：100036

电话：010-68208661

传真：010-68208447

法人代表：徐丽华

注册编码：0702Q10257R0S-1

认证标准：GB/T 19001—2000 idt ISO 9001：2000

覆盖范围：军用多层复合防水卷材的生产

昆山军威实业有限公司

地址：江苏省昆山高科技工业园水秀路 1165 号

邮政编码：215316

电话：0521-57783083

传真：0512-57787187

法人代表：徐丽华

注册编码：0702Q10257R0S-2

认证标准：GB/T 19001—2000 idt ISO 9001：2000

覆盖范围：军用多层复合防水卷材的生产

大连爱丽思欧玛工贸有限公司

地址：辽宁省大连保税区工业创储小区 116-13

邮政编码：116600

电话：0411-7303804

传真：0411-7305492

法人代表：大山繁生

注册编码：0702Q10276R0L

认证标准：GB/T 19001—2000 idt ISO 9001：2000

覆盖范围：塑料制品、金属管、网制品、软管制品的生产

大连平田化工有限公司

地址：辽宁省大连市经济技术开发区振鹏工业城 1-12-2

邮政编码：116600

电话：0411-7512544

传真：0411-7512554

法人代表：平田庸夫

注册编码：0702Q10293R0M

认证标准：GB/T 19001—2000 idt ISO 9001：2000

覆盖范围：汽车用注塑零件，家用电器注塑零件及其他精密注塑零件

大庆恒升热收缩材料厂

地址：黑龙江省大庆市胡路区西宾路 7 号

邮政编码：163453

电话：0459 5394290

传真：0459-5381072

法人代表：付忠昌

注册编码：0701B00274R0M

认证标准：GB/T 19002—1994 idt ISO 9002：1994

覆盖范围：埋地及架空用聚乙烯泡沫保温钢管（玻璃钢保护层、聚乙烯胶带保护层、聚酯布防水胶保护层），聚乙烯防腐钢管以上述管道相应保温，防腐防水产品；聚乙烯泡沫管壳、聚乙烯热收缩带及防冒水，聚乙烯内外胶带及防水胶的生产和服务

中国石油天然气股份有限公司抚顺石化分公司化工塑料厂

地址：辽宁省抚顺石新抚区中路十四道街 1 号

邮政编码：113015

电话：0413-2332270

传真：0413-2331442

法人代表：张培华

注册编码：0701B00276R1M

认证标准：GB/T 19002—1994 idt ISO 9002：1994

覆盖范围：高抗冲聚苯乙烯、苯乙烯的生产和服务

大连巨通塑料制品有限公司

地址：辽宁省庄河市徐岭镇杨树房村

邮政编码：116401

电话：0411-8440448

传真：0411-8440111

法人代表：石佩波

注册编码：0701B00277R0M
认证标准：GB/T 19002—1994 idt ISO 9002：1994
覆盖范围：塑料彩印包装袋、塑料彩印包装膜卷产品的生产和服务

中国石油辽阳石油化纤公司化工厂
地址：辽宁省辽阳市宏伟区东环路23号
邮政编码：111003
电话：0419-5152218
传真：0419-5155347
法人代表：井渭
注册编码：0701Q10300R0M
认证标准：GB/T 19001—2000 idt ISO 9001：2000
覆盖范围：氯化聚乙烯、色母粒、油剂、一氯二乙基铝产品的生产

辽河油田恒泰利禹塑建材有限公司
地址：辽宁省盘锦市兴隆台区于楼街东风工业基地
邮政编码：124120
电话：0427-7590706
传真：0427-7590021
法人代表：吴元胜
注册编码：0701B00302R0M
认证标准：GB/T 19002—1994 idt ISO 9002：1994
覆盖范围：建筑排水用硬聚氯乙烯管材、管件，建筑用绝缘电工套管及配件的生产和服务

山东省烟台市人造革厂（长岛长明制革有限公司）
地址：山东省烟台市长岛县通路68号
邮政编码：265800
电话：0535-3215492
传真：0535-3219395
法人代表：郑录强
注册编码：0701Q10338R0S
认证标准：GB/T 19001—2000 idt ISO 9001：2000
覆盖范围：聚氯乙烯阻燃地板革、座椅革的生产

宁波永信橡塑有限公司
地址：浙江省宁波市宁海梅林北路
邮政编码：315609
电话：0574-5292222
传真：0574-5292666
法人代表：王兴德
注册编码：1101BQ0087
认证标准：QS-9000：1998 idt ISO 9001：1994
覆盖范围：汽车橡胶、塑料制品及汽车转向部件、减震器的生产过程

四川省宜宾五粮液环球塑胶有限公司
地址：四川省宜宾市岷江西路150号
邮政编码：644007
电话：0813-3553988
传真：0813-3555898
法人代表：王国春
注册编码：1501B00097R0M
认证标准：GB/T 19002—1994 idt ISO 9002：1994
覆盖范围：塑胶瓶盖；塑胶瓶；塑胶瓶坯；塑料托盘；周转箱；燃气用聚乙烯管材管件；给水及水处理用聚乙烯管材管件；铝塑复合压力管；聚甲醛管件的制造、安装和服务

十堰冠达塑料制品有限公司
地址：湖北省十堰市襄阳路6号
邮政编码：442012
电话：0719-8781095
传真：0719-8781537
法人代表：杨建设
注册编码：1501Q10110R0M
认证标准：GB/T 19001-2000 idt ISO 9001：2000
覆盖范围：汽车用安全玻璃、汽车塑料配件系列产品的设计、制造和服务

青岛大道隔热材料有限公司
地址：山东省胶州市阜安办事处邹家洼工业园区
邮政编码：266300
电话：0532-2291378
传真：0532-2291098
法人代表：刘在良
注册编码：1701B00424R0M
认证标准：GB/T 19002—1994 idt ISO 9002：1994
覆盖范围：泡沫塑料制品生产及售后服务

成都成实福田塑胶建材有限责任公司
地址：四川省成都市二环路北四段3号
邮政编码：610051
电话：028-3240101
传真：028-3251438
法人代表：张孝全
注册编码：2101B00075R0M
认证标准：GB/T 19002—1994 idt ISO 9002：1994
覆盖范围：塑料型材、建筑门窗系列及配套产品的生产和安装

上海华源复合新材料有限公司
地址：上海市青浦区外青松公路6085号
邮政编码：201700
电话：021-59732001
传真：021-59727234
法人代表：吴云生
注册编码：2201B00087R0M
认证标准：GB/T 19002—1994 idt ISO 9002：1994

覆盖范围：铝塑复合板

北京北方光大门窗有限责任公司

地址：北京市朝阳区捕头豆各庄乡水牛房村北牛场院内

邮政编码：100023

电话：010-67370891

传真：010-67370891

法人代表：孙春华

注册编码：2201Q10010R0S

认证标准：GB/T 19001：2000 idt ISO 9001：2000

覆盖范围：32.5 普通硅酸盐水泥

大庆高新技术产业开发区庆达实业开发公司保温材料厂

地址：黑龙江省大庆市胡路区方晓村

邮政编码：163161

电话：0459-5057605

传真：0459-5057632

法人代表：李森林

注册编码：0702Q10387R0S

认证标准：GB/T 19001：2000 idt ISO 9001：2000

覆盖范围：单体聚醚、组合聚醚、聚酯聚醚、无氟组合聚醚、无氟发泡剂的设计、开发和生产

沈阳工业泵制造厂

地址：辽宁省沈阳市沈辽中路彰驿

邮政编码：110177

电话：024-89339169

传真：024-89339167

法人代表：王庆海

注册编码：0702Q10432R1M

认证标准：GB/T 19001：2000 idt ISO 9001：2000

覆盖范围：直径 $\phi 40 \sim 250$mm 油泵；压力 $2.7 \sim 17$MPaDG 系列给水泵生产

沈阳市北方紧固件厂

地址：辽宁省沈阳市于洪区于洪乡丁香村

邮政编码：110141

电话：024-25820384

传真：024-25820384

法人代表：钱恒友

注册编码：0702Q10433R0S

认证标准：GB/T 19001：2000 idt ISO 9001：2000

覆盖范围：M64 及以下紧固件的制造

大连华迪实业有限公司

地址：辽宁省大连市甘井子区化盛街 30 号

邮政编码：116031

电话：0411-6678527

传真：0411-6671680

法人代表：郭芳俊

注册编码：0702Q10440R1M

认证标准：GB/T 19001：2000 idt ISO 9001：2000

覆盖范围：编织袋、塑料袋、服装加工（工作服）、印刷品的生产和服务

北京市大兴县兴堡金属制品厂

地址：北京市大兴区青云店镇垡上村委员会东 300 米

邮政编码：102605

电话：010-80211578

传真：010-90211518

法人代表：张春江

注册编码：2202Q10490R0S

认证标准：GB/T 19001：2000 idt ISO 9001：2000

覆盖范围：PVC 塑料门窗

黄石金利包装有限公司

地址：湖北声黄石市沈下路 338 号

邮政编码：435002

电话：0714-6582051

传真：0714-6582779

法人代表：孔玲玲

注册编码：2202Q10056R0M

认证标准：GB/T 19001：2000 idt ISO 9001：2000

覆盖范围：水泥包装袋，塑料编织袋，复合塑料编织袋，塑料编织布，复合塑料编织布

南海市松岗中天星新型材料厂

地址：广东省南海市松岗镇松岗大道 1 号

邮政编码：528234

电话：0757-5238676

传真：0757-5238670

法人代表：马菊梅

注册编码：2202Q10066R1M

认证标准：GB/T 19001：2000 idt ISO 9001：2000

覆盖范围：42.5 普通硅酸盐水泥，32.5、42.5 矿渣硅酸盐水泥

顺德市容桂镇大信装饰材料厂

地址：广东省顺德市容桂华口聚龙工业区

邮政编码：528305

电话：0765-8805910

传真：0765-8813049

法人代表：彭德文

注册编码：2202Q10080R0S

认证标准：GB/T 19001：2000 idt ISO 9001：2000

覆盖范围：铝塑复合板

（全国塑料制品标准化技术委员会 曾新榕）

塑料企业建立质量、环境及职业安全管理体系的发展状况

根据中国认证机构国家认可委员会（CNAB）年报，2001年12月31日止，获得质量管理体系（ISO 9000）认证企业共37 439家，其中1 895家为橡胶和塑料制品企业，在37 439家中有4 841张证书是2000版认证证书。到2002年12月31日止，通过质量管理体系认证企业共75 775家，其中4 213家为橡胶和塑料制品企业，在75 194家中有40 997张证书为2000版认证证书，通过环境管理体系（ISO 14001）认证的企业有2 803家，通过职业安全管理体系的企业有131家。由此可见质量、环境、职业健康安全管理体系（OHSAS）认证发展速度极快，塑料行业在此大潮中亦获得迅速发展。

一、质量管理体系（GB/T 19000/ISO 9000）

1987年国际标准化组织正式颁布ISO 9000系列标准，通过多年的实施，1994年和2000年进行两次修订。最新发布的ISO 9001：2000《质量管理体系 要求》标准替代ISO 9001：1994、ISO 9002：1994和ISO 9003：1994标准，并在内容上进行补充完善，使其更加系统。94版标准的过渡期的期限到2003年12月15日为止。此后，必须实施ISO 9001：2000标准。在ISO 9000：2000《质量管理体系 基础和术语》标准中，明确提出了八项基本原则和质量管理体系的十二条基础。八项基本原则是：①以顾客为关注焦点；②领导作用；③全员参与；④过程方法；⑤管理的系统方法；⑥持续改进；⑦基于事实的决策方法；⑧与供方互利的关系。质量管理体系的十二条基础是：①质量管理体系的理论说明；②质量管理体系要求与产品要求；③质量管理体系方法；④过程方法；⑤质量方针和质量目标；⑥最高管理者的作用；⑦文件；⑧质量管理体系评价；⑨持续改进；⑩统计技术作用；⑪ 质量管理体系与其他管理体系的关注点；⑫质量管理体系与优秀模式之间的关系。八项原则是ISO 9000族标准的理论基础，又是组织的领导者进行质量管理的基本准则，贯穿于ISO 9001：2000《质量管理体系 要求》标准的全部条款中。八项原则符合企业运行的实际，得到各行各业的认可和积极采用。

1. ISO 9001标准2000版的主要变化

① 2000版标准以五个“板块”过程模式取代1994版的20个要素，使其能直接体现组织的质量体系活动。

② 2000版标准强调了PDCA方法，促进所有过程的持续改进：

P——策划 按照顾客的要求和组织的方针提供结果，建立必要的目标和过程；

D——实施 实施过程；

C——检查 根据方针、目标和产品要求，对过程和产品进行监视和测量，并报告结果；

A——改进 采取措施，以持续改进过程业绩。

③ 强调了最高管理者的作用，明确管理承诺基本内容。

④ 强调遵守法律法规要求，遵守国家的法律法规和遵守与产品有关要求是组织的根本。

⑤ 强调要对质量目标进行分解，在各相关职能和层次上建立可度量的目标，使总目标得以实现。

⑥ 明确对监视顾客满意和（或）不满意的信息作为对管理体系运行效果的证实，并通过此信息寻找改进的机会。

⑦ 注意组织资源的可获得性，在管理体系运行中组织应提供充足的人力资源及适宜的设施和工作环境，以保证质量管理体系正常运行和各方面的持续改进。

⑧ 确定了培训的有效性。对员工质量意识和从事与质量相关活动能力培训，使能够胜任其工作，为达到此目的要评价培训的有效性。

⑨ 强调对体系运行过程和产品实现过程的测量，对过程的测量可证实过程实现所策划的结果和实现所策划的能力。

⑩ 对收集的有关质量管理体系业绩的数据进行分析，数据可通过收集顾客满意度、体系运行过程和产品实现过程收集的各种数据进行分析，分析结果是提供改进的基础，有效决策也是建立在这些数据和信息分析的基础上的。

⑪ 强调沟通。沟通包括信息沟通、思想交流、内部沟通、内外部沟通，只有建立畅通的沟通渠道，可减少由于认识不一致而可能造成工作结果的偏差。加强与顾客的沟通，能提高顾客对服务的满意程度。

二、环境管理体系（GB/T 24000 / ISO 14000）

自从国际标准化组织发布了ISO 14001环境管理体系标准和其他几个相关标准以来，很快得到了世界各国的普遍响应和关注。从1996～2002年12月底我国获得ISO 14001认证企业的数量获得认证的2 803家企业，塑料行业中的北新建塑股份有限公司、东营（华亚）塑胶有限公司、保定德玛斯新型材料有限公司、河北宝硕管材有限公司等几十家企业已相继通过环境管理体系认证，这种增长的势头在最近几年还会一直持续下去。

1. ISO 14000标准的特点

ISO 14000是一套完整、科学的环境管理标准。它强调对法律法规的符合性，它强调污染的预防和持续改进，它要求对组织的活动进行全过程控制。它适用于各类组织，并与ISO 9000标准有很强的兼容性。

ISO 14000是国际标准化组织继ISO 9000系列标准后推出的一套环境管理系列标准。ISO 14001：1996《环境管理体系 规范及使用指南》标准，是该系列标准的核心，1996年由国际标准化组织颁布。它是企业建立环境管理体系并开展审核认证的根本准则。该标准旨在规范组织的环境行为，强调资源的合理利用，预防污染，倡导环境保护，打破绿色壁垒。ISO 14001标准由环境方针、策划、实施与运行、检查和纠正、管理评审等5个部分的17个要素构成，各要素之间有机结合，紧密联系，形成PDCA循环的管理体系，并确保企业的环境行为持续改善。

实施环境管理体系过程是对企业的环境影响状况、资源、能源利用状况等方面的环境因素的一次全面地、系统地调查和分析的过程。通过这一工作，使企业的各个部门对其活动、产品或服务中的因素进行识别并加以评价，找出重要的环境因素加以控制或管理。企业要对产品主要用原材料及辅助材料的消耗量、原材料利用率、各工序的废品损失；对生产计划、采购、运输、储存以及生产调度等控制不当，可能造成的损失情况；对工艺或设备落后造成的利用率不高等问题，进行调查和分析。从中找出存在的问题，并制定环境管理的目标、指标和管理方案，通过体系加以管理。企业实施环境管理体系认证过程中，通过对各种资源的消耗的控制，全面优化本身的成本管理，减少不合理的消耗，实现最低成本的控制，从而使组织在市场竞争中处于有利的地位。

2. 实施ISO 14001环境管理体系，促进企业的发展

当前环境问题已日益成为社会关注的焦点，各采购方开始关注供应方的环境行为，因此企业在市场竞争和发展中实施ISO 14001认证，可增加企业的市场竞争力。

(1) 提高企业形象使之提高市场份额

企业获得了ISO 14001的认证证书，标志着企业已经实施了一整套符合国际标准的环境管理机制，对有关环境、资源等问题进行着有效的管理，特别是表明企业已经严格遵守了有关的环境保护法律、法规、国际公约和其他相关要求。实施ISO 14001环境管理体系认证已成为代表企业形象的重要因素，已成为进入国际市场甚至国内市场的条件，获得ISO 14001证书可打破绿色壁垒，进入国际市场。企业通过环境管理体系的运行是对保护环境的贡献，从而提高在市场的竞争力。

(2) 改革工艺和材料降低生产过程中对环境的影响，提高市场的准入程度

ISO 14001标准中规定，实施认证的组织要对相关方施加影响。国际上许多获环境管理体系认证企业，在获得认证后即要求其相关方实施环境管理体系认证。如，美国通用汽车公司要求所有供应商必须在2002年12月31日前获得ISO 14001证书。我国情况亦然，获得认证企业已开始对自己的供货方提出了这方面的要求，例如家具行业生产出口软体家具时，明确要求使用无氟发泡的软质聚氨酯泡沫塑料；国家对室内装饰装修用材料提出有害物质限量要求；各汽车生产企业也对为汽车配套的各种人造革提出环境指标。如1997年11月上海大众公司认证时，对其供货厂中的三家提出了ISO 14001认证的要求。塑料行业中许多产品是给汽车制造配套。这样ISO 14001认证便形成了一个链式效应，使各级的供货方、相关方加入到认证行列中来，迅速扩展企业的数量。否则不能满足客户的要求。生产中使用的有害材料和不佳的工艺是造成污染的根源。为了保护环境，现在国际贸易中已经有些国家对进口产品的工艺和材料提出了种种限制。因此解决企业生产中有害材料和工艺问题，是能否在国际贸易中立足的重大问题。企业在实施ISO 14001环境管理体系过程中，普遍重视了采用清洁材料和清洁工艺的技术研究，推动了企业的技术进步并从根本上消除了污染源。由此可见，ISO 14001环境管理体系的认证已经或正在成为市场准入的条件之一。

(3) 改进产品的环境性能，推动企业的技术进步

环境管理体系从体系的高度强调了污染预防，明确规定在企业的环境方针中必须对污染预防做出承诺。在实施ISO 14001环境管理体系标准认证时，要审核企业在产品设计、生产工艺、材料选用、设备运行、废物处置等以及经营活动的各个阶段是否实现了方针的要求。通过认证的各企业在推动技术进步的同时，改进了产品的环境性能，取得了一定的环境绩效。

(4) 改进产品的环境性能，降低产品在制造或使用中对环境的影响

实施ISO 14001标准认证除了降低产品在制造中对环境的影响，减少有害材料的使用，节约原材料和能源消耗外，还要降低产品使用中的能源消耗和对环境的影响，使废弃后的产品便于分解、回收再利用等。例如实施ISO 14001标准认证的聚氯乙烯管材生产企业在开发设计中通常会考虑到“无铅配方”问题；在

聚氨酯泡沫生产企业通常会以无氟发泡作为环境目标；企业在生产中严格工艺参数的执行，不仅是产品质量的保证，也可减少温度过高物料分解对环境影响。为达到这些目标，企业通过对目标的分解和制定相应的环境管理方案，使环境目标的实现成为可能。

3. 降低能耗、降低成本提高企业的市场竞争力

ISO 14001 环境管理体系的实施，推动企业从根本上实现污染预防和持续改进，这就大大推动了企业开发清洁产品、采用清洁工艺、采用高效设备、合理处置废物的进程。

(1) 节约能源和原材料

在 ISO 14001 标准中，不仅要求识别有关环境污染方面的环境因素，而且还要识别能源和原材料使用方面的环境因素。因此企业在建立环境管理体系中，会对本企业的能源消耗和主要材料的消耗进行分析，并针对存在的问题制定措施，提高能源或资源的利用水平。如塑料企业在生产中还会将节约生产用电、减少生产废料等方面，确定为环境管理目标。企业通常采取合理安排生产，减少开停机次数，以减少开机预热用电和减少开停工中的头尾废料；聚氯乙烯生产企业中，通过改聚氯乙烯原料小包装为吨装袋包装，有原料贮罐的企业，则从吨装袋改为槽车运输聚氯乙烯原料，不仅减少了包装物及包装费用，还减少粉尘对环境影响，增加原料的收益率。实践证明有效地环境管理体系运行，每吨产品耗电量会明显下降，产品的一次合格率会有所提高。实施环境管理体系在节能降耗方面可以取得很明显的效果。这就是环境管理体系中提到的环境绩效。

(2) 认真对废弃物实行分类处理和回收利用

首先，采取措施降低工艺过程中的废物产生量，包括降低废品率，减少边角余料等工艺废料的产生量。另外，对产生的废物，要实现减量化、无害化和资源化。很多企业通过体系的建立，废弃物排放量降低的幅度很大，取得了显著的经济效益。有的塑料企业回收本企业的销售经营中顾客用后的废旧塑料制品，废旧塑料得到再利用，减少环境污染，资源的利用率得到提高。

(3) 提高企业管理水平，推动企业由粗放型管理向集约型管理转变

在实施环境管理体系认证的潮流中，许多的国际知名大企业走在了最前列。现在我国已加入 WTO，如何使我国企业能适应加入 WTO 后的新的竞争形势，我国企业面临的形势是如何打破技术壁垒、打破绿色壁垒，与国际接轨，是摆在各企业家面前的重要问题。由此可见国内国外对绿色产品提出的各种要求。因此，通过建立质量管理体系和环境管理体系，提升自身产品在国际市场中的地位，是有效途径之一。

4. 建立 ISO 14000 管理体系的基本要求

建立 ISO 14000 管理体系的基本要求有如下几个方面：

① 要求建立文件化的环境管理体系；

② 制定环境方针，做出环境保护的承诺；

③ 识别企业的环境因素，制定目标指标以改善环境状况；

④ 要求污染预防，持续改进，遵守法律法规；

⑤ 针对企业的重要环境岗位，建立作业程序加以控制；

⑥ 注意各方面的信息沟通；

⑦ 要求对紧急突发事件，建立应急和响应计划。

三、职业健康安全管理体系（GB/T 28000 / OHSAS 18000）

1. 全球职业健康安全状况

现代社会是一个高度工业文明的社会。在这个社会中，生产力高度发达，物质极其丰富，人们的生活质量水平得到了前所未有的提高。尤其是人类迈入 21 世纪，随着科学技术的飞速发展，许多新技术、新材料、新能源不断涌现，不仅使许多传统产业水平得到了极大提高，甚至是质的飞跃，而且还不断地造就了许多新的产业。但是，这样一个高度工业文明的社会背后，却有许多不文明的现象，尤其是生产过程中的不文明现象比较突出。究其原因，一方面，随着生产的发展，由于市场竞争日益加剧，社会往往专注于发展生产，而有意或无意间忽视了劳动者的劳动条件和环境状况的改善，劳动者的劳动条件和环境状况的改善进展与生产的发展速度极不相称，由此造成了不文明生产的现象，例如在生产注塑制品时，操作不当有可能会对操作工人的手造成伤害；PVC 人造、PVC 压延膜生产中各种有害气体会对人体造成伤害；另一方面，由于许多新技术、新材料、新能源的广泛应用以及新产业的不断出现，生产过程中随之又产生和发现了许多前所未有的新的职业健康安全问题。关注职业健康安全问题是工业文明发展过程的必然产物。

2. 职业健康安全管理体系是行之有效的解决办法

职业健康安全问题，一方面是由于生产技术条件落后而造成的，另一方面是由于管理不善而造成的。对于前者，我们可以通过技术手段解决因生产条件落

后而造成的生产事故和劳动疾病问题；对于后者，我们只能通过加强管理予以解决。另外，人们多年来通过不断总结而发现，绝大多数事故原本是可以通过实行合理有效的管理而得以避免的，而纯粹由于技术条件达不到而无法避免的事故只占很小一部分。人们认识到，只有加强职业健康安全管理，辅之以技术手段，才能最大限度地减少生产事故和劳动疾病的发生。

3. 职业健康安全管理体系由来

职业健康安全管理体系最早由国际标准化组织（ISO）第207技术委员会（TC 207，环境管理技术委员会）于1994年5月在澳大利亚全会上提出。起初，ISO/TC 207提出职业健康安全管理体系，是由于ISO/TC 207在推行环境管理体系（ISO 14000）的过程中涉及了许多相关的职业健康安全管理问题。为此，ISO/TC 207希望采用类似质量管理体系和环境管理体系的办法，有效解决组织的职业健康安全问题，以便进一步强化组织的综合管理水平。

随后，ISO就开始进行有关职业健康安全管理体系的研究与讨论。为此，ISO专门成立了由中国、美国、英国、法国、德国、日本、澳大利亚、加拿大、瑞士、瑞典、国际劳工组织以及世界卫生组织的代表组成的特别工作组进行专门研究。

1997年，根据特别工作组的研究结果以及ISO成员大会的表决结果，ISO认为：制定职业健康安全管理体系国际标准的时机尚不成熟，待将来时机成熟后再制定职业健康安全管理体系国际标准。

英国是ISO有关职业健康安全管理体系活动的倡导国之一。1996年，英国标准化协会（BSI）制定并发布了英国国家标准BS 8800：1996《职业卫生安全管理体系指南》。BSI先后与爱尔兰国家标准局、南非标准局、挪威船级社等13个组织联合制定了OHSAS（职业健康安全评价系列）系列标准：

• OHSAS 18001：1999《职业健康安全管理体系—规范》；

• OHSAS 18002：2000《职业健康安全管理体系—指南》。

我国于2001年制定了GB/T 28001—2001《职业健康安全管理体系—规范》标准，其技术内容与OHSAS 18001：1999《职业健康安全管理体系—规范》保持一致。

4. 我国有关职业健康安全管理体系的标准化工作概况

我国作为ISO的正式成员国，在职业健康安全管理体系刚提出之时就十分重视。1995年1月，针对ISO有关职业健康安全管理体系问题，原国家技术监督局向国内有关部门征求意见，并多次组织国内有关部门参加了ISO举行的一系列有关职业健康安全问题的技术活动。

我国开展了以下有关职业健康安全管理体系的研究和标准制定工作：

① 1996年3月，我国成立了由原国家技术监督局和原劳动部组成的“职业健康安全管理标准化协调小组”，并于1996年6月召开了职业健康安全管理体系问题的国内研讨会；

② 中国标准研究中心立项并完成了科研课题“职业健康安全管理标准化”、“职业健康安全管理体系国家标准的前期研究”。

2001年制定并发布了国家标准GB/T 28001：2001《职业健康安全管理体系—规范》，它与OHSAS 18001：1999《职业健康安全管理体系—规范》保持一致。现正在制定国家标准GB/T 28002《职业健康安全管理体系—指南》。

目前，我国塑料企业为提高管理水平，逐步建立了质量管理体系、环境管理体系或职业健康安全管理体系，其发展速度很快。以质量管理体系为例，橡胶塑料专业获证企业已占总获证企业数的5.47%，事实上，排在“橡胶和塑料制品”前面的专业仅有5个，按照所占获证比例由大至小的排序为：电子、电器及光电设备（占16.18%）、基础金属及金属制品（占12.39%）、建设（占11.23%）、机械及设备（占10.41%），化学品、化学制品及纤维（占6.81%），它充分说明了我国塑料企业管理水平的进步。此外，还有一个特点是，近年来，随着组织（企业）管理水平的提高、社会文明的进步和市场发展的需要，越来越多的组织需要获取多种认证：不仅要求通过质量管理体系（QMS）认证，还需要通过环境管理体系（EMS），甚至职业健康安全管理体系（OHSAS）等的认证。为此，尽可能简化手续，在组织中建立并实施一个单一管理体系，但又涵盖了多种管理体系的要求，在认证审核时也是一次完成上述工作，即建立整合型管理体系，已成为各方一直是各个方面——供方、组织、顾客和第一方、第二方、第三方共同的愿望，这是塑料企业认证工作中的又一特点。建立整合型管理体系的愿望不仅具有可能性而且也具有现实性，更多的企业在实施建立整合型管理体系，相信该途径会进一步促进我国塑料企业的认证工作发展整合型管理体系。

（全国塑料制品标准化技术委员会　曾新榕　钱汉英）

塑料标准化工作及塑料工业标准目录

搞好塑料行业质量与标准化工作以适应新世纪塑料市场变化需求

中国加入 WTO 后面临新世纪、新机遇、新挑战以及全球经济一体化发展的趋势，中国塑料制品加工行业，如何做好满足新的质量控制标准的要求，以适应新世纪国内外塑料市场变化需求，持续、健康、快速向前发展，以下予以简述。

一、中国塑料制品加工业继续保持较高速的增长并日趋向规模化、高新化发展

随着石油化工高分子合成材料迅速的发展，中国塑料制品加工业产销两旺、前景喜人，商机无限。中国自 20 世纪 80 年代初实行改革开放政策以来，塑料加工行业十分活跃，发展迅速，很重视国外塑料加工先进技术设备，特别是进入 90 年代后，塑料发展更为迅猛，不少塑料加工企业集团先后大量引进国外先进的塑料加工机械以及开展高新科学技术交流与合作，如引进双螺杆挤出机管材生产线、异型材生产线、双壁波纹管生产线、低发泡挤出板材生产线、宽幅挤出吹膜生产线、双向拉伸 BOPP、BOPET 生产线、大口径缠绕管材挤出生产线、大型塑料注射成型机等先进加工机械，同时不少外国企业看好中国巨大市场，纷纷来华独资或合资建立塑料加工企业，因而使得中国塑料加工行业企业装备水平迅速提高，不少企业无论企业管理水平、加工机械装备水平、工艺技术水平、质量与标准水平等方面都达到了国外先进水平。目前，据不完全统计全国塑料制品加工装备总能力已超过 2 500 万吨，在短短的十余年中，已跃居成为世界塑料制品加工大国、塑料制品出口大国，如农用塑料薄膜、塑料管材、塑料异型材、双向拉伸薄膜等几大类品种，加工能力分别超过或接近百万吨水平。在塑料制品加工行业中已形成了一批现代化的加工企业集团，如佛山塑料集团、浙江大东南集团、烟台万华集团、安徽国风集团、宝硕集团、福建亚通集团、海螺集团、大连实德集团等较大的塑料加工企业……，由于中国“入世”以来形势逼人，塑料加工行业某些企业家非常有远见有胆略，敢于带头挑战，如浙江大东南集团于 2002 年 8 月 1 日与德国布鲁克纳公司签约了“中外合作引进年产 6 万吨 BOPP 薄膜生产线”高新技改项目，该公司面对国际、国内塑料制品行业强手如林的新的竞争格局，谋划更大更强更新的跨越发展远大目标，结合企业自身经济实力和国内外塑料制品市场需求，充分发挥企业高科技和大规模的竞争优势，展开了中国塑料加工行业在新世纪的新一轮的“大投入、大发展”的序幕。这是新世纪中国塑料加工行业发展的趋势。企业必须通过各种行之有效的途径，不断增强企业在国内外市场的竞争力，才能提高企业生产的产品在市场上的占有率，才能增加企业的经济效益。该公司拟在“十五”期间投资 10 多亿元，引进国际顶级塑料制品加工制造技术，除了引进 6 万吨 BOPP 外，计划 2003 年继续引进年产 8 000 吨光转换农用塑料薄膜，引进年产15 000万吨纳米透气 BOPP 薄膜和引进年产 6 000 吨真空镀铝膜生产线等五个高新技术改造项目。目前正在与国外设备制造商洽谈设备的引进事项，计划在 2004 年 6 月前全部竣工投产。

据国家统计局从 1998 年起按国家统计局的统计方法（凡非国有企业销售收入 500 万元以下未统计）进行统计，2001 年全国塑料制品总产量 1 185.34 万吨，同比增长 13.1%，塑料制品的企业为 6 724 个，从业人员 115.8 万人，工业总产值为 2 043.86 亿元利润总额 91.63 亿元，利税总额为 154.72 亿元。2001 年塑料制品出口 535.8 万吨，同比增长 4.95%，出口额为 55.5 亿美元，同比增长 5.97%；2002 年全国塑料制品的生产继续保持好的增长势头，2002 年 1～9月累计完成1 101.4万吨，同比增长 13.8%，出口 524.7 万吨，同比增长 17.3%，出口额 57.9 亿美元，进口 123 万吨，进口额 33 亿美元，顺差 24 亿美元（平均单价出口 1 104.9 美元/吨，进口 2 701.6 美元/吨，出口产品附加值、档次技术含量较低）。重点企业 2002 年 1～9 月亿元以上销售额 241 家，其中佛山塑料集团、浙江大东南、烟台万华、申达、海螺等均超过 10 亿元，最大的佛山塑料集团超过 20 亿元。中国塑料加工机械进入 20 世纪 90 年代，年均增长率达到 22%，企业已达 600 多家，产品设备有注塑机、挤出生产线、中空成型机、压延生产线等 19 大类，具有 10 万台以上的塑料机械能力，成为世界塑料机械制造大国。目前中国塑料工业无论是原材料的生产、塑料制品的加工、塑料机械的制造以至塑料的应用都形成了一套较完整的体系。

塑料工业既是消费品工业，又是新型材料工业，具有科技含量高、应用广、市场前景好的行业，预计到 2005 年市场增长 10%，中国塑料制品总产量将达到 2 500 万吨，2015 年市场增长 8%，总产量将达到

5 000 万吨。

二、"质量与标准"是21世纪企业取胜的根本

在2000年版ISO 9000族标准对质量的定义为"一组固有特性满足要求的程度"；标准是衡量质量的尺度。标准是对事物的一种约束，而且应是有利于发展和取得效益的一种约束。如果标准不利于生产发展，没有给企业或社会带来效益，那么，这种"约束"就没有意义了，也就是说该标准即要废除或修改了。因此，标准随着科学技术的发展而不断进行"制定"或"修订"，才能满足不断变化发展要求，从而促进社会发展。在世界科学技术进入迅猛发展的今天，"质量与标准"越来越显得重要，特别对企业来说更是成为新世纪企业取胜的根本。正如几年前美国世界著名的管理专家朱兰博士在美国的一次企业管理大会上发言时所说："将要过去的20世纪是生产率的世纪，将要到来的20世纪是质量的世纪"，这句话是有深刻含义的，所谓"将要过去的20世纪是生产率的世纪"，是就整个世纪而言、就全球而言的，此期间大家关注的问题是产量、产值和生产效率，是属于粗放型的。所谓"将要到来的21世纪是质量的世纪"，就是说在21世纪大家关注的是质量，因为市场的本质就是竞争，竞争的核心就是质量，没有质量也就没有市场，这是属于集约型的。从粗放型转变到集约型，意味着从重视产量到重视质量。可见搞好"质量与标准"的工作多么重要！

今天，中国塑料行业无论加工规模、塑料制品产量，以至出口数量都取得了辉煌成就！这与"质量与标准"的工作有着重要关系。简单回顾我国塑料制品行业的标准化工作：1979年中国加入国际标准组织ISO，1980年原轻工业部塑料工业局对口参加ISO/TC 138塑料管材、管件与阀门标准化技术委员会，1983年，塑料工业局派出2人首次参加ISO/TC 138在西班牙召开的ISO/TC 138标准化会议。1984年，在原国家标准局领导下，正式成立全国塑料制品标准化技术委员会，1986年，正式出版ISO/TC 138管材、管件与阀门国际标准（包括国际标准草案），共70多项标准（约60万字），往后积极多次参与ISO/TC 138各项工作，这些有力举措，大大推动了中国塑料制品行业特别是塑料管材行业生产与应用的发展，目前我国塑料管材采用国际标准采标率最高，由于管材标准与国际接轨，使得我国塑料管材从80年代末几万吨产量迅速增长到目前120万～130万吨，约占全球塑料管材总产量11.2%，成为世界上塑料管材生产大国。又如塑料门窗用异型材，80年代初，开始引进了德国双螺杆挤出生产线，并于1988年制定了"GB 8814—88门窗框用硬聚氯乙烯（PVC）型材"国家标准，此标准主要参考德国标准制定，因为德国塑料门窗是世界上开发最早使用量最多的国家，此项标准出台，大大推动了我国塑料门窗的发展。现在中国塑料异型材生产能力达到120万～130万吨，产量突破100万吨。随着技术进步，产量迅速增加，为了使此项标准更好促进行业发展，更好与国际接轨，目前对该项标准进行第三次修订，该项标准完成发布后，将更加适应和满足用户要求，大大有利于国内外的销售与应用，进一步推动我国塑料门窗行业的发展。

全国塑料制品标准化技术委员会在国家标准化管理部门领导下积极开展塑料制品行业标准化的对口管理以及国际标准化组织的对口工作，十多年来做了大量塑料行业标准化工作，制定或修订审议200多项塑料制品行业标准，预计2000年、2001年和2002年全国发布有关塑料国家标准及行业标准多达百余项。有力推动了我国塑料工业高速发展，特别有利于扩大我国塑料制品的出口。

随着我国加入WTO后形势发展，塑料加工行业很多企业为了更好地生存与发展，必须不断创造好的生存环境，必须不断提高竞争力，因而需要加大投入，引进先进技术，同时对"质量与标准"加大了力度，积极开展产品质量认证和质量体系认证，积极参与ISO工作，积极采用国际标准。

为了更好地适应加入WTO发展需要，国家质量监督检验检疫总局于2001年11月21日发布《采用国际标准管理办法》，国家标准化管理委员会于2002年4月15日发文"关于印发《2000～2005年国际标准转化计划》的通知"，要求有关部门加快采用国际标准步伐，认真做好有关国际标准转化工作。并在2002年7月26日在北京召开了"全国采用国际标准工作会议"，中共中央政治局委员吴仪在会上强调，做好推进采用国际标准和国外先进标准工作，对提高我国产品质量的整体水平和在国际市场上的竞争能力，扩大对外贸易和保持我国经济持续、健康、快速发展极为重要。国家有关质量与标准化管理部门以及国家政府领导对标准化工作，特别对采用国际标准工作，给予高度重视与关注。这是当前搞好质量与标准化工作的指导思想。

塑料工业是一门新兴的高分子合成材料工业，具有广阔发展空间，市场潜力十分巨大。我国塑料工业经过近50年的发展，在新世纪之初已进入了世界塑料大国行列，随着当今经济全球化发展的形势变化，市场竞争日益激烈，如何使行业快速、健康、稳步向前发展，必须不断总结、研究、分析行业的现状与问题。当前，中国塑料工业主要问题：一是塑料原料仍然短缺，每年进口塑料原料大于国产料；二是塑料制品加工设备仍然大量引进，如双向拉伸薄膜加工设备进口占 60%～70%；三是塑料制品的品种、质量、档次、水平有待进一步调整与提高；四是地区发展不平衡，差距大，应加大力度，缩小差距；五是我国目前对塑料合成树脂表观消耗量按人均平均仍然很低，与发达国家相比差距很大；六是塑料制品行业的“质量与标准”化工作要尽快适应新世纪、新形势、新发展的要求，特别加入 WTO 后发展的要求。本次年会十分重要，深信通过总结标委工作，结合行业特点，统一思想，明确方向，塑料行业的质量与标准化工作一定更上一个新台阶。各有关主管领导部门、相关行业的企业公司集团、塑料行业的企业家、专家等有关人员都非常重视这些行业的问题，有些问题已开始采取各种手段和措施，相信在不太远的时间内会逐步得到解决，再过 5 年或 10 年之后，中国塑料工业一定会更加灿烂辉煌！

（中国塑料加工工业协会　曾家华）

2002 年发布的塑料产品及相关的国家标准

国家标准编号	国家标准名称	代替标准号	批准日期	实施日期
GB/T 10801.1—2002	绝热用模塑聚苯乙烯泡沫塑料	GB/T 10801—1989	2001-03-05	2002-09-01
GB/T 10801.2—2002	绝热用挤塑聚苯乙烯泡沫塑料(XPS)	GB/T 10801—1989	2001-03-05	2002-09-01
GB/T 18847—2002	聚氯乙烯覆膜金属板		2001-09-24	
GB/T 18843—2002	浸塑手套		2001-09-17	
GB/T 8815—2002	电线电缆用软聚氯乙烯塑料		2001-03-05	2002-03-05
GB/T 18173.3—2002	高分子防水材料第 3 部分：遇水膨胀橡胶		2001-01-14	2002-08-01
GB 18563—2001	车间空气中聚氯乙烯粉尘职业接触限值		2001-12-04	2002-05-01
GB/T 7528—2002	橡胶和塑料软管及软管组合件术语	GB/T 7528—1987	2001-10-15	2002-04-01
GB/T 18820—2002	节水型产品技术条件与管理通则		2001-09-24	2002-03-01
GB/T 12824—2002	苯乙烯-丁二烯橡胶(SBR)1502	GB/T 12824—1991	2001-10-15	2002-04-01
GB/T 11017.1—2002	额定电压 110kV 交联聚乙烯绝缘电力电缆及其附件 第 1 部分：试验方法和要求	GB/T 11017—1989	2001-10-08	2002-04-01
GB/T 11017.2—2002	额定电压 110kV 交联聚乙烯绝缘电力电缆及其附件 第 2 部分：额定电压 110kV 交联聚乙烯绝缘电力电缆	GB/T 11017—1989	2001-10-08	2002-04-01
GB/T 11017.3—2002	额定电压 110kV 交联聚乙烯绝缘电力电缆及其附件 第 3 部分：额定电压 110kV 交联聚乙烯绝缘电力电缆附件	GB/T 11017—1989	2001-10-08	2002-04
GB 18580—2001	室内装饰装修材料 人造板及其制品中甲醛释放限量		2001-12-10	2002-01-01
GB 18581—2001	室内装饰装修材料 溶剂型木器涂料中有害物质限量		2001-12-10	2002-01-01
GB 18582—2001	室内装饰装修材料 内墙涂料中有害物质限量		2001-12-10	2002-01-01
GB 18583—2001	室内装饰装修材料 胶黏剂中有害物质限量		2001-12-10	2002-01-01
GB 18584—2001	室内装饰装修材料 木家具中有害物质限量		2001-12-10	2002-01-01
GB 18585—2001	室内装饰装修材料 壁纸中有害物质限量		2001-12-10	2002-01-01

续表

国家标准编号	国家标准名称	代替标准号	批准日期	实施日期
GB 18586—2001	室内装饰装修材料 聚氯乙烯卷材料地板中有害物质限量		2001-12-10	2002-01-01
GB 18587—2001	室内装饰装修材料 地毯、地毯衬垫及地毯胶黏剂有害物质释放限量		2001-12-10	2002-01-01
GB/T 7139—2002	塑料 氯乙烯均聚物和共聚物 氯含量的测定	GB/T 7139—1987	2002-09-24	2003-04-01
GB/T 9349—2002	聚氯乙烯、相关含氯均聚物和共聚物及其共混物热稳定性的测定 变色法	GB/T 9349—1988	1988-06-14	2002-05-29
GB/T 2917.1—2002	以氯乙烯均聚和共聚物为主的共混物及制品在高温时放出氯化氢和任何其他酸性产物的测定刚果红法	GB/T 2917—1982	1982-03-02	2002-05-29
GB/T 7142—2002	塑料长期热曝露后时间—温度极限的测定	GB/T 7142—1986	1986-12-30	2002-05-29
GB/T 7106—2002	建筑外窗抗风压性能分级及检测方法	GB/T 7106—1986	1986-12-27	2002-04-28
GB/T 7107—2002	建筑外窗气密性能分级及检测方法	GB/T 7107—1986	1986-12-27	2002-04-28
GB/T 7108—2002	建筑外窗水密性能分级及检测方法	GB/T 7108—1986	1986-12-27	2002-04-28
GB/T 8484—2002	建筑外窗保温性能分级及检测方法	GB/T 8484—1987	1987-12-06	2002-04-28
GB/T 8485—2002	建筑外窗空气隔声性能分级及检测	GB/T 8485—1987	1987-12-06	2002-04-28
GB/T 11976—2002	建筑外窗采光性能分级及检测方法	GB/T 11976—1989	1989-12-25	2002-04-28
GB/T 16273.5—2002	5 部分：塑料机械通用符号		2002-08-05	
GB/T 3780.10—2002	炭黑灰分的测定	GB/T 3780.10—1992	1983-06-14	2002-05-29
GB/T 11944—2002	中空玻璃	GB/T 11944—1989 GB/T 7020—1986	1989-12-23	2002-06-12
GB/T 11175—2002	合成树脂乳液试验方法	GB/T 11175—1989	1989-03-31	2002-05-29
GB/T 1303.2—2002	电气用热固性树脂工业硬质层压板规范 第 3 部分：单项材料规范 第 3 篇：对三聚氰胺树脂硬质层压板的要求		2002-05-20	
GB/T 1.2—2002	标准化工作导则 第 2 部分：标准中规范性技术要素内容的确定方法	GB/T 1.3—1997 GB/T 1.7—1988	1988-12-27	2002-06-20
GB/T 20000.1—2002	标准化工作指南 第 1 部分：标准化和相关活动的通用词汇	GB/T 3935.1—1996	1983-11-18	2002-06-20
GB/T 6040—2002	红外光谱分析方法通则	GB/T 6040—1985	2002-09-24	2003-04-01
GB/T 6041—2002	质谱分析方法通则	GB/T 6041—1985	2002-09-24	2003-04-01
GB/T 10723—2002	用 ASTM 参比炭黑改善炭黑试验再现性的标准方法	GB/T 10723—1989	2002-05-29	2002-12-01
GB/T 3780.8—2002	炭黑加热减量的测定	GB/T 3780.8—2002	2002-05-29	2002-12-01
GB/T 3780.10—2002	炭黑灰分的测定	GB/T 3780.10—1992	2002-05-29	2002-12-01
GB/T 5752—2002	输送带标志	GB/T 5752—1992	2002-05-29	2002-12-01
GB/T 9578—2002	标准参比炭黑 3#	GB/T 9578—1988	2002-05-29	2002-12-01
GB/T 9580—2002	标准参比炭黑的鉴定方法	GB/T 9580—1988	2002-05-29	2002-12-01
GB/T 3780.5—2002	橡胶用炭黑比表面积测定 CTAB 法	GB/T 3780.5—1991	2002-05-29	2002-12-01
GB/T 3780.21—2002	橡胶用炭黑筛余物测定 水冲洗法	GB/T 3780.21—1991	2002-05-29	2002-12-01

续表

国家标准编号	国家标准名称	代替标准号	批准日期	实施日期
GB/T 14853.1—2002	橡胶用造粒炭黑倾注密度的测定	GB/T 14853.1—1993	2002-05-29	2002-12-01
GB/T 14853.2—2002	橡胶用造粒炭黑细粉含量的测定	GB/T 14853.2—1993	2002-05-29	2002-12-01
GB/T 14853.3—2002	橡胶用造粒炭黑粒子磨损量的测定	GB/T 14853.3—1993	2002-05-29	2002-12-01
GB/T 14853.4—2002	橡胶用造粒炭黑堆积强度的测定	GB/T 14853.4—1993	2002-05-29	2002-12-01
GB/T 14853.5—2002	橡胶用造粒炭黑粒子尺寸分布的测定	GB/T 14853.5—1993	2002-05-29	2002-12-01
GB/T 14853.6—2002	橡胶用造粒炭黑单个粒子破碎强度的测定	GB/T 14853.6—1993	2002-05-29	2002-12-01
GB/T 18742.1—2002	冷热水用聚丙烯管道系统 第1部分:总则			2002-05-29
GB/T 18742.2—2002	冷热水用聚丙烯管道系统 第2部分:管材			2002-05-29
GB/T 18742.3—2002	冷热水用聚丙烯管道系统 第3部分:管件			2002-05-29
GB/T 18743—2002	流体输送用热塑性塑料管材简支梁冲击试验方法			2002-05-29
GB/T 18744—2002	土工合成材料 塑料三维土工网垫			2002-05-29
GB/T 3400—2000	塑料通用型氯乙烯均聚和共聚树脂 室温下增塑剂吸收量的测定			2003-04-01

2002年发布的塑料产品及相关的行业标准

备案号	行业标准编号	行业标准名称	代替标准号	批准日期	实施日期	标准主管部门
10519-2002	CJ/T 159—2002	铝塑复合压力管(对接焊)		2002-06-03	2002-10-01	建设部
10525-2002	CJ/T 165—2002	高密度聚乙烯缠绕结构壁管材		2002-06-03	2002-10-01	建设部
10414-2002	SY/T 0413—2002	埋地钢制管道聚乙烯防腐层技术标准	SY/T 4013—1995	2002-05-28	2002-08-01	国家经济贸易委员会
10496-2002	YC/T 27—2002	烟用聚丙烯丝束	YC/T 27—1995	2002-05-14	2002-07-01	国家烟草专卖局
10248-2002	DL/T 802—2002	玻璃纤维增强塑料电缆导管		2002-04-27	2002-09-01	国家经济贸易委员会
10132-2002	HG/T 3050.2—2001	橡胶或塑料涂覆织物 整卷特性的测定 第2部分:测定单位面积的总质量、单位面积的涂覆质量和单位面积底布质量的方法	HG/T 3050—1987	2002-01-24	2002-07-01	国家经济贸易委员会
10133-2002	HG/T 3050.3—2001	橡胶或塑料涂覆织物 整卷特性的测定 第3部分:测定厚度的方法	HG/T 3050—1987	2002-01-24	2002-07-01	国家经济贸易委员会

续表

备案号	行业标准编号	行业标准名称	代替标准号	批准日期	实施日期	标准主管部门
10135-2002	HG/T 2287—2001	胶辊 第一部分：印刷胶辊	HG/T 2287—1992	2002-01-24	2002-07-01	国家经济贸易委员会
10136-2002	HG/T 2697—2001	胶辊 第二部分：聚氨酯胶辊	HG/T 2697—1995	2002-01-24	2002-07-01	国家经济贸易委员会
10137-2002	HG/T 2013—2001	胶辊 第三部分：织物预缩橡胶毯	HG/T 2013—1991	2002-01-24	2002-07-01	国家经济贸易委员会
10139-2002	HG/T 3078—2001	橡胶、塑料辊 表面特性	HG/T 3078—1992	2002-01-24	2002-07-01	国家经济贸易委员会
10166-2002	HG/T 3228—2001	橡胶塑料机械涂漆通用技术条件	HG/T 3228—1988	2002-01-24	2002-07-01	国家经济贸易委员会
10168-2002	HG/T 3690—2001	工业用钢骨架聚乙烯塑料复合管		2002-01-24	2002-07-01	国家经济贸易委员会
10169-2002	HG/T 3691—2001	工业用钢骨架聚乙烯塑料复合管件		2002-01-24	2002-07-01	国家经济贸易委员会
10049-2002	SN/T 1063—2002	出口一次性聚氯乙烯手套检验规程		2002-01-16	2002-07-01	国家质量监督检验检疫总局
9765-2002	SH/T 1610—2001	苯乙烯-丁二烯嵌段共聚物(SBS)	SH/T 1610—1995	2002-11-23	2002-01-01	国家经济贸易委员会
9654-2002	JG/T 140—2001	PVC 塑料悬转窗		2001-11-21	2002-01-01	建设部
10948-2002	HG/T 3048—2002	橡胶或塑料涂覆织物 耐剪切屈挠摩擦性的测定	HG/T 3048—1987	2002-09-28	2002-06-01	国家经济贸易委员会
10929-2002	HG/T 2704—2002	氯化聚乙烯	HG/T 2704—1995	2002-09-28	2003-06-01	国家经济贸易委员会
9738-2002	GA 357—2001	警服材料 聚氨酯涂层雨衣布		2001-12-10	2002-06-01	公安部
9743-2002	GA 362—2001	警服材料 聚氨酯湿法防水透湿涂层布		2001-12-10	2002-06-01	公安部
	QB/T 2567—2002	硬聚氯乙烯(PVC-U)塑料管道系统用溶液剂型胶黏剂				

（中国塑料加工工业协会　曾家华）

塑料制品质量监督

2001 年塑料制品质量监督抽查情况

2001 年中，国家质量监督检验检疫总局（原国家质量技术监督局）共组织了 6 次塑料制品（相关产品）的产品质量国家监督抽查，抽查产品包括聚乙烯农、地膜，一次性可降解餐饮具，建筑工地用塑料管道产品，门、窗框用聚氯乙烯型材，土工合成材料和农业排灌用塑料管材。

（1）聚乙烯农、地膜

农业用聚乙烯吹塑薄膜和聚乙烯吹塑农用地面覆盖薄膜产品共抽查了 14 个省、市、自治区 49 家生产企业的 79 个产品，抽查的地区有北京、河北、上海、江苏、浙江、安徽、山东、河南、湖南、广东、四川、重庆、贵州、云南等省、市。抽查企业合格率为 95.9%，产品抽样合格率为 97.5%。其中，农业用聚乙烯吹塑薄膜抽查了41个样品，合格41个，产品抽样合格率为100%；聚乙烯吹塑农用地面覆盖薄膜抽查了38个样品，合格36个，产品抽样合格率为94.7%。

本次抽查的49家企业中，国有、集体企业30家，占全部被抽查企业数的61.2%，抽取产品47个，占全部被抽查产品数的59.5%，其产品抽样合格率为95.7%；股份制企业有13家，占全部被抽查企业数的26.5%，抽取产品26个，占全部被抽查产品数的32.9%，其产品抽样合格率为100%；股份制企业被抽查企业数和产品数较2000年增长了10%。股份制企业数量的逐年增加和其产品质量的逐步提高，说明这些由原来的国营、集体、乡镇企业转制而来的股份公司，已逐渐发展成为聚乙烯农、地膜行业的骨干企业。

本次抽查企业中，大中型企业26家，抽查产品43个，合格企业25家，企业合格率为96.1%；合格产品42个，产品抽样合格率为97.7%。小型企业23家，抽查产品36个，合格企业22家，企业合格率为95.7%，合格产品有35个，产品抽样合格率为97.2%。抽查结果表明不同规模企业所生产的聚乙烯农、地膜产品质量水平正趋于一致。

抽查中发现，仍有少数地膜生产企业未遵守强制性国家标准的规定，生产厚度小于0.008mm的超薄地膜。这些超薄地膜由于强度低，易破碎，在使用后难于捡拾回收，随着地膜栽培时间的延长，在土壤中残留的薄膜量不断积累，必然会导致残膜在耕地土壤中形成阻隔层，影响作物根系的生长发育和对水肥的吸收，使农作物减产。这应当引起农业主管部门和农村工作者的高度关注。

（2）一次性可降解餐饮具

这是国家经贸委明令禁止使用发泡聚苯乙烯餐盒，提倡使用可降解餐饮具以来国家质监总局组织的首次产品质量国家监督抽查。本次共抽查了36家生产企业，实际抽到20家生产企业的21个产品，生产企业涉及北京、河北、辽宁、江苏、上海、浙江、湖北、江西等8个省、市，约占全国生产企业的20%左右。

本次抽查产品按标准分为五种类型即：纸板涂膜、纸浆模塑、植物纤维模塑、食用粉模塑和光-生物降解型一次性可降解餐饮具，其检验项目也不尽相同。按照功能和用途，我们将检验项目分为三大类：一是反映产品使用性能的项目，表征餐盒适合于应用的能力，使用中不应出现压扁、变形、漏油、漏水或翻倒；二是反映产品卫生性能的项目如蒸发残渣、重金属含量等，表征餐饮具在使用中遇水、醋、酒、油等液体时析出残渣、重金属的量度，残渣、重金属析出量过高会对人体健康产生不良后果；三是反映产品降解性能的项目，降解性能的优劣反映了产品在使用废弃后被环境消纳的能力，降解性能好，则有利于环境消纳。

按照抽查方案中检验要求，20家企业中合格企业为6家，企业抽查合格率为30.0%；抽查产品21个，合格7个，产品抽样合格率为33.3%。其中，光-生物降解型餐具产品（PP类）7个，合格产品5个，产品抽样合格率为71.4 %；植物纤维类餐具产品2个，合格产品0个，产品抽样合格率为0；食用粉类餐具产品2个，合格产品0个，产品抽样合格率为0；纸浆模塑餐具产品7个，合格产品0个，产品的抽样合格率为0；纸板涂膜餐具产品3个，合格产品2个，产品的抽样合格率为66.7%。

由于在植物纤维、淀粉的蒸发残渣中，将蒸发残渣作为参考项目后（蒸发残渣项目的结果不作综合判定项目）抽查结果为：20家企业中合格企业为16家，抽查企业合格率为80.0%，7个光-生物降解型餐具中合格产品5个，产品的抽样合格率为71.4 %，2个植物纤维类餐具中合格产品1个，产品的抽样合格率为50.0%，2个食用粉类餐具中合格产品2个，产品的抽样合格率为100%，7个纸浆模塑餐具中合格产品7个，产品的抽样合格率为100%，3个纸板涂膜餐具中合格产品2个，产品的抽样合格率为66.7%，整个抽查产品的抽样合格率为81.0%，抽查产品的产量合格率为92.3%。

抽查结果表明，五种类型产品的质量状况参差不齐。光-生物降解型餐具不合格产品中，一个是餐具负重试验不合格，表明餐具壁厚不足；另一个是降解性能不合格。而植物纤维类、食用粉类、纸浆模塑类一次性餐饮具产品的蒸发残渣在未萃取多糖情况下无一合格，有的甚至超过标准规定170倍之多，表明在发展初期此类餐具的卫生性能堪忧；纸板涂膜餐饮具产品不合格项主要表现为漏油及蒸发残渣项目。

综合分析质量问题产生的原因，大致有以下几点。

① 一次性发泡塑料餐具禁止使用却禁而未绝，虽使其他餐具得到快速发展，但市场竞争更加激烈，而其他餐饮具生产技术、检验手段尚不完善。

② 强制标准执行不严格。一次性可降解餐饮具的国家标准GB 18006.1《一次性可降解餐饮具通用技术条件》于1999年11月19日发布，2000年1月1日实施，实施一年多来，一些企业仍不知或不按强制标准要求生产、检验产品，致使产品的性能不符

合标准要求。

③ 企业“投机”心理严重。国家经贸委的6号令使有些企业产生了“投机”心理，以为一次性发泡塑料餐具被禁止生产和使用后，其他餐具的需求市场将会非常庞大，又缺少对市场和产品生产技术的充分调研而盲目建厂，投入生产后，因产品价格、质量等问题无法实现正常生产，甚至停产，从而不能投入精力改善产品质量。

④ 市场需求庞大是劣质产品的温床。据有关部门报道，1999年一次性餐具的使用量在100亿只以上，政府下令禁止生产一次性发泡塑料餐具后，原来一次性发泡塑料餐具的庞大市场使许多企业看到了生产一次性可降解餐饮具潜在的经济效益，纷纷上马生产一次性可降解餐具。各类一次性餐具的价格相差较大，一次性发泡塑料餐具的价格约在0.07元以下，而替代品的价格在0.15～0.40元，因此有些生产者和销售商为了市场竞争、追求利润的需要，放宽对产品的质量要求以降低产品成本。

（3）建筑工程用塑料管道产品

在建设部的提议下，国家质量监督检验检疫总局和建设部共同组织，由国家塑料制品质量监督检验中心（北京、福州）对15个城市的建筑工地用塑料管材进行了产品质量国家监督抽查，实际抽查了北京、天津、上海、重庆、武汉、哈尔滨、成都、郑州、西安、大连、厦门、深圳、宁波、青岛、南京等城市的58个工地，抽查产品96个。抽查涉及11类产品，其中PVC-U给水管材9个、给水管件1个，PVC-U排水管材23个（含螺旋消声管材）、管件2个，ABS管材2个，铝塑复合管5个，PP-R管材23个，交联聚乙烯管材1个，PVC电工套管23个，芯层发泡PVC-U管材6个，PVC-U雨落水管1个。涉及国外产品6个，国外厂商4个（由国内代理经销商经销）。经检验合格的样品有74个，抽样合格率为77.1%；合格工程38个，工程抽样合格率65.5%；抽查产品涉及生产和代理企业69家，合格51家，抽查企业合格率73.9%。

本次抽查工作是由国家质量监督检验检疫总局和建设部共同组织、在各地建委积极配合下进行的一次较大规模的对建筑工地用塑料管道产品质量的检查，在各地建委指定或随机选择的58个抽查工程中，既有大型城市花园建设工程，也有小型的学生公寓、住宅小区、单位自盖住宅楼和旧村改造工程，因此抽样结果有广泛代表性，抽查结果基本能反映当前我国各城市建筑工地用塑料管材、管件的质量状况。

抽查结果表明，厦门市、深圳市、宁波市的工程抽查合格率达到100%，居首位；北京市、南京市的工程抽查合格率为80.0%，居于第二位；而青岛市的工程抽查合格率最低，100%工程不合格。从产品抽样合格率看，厦门市、深圳市、宁波市的工地抽查合格率达到100%，仍居首位；北京市、成都市以合格率85.7%居第二位，天津市、重庆市和青岛市抽样合格率最低，仅达到50.0%。虽然抽样合格率的高低具有一定的偶然性，但从中仍可透视出各地建设部门和施工单位质量意识的高低。

从工地使用的不同类型产品的抽样合格率看，剔除样品数少于2个的不具代表性的产品，合格率最高的是建筑绝缘用电工套管，达91.3%；其他产品的抽样合格率都不到80%，尤以建筑排水用硬聚氯乙烯管材和铝塑复合管为最低，分别为65.2%和60.0%。

从管材生产技术方面来讲，建筑排水用硬聚氯乙烯管材的技术含量相对较低，但反映在产品质量上抽查合格率反而较低，这不是偶然的。由于排水管市场竞争激烈，特别是一些小型企业的特劣产品也参与竞争，而工程的施工方也认为排水系统不会出现大的问题，因而为降低工程造价使用较廉价的管材，使得排水管的市场价格不断降低，造成了抽查合格率低的结果。

铝塑复合管方面，前几年我国发展极快，但产品的国家标准始终没有跟上，建设部虽发布了CJ/T 108标准，但管道系统适用性要求在标准中仍为空白，不能确保管道系统使用性能。即使如此，一些企业制定的企业标准仍低于该标准要求，使得铝塑复合管质量隐患增大，导致抽查合格率低下，也使其在建筑市场的使用越来越少。

应该指出的是，近年来聚丙烯管材，特别是无规聚丙烯（PP-R）管材发展极快。抽查中虽然合格率达78.3%，但质量问题仍不容忽视。PP-R管材一般用于采暖供水，它在使用中要承受长时间的高温和压力，技术要求很高。但由于标准的滞后，产品生产应用标准都是企业标准，一些使用部门也并不真正了解该类管材的特性，而是听从企业销售人员的介绍选择使用，因此潜在质量问题很大。抽查中聚丙烯管材共抽样品23个，但在企业标准出厂检验要求中含有高温液压试验（使用温度95℃或80℃）的企业仅有4家，而在这4家中，高温液压试验就有两家不合格。现在该产品的国家标准（GB/T 18742）已经发布执行，若按此标准进行检验，则产品质量的符合性不容乐观。

通过此次抽查，我们认为暴露的主要问题有以下几点。

① 采购机制不合理。由于开发（或施工）单位为了节省项目费用，赢得更多利润，尽量采购价格低、壁厚薄、质量次的产品。抽查中发生的23个不合格样品中，就有18个产品是由开发单位采购的，占不合格总数的78.3%。由此可见，必须建立一个由监理公司监督，建设、施工单位共同采购的机制。由各地建委和质检部门组织优质名牌产品的推荐，稳定与扩大优质产品的市场，促使广大建设、施工部门选用优质化学建材产品。

② 行业结构不尽合理。由于缺少控制行业发展的宏观指导，社会上及一些地方有关部门对塑料管材、管件生产的特点认识不足，新上的项目一开始就带有一定不合理性。加之10来年行业发展中遗留的问题一直未能得到很好地解决，目前就行业结构来看，有许多不尽如人意的地方。当前，低水平的重复上线扩产仍在继续，而当总生产能力超过市场总需求达到一定程度后，将必然出现企业间的价格竞争和相互间的技术壁垒。这在客观上将不利于企业的长远发展，甚至对整个行业造成沉重的打击。

③ 人才缺乏。专业技术人员的缺乏和现有技术力量的分散，将对我国塑料管材、管件行业整体技术水平迅速提高造成制约。相当数量的企业由于缺乏懂配方技术、挤出工艺的专业人员，往往是购置设备后派人到外面短期培训几天，回来就模仿着干，甚或仅按照设备厂商提供的技术条件生产，而对工艺原理甚至质量标准几乎一无所知，生产中很难保证产品质量。

④ 检验机构诚实性有待整顿、提高。在一个有序的市场中，检验机构无疑扮演了非常重要的角色，因此检验机构的公正性、诚实性尤为重要。但在实际工作中，一些检验机构的诚实性实在不尽如人意。有些检验机构，为获得多的客户和最大经济利益，不合格的产品也出具合格的检验报告，甚至不送样品，交钱就出报告；有些检测机构则通过发合格证书、合格铜牌等直接参与市场行为，从中获得经济利益。因此检验机构的规范，确保检验机构的诚实性，对市场产品质量的有效监控极其必要。

（4）门窗用硬聚氯乙烯型材

2001年第3季度，由国家质量监督检验检疫总局组织进行了门窗用硬聚氯乙烯型材产品质量国家监督抽查。本次抽查型材生产企业59家，产品59个，抽查产品生产企业分布在14个省、市。企业抽查合格率为84.6%，产品抽样合格率为84.6%。

本次抽查中共抽查了大中型企业35家，产品35个，占全部被抽查企业数的59.3%，合格企业及产品32个，产品抽样合格率91.4%。结果表明代表行业主导方向的大中型企业，在原材料价格变动频繁，型材利润空间相对缩小和局部地区出现供大于求局面的情况下，仍以其加工能力强、管理体制完善、人员素质高的优势，保持了高质量水平。

本次抽查中股份制或合资企业31家，产品31个，占抽查总数的52.5%。合格企业及产品30个，产品抽样合格率为96.8%，明显高于平均抽样合格率。股份或合资企业数量的增加和产品质量的提高，表明这些企业通过引进先进的生产设备和检测设备，靠良好的质量意识、质量管理和售后服务，产品质量稳定，已逐渐成为PVC型材行业中的中坚力量。

本次抽查中小型企业有24家，产品24个，合格企业及产品19个，产品抽样合格率为79.2%。小型企业产品质量与大中型企业有较大差异，分析其原因，主要是由于其设备条件差，工艺、配方不尽合理，生产过程监控能力弱，工人操作技术不高，管理水平差。也不排除个别企业追求低价而大量添加填充剂（$CaCO_3$），以期增加销售量谋取利润，从而导致质量不合格。

本次抽查产品中，不合格项目主要集中于抗低温落锤冲击和加热后尺寸变化率这两个指标。低温落锤冲击不合格占不合格产品总数的62.5%，加热尺寸变化率不合格占不合格产品总数的50%，其中1个产品该两项同时不合格。产品的该两项性能表征了PVC型材使用中的耐低温性和环境温度变化下的形变性能。究其原因，首先是企业为了提高生产效率而盲目提高生产速率，但冷却系统效率跟不上或冷却水温降不下来，冷却定型时间不充分，使型材内不同部分冷却效果不均匀，导致了产品内在质量的下降。其次是型材模具流道设计不尽合理，使型材在挤出成型时熔体流动局部受阻，形成流动内应力分布不均匀，导致因内应力作用易于变形。三是为了降低产品成本，减少型材及其内腔加强筋厚度、或加入更多的填充料。

近年来，特别是1998年以来，随着塑料门窗推广应用的力度加大，由于市场的迅速扩张造成部分地区出现求大于供的局面，引发了投资热潮。在1998～1999年间，国内投产的型材生产线近1 500条。由于缺少统一的宏观规划及合理布局，未考虑市场容量，造成了生产能力远远大于市场需求。2000年以来，市场逐渐出现激烈竞争的局面，部分企业销售形势极不乐观，面临着巨大的生存压力。为维持企业的正常运转，纷纷降价销售，造成无利甚或亏本经营。一些企业为获取利润，采取多掺填充料、使用廉价原料、降低型材壁厚、过度提高生产效率等非正常手段，使其生产的产品易老化、脆断、变形，易变色，用户怨声载道，严重损坏了塑料门窗的声誉，阻碍了该行业的良性发展。

2001年以来，型材生产行业得到了进一步发展，数个特大型生产企业的生产能力就可以满足全国用量的50%，竞争更加激烈。2002年底到2003年初，有些大型企业凭借规模优势将型材价格降到9 000元之下，导致不少小型生产企业无法开工生产。在此建议工程建设、监理单位加强产品质量监控，实行材料进场验货制度，将劣质产品杜绝在工程建设门外，确保工程质量。

(5) 土工合成材料

土工合成材料产品质量国家监督抽查的塑料制品包括塑料扁丝编织土工布和复合土工膜，检查了河北、山东、江苏、浙江、湖南、黑龙江、广东、天津、四川、贵州、陕西等地的31家企业35组样品。31家企业中合格企业27家，企业合格率为87.1%，其中塑料扁丝编织土工布企业合格率为92.8%，复合土工膜企业合格率为82.4%。抽查的产品合格率为88.6%，其中塑料扁丝编织土工布产品合格率为93.8%，复合土工膜产品合格率为84.2%。

(6) 农业排灌用塑料管材

① 抽查概况。本次共抽查了25家企业，共28个样品，经检验合格的企业21家，企业合格率为84%，合格的样品有24个，产品综合抽样合格率为85.7%。其中PVC管材13个，合格12个，产品抽样合格率为92.3%；PE管材6个，合格4个，产品抽样合格率为66.7%；PVC波纹管材2个，合格2个，产品抽样合格率为100%；PP管材4个，合格4个，产品抽样合格率为100%；PE波纹管材1个，合格0个，产品抽样合格率为0。PVC管件1个，合格1个，产品抽样合格率为100%；PE管件1个，合格1个，产品抽样合格率为100%。排灌用塑料管材的产品产量合格率为95.6%，产品产值合格率为95.3%。不合格的项目为管材外径、壁厚、液压试验、断裂伸长率和纵向回缩率。其中管材外径不合格的企业有两家，液压试验不合格的企业有两家，断裂伸长率和纵向回缩率不合格的企业各有一家。

② 本次抽查的特点。

a. 喷灌、排灌用塑料管材产品品种繁多、标准体系繁杂。在本次抽查中，抽到的产品共有5大类，涉及主要原材料有聚氯乙烯树脂、聚乙烯树脂和聚丙烯树脂等3种，而产品标准多达14个。仅喷灌、排灌用聚乙烯管材，其明示产品标准就分别有国家标准、行业标准和企业标准，其数量多达6个；喷灌、排灌用硬聚氯乙烯管材产品国家标准和行业标准也有4个之多。

这些不同标准的技术水平也参差不齐，新标准的推广、普及工作亦不够。例如，国家标准GB/T 13664—92《低压输水灌溉用薄壁硬聚氯乙烯管材》中液压试验的试验压力为4倍工作压力下保压1h，而机械行业标准JB/T 5125—1991《农用硬聚氯乙烯管材》中其爆破压力只有3倍工作压力，明显低于国家标准要求。在聚丙烯管材抽查企业中，有个别竟还在使用1999年就已作废的轻工部标SG 246—81《聚丙烯管材》。

b. 通过抽查我们看到，我国喷灌、排灌用塑料管材生产企业呈现出发展快、成效大、竞争激烈的特点。20世纪90年代以来，我国水资源危机的问题十分突出，特别是黄河以北的广大地区，农业发展直接受到水资源的制约。严峻的现实使人们对节水灌溉重要性的认识有了一个飞跃性的提高，特别是党的十五大以来，中央把推广节水灌溉作为一项革命性措施来抓，各级政府从专项贴息贷款、农业综合开发、扶贫开发等专项资金和水利基金中拿出较大的资金用于节水灌溉，这促使了我国喷灌、排灌用塑料管材生产企业迅速发展。但高速发展也带来了激烈异常的市场竞争，由于市场不规范，近两年来，企业间的竞争不是靠稳定的产品质量吸引顾客，而是采用相互压价的方式，导致部分企业经济效益大幅下降或根本无效益。抽查中看到，多数企业存在开工不足，停产、半停产等情况多有发生，在能维持生产的企业中，其实际产量也仅为设计产量50%左右。

c. 本次抽查共抽查了大中型企业12家，占全部被抽查企业数的48%。抽查产品13个，抽查合格产品12个，产品抽样合格率为92.3%；抽查了小型企业13家，产品15个，合格产品12个，产品抽样合格率为80%，可以看到大中型企业的产品质量明显优于小型企业。虽然小型企业具有企业包袱小、经营方式灵活的优势，但也有加工能力小，技术力量薄弱的缺点。关键在于如何发挥自己的优势，克服自身的弱点，做到扬长避短。

d. 标准水平影响产品质量。抽查中看到个别企业制定的企业标准中规定，1h液压试验的试验压力为0.8MPa，而瞬间爆破液压压力为≥0.6MPa，显而易见，这两个指标规定前后矛盾。若检测中瞬间爆破液压压力达到0.7MPa时发生破裂应判定该检验项目合格，但1h液压试验（试验压力为0.8MPa）必定不能符合标准的要求。

e. 本次抽查还抽查了获得产品质量认证的5家企业的5个产品，产品质量均合格，表明认证企业不仅严格对产品的原、辅材料的进厂检验和出厂检验进行把关，还对生产过程地进行了有效监控，防止不合格产品产生或流入市场。

f. 本次抽查是喷灌、排灌用塑料管材产品质量的第三次国家监督抽查，2000 年第四季度进行的国家监督抽查，产品抽样合格率为 95.5%。本次抽查与 2000 年抽查相比，产品抽样合格率有一定程度幅度下降，主要原因是本次抽查对中小型企业的抽查力度加大所致，小型企业数占本次抽查企业总数的 52%。

③ 抽查中暴露出的主要问题及原因。通过对本次国家监督抽查结果的统计与分析，结合我国节水灌溉的总体发展以及节水灌溉产品市场的基本情况，可以看到我国节水灌溉企业呈现出以下三个基本特点。

a. 发展快、成效大。如果从 20 世纪 70 年代中期算起，短短 20 多年中从无到有、从小到大，除大型喷灌机进口设备占保有总量半数以上外，其余各类设备、材料、施工及服务大多数由我国企业生产和提供，其发展速度不能不令人赞叹。

b. 数量小、规模小。从分析中可以看出，我国节水灌溉企业数量很多，但多数规模很小。在节水灌溉比较发达的国家，节水灌溉专业企业数量并不多，少则十来家，多是几十家，但都有一定规模和较高的技术水平，与我国的情况恰成鲜明对照。

c. 差异大、水平低。差异大是指我国节水灌溉企业之间水平参差不齐，主要表现在经营观念、技术水平、管理水平和服务水平。一些企业的产品质量已经达到或接近国际先进水平，管理已通过 ISO 9000 系列认证，营销服务在努力向国际看齐，而另一些企业却在毫无顾忌地粗制滥造，产品连基本的质量标准也达不到。这种过大差异的存在说明我国节水灌溉的行业发展和市场发育还很不成熟，多数企业在较低水平上徘徊，市场竞争尚处于无序状态。

水平低是就我国节水灌溉企业整体发展水平与国外先进国家进行比较而言，主要表现为缺乏现代经营观念、技术水平与管理水平低（据有关专家估计大约相差 10～20 年)、技术进步慢、装备水平低和服务水平低。

（全国塑料制品质量监督检测中心
刘山生　陈家琪　何芃　翁云煊）

2002 年塑料制品质量监督抽查情况

2002 年国家质量监督检验检疫总局共组织进行了两次产品质量监督抽查活动，抽查产品都是聚乙烯农用塑料薄膜。原因是往年对聚乙烯农用塑料薄膜的抽查基本都安排在第一季度，但农膜的生产、经营活动具有季节性，其销售旺季基本都在 3 月份。这样，当公布抽查结果时农忙季节已过，不能对农民的购买提供实际指导意义，因此从 2002 年开始将监督抽查改为在第四季度进行。

1. 抽查概况

(1) 第一季度抽查结果

共抽查了 17 个省、市的 57 家生产企业，92 批产品。抽查企业涉及的地域广阔，被抽查的地区有吉林、长春、辽宁、北京、河北、天津、山东、安徽、江苏、上海、浙江、河南、陕西、四川、重庆、贵州、云南等。被抽查的 57 家企业中，合格企业数为 52 个，企业抽样合格率为 91.2%；被抽查的 92 批产品中合格产品 87 批，产品抽样合格率为 94.6%。其中，农业用聚乙烯吹塑薄膜抽查了 43 批产品，合格 41 批，产品抽样合格率为 95.3%；聚乙烯吹塑农用地面覆盖薄膜抽查了 49 批产品，合格 46 批，产品抽样合格率为 93.9%。

(2) 第四季度抽查结果

共抽查了北京、河北、上海、江苏、浙江、安徽、山东、河南、四川、重庆、贵州、云南等 12 个省、市的 58 家生产企业，共 86 批产品，经检验合格企业有 52 家，企业抽样合格率为 89.7%；合格的产品有 80 批，产品抽样合格率为 93.0%。其中聚乙烯农膜产品 49 批，合格 46 批，产品抽样合格率为 93.9%。聚乙烯地膜产品 37 批，合格 34 批，产品抽样合格率为 91.9%。

2. 抽查结果的启示

(1) 农地膜的抽样合格率均高于 90%，表明农地膜产品的主流质量水平较高，基本能够满足农民的使用要求。

(2) 生产企业情况参差不齐

农用塑料薄膜生产企业的生产、经营状况不尽相同，被抽查的企业中有国有企业也有乡镇企业和私营企业，规模有大有小，经营和生产状况差异也较大，有的生产企业其年产量近万吨，而有些企业却被迫停止生产，甚至已倒闭。

(3) 复杂的需求带来强制标准执行中偏差

由于我国地域广阔，各个地区之间气候条件有较大不同，而不同地区的农业发展水平也不一样。即使同一地区，不同的农作物需要的薄膜也不一样，致使农用塑料薄膜的规格品种复杂繁多，地区之间差别较大。如云南省烟草行业比较发达，农民对烟草膜的需求量就要比别的省份要多，而东北三省由于气候比较寒冷，对农膜的需求较多。一些地区对地膜的厚度要求较薄如云南、山东、河北等省市对厚度低于0.008mm烟草膜的需求量就很大，而一些省市对地膜要求较厚；又地膜厚度与覆盖成本直接相关，农民们为了增加收入、降低成本，更愿意使用超薄地膜，从而迫使不少企业不执行强制性国家标准而生产超薄地膜。

聚乙烯地膜的厚度问题是政府和企业非常关心的问题，出于对保护耕地土壤的考虑，强制性国家标准GB 13735—1992规定我国聚乙烯地膜的厚度不应低于0.008mm，但由于有较大的市场需求，山东、云南还有不少企业为扩大销售量而迎合农民需求，生产厚度低于0.008mm的超薄聚乙烯地膜。云南省质量技术监督局在对聚乙烯地膜专项监督抽查中，对涉及生产超薄聚乙烯地膜（微膜）的企业进行处罚时，云南省塑料行业协会为此问题就曾专题报告云南省委、省政府表示了疑义，并强烈要求制定0.005～0.006mm规格的微膜地方标准，此事在当地农、地膜企业中引起强烈反响。

（4）国有、集体企业比例下降，股份制企业比重大幅增加

与2001年比较，抽查中的国有、集体企业数量比例明显减少，股份制企业数比例有较大提高，且其产品合格率也得到较大提高。股份制企业数量的逐年增加和其产品质量的逐步提高，说明一些原来的国营、集体、乡镇企业已转变为股份制公司，他们通过资本运作，通过充分利用社会存量资产、低成本扩张以及良好的售后服务，已逐渐发展成为聚乙烯农、地膜行业的骨干企业。这些企业一般都有较为充裕资金，质量意识较高，生产技术、质量管理比较规范，且由于待遇高吸引了不少人才，职工素质普遍较高，生产出的产品质量稳定，已成为聚乙烯农、地膜市场上其他类型企业的有力竞争对手。

（5）设备陈旧，有待更新

由于生产聚乙烯农、地膜的多数企业都是20世纪80年代建起来的，大部分企业的加工设备已陈旧落后。由于设备陈旧，控制精度下降，企业有时无法进行相应的调整或调整难度加大，造成工艺不稳定、产品质量下降。又由于农地膜属于微利润农产品，不能通过销售产品积累资金进行设备更新改造，因此，为支援农业建设，有关部门应考虑加大对农地膜生产设备更新和技术改造的支持力度。

（6）新产品的开发需要加速度

随着农、地膜的广泛应用，应重视开发耐老化、易降解等各种不同用途的功能性薄膜，防止废旧塑料对农田的污染。在国外，不论生产企业或研究部门都非常重视功能膜的开发或利用其他研究部门的研究成果迅速得以产业化，生产出来的产品在市场得到认可，形成科研、生产、销售的良性循环。国外使用的农膜厚度一般是我国的1.5倍，地膜厚度一般是我国的2～3倍，因为偏厚的薄膜有利于各项功能的表现和发挥，而我国却追求较薄的薄膜，追求低成本。目前国家标准GB 13735—1992中规定地膜的厚度最低为0.008mm，比先进国家如日本的地膜厚度0.014mm薄了0.006mm，但有的企业还希望厚度再定低些。产生这一差异的原因主要是国情不同，一是我国农业生产处于低级水平，农产品价格较低，农民为提高收入偏好超薄薄膜；二是企业处于亏损状态，连维护正常生产的资金都十分匮乏，根本谈不上去开发新产品。因此希望一些行业骨干企业起表率作用，停止生产非标产品，并协同有关新闻媒体大力宣传使用超薄地膜的危害性，积极研究回收利用废旧塑料薄膜的有效办法，开发地膜覆盖后的回收机械及残留地膜的捡拾设备；加强功能膜的研究，学习国外的好经验，加强信息交流，促进我国功能农、地膜的发展，赶上世界先进水平。

（全国塑料制品质量监督检测中心　刘山生　陈家琪　何芃　翁云煊）

中国聚氨酯泡沫行业整体淘汰ODS计划及实施情况

1. 行业计划出台背景

聚氨酯泡沫塑料以其特有的产品性能，广泛地应用于管道保温、节能建筑、家具制造等领域。在20世纪40年的开发应用历程中，中国聚氨酯行业取得了长足的发展，并为人们生活水平的提高做出了贡献。

然而，由于生产聚氨酯泡沫的原料——CFC-11对大气臭氧层有破坏作用，因此，聚氨酯行业面临着淘汰CFC-11发泡剂，保护蓝天臭氧层的责任。

2001年12月，蒙特利尔多边基金批准了《中国聚氨酯泡沫行业CFC-11整体淘汰计划》。按照行业计划要求，我国将在2010年完成聚氨酯泡沫行业对CFC-11的消费淘汰。

（1）保护臭氧层的国际公约和多边基金机制

20世纪70年代，科学家发现在泡沫塑料、空调冰箱、电子清洗、灭火剂、烟丝膨胀等生产中大量使用的氟氯碳物质通过光化学反应，正在迅速破坏大气臭氧层。从而造成人类皮肤病变，免疫系统受损等疾病，同时危害动植物的生长。

为了保护臭氧层，国际社会先后签署了《保护臭氧层的维也纳公约》和《关于消耗臭氧层物质的

蒙特利尔议定书》。基于发达国家最早大量使用氟氯碳物质并造成臭氧层破坏的现实，发达国家捐款成立了“多边基金”，在技术和资金上支持发展中国家对本国生产和使用破坏臭氧层物质的领域开展淘汰。

（2）中国的ODS淘汰活动及相关的组织机构

中国政府分别于1989年和1991年加入了以上两个国际公约，并从1992年开始，在多边基金赠款的支持下，对化工、消防、泡沫塑料等行业开展了ODS淘汰项目。

为了有效地开展保护臭氧层工作，我国于1992年成立了中国保护臭氧层领导小组，国家环保总局（原国家环保局）为领导小组的组长单位。领导小组设立了多边基金项目管理办公室（PMO），负责开展各行业ODS淘汰项目。

1998年，中国塑料加工工业协会和国家环保总局外经办联合成立了泡沫行业ODS淘汰特别工作组，负责对塑料泡沫行业淘汰ODS项目选择、准备和报批工作，并对项目实施进行统一协调、管理和监督。

（3）聚氨酯泡沫行业计划的批准

早在1992年，泡沫塑料行业就开始了单个ODS淘汰项目的申报和执行工作。由于泡沫塑料企业小、数量多，从1998年开始，工作组与联合国工业发展组织（UNIDO）合作开展了多个项目组合申报、联合执行的伞形项目方式。截止2001年底，批准了157个单个项目，ODS淘汰量11 469吨，获赠款5 202万美元。批准了7个伞形项目，ODS淘汰量5 530吨，获赠款2 962万美元。

为了更有效地开展淘汰活动，1999年，工作组与世界银行（WB）合作开展了聚氨酯泡沫行业整体淘汰计划的编制。这种行业淘汰方式将中国剩余的泡沫塑料企业以一揽子的方式进行申报，增强淘汰工作的计划性、政策性、可控性。

《中国泡沫行业整体淘汰CFC-11计划》于2001年12月份得到多边基金执委会的批准，赠款金额5 387.6万美元。

目前，我国聚氨酯泡沫行业面临着历史性的机遇和挑战，我们要充分利用多边基金赠款，在逐步淘汰目前大量使用的氟里昂发泡剂的同时，进行企业改组改造、实行行业结构调整，壮大企业规模，实现技术升级，提高聚氨酯泡沫塑料行业整体竞争实力。

2.《中国泡沫行业整体淘汰CFC-11计划》内容简介

《中国泡沫行业整体淘汰CFC-11计划》以1999年未申报项目的剩余消费量10 651吨为基础，提出了到2010年我国淘汰战略、政策设计、费用分析、运行机制和行动计划。

（1）PU泡沫行业CFC-11消费现状

聚氨酯泡沫塑料以原材料和加工方式可分为聚氨酯（PU）软泡、硬泡、自结皮泡沫三大类。本章仅介绍采用CFCs为发泡剂的PU软硬质泡沫情况。由于冰箱、冰柜等家电泡沫另由其他部门负责其ODS淘汰工作，除特别说明外，文中数据不包括此项内容。为准确地了解我国聚氨酯泡沫行业现状，科学地开展CFCs替代活动，中国塑料加工工业协会和国家环保总局外经办于1999～2000年采取问卷调查和实地走访的方式，对31个省、直辖市、自治区的未获多边基金赠款资助的600余家PU泡沫生产企业进行了调查，取得了408家企业的有效数据。调查结果分析如下。

① 前提说明。企业规模分类标准见表1。

表1　不同规模企业分类标准

（吨ODP）

品种	大企业	中型企业	小企业
PU软泡①	＞150	25～150	＜25
PU硬泡①	＞30	10～30	＜10
自结皮①	＞30	10～30	＜10

① 分类标准取自UNEP/Ozl. Pro/ExCom/19/54。

发泡设备分类：以下符合赠款条件的简称“合格”。

a. 于1995年7月之前安装的设备符合申请赠款条件，后称第Ⅰ类。

b. 安装于1995年7月之后，但其仅作为1995年前安装设备的替代设备而没有增加新的生产能力。这类设备也符合申请赠款条件，后称第Ⅱ类。

c. 指1995年7月之后安装的设备，不符合申请条件，后称第Ⅲ类。

② 未获资助的软泡企业调查结果分析（见表2）。

③ 未获资助的PU硬泡企业调查分析（见表3）。

（2）替代技术的选择

① 聚氨酯软泡替代技术

a. 二氯甲烷（MC）是一种极具挥发性的氯代物，被美国国家环境保护署（USEPA）和国际癌症研究机构认为是可能的致癌物质。美国职业安全与健康部门设定其8h暴露均值为（TWA）25×10^{-6}（以前为该值500×10^{-6}）。在其他一些工业化国家也有类似的规定（最高值为50×10^{-6}）。基于安全原因，我们不支持使用MC作为生产PU软泡的发泡剂。考虑到经济原因和一些在执行项目采用了MC工艺，暂不考虑在现阶段发布MC使用禁令。在实施行业计划时，将对现有使用MC技术的企业提供有关健康与安全的技术援助，改善使用MC技术的安全设施。

表 2　未获资助的软泡企业消费量调查结果

项　目	企业数量	设备数量	合格设备		消费量/吨					合格率1999年/%	平均规模/吨	合格消费量/吨
			安装于1995年7月之前	替代设备	1995年	1996年	1997年	1998年	1999年			
所有企业	225	250			395	4 758	5 292	5 892	622	85.8	27.7	
中型企业-Ⅰ	62	75			1 822	2 463	2 741	3 844	4 312	90.7	69.6	
中型企业-Ⅱ	36	43			1220	1 600	1 922	1 457	1 336	74	37	
小企业	127	132		9 066	695	629	591	5 733	76.8	4.5		
合格企业	200	224	214	0	378	4 482	4 930	5 495	575	92.8	28.8	5 341
中型企业-Ⅰ	60	73	68	0	1 829	2 463	2 741	3 844	4 203	93.2	70	3 914
中型企业-Ⅱ	28	34	31	0	1 220	1 440	1 667	1 177	1 082	91.2	38.6	987
小企业	112	117	115	0	743	579	522	474	469	93.9	4.2	440
不合格企业(第Ⅲ类)	25	26	0		163	276	362	397	469		18.8	
中型企业-Ⅰ	2	2			—	—	—	—	114		56.8	
中型企业-Ⅱ	8	9			—	160	255	280	251		31.4	
小企业	15	15			163	116	107	117	104		6.9	
连续发泡	125	150	123		377	4 659	5 186	5 780	612	85.7	57.7	
中型企业-Ⅰ	62	75	68	1 820	2 463	2 741	3 844	4 310	97.4	69.6		
中型企业-Ⅱ	36	43	31	1 220	1 600	1 922	1 457	1 336	81.2	37		
小企业	27	32	24		7 246	596	523	479	4 713	79.4	17.4	
合格企业	109	133	123		360	4 384	4 826	5 389	565	92.7	51.9	5 246
中型企业-Ⅰ	60	73	68	0	1 829	2 463	2 741	3 844	4 208	93.2	70	3 914
中型企业-Ⅱ	28	34	31	0	1 220	1 440	1 667	1 177	1 082	91.2	38.6	987
小企业	21	26	24	0	5 636	481	418	368	3 742	92.3	17.8	345
不合格企业(第Ⅲ类)	16	17	0		161	275	359	391	462		28.9	
中型企业-Ⅰ	2	2			—	—	—	—	114		56.8	
中型企业-Ⅱ	8	9			—	160	255	280	251		31.4	
小企业	6	6			161	115	104	111	97		16.2	
箱式发泡	100	100	91		182	99	106	112	102		1	
中型企业-Ⅰ	0	0	0									
中型企业-Ⅱ	0	0	0									
小企业	100	100	91		182	99	106	112	102			
合格箱泡企业数	91	91	91	0	180	98	103	106	95		1	95
不合格箱泡企业数量(第Ⅲ类)	9	9			3	1	3	6	7		0.8	

表 3　未获资助的硬泡企业消费量调查结果

项目	企业数量	设备数量	合格设备数量		消费量					1999 年企业合格率/%	平均规模/吨	1999 年合格消费量
			1995 年 7 月前安装(第Ⅰ类)	更换后(第Ⅱ类)	1995 年	1996 年	1997 年	1998 年	1999 年			
所有企业	179	586			3 235	3 941	4 258	5 066	5 160	87.4	28.8	
大企业	59	227			1 689	2 341	2 719	3 266	3 420	90.3	58.0	
中型企业	84	290			1 253	1 318	1 288	1 575	1 561	84.1	18.6	
小企业	36	69			294	281	251	224	179	60.6	5.0	
合格企业	152	552	461	60	3 116	3 761	4 038	4 698	4 762	94.7	31.3	4 510
大企业	55	221	175	34	1 689	2 263	2 689	3 171	3 266	94.6	59.4	3 089
中型企业	72	272	237	23	1 162	1 261	1 142	1 363	1 374	95.6	19.1	1 313
小企业	25	59	49	3	265	236	208	164	123	88.1	4.9	108
不合格企业	27	34	0		120	180	220	367	398		14.7	
大企业	4	6			0	78	30	95	154		38.5	
中企业	12	18			90	57	147	212	187		15.6	
小企业	11	10			29	45	43	61	56		5.1	

b. 变压发泡技术（Variable Pressure Foaming）是模拟高海拔地区低密度软泡的生产，在低压下不需要用发泡剂来产生泡沫。这一技术的主要优点是：减少了气体排放；避免发泡剂的使用。主要缺点：设备费用高；操作难度大。由于大多数企业的 CFC 消费量很低，考虑到费用有效性，每套设备 10 万美元的更新费用对小企业是不可行的。因此，鼓励小箱泡生产企业关闭或按地域分布进行合并方式进行更新改造。

c. 加速熟化/快速熟化技术是在生产低密度水发泡泡沫产品时，为避免水与 TDI 反应释放的热量引燃泡沫，通过强制冷却手段使发泡产品快速冷却。该技术的主要优点：不使用辅助发泡剂；减少了熟化和储藏时间。主要缺点是安全问题：需要精确的配料；需要备用的电器/机械设备。快速熟化流程适用于立式发泡，但是对于水平发泡来说，冷却气体用量太大，导致能耗大与操作费用高。

d. 液态 CO_2(LCD)技术是在原料混合前或混合时注入液态 CO_2。利用该法生产的泡沫手感好、有好的泡孔结构、操作费用不高而且对环境无害。缺点是初始投资费用相对较高，工艺技术复杂，需要较长时间和费用去掌握该技术，特别在生产低密度泡沫要控制过热现象。在国内用连续发泡机生产软泡的企业大多选择 LCD 技术作为主要替代技术。目前，尽管单个项目中有 20 多家中国企业选择了 LCD 替代技术，但在 LCD 块状泡沫生产设备中，使用国产化工产品的经验非常有限。各项目企业或是处于项目实施的早期阶段，设备尚未正常运行。

② 聚氨酯硬泡替代技术

目前中国广泛使用的硬泡淘汰技术有环戊烷法、水发泡技术与 HCFC-141b 法。

a. 戊烷　技术已经商业化而且在欧洲被广泛使用。它属于零 ODP、零 GWP 物质，但易燃，在使用前应仔细考虑使用易燃发泡剂的安全操作问题。中国有 7 家企业在实施单个项目时选择了该种方法，他们的经验将为行业计划的实施提供有益的帮助。

b. 水发泡技术　也是一种零 ODP 技术并且在中国已经商业化，其主要用来生产对隔热性能要求低的泡沫。此法的不足之处在于其要求改造发泡机和改变原料配方。

c. HCFC-141b　技术不需要在设备和配料方面做大的改动。中国市场上可以买到 HCFC-141b 混合原料，对于 CFC 消费量不大的小企业，使用 HCFC-141b 技术将大大降低淘汰费用。然而必须指出的是 HCFC-141b 技术为一种过渡技术（ODP 不为零），其最终仍将被淘汰，而且一旦选择了这项技术，多边基金不会对其二次淘汰提供资助。

d. HFC 245fa 技术　零 ODP 值替代技术，价格较高，对设备改造要求低，目前 HFC 245fa 在中国还没有商业化生产。但其泡沫有优良绝热性能，被欧美等国广泛认同并使用。

(3) 年度淘汰计划

表 4　中国聚氨酯泡沫行业 CFC-11 消费量控制目标(吨 ODP)及相对应的淘汰费用　万美元

年份	2002 年	2003 年	2004 年	2005 年	2006 年	2007 年	2008 年	2009 年	2010 年
全国消费量目标	17 200	15 500	13 100	10 400	7 700	4 130	3 800	300	0
聚氨酯行业消费目标	14 143	13 830	11 666	9 646	7 164	3 821	3 553	102	0
聚氨酯行业年度淘汰目标		2 000	2 500	2 500	2 500	600	551		10 651
年度计划资金	9 940	12 570	10 903	10 903	3 320	2 676	1 767	1 767	53 846

根据我国政府和多边基金执委会签订的淘汰协议，具体淘汰目标及费用预算如下表（见表 4）。

（4）配套政策

实现 CFC 发泡剂的淘汰，不仅需要多边基金的资助，成熟替代技术的推广以及对员工进行培训，还需要加强相关政策、法规的建设和实施，通过适当的政策调节、经济刺激或强制手段，引导 CFC 消费企业的行为，使大多数消费者尽早参加到淘汰行动中来。聚氨酯泡沫行业 ODS 整体淘汰计划描述了与泡沫行业相关的已经颁布或将要颁布的政策。

①《禁止新建生产、使用消耗臭氧层物质生产设施的通知》。原国家环保局、国家计委、国家经贸委、国家工商局联合发布了关于《禁止新建生产、使用消耗臭氧层物质生产设施的通知》，通知要求：(a) 所有地区停止新建、扩建和改建新的 ODS 生产设备和使用 ODS 作为原料的设备；(b) 环保局不再审批这些项目的环境影响评价报告；(c) 各级政府计划和经贸管理部门都不再审批相关设施的新建或投入使用。

② 生产配额制度。在 CFC 生产行业实施可交易生产配额制度。环保总局每年将对企业发布 CFC-11 生产配额；依据 CFC 生产淘汰计划生产配额将逐年减少。它将减少 CFC 消费淘汰政策执行的不确定性。CFC 供应的有效控制将鼓励替代品和替代技术的使用。

③ 进出口许可制度。中国政府已经颁发了关于加强对消耗臭氧层物质进出口管理的规定等一系列 ODS 进出口控制政策并于 2000 年 4 月开始实施。CFC-11 的进口将被配额制度控制，所有厂商都必须申请配额和获得批准后才可进口 CFC。国家进出口配额每年都予以更新，结合生产配额，对 ODS 进出口的管理有效控制了国家对 CFCs 的供应并促进替代产品的开发与生产。

④ 新技术标准和生产规范。在行业计划批准后，将制定和颁布关于泡沫产品新的技术标准的产品规范，该规范是保证产品质量的基础。与替代技术的实施相适应的新标准和规范将禁止 CFC 为发泡剂的产品进入市场，促进替代品的应用。

⑤ 关于使用可燃性物质作为发泡剂的安全标准。由于一些替代品具有可燃性，必须建立相应的安全生产标准以防止火灾事故的发生，保障工人的安全。

⑥ 选择对环境无害的替代技术。中国在软泡子行业推进 LCD 技术淘汰 ODS，因为 LCD 技术是目前为止对环境危害最小、安全而且费用有效性较好的替代技术。由于对人体健康的影响，政府不鼓励使用二氯甲烷技术，但支持可行的其他替代技术（如变压发泡 VPF）的使用。

⑦ 地域性政策。在国家最终禁令实施前，地方政府可根据自身实际状况，发布地区性禁令淘汰 CFC-11 的使用。国家鼓励地区型整体淘汰项目并优先予以支持。其有利于促进企业兼并和重组，加速淘汰 CFC 活动的进行。

⑧ 泡沫行业最终禁止使用 CFC 的规定。国家环保局将于 2008 年 1 月发布在泡沫行业禁止 CFC 使用的规定，从 2010 年 1 月 1 日起禁止 CFC 在泡沫行业的使用。

3. 聚氨酯泡沫行业整体淘汰 ODS 计划的实施

中国聚氨酯泡沫行业特点是企业数量多、规模小，设备装备水平落后，技术开发能力薄弱。聚氨酯行业的现状，给 ODS 淘汰工作带来较大难度：一方面，企业自身的管理和技术水平与多边基金对项目管理的要求存在差距，如原始资料的保管、财务运作的体制、对多边基金管理体系的理解等均造成管理难度加大；另一方面，在目前竞争激烈的市场环境下，企业本身是否能够持续的发展，也给赠款资金有效的发挥作用带来风险。

按照《中国泡沫行业 CFC-11 整体淘汰计划》，中国聚氨酯行业将在 5 387.6 万美元的赠款援助下，进行 CFC-11 发泡剂的淘汰改造。由于我国聚氨酯企业规模小、数量多，如何在有限的赠款资金下完成淘汰任务，成为泡沫行业的工作重点。

针对行业特点，聚氨酯泡沫行业整体淘汰工作将加强以下几个方面的工作，以确保行业整体淘汰计划的顺利实施：①按照多边基金和世界银行的要求，制定规范的项目实施程序；②重点支持工业重组项目，促进行业整体水平提高；③支持替代品开发，优化原材料供应模式；④推动替代设备制造本土化进程，不断降低改造成本；⑤针对小型消费企业，建立票证管理体系。

(1) 淘汰项目实施程序

泡沫行业淘汰 ODS 特别工作组于 2001 年编制了《中国泡沫行业 CFC-11 整体淘汰计划项目实施手册》(详见附件),该手册内容包括:总体实施战略;各方地位和职责;年度计划的制定和审批程序及资金的支付;项目的实施;监督指标和措施;核查和主要政策落实。本节内容仅摘要介绍和企业关系密切的项目实施及核查两部分内容。

① 项目的实施

a. 项目的形式。项目主要分为两类,一类是工业重组项目,另外一类是伞形项目。在行业计划中,工业重组项目优先考虑进入年度计划。

工业重组主要是企业在自愿基础上的通过兼并、收购、股份制等形式将资产重新组合后形成新的公司。新的公司在保证实现 ODS 淘汰目标的同时,可以以更具市场竞争力的方式对生产进行重新部署,统一安排 CFC 替代改造工程。

在行业计划中实施的伞形项目,主要是将相邻地区内同种类型的企业组织起来,对其改造进行统一的设计和实施的项目管理办法。

b. 项目的资金使用范围。项目的资金预算由项目建议书(或可研报告)提出,经过专家组评估后确定资金使用范围和额度。项目的赠款资金应在阈值限制的资金范围之内,超出的部分应由企业提供配套资金。工业重组项目的资金除了可用于 CFC 设备的改造、培训、试车、化学品补偿费用外,还可用于合理的生产配套设备的购买,厂房、仓库、生产辅助设施的改造建设工程,以及关厂和工人再就业培训的费用。用于土建的赠款资金不应超过该项目总赠款资金的 1/3。非生产直接相关的费用如土地购置、办公楼的建设、购买小轿车等费用赠款不予支持。伞形项目的资金则主要应用在 CFC 设备的改造、培训、试车、化学品补偿方面。

c. 项目的申请和批准程序。国内执行机构对企业提交的项目申请书进行初步资格审查。初步资格审查通过的项目,国内执行机构组织专家组按照制定的项目考察办法进行工厂考察,确认企业资格、CFC 消费量,取得财务数据,对企业经营状况进行分析。并根据考察的情况完成企业考察报告。对于伞形项目中的单个企业,专家将为企业编写项目建议书。对于工业重组项目,由企业选择具有资质的咨询机构编写项目可研报告(代替项目建议书),专家可以对可研报告的编制提供帮助。最后提交的项目建议书和可研报告应得到企业的认可。

国内执行机构将完成的项目文件(项目建议书或可研报告)提交工作组,由工作组组织专家组对其进行评估。

评估通过的项目文件以及相应的评估报告将提交外经办审核。外经办批准后的项目列入当年或以后年度的年度计划。列入年度计划的项目,由外经办、国内执行机构和企业三方共同签署淘汰合同。

d. 项目的实施步骤。企业签署淘汰合同后,国内执行机构将编制项目的实施工作大纲。工作大纲需得到外经办的认可。

工业重组项目实施单位包括总包商、采购代理和受益企业。总包商负责项目的整体设计、施工、国产设备的采购、国产设备以及进口设备的安装和试车以及合同中规定的其他工作,对项目的成功实施负主要责任;采购代理负责项目中进口设备的采购;受益企业负责解雇工人的再就业培训以及 CFC 设备的销毁等工作。采购代理由外经办委托有能力的机构担任,总包商由外经办招标选择。

在项目完工后,国内执行机构应编写项目的完工报告并提交外经办和世界银行。特别工作组和外经办将组织进行项目的验收,企业和总包商应准备好验收所需的文件。验收后,环保总局外经办将进行项目的产权移交,移交后产权正式归属项目企业所有。在产权移交之前,项目项下支付的所有设备及工程的所有权暂时属于国家环保总局外经办。如果项目承担单位或企业有意违背有关合同条款使得项目不能完成,则国家环保总局有权对这些资产进行处理并按照程序追究有关单位的责任。

② 项目的核查。在泡沫行业计划中,对项目的核查包括三个层次:(a) 泡沫特别工作组、国内执行机构对项目的核查; (b) 世界银行对项目的核查; (c) 审计单位对项目的核查和审计。

泡沫特别工作组、国内执行机构将对每一个项目进行工厂询问核查数据以及项目进展。

执委会要求世界银行至少对 15%的合同进行核查,核查至少涵盖年度削减量的 15%。

审计机构将在每年结束后进行一次绩效审计。审查所有的淘汰合同和所有的支援合同,审计人员可以决定到现场核查合同。审计将按照中国和世界银行同意的审计大纲进行。审计包括:a. 所有年度计划中的活动;b. 所有年度计划中签署的合同;c. 签署的合同应与年度计划和项目进展报告一致;d. 验证 CFC 消费量;e. 对 CFC 消费量的审计将试运行和泡沫工作组达成一致的验证方法;f. 审计机构将根据需要进行检查。

为使核查和审计工作顺利进行,泡沫组和世行团就核查所需内容及应存档的文件达成一致的意见。与企业的削减合同规定企业应在项目案卷中保存拷贝文件，直至SEPA正式验收和项目的财务审计结束后一年。存档案卷应标明原始文件归档地点。

特别工作组将代表国家环保总局外经办和中国塑料加工工业协会对每一家申报项目的企业进行核查。在项目实施前，专家将核查企业的资格以及生产和消费的数据。在项目实施过程中，国内执行机构将按照实施方案核查项目的进展、原有设备的销毁、工人培训工作、设备和工程的质量。

对采购代理的核查主要是核查招标程序是否符合世行采购指南的要求。

对总包商的核查主要是绩效核查。泡沫工作组将根据和总包商的合同以及总包商提供的进展报告进行工厂访问，核实报告的内容。

对支援项目的承担单位的核查主要是按照工作大纲检查项目进度，对支援单位提供的报告进行核实和评价。

（2）优先支持工业重组项目

① 工业重组项目的背景。我国泡沫塑料行业有大量不规范的个体手工作坊式小型企业。市场供需严重失衡，过度激烈的恶性竞争导致企业资金周转不灵、效益不佳，也不可避免的造成部分企业以低劣质量产品冲击市场的不法竞争手段。给实行规范化管理、设备技术力量雄厚、产品质量好的企业带来进一步发展的难度。而随着我国国民经济的发展，人民生活水平的提高，市场越来越需要质量上乘、经久耐用的泡沫制品。行业的正确引导，市场的有序竞争，行业整体技术水平提高是保证我国泡沫塑料行业在越来越开放的市场中走向重质量、重管理、规范竞争、健康发展之路的重要因素。

② 成功的工业重组淘汰项目范例。我们在1998年支持国内最大的PE发泡网套生产企业——新疆梨花包装有限公司准备了我国第一个PE泡沫伞形项目，新疆梨花包装有限公司下属24家分公司，共有生产线43条。该项目资金总额448万美元，在执行过程中，我们提出了合厂并线的改造模式，在新疆梨花包装有限公司的配合下将其24家企业合并为5家进行替代改造。

该项目已经在2000年内改造完毕，我们聘请技术经济专家对该项目进行跟踪分析、同期对比得出：通过合厂并线，节省了项目公用工程的资金投入，更加有效地利用资金，提高淘汰质量和进程；有助于公司总体的资金运转，减少一倍多的资金占压；合厂并线前后职工人数减少1/3，提高了劳动生产率；降低了消耗定额，提高了资源利用率。通过改造，企业的设备技术水平、综合竞争实力得到加强。

为达到扶优淘劣，优化行业结构的目的，我们又支持新疆梨花包装有限公司收购、兼并了27家企业47条PE挤出泡沫生产线，再次申请到530万美元的赠款支持，在进一步合并到5个合并点的基础上，销毁了原有26条网套生产线，利用赠款向韩国购买了6条大型PE挤出发泡片材机组，不仅调整了该公司的产品结构，同时减少了网套行业过剩生产能力，而且增加了处于朝阳时期的片材的供应能力。

③ 工业重组成为淘汰项目的主要模式。为推广工业重组项目的经验，在1999年我们组织召开了两次会议，邀请了各地区有代表性的大企业共同研讨。梨花项目的改造成功，调动了各地企业的积极性，根据设备工艺不同、产品种类区别、分布地域差异，不断摸索出不同的工业重组模式。在聚氨酯泡沫行业ODS整体淘汰2002年、2003年度计划实施过程中，我们和世界银行合作，采取了更加规范有效地管理模式，成功组织了6个工业重组项目：成都锦江泡沫总厂组织当地8家企业建立股份制企业集团，新乡鑫源实业有限公司收购了河南地区8家软泡企业，浙江春晖集团收购兼并了浙江、江苏31家硬泡企业、兰州华宇创新科技有限公司对西北地区19家通过收购联营方式进行重组，绍兴维科聚氨酯有限公司收购了绍兴当地5家硬泡企业，南通馨源海绵公司收购了江苏12家软泡企业。这些项目已经和国家环保总局签订了淘汰合同，赠款金额2 000多万美元。

（3）支持替代品开发，优化原材料供应模式

① PU硬泡行业及其在CFCs替代改造过程中面临的问题

a. 由于市场竞争的过度激烈，为降低成本，我国PU硬泡企业多数自己进行组合料的混配。此种经营模式，使组合料的开发研制资金、技术力量过度分散，造成产品质量得不到更新、提高，技术开发水平难以提升。

b. 无CFCs硬泡原料体系的开发牵涉单体聚醚、催化剂、表面活性剂的开发研制和配方技术的发展。按中国现有的PU工业基础，很难在近期得到根本解决。作为单个硬泡生产企业，自行开发组合料技术困难更大。

c. 由于目前普遍采用的141B替代技术，产品成本高于CFC-11为发泡剂的泡沫成本，并且产品质量存在差距。

d. 欧洲、美国等发达国家已经在2003年开始停止使用141B等过渡性替代物，我国不仅面临未来二次淘汰问题，当前由此所形成的绿色壁垒也会给产品出口带来影响。

② 根据目前行业现状，我们拟点了工作重点

a. 合理使用IOC（替代品与CFC制品价差补偿）

资金，运用补贴机制，促进替代品的发展。在聚氨酯泡沫行业 ODS 整体淘汰计划批准前，已经开展了部分尝试工作。1999 年多边基金批准了由山东周边 31 家企业组成的 PU 硬泡伞形项目，该项目设备改造资金 174 万美元，差价补偿 378 万美元。经专家多方论证研究，决定用部分差价补偿费在具有较强 MDI 生产能力和组合料开发能力的山东烟台万华合成革集团有限公司建立组合料配料中心，以提供无 CFCs 组合料的方式向下游企业进行补偿，保证了替代效果。发挥大企业技术优势，建立起先进的现代化配料系统，提高开发研制手段和技术水平。该方式在另外一个河北地区 26 家 PU 硬泡企业组成的伞形项目进行了推广，组建了廊坊组合料配料中心。

在聚氨酯泡沫行业 ODS 整体淘汰计划实施中，已经请北京大学环境中心专门对 IOC 资金的管理方式进行研究。总体设想是：IOC 资金的发放坚持“买料补偿，不买料不补偿”的原则，使 IOC 资金真正地落实到用于替代原料的采购，促进替代原料的市场份额；除考虑在西部地区支持建设一个配料中心外，整体淘汰计划原则不再支持新的配料中心的建设。将在现有基础上，根据地域分布，选择部分技术力量先进，加工手段完备的配料单位，作为无 CFC 组合料采购基地，运用招标或向小的项目企业发放配额票证方式，在项目企业购买原材料同时发放 IOC 补贴资金。IOC 资金预计金额约 1 000 万美元，通过相对集中采购的方式，不仅能有效的监督资金的使用，而且通过市场手段重点支持优秀企业，促进替代品开发研究，提高产品质量；有利于重新调整整合组合料供应企业小而全，小而弱的经营局面，使硬泡行业趋于专业化分工明确，技术先进，注重产品质量的发展态势。

b. 利用节余资金，支持替代品特别是零 ODP 值替代技术的开发应用。我国聚氨酯泡沫行业和发达国家存在较大差距，发达国家对零 ODP 值技术的提前应用，会不断拉大替代技术的开发应用的距离。虽然按照《蒙特利尔议定书》要求，目前过渡性替代物质可以使用到 2030 年，但我们不仅要承担最终替代的二次投入，而且会承担在此前的环境压力如影响企业的声誉、出口遭到限制、甚至达不到国内工程对环境保护的越来越高的要求等。因此我们鼓励并主张企业采用零 ODP 值替代技术，但更加重要的前提是提高国内零 ODP 值替代技术的科研水平和原材料供应能力。根据对目前改造成本的核算，行业整体淘汰计划将有 1 000 万美元节余资金，我们将会用其中部分资金支持以零 ODP 值技术应用的开发研究，并寻求其他行业节余资金建立零 ODP 替代发泡剂的生产基地。

(4) 推动替代设备制造本土化进程，不断降低改造成本。

① 长期依赖进口替代设备带来的问题。替代改造的主要部分为发泡设备的更新改造。在以往单个项目、伞形项目执行中，通过国际竞争性招标方式采购了大量相对昂贵的欧洲、美国发泡设备。通过赠款资金，确实为国内泡沫企业提供了设备更新换代机会，提高了设备档次。但同时存在如下问题。

a. 中国泡沫企业数量多，特别是小企业多。如果不能开发低成本替代技术，提供质优价廉的设备，就意味着将有很多泡沫企业无法享受利用赠款资金的机会。

b. 随着已采购设备的老化，设备的再次更新时，由于企业资金的不足而无力购买类似当前先进设备，给企业的生产经营造成困难。

c. 替代技术的成功应用和替代设备的质量存在直接的关系，由于目前对替代制品的开发是建立在现有先进设备基础上，再次更新时，由于设备档次的下降，影响到替代技术的持续发展。

d. 市场、产品标准对产品质量的要求会随着当前更新设备的加工质量不断提高，如果产生大范围降低质量的现象，会不可避免的造成混乱现象。

② 替代设备制造本土化迫在眉睫。20 多年来，我国聚氨酯泡沫塑料机械行业经历了从无到有和技术、规模不断进步的过程，但替代设备基本倚赖进口。制品行业的恶性竞争，扩大了低质甚至劣质泡沫产品的市场，从而降低了对设备质量的要求，影响到国内设备制造企业的技术进步。但目前替代过程中所产生的市场需求，无疑对设备制造企业提供了发展机遇。从长远发展角度，国内泡沫制品企业短期无法自主形成和欧美相当的较强购买力，因此必须立足国内设备制造企业依靠国内竞争优势开发适合国内水平的替代设备。并主要从以下两方面着手加以推动。

a. 在行业整体淘汰计划实施过程中，组织专家考察国内相关设备制造厂家，使国内企业参加设备采购招标活动。并同时可以促使国内企业联合，发挥各自优势，分工合作，提高国内设备的加工质量。

b. 促进国内设备制造企业和国外先进企业开展多种形式合作，欢迎国外企业在中国投资建厂，利用中国成本优势开发适应中国市场的加工设备。国外设备制造商应该看到中国巨大的市场潜力，特别是由于目前利用赠款进行的替代改造所带来的目前的采购机会，及由于企业和市场对高质量设备的依赖程度的提高，操作工人的习惯、工艺的适应、市场对制品质量的要求都决定了在未来设备更新中对设备质量提出更高要求。解决购买力和设备需求的矛盾必然是在中国生产试销对路、质优价廉的中等档次的设备。

(5) 针对小型消费企业，建立票证管理体系。

配合制定有效研究建立票证管理体系，实施对小企业的淘汰。

① 行业整体淘汰计划管理中存在的风险

a. 在我国政府和多边基金执委会签订的淘汰协议中，规定了泡沫行业以后每年度的消费量，如果当年超出规定消费量则面临被罚款的结果。我国已经在CFC生产企业实行了销售配额制度，CFC-11目前由少部分被烟草行业、工商制冷行业使用，这两个行业加速淘汰同时会意味着泡沫行业超额消费。因此，建立CFC消费配额管理制度能固化泡沫行业消费量，抵御可能的风险。

b. CFC发泡工艺的技术和成本优势会使已经进行了替代改造的企业和1997年禁令颁布以后新建的企业非法采购使用。导致原本符合赠款申请资格的企业无力采购CFC，意味着这些企业将来也无法申请到赠款支持。

c. 国内的小企业数量众多增加了改造管理的难度，复杂的管理程序也会使消费量小的企业望而却步，不能积极地加入到替代活动当中。因此，必须寻求简单有效的管理模式。

② 建立票证管理体系的初步设想。鉴于行业目前形势，结合其他行业管理经验，我们提出在泡沫行业建立票证管理体系的思路，并在近期开展相关研究活动。该体系初步设想如下（供商榷）。

a. 该体系由消费配额管理和淘汰票证管理两部分组成：首先根据泡沫行业规定的年度消费量确认年度消费配额。各拟申请项目企业经审查符合赠款资助条件后，有权根据前一年产量和消费数据向管理部门申请相应配额，作为采购CFC物质的依据。在申领单位消费满一年后，并根据核实确认的CFC消费量，企业有资格申请淘汰票证。淘汰票证中包含：根据申请企业上一年的消费量、申请当年的淘汰阈值所计算出的企业可获得的最高赠款数额；替代改造内容；及根据多边基金要求的相关文件。

b. 选择各地区票证管理机构，由其负责本地企业消费数据的审核，配额的确认，并提供技术支持帮助企业完成改造活动，组织验收和设备销毁。

（国家环保总局外经办泡沫行业
淘汰ODS特别工作组、
中国塑料加工工业协会　傅永彬）

降解塑料评价体系

降解塑料的开发跟评价方法之间有着密切的关系，一个统一完整的评价体系将极大地推动降解塑料开发工作的进展。近几年，降解塑料的开发取得了一些突破性的进展，与此同时，对降解塑料的评价方法也在不断取得进展。

在降解塑料的定义中未包括降解时间这一因素，任何材料最终总是会以某种方式分解，只不过有的分解时间很短，而有的分解时间很长，或许是几个月，或许是几百年，甚至是上千年，那么究竟什么样的材料是降解塑料呢？这就需要一定降解试验来评价。而不同条件的试验方法由于赋予条件不一样其得到的结果也会不一样。另外，不同类型的降解塑料在相同条件下的进行试验时结果也会不同。

下面我们来阐述以下不同的降解试验方法以及评价方法。

一、试验方法

降解试验方法根据试验地点的不同可分为野外试验和实验室试验。野外试验方法是根据材料的用途和最终废弃途径来制定的试验方法，目前进行比较多的是野外光曝晒试验、野外土壤填埋以及水体系浸渍试验。实验室里采用较多的试验有人工加速光老化试验、特定微生物侵蚀法、实验室水平垃圾填埋、受控堆肥化条件下降解试验、活性污泥降解试验、水体系降解试验、高固态介质下的降解试验等。

1. 野外试验

(1) 野外光曝晒试验

光解性塑料制品被丢弃后，会受到日光、氧、热和水等环境因素的作用，为了测定材料这种特性，需要制定一定的试验方法标准。由于在不同地方和不同季节的条件、辐射量差异较大，相同时间下聚合物达到的降解程度也会不一样，所以标准采用日光总辐射量等来表示试验暴露周期。另外，在不同地点、不同年份和不同季节，日光总辐射量、温度、湿度等因素不相同，所以由试验结果不能预测降解塑料的绝对降解率，只可用于比较材料在同时同地进行暴露试验的相对降解率。美国ASTM协会有关此方法的标准为ASTM D 5272—1992《光解性塑料户外暴露试验标准实施方法》，我国的标准为GB/T 17603—1998《光解性塑料户外暴露试验方法》。

试验时将样品固定在与水平面成一定角度的曝晒架上，一定是试验周期或预定的辐射量暴露后将样品进行性能测定，如物理性能、分子量、质量、表面性状变化等。

（2）野外填埋试验

① 原理

野外试验是将试样如薄膜或其他材料埋于土壤或浸渍于海水或河水等水体系中，由于在野外填埋的过程中由于热、氧、水、微生物等因素发生降解，经过一定时间后用一定的评价方法如质量损失、物理性能变化、分子量变化等来评价其降解性能。

② 填埋条件的确定

进行试验前，需要明确在何地试验、试验采用何种土壤，因为随田、地、山等场所不同，土壤的组成和微生物的菌相和数量也不同，同样的场所其各种条件也随季节变化而变化，另外，即使土壤的组成相同，从地表面到深层菌相也不相同。因此在试验时应明确处理条件，掌握对生物降解性有直接影响的微生物的种类和数量。

③ 填埋打孔设备（见图 1）

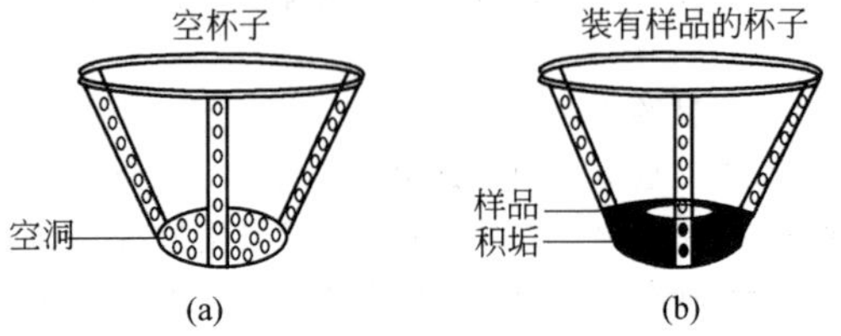

图 1　室外土埋实验用打孔杯筒图

（a）空的；（b）表示已放入试样

④ 举例

日本生物降解塑料研究会（BPS）从 1990 年起用细菌纤维素（BC）、PHBV、PCL、PVA、PM 及 HDPE 的样品分别在日本和美国的 19 个地方用土埋、3 个地方用水浸渍进行了大规模的野外试验。从 1995 年 9 月至 1996 年 10 月，BPS 将 5 个样品即 Biopol、polycaprolactone（PCL）、polylactide（PLA）、polybuthylenesuccinate（PBS）、polybuthylenesuccinate/adipate（PBSA）在日本 17 个不同地方及在美国进行了试验，试验结果用质量损失、物理性能变化、分子量变化等来评价其降解性能。在有关 Greenpla 生物降解能力的大量试验基础上制定了一个日本工业方法标准 JIS K 6590，国际标准组织于 1999 年在这个标准基础上制定了 ISO 14851。

⑤ 优缺点

野外填埋试验可作为材料在自然条件下生物降解性的直接评价方法，但其缺点是需要耗费较长的时间，而且试验结果随材料的结构、试验场所、试验时间（季节）、气候以及植物生长对材料的损伤程度等因素有较大的变化，试验结果重复性差。

2. 实验室试验

（1）实验室光源人工加速老化试验

由于降解塑料在野外暴露试验时达到规定的降解程度的试验周期有时太长，很难快速地进行生产工艺控制、配方的调整、质量控制等。实验室光源人工加速老化试验就是通过模拟自然阳光长期暴露作用的加速试验，以较快速地获得材料耐候性或降解性能的结果。有关此试验国际标准化组织 ISO 已颁布相关标准，即 ISO 4892.1：1994《塑料——实验室光源暴露试验方法——第 1 部分：通则》。我国的国家标准为 GB/T 16422.1—1996《塑料——实验室光源暴露试验方法 第 1 部分：通则》。经验表明，实验室光源与特定地点的野外暴露试验结果之间的相关性只适用于特定种类和配方的材料及特定的性能。对于不同种类的塑料，用同一实验室光源其相关性可能不同。

大多数塑料在由辐射量引起的老化反应中，对于光谱吸收是有选择性的。为了使暴露装置的光源产生的反应与在自然暴露试验中尽量接近，应使人工光源尽量准确地模拟阳光的光谱能量分布。

① 实验室氙弧灯光源暴露试验方法

在 ISO 4892.2：1994《塑料——实验室光源暴露试验方法——第 2 部分：氙弧灯光源》和我国的国家标准 GB/T 16422.2—1999《塑料——实验室光源暴露试验方法——第 2 部分：氙弧灯光源》中规定了塑料在实验室氙弧灯光源的暴露试验方法。

试验时采用合适的滤光器对氙弧灯发出的光谱进行滤光，使其产生的辐射类似于地面日光的紫外和可见区的光谱能量分布。将试样暴露于规定条件如一定温度、湿度、喷水周期下进行曝晒试验，一定试验周期或辐射能量后进行性能测定，如物理性能、分子量、质量、表面性状变化等。

② 实验室紫外灯光源暴露试验方法

在 ISO 4892.3：1994《塑料——实验室光源暴露试验方法——第 3 部分：荧光紫外灯》和我国的国家标准 GB/T 16422.3—1997《塑料——实验室光源暴露试验方法——第 3 部分：荧光紫外灯》中规定了塑料在实验室紫外灯光源的暴露试验方法。

试验时采用合适的滤光器对荧光紫外灯发出的光谱进行滤光，使其产生的辐射类似于地面日光的紫外和可见区的光谱能量分布。将试样暴露于规定条件如一定温度、湿度、喷水周期下进行曝晒试验，一定试验周期或辐射能量后进行性能测定，如物理性能、分子量、质量、表面性状变化等。

（2）实验室生物降解试验方法

① 特定微生物侵蚀法

微生物侵蚀有时也被称作为微生物对塑料降解行为，原理是将试样置于无有效碳的固体琼脂培养基中，

表 1　部分各个标准中采用的菌

菌种\标准	国际标准化组织标准（ISO 846—1997）	美国材料协会（ASTM G 21、ASTM G22）	国内标准（QB/T 2461—1999）
真菌	Aspergillus niger van Tieghem (ATCC 6275) Penicillium funiculosum Thom (CMI 114933) Paecilomyces variotii Bainier (ATCC 18502) Gliocladium virens Miller et al (ATCC 9645) Chaetomium globosum Kunze: Fries (ATCC 6205)	Aspergillus niger van Tieghem (ATCC 9642) 嗜松青霉(ATCC 11797) Gliocladium virens Miller et al (ATC 9645) Chaetomium globosum Kunze: Fries(ATCC 6205) 出芽短梗霉(ATCC 15233)	黑曲霉(AS3. 3928) 绳状青霉(AS3. 3875) 木霉(AS3. 4004) 球毛壳(AS3. 4254) 拟青霉(AS3. 2762) 出芽短梗霉(AS3. 3984) 土曲霉(AS3. 3935)
细菌	Aspergillus terreus Thom (QM 82 J) Aureobasidium pullulans(de Bary) Arnaud(ATCC 9348) Penicillium ochrochloron Biourge (ATCC 9112) Scopulariopsis brevicaulis (Saccdr-do) Bainier(CMI 49528)	绿脓杆菌(ATCC 13388)	绿脓杆菌(AS1. 1129)

接种微生物，然后在一定温度下培养一定时间（一般为四周），通过观察试样表面微生物生长状况、质量损失等性能变化来定性地评价降解塑料潜在的生物降解性能。

接种微生物一般采用真菌和细菌，各个国家的标准采用各自不同的菌种，部分标准中采用菌种见表 1。

此方法的优点是可以测定任意厚度的塑料膜片的微生物的降解性能。对于半固体蜡状物试样可先沉积在玻璃纤维布上，然后与膜片同样的方法进行试验。用霉菌侵蚀法评价材料的可降解行为比较直接，操作简单。其缺点是只能在短期内（一般小于四周）对材料的降解行为进行评价，所以不能对材料的最终的生物降解能力作判断。

影响试验结果的因素包括材料本身的结构、微生物的种类、样品的尺寸、环境因素（如温度、湿度、pH 值、培养基的营养可利用性）等。

② 实验室土壤填埋法

在实验室内测定材料的土壤生物降解性方法，是在土壤中加入薄膜状、或颗粒状、或粉状等形状的材料，在一定的温度和湿度下进行培养，由于土壤中的热、水分、微生物等因素使材料发生降解，定期地用质量损失、物理性能变化或分子量变化等评价方法评价结果。实验室内土壤填埋按照填埋的条件不同，一般可分为罐法试验和热罐试验两种方法。

土壤填埋试验是与自然最接近的评价方法。在土壤中除微生物外，也可能有贡献于塑料分解的氧化还原反应，甚至是过氧化物的劣化分解反应等尚未发现的作用的可能性。

由于土壤填埋时，生物降解效果与土壤中的微生物组成有直接的关系，因此在试验的同时应进行土壤组成分析与微生物的鉴定，用它来评价性能时应对土壤尽量详细报告，另外对试验前后的菌的变化情况也应掌握。土壤填埋试验方法的主要不足之处是各个地方很难采用统一的试验土壤，从而使试验的重复性就较差。

另外，土壤试验的周期还需要缩短。但是土壤填埋试验正受到各方的重视。

③ 实验室堆肥试验方法

被送至堆肥设备的产品或包装材料应尽可能地生物分解，为了测定受控堆肥条件下材料最终生物分解和崩解能力的方法，一些标准化工作机构制定了一些试验方法。国际标准化组织制定了方法标准 ISO 14855《受控堆肥化条件下塑料最终需氧生物分解和崩解能力的测定》。全国塑料制品标准化中心生物分解材料工作小组已将其等同地采用为国家标准。

本测定方法在模拟强烈的需氧堆肥化的条件下，测定试验材料最终需氧生物降解能力和崩解程度。使用的接种物由稳定的、腐熟的堆肥组成，接种物从城市固体废料中有机部分的堆肥化过程获取。将试验材料与接种物混合，导入静态堆肥容器。在该容器中，混合物在最佳的温度、氧浓度和湿度下进行强烈的堆肥化。试验周期不超过6个月。

在试验材料的需氧生物降解过程中，二氧化碳、水、无机盐及新的微生物细胞组分都是最终生物降解的产物。在试验及空白容器中连续监测、定期测量产生的二氧化碳，从而确定累计产生的二氧化碳。试验材料实际产生的二氧化碳与该材料可以产生的二氧化碳的最大理论量之比就是生物降解百分率（见图2）。

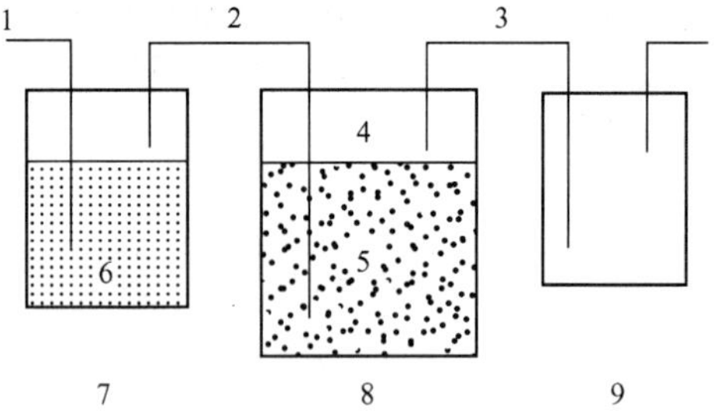

图2 试验系统布置

1—空气；2—无二氧化碳的空气；3—排放的空气；4—顶部空间；5—试验混合物；6—氢氧化钠溶液；7—二氧化碳吸收系统；8—堆肥容器；9—二氧化碳测量系统

根据实际测量的总有机碳含量（TOC）可以计算出产生的二氧化碳的最大理论量。生物降解百分率不包括转化为新细胞生物体的碳的量，因为它在试验期不代谢为二氧化碳。此外，在试验结束时确定试验材料的生物降解程度，同时也可以测量试验材料的质量的损失。图3所示为二氧化碳排放曲线，图4为生物降解曲线。

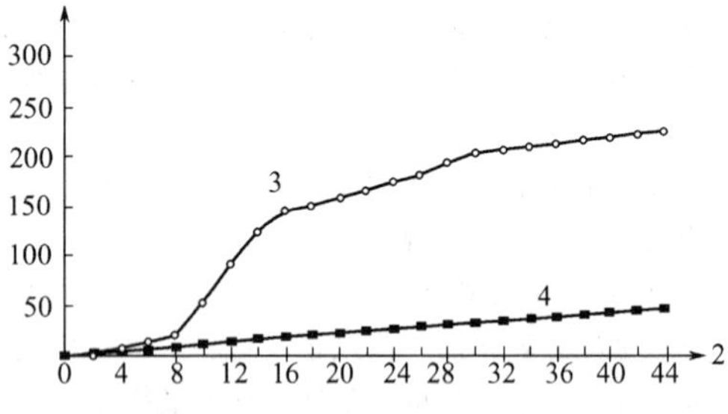

图3 二氧化碳排放曲线

1—二氧化碳产率（g/堆肥容器）；2—时间（天）；3—试验材料；4—空白

④ 活性污泥法

活性污泥法是采用培养好的标准污泥来培养生物降解材料，通过分析释放出的二氧化碳或消耗的氧气来测定材料的降解能力的试验方法。目前国际上运用此方法较多的是日本JIS标准JIS K 6590和6591标准，而ISO 14851和ISO 14852与其也有类似之处。JIS方法中也叫“修正MITI活性污泥法”，使用由日本国内10个地方采取的污泥培养的标准污泥作为试验接种物来测定微生物对材料的生物分解能力，分解的测定使用氧气消耗测定装置。修正活性污泥法定义：

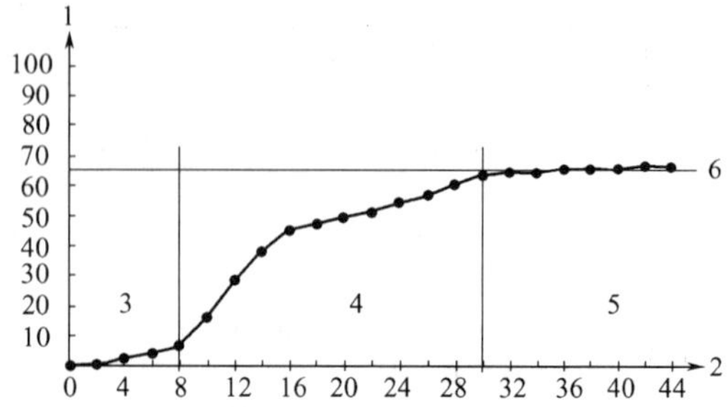

图4 生物降解曲线

1—生物降解程度(%)；2—时间(天)；3—迟滞期；4—生物降解期；5—平稳期；6—平均生物降解程度(65%)

$$分解度=\frac{BOD-B}{TOD}\times 100\ (\%)$$

$$分解度=\frac{S_b-S_a}{S_b}\times 100\ (\%)$$

式中 BOD——试样生物化学的需氧量，mg；

B——由BOD曲线得到只添加接种源的基础培养液的氧消耗量，mg；

TOD——试样完全被氧化时需要的理论需氧量，mg；

S_a——生物降解试验结束后试样残留量，mg；

S_b——试样在水中空白试验的试验残留量，mg。

活性污泥法，由于采用活性污泥是液相，对试样均一接触，所以得到结果重复性较高，与自然界的净化作用紧密相关的活性污泥这一点上，可以说反映自然界的生物降解。但是也存在一些问题如仅氧的消耗量，不能观察试样本身的形状变化；由于活性污泥及试样吸附作用导致误差；如试样中存在较多低分子部分或除聚合物外有添加成分时会发生早期分解现象；试样形状不同试验结果不同。

⑤ 水介质体系试验方法

a. 水性培养液中材料最终需氧生物分解能力的测定——采用测定密闭呼吸计中需氧量的方法。

国际标准化组织有关此方法的标准为ISO 14851：1999《水性培养液中材料最终需氧生物分解能力的测定——采用测定密闭呼吸计中需氧量的方法》，而全国塑料制品标准化中心生物分解材料工作小组已将其等同地采用为国家标准。本标准规定了在试验条件下将试验材料暴置于由活性污泥、堆肥或土壤配制成的水性培养液中，并通过测量密闭呼吸计内消耗的氧气量来测定材料包括含添加剂的塑料的需氧生物分解能力的方法。

方法的原理是在水性系统中利用好气微生物来测定材料的生物分解率。试验混合物包含一种无机培养基、有机碳浓度介于100～2 000 mg/L的试验材料（碳和能量的惟一来源），以及活性污泥或堆肥或活性土壤的悬浮液制成的培养液。此混合物在呼吸计内密封烧瓶中被搅拌培养一定时间，试验周期不能超过6个月。在烧瓶的上方用适当的吸收器吸收释放出的二氧化碳，测量生化需氧量（*BOD*），例如，通过测量在呼吸计内烧瓶中维持一个恒定体积气体所需氧的体积或自动地或人工地测量体积或压强的变化（或两者兼测），可使用呼吸计，同时也可使用如ISO 10708里描述的两相密封瓶。

生物分解的水平通过生化需氧量（*BOD*）和理论需氧量（ThOD）的比来求得，用百分率表示。在测定*BOD*过程中必须考虑可能发生的硝化作用的影响。由生物分解曲线的平稳阶段的测定值，确定试验材料最大生物分解率。

b. 水性培养液中材料最终需氧生物分解能力的测定——采用测定释放的二氧化碳的方法。

国际标准化组织有关此方法的标准为ISO 14852：1999《水性培养液中材料最终需氧生物分解能力的测定——采用测定释放的二氧化碳的方法》，而全国塑料制品标准化中心生物分解材料工作小组已将其等同地采用为国家标准。本标准规定了在试验条件下将试验材料暴置于由活性污泥、堆肥或土壤配制成的水性培养液中，并通过测量释放的二氧化碳量来测定试验材料包括含添加剂的塑料的需氧生物分解能力的方法。

方法的原理是在水性系统中利用好气微生物来测定试验材料的生物分解率。试验混合物包含一种无机培养基、有机碳浓度介于100～2 000 mg/L的试验材料（碳和能量的惟一来源），以及活性污泥或堆肥或活性土壤的悬浮液制成的培养液。混合物在试验烧瓶中搅拌并通以去除二氧化碳的空气，试验周期依赖于试验材料生物分解能力，但不能超过6个月。微生物分解材料时释放出的二氧化碳可用合适的方法来测定。

生物分解程度用释放的二氧化碳量和二氧化碳理论释放量（$ThCO_2$）的比来求得，以百分率表示。由生物分解曲线的平稳阶段求得试验材料的最大生物分解率。

⑥ 酶的生物降解试验

微生物将各种酶分泌于菌体外，由这种酶，将聚合物中的高分子部分从末端基或分子链切断，最终矿物化为易吸收于微生物体内的碳酸和酯。因此，关于分解的酶在评价试验前先掌握好，则只要使用该酶，使用少量试样即可进行重复性高且加速的有效的评价试验。

酶的种类如下。

天然高分子类：淀粉酶、纤维素酶、脂酶、PHB分解酶等；

合成高分子类：聚乙烯乙二醇酯分解酶、聚异戊二烯分解酶、聚乙烯醇分解酶、脂酶、脂。

试验条件一般的情况在水溶液中温度30℃左右，pH中性数小时到数日，反应如为必要的酶，最好加上振动等操作。但是，本法不能适用于合成的所有的聚合物，其适用范围只限于目前能获得的酶的种类，另外，酶试验不能反应自然界的情况是其缺点，但是，脂酶、酯酶等是土壤中10%的微生物都具有的酶，在自然界中是广泛存在的。为此，脂肪族聚酯即使在自然界中也能分解。

⑦ 微生物的加速降解试验

微生物的评价试验和酶试验相同，要使用预先知道特性的特定微生物。相反，什么也不知道的情况，试验不太有意义。表2是一些合成高分子的微生物的分解性。

表2 一些合成聚合物和齐聚物的微生物分解菌或酶

化合物	数均分子量	微生物(或酶)
C—C链组成的聚合物		
聚乙烯醇	20 000～90 000	各种细菌
聚苯乙烯齐聚物	400	产碱杆菌
聚丁二烯齐聚物	650	不动杆菌
聚丙烯腈三聚物	160	镰刀菌,细菌
聚乙烯	5 000	细菌

续表

化合物	数均分子量	微生物(或酶)
聚醚		
聚乙烯已二醇	400～20 000	各种细菌
聚丙烯已二醇	约 4 000	各种细菌
聚氨酯	1 000～8 000	各种细菌
聚酯		
聚 β-甲基 β-丙内酯	3 000	产碱杆菌,霉菌
聚 β-丙内酯	1 300,2 900	产碱杆菌
聚乙烯已二酸酯	850,3 000	霉菌,脂酶
聚丁烯已二酸酯	1 350	霉菌,脂酶
聚乙烯壬二酸酯	4 510	脂酶
聚已内酯	25 000	霉菌
聚酰胺		
尼龙-6 齐聚物	$n=1\sim6$	枯黄棒状杆菌 消色杆菌
聚-ε 氨基已酸-α-氨基丙酸	21 800	胰蛋白酶
聚-L-谷氨酸	4 000～100 000	短柄帚霉,蛋白酶
聚-L-赖氨酸	75 000～200 000	短柄帚霉,蛋白酶

试验条件如下。

a. 微生物的选择。首先必须确定是使用何种微生物。根据使用微生物种类，试验可分为一般和特殊两种试验。一般试验是采用自然界普遍存在的微生物的试验，试验时以所有试样为对象，几种微生物混合使用。特殊试验是使用相应的化学结构的微生物试验，试验时，根据试样的化学结构、键的情况和组成成分选择适合试样分解的微生物进行试验。

b. 试验环境。微生物的培育时使用含有微生物生育所需最低限度的营养成分、无机盐、维他命、氨基酸、酶萃取等的液体培养基或将琼脂添加于液体培养基而固化的固体培养基。试验温度一般选择 28～30℃，湿度 90%以上，培养时间一般 30 天左右。试验条件可按照情况选择，但在结果表示中必须注明试验条件。

试验的优缺点如下。

本试验的特长是能明确地预定完全分解。定量性(包括分解速度)有重复性。但是，难于反映自然环境的情况。试验中的低分子化合物也有作用，所以可能产生误差。

⑧ 实验室水平的垃圾处理装置的加速试验

实验室水平的垃圾处理装置是模拟野外垃圾处理场建立的实验室水平装置，用来进行塑料的加速生物降解试验。材料在崩坏的初级阶段，废弃物中不饱和酯物质通过扩散移向聚合物，因自氧化生成过氧化物，Griffin 等人据此制作了图 5 所示装置。装置有换气、放试样的出入口，可送风。将垃圾装入其中，装置慢慢回转，将其中的垃圾进行搅拌。垃圾的组成，以几乎同一比例加入水、橄榄油、土豆淀粉，代替家庭垃圾。

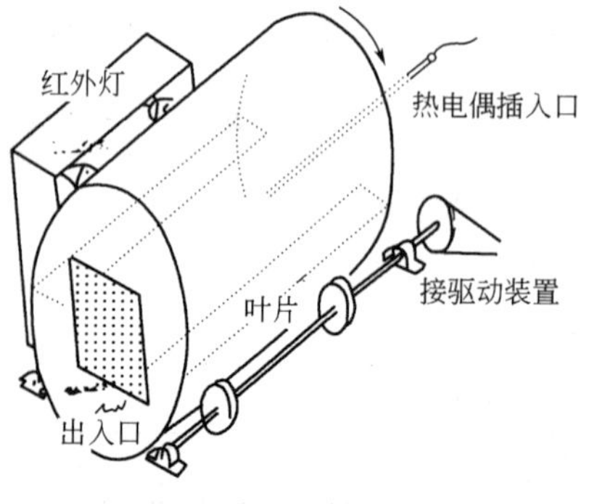

图 5　实验用垃圾处理装置示意图

⑨ 放射性^{14}C跟踪测定法测定

将^{14}C标记的塑料试样研磨成细粉，与新鲜园林土混合并装入筒内，使脱除 CO_2 经水饱和后的空气通过此筒后再通入盛有 2mol/L KOH 溶液的容器，吸收由微生物作用所产生的 $^{12}CO_2$ 和 $^{14}CO_2$。经 30 天后，用 1mol/L 得 HCl 溶液滴定至 pH8.35，由此计算所产生的 CO_2 总量。将部分 KOH 滴定液加入闪烁计数器内，检测每分钟产生的 ^{14}C 量。通过与标记试样的原始放射性相比较，可以确定试样被分解成 CO_2 的碳质量百分数。

此法不受试样或土壤中可生物降解杂质或添加剂类的干扰，故即使系统内存在其他（未标记）碳源，同样可证明微生物对塑料试样的降解作用。但是这方法由于聚合物分子链中添加 ^{14}C 元素有难度，因此应用起来有一定的难度。

⑩ 其他

如高固态介质下生物降解试验方法、实验室水平下堆肥试验等，目前均在发展过程中，ISO 也正在制定类似的标准。

二、结果分析评价方法

以上介绍了各种生物降解试验方法，但这不过是处理方法，实际经处理后的试样究竟发生了什么样的变化？到底降解到什么程度？如何来定量判断呢？另外，降解非常慢的塑料或者想要弄清机理的时候，就需要有精密分析评价方法。从这些评价方法分析结果才理解机理和弄清降解因素，从而调整配方，生产低成本的降解塑料。

1. 微生物生长级别

目测判断生物降解试验如 ISO、ASTM 等标准中霉菌侵蚀后试样上面的微生物生长程度。ISO 846 中是将样品置于无有效碳的固体琼脂培养基中，然后接种微生物，培养一定时间后，观察微生物在作为碳源的塑料试样上的生长情况。试验中微生物生长在 4 级以下时，如果塑料制品的生物降解性好，则微生物生长越旺盛，但如果微生物生长程度 4 级以上后，微生物基本上已覆盖试样，所以用人眼无法区别其生长程度试样的降解性能只能通过质量损失或分子量变化来判断。微生物生长速率分级见表 3。

表 3　微生物生长速率分级

级别	微生物生长情况	
0	肉眼未见微生物生长	
1	覆盖 10%以下	
2	覆盖 10%～30%	轻度生长
3	覆盖 30%～60%	中度生长
4	覆盖 60%～100%	重度生长

此方法能比较直观地观察试样微生物生长情况，但是缺点是不能定量地判断材料的生物降解程度。

2. 光学显微镜观察

通常用 50～200 倍的异相差显微镜。用显微镜可清晰地观察到微生物包括霉菌和细菌的存在，并具体地掌握。另外，低倍率状态下还能详细确认菌子的存在。这种观察方法适用于任何一种试验方法前后的样品。

3. 质量损失

质量损失率是评价样品生物降解性能的重要指标之一，它等于试样生物降解试验后平均质量损失除以原始试样的平均质量的百分率减去对比组（S、O）生物降解试验后平均质量损失除以原始平均质量的百分率。样品降解后质量损失越多，说明试样的生物降解性越好。

4. 物理性能变化

用来评价降解对样品力学性能变化，主要采用拉伸强度保留率和断裂伸长率保留率，计算式如下：拉伸强度保留率＝（降解后样品的拉伸强度/降解前样品的拉伸强度）×100%；断裂伸长保留率＝（降解后样品断裂伸长率/降解前样品的断裂伸长率）×100%，降解后样品的拉伸强度保留率和断裂伸长率保留率越低，说明样品经降解后性能劣化的程度越大，即降解性能越好。

5. 红外分析法

聚合物生物降解后结构上会产生变化，其结构上会出现含氧原子的羰基基团、酰基等基团。因此通过分析降解前后样品含氧基团等结构的变化程度可定性、定量地分析材料的生物降解程度。

6. DSC 法

将聚合物徐徐升温至某一温度时，开始伴有激烈发热现象的氧化反应。此氧化开始温度是能测定劣化进行过程中表现向低温侧偏移的敏锐氧化劣化程度的方法。

图 6 是添加 Ecostar 与未添加试样劣化程度的比较，图中表明添加的全部试样与未添加试样比较，劣化进行相当迅速。

7. 分子量变化

测定降解前后样品的重均分子量和数均分子量及分散系数变化是降解程度的直接评价指标。试验后样品分子量变得越小，说明样品降解程度越大。因此，分子量降得越多的样品其降解性能就越好。

8. 消耗氧气测定

在微生物降解过程中放出的 O_2 通过适宜的分析方法来进行测定，消耗的氧气多少反应了聚合物需氧分解的能力。这个方法在上面已详细描述。

9. 释放二氧化碳测定

在微生物降解过程中放出的 CO_2 通过适宜的分析方法来进行测定，这个方法已在堆肥试验中详细

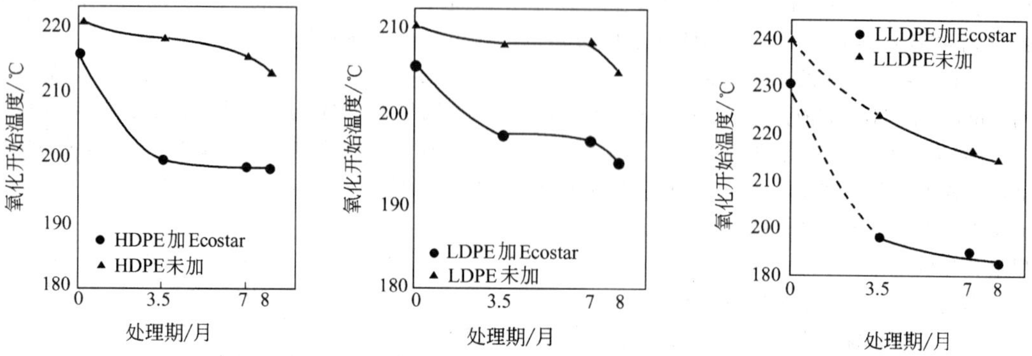

图 6　添加 Ecostar 与未添加试样劣化程度的比较

描述。

10. 电镜（SEM）

用电镜可分析降解前后材料表面结构变化，因为材料降解后由于分子链断裂及被微生物分解利用，其结构会出现变化如空洞等现象。因此用电镜分析方法可比较直观地观察材料结构变化的情况。

11. 其他

其他的分析方法如 X-射线衍射、电子能谱（ESCA）、电子探针微量分析（EPMA）、GC-MS 等方法对于探索降解机理均是不可缺少的手段。

三、各种降解塑料适合的试验方法

降解塑料按照降解机理不同可分成以下几类，即光降解高分子、光-生物降解高分子、水降解高分子、热降解高分子、氧化降解高分子、生物降解高分子以及崩解型高分子等。目前国外市场上主要为生物降解高分子和崩解高分子，而国内市场上主要为光降解高分子、崩解高分子、光-生物降解高分子及生物降解高分子。

对于试验方法和评价方法分别用相应的符号来表示，具体见表 4。表 5 为降解塑料试验方法和评价方法。

表 4　试验方法和评价方法相应符号

试验方法	表示代号	评价方法	表示代号
野外光暴晒试验	M1	微生物生长级别	E1
野外填埋试验	M2	光学显微镜观察	E2
实验室氙弧灯光源暴露试验方法	M3	质量损失	E3
实验室紫外灯光源暴露试验方法	M4	物理性能变化	E4
特定微生物侵蚀法	M5	红外分析法	E5
实验室土壤填埋法	M6	DSC 法	E6
实验室堆肥试验方法	M7	分子量变化	E7
活性污泥法	M8	消耗氧气测定	E8
水性培养液中材料最终需氧生物分解能力的测定——采用测定密闭呼吸计中需氧量的方法	M9	释放二氧化碳测定	E9
水性培养液中材料最终需氧生物分解能力的测定——采用测定释放的二氧化碳的方法	M10	电镜(SEM)	E10
酶的生物降解试验	M11	其他的分析方法如 X-射线衍射、电子能谱(ESCA)、电子探针微量分析(EPMA)、GC-MS 等方法	E11
微生物的加速降解试验	M12		
实验室水平的垃圾处理装置的加速试验	M13		
放射性^{14}C跟踪测定法测定	M14		
其他如高固态介质下生物降解试验方法、实验室水平下堆肥试验等	M15		

表 5　降解塑料试验方法和评价方法

降解塑料类型	适用试验方法	常用试验方法	适用评价方法	常用评价方法
光降解塑料	M1、M3、M4	M1、M3	E1、E3、E4、E5、E6、E7、E10、E11	E3、E4、E5、E7
光-生物降解高分子	M1、M2、M3、M4、M5、M6、M7、M14、M15	M1、M3、M5、M7	E1、E2、E3、E4、E5、E6、E7、E9、E10	E1、E3、E4、E5、E7
水降解高分子	M2、M5、M7、M8、M9、M10、M12	M5、M7、M8、M9	E1、E3、E4、E5、E7、E8、E9	E1、E8、E7、E9
热降解高分子	M2、M7、M13、M15	M7、M15	E1、E3、E4、E5、E7、E9、E10	E3、E4、E7、E9
氧化降解高分子	M2、M7、M13、M15	M15	E1、E3、E4、E5、E6、E7、E9、E10	E3、E4、E5、E7
生物降解高分子	M2、M5、M6、M7、M8、M9、M10、M11、M12、M13、M15	M2、M5、M6、M9、M10	E1、E2、E3、E4、E5、E7、E8、E9、E10	E1、E3、E4、E5、E7、E8、E9
崩解型高分子	M2、M5、M6、M7、M13、M14、M15	M2、M5、M7、M14、M15	E1、E3、E4、E5、E6、E7、E9、E10、E11	E1、E3、E4、E5、E7、E9

（全国塑料制品质量检测监督中心　翁云煊）

各地区塑料工业

北　京　市

【基本情况】

2001年，是中国经济腾飞的一年，中国成功加入了WTO和北京的申奥成功，为中国的发展打下了坚实的基础。这也为北京地区的塑料工业的发展带来了巨大的商机。从原料工业到塑料制品加工，较以往都呈现出繁荣的景象。

北京地区的塑料原料工业主要集中在北京市化学工业集团和燕山石化集团。截至2001年，燕化公司共拥有88套石油化工生产装置，71套配套辅助设施，主要产品可分为石油产品、有机合成材料、有机化工原料、化纤产品、机械产品、仪表产品、塑料制品和其他工业及民用产品，聚乙烯生产能力56万吨/年，占全国总能力的18%；聚丙烯生产能力44万吨/年，占全国总能力的13%；燕化公司对71万吨/年乙烯改造工程投产，并生产出合格产品。乙烯改造配套工程——新建20万吨/年第二套高压聚乙烯装置也生产出合格的LD605。改装置能生产18个牌号产品，产品覆盖了均聚物、中密度树脂和高透明膜料等多个品种。燕化公司全年生产乙烯39万吨，高压聚乙烯14.9万吨，低压聚乙烯12.4万吨，聚丙烯22.7万吨，SBS产品3.78万吨。

2001年北京市化学工业集团稳步进行，调整划转取得进展，改革改制迈出了新的步伐，全集团公司完成工业生产总值69.6亿元，实现销售收入79.1亿元，进出口总额完成4 130万美元。房地产实现营业收入5.5亿元，三产劳动服务系统完成营业收入9亿元。在化工集团进行改造的过程中，还投入300万元，安装了一条先进的连续挤出生产线，在加上原来的13条生产线，形成了年生产异型材1.5万～2万吨/年的生产能力。此外集团所属的化工研究院在顺义空港区的工程塑料及新材料生产基地被北京市列为重点验收计划。

塑料加工助剂方面，北京市化学工业研究院精细化工研究所的农用塑料助剂（流滴剂、减雾剂、光稳定剂、抗氧剂，以及相关母粒料）、包装材料用助剂（抗静电剂、爽滑剂）、化学建材用助剂（PVC用热稳定剂、PVC用润滑剂、涂料分散剂）、热塑性工程塑料用助剂。北京市加成助剂研究所的抗氧剂、光稳定剂、有机锡热稳定剂、阻聚剂，北京市助剂二厂的系列塑料加工助剂以及超高分子量聚乙烯、中石化集团北京化工研究院的聚烯烃催化剂等产品，在国内有着较好的技术水平和市场前景。

在塑料制品方面，规模以上企业176家，工业总产值275 294万元，从业人员19 219人，其中集体资本（1）为17 214万元、法人资本（2）为95 980万元、个人资本（3）为8 368万元、港澳台资本（4）为12 535万元、外商资本（5）为62 973万元（见下图）。企业共实现销售收入276 497万元，销售利润27 775万元。

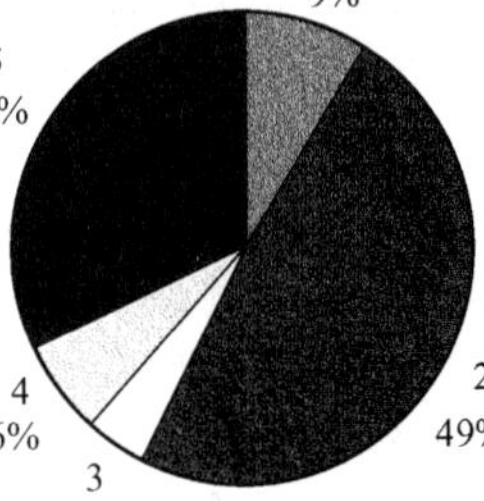

建筑用塑料是北京塑料产业最大的市场领域之一，前景十分广阔、需求非常巨大，是当前最火暴的市场热点。北京是我国的首都，全国政治和文化的中心，华北和环渤海经济区的经济中心，是建筑用塑料最有发展潜力的市场。

1. 塑料管道系统

在塑料管道系统的8个市场领域，北京地区的应用都在发展。

① 建筑内给水　包括建筑内供生活用冷热水和采暖用热水（包括散热器连接用管和地板采暖用管）目前在北京已经有很大市场。2002年调查2001年北京地区的市场销售额约在2亿左右。其中PP-R占第一位，其后是铝塑复合管、交联聚乙烯和冷水用聚乙烯管，还有少量聚丁烯管。北京地区的用户多数重视产品质量，所以市场的主体由几大较著名的品牌占有，如“伟星”的PP-R管道、“华源亚太”的交联聚乙烯道、乔治-菲歇尔的聚丁烯管道。

② 建筑内排水　建筑内排水领域已经广泛采用聚氯乙烯的管道系统，部分产品由本地生产（包括原来的本地企业和外地资本来京建的企业），部分产品从外地输入。

③ 建筑外给水　北京地区很早有采用大直径聚氯乙烯管道系统做埋地给水管道的成功经验，但是在市政给水管网主体工程中长期没有推广开。近年从郊区开始聚乙烯管道系统正在逐步进入市政给水管网。

④ 建筑外排水　由于土壤和气候条件，北京地区应用塑料埋地排水管是从采用聚乙烯双壁波纹管开始的（和上海地区主要应用聚氯乙烯环状肋管不同），近年塑料埋地排水管的应用正在逐步推广。北京的大用户排水集团和市政工程公司都对推广应用塑料埋地排水管有信心。根据北京地区的建设计划，塑料埋地

排水管的市场将非常可观。北京及周围地区原来只有两家生产塑料埋地排水用结构壁管的企业（石家庄“宝石克拉”和天津“塑机”），能力不大。最近上海“哈威”和江苏“法尔胜”已在北京分别新建双壁波纹管和缠绕熔接管的生产企业，同时天津有三家企业投资聚乙烯双壁波纹管，两家企业投资缠绕熔接管。此外还有一些企业在调查投资的可行性。我们预计北京就周围地区塑料埋地排水管的发展将很快达到数万吨的规模，同时竞争也将很激烈。

⑤ 燃气用管　为了保护环境，北京地区应用天然气代替燃煤的步伐很快，北京地区在新建输配管网中已经全部采用聚乙烯管道系统。北京燃气公司对于采用的聚乙烯管道系统要求严格，已经选定“亚大”“胜邦”等几家著名企业为其供应商（材料统一采用“北欧化工”的聚乙烯燃气管专用料）。

⑥ 线缆护套管　包括电力线缆（分高压和低压）和通讯线缆（包括电话线和光缆）的护套管是个巨大的市场。北京地区早已经开始在繁华市区和旅游风景区搞“三线入地”工程（即把架空线缆都改造为埋地铺设），最近又宣布要在2008年前实现四环路内全部线缆入地。目前在北京地区的线缆护套管市场有许多企业和品种（如PVC-U直壁管、波纹管、多孔管；CPVC实壁管、波纹管；HDPE实壁管、波纹管、硅芯管、多孔管等）在竞争，“亚通”“哈威”等国内在护套管方面领先的企业都已经或筹备在北京建厂。

⑦ 农业用管　农业灌溉用各种塑料器材中塑料管道系统是主导产品。北京发展农业灌溉用各种管道系统一直是比较领先的。如北京塑料器材厂和水利部灌排公司合资经营的“绿源公司”在推广“微灌”节水技术方面做了大量工作，产品先进而且系统配套。

⑧ 工业用管　北京地区（包括周边）在工业用管道系统方面也有发展，如建在廊坊的“华创天源”生产的金属增强聚乙烯管道在石油开采等工业领域有市场。

2. 建筑保温隔热用塑料

保温隔热材料是建筑用塑料中非常有发展潜力的市场。我们协会近年一直在建议国内同业注意这个市场的机遇。为了实现可持续发展，国家对于建筑节能日益重视。我国2000年建筑用能已经达到全社会能源消费量的27.8%（3.56亿吨标准煤）。因为建筑节能落后，目前我国建筑能耗高出同纬度发达国家的3倍左右，所以建筑节能是我国节约资源、保护环境、实现可持续发展的重大历史任务，也是实现我国对联合国气候框架公约承诺的必要举措。从近年我国陆续制定和发布的建筑节能法规和鼓励发展建筑节能产品的一系列政策中，可以预见建筑节能相关产品市场必将成为热点，建筑保温隔热用塑料必然会有大发展。

建筑保温隔热用塑料的主体是各种塑料泡沫材料。我们协会在北京城建科技促进会支持下，通过向建筑节能方面研究单位和专家请教，进行了这方面市场需求和发展情况的调查，并组织塑料企业和建筑企业开展了一些开发合作。

北京地区在建筑节能方面是领先全国的，北京政府有专门的机构（建筑节能办公室）领导、组织和监督建筑节能的各项工作。北京地区现在有多家生产保温隔热塑料制品的塑料加工企业（最大的企业是北京泡沫塑料集团公司）此外还有一些原建材企业现在也生产保温隔热塑料（往往和非塑料建材结合）。目前采用的保温隔热用塑料的品种已经不少。用量最大的几种如下。

① 聚苯乙烯泡沫塑料　聚苯乙烯泡沫塑料按生产工艺分为模塑法和挤出法，前者称EPS，后者称XPS。目前国内在建筑保温隔热领域大量使用的绝大部分是EPS，因为它制造的工艺简单，成本比较低，性能可以满足绝大部分使用领域的要求。应用于建筑保温隔热的EPS主要有两种形式，一种是做成不同厚度的EPS板，直接铺设或结合到建筑的墙体、屋面、地板上（在北京地区推广很成功的一种新工艺“聚苯板外墙外保温”就是把EPS板结合到建筑物的外墙上）；另一种形式是把EPS板和其他板材复合（最常见的是EPS板和彩色钢板复合的夹芯板，在北京地区大量使用于厂房、展览厅等钢结构建筑）。近年的新动向是XPS板的应用在逐步扩大，原因在XPS在性能上有其优点，在某些使用领域必须采用XPS板。过去因为国内不能生产，进口XPS板价格太高，仅仅使用在少数高档建筑中。近年国内生产的XPS板逐步上市，价格明显下降，预计使用量会较快增长。

② 聚氨酯泡沫塑料　聚氨酯泡沫塑料性能优良但价格较高，在国内建筑保温隔热领域的推广不及聚苯乙烯泡沫塑料。随着我国经济的发展和建筑层次的提高，聚氨酯泡沫塑料的应用也必然进一步推广，尤其是耐温阻燃的聚异氰脲酸酯泡沫塑料（简称PIR）。

③ 聚乙烯泡沫塑料　聚乙烯泡沫塑料采用挤出法生产，有交联和非交联两大类。目前在北京地区建筑领域应用量还不大（应用在地板衬底、组合墙板结合部密封等）。

3. 建筑用塑料型材

建筑用型材有门窗型材和非门窗型材两大类。门窗型材和塑钢门窗近年来已经在国内广泛应用，在北京地区也已经有很大的市场。在北京市场上除了北京本地生产的（如“北新”等）外还有大量外地输入的产品（如大连“实德”，安徽“海螺”，河北“德玛斯”）。国内非门窗型材的发展则相对比较落后（在欧美等发达国家非门窗型材用量很大)，最近北京建筑界的开发部门在探索开发应用非门窗型材（例如采用聚氯乙烯外墙挂板做外墙外保温的围护)，从试用情况看有可能开拓出规模不小的非门窗型材的市场。加拿大“皇家建筑”经有在北京投资建设非门窗型材企业的计划。

4. 土工合成材料

土工合成材料的应用被建筑工程界认为是推动岩土工程的一场革命。近年来我国工程界对于土工合成材料的应用做了大量工作，已经积累了相当丰富的实践经验。从最近发布的（包括书刊和互联网）大量有关资料可以看到我国土工合成材料的市场已经进入快速成长期。北京地区在应用土工合成材料方面是领先的，例如北京的几大垃圾掩埋场都采用土工膜做防渗层，北京的道路建设也大量使用土工隔栅做增强层。由于北京每年有大量岩土工程（道路工程、环境工程、水利工程等）各种土工合成材料有很大的需求量。目前北京本地土工膜的生产已有不小能力（原有两个定点企业：北京市塑料制品厂、北京华盾塑料有限公司。目前这两个企业已经合并，准备大力发展土工合成材料)，但是其他品种如土工隔栅、土工布等目前都从外地进来。

建筑用塑料还有不少品种（如防水材料、采光材料等)，在北京地区也都有市场在发展（如“拜耳”公司在北京生产的“PC 阳光板”)。

【发展趋势】

北京塑料加工工业的产品种类比较齐全，在各个领域都有广泛应用。近几年的发展趋势如下。

1. 建筑用塑料面临历史机遇

北京地区对于生态的保护，环境的质量历来是最重视的。不仅“西气东输”、“南水北调”、“沙尘暴治理”等全国性的特大工程中都有为北京地区改善生态环境的项目，北京地区防治大气污染、水污染、绿化和数字化等各方面的工程都在实施十分宏伟的计划。所有这一切都为建筑用塑料开辟了一个空前的大市场，创造了一个历史性的好机遇。

北京的建设规模和水平一直居于全国的领先地位。例如：仅以住宅建设讲，2001 年北京市的竣工住宅就高达 1 804.9 万平方米。近年为筹备 2008 年奥运会更是加快了各方面的建设步伐（五年内城市基础设施总投资 2 400 亿元，五年内北京建筑安装总产值将达到 5 000 亿元)。特别值得注意的是北京的部分建筑工程（包括公用建筑、商用建筑和民居建筑）的层次已经达到国际一流水平。国际上一些最先进的建筑设计和建筑材料往往首先在北京得到应用。

近年北京已建成一批新的建筑用塑料加工企业，如北新建材集团生产型材的建筑塑料公司和生产管材管件的塑管公司、北汽福田集团的福田建材机械公司（也生产型材)、生产 PC 阳光板的拜耳独资企业光塑遮阳板公司等。同时，随着北京城市建设速度的加快，越来越多的外地企业如：浙江“伟星”、上海“哈威”、江苏“法尔胜”、福建亚通等都已经或准备在北京建厂。

2. 功能塑料和专用料得到进一步发展，产品性能进一步提高

随着塑料市场的发展和产品品种、规格的不断增多，北京市场对于原料的要求，别是高性能塑料原料的要求越来越迫切。北京市工业在塑料方面重点发展的技术有：①工程塑料加工及塑料合金（PBT 及工程塑料合金、PPO 及 MPPO 树脂、聚甲醛、聚碳酸酯、PEN、超高分子量聚乙烯及制品)；②复合材料及功能塑料；③专用或特种橡胶制品；④ 优质塑料复合门、窗、管道、墙地覆面材料。

3. 与其他产品配套的塑料产品将有进一步的发展

北京地区的家电、信息等产业发展迅猛，与其配套的塑料配件如家电、显示器、打印机及其他配件的市场巨大，这些配件主要是以精密注射的工程塑料件，而且，随着各种设备人性化的发展。各种配件的形状、外观、注射精度、材质等都有着更高的要求，虽然这对企业的产品带来更高的要求，但同样为产品带来更高的附加值，使企业有更好的发展空间。

4. 劳动密集型企业的发展受到制约

随着北京企业的进一步增多和北京经济的发展，北京地区的劳动力费用进一步增高，劳动密集型企业身上的包袱变得越来越重，已经影响到企业的发展，北京地区的一些劳动密集型企业的制品生产日益衰退，以前已有相当规模的制鞋业、箱包业明显萎缩。相对来说，那些科技含量较高，产品附加值高的企业则发展相对迅速。

（北京市塑料工业协会　张玉川）

天　津　市

【基本情况】

2001 年末，天津地区共有塑料制品加工企业 670 余家，从业人员 3.6 万人，实收资本 20 余亿元，资产总额 70 余亿元。按经济类型划分，国有企业占 6.9%，集体企业占 49.3%，合资企业占 16.1%，私营企业占 10%，其他企业占 17.7%。按规模类型划分（原划型标准)，大型一档企业 3 家，大型二档企

表 1　天津塑料制品产量及重点品种完成情况

塑 料 制 品	2001 年完成/t	2002 年完成/t	同比/±%	在全国位次	占全国总量/%
塑料制品总计	146 901	232 344	58.16	13	1.66
1. 塑料薄膜	58 782	82 128	39.72	9	2.93
其中农膜	12 856	13 824	7.53	16	1.71
2. 塑料板片材	7 915	11 861	49.85	10	1.39
3. 塑料棒管材	4 377	6 575	50.22	17	0.48
4. 塑料丝及编织品	10 742	19 226	78.98	15	1.2
5. 塑料人造革	1 097	743	−32.27	16	0.17
6. 塑料合成革	25	169	576	11	0.06
7. 泡沫塑料	1 587	17 631	1 010.96	5	2.64
8. 塑料包装箱及容器	14 613	24 951	70.74	7	3.96
9. 塑料鞋	3 389	3 286	−3.04	5	1.73
10. 日用塑料制品	3 154	3 704	17.44	16	0.26
11. 其他塑料制品	41 220	62 071	50.58	9	1.66

业 7 家，中型一档企业 7 家，中型二档企业 7 家，其他均为小型企业。

670 余家企业中，规模以上企业（年销售收入 500 万元以上）共 177 家，其中，国有企业 10 家，集体企业 42 家，外资企业 19 家，合资企业 29 家（其中港澳台合资 16 家），其他有限公司 11 家，私营有限公司 15 家，独资企业 20 家（其私营独资 11 家，港澳台独资 9 家），股份公司 8 家，股份合作企业 6 家，其他 17 家。177 家规模以上企业，有 132 户开业于 1990～1999 年，有 18 户开业于 2000 年以后。

2001 年，177 户规模以上企业共有从业人员 35 561人，完成现价工业总产值 52.53 亿元，实现销售收入 50.89 亿元。

【企业经营】

天津塑料制品加工工业经营规模，在全国 31 个省市中排位居中等水平。近两年塑料制品产量及重点品种完成及在全国排位情况如表 1。

天津塑料制品加工业近年也开始呈规模化经营趋势，涌现出一批较具经营规模的企业。据不完全统计，2001 年，实现现价工业总产值 5 000 万元以上的企业有 30 家，其中 11 家企业现价工业总产值达亿元以上（见表 2）。

表 2　2001 年完成现价产值亿元以上的企业

企 业 名 称	经济类型	主要产品	现价产值/万元
亚光耐普罗精密注塑(天津)有限公司	中外合资	塑料件加工	46 500
日新(天津)塑胶有限公司	外资	塑胶制品	27 738
天津塑料集团有限公司	国有独资	塑料薄膜等	23 162
天津丹海股份有限公司	股份公司	生物降解母料及制品	20 000
天津中富瓶坯有限公司	港澳台合资	PET 瓶坏	18 414
天津阳光塑料有限公司	中外合资	塑料薄膜	17 625
天津津港塑料制品有限公司	集体	塑料制品	16 785
天津万华股份有限公司	股份公司	塑料薄膜、印刷制品	11 900
奥科亚国际瓶盖系统(天津)有限公司	中外合资	塑料瓶盖	10 963
天津乐会新型建材有限公司	中外合资	PVC 地砖、高光膜等	10 302
天津实发-紫江包装有限公司	港澳台合资	塑料瓶	10 000

表 3　天津塑料集团塑料制品完成情况

塑料制品	2001 年		2002 年		
	完成/t	同比/±%	完成/t	同比/±%	占全市总量/%
制品总计	40 025	8.23	43 759	11.30	18.83
1. 塑料薄膜	27 844	14.03	32 109	15.32	39.1
其中农膜	10 905	30.62	12 684	16.31	91.75
2. 塑料板片材	4 046	11.50	3 966	−1.97	33.44
3. 塑料棒管材	1 195	52.71	661	−44.65	10.05
4. 塑料丝及编织品	1 281	6.81	822	−35.87	4.27
5. 塑料人造革	968	33.33	743	−23.24	100
6. 泡沫塑料	1 897	37.62	2803	47.77	15.9
7. 塑料包装箱及容器	1 681	−12.58	1 347	−19.83	5.4
8. 日用塑料制品	449	18.78	223	−50.33	6.02
9. 其他塑料制品	801	−67.47	1 086	35.47	1.75

天津塑料集团在天津塑料制品加工业中仍具重要地位。为了求得新的发展，集团建立了技术开发中心，并为择机发展做了项目储备工作；与天津大学合作，制定了集团的第一部发展战略；组织实施三大调整工程，培育了第四塑料厂、四维公司、天聚钢结构公司和泡沫塑料厂等新的发展平台；农用塑料、医用塑料的改造发展也在按规划进行。经过努力，天津塑料集团在困难条件下，工业生产连续两年实现了增长（见表 3）。

【设备引进】

天津塑料集团目前在用塑料制品加工设备 508 台套，其中引进设备 205 台套，目前尚具先进技术优势的有，从美国戴维公司引进的三层共挤复合吹膜机组；从德国布鲁克纳公司引进的三层两步法双向拉伸膜生产线；从意大利鲁道夫公司和德国贝尔斯托夫公司引进的 PVC 片材生产线；从台湾引进的 PVC 压延拉伸膜生产线；从日本、丹麦等国引进的 PE 吹膜及印刷设备；从意大利引进的建筑用夹芯板材生产线等。这些引进设备，分别应用于农膜、新型包装材料、印刷及建筑板材等产品的生产，形成了部分产品技术优势。集团共有 23 项产品（或技术）获得专利，7 家企业取得 ISO—9000 系列认证，PVC 透明片产品获得国家药监局的 GMP 认证，研究、生产医用塑料的塑料研究所被国家医药总局批准为一级医用塑料生产厂家。

【存在的问题】

天津塑料制品加工业发展的主要问题：一是对塑料制品这个产业的研究不如其他一些省市，从而缺乏统一的发展规划和宏观指导；二是历史形成的企业分散、资源分散、管理分散，优势互补差，形不成集约化发展的格局；三是产业优势不明显，技术投入不足，制约着今后的发展。

为此，天津塑料制品工业的发展，需在调整重组，优化结构，加大投入，构造优势上下功夫。特别是要在集约化经营上进行探索，培育出具有技术优势和规模优势的企业，带动整个天津塑料制品工业的发展。

（天津市塑料集团有限公司　杜国田）

河　北　省

【基本情况】

截止 2001 年底，河北省塑料工业入统企业共有 187 家，比上年增加 39 家。其中国有及国有控股企业 31 家，占 16.6%；集体企业 58 家，占 31%；股份及股份合作企业 18 家，占 9.6%；中外合资（含外商独资）企业 17 家，占 9.1%；港、澳、台商投资企业 20 家，占 10.7%；私有企业 31 家，占 16.6%；其他经济类型企业 12 家，占 6.4%。全年实现工业总产值 61.12 亿元，占全省轻工的 8.7%；出口交货值 4.72 亿元，占全省轻工的 7.6%；产品销售收入 52.47 亿元，占全省轻工的 7.6%；利税 5.22 亿元，占全省轻工的 7.9%。上述 4 项指标分别比上年同期增长 11.82%、17.88%、5.88%和 14.75%。

表 1 列出了河北省主要生产企业情况统计。

【重点企业】

沧州明珠塑料股份有限公司

沧州明珠塑料股份有限公司于 2001 年 7 月由中外合资有限责任公司整体变更为中外合资股份有限公司。该公司是经河北省对外经济贸易合作厅认定的外

表 1　河北省主要生产企业情况统计表

企业名称	生产能力/t	生产量/t	产值/万元	销售收入/万元	利税/万元	主要产品
河北宝硕集团	160 000	161 819	142 869	121 408	9 497	农膜、管材异型材、BOPP膜
河北凌云工业集团亚大塑料制品有限公司	8 000	6 883	25 770	20 071	6 590	塑料棒管材
唐山广建塑料制品集团公司	12 000	12 025	22 044	6 727	688	建筑塑料材料
邢台市宁晋县塑料厂	35 000	26 230	11 036	17 375	1 245	钙塑箱、电缆料
沧州明珠塑料股份有限公司	50 000	11 096	9 619	12 875	3 122	波纹管、HDPE管、硅芯管、多孔管
台安塑料制品(井陉)有限公司	10 000	8 505	11 983	10 182	900	塑料制品
涿州东华包装材料有限公司	20 000	10 183	19 552	11 279	4 366	塑料薄膜
沧州市东风塑料股份有限责任公司	14 000	9 277	7 726	9 222	307	管材、农膜
石家庄市富利塑料公司	8 000	6 494	6 353	5 720	329	塑料丝及编织制品
河北田野汽车集团文安塑料有限公司	3 000	—	6 650	2 194	650	工程塑料制品
冀昌塑料制品有限公司	7 000	5 894	8 179	7 097	491	塑料丝及编织制品
邯郸市亚东塑胶有限公司(十塑)	10 000	9 600	7 120	6 077	239	聚氯乙烯薄膜
秦皇岛开发区奥格型材厂	6 000	4 807	6 080	5 655	409	塑棒管材
河北田纳西塑胶有限公司	10 000	9 600	10 280	5 449	58	聚氯乙烯膜
肃宁县机塑工业有限公司	8 000	6 400	6 230	4 565	48	塑料薄膜

商投资先进技术企业，是河北省科学技术厅认定的高新技术企业。公司连续8年通过了外商投资企业联合年检，是农业银行、工商银行、中国银行认定的AAA级信用企业。

该公司的主导产品为引进意大利、韩国、德国等先进设备和生产技术生产的“陆通”牌各类通信管道(HDPE硅胶管、波纹管、多孔管)、PE燃气管道、管件等，年塑料加工能力为5万吨。公司是国内最早也是最大的生产经营通信用高密度聚乙烯光、电缆护套管材的企业之一。公司现有波纹管生产线5条，年生产能力为1 800万米；硅芯管生产线14条，年生产能力7 500万米；多孔管生产线8条，年生产能力500万米。公司与全国29个省市的高速公路、电信、广电、石油、铁路、国防、水利、燃气等领域的200多个部门建立了合作关系。

该公司目前已建立了企业技术中心，主要负责公司生产过程中各种疑难问题的解决，新产品、新工艺的研制开发，与其他单位技术协作等；专业覆盖高分子、化工、电子、机械、计算机等领域。每年这支队伍均可为公司研制开发出一批科技含量高、市场前景广阔的新产品、新工艺。企业技术中心是公司可持续发展的重要保障。

2001年11月，公司还投资4 000万元，新增建设面积6 000m²，新上了燃气管、给水管项目。一期工程设计规模为年产管材12kt、管件1kt。至2001年底土建工程及公用设施均已竣工并投入使用，3条挤出生产线、5套注塑设备均已安装调试完毕。随着国家大力发展天然气产业以及对环境保护的日益重视，燃气管、给水管项目有望迅速成为公司新的利润增长点。

【发展趋势】

塑料制品行业是河北省轻工业的重要行业之一，下一步重点是发展农用塑料、包装塑料、建筑塑料和工业及其工程塑料制品。

农用塑料：一是结合本省蔬菜基地建设，发展经济作物栽培等所需要的功能性棚膜、地膜以及饲草用膜；二是结合本省水利建设方面进行的世行贷款节水项目的实施和国家南水北调工程的启动，发展节水灌溉器材、渠道防水管材以及防渗膜和配件，满足节水农业的需要。

包装材料：重点发展包装产品中具有保护功能的高阻隔包装材料、热灌装包装材料、保鲜材料、粮食储运防霉防虫材料。

建筑材料：重点发展适应不同地区、不同建筑类型的系列化、标准化的配套用各类管材、管件和型材。

工业及工程塑料制品：重点发展电子、电器、汽车、交通、邮电通讯、办公设备、文体健身器材、国防工业应用、工程塑料配件以及适应国家西部大开发和西气东输工程建设所需的塑料制品。

（河北省轻工业办公室　周国银）

山　西　省

【基本情况】

据不完全统计，2001 年我省有各种类型塑料加工企业 300 余家，以集体、私营企业为主，从业人员 8 000 余人，2001 年末塑料加工生产能力为 200.5kt，当年完成塑料制品产量 101.8 kt，工业总产值完成 12.6 亿元。

【企业经营】

塑料工业在我省经营形势较好的品种有农膜、地膜、塑料管材、塑料异型材及塑钢门窗、防水卷材、包装膜、泡沫塑料等。效益较好的产品有塑料管材、塑料异型材、防水卷材等，有些企业由于管理差，不讲产品质量致使效益上不去，甚至亏损。

【重点企业】（见下表）

山西新超管业有限公司

山西新超管业股份有限公司筹建于 2001 年，总投资 1.22 亿元，占地面积 56 亩。公司地处太原市清徐县王答乡西侧 208 国道旁，距太原市中心仅 30 公里，地理位置优越，交通便利。

公司具有雄厚的技术力量，良好的科研开发、试验条件，并与国内多所知名院校建立长期的技术合作，以确保生产技术水平和产品质量的不断提高。公司拥有微电脑控制纳米抗菌不锈钢塑料复合管自动化生产线 26 条；微电脑控制纳米抗菌 PP-R 自动化生产线 2 条；各种规格微电脑控制精密塑料注塑成型机 20 台。

公司主导产品为：拥有自主知识产权的纳米抗菌不锈钢塑料复合管（专利号为 ZL 01268878.9）、纳米抗菌 PP-R 塑料管及承插快接塑料管件。

公司在管理上向国际水平看齐，先后通过了 ISO 9001 质量体系认证和 ISO 14000 环境体系认证，有力地保证了产品的高质量、高品质。经建设部中国建筑金属结构协会给水排水设备分会定点生产企业评审委员会考察、评定，批准我公司为纳米抗菌不锈钢塑料复合管、纳米抗菌 PP-R 塑料管及承插快接塑料管件的定点生产企业，产品被指定为建设部推荐产品。

纳米抗菌不锈钢塑料复合管、纳米抗菌 PP-R 塑料管及承插快接塑料管件经国家化学建筑材料测试中心检测，产品的各项性能指标均符合各相关标准的规定要求。该产品为符合有害物质限量新标准的绿色建材产品。

公司以关爱民生为己任，将为促进健康供水革命，

企业名称	产量/kt	加工能力/kt	主要品种
山西万士达工程塑料有限公司	7.5	12	PE 燃气管材、PE 管材、管件
山西华龙塑料有限公司	3.0	3.2	煤矿井下塑料假顶网(带)、公路土工带、填充母料、阻燃母料等
介休市塑料工业有限公司	3.0	5	双壁波纹管、碳素螺旋电力护导管
山西省民生塑料制品厂	3.0	5	农地膜
山西迎太塑料有限公司	15	30	塑料管材、农用薄膜、10m 宽幅双防无滴膜、保鲜袋、PVC 型材等
太化股份公司氯碱分公司	50	80	聚氯乙烯树脂
山西众和新型建材有限公司	5	6	钢塑共挤型材
山西新派塑胶有限公司	3	5	PVC 排水管材、管件，PP-R 冷热水用管材、管件、PVC 型材等
山西天星新型管业公司	3	5	PP-R 冷热水用管材、管件，PE 燃气管、大口径中空壁缠绕管、硅芯管等
长治清华机械厂塑管公司	3	3	铝塑复合管、PP-R 管材、管件
长治中德塑钢型材有限公司	3.2	5	PVC 型材、钢塑共挤 PVC 型材、60、75、80 单双玻中空玻璃推拉系列的塑钢窗
山西新超管业有限公司	3	3.6	纳米抗菌不锈钢复合管、纳米抗菌无规共聚聚丙烯管材、管件
山西省晋通实业有限责任公司	3	3	U-PVC 排水管材、螺旋消声排水管材、芯层发泡螺旋消声排水管材、管件、电工阻燃穿线管材

引导人们的饮水观念向环保性和功能性相结合的方向转变而不懈地努力。

长治中德塑钢型材有限公司

中德塑钢型材有限公司是一家现代化科技含量高的PVC塑料异型材生产企业。位于长治市区，占地面积3 000余平方米，固定资产960万元，现有员工96名，工程技术人员和管理人员22名。公司拥有国内领先的挤出生产线和高速镜面模具以及自动混料系统。从工艺到配方均采用国际最先进的德国挤出技术和绿色环保配方，并与德国专家保持技术上的长期合作。公司推出60单双玻中空玻璃平开系列、60单双玻中空玻璃推拉系列、75单双玻中空玻璃推拉系列、80单双玻中空玻璃推拉系列，四大系列50余个品种的优质型材，公司坚持以市场为导向，以“人为本，技为先，质为根”的理念，“追求高目标，立足高品质”不断巩固和扩大市场，使公司的规模和实力明显增强。

【设备技术引进】

2001年山西万士达工程塑料有限公司引进奥地利、德国20世纪九十年代先进的全自动化生产线，主要生产$\phi 20 \sim \phi 500$mm的燃气、供排水聚乙烯管材、管件，年生产能力12kt。

【新产品开发】

2001年我省塑料加工企业积极开发新产品，研制了“银黑双色地面覆盖膜”、“大口径PVC管材”、“纳米抗菌不锈钢复合管材”等有鲜明特色、市场欢迎的一批产品。

【存在的问题】

我省塑料工业在过去的几十年中特别是改革开放以来取得了一些成绩，但就其发展现状与周边省份，特别是与沿海发达地区相比存在着较大差距，主要问题如下。

1. 产品结构不合理

这主要表现在中低档制品偏多，高档产品少；传统产品多，高附加值、高技术含量的产品少。由于宏观调控力度不足，致使生产线重复建设，出现一哄而上、一哄而下的盲目发展局面，造成了很大的浪费。

2. 生产设备水平低，工艺技术相对落后

近20年来，我省虽然加快了技术改造步伐，但大多数是80年代后期的设备，与沿海地区存在15～20年的差距。

3. 企业规模小，经济效益差，产品缺乏市场竞争力

我省塑料加工企业中，万吨以上规模的仅有3家，80%的企业生产能力在1kt以下，这些小企业技术力量薄弱，管理水平低，在市场上竞争难以取得优势地位。

【发展趋势】

根据对当前我省塑料行业存在的问题进行分析，为使我省的塑料制品在“十五”期间能够持续稳定的发展，近期内行业发展的基本思路是：解放思想，更新观念。以市场为依据，以质量为中心，以科技为导向，调整产业结构；以省优势产业、支柱产业为依托，大力发展塑料建材、室内外装饰装修材料和包装用塑料制品。抓住国家大力推广塑料建材和省内加快经济发展的机遇，加快我省塑料工业的发展。通过重组、改制、兼并等扩大企业规模，同时依靠科技进步，加快技术改造步伐，淘汰落后工艺，提高高附加值、高科技含量产品的比例。加强与省内外高校、科研机构的合作，提高企业自身的素质，提高生产效率和企业的经济效益。

（山西省塑料行业协会　张玉英）

内蒙古自治区

【基本情况】

2001年，我区全部国有及规模以上非国有塑料加工企业共13家，共有职工3 000人，总资产50 207万元，实现工业总产值（现价）28 749万元，工业增加值（现价）6 350万元，产品销售收入22 758万元，利润－2 247万元，税金1 155万元。全区塑料产量17.5kt。其中国有及国有控股企业6家，总资产40 225万元，实现工业总产值（现价）21 346万元，工业增加值（现价）3 606万元，产品销售收入17 156万元，利润－2 402万元，税金1 018万元。

【发展综述】

内蒙古自治区的塑料工业始于1958年，起步较晚，但一度曾发展很快，到20世纪90年代中期，全区塑料制品生产企业超过200户，产量近40kt，一些产品不但荣获自治区优质产品奖，还出口进入国际市场。但近几年随着企业的转制，我区塑料制品企业多数已转为民营，由于规模小，生产设备陈旧，技术落后，新产品开发跟不上市场需求等诸多原因，不少企业停产或倒闭，全区产量日趋减少。1997年全区塑料制品的产量为36kt，1998年为28kt，1999年为23kt，2000年约为15kt，2001年为17.5kt。产品主要有塑料制品、农地膜、塑料管材、编织袋、包装袋等。

【设备引进情况】

包头市引进一条浪板生产线、一条PE隔板生产线。

【塑料制品进出口】

2001年从德国进口二氧化硅0.27kt，从荷兰进口PE粉0.12kt，出口PE隔板20多万平方米，主要出口埃及、印度等国。

【合资利用】

合资企业2户，外资投资额1 306万元，重点投资编织袋、浪板。稀土管材项目尚处在合资意向中。

【新产品开发】

包头一塑料新塑料制品有限责任公司正在开发稀土PVC管材、纳米合金PP-R管材；包头黄河高新塑材股份有限公司的超高分子量聚乙烯蓄电池隔板（uhmw-PE蓄电池隔板，简称PE隔板）项目，被列为国家级火炬计划，该项目填补了自治区空白。

（内蒙古经贸委轻纺行业办　胡瑞芬）

辽　宁　省

【基本情况】

辽宁塑料制品行业起步较早，现已形成农业、工业、包装、建筑、日用等五大塑料制品系列。目前，塑料行业在全省统计的22个轻工行业中，企业数多，职工人数多，经济总量列全省第一位，是我省重点骨干行业，对全省轻工行业经济发展具有举足轻重的作用。2001年全省塑料行业共有企业179户，占全省总计12.5%；全部从业人员3.5万人，占全省总数10.4%；资产总计91.23亿元，占全省总计12.6%；实现工业总产值70.7亿元，同比增长35.7%，总量列全省第一位；完成塑料制品总量528kt，占全国总量4.5%；其中农用薄膜产量49.4kt，占全国总量6%；销售收入63.58亿元，增长35.6%，列全省第一位；利税总额4.28亿元，增长10.9%，占全省总计13%；其中利润总额2.7亿元，增长18.7%，列全省第二位，占全省总计20.3%。

【企业经营】（见下表）

【重点企业】

大连盛道集团

该集团是以大连盛道集团有限公司（原大连塑料彩印厂）为核心，以包装业为主，兼跨第二、三产业的多元化、国际性、现代化大型企业集团。集团拥有资产总值12.8亿元，占地面积380km^2，建筑面积200km^2。主要以加工高档塑料彩印、纸品彩印、金属彩印包装和凹版、柔版、玻璃制品为主，生产吹膜、CPP薄膜、流延压纹膜、水醇性油墨等多种基材，产品种类近千余种，销往全国29个省、市和自治区的国内几千个用户，同时远销美国、日本、加拿大、新加坡等世界发达国家和地区。2001年实现产值8.5亿元，增加值1.2亿元，销售收入6.05亿元，利税3 254万元。集团现已发展成为国内彩膜包装重点骨干企业，并进入国家重点扶持的全国500户优强企业行列，也是大连市政府重点扶持的四大综合商社和十大工业企业集团之一。

锦州彩练塑料集团有限责任公司

该公司成立于1997年，是国家重点生产聚氯乙烯、聚乙烯制品的综合性塑料加工企业，也是辽宁省最大的塑料制品生产基地和高新技术企业。全公司占地面积199 622平方米；固定资产原值19 263.3万元；净值15 273.9万元；拥有职工1300人，各类专业技术人员300人。公司以雄厚的技术力量，一流的生产设备，先进的加工工艺和完善的检测手段及ISO 9002质量保证体系，生产的“彩练牌”商标产品被国家认定为中国驰名商标，在国内外市场享有较高的信誉度及知名度，深受广大用户的信赖和好评。

公司主要产品有：聚氯乙烯农膜系列、聚乙烯农膜系列、聚氯乙烯硬片系列、聚氯乙烯民膜系列、聚乙烯注塑制品等五大系列、百余种产品，年生产能力6万吨。

2001年重点企业主要经济指标完成情况　　万元

企业名称	工业总产值	销售收入	利税总额	主要产品产量/t	
				产品	产量
大连盛道包装集团公司	84 954	60 501	3 254	印刷制品	10 581
锦州彩练塑料集团有限公司	34 728	35 878	1 745	塑练制品	33 353
沈阳久利塑料管材有限公司	13 882	13 200	2 000	塑练制品	15 007
大连第九塑料厂	6 405	7 109		农膜	7 051
丹东塑料一厂	4 708	3 430	260	塑练制品	1 890

(1) 聚氯乙烯农膜系列产品有聚氯乙烯无滴消雾膜、无滴消雾抗菌棚膜、育秧膜、人参膜、盐池苫盖膜、透明膜、包装膜。该系列中产品具有高透光、消雾、保温性能好、抗老化性能显著等优点，尤其是其优越的无滴消雾功能，可以提高农作物产量、使作物早熟、减少农药污染、能使蔬菜成为真正的“绿色食品”，既适用于覆盖蔬菜大棚，亦可用于养殖业、果树栽培等；而春棚膜、育秧膜适用于春季育秧及短期扣棚使用；人参膜、盐池苫盖膜适用于人参栽培和盐池苫盖；高透明无滴减雾长寿棚膜除具有无滴防老化性能外，还具有高透光性能和减雾功能，能促进作物光合作用，增强作物含糖量，提高蔬菜品质。WD-Ⅱ型无滴消雾剂具有优良的消雾性能，有效地提高了棚室温度，利于作物生长，减少作物病害，可提高蔬菜品质及产量，具有显著经济效益及较强的推广应用价值，达到国内领先水平，填补了国内空白。聚氯乙烯无滴消雾大棚膜不但具有棚膜的无滴性能，耐老化性能，高透明、高保温性能，而且还具有消雾性能。是公司工程技术人员经过多年研究试验成功的新型大棚膜，填补了国内此项技术的空白。

(2) 聚乙烯农膜系列主要有 EVA 高保温高透明薄膜、聚乙烯三层复合多功能紫光膜、无滴吹塑薄膜、长寿吹塑薄膜、吹塑棚膜、吹塑人参膜、蓝光水稻育秧膜、除草地膜及吹塑农用地面覆盖薄膜等。

PE 三层复合多功能棚膜和 EVA 三层复合多功能棚膜是该公司推出的最新产品，其减雾功能属世界先进水平，居全国领先地位，本产品具有机械强度高、耐老化性能好、使用寿命长、透光率高、透明性好、保温无滴，具有密度小、制品幅宽等优点，适于种植果菜、花卉等类作物。

(3) 聚氯乙烯硬片系列主要有聚氯乙烯食品片、药用片、工业包装片。

(4) 聚氯乙烯民膜系列主要有印花膜、香味印花膜、驱蚊印花膜、雨衣膜、电缆膜、高弹膜、工业用膜。

(5) 聚乙烯注塑系列主要有菜篮子、食物篮、水果箱、牛奶箱、葡萄箱、食品箱、水产箱、蛋箱、汽水箱、啤酒箱、周转箱、小商品、盆、工业件、各种管材等。

2001 年是企业深化改革、积极发展、成效显著的一年，各项主要经济指标在上年大幅度增长的基础上，继续保持稳步增长。产品产量同比增长 9.3%，产值同比增长 9.2%，销售收入同比增长 13%，利润同比增长 28.6%。

【塑料制品出口】

全年塑料行业完成出口交货值 1 544 万元，其中 PVC 地板革向俄罗斯出口 210 万元。重点企业完成的出口情况：鞍山安舒地板革出口 120km^2，增长 20%；沈阳住三塑料有限公司出口多叶扇 3 840 套，下降 14%；锦州意达制革有限公司出口 170km^2，增长 36%。

【外资利用】

2001 年我省塑料行业新批准总投资 500 万美元以上重点工业利用外资项目有大连开发区助达咨询有限公司与意大利 AD. TBCH 公司共同投资 PU/PVC 革材料制品生产项目，总投资额 500 万美元，其中合同外资额 318 万美元，此项目实施将大大提高我省革材料的档次及水平。

【新产品开发】

2001 年，为促进全省塑料工业上档次、上水平，提高竞争能力，全行业加快了新产品的开发力度。

一是在塑料管材上围绕新领域研制开发的产品。主要有锦州彩练塑料集团有限公司研制开发的内嵌式扁平滴头滴灌管，该产品通过内嵌在滴灌管内壁上的扁平头可实现滴灌作用。扁平头具有迷宫式结构，使滴灌管内的水流减压，最后以小水滴形式均匀地流出管外，实现了对作物根部滴灌作用，在节水的同时，满足作物均匀供水，达到国内先进水平。此产品可新增产量 100 万米，产值 750 万元，利税 240 万元。同时该公司又开发了 CPVC 玻璃钢复合管材，该产品是采用新的配方经多种工艺生产的特殊管材，具有耐磨性、耐压、耐高温、强度高、使用寿命长等特点，主要用于石油、化工、天然气、煤气等腐蚀性较大的物料输送，既达到以塑代钢的目的，又极大地降低管路的维修费用，市场前景十分广阔。产品具有国内先进水平，可实现年产 500 吨，产值 1 300 万元，利税 75 万元。

沈阳塑料研究所与北京化工大学，共同研究开发 PP-R 高强度冷热水管、管件，可广泛应用在工业、民用冷热水的输送，具有国际先进水平。该产品可实现年新增管材 600 吨，管件 10 万件，产值 3 300 万元，利税 750 万元。

二是围绕塑料薄膜开发了一些重点产品。丹东塑料一厂研制开发彩色芳香蓄光聚酯薄膜，在彩色聚酯薄膜产品基础上进行深加工，达到香型、夜光的作用，以增加彩膜应用领域。这种产品具有国内先进水平，可实现新增产量 250 吨，产值 1125 万元，利税 225 万元。锦州彩练塑料集团有限公司研制开发 PVC 无滴消雾系列功能膜，用无机类杀菌剂赋予 PVC 棚膜，产品具有抗菌功能，防尘性能的改进将提高棚室的光照强度和棚内温度，具有国内先进水平。该产品可实现年产 500 吨，产值 600 万元，利税 100 万元。

三是在电缆专用料上进行了研制开发。盘锦市塑料二厂开发黑色耐候性线性低密度聚乙烯绝缘料，以合成树脂线性低密度聚乙烯为主要原料，加入改性剂和其他助剂，经高速混合，塑化造粒而制成的一种电缆专用绝缘材料。具有国内先进水平。投产后可实现年新增产量1 000吨，产值1 100万元，利税240万元。上述产品均列入辽宁省重点新产品开发计划项目，为我省塑料行业“十五”迅速发展创造了条件。

【存在的问题】

1. 产业集中度低，区域发展不平衡

目前我省塑料行业中，具有发展潜力、有竞争实力的大型企业（集团）少，而处于能力放空、生产任务不足的中小企业偏多。一些企业未能形成集约化规模经营，与全国同行业龙头企业相比我省塑料行业大多数企业实力差距加大。全省塑料产品加工基地主要集中在大连、沈阳、锦州、盘锦地区，其他各市所占比例较小，区域布局及发展不平衡，差距不断扩大。

2. 企业经营能力不高，产品缺乏竞争力

2001年全省塑料行业发生亏损企业57户，亏损面31.8%亏损额同比增长10.8%，年人均创利不足2 000元，企业自我发展后劲明显不足，具有自主知识产权自行研制的塑料制品较少，缺少拳头产品、名牌产品，面对国际、国内同行企业尚不具有抗衡力、竞争力。

3. 产品结构有待于进一步调整

目前我省塑料制品中，产品结构不尽合理。中低档产品偏多，高技术含量、高附加值产品少。产品品种主要集中在以聚氯乙烯为原料的管材、片材、人造革及聚乙烯为原料的农地膜、管材等产品上，其他高新技术产品较少，无法适应市场需求。其中以PVC树脂为原料生产的薄膜、人造革、鞋类等大路货产品占总量比例约60%以上。而具有较高技术含量和较高附加值的通用工程塑料产品在塑料产品总量中所占比例较低，特殊工程塑料产品就更低，新兴的工程塑料、建筑塑材等产品比重较小，造成产品消耗高、成本高、利润小，缺乏市场竞争力。

4. 产品质量、规格、品种更新速度不能适应市场需求

目前，我省同类产品与国外相比，无论在产品质量上，还是花色品种上都存在一定差距。比如：农膜的使用寿命平均仅1～2年，而工业发达国家为2～3年或更长；无滴膜与国外同类产品相比使用期也短，且一些中小企业生产的膜类产品存在着薄厚度不均，且规格、品种数量不多；包装材料方面，一些中小企业不仅产品品种少，且印刷质量不精美；塑料管、门窗用型材等建筑塑料的耐久性较差，配套也有一定差距；注射制品表面光洁度差，收缩率大等制约了全省塑料行业快速发展。

5. 生产工艺、技术、装备、模具等方面尚有较大差距

改革开放以来，我省塑料产品加工设备经过引进、改造、消化、吸收，在装备的品种、质量、档次、水平上有了很大的提高及进步。但综合看，目前我省塑料制品生产工艺、技术、装备、模具等总体水平较低，工艺技术相对落后，开发能力薄弱，尤其在控制系统、容量、速度、精度及配套方面与广东、山东、浙江、江苏、上海等省市相比仍有较大差距。除省内独资、合资企业和一些大的企业集团装备水平较高外，一些中小企业设备陈旧，加工水平较低，产品质量不高，尤其在模具方面尚处于较落后的水平，这也直接影响加工技术和产品质量，影响企业产品国内外市场竞争力，这也是造成部分企业亏损的主要原因。

【发展趋势】

塑料行业作为我省支柱行业，“十五”期间按省政府要求，结合我省实际，将在开拓新的领域、开发新的产品方面加快步伐，利用我省具有原材料的优势，进行塑料制品的深加工，带动促进全省塑料行业迅速发展。到“十五”末总的发展目标是：

① 实现工业总产值112.3亿元，年均增长12%；

② 销售收入100亿元，增长12%；

③ 利税总额6.7亿元，增长12%；

④ 塑料制品总量83万吨，其中农膜7.77万吨。

总的发展思路是：以大型骨干企业为依托，以名牌产品为重点，利用企业规模、管理、技术、装备、人才等方面的优势，推进企业体制创新、技术进步，促进企业联合、重组，充分发挥龙头企业、名牌产品的规模优势和技术优势，重点生产技术含量高、附加值高的产品，经过“十五”期间的发展调整，改善全省塑料行业总体布局，提高优势产品的生产能力及出口创汇能力，使全省塑料行业结构调整、技术创新、竞争实力、规模水平进一步提高，实现省内塑料行业总体布局、产品结构进一步优化。主要行业及重点产品的发展方向。

① 塑料包装制品。应加强包装材料的功能化的开发研制。重点加强产品高阻隔性、耐高温和保鲜等特性，发展新型彩印复合包装材料、多层高阻隔性包装器材、耐蒸煮防微尘辐射、防腐、防霉、防锈、无菌包装材料，形成以大连地区为主、以大连盛道包装集团为龙头的塑料包装制品研发基地，同时要调整布局，防止生产能力过剩、造成包装资源浪费。

② 工程塑料制品。重点发展为汽车、家电、电子、电气、交通运输、邮电通讯、国防军工、文体健身等行业配套的高新技术、高附加值的工程塑料制品。加强无氟冰箱用板材，电视机、音箱等家用电器

壳体，汽车用内饰件，阻隔性优良的汽车油箱，交联聚乙烯通讯电缆料，铁路、公路建设使用的土工格栅，计算机内置部件、健身器材、体育用品、钓鱼用具等专用配套件的开发研制，扩大生产能力，全省通过“十五”期间调整结构，形成以鞍山、盘锦、沈阳为主的工程塑料制品基地，不断提高我省塑料制品附加值及竞争力。此外，还应重视应用塑料改性技术，发展塑料合金及其他改性塑料和具有独特性能的通用工程塑料与特种工程塑料。

③ 农用塑料制品。重点开发生产农用薄膜及农业灌溉配套产品。农膜要向多功能、耐老化方向发展，要提高棚膜的功能性，做到长寿耐老化、防雾又防滴、高透明高保温、实现光能转化提高农作物的光合作用；地膜向易回收、降解型方向发展，要解决残存在土壤中的“白色污染”问题，同时开发除蚜虫、除草、有色等多种功能性地膜。农用管材要重点加强节水型灌溉、输水管道和输水渠道防渗膜的生产研发，结合全省“3655工程”的实施，大力开发适合省内不同地区不同作物的各种类型喷灌与微滴灌管道、管件、喷头等配套件，发展微滴灌等节水器材，重点支持辽西、辽北地区的现有企业改造，促进省内企业优势产品跨地区的联合，扩大规模经济，形成以锦州、盘锦、沈阳、大连为主的农用塑料产品生产基地，促进我省节水用灌溉管、微灌用配套管材、管件及塑料井管等支农产品快速发展。

④ 塑料建材制品。“十五”期间要利用国内建筑行业迅速发展的有利时机，大力发展建筑市场应用广泛的塑料门窗、上下水管材、管件及室内装饰材料等产品，结合建筑市场发展需求及不同地区塑料建材的特点，开发出结构合理、耐光、隔冷、隔热的新型塑料门窗，实现以塑代钢、以塑代木，形成以沈阳、兴城、盘锦为主的塑料建材生产基地。此外，大力发展无公害易降解塑料制品，解决塑料产品特别是一次性制品易对自然环境造成“白色污染”的问题。同时要加强对聚乙烯中空吹塑制品、聚丙烯编织制品、聚酯瓶、聚乙烯大棚膜等塑料产品的回收和再生利用，对于那些回收困难或再生利用耗费过大的塑料产品如塑料包装袋、纸塑复合材料以及农用地膜等，要加强废物利用方面的开发，制成具有降解功能的产品。全行业形成以沈阳、大连、鞍山、锦州四大塑料集团为主，其他塑料企业为辅的塑料建材产品的生产格局。

（辽宁省轻工行业管理办公室　王洪新）

吉　林　省

【基本情况】

2001年，吉林省塑料加工行业有规模以上生产企业共85户，省属塑料应用开发研究所1个。全年塑料制品产量7.22万吨，比上一年增长14.42%；实现工业总产值13.08亿元，增长13.01%；工业增加值4.2亿元，增长19.66%；产品销售率98.02%，提高0.31个百分点；销售收入11.95亿元，增长13.1%；产品出口交货值933万元，增长77.04%；创利税5 907万元，下降9.5%；利润2 586万元，下降8.2%；资产贡献率4.12%，资金利税率3.07%，平均从业人数19 434人，全员劳动生产率21 614元/年·人；目前行业内有大中型企业12户，全年实现产值6.2亿元，销售收入5.33亿元，利税2 576万元。

2001年，吉林省塑料加工行业按照加快结构优化，促进产业升级的工作思路，不断深化改革，调整结构，加强管理，积极开拓进取，扎实工作，使全行业获得了稳步发展。一是行业竞争力进一步增强。行业产值已经占全省轻工业的24.39%，比上一年提高

2001年吉林省塑料行业企业生产情况

项目	产值亿元以上	产值5 000万～1亿元	产值1 000万～5 000万元	产值1 000万元以下
企业数	2	1	26	56
企业数比例/%	2.35	1.18	30.59	65.88
产值/万元	39 426	7 315	59 172	24 873
产值比例/%	30.15	5.59	45.24	19.02

2001年吉林省塑料行业主要产品生产情况

产品类别	农膜	板片棒管材	包装箱及容器	丝及编织制品	泡沫及人造革	日用塑料制品	其他塑料制品
产量/t	51 438	1 950	2 939	7 147	3 761	1 817	3 111
比例/%	71.28	2.7	4.07	9.9	5.21	2.52	4.31

了3.57个百分点，是吉林省轻工业中除造纸以外的第二大行业，效益水平在全省轻工业中最高。二是资产质量进一步提高。通过加大投入，行业资产总计达到22.24亿元，增长6.98%；年内新增固定资产1.31亿元，比上一年增长21.38%；资产负债率降到69.98%，比2000年下降了2.19个百分点。三是行业管理水平有了新的提升。年末应收款净额2.76亿元，比上年下降了2.11%；管理费用8 675万元，下降了7.07%；财务费用2 778万元，下降了0.21%。四是扭亏增盈工作取得积极的效果。亏损企业亏损额下降至1691万元，减少了111万元，下降6.2%。五是重点骨干企业的支撑作用加大。产值超过1 000万元的企业29户，共实现产值10.59亿元，占全行业产值的80.98%。

在吉林省轻工业“十五”发展规划中将塑料行业作为支柱行业重点扶持，优先发展，通过实施“6430”工程，突出对重点行业、重点企业、重点项目用高新技术和先进适用技术进行提升改造，以提高其在国际和国内市场的竞争力。

【企业经营】

白山喜丰塑料股份有限公司的年产15 000吨EVA多功能复合农膜生产线建成投产，长春君子兰集团考泰斯公司总投资2 500万元的年产10万套多层复合汽车塑料燃油箱建成发挥效益，白山喜丰塑料股份公司年产1万吨农用塑料滴灌器材项目初步设计通过，进入建设阶段。

企业改革不断深化，2001年，白山喜丰塑料集团实施“三星”发展战略，走多元化、规模化发展道路，先后投入资金，对西安市塑料制品厂实行托管经营，收购了山东寿光市银龙塑料制品有限公司，对白山市参花塑料股份公司实现了控股经营，通过优化资源配置，实现低成本扩张，巩固了在国内农用塑料产品市场的优势地位。

2001年辽源市华塑股份有限公司的彩云牌聚乙烯地面覆盖膜被吉林省人民政府命名为吉林省名牌产品。

加快科技成果转化步伐，吉林省塑料研究所的年产2亿只一次使用NON-PVC复合塑料输液袋项目，采用无毒多功能高分子材料，运用多层复合加工工艺，是一种耐高温、阻隔性好、透明度高，填补国内空白，替代进口的新型医用塑料产品。经与长春铁友集团惠宝公司合作，成立了长春华友医用塑料股份公司，其中技术入股占15%，总投资1 500万元，已完成厂房建设1 200m^2。

【新产品开发】

新产品开发工作不断加强，重点围绕为汽车配套和解决白色污染两大主题，加大工作力度，先后开发了捷达、奥迪、红旗、宝莱等车型的塑料燃油箱、保险杠、导风道、内饰膜等新产品，全年新产品产值达到1.27亿元，新产品产值率9.7%。

【重点企业】

白山喜丰塑料股份有限公司是国内最大的农用薄膜生产企业。目前企业拥有总资产3.6亿元，职工1 560人，专业技术人员396人，生产能力8万吨，产品连续8年全国销量第一。企业获全国“五一”劳动奖状，进入全国1 000家重点工业企业和吉林省50户重点工业企业。2001年企业实现产值3亿元，销售收入2.82亿元，利润10 292万元。

（吉林省轻工行业管理办公室　石春平）

黑龙江省

【基本情况】

2002年全省塑料制品加工企业数为1 535家，其中国有企业36家，合资企业12家，集体企业120家，其他为股份制和有限责任公司及个体企业。据黑龙江省统计部门对国有企业和非国有（销售收入500万元以上）企业79家统计，其中：国有企业11家，合资企业5家，集体企业13家，私企17家，股份制及有限责任公司27家。从业人数13 344人，制品产量90.207kt，产值167 496万元，利税9 366万元。

全省塑料制品加工行业从业人数5.1万人。塑料制品加工能力450kt。

2002年塑料制品产量180kt，工业总产值16亿元。

【重点企业】

由于近年来企业改制和私企发展较快，缺乏详细资料，少数企业可能被遗漏。

下面为重点企业名称、产量和主要品种。

哈尔滨市塑料五厂，7.6kt，农用棚地膜，家禽饮水喂料器。

哈尔滨市塑料九厂，2.9kt，汽车配套件。

五常塑料有限公司，6.319kt，农地膜，周转箱。

哈尔滨特种塑料制品有限公司，3.5kt，各种管材。

哈尔滨市东雷塑料有限公司，4.5kt，农地膜。

哈尔滨天丰塑料制品有限公司，5.0kt，农膜，管材，垃圾袋。

哈尔滨南直塑料厂，4.5kt，农膜，各种管材。

双城市塑料编织厂，3.944kt，编织制品。

黑龙江齐塑塑料制品有限公司，4.5kt，汽车配件，土工膜。

黑龙江庆港塑料有限公司，12.887kt，拉伸膜。

大庆林港塑胶有限责任公司，4.143kt，双向拉伸膜，餐盒。

牡丹江市安全劳保用品厂，4.091kt。

牡丹江市华安塑料型材有限公司，4.521kt，异型材产品。

海伦塑料制品厂，9.492kt，编织制品、热收缩膜。

黑龙江利达电缆材料股份有限公司，3.0kt，电缆料，PE交联料。

密山市门窗制造厂，3.384kt，异型材。

【进出口情况】

出口的品种有：编织袋、塑料鞋、农膜、机械设备等，出口交货值为843万元。出口国家：俄罗斯、南非、韩国。

【设备技术引进】

1. 齐塑塑料制品有限公司与台湾翔发机械股份有限公司合资生产PP、PE合成纸生产线，年产能力3kt，预计今年末投产。

2. 大庆油田长垣总公司“钢骨架塑料复合管”生产线已经投产。

3. 哈高科绥棱矩圆新型防水材料有限公司引进意大利5.1 m幅宽乙丙复合防水卷材生产线，已经投入生产，填补省内空白。

【存在的问题】

随着体制改革的不断深入，我省塑料行业虽经过几十年技术改造和引进技术设备，有了很大发展，但与发达的先进省市比还有很大差距。

一是多数技术装备水平落后，跟不上发展的新形势，现有企业形成规模生产的企业少，没有竞争力。

二是现有产品结构不合理，中低档制品多，市场竞争激烈，经济效益不理想，缺乏宏观调控手段，出现一哄而上，重复建设，盲目发展的局面，造成很大浪费，也失去抢占市场的时机。

三是管理失控，行业发展规划实施困难，没有调控手段。

【发展趋势】

指导思想：以质量、品种、效益为中心，以发展农用产品为重点，加速技术改造、开发高、精、尖的高附加值产品为突破口，加快深化改革步伐，使塑料制品行业走向持续健康发展的轨道。

今后发展总的趋势：技术上向高、新、尖及纳米技术、纳米材料上发展。产品向轻量化、复合化、功能化方向发展，质量向国际先进标准靠近。我省仍以农用塑料制品为主导，发展功能膜、有色膜、节水灌溉制品、有利牲畜、家禽生长的高光功能材料等。建材装饰产品，向高科技、高附加值、新颖美观及复合材料上发展。企业向规模化、集团化方面发展。赶超先进水平是企业生存和发展的关键。

（黑龙江省塑料协会　关亚芹）

上　海　市

【上海市塑料行业协会】

2001年是我国加入WTO以后的第一年。年初，上海市人民政府召开了上海市行业协会和市场中介改革发展工作会议，常务副市长蒋以任主持会议，副市长杨晓渡作工作报告，市长陈良宇作重要讲话。陈良宇指出，加快行业协会和中介机构的改革是应对入世挑战的迫切需要，是转变政府职能的现实需求，是建立和完善现代市场体系和制度的重要方面，也是增强上海城市综合竞争力的战略举措。会上以沪发[2002] 2号文发布了上海市行业协会暂行办法，上海市人民政府办公厅以沪发[2002] 1号文印发了关于本市促进行业协会发展的指导意见。这标志着上海行业协会的发展已进入逐步完善，加快发展，并与国际接轨的新时期。

行业协会的建立与发展是我国改革开放，实行社会主义市场经济的必然产物。政企脱钩，企业自主经营，自我发展，成为市场主体和法人体系以后，政府和企业都需要建立为自己服务的社会中介组织。通过行业协会服务的功能，保证政府宏观调控的有效性，维护同行业企业的市场竞争秩序，维护企业的合法权益，代表企业与政府进行沟通与协调，这已是国际上的通行做法，我们必须借鉴国外的经验，结合我国的实际情况，尽快地推动行业协会的建设与发展。

1. 概况

上海塑料行业协会是在上级主管单位——上海市经委的领导下，在市经委老领导龚兆源同志的具体关心和热情帮助下，由当时的市化工局和轻工局牵头，经三年筹备，于1990年2月正式成立。在上海塑料工业联合有限公司、上海塑料制品公司、上海石化股份公司、上海高桥石化公司、上海氯碱化工股份公司等理事长单位、副理事长单位、常务理事单位、理事单位和广大会员单位的大力支持与参与下，历经二届理事会及其秘书处的努力工作，取得了一定的成绩。于1994年和2001年上海塑料行业协会两次被上海市工业经济联合会评选为上海市先进工业行业协会并授予奖牌得到表彰。2002年12月，上海塑料行业协会进行了换届选举。第三届理事会将由理事长单位——中国石化上海石油化工股份有限公司及其他13家副理事长单位牵头，在上海市行业协会发展署、上海市经委的领导下，在上海市工业经济联合会的指导下，为实现行业协会“服务、协调、维权、自律”的社会职能继续努力工作。

上海地区现有大小塑料工业企业约 1 200 家。上海塑料行业协会现有会员单位近 200 家，涵盖原料制造、制品加工、塑料机具、高等学校、研究院所等有关单位。

2．近年工作回顾

(1) 积极参与“十五”规划的编制工作

协会成立 10 多年来，对编制行业规划一直是比较重视的，曾经参与编写的规划有上海塑料行业十年发展战略规划，“八五”“九五”行业规划等，对推动行业的发展起到一定的指导作用，受到各方面的重视与好评。但那时受计划经济的影响，行业规划基本上是将各企业、各公司的规划叠加汇集，而且往往是偏重建设规模、项目投资等方面。近几年情况发生了很大的变化，市政府对“十五”规划总体部署提出新的要求，从大行业着眼力求使行业规划做到介于宏观性、战略性、政策性和可操作性之间，充分体现政府与企业之间的桥梁功能。编制规划的指导思想从强调生产能力转向市场分析，从注重排列项目、资金转向综合经济效益，从国有经济转向多种经济和社会发展，从单一的经济发展转向经济、社会、资源、环保、科技的发展，力求在内容与形式上有所创新。基于上述要求，尽管难度极大，协会适时组织了数 10 家有代表性的企业，吸收高等学校，科研院所、专家、学者以及邀请汽车、家电、线缆、通讯广播电视、包装、玩具等兄弟行业协会的专业人士，开门编制规划，广泛开展调查研究，采取走出去，请进来等多种形式，听取各方面的意见和建议，了解了相关行业的发展趋势，扩大了信息源。经方方面面的努力，上海塑料行业协会的“十五”规划比较全面地反映了上海地区合成树脂、塑料以及塑料制品十年来的发展与变化，分析了国内、国际市场的走势与前景，对照国内、国际现行的技术、工艺、装备水平以及各项经济技术指标，找出了差距及存在的问题，提出了未来五年上海塑料行业产品结构和企业结构调整的方向和建议。该规划经上海市工业经济联合会组织的专家评审获得好评并一次通过，2001 年授予奖状。

(2) 开展行业基本状况调查及建立基础性资料库工作

① 2001 年 4 月上海市经济委员会以沪经机电［2001］249 号文委托各行业协会开展对上海市工业行业基本状况进行调查，要求对本行业在上海全社会的基本状况提出完整、准确的数据资料及情况分析。

此项调查由经委行业办与市工经联牵头，统计局提供企业名录，协会组织实施。经过近半年的努力，协会于 2001 年 9 月 30 日按时完成了上海聚烯烃塑料制造业、工程塑料及功能高分子材料制造业、热固性树脂塑料制造业、其他合成树脂塑料制造业的调查报告。从调查的近 200 家企业的情况来看，五分之四以上是乡镇民营小企业，分散在市区及郊区、县，我们通过耐心地说明或通过熟人打招呼等方式寻求配合，最终做到了市统计局提供的 117 户企业个个有着落(包括关、停、并、转的企业)、个个有交代。基本上摸清上海塑料制造业的总体情况，分类汇集了有关企业的名称、地区、邮编、电话及各类经济技术指标，如总产值、产量、销售收入、利税总额、资产总值、职工人数等数据，并对上述产业“十五”期间的发展趋势作了分析，为市政府落实上海工业“十五”发展计划，按照有所为、有所不为的方针进一步实施工业结构的战略性调整，加快工业新高地建设步伐，提供了一份比较完整的行业性的决策参考资料。

② 第二届理事会期间协会建立了基础性资料计算机数据库。目前汇集有上海地区从事塑料制造业，塑料制品业以及相关企业基础性资料 1 300 多家，(比统计局发布的企业数多 100 家)，这些资料主要是靠平时的收集与积累而来。我们还十分注重该资料库数据的应用，在科技咨询、技术服务、经营中介、市场调研、行业调查中让其充分发挥作用。

(3) 推进中国环境标志产品生产，让更多的企业取得绿色通行证

生态环境与经济发展并重的可持续发展是 21 世纪世界经济发展的主流，随着中国加入 WTO，许多企业产品的出口将可能遭遇更多的绿色壁垒，企业为求生存发展必须及早主动应对。塑料工业是 20 世纪中叶以来发展最为迅速的基础性的新兴材料工业，塑料作为一种材料其用量（按体积计算）早已超过了钢铁、其应用领域也渗透到包装、建筑、农业、电器、通讯、医疗等方方面面，与人们日常生活密切接触，息息相关。中国是世界上第二大塑料制品生产大国，其产量早已超过日本，仅次于美国，上海人均塑料产量已接近中等发达国家的水平，上海每年各类垃圾中的废弃塑料就有数十万吨。各级政府对白色污染的问题十分关注，而媒体更是大加疾呼，至于部分塑料在生产过程中使用具有毒性的添加剂问题也越来越引起广大消费者的疑虑。对于这样有关国计民生的重大问题，协会从 2001 年开始有了更多的关注。目前主要是做两方面的工作，一是加强对光降解、生物降解、光-生物双降解塑料制品生产企业的交流，先后同上海市十多家生产降解塑料的企业取得联系，了解他们的产品性能、标准，并向有关企业推荐他们的产品或联系试样、测试等。我们还同外省一些引进国外技术

的降解塑料生产企业进行技术座谈，最近还帮助加拿大公司组织了一次光-生物全降解（最终降解为二氧化碳与水）的技术交流推介会。但总体上讲，我们认为目前的降解技术还处于探索阶段，标准、测试方法也不完善，应取慎重的态度。二是与上海市绿色工业促进会合作开展中国环境标志产品认证的活动。环境标志在世界各国已有20多年的实施经验，对各实施国带来极大的社会效益、环境效益和经济效益。由国家经贸委、国家环保总局等十一个部委组成的中国环境标志产品认证委员会认定的环境标志是中国惟一经过国家认证的绿色产品标志。5年来上海已有近20家企业、40多种产品通过认证，但塑料产品尚未入围，为此2001年7月以来协会与上海市绿色促进会商定，率先在PVC专业委员会内选择管材、型材、薄膜、人造革等领域内的20多个生产企业开展研讨活动，通过对环境标志产品认定标准、程序和技术要求的了解，根据自愿的原则由企业提出意向，再经协会的评估向上海市绿色促进会推荐。2001年第四季度上海建筑材料厂生产的PPR管材正式提出申请认证后，经中国环境产品认证委员会派遣的专家现场检查、审核已获通过并颁发了证书。目前有明确认证意向的会员单位还有皇家房屋建筑系统有限公司、爱平塑胶有限公司、上海氯碱化工股份有限公司等多家。我们希望，上海塑料行业将有更多的产品取得国家环境产品的绿色通行证。

（4）参与大型国际性展览，加强与华东六省兄弟协会的联系

由于中国经济市场化的进程发展很快，2000年第十四届、2002年第十六届国际塑料橡胶展览会展览公司一改以往“政府支持、行政协办”的传统方式，提出希望协会的参与并作为协办单位，对此我们作了积极的响应并进行广泛的宣传。在上海地区我们召开汽车、家电、通讯广播电视、模具、轻工机械、玩具、橡胶、电线电缆、化工等10家兄弟行业协会的情况介绍会，通过他们把展览的有关信息、资料向广大的塑料用户传递，同时我们还出面邀请华东六省（山东、江苏、安徽、浙江、江西、福建）的塑料协会作为展览支持单位。会前一个月我们请六省塑料协会的秘书长到上海部署讨论落实展前的各项工作。展览期间邀请六省塑料协会的理事长、秘书长作为嘉宾出席开幕式。在组织国内企业参展方面，我们向全国各地700多家企业发出参展的邀请函（实际参展的有100多家），并向上海1 200多家塑料生产企业及3 000多家塑料相关企业发放了30 000张参观券。我们还配合国外展商寄发技术交流及讲座的邀请。为雅式出版社撰写约稿，接受“现代塑料”杂志社新加坡分社的专题采访等。第十四届展览展出面积27 000平方米，有国际著名厂商400多家参展，规模空前，为历届之最，第十六届在浦东新国际博览中心展出面积36 000平方米，500多家外商参展，展品涉及面广，技术、工艺精湛，具有当代一流水平，十四届参观人数据不完全统计有五万多人，十六届近六万人，是行业内最具影响的大型塑料展。展览结束后，从我们收集到的反映来看，参展商、观众、社会各界、展览服务公司都比较满意，达到了预期效果。通过大型国际展我们很多企业有了了解国际塑料工业发展及技术动向的机会，既为引进先进技术和借鉴开阔思路，又为不少企业与国外企业交往拓展了渠道。此外，在展览期间，我们召开了华东六省一市塑料行业协会联谊会，通过交流，增进了友谊，加强了联系。2001年10月协会应浙江台州塑料协会的邀请，组团参加了第二届中国塑料制品交易会暨塑料产业发展研讨会，受到了当地政府及社会各界的热烈欢迎，并为以后地区间合作打下了基础。

（5）增进国内外交往，为引资招商牵线搭桥

① 五年多来，协会与国外驻上海总领馆商务处的交往日益增多，主要是参加他们为本国各种访问团、展览团举行的招待会、推介会，为他们国内某些公司在上海开展商务活动提供需要的专业咨询、市场信息、推荐客户等中介服务。虽然这些交往很多是礼节性的，但通过交流与沟通使他们对上海的塑料行业有更多的了解，为今后扩大通商开拓了渠道。

② 五年多来，协会与美国、日本、德国、英国、法国、意大利、澳大利亚、新西兰、泰国等国家的行业协会、工商会的交往也日益增多。同行的交流更多涉及具体的业务洽谈，日本贸易振兴会每年在上海要为日本在中国投资的企业召开零部件招商洽谈，都会邀请我们协会推荐客户，分发资料。前年该会为推行SI计划（即对国内与日方投资企业配套的供应商实施培训的计划）要求协会推荐具备一定条件的塑料模具企业，我们也及时予以配合。泰国塑料协会代表团则要求参观企业，了解上海地区企业的工缴、成本、对比上海与泰国的竞争能力。总之，协会之间的交往，不论其形式或内容，我们都持欢迎态度，认真接待，达到加强联系，信息沟通，增进友谊的目的。

③ 五年多来，协会与来沪经商的国外公司的交往日益增多，涉及的国家与地区就更多，每年有一二十起。主要内容可分三个方面：推销他们的产品主要有加工设备、模具、原辅材料；来料加工或采购，主要是包装膜、袋、容器及塑料零配件；投资办企业，寻求合作伙伴，主要有包装制品、建筑塑料，塑料助剂等。对此，协会本着“来者都是客”不论生意是否

做成我们都热情接待，帮助联系甚至陪同参观、访问、洽谈，以期取得满意的成果。

(6) 为企业服务，多办实事

塑料工业在上海是个大行业，企业众多，门类繁杂。近年来，随着经济体制的改革，投资主体趋向多元化，三资企业、民营企业发展迅速，许多企业有资金上项目，但缺乏对行业总体的了解，重复建设、重复生产，无序竞争的问题也相当突出，对此协会有责任介绍情况，提供信息，甚至帮助进行市场调研以减少不必要的决策失误。2001年三季度高化公司计划在上海化学工业区建设200～300ktABS树脂装置，委托协会做上海以及临近地区市场调研。对此协会全力以赴，制订了详细方案，首先选择了10家ABS应用大户召开了调查会。与会的厂长、总经理、总工程师及物料采购员对品种提出了许多有建设性的意见，然后在业外邀请了家用电器、通讯广播电视、计算机、汽车四个行业的专家提供了ABS树脂需求现状，“十五”及2010年发展规划等数据。对上海周边地区的调查主要通过江苏、浙江塑料工业协会的渠道，获得两省15个大类产品，对ABS树脂的需求情况，“十五”及2010年预测。整个调查历时一个半月，调研报告得到高化公司及中国石化集团经济技术研究院的认可和好评。

(7) 扩大行业覆盖面，办好PVC专业委员会

针对协会行业覆盖面的问题，第二届理事会曾讨论并决定在协会下面设立若干专业委员会。经各方努力，上海塑料行业协会PVC专业委员会报请上海市经委同意后于1999年正式成立。本着坚持协会宗旨，立足本行，紧贴企业，一心一意做好服务工作，其凝聚力不断得到加强。成员单位由起始的30多家发展到90多家，专业领域的覆盖面超过了65%，工作取得了较好成绩，受到企业的好评。PVC专业委员会是塑料行业的分支机构，只有一位专职秘书长，开展的工作主要是来自企业意向，每季度选一个明确的主题，讨论成员单位感兴趣的问题，如树脂生产厂与PVC加工厂合作问题，PVC建材应用开发问题，成立专业小组分类活动问题，行业统计问题，推行绿色产品认证等。在开展这些活动时，我们经常邀请政府官员、专家、教授到会，讲解产业导向，发展趋势，市场动态，价格信息等大家关心的问题，受到普遍欢迎。

2001年5月PVC专业委员会在上海氯碱化工股份公司的支持下召开了“申峰杯”论文发布会暨论文颁奖和百花奖开奖活动。会上由各成员单位发布论文22篇，涉及营销策略、新型材料开发、技术工艺配方研究、国内外发展趋向分析、型材标准探讨及若干新技术的采用等。由于论文内容广泛，实用性强，会议形式又丰富多彩，深受与会同行的欢迎。专业委员会的日常工作主要是为企业牵线搭桥，开拓业务，解决困难，如有的单位要扩产需增添设备，而另一单位有生产设备闲置，专业委员会从中搭桥，促成双方转让，既节省了资金，又盘活了存量。再如上海化工厂有较强的自动控制系统线路板的检修技术。而燕桥、国成、望春花等企业进口生产线线路板损坏，如要订货进口需三个月以上且费用昂贵，专业委员会组织技术人员协助抢修，及时为企业排忧解难，做企业的好帮手。

(8) 培育专业市场

上海塑料市场，上海塑协实业公司、上海塑协工贸发展经营部是上海塑料行业协会第一届理事会期间发起成立的专业市场与联办公司。在第二届理事会任期内运作状况良好。该专业市场（中山市场）有400多家公司驻场交易，年销售额大体在30亿人民币上下。周四信息沙龙例会，春秋二季大型交易会，规范的网络系统，信息周刊，不定期的市场分析报告会，孕育着无限商机，吸引了上海本土及周边地区的大批商客，取得了巨大的社会效益，也为国家、地区每年创造了1 700余万元的税收收入。由上海塑料行业协会、上海中山市场、上海市工业经济联合会、上海化轻公司四家联办的塑协实业公司创立九年多来是成功的。虽然联办公司属于自主经营、独立核算、自负盈亏的经营性公司，但在协会牵头，多方支持下始终坚持为市场和生产企业、科研单位服务的精神，它深得广大中小企业的赞赏和欢迎。联办公司设在专业市场内，从专业的角度可以对市场物流起到指导与一定的监督作用，通过交流信息，通报情况，促进营销工作规范，健康地进行，为专业市场贯彻公平、公正、公开的法则做出了贡献。

(9) 注重自身建设，不断扩大协会影响及知名度

① 经常务理事会讨论决定，并报请业务主管部门上海市经委批准，2001年协会组建成立了独立核算自负盈亏的“上海合诚塑料技术咨询服务部”，该部取得了市科委颁发的科技经营证书，可以合法经营四技服务工作并享受有关部门税收等优惠政策。我们将充分利用协会广泛的联系渠道，及其信誉好和地位超脱等有利条件，聘请或推荐专家、学者，为企业提供多方位的服务，为行业的进步与发展添砖加瓦。

② 由上海塑料行业协会、上海塑料工程协会、上海市化轻总公司、国家物资出版社共同出版的《塑料应用加工手册》于1998年正式出版。该书由上海数十位资深工程技术人员，历经两年多的辛勤劳动编写而成，内容涵盖了塑料加工的绝大部分领域，丰富实用，全书365万字，是近几年不可多得的大型工具书。出版后深得业内人士的赞赏与好评。

③ 近年来，协会与国内外一些著名的出版社、杂志社有不少的交往与接触，如“中国塑料”、“上海塑料”、“中国塑料橡胶”、“现代塑料”、“亚洲塑料”、“中国轻工出版社”、“中国物资出版社”、“香港雅式出版社”、“英国爱思出版社”等，接受他们的采访，陪同参观访问，协助组稿或直接撰稿，密切了协会与专业媒体的联系。此外，我们还为各种年鉴编辑部如“中国塑料工业年鉴”、“上海工业年鉴”、“上海外商投资年鉴”等撰写上海塑料行业现状及发展方向的文章，与国际金融报共同举办营销策略研讨会等，在介绍行业的同时也扩大了协会在社会上的影响。

【合成材料制造业】

1. 合成材料制造业现状

2001 年上海合成材料制造业规模以上工业企业有 87 户，年末从业人员 19 674 人，工业总产值（当年价格）90.76 亿元，销售产值（当年价格）89.34 亿元，工业增加值 20.68 亿元，销售收入 99.67 亿元，销售利润 11.85 亿元，利税总额 4.63 亿元，年末资产总计 162.38 亿元，固定资产净值 59.43 亿元，流动资产合计 68.19 亿元，流动负债 45.81 亿元，固定资产投资 3.88 亿元，内中基本建设投资 2.77 亿元，更新改造投资 1.11 亿元。

20 世纪 70 年代末以来，特别是改革开放以来经过 10 多年的建设，通过引进、消化、吸收、创新，上海合成树脂及塑料的生产已经有了相当好的基础和发展，其质量、品种、品牌的开发取得了很大进展。如上海石油化工股份有限公司下属的塑料事业部目前已拥有 2 套高压聚乙烯装置（年产 190kt 低密度聚乙烯树脂）、2 套聚丙烯装置（年产 210kt 聚丙烯树脂）和 2 个薄膜生产车间，其生产的 Q 系列轻膜料、涂覆专用料、棚膜专用料、BOPP 专用料、非膜级无规共聚透明聚丙烯专用料、可漆性聚丙烯汽车保险杠专用料等先后获得国家新产品奖和国家新产品证书。它还即将建成 1 套 200kt/年聚丙烯装置和 1 套 250kt/年双峰聚乙烯装置。其双峰聚乙烯装置采用北欧化工公司的“北星双峰”PE 工艺，以齐格勒-纳塔催化剂生产从线性低密度聚乙烯（LLDPE）到高密度聚乙烯（HDPE）的全密度双峰产品，密度范围 918～970g/m^3、熔融指数范围 0.02～100g/min，可根据要求调节分子量分布，以满足优良特性的要求。产品主要用于薄膜、吹塑、涂覆挤出、管材、电缆护套料和注塑料等六大类型。其 200kt/年聚丙烯装置采用中国石化专有技术，拟开发生产各种 PP 专用料。上海氯碱化工股份有限公司近年开发生产的“M-1000”牌号 PVC 树脂（医用级聚氯乙烯树脂）已成为上海市优秀产品；“R-1000”牌号 PVC 树脂在日本信越化学公司悬浮法聚合工艺的基础上，采用无毒引发剂和溶剂，选用新型分散体系，消除了甲苯和腈基团，使产品具有 VCM 残留量极低，表观密度高，粒度规整，干流性和塑化性能好的特点，适用于型材、管材、板材等建材领域，已成为绿色建材专用聚氯乙烯树脂，满足了“绿色建材”行业的市场需求。另外，上海高桥石油化工公司生产的 EPS，上海金菲塑料有限公司生产的高密度聚乙烯等在国内也处于领先地位，已达到或部分达到国际同类产品的先进水平。上海合成材料制造业当前存在的主要问题是，生产装置规模小、技术经济指标低、综合能耗高，20 世纪七八十年代引进的技术在国际上已属一般。品种单一、专用牌号少。以 PVC 树脂为例，国外许多生产 PVC 树脂的公司通过调整聚合反应体系和工艺条件，生产出不同牌号的树脂，改善了树脂使用性能，使通用树脂专用化，PVC 树脂达到 2 000 多种（包括粒料），西欧有 800 种，日本 600 种，美国 300 种。此外，国外近年还发展了多种用途的混合料和系列专用料。

上海本是我国工程塑料及功能高分子材料制造业的开发基地，一些主要的工程塑料与功能高分子如尼龙 1010、聚甲醛、聚碳酸酯、聚酯、聚酰亚胺、氟塑料、聚砜等都是上海率先开发生产并推广应用的，近年来由于投入少、装置小，工艺技术停滞不前，在与进口产品的竞争中处于下风。目前，除氟塑料、尼龙尚有一线生机外，总体上生产萎缩，产量滑坡，许多国营老厂每况愈下，已处于接近全面退出市场的边缘。塑料合金、改性树脂的开发与应用（接枝、嵌段、无规共聚、辐射交联、共混、增韧、增强、填充、复合等）还处于初级阶段，品种、质量、价格、服务等都不能满足市场需求，汽车、家电、通讯等领域用料仍需大量进口。

2. “十五”规划的实施情况

（1）根据现有规划，上海“十五”期间合成树脂与塑料工业将上一个新台阶。上海石化股份有限公司四期 70 万吨/年乙烯改扩建工程项目即将竣工投产，上海化学工业区的上海赛科石化有限公司 90 万吨/年乙烯工程项目、上海高桥石化公司 ABS 项目、德国 BAYER 公司的 PC 项目和华谊集团的 30 万吨/年 PVC 项目及其在吴泾的化工基地项目建成投产以后，将使上海的聚乙烯、聚丙烯、聚氯乙烯、聚苯乙烯、ABS、聚碳酸酯、聚甲醛等通用塑料、工程塑料、特种高分子材料的生产能力在现有 100 万吨/年的基础上增两倍，接近达到 300 万吨/年。由于这些装置规模大，技术先进，生产一体化，资源循环利用、流程合理，产品质量、品种、成本均有较强的竞争力，是上海新世纪塑料工业发展的希望所在。然而，我们应该看到当今全球塑料工业的整体发展趋势，跨国公司塑料产业的重组和并购现象在不断进行。如巴斯夫和壳牌的聚烯烃合并重组为Basell；BP. Amoco和Arco公司与苏威集团的联合；陶氏和Union carbide的合并；Totalfina和埃尔夫，雪佛龙与菲利浦的合并计划；加上三菱化工，Shopwa Denko、Tonen化工与日本石化就聚乙烯领域合并以及PVC标准塑料工业、热熔塑料产业内的互运协议和第一批合资生产企业的出现，都说明该领域内的集约化也正在进行。生产商希望此行业在全球的竞争最终能压缩至只在少数几家公司之间进行。因此，像上海化学工业区的世界级合资项目、外商独资项目也只能是跨国公司全球化塑料工业中的一个部分。为此，上海应当全面把握我国加入WTO以后对合成树脂、塑料工业的发展机遇与挑战，加快技术进步，使引进有利于促进自主开发，有利于建立企业为主体的科技创新体系，加大企业、高校和科研院所在聚合工程、新材料和工程化学等领域的合作力度，特别在通用塑料品种上的专用化、工程化、功能化、商品化方面狠下工夫。当前可重点开发的有各种包装塑料基材专用料，如BOPP、CPP；各种建筑塑料专用料，如塑料门窗专用料，高强度大口径U-PVC管道专用料；供水、燃气输配系统用聚乙烯管道专用料；XPE热水管专用料；Ⅲ型聚丙烯专用料；各种家用电器配件和电子元件专用料，如洗衣机高熔指内桶料，高体积电阻PVC专用料，PE电缆基料等。进一步优化产业结构，壮大发展规模，尽快融入国际市场，参与国际竞争。

(2) 近年实施的“转制”和“改制”，使国有企业基本上退出了上海工程塑料、塑料合金、改性塑料及热固性酚醛树脂、氨基树脂等领域。目前尼龙生产规模虽不大，但一些新的技术和工艺正在研制开发，如有突破，则另有一番生机；上海塑料合金和改性树脂生产企业规模在5 000吨/年以上的有4～5家，其所有制成分为股份制、民营和三资等形式，经营业绩大部分较好。从发展前景来看，汽车、电子工业对塑料合金、改性树脂的需求量十分巨大，但许多大企业倾向通过全球网络采购其所需的产品，若要作为网络的合作伙伴，能在全球市场中占有一席之地，还需拥有足够的工程资源和承接来样加工的发展能力。上海现有的企业，目前还达不到上述要求，应顺应潮流，积极应对。上海现有一大批民营、村办（个人承包）企业生产酚醛、氨基等热固性树脂及玻璃钢，由于转制等原因，产量有所回升，但这些产品技术含量低，劳动力密集，对环境有一定的污染，故不应作为上海发展的主导产品。

【塑料制品业】

1. 塑料制品业现状

2001年上海塑料制品业有独立核算工业企业1 082户，年末从业人员85 481人，工业总产值不变价163.054亿元，当年价182.932亿元，销售产值（当年价格）178.273亿元，工业增加值51.629亿元，销售收入177.736亿元，销售利润24.489亿元，实现利税18.064亿元，其中利润11.020亿元，年末资产总计235.931亿元，固定资产净值85.885亿元，流动资产合计117.323亿元，流动负债103.679亿元。工业固定资产投资额3.358亿元，内中，基本建设1.695亿元，更新改造1.663亿元。

20世纪90年代以来，在国家改革开放政策的推动下，上海塑料制品加工业有了高速的发展，塑料加工企业从600多个发展到1 000多个，产量从20多万吨发展到上百万吨。一些骨干企业通过资产重组，引进外资，发挥了多元化经济的集团优势，先后引进了一大批大型先进的技术装备，拓展了高新产品市场，使塑料制品加工工业水平上了一个新台阶。如上海金浦塑料包装材料有限公司投资2 997万美元建成的1.4万吨/年BOPP生产线，是国内同类产品最大的装置之一，可生产本色膜、真空镀铝膜、珠光膜、亚光膜、胶带膜、香烟膜等多种产品。上海紫东化工塑料有限公司投资2 998万美元，引进三菱重工高中档聚酯薄膜生产线（BOPET），年产10 000吨，主生产线工作区域达到100 000级净化标准，整个生产经营过程均按ISO 9002质量管理体系运行，保证了产品质量的稳定性。上海紫藤包装材料有限公司，投资1 000万美元，引进国内最大聚丙烯三层共挤流延膜（CPP）生产线，年产量6 000吨，有热封型、镀铝型、蒸煮型等，性能与质量已达到进口同类膜水平。上海达凯塑胶有限公司投资2 000万美元，引进90年代世界一流全电脑控制五辊压延生产流水线及VKW公司软件，生产聚氯乙烯（PVC）IC卡、有价卡基材、高档透明片、高档印刷片、文具用片材，产品质量达到德国DIN标准，超过日本、中国台湾省同类产品。上海开捷门窗有限公司投资4亿人民币，从德国、奥地利引进具有90年代国际先进水平的PVC型材挤出生产线及门窗装配生产线，全自动电脑控制，可高质量，高效率的完成挤出、切割、铣孔、四角焊接、内外清角、清除焊渣等工序。上海皇家建筑系统（上海）有限公司是加拿大皇家集团技术有限公司在沪的独资子公司，首期工程投入3 100万美元，全部设备与技术由加拿大直接引进，生产塑钢门窗系统（RPWS）和建筑系统（RBS），通过模组化设计理念把房屋所有构件，经过精确设计和工厂化生产，在施工现场结合混凝土灌注成型，使造房不再使用砖瓦木石，大幅度提高了建筑效率。上海华德塑料制品有限公司，投资 2 250 万马克，引进德国系列电脑精密注塑设备，生产自行车反光器、道路诱导反射器、道路反光轮廓标等产品，其中自行车反光器是国内惟一达到美国 CPSC 和英国 BS6102－2 标准的产品；汽车塑料配套件是该公司生产的另一大类产品，获得上海市人民政府轿车国产化协调办公室颁发的一等奖，目前是上海大众汽车公司（桑塔纳）A 级供应商，企业经济效益显著。此外，上海近几年建成投产且技术含量较高的塑料制品还有大口径承插式 PE 缠绕埋地管及塑料窨井、PVC 芯层发泡管、大型 PVC 特种硬管、铝塑复合热水管、一步法硅烷交联 PE 热水管、Ⅲ型聚丙烯（PPR）热水管、5 加仑 PC 饮用纯水桶（注、拉、吹）、200 升全塑桶、PVC、PE 铝塑板、PC（中空）透明阳光板等。目前上海塑料制品加工能力已超过 100 万吨，经有关专家评估，其中包装用塑料制品（膜、片、带、袋、衬填防震、捆扎、中空容器等）约占 30%，建筑用塑料制品（管材、型材、铺地材料、装饰材料、防水材料、保温隔热材料、轻型墙体材料等）约占 20%，工业配套件塑料制品（白色家用电器、黑色家用电器、电子产品、汽车、通讯、电线、电缆、国防工业等）约占 23%，农用塑料制品（农膜、地膜、棚膜、灌溉排水、农田设施、渔业、牧业、林业、水利工程等）约占 5%，日用塑料制品（鞋类、箱包、家具、玩具、餐具、文具、洁具、桶、盆、箱、盒、架等）约占 15%，其他约占 7%。上海塑料制品业当前存在的主要问题是，经这些年塑料制品加工业的大发展，在一些新兴企业脱颖而出的同时，有一大批国营、集体的中小企业，在激烈的市场竞争中困难重重，难以为继。还有一批企业在近年产品结构调整过程中缺乏对市场的深入调查，对行业总体情况又不甚了解，投资决策失误，引进项目失败，陷入了严重的债务危机之中。由于塑料应用面广，配套性强，市场容纳量巨大，加上制品加工项目资金投入少，流程短，工艺简单，劳动密集，效益明显等特点，吸引了不少东南亚国家及港、台地区的中小企业来上海投资设厂，加上乡镇企业、民营企业的投资设厂，故重复建设、重复生产、重复引进的问题相当突出，如上海地区建筑用 PVC-U 排水管、PVC-U 塑钢门窗等。再如，5 加仑 PC 饮用纯水桶，前几年一下子上了 30 多条生产线，投资近 2 亿人民币，生产能力超过 1 000 万只，由于供大于求，出现竞相削价的局面。而市场急需的某些新材料，如低中发泡 PS，医用配件 PP 厚板，专用聚甲醛板材、聚碳酸酯板材等却无处加工。

2. 塑料制品业发展趋势

上海塑料制品工业在经历了十多年持续高速发展，产品品种显著增加，技术、装备水平提高很快，为国民经济和社会服务的能力大为增强，但在我国加入“WTO”以后，有必要进行冷静的深层次的反思。上海作为塑料制品工业的老基地，作为全国科技、经济的中心城市，塑料制品不仅与世界发达国家有明显的差距，而且，在国内也未处于领先地位。主要表现为市场竞争能力一般，企业经济效益低下。上海有 1 000多家塑料加工企业，8 万多名在职职工，努力发展塑料制品工业是有关国计民生的大事。为尽快赶、超国内先进水平，缩小与发达国家的先进水平，上海塑料制品工业应考虑以下发展思路。

（1）继续调整企业结构，促进塑料制品行业新发展。上海塑料制品行业大多为中小型企业，其资产结构、组织结构、产品结构、装备水平、市场营销能力，均存在较大的问题。目前，很多中小企业处境困难、亏损有增无减。近年引进大型、先进技术装备的企业，企业结构、产品结构有的也不很合理，往往是一个企业一条线，或同水平的重复引进，其产品的生命期有限。目前的出路是采取兼并、联合、拍卖和实行股份制改造，增加非国有经济成分，发展多元化经济企业等企业结构调整措施。在实施中可以根据塑料制品的结构分类指导：对塑料包装基材、建筑塑料中的管材、型材等适合大规模集约经营的产品应引导实行股份制改造，通过兼并、收购、联合等方针组成大的企业集团，使之能成为按现代企业制度运行，具有自我完善自身机制和结构能力，推进高新技术发展，不断实施技术改造，迅速扩大生产规模，达到年产 10 万吨以上，充满活力的骨干企业；对汽车、通讯、家用电器、电子元件等工业配套件塑料制品企业，可以通过竞争、招标等比较规范的做法，逐步建立相对稳定的专业化供求网络系统。具体的做法是，选择一批基础条件比较好的塑料制品企业，通过参资、入股等方法，实行多元化经济改造。在这些企业中，要积极推行 ISO 9000 族标准和采用先进国家的技术与产品标准，尽快地实行产品质量管理与国际接轨，作为突出的重点来抓。对属于市场调节的一般日用塑料制品企业，可以通过增加非国有经济成分或出售给个人，使其运作更贴近市场。

（2）加强产品结构调整，主要方向是提高现有产品的质量与档次，同时采用国内外先进的科技成果、先进的加工技术和先进的加工装备，开发出一大批新的产品。今后几年，上海塑料包装发展重点有①高阻隔性材料。开发适宜于食品、饮料包装以及提高其保鲜功能，延长货架寿命的包装材料，如在 PP、PA、PET 膜上涂覆 PVDC；含有 EVOH、PVDC、PVA

的复合膜、蒸煮膜、氟化聚烯烃容器等。②耐热性塑料包装材料，开发适应蒸煮包装、微波炉加热包装制品，PET、PA/AI/PE、PP多层复合薄膜；开发无机物填充PP、CPET片材，PET/纸板复合材料。③功能保鲜包装材料。选择透气性树脂的共混型、吸水性树脂型、乙烯吸收型及多层复合型等包装材料。④无菌和抗菌性、水溶性（PVA）等健康型包装材料。⑤导电性（抗静电）包装材料。开发含碳性（炭黑、碳纤维、石墨）、含金属性（金属粉末、金属氧化物、金属碎化、金属纤维）等包装材料。⑥复合基材的开发。⑦异型、热灌装、多层共挤型中空容器的开发。⑧聚烯烃发泡衬填包装材料的开发等。

上海建筑用塑料制品的发展重点：①塑料门窗。针对华东及南方沿海地区台风多、降雨量大的气候特点和这些地区经济比较发达，高层建筑的使用特点，开发高强度和高水密性的外门窗，特别是推拉窗，改进型材断面结构，进一步提高推拉窗的密封性、隔音性能，研究解决保温窗双玻璃在长期使用不结露和灰，尽快形成门窗安装、型材拼接、零配件和玻璃装配的构造尺寸等标准化、系列化，实行模具的计算机辅助设计（CAD），辅助工程（CAE）和制造（CAM），开发一批功能好、外观好的五金零件。②塑料管道。品种开发的重点为：UPVC给排水管、PE城市供水管、PE城市燃气管、PPR、PE-X建筑冷热水管和挤出成型钢骨架钢塑复合管；管配件的开发重点：大口径塑料供水管、排水管专用管件、铝塑复合管、交联聚乙烯管专用速接管件、聚乙烯管电熔管件系列。

大力发展技术密集，附加值高的工业配套件塑料制品，是上海塑料制品工业产品结构调整的又一个重要方向。这是因为上海汽车、通讯、家用电器、办公自动化机器等对塑料配件的需求量已经十分巨大，且工业配套件塑料制品大量使用工程塑料、高性能聚合物、聚合物合金、功能高分子材料、纳米复合材料等高科技材料。另外，塑料成型技术的发展趋势是改进传统的成型设备，配置新型的辅助设备，使传统的成型工艺逐步完善，如反应注射成型（RIM)、增强反应注射成型（RRIM)、液体注射成型、注射热成型、多组分注射成型、共注射成型、失芯注射成型、气体辅助注射成型、注射结构发泡成型、立式和低压注射结构发泡成型、深拉伸双壁吹膜技术等。特别是计算机技术在成型工艺中的应用（CAE)，包括提供熔融指数在充模阶段的流动纹理，熔合线，体积收缩，应力松弛，翘曲变形等数学模拟程序，以取得高质量产品的方法已被广泛采纳，从而使工业配套件的生产质量与效益更符合汽车、通讯、家用电器、办公自动化机器等产品的生产要求与方式。发展工业配套件塑料制品的生产是一个系统工程，涉及主机厂的塑料件设计，原材料供应，高性能模具加工，高水准塑料制品专业厂的加工工艺、设备配置、质量保证体系与测试标准、测试手段的建立等环节。上海有强大的产、学、研体系，有横向联合、协作攻关的优良传统，在市场经济的条件下，充分调动各方面的积极因素，一定能把上海工业配套塑料制品搞上去，开创上海塑料制品产品结构调整的新局面。

农用塑料制品的发展方向：农业在上海国民经济中所占比例虽然较小，但上海每年生产的农用塑料制品有5万多吨，有国家定点的具有一定生产规模和较强技术力量的农膜生产企业数家。上海农用塑料制品应在品种、质量、开发新品方面继续为农业生产作出贡献。针对我国农用覆盖材料棚膜防老化性能较差、使用寿命偏短，普通膜只能越过一个夏季，连续使用只能达到一年以下，而国外防老化寿命可达3～5年甚至更长。当前要解决的问题是，在基础树脂选用方面，采用分子量分布窄，熔体指数0.3～0.7的专用树脂，并稳定货源供应；在助剂的使用方面，除要提高助剂本身的效能外，还要考虑不同助剂配套使用的协同效应。我国防雾滴棚膜的流滴持效期也偏短，国产PE双防膜的流滴持效期只有2～4个月，PE多功能复合膜流滴持效期3～4个月，EVA多功能复合膜的流滴持效期也不过6～8个月，而日本防雾滴持效期长达10年，基本上同防老化膜寿命同步。其主要问题是，防雾滴剂的功能不全、效能不高、种类及工艺路线单一，今后除研制内添加型外，还应研制表面喷涂型，并结合防尘工艺，努力完成流滴持效期达14～18个月的协作攻关目标。我国保温棚膜、转光棚膜等功能性棚膜品种少，效率低，不能满足农艺的要求，园艺设施的塑料构件、用具还有待大力开发，总的方向是节约树脂原料，降低农业成本，推动农用塑料制品向优质、高产、高效、低耗的方向发展。

【环境保护】

上海人均塑料消费量已经达到中等发达国家的水平，据有关方面统计，上海废弃塑料已经占到整个城市固体垃圾总量的8%左右，每年达30多万吨。塑料是一种高分子聚合物，被废弃以后不易降解，几十年、上百年都不腐烂消失。如听之任之，就会造成所谓的“白色污染”，成为一个严重的社会问题。但是我们应该清醒地认识到，废弃塑料造成的环境污染并不是使用塑料的过错，而是我们对废弃塑料污染的防治与管理滞后。所以，不能简单地用行政命令的方式，禁止使用来解决，应采取切实可行的方法加以疏导，变废为宝，走可持续发展的道路才是正确的选择。发达国家对废弃塑料，目前通常采用回收再利用；焚烧转化能量利用；地下掩埋等三种方法处理。当然，这三种方法各有利弊，回收利用有收集、分类、去污、成本等问题；焚烧发电需投入大量资金建设垃圾发电站，且部分塑料在燃烧过程中会产生二噁英破坏臭氧层等问题；掩埋要占用大量场地。当前，比较迫切的问题是，通过立法，使废弃塑料的防治与管理走上规范的道路，其原则应是实行加强管理和生产；销售、使用者自律相结合；回收利用；市场运作和行业管理；部分禁止和产品替代；生产者承担回收义务；全面规划，分步实施。

关于降解塑料：上海自80年代以来，有关科研院所及企业的科技人员，通过不同的技术路线和途径，分别对光降解塑料、生物降解塑料、光-生物双降解塑料，开展了较为广泛的研究，并开发出一些降解制品。近年来，有10多家企业在上海生产降解母粒，降解塑料膜袋制品，降解一次性塑料快餐盒等产品。降解塑料开拓了有效处理废弃塑料的新途径，但目前生产技术和应用技术尚处于探索阶段。对降解塑料的定义、测试和评估还无完善的标准。因此，应持积极又慎重的态度，不宜采用行政手段强制推行、盲目生产。又要投入一定的人力财力，大胆探索创新，以期使降解塑料得以健康、有序的发展。

【若干建议】

1. 上海塑料工业在国民经济中的地位和作用十分重要。由石油化工工业带动的合成材料制造业将有大量的投入，许多技术、经济、市场方面的重大问题有待做出正确的决策。塑料制品业的情况更为复杂，针对目前的总体情况，一定程度上的破产、兼并、重组是不可避免的。产品升级换代，技术工艺的改造、创新也任重道远。由于塑料企业的分布跨度很大，结构，产品调整不可能在一个集团公司范围内合理地得到解决。因此，建议应有市府有关部门负责塑料行业规划的实施和进行宏观调控与协调。

2. 完善和落实行业协会的职能，使能参与制定行业规划，对行业内重大的技术改造、技术引进、投资与开发项目进行前期论证，参与环境标志论证、高新技术企业和高新技术项目论证，行业统计等。建议政府做出具体的，带有一定约束力的授权，使行业协会的工作落到实处。

3. 塑料助剂是塑料制品工业中最主要的配套用料，大都属精细化工范畴，其消费量通常占制品总量的10%左右，有巨大的市场潜力。建议有关部门在制定“十五”规划时，充分考虑到塑料助剂生产的重要性，促进其加速发展。当前，塑料制品对各类塑料助剂的需求趋势是：①热稳定剂：调整结构，改造铅盐，取缔镉皂，发展稀土，有机锡，复合钙/锌等无毒热稳定产品。②抗氧剂：发展品种，提高性能，使其具有高耐水解，高耐热抗氧活性的结构。③光稳定剂：长寿农膜是光稳定剂的主要市场，用量占77%左右，当前主要是缺乏高效品种，1/3的市场被国外产品瓜分。④阻燃剂：为顺应世界阻燃剂市场低烟雾、低毒性、无害化的发展趋势，应提高磷系阻燃剂，无机阻燃剂的生产与消费比例，开发高效复合阻燃抑烟新品种。⑤抗静电剂：开发高分子量、永久型抗静电剂。⑥加工和抗冲改性剂：我国抗冲改性剂工业目前比较落后，80%是氯化聚乙烯。应重点发展高效能抗冲改性剂产品，热变型改性剂和用于工程热塑性树脂及聚合物合金的专用抗冲改性剂品种。⑦化学发泡剂：主要发展复合或改性发泡剂，聚氯乙烯发泡异型材及耐热ABS和聚碳酸酯等高温发泡制品的发泡剂，开发适应低发泡异型材等制品加工要求的泡沫调节剂。⑧其他助剂：主要有防雾滴剂，成核透明剂，红外线阻隔剂及氟聚合物加工助剂等。

（上海塑料行业协会　杨忠民）

江　苏　省

塑料是20世纪全球经济发展中增长最快的行业之一。江苏是我国主要的塑料加工工业基地之一，改革开放给江苏的塑料加工工业发展带来了巨大的生机和活力，随着改革开放的不断深入而有了突飞猛进地发展。通过引进国外的先进设备与技术，兴办三资企业，改造了一大批中小企业，涌现了大批的具有新的形象和活力的高新企业和龙头企业；产品质量和档次显著提高，产品品种不断增多，应用领域不断扩大，出口创汇逐年增加，全行业整体水平上了历史新台阶。

【基本情况】

江苏塑料加工工业始于20世纪60年代初，是当时的新兴行业。初期的产量仅1 200多吨，1969年产量才超过1万吨。1979年，江苏塑料制品总量在全国同行业中率先突破10万吨，并连续11年位居全国同行业第一，其总量占全国总产量的1/10，是中国为数不多的、主要的塑料加工业基地之一。

全省具有一定规模的企业3 300余家，其中销售收入500万元以上的企业800多家。全行业制品生产能力达300万吨以上，2002年完成生产吨位约190万吨，实现工业总产值310余亿元，销售收入280亿元；实现利税20亿元，其中利润9.5亿元。仍然保持10%以上的递增。

产品的涉及领域从农业，工业和消费品包装，到建材、汽车、机械、军工、电子通讯等；几乎当前国内外塑料界所有的塑料产品都涉及，主要差别在于优级品的比例和高档次产品的覆盖面。从品种上分析，农用薄膜的产量随着宽幅大棚膜的推广应用和长寿无滴膜的新型多功能膜的兴起，无论在品质、档次上还是在总量上都有了显著的提高和增长。工业用膜（包括收缩膜、双向拉伸膜、缠绕膜、内衬膜、食品、服装、玩具日用品包装膜等）仍然占薄膜总量的75%以上。板材中的ABS、PS复合板、铝塑复合板、PC板以及为家电、汽车配套的用量逐年上升。编织袋产量仍然保持增长的趋势，在品质上有了很大改善，吨装袋的出口量逐年增长。管材和型材以惊人的速度在发展，已出现5万吨级的厂，突现该类产品对规模经济的要求和品牌效应的威力。但普通泡沫制品和普通桶类包装容器的产量增长速度有下降的迹象。

“八五”和“九五”期间，各企业都投入了大量的资金进行技术改造，使整个塑料加工行业从质和量两个方面都取得了突飞猛进的发展。全省各类技改项目的成功实施，大大提高了企业新产品的开发能力和市场竞争力，先后开发出一批技术含量高、紧跟市场热点的新产品，如：汽车燃油箱、保险杠、仪表板、大口径管材管件、多功能复合膜和多功能农膜、双向拉伸聚酯、双向拉伸聚丙烯、双向拉伸聚苯乙烯、共挤复合膜、聚碳酸酯板、光导板、铝塑复合板、信用卡基材、装饰广告用材料、防水材料等。为包装、电子、汽车、机械、通讯行业的发展做出了极大贡献。

随着改革开放的深入发展，技术装备的引进和自身技术开发能力的提高，江苏塑料工业已形成成型工艺齐全、产品品种繁多、生产规模持续趋大、社会效益和经济效益较好的基本格局，成为全省经济发展的重要支柱行业之一，继续保持着在中国塑料界举足轻重的塑料工业基地的地位。

【主要问题】

在整体水平上升的大趋势下，江苏塑料仍然存在一些共性的问题，主要如下。

① 在原材料来源结构上，仍处于大路货为主的现象，国产原料在品质和品种上不能满足塑料工业发展的需要。尤其是专用牌号原料，例如汽车配套件专用料、高绝缘电缆专用料、高速BOPP、CPP、共挤复合吹塑等专用料、高品质聚甲醛、聚碳酸酯、聚偏氯乙烯等原料的供应主要依赖进口，严重影响塑料行业结构的合理调整，制约着塑料工业的发展。

② 产品结构的不合理性一直困扰着江苏的塑料工业，高精尖产品开发不够足，低水平产品重复交叉，没有一个权威机构能够协调和真正做到适应性调整。

③ 重量级塑料加工企业所占比例不高。尽管涌现出了南京中达制膜、江阴申龙高科、江南模塑集团、常州巨力集团、江苏琼花集团、常州创佳型材、盐城珠花集团、镇江金益集团、连云港中金医药包装、昆山彩华包装、江阴龙山集团、无锡环宇包装、无锡环亚包装、无锡国泰包装、常州海企塑业、无锡巨龙、苏州富事达、江苏华信塑业等重量级企业，尤其是南京中达、申龙高科、江苏琼花的崛起，极大地改变了江苏的塑料包装面貌，极大地影响了江苏塑料包装的发展进程，某种意义上将改变江苏乃至全国的塑料包装历史进程。但除此而外，大多数塑料加工企业规模不大，原材料消耗和能源消耗偏高，大部分中小企业的经济效益偏低。

【发展重点】

新型塑料建材和多功能塑料复合包装材料仍将是江苏塑料制品工业的重点发展和快速增长的主要领域；农用塑料不但继续占据重要位置，而且将会随着农业种植结构的优化调整出现新的发展机遇；科技含量高的、高附加值的工程塑料、工业配套塑料件及其他改性复合材料的应用领域将不断扩大。重点大类塑料产品如工业配套件、管材、建材、软/硬压延制品、薄膜、片材、及高档包装材料的生产将朝着规模经济的方向发展，为减少对环境的污染，将加大塑料回收利用和降解塑料应用。功能性塑料的开发和研究将是今后的发展重点。

塑料管材的主要发展领域是各种规格（尤其是大口径）、多材质和多种结构的管材管件；燃气管将出现发展的大机遇，将有可能成为热点产品。塑料建材的发展将要超出仅仅是型材的格局，型材也应朝着优化结构的方向发展，增加品种，提高档次。结构发泡材料、轻型墙体、隔断材料将进入活跃期。懂塑料不懂建筑设计和懂建筑不懂塑料是塑料建材发展的制约因素。应加强设计和应用的研究，这是建材产品快速健康的发展关键。在发展的过程中必须同步考虑标准化、系列化、适用化、配套化、美感化等新型建材发展的几大要素。

塑料包装广阔的市场前景，使塑料包装行业的规模随着市场需求的快速增长和品种、品质的不断涌现而不断扩大。骨干塑料包装企业的崛起、新型高阻隔材料的成功开发，改变了江苏的塑料包装行业面貌，改变了塑料包装的形象。骨干塑料包装企业主要依靠引进先进设备以及和国外同行一流企业建立技术合作开发纽带，加速了与国际塑料包装行业技术水平的靠拢，加快了塑料包装进入国际市场的步伐。塑料包装材料的发展经历了简单塑料包装、复合塑料包装阶段，当今的市场需求正向着塑料包装的多功能化发展。塑料包装的复合化、多功能化、环保化是今后发展的重点方向。塑料包装应按食品药品等包装物的要求，努力开发多功能性包装材料，提供被包装物性能保护功能；开发延长货物保质保鲜寿命的高阻隔、防渗透包装材料，无菌包装材料，热灌装材料，保味包装材料，耐蒸煮包装材料；开发水果、蔬菜等的气调环境保鲜包装材料以及粮食等储存、运输的防霉防蛀包装材料。尽管就整体而言，高技术含量、高附加值的塑料包装产品目前所占的比例仍然不高，未能满足日益增长的市场要求。但是，随着社会进步和人们生活质量要求的持续提高，塑料包装业将随着食品、饮品、药品、生物制品等朝阳行业的发展而大发展。随着这些行业对塑料包装的要求不断提高，塑料包装始终存在很大的发展空间。塑料包装可持续发展的前景广阔，一个大发展的时机已经成熟。

农用塑料的发展中点是果蔬、花卉、经济作物、育苗等用途的长寿、无滴、防雾、高强度高透明、保温等多功能塑料棚膜及其相关配件制品，除草、防虫等多功能地膜。深入发展农田水利建设用的各类塑料管道、管槽、管件、节水型微灌、渗灌、滴灌以及水利建设中的水渠、大坝建设用土工材料。农用塑料应引入现代农业的概念，农用塑料的研究开发应着眼于现代农业的目标、着眼于农业科技的发展和新技术的应用。

工业配套件的开发重点是工程塑料、汽车、家电、电子信息产品的配套件。邮电通讯用新型电缆、穿线管。信息、通讯、机械、国防工业配套的各种科技含量较高、附加值较高的配套产品。汽车工业中的塑料比重将大幅度增长，10 年后的汽车塑料件将有一半以上采用复合材料和回收利用材料。航空航天工业技术进步的着眼点之一是减轻自重，高分子复合材料将大有作为，塑料将担当非常重要的角色。电子电器工业的配套将围绕节能省料的方针，对高电磁性能塑料合金、超导电塑料、电磁屏蔽材料、光机能性材料、光学纤维复合材料、新型传感高分子材料、信息处理用各种记录、储存材料、CAD 静电记录膜、微缩用胶片等的需求将急剧上升。

日用塑料制品的发展仍然有着不可估量的前景。关键是设计理念的突破，能否侧重以人为中心，追求现代美学设计观，朝便捷、舒适、适用、经济、美观的方向发展，提高质量和降低成本是这一领域极其重要的行业发展要素。

【对策措施】

1. 紧紧抓住机遇，敢于面对挑战，进一步转变观念，理顺体制，深化改革

塑料制品工业经历了从计划经济向市场经济转变的历程，企业在从计划经济模式转向市场经济的过程中，遇到许多困难，面临许多问题，为数不少的企业步履艰难，原有的历史烙印仍然影响着企业的发展和管理模式。因此，解决塑料企业今后发展中的矛盾和问题的根本出路在于真正实现深化改革。不进一步转变思想，就谈不上深化改革，就难以实现经济体制的改造，就难以尽快建立起具有活力的现代企业制度。目前正在强烈推进的国企改制、改造、股份化进程，为我省塑料企业的发展提供了不可多得的极好机遇。充分利用机遇，输入新的活力，江苏的塑料企业必定重整雄风，大展宏图。

2. 正确判断市场，自觉调整产品结构

塑料制品企业应根据市场需求调整产品结构，加速发展短线、三高产品，根据不同品种适度掌握产品规模。下决心停掉一批低档产品和长线产品。坚持市场决定生产的导向原则，坚决从数量主导型过渡到质量、品种、出口、效益主导型。地方政府应重点扶持一批大型企业、特大型企业、重点企业、明星企业。以名优产品为龙头，以经济效益为中心，以资本投入为纽带，以市场发展为导向，组建具有实力的、符合经济规律的、有利于企业发展的企业集团，实现适应市场需求产品的规模效应。尽快改变和结束老、小、散、差的落后状况。

3. 继续坚持大力利用外资、发展外向型经济企业的发展方针

我省塑料制品的出口量占总量的比例相对较低，制品技术含量不高。应继续研究国际市场的需求情况，研究国际市场新产品，在提高原有出口产品质量、巩固和扩大原有产品的出口量的同时，重点开发热点产品，重点发展新市场。应鼓励和引导有条件的企业跨出国门，直接参与国际竞争。可将国内渐趋饱和的产品生产移到其他仍然有着较大需求的国家，境外办企业应从输出技术和设备为主。

4. 重视产品的技术含量，以新技术促进企业的持续、快速发展

当今世界的经济发展显著特点之一，是技术已成为推动企业发展和经济增长的极其重要的因素，更是企业能得以持续发展的基本要素，技术含量低的产品和企业不可能有持续的生存空间。塑料加工业的技术发展非常迅速，出现了许多新技术新工艺，许多新产品的出现本身就伴随着新技术的开发和应用。计算机辅助注射成型、新型异型吹塑成型、超微孔塑料、受控低压注射成型、多相聚合物片状注射成型、可熔芯技术注射成型、挤出浸渍复合成型、熔体挤拉成型、多元材料复式加工技术、壳芯注射成型、双注射成

型、模内背衬注射成型、液-气辅助成型等新技术的开发和应用推广，将为塑料产品的开发和设计提供更为广阔的空间。企业应格外重视技术，尤其是新技术工作。应根据自身的条件和发展需要，选择开发研究、综合吸收、引进消化、技术合作、购买软件等各种方式，积极采用高新技术。在引进先进装备的同时注重引进软件和技术。

5. 加大技改投入，增强企业后劲，提高企业活力

塑料行业改革开放以来的实践证明，只有选择好的项目，加大合理投入才能迅速上规模和上水平。只有加大投入，才能做到竞争有实力，发展有后劲，才能做到稳步前进，立于不败之地。优秀企业的历史经验充分验证，企业的大步前进多数是通过技术改造和技术引进实现的。江苏塑料应通过新一轮技改投入的实施，使全行业的整体实力提高到一个更新的水平，更上一个新台阶。

6. 重视人才，吸引人才

实现现代化，人是决定因素。企业和产品的竞争，越来越表现为人才的竞争。为此，江苏塑料界应进一步提高职工队伍的素质，注重职工技术的培训，大力培养和吸引人才。在企业改制的过程中应特别注重保护管理人才、外向经济人才、中高级技术人才的利益，应通过股份制的改造，尽可能最大程度地留住人才。人才是任何企业发展宝贵财富，企业应从制度、分配机制上解放思想，引入激励机制、股份机制，高薪用人才、创造条件留住人才，用好人才，确保技术塑料的持续高速发展。

7. 重视行业管理，克服盲目发展

塑料作为一门新兴的材料工业，与传统工业相比，其发展历史不长，但发展速度相当快。新项目的上马已从计划经济式的逐级审批制转向市场经济体制下的市场主导化。企业对项目的实施与否具有绝对的决定权。社会主义市场经济体制下的集体企业投资风险主要由投资单位而非经营者或单位领导，对投资项目的可行性研究存在诸多不踏实因素和投资项目的目的不明确性。这是上一轮投资热潮中为数不少的项目失败的主要原因，也是造成不少企业效应严重滑坡的不良因素。盲目投资、盲目发展不仅对单位本身造成重大损失，也对金融界构成严重风险威胁，最大的伤害是国家利益的受损。一哄而上，不仅使投资单位在一开始就步履艰难，也对原来生产销售较能维持的单位构成严重威胁。因此，呼吁政府重视行业的管理和协调，尤其是项目的管理方面，要尽可能找出一条可行的审批程序，亟须改变目前项目由政府综合部门中只了解个别行业的少数人审批项目的状况。

8. 应加大力度重视废旧塑料的回收利用工作

① 应加强宏观指导与管理，建立切实可行的回收激励机制，建立回收利用体系。

② 建议尽快制定有关塑料回收利用的法律法规，规范回收利用的工作，杜绝不良现象的发生。

③ 从提供条件设立塑料回收利用基金，从税收政策等方面鼓励塑料回收利用工作。

④ 与治理白色污染工作相结合，加强立法工作，从优化人们的良好消费习惯，提高人的行为素质入手，变废为宝。在找到更经济有效、更有利于环保的新型替代材料成功研制之前，切忌因噎废食。

（江苏省塑料公司　韦华）

浙　江　省

【基本情况】

2001年，浙江省塑料制品加工行业，速度仍然保持在两位数以上，基本特点是：体制改革速猛，生产稳步发展，技改投入加大，高新技术不断增多，民营及个体企业呈现兴旺发达。

据统计，年产品销售收入在500万元以上的企业共1 084家，完成工业总产值（1990年不变价）311.20亿元，比上年增长21.98%；实现工业增加值62.86亿元，增长25.37%；完成塑料制品总产量194.58万吨，增长14.60%；产品销售收入265.11亿元，增长20.87%；实现利税27.18亿元，增长37.28%，其中利润17.24亿元，增长55.59%；固定资产实际投资额22.44亿元，增长30.80%，其中用于技术改造11.43亿元，增长31.81%；亏损企业89家，比上年下降2.20%；亏损企业亏损额为5 984.00万元，比上年下降26.34%。

除少数几家未改制外，几乎全部已经改制完成。其中，民营及个体经济占89.5%，外资及合资企业占5%。

【企业经营】

1. 重点企业经济效益显著

2001年，我省塑料制品加工业中部分重点骨干企业通过进一步加强管理、努力开发新产品，市场应变能力不断增加，取得了显著的经济和社会效益。

据统计，浙江大东南集团有限公司、浙江永高塑业发展有限公司、瑞安华滨包装材料厂、三友控股集团有限公司、海宁长海包装印刷有限公司、湖州新大力轻工集团有限公司、浙江永庆塑胶有限公司、浙江华泰塑胶股份有限公司等20余家企业2001年完成塑

2001 年塑料行业主要经济指标完成情况（产值在 500 万元以上企业的统计）

项　　目	1999 年实际	2000 年实际	2001 年
1. 统计单位数/个	838	856	1 084
其中：亏损企业/个	77	97	89
2. 产品销售收入/万元	1 809 466	2 258 213.6	2 651 156.15
3. 利税总额/万元	162 006.9	200 306.3	214 405.3
其中：利润/万元	85 078.5	107 634.4	172 425.10
4. 亏损企业亏损额/万元	8 486	9 033.6	5 984.00
5. 固定资产投资总额/万元	142 443.5	168 369.8	224 431.20
其中用于技术改造/万元	69 209.7	94 068.7	114 325.2
6. 工业总产值(现价)/万元	1 948 799.9	2 399 793.6	2 869 713.50
7. 工业总产值(90 不变价)/万元	2 246 254.5	2 679 580.8	3 112 002.20
8. 工业增加值/万元	428 826.6	505 221.1	628 600.5
9. 从业人数/人	115 179	128 106	135 687

2001 年塑料行业制品产量（产值在 500 万元以上）

产品名称	2000 年产量	2001 年产量	产品名称	2000 年产量	2001 年产量
塑料制品总计/t	1 538 616.75	1 945 825.5	塑料合成革/t	46 244.00	52 143.1
总计中：塑料薄膜/t	176 540.93	216 531.2	泡沫塑料/t	29 902.37	315 621.0
其中：农用薄膜/t	26 052.36	29 650.4	塑料包装箱及容器/t	62 115.55	685 121.3
塑料板片材/t	63 588.79	876 521.1	塑料鞋/t	8 995.13	91 321.5
塑料棒、管材/t	94 629.85	114 721.6	日用塑料制品/t	246 739.85	263 125.0
塑料丝及编织制品/t	301 702.65	411 562.8	其他塑料制品/t	435 972.28	503 264.0
塑料人造革/t	72 185.35	82 145.2			

料制品产量近 35 万吨，实现工业总产值 56 亿元（90 不变价），利税 4.90 亿元，其中利润 2.90 亿元。这些重点骨干企业是行业的龙头，对行业的支撑作用越来越明显。

2. 企业管理水平不断提高

2001 年底，全行业已有 50 余家企业通过了 ISO 9000 系列和 ISO 9001 质量认证，使企业管理上了一个新台阶。

浙江大东南集团有限公司、浙江永高塑业发展有限公司、浙江富天集团公司、杭州塑料工业有限公司、浙江万马集团公司等企业全面实行了计算机管理，从车间领料、生产、发货、库存的各环节均可在计算机上进行查询，这对加强企业管理、提高产品质量、降低生产成本发挥了重要作用。

目前全行业已有“西施牌”塑料薄膜系列、“公元牌”PVC 建筑用管材及管件、“富天牌”通信电缆用 PE 护套料、“万马牌”交联电缆用 PE 绝缘料四个产品被省政府授予“浙江名牌”产品称号，“三友”商标被省工商行政管理局延续确认为“省著名商标”。

3. 重点产品发展迅猛

随着建筑业的迅速发展，推动了建筑用塑料制品的迅猛发展，特别是近几年为节约能源和资源，国家加大了发展建筑用塑料制品的力度，同时省建设厅等有关部门也出台了一系列有关推广应用建筑用塑料制品的文件，加快了建筑用塑料制品的推广应用工作。2001 年全省有大大小小的建筑用塑料制品生产企业 170 余家，产品有 PVC-U 给排水管材及管件、电工套管及管件、PVC-U 异型材及门（窗）、PP-R 冷热水管材及管、PEX 管、铝塑复合管、PVC 发泡管、PVC 加筋管等，浙江永高塑业发展有限公司不断提高企业管理水平，增加企业发展后劲，2001 年在深圳和上海建立了建筑用塑料制品生产基地，其中在上海征地130亩，引进国外先进生产线，生产大口径埋地排污管，年生产能力为2万吨，是目前省内生产大口径排污管能力最大、生产设备最先进的企业，上述两个基地投产后，使浙江永高塑业有限公司的年生产能力扩大到80kt。2001年该公司完成塑料制品产量31kt，销售收入2.42亿元，实现利税3 800万元。

4. 行业协会发挥了良好的作用

2001年，省塑料工业协会继续坚持以促进行业发展和为行业服务为宗旨，努力为企业做好服务工作。

① 协助省政府起草了浙江省塑料行业"十五"发展规划。

② 为促进企业产品的升级换代，推动企业技术进步，召开了"浙江省塑料行业消息发布会议"，会议邀请行业知名人士就"纳米技术在塑料中的应用"、"国内外塑料工业现状及发展趋势"、"我国农业用塑料发展情况"等内容进行了专题报告，同时协会秘书处还将收集的251条消息约30万字汇编成册，发给与会的各位代表。

③ 为促进行业的交流与合作，举办了三次展览会，即："第一届中国宁波塑胶设备与工艺展览会"、"2001温州国际塑胶工业、模具制造技术和设备展览会"、"华南国际塑料原料、助剂及生产设备展览会"，通过举办这些展览会，对促进企业与企业间的交流与合作及企业自身的发展起到了积极的推动作用。

④ 出版了24期"塑料信息"，供有关部门及会员单位参阅。

⑤ 与浙江工业大学联合建立了"中国塑料在线网"，以便更好地为会员单位服务。

⑥ 为有关部门及会员单位提供消息网络资料、国内外新产品汇集、2001年全省塑料行业重点企业经济运行情况的调查和统计工作。

【重点企业】

2001年浙江省塑料行业重点企业概况

序号	企业名称	主要产品	能力/吨	产量/吨	产值/万元
1	浙江大东南塑胶集团公司	BOPP、CPP膜及注塑制品等	50 000	46 398	108 108.00
2	浙江华泰塑胶股份有限公司	PVC压延膜等	32 000	21 000	15 924.50
3	浙江富天集团有限公司	PE电缆料护套料等	25 000	18 010	13 252.20
4	浙江省远翅塑料有限公司	汽车用塑料配套件等	10 000	2 500	11 050.00
5	杭州市塑料工业有限公司	PVC压延膜 聚四氟乙烯制品等	11 000	8 521	9 500.00
6	温州瓜光华塑料企业集团公司	塑料软包装制品等	8 500	4 500	8 910.00
7	海宁长海塑料包装印刷有限公司	塑料复合软包装制品等	9 500	8 500	32 000.00
8	浙江省永庆塑胶有限公司	PVC PE PP PC 塑料板管制品等	22 000	14 000	15 120.00
9	杭州姿江包装有限公司	PET塑料瓶等	4 500	3 500	7 902.00
10	杭州万里塑料制品有限公司	塑料注射及吹塑制品等	3 600	2 100	3 521.00
11	数源科技注塑模具有限公司	注塑制品等	2 500	1 200	2 545.00
12	杭州新光塑料有限公司	挤吹塑料膜等	17 500	9 500	8 950.00
13	浙江华江塑料有限公司	挤出发泡几复合制品	4 500	3 854	5 200.00
14	杭州市塑料包装有限公司	复合软包装制品等	7 400	4 100	10 781.00
15	宁波塑料厂	吹塑料制品	12 000	6 315	5 240.00
16	宁波亨润合成革有限公司	PVC/PU合成革制品	8 200	4 500	8 100.00
17	瑞安市电线电缆材料实业公司	PVC电缆料等	10 000	4 520	3 100.00
18	瑞安东威塑胶有限公司	PVC压延膜制品等	1 500	6 801	5 521.00
19	温州渔网厂	尼龙塑料网	1 500	1 325	6 560.00
20	瑞安塑料三厂	PVC人造革等	7 000	3 600	3 210.00
21	温州塑料薄膜厂	农用膜等	7 000	3 500	3 210.00
22	浙江嵊州塑料厂	农用塑料遮阳网	5 000	2 100	3 512.00
23	黄岩永高塑业发展有限公司	PVC管 管件 异型材及塑钢窗	50 000	38 000	31 920.00

续表

序号	企业名称	主要产品	能力/吨	产量/吨	产值/万元
24	海盐海松塑胶有限责任公司	PVC压延膜及防雨布等	20 000	12 000	11 133.00
25	湖州新大林橡塑制品有限公司	EVA/PE改性泡沫塑料片等	2 300	1 850	2 800.00
26	湖州第二塑料厂	挤出及注塑制品等	2 800	2 500	3 597.00
27	浙江华昌塑胶有限公司	PVC人造革	8 000	6 320	5 825.00
28	浙江省东阳塑料有限公司	PET膜片	3 000	5 200	9 800.00
29	衢州原野塑料制品有限公司	PE农膜等	15 200	4 525	3 510.00
30	中国三友控股集团有限公司	塑料纱管及农用制品	7 500	3 250	17 578.00
31	浙江无名皮塑有限公司	PVC人造革 BOPP等	25 000	22 000	35 000.00
32	湖州新大力轻工塑料有限公司	PVC压延膜片等	8 500	7 800	9 525.00
33	温州正大合成革有限公司	合成革		1 000万 m^2	11 000.00
34	温州华正塑业有限公司	编织袋			11 243.00
35	浙江南塑包装有限公司	编织袋			11 902.00
36	温州晨光集团有限公司	编织袋			16 394.00
37	温州华庆集团有限公司	编织袋			13 503.00
38	温州广天包装有限公司	编织袋			13 164.00
39	瑞安华缤包装材料有限公司	BOPP		25 000	15 600.00
40	瑞安塑料薄膜有限公司	PVC薄膜		13 500	13 000.00
41	温州五洲人造革有限公司	合成革		2 000万 m^2	21 000.00
42	温州正大合成革有限公司	合成革		1 000万 m^2	11 000.00

【设备技术引进】

全行业加大技改投入，努力开发适销对路的新产品，取得了显著成效。据浙江省统计局提供的资料，2001年全行业用于技术改造投入的费用达11.43亿元，比上年增长31.81%，列入省级新产品开发计划的项目40余项，其中有20项已通过省级新产品鉴定。

浙江大东南集团有限公司坚持“依靠科技进步，勇于创新，加快企业发展”的方针，不断加大技改投入，该公司2001年投资2亿元引进德国年产14kt高档BOPP薄膜生产线，这一项目已被列入国家“双高一优”重点技改项目，目前已投入生产，与此同时，公司还开发了纳米超微孔透气薄膜、可降解光转换农用塑料薄膜、抗菌BOPP薄膜等产品。公司还被国家科技部命名为“国家火炬重点高新技术企业”，并进入了“世界行业500强”预选名单。

海宁长海包装印刷有限公司投资4 000多万元，购置国外悬浮式真空镀铝、分切及国产9色印刷机，使包装薄膜产品质量上了一个档次，生产的“特殊面碗膜”被列入“国家级新产品”；研制的BOPP/VM-CPP产品通过了省级新产品鉴定。公司全年完成塑料制品产量10 467t，销售收入20 447万元，实现工业总产值20 709万元；利税3 037万元，其中利润2 248万元，取得了较好的经济效益。据统计，856家年产品销售收入在500万元以上的企业拥有固定资产净值达64.96亿元，2001年全行业固定资产实际投入额为14.5亿元。

在引进设备中，主要有大型BOPP生产线3条、大型PVC膜压延生产线10条，还有，在原有基础上扩建的有PU/PVC人造革、合成革生产线、多层复合热收缩膜、PVC异型材及塑钢门窗、多层复合共挤CPP流延膜生产线、多色高当印刷机等。

全社会（包括产值在500万元以下的个体、家庭加工厂民营企业等）塑料制品加工设备（主机）已经达到3万余台套以上，其中，各类注射机约1.5万台套，挤出机组约1万台套；其他加工设备约0.5万台套。

【进出口情况】

目前塑料制品进出口业务，已由过去的外贸部门专营，但是近年来已有相当一部分企业取得了进出口权。

在出口制品方面，目前主要的产品有以下几类：PVC硬片及圣诞树、无纺布、编织布及袋、包装膜及袋、注塑制品、人造革、PE/PVC复合片材、瓦楞板及箱、各种塑料编织网、鞋类等。

2001年据不完全统计，制片的出口量约28万吨，出口交货值在31.5亿元。

【新产品开发】

2001年全行业依靠科技进步开发了一些高科技含量的产品，扩大了塑料制品的应用领域。瑞安戴氏工贸有限公司研制出摄像机用聚苯硫醚内齿轮产品、浙江经纬集团公司的燃气用PE管材、三友控股集团公司研制的摩托车用塑料配件、温州俊尔高聚物有限公司研制生产的改性塑料、温州人造革公司研制的既能防水透气又能防红外线照射的人造革、嵊州塑料厂研制的除草塑料网和防草塑料网等高科技含量产品，这些产品的投产使企业取得了一定的社会效益和经济效益。

【存在的问题】

当前我省塑料行业存在的主要问题仍然是：行业管理水平较低，产品结构不尽合理、重复建设，导致部分产品生产能力过大，产品档次低，企业之间靠相互压价来进行所谓的“竞争”，加剧了市场竞争的激烈程度。

部分企业不重视产品质量，只讲效应，不讲质量，使得部分产品质量低劣，与国外先进水平比较，总体上看，全行业的装备水平相对较低，加工工艺技术相对落后，缺乏开发新产品的能力，市场应变性差。

全行业具有一定规模的大型企业仅几家，绝大多数为中小企业，尤其以小型企业占绝对多数。

据省统计局统计，全省3 000余家乡及乡以上的塑料加工企业，年产值在500万元以上的企业只有856家，其余均为年产品销售收入在500万元以下的小企业，这些小企业技术力量薄弱，管理水平低，缺乏市场竞争力。

据目前生产能力，需要各种合成树脂及助剂在3 000kt以上，本省合成树脂产量很少，约200～300kt，原材料主要靠进口及省外购进。

【发展趋势】

1.“九五”概况

“九五”以来，我省塑料制品，重点发展了各类包装塑料制品、农用塑料制品、工业用塑料制品及建筑用塑料制品。

包装塑料制品重点发展了各类包装基材，如PP共挤流延膜、BOPP薄膜、BOPET薄膜、BOPS片材、真空镀铝膜、PVDC肠衣膜、PVDC涂覆膜、各种复合软包装膜、PP共挤片、PET共挤片、多层PP热收缩薄膜、食品及药品包装用片材、可蒸煮薄膜等包装材料，使塑料包装材料朝着高阻隔、无毒、抗老化、高强度、环保型方向发展，满足了相关行业的需要。

塑料编织制品产量逐年增加，已成为我省塑料制品出口的拳头产品，温州地区已成为全国最大的编织袋生产基地，宁波五洲包装有限公司年产14kt的BOPET生产线为亚洲最大；BOPS片材年生产能力已达2.6kt，居全国首位。浙江大东南塑胶集团公司拥有固定资产7.5亿元，关键生产设备均从国外引进，主要生产BOPP、CPP、LDPE、HDPE、PP膜、袋等产品，2000年产量达46kt，利税12 236万元，其中利润7 855万元，该公司生产的“西施牌”塑料薄膜包装系列产品获“浙江名牌”产品称号，是国内大型塑料包装薄膜及制品生产企业。

农牧渔业用产品一直保持稳步发展，开发了多功能大棚膜、除草膜、防雾滴膜、生物降解地膜、氨化膜、遮阳网、防虫网、风沙防护和固沙网、渔用单丝及网、渔浮子等产品，满足了农牧渔业发展的需要。

工业配套产品开发了家用电器及电子仪表配套件、汽车仪表板及保险杠、聚四氟乙烯管材及棒材、各种塑料板材、电力电缆及通讯电缆用护套料，同时计算机、电视机、信息产业用塑料制品也在逐年上升，有力地促进了我省塑料加工业的发展，浙江三友集团公司生产的纺织用各类塑料纱管的生产能力和产量在全国居首位，“三友牌”商标获“浙江省著名商标”称号。

浙江黄岩已成为全国最大的PVC管材及管件生产基地，浙江永高塑业发展公司拥有各类注塑机200余台，PVC管件的年生产能力为5万余吨，“十五”计划产能达到200kt，居全国之首，生产的“公元牌”建筑用PVC管材及管件获“浙江名牌”产品称号。

我省塑料制品加工业已形成以多功能农用塑料制品、高技术含量和高附加值的包装塑料制品及工业用塑料制品为主体，建筑用塑料制品和塑料共混改性制品为新的增长点，其他品种并举的产品格局。

随着国民经济以及塑料加工设备、原辅材料工业的迅速发展，塑料制品加工业发展的总趋势如下。

① 大类塑料产品如管材、压延制品、薄膜以及注塑产品的生产逐渐向规模经济方向发展。

② 各类合成树脂生产的产品品种和用途分类更进一步明确，如LDPE与LLDPE以薄膜为主；HDPE主要以中空容器和注塑制品为主；PP主要以

纤维薄膜和编织制品为主，同时逐步扩大在注塑产品中的应用；PVC 主要以人造革、管材、型材及其他装饰材料为主。

③ 包装与建材仍是今后塑料消费的主要领域。

④ 根据我国国情，农用塑料制品仍将占主要地位。

⑤ 随着汽车、电子电讯、家用电器、信息产业等相关行业的发展，高科技、高附加值的工程塑料制品的应用量将不断增加。

⑥ 为消除环境污染，保护生态环境，废旧塑料的回收利用、降解塑料的研制开发将显得越来越重要。

2. “十五”规划的主要指标

① 工业总产值。根据我省塑料制品加工业的实际情况，“十五”期间年均增长速度以 5%～8% 为宜。2005 年工业总产值为 455 亿元。

② 制品产量：2005 年达到 440.94 万吨，年递增 5%，其中，农膜 64.6kt，递增 15%。

③ 出口交货值。要加大对外开放力度，努力增加出口，到 2005 年完成出口交货值 42 亿元，年平均增长速度为 16.6%，占全行业工业总产值的 15%。

④ 经济效益。为改变我省塑料制品加工业效益相对较低，产品结构不尽合理的局面，要努力加快产品结构调整力度，提高全行业经济效益，力争 2005 年全行业利税达 38 亿元，平均增长速度为 16.6%，其中利润 23 亿元。

⑤ 全员劳动生产率。目前我省塑料行业普遍存在人浮于事，效率低下的现象，“十五”期间通过减员增效，力争全行业全员劳动生产率达 26.6 万元/人·年，年均增长速度为 8%。

⑥ 固定资产投资。通过技术改造，努力调整产品结构，力争 2005 年的固定资产净值达 76.54 亿元，年均增长幅度为 8%。

3. “十五”塑料制品发展的重点

(1) 农用塑料制品

开发新型农地膜，向长寿、保温、无滴、防虫害、降解、大型、宽幅、多功能复合膜及其他特种农用膜和农用硬片、硬膜等。开发聚酯（PET)、EVA 等特种农用薄膜。推广农用无纺丰收布、大口径波纹管及配件等产品，从而改变目前农村水渠灌溉的落后状况，节约水资源，实施农用塑料节水措施，开发农用喷滴灌管材及节水器材、防渗片等配套塑料件，同时开发农用抗渗膜、粮食包装、蓄舍用覆盖材料、海水营养缓释功能膜、高吸水性材料及其他农民急需的农用塑料制品。

(2) 包装塑料制品

发挥行业现有设备、技术和大市场的有利条件，采用新材料、新技术，开发一批具有“高、新、特”及结构新颖的包装制品。

积极开发各类新型的塑料薄膜及薄膜袋、包括：功能性包装薄膜，无毒包装膜、抗静电膜、防锈膜、微孔膜、抗菌膜、耐高（低）温膜、高阻隔包装膜、耐蒸煮膜、高抗渗膜、新型双向拉伸薄膜、多层流延薄膜、热收缩薄膜、水溶性薄膜及可降解包装膜等。

开发各种新型、高阻隔的复合片材，扩大在食品、医药包装上的应用。

以改进功能、外观和结构设计为重点，提高中空容器的耐高（低）温性、高透明性、高耐渗透性、高耐油性，采取多层共挤、复合、注-拉-吹、挤-拉-吹、内涂覆办法提高其综合性能，扩大其应用领域，加快开发 PET、PEN 等中空容器在啤酒、饮料、农药、医药及热灌装等方面的应用。

(3) 化学建材

要巩固和提高产品质量，加强管理，拓展市场，异型材及塑料门窗要向系列化、高档化方向发展，加强推广应用工作。重点开发 PVC 螺旋管、PP-R 管、PEX 管、铝塑复合管（板）、煤气管、防水卷材，以满足建筑业发展的需要。

(4) 土工塑料制品

加快土工材料的开发步伐，努力开发 PE 膜与无纺布、PVC 膜与无纺布复合而成的土工布、PE 或 PP 格栅、排水板等产品，以改变目前我省土工塑料制品短缺的状况。

(5) 工程塑料及功能性塑料制品

为适应国民经济发展的需要，应大量开发工程塑料制品（PET、PEN、PBT、PA、POM、PPS、PC 等)、功能性塑料及特殊塑料（电功能、光功能、热功能、化学功能、磁功能、生物功能等）制品，以扩大塑料制品在汽车、交通、航空、航天、现代信息、通讯等领域的应用。

(6) 医用塑料制品

努力开发为医疗卫生配套的医用塑料制品，如人工脏器、手术修补器、整形材料、静脉插管、手术缝合线等医用塑料制品。

(7) 废旧塑料回收再制品

重视环境保护，要把废旧塑料的回收利用作为一项战略来抓，以保护人类赖以生存的环境。

在重点发展以上产品的同时，要限制一些长线滞销制品、老大陈旧和质次能耗高的产品的生产，防止盲目和重复发展，保障有效供给和资源的合理利用。

（浙江省塑料工业协会　周理水）

附：

温　州　市

【基本情况】

2002年温州市塑料制品行业，年销售收入500万元以上企业有350家，比上年增加70家，截至2002年底资产总额为67.61亿元，比上年增加30.79%；2002年塑料制品产量67.83万吨，比上年增长25.5%；工业总产值96.50亿元，比上年增长27.42%；工业增加值22.43亿元，比上年增长49.73%；产品销售收入90.93亿元，比上年增长27.62%；出口交货值11.66亿元，比上年增长22.18%；利税总额7.51亿元，比上年增长37.40%；其中利润3.84亿元，比上年增长48.17%。全年平均人数5.29万人，全员劳动生产率4.24万元/人·年。

2002年全市塑料制品产量（包括年销售收入500万元以下的企业）约150万吨，产值200亿元左右。2002年是塑料行业大发展的一年，塑料企业资产总额增加近三分之一，工业总产值、产品产量、销售收入增幅是近6年来最高水平，工业总产值占全市工业总产值的9.16%，进一步巩固了支柱产业的地位。今年又是塑料行业丰收之年，全行业利税总额、利润总额分别增长37.40%和48.17%，特别是利润大幅增长，充分说明近几年来加大技改投入，使高科技、高技术、高附加值产品大幅度增加，取得长足进展，获得丰硕成果。2002年是塑料行业大喜之年，在市政府支持下温州市塑料行业获得了三个国字号称号，开创了温州市塑料行业的新局面。

2002年各县(市区)塑料制品产量

地　区	年产量/t	比上年增减	占全市产量/%
温州市	678 268.74	25.50	100
市直企业	6 778.59	−24.20	1
鹿城区	41.70	−70.80	0.01
龙湾区	153 184.56	39.80	22.59
瓯海区	3 751.37	2.20	0.55
瑞安市	166 400.93	39.50	24.53
平阳县	172 010.00	22.70	25.36
苍南县	170 875.59	10.20	25.19
乐清市	1 083.00	24.90	0.16
泰顺县	2 793.00	56.10	0.41
文成县	1 350.00	49.20	0.20

2002年温州塑料制品产量

品　种	产量/t	比上年增减	占全市产量/%
塑料制品总产量	678 268.74	25.50	100
塑料薄膜	131 483.29	46.00	19.38
其中：农膜	595.15	−19.90	0.09
塑料板、片材	2 437.00	26.50	0.36
塑料板、管材	686.00	55.60	0.10
塑料丝及编织制品	357 434.24	16.30	52.70
塑料人造革	72 844.80	42.30	10.74
合成革	71 029.35	35.40	10.47
泡沫塑料	10 757	48.40	1.59
塑料鞋	4 594.37	5.40	0.68
日用塑料制品	10 593.83	13.50	1.56
其他塑料制品	16 408.32	2.30	2.42

注：以上两表数据均由市统计局按国有和年销售收入500万元以上企业统计提供。

【行业大事记】

合成革行业评定职称

合成革行业是一个新兴行业，生产企业都是民营股份制，在我市尚未列入职称评定序列，行业内许多专业技术人员一直未能参加技术职称资格评审，使一些从事技术工作的同志名不正，言不顺，影响工作开展，一些长期从事合成革生产，在实践中自学成才，经验丰富，贡献较大的同志，更是没有机会参加职称评审。

今年1月份，由市人事局和市合成革商会牵头，启动了我市合成革系统专业技术职称资格评审工作。经过调查摸底、宣传发动、制订实施计划，通过个人申请、企业推荐、审核培训、考试和答辩、评审、公示等程序，于11月底，评审圆满结束。评审结果，29人获工程师职称资格，19人获助理工程师职称资格，10人获技术员职称资格。

通过专业技术职称资格评审，使符合条件的专业技术人员都能获得相应的技术职称，促使整个行业逐步形成讲学习，钻技术、比贡献、奋发向上的良好风气，提高了企业的品位，凝聚了人心。

企业联盟

5月22日温州恒基塑业有限公司、平阳万佳彩印有限公司、平阳海天塑料厂、平阳佳艺彩印厂、平阳顺达复合厂、平阳万达包装有限公司、平阳新华纸塑有限公司、平阳阿滨塑料复合厂、平阳鑫昌包装有限公司九家小企业以设备、资产加资金入股，合并成立“温州华塑有限公司”，注册资金1 280万元，董事长陈伟宁今年33岁，持股27%，这九家企业原来规模都较少，最大的恒基塑业去年在肖江镇65家规模以上企业中排在第46位，年产值911万元，在温州也称小企业，9个企业的负责人都相当年轻，没有一个超过40岁，原来他们都是印刷复合协会会员，彼此间熟悉、价值观接近，他们对公司的未来设想是外聘经理进行股份公司改造，以项目吸引外资，开发海外市场，他们共同的偶像是台塑集团王永庆，所以新公司名号“华塑”。

温州众多的塑编企业，随着我国社会主义市场经济逐步发展；深感中小企业竞争乏力，风险极大都纷纷联合起来，平阳晨光集团，原由 8 家企业在 1997 年组建，浙江华庆集团原由 13 家小企业在 1998 年组建，现在已扩大到 30 多个分厂，他们现在年销售收入都在 1 亿元以上，已成为我市塑编行业的龙头企业，类似的还有苍南县的浙江南塑包装有限公司、温州华正塑业有限公司，他们都由许多小厂联合起来走上集约化的道路，目前的年销售收入都超过一亿元，都已成为行业的龙头企业。到目前为止温州市的塑编行业已有五分之一左右企业走上集约化道路，他们在高速发展的市场经济和激烈的市场竞争中显示出强大的生命力和旺盛的发展势头。

市塑协组团参观第十六届国际橡塑展览会

2002 年 6 月 25～29 日，第十六届国际橡塑展览会在上海举行。市塑料工业协会在余不凡理事长带领下，组织 36 个企业单位，三个协会有关人员共计 55 人赴沪参观展览，这次参观团队伍庞大，是历届之最，协会中众多骨干企业领导纷纷前往参观，平阳县在王纪树常务副县长带领下组织了 20 人参观团，苍南县在协会林增标会长和刘德川秘书长带队下组织 7 人参观展览，温州市鹿城光明塑料机械厂在陈绍光董事长带领下 8 人前往参观，是企业中人数最多单位。本届展览会展出面积大，参展单位多，且有不少新产品、新设备参展如塑料啤酒瓶、气辅注塑、快速注塑、精密注塑引起了我市参观者的极大兴趣。香港雅式中心十分重视我市参观团，给我团发放了特邀贵宾参观牌及全面介绍本届展览会的资料。

全国人造革、合成革标准制修订工作会议在温州召开

根据国家标准化管理委员会国标委计划［2002］4 号关于下达《2002 年制修订国家标准项目计划》的通知与国家经济贸易委员会国家经贸厅行业［2002］73 号《二〇〇二年行业标准项目计划》全国人造革、合成革标准制修订工作会议，于 7 月 9～10 日在阳昌饭店召开，本次会议主要内容是制订强制性标准《聚氯乙烯人造革有害物质限量》，修订《聚氨酯合成革》标准，制订《聚氨酯束状纤维合成革》、《鞋面用聚氨酯合成革》、《鞋面用聚氯乙烯人造革》、《鞋里用聚氨酯合成革》等 6 个标准。

中国塑料加工工业协会理事长，全国塑料制品标准化技术委员会主任廖正品，副主任委员钱汉英、陈家琪，秘书长曾新榕，国家经贸委行业规划司白英高工，中国轻工业联合会质量标准处王旭华处长，中国皮革、制鞋工业研究院钟宁庆副院长，国家塑料制品质检中心李洁涛工程师来温参加会议，参加会议的还有全国人造革、合成革知名企业烟台万华合成革集团公司、上海益昌塑胶厂、常熟贝斯皮革有限公司、佛山塑料双龙分公司等单位，温州人造革有限公司、温州正大利合成革公司。温州五洲人造革公司、温州市华峰人造皮有限公司、温州力邦制革公司等单位参加会议。在全国 20 家起草单位中，我市占了 11 家。会议由温州市合成革商会承办，温州市经贸委叶欢庆副主任到会讲话并表示祝贺，温州市塑料协会也应邀参加了这次会议。

日本三井化学茂金属聚乙烯研讨会在温州举行

2002 年 11 月 13 日，日本三井化学公司技术人员浜田直士等一行三人，在温州维多利亚大酒店举行了一次关于茂金属聚乙烯技术特性及应用研讨会。这次研讨会由日方主办，温州市塑料工业协会和上海叶心贸易公司协办。会上三井公司详细介绍了三井化学各种牌号茂金属聚乙烯特性及应用范围，特别对其在吹膜、流延膜、复合等产品配方、工艺作了重点介绍，与会人员对使用该材料中遇到的问题提出咨询，日方人员作了详尽的解答。

日本三井公司的 EVOLVE 系列茂金属聚乙烯是世界首家采用气相法多段聚合生产的工艺，其产品既有一般茂金属聚乙烯的优点，又有良好加工性能，是世界级名牌产品和聚乙烯的新品种，该材料在我市软包装及吹膜行业已广泛地应用，该材料可较大幅度提高软包装复合膜的热封性能、热封强度及抗穿刺强度，对提高我市软包装技术含量、产品质量和档次具有积极的意义。

塑料新产品又获尤里卡金奖

温州市东方防腐设备有限公司董秀峰的发明成果“化工设备内衬氟材料复合构件制造方法”荣获 51 届尤里卡世界发明博览会金奖。董秀峰创办该公司以来，专门从事生产氟塑料等工程塑料设备，其本人先后发明了氟塑料衬里蝶阀等 6 项高科技产品，并获得国家发明专利、产品广泛应用于化工、石油、冶金、航天等生产领域。

中国·佑利管道有限公司塑料管中标

在武汉钢铁厂的一个技改项目招标中，由浙江省温州市的中国·佑利管道有限公司生产的 CPVC（氯化聚氯乙烯）塑料管击败了瑞士一家跨国公司的产品，一举中标。更令人称道的是，佑利管道有限公司是 CPVC 塑料管的国家标准第一起草单位，目前已通过了国家有关标准化技术委员会的审查，并上报国

家技术监督局。CPVC制品在耐腐蚀、耐压、耐高温等方面具有特殊性能，深受冶金、石化、电力、医药行业青睐，但几年前我国却没有一家企业能够生产。如今，佑利公司通过引进美国技术和原料、德国机械设备，生产出这种工程塑料管道不仅出现在秦山核电站，江汉油田、齐鲁石化、宝钢等重点工程中，还漂洋过海成为美国家庭或公共场所的饮用水专用管道。

中国包协塑编行业改革发展研讨会在苍南县灵溪镇举行

中国包装技术协会塑料包装委员会于12月27～29日在苍南县灵溪镇召开了“中国包协塑编行业改革发展研讨会”，来自全国20多个省市的代表180多人参加了这次会议。

会议由中国包协塑料包装委员会秘书长蔡明池主持，中国包协塑料包装委员会主任蒋震宇致开幕词，温州市政府王运正副秘书长，苍南县县委书记，苍南县灵溪镇镇长到会讲话表示祝贺。

会议主要内容是交流改革经验，研讨产品发展方向，开拓国际市场及新技术、新工艺、新原辅材料。会议的重点是围绕如何使塑料编织行业“做强、做大、发展壮大”。

苍南县塑料协会秘书长刘德川在会上作了“苍南县塑料行业发展展望”的发言，全面介绍了苍南县塑编产业发展的情况，我市塑编行业龙头企业浙江南塑包装有限公司董事长林增标作“抓住机遇、开拓创新、致力占领国内外市场”发言，平阳县浙江雁峰机械总厂董事长陈志淡在会上介绍了该公司新产品的开发情况。

自今年10月中国轻工业联合会和中国塑料加工工业协会把“中国编之都”荣誉称号授予温州后，温州市塑编行业的发展引起了全国同行的关注，中国包协塑料包装委员会在全国同行的强烈要求下把原定在无锡举行的这次会议改在苍南举行，温州代表的发言和代表们参观了浙江南塑包装有限公司、温州华正塑业有限公司、浙江嘉田印刷制版公司。浙江雁峰塑料机械厂后，对温州市塑编行业企业改革、产品创新、行业发展给予高度的评价。

组团参展2002年中国轻工产品（温州）博览会

2002年中国轻工产品（温州）博览会于10月12～17日在温州新落成的国际会展中心举行。这次展会由中国轻工联合会、中国商业联合会、浙江省人民政府主办，由温州市人民政府承办，也是温州市历史上首次由省人民政府为主办单位的，规模最大的轻工博览会，有1 200多展位，温州塑料工业首次以整体形象出现在这次博览会上，温州合成革商会、瑞安市塑料工业协会、平阳县塑料包装协会、苍南县塑料工业协会均联合组团参展，会上展示了温州塑料工业的精品、名品，充分显示了“中国合成革之都”“中国塑编之都有”“中国塑料薄膜生产基地”的实力和风采。展览期间吸引了国内外众多客商前来参观和洽谈业务，轻博会开幕式第一天中国轻工联合会陈士能会长、浙江省副省长叶荣宝、中国塑料加工工业协会廖正品理事长及有关领导亲临塑料工业展区参观、指导，并高度评价温州塑料工业近几年取得巨大成果。最后他们还与参加展出的部分企业领导及市、县塑协负责人合影留念。

【行业现状】

近几年来，温州塑料制品行业，凭借温州模式的优势，在加大技改投入的同时，加速了企业结构和产品结构调整的步伐，使塑料制品行业实现跨越式发展，特别是合成革、塑编制品、塑料薄膜三个产品，都跃居全国领先地位。

① 合成革是温州近十年来新发展起来的产品，目前已有生产企业80多家，拥有固定资产超过30亿元，有260多条生产线，日产能力达300多万平方米，有3 000多个品种，全行业产值近80亿元，其中出口2亿多元 。

据统计部门对销售收入500万元以上的企业统计，2002年上半年我市合成革产量为27 056.10吨，比上年同期增长59.1%，占全国产量22.18%；人造革产量26 750.78吨，比上年同期增长34.4%，占全国产量13.6%；2002年合成革产量71 029.35吨，同比增长35.4%；人造革产量728 844.80吨，同比增长42.3%。目前企业数、生产线、产量、品种、产值及出口量均居全国各省、市之首。

温州合成革的发展已引起国内外广泛关注，2002年底，人民日报报道：“温州是全国最大的合成革生产基地，温州合成革占国内销售份额近70%”。2002年初《北京皮革》报道“温州已成为亚洲最大的合成革生产基地”。

2002年8月，温州合成革商会为贯彻市委八届十一次会议精神，按照温州建设国际性轻工城的目标和要求，制订了温州合成革产业今后五年发展规划，以推动全行业快速，健康发展。

② 塑料编织袋是温州塑料制品中产量最大、企业数最多的产品，全市有专业生产企业500多家，其中产值超亿元的企业有5家，拥有编织袋生产线1 000多条，各种圆筒织机15 000多台，2002年产量达80多万吨，产值70余亿元，其中出口达4亿多元。

据国家统计部门对销售收入500万元以上企业的统计，2001年全市塑编制品产量为30.48万吨，比上年增长13.5%，占全国产量20.56%；且年增幅高于全国增幅4.7个百分点。2002年全市塑编制品产量35.74万吨，同比增长16.3%。

温州编织袋生产主要集中在平阳、苍南、瑞安市，据2002年规模以上企业统计三县市分别占48%、40.51%和9.4%，都是县市的重点支柱产业，政府十分重视塑编行业发展，平阳肖江在投资3.5亿元，用地350亩塑编园区建成后，2002年又投资5亿元，占地1 000亩于塑编园区建设。苍南在原有6个塑编园区的基础上2002年开始总用地480亩的塑编示范工业园区二期工程建设。塑编企业全部为民营企业，机制灵活，产品创新意识强。近几年来，新试制成功的彩印复合袋、珠光膜袋、纳米编织袋等先后通过省级新产品鉴定，具有国内领先水平。在提升传统产品技术质量档次的同时企业结构调整步伐不断加快，几年来先后组建了广银、广天、华庆、晨光、南塑、华正、华利等集团公司。一些集团公司拥有圆织机400～500台，成为全国规模最大的塑编企业。2002年又有9个小厂组建了“温州华塑有限公司”。温州、苍南、平阳、瑞安先后都成立了行业协会，为行业发展积极地服务。建立了中国塑料包装网、中国塑编网，编制了《温州市塑编行业“十五”规划及2010年设想》和“中国塑编之都”的日常管理办法，为创建国际性轻工城提供了全行业发展的方向。

③ 塑料薄膜是近几年来产品结构调整中迅速发展起来的产品，生产企业大部分集中在瑞安市。近五年来，瑞安市的塑料薄膜生产企业30多家，拥有聚氯乙烯压延薄膜生产线60多条，双向拉伸聚丙烯(BOPP)薄膜生产线4条，聚烯烃薄膜生产线10多条，2001年塑料薄膜产量达16万吨，占全国薄膜产量10%左右，产值15亿元。2002年生产塑料薄膜达25多万吨，产值超过22亿元。其中年销售收入500万元以上企业薄膜产量11.46万吨，比上年增长50.6%。近五年来共投入资金10亿元，引进日本三菱重工株式会社，具有国际先进的双向聚丙烯薄膜线5条，日本石川岛播磨公司阔幅、异径辊聚氯乙烯薄膜生产线一条，台湾著名企业聚氯乙烯压延薄膜生产线11条，国内著名企业聚氯乙烯压延薄膜生产线10多条，在扩大生产规模的同时大大提高了产品档次和技术含量。全行业的龙头企业都编制了“十五”发展规划2010年设想，为创建国际性轻工城，而向更高的目标前进。

温州合成革、塑编制品、塑料薄膜三个产品，生产规模大，专业化配套协作能力强，企业机制灵活，创新意识强，生产高度集中，群体优势突出，在全国处于明显领先地位。

为了做大做强三大产品，温州市人民政府根据有关行业协会要求，于8月份先后以温政［2002］56号《关于要求授予温州中国合成革之都称号的请示》、温政［2002］58号《关于要求授予温州中国塑料薄膜生产基地称号的请示》、温政［2002］62号《关于要求授予温州中国塑编之都称号的请示》上报中国轻工业联合会，中国塑料加工工业协会。

中国塑协领导及全国专家考核组，先后三次来温州对合成革、塑料薄膜、塑编生产进行实地考察、考核，最后考核组结论性意见是温州合成革、塑料薄膜、塑编制品生产规模大，已形成一定规模群体，企业机制灵活、注重技术进步、发展环境、发展前景良好，基体符合中国塑协《关于授予中国塑料加工行业特色区域荣誉称号的管理办法》和有关条件，建议中国轻工业联合会授予相关荣誉称号。

2002年10月6日，中国轻工业联合会根据中国塑协报告和全国专家组的考核意见，与中国塑料加工工业协会以中轻联综［2002］42号文批准授予温州市“中国合成革之都”“中国塑编之都”“中国塑料薄膜生产基地”荣誉称号。并希望我市合成革、塑编、塑料薄膜行业再接再厉，为中国塑料行业的发展，为中国塑料类产品走向世界做出更大贡献。

温州市人民政府和瑞安市人民政府为此分别在10月10日和10月24日召开了新闻发布会。

【技术引进】

加大技改投入，开创新基地

① 浙江华滨包装材料有限公司投资1.8亿元，引进日本三菱重工株式会社的年产3万吨双向拉伸聚丙烯（BOPP）薄膜设备已于2002年12月到货，目前正在积极地安装工作中。可望于2003年3月投产，该生产线的投产将使该公司在产品产量、产值、销售收入都翻一番。

② 瑞安市东威塑胶有限公司，投资1.8亿元，引进日本三菱重工株式会社和英国阿特拉斯公司的年产3万吨双向拉伸聚丙烯（BOPP）薄膜生产设备合同已签订，土地已落实，全套设备将于2003年到货并于当年安装试车投产，该设备的引进将为我市塑料薄膜行业增添一套具有世界20世纪90年代技术水平的先进设备，其年产值和销售收入可超过4亿元。

③ 中国金田集团电缆有限公司与德国布鲁克纳公司签订了8 800万元的设备采购合同，引进BOPP塑料薄膜生产线，该项目总投资为1.6亿元，征地220亩，该设备将于2003年6月前完成安装调试投入生产，该项目投产后年产量可达3万吨，年产值4.2亿元，设备具有世界20世纪90年代技术水平。该公司计划三年内投资4亿元，全力打造包装材料“航空母舰”。

上述三套设备的投产使我市BOPP薄膜产量超过10万吨，温州将成为全国最大的BOPP薄膜生产基地。

（温州市塑料工业协会　宋云鹤）

安 徽 省

【基本情况】

2001年，安徽塑料工业以迅猛的发展态势，继续保持强劲的发展势头，稳步增长，已成为安徽轻工业的支柱产业，为农业、包装、建筑及装饰、土木工程、汽车、机械、家用电器等相关行业的发展和配套发挥了重要的作用。据安徽统计资料的统计，2001年全部国有及年产品销售收入在500万元以上非国有工业塑料制品工业企业154个，完成工业总产值（现价）568 630万元（其中新产品产值261 705万元），工业销售产值（现价）546 508万元（其中出口交货值7 422万元），资产合计689 509万元，流动资产合计319 821万元（其中存货82 559万元），流动资产平均余额284 283万元，拥有固定资产原值372 857万元（其中生产经营用353 628万元），固定资产累计折旧92 886万元，固定资产净值平均余额247 395万元，完成工业增加值165 485万元，产品销售收入528 573万元，销售成本423 562万元，产品销售税金及附加2 237万元，产品销售利润83 384万元，利润总额50 930万元，本年应付工资19 482万元，资产负债率58.14%，资金利税率13.73%，产品产销率96.11%。全部规模以上“三资”工业企业主要经济指标：企业数23个，完成工业总产值（现价）104 531万元，资产合计115 552万元，流动资产合计56 052万元（其中存货16 001万元），流动资产平均余额54 058万元，拥有固定资产原值76 815万元（其中生产经营用71 125万元），固定资产累计折旧24 840万元，固定资产净值平均余额50 619万元，完成工业增加值36 255万元，产品销售收入101 198万元，销售成本82 669万元，产品销售税金及附加32万元，产品销售利润15 589万元，利润总额10 840万元，本年应付工资3 334万元，本年应交增值税4 847万元，资产负债率47.72%，资金利税率15.02%，产品产销率96.17%，全员劳动生产率为94 266.25元/人·年。其中，按统计口径和轻工业主要行业划分，塑料制品工业为152个，完成工业产值55.33亿元，塑料薄膜37.2万吨（含农业用膜1.78万吨），成为安徽轻工业的主要骨干行业之一。

【重点企业】

国风集团

2001年，该国风集团完成工业总产值13亿元，同比增长16%；其中，塑料管材、塑料建材和塑料薄膜三大主导产品产值占84%，实现利税1.4亿元，同比增长12%。全年集团塑料制品销售总量首次突破6万吨，三大主导产品产量占塑料制品总量的95%，比上年增长17.3%，成为拉动集团快速发展的主要因素。三大主导产品中，其中塑料建材增长30%，塑料管材增长1倍，塑料薄膜实现利润创历史最高纪录。该集团通过塑料建材二期工程的建设、管材扩建、塑料薄膜新线上马等重大项目的实施，国风集团“以塑为主”的产业格局更加突出，形成了塑料建材70kt、塑料管材28kt、塑料薄膜60kt、塑料制品综合加工能力200kt的生产规模。与此同时，年产20kt双向拉伸聚酯薄膜列入国家“双高一优”计划。

该集团为加快推进技术进步，不断加大科研投入。技术中心计算机管理和检测中心的硬件建设完成，配备了先进的精密检测仪器，集团检测中心成为省级门窗幕墙检测单位。同时，集团产学研合作进入实施阶段，健全了一个中心四个研究所的技术创新体系，即集团技术中心、国风-北化研究所、国风-同济研究所、国风-中科院纳米研究所和国风-安大研究所。2001年，集团不断加强企业战略管理、企业专项管理，进一步完善基础管理和质量管理，建立健全质量管理和质量保证体系。该集团总结并提出的“产品升级的决策与实施”的管理经验，获全国企业管理创新成果一等奖。

海螺集团

海螺型材由1995年的6条生产线、5kt生产能力增长到2001年166条生产线、260kt生产能力，位居世界同行业前列。2001年，该集团实现销售收入45.3亿元，利税8.74亿元，总资产达102亿元，提前实现了集团资产跨百亿元的目标。该集团通过并购、控股，成功地对17个企业进行了资产重组，以集团公司的无形资产盘活国有存量资产达30多亿元，盘活各金融机构不良信贷20亿元。通过对这些企业进行技术改造、输出管理、移植制度、文化兼容，使之重新焕发生机，大部分企业已成为公司的骨干。在与“红星宣纸”进行了100%资产置换，“海螺型材”于2000年5月11日在深圳证券交易所成功上市，成为中国塑窗行业首家以塑料型材为主的上市公司，拓宽了海螺集团从资本市场募集资金的空间，增强了企业的发展能力。“海螺型材”不仅是海螺集团继海螺水泥H股后的第二只上市股票，也是安徽省首次资产重组上市公司，在资产重组过程中，“海螺型材”股价屡创新高，受到国内外媒体和广大投资者的关注。这不仅提高了海螺品牌的知名度和品牌地位，也为我国塑料门窗行业在证券市场上树立了良好的形象。

此外，安徽天大（集团）股份有限公司、宁国双津集团，界首天安集团等也是安徽塑料工业的重点骨干企业。

【存在的问题】

近年来，随着新型包装材料、化学建材、工程及交通用塑料制品的发展，产品的结构性矛盾日益突出，低档产品的生产能力严重过剩，而高档产品与相关产业配套产品生产水平低下，开发能力不足。同时，原材料缺少，供需矛盾尖锐，也制约了塑料工业的发展。企业经营规模小，生产分散，管理水平低，造成了企业原材料消耗大、能耗高、经济效益低下。而塑料模具制造水平落后，也是制约着塑料工业的发展，安徽大部分塑料企业是从其他行业转产而来，其生产设备60%以上是国产或自己组装的，因此产品能耗高、物耗大、产品档次低、市场竞争力差。如塑料容器，国外容器生产多层多点控制，而安徽一些企业还是单点控制一次挤出，不少企业的吹塑薄膜机还是一些老设备。特别是一些大型精密加工设备和高档的大型复杂模具，仍依赖于进口。

作为农业大省的安徽，市场上所需的农用塑料仍将占有重要的地位，因此必须依靠科技进步和结构调整，重点发展塑料地膜和棚膜、农田水利建设用的塑料管道以及微滴、滴灌等节水农用器材。与同行业相比，安徽的塑料制膜工业起步很晚，但从无到有、从小到大也还是取得了一定的成绩。目前安徽薄膜制造业，不仅在制品产量上有差距，而且在品种上也有一定差距。但就整体而言，特别是从技术装备、研发水平、原料配套等方面，安徽与发达地区还是有很大差距。目前安徽生产的塑料薄膜基本都是大众化、通用型的，而大批量、多品种、多功能型的薄膜非常少。究其原因主要是：过多依靠购买、引进外国技术及装备，而自身发展、创造却很少；发展时间短，基础研究和应用研究的水平较低；一些中小企业科研力量薄弱，科研成果长期以来与工业生产脱节，科研院所科技成果的产业化道路不畅；塑料加工工业的生产经营管理水平差，生产效率、人均产值和效益远远落后于发达地区；与制膜工业配套的原材料工业比较落后，国产塑料原料的品种、规格不多，高附加值的塑料原料品种尤其少，产品质量一般，进口原料占塑料加工用原料的比例过高，达到50%左右。

【发展趋势】

安徽塑料工业调整的重点是发展建筑塑料、包装塑料，培育工业及工程塑料制品，巩固和提高农用塑料，降低日用塑料的比重。塑料制品工业未来将呈以下发展趋势：农用塑料（包括地膜、节水农业器和土工合成材料）仍占有重要的地位，将得到更进一步的发展。农用薄膜是塑料薄膜一个巨大的应用领域。随着国内经济市场化进程的不断深入，越来越多地区的农民调整了种植结构，对各种新型的农用化学物资的需求也不断增大。其中具有增温保墒等性能的农用覆盖材料，包括棚膜、地膜、遮阳网等农用塑料薄膜是当前及今后一个时期应用和发展的重要农用覆盖材料。包装材料和塑料建材将是安徽塑料工业快速增长的主要领域。包装市场是塑料薄膜最大的应用拓展领域，由于近些年来纸浆的价格上升，同时塑料加工工艺和成品膜性能的提高，塑料包装的市场份额逐渐增大。塑料薄膜作为软包装具有质轻、柔软、废料少，占有空间小，成本低和成本有效性（单位质量包装的体积和质量）高的优点。塑料包装材料将主要围绕提高材料的阻透性、耐高温、生物和光降解性能等方面进行研究与开发。通过改进加工工艺，从而提高材料的物化性能。高科技、高附加值的工程塑料制品及复合材料的生产与应用领域，将随着市场经济的发展不断扩展。塑料管材、异型材、压延制品及双向拉伸材料等的生产将逐步向经济规模方向发展。为保护臭氧层，泡沫塑料生产将进行无氟技术改造。为减少环境污染，将加强废弃塑料回收利用及降解塑料的研制开发等。在新型化学建材方面，重点发展塑料管材、管件、塑钢门窗及防水材料等，并向标准化、系列化、配套化及高档化方向发展。在工程塑料制品方面，重点开发与汽车、家电和电子产品用塑料等。在新型包装材料方面，开发各类适应食品、药品的包装，提高保护性能的包装材料；水果、蔬菜气温环境的保鲜包装材料；粮食等防霉、防虫包装材料以及传统的水泥、化肥各类化工产品的包装都要开发新产品。此外，在日用塑料制品方面，重点开发新品种，提高产品档次。

针对安徽塑料工业的现状和发展趋向，结合安徽塑料工业的“十五”发展规划，突出重点，继续在大力调整结构上下功夫。在产品结构方面，在塑钢门窗和塑料管材的基础上，发展适用不同地区、不同建筑类型的多层次、系列化各类塑料门窗型材、管材和管件以及门窗五金件；工业及工程塑料重点发展为集团、荣事达集团等家用电器产品和汽车工业配套的塑料件；为满足农业栽培技术和节水的需要，加快调整发展各种功能性大棚膜、双降解薄膜、微滴灌器材等。

在技术结构方面，研究塑料共混、填充、改性及合金技术，着力开发新型工程塑料、功能高分子塑料、塑料合金和复合材料，同时努力提高表面处理和涂饰技术，开发专用印刷、焊接、喷涂、复合成型二次加工技术；广泛应用先进的微电子技术改进结构发泡注射、气体辅助注射、中空成型、多层共挤等塑料成型工艺，利用微机自动检测技术改造宽幅薄膜生产线，逐步淘汰以CFC-11为发泡剂的各种塑料发泡工艺项目和对环境有污染、不能降解的塑料地膜、包装膜、快餐盒等产品，加快扶持塑料型材、发泡门板、大口径双壁波纹管、双降解薄膜、真空镀铝膜、真空镀铝香烟包装纸、防伪印刷复合包装膜等重点技改项目的实施。

在企业组织结构方面，对有规模经济要求的产品，通过优胜劣汰，以资产为结束纽带，适当集中，在更高层次上组成若干个大型企业集团，以提高它们的市场占有率和覆盖率。国风集团、海螺集团、安徽天大集团、宁国双津集团、界首天安集团等企业通过资产重组，加快发展，不断巩固和提升在国内塑料行业的地位，对适合小规模生产的缺口，包括塑料模具和家电塑料件在内，坚持小而精、小而专，形成一批质量高、成本低、效益好的优势小企业和配套生产群。通过结构调整，塑料制品工业将达到一定的生产规模，其中，塑料型材进入全国同行业的前列。

（安徽省经济贸易委员会　吴学海）

福　建　省

【基本情况】

我省塑料制品行业从无到有，从小到大，50多年来，获得蓬勃发展。特别是自改革开放以来，在国家发展轻工业的“六优先”方针的指引下，为塑料制品行业开创了迅猛发展的机遇。我省塑料制品行业通过大规模全方位引进发达国家的先进加工设备技术，以及吸收外资兴办三资企业，同时大力加强科研开发力量，研究新工艺和开发新产品，使全行业面貌发生了巨大的变化，在全国的位置已从改革开放初期的第10位上升到了第6位，已形成较大的产业规模。目前，福建省塑料加工企业主要集中在福、厦、泉等沿海地区，塑料管材产量居全国同行业前列，一些塑料管道企业还建立了多个分厂，以适合塑料管道运输半径的要求。

我省塑料制品主要品种按主体树脂原料分类有：聚烯烃塑料、热固性树脂与塑料、工程塑料、功能高分子与复合材料、有机硅氟材料；按国民经济行业分类有：膜、板、管、棒材、丝、绳及编织品、泡沫及人造革、合成革、包装箱及容器、塑料鞋、日用塑料杂品、塑料零部件、玩具及其他制造业三百多类数千个品种。

2002年，泉州三盛橡塑发泡鞋材有限公司“EVA、PE发泡材料”、福建融音塑胶有限公司“RMDP电力电缆保护导管、UPVC建筑排水用管”、福建亚太建材有限公司“门、窗用硬聚氯乙烯异型材”、厦门武峰塑料有限公司“PVC-U管材、管件”、福州远洋塑料用品有限公司“餐茶具、架具、洁具”、福建省沙县宏光化工有限公司“酚醛模塑料”、建瓯酚醛塑料有限公司“醋酸模塑料”、泉州正大集团有限公司“EVA外底”、福建省宏伟鞋塑有限公司“TPR、EVA鞋底”被评为福建省名牌产品。福建省宏明塑胶股份有限公司“PVC双面发泡贴布革”、福建省亚通新材料科技有限公司“亚通牌邮电通信用直埋式HDPE多孔管”被省政府授予福建省优秀新产品二等奖，福建东亚新材料科技有限公司“埋地式高压电力电缆用PVC套管”、福清市恒杰塑业新材料有限公司“给水用PE管材、管件”被省政府授予福建省优秀新产品三等奖。

【企业经营】

2002年全省塑料制品工业全部国有及“规模以上”企业442家，比上年359家增加了83家；塑料制品产量615kt，比上年增长16%，居全国同行业第6位；产值（不变价）143.7亿元，比上年增长14%，居全国同行业第6位；出口交货值73.5亿元，比上年增长22.9%，居全国同行业第3位；工业增加值40.2亿元，比上年增长31.3%，居全国同行业第6位；利税8.8亿元，比上年增长35%，居全国同行业第6位；利润5.3亿元，比上年增长43.2%，居全国同行业第7位。

我省塑料制品行业经济运行情况有以下特点：产值、出口同步增长；产销衔接较好，产销率逐季提高；主要塑料制品产量增幅较大；经济效益趋好，利润快速增长。其主要原因：得益于国家宏观政策和科技进步，申奥成功、西部大开发、上海世博会申办成功、住宅产业化加快的步伐，促进了城市基础设施的完善和通讯信息业发展，给塑料管道产业发展提供了难得的发展机遇；中国入世，给塑料制品企业提供了更大的原料采购、选择的空间，有利于降低生产成本；汽车业的发展，带动了工程塑料的发展；日新月异的技术进步，使人造革、合成革其性能越来越接近天然革，某些性能甚至超过天然皮革，采用人造革、合成革做成的制品，已日益得到市场的肯定；人民生活水平的提高，促进了塑料日用品行业发展。

【存在的问题】

① 企业品牌意识不强。我省塑料制品企业的名牌产品不多，七批福建省名牌，塑料制品名牌数仅占1.78%。产品结构不够合理，表现为以通用树脂为原料的产品中，中低档产品所占比例较高，高技术、高附加值产品少。一些中低档产品积压严重，无序过度竞争的现象较为普遍。

② 重销售、轻科技。不少企业为了开拓市场，不惜花重金建办事处、招聘营销人员，进行各种形式

的广告宣传及促销，而企业技术人员数量却不足销售人员的1/5，投在开发、研制、创新方面的经费很少。据统计，2002年，全省国有及规模以上企业研究开发经费仅为2 118万元，而产品销售费用及广告费用为3.8亿元，这使企业缺乏发展后劲。

【采取措施】

首先引导企业重视新技术的研发，树立创新精神，充分利用和发挥高校科研单位的作用，走产学研的发展道路，大力开发功能改性塑料、工程塑料和特种塑料，提高产品的附加值和企业的经济效益。

其次，引导企业实施品牌战略，注重专利技术和商标注册，保护好自己的技术和品牌，要有长期发展的意识，在国内目前的不同层次市场需求的条件下，以多品牌开拓市场，如塑料管材企业同一产品可有2～3个不同的品牌，分清层次，满足不同消费。

第三引导企业要有市场全球化的经营理念，产品开发和市场定位应与全国甚至国际的大公司和质量最佳的产品相对比和相抗衡，只有这样才能认识到不足，才能开发出高质量的产品，才能发展壮大自己。

（福建省经贸委轻纺办　许榕）

山　东　省

【基本情况】

山东塑料工业经过改革开放以来20多年的发展，已基本形成了从原料生产、塑料机械及模具制造到塑料制品生产初步具有现代生产技术水平和生产规模的较完整的工业体系，与之相适应的教学和科研机构也已建立，并在行业发展中发挥着应有的作用。塑料行业的不断进步，有力地支援了山东其他行业的发展，充分显示了塑料这一新兴行业在山东国民经济中的重要地位。

山东的塑料制品加工业，自20世纪80年代初以来得到迅速发展。“六五”期间开始，为配合齐鲁石化公司乙烯工程和烟台合成革厂所产原料的加工利用，在省政府支持下，进行了大规模的技术改造和技术设备的引进，为山东塑料工业的发展打下了坚实的基础。同时，由于塑料加工业投资少见效快，“七五”～“八五”期间，乡镇企业、外资企业、其他行业纷纷加入到塑料制品生产行列中，使山东塑料行业的队伍迅速扩大。据统计，到目前，全省共有塑料制品生产企业6 000余家，其中具有一定生产规模的加工企业有2 736家，生产能力260万吨，从业人员达30多万人。2002年全行业实际产量达到201万吨（见表1），其产品应用范围已经涵盖国民经济的各个领域及人民生活的各个方面，其中农用塑料制品、塑料建材、塑料包装等几大类产品生产规模较大，品种比较齐全，生产企业众多，无论是生产总量，还是生产技术水平在全国都占有一定的位置。

山东的塑料原材料工业包括各种合成树脂以及塑料添加剂、改性剂等，品种达30余种。至2002年底，全部生产能力已超过100万吨，其中合成树脂70多万吨的生产能力中PVC占42%，PE占32%，PP占24%；各种增塑剂、改性剂、稳定剂、填充剂等助剂生产能力达20多万吨。

山东的塑料机械工业经过几十年的发展，已逐步形成了以挤出机生产线、注塑机生产线、塑窗加工设备、塑料破碎机等为主的生产特色，加工企业100多家，2002年的产量已超过3.5万吨。

表1　2002年塑料行业制品产量统计

产品名称	产品产量/t	产品名称	产品产量/t
塑料制品总计	2 011 478	塑料合成革	77 721
其中塑料薄膜	522 519	泡沫塑料	40 721
（农用薄膜）	362 395	塑料包装箱及容器	49 831
塑料板片材	152 011	塑料鞋	790
塑料棒、管材	24 489	日用塑料制品	149 902
塑料丝及编织制品	575 455	其他塑料制品	263 140
塑料人造革	12 248		

【外经外贸】

山东省塑料行业2002年共利用外资项目140个，合同利用外资额4.11亿美元，实际利用外资额1.6亿美元。

2002年山东签订技术引进合同1项，由济南渗耐防水系统有限公司签订的SPL许可技术合同。

【进出口情况】

2002年全省塑料制品出口金额30 996万美元，比上年增长16.7%。出口的主要品种有：塑料编织袋、包装袋（包括垃圾袋、购物袋）、薄膜、塑料绳索、塑料网具、钓鱼用具、PVC硬片、其他塑料制品。出口的主要国家和地区为北美、西欧、中东、日本、东南亚、南亚等。

2002年山东塑料行业进口金额48 288万美元，进口原材料及制品596 699t。主要品种为：各种塑料原料、包装材料、电缆材料、装饰材料、管材、家庭用品等。进口的主要国家和地区为日本、韩国、美国、中东、中国台湾等。

【重点科研成果】

1. 纳米改性聚丙烯上水管材专用料技术

该项技术采用直接分散法和两步法加工工艺路线制备PP/纳米$CaCO_3$复合材料作为上水管专用料。经山东省权威部门查新证明：以纳米 $CaCO_3$ 和 PP 为主要原料，采用共混技术制备上水管专用料填补了国内空白，技术水平属国内领先。该项技术由山东省塑料研究开发中心研制，并已通过省级鉴定。

2. 微电机用磁性塑料技术

该项技术是以热塑性树脂为基料的注射成型用各向同性 NdFeB 磁性塑料，它与烧结磁体及其他方法成型的磁体相比，具有密度小、韧性较好、形状加工自由度大、再生性好、适用于大批量自动化生产的特点。该材料填补了以热塑性树脂为基料的快淬 NdFeB 注射用料的国内空白，其主要性能指标达到国际先进水平，投产后将具有显著的经济效益和社会效益。该项技术由山东省塑料研究开发中心研制，并已通过省级鉴定。

3. 新型环保静音管道

该项技术通过结构设计研制出 UPVC 静音管道，其独特的环状分布空壁和内螺旋筋条设计，与传统的实壁排水管材相比，排水噪声减小 10dB，成本降低 15%，排通能力大大提高，可大量应用于建筑排水领域。同时开发的 UPVC 芯层发泡内螺旋和空壁内螺旋消音管材成型专用螺杆、复合成型机头、管件模具、高度自控化控制系统及复合挤出成型工艺技术等关键内容，在国内率先开发成功其成型技术与装备。该项技术由青岛科技大学塑料工程技术研究院研制。

4. 无规共聚聚丙烯专用料及管材成型装备成套技术开发

该技术通过合成与合金化手段并用，开发成功无规共聚聚丙烯专用料；利用 CAD/CAM/CAE 技术研究设计专用两级塑化螺杆、网孔式机头过渡体、复合共挤机头和管件模具，率先在国内开发成功无规共聚聚丙烯管材成型设备及管件模具，实现了管材的低温、低压、高速挤出，综合技术达到国际先进水平。该项技术由青岛科技大学塑料工程技术研究院研制。

5. 高档氟树脂的合成与氟涂料的研制技术

氟碳涂料是近几年在国外研制成功并广泛应用的高档涂料品种，具有一般涂料无法比拟的优异性能。该技术以三氟三氯乙烷等为主要原料，通过共聚和接枝等关键技术的研究，实现了氟树脂涂料的优异使用性能和常温固化的可加工性，综合技术达到国际先进水平。该项技术由青岛科技大学塑料工程技术研究院研制。

6. 高性能 PVC 门窗型材及五金件专用料

该项技术分为门窗型材专用料和五金件专用料两部分，其中门窗型材专用料采用新型无毒稳定剂，解决了制品对环境的污染问题，同时采用先进的增韧、耐候、润滑等改性方法，提高了专用料的综合性能，达到德国塑料窗对原料性能的要求；五金件专用料分为嵌件型和非嵌件型两种，克服了常用 ABS 塑料门窗五金件耐候性及阻燃性差的缺陷，具有色泽美观、耐用、加工性好、成本低等一系列优点，是替代塑料门窗五金件的理想产品。该项技术由齐鲁石化树脂研究所研制。

7. 环保型高性能聚氨酯泡材的研制开发

为保护大气臭氧层，实施 CFC 替代，该课题研究开发各种发泡剂的替代技术，从部分替代到完全替代氟里昂，实现零臭氧消耗；同时引入新材料、新技术，对聚氨酯泡沫进行改性，开发功能型氨酯泡材。通过项目开发，不仅实现无 CFC 替代，更重要的是可以提升我国聚氨酯泡沫行业的整体水平，替代进口，满足国际市场的要求，并实现出口。该项目由山东烟台万华合成革集团研制。

8. 人工制革领域纳米技术的开发及应用研究

本项目通过纳米技术开发及应用，赋予传统人工制革产品高效、光谱、安全、长效的抗菌、防臭剂防霉功能，可有效地抑制和杀灭各类细菌及霉菌在革类产品表面和机体层内部的滋生和繁衍。在增加革类产品使用寿命和应用领域的同时，赋予革类产品高效的安全卫生性能，减少相关疾病的发生。经前期检测表明，本技术达到了微光条件下的高效杀菌要求，在国内及国际均处于领先水平。该项目由山东烟台万华合成革集团研制。

【新产品开发】

2001～2002 年山东省塑料加工行业共开发新产品 100 多项，其中部分重点新产品开发项目如下。

① 山东省塑料研究开发中心的聚乙烯多功能转光母料和转光薄膜、大口径双壁聚乙烯缠绕管、空调室外机外壳用 PP 专用料、HDPE 通讯电缆绝缘料。

② 山东英华塑料工程有限公司的 LDPE 通讯电缆绝缘料、PP 通讯电缆绝缘料。

③ 中国兵器工业集团第五三研究所的铝塑复合热熔胶、增强改性尼龙。

④ 齐鲁石化树脂研究所的 HDPE 通讯电缆绝缘料、通讯电缆用聚乙烯泡沫绝缘料、程控交换机用 PVC 通讯电缆绝缘料、木粉/PP 板材专用料、聚乙烯黑色热收缩带专用料、聚乙烯波纹管专用料、聚丙烯热水管专用料、聚烯烃微滴灌管专用料。

⑤ 济南方信集团有限公司的填充 PTFE 机车芯盘用衬垫、PVC 真空预压膜、PVC 水床膜、PVC 灯箱膜、PVC 熏蒸膜、建筑排水用硬 PVC 内螺旋消音管材、油井加热电缆 PTFE 用薄膜。

⑥ 山东泰峰塑料土工材料有限公司的花纹加糙土工膜、自身焊接合页式土工格室、耐热防污染土

工膜。

⑦ 潍坊塑料建材有限公司的稀土复合稳定剂、埋地式高压电力电缆用 PVC-C 套管。

⑧ 济南三塑集团的聚乙烯高效生态增温地膜、聚乙烯热收缩膜。

⑨ 济南天河塑料有限公司的高强聚丙烯复合水泥纤维网。

⑩ 烟台万华合成革集团的聚氨酯超细纤维家具革。

【重点科研机构介绍】

山东省塑料研究开发中心

山东省塑料研究开发中心是 1987 年经国家科委批准成立的省级科研事业单位，设有三个研究室、试验生产基地、山东省塑料工业检测中心、山东英华塑料工程有限公司、山东华科塑料有限公司等科研开发机构以及《山东塑料》杂志社，专门从事塑料加工工艺、塑料改性、塑料机械、塑料制品检测、塑料标准制定以及塑料科技信息等的应用技术研究与开发。已承担省、部级科研项目 40 余项，接受企业委托的技术难题攻关项目 100 余项。获得省、部级科技进步奖、成果奖等十余项。

所属的山东省塑料工业检测中心通过山东省质量技术监督局的认证，承担 138 项技术质量计量工作。该中心实验室配备的主要设备仪器有 RC 哈克扭矩流变仪、电子拉力机、维卡/热变形仪、氧指数仪、低温脆化仪、熔体流动指数仪、卡尔-费休水分滴定仪、低温伸长仪、介电稳定测定仪、介电损耗仪、简支梁冲击试验仪、悬臂梁冲击试验仪等。

其主要科研成果有：纳米材料改性聚丙烯复合材料、微电机用稀土类磁性塑料、大口径双壁聚乙烯缠绕管及管件设备、形状记忆性聚烯烃材料及制品、多孔 PE/PVC 通讯管材、芯层发泡 PVC 管材、交联 HDPE、硅芯管母料、发光母料、PP 改性、ABS/PP 合金、POM 改性、磁性塑料、流变剂、PE/PP 通讯电缆料、导电塑料、营养塑料、新型仿木板材等。近几年，在国家和省有关科技政策的引导下，逐步向科研开发-生产经营-科研开发模式过渡，充分利用现有科技力量和科研设备，注重科研开发及科技成果向现实生产力的转化，已取得显著的经济效益和社会效益。

青岛科技大学塑料工程技术研究院

青岛科技大学塑料工程技术研究院，下设山东省塑料高性能化技术重点实验室、山东省塑料高性能化工程技术研究中心、青岛市新材料研究重点实验室、青岛市塑料工程技术研究中心等研究部门，研究力量雄厚，试验仪器齐全。

研究院先后承担和完成了国家“九五”科技攻关课题、国家“863”高技术研究发展计划项目、国家技术创新项目、国家产业化示范工程重大专项等国家、省（部）、市及企业委托的 50 余项研究课题，获得包括国家、省、市科技进步奖在内的 15 项政府科技奖励，在通用塑料高性能化及新型工程塑料的制备与应用研究、功能性新材料的制备与性能研究、高聚物产品结构设计与成型装备技术开发等研究方向上形成了自己的特色，具有较高的研究水平。

研究院积极探索科技成果实现快速转化的新机制，建设了研究院的产业和基地——青岛市新材料科技工业园和中试基地、青岛市新材料技术开发中试基地，创建了“项目＋公司”的市场化运作模式，先后有多项成果实现产业化，取得了显著的社会经济效益。

中国兵器工业集团第五三研究所

中国兵器工业集团第五三研究所成立于 1960 年 2 月，是专门从事非金属材料应用研究的专业研究所。同时设有国防科工委化学计量一级站、兵器工业非金属材料理化检测中心、国家级非金属材料商检实验室。该所已通过 GJB/9001 和 GB/T 19001 质量体系认证，化学计量一级站通过了 NDLAC 的机构认可，理化检测中心通过了国家技术监督局的认证。目前共设有 9 个专业实验室，2 个专业研究开发中心和 1 个杂志社。

该所主要从事弹箭材料及应用、装甲防护材料及应用、武器装备轻质化材料及应用、高性能密封技术及特种橡胶与连接材料及应用、特种涂层及表面工程技术研究；研制有关兵器装备非金属配套件；同时对外提供理化检测、商检等服务，提供高质量、高性能的抗弹、耐烧蚀材料，密封、隐身材料，胶黏剂等非金属材料、产品和技术服务。

该所完成的科研项目中，获得省部级以上科技进步奖的有 150 多项，其中国家发明奖 9 项，国家级科技进步奖 18 项，省部级成果奖 120 多项，许多成果已在军事装备上得到应用，为武器装备的发展发挥了重要作用，其研制的密封产品参加了我国“神舟”号载人航天工程第一次飞行试验。同时，大量先进的科研成果也向地方企业转让或与其合作，为山东经济建设做出了应有的贡献。

中国石化齐鲁股份有限公司树脂研究所

中国石化齐鲁股份有限公司树脂研究所是从事合成树脂加工与应用的专业研发机构。

该所下设科研开发中心和生产经营中心，主要从事合成树脂产品加工与应用的信息调研、各种专用料的研究开发以及各种材料的检验测试及评价工作；承担研发成果的中试放大和市场孵化任务，同时生产经营多种特种专用料产品。

该所装备了红外光谱仪、热分析仪、塑度仪、流变仪、万能材料试验机、冲击试验机、管材静水压测定仪、老化仪等各种树脂性能分析、检测设备和加工试验设备。已完成多项国家和省部级重点课题，获得国家科技进步奖和省部级奖励多项，有 11 项授权专利和 1 项国家知识产权局的“专利产业化示范工程”。研发成果和生产的专用料产品已广泛应用于“西气东输”工程和汽车、通讯、电力、包装等行业。

【重点企业】

在山东塑料行业的制品生产企业中，具有一定生产规模的企业约 2 000 多家，其中 2002 年产量在 3kt 及其以上的部分生产企业名单见表 2。

表 2　山东省 2002 年产量在 3kt 以上企业名单(部分)

序号	企业名称	主要产品	产能/(kt/a)	产量/(kt/a)
1	山东三塑集团	农地膜、压延膜、地板革、土工膜	总能力:60(农膜 48;压延膜 8)	总产量:32(农膜 18;压延膜 6)
2	山东鲁宏集团	PVC 型材、PVC 管材	20	总产量:12(型材 10;管材 1)
3	济南方信集团	PVC 型材、管材、防水卷材	20	总产量:7(型材 3;管材 3)
4	山东三联新型建材有限公司	PVC 型材	10	6
5	山东胜邦塑胶管道系统有限公司	PE 燃气管、水管、夹克管	30	16
6	济南塑料四厂	PE、PS 泡沫塑料	6	4.5
7	济南鸿发电讯塑胶制品有限公司	PE、PVC 多孔穿线管	5	4
8	山东兴业塑料有限公司	PE 吹膜、制袋	6.5	4.5
9	章丘市塑胶有限责任公司	PVC 管材、PP 板材	6	3.8
10	烟台塑料一厂	PVC 管材、PE 周转箱	10	总产量:6(PVC 管材 5)
11	烟台华兴塑料包装材料有限公司	BOPP、CPP	7(BOPP3.5；CPP3.5)	总产量:5 (BOPP 3)
12	烟台六塑产业有限公司	编织袋、编织布	12	9
13	山东南山集团型材厂	PVC 型材	5	3.5
14	山东金金潮科技发展有限公司	PPR 管材、管件;PE-X 管材	13	3.5
15	山东海阳正丰塑料有限公司	PE 农地膜	5	3.5
16	烟台万华合成革集团	PU 合成革及原料	革 600 万平方米 MDI8 万吨	革 391 万平方米 MDI77721
17	龙口兴隆道恩化学有限公司	改性专用料、色母料	10	6
18	烟台环球塑业有限公司	PE 管材	20	7
19	淄博塑料二厂	PVC 压延硬片	6	4.5
20	淄博庄园塑料制品公司	PE 农膜、功能母料	15	5
21	齐鲁武峰塑胶有限公司	PVC 管材、管件	10	5.5
22	齐鲁石化职工大学齐大实业公司	PE 农膜	25	9
23	淄博博威门窗制造有限公司	PVC 型材	5	3.5
24	齐鲁石化齐华塑料型材公司	PVC 型材、装饰扣板	5.5	3.3
25	淄博齐鲁塑编厂	PP 编织袋、PP 编织布	20	总产量:15(编织袋 10)
26	齐鲁塑料制品有限公司	PP 编织袋	4	3.2
27	淄博市张店万利塑料厂	PE 农膜	12	4.2
28	淄博万丰塑料制品公司	PE 农膜、PVC 双壁波纹管	10	总产量:8(农膜 3;波纹管 5)
29	淄博齐能清源塑膜厂	PE 农膜	30	12
30	山东曙光塑料厂	PVC、PE 电缆料	15	8.6

续表

序号	企业名称	主要产品	产能/(kt/a)	产量/(kt/a)
31	淄博欧齐塑胶有限公司	电缆料	8	6.5
32	齐鲁乙烯塑料厂	PE农膜、扭结膜	12	6
33	齐鲁石化公司星月塑料厂	PE农膜	6	4.2
34	山东潍坊三星塑胶有限公司	农膜、型材、管材、注塑	18	总产量:5(农膜3.5;型材1.5)
35	潍坊塑料建材有限公司	排水管材、管件;PP-R管材	8	总产量:4(发泡管2;管件1.8)
36	潍坊新立克塑胶有限公司	BOPET膜	15	12.5
37	潍坊海特塑胶有限公司	PVC增强软管、PUPA软管	5	总产量:4(PVC软管3)
38	潍坊乐富实业集团公司	PE吹膜、制袋	10	7.5
39	山东天虹包装彩印有限公司	复合、彩印、制袋	4	3.5
40	山东塑料制品试验厂	PVC压延膜、PE农膜	20	总产量:15(压延膜9;PE膜4)
41	山东鑫塑集团公司	BOPP膜、PE农膜、彩印	8	总产量:5(BOPP4;PE农膜1)
42	微山德鑫实业发展总公司	PVC霓虹灯带;热收缩膜	4	总产量:3(热收缩膜2)
43	泰安华塑建材有限公司	土工格栅、挤出网	5	总产量:4(格栅2.5;网材1.5)
44	山东泰峰土工合成材料有限公司	土工膜、土工格栅、网	总能力:9(膜4;格栅4)	总产量:6.7(膜3;格栅3)
45	泰安永佳塑料有限公司	塑料绳	9	7.4
46	山东莒南县塑料厂	PE农膜、PP纤维	22	总产量:12.6(农膜7;纤维5)
47	山东郓城县塑料厂	PE农膜	9	总产量:4.7(棚膜4)
48	山东莱芜塑料制品总厂	灌溉器材、农膜、管材	14	总产量6.3(农膜1.3; 管材1.7;灌溉器材3)
49	聊城华塑工业有限公司	PE农膜、功能母料	11	8
50	阳谷县仙农塑化有限公司	PE农膜、PVC型材	总能力:17(农膜15)	总产量:12(农膜8.5)
51	山东莘县十八里堡塑料厂	PE农膜	5	3.6
52	山东茌平县塑料厂	PE农膜、功能母料	5	4
53	山东冠县国强塑料厂	PE农膜	8	4.3
54	山东东昌农机集团塑料建材公司	PVC型材	4	3.8
55	山东德州石化总厂塑料厂	管材、型材、片材、包装膜	总能力:9.5 (管材2.5;型材3)	5
56	华亚塑胶(东营)有限公司	PVC管材	30	16
57	山东大明恒泰塑料建材有限公司	PVC型材	17	7.5
58	威海市塑料工业集团公司	编织袋、农膜、管材、网	65	总产量:21(网绳7.5;农膜4.5)
59	烟台聚氨酯公司	PU制品	6	3.7
60	青岛崂山塑料建材实业公司	异型材	21	13
61	青岛百龙型材有限公司	异型材	22	14
62	青岛宏达塑胶有限公司	薄膜、管材、板材	34	22
63	威海医用高分子有限公司	医用材料	17	10.6
64	青岛英格尔钢塑制品有限公司	钢塑制品	22	10.9
65	青岛交河塑料有限公司	防水帐篷、PE涂料	37	31
66	青岛成进塑料有限公司	防水帐篷、PE涂料	30	21

续表

序号	企业名称	主要产品	产能/(kt/a)	产量/(kt/a)
67	龙口福利橡塑雨布厂	涂塑布	60	40.7
68	荣成渔网绳索总厂	塑料网绳	9	6.9
69	青岛胶带有限公司	胶带	13	10.6
70	威海光威渔具有限公司	渔具	16	12.8
71	山东齐旺达包装制品有限公司	塑编袋、复合袋、薄膜	20	18
72	滨州市塑料工业公司	农地膜、电缆护套管	4	3
73	青岛利民包装制品有限公司	编织袋、包装袋、复合袋	5	3
74	庆云春革塑料制品有限公司	农地膜	6	3.5
75	青岛高科技园润兴塑胶厂	色母料、改性料、功能母料	3.5	3
76	莱阳市塑料制管总厂	给水、灌溉用管材、管件	5	3
77	淄博元汇塑胶有限公司	地下通信管道、宽带槽板	5	3.5
78	淄博新力塑编有限公司	编织袋、集装袋	8	5
79	山东旭日汽车饰件有限公司	汽车灯具、仪表板、保险杠	4.5	3
80	淄博市淄川区福利缝印厂	水泥编织袋、纸塑复合袋	6	4.1
81	兖矿峄化白雪塑料制品有限公司	编织袋	4	3
82	济宁金工塑料工业有限公司	双壁波纹管、中空制品	8	5
83	德州东辰塑料工业有限公司	PE农地膜	12	8
84	高唐县塑达塑料厂	农地膜、大棚膜	3.8	3
85	山东沂蒙塑料制品有限公司	农膜、塑料管、中空容器	7	4
86	山东沂源塑料有限公司	包装膜、农地膜、管材	5	3
87	山东惠民惠丰塑料有限公司	农地膜	4	3
88	烟台胜利包装材料有限公司	包装材料	3.5	3

【发展趋势】

塑料制品的发展，应充分考虑到我国的宏观经济政策、山东国民经济发展需要以及山东塑料行业已具备的水平以及世界和全国塑料制品的发展趋势，山东塑料行业在制品生产上今后将重点发展农用塑料、包装塑料、建筑塑料和工业及工程塑料制品。

农用塑料将重点发展蔬菜、花卉、经济作物栽培等所属的各种功能性棚膜、地膜和饲草用膜等。水利方面主要发展节水灌溉器材、渠道防渗的管材和防渗膜、不同类型的微灌（滴灌、微喷、渗管等）器材以及各种土工材料，满足绿色农业、节水农业发展的需要。

包装塑料将重点发展各种食品、饮料、药品以及其他高档商品等包装，延长货物寿命的高阻隔包装材料、热灌装包装材料、保鲜材料、粮食储运的防霉防虫材料，以提高保护功能，提高商品价值和档次。

建筑塑料将重点发展适用不同地区、不同建筑类型的系列化、标准化的各类管材、管件和型材，如大中口径上下水管、新型室内上下管、热水管、燃气管、复合管与复合型材、各类保温材料、防水材料、墙体装饰材料、大型地下排污管道以及高档建筑装饰材料等。

工业及工程塑料制品将重点发展大型机电、电子、家用电器、汽车、交通、邮电通信、办公设备、文体健身器材以及国防工业应用的各种通用塑料及工程塑料配件。

在塑料行业加工技术上，山东省塑料行业今后将逐步实现技术升级，在技术创新上将采用大型多层共挤双向拉伸技术装备，发展高档包装膜材料；采用多层共挤、多层复合、蒸镀氧化硅等工艺技术，生产高档保鲜包装膜材料；采用高速、高精度、共挤复合等技术，生产各类型材、管材；采用大型注射气体辅助注射等技术，生产大型塑料制品和大型机电产品配件；采用新的配方和技术生产防老化、防雾滴、光转换、保温等新型复合型多功能农用大棚膜；采用改性、复合等技术，利用废旧塑料生产各种塑料制品。限制发展和逐步淘汰高填充的低档塑料管材、型材、普通地膜、棚膜；无法保证卫生性能的小规模、小批量饮料包装瓶，不利于回收再用的一次性包装材料等产品。在新型包装材料上，将大力开发新型、环保型塑料包装容器及塑料薄膜类包装材料，积极推广无毒、无味、无环境污染柔版印刷工艺，提高包装档次和附加值。

塑料制品的多样化与其应用范围的不断扩展，都向塑料机械提出了更高的要求。山东塑料机械今后将重点发展包装材料、高档建筑材料和工程塑料制品挤出机械；农用宽幅薄膜、大口径塑料管材机组，异型材、木塑复合板材、拉伸塑料土工格栅生产线、废旧塑料回收再生成型机等产品。从目前塑料制品发展趋势看，塑料机械今后将会呈现出以下特征。

在品种上，趋向于个性化。塑料制品趋于多样化，塑料机械也会同步发展。塑料机械工业产品的个性化发展，必然反映为过去的成批生产甚至是大批量生产模式的淡化，同时促使塑料机械工业产品模块化设计、技术集成、专业化生产、国际采购能力与水平的提高，这既要求塑料机械企业在技术人才、技术创新方面要具有雄厚的实力，也要求企业能在第一时间内准确把握客户的个性化需求。如小注射量大合模力、最大行程注射机或用于加工具有半固态触变性能有色金属材料的注射机等品种需求加剧。

在型号上，趋向于微型化与大型化。电子、信息、电器、医疗、生物等部门将是微型化机械最大的用户。目前，日本已展开重量为十万分之一克的注射成型加工装备的研制工作。而工业用各种大型塑料制品，则需要大型化的机械去支持生产。

在性能上，趋向于智能化。智能化塑料机械产品的发展，能满足人们对于机械运行的稳定性、可靠性、高效率、高质量、低损耗的要求。设备单元的自动控制、参数的闭环控制、过程联动在线反馈控制等将被更广泛地运用。

由于塑料是一个朝阳产业，所以山东省其他非轻工行业都在积极投资兴办塑料加工企业，预计新建塑料加工企业规模将逐年扩大，万吨级塑料制品加工企业数量将逐年增加。另外，塑料制品业竞争十分激烈，投资相对较低。实践证明，体制灵活的民营企业最适合此领域。因此，山东塑料制品业在考虑现有国企改造和改制的同时，将更加注重鼓励和扶植民营企业的发展，包括吸引外地民营企业到山东办厂。

（山东省塑料协会　刘丰田　潘庆功　赵红军　刘胜军）

江　西　省

【基本情况】

2001 年，江西省塑料制品规模以上工业企业有 50 家，固定资产合计 35 502 万元，资产合计 87 132 万元。2001 年规模以上塑料制品生产企业工业总产值（当年价）68 678 万元，工业增加值 24 643 万元，同比增长 24.48%，工业产品产量 4.44 万吨，同比增长 4.3%，全年实现销售收入 5.3 亿元，利润4 697 万元，税金 792 万元，资产负债率为 70.76%，产品销售率为 83.95%，全员劳动生产率 35 254 元/人·年。其中全省 50 家规模以上生产企业中亏损企业有 13 家，亏损面为 26%。

2001 年江西省塑料制品中主导产品有以下几种类型：PVC 型材、管材及各种配套件；LDPE 片材、薄膜；HDPE 日用制品、管材、周转箱；LLDPE 日用制品、片材、薄膜、管材；PP 日用制品、编织袋、包装膜、土木格栅；PET 片材、小瓶等；汽车、摩托车、电视机等塑料配件。全省塑料制品行业对各种原材料需求品种和数量大致如下：HDPE 42kt，LDPE 15kt，LLDPE 21kt，PP 58kt，PVC 65kt，PET 8kt，ABS 及其他 16kt 左右。因江西省塑料制品大部分为一般性产品，因此本省塑料制品行业对原料的需求量不大，大部分为普通用料，所以国产原材料基本可以满足本省塑料制品行业的需求，进口料只是在国产原料紧缺或生产特殊产品时起到补充和填空作用，整个行业对进口原料需求量不大。

【重点企业】

企业名称	主要产品	生产能力
1. 江西腾飞塑料总厂 （原萍乡塑料七厂）	日用塑料制品 中空容器	25kt
2. 江西康乐塑胶有限公司	PVC 型材、管材	10kt
3. 南昌塑料厂	农膜、周转箱 汽车电视塑料配件	7.4kt
4. 江西新余华强橡塑有限公司 （原江西工程塑料厂）	农膜、PE 管材 汽车、摩托车塑料件	7.5kt
5. 新余大捷塑钢有限公司	PVC 型材、管材	6kt

企业名称	主要产品	生产能力
6. 江西樟树富达实业公司	PVC 型材、管材	6kt
7. 江西耐特塑胶有限公司	PE 管材	5kt
8. 景德镇塑料一厂	汽车、农用车塑料件	4kt
9. 南昌顺风复合包装厂	OPP、PE 薄膜、复合膜	3kt
10. 江西光华塑料厂	PVC 型材、管材 板材、配套件	2kt
11. 南昌天高金属制品有限公司	土木格栅	1.8kt
12. 江西莱威特建材有限公司	塑料防水材料	3kt
13. 江西泓泰企业集团	PE 板材	3kt
14. 江西昌九生物化工股份有限公司	PVC 波纹管	3kt
15. 江西万年青塑胶包装制品厂	PP 编织袋	2.25kt
16. 南昌美斯塑制品有限公司	PET 瓶	1.8kt
17. 南昌隆远碳素管制品公司	PE 碳素管	2kt

【存在的问题】

1. 企业结构及产品结构不尽合理

一是企业组织结构不合理。我省塑料制品企业除少数几家具备一定的规模和影响外，绝大多数企业规模都很小，全省生产规模上万吨的企业只有两家。大部分企业产权还不够明晰，机制也不够灵活。我省各市、县均有规模不等的塑料制品企业存在，但无一地区能形成较大的规模和气候。

二是产品结构不合理。本省塑料制品中，中低档产品多，高档、高技术含量产品少；一般性普通加工产品多，高附加值产品少；传统性的老产品多，适应新型工业、农业现代化需要的配套产品少。虽然本省塑料制品品种较为齐全，也生产汽车工业配件、化学建材、工程塑料、功能性塑料制品，但由于数量小，技术含量不高，因此形成不了规模优势和技术优势，对整个行业形成不了支撑和支柱性作用。加之我省在塑料机械制造及加工方面还是空白，绝大多数企业自主开发能力差，因此新产品开发研制成为制约我省塑料制品行业发展的瓶颈之一。

2. 生产工艺和技术水平低，企业装备和管理水平落后

改革开放以来，特别是通过“八五”、“九五”时期的技术改造，我省塑料制品行业的一些重点生产企业在各个方面都有了一定的提高和发展。但从行业整体来看，全省塑料制品加工装备、技术、工艺水平还处于全国80年代初、中期水平，大部分小型企业及一些私营企业还处在70年代的生产水平上，生产技术低，劳动强度大，与国内发达地区及塑料制品强省相比仍存在着20年左右的差距。大部分企业“自身造血”功能弱，自身投入能力低，加之技术人员匮乏，基本上无技术开发、技术创新能力，生产经营处于粗放式状态，企业严重缺乏发展后劲，缺乏市场竞争能力，全行业经济效益普遍不佳。

3. 全行业所占分量轻，行业外向能力差

目前，我省塑料制品的产量、产值在全国同行中所占份额很小，并有逐渐下降之趋势。2001年，全省各类塑料制品产量只占全国各类塑料制品总产量的0.82%。随着我国市场经济的不断发展，各经济发达省份和各塑料制品生产强省凭借资金、技术、信息、销售网络等各种优势，逐渐进入我省塑料制品行业和销售市场。这一方面能够有力地刺激我省塑料制品行业的发展与壮大，但另一方面也将使我省塑料制品生产企业受到严峻的冲击和考验，使得本省塑料制品生产企业竞争能力弱的缺陷日益突显出来，迫使本省企业不得不加强加快自身发展的力度。因此，这一现状对我省来说，既是一个机遇，同时更是一个挑战。

另外，我省塑料制品行业外向能力差。全省除有少量PP编织袋外销出口外，其他品种几乎没有产品出口，且很少有外资介入本省塑料制品生产企业。据统计，截止2001年末，全省外资类塑料制品加工企业只有3家，仅生产一般性大路货产品，且生产规模均不大。

4. 行业管理难度大，协会指导力度弱

近年来，多种经济成分的各类型生产企业特别是民营、私营企业发展迅猛，在行业中所占的比重逐年增大，使得行业管理的难度越来越高，行业协会的指导、服务力度也随之减弱，导致各企业间重复建设、产品交叉现象屡有发生。而我省行业协会在职能和实力上存在着先天不足，致使行业协会的协调、服务、管理功能难以得到正常的发挥。这一弱点可以说是制约江西省塑料制品行业发展的又一个瓶颈。

【发展趋势】

江西省塑料制品行业经过“八五”期间的快速发展及“九五”期间的调整重组后，目前整个行业处于历史的最佳发展状态。无论是产品品种及产品产量都在稳定的基础上逐年有所提高。股份制企业、合资企业以及民营、私营企业都得到了长足的发展。省外同行实力企业的人士也带资金带技术陆续进入江西塑料制品行业，给江西塑料加工业的发展注入了一股强劲的生机和活力，也给我省塑料加工业带来了良好的发展机遇。“十五”期间，国家加大了对塑料加工业的

发展力度，促其成为新世纪极具发展潜力的朝阳工业。我省塑料加工业要紧紧抓住这一难得机遇，根据国家当前鼓励发展的产业产品和技术政策，密切联系本省本行业的实际，加大工作力度，争取实现跳跃式的发展，为江西塑料加工业的发展而努力进取。

1. 发展趋势预测

（1）我国是农业性生产大国，农业生产在一定时期内仍将占据重要的地位，因此农用塑料制品生产、加工在本行业中仍将占有较大的比重。但随着我国市场经济的逐步完善，国家对农业用塑料制品的优惠政策已逐步取消，当前仍然生产低附加值、低水平的普通农业用塑料制品已很难有大的发展，因此我省农用塑料制品加工生产企业应逐渐向生产多功能薄膜、农业用管材、管件及滴灌和喷灌器材方向发展，以适应我国农业现代化的发展需要。

（2）随着全球经济一体化进程的加快，中国加入WTO，新技术、新工艺、新产品、新设备将在我国不断涌现，产品更新换代周期将不断缩短，原有的劳动密集型塑料制品生产企业将逐步萎缩和淘汰，取而代之的是一批新型的生产企业向生产高附加值产品、特别是生产与高新技术产品配套的塑料制品方向发展。

（3）随着社会分工的细化和专业化生产的不断完善，企业结构已从原来的大而全、小而全向着小而专、小而精、大而强的方向发展。有条件做大的企业都向国际规模经济方向发展，而受产品使用范围和数量限制的企业即向精、专、尖的方向发展。

（4）行业中各种新产品的开发和新型原材料的使用不断涌现，企业新技术、新工艺、新设备、新原料的不断更新换代，以此提高行业的科技含量和竞争力，并借此提高传统产品的质量和附加值，是塑料加工行业发展的另一个显著特点。

（5）除日用品和普通通用塑料制品在一段时期内仍将拥有一定社会使用量外，与汽车制造、电子电讯、家用电器、信息产业等行业相关联的新产品、高附加值的工程塑料制品等生产将会有一个越来越广阔的发展空间和显著的经济效益。

（6）与环境保护、生态平衡、废料再用等可持续发展相关联的废旧塑料回收再利用及降解塑料制品的开发、生产、应用等生产企业将有一个更加美好的发展前景。

2. 应对措施

（1）努力做好企业结构调整及改制工作。江西省塑料制品加工行业以中小型企业为主，调整企业结构成为我省塑料加工业发展的首要任务，各企业可通过兼并、联合、破产以及建立多元经济成分等手段，并与技术改造、技术创新、加强企业管理、建立现代企业制度结合起来，以提高企业的整体素质。根据市场需求和发展，对行业中的优势、强势企业予以扶持，通过联合兼并、资产重组、改组改造相结合的办法，提高企业规模和生产能力，形成规模经济型企业模式。对产品有一定市场、规模相对较小的企业，努力扶持向“专、精、特、新”的方向发展，着力培育成行业“小巨人”型企业。

（2）依靠技术进步和提高装备水平，促进产品结构的调整与提高。企业的生存和发展，必须适应市场的变化，不断调整产品结构，提高产品质量。因此，企业应积极采用新技术、新工艺和新的生产方式与经营管理模式，积极开发新产品，并注重新技术和传统产品的嫁接，大力开发有市场有竞争力的新产品，努力提高产品的质量档次和技术含量，努力实现企业产品的升级换代。

（3）积极采用高新技术，大力提升传统产业。塑料行业属于传统产业，针对全省行业目前存在的技术水平低，工艺装备落后的现状，在塑料制品加工、市场营销等方面，积极应用目前先进的电子信息、生物工程、新型原辅材料等手段，改善经济增长的质量，提升整个行业的素质。如采用计算机生产程控技术，改善塑料制品精度，提高生产率；应用网络技术，开展产品电子商务，增强营销能力，扩大产品销售；应用生物技术和光转换技术，进行新型多功能产品开发和可降解塑料的研究。

（4）重视职工和技术人员培训，提高行业从业人员整体素质。现代企业和产品的竞争，实际上就是人才的竞争，人在生产实践中永远是最活跃、最关键的决定性因素。我省塑料加工业应加强职工队伍的技能、素质培养，加强职工技术培训，积极采用各种经济手段，吸纳各类专业技术人员参与到我省塑料加工业的建设中来。

（5）培育名牌拳头产品，实施名牌发展战略。加强企业品牌意识，扩大产品知名度，提高产品市场占有率。加强产品质量管理，着力抓好企业质量管理和质量保证体系的贯标认证工作，争取建立起科学规范的质量保证系统，提高产品质量，为培育我省塑料加工业名牌产品创造良好的基础条件。

（6）加强协会自身建设，积极开展行业管理，努力发挥行业协会的桥梁与纽带作用。我省行业协会在努力加强自身建设的基础上，不断加强工作的力度，主动承担起全行业的协调、服务、管理职责；努力反映行业的愿望，研究行业的发展，开展各种行业活动，为政府决策提供依据；积极主动密切与各有关部门的联系，研究解决行业中的共性问题，抓好生产和市场中的热点、难点问题，切实做好综合协调和分类指导工作。

（江西省塑料工业协会　熊辉）

湖 北 省

【基本情况】

2001年湖北省塑料工业全部国有和销售收入500万元以上非国有企业共计205家，其中国有企业27家，集体企业81家，股份制及股份合作企业31家，外资及港澳台合资合作企业25家，私营企业35家。全行业从业人数为3.3万人。全年完成工业总产值58.07亿元，生产塑料制品261.6kt。年生产能力达500kt。

【企业经营】

2001年，湖北省塑料工业保持持续稳定、快速发展势头，生产经营、经济效益都取得了明显的成效。

一是生产保持快速增长。全省塑料加工业规模以上企业完成工业总产值58.07亿元，同比增长19.24%，是全省轻工业除食品、饮料行业外的第三大行业。其中，薄膜制造业完成产值10.85亿元，增长37%；塑料丝绳及编织品制造业实现工业总产值11.21亿元，同比增长24.83%；板、管、棒材制造业实现产值10.73亿元，同比增长22.22%；塑料零件制造业实现产值3.21亿元，同比增长19.8%。

二是主要产品发展速度加快。2001年，全省塑料制品生产总量达261.6kt，同比增长18.75%。主要产品中塑料薄膜类产品生产42.5kt，同比增长28.21%，其中BOPP包装薄膜生产21.3kt，同比增长37.42%；板、管、棒材生产57.2kt，同比增长32.42%；塑料包装箱及容器生产23kt，同比增长20.36%；塑料丝绳及编织品66kt，同比增长15%。全行业产销率达97%，同比提高0.41个百分点，其中BOPP包装薄膜产销率达99.74%。

三是经济效益显著提高。2001年全省塑料制品行业实现销售收入52.67亿元，同比增长15.85%；实现利润3.47亿元，同比增长28.01%。其中塑料薄膜制造业实现销售收入7.63亿元，同比增长31.1%；实现利润2 540万元，同比增长60%；板、管、棒制造业实现销售收入9.73亿元，同比增长18%；实现利润1.4亿元，同比增长33%；塑料零部件制造业实现销售收入6.38亿元，同比增长17.5%，实现利润5 374万元，同比增长9%。

四是重点骨干企业取得突破性发展。全省塑料工业10家年产能力10kt以上企业完成工业总产值18.4亿元，同比增长40%，高于全省塑料工业增长速度23.45个百分点；实现销售收入17.5亿元，同比增长31.18%，高于全省塑料工业增幅15.33个百分点；实现利润2.44亿元，同比增长31.2%，高于全省塑料工业增幅3.19个百分点。其中中包云梦塑料薄膜厂完成工业总产值4.92亿元，同比增长72%，实现销售收入3.02亿元，同比增长67%，实现利润2 000万元，同比增长135%；湖北凯乐新材料科技股份公司完成工业总产值4.91亿元，同比增长52%，实现销售收入4.87亿元，同比增长35.28%，实现利润1.27亿元，同比增长34%。

【重点企业】

企业名称	主要产品	产能/(kt/d)	产量/kt
湖北凯乐新材料科技股份公司	管、板	100	49
中包云梦塑料薄膜厂	BOPP薄膜	30	24
武汉紫江包装有限公司	PET聚酯塑	20	10
武穴日用塑料制品厂	人造革	10	6.77
湖北中基包装材料有限公司	BOPP薄膜	20	6.2
襄阳双源塑料有限公司	丝及编织制品	10	6
湖北川港塑胶有限公司	日用塑料制品	10	5.94
汉川环福塑料有限公司	日用塑料制品	10	5.4
湖北钟格塑料管有限公司	管材	10	5.2
汉川人造革厂	人造革	8	5
枣阳市楚星化工有限公司	包装箱及容器	6	4.4
黄石华亿塑胶有限公司	板材	5	3.6
湖北双菱塑料工业股份有限公司	丝及编织制品	5	3.4
咸宁温泉五金塑料厂	日用塑料	5	3.4
潜江张金塑料厂	丝及编织制品	5	3.2

续表

企 业 名 称	主 要 产 品	产能/(kt/d)	产量/kt
仙桃新型材料包装公司	丝及编织制品	5	3.2
咸宁温泉联谊塑料制品厂	日用塑料制品	5	3
潜江市建材包装厂	丝及编织制品	5	3
冠丰红安塑料有限公司	塑料薄膜	5	3
湖北江城塑料制品厂	塑料薄膜	5	3
汉川市塑料异型材料厂	PVC 型材	5	3
武汉塑料工业集团股份有限公司	汽车配件、薄膜	10	3
湖北永祥塑胶股份有限公司	箱包	100 万只	75 万只

【技术进步】

全省塑料制品业技术改造力度加大。全年完成技术改造投资约 5.48 亿元，新增生产能力约 15 万吨。其中，凯乐新材料科技股份公司完成投资 1.6 亿元，建成 PVC 缠绕管材、PP-R 管、HOPE 硅芯管、大口径 PVC 管材四条生产线，新增生产能力约 40kt；中包云梦塑料薄膜厂完成投资 2 亿元，引进德国布鲁克纳公司生产的三层共挤 BOPP 对向拉伸薄膜生产线，年增生产能力 12kt。

重点骨干企业技术创新能力增强。武汉塑料集团股份有限公司、中包云梦塑料薄膜厂、湖北永祥塑胶股份公司、宜昌耐特龙土工合成材料有限公司等四家企业相应成为省级技术开发中心，湖北凯乐新材料科技股份公司成为国家级技术开发中心。中包云梦塑料薄膜厂是全省 CIMS 应用的示范单位。

【新产品开发】

新产品开发取得新的突破。2001 年全省塑料制品业开发重大新产品 40 余项。主要新产品开发如下。

湖北凯乐新材料科技股份公司的大口径 PVC 管材、HOPE 硅芯管及 PP-R 管材。

中包云梦塑料薄膜厂的 CPP 耐高温蒸煮食品包装流延膜、PP 合成标签纸、激光转移薄膜及 BOPA 高阻隔包装膜。

武汉紫江包装有限公司的热灌装 PET 饮料瓶。

湖北中基包装材料有限公司的食品包装热收缩膜。

沙市恒丰塑料股份有限公司的东风汽车水箱面罩及内饰材料。

武汉塑料集团公司的神龙轿车全塑油箱及前后保险杠。

咸宁市塑料厂的 PE 复合降解薄膜。

宜昌耐特龙土工合成材料有限公司的双向拉伸土工格栅。

【存在的问题】

2001 年湖北塑料制品业虽有较快发展，但与国内先进省市相比仍存在很大差距，主要反映在结构性矛盾依然突出。

一是组织结构不尽合理，企业规模缩小。全省规模以上企业 205 家，其生产量 3 千吨以上企业只占 10%，万吨级产量只有 3 户。小企业产品专业化程度也不高。

二是产品结构不够合理，竞争能力较弱，表现为中低档产品所占比重较高，高新产品少。产品发展外向度低，全行业出口交货值仅占现价产值的 3%。

三是中小企业工艺技术装备落后，管理水平低。改革开放以来，虽对重点骨干企业进行了技术改造，但大多数中小企业技术装备未得到改造，其装备水平只相当 80 年代的水平，企业经营尚未完全实现由粗放型向集约型转变。

【发展趋势】

“十五”期间，湖北塑料制品行业将加速结构调整，以市场为导向，发挥比较优势，不断推进体制创新、技术创新、管理创新、产品创新，重点突出、壮大骨干、培精名牌、增强市场竞争力，实现由跟进式发展向跨越式发展转变。从而推进快速发展和经济效益的提高。

加速结构调整以产品结构调整为龙头，集中力量抓好四大类产品的调整，采用国内外先进的技术、科技成果和先进的加工装备，改造提升现有产品档次和质量，开发出一大批新产品。

1. 工业配套和工程塑料制品。围绕汽车、家电、电信、化工等行业开发配套产品。面向二汽汽车轿车扩大和载重汽车改造生产，发展汽车用新型塑料保险杠。燃油箱、导风道、复合塑料仪表面板、水箱面罩、密封条、灯具总成及车内外装饰材料，逐步提高塑料配件的整车比重。抓住家电行业产品更新换代的时机，系列开发各类家电产品的塑料配件；面向通信、电力产业的迅速发展及化工、机械等行业的特殊需要，开发适应不同需求的种类管材、管件及板材。积极采用高性能聚合物、聚合物合金、功能高分子材料、纳米复合材料等新材料努力提高产品性能，拓宽应用领域。

2. 建筑装饰及市政工程塑料制品。面向城镇住房建设，开发高强度和高水密性的塑料门窗，改进型材断面结构，进一步提高密封性、隔音性能；围绕市政建设，开发大口径耐压水管、燃气管、PP-R、PE-X建筑冷热水管和挤出成型钢骨架钢塑复合管及与之配套的各类管件系列；适应室内装饰市场需求，开发高档塑料卫生洁具、厨房用具及各类新型塑料装饰材料。

3. 塑料包装材料。发展方向是复合化、多功能化、环保化。开发适宜于食品、饮料、医药等包装物的各种功能要求的阻隔、防渗透、耐高温蒸煮、无菌和抗菌性、保味保鲜、水溶性及热灌装等塑料包装材料。开发异型、多层共挤型中容包装容器以及水果、蔬菜、粮食等储存、运输的防霉防蛀包装材料。

4. 农用塑料制品。根据农业和农村经济结构调整的需要，着眼于提高农业效益、重点发展果蔬、花卉、经济作物、育苗育种等用途的长寿、无滴、防雾、高强度、高透明、保温等多功能的塑料棚膜及与其相配套的配件制品；开发农田水利建设所需的各类塑料管道、管槽、管件及节水型微灌、渗灌、滴灌等管件；加快发展道路建设、堤坝建设所需的各类土工材料。

（湖北省轻工行业管理处　肖传文）

湖　南　省

【基本情况】

随着改革开放的进一步推进和国家政策的良好扶持，我省塑料业迅速发展，在上世纪末处于亏损的状态下，2000年毅然扭亏为盈，翻开了湖南省塑料行业的新篇章。进入2001年，我省塑料行业继续快速发展，许多企业纷纷进行改制，使老企业焕发出新的生机。同时，我省的民营、合资、外商独资企业也不断壮大，给我省塑料行业添加新的血液，并促进了企业间的竞争。

2001年，我省塑料加工企业数量约100家，主要集中在我省的长沙、湘潭、常德、岳阳、怀化、株洲等地，其中大中型企业约占13%，这些大中型企业在国内乃至国外都很有影响，湖南安塑股份有限公司就是我省塑料行业的佼佼者，曾先后获得“第四届国家级企业管理现代化创新成果二等奖”、“中国企业管理杰出贡献奖”、“中国行业100家最佳经济效益工业企业”等众多荣誉。湖南省政府曾号召全省“远学邯钢，近学安塑”。同时，深圳石化塑胶公司株洲塑胶有限公司、株洲湘瑞塑料建材有限公司、株洲时代工程塑料制品有限公司等企业也在快速发展，成为我省塑料行业发展中的璀璨明珠。2001年，先后又有湖南坤源塑化有限公司、长沙双杰新型管材有限公司等企业注册、建厂、投产（见下表）。

2001年湖南省塑料产品产量统计

产品名称	产量/t
塑料制品总计	82 800
塑料薄膜	11 425
其中:农用薄膜	2 207
塑料板片材	24 063
塑料棒管材	3 692
塑料丝及编织制品	11 576
塑料人造革	7 207
塑料合成革	3 221
泡沫塑料	456
泡沫包装箱及容器	11 899
日用塑料制品	4 866
其他塑料制品	4 395

注：以上统计为规模以上企业。

2001年，我省塑料行业的从业人员约3万人，分布在全省各地，但在湖南西部的塑料企业极少，从业人员也极少，有待进一步发展。我省塑料制品生产的装备能力约为200kt，而实际生产产量约120kt。据省统计局统计的规模以上企业塑料制品总产量为82.8kt，再根据众多小型企业反馈的信息，我们初步统计规模以下企业总产量约40kt，总共算起来我省塑料制品总产量约120kt。

【企业经营】

2001年我省塑料行业整体经营良好，大多数企业走入良性的生产经营轨道。其中我省株洲地区众多企业产销两旺，增幅在20%以上；但也有部分地区的企业因加入WTO受冲击，经营困难。一直以来，我省在塑料薄膜、塑料板片材、塑料丝及编织品、塑料棒管材、日用塑料制品、塑料包装箱及容器方面销路都较好，可以进一步加强生产经营。

【设备技术引进】

2001年，我省塑料行业加大投资，不少企业从外部引进先进设备和技术。据我们了解到的情况，2001年，湖南宏通实业有限公司引进德国巴顿菲尔德塑管生产线；湖南省塑料厂购置国产三层共挤设备10台；株洲湘瑞塑料建材有限公司也分别从德国、韩国及国内引进不同设备和技术；湖南安塑股份有限公司也先后从中国台湾、日本、意大利引进四套大型的PU、PVC人造革生产线；湖南坤源塑化有限公司引进台湾大洋集团技术，并从德国及内地购置设备，生产PVC-U管材管件等产品。

【重点企业】

序号	单位名称	主要产品	产能/(t/a)	产量/(t/a)
1	深圳石化塑胶集团株洲塑胶有限公司	PVC、PE、PP、氟塑料等	25 000	12 400
2	湖南安塑股份有限公司	人造革等		1 800 万平方米
3	株洲湘瑞塑料建材有限公司	PVC、PP-R 管材等	15 000	7 000
4	湖南省华天铝业有限公司	铝塑板等		3 000
5	湖南创业电力通联塑胶有限公司	塑胶等	8 000	3 000
6	湖南省塑料研究所	板材、工程塑料、色母料、泡沫塑料	4 000	3 000
7	湖南润和塑胶实业公司	ABS 板材、型材、注塑	3 500	3 000

【进出口情况】

据湖南长沙海关统计，2001 年塑料制品出口总额在 770 万美元以上，进口总额约 297 万美元。株洲湘瑞塑料建材有限公司出口金额约 80 万美元，湖南省利达事业发展有限公司出口金额约 70 万美元。其他许多大中型企业以及小型企业也有不同量的产品出口，对加快我省塑料行业的外向化发展做出了贡献。

【新产品开发】

我省众多企业以“科技是第一生产力”为宗旨，大力进行新产品开发。湖南省塑料研究所在酚醛泡沫、阻燃新材料、聚氨酯泡沫等方面研制开发有突出成果，其中研制开发的“防火铝塑板用阻燃聚乙烯芯层材料”被认定为“2001 年度国家重点新产品”；中央空调用酚醛泡沫复合夹芯板和电子热泵用定位基板获“湖南省优秀新产品”称号，同时该所还承担了高新工程及其他军工配套项目，具有较强的科研开发能力。深圳石化塑胶集团株洲塑胶有限公司也先后开发出 PE 屏蔽板、PVC 排污管（大口径）、PVC 给水管。株洲湘瑞塑料建材有限公司在型材上做文章，开发出彩色型材。湖南安塑股份有限公司成功开发高档透气服装革、沙发革，填补国内空白，并获得国家专利。这些新产品的开发为我省塑料行业的发展注入了新的活力。

【市场需求】

我省塑料市场对塑料薄膜、塑料板片材、塑料棒管材、塑料包装箱及容器等的需求较大，对日用塑料制品等省内紧缺的产品也有较大需求。塑料制品市场的增大，促进了塑料原材料的消费。因此，塑料用树脂等原材料也是市场的重要需求。

【存在的问题】

从全国塑料行业的情况来看，我省塑料行业比起内地一些欠发展省份，可能走在前面，但比起沿海的企业，就落后了。我省塑料行业存在的主要问题是：投入少，工艺装备与技术水平低；企业规模偏小，产品结构不合理；低档产品比例大，高档产品比例小；行业经济的外向度较低。

【发展趋势】

随着高分子材料应用领域的不断扩展，塑料行业的发展空间越来越大。对我省的塑料行业来说，应加大以下几个方面的发展力度：

1. 不断提高设备和技术装备水平

激烈的竞争告诉我们：落后就要挨打。设备和技术装备水平的提高，是提高效率的有效途径之一，其内容包括新设备的引进和旧设备的改造，以及工艺的改进。

2. 发展壮大一批较具规模的大中型企业，树立自己的品牌

塑料行业因其设备和工艺简单，投资小，从而厂家较多，但规模小。发展壮大一批较具规模的大中型企业，形成若干核心集团，生产出自己的拳头产品，壮大市场，提高竞争能力，从而带动湖南塑料行业的发展。

3. 引进和重视人才，提高产品质量，研发高档塑料产品

人才是发展的根本，质量是生存的根本，我们吸引人才，抓好质量，开发新产品，全面提高我省塑料行业的竞争水平，跻身全国塑料行业的强省之列。

4. 强化管理，努力提高塑料企业整体素质

强化企业管理，抓好质量、成本、营销决策管理，推进企业整体素质提高。在全行业推贯 ISO 9000：2000 系列质量标准及其认证，使企业质量管理水平上档次。

（湖南省塑料行业协会　潘小梅）

广　东　省

【基本情况】

2001 年广东省塑料制品业企业 1 390 个（由广东省统计局统计范围为全部国有工业和年销售收入 500 万元以上的非国有工业企业，简称规模以上企业），

其中：国有及国有控股企业 54 个，集体企业 190 个，股份制企业 14 个，外商投资和港澳台投资企业 787 个，其他企业 345 个。从业人数 302 850 人。全省塑料制品业企业分布在各地市，较集中在珠江三角洲及沿海地区，其中：广州市 259 个、韶关市 1 个、深圳市 172 个、珠海市 55 个、汕头市 98 个、佛山市 186 个（其中顺德 50 个）、江门市 92 个、湛江市 22 个、茂名市 20 个、肇庆市 30 个、惠州市 52 个、梅州市 2 个、汕尾市 9 个、河源市 5 个、阳江市 11 个、清远市 11 个、东莞市 159 个、中山市 129 个、潮州市 28 个、揭阳市 36 个、云浮市 13 个。

2001 年广东省塑料制品工业总产值完成 573.79 亿元，比上年增长 10.22%（其中：民营企业 600 个，从业人数 20 615 人，总资产 12.31 亿元，总产值 8.50 亿元）。全省塑料制品业产量完成 3 190.251kt，比上年增长 20.84%；其中：1. 塑料薄膜完成 500.291kt，比上年增长 8.64%；其中：农用薄膜完成 9.53kt，比上年减少 4.34%；2. 塑料板片材完成 161.541kt，比上年增长 53.92%；3. 塑料棒管材完成 187.77kt，比上年增长 104.59%；4. 塑料丝及编织制品完成 78.894kt，比上年减少 38.18%；5. 塑料人造革完成 95 792t，比上年减少 12.98%；6. 塑料合成革完成 22.516kt，比上年减少 12.23%；7. 泡沫塑料完成 13.047kt，比上年增长 43.49%；8. 塑料包装箱及容器完成 118.24kt，比上年减少 14.8%；9. 塑料鞋完成 90.824kt，比上年增长 11.63%；10. 日用塑料制品完成 544.945kt，比上年减少 6.12%；11. 其他塑料制品完成 1 258.391kt，比上年增长 52.08%。

2001 年广东省塑料树脂及共聚物完成 1 362.678kt，比上年增长 13.90%；聚氯乙烯树脂完成 5.409kt，比上年增长 100%；聚乙烯树脂完成 437.249kt，比上年增长 2.45%；聚丙烯树脂完成 397.209kt，比上年增长 7.6%；聚酯完成 283.691kt，比上年增长 19.14%。塑料助剂完成 81.806kt，比上年增长 14.16%。塑料加工设备完成 56.674kt，比上年增长 11.61t。

【企业经营】

2001 年广东省塑料制品业销售收入完成 544.98 亿元，比上年增长 6.95%。塑料制品业市场由于受国际原油市场起伏不定的影响，表现出旺季来得早转得快的特点，加上国家加大打击走私力度，水货对市场的冲击减弱，给企业生产、经营、获利提供了有利时机。各企业抓住机遇，通过生产工艺、成本、产品质量的控制，依靠加强管理，内部挖潜和调整产品结构等，取得较好成绩。佛山塑料集团股份有限公司在主导产品的质量、营销策略及售后服务上狠下功夫，扩大高附加值产品的生产，压缩一般产品的产量，全年主要产品 BOPP 薄膜、BOPET 薄膜产量分别达 6 万多吨和近 3 万吨，比上年增长 6.25%和 36.84%，销售和利润也同步增长。

2001 年广东省塑料制品业，产品销售收入最大企业是佛山塑料集团股份有限公司。塑料制品业分品种产品销售收入行业第一名的企业是佛山塑料集团股份有限公司的塑料薄膜，产品销售收入 25.43 亿元；广州宏信塑胶工业有限公司的塑料板、管、棒材，产品销售收入 6.29 亿元；开平市长沙华侨尼龙工艺厂的塑料丝、绳及编织品，产品销售收入 1.10 亿元；广州宏名塑胶工业有限公司的泡沫塑料及人造革、合成革，产品销售收入 5.13 亿元；珠海经济特区中富实业股份有限公司的塑料包装箱及容器，产品销售收入 5.16 亿元；东莞市东昱鞋业有限公司的塑料鞋，产品销售收入 1.97 亿元；世界塑胶餐垫（宝安）有限公司的日用塑料杂品，产品销售收入 3.36 亿元；惠州麦科特和幸技研工业有限公司的塑料零件产品销售收入 11.14 亿元；胜立塑胶工业（深圳）有限公司的其他塑料制品，产品销售收入 4.45 亿元。

2001 年广东省塑料工业原料制造业产品销售收入行业第一名的是茂名石化实华股份有限公司的聚丙烯塑料，产品销售收入 12.53 亿元；长兴（广州）化学工业有限公司的热固性树脂及塑料，产品销售收入 2.32 亿元；美国通用电器塑料中国有限公司的工程塑料，产品销售收入 13.32 亿元；广州金发科技发展有限公司的功能高分子，产品销售收入 6.22 亿元；汕头海洋第一聚苯树脂有限公司的其他合成材料，产品销售收入 7.46 亿元。

2001 年广东省塑料工业专业设备制造业，产品销售收入行业第一名是顺德市震德塑料机械厂有限公司，产品销售收入 4.45 亿元。

2001 年广东省塑料制品业 1 390 个企业，其中亏损企业 354 个，占 25.4%。1. 国有及国有控股工业企业 54 个，其中亏损 21 个，亏损总额 5 979.8 万元，利润总额 20 942.9 万元，利税总额 39 874.6 万元；2. 集体工业企业 190 个，其中：亏损 35 个，亏损总额 5 794.3 万元，利润总额 6 284.8 万元，利税总额 18 626.5 万元；3. 股份制工业企业 14 个，其中：亏损 1 个，亏损总额 3.0 万元，利润总额 1 039.3万元，利税总额 2 044.5 万元；4. 外商投资和港澳台投资工业企业 787 个，其中：亏损 265 个，亏损总额 46 585.2 万元，利润总额 123 461.4 万元，利税总额 198 964.3 万元。按塑料制品品种，塑料薄膜制造业亏损企业 28 个，塑料板、管、棒材业亏损企业32个，塑料丝、绳及编织制品业亏损企业19个，泡沫塑料及人造革、合成革制造业亏损企业47个，塑料包装箱及容器制造业亏损企业20个，塑料鞋制造业亏损企业30个。

2001年广东省塑料制品业销售量3 150kt，产销率达99.2%，产销平衡；其中农膜销售量9 398吨，产销率达99.1%；销售好的产品有塑料薄膜、塑料板片板、塑料管材、泡沫塑料、塑料鞋等。

【重点企业】

2001年广东省塑料制品业，产量最大生产企业是佛山塑料集团股份有限公司的塑料制品，产量124.735kt。具体品种产量最大生产企业是佛山塑料集团股份有限公司的塑料薄膜产量77.527kt，中山市奥利无纺布有限公司的农用薄膜产量3.95kt，深圳石化塑胶股份有限公司的塑料板片材产量33.859kt，三水市金台化学有限公司的塑料棒管材产量61.081kt，佛山塑料集团股份有限公司的塑料丝及编织制品产量22.188kt，东莞田氏化工有限公司的塑料人造革产量14.175kt，广州宏庆塑胶工业有限公司的塑料合成革产量5.369kt，台达化工（中山）有限公司的泡沫塑料产量40.967kt，珠海经济特区中富实业股份有限公司的塑料包装箱及容器产量14.572kt，东莞市东昱鞋业有限公司的塑料鞋产量22.268kt，金像磁讯（深圳）有限公司的日用塑料制品产量85.947kt，广州宏信塑胶工业有限公司的其他塑料制品产量71.214kt。

2001年广东省塑料工业原料助剂产量最大的生产企业是：中国石化集团茂名石油化工公司的塑料树脂及共聚物产量468.37kt，华夏塑料（中山）有限公司的聚氯乙烯树脂产量5.409kt，中国石化集团茂名石油化工公司的聚乙烯树脂产量290.696kt和聚丙烯树脂产量177.674kt，珠海经济特区裕华股份有限公司的聚酯产量138.121kt，东莞宝田化工有限公司的塑料助剂产量32.041kt。

2001年广东省塑料工业加工设备产量最大的生产企业是：东莞富强鑫塑胶机械制造有限公司产量26.36kt。

【出口情况】

2001年广东省塑料制品出口交货值完成262.58亿元，比上年增长4.20%。其中：塑料薄膜出口交货值21.83亿元，塑料板、管、棒材出口交货值14.20亿元，塑料丝、绳及编织品出口交货值7.59亿元，泡沫塑料及人造革、合成革出口交货值26.77亿元，塑料包装箱及容器制造业出口交货值9.04亿元，塑料鞋出口交货值16.49亿元，日用塑料杂品出口交货值34.92亿元，塑料零件出口交货值48.07亿元，其他塑料制品出口交货值83.69亿元。由于全球经济受美国经济疲软衰退的影响，虽然企业采取了多种措施，但部分产品出口下降的趋势仍未遏止。下降较大的产品主要有BOPP薄膜、BOPET薄膜、人造革、胶黏带和片材等。根据出口市场的变化，企业实施“外销内移”策略，把部分依赖出口的产品转为内销，迅速扩展国内市场销量，取得良好效果。根据国家外汇管理局广东省分局、广东省对外贸易经济合作厅对广东省内各地（市）中资出口单位2001年度出口收汇业绩进行考核评定，获得“2001年度出口收汇荣誉企业”称号的广东省塑料制品业企业有：佛山塑料集团股份有限公司、广东轻工塑胶制品有限公司、深圳市银珠塑料制品有限公司、深圳伟安塑料电子制品有限公司、珠海经济特区特艺塑料容器厂有限公司、汕头市立信塑胶制品有限公司、潮州市环球塑料制品厂、东莞附城亨利塑胶制品厂、新会电容薄膜厂等68个企业。

【新产品开发】

广东广洋高科技股份有限公司年产20kt，目前国内规模最大的稀土稳定剂生产线建成并于2001年10月投产，该公司生产的稀土高效多功能稳定剂，属新一代无毒、环保型稳定剂，对取代PVC塑料制品加工过程使用有毒铅盐稳定剂有着积极的意义。

为促进行业新产品、新技术开发，受广东省塑料皮革工业总公司委托，广东广洋高科技股份有限公司开始承办广东省塑料皮革研究所（省级科研所）；中山市中标建材有限公司与四川大学合作，2001年11月底成立“中山市化学建材工程技术研究开发中心”。

【存在的问题】

企业规模小，中、低档产品多，经济效益较差。要培育一批具有自主知识产权、主业突出、核心竞争力强、省内领先并在国内占有一定位置的大公司和企业集团，不断做强做大。在产品开发和技术创新能力、市场占有率以及管理和营销水平上，逐步向国际大型跨国公司看齐，成为带领我省企业参与国内外市场竞争的领头雁。中小企业进一步向“专、精、特、新”方向发展，企业间各种形式的分工协作有所发展，无序竞争和恶性竞争现象得到遏制，从而实现行业整体竞争力和经济效益进一步提高。

【发展趋势】

今后我省塑料工业发展重点是：包装与建筑用塑料将是塑料产品中增长较快的领域；为汽车、家电、电子、通讯、交通等部门配套的产品，通过填充、共混、增强等改性手段生产具有较高科技含量和附加值的改性专用料，将成为塑料工业中最活跃和新的经济增长点；农用塑料在塑料产品中仍占有重要地位；为减少塑料产品用后随意丢弃而造成的白色污染，以及将宝贵的资源再生，应充分重视废弃塑料回收、再生利用政策研究，技术开发等工作，为提高塑料制品的档次，实现低耗优质高效，必须抓好微电子技术在塑料机械上的应用开发，实现四大类（注塑、挤出、中空、压延）基本成型加工机械主机与主机匹配的后续设备程序计算机控制系统，以提高塑料机械的控制水平。在塑料模具设计和加工技术方面，积极采用CAD/CAE/CAM技术，同时加快发展塑料模具、模架标准件，以提高模具的质量与缩短模具的制造周期。全行业进一步依靠引进技术并消化吸收、科技攻关、技术开发、技术创新、技术改造、技术推广等一系列技术进步活动，促进全省塑料行业整体水平的提高。

（广东省塑料工业协会　黄小薇）

广西壮族自治区

【基本情况】

广西塑料加工行业企业数为58家，从业人数为8 240人。2001年塑料制品产值91 804万元，产量122 865吨，出口交货值为6 533万元。全行业生产能力约13万吨。

2001年塑料制品行业产量统计

产　品　名　称	产量/t
塑料制品总计	122 865
其中：塑料薄膜	20 899
塑料板材片	213
塑料棒管材	13 892
塑料丝及编织制品	39 448
塑料人造革	13
泡沫塑料	1 699
塑料包装箱及容器	3 109
塑料鞋	1 702
日用塑料制品	26 807
其他塑料制品	15 083

【企业经营】

广西二轻塑料制品行业规模以上企业有7家。2001年亏损企业有3家，二轻规模以上企业2001年产值20 854.9万元，利润为－538.2万元，工业销售产值16 592.1万元，产品销售收入17 493.9万元。

2001年广西塑料制品行业销路较好的产品有：聚乙烯农地膜及管材、聚氯乙烯管材、塑料编织袋、塑料编织水泥袋、塑料给水管材及管件、塑料包装箱及容器、柔性集装袋、壁纸、PVC管材、PE管材、地面覆盖膜、聚丙烯网状电缆填充绳。

【新产品开发】

新产品及研究开发单位

研制开发单位	项目名称
广西塑料研究所	高阻隔消毒牛奶复合膜
	PE发泡材料汽车内装饰件
梧州五一塑料制品有限公司	光缆护套管
	给水用PVC-U/ABS复合管
南宁市塑包材料厂	高档印刷PP用打包带
桂林市第二塑料厂	冷热水用无规共聚聚丙烯(PP-R)管材
	PVC-U多孔集束通信光缆护套管材

【重点企业】

梧州五一塑料制品有限公司

梧州五一塑料制品有限公司前身为梧州市五一塑料制品厂，是PVC-U塑料建材产品的专业厂家，中国塑料管道行业的骨干企业，公司占地面积3.78万平方米，固定资产净值2 000多万元，年生产能力11 000吨以上，拥有意大利AMUT挤出设备为主的七条生产线，和香港震雄公司的注塑机等设备50多台。主要产品有：“刚柔”牌PVC-U给水管、PP-R冷热水管、难燃PVC-U排水管、难燃PVC-U可冷弯电线套管、难燃PVC-U塑料门窗、异型材等，“刚柔”牌系统产品在1994年被国家科委、建设部、机械部、国家技术监督局联合评为“优先推荐产品”。1995年再次被建设部评为“城市住宅小区优先推荐产品”，公司并于2000年通过ISO 9002质量体系认证，致力提高现代化管理水平。长期以来，公司始终本着“质量第一、用户至上”为宗旨，提供优质产品和优质服务，由于产品质优而畅销各地，声誉遐迩。

2001年公司实现工业总产值5 848万元，产量5 844吨，利润128万元。

桂林市第三塑料厂

桂林市第三塑料厂下属有三个合资企业：美高壁纸有限公司、华星塑料制品有限公司、建华化工有限公司。企业主要产品有PVC壁纸、静电喷塑粉末、塑料印刷油墨。企业2001年完成产值5 800万元，销售收入4 000万元，利润150万元；壁纸产量90万卷，静电喷塑粉末250吨，油墨200吨；出口壁纸20万美元，出口各种化工产品50万美元。

桂林市第七塑料厂

桂林市第七塑料厂是一个从事塑料制品多年的生产厂家，始建于1956年，位于桂林市区美丽的桃花江畔，机场路北侧，交通十分便利。该厂主营产品为聚丙烯网状电缆填充绳，它适用于电缆行业中电线、电缆内芯凹槽的填充，以保证产品的完整度和外形的美观，它是电缆行业中不可缺少的补助材料之一。

2000年，企业从培养和提高核心竞争力着手，加大生产和销售的运作，加强全面质量管理的力度，秉承“质量第一，信誉致上”的经营理念，以诚信和质量立足于市场。先后在原材料配方、生产工艺、设备更新等方面进行改进，生产能力提高到2 400吨/年，是原生产能力的三倍。2001年工业总产值1 004万元，销售产值517万元；分别是上年度的2.3倍和2.1倍，实现税利43万元。该厂新研制的新型阻燃型电缆填充绳，非常受用户欢迎，这一产品进一步为电缆行业提供了用于阻燃电缆要求的优质辅助材料。

柳州塑料编织水泥袋厂

柳州塑料编织水泥袋厂始建于1985年，为中一型大集体企业，位于柳州市跃进路。经过10余年的积累，目前已拥有固定资产5 000余万元，各种专业设备200余台（套），具有年加工各类塑料制品5kt的生产能力。现有职工近400人，其中各类专业技术人员51人。2001年完成工业总产值2 337.7万元，产量2.414kt。

为提高产品质量，满足市场需求，工厂建立健全了一套较为完整的质量体系，并于2001年通过了ISO 9001：2000质量管理体系认证。近年来，工厂不断加大技改投资的力度，先后购回了具有目前国内先进水平的拉丝机、吹膜机、高速自动制袋机等设备。两年来，工厂累计投入资金100多万元，对拉丝机、圆织机、吹膜机等设备进行了技术改造，同时购买了近10台新型高速圆织机，经过技术改造后，不仅大大提高了产量和劳动生产率，而且产品的档次高、质量好，投放市场后赢得了顾客的青睐。

工厂的主导产品为塑料编织袋和塑料编织水泥袋，这两样产品均荣获自治区优质产品称号。产品主要销往广西、云南、四川、贵州等省、自治区，其中塑料编织袋产品在西南销售市场中占据主导地位。

具有强大发展后劲的广西柳州市塑料编织水泥袋厂将为振兴塑料编织行业做出更大的贡献，竭诚为广大顾客提供更优质的服务。

南宁新丰塑料有限公司

南宁新丰塑料有限公司是原南宁塑料制品总厂于2002年8月改制后成立的公司，原南宁市塑料制品总厂于1995年与新加坡丰达资源私人有限公司合资成立了南宁丰大塑料有限公司。合资公司的法人、管理人员、技术人员，与南宁新丰塑料有限公司的是同一套人马。

南宁新丰塑料有限公司是国家中二型企业，是自治区质量效益型先进企业、外商投资先进企业。自1990年连续荣获自治区“重合同，守信用”企业；自1995年连续6年获南宁市经济效益“金杯奖”，是南宁市明星企业。企业主要产品有塑料薄膜、塑料管材，塑料编织袋等100多种型号规格和品种，其中塑料薄膜是广西名牌产品，聚乙烯管材、聚氯乙烯管材、塑料编织袋是广西优质产品；聚氯乙烯给水管、排水管经国家科委、国家技术监督局、国家建设部等部门联合评定为推荐产品，聚氯乙烯和聚乙烯供水管项目分别获南宁科技进步二等奖和三等奖。

目前，公司有在职员工400多人，各类专业技术管理人员80多人，拥有四个车间和一个分厂，公司拥有国内外先进的挤出、吹塑等各种加工专业设备50多台套，年生产能力达20kt，其中CM-55双螺杆塑料管材生产线是从奥地利辛辛那提公司进口的设备，该设备具有一系列先进的检测设备，共有产品检测设备7台（套）。企业迅速发展的同时，建立了强大的销售网络，经营区域覆盖全国，在云南、贵州、广东以及广西各地、市均设有销售点。企业拥有完善的质量管理体系，售后服务网络体系健全，配套齐全，人员到位。

公司提供优质的产品、优良的服务来满足客户的要求，积极开展“用户满意工程”，围绕质量方针，实现质量目标，为企业和社会创造更好的经济效益。

2001年实现工业总产值6 548万元，产量6.461kt，利润244万元。

（广西二轻工业总公司　刘涛　王卫群）

重　庆　市

【基本情况】

重庆是我国塑料制品工业发展较早的城市。20世纪40年代初已有私营小厂和作坊。新中国成立后，市政府比较重视塑料工业，于1951年10月聘请重庆大学徐僖教授等有关科技人员组成塑料研究小组。60年代始组建和完善重庆塑料工业的管理体制，加强领导、统筹安排、发展较快。尤其是重庆改直辖市后，适逢西部大开发之机遇，重庆市塑料工业企业以此为契机，立足重庆，纵观全国及国际市场，强化加速了改革的步伐，以前所未有地打破区域，行业的界线进行调整、重组、转换经营机制。一批引资、合资、民营等不同所有制性质的企业迅速崛起，蓬勃发展，以市场为导向，以优质高效、信誉至上为原则，开发新产品，畅销全国各地乃至国际市场，使重庆市塑料工业产值、产量不断提升增长。

重庆市生产销售的塑料制品主要有建筑、包装、工业配件和日用品等四大类。各类塑料制品产量分别为：

塑料制品名称	年产量	占塑料制口总量%
塑料异型材	48.84kt	27.4%
塑料管板材	43.20kt	24.3%
日用塑料制品	32.70kt	18.4%
塑料包装	22.30kt	12.5%
塑料薄膜制品	18.20kt	10.2%
其他塑料制品	12.84kt	7.2%
合计	178.08kt	100%

350余家不同所有制性质企业中，国有企业8家，集体企业150家，外资、合资、民营、私人企业等192家。2001年完成塑料制品总量178kt（设备技术总生产能力可达450kt)。

重庆市塑料工业战线的30 000余从业职工以邓小平理论为指导，全面落实“三个代表”重要思想和“十六大”精神，与时俱进奔小康、大胆改革、勇于创新，对重庆塑料工业持续、健康发展发挥着巨大作用和贡献。

【重点企业】

重庆庆兰实业有限公司

重庆庆兰实业有限公司（原重庆庆兰塑料制品有限公司）属中外合资企业，为国家经贸委指定生产塑料土工格栅的重点厂家，重庆市科学技术委员会认定的高新技术企业。曾获得中国新技术产品交易博览会金奖，重庆市科技进步三等奖等一系列奖项。荣获“企业信誉评级AA级”，连续多年被重庆市工商行政管理局命名为“重合同，守信用企业”。1999年公司通过了ISO 9002质量体系认证，公司的质量管理工作也上了一个台阶。同年公司兼并了重庆压缩机配件厂，从而使公司的经济、技术实力，机械加工能力都得到空前增强。目前公司总资产已达1亿余元，占地面积7万平方米，2001年销售收入为6 500万元。公司自行研制的双向土工格栅通过了国家经贸委组织的产品鉴定，得到了参会专家的一致好评。公司现有职工246人，其中高级职称12人，中级职称56人。公司主要生产经营工程塑料制品公路、铁路、水利基础设备建设所需材料和压缩机配件，其中工程塑料产品有单、双向土工格栅、土工带、土工格室、土工网，单、双壁PVC波设管，机用打包带，汽车线束管，没轴，连杆等配件。塑料制品年生产8kt。

重庆顾地塑胶电器有限公司

重庆顾地塑胶电器有限公司是一家中外合资企业，是伟雄集团全力配合中国西部大开发实施战略扩张的又一战略成果。公司生产基地占地70亩，年销售收入1.1亿余元。主要生产“得亿牌”、“顾地牌”环保PVC-U给排水管，PP-R供水管、优质塑钢门窗，难燃PVC电线槽管，2001年该公司研究开发中心研发的搞菌PP-R饮水管、实壁PVC-U内螺旋降噪管及亲水内壁PVC-U旋流降噪器获国家专利并被重庆市科学技术委员会授予“高新技术产品”，该企业被市科委评为高新技术企业，“顾地牌”系列产品被评为重庆市名牌产品。公司产品销售市场主要分布在西南地区和南亚等国际市场，为适应市场需求，该公司今后的产品方向将从建材生产向市政建设用材料（大口径给排水管，燃气管道等）发展。

重庆跃华（集团）塑料工业有限公司

重庆跃华（集团）塑料工业有限公司是一家大规模塑料制品综合生产民营企业，始建于1991年，以生产塑料周转箱、民用塑料（塑料椅、凳、盆)、工业配件（摩托车、汽车、电视机壳、洗衣机等塑料件)，打包带及高电池塑壳系列产品为主。公司现属下有驻各地生产、经营公司及办事处4个，拥有先进的电脑注塑生产设备34台，生产量20kt以上，销售量1.2亿元，产品在重庆、四川、云南、湖北等省市已建立了稳定的供用户。公司生产的五大类250多种产品以其优质可靠和周到的销售服务获得了良好的信誉，其中啤酒箱丝网印刷技术获中国科技博览会金奖、外观设计获银奖，该公司还通过了ISO 9001质量体系认证。目前，跃华（集团）塑料公司拥有专业技术人员50余人，高级管理人员30余人，销售精英100余人，公司与各大中院校普遍建立联系，定期组织员工进行技术培训。

重庆捷成塑胶（集团）公司

重庆捷成塑胶（集团）公司是重庆市首家引进德国、韩国、日本等多国技术和设备生产PE包装材料、密封材料的中外合资企业。(集团）公司集科研、PE塑胶机械设备制造、PE新型塑胶材料生产为一体，下设重庆捷成塑胶机构制造公司，主要研制、开发和制造PE设备，可年产SJ系列PE包装机构设备生产线8条。重庆捷盛新型材料有限公司，专业生产EPE新型发包棒材、片材、管材、网材及LDPE汽垫膜，现有生产设备6台，可年产EPE型塑胶材料7kt，LDPE汽垫膜1.2kt。该公司的EPE包装产品经重庆市技术监督局检测，主要技术指标连续5年均达到或超过国内外同类产品标准，并已通过ISO 9002质量保证体系认证。重庆捷顺塑胶制品有限公司专业从事塑胶制品生产，拥有先进的流塑机械及辅助设备10多台，可年产塑胶制品1.6kt。成都捷盛塑胶材料有限公司专业从事PE新型塑胶，拥有生产设备4台，年生产能力2.8kt。(集团）公司现有资产8 000万元，占地面积1 500m^2，员工218人（其中工程技术人员和管理人员98人)。2001年公司实现公司总产值1.8亿元，实现销售收入1.5亿元，年实现税利4 000万元。

重庆(上海)汇丽建材有限公司

中美合资重庆(上海)汇丽建材有限公司经沪渝两地市政府的积极努力，由专业生产新型建材产品的上海汇丽集团公司和重庆江陵仪器厂，美国高动有限公司等投资组建，是上海市政府对口支援重庆库区的重点企业。公司总投资1.2亿元人民币，年产塑料异型材9kt，中高档建筑涂料10 000吨，年组装塑料门窗20万平方米。公司全套引进法国，奥地利等具有国际先进水平的塑料型材挤生线、模具和工艺配方，公司主要产品有汇丽牌50、55、60、80、90系列PVC塑料异型格，彩色型材和各种规格的推拉窗(门)、平开窗(门)、固定窗、提开窗、异型窗等。“汇丽牌”内外墙涂料质地细腻，高档华丽，所有产品属绿色环保节能产品，并经国家和重庆市质检机构检测，质量达到或超过国家标准，公司已通过ISO 9002质量体系认证。

南亚塑胶工业(重庆)有限公司

南亚塑胶工业(重庆)有限公司成立于1999年6月，为台塑集团南亚塑胶公司在重庆设立的独资企业。初期总投资达2 950万美元。主要从事PVC-U管材管件、PE膜、南亚舒美塑钢门的生产加工及销售。经营管理安全沿用台塑集团先进的管理模式，设备工艺坚持系用世界先进水平，产品质量已由“国家塑料质量监督检验中心”检测通过，卫生性能除了超越其他同类产品外，符合国际潮流。该公司生产的管材采用台塑自行研制的“有机锡稳定剂”，首期年产为30kt以上，第二期即可达60kt，生产的管材包括给水用管，排水用管和电工套管；PE胶膜年产能力6 000吨、南亚塑钢门年产能4kt，产品严格按照ISO国际标准及GB国家标准，产品质量可获充分保证，南亚塑胶(重庆)公司自2001年6月正式投产以来，该年度生产PVC-U管材1.562kt，产值6 762千元；PE胶膜产能93t，产值694千元。

(重庆市塑料行业协会　刘汉龙　吴方)

四　川　省

【基本情况】

2001年四川塑料工业保持了快速发展的态势，总体经济运行情况良好。全省1 000余家塑料工业企业中，纳入统计的国有及年销售收入500万元以上的非国有企业共111家。总体经济运行质量得到明显改善，实现了生产、销售、效益双位数同步增长。2001年共生产塑料制品19.7万吨，完成销售收入26.6亿元，实现利税3.2亿元，分别比2000年增长21%、15.6%和23%。销售收入居行业前三位的是四川宜宾五粮液集团普什有限公司7亿元、川路塑料胶集团2.6亿元、四川美好塑业集团1.2亿元。利税总额超过5千万元的2家企业，四川宜宾五粮液集团普什有限公司2亿元、川路塑料胶集团5千万元。

2001年，四川塑料工业的主要经济指标均比2000年有所提高或改善，其中，工业经济综合指数比2000年提高26个百分点；固定资产净值平均余额、工业增加值、全员劳动生产率分别比2000年增长8.8%、42.7%和37.3%；资产负债率、亏损面分别比2000年下降3个百分点和6.4个百分点；产成品存货比2000年下降5.8%。

2001年，重点企业对全省塑料工业发展的支撑作用突出。销售收入居全省塑料企业前3名的三家企业2001年共完成销售收入10.8亿元，占全行业的40.6%，而利税超过5 000万元的2家企业2001年实现利税2.6亿元，占全行业的81%，对全省塑料工业有显著的拉动作用。

2001年，四川塑料工业发展最快的行业是塑料门窗行业。2000年末至2001年初，全省新增约30条塑料型材挤出生产线，同时塑料门窗的使用也从成都等中心城市进一步向省内各中、小城市推广、普及。以四川华塑建材有限公司为代表的塑料建材龙头生产企业纷纷增大规模，扩大品牌效应，其中，四川华塑公司相继在四川眉山、南充、泸州等市合资建立了眉山泰鑫华塑建材有限公司、南充华塑建材有限公司、泸州星光华塑建材有限公司。著名的塑料管道生产企业川路塑胶集团新建了川路塑胶型材有限公司，进一步推动了四川塑料门窗行业的发展。

2001年，四川塑料工业引进设备最多的企业是四川宜宾五粮液集团普什有限公司。其下属的模具中心共引进日本、德国、瑞士、美国、法国、意大利等国的高精尖设备112台/套。普什有限公司还引进了瓶级聚酯切片装置，年生产能力为150kt。其中，从意大利SINCO公司引进固相缩聚装置，采用美国杜邦技术，成套引进美国先进设备生产基础切片，可生产碳酸类带汽瓶用切片、热灌装瓶用切片、食用油瓶用切片。

2001年，四川塑料市场建设也取得了突破性进展。在成都市成华区筹建了西南第一家塑料专业市场，主要经营塑料原料、辅料、助剂、塑料机械等。

四川塑料制品总量居西部十二省市之首。年塑料原料用量约500kt。为适应四川塑料工业快速发展的需要，2001年，经成都市人民政府与国内贸易局联合批准，在成都市成华区设立西部塑料市场，由成华区政府牵头建设。西部塑料市场占地190余亩，分为四个区，即：交易区、仓储区、加工区、餐饮娱乐区，其中交易区第一期工程5 000m^2在2001年已竣工投入营业。这是西南地区第一家塑料专业市场。

该市场将逐步培育成“立足成都、面向西南、网络全国”的大型塑料市场，与浙江省余姚市“中国塑料城”联手，在塑料经营销售方面，形成“东有余姚、西有成都”的格局。西部塑料市场设计合理，经营规范、管理科学，每间铺面内设电话、闭路电视、宽带网等设施，为塑料市场网上交易、电子商务打下基础。

西部塑料市场位于成都市新华大道二环路外双庆路26号，紧邻原航空部408库，有铁路专用线和库房，货物可在货棚内装卸，现货交易区和仓储为一体，为商家交易、仓储、运输配送一条龙创造了有利条件，既利于大规模交易，又减少了周转费用。目前西部塑料市场第一期工程营业铺面出租率达到100%，共有100余户商家，主要经营塑料原料、辅料、助剂、塑料机械等。

【原材料工业】

四川省的塑料原材料重点企业有3家，主要生产聚氯乙烯树脂、氟树脂、环氧树脂、硅树脂等。其中，中昊（集团）晨光化工研究所从事氟树脂、环氧树脂、氟橡胶、氟里昂、硅橡胶、硅树脂、硅油、工程塑料、黏结剂的开发、生产。四川省金路树脂有限公司主要从事聚氯乙烯树脂的生产，2001年产量为85kt。宜宾天原集团有限公司主要生产聚氯乙烯、发泡剂ADC、PVC电缆粒料、烧碱、水合肼等。首家建成了填补国内空白的本体法聚氯乙烯装置。现聚氯乙烯年生产能力达140kt，西南地区位居首位，ADC发泡剂年生产能力达5kt，是国内ADC发泡剂的主要生产基地。2002年共生产悬浮法聚氯乙烯110kt、本体法聚氯乙烯23kt，聚氯乙烯产量居全国第5名。为了满足国内，主要是西南地区塑料建材发展的需要，宜宾天原集团公司规划到“十五”末聚氯乙烯产量达到400kt。

【重点企业】

近年来，四川塑料工业发展很快，涌现了一批在省内外有一定影响的骨干企业，2001年中国塑料工业年鉴，重点介绍了四川省宜宾五粮液集团环球塑料有限公司、川路塑胶集团、四川华塑建材有限公司、东泰公司、四川天府塑料有限公司、成都锦江泡沫总厂、绵阳市孝感股份有限公司、绵阳市塑料厂、成都市塑料四厂、四川华西德顿塑料工程有限公司、四川广汉锐星塑胶有限公司等11家企业。今年我们再介绍8家四川省重点塑料工业企业。

成都多联公司

成都多联公司是股份制科技型企业，其下有多联塑胶实业公司和多联建材有限责任公司，均专业从事塑料管材系列产品的生产，员工400余人。公司拥有国内先进的管材生产线和大型高精密度自动注塑机，年综合生产能力达到数万吨，主要产品为阻燃PVC穿线管和PVC-U建筑排水管两大系列。2002年产值1.5亿元，销售上亿元，上交税收380万元，是武侯区的重点企业和纳税大户。

公司生产的“多联牌”阻燃穿线管系列产品于1993年推出，该产品系换代建材，填补了西南空白，1997年被省政府命名为“四川省名牌”产品保持至今。现该产品生产规模、产销量均列西南地区首位，已成为市场占有率高、知名度广的定点生产企业。

公司投资3 000万元生产的建筑用环保型PVC-U排水管系列产品，今年推出其优质的质量，合理的价格，在市场竞争中，必将受到用户的欢迎，颇具发展潜力，为公司带来较强的发展后劲。

公司经营方针以高效率、低成本、重质量、服务佳、技术领先为宗旨，实行“质优价低”的营销策略，积极参与市场竞争，靠规模扩大市场占有率，取得较好的成效。现产品已成为覆盖西南、西北十多个省市的销售网络，逐步发展成为全国知名品牌。2001年公司两大系列产品均通过ISO 9002质保体系和产品双认证，更增强了竞争力。

成都成实福田塑胶建材有限责任公司

成都成实实业（集团）有限责任公司（以下简称成实集团）是经成都市政府批准，在原成都512厂改制的基础上，由成实福田塑钢公司、成实彩钢公司、成实彩涂公司、成实储运公司、成实牧业公司、成实检测中心等六家法人企业组织的多种产业化经营的公司。是成都市重点扶持的大型企业之一。成实集团公司主要向社会提供以建材为主的系列产品，主要经营化学建材、彩钢彩板、建材仓储等。

成都成实福田塑胶建材有限责任公司与北京福田建材机械有限责任公司合资兴建的子公司，具有独立的法人地位，厂区面积7 000平方米，注册资金700万元，主要从事PVC塑料异型材和PVC塑料窗的科研、生产与服务，现已具备年产PVC塑料异型材5kt、组装与安装PVC塑料窗60 000m^2的综合能力，成为西南地区最具实力的化学建材生产商之一。成实福田公司秉承成实集团公司卓越的管理经验、质量信誉和北京福田公司的技术实力，与四川大学高分子研究所联合成立了川大福田化学建材科技发展中心。公司拥有工程技术人员12人、大专以上学历员工84

人，化学建材开发、生产、应用水平居西南地区前茅。

成实福田公司产品配方独特、原材料高档、工艺先进、生产过程实现微机自动化控制，产品按不同档次、满足用户的不同要求。现生产七大系列 PVC 异型材，有 50、60 平开系列，50、60、73、80、86 推拉系列，可制成各种不同档次的推拉窗、推拉门、平开窗、平开门及各种异形窗，可广泛用于高层、中层及普通建筑物。

成实福田公司通过了 ISO 9002 质量体系国际标准认证，努力塑造"成实福田"品牌，把满足用户需要作为最高追求，为用户提供一流的产品、一流的服务，为用户创造最大效益。

成都川路塑胶型材有限公司

成都川路塑胶型材有限公司是川路塑胶集团投资兴建的专业生产 PVC-U 塑料门窗型材的大型生产企业。公司位于国家级经济技术开发区——成都龙泉驿界碑工业园区。公司一期工程采用具有国际先进水平的全自动电脑数控挤出生产线和门窗组装线，年生产型材可达 10kt，门窗 $100km^2$；公司二期工程投产后，将成为拥有 40 条挤出生产线、年产型材超过 4 万吨的西南地区规模最大、品种最齐全的塑料门窗异型材生产基地之一。

公司主要产品有 50 系列、58 系列、68 系列、76 系列、80 系列、85 系列塑料门窗用高档异型材及各种拼接型材。同时还开发有外装饰条、带旋转页片的百叶窗型材，加上通体彩色、共挤、喷涂等新工艺，可制作固定、内外平开、推拉、旋转、百叶、异型门窗及各式隔断，可广泛用于不同建筑结构，充分满足客户设计需要。

川路公司严格按 2000 版 ISO 9001 质量管理体系要求进行质量控制及内部管理，不断引进新技术，开发新品种。公司奉行精益求精，以质取胜的经营宗旨，坚持以可靠的质量、完善的配套、定位的宣传、优质的服务来抢占市场，赢得先机。

川路公司将保证一如既往地竭诚为广大用户提供高品质的产品以及全方位的服务与技术支持。

成都新航实业有限责任公司

成都新航实业有限责任公司是在国家建设部高度重视塑料门窗生产，大力推广并应用化学建材以及迎接西部大开发，大力发展"成都造"的良好环境中诞生的新型民营企业，是 PVC 异型材和塑钢门窗的专业生产基地。

公司创建于 1999 年 10 月，总投资 2 000 余万元，征地 20 余亩，建筑面积 $5km^2$，现一期工程已具规模，建立了国内领先水平的 6 条异型材生产线和多条门窗组装生产线以及一条加强门窗生产线，可配套生产 60、80、88 三大系列，47 个品种的塑钢门窗产品，年产 3kt 异型材，$100km^2$ 的塑钢门窗，1 000 吨加强筋，年总产值 7 428 万元，年利润 1 114 万元。公司现有员工 90 人，其中高中级科技管理人员 15 人，拥有固定资产 1 500 万元，流动资金 500 万元，无形资产 150 万元，共有资产总额 2 000 万元。

公司实力雄厚，设备精良，"新茂"牌异型材、塑钢门窗产品的生产全面采用计算机管理，引进居世界领先水平的有机锡无毒、无害环保型配方及生产工艺，科技含量高，产品品质优良，热稳定性能好。"新茂"牌异型材、塑钢门窗产品在 2000 年 5 月 8 日投放市场以后，通过了由四川省建设厅主持召开的产品鉴定会，并颁发了"产品准用证书"，同时获得了由国家技术监督总局颁发的生产许可证书和产品检验合格证；2000 年 10 月被四川省环境保护产品检验中心鉴定为绿色环保产品；2000 年度被四川省质量技术监督局质量申诉处理中心授予"2000 年质量无投诉单位"荣誉证书，同时受到了省内高等院校教授、相关设计院高级工程师、技术监督、质量检测等部门专家的高度评价，深受建筑商、房产开发商青睐。西南建筑设计院将"新茂"牌塑钢门窗作为设计院重点推广产品之一。

四川五粮液集团普什有限公司模具中心

五粮液集团普什有限公司模具车间筹建于 2000 年底，该模具车间的起点定位在"世界一流"，即：规模世界一流、硬件设施世界一流、管理及开发制造能力世界一流。

模具中心现拥有全新的、一流的厂房，面积达 $150km^2$。一期工程已引进日本、德国、瑞士、美国、法国、意大利等国的高精尖设备 112 台/套，国内精密设备 68 台/套。

已筹建完毕的中小型精密模具生产车间，面积 $12km^2$，为高大明亮的全空调恒温车间，拥有 30 余套 HP 高档 CAD/CAM 工作站，配套的是 UG CAD/CAM软件，有高速加工中心 24 台、各种形式的五轴联动机床 18 台、最精密的大型坐标磨床 4 台，还有最先进的激光加工中心、水刀切割机等；高精密的立式、卧式、立-卧式加工中心 40 余台，汇聚了世界最先进的各种车铣中心 12 台、拥有先进的真空热处理设备 5 套、大小三坐标测量机 2 台、各种进口刀具、量具、辅具、切削液、润滑油等都与先进设备完美配套、拥有完善的质量保证体系，贯彻执行 ISO 9000：2000 版质量体系。

正在建设中的大中型模具车间占地 $135km^2$，厂房更加高大、宽敞明亮。已购置有各种龙门五面及龙门五轴加工中心20余台、多种大型镗铣床、数控立车等形式完善的加工体系，并专门配置了试模、研配、冲压工段。

人力资源上，模具中心已引进国内外高级管理、技术人才10余名，现有员工200余名，其中大专以上学历者占50%以上。这支生机勃勃的员工队伍吸引着国内外越来越多的有志之士。

模具车间的发展方向是涵盖“大中小、高精尖、各行业”，即大至小汽车覆盖件冲压模，小至微电子元件级进冲压模：无论是注塑模还是冷冲模、压铸模，无论是哪个行业，只要精度要求高，制造难度大的模具，都将是我们的重点开发项目。

汇集了国内外机械加工业先进的加工设备与加工技术的五粮液集团普什有限公司模具车间是技术密集型、资金密集型的典范。车间现已形成了较强的精密瓶盖模、瓶坯模、管材（件）模、电子元器件冲压模、小汽车冷冲压模、压铸模、热流道系统零部件等的设计能力和很强的加工能力，并承接各种技术密集型工件加工，随着二、三期工程的投入，更多先进设备引进，各行业专业技术人才的加盟，管理及开发制造能力的进一步提高，不久我们的模具车间就能与世界先进模具厂同步。

目前，模具车间已成功生产了48腔瓶坯模，瓶盖模、各种吹瓶模和压铸模，管材管件模等模具，承接了多家客户的各种高精密加工件的加工制作，获得了广大客户的好评。秉承普什有限公司“与世界同步、与消费者同行”的一贯宗旨，模具车间的发展也是面向世界的。我们的设计销售中心将遍布五洲，同时还将致力于本地化设计、销售、服务，与世界各地的用户共同发展。

成都中飞模具制造有限公司

中飞模具制造有限公司成立于1992年，公司主要产品以PP-R冷热给水、PVC给排水、PE给水燃气、PE阀门、PP矩形承口超级静音管件等塑料管件模具为主，并大量生产摩、汽配件注塑、压铸模具，以及电子产品塑料模具及塑胶挤出模具、中空模具和冲压模具，年生产能力500余副，是一家极具实力的专业模具制造企业。

公司主要技术人员来自于国营大型企业，专业从事各种模具设计、开发与研究，使用先进的模具设计软件，并采用注塑流体模拟分析软件，避免了因设计流道失误造成的返工及制品缺陷。技术人员勇于创新，突破多项高难度课题。通过改善浇注系统，解决了PE管件熔结痕的问题，并率先设计出国内先进的矩形承口柔性抽芯机构，解决了新型超级静音排水管件凹槽的抽芯问题。

公司采用先进的加工手段，有数控铣床、电脉冲、线切割及大量通用机械加工设备，具有雄厚的加工能力。经过和数十家国内大型塑胶管件龙头企业合作，本公司在模具结构、冷却系统及型腔、材质选用上不断改进，模具性能日趋完善，模具耐用度、制品质量及模具工作效率均达到较高水平，售后服务体系完善，得到了广大客户的一致好评。

四川成飞高新材料有限责任公司

四川成飞高新材料有限责任公司是成飞（集团）公司的控股子公司。现有固定资产2 000万元，主要从事各种规格的塞卢卡板的生产、销售。公司生产的芯层发泡塞卢卡板密度小、重量轻，具有木材所具有的性能，同时又具备木材无法比拟的特殊优点。经国家防火建筑材料质量监督检验测试中心及四川省轻工塑料制品质量监督检验站检验，技术品质优良。产品广泛应用于交通运输业：飞机、火车车箱、客车、轮船客舱内壁板、装饰板、公路、铁路、道路指示牌；家具业：高档板式组合家具、办公用具、计算机用微机桌、厨房家具；建筑装修业、商业等。

2001年高新材料公司根据市场形势及行业发展趋势，以市场为中心，以用户的需求和质量保证、合同按期交付为工作重点，加大销售力度和新产品开发步伐，全面推进公司生产、经营发展，不仅扩大了省内的销售，而且成功开发了广州、湖南、新疆等地区市场，进一步提高了产品市场占有率。

四川省德阳华远人造革有限公司

四川省德阳华远人造革有限公司前身为四川金路人造革有限公司，始建于1992年，系四川金路集团股份有限公司的控股子公司。公司拥有20世纪90年代国际先进水平的生产设备，共有从业人员182人。其中，技术人员7人，实验开发人员5人，管理人员23人。

公司坐落在成都与绵阳之间的德阳市岷江西路二段122号，距成都60公里，成绵高速公路、川陕公路及宝成铁路均在此交汇，交通十分便利。

公司通过近10年的发展，拥有一批操作过硬的熟练工人和技术人员，具有一定产品开发能力，形成了一套严密的企业管理和产品质量管理体系，于2001年取得了ISO 9001质量体系、英国皇家UKAS双认证。

公司产品主要应用于汽车内饰、家具、鞋材，其中汽车内饰占60%，鞋材占28%，家具占12%。公司为了拓宽市场，于2001年又与法国著名人造革企业SANGNAR公司通力合作取得了该品牌在中国的独家代理权和生产权。在SANGNAR公司强有力的技术指导下成功地开发出了高档室内墙面装饰革，该产品已通过中国建材防火检验中心的检测，燃烧性能达到GB8624B1级，同时通过了国家建材检验中心检测，产品远远低于国家室内装饰装修材料有害物质限量标准，获得《无毒害（绿色）室内装饰装修材料证书》。该产品具有阻燃、隔音、抗形变色变、易清洗、耐老化、防霉菌等内在质量，还有丰富的色彩、高雅华丽的外观。使用寿命是普通墙纸的3～5倍，是现代装饰材料的替代产品。

SANGLAR法国公司的墙革产品，已成功用于比利时布鲁塞尔的欧盟议会大厦；法国里昂的国家歌剧院；法国、意大利、比利时的国会大厦；卢森堡的文化博物馆；法国、意大利的诸多医院等建筑中。我们相信该产品定能为中国的现代化建筑添加一笔亮丽的色彩。

【科研院所】

中昊晨光化工研究院

中昊（集团）晨光化工研究院是我国在60年代兴建的专门从事新型高分子合成材料研究、开发、生产的重要基地，现隶属中国昊化化工（集团）总公司。下设生产管理中心、工程技术研究中心、计量中心、质检中心、产品推广应用中心、职工培训教育中心、设计所（乙类设计资格）、供销总公司及各分厂（包括一、二、三、四分厂、药厂等），资产总额4亿元，在职员工2 922人，其中各类专业技术人员1 000余人。

晨光院从事氟树脂、氟橡校、氟里昂、硅橡胶、硅树脂、硅油、环氧树脂、工程塑料、黏结剂、医用药品与材料、塑料加工、塑料机械、化工设备与防腐等的开发、应用、生产，有自营进出口权和劳务承包工程（或劳务合作）经营权。产品广泛应用于航天、航空、电子、石油、化工、煤炭、汽车、纺织、机械等国民经济的各个部门。建院37年来，已取得科研成果近500项，其中获国家和部省级成果奖232项。共有24个产品获国家、部省优质产品称号。

近年来，晨光院通过深化改革和加大科技进步，连续四年经济增长速度超过30%。2000年通过了ISO 9001质量体系认证，已建立科学的质量管理和质量保证体系并持续改进、不断完善。晨光院产品均采用ASTM标准和国家标准进行设计制造。全院科研生产基础设施完备，在生产过程中实行DCS控制系统，在设计部门推行计算机辅助设计系统（EC-SS），在管理上推行办公自动化。同时十分注重科研投入，技术力量雄厚，组建了聚集全院科技精英的工程技术研究开发中心，建有具有完善的检测手段以及各种精密计检设备的计量、检测中心，现代化的职工培训教育中心、产品应用研究中心，藏书10万册和设有电子阅览室的科技图书馆。

晨光院建有完备的销售网络，在全国主要城市共设有28个经营部，在上海、成都分别设有国际贸易部，经常与美国、日本、德国等发达国家的知名企业进行商务洽谈和学术交流。同时，积极开展网上业务，努力为客户提供最便捷的服务。产品畅销全国，并大量出口美国、日本、法国、德国、意大利、土耳其、伊朗、韩国和巴基斯坦等国家，出口额持续高速增长。

晨光人坚持“科教兴院，追求无限”的治院方针，正紧紧抓住西部大开发和中国加入WTO的机遇，加快了科技成果产业的步伐，计划到2005年全院总产值达到或超过10亿元，努力把晨光院集科工贸于一体的现代化大型企业。

2001年四川省年加工能力3kt以上企业名单

序号	企业名称	主要产品	地址	邮政编码	联系电话
1	五粮液集团普什有限公司	PET瓶及瓶坯	宜宾市岷江西路150号	644007	0831-3553988-5877
		模具			0831-3553988-6688、6235
		PET切片			0831-3553988-5771
		化学建材			0831-3553988-5877
2	四川华塑建材有限公司	塑料型材、门窗	成都市龙泉经济技术开发区星光中路	610100	028-85559901
3	川路塑胶集团	塑料管材、管件	成都市羊市街西延线抚琴西路115号	610031	028-87784919
		塑料型材、门窗	成都市龙泉界碑工业园区	610100	028-84869080
4	四川康乐塑胶制品有限公司	塑料管材、管件	成都 崇州市汇蜀路	611230	028-82218133
		塑料型材、门窗			

续表

序号	企业名称	主要产品	地址	邮政编码	联系电话
5	四川美好塑业集团有限公司	塑料薄膜 塑料彩条布	四川达州市南城杨柳椏工业小区	635000	0818-2656447
6	成都成实福田塑胶建材有限公司	塑料型材、门窗	成都市二环路北4段3号	610051	028-83240101
7	成都飞机工业集团塑钢有限公司	塑料型材、门窗	成都市黄田坝成都95信箱910分箱	610092	028-87418789
8	成都新航实业有限责任公司	塑料型材、门窗	成都新津邓双经济开发区	611430	028-82590985
9	成都市多联建材有限责任公司	塑料管材、管件	成都武侯区金华镇七里大道	610046	028-85019314
10	四川华西德顿塑料管道工程有限公司	塑料管材、管件	四川彭山县城南开发区华西路	612760	0833-7641789
11	四川森普管材股份有限公司	塑料管材、管件	四川德阳市经济开发区长白山路北段	618000	0838-2801196
12	自贡川玻南华实业股份有限公司	塑料管材、管件	四川自贡市贡井区双塘	643020	0813-3210342
13	四川永跃塑料纸业有限公司	塑料薄膜、注塑制品	四川达州市朝阳中路6号	635000	0818-2520874
14	绵阳市塑料厂	塑料薄膜、注塑制品	绵阳市开远路18号	621000	0816-2992257
15	德阳市塑料厂	塑料薄膜、注塑制品 PPS摩托车齿轮、PEEK压缩机用齿轮	德阳市金沙江西路八角工业园区南侧	618000	0838-2823576
16	成都市塑料四厂	塑料薄膜、编织袋 热收缩膜、彩钢夹芯板、PP拉伸膜	成都市外南红牌楼	610041	028-85085020
17	四川省南充市东风塑料厂	塑料薄膜、中空制品	四川南充市铁明路25号	637000	0817-2581661
18	内江市工程塑料薄膜厂	塑料薄膜	四川内江市中区双洞路110号	641000	0832-2044071
19	四川攀西塑胶有限公司	薄膜、编织袋	四川西昌市安宁镇	615013	0834-3442460
20	成都塑料十二厂	薄膜、彩印包装袋	成都市温江县西外	611130	028-82722060
21	四川省康茂塑胶有限公司	薄膜	四川省仁寿县文林镇沙子湾9号	620500	
22	四川省德阳市孝感股份有限公司	PVC电缆料、ABS板材、APP填充母料		618000	0838-2440316
23	绵阳龙华化工有限公司	聚碳酸酯薄膜	绵阳永兴工业开发区	621006	0816-2566054
24	成都锦江泡沫总厂	聚氨酯软泡	成都市锦江区琉璃乡祝国寺141号	610063	028-85912762

续表

序号	企业名称	主要产品	地址	邮政编码	联系电话
25	成都中富容器有限公司	PET瓶	成都市新都工业区南二环路东段	610500	028-83954102
26	四川中富容器有限公司	PET瓶	成都市犀浦经济技术开发区	611731	028-87855537
27	四川广汉锐星塑胶有限公司	中空制品、注塑制品、板材及热成型、模具	广汉市南昌路二段	618300	0838-5102222
28	成都中飞模具制造有限公司	模具	成都市黄田坝	610091	028-87468686
29	四川成飞高新材料有限责任公司	塞卢卡板	成都市黄田坝	610092	028-87415712
30	四川德阳华远人造革有限公司	人造革	德阳市岷江西路二段122号	618000	0838-2205031
31	四川德阳东马塑胶有限公司	压延膜、压延革、抗静电膜	德阳市		
32	成都市塑料七厂	聚氨酯软泡、聚苯乙烯泡沫	成都市外南红牌楼	610041	028-85075984
33	四川省金路树脂有限公司	聚氯乙烯树脂	四川德阳市罗江县东外	618500	0838-3121375
34	宜宾天原集团有限公司	聚氯乙烯树脂 ADC发泡剂 PVC电缆粒料	四川宜宾市下江北	644004	0831-3602906-5326 0831-3602906-5326 0831-3601826

（四川省塑料工业协会　张振綦　隋佩侠）

云　南　省

【基本情况】

亚洲金融危机之后，云南省经济发展速度持续偏低，云南省塑料工业经历了一个痛苦的调整期，连续四年塑料制品生产徘徊不前，效益下降，企业减少，2001年达到谷底，在困难中开始出现一些复苏的征兆。

按统计口径检查，2001年云南省塑料行业实现工业总产值（现价）10.4亿元，比上年下降2.6%；工业增加值2.8亿元，比上年下降8.7%；塑料制品生产量为10.8万吨比上年略增3.6%，其中农膜、塑料包装箱及容器、其他塑料制品（主要是塑料异型材）增长较大，塑料棒管材、板片材、泡沫塑料、日用塑料制品等产品均有不同程度下降。全行业规模以上生产企业数从上年的59个下降到54个，从业人员从7 017人下降到6 180人。全行业经历了较大的结构调整，也出现了一些可喜的现象：年末负债额从11.2亿元减为10.1亿元，所有者权益则从6.4亿元增到6.5亿元；盈亏相抵后的利润总额从1 121万元增加到2 225万元。

【生产情况】

塑料制品生产情况统计表

项目	2000年/t	2001年/t	比上年±%
总计	104 470	108 259	+3.6%
塑料薄膜	51 238	55 960	+9.2%
其中：农膜	28 432	34 761	+22.3%
塑料板片材	2 252	1 427	−36.6%
塑料棒管材	7 497	4 944	−34.1%
塑料丝及编织制品	18 144	17 736	−2.3%
塑料人造革	8	0	
塑料合成革	0	0	
泡沫塑料	4 747	3 421	−27.9%
塑料包装箱及容器	2 036	2 378	+16.8%
塑料鞋	1 202	1 022	−15%
日用塑料制品	3 611	2 537	−29.7%
其他塑料制品	13 733	18 831	+37.1%

【企业经营】

云南省重点企业经营情况

企业名称	主要产品	产能/t	产量/t	产值(当年价)/万元	销售收入/万元	利润/万元
玉溪市塑料一厂	薄膜、编织袋	10 000	6 395	6 125	5 600	65.6
曲靖塑料集团有限公司	薄膜、中空容器	15 000	5 786	5 644	5 200	136
云南塑料厂	薄膜、管材、板材	20 000	4 751	4 175	4 658	44
个旧市塑料厂	薄膜、包装桶、药瓶	4 000	3 841	3 060	2 670	65
玉溪红塔新型建材有限公司	铝塑复合管、异型材、塑钢门窗	30 万平方米 10 000 2 000 万米	4 175	3 979	4 380	−671
云南红塔塑胶有限公司	烟用膜、包装膜、印刷膜等薄膜	6 000	6 196	10 775	10 604	2 288.8

经过近两年筹备，2001 年 5 月 29 日云南省塑料行业协会召开成立大会，又于 2001 年 8 月 20 日经云南省经贸委、民政厅审核批准，准予注册登记，云南省塑料行业协会正式成立，协会理事长是云南省经贸委原助理巡视员赵秉仁同志，协会下设四个专委会，分别是：塑料薄膜专委会；塑料建材、工程塑料专委会；塑料包装专委会；日用塑料专委会。

【设备引进】

主要有玉溪红塔新型建材有限公司项目，第一期投资 1.7 亿人民币，全套引进了奥地利 CINCINNATI 公司生产规模为年产 U-PVC 异型材 10kt 的设备，德国 UNICOR 公司生产规模为年产 20 000km 铝塑复合管的设备以及德国 AFS 公司生产规模为年产 300km^2 塑钢门窗的设备。分别可生产 60、80、88 系列的 PVC-U 异型材，$\phi16\sim\phi75$ 之间各种规格的铝塑复合管及各种系列塑钢门窗。是云南省为数不多的拥有较先进生产设备的塑料生产企业之一。

【存在的问题】

云南省整体经济实力相对落后，社会经济发展处于初级阶段，底子薄，基础差，塑料行业的总量不大，近年发展基本停滞，与国外及沿海发达地区相比差距明显，主要表现如下。

(1) 行业所有制结构仍然还是以国有企业和集体企业为主的局面。三资企业、多种形式的现代企业和私营、个体企业经济实力还不够强，部分已改制为股份制或股份合作制的企业，并没有从根本上改变运行机制，甚至沿用国有或大集体的传统管理制度、组织制度。由于体制不顺，机制不活，管理落后，人员整体素质偏低，严重阻碍了企业的发展，部分老企业面临经营困难，效益下滑，甚至出现亏损，维持企业生存已是举步维艰。

(2) 企业规模结构不合理，全省除少数几个企业产品年产量在 3kt 以上外，大多数企业生产规模偏小，生产集中度低，难以形成规模经济，这些企业技术装备落后，技术力量薄弱，缺乏市场竞争力。

(3) 产品结构不合理，除少数企业生产的高技术含量高附加值的产品如铝塑复合压力管、双向拉伸 BOPP、大型注塑件外，我省绝大多数产品都是一些生产工艺落后、质量、档次一般的初级产品，如没有特殊功能的普通农膜、通用型、常见规格的编织袋、印刷简单的单层小包装袋，塑化差半透明的软管、样式和功能陈旧的牙刷，低档的 PVC 凉鞋等。在市场竞争中难见云南本土的产品。

(4) 资金严重短缺，由于相当一批企业效益下滑，无力筹集足够资金进行技术改造和投入到新产品的研究开发中，致使这些企业更加陷入困难重重的境地。

(5) 观念陈旧，思想不解放，是影响和制约云南省塑料行业发展的重要障碍，与沿海发达地区相比，这方面差距尤为突出，主要表现在与外界的沟通、交流少，缺乏主动走出去开拓市场的举措，面对省外产品大举进入云南市场时，也只能在仅有的市场份额中节节败退。

(6) 可持续发展战略要求对环境的保护越来越严，在一定程度上影响到部分塑料企业的发展。

【发展趋势】

随着中央实施西部大开发的战略和我国加入 WTO，为我省塑料行业的奋进吹响了号角，同时也带来了无限的商机，我们要抓住这个不可多得的机遇，进一步解放思想，更新观念，转变思维方式，以科技进步为行动力，加大技改投入，引进起点高、科技含量高的国内外先进技术装备，提高企业的技术和装备水平，依托省内支柱产业，优势产业，促进塑料行业全面发展。

(1) 坚持产业结构调整，加快塑料工业改组改造和结构优化升级，调整产业结构，壮大和发展优势产品，不断开发高新技术产品和日用生活品中的精美产品，淘汰初级低端产品。

(2) 依托云南省的支柱产业，发展烟草、花卉、蔬菜等作物所需的多功能薄膜，把农膜产品做强做精。

(3) 抓住国家实施西部大开发机遇，对大力上马兴修的公路工程、水利水电大坝工程所需的土工合成材料要积极开发，填补这项产品在云南的空白。

(4) 扩大融资渠道，积极吸引国内外有实力的财团、企业和个人的资本投资，用以加大对技改及高技术含量、高附加值产品的研发投入，帮助一些规模较小，难以维持经营的企业更新产品，尽快走出困境。

(5) 云南地处高原，地形复杂，虽然水利资源丰富，但水源分布不均，多数高山地区缺水仍然严重，要重视发展推广节水灌溉器材，避免大大小小企业都涌向农膜生产这座独木桥的混乱局面。

(6) 继续重视对废旧塑料回收利用的研究开发和降解塑料推广应用工作，重视塑料制品的环境协调性问题，走可持续发展之路。

(7) 近年来国家大力提倡和推动化学建材的应用，为发展塑料建材带来了机遇。云南塑料建材生产起步晚，我们要抓住这个大好时机，大力发展塑料建材的生产。

（云南省塑料行业协会　吕朝晖）

甘 肃 省

【基本情况】

甘肃省目前有各类塑料加工企业约 110 家，从业人员逾万人，设备生产能力 200kt/年。主要产品有 PE 农膜、工业膜、各种包装膜、包装袋、大型中空容器、周转箱、日用包装容器、各种类型的管材、电缆线、片材和 PVC 上下水管、异型材、门窗、板材、编织袋、集装袋、PS 发泡片材等。产品已广泛应用于工农业、家电、化工、食品医药、机械及人民日常生活之中，并起到了支持和带动相关行业发展的重要作用，已成为国民经济建设不可缺少的组成部分。因而被列为甘肃轻工系统重点扶植和发展的行业之一。

2002 年全省共完成塑料制品产量 10.6 万吨，产值逾 9 亿元。

我省在改革开放 20 多年来，通过引进技术和装备，更新改造，使行业整体面貌发生了很大变化。生产的许多产品填补了我省乃至西北地区的空白，随着经济建设的不断发展和日益增长的社会需求，塑料制品工业得到了迅猛发展。1980 年全省塑料制品产量仅为 6 693t，1990 年增长到 26.47kt，比 1980 年增长 4 倍，2000 年产量为 85 580t，比 1990 年增长了 3 倍，比 1980 年增长 12.7 倍，翻了 3 番多，2002 年首次突破 100kt。就我省而言，是取得了较好的成绩，但与国际水平和发达省份相比仍然很落后。我省塑料制品产量仅占全国产量的 0.7%左右（2002 年），人均消费不足 3kg，远远低于发达国家人均消费 50～100kg 和全国人均消费品 12kg 的水平。

【存在的问题】

甘肃省塑料工业过去的几十年中特别是改革开放以来的 20 多年中取得较好的成绩，有了长足发展。但就在发展过程中我们清楚地认识到我省存在的问题。加入 WTO 后，这些问题将更加突现出来：一是产品结构不合理，品种单一。主要产品仍限于一些加工工艺简单、技术要求不高的大宗产品。高技术、高附加值的产品少。在 100kt 产量中，塑料薄膜就占 50%，编织袋占 30%。二是组织结构不合理。我省塑料制品加工企业中，万吨以上规模的仅有七八家，80%的企业生产能力在万吨以下，中小企业偏多，而恰恰是这些小企业技术力量薄弱，管理水平低，缺乏市场竞争力。三是总体设备水平低，工艺技术相对落后。20 多年来，虽然加快了技术改造步伐，引进了一些技术和装备，改变了我省塑料制品加工落后的局面，起到了推进作用，但在相当部分的企业使用的是上个世纪 80 年代的设备，效率低，能耗高，工艺控制水平低，致使新产品、新材料、新技术、新工艺开发速度缓慢。四是低水平、小规模重复建设现象严重，全行业开足率不足，形成了一方面能力过剩、产品滞销积压，一方面满足不了市场需求，像地膜、编织袋这些能力过剩的产品，仍在小规模地分散扩大。五是经营管理水平有待提高，部分企业产品质量不稳定，原料消耗高，企业内部管理粗放，致使行业效益下降。

【重点企业】

甘肃天水塑料有限责任公司

甘肃天水塑料有限责任公司前身为甘肃省天水塑料厂，系 1965 年原国家轻工部投资、甘肃省轻工业厅主管的农膜专业厂，1985 年天水地改市时下放天水管理，1997 年改造为国家控股，职工和法人参股的股份制企业。是中国最大 500 家塑料加工企业之一。农地膜年产量名列全国第十二位，编织布产量在全国名列第十三位，产品1998年被评为甘肃省名牌产品，2002年通过ISO 9002质量管理体系认证及农地膜产品质量认证。2002年农地膜被中国质量检验协会评定为全国质量稳定合格产品。省级“重合同、守信用”企业，农行信用等级为“AAA”，工行信用等级为“AA”。甘肃省百强工程优秀企业，天水市“10强50户”工程优秀企业。

公司占地面积46 773平方米，固定资产6 348万元，年综合生产能力2万多吨。现有正式职工365人，其中在岗职工318人，各类专业技术人员50余人。通过内部深化改革，精减机构，现公司下设6部2分厂。农地膜产品经销国内甘肃、陕西、内蒙古、四川、宁夏、青海、新疆及西藏等中、西部地区，并外销出口乌兹别克斯坦，2003年新产品土工布出口美国。

2002年工业增加值812万元；实现销售收入5 433万元出口交货值19万元，创造了较好的经济效益，全面完成了各项经济指标和目标任务。

公司注重科技创新并加大投资力度，促进了新产品开发步伐，先后完成了可渗水聚乙烯农用地面覆盖薄膜的科技攻关与配方工艺优化，自主开发渗水母料并已生产渗水地膜130吨销售投放市场；完成了国内外领先水平的复合降解地膜的试制试验工作，取得了优秀效果；并对EVA（乙烯-乙酸乙烯）多功能减（消）大棚膜进一步完善和优化工艺配方，产销400多吨并于2002年12月21日通过了天水市科技局组织并主持的新产品、新成果鉴定验收；研制开发生产销售银蓝大棚布200多吨，出口美国RV涂敷土工布18.6t，新产品重型集装袋25吨，销往宁夏、新疆、成都、湖北、西安等市场，产品效益良好、市场潜力巨大；正在进行加筋大棚布材料新产品和多功能蓄光膜的试验工作；三层共挤设备技术，加筋大棚材料技术攻关，都取得了良好的效果。近期公司正加紧塑料棚布、重型集装袋、聚乙烯吹塑苫盖（防渗）膜的生产和出口工作，同时也对一次性降解垃圾袋、PE、气泡布的引资合资工作与泰国某国际投资公司和澳大利亚经贸发展有限公司进行前期洽谈。

2002年以来，完成了三层共挤设备、地膜设备，轻型圆织机改为重型圆织机、拉丝机、涂敷机、拼焊机、造粒机等设备的引进与改造工作，投资近200万元，使各种生产设备自动化程度进一步提高，新度系数达80%以上。2002年累计完成技术创新（含新产品开发、技术改造等）投资近1 000万元，进一步提高了公司产品的科技含量，并产生了良好的经济效益。

兰化宏达公司塑料薄膜厂

中国石油兰化宏达公司塑料薄膜厂是一家专门从事农用地膜、多功能大棚膜、土工膜、复合土工膜、土工布和包装膜等产品的研制、开发、生产的技术型企业。现有固定资产1.2亿元，厂房建筑面积1万多平方米，拥有日本和国内先进的十二米宽幅三层复合薄膜机组数十台和母粒生产线，年生产各类薄膜产品3万多余吨。

兰化宏达公司塑料薄膜厂ISO 9002通过了国家质量体系认证，被确定为中国质量万里行、质量大家行定点单位，荣获国家劳动部和社会保障部“质量优秀企业”，国家经贸委“千厂千会协作行动”优秀项目成果奖，被甘肃省人民政府授予“用户满意企业”和“重合同守信用企业”，是甘肃省惟一获得土工防渗市场准入证和产品推广证的企业。产品已覆盖西北五省区，远销西藏、内蒙古、河南、河北、浙江、江苏、云南、上海等省（市）区。

兰州定元集团公司

兰州定元集团公司，是以生产塑料产品为主的加工企业，于1996年10月建成投产，主导产品农膜、温室大棚。目前是全国最大的农膜专业生产基地，公司下设四个经济实体。拥有幅宽12m多层共挤（型号：FM3200）棚膜生产线两条，幅度20m加强棚膜生产线一条。PVC压延拉伸棚膜生产线一条，SH150/250双层共挤生产线一条，SJ—90/30C棚膜生产线三条，EX—65/30L农膜生产线68条，SJ—65农膜筒袋生产线三条，SRG110系列软硬管生产线三条，现已形成年产各类棚膜3万吨、地膜6万吨、各类软、硬管2万吨生产能力。产值3.5亿多元。公司现有职工500余人，其中硕士研究生1名、高级工程师5名、工程师8名、助理工程师15名、各类高中级管理人员20名。

公司产品“定元”牌棚膜、农膜、筒袋、软、硬管等产品自投放市场以来，企业在强化质量的同时，狠抓售后服务，产品销售日趋增加。现产品已销往全国十二个省市，尤其在西北地区拥有深厚的用户基础和广阔的市场份额，同时建立并拥有牢固的客户营销网络，产品供不应求。2000年7月被省工商局西固分局评为“重合同、守信誉”企业，2000年5月被“中国质量万里行”质量大家行活动组委会确认为定点单位，2000年10月“定元”牌系列产品被兰州市消协推荐为名优产品，2001年3月被甘肃省技术监督局评为“产品质量连续统检”合格企业，被兰州市消协评为“消费者信得过”企业。2001年10月被中国质量监督情报协会评为质量过硬放心品牌。

公司总体规划到2005年，有目的、有步骤的再组建8个实业公司，达到自有资产6个亿，产值12个亿，逐步形成以塑料薄膜为主导产品，集农、工、商、科、贸为一体多元化国际大型集团公司，以崇高的信誉，高度的社会责任感为社会主义市场经济服务。

天水电缆材料厂

天水电缆材料厂创建于1977年，是我国第一条聚氯乙烯电缆料生产线的诞生地，是我国电缆料行业规模大、工艺装备先进、检测手段齐全的企业之一，属国家中二型企业，是中国塑料加工工业协会、中国同位素与辐射行业协会辐射加工专业委员会和中国电器工业协会电线电缆分会橡塑材料专业委员会理事和主任委员单位。企业经过20年的艰苦奋斗，现拥有总资产8 000多万元，占地面积3.6万平方米，拥有聚乙烯和聚氯乙烯电缆料生产线8条；电线电缆、PVC管材及热缩制品生产线5条，年生产各类规模齐全的优质聚乙烯及聚氯乙烯电缆料2.0吨，还生产规格齐全的各种电话用线、布电线、CATV射频电缆、热缩制品等，产品广泛应用于光缆、市话电缆、电力电缆、架空电缆、桥索以及热缩制品、电话安装、CATV网络、建筑、配电安装、电线电缆敷设等场所，产品畅销全国各大省、市、自治区及直辖市，受到各界用户青睐，在全国同行业中享有较高声誉。

该厂重视企业管理和产品质量，不断开拓创新，始终如一地奉行“以科技求发展，以质量求生存，用户至上”的发展宗旨，依靠企业雄厚的技术实力和丰富的管理经验，企业一直以稳健的脚步走在同行业的前列，企业效益逐年稳步增长，产品质量稳步提高，新产品层出不穷。目前，有六个产品采用国际标准，“黑色耐环境开裂低密度聚乙烯护套料”荣获国家级重点新产品奖并被评为甘肃省名牌产品，1998年开发完成的“低烟无卤阻燃聚烯烃电缆料”属高新技术产品，经鉴定组专家评定为国内领先水平，产品经用户批量用于国家重点地铁工程证明，产品各项性能优良，完全能够满足要求。2000年3月，该厂通过了中国方圆ISO 9002质量体系认证及产品质量认证。

兰州塑料厂

兰州塑料厂始建于1962年，是甘肃省第一家塑料加工国有中型企业，现有在职职工673人，其中专业技术人员72人，塑料加工专业高级工程师2名，机械专业高级工程师1名，各类专业工程师25名，技术人员全面，技术力量雄厚，并具有一支技术熟练、经验丰富、素质高的职工队伍。

工厂占地面积87 700平方米，建筑面积50 000平方米，拥有总资产1.13亿元，年生产能力22kt。建厂30多年来，经过五次扩建、建成管材、板材、薄膜、型材、注射、塑料印刷六个专业分厂，拥有47条塑料制品生产线，其中从意大利、奥地利、美国、德国及日本引进先进生产线16条，可生产各种塑料织品30多个品种、250多个规格。

兰州塑料厂是甘肃省一级企业，国家“七五”期间重点支持改造的企业。1995年被评为甘肃百家重点企业之一，兰州市十八家重点企业之一；1990年获得轻工部全面质量管理奖；1991年被评为兰州市“质量、品种、效益”年成绩显著企业；1989年、1992年、1994年、2000年评为兰州市科技进步先进企业，1996年荣获市优秀企业，1998年给水用PVC塑料管材被评为兰州市质量信得过产品、建设部工程建设推荐产品，1999年被评为“兰州名品”，2000年兰塑LS牌聚氯乙烯管材被评为首批“兰州名品”称号，2001年通过了ISO 9002：1994板质量管理体系认证，目前正在进行ISO 9001：2000板质量管理体系转版工作。

1965年开始生产聚氯乙烯管材，经过70年代、80年代、90年代三次改造扩建，现可生产无毒给水管、排水管、化工管、农用输水薄壁管材、电除尘专业用管等五类系列产品，规格为D16～D630mm，各种不同压力等级的管材，年生产能力10kt。1999年通过鉴定并被甘肃省建设厅评为甘肃省建设新产品推广项目，产品销往新疆、宁夏、甘肃、河南、内蒙古、安徽和西藏等省区。

1965年开始生产塑料薄膜，1980年开始生产农用地膜，是我省首家定点地膜生产专业厂，年生产能力5 000吨。十多年来累计生产各种规格地膜十万多吨，铺敷在全省各地，为我省农业做出了重要贡献。由于采用一流的设备和新型材料，农用地膜在1985年即获省优质产品称号，历年省行业质量评比前一二名。本厂地膜不仅满足本省农业的需要，还远销陕西、河南、内蒙古、宁夏、青海、新疆等省、自治区，并出口乌兹别克斯坦。

1970年开始生产聚氯乙烯管材，是西北五省第一个率先生产PE管材的厂家，现有给水管喷灌管、农用输水管、滴灌管、电线电缆护套管、增强管等六个品种，年生产能力达5 000吨。

该厂是60年代建厂的老厂，曾经为国家做出过很大的贡献。

1960年引进日本薄膜生产设备平型机组，当时全国只有3台。

1964年率先引进日本塑料板材设备，层压机组，填补了西北五省不能生产大版面塑料硬板材的空白。

1967年为了增加板材品种又引进英国板材生产线，生产聚乙烯、聚氯乙烯软板。

1969年国家投资为定点企业，开始生产军工产品，先后生产了69型、72型、81型三代雷壳。

1972年全国第一家引进瑞士、意大利、荷兰三家制造的重包装袋生产线一条。

1983年立项，1985年引进奥地利异型材生产线2条，生产装饰板和塑料门窗等。

同大部分国有老企业一样，其突出问题是：企业欠账太多、负担沉重、成品成本上升，工艺技术和设备落后，产品质量上不了档次，适应不了国内外市场的需求，使企业效益日益下滑。通过这几年的改革、改造，企业的面貌和实力得到了一定程度的改观和增强，产品结构得到很大的调整。

【发展方向】

根据对当前塑料行业存在的问题的分析，为使塑料制品今后能够持续发展，以保证国民经济各部门和市场消费的基本需求，我们的指导思想是：以市场为依据，以质量为中心，以效益为前提，以科技为导向，以管理为基础，以改革为动力，发展和生产适销对路的塑料制品，为国家建设和国民经济需要服务，为企业增加效益。

优先安排农用塑料（包括农、林、牧等方面所需的农地膜、滴灌、输水、节水管、防渗膜等）；大力发展塑料包装材料（采用新技术、新材料），开发具有高、新、特及结构新颖的包装制品和出口产品配套的包装材料；积极推广和生产塑料建材（主要是上、下水管、塑料门窗等）；努力发展适销对路的日用塑料制品（包装用膜、袋、家电、日化、食品、饮料等轻工所需配套塑料制品）；加快高附值产品和工程塑料的研制和开发。

2002年甘肃省塑料协会成立，标志着全省塑料行业发展与管理工作新时期的开始。协会将积极发挥组织、领导、协调、服务功能，团结并带动全省塑料行业，走一条发挥比较优势，发展特色经济的路子，与时俱进，抓住机遇，转变观念，以创新精神推进甘肃塑料行业的跃式发展。

我们相信通过全省塑料加工行业广大干部职工的积极努力，随着国家向西部地区倾斜政策的不断落实和各级部门的大力支持，我省塑料工业一定会有新的更大的发展。

（甘肃省塑料协会　张学仁）

新疆维吾尔自治区

【基本情况】

新疆塑料工业始于1965年，经过37年的不断发展，已初步形成集塑料制品加工、树脂合成、辅料生产、模具与设备制造、科研开发于一体的塑料工业体系，并在塑料制品加工与合成树脂生产方面初具规模。截止2001年底，已有乡及乡以上生产企业250个，其中：塑料制品生产企业244个，设备总能力约400kt；合成树脂生产企业6个，装备规模为420kt（见表1、表2）。

塑料制品主要有农用塑料制品、包装用塑料制品、建筑用塑料制品、日用塑料制品、工业配套用塑料制品五大类。

表1　2001年塑料制品产量排序前10户企业

序号	企业名称	产量/t	主要产品
1	新疆天业股份公司	37 964	农地膜、滴灌器材、管材、包装膜
2	新疆屯河新型建材工业公司	14 412	PVC异型材及门窗、PVC管材
3	独山子天利高新技术股份公司	8 847	农地膜、编织袋、无纺布
4	阿拉尔塑料制品总厂	8 180	农地膜、PVC管材
5	新疆天山塑业有限责任公司	7 770	PVC异型材及门窗、管材、农地膜
6	克拉玛依市宝硕管材有限公司	6 629	PVC管材
7	广汇塑钢门窗制品有限责任公司	4 475	复合塑钢门窗、PP-R管材及管件
8	新疆芳草湖双降解薄膜厂	4 250	农地膜
9	新疆珠江塑料有限责任公司	4 164	农地膜、中空容器、注塑制品
10	乌鲁木齐石化总厂塑料厂	4 126	编织袋
	合计	100 817	

注：前10户企业产量占新疆塑料制品总产量的38.35%。

表 2 新疆合成树脂生产企业及生产能力

序号	企业名称	生产能力/kt	主要产品品种
1	独山子石化分公司乙烯厂	240	聚乙烯、聚丙烯
2	新疆中泰化学股份有限公司	60	聚氯乙烯
3	新疆天业股份有限公司	50	聚氯乙烯
4	新疆天利高新技术股份公司	30	聚丙烯
5	新疆新峰股份有限公司	30	聚丙烯
6	克拉玛依石化分公司	10	聚丙烯
	合计	420	

表 3 2001 年各类塑料制品产量

品种	产量/t	占总量比率/%	较上年同期/%
塑料制品总量	262 873	100	34.06
薄膜制品	121 284	46.13	30.34
其中:农地膜①	106 881	40.66	30.03
管材制品	52 862	20.11	84.96
异型材制品	21 265	8.10	48.29
丝及编织制品	25 222	9.59	36.63
泡沫塑料制品②	1 866	0.71	26.1
包装箱及容器	5 510	2.10	23.24
日用塑料制品	17 471	6.65	340
其他塑料制品	17 394	6.62	−35.58

① 农地膜均为 PE 膜，占薄膜制品总量的 88.13%；

② 泡沫塑料制品主要为 PE 发泡片、网，PS 板、PU 泡沫。

表 4 2001 年主要经济指标（37 户重点企业）

指标名称	单位	2001 年完成	较上年同期增长
销售收入	万元	115 992.7	31.62
其中:销售成本	万元	99 347.5	31.1
销售费用	万元	1 881.6	17.2
销售利润	万元	13 847.1	31
管理费用	万元	6 239.8	16.9
财务费用	万元	2 952.4	−1.2
利税总额	万元	7 964.4	102.5
其中:利润总额	万元	6 231.2	172.2
资产总额	万元	162 768	12.9
负债总额	万元	108 054	7.9
全员劳动生产率(增加值)	万元/人	5.29	66.35
实物劳动生产率	吨/人	25.31	17.6

表 5　近年塑料制品产量区域分布

项　　目	1997 年		2000 年		2001 年	
	总产量/t	比率/%	总产量/t	比率/%	总产量/t	比率/%
总计	143 900	100	196 100	100	262 873	100
北疆地区	50 278	34.94	104 580	53.33	146 683	55.8
乌鲁木齐	46 192	32.1	48 868	24.92	68 873	26.2
南疆地区	45 026	31.29	38 063	19.41	41 876	15.93
东疆地区	2 403	1.67	4 589	2.34	5 441	2.07

注：表中北疆地区未包括乌鲁木齐。

表 6　2001 年乡及乡以上塑料制品生产企业分布与平均规模

项　　目	生产企业		乡及乡以上企业		企业平均规模/(t/个)
	数量/个	比率/%	产量/t	比率/%	
总计	244	100	234 847	100	963
北疆地区	108	44.26	131 203	55.87	1 215
克拉玛依市	4	16.39	15 733	6.70	3 933
昌吉州	43	17.62	39 414	16.78	917
博尔塔拉州	10	4.1	7 118	3.03	712
伊犁州	23	9.43	11 498	4.90	500
塔城地区	13	5.33	10 445	4.45	803
阿勒泰地区	5	2.05	273	0.12	55
石河子市	10	4.1	46 722	19.89	4 672
乌鲁木齐	78	31.97	61 150	26.04	784
南疆地区	48	19.67	38 380	16.34	800
巴音郭楞州	15	6.15	6 411	2.73	427
克孜勒苏州	1	0.41	424	0.18	424
阿克苏地区	20	8.2	18 346	7.81	917
喀什地区	11	4.51	11 479	4.89	1 044
和田地区	1	0.41	1 720	0.73	1 720
东疆地区	10	4.1	4 114	1.75	411
哈密地区	6	2.46	3 017	1.28	503
吐鲁番地区	4	1.64	1 097	0.47	274

在 420kt 合成树脂生产能力中：聚乙烯 170kt、聚丙烯 140kt、聚氯乙烯 110kt。

【经济运行】

2001 年新疆塑料工业继续呈现高速增长态势，产量、产值继上年之后再创历史新高。塑料制品总产量为 262.9kt，较上年的 196.1kt，净增 66.8kt，增长率达 34.06%；完成工业总产值 23.71 亿元，较上年增长了 29.63%，占新疆工业总产值的 2.19%，实现工业销售产值 25 亿元。各类塑料制品产量见表 3。

据新疆塑料协会对 37 重点企业的统计显示，完成产量 139kt，占总量的 52.87%；工业总产值（不变价）12.51 亿元，工业销售产值 13.19 亿元，工业增加值 3.27 亿元；实现销售收入 11.6 亿元，利税总额 0.8 亿元，其中：利润总额 0.623 亿元。主要产品产销率分别为：农地膜 94.86%、PE 管材 100%、PVC 管材 92.7%、PVC 异型材 91.45%、编织袋

99.45%。主要经济指标实现情况见表4。

从主要经济指标完成情况可以看出，2001年新疆塑料工业仍处于高位运行中，产品销售收入与利润同步增长，各项费用指标的增长速度明显低于经济增长速度，经济运行质量明显改善；从资产总额增速大于负债总额增速及财务费用的负增长也可以反映出，经过近年来的结构调整工作，特别是资本构成的多元化发展，使企业的资本实力显著增强。

【行业布局】

近几年塑料制品生产区域分布情况见表5。

北疆地区（不含乌鲁木齐地区）产量占全区总量的比重稳步上升，较1997年增长了20个百分点；乌鲁木齐地区经结构调整后，止跌企稳，开始小幅回升；南疆地区继续下滑；东疆地区仍无太大改变，基本保持了与行业同步。

2001年塑料制品生产企业分布与规模情况见表6。

从乡及乡以上塑料制品生产企业的产量分布上看，乌鲁木齐、石河子、昌吉、阿克苏和克拉玛依的产量分别占到了总量的26.04%、19.89%、16.78%、7.81%和6.7%，名列15个地、州、市的前5位，而吐鲁番地区、克孜勒苏自治州、阿勒泰地区三地、州的产量之和不足总量的1%，排在最后；在企业区域分布上，76.23%的企业集中在北疆及乌鲁木齐地区，地处边缘的克孜勒苏自治州、和田地区仅有1户企业，发展很不平衡；从企业平均发展规模上反映出，新疆塑料制品生产企业平均规模仍然较小，除新疆天业股份公司、新疆屯河新型建材工业公司规模上万吨外，量大面广的仍然是年产规模在千吨以下的小企业，规模化发展的较快的企业主要集中在北疆的石河子市、克拉玛依市等地。

同时，在新疆天业股份公司、新疆屯河新型建材工业公司、天利高新技术股份公司等高成长企业的拉动下，沿天山北坡经济带的优势继续显现，其塑料制品产量已高达181.4kt，占到了全疆总量的69.02%，对新疆塑料工业的发展起着主要支撑作用。

【科技创新】

科技创新是新疆塑料工业发展的动力，重点企业主要有：新疆天业（集团）有限公司、新疆屯河新型建材有限责任公司、新疆天利高新股份公司、新疆西龙土工新材料股份有限公司等，其研究与开发经费平均约占销售额的5%左右，其中新疆天业（集团）有限公司2001年科研经费投入为2 398万元，2002年投入约2 500万元。

新疆天业（集团）有限公司设有：国家级企业技术中心，国家节水灌溉（新疆）工程技术研究中心，企业博士后科研工作站；其研究方向主要是塑料新产品开发、塑料节水器材研究、节水灌溉技术研究；重点实验室基础设备包括：立式模具加工中心 滴灌流量试验台、滴灌管（带）材料试验室、管材管件试验室，主要计量检测仪器40余台、加工设备20余台。企业现有一次性可回收塑料滴灌带产品及生产技术、插层固相增韧接枝共聚纳米PVC复合树脂、滴灌带设备制造技术等核心技术。

新疆屯河新型建材有限责任公司设有新疆屯河新型建材有限责任公司自治区级企业技术中心，其研究方向是进行产品性能和产品的差异化研究，开发利用新材料、新工艺。并具有齐全的实验室基础设备：耐候性测定仪、角强度仪、维卡软化点测定仪、落锤冲击仪、色差仪、白度仪、组装实验设备等。拥有PVC异型材高速成型工艺技术、复合型材制造生产技术等企业。

新疆西龙土工新材料股份有限公司是新疆重点土材料生产企业，设有土工新材料研发中心，其重点研究方向是各种复合土工膜、土工新材料、挤出聚苯乙烯（XPS）泡沫材料的研究。其企业核心技术有土工膜吹塑成型技术、土工膜表面二次加糙技术、土工膜/无纺布瞬时复合技术等。

塑料工业取得的重大科技成果（国内领先水平）有：新疆天业股份公司的一次性可回收塑料滴灌带产品及生产技术（兵团科技进步二等奖）、插层固相增韧接枝共聚纳米PVC复合树脂（通过兵团科委科技成果鉴定）；新疆屯河新型建材工业公司的ASA/PVC彩色复合型材及铝塑复合型材（申报国家专利技术）；新疆西龙土工新材料股份有限公司的土工膜系列产品（自治区级高新技术产品）。

列入国家级和自治区级科技创新计划的项目有：新疆天业（集团）有限公司承担的节水灌溉用管研制及开发应用（国家技术创新项目）、大流量压力补偿式滴灌管的研制（国家技术创新项目）、干旱地区滴灌系统开发与产业化示范（国家科技攻关计划）、年产8kt节水农用管材项目（国家星火计划）、大田微灌系统关键设备及产品研制与产业化开发（863项目）、节水灌溉设备快速开发平台技术与设计软件研制（863项目）、西部干旱地区节水产业化示范基地建设（国家科技攻关计划）等。

【协会工作】

新疆塑料加工工业协会现已更名为新疆塑料协会，该协会成立于1993年，10年来，在中国塑料加工工业协会指导与帮助下，在各级政府部门和会员单位的支持下，本着“强化服务意识，维护行业利益，规范行业行为、加强行业管理，为促进新疆塑料工业持续、稳定、健康发展而努力奋斗”的协会宗旨，广泛开展各项卓有成效行业服务工作，得到了行业、企业和社会的认同。为新疆塑料工业做了应有的贡献，使新疆塑料协会成为了新疆塑料工业的权威性行业组织。随着我国行政制度改革的深化和社会主义市场经济体制的不断完善，行业协会的建设与发展也将进入一个实质性的新阶段。新疆塑料协会将通过自身的不懈努力，进一步完善组织机构建设，强化行业服务意识，做好行业服务工作，为新疆塑料工业的发展做出更大贡献。

（新疆维吾尔自治区塑料协会　孔德海）

香港特别行政区

【概述】

塑料业是战后才开始发展的一门轻工业，20 世纪 50 年代香港的塑料花厂如雨后春笋般涌现，成千上万的家庭嵌砌塑料花成为香港的特色。香港经济就是在这样的环境中起飞的。80 年代初，是香港塑料业的全盛期。当时全港有 10 000 家塑料厂。香港的巨富李嘉诚亦是以生产塑料花起家的。

80 年代开始，香港塑料厂商纷纷北移内地。现在绝大部分塑料厂已在内地设厂。在内地竞争对手的技术不断进步的压力之下，香港的厂家纷纷采用更高更新的塑料生产技术，向高级塑料制品市场进军。但香港的塑料业已由过去一个独立的支柱行业，变为一个于玩具业、钟表业、家庭电器业、电子业、礼品业等结合的辅助性的行业了。

香港的塑料厂数目不断下降：1998 年为 1 499 家，1999 年为 1 378 家，2000 年则跌至 1 171 家，2001 年的塑料厂数目还在进一步减少，跌至 1 046 家，跌幅 10.67%，行业的总就业人数为 5 648 人，比 2000 年的 7 108 人大幅下降 20.54%，就业人数男性 3 832 人，女性 1 816 人。

【产销情况】

“9·11”事件之后，美国的市场消费明显转弱，对香港的订单大减，香港塑料业所受的影响十分巨大，2001 年各类初级形状的塑料出口量及转口量均下降。

由于世界市场需求减少，物料价格下降，不少大型塑料厂亏损，因此纷纷减产，导致价格急升。

香港塑料业的出口产品主要有包装用塑料材料及容器、聚乙烯包装袋、餐具及家庭用品和卫生用品。而包装和塑料材料及容器多为收缩性膜、填塞用发泡料和气珠纸、塑料盒等为主。

香港的塑料业亦为电子、电脑、钟表、家庭电器、办公室设备、通讯器材、光学设备、汽车设备提供包装物料及精密塑料零部件等。

目前美国、欧盟和澳洲是香港一次性塑料产品的主要出口市场。本地食品及饮食店亦为港制发泡饭盒及杯子的重要买家。整体而言，欧美地区是香港塑料产业的最大买家。

【新动向】

越来越多的商品所采用的原料，如金属、木材、布料及玻璃等，均已不断被塑料取代。客户因此而不断对塑料提出更高的要求，比如要求塑料有耐热、特殊的软硬度、耐冲击、阻燃、环保、耐用、特别的色泽等，使得塑料企业不断制作新性能的塑料产品。

目前，欧美国家大多数提倡使用可降解的塑料制品代不能降解的发泡塑料盒和塑料袋盛装食品。香港在 2001 年亦已引入可完全分解的塑料。

香港较有实力的塑料企业已转向生产高档的、要求高的产品。如医药及保健产品。香港现有数十家塑料生产一次性的医用手套、针筒、实验室容器、口罩、输血袋、水袋等。在欧美市场双色塑料产品的需求日益增长的情况下，香港企业家已赴欧洲考察，考虑引进相关技术的可能性。

市场对工程塑料的需求较大。虽然国际市场上的工程塑料已为几家大集团所控制，但由于大集团对数量较少的订单并无兴趣，因此香港的中型公司可在这个市场获得一定的生存空间。

2001 年主要塑料出口、转口值及于上年的变化率

项　　目	2001 年出口值/元	出口值年变化率/%	2001 年转口值/元	转口值年变化率/%
初级形状的塑料	22.68 亿	−22.11	302.41 亿	−14.33
非初级形状的塑料	4.35 亿	−22.46	59.86 亿	−8.12
初级形状的乙烯聚合物	10 万	+177.78	322.10 万	−12.89
初级形状的苯乙烯聚合物	18.17 亿	−23.55	1 055 万	−12.89
初级形状的氯乙烯聚合物	1.53 亿	−13.57	224.75 万	−29.69
塑料管、桶	0.84 亿	−20.04	16.42 万	−17.03
塑料板、片、膜	3.43 亿	−22.63	578.30 万	−7.42

（根据 2002 年香港经济年鉴）

台湾省

台湾地区合成树脂工业

【基本情况】

合成树脂工业是高分子聚合物的制造工业，其产品种类繁多，依使用单体的种类。聚合物分子量及聚合度的高低，区分成不同规格与品级，广泛应用于积层板、弹性体、合成板、建材、电子及机械零组件、食品、纺织、电机、造纸、黏合剂、涂料等成型与非成型用途，属附加价值高的高分子材料。

一般而言，多数产品的生产设备单纯，大部分厂商产品生产设备相近且同时生产数种合成树脂，资本并不很高，应用分布广泛，下游业对规格的需求相当多元化，属于生产步骤少但配方调整很重要的产业，产业范围内的技术人才素质优秀，大小厂商林立，很少又能独占市场的情形是产业特性之一。目前竞争激烈，销售及利润有逐年下降的趋势。所用原料多属石油化学产品，生产成本多受国际石油价格之波动而起伏，六轻计划完工可提升台湾地区原料自给率及国际竞争力。

【产销与进出口】

2001 年各项合成树脂的产销量分述如下。

1. 酚醛树脂

主要以酚、甲酚以及甲醛经缩合反应制成的树脂，主要用途为供制造电子积层板黏合剂、成型材料、涂料等工业用。台湾地区现有李长荣化学、立大化工、长春人造树脂、国泰树脂、长兴化工等十余家酚醛树脂生产商，主要供应制造印刷电路基板或涂料，2001 年产销资料详如表 1。

表 1 酚醛树脂产销量统计

年　份	产量/t	销售/t	存量/t	进口/t	出口/t
2000	128 877	96 024	5 043	9 947	57 311
2001	115 504	82 887	4 171	6 856	51 183

表 2 脲醛树脂产销量统计

年　份	产量/t	销售/t	存量/t	进口/t	出口/t
2000	40.423	39.600	1.197	2.309	6.841
2001	29.895	30.084	1.008	2.999	4.201

表 3 三聚氰胺树脂产销量统计

年　份	产量/t	销售/t	存量/t	进口/t	出口/t
2000	18.350	19.993	1.353	4.056	10.484
2001	11.560	11.714	0.883	2.645	7.147

表 4 不饱和聚酯树脂产销量统计

年　份	产量/t	销售/t	存量/t	进口/t	出口/t
2000	194.353	200.935	3.471	12.383	302.892
2001	204.137	203.42	5.656	4.780	286.284

表 5 聚氨酯树脂产销量统计

年　份	产量/t	销售/t	存量/t	进口/t	出口/t
2000	147.900	151.616	16.155	18.285	36.980
2001	123.137	128.696	12.188	17.187	37.664

表 6 聚乙烯醇树脂产销量统计

年　份	产量/t	销售/t	存量/t	进口/t	出口/t
2000	74.673	66.585	7.220	3.593	59.826
2001	63.201	59.149	7.592	1.854	48.301

2001年进口酚醛树脂6 856t，平均CIF价格为71元（台币，下同）/kg；主要进口国为日本，平均CIF价格为107元/kg；次要进口国为美国，平均CIF价格为75元/kg。2001年主要出口地区为香港，平均FOB价格为30元/kg；次要出口国为日本，平均FOB价格为33元/kg；由进出口统计资料可知，台湾地区自日本进口高单价酚醛树脂，只出口低单价酚醛树脂至日本，出口数量为进口数量的7倍。

2. 脲醛树脂

主要以甲醛及尿素为原料，经缩合反应而制成，主要用途为成型及黏结两大项，由于制品易释放出游离醛而造成污染，且下游合板工业外移，产销呈逐年萎缩趋势。近年来台湾地区开发出低游离甲醛产品的厂商有：李长荣化学、长兴化工、塍一化工、长春人造树脂、国泰树脂等20多家。2001年产销资料详如表2。

2001年进口2 999t，平均CIF价格为49元（台币，下同）/kg；主要进口国为泰国，平均CIF价格为46元/kg；次要进口国为印度尼西亚，平均CIF价格为36元/kg。2001年出口4 201t，平均FOB价格为56元/kg；主要出口地区为香港，平均FOB价格为56元/kg；次要出口到大陆地区，平均FOB价格为37元/kg。

3. 三聚氰胺树脂

主要以三聚氰胺为原料，与尿素、酚、甲醛等缩合反应而制得各种树脂。主要用途为成型及黏结。此外还可作为优良的烤涂原料。台湾地区现有李长荣化学、长兴化工、长春人造树脂、国泰树脂、杰华化学等20余家厂商生产。2001年产销资料详如表3。

2001年进口2 645t，平均CIF价格为79元（台币，下同）/kg；主要进口国为美国，平均CIF价格为77元/kg；次要进口国为日本，平均CIF价格为92元/kg。2001年出口7 147t，平均FOB价格为42元/kg；主要出口地区为香港，平均FOB价格为45元/kg；次要出口国为印度尼西亚，平均FOB价格为31元/kg。

4. 不饱和聚酯树脂

主要以酸酐与多元醇经酯化反应而成；再以苯乙烯稀释至所需黏度。使用时依各种不同加工工艺加入增强剂与偶联剂，再用玻璃纤维增强树脂，经固化成型。主要应用于贮桶、建材、卫浴设备运动器材等。台湾地区现有产协、帝兴等生产粉体涂料用饱和聚酯树脂，以外销为主。长兴化工、永纯化学、南亚塑胶、英全化学、大立高分子等20余家厂商生产不饱和聚酯树脂。2001年产销量详如表4。

2001年进口4 780t，平均CIF价格为75元（台币，下同）/kg；主要进口国为日本，平均CIF价格为85元/kg；次要进口国为美国，平均CIF价格为73元/kg。2001年出口286 284t，平均FOB价格为27元/kg；主要出口地区为香港，平均FOB价格为27元/kg；次要出口国为马来西亚，平均FOB价格为24元/kg。

5. 聚氨酯树脂

主要用多元醇与二异氰酸酯聚合反应而成，主要供软硬质泡沫棉、弹性体、合成革、合成纤维等方面。台湾地区现有巴斯夫展宇、立大化工、台精化学、南宝树脂国精化学等十余家厂商生产。2001年产销量资料详如表5。

2001年进口17 187t，平均CIF价格为109元（台币，下同）/kg；主要进口国为德国，平均CIF价格为111元/kg；次要进口国为美国，平均CIF价格为107元/kg。2001年出口37 664t，平均FOB价格为59元/kg；主要出口地区为香港，平均FOB价格为59元/kg；次要为大陆地区，平均FOB价格为57元/kg。

6. 聚乙烯醇树脂

无法由单体直接合成，经由PVAC水解而成，主要用于涂料、黏合剂、纤维加工、乳化或悬浮剂等方面。台湾地区的生产商为长春石化公司。长春石化公司因为技术是自行研发，所以品种规格齐全，使用简便，深受岛外企业重视，并寻求技术合作。2001年产销量资料详如表6。

2001年进口1 845t，平均CIF价格为102元（台币，下同）/kg；主要进口国为日本，平均CIF价格为129元/kg;次要进口国为美国，平均CIF价格为49元/kg。2001年出口48 301t，平均FOB价格为46元/kg；主要出口地区为香港，平均FOB价格为41元/kg；次要出口国为美国，平均FOB价格为49元/kg。

【现状与展望】

1. 面临问题

合成树脂工业是特用化学品工业重要一环，具有资本密集、技术密集、产品关联性极大的特性，是台湾地区传统工业及新兴产业的关键原料，在台湾地区经济发展过程中有不可忽视的贡献。因此，产业问题的发生，除了源自产业本身的因素外，往往受到其他工业的影响，目前整个产业面临的问题有下列几点。

(1) 成本增高

台湾地区合成树脂企业面临全球工业不景气的冲击、员工不足、关键原料受制于国外厂商手中，无法自给自足、环保抗争的环境限制，导致经营成本过高。应对政策则需要靠自动化减少人员使用数，政府规划工业区，增设环保设施以减少的环保抗争，但成本高仍是最大隐患。

(2) 人才不足

目前合成树脂工业较高层次生产技术操纵在台湾地区大厂手中，台湾地区企业必须进行合资或引进技术，但相关技术人才不足要靠自己培养。

(3) 须增加发展空间

目前合成树脂业，部分劳力密集的下游加工业外移，但仍有许多附加价值较高的市场，有待台湾地区企业发展。

(4) 大陆加入 WTO 后的冲击

目前关税平均在5%以下，关税降低和内地物品开放进口对台湾地区厂商不具有保护作用，加上外销市场面临内地市场和东南亚国家的激烈竞争，需要加以增加附加值、提供服务、降低成本方面入手，才可对抗这一潮流。

(5) 产业外移

由于合成树脂工业的市场在于下游加工业，而下游产业外移至东南亚、大陆地区，故部分客户流失，但当地之产品品质较差，难以取代台湾地区产品，对应政策为某些企业在当地设厂、设置发货仓库或增设外国代理商。

2. 展望

虽然有全世界经济衰退阴影，然而各种合成树脂的用途不断推陈出新，未来国内合成树脂工业仍具有发展潜力。而在环保法规、劳动安全卫生规范及产业国际化环境之下，由整体内、外环境的变化影响，台湾地区合成树脂技术发展趋势如下。

(1) 重视制品回收研发

目前合成树脂工业的污染防治工作都大力执行，在技术上也没有大问题。废水、废气处理大都符合环保要求。只有制品的回收必须重视，尤其热固性树脂产品的回收必须尽快着手研发。

(2) 海外投资

由于台湾地区投资环境改变，未来合成树脂工业在台湾地区大幅扩充实属不易，且为适应国际化发展趋势，企业近年亦从事海外投资工作。

(3) 创造不同市场区域

在国际分工比较利益的丧失下，逐步发展高层次产品，以创造不同的市场区域，未来产业竞争者的对手将转至国际市场上，企业必须以国际化的眼光及国际产业分工来自我调整，以适应这种变化。

(4) 结合产、学、研力量

结合研究单位、学术机构、利用合作研发的方式加速研发工作的进行。目前政府大力奖助企业培养自己的研发能力及开发新产品、新技术，已有企业利用这一方式，结合学术机构及研究单位高分子人才进行研发工作。预期会有更多的厂商跟进，将有助于台湾地区合成树脂业的长远发展。

(5) 重视低污染无公害产品

增加研发方向的投资，重视低污染、无公害产品的开发，未来技术革新发展方向焦点在于开发兼具环保需求及高性能合成树脂。

(6) 配合下游企业产业升级

虽然台湾地区投资环境大不如前，但企业为配合供应下游相关产业的原料，仍锲而不舍努力突破困境，规划进行多项投资建厂计划。未来在政府推动的新兴工业中，如汽车、高级材料、特用化学品、资讯、消费性电子……等工业，皆与合成树脂工业有密切相关。因此合成树脂业仍有广阔的发展空间。

台湾地区通用树脂工业

近年来，台湾地区塑料业面临建厂土地难寻；研究发展的经费及人力投入不足；通用塑料发展出现隐患；国产工程塑料的市场占有率难以提高；环保及工业安全事件频出以及国际间环保问题的影响等。

展望未来，必须以台湾为根据地，朝向海外发展；加强研究发展，建立技术能力；串联岛内外台商，发展台湾地区成为运筹中心；调整产品结构，生产高附加值塑料；落实环境保护及工业安全工作，消除公害纠纷；以及提高能源使用效率，顺应国际趋势等，才能使台湾地区塑料工业健康发展。

【情况概述】

一、现况分析

台湾地区塑料的生产量大宗的是通用塑料，表1及表2分别为2001年通用塑料的产能、生产厂家以及近3年的生产量、进口量、需求量及外销量。通用塑料2001年的需求量为566万吨，年产能力664万吨，实际生产498万吨，另68万吨由进口供应，需求量中有277万吨直接外销。

表1　2001年通用塑料的产能及生产厂家　kt

产品名称	年产能	生产厂家
PVC	1 649	台塑/华夏/大洋
LDPE	420	台聚/亚聚/台塑
HDPE/LLDPE	850	台塑/台聚
PP	950	福聚/永喜/台北
PS	1 255	奇美/台连/高福/台化等
ABS	1 520	奇美/台连/国桥/台化等
合计	6 644	

表 2　近 3 年通用塑料的产销量　　kt

项　目	2001 年	2000 年	1999 年
PVC 生产量	1 435	1 398	1 397
进口量	1 107	85	170
需求量	1 542	1 474	1 567
直接外销量	554	508	366
LDPE 生产量	477	273	236
进口量	216	297	318
需求量	693	570	554
直接外销量	285	54	130
HDPE 生产量	510	306	395
进口量	120	143	146
需求量	630	449	541
直接外销量	245	108	123
PP 生产量	773	564	517
进口量	194	239	259
需求量	967	803	776
直接外销量	346	224	165
PS 生产量	803	704	768
进口量	16	18	18
需求量	819	722	786
直接外销量	515	451	404
ABS 生产量	985	1 064	1 016
进口量	23	33	34
需求量	1 008	1 097	1 050
直接外销量	827	922	826
合计生产量	4 983	4 297	4 329
进口量	676	815	945
需求量	5 659	5 112	5 274
直接外销量	2 772	2 367	2 014

表 3 为各种通用塑料的进口依存度出口比率平均而言，进口依存度自 1984 年的 6.9%增至 2001 年的 23.4%。究其原因，1984 年台湾地区投资环境尚没有明确的障碍，使石化基本原料及通用塑料的产能均得以依照市场的需求及业者的投资意愿建立新厂或将原厂扩建，经常因为受到环保抗争或建厂预定地的地方政府反对而无法顺利建厂，从而导致石化基本原料供应不足，更由于乙烯及丙烯二项石化基本原料不易进口，使 PE 及 PP 的生产设备利用率偏低，进口依存度快速恶化；PVC 则因其建厂较早，所分配的基本原料较为充足，PS 及 ABS 的原料——苯乙烯较容易进口，因此该三者的进口依存度尚能维持稳定。

出口比率自 1984 年的 4.4%业绩提高至 2001 年的 55.6%，主要原因近年来每项通用塑料均大量外销，供应赴海外投资塑料加工业的台商所需，其中又以 ABS 为最，将近 100 万吨的生产量中直接外销者超过八成。

热固性塑料中酚醛、脲醛及的产量最大，2001 年的产量合计超过 30 万吨，台湾地区热固性塑料的自给率高于 80%。

台湾地区约在 15 年前开始重视工程塑料的发展，近 10 年来使用量增。PBT、Nylon、POM 及 PC 等的产能工厂已陆续完成或在规划阶段，2001 年的产能，包括规划阶段者已近 26 万吨，如表 4 所示。表 5 及表 6 包括近几年进出口量，2001 年台湾地区工程塑料的需求量约 29 万吨，估计未来数年平均年成长率将高达 12%～15%，快速成长的主要原因是台湾地区下游产业的蓬勃发展，扩大了工程塑料的使用量，另一原因是陆续开展成功各种不同的应用领域，使工程塑料取代了更多的金属、石材、木材及其他材料。

二、面临问题

（一）建厂土地难寻，对于台湾地区大幅扩充不易

塑料业的投资设厂需要较大面积的土地，现有石油化学工业区内的土地利用已经饱和，社会一般又认为塑料与营运有影响环境的顾虑，致使塑料厂商在投资设厂时常受到临近居民、环保、甚至地方政府阻挠。

（二）研究发展的经费及人力投入不足

早期台湾地区的塑料业的生产技术大部分是向国外买现成技术，由于当时所生产的产品大多属于成熟期产品，又具有稳定的市场，因此营运尚且稳定，因而忽略了研究发展的重要性，久而久的，对研究发展的动机及投入就愈来愈低。如今，台湾地区的技术程度已达到一定水平，岛外厂商已不轻易将其所有的技术售予台湾地区，加以使用者对产品性能的要求也愈来愈高，未来若不及时加强研究发展，对台湾地区塑料的继续发展将有不利的影响。

（三）通用塑料发展出现隐患

台湾地区通用塑料市场维持一定的成长率，主要是由于东南亚及内地的塑料加工业仍在岛内进行塑料原料的采购，若无法掌握这些市场，则需求量将大受影响，为一大隐患。

（四）国产工程塑料的市场占有率难以提高

台湾地区工程塑料的用途集中在电子、资讯及汽车等方面，预估未来使用量将快速成长。但因工程塑

料种类及规格繁多，每种规格的使用量并不大，加以外国厂商常指定其代理者使用特定的国外品牌，或推销其自产的工程塑料，使台湾地区生产工程塑料市场占有率难以提高。

（五）环保及工作安全事件频传

塑料业近年来面临了环保及工作安全意识高涨的挑战，常造成抗争停工或索赔事件，在经营上形成很大的困扰。

（六）国际间环保认识的影响

国际间针对近年来发生的重大环保认识，如温室效应、雨、水资源枯竭、生物减绝、臭氧破洞扩大、森林消退等问题，相继提出各种国际公约，其中有些已经具有经贸制裁的效力。例如，1997 年 12 月在日本京都召开的全球气候变化纲要公约第三次帝约国大会所签订的《京都议定书》，对发达国家强制规范 21 世纪初期抑制温室气体排放的目标和时间表。因为此趋势，各国的产业结构必面临重大的调整。塑料业属于耗能产业，假若台湾地区未来必须针对二氧化碳的排放进行减量，必然会对塑料业造成冲击。

【趋势与展望】

随着近年来台湾地区外环境的改变，台湾地区塑料业的发展亦面临前述的多项问题，为了永久发展，必须积极突破瓶项，才能形成稳定的发展目标，建设可行下列策略：

一、以台湾为根据地，朝向海外发展

为了交易取得建厂用地，并就近获得原料，掌握行销管理以及避免贸易障疑等因素，塑料业厂商必须逐渐以台湾为根据地向外投资，建立海外据点，朝向海外发展。

二、加强研究发展，建立技术能力

研究发展提升竞争的主要方法。台湾地区高等教育发展，培育专业研究人才的相关科系所很多，也有很多所协助企业研究发展的专业研究机构，且塑料业中很多中大型企业，具有足够的资金及能力从事研究

表 3　台湾地区通用塑料的进口依存及出口比率　　%

项　目	2001 年	2000 年	1997 年	1991 年	1984 年
PVC 进口依存度	10.8	8.4	13.4	14.9	0.5
出口比率	38.6	36.6	12.3	5.1	3.4
LDPE 进口依存度	52.9	71.5	65.2	55.5	10.3
出口比率	59.7	56.6	37.9	24.7	2.8
HDPE 进口依存度	31.2	41.9	37.9	43.4	25.7
出口比率	48.0	35.3	12.4	1.9	4.5
PP 进口依存度	31.2	41.3	38.0	39.0	13.4
出口比率	44.8	39.7	23.7	6.6	0
PS 进口依存度	5.3	6.7	6.4	8.2	6.4
出口比率	64.1	64.1	70.0	46.1	8.1
ABS 进口依存度	10.58	19.0	21.3	16.1	22.5
出口比率	4.0	86.7	78.1	65.8	19.5
平均进口依存度	23.4	29.6	28.0	25.5	6.9
出口比率	55.6	55.1	42.7	25.8	4.4

表 4　主要工程塑料产能及生产厂家　　kg

产　品　名　称	年　产　能	生　产　厂　家
PBT	10/6/12	新光/长春/南亚
Nylon6	18/5	台化/大洋
Nylon66	18	杜邦远东
POM	20/20	台湾工程塑料/台塑
PC	(50)/(100)	奇美/台化
合计	109(150)	

注：（）表示规划建厂中。

表 5　台湾地区工程塑料的进口量及出口值　量：kt；值：新台币百万元

产品名称	2001 年		2000 年		1997 年		1994 年	
	量	值	量	值	量	值	量	值
Nylon6	55	2 562	62.2	3 143	86.5	5 269	48.9	1 896
Nylon66	46	2 646	60.1	4 493	50.1	2 747	27.9	1 402
POM	7.6	386	9.6	453	11.0	564	11.5	508
PC	186	15 276	171	14 491	60.2	4 199	38.1	2 238
PBT	10.7	997	7.7	427	12.7	683	12.7	516
SILICONE	24.7	3 612	30.4	4 369	28.2	3 495	—	—
合计	330	26 479	341	26 376	248.7	16 957	139.1	6 560

表 6　台湾地区工程塑料的出口量及出口值　量：kt；值：新台币百万元

产品名称	2001 年		2000 年		1997 年		1994 年	
	量	值	量	值	量	值	量	值
Nylon6	24.7	1 388	27.4	1 623	8.8	610	8.1	432
Nylon66	9.1	578	9.6	599	4.1	304	2.4	140
POM	24.8	1 172	28.7	1 220	13.3	751	10.6	580
PC	9.8	583	10.6	662	1.4	78	1.3	49
PBT	59	3 035	73.6	3 481	13.7	900	8.8	446
SILICONE	12.4	1 531	15.9	1 792	10.8	1 337	—	—
合计	139.8	8 287	165.8	9 377	52.1	3 980	31.2	1 647

发展工作。为弥补过去对研究发展投入的不足，以及缺乏整体性的规则策略，今后从增加研究发展投入，并加强事前的规划着手，台湾地区相关部门最近积极推动的产业创新研发中心推动计划可作为企业的参考。

三、联合各地台商，发展台湾地区成为中心

过去台湾地区塑料业蓬勃发展，上中下游完整体系是主要原因之一，近年来，为顺应国际间水平及垂直分工，并取的最大利益，导致塑料加工业外移至东南亚国家及内地投资设厂。在塑料加工业大量外移后，如能串联台湾地区台商共同努力，将台湾地区发展成为全球塑料业的研发、财务管理、市场整合及资源调度等的运筹中心，也是塑料业重要发展方向之一。

四、调整产品结构，生产高附加值塑料

台湾地区所生产的塑料多属产量大宗的通用塑料，由于环境的变化，该等产品已逐渐失去竞争力。今后必须调整产品结构，生产高单价，高技术的特用型工程塑料，改变国际间对台湾地区所生产产品的形象，逐步提高台湾地区塑料业的竞争力。

五、落实环境保护及工业安全工作，消除公害纠纷

塑料业的发展必须兼顾环保及工业安全，避免降低厂产品附近环境品质，以维护居民安全，进而消除公害纠纷。

六、提高能源使用效率，顺应国际趋势

一般认为塑料业是能源消耗量最大的产业，因此，节约能源及提高使用效率乃不容忽视。如此，除有助于降低成本、提高生产力、空气污染问题、降低污染防制造成成本及操作成本外，亦可降低二氧化碳等温室气体的排放量，顺应国际趋势。

（根据 2002 年台湾经济年鉴）

台湾地区塑料制品工业

2001年台湾地区塑料制品业受到全球经济不景气，以及台湾地区经营条件欠佳的影响，导致需求不振，产值较上年衰退11.1%，为2 709亿元（台币，下同），出口值为1 707亿元，较上年衰退7.5%，香港仍为塑料制品的最大外销市场。

近年来，台湾地区塑料制品业面临出口市场过于集中、产业外移及下游产品出口量萎缩、原料进口依存度高以及生产设备自动化程度低等问题。

展望未来，必须加强开拓国际市场、串联各地台商，发展台湾地区成为运筹中心、积极发展原料工业以及加速产业升级，才能使台湾地区塑料制品业顺利发展。

【基本情况】

一、现况分析

（一）产值与产量

台湾地区塑料制品业目前所采用的原料包括热塑性塑料、热固性塑料及工程塑料等，其中以热塑性塑料用量最大，表1为台湾地区热塑性塑料近3年的生产量。2001年产量为498万吨，较上年增长16%，主要原因是多座热塑性塑料厂在2000年底开始陆续完成。台塑第六轻油裂解计划亦相继扩建完成投入生产。表2为塑料制品业的产值，2001年的产值为2 709亿元，比上年衰退11.1%。各分支行业的产值均呈衰退现象，除因2001年全球形势趋缓，台湾地区经营条件欠佳外，且发展中国家陆续加入塑料制品的生产行列，使台湾地区产品在全球市场的竞争力大为降低，也导致各项主要塑料制品的生产量均显著衰退。

表1 主要热塑性塑料生产量 kt

产品名称	2001年	2000年	1999年
PVC	1 435	1 389	1 397
LDPE	477	273	236
HDPE	510	306	395
PP	773	564	517
PS	803	704	768
ABS	985	1 064	1 016
合计	4 983	4 300	4 329

表2 塑料制品业的产值 新台币百万元

分业别	2001年	2000年	1999年	2001年增长率/%
塑料片板管材业	76 744	86 522	93 754	−11.3
塑料膜袋业	21 344	22 805	22 855	−6.5
塑料日用品业	14 850	18 304	16 646	−2.5
塑料鞋业	2 610	3 120	3 668	−16.3
塑胶皮革制品业	10 632	13 911	15 144	−23.6
其他塑料制品业	141 744	304 693	312 875	−11.4
合计	270 914	304 693	312 875	−11.1
制造业	7 503 654	8 489 203	7 500 717	−11.6

（二）进出口值

表3及表4显示台湾地区主要塑料制品的出口值及进口值分别为1 707及433亿元，均较上年衰退。出口值及进口值分别占全岛总出口及总进口的4.1及1.2%，前者与上年相当，后者则较往年略高。比较表2及表3，可概略看出台湾地区所生产的塑料制品中约有60%是以塑料制品外销，事实上，其余的40%中亦有相当的数量伴随电子、资讯及纺织等产品一起销往岛外市场，只有出口的塑料制品仍以通用塑料为原料的居多。

表3 主要塑料制品出口值

新台币百万元

品　项	2001年	2000年	1999年	2001年增长率/%
人造革、合成革	47 204	50 568	51 134	−6.7
塑料丝、棒	167	201	177	−16.9
塑料管	1 505	1 512	1 280	−0.5
塑料地面覆盖物	2 754	3 064	3 264	−10.1
塑料板、片、薄膜	38 942	40 340	35 189	−3.5
塑料卫浴设备	1 064	971	1 234	9.6
塑料包装制品	9 884	9 625	8 641	2.7
塑料家庭用品	8 550	8 375	8 880	2.1
塑料建材	4 145	3 835	4 068	8.1
塑料胶鞋	4 687	5 878	7 736	−20.3
塑料手提包箱	2 440	3 982	4 970	−38.7
其他塑料制品	49 364	56 110	54 767	−12.0
合计	170 706	184 461	181 349	−7.5
进口总值	4 138 947	4 616 301	3 917 455	−10.3

表 4　主要塑料制品进口值　新台币百万元

品　项	2001 年	2000 年	1999 年	2001 年增长率/%
人造革、合成革	732	753	564	−2.8
塑料丝、棒	153	148	129	3.4
塑料管	1 746	2 162	1 464	−19.2
塑料地面覆盖物	374	513	514	−27.1
塑料板、片、薄膜	17 588	19 397	15 590	−9.5
塑料卫浴设备	149	127	119	17.3
塑料包装制品	3 991	3 953	3 290	1.0
塑料家庭用品	832	847	731	−1.8
塑料建材	322	347	298	−7.2
塑料胶鞋	5 611	5 164	4 608	8.7
塑料手提包箱	2 387	2 038	1 880	16.7
其他塑料制品	9 445	10 269	9 274	−8.0
合计	43 291	45 718	38 461	−5.3
进口总值	3 619 618	4 368 696	3 576 416	−19.6

表 5　塑料制品出口市场占有率　%

国别地区	2001 年	1999 年	1995 年	1991 年	1987 年
香港地区	50.5	51.7	50.5	18.2	1.4
美国	7.3	10.1	17.6	37.4	61.1
日本	5.8	5.7	7.9	8.5	4.8
其他地区	36.9	32.6	24.0	35.9	32.7

二、面临问题

(一) 出口市场过于集中

表 5 为塑料布皮、塑料鞋及手提皮箱等产品的出口市场占有率的变化情形。整体而言，早期出口市场主要集中于美国，1989 年以前超过半数，近10年来逐渐减少，2001 年已降至 7.3%，相对的出口至香港的比率在 1987 年微不足道，不超过 2%，至 1988 年起显著增加，至 2001 年已增至 50.5%，仍然是转口贸易为主，令人担心的是，长期依赖岛内市场的结果，可能会耽误企业开拓其他国际市场的机会。

(二) 产业外移及下游产品出口量萎缩

近 10 余年来，已有部分劳力密集的塑料制品企业为掌握或开拓国际市场，及利用岛外特定地区廉价土地和劳工，并分散风险，纷纷赴内地、东南亚地区及美国等地投资设厂。表 6 为近 10 余年来经过有关部核准塑料制品业对外投资案的件数及金额统计。1993 年为塑料制品业对外投资的高分期达11 013件金额近 4 亿美元，其中1 008件为赴内地投资金额占 98%。该年对亚洲及美洲地区的投资则相对较少。其后对外投资即大幅减少，直到 1997 年有新创高峰，投资金额高达 3.6 亿美元。其中仍以投资内地为主。1998 年、1999 年、2000 年又呈现增加，2001 年后趋缓。对岛外投资的结果，导致塑料制品出口结构发生改变，这可由表 7 所列塑料皮布、塑料鞋及手提包箱等产品出口的变化情形可以看出。塑料皮布为塑料鞋及手提包箱的上游半成品，近年来二者的出口量明显萎缩，1984～2001 年均衰退 95%，相对的塑料皮布的出口量则同期增长了 512%，印证了塑料鞋及手提包箱等下游制品工厂大量外流的事实。

(三) 原料进口依存度高

塑料原料的进口依存度可作为台湾地区塑料制品业增长的概略指标，表 8 为近年来塑料原料的进口依存度，平均而言。进口依存度自 1984 年的 6.9%增至 2001 年的 23.4%，显示台湾地区塑料原料缺货情形仍严重，其中以 LDPE 变化最大，自 1984 年的 10.3%。增至 2000 年的 71.5%，虽然在 2001 年又回降至 52.9%；仅 PS 的进口依存度 10 年来尚能维持低于 10%。

表 6　塑料制品业核准对外投资分区统计　千美元

年别	中国大陆		亚　洲		美　洲		其他地区		合　计	
	件数	金额	件数	金额	件数	金额	件数	金额	件数	金额
1993	1 008	375 920	4	7 358	0	0	1	831	1 013	384 109
1994	82	73 302	6	2 873	0	0	0	0	88	76 175
1995	27	62 736	7	10 122	0	0	0	0	34	72 858
1996	25	63 645	3	2 744	6	5 482	0	0	34	71 871
1997	706	349 116	5	4 409	1	2 000	0	0	712	355 525
1998	69	64 184	—	4 261	—	1 538	—	1 932	69	71 915

续表

年别	中国大陆		亚洲		美洲		其他地区		合计	
	件数	金额	件数	金额	件数	金额	件数	金额	件数	金额
1999	25	99 074	2	1 702	3	17 392	9	20 390	39	138 558
2000	48	184 776	6	6 729	4	14 980	0	0	58	206 485
2001	46	155 566	4	3 692	3	5 396	1	185	54	164 839

表 7 主要塑料制品的出口量及其增长率

品项	2001 年	2000 年	1992 年	1984 年	1984～2001 年增长率/%
塑料皮布/kt	453	485	313	74	512
手提包箱/kt	10	19	103	181	−95
塑料鞋（百万双）	27	34	225	544	−95

表 8 台湾地区塑料原料的进口依存度 %

产品名称	2001 年	2000 年	1998 年	1991 年	1984 年
PVC	10.8	8.4	20.7	14.9	0.5
LDPE	52.9	71.5	69.1	55.5	10.3
HDPE	31.2	41.9	24.4	39.0	13.4
PP	31.2	41.3	24.4	39.0	13.4
PS	5.3	6.7	4.8	8.2	6.4
ABS	10.5	19.0	14.7	16.1	22.5
平均	23.4	29.6	30.6	25.5	6.9

（四）生产设备自动化程度低

若以每新台币百万元的生产值所需投入的劳力作为衡量劳力密集度的指标，由表 9 可看出塑料制品业中各分业的劳力密集度均高于制造业的平均值，其中又以塑料鞋业的劳力密集度最高，较最低的塑料片板管材业高出 8 倍，较塑料制品业平均值亦高出 7 倍之多，生产设备自动化程度低以及市场不振导致无法全部开工是主要原因。

表 9 塑料制品业的劳力密集度 新台币百万元

分业别	2001 年	2000 年	1999 年
塑料片板管材业	0.53	0.49	0.48
塑料鞋业	5.92	4.28	3.45
塑料皮制品业	0.66	0.66	0.66
其他塑料制品业	0.79	0.74	0.72
合计	0.75	0.69	0.67
制造业平均	0.31	0.29	0.33

注：进口依存度＝进口量，（生产量＋进口量－出口量）。

【趋势与展望】

塑料制品业属劳力密集的传统工业，为协助传统工业提升竞争力，台湾地区有关部门于 2000 年 6 月通过《振兴传统工业方案》，并提出多项协助传统工业的配合措施，企业可以借鉴。同时企业本身也应加强开拓国际市场；联合各地台商，发展台湾成为运筹中心；发展原料工业以及加速产业升级，使台湾地区的塑料制品得以持续发展。

（一）加强开拓国际市场

为促使台湾地区塑料制品业出口的持续增长，除了要配合欧市及北美自由贸易协定，以争取该等国家的市场外，并应加强与东南亚、中南美、中东、非洲、东欧等地区关系，以达到分散外销市场的目标。另一方面，企业亦应积极建立符合输往各地区产品的安全技术文件、产品安全检测能力以及 ISO 国际标准品质保证等，期望使所有外销至各地区的产品均符合安全及品牌标准。

（二）串联岛内外台商，发展台湾成为运筹中心

过去台湾地区塑料制品业蓬勃发展，上中下游完整体系是主要原因之一。近年来，为顺应国际间水平及垂直分工，并为争取最大利益，导致塑料加工业外移至东南亚国家及大陆地区投资设厂。在塑料加工业大量外移后，如能串联岛内外台商共同努力，将台湾省发展成为全球塑料制品业的研发、财务管理、市场整合及资源调度等的运筹中心，也是塑料制品业重要发展方向之一。

（三）积极发展原料工业

目前台湾地区仍有部分塑料原料及塑料添加剂因为台湾地区尚未产制，或虽有产制，但品质不佳、或

规格不符，而必须自岛外进口，不但成本较高，且不易掌握时效。台塑集团所投资的第六轻油裂解扩大计划已于2000年底建厂完成正式生产，可供应充足的石化基本原料，企业应把握时机，选择具有关键性的塑料及添加剂设厂生产。以提供塑料制品业使用，进而稳定塑料制品业的根基。

（四）加速产业升级

人才素质为产业升级的关键要素，由于塑料制品业产品多样化，因此不论在制造、产品开发、经营管理、品管检验及销售等各方面专业人才的培育，必须详加规划，使人才的素质能适合业界的需求。为协助企业培育其所需的人才，台湾地区的有关部门已通过科技人才培训及应用方案及中小企业人才及商业人才的培训计划。台湾地区有关部门已成立台湾技术交易整合中心，并有引进产业技术服务计划，提供产业技术合作服务，推动相关产业引进，及加强国际产业技术供需资讯的交流等，企业可充分利用，以提升技术能力，进而带动研究发展，开发新产品，提高产品附加值，改善产业结构，加速产业升级。

（根据台湾经济年鉴）

主要制品行业概况

农用薄膜

【行业现状】

近年来，我国农业技术飞速发展，菜篮子工程逐年扩大，大棚蔬菜、水果极大地丰富了城镇市场，地膜覆盖、棚膜设施栽培等农用塑料技术发展异常迅速，这就使得农膜行业中企业的格局发生了变化。首先是韩国和日本的农膜企业以合资、独资形式大量涌入中国，他们依靠成熟的技术和市场经验，占据中高档农膜市场。其次，国内部分上市公司大力发展农膜产品，他们依靠创新的思路和雄厚资金，引进人才和装备，提高产品的竞争力，不久将成为市场上的主要生力军。再次，大型国有企业肩负着多年来形成的社会负担，依靠自身的技术和管理实力，以及20世纪90年代引进的装备在市场上努力的拼搏，主要占据了中档农膜市场。最后是股份、私营和集体的农膜企业，他们依靠灵活多变和低成本的产品，占据了低档农膜市场。

随着科技兴农战略的实施，农用塑料应用技术的推广步伐明显加快，中央在“十五”计划建议中把“巩固和加强农业基础地位和把农业放在国民经济发展首位”作为首条建议提出。为兴农产品的农用薄膜的生产发展提供了非常有利的环境条件。2001年，本行业拥有大小规模不等的农用薄膜生产企业近千家，其中大型企业（年生产能力万吨级以上的）约60家。中型企业（年生产能力在3kt以上的）约30家，生产能力超过2 000kt，从业人数约30万人，当年农膜产量为809.1kt，产值为56亿，销售量达到了660kt（见下表所示）。

2002年农用薄膜生产起伏较大，但总产量与去年基本持平。12月份产量87.7kt，比去年同期增长8.86%，1～12月份累计产量809kt，与去年同期相比减少0.01个百分点。

从全国几个主要农用薄膜生产省份情况看，山东、河南两省农膜生产形势比较稳定，产量继续保持增长，分别达到了152kt、101kt，居全国第一、二位；从增长幅度及绝对值看浙江省增幅为56.5%，增加14kt；新疆、辽宁、河北产量下降幅度较大，其中新疆降幅为30.6%，减少15kt。

【专委会活动】

2001年4月25～27日在重庆召开了中国塑协农用薄膜专业委员会二届八次委员厂扩大会。有60家会员单位及农膜添加剂、塑料机械等相关单位共计90位代表到会。中国塑协理事长廖正品、副秘书长丁言行及中普科贸有限责任公司总经理吴曼云、中普科贸有限责任公司贸易部经理吴建安等同志应邀到会听取汇报并指导工作。大会由专委会副理事长单位、天津第二塑制品厂厂长耿葆刚和专委会副理事长单位上海三花薄膜厂副厂长何兴安分别主持。

这次会议的中心内容是：①吸取和审议农膜专委会2000年以来的工作总结；②审议并修改《我国农膜行业第十个五年计划》；③请中国塑协领导指导工作；④与农膜添加剂、塑料机械以及农膜原料代理商等单位进行技术交流活动。

会上，农膜专委会理事长、石家庄恒东企业集团公司董事长崔守信代表专委会作了题为《团结一致、共同努力、迎接挑战》的工作报告。中国塑协理事长廖正品发表了题为《发挥行业协会的作用，促进塑料工业的发展》的讲话。

与会代表对工作报告和“农膜行业第十个五年计划”以及农膜企业改制经营等问题进行了讨论，充分肯定农膜专委会所做的工作，对今后的工作方向提出了很好的建议，并对农膜十个五年计划提出许多有益的修改意见。认为这次会议学术交流气氛浓厚，标志着农膜专委会工作重点已由计划经济行业管理模式向市场经济管理模式转变。同时，与会代表在这次会议上通过相互交流，学到了许多资产重组、盘活资产、改制经营的先进经验，为本企业今后的发展开拓了思路。

【重点企业】

延边燕子塑料有限公司

中韩合资延边燕子塑料有限公司引进国际先进设备和技术，生产多功能EVA三层共挤农用大棚膜及黑白双色地膜。公司现有固定资产6 636万元，资产总额为11 678万元，年生产能力为15kt，其中“燕子”牌三层膜产品生产能力为12kt/年，地膜生产能力为3kt/年，2001年完成总产值10 054万元，完成

农膜行业产能产量表

品　　种	农　膜	其中功能膜	PVC与PE膜各占比例		备　　注
			PVC	PE	
生产能力/(kt/年)	2000		2.5%	97.5%	不含在建项目
产量/(kt/年)	809.1	18.7	17.7%	82.3%	
能力发挥/%	40.46	9.4	40	7.6	
销售量/(kt/年)	660	14.95			

总产量为5kt。企业设有一个省级技术中心，承担研究和开发公司所需生产的新产品开发工作。公司开发的多功能“燕子”牌EVA三层膜具有透光率高、防雾、无滴、防老化性强、机械性能好、增强光合作用，从而显著提高农作物产量，缩短成熟期，是改善果实品质的新型大棚膜。

“燕子”牌多功能EVA三层膜产品荣获“吉林名牌”和“国家级新产品”证书，被山东省寿光市消费者协会评为“优质农膜推荐产品”；被辽宁省经济贸易中心评为“辽宁市场满意品牌”；在1998年中国质量万里行质量热点跟踪活动中获“好产品”称号；被中国质量检验协会评为“打假扶优重点保护企业”。

青岛泰光

青岛泰光公司引进韩国90年代最先进的成套设备，选用日本、德国、韩国和以色列等世界最好的进口原料，采用韩国最新生产工艺和管理技术基础，成为国内继聚乙烯、聚氯乙烯农膜之后生产新一代农膜产品——EVA农膜的最大企业。泰光牌复合EVA农用薄膜由世界著名的耐克鞋业、青岛泰光集团公司的下属企业、韩国独资企业青岛泰光棚膜有限公司生产，公司建于1996年，占地面积16 800平方米，投资255美元，设计生产能力10kt，固定资产2 000万元，2001年产量0.6kt。产品于1998年首次在国内最大的大棚蔬菜基地寿光市亮相，赢得广大用户的认可，几年来连续在寿光市消费者优质农膜评比会上获得EVA类首家优质推荐产品。泰光EVA棚膜受到市场百分之百用户的认可。

江苏米可多农膜发展有限公司

江苏米可多农膜发展有限公司由江苏省塑料工业总公司、江苏省农资公司、江苏苏农经济开发公司、无锡龙舜实业总公司和日本米可多化工株式会社、日本日绵株式会社、日本石本农资技研究所七家共同投资创建，并于1996年投产，专业生产高科技多功能农膜母料及各类多功能膜。

该公司引进日本米可多的专利技术，选择国内外优质原辅材料，并拥有多功能母料生产线、多功能农膜专用料生产线各一条；双层双色地膜机组一套以及折径5m的多功能大棚膜生产线一条。产品已销往上海、江苏、浙江、山东、湖南、广东、福建、辽宁、吉林、河南、河北等省市并出口巴西等国。

山东自康塑料有限公司

山东自康塑料有限公司是由韩国株式会社自康独资，引进韩国先进技术、进口韩国原料生产农用薄膜和工业用膜的企业，公司占地33 000m²，总投资1 000万美元。自康农膜经2001年在寿光等地试销，已经赢得了广大农民朋友的认可，是寿光市质量监督局和消费者协会推荐产品，公司主要生产三层复合EVA薄膜，其中包括无滴、消雾、保温、长寿EVA薄膜、黄瓜专用薄膜、草莓专用薄膜、绿色除草地膜、黑色地膜、普通透明地膜等。

河北宝硕股份创业塑料分公司

创业塑料分公司隶属于河北宝硕股份有限公司，其前身是保定塑料总厂，具有40多年的建厂史。主要生产经营“宝硕”牌农用聚乙烯薄膜、功能棚膜及土工膜等产品。年加工能力5万吨，是国家重点支农产品生产基地。公司占地面积40 000m²，固定资产5 000万元，拥有60多台套先进挤出设备，有40多年的塑料加工经验，技术力量雄厚。2002年总产量15 000吨，总产值1.05亿元。

公司本着“用户永远是正确的”宗旨，以稳定的质量、成熟的工艺和完善的售后服务积极开拓市场，产品覆盖华北、东北、西北及华南等地区。公司注重质量管理体系的建设，于2000年通过ISO 9002质量保证体系认证。公司产品在国家技术监督局历次抽检中均超过标准要求，企业多次被轻工部、省轻工厅授予“产品质量信得过企业”。

安徽国风塑业股份有限公司国风塑料厂

安徽国风塑业股份有限公司国风塑料厂，始建立于1958年，现有固定资产1.2亿元。拥有15台吹塑薄膜生产机组，其中三层共挤大棚膜生产机组是华东地区最大吹塑薄膜机组，薄膜最大的幅宽可达12m，2001年总产量为9kt。主要生产普通型微地膜、除草用微地膜、普通大棚膜、三层共挤耐老化流滴大棚膜、EVA三层共挤高透明、高保温、流滴耐老化、消雾大棚膜等，年总生产能力达14kt。2001年开发生产的高效EVA膜具有强度高，耐穿刺性好，流滴期长，透光率高，红外线阻隔能力强。“国风”牌农地膜先后被评为部优质产品称号，安徽优质产品称号，国家质量检测A等产品称号，国家监督抽查历次合格产品，安徽省名牌产品。现购置十台高速微地膜机组项目后新增生产能力2kt，近期还将购置年生产能力达15kt，幅宽大于20m大棚膜土工膜生产机组。

北京华盾塑料有限责任公司

北京华盾塑料有限责任公司成立于1965年，系国家经贸委（部）农膜和土工膜定点生产企业，国家二级企业，北京市政府确定的重点扶植国有骨干企业。固定资产8 579万元，主要产品为农用薄膜、土工膜、中空制品、包装材料四大类。产品曾获国家质量银奖、国家级新产品奖，部、市级优质产品称号，现为北京市名牌产品和国家技术监督局1年连续抽查质量合格产品。1999 年率先在国内同行业中通过 ISO 9001 国际标准质量体系认证，2001 年实现了 ISO 9001（2000 版）标准转换的认证。

华盾公司聚烯烃功能性农膜产销连续 20 多年保持全国第一。公司技术力量雄厚，设备精良，拥有目前国内最大的功能膜生产设备和国内一流的产品质量检测中心。现农膜生产能力 20kt，2001 年总产量为 11kt，其中功能性农膜 9.6kt。

天津市塑料集团有限公司第二塑料制品厂

天津市塑料集团有限公司第二塑料制品厂创建于 1954 年，是国家轻工系统大型聚乙烯薄膜专业生产厂家。主要生产“兰花”牌农用薄膜和相关配套产品，年综合生产能力 17kt。现有种类专业生产设备 184 台套，固定资产 6 572 万元。企业总占地面积 50 365.4m^2，建筑面积 17 321.81m^2。“兰花”牌农用薄膜行销全国 20 多个省、市地区，2001 年总产量为 11kt。

天津二塑先后被国家机构授予国家二级企业，全国优秀质量管理企业、全国出口创汇先进企业、新世纪优秀企业等称号。作为国内最大的农膜定点生产厂家，企业曾自行设计制造了我国首台折径 3.5m 宽幅农膜吹塑机组，填补了国内空白，为我国农膜制造业发展奠定了良好基础。先后共同研制开发出环保型、多功能、转光型、抗农药型等一系列农膜新品。具有完善的质量检测手段和严谨的质量保证体系。目前企业已具备自行设计生产种类功能性农膜应用母料的能力，产品开发已形成推出一代，储备一代，研制一代的局面，实现了农膜产品向高技术精加工转变。

山东三塑集团有限公司

山东三塑集团有限公司是在原济南塑料三厂的基础上组建成立的大型企业集团。以生产农用塑料薄膜和塑料装饰建材为主，兼营塑料工业包装、室内装修及商业服务经营。企业占地面积 170km^2，建筑面积 75km^2。固定资产 1.8 亿元，总资产 2.2 亿元，年生产能力 66kt，2001 年总产量为 17kt，农地膜产品品种有：地膜系列：普通微地膜、除草地膜、黑色地膜、黑白相间地膜、绿色地膜、银灰地膜、增温地膜、降解地膜、耐老化易回收地膜。棚膜系列：聚乙烯普通大棚膜，聚乙烯防老化大棚膜，聚乙烯防老化防雾滴大棚膜、聚乙烯紫光膜、聚乙烯转光膜。EVA 防老化防雾滴高保温大棚膜，聚乙烯草莓专用大棚膜，聚氯乙烯无滴紫光大棚膜。产品主要市场区域为华东地区、华北地区、西北地区、东北地区、中南地区、西南地区。

大连第九塑料厂

大连第九塑料厂是下属 7 个子公司的大型塑料制品加工企业，是全国农地膜骨干定点企业，年生产能力 30kt，固定 3 610.2 资产万元，2001 年总产量为 9kt。产品除销往辽、吉、黑、京、津、沪、鲁、新疆、内蒙古等国内市场，还远销日本、美国、韩国、朝鲜、俄罗斯等国家和地区。

主导系列产品有“大九”牌、“猫头鹰”牌农用制品系列：①聚乙烯普通地膜、降解地膜、除草膜、黑色地膜、黑白相间地膜、黑白复合地膜、银灰色地膜、黑银复合地膜；②三层共挤复合棚膜、长寿保温流滴膜、转光膜、消雾膜、EVA 功能膜、天幕等；③功能母料、滴灌管、防水滴剂、反光幕、棚架等。

塑料包装制品系列：保鲜膜、缠绕膜、保护膜、真空包装袋、购物袋、垃圾袋、可降解塑料包装袋及各种基材膜。

塑料建材制品系列：塑钢门窗、装饰板材、聚乙烯交联管、土工膜等。

大连九塑在国内最早引进农地膜生产技术，技术力量雄厚，企业连续 15 年被大连市命名为“重合同、守信用”单位，并于 1997 年通过了 ISO 9002 质量体系认证和产品质量认证。

吉林白山市喜丰塑料股份有限公司

吉林白山市喜丰塑料股份有限公司是 1992 年由浑江第一塑料厂为主改组而成的大型跨行业经营的股份制企业。现公司下设 12 个分公司和子公司，主要生产经营塑料制品、汽车配套产品、化工产品、纸制品、建材制品、医用塑料制品、医药产品等七大系列 200 多个品种，总资产 3.8 亿元，固定资产 1.48 亿元，年生产塑料制品能力为 80kt，年创产值亿元，创利税 1 500 万元，是目前亚洲最大的农用薄膜生产企业，列入全国 1 000 家和吉林省 50 家重点工业企业之一。2001 年农膜总产量 31.805kt，总产值为 29 372万元，全年销售收入 28 300 万元，全年完成利润 1 030 万元。“喜丰”牌系列农膜荣获中国名牌和吉林省著名商标等荣誉称号，并荣获中华全国总工会颁发企业最高荣誉全国《五一劳动奖状》和全国首批“重合同、守信用”企业。产品主要销往山东、吉林、黑龙江、沈阳、大连、锦州、西安、江苏、河北等全国 24 个省市自治区。

喜丰技术中心被列为省重点科研机构，曾代表国家起草 PVC 农膜行业标准。喜丰公司始终坚持“一切服从质量、一心为了用户”的质量方针。在全国农膜企业率先通过 ISO 9002 质量体系认证，农膜产销量连续多年在全国同行业名列前茅。

锦州彩练塑料集团公司有限责任公司

锦州彩练塑料集团公司有限责任公司是国家重点

生产聚氯乙烯、聚乙烯制品的综合性塑料加工企业，是辽宁省最大的塑料制品生产基地和高新技术企业。公司于2000年顺利通过了ISO 9002质量体系认证。公司主导产品为PVC功能膜和聚乙烯及EVA系列农用薄膜两大类。固定资产20 734万元，2001年经济增长质量明显提高，各项主要经济指标均创历史最高水平，总产量为24.367kt，同比增长6.6%，产值同比增长8.8%。“彩练”牌产品于1999年被国家工商总局认定为中国驰名商标，主要市场分布在辽宁、吉林、黑龙江、华北、西北、黄淮地区。

上海三花薄膜厂

上海三花薄膜厂是上海轻工控股集团公司和上海塑料制品公司下属的国有中型企业，国家农地膜定点生产企业，2001年总产量为21.01kt，总产值为19 380.4万元，产品品种有长寿保温无滴农膜、棚膜、三层共挤长寿无滴光转换（棚）膜等，产品主要销往上海、江苏、浙江、河南等地区。

哈尔滨工业大学五塑实业有限责任公司

哈尔滨工业大学五塑实业有限责任公司固定资产1 247万元，2001年生产总产量为5kt，公司主导产品为光生态系列农膜是在原功能膜西文的基础上添加了“有机共轭荧光助剂”，属第三代控制型功能膜。该项目被国防科工委鉴定为具有国际先进水平，并被科技部列为国家重点科技攻关项目、国家星火计划项目、黑龙江省“十五”高技术产业发展规划重点发展项目、黑龙江省科技兴省项目，哈尔滨市十大科技先导工程、哈尔滨市政府“十五”规划中加速产业化项目、哈尔滨市政府2001年优先产业化项目，又被国家科委、国家计委、国家经贸委、国家工商总局联合评定为“国家级重点新产品”。

新疆天业股份有限公司

新疆天业股份有限公司是1997年上市的国有控股公司。塑料制品一厂是天业股份有限公司下属专业生产农用地膜和PVC食品包装膜的生产厂家。现有地膜机组40台，其中超宽幅吹膜机10台，1998年通过ISO 9002质量体系认证。2001年总产量为12.48kt，总产值为10 589.8万元，产品主要的市场区域为新疆、甘肃、宁夏等省区及塔吉克斯坦及乌兹别克斯坦等国。

石家庄恒东企业集团公司

石家庄恒东企业集团公司是国家大型一类企业，国家指定的农用薄膜生产企业，是中国塑料加工行业的骨干企业。公司始终以“科技创新为先导”，并于1987年率先研制成功了集耐候性与流滴性于一体的功能性农用薄膜。近年来，随着企业科技水平的不断发展，消雾型、保温型、转光型等多功能农用薄膜相继投入市场，深得用户青睐。农地膜主要销往河北、山东、山西、河南、江苏、东北等地区。

河南塑胶股份有限公司

河南塑胶股份有限公司是国家农膜定点生产厂家，国家二级企业，大型二类企业，总资产10 193.8万元，注册资本5 049万元。年综合生产能力38kt，固定资产9 135万元。公司占地面积共150亩，建筑面积5 407m^2。2001年产量为11.79kt。

公司主要生产各种规格的高、低压聚乙烯农膜、地膜、彩印包装膜、BOPP复合膜、PVDC涂覆膜。农膜、地膜、工膜为轻工部优质产品。企业荣获各种荣誉称号300多项。1998年投资2 500万元购进35台套农地膜生产设备在新郑市建立分公司，使企业经济不断腾飞，经济效益稳定提高。主导产品，农、地膜注册商标为“少林牌”，曾获部优质产品称号。历年国家质量抽检各项物理性能均超过国家标准，现为郑州市名牌产品和免检产品。

河南焦作咏春塑胶有限公司

河南焦作咏春塑胶有限公司由原河南焦作第一塑料厂改制而成。是国家经贸委、农业部和水利部聚乙烯农用薄膜、氨化膜和塑料管材定点加工生产企业。河南省资金信誉AAA级信誉单位。河南省科技企业、河南省一级先进单位。企业拥有总资产2 600万元，拥有各类机械设备90余台，其中各类塑料制品加工生产机械设备60台套。主要塑料制品加工生产设备技术水平达到国内外本世纪初先进水平。年塑料制品生产能力为26kt，其中聚乙烯农用棚膜的生产能力在21kt以上。主导产品有EVA三层复合日光温室膜、EVA耐老化流滴膜、聚乙烯耐老化流滴膜、聚乙烯耐老化膜、除草膜、黑色地膜等产品。

公司始终坚持“以科技为先导，以市场为导向”，实施科技兴厂战略，不断加大企业新技术、新产品的研制开发和推广应用工作。该公司研制开发的新产品先后荣获“国家轻工业部科技成果奖”、“河南省科技成果奖”、“河南省优质产品奖”等多项荣誉称号。2001年公司完成塑料制品产量8.408kt，实现销售收入7 085万元，利税100万元。

【新产品开发】

近几年来，由于农膜专用料的开发与应用，功能助剂推陈出新，加工装备的更新换代，以及加工工艺的不断改进，使得功能性农膜基础水平与档次有了提升。

① 北京华盾塑料有限公司的高光效多功能农膜。

② 河南焦作咏春塑胶有限公司的EVA三层复合高光效多功能农用棚膜。

③ 河北宝硕股份有限公司创业塑料分公司的EVA高透光高保温多功能农膜。

④ 哈尔滨工业大学五塑实业有限公司的光生态农膜。

⑤ 山东三塑集团有限公司的聚乙烯多功能配色地膜。

【存在的问题】

我国大型农膜生产企业大多数人才匮乏。首先是高级的管理人才严重不足，例如懂市场、又掌握产品开发和生产控制的高级工程技术人员；又如懂技术、对产品开发有指导作用的高级市场营销人员。企业应注重培养有素质、有思路、有创新意识年轻人，给他们锻炼的机会，以缓解企业的人才不足。

大多数企业内部组织结构不合理，团队协作的意识差，不能形成各个部门联合的大团队作战，而是各自为战，使行动的效率和效果不高，企业的资源造成很大的浪费，人员得不到充分锻炼。

大多数企业整体创新意识差、因循守旧，只采用低成本扩张的手段，使企业自造血功能减退，长期运作后力不从心。

外资企业已经大步的迈进市场大门，抢走了高端市场。我国企业如果不能真正的转变观念，不断的创新和发展，势必在市场上伏首称臣，将严重的影响农膜行业的健康发展。

【发展趋势】

我国农膜企业通过资产重组、强强联合和上市发挥综合优势，向农膜的高端市场发起冲击，将成为今后主要发展趋势。主要提高企业整体素质，逐步解决市场策划、技术创新、团队协作等问题，注重新思想、新思路、新方法的实施，缩小与外资企业的差距。

农膜市场竞争日趋激烈，市场需求不断更新变化，但是市场的发展潜力巨大，农膜整体应用水平急需进一步提高。棚膜产品结构上向多层发展，性能上向高透光、高保温、高强度、长寿命，持续的流滴期、防雾期、转光期、防尘期、防菌期等功能化和综合性能方面发展；地膜产品向保墒、增温、除草、防虫等功能化发展，在品种上向芦笋、棉花、烟草、大蒜、韭菜等专用化上发展。

总之，农膜行业将继续向企业规模化，产品功能化发展。同时，提高农膜的可回收与降解技术能力，减少对环境污染，既促进了农业可持续发展，又保障了农膜行业的发展，同时符合国家的产业政策，无公害农膜的发展将是非常必要的。

（河北宝硕集团公司　金洪波）

节水器材

【行业现状】

塑料节水器材行业是目前塑料行业中较年轻的行业之一，把塑料节水器材单独列为一个行业，与当前蓬勃发展的农田节水灌溉、园林绿化节水灌溉及林果节水灌溉是分不开的。尤其是近些年来，由于可用水资源的日益紧张，适用于不同地域不同作物条件下的各种先进的节水灌溉技术的发展，新型塑料材料的大规模应用，促进了塑料节水器材行业的一个跨越。据不完全统计，截至2001年底，全国已发展节水灌溉工程面积3亿亩，其中渠道防渗灌溉1.7亿亩，低压管道输水灌溉9 050万亩，喷灌3 500万亩，微灌450万亩。在资金的投入方面，自“九五”以来，全国用于发展节水灌溉的资金约520亿元，其中中央和地方财政补助约170亿元，占33%，贷款、集体和农民自筹占67%，并且每年都有一定的上升，具有良好的发展潜力。

随着在全国范围内不断发展的农田节水灌溉及城市园林绿化，塑料节水器材生产厂家也不断的增多，其中包括一些原来的塑料生产厂家开始转型生产塑料节水器材，目前全国主要塑料节水器材的生产厂家大概在100～120家左右，大部分为中小企业，生产规模较小。在本行业中，以生产农田节水灌溉为主的厂家主要分布在北方，南方生产厂家主要以生产一些适用于园林绿化方面的塑料节水器材。目前，全国从事塑料节水器材开发、生产、销售、服务等的各类人员大概接近10万人。

塑料节水器材行业细分可分为三大类：第一类为农用塑料输水管道；第二类为各种塑料输水软管、塑料连接管件、塑料首部过滤器、各种塑料灌水器（包括滴头、滴灌带、滴灌管、微喷头、渗灌管、喷头等）；第三类为输水渠道塑料防渗膜。农用塑料输水管道主要为聚乙烯、聚氯乙烯管材及管道，2001年度全国塑料（聚乙烯、聚氯乙烯）管道总生产能力达到了1 500kt左右，实际生产量约为1 000kt左右（详细数据见塑料管道制品专业委员会材料）。渠道塑料防渗膜随着防洪防涝及节水灌溉的需要，广泛的应用于渠、堤、坝等水流道的防渗，随着新材料的应用，近些年来也得到了长足的进步。塑料节水器材行业真正意义上的核心产品就是各种地面节水灌溉输水软管、塑料首部过滤器、塑料连接件及各类塑料灌水器（包括滴头、滴灌带、微喷头、小管灌水器、渗灌管、脉冲式灌水器、塑料喷头等），2001年度全国总生产能力达到了500kt左右，实际生产量为350kt，产值约 50 亿元左右。

在以地面塑料节水灌溉系统为主的塑料节水器材行业中，塑料输水软管可由塑料挤出机生产，塑料连接管件及塑料首部过滤器可由注塑机生产，具有行业特点的是各类塑料灌水器及过滤器的生产。节水塑料灌水器属于精密部件，内部结构要根据水流特性来设计，为了达到节水及其他一定的目的（如出水量、喷射范围、高程、补偿性、爬坡性、抗堵塞性等），结构设计往往较复杂，因此对设备的要求也就较高。我国目前的塑料节水器材行业在理论研究、规划设计、系统造型、设备生产、工程建设等方面与国外先进技术（设备）及产品还存在一定的差距，但整体水平正在向前迈进，快速发展！为了改变我国塑料节水器材当前的生产水平，许多生产厂家及相关科研单位一直在努力，利用先进的设计及制造方法开始自主开发生产设备，节水器材生产设备快速开发与模具制造技术广泛应用于我国节水灌溉工程及设备的快速开发、其相应产品的精细模具快速制造，打破了“引进-落后-再引进-再落后”的局面。在这些生产企业中，最有代表的就是新疆天业（集团）有限公司，新疆天业集团在引进国外设备的基础上，消化吸收和创新，开发的滴灌带设备达到了国际先进水平，并拥有自主知识产权，滴灌器材生产设备全部实现了国产化，并且比国外同类滴灌带生产设备更加先进，车速达到每分钟 24 米，比国外设备提高了 1 倍；成品率达到 97%，比国外设备提高了 5 个百分点；每台设备价格仅为国外同类产品的 1/5，并利用信息及自动化控制技术实现了单机自动化控制及车间生产管理自动控制，新疆天业集团已经拥有 200 条这样的生产线，通过自主开发的大流量压力补偿式滴灌管产品，具有很强的补偿和爬坡能力，在生产设备及原材料上均实现了国产化，以上两种产品被国家科技部评为国家重点新产品，目前新疆天业集团年生产能力可以满足 400 万亩土地的需要，成为世界上生产规模最大、产品质量一流的滴灌节水设备生产企业。

【专委会活动】

2001 年 8 月 16 日～20 日，中国塑料加工工业协会主办的西部大开发塑料论坛暨塑料节水器材专业委员会成立大会在新疆石河子市召开。

大会正式宣读了关于成立“中国塑料加工工业协会塑料节水器材专业委员会”的决定，与会单位讨论并通过了塑料节水器材专委会章程，选举新疆天业股份有限公司董事长郭庆人为专委会理事长兼秘书长，并选举了 7 名副理事长，会议决定凡参加本次会议的塑料节水器材生产企业均为专委会理事，会上吸纳了全国 30 多名会员。随后，专委会理事长兼秘书长郭庆人同志主持召开了中国塑料加工工业协会塑料节水器材专业委员会的第一次理事会议，理事会决定将秘书处设在新疆天业股份有限公司，并在北京设秘书处办事处。会上，中国塑料加工协会理事长廖正品同志对专委会工作提出了具体要求。

会上还举行了中国塑料加工工业协会塑料节水器材专业委员会授牌仪式，中国塑料加工工业协会理事长兼秘书长廖正品授牌，塑料节水器材专业委员会理事长兼秘书长郭庆人接牌。

中国塑料加工工业协会节水器材专业委员会委员召开了专委会第一次会议，与会会员对专委会今后如何开展工作进行了充分讨论，并形成了如下会议纪要。

① 塑料节水器材行业是个非常年轻、发展前景很广阔的行业。节水器材产品属高科技产品。专委会委员对以上必须有深刻认识，故必须首先抓好培训工作，培训计划要尽快落实下来，培训内容包含普及型、研究型和指导型三层次内容。

② 塑料节水器材行业比较特殊，是为农业、水利等领域服务的行业，专委会必须与其他行业组织，如水利、农业、土工、建材等专委会建立比较密切的联系与沟通，使本行业健康、有序地发展。

③ 目前，塑料节水器材标准比较混乱，给生产和使用造成困难，故必须建立标准化小组，尽快落实人员。提出编制、修订塑料节水器材的行业及国家标准的具体建议，首先要调查清楚现有标准的情况；建议政府有关部门组织成立市场质量监督机构，加强质量管理、监督工作，规范塑料节水器材市场，使协会成为真正为企业、为用户服务的纽带。

④ 塑料节水器材的技术特性、选型、系统的设计、施工安装、运行管理等方面没有一套适用性很强的工具书，《塑料节水灌溉器材使用手册》出版势在必行，故成立手册编写小组，尽快将手册编写出版。

⑤ 为方便各会员单位的联系和沟通，在北京成立办事处，尽快将工作人员配备齐全，将专业会日常工作开展起来。

⑥ 工作建议：

a. 建立塑料节水器材行业的生产准用证制度，以加强行业自律；

b. 塑料节水器材应享受国家农资产品政策。

⑦ 建立专委会内部的信息交换制度，遵循“谁提供谁受益”原则，逐步向建立塑料节水器材信息网方向发展。

为了适应行业快速发展的需要，专委会抓紧编制塑料节水器材行业标准，并于当年完成了《一次性可回收塑料滴灌带》产品的行业标准，目前正在进行其他几项塑料节水器材行业标准的编制。

2001年底，根据行业发展的需要，专委会秘书处制订了2002年工作计划。

① 发放会员单位情况调查表，收集会员单位基本情况调查表，并整理会员单位的有关资料。

② 收集并整理国、内外相关专业资讯、标准。

③ 元月底前给塑料节水器材专业委员会会员单位发放交会费的通知，给会员单位、理事、名誉理事颁发证书。

④ 汇编塑料节水器材专业委员会第一届理事会一次会议资料、选举结果及会议纪要，公布塑料节水器材专业委员会办公地点、工作人员。

⑤ 成立塑料节水器材专业委员会标准化小组，负责人李双全副秘书长，成员刘继刚、常军。

⑥ 上报单翼迷宫式滴灌带、内镶式滴灌带和压力补偿式滴灌管的产品和设备标准。

⑦ 成立塑料节水器材专业委员会的培训中心，负责人刘婴谷教授，成员曹剑奇、葛新和常军。

⑧ 成立《塑料节水灌溉器材使用手册》编委会，负责人郭庆人理事长兼秘书长，工作人员曹剑奇副秘书长、郑耀泉教授。

⑨ 聘请余玲、王祖玉、董文楚、刘秋凝、郑耀泉、顾烈峰和杨红等为名誉理事。

⑩ 塑料节水器材专业委员会工作情况通报之一：编写一份关于向国家经贸委申请把节水器材列为支农产品目录的进展情况通报，发给各理事单位。

⑪ 组织会员单位参加由贸促会农业分会组织的2002年国际农业节水技术与灌溉设备展览会。

⑫ 筹备2002年国家经贸委组织的在新疆石河子召开的节水器材应用推广会。

【重点企业】

新疆天业（集团）有限公司

新疆天业（集团）有限公司于1996年6月由几家国有企业改组设立，并经农八师、石河子市国资局授权经营。天业集团控股（57.14%）的新疆天业股份有限公司，于1997年5月其股票在上海证券交易所发行上市。目前天业集团形成以新疆天业股份有限公司为核心的大型国有综合类集团化企业。天业集团现有在职员工20 000名，总资产25亿元，其中净资产11亿元。

天业集团所属企业主要从事农用节水灌溉器材、塑料制品、化工产品、食品加工、内外贸易、建筑及房地产开发等行业。天业集团目前拥有45kt的塑料节水器材生产能力，2001年度在塑料节水器材行业实现销售收入1.3亿元，利润3 500万元，为国内最大的塑料节水器材生产企业。天业集团积极突出以技术创新作为产品开发的基础，拥有近200（件）套价值3 500万元先进的科研开发仪器，拥有专业技术开发人员近200人。天业集团目前拥有国家级的企业技术中心、博士后科研工作站，并作为国家节水灌溉（新疆）工程技术研究中心的第一依托单位开展节水灌溉技术及产品的开发，在节水灌溉产品、设备的开发及推广应用方面，承担国家863计划2项，承担国家科技攻关项目1项，承担国家技术创新项目3项，申报相关专利20余项，授权4项，并有2项塑料节水产品被国家科技部评为国家重点新产品，2项塑料节水产品被自治区评为自治区高新技术产品，节水器材生产企业也被评为自治区高新技术企业。经过不断的努力，天业集团塑料节水器材产品已经被推广到了新疆、甘肃、内蒙古、辽宁、北京、山东、宁夏、陕西等地区和塔吉克斯坦等国家，并在新疆南部、甘肃两个地区、北京建立了塑料节水器材生产分厂，累计推广膜下滴灌节水灌溉技术面积160万亩，推广面积占到了全国滴灌面积的20%。在中亚地区塔吉克斯坦推广膜下滴灌面积267公顷，取得了良好的效果，受到了塔吉克斯坦国政府的好评。

山东莱芜塑料制品（集团）总厂

山东莱芜塑料制品股份有限公司位于泰山东麓、汶水河畔，莱芜经济开发区，交通便利，是集吹塑、注塑、滴塑、挤出为一体的综合性塑料加工企业集团，是具有一定规模和雄厚经济实力的国家大型二类企业。现有职工1 000名，各类专业人员260名，公司占地面积85 000m^2，拥有全部资产1.4亿元，固定资产8 900万元，各种大型进口设备及国内配套的先进设备90台（套）、年产塑料制品10kt，其中塑料节水器材6kt左右，销售区域主要面对华北和山东，并逐步向西北和华南扩展。

福建亚通新材料科技股份有限公司

福建亚通新材料科技股份有限公司创立于1994年，现已发展成为拥有资产近3亿元、职工1 000多人（其中具有大专以上学历的员工占职工总数的35%以上）的高新技术企业。公司研发和生产具有国际先进、国内领先水平的工程塑料管道系列产品、新型高分子功能复合材料、高效农业节水灌溉系统等。1998年1月公司在全国同行业率先通过了ISO 9001国际质量体系和产品质量双认证，“亚通”牌系列产品荣获“福建省名牌产品”称号，注册商标“亚通”被评定为福建省著名商标。公司依托质量和品牌优势，在北京、内蒙古、河北、河南、重庆、湖北、贵州、甘肃等地区建立了生产基地，并在北京、天津、沈阳、上海、武汉、广州、成都、乌鲁木齐等20多个城市设立了销售分公司或办事处。该公司年生产塑料节水器材3kt，产品主要面向干旱半干旱地区的农田节水灌溉及城市园艺建设。

成都源田现代节水有限公司

成都源田现代节水有限责任公司（原川力微灌有限公司）由重庆三峡水利电力（集团）股份有限公司出资控股组建。公司注册资本3 790万元。公司位于成都市国家级经济技术开发区内，属水利部定点企业，研制、生产现代节水“川力牌”系列产品，承揽节水灌溉工程规划、设计、安装以及相关技术咨询服务。现拥有滴灌、微喷、园林景观喷头和温室大棚等6大类、9个系列、100多个规格型号的产品，产品经四川省技术监督局检测符合国家标准，其中内嵌式滴灌带产品达到国际先进水平，公司节水灌溉产品广泛应用于农业、林业、城市园林绿化。公司技术力量较雄厚，有130余名大中专工程技术人员，专门从事研制、设计、安装和售后服务。2000年公司引进了具有国际先进水平的节水全自动化生产设备和技术。实现科学管理，通过了ISO 9001：2000质量认证。该公司塑料节水器材生产产品2kt，主要面向西南及西北干旱半干旱地区。

杨凌秦川节水灌溉设备工程有限公司

公司位于陕西农业高新技术产业示范区——杨凌。公司占地20 000多平方米，工厂建筑面积9 000余平方米，总投资8 020万元。拥有3 000m^2汇集世界一流试验检测设备的试检中心和2 700m^2的灌溉演示区。是国内生产节水灌溉设备品种最齐全、规模最大的厂家之一。“秦川节水”拥有一支能科研、善经营、会管理、技术过硬的职工队伍。公司具有中级以上专业职称的占职工总数70%；“秦川节水”共生产七大系列节水灌溉设备。有“秦川”内镶式滴灌管、“秦川”大棚喷头、“秦川”大田喷灌设备、“秦川”微喷带、“秦川”园林景观喷头、“秦川”节水灌溉首都工程系列和“秦川”节水灌溉自动控制系统。目前该公司塑料节水器材产品年产3kt，主要面向西北干旱半干旱地区。

河北龙达灌溉设备有限公司

河北龙达灌溉设备有限公司由武邑飞龙集团与以色列阿尔法环球企业有限公司合资兴建。公司注册资金180万美元，其中中方投资60%，外方投资40%。主要从事滴灌及微灌产品的研制开发与生产。公司现已被定为国家半干旱农业工程研究中心定点厂，河北高新技术企业，衡水市十佳三资企业。该公司的微灌产品主要有：内嵌迷宫式滴灌管、微喷头、渗灌管、紊流扩张式滴灌带及大田喷灌产品；系列快接塑料管件；过滤器、施肥罐、吸肥器；各种规格型号的抗老化PVC、PE管材及配件。该公司产品广泛用于果树、大棚、棉花、烟草、茶叶及城市园林灌溉等领域，已先后在乌鲁木齐和兰州建立了两个办事处。年产塑料节水灌溉器材约2kt。

北京绿源塑料联合公司

北京绿源塑料联合公司是于1994年1月由北京雪花电器集团公司与水利部中国灌排技术开发公司共同合资创立的企业，是主要从事新型微灌器材的研制生产及推广应用的专业厂家。公司成立至今，历经股东三个阶段的投入，已经形成了年产1.4kt微灌器材的能力，固定资产4 000万元。绿源公司现有职工93名，具有大专以上学历的职工占正式职工总数的33%，具有中专学历的职工占30%。绿源公司经过6年的发展，其产品在市场上立稳了脚跟，树立了绿源公司产品的品牌效应。公司已先后在新疆、山东、东北、甘肃、浙江、云南一带设立了办事处。目前该公司塑料节水器材主要面向整个北方干旱缺水地区。

安徽天安集团实业有限公司

安徽天安集团是以界首市塑料制品总厂为核心层，以安徽界首塑料制品股份有限公司、安徽皖鸿塑胶有限公司、安徽桑尼生物药业有限公司、界首市天安宾馆、界首市筛网公司、界首市天安百货商场、皖赣化工物资联营公司为紧密层及两家相关企业为协作层，依法组建的经济联合体。是集科、工、商、贸为一体的大型集团化经营企业。

天安集团占地面积5万平方米，建筑面积3.5万平方米，固定资产8 800万元，流动资金3 000万元，年生产塑料制品能力12 600吨。主要生产经营：PVC烟膜、PE农地膜、PP捆扎绳、节水滴灌带、管材和彩印包装袋，经营高档旅馆等产业。目前该公司塑料节水器材年生产2 000吨，市场区域主要面向安徽地区。

北京胖龙灌溉技术有限公司

北京胖龙灌溉技术有限公司从1995年就开始致力于农业灌溉。5年来在灌溉领域辛勤耕耘，积累了丰富的经验。现在公司在全国13个省市都设有办事处，为客户提供优质的产品和服务。公司在国内外提供微喷、滴灌、地埋式喷头、高尔夫球场设施等产品，并可负责从设计产品到安装的全过程。目前年生产塑料节水器材大概为2kt。产品以解决北方农田及城市园艺节水灌溉建设为主要目的。

同时产量较大的塑料节水器材生产厂家有：北京顺义华霖灌排设备公司、廊坊市春源微灌工程公司、辽宁丰源节水灌溉技术开发公司、河南济源华源渗灌有限责任公司、河北保定华宇塑料制品有限公司，水利部中国农科院农灌所科技开发中心、天津英特泰克灌溉技术公司，北京北航润土科技有限公司、北京丰收喷灌设备有限责任公司、海南排灌技术开发公司、余姚市绿茂洒水器制造有限公司、河南山水农业新技术服务有限公司、北京普拉斯托灌溉技术有限公司、天津英特泰克灌溉技术有限公司、上海万德凯节水技术有限公司、河南省济源天龙灌溉有限责任公司等。

【新产品开发】

在塑料节水器材行业，经过数年的引进、消化、开发，针对不同的地域及不同的作物，某些产品经过了原料及结构上的变化，形成了自成一系的产品。2001 年，塑料节水器材新产品主要以下几种。

序号	产品名称	开发单位
1	一次性可回收塑料滴灌带	新疆天业(集团)有限公司
2	微灌管路直插式锁紧密封连接件	新疆天业(集团)有限公司
3	微灌管路直插式连接件	新疆天业(集团)有限公司
4	抗堵塞压力补偿式节水灌溉装置	新疆天业(集团)有限公司
5	全微灌喷头	山东莱芜塑料制品(集团)总厂
6	根区导灌器	福建亚通新材料科技股份有限公司
7	组合式旁通	国家节水灌溉北京工程技术研究中心
8	地下滴灌灌水器	国家节水灌溉北京工程技术研究中心

以上产品被国家科技部认定为国家重点新产品及获得专利的新产品。

【存在的问题】

2001 年，全国塑料节水器材行业随着国家对节水灌溉的重视，全国范围内节水灌溉蓬勃开展，整体形式较好，但同时也出现了不少问题，制约了行业发展，目前存在的主要问题有：

① 没有统一技术标准体系，市场竞争无序，影响到产品的应用；

② 行业扶持政策不明显；

③ 行业间的横向联系不强；

④ 产品数量、品种和质量与国外先进水平有差距；

⑤ 绝大部分生产企业规模小，生产集中度底、技术研发能力较弱；

⑥ 缺乏完备的配套能力；

⑦ 产品成本有待降低；

⑧ 部分产品落后。

同时灌水器抗堵塞和出水均匀性较差、原材料性能达不到标准、产品制造偏差大、过滤器致使微灌灌水器和渗灌管堵塞问题十分突出等也在困扰着塑料节水器材生产厂家。

上述技术改进不是一家两家企业花费 1～2 年时间所能够实现的，因此通过协调相关行业及本行业各会员之间的关系，加强相互联系，通过会员之间的密切合作，以较快的速度解决以上问题，加快行业前进步伐。

【发展趋势】

经过多年的发展，我国已初步形成了门类比较齐全的塑料节水灌溉器材生产制造体系，技术水平有了很大提高，特别是在某些产品上进行了突破性的研究开发，产品质量接近国外发达国家同类产品，并且价格更低。目前，随着农业的发展，可用水资源紧张，国家已经把节水农业放在了重要的位置，提出了“把节水灌溉当做一项革命性措施来抓”的口号，国家相关部门、地方政府制订了节水灌溉的发展规划，出台了相关的政策保证我国节水灌溉的需求。根据国家有关部门的规划，“十五”期间，国家在节水灌溉方面将重点抓五项工程：第一个是大型灌区节水改造工程，第二个是第二批 300 个节水增效重点县建设，第三个是华北平原地下水超采区井灌节水工程，第四个是西部地区雨水集蓄节水灌溉工程建设，第五个是节水增效示范项目。“十五”预计将实现新增节水灌溉工程面积 1.5 亿亩，全国节水灌溉面积达到 4.3 亿亩，需用各种节水灌溉器材 2 500kt；灌溉水利用率由现状的 43%提高到 47%；在全国灌溉用水总量基本不增加的情况下，新发展灌溉面积 4 000 万亩，净增 3 000 万亩，全国灌溉面积达到 8.5 亿亩。塑料节水器材行业目前处在一个快速发展的时期，虽然有一定的问题存在，但良好的总体环境给塑料节水器材行业提供了难得的机会，为其进一步的发展奠定了坚实的基础，塑料节水器材行业大有可为。

（中国塑料加工工业协会节水器材专业委员会　李双全　蒋大勇）

塑料管道

【行业现状】

近年来，建筑业、市政工程、农业、燃气、通讯、电力、工业等行业迅速发展，市场的需求带动了塑料管道行业的高速增长，促进了行业的技术进步。2001年全行业的各种塑料管道加工能力已超过2 000kt，各种规模企业数千个已形成了颇具规模的产业队伍，成为我国经济建设中的一支重要力量。2001年塑料管道产量约为1 200kt，是1990年的6倍以上，增长速度在国际上也属较高水平。目前，生产能力1万吨以上的企业约为50家，有20家企业的能力已达到30kt以上。许多企业都在扩产，并增加产品品种及规格，一些企业异地建立分厂，进一步推进“销地产”方式，西部地区、北京、上海等地已成为许多企业的投资热点。生产企业的性质已发生了根本的变化，国营企业、集体企业的比例进一步缩小，而更多的是民营企业、股份制企业及中外合资企业。

塑料管材使用原料除传统的PVC、PE、PP外，一些新材料的管道也有了较大的发展，品种也有了增加。目前UPVC管道仍是主导产品，产量占塑料管道总量的50%以上，主要用于建筑、市政给水、排污、通讯、电力、农村供水、灌排、节水及化工等行业，并且在管材结构上有新的设计。PE管材由于受国产原材料供应的影响产量不是很高，但已有了很大的进步。国外高性能PE80、PE100材料的推出，改善了原有PE管材性能上的一些缺陷，并且在解决连接技术之后得到了较为迅速的增加，尤其在燃气及给水的用途上发展很快。PP-R管材行业在经过了由于个别企业只注重短期行为，而忽视质量造成发展受阻、用户的怀疑之后，有了较大的进步，已逐渐恢复了它的本来面目。

塑料管道的应用领域有了进一步的拓宽，除建筑、市政给水、农用（给水、灌排）管道继续增长外，市政排污、通讯、电力、燃气、供暖、医用等行业的应用比例也在大量增加。现在塑料管道已普及应用到建筑给排水、建筑供暖、燃气输送、市政给水、排污、农村改水、灌排、电子、通讯、工业、医药等许多领域，塑料管道与我们的生活已密不可分。

制品需求的增长也带动了树脂、助剂、加工设备等相关行业的发展，尽管有的行业与国外发达国家相比仍有差距，但正在逐步缩小。PVC等树脂的生产能力进一步提高，聚烯烃管道专用料的研制也有了较大的进步，各种助剂的品种与功能有了增加，挤出机和扩口机、聚烯烃管件及连接用专用焊接机具等辅助设备在功能上有较大提高。

近年来塑料管道的科技进步速度加快，尤其是国际间交流的增加，许多企业很重视国际前沿技术，重视新产品的开发和新技术的引进，并在引进先进加工设备的同时，不断加强新产品的研发力量，目前国内塑料管道的技术水平与国外发达国家的差距正逐步缩小。塑料管道的品种、结构、新材料、新技术、新工艺及专利项目越来越多，除前几年出现的PE-X、PP-R、PVC-C、铝塑复合管等新品种外，耐高温聚乙烯管道（PE-RT）、超高分子量聚乙烯管道（UHMW-PE）、塑料复合管道（如HLDPE、静音排水管等）、塑料金属复合管道及各种材料和复合材料的波纹管、环形肋管、缠绕管等新型管道也有出现，各种不同类型的塑料管道在不同的用途中发挥各自的优势。

塑料管道标准化工作得到加强，2001年新制、修订相关国家标准十余个及一大批行业、地方和企业标准。塑料管道的质量意识与产品质量水平有了提高，行业中的很多企业通过了ISO 9000族的质量管理体系认证。

【重点企业】

国内塑料管道生产企业数量较多，各种规模已有数千家。但50%以上的生产能力及产量都集中在60家左右的重点企业中，各家的开工率、设备利用率、经营状况也不尽相同。重点企业主要还是分布在南方、沿海、大城市等经济相对发达地区。主要重点企业如下。

福建亚通新材料科技股份有限公司

地址：福建省福清市镜洋工业区（350304）

电话：0591-5315902

传真：0591-5311542

网址：www. atontech. com. cn

主要产品：PVC-U、PE、PP-R、PVC-C等管材、管件，生产能力为100kt/年。

河北宝硕管材有限公司

地址：河北省保定市化纤北路33号（071051）

电话：0312-3109398

传真：0312-3109376

网址：www. bspipe. com

主要产品：PVC-U、PE、PP-R等管材、管件，生产能力为80kt/年。

沈阳久利化学建材股份有限公司

地址：辽宁省沈阳经济技术开发区大明湖街15号（110141）

电话：024-25366171

传真：024-25366184

网址：www. jiuli. com. cn

主要产品：PVC-U管材，生产能力为20kt/年。

浙江永高塑业发展有限公司

地址：浙江省黄岩经济开发区埭西路2号

电话：0576-4277100

传真：0576-4277383

网址：www. yonggao. com

主要产品：PVC-U、PP-R、PVC-C 等管材、管件，生产能力为 80kt/年。

南亚塑胶管材（厦门）有限公司　南亚塑胶管件（厦门）有限公司

地址：福建省厦门市海沧新阳工业区新美路 2 号（361022）

电话：0592-6510371

传真：0592-65109074

网址：www. npc. com. tw

主要产品：PVC-U 管材、管件，生产能力为 42kt/年。

烟台冰轮塑业有限公司

地址：山东省烟台市芝罘区冰轮路 3 号（264002）

电话：0535-6876310

传真：0535-6876313

网址：www. yantaimoon. com

主要产品：PVC-U、PE、PP-R 等管材、管件，生产能力为 20kt/年。

湖北凯乐新材料科技股份有限公司

地址：湖北省荆州公安县凯乐塑料工业城（434300）

电话：0716-5223008

传真：0716-5209180

网址：www. kailegroup. com

主要产品：PVC-U、PE 等管材、管件，生产能力为 50kt/年。

广东顾地塑胶股份有限公司

地址：广东省佛山市顺德区容桂环安路 9 号（528522）

电话：0765-6383058

传真：0765-6683126

网址：www. chinagoody. com

主要产品：PVC-U、PE、PP-R 等管材、管件，生产能力为 55kt/年。

顺德市联塑科技实业有限公司

地址：广东顺德市龙洲路龙江段联塑工业村（528318）

电话：0765-3365136

传真：0765-3888555

网址：www. liansu. com

主要产品：PVC-U、PE、PP-R、铝塑复合等管材、管件，生产能力为 80kt/年。另外还生产塑料管材挤出设备。

成都川路塑胶集团

地址：四川省成都西一环路扶琴西路 115 号川路塑胶大厦（610031）

电话：028-87783947

传真：028-87798241

网址：www. chuanluplasticgroup. com

主要产品：PVC-U 管材、管件，生产能力为 50kt/年。

新疆天业股份有限公司

地址：新疆石河子市北一路 94 号（832000）

电话：0993-2865242

传真：0993-2623148

网址：www. xj-tianye. com

主要产品：PVC-U、PE 等管材、管件，生产能力为 50kt/年。

亚大塑料制品有限公司

地址：河北省涿州市松林店镇（072261）

电话：0312-3952000

传真：0312-3952222

网址：www. chinaust. com

主要产品：PE 燃气、给水用管材、管件，生产能力为 20kt/年。

安徽国通高新股份管业有限公司

地址：安徽省合肥市长江西路 478 号（230088）

电话：0551-5563737

传真：0551-5563093

网址：www. guofeng. com

主要产品：PVC-U、PE 等管材、管件，生产能力为 66kt/年。

山东胜邦塑胶管道系统有限公司

地址：山东省济南市黑虎泉西路 139 号（250011）

电话：0531-6078888

传真：0531-6034037

网址：www. vicomepipe. com

主要产品：PE 管材、管件，生产能力为 30kt/年。

上海白蝶管业科技股份有限公司

地址：上海市奉贤区泰日镇（201405）

电话：021-57586421

传真：021-57586226

网址：www. chinappr. com

主要产品：PP-R 管材、管件。

河北宇光工贸有限公司

地址：河北省石家庄市北二环路副 35 号（050061）

电话：0311-7757492

传真：0311-7720943

网址：www. shangy. net

主要产品：PE-RT、PP-R、PB 等管材、管件，生产能力为 10kt/年。

佛山日丰企业有限公司

地址：广东省佛山市祖庙路 16 号日丰大厦（528000）

电话：0757-2131054

传真：0757-2130549

网址：www. rifeng. com

主要产品：铝塑复合管材、管件，生产能力为2亿米/年。

上海哈威新材料技术股份有限公司

地址：上海市青浦工业园区新业路800号（201707）

电话：021-67211800

传真：021-69211777

网址：www. highwagsh. com

主要产品：PE硅芯管材、管件，生产能力为55 000km/年。

上海乔治费歇尔管路系统有限公司

地址：上海市浦东南汇康桥东路218号（201319）

电话：021-58133333

传真：021-58133366

网址：www. cn. pinping. georgfischer. com

主要产品：PVC-U、PVC-C、ABS、PP、PVDF、PE、PB等管路系统。

浙江中财管道科技股份有限公司

地址：浙江新昌青山工业区（312500）

电话：0575-6127808

传真：0575-6120351

网址：www. zhongcai. com

主要产品：PVC-U、PE、PP-R、PVC-C等管材、管件，生产能力为80kt/年。

沧州明珠塑料股份有限公司

地址：河北省沧州市新华西路13号（061001）

电话：0317-2075249

传真：0317-2075214

网址：www. hbcz-dongsu. com

主要产品：PVC-U、PE等管材、管件，生产能力为80kt/年。

南塑建材塑胶制品（深圳）有限公司

地址：广东省深圳市平湖新厦大道102号（518111）

电话：0755-84651057

传真：0755-84651228

主要产品：PVC-U、PE、PVC-C等管材、管件，生产能力为60kt/年。

【存在的问题】

国内塑料管道发展的同时也存在着一些问题和差距，主要有以下几个方面。

（1）产品生产的地域布局不合理，具备规模经营的企业数目相对较少

国内塑料管道的生产企业大多集中在沿海，西部相对较弱，不同用途品种的生产布局不尽合理。塑料管道的经营受运输距离的制约，随着市场的拉动，“销地产”的方式已被越多的企业认识，此现象正逐步好转。

一些通用品种的塑料管道相对生产技术简单，产品的技术含量较低，因此产生了一大批小型的生产企业，甚至一、两条线的家庭作坊式的企业，存在着产量质量不易保证，质量成本比相对较高等因素。我国目前塑料管道行业具备一定规模的企业的数量还太少，万吨级的企业只约有50家，并且仅占行业能力及产量的50%左右，相对于国外数家大企业占市场绝对份额的现象还没有出现。国内最大规模企业与发达国家同行业相比，在生产能力等方面差距仍十分明显。形成不了规模经营，实际的成本会相对较高，降低了竞争能力。

（2）科技开发能力相对较弱，产品更新的进度相对较慢，中低档产品偏多

我国的塑料管道行业科技力量与发达国家相比还相对较弱，科研力量、经费投入等与需求尚有差距。近年来在引进国外先进的设备及工艺的同时，提高了技术力量，但在产品开发方面还有待提高，产品模仿的多，具有自主知识产权的新产品少，因此市场上相类似，大家都能生产的通用产品、中低档产品占大部分，只能挤在降低成本、降低售价的独木桥上。

（3）市场推广工作有待提高，配套技术尚不完善，影响用户的应用

近年来国外的应用情况促进了国内用户的需求，行业内的好多企业也都在积极做好市场的推广工作，国家、地方政府及相关部门制定了政策，推广包括塑料管道在内的化学建材。但行业的宣传还不到位，一些用户到目前仍不了解塑料管道使用的优缺点，不同品种、结构管道的不同主要用途，如何按规程进行施工等应该普及的知识。一些设计人员也只有初步的了解，所有这些都影响了进一步的应用。

部分产品在连接、施工等方面的配套技术尚未完备，有的施工机具还处于落后状态，有的产品的标准化工作相对滞后。

（4）管材加工用原料、助剂产量及技术性能尚不能满足需求，加工设备与国外尚有差距，只能依赖进口，增加了产品成本

近年塑料管道行业带动了相关树脂、助剂、加工设备等行业，进步也是十分明显的。但有的树脂品种数量不足，有的品种技术性能达不到要求，因此只能依赖大量进口，既浪费了外汇，又增加了生产的成本，使有的管道的价格降不下来，影响推广应用。如燃气用PE80、PE100、PP-R用的专用料，ABS、CPVC等树脂只能由国外购进。有的管道需求的助剂

国内还不能生产或性能不过关，因此管道制品进一步提高性能受到制约。塑料管道加工设备、模具在质量上、自动化程度、保证生产的连续性、保证制品质量、挤出量等方面，与发达国家的产品相比仍有较明显差距。所有这些客观的不足，也影响了塑料管道行业的发展。

（5）产品质量工作没有得到行业应有的重视，市场混乱，恶性竞争，一些塑料管道的质量问题会造成大的影响

产品的相似性造成竞争程度的加剧，因此许多企业用降价的方式来参与市场的选择，这个现象可能使市场上的产品质量难以保证，并且给粗制滥造、假冒伪劣产品造成了生存的机会，确有一些塑料管道的质量问题发生，而影响了行业的声誉。如PP-R管材就是一个例子，本来是很好的产品，却因为某些企业的产品质量问题，造成了行业的停滞甚至倒退，我们应该引以为戒。行业协会要在引导企业强化质量意识，加强行业质量自律等方面多做工作，政府的规范市场作用有待进一步加强。

【发展趋势】

国内塑料管道市场方兴未艾，发展机遇十分难得。“十五”规划、西部开发、2008年北京奥运会、2010年上海世博会等，特别是我国2020年要实现十几亿人口的小康社会，许多机会都会促进塑料管道的应用，因此预测近年在城镇化、城市新建住宅、旧房改造等建筑、燃气、城乡供水、排污、农用等方面都会有非常大的需求。

发展趋势主要有以下几个方面。

① 产品结构由单一的平壁管向波纹、加筋等结构壁管的方向发展，即节省了原材料又提高了功能。产品设计由企业生产向用户需求发展，用户不同的要求会成为企业开发的方向，而不是纯粹的由生产企业向用户推荐现有的产品。

② 材料品种方面PE管材的发展速度要大于PVC发展速度，尽管PVC材料仍占管道的主导地位。具备新功能的新材料出现速度将会更快。

③ 塑料管材将由单一材料加工更倾向复合材料应用，以发挥各自优异的特点，提高综合性能。

④ PVC管道用热稳定剂将由目前的低铅向无铅化发展。尽管给水用PVC管材不禁用含铅类的热稳定剂，但为争取主动，避免更大的压力，热稳定剂将向Ca/Zn等种类发展。

⑤ 各品种管道标准化及连接、施工等方面的配套技术会更加受到重视，对应用者各方面的服务工作将会得到加强。

⑥ 除保持发展势头的需求方面外，燃气输送、城市排污、农村节水、建筑物室内冷热水供应、静音排水、医用及特种介质输送等领域的需求将更加明显。

（中国塑料加工工业协会塑料管道专业委员会　杨洪猷　王占杰）

塑料异型材及塑料门窗

【行业现状】

塑料异型材及塑料门窗制品行业，在2001～2002年继续呈快速发展态势。由于2001年PVC树脂的售价长时间处于4 500元/吨以下，行业呈现销售非常兴旺的景象，好政策、高利润、高回报、旺盛的市场需求以及巨大发展空间，深深地趋动了企业、金融、投资机构的决策者，许多单位（尤其是异型材大型加工企业）加大了增扩、新建的步伐。据不完全统计分析，2001年比上年度异型材产能增加了15%，约为1 700～1 800kt/年，2002年比2001年度产能又增加了20%以上，约计为2 100～2 200kt/年。

塑料门窗加工应用量，2001年在1.0亿～1.1亿平方米，约占全年门窗总用量的18%左右，比上年度增加3%以上；2002年塑料门窗加工应用量在1.3亿～1.4亿平方米，约占全国门窗总用量的23%，比上一年度增加5%以上。已经提前接近并将要达到国家计划在2010年塑料门窗应用总量占门窗总用量30%的要求。其中东三省区域塑料门窗应用占区域门窗总用量的70%左右。

1. 企业布局与市场

异型材及门窗产品的合理销售半径，异型材为800～1 000km以内；门窗为400～500km以内。长距离跨区域销售会增加成本和增加管理难度，更制约售后服务的及时性，所以行业发展呈现区域性。区域内应用量大，其加工企业及加工能力发展快、上升幅度大。从塑料门窗市场情况看，由于人们认知认可方面的原因，前几年应用好的，近几年发展应用也快也多。前几年应用较少发展较慢的区域，近几年企业的产品应用与产能发展也慢，从而拉大了北方与南方、东部与西部、沿海省区与内陆省区的差距。一是应用量发展的差距；二是应用产品档次的差距；三是生产加工企业的数量及制造加工能力的差距。从目前情况看，这三种差距，还在继续拉大。

2. 产品质量与市场价格

近年来，异型材及门窗行业的产能发展始终大于市场需求，一直处于绝对买方市场状态，对于一个区域或某个企业来说，产能的发展是级进式，而市场需求增长是渐变式，供需平衡只是相对的、一

时的。但较长时间的供大于求，就会加大行业内产品竞争的激烈度。导致价格的迅速下滑。按正常要求进行加工生产，目前企业的利润空间已经非常小，几至无利。

市场竞争的白热化，企业利润空间的减小，产生了：①降低标准要求进行生产加工；②老产品坚持标准不降低，努力开发新产品，用新产品来获取利润。这样，产品质量差距拉开了，产品的品种增加了、产品档次增多了，产品适用范围扩大了。后者促进了行业的发展。

与此同时，各地区均有一些企业倒闭或关停。原因主要是企业自身诚信度低，产品质量差，经营管理不善等因素。大浪淘沙、优胜劣汰，这是市场竞争的规律的体现。

3. 产品情况

伴随GB 8814型材标准修订工作的进行，企业大都清楚了今后标准要求更高了，同时将划分等级，不同区域使用有了不同的指标要求。促使许多企业提前进入配方的适应性自查，有些企业为了在新修订标准公布后能立即将符合新指标要求的产品投放市场，现在已经开始调整配方和工艺，按照新的测试方法进行测试，暗中加油使劲。更有些企业已按照欧洲标准在进行产品设计，加大了研制与实验工作。努力争取进入高等级高标准产品行列，与铝合金高等级门窗产品进行角逐并进入国外市场。在产品品种、开启形式上除借鉴国外产品的式样外，还自行自主研制和开发了一些新的产品，如宁波兰光集团自行研制的智能窗、遥控推拉窗等，标志着我国的门窗行业由模仿制造进入自主开发阶段，从单一的手动控制向自动化、智能化方面迈出了坚实的一步。

【专委会工作】

中国塑料加工工业协会异型材及门窗制品专业委员会秘书处是由理事长单位宝硕集团抽调的人员组成，在中国塑料加工工业协会的领导下，在周山理事长的大力支持下，为行业服务，为行业的健康发展辛勤工作。经过几年的努力，使行业协会的职能作用已经和正在得到发挥，不少工作得到了中国轻工联合会、中国塑料加工工业协会、业内专家、会员单位的肯定性评价。

1. 加强与国内外联系，不断拓展专委会工作

① 加强与欧洲国家社团、科研机构、生产厂家的联系，促进行业的发展。在与欧洲门窗总会建立合作关系的基础上，又与德国罗森海姆门窗技术研究所签订了合作协议。同时，通过各种渠道和行业内相关产品的外方企业建立联系，促进了中外双方的友好合作和商贸往来。每年一至两次组团赴外考察和参观展会。外方社团、企业人员来华考察，专委会积极提供帮助，促成了多宗中外企业之间的友好合作。

② 积极与政府相关部门、相关机构联系，发挥桥梁和纽带作用，根据协会本身的性质和社会定位，一直注意和保持与建设部、国家经贸委、国家计委、国家质量技术监督局、全国塑料制品质量监督检验中心、塑料标准化技术委员会、中国工商联、中国轻工联合会、中国质量万里行促进会等部门的联系，反映行业情况，寻求支持、指导与帮助。

③ 主动与相关社团（协会）建立联系，交流经验，开拓合作领域。如中国房地产协会、中国装饰装修协会、各省市房地产协会、建筑业协会、质量协会、化学建材协会、塑料工业协会等，交换信息、了解动态、寻求合作项目。为行业市场开拓与应用领域的扩大提供信息。

④ 注重社会宣传工作，利用社会媒体和行业、企业内刊发表文章，发布信息，提高化学建材的社会认知认可度，纠正各种不正确舆论，引导型材和门窗用户正确选择和使用，树立行业和产品的正确形象。

⑤ 保持与大专院校、科研单位的密切联系，及时推广科研新成果，促进科研教育领域对行业的关注，为行业的持续发展注入活力。几年中，一直与清华大学、北京化工大学、合肥工业大学、四川大学、中国建筑科学研究院、中国化工研究院等国内知名高校和科研单位的专家学者保持联系，请他们对专委会的工作进行指导、帮助解决技术难题，为技术培训班授课，并在会刊上发表他们高水平高质量的技术论文。

2. 科技创新推动行业的健康持续发展

邓小平同志曾经明确指出“科学技术是第一生产力”。专委会充分认识到：行业的持续健康发展，依赖于科技创新。并以此为重点，努力促进塑料型材和塑料门窗行业由生产大国向生产强国的转变。

① 努力将专委会工作人员行政集体转变为技术集体、专业集体，争取人人通晓专业基本知识，个个掌握行业基本技术。随时了解行业发展动态，以利于更好地为企业服务。

② 努力办好刊物和网站。以反映国内外科技成果、报道科技信息、交流技术知识、传播实践经验为特色。以推动科技进步、促进科技成果转化为宗旨。不断加大容量、提高水平，促进行业整体科技水平的发展提高。

③ 每年编辑一本120万字左右的“技术交流汇编”，将本专委会会刊、国家专业刊物和各大企业内

刊中的高水平、高质量、有较高参考价值的技术文章加以汇集，分类整理后提供给业内科研人员、质量检查监督人员、新产品开发、技术管理人员以及生产一线技工查阅参考。

④ 为了更好的了解国外、学习国外的先进知识、先进技术，专委会刊物从2002年起专门增编发行了“特刊”。对此举，业内同行，特别是在技术人员中反响很好，许多单位和个人纷纷来函来电索取。

⑤ 专委会针对行业在生产技术中存在的共性难题，会同兄弟协会、高校和科研院所开展技术交流与合作、举办培训研讨班。

3. 以服务为宗旨，千方百计为行业健康发展努力

① 通过各种渠道，搜集国内外技术、经济、市场信息；

② 通过各种方式拓展国内外市场；

③ 公平、公正地协调企业间的纠纷；

④ 积极走访企业，为企业发展出计献策、排忧解难；

⑤ 参与编制行业产品国家标准；

⑥ 以接待来访、答复函电和主动走访等方式，开展为企业和产品客户的咨询服务。

【存在的问题】

① 产能严重大于需求。虽然近一两年来新增企业势头减弱，但增扩势头却很猛，尤其是少数几个大型企业，均在进行成倍增扩，加大了竞争的激烈化程度。

② 许多小型企业生存艰难，其实力、技术、品牌、产品影响力等均处于劣势，步履维艰，前景很不乐观。

③ 自2002年以来，PVC树脂价格上扬，而产品市场价格却在不断下降，有的型材已降至9 000元/吨，门窗200元/m^2的价格底线，逼使许多企业处在无利经营状态。

④ 一些中小企业尤其是门窗厂，降低产品标准，损害了行业产品形象，给行业的发展埋下了隐患。

⑤ 个别区域相继出现了大量填加廉价材料的劣质产品，选用单位应格外注意。

⑥ 多数企业科技研发资金投入不足，科技人员紧缺且流动频繁。影响着企业产品质量的提升、新产品的研发以及企业的健康发展。

【发展趋势】

1. 市场发展

预计未来5～10年内，塑料门窗将随着我国基本建设、国民经济同步发展、与人们收入的增加、人均生活水平的提高同步发展。塑料门窗将占领民居用量的大部甚至绝大部分，高性能、高品质的塑料门窗在高等级建筑用房中将会与高等级铝合金门窗展开激烈的竞争。

目前，在一些应用较好的地区，已经由大中城市扩展到中小城市，农村市场也已经开始启动。产业发展滞后的地区，在先进地区的带动下，市场也呈扩展之势，但相对来说发展速度仍较缓慢，这与经济承受力、社会认知和认可度有关，估计3～5年后，将会有一个较大的用量跃升。

2. 产品开发

近年塑料门窗型材的应用品种呈多样化发展，可供挑选的品种越来越多。大中城市应用向高档化、高水平、多花色、高性能方向转化，中小城市和农村仍停留在应用普及性产品上。

3. 行业科技队伍的壮大

随着竞争的加剧，企业开始感到人才的重要，除了高薪招聘外，加快培养各方面技术人才，也成了企业的重要工作之一。相信不会很久，行业将会逐渐形成一支可观的科技队伍。

4. 目前许多企业在努力探索和拓展国外市场，随着企业的科技进步，中国的塑料门窗将成为国际市场不可小视的产品。

5. 随着制造技术的日臻成熟，市场竞争的加剧，我国将诞生几个乃至十几个知名的厂家和产品品牌，它们将会主导我国的塑料门窗市场。目前，一些产品品牌已经崭露头角。

【重点企业】

北新建塑有限公司

哈尔滨中大门窗型材厂

大连实德塑胶工业有限公司

辽宁忠旺塑料型材有限公司

沈阳辽沈铝塑有限公司

宝硕新型建筑材料有限公司

山东鲁宏塑窗机械集团总公司

山东大明塑料型材有限公司

安徽国风集团有限公司

芜湖海螺塑料型材科技股份有限公司

宁波浙东塑料建筑材料有限公司

浙江中财塑胶有限责任公司

浙江永高塑业发展有限公司

上海皇家房屋建设系统有限公司

上海开捷门窗有限公司

常州创佳塑料型材有限公司

中山中标建材有限公司

四川华塑建材有限公司

新疆屯河新型建材有限责任公司

随着我国政治体制和经济体制的改革，行业协会将会在市场经济活动中发挥越来越重要的作用，本专业委员会在各级领导、专家和广大会员单位的支持帮助下，将尽快把职能定好位，找准着力点，发扬成绩，克服不足，努力做好行业的服务性工作。为行业实现由制造大国向制造强国转变的目标，专委会秘书处工作人员将做出不懈的努力。

（中国塑料加工工业协会异型材及门窗制品专业委员会　王存吉）

包装材料

【行业现状】

2002年塑料包装材料行业在国家发展经济政策指引下，以加入WTO为契机，调整产品结构，开发新的技术、新的产品、努力开拓国内外两个市场，取得了持续地、稳定地发展。据预测，2002年塑料包装材料主要产品产量总计为401万吨，比2001年350万吨增长14.2%。超过塑料制品其他行业的增长速度，其中，包装薄膜、编织袋、复合薄膜、包装片材、包装容器发展迅速，概括起来，主要产品的发展趋势有下列特点：

2001年底，全行业引进的BOPP薄膜生产线已投产的有80条，而2002年以来，新投产或已签订合同的，增加了20多条，其中：安徽国风年产25kt，山东临沭县5kt，江阴申达集团2条线年产60kt，常州武进金氏集团20kt，潮州华业包装材料公司25kt宝硕集团宝来公司年产22kt，台湾南亚公司在广州开发区3条生产线32.4kt已试车投产。此外，正在建设中的南京中达制膜公司在四川成都开发区的同步拉伸BOPP，浙江大东南新增加60ktBOPP装置，中石油抚顺塑料化工公司与日本三菱重工合作，引进两条生产线也正在建设中。预计到2003年BOPP生产能力将达到700kt。110多条生产线，大部分单线能力为3～6kt，同时，还有一批应用于包装家用电器、电容薄膜、标签用膜、香烟包装膜的装置已签订合同的单位总计有20多家，浙江绍兴天普、云南玉溪、无锡寰宇、宁波雅俗、中山永宁、中山亚洲胶黏剂公司、上海金浦、山东德州、浙江伊美、浙江台州富洋电子、南亚塑胶（南通）、南亚塑胶惠州、泉州嘉德利电子、浙江绍兴无名集团等。这些项目投产后，预计BOPP将超过1 000kt。由此可见，重复引进的热潮并没有降温，若市场需求发生变化，一套装置投资近1.8亿元，将造成严重经济损失，值得引起有关企业的关注，根据世界AMI咨询公司发表的研究报告，2002年全世界BOPP薄膜消费量为3 000kt，预计全球到2010年市场消费量为5 700kt，而中国市场用量为1 000kt，因此，我们必须认真搞好市场调查和预测，避免大量重复发展，造成人力、物力的浪费。

BOPET薄膜同样正在迅速发展，上海紫东于2002年8月新增加和生产138 000kt以投产，目前正在建设的项目有江阴中达材料公司、山东新立克公司、仪征化纤薄膜厂、天津万华、温州苍南金田集团、佛山杜邦鸿基公司、绍兴翔宇绿色包装公司的项目都在建设中，预计投产后，将增加50～60kt生产能力，2003年BOPET装置能力将达到200kt，预测2002年产量达到100kt，比2001年80kt，增长25%。

BOPA薄膜的优越性能是高阻透、耐穿刺、耐低温、耐油性好，主要用于蒸煮袋、冷冻真空包装、鲜肉、奶酪、香味食品及盖材，近几年来市场用量逐步扩大，用于食品复合包装是一种发展趋势，BOPA薄膜在国际上发展较快，日本每年以15%～20%速度增长，欧美国家以8%～10%速度递增，世界总量为110～130kt。而我国仅有佛山东方包装材料公司两条线生产，能力为6kt，据预测国内市场到2005年需求量为20kt，市场发展还有一定空间，但目前准备上马的项目有黑龙江大庆、浙江大东南、江阴申达、上海紫东等。值得引起重视的是，由于BOPP薄膜热合性差，易吸湿，因此，只能作为复合薄膜的中间层。随着多层共挤技术的进步，当前，国内外共挤薄膜发展很快，减少了复合过程的贴合工序，不需要黏合剂溶剂，无二次加工后处理问题。因此，是国内外市场鲜肉、熟火腿、奶酪的理想包装材料，在发展BOPA薄膜时，应考虑到生活习惯的差异，如：阿根廷等国家每年每人要吃掉80kg肉，而牛肉占72%，在中国每人每年吃掉50kg，而65%为猪肉，大部分不采用包装，因此，包装材料的要求有所不同，使用BOPA包装鲜肉保存温度为0～3℃，保鲜期为3～21天，由此可见，BOPA的使用还要与超级市场的发展相适应，与生产水平的提高相适应，才能得到合理的发展。

【发展方向】

1. 高阻隔性、多功能性薄膜正在向新的技术水平发展

高阻隔性、多功能性软塑包装材料，已成为近几年发展的热点，2002年涌现一批新的产品和新的技术，包括高阻渗性、多功能保鲜膜无菌包装膜发展更快，原有的复合薄膜正在向更深层次发展，制袋、印刷技术上了一个新台阶。全行业已有胶版、凹版、柔版彩色系统，促进了软塑包装材料向深度发展。防伪包装膜正在日新月异发展，特别是防静电包装膜开发

成功意义重大。电子产品、包括电子元器件、集成电路及印刷线路板等，由于静电放电破坏造成的损失十分严重，我国目前使用的防静电包装膜基本上由美国、日本进口，该产品由重庆兵器工业五九研究所、顺德诚信公司、中山市东升公司开发成功，并已投入生产。

干法复合薄膜技术水平的发展，离不开黏合剂和油墨的技术进步。复合膜的黏合剂有单组分和双组分聚氨酯、丙烯酸类黏合剂、无溶剂、醇溶剂、水溶性黏合剂等，从单组分到双组分是一个进步，2002 年使用双组分黏合剂已达到 30kt，但仍然存在着排放大量的溶剂污染环境问题。另外，在复合过程中，有微量溶剂残留物，会在包装物内产生异味，卫生性能差，这些问题遇到环境保护的挑战，当前，国外环保型黏合剂进入中国市场，国内有关黏合剂生产企业也积极进行开发。已引进无溶剂生产线近 30 条，无溶剂用量开始逐步增加，但在技术上还达不到涂布、烘干过程的要求，成本也偏高。因此，寻找一条符合行业发展，又能适应环境保护要求的新路子，是问题的关键所在。2002 年市场上推出的快速固化黏合剂，复合后的熟化时间从 48h 缩短到 4～8h 就可以进行分切。此外，北京高盟化工公司开发成功高助剂含量的薄膜复合黏合剂，提高了复合强度，减少了残留量，这是一个很大的进步。

2. 多层共挤技术的发展改变了功能性薄膜和容器的产品结构

随着市场经济的发展，日用品包装、化妆品包装、食品包装、家用电器包装都提出了更高要求。另一方面随着环保呼声日益高涨，如何在满足包装功能性前提下，尽量减少垃圾的产生量，从而呈现包装薄膜、包装容器向轻量化、薄壁化方向发展，以干法复合为主的高阻隔性薄膜，在生产过程用黏合剂、溶剂的排放易污染环境。而发展共挤包装薄膜，其工艺设备投资省、成本低、适应性强、操作方便。国际上共挤技术发展很快，有关资料表明，发达国家共挤包装薄膜占整个软塑包装材料的 40%，而我们仅占 6%，仍然以干法复合膜为主，两者比例不合理。自济南、无锡、苏州会议以来，3 年的时间，积极开展多种形式的技术交流，引进技术设备，到了 2002 年我们的共挤技术也有新的长进。目前除了大连辽南东方机械公司的叠加机头技术得到推广和应用，国产的共挤吹塑技术设备已经通过产品鉴定，开始批量生产。广东金明塑胶设备公司开发的五层共挤高阻隔薄膜吹塑机组于 2002 年 12 月通过了新产品鉴定，该机组配置由组合模头、IBC 膜泡内冷系统、旋转牵引系统、全自动双工位收卷机、自动纠偏装置、新式外风环、机动调节稳泡器、现场总线技术等。该机已在苏州、无锡等地的包装薄膜厂正常运行，深受用户欢迎，在今年 1 月运行的演示会上，有 70 多家企业参加，纷纷洽谈定货，产品供不应求。该机的开发成功改变了设备完全依赖进口的局面。共挤包装薄膜的发展，将改变多功能性薄膜的产品结构，它适应于液体食品、牛奶、鲜肉等食品包装。

共挤技术的发展，同样适应工业包装的需求。秦川机械公司开发成功六层共挤塑料中空容器，用于生产汽车燃油箱，最大容积为 200L。该机采用新技术，确保型坯壁厚 100 个控制点，使容器厚壁均匀。电气、液压和气压稳定无渗油漏气现象。上料系统确保 6 台挤出机连续稳定上料。该机的投产，改变了汽车燃油箱单层的局面，随着汽车工业的发展，多层油箱的市场将有较大的发展空间。

【新产品开发】

国产双向拉伸生产线开发成功

引进技术设备是需要的，但消化吸收，走自己的创新之路更加重要。我们必须有自己的知识产权。针对双向拉伸设备的大量引进，不少企业已认识到，必须开发国产技术设备，如：西安航空发动机公司、桂林电器研究所、汕头远东设备公司、济南机械装备公司很早就与南京兰埔公司配合，制造了第一条年产 3ktBOPP 薄膜生产线试车运转后，去年又新上马一条线，通过调整参数，逐步改进，提高技术水平，取得了较好的效果。2002 年汕头远东公司与桂林电器研究所合作，进行技术开发了 2002 年 12 月制造出整套与国际同类产品较接近的 BOPP 生产设备，并试车成功。该生产线采用一套串联主机和 2 台辅机，可生产 3 层共挤拉伸膜，包括普通平膜、消光膜、珠光膜、单面热封膜、双面热封膜，厚度范围为 15～50μm，宽度为 4.2m，线速度为 180m/min，产量为 5kt。适用于中小企业生产，与世界先进水平相比还有一定差距，但已是一个大进步，这是可喜可贺之事。

聚酯啤酒瓶的开发正在进行

聚酯瓶在塑料包装行业的起步较晚，大量的注拉吹技术设备的引进，促进了 PET 瓶大幅度生产，并以其优良的性能，受到用户的欢迎，短短几年里，成为食用油饮料等包装的主流包装材料。同时，在化妆品、医药等行业的需求也在增加。1996 年 PET 瓶装产量为 30 亿个，而 1998 年上升为 50 亿个，2000 年达到 80 亿个，2001 年 90 亿个，估计 2002 年已达到 100 亿个。年增长率为 18%，成为塑料包装材料增长幅度最大的品种。特别是 2001 年起随着国内茶饮料市场异军突起。2001 年茶饮料产量已达 3 000kt，因此热灌装 85～90℃PET 瓶已成为聚酯瓶增长最快的品种，年增长率超过 50%。

经调查，我国饮料产量达 2 025 万吨，每年以 20%以上速度增长，而碳酸饮料包装中 PET 瓶的应用比例占 57.4%，市场前景看好。目前行业中 PET 聚酯瓶产量较大的企业有珠海中富和上海紫江集团，分别占有国内 PET 瓶 30%和 20%的市场份额。珠海中富公司为最早获得可口可乐、百事百乐认可的 PET 瓶生产厂家，2001 年 PET 瓶达到 32 亿个，其中热灌装 7 亿个，销售额达到 23.4 亿元，在各地拥有 30 多家工厂；上海紫江集团近年来发展很快，设在各地的控股公司已发展到 15 家，占据了武汉、郑州、天津、长春、昆山、成都等市场，新建的年产 1.2 亿个 PET 热灌装瓶已投产，2002 年又在上海、广州、成都、北京等地投资建厂热灌装瓶的生产能力达到 4.85 亿个。

我国是啤酒生产大国，2002 年以来，已突破 360 万吨，居世界第一位。以 2 000 万吨计算，每年需求包装瓶 250 亿～300 亿个，为 PET 聚酯瓶提供了广阔的发展空间。近几年来塑料包装年会，多次进行技术交流，引导有关企业进行开发，从技术方面，啤酒不同于一般的碳酸饮料，即使是微量的氧气进入包装容器也会使啤酒的口味发生变化，而啤酒中 CO_2 的流失会影响泡沫特性，因此，如何满足保鲜度和保存期的要求，对阻隔性能要求很高，同时，在我国 95%的啤酒是通过巴氏灭菌方式生产，要求包装瓶的使用要耐 62～67℃。这些要求成为塑料啤酒瓶开发中的关键问题。

珠海中富集团积极采用新技术，在研究和开发中投入大量资金，采用共注射技术和吹瓶技术，可使啤酒在 PET 瓶中保鲜期达 100 天，已试验生产了 350mL、500mL 的 PET 瓶，并正在开发 1.5L 和 2L 啤酒瓶。目前正在进行新厂建设，准备大批量生产，作为新的利润增长点，PET 啤酒包装瓶进军的战鼓已敲响，值得同行的高度重视，在新的领域有所作为。

【行业特点】

1. 中国软塑包装材料基地，发挥优势，推动行业的发展

中国软塑包装材料基地——江阴申达工业科技园于 2000 年 4 月由中国包装协会批准成立，经过两年多的建设，面貌大大改观，发挥了基地的优势，取得显著效果。2002 年 10 月有两条 BOPP 生产线投产，新增能力达 60kt，同时，一条新的 BOPET 生产线破土动工。

这样，2002 年基地总资产达到 35 亿元，软塑包装基材 11 万吨，彩印复合 1.5 万支，销售收入达到 14 亿元，形成 BOPP 薄膜、BOPET 薄膜、彩印复合包装、医药包装和激光制版六大系列软塑包装材料产品，向着规模化、专业化、系列化方向发展，基地优势十分明显，起着塑料包装材料行业的示范作用，受到各级领导和同行的高度重视和鼓舞。

取得上述成绩的主要经验是：基地建设有一个明确的宏伟目标，要把基地建成为国际一流高科技软塑包装基地。提出"以持续发展为主题，以不断创新为灵魂，以满足市场需求为根本，全面提高基地在亚洲乃至世界包装行业的地位"的发展战略思想，并按照"专业发展、科学布局、招商引资、做大做强"的战略方针，分步实施，实现创造中国软塑包装辉煌的明天。

2. 技术改造进展快，有力的提高行业的技术水平

2002 年，塑料包装材料行业紧紧依靠科技进步，进行技术改造，提高产品质量和档次，努力创名牌不断增强市场竞争能力，取得了显著效果。

根据我国加入 WTO 后的新形势，面对国际和国内塑料行业新的竞争格局，浙江大东南包装集团围绕着打造全国乃至世界塑料包装业的制造中心，策划新的更大更高的跨越发展远大目标，结合企业自身经济实力和国内外塑料包装材料市场需求的实际，为充分发挥企业高科技和大规模的竞争优势，为进一步提高市场占有率和企业的经济效益，决定在"十五"期间投资 10 多亿元，继续实施高新技术改造项目，引进国际先进的技术设备。第二批重点项目于 2002 年 8 月与德国布鲁克纳公司签约，引进 6 万吨 BOPP 薄膜生产线技术改造项目，该项目总投资 2 988 万美元，将于 2003 年 8 月竣工投产。与此同时，该公司近两年内准备引进年产 8kt 农膜生产线，引进年产 15kt 透气 BOPP 薄膜生产线，引进年产 6kt 真空镀铝膜生产线等五个技术改造项目。全面提高大东南集团的技术水平，争创名牌，创一流企业。

2002 年 8 月上海紫东化工公司引进的第二条 BOPET 生产线正式投产。再加上原有引进日本 10kt 的生产线，生产能力达到 23.8kt。这样"紫东"拥有了先进的技术装备，采用三层共挤，在线涂布 BOPET，即可生产具有优异光学性能，可生产镀铝和印刷适度性，以及共挤可热封的双向拉伸聚酯薄膜，提高了竞争能力。

佛山塑料公司采用募资，进行技术改造，发展塑料包装材料，该公司募集资金 5 个多亿，进行技术改造、建设、电化铝纸、超薄型防氧化铝复合膜、超薄型硬质环保包装膜、聚酯功能母料、高档电器薄膜生产线等六个项目实施后，使老的塑料包装企业获得生

机，以新的面貌，在行业中起着重要作用。

2002年7月1日第四届国际质量会议在瑞士日内瓦召开，天津丹海荣获国际质量金奖，成为2002年度亚洲地区惟一获取殊荣的企业，表明了天津丹海的质量技术水平已获得国际上认可，加快了公司未来的发展和国际化进程步伐。

天津丹海公司于1996年成立，承担着国家重点项目——变性淀粉和生物降解塑料示范工程，建设年产30kt母料和30kt降解塑料的任务。多年来，该公司发扬勇为天下先的企业精神，重视新开发，不断涌现新产品，新技术，采用微化处理技术，成功地使淀粉平均粒径≤10μm增大了淀粉表面积，保证了薄膜的成膜性。加入自制的改性剂，对淀粉进行改性，降低了淀粉表面的亲水性，提高了淀粉的分散性和相容性，提高了淀粉母科和薄膜制品的含量，保持了在国际同行业中技术领先的地位。

3. 塑料编织行业抓住机遇，开拓国内外两个市场

2002年是塑料编织行业的加快改革，努力创新发展的重要1年。

随着我国加入世贸组织，西方国际逐步取消纺织配额，给编织制品提供了一个市场，因此，这一年里，编制企业不断改革创新，提高产品质量和档次，开拓国际市场，出口量猛增，达到30亿条，以上除了普通轻包装外，集装袋的发展也成为行业发展的热点，从最近举行的编织行业改革座谈会交流的情况分析，以塑料编织行业改革较快的苍南县为例子，充分说明了编织制品的发展前景是光明的，苍南塑料编织行业发展的特点如下。

(1) 企业经营机制灵活，造就了一批杰出的民营企业家，如浙江南塑包装有限公司的林增标先生、华正塑料有限公司的赵伟先生等，他们在市场经济的浪潮中造就了头脑灵活、善于经营、吃苦耐劳、能充分利用改革开放政策，雄心壮志地为我国塑编行业的发展闯出一条新路。

(2) 逐步形成一支技术骨干队伍，保证了塑编行业的可持续发展，苍南塑编企业普遍重视知识，重视人才，形成一支适应生产发展的技术骨干队伍，并将先进的信息技术运用到生产、销售的全过程，大大的提高了生产率。

(3) 不断调整企业结构，加快产业集约化步伐。苍南塑编企业都由民营小企业发展起来，规模小，缺乏竞争能力和抗风险能力，为把企业做强做大，发挥规模效应作用，一些企业不失时机的自行调整产业结构，不断扩大规模。从而涌现出一批龙头骨干企业，其中，华正塑料公司、南塑包装公司、产值都超过1亿元，成为编织行业最大的企业。从个体小规模经营向集约化的方向发展。

(4) 专业化、社会化配套的产业链已基本形成，苍南塑编行业从原单一的编织袋，逐步发展到包含电雕制版、薄膜生产（吹塑薄膜、BOPP薄膜真空镀铝膜）、彩色印刷、复合、原料供应、产品销售等等专业化、社会化协作的产业链。行业内既有精细分工，又相互配套，有力的促进塑编行业的发展。

(5) 技术改造和技术创新突飞猛进。随着经济的发展，用低质廉价的编织袋已失去市场和用户的信用。为此，苍南塑编企业审时度势，通过技术改造和创新赢得市场。投入大量资金，积极引进原料、新技术、新工艺、提升传统产业不断的开发新产品，在市场竞争中把握主动权，因此，目前，除普用编织袋、复合薄膜袋、纸塑复合袋外，还有网眼袋、手提袋、集装袋、彩条布等，凡国内外市场上需要的编织袋在苍南均能生产。同时有40家制版企业和200家印刷企业将引进的电雕技术、彩印技术、复合技术结合起来，使BOPP经彩印后，热熔复合到塑编袋上面，从过去单色印字转向彩色复合袋，更加美观，市场销售更旺。南塑包装公司开发真空镀铝塑编袋，顺发塑料厂开发彩色编织袋，添加无机纳米材料等，提高了技术含量，提高了市场竞争能力。

(6) 构建市场营销网络，帮助开拓国内外两个市场。全县有3 000多名塑编供销大军，形成覆盖全国的营销网络，有15个企业取得了自营进出口经营权。因此，产品不仅畅销全国各地，而且出口亚、欧、奥、美、非等地区的国家，扩大了塑编行业的发展空间。

(7) 产品质量体系逐步完善。

(8) 建立塑编工业园，发挥区域优势。

(9) 政策大扶持，发展环境良好。

(10) 发挥行业协会作用，促进塑编行业健康有序发展，县塑料工业协会发挥桥梁纽带作用，在开展行业内部协调、自律、监督、服务及维护会员合法权益等方面做了大量的工作，深受企业欢迎和政府好评。

（中国包协塑料包装委员会　蔡明池）

复合软包装

【行业现状】

在我国，复合软包装材料的发展只是近20年的事情，尤其近10年，通过大规模的引进原材料薄膜生产设备、印刷设备、复合设备（干式、湿式、挤出、共挤设备等）再加上与印刷、复合等后加工技术

相结合的生产经营管理经验的日益积累，软包装产品的质量和技术水平突飞猛进地发展，使我国软包装行业用10余年的时间走完了西方国家五、六十年代走的路，到2002年底，软包装企业达4 000多家，国内复合膜的生产能力已超过150万吨，复合软包装材料现已成为国内的较成熟的主要包装材料之一。

在复合软包装产品的生产方法上，我国目前以干式复合为主，引进的宽幅高速干式复合设备已超过250台，干式复合产品是最具有亲和力的包装形式之一，它质地轻盈、柔软、手感舒适，又适合多彩印刷，信息传递效果佳，易使消费者产生良好信任感，同时有多种软包装功能材料相补充，既可以分别满足对水蒸气、气体、油脂、有机溶剂等物质的阻隔性要求，又可以满足防锈、防蚀、防电磁辐射、防静电、防化学件等要求。所以，复合软包装适合的商品包装应用非常广泛，从块状、颗粒、粉末类商品到液体半液体食品，含气饮料，酒类；从药品、保健品、医疗器械到小五金商品、玩具；从家用化学品、卫生用品、服装、纺织品到军品等。如此广泛的应用使包装工业由单一包装材料的传统包装，进入了现代包装的新时代，但由于干式复合采用的溶剂类黏合剂的环境污染与溶剂残留问题，使干式复合材料受到了前所未有的挑战，特别是近两年，塑料软包装材料与保护环境的协调发展，如何解决生产过程中的污染问题是许多软包装企业必须解决的重要课题。

到目前为止，国内复合软包装材料所使用的基膜材料如：PET、BOPP、CPP、PE、AL等不仅可以满足国内产品包装的需要，还有部分已形成出口，其中，PET和BOPP基膜材料的生产，体现了整个软包装原材料的整体水平，也是近年国内着重发展的材料。

BOPP是近年来发展最快的双向拉伸薄膜，目前国内各BOPP生产厂所用的加工设备全为进口，有54家企业先后引进了70条生产线，生产能力已达到了45万吨，设备引进的高峰期在1993～1997年间，这几年引进的设备占总量的90%，主要采用德国Bruekner（占50%以上）、美国Marshall& Williams、日本三菱重工、法国DMT等公司设备，尽管BOPP膜生产规模不断扩大，质量不断提高，但总体上讲，产品的质量不高，中低档次的产品过剩，BOPP膜生产企业必须思考一个问题，我国速冻食品、方便食品、膨化食品飞速发展，伴随着大量采用印刷精美，性能优良的BOPP复合膜，每年消耗的BOPP大约10万吨，是其最大的市场，但目前采用BOPP复合的结构，如BOPP/PE、BOPP/CPP、BOPP/VM- PET/PE等的剥离强度低于标准要求，是此类结构复合强度不可能再提高，还是BOPP膜制造质量原因，还是标准制定过高？必须尽快有明确的答复，否则，采用此结构的软包装企业和食品企业都面临极大的生产和质量风险，必将影响BOPP膜的市场应用。另外，为适应国内市场需求，BOPP应向多元化、高质量的方向发展，不断开发功能性膜，如抗静电、易印刷、易复合、可热封等，无机物填充的多孔性BOPP的需求量也很大。国内BOPET的专业生产企业较少，聚酯薄膜生产设备规模也偏小，年生产能力在千吨以上的公司不足30家，目前，生产能力约为10万吨，80%的量从德国、法国、日本进口的生产线上生产的，佛山杜邦鸿基公司是全国最大的BOPET生产企业，年生产能力约2.2万吨，潍坊新力克塑胶有限公司生产能力为1.4万吨紧随其后。我国聚酯薄膜最大的应用市场是软包装复合材料，约占总用量的50%。由于BOPET薄膜具有平整性好，密封性优，耐高温，抗拉力强，透明度和光泽性好的优点，BOPET膜在包装市场上的应用量在迅速提高，但BOPET的低温热封性差，不如三层共挤BOPP热封膜和PE膜使用方便，欧洲已生产出了BOPET共挤自热封膜，国内尚未见生产，这是近年来国内BO-PET生产企业和软包装企业关注的一个热点问题。

目前，我国软包装用油墨接近5万吨，其中氯化聚丙烯油墨约占40%以上，聚酰胺油墨约占30%以上，聚酯聚氨酯油墨约占近20%，其他如醇油性油墨等不足5%。聚酰胺油墨在我国最早工业化，由于存在着耐温性差、耐油性差、耐水性差的缺点，用量在逐年减少，氯化聚丙烯油墨由于对BOPP有很好的附着牢度，成为我国目前用量最大的品种，但由于油墨生产中带入的残留氯以及已甲苯等芳香烃做溶剂可能引起对食品的污染和不符合环保要求，带来了很大的使用不安全性。聚酯-聚氨酯油墨由于其改性品种多，应用范围广，耐温性、耐水性佳、印刷光泽度高，毒性小，发展极为迅速，正逐渐加快取代氯化聚丙烯油墨的步伐。虽然醇溶性油墨目前应用较少，但其增长速度也在加快，越来越多的企业采用醇溶性油墨与双组分聚氨酯黏合剂结合使用，减少甲苯的使用和排放。

【专委会活动】

2002年全国复合膜制品专业委员会工作概况如下。

1. 召开了第三次制标起草小组会议

根据“包装用复合膜、袋通则”国家标准起草小组的工作计划，专委会于2002年4月17～19日在上海召开了第三次起草小组会议。会议重点讨论了标准文本整体结构，并对文本逐字逐句进行了认真讨论，提出了修改意见。同时还讨论了标准验证试验方案及试验工作分工。会议还就下一阶段的工作计划及如何协调也进行了认真讨论，会议决定由秘书长兼项目负责人文秀松进行协调督促完成计划。

由于制标测试工作量较大而制标经费又有限，会议商定由起草单位和少数参加单位共同承担。会议通过协商并根据各单位现有测试条件进行了具体分工，由七个单位承担完成。他们是：上海人民塑料印刷厂，上海紫江彩印有限公司，上海白猫彩印有限公司，无锡国泰彩印有限公司，佛山塑料集团东方分公司，连云港中金医药包装有限公司，大连大富彩印厂。上述绝大多数厂家克服困难按计划完成了测试工作。第三次起草小组会议讨论的内容较多，工作任务繁重，起草人员紧张而严肃进行了整整两天工作。会务工作在专委会对副理事长单位上海人民塑料印刷厂热情协助下，特别是在人力和财力上给予了大力支持，为会议顺利进行创造了良好的条件。

2. 为换届选举做好筹备工作

根据第三届理事会 2002 年工作计划将在下半年进行换届选举。为了更好地进行第四届理事会的民主选举，由第三届秘书组在 3 月 8 日向全体会员单位发送了“第四届理事会单位名单预选征询填报表”。该表将全体成员单位填报后返回秘书组。直至 6 月份为止 75%以上成员单位将选票返回秘书组。秘书组将选票进行了汇总然后寄到各理事单位再将进行预选。秘书组将两次预选结果进行汇总交第三届八次理事再次进行讨论，最终产生了第四届理事会单位和理事长单位。

3. 召开了专业委员会理事会会议

2002 年 9 月 11 日在成都召开三届八次理事会会议。中国塑料加工工业协会理事长派代表陈燕同志到会，并转达了有关领导的意见。本次理事会有三个议题：①审议三届四次年会日程安排；②审议三届理事会工作报告；③讨论并产生新一届理事会名单。

会议理事们认真听取了工作报告（草案），并发表了很好的意见。对第三届理事会所做工作成绩给予了充分肯定，对存在的不足之处也提出了一些宝贵意见。本届理事会根据 6 月份广大会员单位返回的选票结果及 7 月份各理事单位预选结果在会上进行了充分讨论，按票数多少排名产生了第四届理事会和理事长单位。选举结果如下：

理事长单位上海人民塑料印刷厂。理事长为该厂法人代表陈从公同志；

理事单位上海紫江彩印包装有限公司，广州塑料工业股份有限公司，大连大富塑料彩印有限公司，无锡国泰彩印有限公司，佛山塑料集团股份有限公司东方分公司，青岛益青包装厂，石家庄开衣集团软包装彩印厂，连云港中金医药包装有限公司，江苏中龙高科技股份有限公司，黄山永新股份有限公司，华东理工大学，浙江新东方油墨集团有限公司，北京市化学工业研究院，汕头华鹰软包装设备总厂。

以上选举结果在成都召开的年会上进行了公布并上报中国塑料加工工业协会批准。

4. 召开了三届四次年会

专委会于 9 月 12～14 日在成都召开了第四次年会。出席会议代表 170 余人。绝大多数为成员单位，其次为非成员单位的业内同行或相关行业有关人士。参加会议的外商单位有 8 家。中国塑料加工工业协会派代表到会讲了话。大会在紧张、活泼、有序的氛围中进行。会议内容分为三大部分。

① 国外技术交流，会上邀请国际著名厂商专家进行了技术讲座，他们是：日本三菱塑料公司，日本东赛璐公司，杜邦中国有限公司，日本三菱包装塑料贸易公司，日本三兴涂料株式会社，日本日锦株式会社，日本合成化学。

② 第二部分为年会部分，首先由中国塑料加工工业办会代表讲话，然后专委会理事长作 1999～2002 年工作报告。报告后由论文评审小组长在会上宣布了论文获奖名单。由于时间关系本次会议仅安排十一篇论文作者在会上进行了交流。并对论文作者进行了颁奖。对优秀论文作者颁发了证书和奖金，对积极投稿但未评上优秀论文作者也颁发了适当奖金，以资鼓励。

③ 第三部分内容为理事会换届选举，由新产生的第四届事会代表在会上公布了新一届的理事长单位代表新一届理事会讲话。他们表示将继承上届理事会的优秀作风更好地为企业和行业服好务。

5. 召开了“包装用复合膜、袋通则”国家标准审定会

我专委会国家标准起草小组于 8 月份完成征求意见稿。并于 9 月份下发到有关单位征求意见。根据返回意见在 12 月初完成了标准“送审稿”。全国塑料制品标准化技术委员会根据我专委会国标起草工作完成情况于 2002 年 12 月 20～23 日在贵阳召开“包装用复合膜、袋通则”国家标准审定会。会上各位专家对标准文本及有关技术文件进行了认真审定。最终各位专家一致举手通过，同意作适当文字修改尽快完成“报批稿”上报。本次会议会务工作在专委会的组织下得到了贵州润丰集团友信公司热情协助完成。同时还得到了苏州彩华集团和黄山永新股份有限公司在经费上的大力资助。

【发展方向】

经过多年的发展，各种复合材料在包装业得到了广泛应用。据调查所得，世界包装工业采用的复合包装材料将向抗菌、高阻隔性、功能性、智能性等方面发展。

以目前市场为例，除臭包装材料已有40余种，主要有三类：A类属化学除臭型，能除去氮系化合物和硫系化合物；B类主要用于除去硫化氢、甲酸等类臭气，其特点是对高浓度硫化氢除臭效果好；C类材料是物理除臭型，其用活性炭除臭气制成，低浓度除臭气好是此类材料的除臭特点。除臭薄膜用于食品、医药品、卫生用品、日用品等包装。应该注意的是除臭薄膜具有选择性，环境湿度等因素加以选择，方能获得最佳效果。

铝塑复合包装材料的性能优越，但却不透明，为此研制成功一种高阻隔新型材料，它的其他性能等于或优于铝塑复合包材。这种称为GT的复合包装材料，是在塑料薄膜表面沉积一层厚为100nm的无机物（如氧化硅和氧化钛）薄膜制成的。

导电性包装材料的发展，是因为，早期美国电子工业由于包装材料的不良导电性，而造成的损失每年超过数百万美元，促使人们加以研究，因此美国的导电性包装材料开发又早又快，现已形成系列的导电性包装材料主要用于对静电敏感产品的防止带电、消除静电等包装，以及精密仪表和导弹的防电磁包装等。

部分采用复合功能材料比全部使用复合功能包装材料好，常见的有防锈型、防心变色型、防霉型、保鲜型、纳米型等等。

由于人们对现代生活的要求，保鲜包装得到了迅速发展，现已研制成功的系列保鲜功能材料有100多种。为了使用方便，通常制成功能袋或片材。

目前研制的智能包装材料，通常是用光电、温敏、湿敏等功能材料与包装材料复合制成的。它可以识别和指示包装空间的温度、湿度、压力以及密封的程度、时间等一些重要参数，这是一种很有发展前景的智能包装材料。

1. 纸基复合包装

这是复合软包装一种，主要有贴膜型、衬袋型、嵌入型、液体型等。纸基复合包装的主要难题是解决防渗问题，这是因为油分子极小的缘故。像日本研制了一种盒装食油的复合纸盒，非常成功。复合纸的结构为PE/纸/PE/AL/PET/ PE，以纸为基材经铝塑6层复合两制成。由于复合有铝箔，共性能优于玻璃瓶和塑料瓶，既安全，又轻便，且印刷精美，提高厂商品的附加价值和竞争力。

新型复合“纸”如超强度复合“纸”在国外研制成功。该纸洁白如雪、薄如蝉翼、柔似锦缎，反复折叠后仍完好如初，又称软玻璃，而且价格低廉。这类“纸”是用玄武岩在2000℃高温中拉成纤维，浸渍酚醛树脂并渗入白土粉后制成薄膜的。由于以岩石为主料，所以长期贮存不会变脆、发霉、虫蛀，而且可以染印色彩，用途较广。此外，还有无尘纸、灭菌纸、防露级、防臭纸、防带电纸、抗电磁干扰纸、高吸波纸（即隐身包材）等等。

2. 防臭包装

由于超市和速食店的发展，近年国外兴起并流行一种HMR新观念，HMR市场发展很快。为了防止包装物品臭味（指异味和臭味）的影响，研制开发了除臭包装。现在除臭包装材料已有40余种，主要分三种类型。A类属化学除臭型，能除去氮系化合物和硫系化合物加氨气、二甲胺、三甲胺、硫化氢等臭味或异味。B类物理型，主要用于除去硫化氢、羧酸等类臭气或异味，其特点是对高浓度硫化氢除臭效果好。C类材料是混合除臭型。主要用活性炭除臭剂制成，低浓度除臭力好是此类材料的特点。除臭包装纸薄膜用于食品包装还可以起到除臭保鲜的效果。一般除臭包装主要用于那些各具特殊气味或异味的食品，以及农产品、水产品的包装，此外在医疗材料、卫生材料、日用杂品等包装方面也取得了进展。

3. 抗菌包装

微生物引起的食物腐败的问题，使抗菌包装成为热门话题。为此，日本在包装材料中添加一种新型无机抗菌剂，研制成功系列抗菌包装材料，它对多种病原菌有抗菌效果。该包装材料的主要特点如下：①抗菌效果持续时间长；②因为抗菌剂是气相型的，故对包装内容的无任何不良影响；③稳定性好。在包装加工过程中，热稳定性高，浓度稳定，对作业环境无不良影响。抗菌包装材料主要有片材、吸水片材、包装薄膜、抗菌包装纸等几类。片材是把抗菌剂混炼到聚烯烃等树脂中压制而成，吸水片材则是采用高吸水性树脂为基材制成的，通常有压片型和涂布型。如无纺布/纸/混有抗菌剂的吸水树脂/纸/无纺布。

目前应用较广的是抗菌包装薄膜，在聚烯烃薄膜中加入抗菌剂制成，对大多数常见微生物如大肠菌、金色葡萄球菌、莱豆疫霉、穿孢杆菌、黑曲霉等有抗菌效果。

4. 高阻隔性包装

众所周知，铝塑复合包装材料的性能优越，但不透明，为此研制成功一类高阻隔新型材料；它的阻隔性好，其他性能等于或优于铝塑复合材料。这种称为GT的复合包装材料，是在塑料薄膜表面沉积一层厚 10～100℃的无机物（如纳米氧化硅或氧化钛）薄膜制成的。这种纳米涂层性能稳定，即使经过高温杀菌后，其附气性、防潮性、透明性依然如初。

近年美国研制成功热效液晶聚合物膜（TLCP），由一种特殊致密的纤维状高分子长链组成，强度和韧性均好。2μm 厚的液晶聚合物的阻气性能即与 25μm 厚的 EVOH 相当，但价格比后者低许多。

5. 低温密封包装

包装机械要简单方便、节约能源、提高速度、增加效率，以适应现代大批量包装的需要，因此使用低温封口包装材料是低温密封包装的必要条件。所调低温包装材料，就是在薄膜表面涂一层以天然橡胶为主成分的低温冷封涂层，不需要任何热量即可封口的包装材料。它具有一系列特点：①对包装内容物不产生热影响，因而特别适于厌热物品的包装；②可采用难于热封的基材；③可简化包装机械、降低成本、节约能源；④能实现高速包装；⑤封口耐寒性好，即使在－20℃下封口强度也不降低。

6. 高速封口包装

对软包装的要求主要是时髦漂亮、价格低。例如，巧克力之类产品的包装，由于易受热的影响，因而要求包装温度要低而且封口漂亮。为此研制了高速封口的包装材料，这是一种涂有高速热封层 HSS，在低温即能够高速封口的包装材料。它比其他材料如 EVA、丙烯酸树脂、热封清漆、微量石蜡等优异，因此可用于那些严格限制臭味或异味影响的产品的包装。其特点是封口速度快、适于高速机械。如用 OPP/ KOP/HSS 包装材料，三方制袋机速度可达 500 个/min。高速热封层 HSS 不仅可涂于纸、铝箔表面，还可涂布在 OPP、KOP、PET、PVC、PE 等各种塑料薄膜表面；一般 HSS 涂层厚度为几微米左右即可满足要求。

7. 从防静电到隐身包装

主要用于防静电、防电器、防爆炸以及隐身包装。

8. 功能性包装

我们知道，部分采用复合功能材料比全部使用复合功能材料显然更经济合理，于是研制了多种功能包装材料。常见的有防锈型、防变色型、防虫型、防霉型、保鲜型、纳米型等。

由于人们对现代生活的要求，保鲜包装得到了迅速发展。现已研制成功的系列保鲜功能材料有 100 多种。

9. 智能包装

所谓智能包装，是指对环境因素具有“识别”和“判所”功能的包装。目前研制的智能包装，通常采用光电、温敏、湿敏、气敏等功能材料，包装材料复合制成。它可以识别和显示包装微空间的湿度、温度、压力以及密封的程度、时间等一些重要参数。这是一种很有发展前途的功能包装，对于需长期贮存的包装产品尤为重要。

10. 绿色包装

在绿色环保革命中，包装废弃物通常采用回收、再用、燃料油料化技术，但对于柔性复合塑料薄膜而言，分类回收和再利用仍是一大难题，而采用燃烧或填埋处理，其排放的二氧化物类或重金属类有害物质仍在污染环境。为此国外进行研究，开发出了环保型薄膜。在这种环保型薄膜中由于加有活性氧化物，在进行废弃燃烧处理时，一方面促进了燃烧，另一方面又减少二氧化物的生成，并且还与重金属反应，有效防止残灰中重金属的溶出，被誉为“清洁薄膜”而引人注目。

综上所述，随着工业的发展和国防的需要，在 21 世纪工业产品特别是国防产品的贮存期限将会延长，因而要求复合包装必将向着系列化、多功能、高性能、特殊功能等方面发展。

【存在的问题】

经过多年的探索，许多软包装企业已形成了从新产品开发到工艺研究，从质量保障体系到生产成本管理的一整套企业管理经验，尤其近几年，对建立现代化企业认证体系投入了更大的热情和关注，2001～2002 年间，通过 ISO 认证的企业大于过去 10 年总和，有些企业还通过了 ISO 14 000 国际认证，国际环保体系认证（彩印企业如上海三樱、紫华白猫；黏合剂企业如北京高盟）。一方面提升了软包装企业的自身管理，另一方面也为走出国门打下了坚实的基础。但蓬勃发展的软包装行业也存在着很多的问题：

首先，软包装产品检测手段继续加强。软包装以其独特的优势在包装行业所占的比例越来越大，应用领域也在不断拓展，由于结构工艺的复杂性，和企业缺少足够的测试手段，很多的企业甚至连起码的测试设备都不具备，并缺乏高水平的质量分析操作及管理人员，软包装产品的质量控制问题因此越来越突出。复合强度的检测，软包装封口热封强度的检测，软包装密封性检测，溶剂残留量的检测在实际生产中，对调整工艺，提高产品质量，回避企业风险，保障内容物的安全性至关重要，软包装企业务必尽快建立和完善相应的措施方法和手段。

其次，技术标准的发展还远远落后于行业产品的发展，不能满足市场需要，这主要是因为以下几点所导致。①复合软包装结构发展迅猛，有几十种之多，而现有标准仅涉及 BOPP/LDPE、ONY/LDPE 等，不能覆盖其他众多结构。在 2001 年第三季度国家质量监督检验检疫总局，对食品和药品包装用膜、袋产品质量有一个监督抽查，由于无适宜的国家标准，最后采用 GB/T 10005—1998、GB/10004—1998 和 GB/10003—1996 及有关企业标准进行检测。复合膜专业委员会参照 JIS1707 组织起草的复合膜通则国家标准就要出台了，这对行业发展将是有力的推动。②复合软包装应用范围不断拓展，除传统的医药、食品外，复合软包装袋还大量应用于农药、电子、兵器、洗涤化妆品等其他工业领域，根据包装内容物不同和应用领域不同又有许多的要求，即使在食品包装领域，依食品不同还有巴氏灭菌、水煮、121℃蒸煮、135℃蒸煮、微波包装、真空包装等不同应用，可衍生出一系列应用技术要求。③复合软包装涉及化工塑料型材、轻工塑料制品、塑料包装及各种应用行业，各行业间缺乏协调、统一，致使标准提出的计划性不强，统一性不够。如耐蒸煮包装膜、袋有国家标准：GB/T 10004—1998 和包装行业标准：BB/T 0003—94，但两个标准对相同项目的要求并不一致。④复合软包装原、辅料如各种薄膜、胶黏剂、溶剂、助剂尚无相应行业标准，这也是阻碍复合软包装行业健康发展的重要因素。

第三，急需提高行业协会的领导，加强对行业的规范管理。目前，国内涉及软包装范畴的协会主要有四家：塑料制品协会，软包装信息协会，包装技术协会和印刷技术协会，主要提供行业内的技术交流和咨询服务工作，对行业的规范管理力度远远不够，这对行业的健康发展和保护本行业企业利益是很不利的。协会必须及时总结行业内企业的发展状况，关注行业内企业的发展中存在的普遍性问题，在为软包装企业切实解决实际问题的基础上，规范企业行为，保护行业内企业利益，发现并制止某些企业的误导宣传。

复合软包装行业只有协调一致，加强管理，联合厂家尽快完善各种产品标准，才能进一步推动复合软包装行业提高技术、质量水平，保障行业的健康发展。

（中国塑料加工工业协会复合膜制品委员会
文秀松）

PVC 硬质低发泡板材

【行业现状】

中国塑料加工工业协会 PVC 板材专委会现有 48 家会员单位，主要分布在除西藏以外的全国 31 个省、自治区和直辖市，从业总人数为 28 000 多人，主要产品为 PVC 低发泡板材，PVC 三层共挤板材等，年生产能力为 20 万吨，生产设备主要是以 80%以上为引进德国、奥地利和韩国等国家，达到 20 世纪 90 年代初期世界先进的技术水平。

【专委会活动】

在中国塑协的领导，PVC 板材专委会已成功举办了四次年会。1999 年黑龙江省鸡西年会：鸡西久美塑料有限公司总经理、板材专委会副理事长王佑军主持会议。会议主要日程及取得的成果是：

① 专委会理事长叶东刚做工作报告；

② 外国专家进行技术讲课；

③ 会员单位进行经验技术交流；

④ 中国塑协副秘书长周延龄做重要讲话；

⑤ 通过了《中国塑料加工工业协会硬质 PVC 专委会》章程；

⑥ 组织参观板材生产企业。

2000 年云南省昆明年会：会议由专委会副理事长王佑军主持。会议主要日程及取得的成果是：

① 板材专委会理事长王佑军做工作报告；

② 选举新一届板材专委会组织机构，由鸡西久美塑料有限公司总经理王佑军当选专委会理事长；

③ 会员单位进行技术交流；

④ 组织参会人员参观板材生产企业。

2001 年四川省成都年会：

① 板材专委会理事长王佑军做工作报告；

② 会员单位进行技术交流；

③ 组织参会人员参观板材生产企业。

2002 年山东省章丘年会：

① 板材专委会理事长王佑军做工作报告；

② 会员单位进行技术交流；

③ 组织参会人员参观板材生产企业。

【存在的问题】

人们对 PVC 发泡板材的认识不够充分，对其使用性能和强度尚存疑虑。从目前应用看，还仅仅局限于室内装修和交通运输方面。在家具行业基本上没有市场，远远落后于木材，其中一个主要原因是，用于加工板材的原有生产设备尚不能直接用来加工 PVC 发泡板材，必须重新购买专用设备，投资比较大。

PVC 发泡板材生产技术含量高，生产设备十分昂贵，一般投资 6 000 万元左右的企业只能上一条生产线，扩大规模则投资增长太大，同对要求各种辅助设施齐全，加大了投资成本。许多板材企业还尚处于低谷徘徊状态资金紧张，生产加工能力不足，市场开发缓慢，经济运行质量和效益不高的局面仍然没有得到根本扭转。

国内产品市场开发秩序不够规范，比较混乱，给各板材企业参与市场竞争带来压力，国内尚没有相应的产品标准和施工标准，很难衡量产品质量的好坏。现有国外企业标准要求很高，不一定适合国内实际情况，在技术含量上还存在着差距，缺乏必要明确的检验手段。

各种后加工手段有待加强，开发新产品，增加美观、艺术性，采用镂空等多种新技术进行处理，增强竞争能力。国家政策导向作用尚未充分体现。对于PVC管材领域，国家和各省市相继出台了大量推广性法规和实施性细则，但在PVC发泡板材方面尚属空白，目前仍处于摸索试验阶段。

板材企业发展不够平衡，停产、半停产企业比重偏大，60%以上企业处于停产或半停产状态。

【发展趋势】

低发泡PVC板与传统材料相比具有明显性能优势，有着良好的应用前景。

由于它具有阻燃和防潮的特点，特别适用于客、货轮船舶的内装饰板。

出于防火和降低建筑物承重等方面的要求，高层建筑的内墙装饰及天花板等也必将广泛选用具有良好阻燃性能的PVC低发泡板材，这个领域的市场潜力极大。

用PVC板材制作的桌面和凳腿，由于易于成型、无需油漆等优点而备受青睐。PVC发泡板材具有20年以上的耐老化特性和不需油漆保护等优点，我国已把PVC板作为法定的高速公路一、二级国道的路标指示牌用板。

住宅建设中，内门耗用木材量最大，如果仅以PVC板用于厨房间、卫生间2扇内门，又假定每年城镇住宅建筑为2.5亿m^2，10孔采用PVC发泡板，以每扇门1.4m^2、20mm厚计算，而每单元以50m^2，内有二扇门计算就需要PVC发泡板140万吨，相当于1.5万吨/年。

展览会的展台、展板、展厅、隔板等也是PVC低发泡板材的重要用途之一。此外办公室隔断、饭店壁板、壁柜、游泳池内壁、洗澡间、储柜、电话亭、鱼箱冷库、化学品槽罐等都是PVC发泡板（木塑板）的潜在应用领域。另一潜在市场是建筑用模板。据了解，建筑模板每年的用量达30万m^3（木模板）。若10%改用PVC发泡板，用量为3万吨。相当于2万吨/年。PVC发泡板表面光洁又质轻，整板无缝，对浇注混凝土十分适用。PVC可控发泡板材是很好的仿木代木材料。

低发泡PVC板为一种全新的化学建材在国外发展十分迅猛，基于木材、原油、铁、铝等自然资源价格的持续上涨，从节省资源、保护生态平衡和改造传统材料的角度考虑，PVC发泡板有着广阔的市场前景。

【重点企业】

黑龙江鸡西久美塑料有限公司

地址：黑龙江省鸡西市中心大街8号

邮编：158100

联系电话：0467-2653883

传真：0467-2653993

山东济南海富塑胶有限公司

地址：山东省章丘枣园大站

邮编：250214

联系电话：0531-3651360

传真：0531-3657013

湖北凯乐塑管股份有限公司

地址：湖北公安县塑料工业城

邮编：434300

联系电话：0716-5226637

传真：0716-5225379

山东潍坊生建塑胶工业有限公司

地址：山东省潍坊市健康西街道207号

邮编：261011

联系电话：0536-8352508

传真：0536-8379758

安徽国风塑业股份有限公司

地址：安徽省合肥市马鞍山路1号

邮编：230001

联系电话：0551-2885333

传真：0551-2888835

北京华林新型材料有限公司

地址：北京市西长安街88号首都时代广场620

邮编：100031

联系电话：010-83913555/6

传真：010-83913555/6分机63

广州宝力威化学建材有限公司

地址：广东省广州市荔湾路149号

邮编：510170

联系电话：020-82973784

传真：020-86632299

四川成飞高新材料有限责任公司

地址：四川省成都市黄田坝成都59信箱910分箱

邮编：610091

联系电话：028-7415742

传真：028-7415742

苏州天灵塑木有限公司
地址：江苏吴县天灵路25号经济开发区
邮编：215128
联系电话：0512-5278124
传真：0512-5627552

山东龙口万能胶新塑料板材有限公司
地址：山东龙口新嘉工业开发区
邮编：265711
联系电话：0535-8559071
传真：0535-8559070

北京国澳塑料板材有限公司
地址：北京顺义林河工业开发区
邮编：101300
联系电话：010-89492040
传真：010-8949898

新疆天山塑料厂
地址：新疆乌鲁木齐市南郊乌拉泊
邮编：830038
联系电话：0991-5910449
传真：0991-5910499

云南麒麟塑料制品有限公司
地址：云南省曲靖市环东路大坡寺
邮编：655001
联系电话：0874-3517372
传真：0874-3514945

邯郸昱成置业有限公司
地址：河北邯郸市幸福路86号
邮编：056004
联系电话：0310-3113306
传真：0310-3084003

连云港华泰塑料有限公司
地址：江苏省连云港市幸福路88号
邮编：222023
联系电话：0518-543855
传真：0518-5401017

淄博塑料助剂厂
地址：山东淄博市临淄区中兴路5号
邮编：255400
联系电话：0533-7311451
传真：0571-8826546

浙江海虹化学工业有限公司
地址：浙江省杭州市教工路557号
邮编：310011
联系电话：0571-8807264
传真：0571-8826546

广州科莱恩爱色母料有限公司
地址：广东省广州市白云区增槎路松北球场直街33号
邮编：510160
联系电话：020-8199057

安徽巢东水泥公司化学建材公司
地址：安徽巢湖经济技术开发区
邮编：238014
联系电话：0565-23636866

齐齐哈尔金枫塑胶有限公司
地址：黑龙江省齐齐哈尔市铁峰区中华东路厂前街10号
联系电话：0452-2939198
传真：0452-2514689

（中国塑协PVC板材专委会
王恩达、王世义）

双向拉伸聚酯薄膜

双向拉伸聚酯薄膜（BOPET）是一种非常优质的高档塑料基材，它集中了性能优良和成本低的优势，广泛应用于包装、电气、绝缘、感光等传统领域。与BOPP薄膜相比，BOPET薄膜的透明度、挺度、强度及耐温性能均优于BOPP薄膜，因而虽然BOPET薄膜的价格稍高于BOPP薄膜，但它在其他新型领域，如建筑、电子、信息产业等方面具有更大的发展空间。此外，由于BOPET薄膜的环保性越来越受到重视，预期未来将会在很多领域替代其他基材。我国对BOPET薄膜的自行研制和开发始于20世纪60年代中期。从80年代开始我国BOPET薄膜行业经历了三次发展高潮，在90年代初得到迅速发展，如今国内BOPET行业已初具规模。随着中国加入WTO，大型跨国企业将生产基地向国内转移，以及通过近几年国内聚酯薄膜同行反倾销的不懈努力，国内聚酯薄膜市场需求近年迅速增长。以佛山杜邦鸿基薄膜有限公司为代表的国内双向拉伸聚酯薄膜行业，目前正以前所未有的增长势头迅猛发展，致力于为享有“世界生产工厂”美誉的中国聚酯薄膜市场提供更多具高附加值的新产品，满足客户不断增长的新需求。

【行业现状】

1. 本行业的主要企业情况介绍

全国目前有近30家BOPET生产企业，年产能力超过100kt，共有各类生产线30多条，其中年生产能力在万吨以上的BOPET生产企业目前有佛山杜邦鸿基薄膜有限公司（5条生产线，40kt生产能力）、山东新立克塑胶股份有限公司（2条生产线，28.8kt生产能力）、上海紫东化工塑料有限公司（2条生产线，25kt年产能力）和浙江无名皮塑集团责任有限公司（1条11kt年产能的生产线）。据悉，目前华东地区有相当部分的民营企业正在考虑进入BOPET行业，新增数条万吨线BOPET生产线。具体情况请参见表1。

2. 设备

目前国内BOPET行业的几家大型生产企业拥有的设备都是在20世纪90年代以后引进的年产万吨以上的生产线，国内以佛山杜邦鸿基薄膜有限公司为代表，目前生产线最宽为6.7m，生产线速度可达300m/min，全线采用计算机控制。国内另外几家BOPET大型生产企业的生产线也都是代表国际先进水平的年产万吨以上的大型生产线。自2000年以来由于国内聚酯薄膜市场需求增长迅速，近期国内聚酯薄膜行业发展迅猛，正在新增或即将新增的生产线绝大部分为目前处于世界较先进水平的拥有成熟技术的大型万吨线生产线，预计高速宽幅、技术成熟、功能齐全将是未来引进生产线的发展趋势。就生产设备而言，目前国内大型生产企业的生产设备基本上与国际水平保持一致，可以说国内聚酯薄膜行业的总体设备水平与国际先进水平的差距正在逐步缩小。

表1　中国BOPET生产企业一览表（排名不分先后）

编　号	公　司　名　称	生产线数目	生产能力/(t/年)	备　注
1	佛山杜邦鸿基薄膜有限公司	5条	40 000	
2	仪化东丽聚酯薄膜有限公司	1条	6 500	
3	山东新立克塑胶有限公司	2条	28 800	
4	上海化工厂有限公司	1条	6 000	
5	南京金中达新材料有限公司	1条	2 500	
6	天津万华股份有限公司	1条	7 000	
7	上海紫东化工塑料有限公司	2条	23 000	
8	南京兰埔成实业有限公司	2条	9 000	
9	杭州大华塑业有限公司	2条	4 000	
10	四川东方绝缘材料公司	2条	5 000	
11	汕头海洋第一聚酯薄膜有限公司	1条	3 000	
12	中山市盈溢包装有限公司	1条	4 000	
13	浙江无名皮塑集团责任有限公司	1条	11 000	
14	江苏常州绝缘材料厂	1条	2 000	
15	丹东塑料一厂	1条	1 000	
16	天津绝缘材料厂	1条	2 000	
17	天津远大感光材料公司	2条	4 000	已停产
18	其他	5条	2 000	
	合计	32条	160 800	

3. 技术水平评价

由于国内BOPET生产企业在整体新产品开发能力和对原有生产设施进行改造和引进辅助设备方面不如在国际上占领先地位的知名BOPET生产企业，再加上国内各BOPET生产企业的水平参差不齐，目前大部分国内中小型生产企业现有设备技术含量不高，技术人员研发能力不够，与世界先进水平相比尚存在较大差距，国际竞争力相对薄弱，生产技术不够先进，产品开发能力不强，生产的产品大多数为技术含量较低，附加值不高的传统型产品。但以佛山杜邦鸿基薄膜有限公司为代表的大型聚酯薄膜生产企业的总体水平已接近世界先进水平，甚至在某些方面已达到国际先进水平，此外，国内聚酯薄膜行业近期即将引进的大型万吨级生产线技术成熟，具备目前国际上较为先进的共挤、涂覆等功能，相信随着国内大型聚酯薄膜生产企业的进一步快速发展，依靠国内聚酯薄膜行业在过去10多年来积累的生产技术经验，国内聚酯薄膜行业的技术水平必将有较大的改观。

【专委会活动】

自中国塑料加工工业协会BOPET专业委员会于1999年底成立以来，一直坚持定期召开专委会会议，商讨行业热点问题，进行技术交流和信息共享。BOPET专委会主要召开了两次全体会议。

2001年3月9日在佛山召开了BOPET专委会2001年第一次全体会议。

会上与会者对继续加大反倾销的工作力度达成共识，认为2000年聚酯薄膜市场得以较为健康的发展主要得益于反倾销的成功。各与会代表一致同意若要长久维护反倾销成果，除需加大反倾销力度外，还需规范内部市场，惟有两项重要工作一起抓才能培育聚酯薄膜市场的健康有序成长。

各与会代表对聚酯薄膜发展前景表示乐观，认为聚酯薄膜具有非常大的发展潜力。目前国内包装膜需求年增长率超过10%，而聚酯薄膜的优良性能、较低成本和独具的环保性将使其更广泛地应用于传统领域和其他新型领域。大部分国内聚酯薄膜生产企业表示在未来几年将增加产能，并认同进行新产品开发和增加技术改造力度的重要性。

本次会议还专门讨论了如何完善专委会职能的议题。与会代表一致认为需加强BOPET专委会属下各专业组的活动，促进各专业组的信息共享和技术交流，同时进一步完善行业内部各项指标统计工作，并编制和定期更新行业通讯录。

2001年7月1日在佛山召开了BOPET专委会2001年第二次全体会议，全体会员到会，并特邀中国塑料加工工业协会副秘书长曾家华先生参加了本次年会。

本次会议首先由BOPET专委会理事长张福培先生总结了2001年上半年BOPET专委会工作，并就如何进行2001年下半年的专委会工作提出了建议和意见。出席本次大会的各会员代表一致通过了张福培理事长的报告。

中国塑料加工工业协会曾家华副秘书长简单介绍了中国目前的塑料包装市场。曾副秘书长指出塑料包装具有广泛的前景，发展速度快，品种多，市场潜力大，预计2001年塑料包装的国内需求达800kt，而双向拉伸聚酯薄膜在塑料包装中所起的作用日趋重要，所占的比例也逐年增长。另外曾副秘书长还指出行业协会是企业与政府部门联系的纽带，其作用非常重要。他对本专委会所取得的成绩表示赞赏，并希望BOPET专委会进一步有效发挥其职能作用。

理事长单位佛山杜邦鸿基薄膜有限公司和各与会代表分享了世界聚酯薄膜市场的最新信息。相关信息表明中国聚酯薄膜市场将不断国际化，会有很多国外厂家进入中国市场成为国内生产企业的潜在客户，中国市场与国际市场的接轨过程将更加迅速，但在国内聚酯薄膜厂家吸取国际市场新技术的同时，也将受到国际市场的冲击。世界聚酯薄膜行业协会2001年年会中指出今后行业的工作重点将是了解并满足直接客户和最终用户的需求。此外中国作为全球聚酯薄膜市场的一个新增长点，中国聚酯薄膜生产企业必须谨慎考虑增产计划，若没有很好地了解国内和国际市场形势，盲目增产，重复建设，不但会对生产企业本身造成一定的影响，必将最终导致中国大市场的供需不平衡。需要引起重视的另一重点是各聚酯薄膜生产企业在推广聚酯薄膜产品应用上应同心协力，惟此才能更好地推动双向拉伸聚酯薄膜在各应用领域的广泛使用。

本次会议上各会员还积极讨论了行业下一步反倾销工作的具体方向，一致同意加强信息共享和保持会员间的密切沟通仍将是专委会工作的重要议题。各与会代表明确意识到BOPET专委会需要在各会员单位领导的积极配合和大力支持下，按照世界聚酯薄膜行业协会和中国塑料加工工业协会的宗旨和做法，为行业发展服务，加强行业协会的桥梁作用，积极有效地发挥行业协会的各项职能。

专委会还在2001年不定期地就一些特殊议题以各种形式组织相关会员单位积极进行协商，专委会工作取得了良好效果。

【重点企业】

佛山杜邦鸿基薄膜有限公司

佛山杜邦鸿基薄膜有限公司由美国杜邦公司属下

杜邦中国集团有限公司与佛山塑料集团股份有限公司属下佛山塑料三厂有限公司于1995年12月合资创办，是当今国内产销规模最大和具有世界一流技术水平的双向拉伸聚酯薄膜（BOPET）生产企业。公司现有五条具有国际先进水平的生产线，年产烫金基膜、食品和医药卫生用包装基膜、镀铝基膜、印刷复合包装基膜、护套卡基膜、黏结带基膜、激光防伪商标基膜、标签基膜、绘图纸基膜、投影胶片基膜、遮阳膜、压敏膜、半强化基膜、电气绝缘膜、电容器专用膜、触摸开关膜、在线预处理（涂覆）膜、马达膜等各类高品质聚酯薄膜达40kt，产品厚度范围介于3.5～350μm之间，是目前国内产品规格最齐全、品种最多的双向拉伸聚酯薄膜生产企业。

作为国内最大的聚酯薄膜生产厂家，本公司曾荣获“中华之最”、“中国明星企业”、“高新技术企业”等多种荣誉称号。本公司十分注重新产品的开发。在众多的产品中，食品与医药卫生用包装膜取得美国食品与药物管理局（FDA）认证；电气绝缘膜获美国UL认证，尤其是电容器专用膜已得到全球用量最大、质量最好的电容器制造商认可；公司还是国内首家提供在线涂覆膜的聚酯薄膜厂家，为客户生产高档包装工业产品提供了更优质的产品。同时公司的多项产品获得了国家级和省级重点新产品称号，其中医药卫生用双向拉伸聚酯薄膜于1998年获国家重点新产品证书。本企业以先进的技术、优良的品质、优化的产品结构和优质的服务赢得了国内外广大用户的赞许与信赖。

为确保所有产品达至最高品质，本企业生产线由中央电脑控制，车间安装了空调及净化设备，并特别设有配备先进测量仪器的品质检控中心，使原材料、半成品及产品在生产过程中均处于严谨的监控状态。1999年通过的ISO 9002认证，随后，通过了ISO 9001：2000标准质量管理体系认证。

该公司自成立以来产量、产值、销量一直稳居本行业首位，产品覆盖国内各个区域，并通过杜邦帝人薄膜出口至世界各地。

仪化东丽聚酯薄膜有限公司

仪化东丽聚酯薄膜有限公司是仪化集团公司与日本东丽公司合资合作的企业，该公司目前采用美、法、英等国公司的双向拉伸聚酯薄膜生产设备和日本东丽公司的生产技术，年产双向拉伸聚酯薄膜6.5kt，年产值约1亿多人民币，产品主要面向华东地区进行销售，公司现有在职职工150多人，公司拟在未来1～2年间新增聚酯薄膜生产能力20kt。

仪化东丽公司近年来已进行开发的聚酯薄膜新品种主要有涂布膜、电容膜、特种护卡膜等三大类多个规格的品种。近年来该公司在生产经营方面做了大量的工作，取得了较大的成功，随着中国加入WTO，仪化东丽将在现有装置上大力开发具有高附加价值的新产品，同时采用日本东丽公司先进的聚酯薄膜生产技术，扩大公司的生产能力，提高公司整体抗风险能力，强化生产线专业性能，以期获得更大的效益回报。

山东新立克塑胶股份有限公司

山东新立克塑胶股份有限公司（NPC）是潍坊新立克（集团）有限公司与美国鑫富集团有限公司等合资兴建的高档双向拉伸聚酯（BOPET）薄膜生产企业，总投资2 990万美元，位于潍坊高新技术产业开发区。公司一期引进德国布鲁克纳公司具有当今国际领先水平的双向拉伸薄膜生产线，年产8～75μm聚酯薄膜产品13.8kt；二期引进法国DMT公司最新多层共挤双向拉伸薄膜生产线，年产聚酯薄膜15kt。

NPC聚酯薄膜项目为国家级火炬计划项目。NPC是山东省高新技术企业，山东省外商投资先进技术企业。“新立克”牌聚酯薄膜已被列入2000年中国高新技术产品出口目录。

自1997年开始投产以来，NPC开发了在线涂布膜、防伪包装膜、高透明膜等多种型号的聚酯薄膜，在多个行业和用途满足多种客户的需要，并以“新立克”品牌在国内外市场中站稳脚跟。“新立克”牌聚酯薄膜以其优良品质被国家科技部、外经贸部、国家环保总局等五部委批准为国家重点新产品，并通过了美国FDA认证、美国UL认证。

“新立克”牌聚酯薄膜的主要用途包括：真空镀铝、彩色印刷、复合包装、装饰、电气绝缘、电容器、金银丝线、烫金箔、护卡膜、文件保护膜、激光防伪膜、录音录像带基、压感标签/胶带和其他工业用途。

上海化工厂有限公司

上海化工厂有限公司是国家大型一档企业，也是研究开发和生产工业用各类高分子塑料材料历史最久、规模最大的企业，先后开发生产了大量适应用户需求的上海市名牌高新技术产品，1992年被评审认定为上海市首批高新技术企业。并于1995年4月通过了上海质量体系审核中心认证，成为化工部首家通过ISO 9001认证的企业。该企业生产聚酯薄膜已有20多年的历史，目前已形成具有当代先进技术水平的生产规模。

该公司自1969年起开始在自行设计和制造的双向拉伸设备上生产聚酯薄膜，至今已有30多年的历史，期间经历了多期改造，累计自行贷款投资逾1亿多元，产量由最初的0.1kt/年发展到1995年的

6kt/年，薄膜厚度从 50～200μm，设备主要从德国、美国、日本进口。生产的产品品种包括护卡包装用膜、电器绝缘用膜、金拉线用膜、保丽板用膜等 10 大类产品，产品性能卓越可靠，1996～1998 年连续三年被列为上海市名牌产品，其中电器绝缘用膜获美国 UL 认可，1998 年被国家经贸委授予国家级重点新产品证书。

上海化工厂有限公司目前从事聚酯薄膜生产的在职职工为 120 人，产品主要的市场区域为浙江、广东、江苏等省市。

上海紫东化工塑料有限公司

上海紫东化工塑料有限公司的总投资为 5 598 万美元，注册资金为 2 800 万美元。合资方有上海紫江企业集团股份有限公司、日本东锦株式会社、华达企业投资（香港）有限公司、日本三菱重工业株式会社。

公司占地面积 48 743m^2，其中绿化面积达 11 575m^2。公司主厂房采用中央空调系统，常年 25℃恒温控制，已达到 10 万级（食品级）净化标准。

公司的两条生产线年产 23kt 膜，整套设备采用程序化控制，只要通过中央控制的电脑屏幕就能监视和控制近百米长的生产线。主生产线可自动调节、报警，只需 10 人就能进行日常操作，体现了很高的科技含量。三菱重工生产线年产可达到 10kt，生产薄膜厚度为 6～50μm，6 100mm 的宽度可按用户从 100～2 000mm 要求的宽度任意分切或电晕处理。布鲁克纳生产线可提供厚度 8～75μm 的薄膜，其 6 700mm 的宽度可按用户需要在 500～3 300mm 之间进行分切或化学涂布。公司主要产品包括以下几种。

• 101 型包装用聚酯薄膜

101 型包装用聚酯薄膜是一种通用性材料，具有优良的表面性能、阻隔性能、印刷性能、机械性能及良好的尺寸稳定性。广泛运用于包装、印刷、复合等领域。

• 102A 型镀铝用聚酯薄膜

102A 型镀铝用聚酯薄膜是专为镀铝行业而设计的未经涂覆、透明性良好、表面经电晕处理的双轴拉伸聚酯薄膜。具有优良的表面性能、阻隔性能、机械性能及良好的尺寸稳定性等。主要用作镀铝行业的基材。

• 104 型烫金用聚酯薄膜

104 型烫金用聚酯薄膜是采用含硅母切片，改变工艺条件而制得的具有高温下低横向热收缩率的聚酯薄膜，具有杰出的尺寸稳定性、优良的表面性能、阻隔性能、机械性能等。主要用作烫金材料的基材。

该公司投产初期就以“高质量、低成本”作为争取市场份额的重要手段，并积极参与行业竞争和国际竞争，先后通过了德国 TUV 管理服务有限公司认证的 ISO 9002 质量管理体系和瑞士 SGS 通标标准技术服务有限公司、上海环境管理体系审核中心认证的 ISO 14001 环境管理体系。公司薄膜产品国内主要销往华东地区，以江、浙、沪、皖为最多；其次是华南地区。国外主要销往美国、加拿大和欧盟国家。

人才是紫东最根本的资本。紫东公司拥有一流的制膜专家、设备工程专家及优秀的经营管理人才。为适应不断发展的市场需要，公司每年都要将技术骨干送往国外进行专业培训。公司现有员工 245 人，其中 30 岁以下的有 135 人，合理的年龄结构层给整个公司带来了朝气与经验的良好结合。在学历结构上，公司现有 81 人具有大专以上的学历，占员工总数的 1/3。把出色的专业技能、优良的团队合作精神、完善的人性化管理相结合，是紫东拥有辉煌业绩的首要因素。

南京金中达新材料有限公司

南京金中达新材料有限公司由南京中达制膜（集团）股份有限公司（股份代码：600074）与上海申连有限责任公司共同出资组建，为南京中达控股的子公司。

南京金中达新材料有限公司注册资本 1.05 亿元，总资产 2.45 亿元，充分依托南京中达的优势，努力实现集团公司新世纪发展战略中的分工目标。金中达拥有从美国引进多层共挤流延薄膜（CPP）生产线，年产能力 15kt，现一期工程投产年产量达 6.5kt；拥有从法国引进的双向拉伸聚酯薄膜（BOPET）生产线，年产能力 3.5kt。公司产品注册商标为“金中达”牌，产品已销往全国 12 个省、直辖市的 100 多家用户，产品具有优越的性能，广泛应用于食品、金属蒸镀、音像器材、彩色印刷、电子电器绝缘、高强度金拉线、黏胶带、烫金、真空镀铝、复合等纵多领域，成为工业印刷包装材料生产基地之一。公司产品荣获“金牛奖”，已被南京市认定为高新技术产品，产品质量已达到国内同行业先进水平。

公司拥有先进完备的制膜工艺技术和一支强大的敢于创新、新产品开发及经验丰富的技术管理队伍。公司质量管理体系已于 1998 年通过认证中心 ISO 9002 认证，2002 年 7 月通过 ISO 9000：2000 版的认证。金中达员工有 261 人，具有大专以上学历 70 人，其中中级以上职称 15 人。金中达极为重视管理理念和追求优秀的企业文化，务求通过科技创新、科学管理，努力将公司建设成为管理先进、效益良好的优秀制膜企业。

天津万华股份有限公司

天津万华股份有限公司坐落于天津市西青经济开发区，是天津市首批股份制和现代企业制度试点单位，以生产 BOPET 薄膜为主。主要 BOPET 薄膜产品包括包装膜、镀铝膜、印刷膜、电化铝膜、电容器膜、绝缘膜等。公司拥有 90 年代后期引进的德国布鲁克纳公司生产线，处于国内先进水平，年产薄膜能力为 7kt。2001 年产量 6.68kt，销售量 6.615kt，产品销售收入（不含税）10 386 万元；2002 年产量 7.1515kt，销售量 7.8639kt，产品销售收入（不含税）11 036 万元。产品主要销往东北、华北、西南、西北等地区。

南京兰埔成实业有限公司

南京兰埔成实业有限公司成立于 1999 年，是中国包装总公司直属的高科技企业，下辖薄膜制造公司、切片制造公司、化工材料公司、供销公司、科技开发公司 5 个全资和控股公司，公司资产总值 1 亿元，年销售额 2 亿元。主要从事聚酯薄膜、聚酯切片的研发、生产和销售，以及塑料成型（双向拉伸）新技术、新设备的设计与制造三大主导产业。

公司设备精良，人才荟萃，科技领先，管理科学，服务一流。“玉兰”牌系列产品多次荣获“市优”、“省优”称号，是南京市和江苏省“名牌”产品。公司质量保证体系于 1999 年通过中国包装产品质量认证中心 ISO 2002 质量认证。销售网络遍布全国各地，部分产品远销东南亚。公司倡导“求新、务实、奋进、发展”的企业精神，坚持不断改进、不断提高，以促进公司和客户的共同发展，共同繁荣。

公司现有聚酯薄膜生产线 2 条，其中第 2 条自主开发的 3 层共挤生产线于 2002 年 3 月建成投产，总年生产能力为 9kt，预计第三条自行设计的新线将于 2004 年底建成投产，届时公司的总年产能将达到 16kt。公司主打产品包括护卡膜、绝缘膜、胶带膜、包装膜、高强膜、复合膜、印刷膜、反光膜、玻璃钢脱膜、阻燃膜、可热封环保型聚酯薄膜。这些产品的性能指标达到或超过同行先进水平，具有雾度低、挺度高、稳定性好、强度大的普遍特点，产品厚度范围覆盖 10～100μm 之间，宽度和长度可按客户要求任意分切。这些产品广泛应用于复合包装、印刷、真空镀铝、金拉线、热烫印箔、感光胶片、录音录像带、电容器介质、装饰材料、绝缘材料等众多领域。

随着中国经济的不断发展，公司计划用五年时间实施企业再造，逐步发展成为业内知名度较高、信誉较好、规模较大的高科技集团公司，目标是总资产达到 3 亿元，主营业务收入 5 亿元，聚酯薄膜生产线以差异化工艺手段、多领域适用性能、高环保技术含量的特点形成多元化、系列化格局，聚酯切片逐步转型成为新型应用化工材料的孵化器，打造塑料成型（双向拉伸）新技术、新设备设计与制造市场的国际品牌。

杭州大华塑业有限公司

杭州大华塑业有限公司是国内较早从事聚酯薄膜开发、经营的中港合资企业，公司拥有两条从日本引进的双向拉伸生产线，生产 12～100μm 的各类聚酯薄膜。近年来，公司的多项新产品被国家科技部、质量技术监督局等确认为国家重点新产品，并成为了我国最大的特种聚酯薄膜开发生产基地。

公司主要产品如下：

① 普通聚酯薄膜　广泛应用于胶带、护卡、标牌、装饰材料、印刷及各类包装；

② 强化聚酯薄膜　高强度、低延伸，纵向拉伸强度可达 300MPa，适用于香烟等包装的拆封拉线；

③ 有色聚酯薄膜系列　包括白色、黑色、蓝色等，内添加法生产，色泽均匀持久。

【新产品开发】

2001～2002 年期间，国内双向拉伸聚酯薄膜行业顺应市场发展需求，为满足国内外客户对薄膜产品在质量和性能上的新需求，开发出了以下新产品。

1. 在线预处理膜（涂覆膜）

由佛山杜邦鸿基薄膜有限公司首先开发出来的该产品通过在双向拉伸聚酯薄膜生产过程中对膜面进行化学处理来增强其与金属或油墨的附着力，从而解决了长期存在的薄膜表面与金属或油墨附着力差而产生的金属脱落或油墨脱落的问题，因而大大提高了下游产品的品质。

继 2000 年成功开发出首批在线涂覆膜后，2001～2002 年间佛山杜邦鸿基薄膜有限公司不断推陈出新，相继开发了以下产品：

① 镀铝应用的复纸镀铝基膜、高亮度涂覆基膜以及增强型镀铝基膜，即使在潮湿环境下仍然具有高剥离、耐温、复卷好、高亮度、高阻隔等优良性能；

② 复合印刷应用的双面处理印刷基膜、反光印刷基膜（应用于反光广告，油墨附着力极佳）、LDPE 挤出复合基膜、双面涂覆印刷基膜；

③ 激光防伪应用的高亮度激光基膜；

④ 货币防伪应用的专用涂覆载体膜。

2. 超薄型电容器专用薄膜

由佛山杜邦鸿基薄膜有限公司开发的超薄型薄膜厚度已可达到最薄仅为 3.5μm，本产品填补了国内空白。由于该产品具有的体积小、耐压高、损耗小、容量大等优良性能，非常适合用于高档电容器介质。该产品符合 IEC 质量标准的高要求。

3. 高阻氧膜

佛山杜邦鸿基薄膜有限公司开发出了高阻氧膜，其阻氧效果可达到BOPA薄膜的效果，可应用于对氧气及水有阻隔要求的产品，如榨菜等食品的包装等。

4. 全透明聚酯薄膜

上海紫东化工塑料有限公司成功开发了106型全透明聚酯薄膜，该产品是采用特殊PET改性树脂切片而制得的低雾度、高透光率薄膜，主要应用于全息激光防伪标牌、高档商品的开窗式包装等领域。可根据客户要求对产品进行单面或双面电晕处理。此产品与上海交通大学纳米中心联合开发成功，被国家科技部等部委授予2002年国家级重点新产品称号。

5. 亚光聚酯薄膜

由杭州大华塑业有限公司新开发的亚光聚酯薄膜外观半透明、低光泽，镀铝后具有极佳的亚光效果，主要用于印制标牌及高档商品的包装；另该产品还具有特殊的表面结构，用于转印载体，可使被转移表面产生亚光效果。

6. 纳米复合聚酯薄膜系列

杭州大华塑业有限公司经过深入的研究开发，成功研制了纳米复合聚酯薄膜系列，包括纳米复合高光泽透明聚酯薄膜、纳米复合高阻隔聚酯薄膜、纳米复合耐热聚酯薄膜等品种，分别具有低雾度、高透光、高光泽；极好对氧气、水蒸气的阻隔性和耐高温性能，使其在不同的场合得到应用。

【存在的问题】

1. 规模效应方面

中国的BOPET行业在90年代初才开始蓬勃发展，大部分现有企业生产规模仍然较小，效率不高。但自2001年以来，国内聚酯薄膜行业产能迅速增长，产能增长速度远超过需求增长，极有可能引发以下问题。

• 产能增长过快，将导致国内聚酯薄膜市场供过于求

预2002～2004年期间国内新增产能将超过100kt，比现有产能将近翻一番，而国内市场需求的增长无法与产能增长同步。预计到2004年新增产能集中投产之时，必将对国内市场造成巨大冲击。一旦国内市场出现供过于求的现象，很容易引发市场的低价无序竞争，进入聚酯薄膜行业的新投资者在生产线投产之时或运作不久后就必须面临严峻考验。供过于求将导致各生产线不能满负荷运作，直接影响企业的效益和投资回报。此外，产能增长过快对国内聚酯薄膜产业整体发展也极为不利，因此国内聚酯薄膜行业需要清楚意识到过热投资BOPET项目的潜在风险。

• 新增产能较为分散，不利于国内聚酯薄膜行业形成规模效应

虽然自2001年开始国内有相当部分的企业投资新增聚酯薄膜生产线，国内聚酯薄膜整体产能增长迅速，但由于大部分生产企业的发展规模都仅局限于1～2条大型生产线，产能较为分散，不利于国内聚酯薄膜行业形成规模效应，缺乏与国际大规模生产企业抗衡的国际竞争力。如何有效结合和利用国内聚酯薄膜现有和新增产能是值得产业深思的问题。

2. 产品结构方面

目前国内大多数BOPET生产企业的产品结构仍然是中低档产品偏多，高技术含量和高附加值产品所占比例较低，因而造成国内市场上大部分高档产品仍需依赖进口的局面。目前我国聚酯薄膜市场的热点集中在三个领域——包装、印刷和电气绝缘，其中以包装应用领域的需求量最为突出，国内现有万吨级生产线和其他年产能在5～10kt之间的生产线绝大部分都以生产包装用基膜为主，而潜在的高附加值电子和IT工业的高档超薄型聚酯薄膜大部分依赖进口，此外，超厚250μm的电机马达绝缘膜亦大部分依赖进口。产生这种问题的因素，首先是原料供应（聚酯光切片/含添加剂母料）的品种单调，国产原料与进口原料的质量存在差距；其次是生产设备的技术含量不够。目前国内最大的BOPET生产企业佛山杜邦鸿基薄膜有限公司一直致力于完善公司产品结构，经过几年的研究开发，杜邦鸿基已能生产用于印刷和镀铝的高档预处理膜、货币防伪载体膜、高品质的超薄型电容膜、触摸开关膜等高档产品，产品结构更为合理和优化。为满足国内市场快速增长的新需求，国内聚酯薄膜行业各生产企业亦正在积极采取措施，务求改善现有产品结构较为单一的局面。

3. 市场环境

自2000年8月底国内BOPET行业成功获得对来自韩国的低价聚酯薄膜反倾销终裁后，国内市场秩序有所好转，市场需求增长迅速。但市场仍需警惕来自国外的经“改头换面”或经其他各种非正常渠道倾销到中国的低价聚酯薄膜，以防国外低价聚酯薄膜再次扰乱国内聚酯薄膜市场正常秩序。

【发展趋势】

随着中国加入世贸，中国聚酯薄膜市场将不断国际化，很多国外知名大型企业已逐步将生产基础转移到中国，这是国内聚酯薄膜生产企业难得的机遇。但同时关税的降低和市场的全面开放将使国内市场竞争更趋激烈。

根据目前行业存在的问题以及展望未来中国BO-PET行业的发展，预计未来聚酯薄膜行业的发展趋

势大致如下。

① 国内聚酯薄膜生产企业的产权正在发生变化，预计目前仍是国企占主导地位的局面将很快转变为以民营企业、上市公司和中外合资企业为主的产权格局。产权变化将使各聚酯薄膜生产企业更灵活地参与市场竞争，提升国内聚酯薄膜产业的整体竞争力，进而促进国内聚酯薄膜行业的健康发展。

② 国内聚酯薄膜市场将继续保持快速增长，其中广东与华东市场的需求增长仍然强劲，而与此同时西南市场发展迅速，将成为另一发展潜力看好的市场。

③ 预计在未来几年包装应用仍将在国内聚酯薄膜市场需求中占主导地位，此外，随着更多的大型跨国企业将生产基地转移到中国，国内市场对具高附加值聚酯薄膜产品（特别是更多应用于特殊用途的薄膜）的需求增长迅速。

④ 国内新增产能增长迅速，需要更好地引导国内聚酯薄膜生产企业和新投资者在 BOPET 项目上的过热投资行为，避免重复建设，在以市场需求为导向的基础上保持国内总产能的适度增长。若非以市场需求为前提而导致国内产能过快增长，将最终导致国内市场供过于求，从而直接影响各生产企业的经济效益，更不利于国内聚酯薄膜产业的整体健康发展。

⑤ 在保持总产能适度增长的同时，顺应市场需求，着重于高科技含量和具高附加值产品的研究开发与市场化，增加对新技术研究和新产品开发的投入，建立企业的技术开发中心。

⑥ 加快产品结构调整的进程，使产品结构多样化、合理化，以满足客户不同的需求。

⑦ 与上游原料供应商共同合作，开发生产高附加值聚酯薄膜的原料。

⑧ 进一步推广聚酯薄膜的环保功能，努力推动聚酯薄膜在其他新兴领域的应用。

（中国塑料加工工业协会 BOPET 专业委员会　张福培）

双向拉伸聚丙烯薄膜

【行业现状】

1. 双向拉伸聚丙烯薄膜（BOPP）行业的发展与现状

建国以来，我国的塑料加工工业经历了从无到有，从小到大的迅速发展过程。改革开放以后，我国塑料加工工业的年平均增长速度的百分数更是达到了两位数，远远高于世界平均增长速度。我国 BOPP 薄膜起步于 20 世纪 80 年代，到 1985 年全国只有佛山、广州、北京、燕山 4 条 3～6kt 低速线，年产能力只有 18kt；BOPP 薄膜是新兴的包装材料，以其质轻、透明、无毒、装潢美观和“适用性、经济性”适合我国国情等特点，被誉为“包装皇后”，市场前景十分广阔。

1988～1989 年进入“成长期”，到 1990 年全国发展到 17 个 BOPP 工厂、21 条低速生产线，年产能力达到 80kt，5 年间增长 4.4 倍；1997～1998 年我国 BOPP 行业进入第二个产能扩张高峰期，同时 BOPP 技术创新取得突破性进展，年产 15kt 高速线广泛应用，到 1998 年全国共有 43 个 BOPP 工厂、60 条生产线，年产能力突破 400kt，8 年间增长 5 倍，成为我国经济增长的“亮点”行业之一。

在“市场与效益”和宽幅、高速生产线科技优势的吸引下，2002～2003 年我国 BOPP 进入第三个产能扩张高峰期，据调查统计：2002 年末，全国 BOPP 厂家达到 56 家、92 条生产线，年产能力约 960kt；到 2003 年末，全国 BOPP 厂家将达到 76 个，121 条生产线，年产能力 1 400kt，比 2002 年增长 60%。但，据预测，2003 年全国 BOPP 需求量只有 800～900kt。由此可见，产能的增长远远大于需求增长，供求矛盾将不断扩大，而供大于求的局面将导致价格竞争压力不断增大。

2. 技术水平及新产品开发情况

目前国内拉伸薄膜行业与国际先进水平相比，有着明显差距，首先，就行业整体技术装备水平来看，我们的生产企业过多依靠购买、引进外国技术及装备，而我们自己的发展、创造却很少。另一方面企业的技术水平参差不齐，设备主要依靠进口，大部分为八、九十年从国外引进的生产线，新产品开发整体水平不高，新产品品种发展不平衡，新产品开发总体水平较慢。

最近 BOPP 薄膜行业中开发出来的较能代表行业先进水平及附加值较高的新产品主要有如下：

新产品名称	研发单位
香烟包装用高光泽耐磨 BOPP 薄膜	佛山塑料集团股份有限公司
“真彩”系列浅网版印刷 BOPP 薄膜	佛山塑料集团股份有限公司
“亮丽”系列高光泽 BOPP 标签膜	佛山塑料集团股份有限公司
BOPP 镭射基膜	佛山塑料集团股份有限公司 湖北云梦塑料薄膜厂
激光刻画香烟包装用 BOPP 防伪薄膜	海南塑料包装材料公司

3. BOPP 薄膜行业情况

(1) 生产能力及市场需求

BOPP 产品虽然占据着我国拉伸薄膜行业绝大部分的市场，但其新产品发展较慢，产品品种变化不大，产品的类型主要有普通薄膜、珠光薄膜、覆书薄膜、热封薄膜、收缩薄膜、电容器薄膜等几大类。按用途分，则大致可分为印刷复合、香烟包装、胶黏带等几大类。其中用量最大的是印刷，约占总量的 60%。

据有关资料显示，2002 年全球 BOPP 薄膜产销量约为 4 000kt，预计到 2010 年增长到 6 000kt。其中：日本、西欧和北美等发达地区平均年需求增长率为 4%～5%，亚洲、澳大利亚、拉丁美洲和东欧等发展中地区平均年增长率约为 7%～8%，而中国的平均增长率将达到 10%以上（13%～15%）。

目前 BOPP 需求量最大的地区是亚洲和澳大利亚（占世界总需求量的 31%），其次是西欧（22.8%）、北美（19.8%）、日本（10.2%）、拉丁美洲（5.5%）、东欧（3.2%）、其他地区（7.5%）。

据统计，2002 年末，中国 BOPP 厂家达到 56 家、92 条生产线，年产能力约 960kt。估计，2003 年末，全国 BOPP 工厂将达到 77 家、117 条生产线，年产能力 1 400kt。其中 15～25kt 高速宽幅生产线 42 条，年产能力 995kt，占总量的 71%，而大线适应大批量、大路货的普通膜生产，而对超薄型、小批量的特种膜较难排产，已导致品种、结构的严重失衡，拉动了价格的下滑，从而引发了多方面的不良效果。随着国内快速的高产能扩张，以及加入 WTO 后来自国际的激烈竞争，BOPP 企业将面临更大的挑战。

(2) 设备及技术水平状况

我国的 BOPP 设备主要还是依靠进口，从 80 年代初期开始从国外引进大型的 BOPP 薄膜整套生产设备，到 90 年代初逐渐有部分辅助设备由国产代替，但主要设备还是依靠国外引进。引进的设备主要以日本三菱重工和德国布鲁克纳为主，此外，还有法国和少量美国设备。据统计，我国目前共从德国布鲁克纳公司引进的 BOPP 生产线超过 40 条，占总数的 50%以上。从 1993 年开始，我国引进的生产线都以中、高速为主，生产能力 8～15kt/a；估计，大型、高速、专业化将是今后引进生产线的发展趋势。

近年来，BOPP 薄膜行业发展迅速，产量的增长尤其迅猛，但整体技术水平与国际先进水平尚存在一定差距，技术及装备方面过多依靠购买、引进，依靠自身力量进行的创造、改良很少。行业产品品种发展不平衡，市场消费档次偏低，高技术含量的产品发展较慢，中低档产品市场竞争激烈。

(3) 生产线地区分布情况

我国的 BOPP 生产存在着企业规模大小不一，生产线地区分布不平衡的特点。企业年产能力从 1 000多吨到几万吨不等。生产线主要集中在南部和东部等发达地区，如广东、浙江、江苏、河北、安徽等省份；而山西、陕西、西藏、内蒙等西北省份还是空白。据调查统计，我国年产 20kt 以上包装薄膜的大型企业有 10 家，其中 8 家在沿海地区。由于全国正处于 BOPP 产能扩张的高峰期，预计 2003 年全国平均开机率仅为 71.4%左右。

全国 BOPP 生产线地区分布情况

项　目	生产线/条	生产企业/家	年产能力/t	所占比例/%
华南地区	36	17	340 080	37.84
华东地区	31	21	370 000	41.18
华北、东北	13	11	100 440	11.18
中西部地区	12	7	88 000	9.8
合 计	92	56	898 520	100

【重点企业】

佛山塑料集团股份有限公司

佛山市塑料集团股份有限公司是一家上市企业，主要生产经营各种塑料薄膜和片材、人造革及塑料编织复合材料等三大系列产品，为现代工、农业以及现代科技、交通通讯领域提供新型材料的高新技术企业集团。自 1992 年以来，公司的工业总产值、总产量、销售收入、利润、出口贸易额和全员劳动生产率、人均利润等主要经济指标均居全国前列，成为中国塑料加工工业的“排头兵”。自 1992 年以来，连续多年公司多项经济技术指标名列国内同行第一。1996 年被国家经贸委确定为全国 512 家重点扶持的大型企业之一，被广东省政府列为重点扶持发展的 70 家大型企业集团和建立现代企业制度试点企业之一，1997 年 10 月被国家科委认定为全国 66 家“国家火炬计划重点高新技术企业集团”之一，1997 年被广东省经委列为首批 19 家省技术创新优势企业之一。2000 年 2 月被广东省政府确定为 50 家工业龙头企业中惟一的战略产业类新材料企业。2000 年 5 月 25 日，佛塑股份 A 股在深圳证券交易所挂牌上市。2002 年 3 月，公司被广东省科技厅评为广东省科技工作先进集体。2002 年 9 月，公司被广东省质量协会授予广东省质量效益型先进企业特别奖称号。2002 年，佛山塑料集团实现产值约 49 亿元，产量约 270kt，销值约 44 亿元，经济效益良好。

经过多年的技术创新和技术进步，不断调整优化企业的产品结构，公司已发展成为以大规模生产开发高技术新型材料为基础、资金和技术密集程度较高的专业化企业，其主要产品有双向拉伸薄膜（包括BOPP、BOPET以及BOPA薄膜）、PVC人造革、各类塑料片材和宽幅塑料编织复合材料。主要生产设备和工艺技术已达到国际90年代先进水平，其中双向拉伸工艺技术和设备更代表了我国当代塑料加工行业的先进水平。

双向拉伸聚丙烯薄膜（BOPP）是公司较早开发的新产品，因其优良的防潮性、高透明度和相对低的成本，成为复合软包装行业的最主要基材产品，之后又先后开发了BOPET（双向拉伸聚酯）薄膜、BOPA（双向拉伸尼龙）薄膜和CPP（流延聚丙烯）薄膜，形成了较完整的塑料包装材料产品体系。通过近10年的不懈努力，以上薄膜产品已成为该公司在塑料包装市场领域的主导产品，其中BOPP膜的生产经营已达到130kt，国内市场占有率约13.5%；BOPET薄膜国内市场占有率23%；国家级新产品BOPA薄膜目前是国内独家生产，市场占有率达60%。

为了在激烈市场竞争中继续保持公司在技术进步和产品结构上拥有的优势，该公司在不断扩大产量、规模的同时，根据市场需要，在完善和优化现有主导产品的同时，不断开发、培育新产品、新品种。如在通用型BOPP膜的基础上，先后开发了消光型BOPP薄膜、珠光型BOPP薄膜、电力电容器用BOPP粗化薄膜、金属化型电容器BOPP薄膜、覆书型BOPP薄膜、热封型BOPP薄膜、热封型BOPP收缩薄膜、金属化型BOPP薄膜以及高适性香烟包装薄膜等一系列高附加值产品；在BOPET方面，先后开发了触摸开关BOPET薄膜、超薄型BOPET电容膜、烫金基膜、强化膜、护卡膜等，成为电子、医药行业的特种工业材料；BOPA薄膜和透明宽幅塑料编织农用大棚膜则是公司通过自身科技力量，在引进技术基础上进行消化吸收和创新所取得的两个重大成果。

为了加大技术创新的力度，佛山塑料集团股份有限公司设立了广东省级重点技术开发中心，开发出多种高新技术产品，建设全行业首条多功能试验线，并且与中国科学院研究所、北京化工大学、中国科学院南海海洋研究所、华南理工大学、成都科技大学等研究机构和高等院校进行共建研究开发中心、多种专题攻关和协作，提高技术创新能力。

此外，为了实现低成本、跨地域扩张的战略布局，该公司还在无锡、河北、湖北、成都、宁波、山西、广西等地成立分公司或合资企业，陆续把部分高成本的产品转移到成本低的地区生产，大大提高了竞争力。

【行业及专委会活动】

中国塑料加工业协会拉伸薄膜专业委员会于1999年4月在北京成立，有49个单位参加了会议，会议选举产生了佛山东方包装材料有限公司（现佛山塑料集团股份有限公司）为理事长单位。会议除了进行技术交流、行业热点问题讨论之外，还对专委会应开展的工作达成了包括企业间就价格问题交换意见、加强产品标准化工作以及行业统计信息工作等几点共识。

根据会议精神，行业统计信息工作主要由理事长单位组织进行，每个季度进行一次产品产量统计，每季度的第一个月由各生产厂家向理事长单位报上一季度的产量，理事长单位统计汇总后将统计情况反馈给各成员单位。这项工作持续了1年多，后由于种种原因暂停。

行业内，除上述工作之外，还有一些有组织、有规模的行业活动在广泛开展。

1999年，国内BOPP产量快速增长、国外走私膜大量涌入，市场竞争异常激烈，国内的BOPP企业为了抢占市场份额，竞相跌价销售，市场秩序混乱，BOPP企业面临全行业亏损。在这样的背景下，在佛山东方包装材料有限公司（现佛山塑料集团股份有限公司）、广州宏铭等BOPP企业的倡导下，广东省BOPP行业信息交流会率先成立。本着加强行业的自律性，保持行业良性有序竞争、共同发展的原则，BOPP行业信息交流会议自1999年6月起至今一般情况下每月召开一次，逢年过节等特殊情况时，两个月召开一次。参加单位由最初的四家、八家，增加至数十家，范围也由省内扩展至华东地区，到2000年初，全国的主要BOPP企业基本上都参加了BOPP行业信息交流会。行业信息交流会主要是针对国际、国内原油、原料行情，BOPP薄膜行情及市场走势，企业备品备件情况以及中间商、下游企业库存情况等进行交流、商讨。2002年共召开信息交流会12次，其中全国性的会议3次。

BOPP行业信息交流会的性质属于松散型的行业活动，但却为企业提供了一个信息交流、取长补短、加强合作、共谋发展的舞台，对发挥行业整体协调，维护市场秩序、规范市场运作起到重要的指导作用。

【存在的问题】

（1）高技术含量、高附加值的产品比例偏低，而在大路货产品方面市场竞争日益激烈。

（2）近期生产能力迅速增长，远超出需求增长速度，从2002年下半年开始，近年投资的大型生产将陆续投产，供过于求日趋严重，开机率将会大幅下降，企业效益将会下滑。

(3) 原材料方面，高性能要求的产品原料，国产原料与进口原料的质量仍有差异，国产原料在产品品种方面也与国外有较大差异。

【发展方向】

行业未来的发展方向，在企业竞争方面，由于市场竞争的日益激烈，加之国家进入 WTO 后，目前生产企业小而分散的状况预计将会逐渐改变，企业的重组、兼并将会增多。在产品结构方面，今后各企业将会加大新产品开发的力度，产品种类将会按市场需求更加细分及专用化。例如具有高阻隔性、环保性、特别装饰性、适合高速自动包装等性能的新产品，将会成为产品今后的发展方向。

[中国塑料加工工业协会双向拉伸聚丙烯薄膜(BOPP) 专业委员会　吴耀根、郑少华、欧梅]

人造革合成革

【行业现状】

自改革开放以来，我国的人造革合成革行业增长速度迅猛，遍布全国，已经发展成为人造革合成革的生产大国，也将成为许多省、市地区的经济支柱产业。2001 年本行业的主要企业数是 13 家，所从事人造革合成革的职工平均人数为 3 700 人，2001 年行业以 13 个主要企业统计，所完成的工业总产值（现行价）为 21.7981 亿元，比上年同期增长了 8.29%；创人造革产品总产值（现行价）为 7.0780 亿元，比上年同期减少了 10.05%；产品的销售收入为 23.2281 亿元，比上年同期增长了 13.25%；人造革产品的销售收入为 6.9856 亿元，比上年同期减少了 9.44%；塑料制品总产量为 91.141kt，比上年同期减少了 12.84%；人造革制品的总产量为 8 762.97×10^4m^2，比上年同期减少了 14.70%；其中 PVC 革为 7 752.33×10^4m^2，比上年同期减少了 15.60%；PU 革为 1 098.00×10^4m^2，比上年同期增长了 4.65%；人造革制品出口总产量为 1 348.15×10^4m^2，比上年同期增长了 36.72%；其中 PVC 产品出口为 1 254.40×10^4m^2，比上年同期增长了 36.45%；PU 革出口为 92.10 × 10^4m^2，比上年同期增长了 39.33%。

【专委会活动】

1. 召开行业第四届九次理事会

2001 年 11 月 2 日在广州市召开行业第四届九次理事会，出席四届九次理事会的理事厂有 11 家，代表 22 人，四届九次理事会有幸邀请到中国塑料加工工业协会廖正品理事长及中国塑协经济信息交流站的邹鉴清秘书长参加，四届九次理事会在人造革专业委员会理事长沈士华同志的主持下召开，会议由以下几个内容。

① 首先由各理事厂之间进行相互交流；代表们在热烈和友好的气氛中畅所欲言，在当今改革开放的年代里，国内人造革市场面临着越来越激烈的竞争，在竞争中有一些面临瘫痪的厂经过重组、改革等已焕发了青春，例如徐州一建集团宏源塑胶股份有限公司在实行股份制一年多来，取得了较好的效益。有的理事厂代表介绍了他们机构在改革中的经验，也提出了自己公司的发展方向，例如：辽源佳林造革有限责任公司有计划有措施为提高产品的质量，争取在两年多时间内彻底改善设备，这也是提高产品的质量和档次必不可少的一部分。代表们也交流了人造革行业除了机制的改革、调整，也有人造革产品的结构调整，以往有的产品寿命短，因为变化大，如何在调整中求得发展，是放在许多人造革厂家面前的首要任务。

② 理事会讨论了本次年会的内容安排，推荐烟台万华集团公司、徐州一建集团宏源塑胶公司、湖南安塑集团公司和石家庄第一塑料厂机械研究所在年会上介绍经验。

③ 理事会讨论了两家企业入会的申请，他们分别是中外合资东莞华美人造革厂有限公司和江苏锡山市前洲印纺机厂，经过热烈的讨论，代表们一致同意以上两家厂加入到人造革专委会中来，使人造革专委会增添了新生力量。

④ 理事代表对人造革专委会提出了许多宝贵意见，行业协会是基层和政府机构的重要纽带，在加入 WTO 以后，更需要沟通信息，协会应提供有用的信息，多收集国内外的信息，召开技术交流会，使协会有一定的吸引力和生命力。

⑤ 理事会讨论了明年年会的时间、地点，辽源佳林造革有限责任公司的潘国立董事长期望协会在做好大量信息工作的基础上，明年年会在长春开，他们自告奋勇当好东道主。

2. 召开 2001 年度人造革合成革专委会年会

2001 年 11 月 3～5 日在广州市召开 2001 年度行业年会，本次年会由副理事厂北京塑料三厂的冯庶君厂长主持。会议的主要内容为：

① 广东省二轻工业集团公司副总经理欧阳志鸿致欢迎词；

② 东道主单位广东省塑料、皮革总公司符岸总经理介绍了广东省塑料、皮革工业以及花都市有关人造革市场的详细情况；

③ 人造革专业委员会沈士华理事长作 2001 年度

人造革专委会工作报告；

④ 中国塑料加工工业协会廖正品理事长详细介绍了当今塑料加工工业中的重要组成部分——人造革加工工业的现状和发展趋势；

⑤ 湖南安塑集团公司周长清副总经理讲话，周副总详细介绍了该公司的发展史以及如何开发新产品，提供市场需求的先进经验；

⑥ 烟台万华集团公司徐郁文工程师详细介绍了该公司的新产品开发情况，该公司的多种产品获国家级奖；

⑦ 徐州一建集团宏源塑胶公司张洪元经理详细介绍了该公司如何从一个破产的厂在较短的时间内经过改制恢复了生产，并且取得了良好的效益；

⑧ 中国塑料加工工业协会经济信息交流站邹鉴清秘书长讲话，邹秘书长详细介绍了我国加入 WTO 对塑料加工行业的影响，分别从以下几个方面阐述：

a. 我国塑料加工行业现状；

b. 我国塑料制品行业与国外同行业的差距；

c. 加入 WTO 对塑料制品行业的影响和初步建议；

d. 加入 WTO 后的有利因素和不利因素以及对策略初探。

⑨ 特邀单位上海三泰橡胶厂刘智明经理介绍该厂的有关产品。

年会在东道主单位的精心安排下，11 月 5 日代表们参观了广东省花都区的皮革市场，代表们到达花都区，受到当地领导的热情接待，并召开了花都区情况介绍大会，当地的骆区长发表了热情洋溢的讲话，详细介绍了花都区近年来的大变化，尤其是花都区的皮具城，是当今国内最大的人造革市场，为人造革生产企业提供了大市场。

3. 经济信息交流工作

① 2001 年 1～12 月的人造革产品经济技术指标汇总工作。

② 出版第十三期《人造革简讯》。

【重点企业】

2001 年本行业重点企业分别是烟台万华合成革集团有限公司、湖南安塑股份有限公司、佛山塑料集团股份有限公司双龙分公司、中国南通华丰有限公司、上海益昌塑胶厂、福建宏明塑胶股份有限公司等，具体主要经济技术指标见附表。

【新产品开发】

① 湖南安塑股份有限公司的湿法 PU 透气革，该生产线被确定为全国 4 个人造革高新技术发展基地之一，意味着我国已经能够完成自主研制这种高科技产品，而且还成功实现了大规模的产业化开发，而且公司将由此突破传统产业，极大提高企业发展的核心竞争力，也由此基本确立了人造革行业的主要地位。

② 烟台万华集团公司研制开发的超细纤维合成革，由于用到现代的高新技术，且需要精密的仪器，设备和严格的工艺控制，最初世界上只有少数几个国家的几个公司可以生产，并且垄断着生产技术，但 20 世纪 80 年代末，90 年代初超细纤维合成革技术和产品在我国得到飞速发展。特别是以烟台万华超纤股份有限公司为代表的超细纤维合成革技术和产品，在国内首先研制出并产业化的束状超细纤维合成革以其柔软、轻便、高物性、高仿真等性能备受人们的青睐，引领中国高档合成革产品赶超世界先进水平的步伐。

③ 上海益昌塑胶厂通过近几年的技术创新工作。新产品开发的速度和力度明显加快，产品的技术水平也得到了提高。该产品研制开发并获得国家重点新品计划项目《透气型轿车门板复合装饰革》该产品是汽车装饰材料，由 PVC 等材料于压延及前后处理设备加工而成。产品配制优选特性和改性材料，自行研制透气加工设备，产品工艺工装、检测手段完善，具备产业化条件，其主要特性是：

a. 采用自行研制激光打孔设备和特制原材料产品具有高强度、透气性能及低排放性能；

b. 采用在压延复合新工艺制成一种新型的高分子合金材料；

c. 由于使用联合研制新材料，具有花纹保持性和表面抗划痕性，外观上可制成各类仿真图案，即加工范围广；

d. 具有国际竞争能力，应用汽车装饰领域，促进我国汽车工业迅速提高。

总之透气型轿车门板复合装饰革的开发成功，推动了我国汽车工业、化学工业及纺织工业的发展，在全球经济一体化中，利用行业的有机联合通过技术创新，开发具有高技术含量的产品，来增加和参与国际市场竞争力。

【存在的问题】

随着改革的深入发展和加入 WTO 后，行业存在的许多问题明显地暴露出来，我国人造革合成革行业的总体水平与发达国家相比还有相当大差距，具体表现在以下几个方面。

1. 产品结构不合理

具体表现为产品单一，中低档产品偏多，高档与缺门配套产品较少；通用技术产品多、高质量、高技术、高附加值产品少等诸多问题。

附 表

序号		1			2			3			4			5			6		
单位		烟台万华合成革集团有限公司			湖南安塑股份有限公司			佛山塑料集团股份有限公司双龙公司			中国南通华丰有限公司			上海益昌塑胶厂			宏明塑胶股份有限公司		
项目	计量单位	本期实绩	去年同期	同期比/%	本期实绩	去年同期	同期比/%	本期实绩	去年同期	同期比/%	本期实绩	去年同期	同期比/%	本期实绩	去年同期	同期比/%	本期实绩	去年同期	同期比/%
一、产品销售收入	万元	119110	84297	41.3	13260	13389	−0.96	40458.06	38366.54	5.15	8954	10706	−16.4	6050	5941	1.8	15097	17191	−12.2
其中：人造革产品销售收入	万元	8024	7009	14.5	9701	10041	−3.39	13807.29	15029.69	−8.13	8954	10706	−16.4	2403	3063	−21.55	3642.8	5216	−32.7
二、利润总额	万元	5034	1257	300	1711	2619	−34.67	2050.93	1796.33	14.17	239	398	−39.9	33	11	200	5.8	4	45
其中：人造革产品利润总额	万元	370	106	249	1270	2302	−44.83	−37.18	−136.20		239	398	−39.9	13	6	116.7			
三、利税总额	万元	11547	5536	108.6	2260	3513	−35.67	3442.47	3124.07	10.19	583	829	−29.7	191	101	89.11	314.6	496	−36.6
其中：人造革产品利税总额	万元	849	460	84.6	1659	3005	−44.79	502.45	548.92	−8.47	583	829	−29.7	76	52	46.15			
四、出口商品交货总额	万元	4367	2422	80.3				4450.26	6498.47	−31.51	322	763	−57.8	0	0		1900		
其中：人造革产品出口商品交货总额	万元	3045	1440	111.5				3556.43	4185.59	−15.03	322	763	−57.8	0	0		1258.3		
五、工业总产值(90不变价)	万元	105911	78720	34.5	13309	12506	6.42	40730.9	38782.50	5.02	10214	11360	−10.1	8928	8998	−0.78	16189.2	17596	−8
其中：人造革产品工业总产值90不变价	万元	8328	7463	11.6	8064	8189	−1.53	15947.00	17297.52	−7.81	10214	11360	−10.1	3546	4639	−23.56	7745	8639	−10.3
六、工业总产值(现行价)	万元	103031	79773	29.2	17247	15952	8.12	40367.40	38003.70	6.22	8476	10184	−16.8	6040	6062	−0.36	14270	15907	−10.3
其中：人造革工业总产值(现行价)	万元	8524	6865	24.2	10195	10675	−4.50	14251.84	14825.88	−3.87	8476	10184	−16.8	2399	3125	−23.23	4329	4773	−9.3
七、固定资产净值平均余额	万元	69200	88303	−21.6	15815	8178	93.38	12114.95	12490.64	−3.01	1841	2016	−8.7	2349	2566	−8.46	6429.5	7034	−8.6
八、流动资产平均余额	万元	85471	69300	23.3	50098	38616	29.73	35366.52	41398.96	−14.57	4215	4999	−15.7	4012	4228	−5.1	13518.7	13620	−0.7
九、产成品存货	万元	4918	6421	−23.4	1243	1302	−4.53	3923.67	3847.54	1.91	156	292	−46.6	165	2700	−93.9	2009.6	2193	−8.4

续表

序号		1			2			3			4			5			6		
单位		烟台万华合成革集团有限公司			湖南安塑股份有限公司			佛山塑料集团股份有限公司双龙公司			中国南通华丰有限公司			上海益昌塑胶厂			宏明塑胶股份有限公司		
项目	计量单位	本期实绩	去年同期	同期比/%	本期实绩	去年同期	同期比/%	本期实绩	去年同期	同期比/%	本期实绩	去年同期	同期比/%	本期实绩	去年同期	同期比/%	本期实绩	去年同期	同期比/%
其中：人造革产成品存货余额	万元	2264	1522	48.8	698	467	49.46	1411.07	1705.07	—17.24	156	292	—46.6	66	1392	—95.3	821	952	—13.8
十、职工平均人数	人	5067.	5387	—5.9	888	970	—8.45	1091	1002	8.88	368	420	—12.4	422	443	—4.7	833	898	—7.2
其中：人造革职工平均人数	人	780	790	—1.3	417	454	—8.15	453	501	—9.18	368	420	—12.4	244	257	—5.1	161	170	—5.3
十一、人造革单耗：1. PVC 革单耗	公斤树脂/万平方米				3370	3560	—5.34	2545.34	2506.58	1.55	2753	2657	3.6				1183	1226	—3.5
2. PU 革单耗	公斤树脂/万平方米				4304	4235	1.63												
十二、塑料制品总产量	吨	1030	679.9	51.5		8268		41912.01	38119.00	9.95	6890	6946	—0.8	4828	4612	4.7	16277	17776	—8.4
其中：人造革制品总产量	万平方米				776	753	3.05	2122.43	2251.01	—5.71	1126	1263	—10.8	249	278	—10.4	1329	1508	—11.9
1. PVC 革	万平方米				59	106	—44.34	2084.79	2181.64	—4.46	1126	1263	—10.8	249	278	—10.4	1329	1508	—11.9
2. PU 革	万平方米	201	133.2	50.9	717	647	10.80												
十三、人造革制品出口总产量	万平方米	63.1	26.1	141.8				506.39	628.55	—19.44	50.7	87.4	—42				360		
其中：PVC 革出口产量	万平方米							504.70	827.93	—19.62	50.7	87.4	—42				360		
PU 革出口产量	万平方米	63.1	26.1	141.8															
十四、人均创利税	元/人	22788	10277	121.7	25450	36216	—29.73	31553	31178	1.20	15842	19738	—19.7	4526	2280	98.5	3777	5523	—21.6
其中：人造革产品人均创利税	元/人	10884	5822	86.9	39784	66189	—39.89	11093.49	10946.62	1.34	15842	19738	—19.7	3115	2023	53.9			

2. 总体装备水平低下、工艺技术相对落后

近20年来，人造革产品虽然加快了技术改造步伐，从国外引进了大量先进设备，但就全行业来说，仍然存在技术装备总体水平低、工艺技术相对落后的问题，所以要对原有设备更新，淘汰一些陈旧设备，企业产品要换代，工艺技术要进步。

3. 科技投入不足、开发能力有限

主要原因是整个行业来说科技投入不足，企业用于科研开发经费很少，科技力量明显薄弱，科研成果转化为产业化的比例相当低，管理水平跟不上，产品质量不稳定等因素阻碍了行业的发展。

4. 除少数大中型企业外，多数企业规模偏小

这些规模较小企业存在着信息不灵，产品技术含量低，只能局限于生产一些简单产品的弊端，有些企业因盲目上马，产品不能适销对路，一边匆忙建厂，一边立马倒闭的现象到处可见。还有些企业盲目扩大中、低档产品生产能力，这给已经饱和的市场增加了激烈的竞争。

5. 国产塑料原材料供应不足，过分依赖进口原料

国产塑料原料的产量、品种、质量在改革开放以来取得巨大成就，但仍无法满足塑料行业迅猛发展的要求。1998年国内塑料树脂生产6 760kt，而进口塑料原料数量大幅度增长，达到9 620kt，进口树脂数量大大高于国内树脂生产数量，用于高档革的原辅材料过分依赖进口，因此对国内的人造革合成革生产厂形成了很大威胁。

【发展趋势】

为了在新的世纪使我国的人造革合成革的发展迈向更高的台阶，在吸收国外先进技术的基础上，研究和解决行业发展中存在的问题，来加快行业的发展步伐。

1. 转换机制，加强管理

近几年来，人造革行业中新上马的不少私营企业、股份制企业已显现出较为强大生命力，而许多老牌的国有人造革生产厂家却停滞不前，甚至亏损经营，企业机制老化，设备陈旧、产品雷同、人员过多、资金短缺等犹如一艘庞大的航空母舰，配上一台陈旧的发动机，所以说：加速行业的改组、改造、改建来提高行业的整体素质，转换机制，势在必行。

2. 调整产品结构、创新产品、开发市场、引导市场

企业要从实际出发，要依靠科技来及时调整经营策略和产品结构，针对目前国内人造革低档产品多，产品品种雷同等来形成自己独特的核心技术力量，充分发挥优势，进行技术攻关，开发新产品，尤其是中、高档人造革合成革产品、深加工产品等，以新取胜，以优取胜，在巩固原有市场的同时，积极开发潜在市场，引导市场，引导消费，是企业寻求长远发展和缩小与世界先进水平的差距的重要途径之一。

3. 规模发展，树立品牌

走规模发展之路，树立品牌优势也是未来人造革企业发展重要途径之一，在追求规模扩展的同时，树立品牌意识，加强品牌管理和通过国际标准执行，以全优的产品，稳定的质量，取信市场，扩大市场建立品牌优势，努力向高新技术产品的方向发展，创造品牌效应，将会大大增强企业的长远竞争力。

4. 探索出口市场，努力发展出口产品

随着人造革行业的迅猛发展，国内的人造革生产能力已是供大于求，如何开拓国外市场是企业寻求发展的一条首要途径，名牌人造革生产厂家在这方面的优势更胜一筹，因为它们大多企业规模较大，产品门类较全，工艺技术也较为成熟，只要在提高工艺技术水平上下功夫，进行攻关，参与国际市场的激烈竞争，从而把产品推向国际市场。

（中国塑料加工工业协会人造革专业委员会　沈士华）

聚　氨　酯

【基本情况】

聚氨酯是一种多功能的合成材料，产品形式有泡沫塑料、弹性体、涂料、胶黏剂、纤维、合成皮革等，广泛应用于机电、船舶、航空、车辆、土木建筑、轻工以及纺织等部门，在材料业中占有相当重要的地位。但由于聚氨酯泡沫使用破坏臭氧层的CFC作为发泡剂，因此按照《保护臭氧层的蒙特利尔议定书》的要求，开展替代工作成为聚氨酯泡沫行业的主要任务之一。

世界聚氨酯工业起源于1937年，当时德国Otto Bayer教授等人发现二异氰酸酯与多元醇反应产生了新的合成材料。中国聚氨酯工业起始于20世纪50年代末60年代初。在20世纪50年代末就有聚氨酯材料的研究。1959年上海市轻工业研究所开始聚氨酯泡沫塑料的研究，同期江苏省化工研究所等单位也进行了聚氨酯弹性体、泡沫塑料及其原料的试验研究。70年代，聚氨酯弹性体、泡沫塑料、涂料、胶黏剂等制品都有小批量生产，国内已能铺设大面积的聚氨酯跑道和各种类型体育场地，并能生产聚氨酯防水材

料。80年代聚氨酯人造革和合成革工业开始起步，国内开始生产与聚氨酯合成革配套的原料及其浆料。山东烟台氨纶厂引进日本技术，于1989年10月建成我国第一家氨纶丝生产厂。

在相当长的一段时间内，聚氨酯和其他合成材料一样发展缓慢。1978年全国聚氨酯制品总生产能力仅为1.1万吨/年，产量仅5 000吨左右，品种仅有30余种，这一阶段是中国聚氨酯工业的初始开创阶段。1982年初国内各种原材料总能力不足3万吨，产量只有1万多吨；各种制品总能力也不过2万多吨，产量也只有1万多吨。

从20世纪80年代起，随着改革开放经济政策的贯彻以及迅速发展的各工业领域对新材料的迫切需要，中国的聚氨酯工业进入蓬勃发展时期，聚氨酯制品品种、生产能力及产量都成倍增长，生产技术水平显著提高。聚氨酯材料由军工、航天、航空等技术应用领域向石油、汽车、选矿、水利、轻纺、印刷、医疗、体育、粮食加工、建筑等众多工业部门推广。80年代引进了大型异氰酸酯和聚醚多元醇生产装置。这些装置投产后，促进了聚氨酯的发展。

聚氨酯原料生产装置和生产聚氨酯制品的先进设备的引进，特别是90年代随着经济政策的改革开放搞活以来，更加快了聚氨酯工业的发展，无论产量、品种、技术水平都成倍的增长、提高，产量年平均增长率保持在15%～17%。随着聚氨酯工业整体水平的提高，聚氨酯生产技术也日趋成熟，新技术、新产品、新工艺不断涌现出来，其应用范围进一步扩大。

我国聚氨酯原料和制品的产量情况见表1。

1998年制品结构为软泡占31.6%，硬泡占19.5%，弹性体占8.7%，其余占40.6%；若扣除溶剂，1998年产量为55.5万吨，则软泡占43.2%，硬泡占27%，弹性体占12%，其余占17.8%。

世界聚氨酯总的发展速度放慢，而我国聚氨酯工业一直以较高的速度发展。2001年我国聚氨酯制品产量估计有122万吨，见表2，其中弹性体中含弹性体制品2万吨、鞋底原液10万吨、防水材料2.5万吨和铺装材料1.5万吨。1998年以来的年平均增长率为16%，比GDP增长率高1倍左右。

表1 近年来我国聚氨酯制品产量情况 万吨

年份	1989	1991	1993	1995	1997	1998	2001
软泡	4.0	7.0	12.0	19.0	22.0	24.0	35.0
硬泡	3.67	4.0	8.0	10.3	13.0	15.0	23.0
弹性体	0.89	1.2	2.2	3.8	5.5	6.7	16.0
合成革浆料	—	—	3.7	5.0	5.8	6.8	15(5)
涂料	1.25	1.7	2.6	12.7	11.0	11.4	13(5)
胶黏剂	0.17	1.2	1.6	2.3	4.5	10.3	13.5(4.7)
纤维	—	—	—	—	0.2	0.3	2
皮革织物涂饰剂	—	—	—	—	2.0	2.5	4.5(1.3)
总计	9.98	15.0	29.1	53.1	64.0	77.0	122(92)

注：合成革浆料、胶黏剂、涂料、皮革、织物涂饰剂等为含溶剂产品。2001产量后括号内为扣除溶剂的干树脂量。

表2 中国聚氨酯原料和制品的产量

年份	1976	1982	1985	1987	1989	1991	1993	1994	1997	2001
原料总产量/万吨	0.25	0.7	2.4	3.1	3.2	5.3	9.70	10.6	20	42
制品总产量/万吨	0.50	0.7	4.8	7.8	9.9	15.0	22.3	29.3	64.0	122

表3 1999～2001年我国MDI、TDI的需求量、产量、进口量 万吨

品种	1999年			2000年			2001年		
	需求	产量	进口	需求	产量	进口	需求	产量	进口
MDI	15.7	1.0	13	17.7	2.2	14	20.0	4.0	18.0
TDI	16.0	0.9	12	17.7	1.3	12.5	19.7	2.4	12.6

聚氨酯行业的发展，可包括如下几个方面。

聚醚多元醇和异氰酸酯是聚氨酯的两种主要原料。

（1）异氰酸酯

我国从1990年前后开始引进几套异氰酸酯MDI和TDI装置，但由于各种原因，正常生产的只有烟台合成革厂（烟台万华聚氨酯股份有限公司）20世纪80年代引进的1万吨/年MDI装置和90年代后期引进的沧州大化2万吨/年TDI装置。目前我国MDI、TDI存在巨大缺口，1999～2001年我国MDI和TDI的需求、产量和进口量见表3。据预测，2005年我国MDI、TDI需求量将分别达32.5万吨和30万吨。

烟台万华聚氨酯股份有限公司近年来与科研院校合作技术攻关和技术改造，已形成有自主知识产权的MDI技术，2001年底生产能力已达8万吨/年，2002年产量5万吨/年以上。该公司新建16万吨/年MDI装置的立项和可行性研究报告已于2002年4月获国务院批准，选择建设地址在浙江宁波。烟台万华多年来以体制创新、技术创新为基础走过的一条消化、吸收、创新道路为全行业树立一个典范。

沧州大化TDI有限公司经过对引进技术中缺陷的技术攻关和改造，1999年底试生产，2001年的TDI产量达到2万吨的设计能力。该公司的新建5万吨/年TDI项目最近已获得国家计委批准立项。另外锦化集团也有新建5万吨/年TDI装置的计划，太原化工厂的TDI装置将整改复建，由蓝星集团公司以控股的方式进入，目前正在进行装置的整改复建设计工作。

看中中国的异氰酸酯市场缺口，国外大公司纷纷要在中国独资或控股合资建厂。上海化工区投资11.2亿美元的上海联合异氰酸酯（16万吨/年粗MDI、13万吨/年TDI）项目，以及投资12.9亿美元的拜耳异氰酸酯和聚醚项目，也于2002年分别获得国家计委批准。上述项目建成，估计2005年以后我国的异氰酸酯无需进口。

（2）多元醇

2002年我国的聚醚多元醇生产能力达40万吨/年以上，2001年聚醚产量约30万吨。

近年来各大聚醚多元醇厂扩产改造，生产能力迅速提高，而且新产品新技术也不断出现。如锦化化工集团环氧丙烷和聚醚多元醇达11万吨/年；上海高桥石化三厂2001年聚醚多元醇产量已达8.5万吨，2002年下半年聚醚多元醇生产能力扩产到12万吨；山东东大化工集团公司经扩产改造，2001年聚醚产量达7万吨（包括1万吨连续法POP）。2002年福建湄州湾投产了一个2万吨聚醚多元醇厂。而且近两年来江、浙、鲁、冀又新上了一些万吨级规模的硬泡聚醚多元醇民营生产厂家。加上广东惠州与壳牌公司合资的18.5万吨聚醚多元醇项目已启动，我国聚氨酯工业用聚醚多元醇很快将达自给并呈饱和状态。

天津石化公司第三石油化工厂、上海高桥石化公司化工三厂、金陵石化公司化工二厂等低不饱和度聚醚多元醇已初步商品化，黎明化工研究院高活性低不饱和度聚醚多元醇已开始工业试验。

为了改善制品的成型工艺，提高制品性能，开拓新用途，并且为了适应CFC取代等技术，国内近年来开发了许多聚醚多元醇新品种，其类型有耐高温聚醚多元醇、阻燃聚醚多元醇、芳香族聚醚多元醇、高固含量聚合物多元醇等。据报道，采用芳香族胺和多元醇等为混合起始剂合成的聚醚多元醇用于水发泡硬泡效果较好，国内已开发用于环戊烷发泡、HCFC-141b和全水发泡体系的聚醚多元醇。

苯乙烯丙烯腈共聚物接枝聚醚俗称聚合物多元醇（POP），已普遍用于高承载高回弹泡沫塑料、普通软质泡沫塑料及半硬泡等制品的生产。近年来聚合物多元醇已向高固含量发展，大型石化公司已开发高固含量POP及连续法万吨级POP工艺。

近年由于阻燃、耐热性能好的聚异氰脲酸酯泡沫塑料的用量增加，芳香族聚酯多元醇受到重视。用天然产物松香为主要原料生产的松香多元醇在国内也用于生产聚氨酯硬泡。

【制品情况】

1. 泡沫塑料

聚氨酯泡沫塑料是聚氨酯材料中用量最大的品种之一，聚氨酯泡沫塑料在聚氨酯制品中所占的比例超过50%。它的主要特征是多孔性、密度低，比强度高。它还具有无臭、透气（软泡）、高绝热性（硬泡）、泡孔均匀、耐老化、一定程度的耐有机溶剂侵蚀等特性，对金属、木材、玻璃、砖石、纤维等有很强的黏附性，根据所用原料品种的不同以及配方用量的变化，可以制成不同密度、不同性能的软质、半硬质以及硬质聚氨酯泡沫塑料，用于各种不同的用途，例如各种保温隔热材料、缓冲材料、座椅靠垫及床垫等。这些优点为其他泡沫材料所不及，因此受到了各应用部门的欢迎。

总的说来，由于价格较低的聚醚多元醇在60年代的大量工业化生产，软质聚氨酯泡沫塑料（以下简称聚氨酯软泡）以及硬质聚氨酯泡沫塑料（以下简称聚氨酯硬泡）开始工业化发展是在50年代末至60年代。随着一步法泡沫生产技术的成功开发，软泡连续法生产工艺及设备的开发，聚氨酯软泡首先获得了应用。1961年，采用蒸气压较低的多异氰酸酯PAPI制备硬质聚氨酯泡沫塑料，提高了制品的性能，减少了施工时的毒性，大量的应用于现场喷涂工艺，使硬质泡沫塑料的应用范围得到进一步扩大。

市场上有各种规格用途的泡沫组合料（双组分预混料）出售，主要用于（冷熟化）高回弹泡沫、半硬泡、浇注及喷涂硬泡等。

目前国内外块状软质聚氨酯泡沫塑料一般采用水平连续法和垂直连续法工艺生产。一些小型企业和乡镇企业用设备较简单的间隙式箱式发泡工艺生产软泡。国内的软泡企业近年来发展很快，聚氨酯软泡制品用于车船座椅、床和沙发的垫材，鞋包和衣服衬垫，以及隔音材料等，用量很大。通过引进设备，我国有厂家在开发液态二氧化碳发泡生产块状软泡技术。软泡全水发泡技术近几年已被一些厂家采用。

高回弹（HR）泡沫塑料具有较高的舒适性，主要用于汽车和家具垫材。HR泡沫生产工艺一般以冷模塑为主。而采用普通软泡的块状泡沫发泡工艺，可连续发泡，且可制得低密度高回弹泡沫，这是高回弹软泡发展的一个热点。北京、上海、江苏等地许多软泡厂开发了大块高回弹或高承载软泡用于高档家具和床具。

硬泡主要用于家用电器隔热层、屋墙面保温防水喷涂泡沫、管道保温材料、建筑板材、冷藏车及冷库隔热材等。在保温材料应用领域，聚氨酯泡沫塑料已形成较为稳固的市场地位。半硬泡用于汽车仪表板、方向盘等。聚氨酯硬泡可预制成制件再安装，也可现场灌注或喷涂成型，泡沫塑料有一定的耐温性，热导率低，这是其他保温材料所不备的。

自20世纪90年代中期以来，结构CFC技术的开发和引进，我国的聚氨酯泡沫塑料中，目前存在着戊烷发泡、HCFC发泡、水发泡多种发泡体系共存的情况，冰箱泡沫应变采用环戊烷或HCFC-141b发泡体系，而喷涂泡沫和建筑采用HCFC-141b和全水发泡组合料。

为了适应于CFC替代发泡体系，国内已开发了催化剂、泡沫稳定剂等多种助剂原料。为了降低成本、减轻制品质量，泡沫的低密度化技术被广泛研究开发。

阻燃技术已被厂家采用，生产满足阻燃要求的软泡和硬泡，有的厂家的泡沫出口，制品必须符合用户的高阻燃要求。已有多个耐高温泡沫和高阻燃泡沫报道。

为了降低泡沫的热导率，近年来国内外研制了真空隔热板产品，这是把特殊开孔聚氨酯泡沫在真空下封装在镀铝复合薄膜内而成，热导率只有普通硬泡的一半作用，可应用于冰箱。

聚氨酯泡沫的用途越来越广泛，如聚氨酯硬泡仿雕刻饰材，以其质轻、美观，密度和强度与木材相当，成本比雕刻木质装饰材料低而受到用户的欢迎。各种增强硬泡板材等都被开发。

江苏省化工研究所等单位已开发出可热成型的硬质聚氨酯泡沫产品，并已用于生产汽车顶篷。最近开发了“冷模法”热塑性聚氨酯硬质泡沫塑料，其性能指标达国外同类产品先进水平。

2. 弹性体

聚氨酯弹性体是一种重要的特种橡胶，具有优异的耐磨性和低温性能。其制品如胶辊、筛板（网）、各种密封件、齿轮、胶轮、轮胎、联轴器、捻轮、传送带、机械部件耐磨衬里、鞋底、鞋后跟、缓冲垫、防水材料、铺装材料、合成革、灌封胶、密封胶、弹性纤维等，用于油田、矿山、机械、制鞋、纺织、粮食加工、冶金、汽车、建筑、体育运动、休闲娱乐等许多领域。

20世纪40～50年代，在国外几种加工类型聚氨酯弹性体都已出现。而国内50～60年代也开发了聚氨酯弹性体。起初发展很慢。据统计，1976年我国聚氨酯弹性体实际产量不到400吨。近20多年特别是近10年来发展较快。我国聚氨酯弹性体产量1984年约1 100吨，2000年产量已达12万吨。

浇注型聚氨酯弹性体是产量最大的聚氨酯弹性体品种，国内的浇注型聚氨酯弹性体原液广泛用于制造胶辊、胶轮等大型及中小型PU弹性体制品。在工艺改进方面，国内一些单位采用离心浇注法制造聚氨酯片材及其他制品，消除了浇注中十分棘手的气泡问题。不少厂家从小作坊式的手工浇注转向浇注机机械浇注，提高了生产效率，改善了制品质量。聚氨酯鞋底浇注设备及鞋底流水生产线早已国产化；近年来国内几家设备厂家已开发出聚氨酯弹性体浇注机供应市场。热塑性聚氨酯（TPU）一般以颗粒料形式供应市场，通过塑料注射成型机、双螺杆挤塑机加工成型，主要用于生产软管、氨纶、汽车部件及机器零件、鞋用胶黏剂及磁带胶黏剂等。我国在热塑性聚氨酯的合成中，不少厂已由间隙式生产工艺改为双螺杆连续反应工艺，提高了质量和效率。

反应注射成型（RIM）工艺具有耗能小、生产效率高、产品质量稳定、模压力小等优点。RIM技术尤其适合于汽车部件等大批量制品的生产。为了增强制品的韧性、耐冲击性的弯曲模量，采用玻纤增强RIM技术（RRIM）。我国于20世纪80年代开始应用RIM技术生产微孔或非空聚氨酯部件。90年代初在黎明化工研究院成立国家级反应注射成型工程技术研究中心，研制了多种聚氨酯产品，近年来针对汽车、家电需求，研究开发聚氨酯 RRIM 和聚氨酯 SRIM（结构反应注射成型）制品，开发了 6 万套 RRIM 轿车侧护条生产线，以及开发成功聚氨酯 RRIM 轿车内饰结构支撑件和小家电外壳生产线，产品成功地进入市场。

喷涂聚氨酯（脲）弹性体技术是最近 10 年开发的一种新型无污染施工技术，它将 RIM 快速反应成型的优点和喷涂施工技术结合起来，其特点是涂层固化快、施工方便、效率高、涂层厚度可调整、对环境无污染、涂层连续无接缝、防水耐老化，主要用于建筑施工。国内多采用符合国际发展趋势的聚脲体系。由于采用了低聚物多胺（端氨基聚醚）、液化 MDI 及多元胺扩链剂，无需催化剂即可迅速喷涂成型，快至 1 min 后即可达到步行强度，体系对湿气不敏感，可在异型面及垂直面上喷涂成型。1999 年青岛海洋化工研究院自行研制的喷涂聚脲体系开始投入应用，已开发出数种喷涂弹性体体系。江苏省化工研究所最近首次开发了端氨基聚醚，填补了国内空白。

对于弹性体的改进的主要目的是提高耐热性、延长使用寿命等。低 TDI 含量预聚体在国内已开始受到注意。

聚氨酯塑胶铺装材料，广泛用于室内外田径跑道、球场等运动场地，以及幼儿园和休闲场所的地面，以及其他地面的铺设，有良好的防滑和安全保护作用。国内年总产量在 1 万吨以上。近年来，塑胶跑道和网球场日趋普及，国内还开发了预成型彩色聚氨酯弹性型材（弹性地砖）。

氨纶（聚氨酯纤维）是高弹性合成纤维，主要用于生产高弹力织物。最近几年我国的氨纶发展较快，生产能力已从 1999 年的 0.68 万吨扩大到 2001 年的 2.2 万吨、2002 年底的 2.6 万～3.0 万吨。对氨纶的需求，1998 年为 1.0 万～1.1 万吨，2000 年为 2.4 万～2.5 万吨，2001 年为 3.5 万～3.6 万吨。2001 年氨纶产量约为 2 万吨，另有进口约 1.5 万吨。

3. CASE 材料

国外把涂料、胶黏剂、密封胶及包封胶按英文首字母统称为 CASE 材料。

聚氨酯涂料是 20 世纪 60 年代发展起来的一种高档耐用的合成树脂涂料，具有优良的附着力、耐化学品、装饰性以及优良的耐磨性能。从品种上看，一类是用于木质材料涂装的家具漆及地板漆，以双组分醇酸及聚酯型聚氨酯涂料为主；另一类是以通用聚醚及 TDI 为基础的单组分或双组分聚氨酯防水涂料；第三类是丙烯酸酯聚氨酯漆，主要用作汽车涂料，以 HDI 缩二脲等为固化剂。涂料用多异氰酸酯固化剂是近年来开发的技术含量较高的产品，低游离异氰酸酯单体含量和高固含量符合环保，是近期的发展热点。北方涂料工业研究院采用独特的工艺，制得的固化剂游离 TDI 含量仅 0.15%，最近已在四川大邑和甘肃兰州投资兴建 1.6 万吨/a 生产线。

聚氨酯防水材料用于许多高档饭店、地下室、地下工程及卫生间防水。聚氨酯防水涂料施工方便，弹性胶膜对地面具有良好的黏附力，不会因热胀冷缩而产生裂缝，属于中高档防水材料，估计每年全国使用聚氨酯防水涂料 2.5 万吨以上。我国于 20 世纪 70 年代末研制成功了以煤焦油为填料的焦油型聚氨酯防水涂料，90 年代得到迅速发展和广泛应用。1996 年以来，国内相继有低污染的双组分及单组分石油沥青聚氨酯防水涂料、石油树脂聚氨酯防水涂料等品种研制成功和投产的报道。

聚氨酯手感柔软，是高档织物涂层材料。最近已有厂家引进了在织物表面直接涂覆聚氨酯涂层的工艺和设备，不使用溶剂，对环境无污染。

聚氨酯胶黏剂于 50 年代开发，80 年代以来发展较快。聚氨酯胶黏剂品种较多，大致上可分为双组分溶剂型、单组分溶剂型（即 TPU 溶液）、单组分湿固化型、多异氰酸酯溶剂型、双组分无溶剂型、热熔胶、水性胶等类型。目前国内以双组分溶剂型产品为主，主要用于软塑包装干法复合塑料薄膜及许多其他用途。而耐蒸煮复合胶用于耐蒸煮灭菌用食品包装袋的生产，是市场关注的热点产品，近年来已有少数厂家研制出来。

聚氨酯密封胶用于建筑、道路、汽车等的密封及粘接，国外发展较快、用量大，以建筑用密封胶的量最大。PU 密封胶方面双组分技术已基本成熟，单组分 PU 密封胶施工方便，山东化工厂从西欧引进技术和设备，已于 1995 年投产 AM 系列单组分密封胶，技术水平较高。国内开发的单组分聚氨酯泡沫嵌缝密封胶，用于建筑裂缝和孔隙填充密封、粘接及隔热，这个品种国内需求较大。

随着各国环保法规的要求，水性聚氨酯成为发展的热点。水性聚氨酯可用于皮革涂饰剂、涂料、胶黏剂、织物涂层、织物整理剂等领域，自 20 世纪 60 年代后期国外就大力开发，70 年代已有工业化产品，我国 80 年代开始开发。水性聚氨酯皮革涂饰剂克服丙烯酸酯乳液涂饰剂的“冷黏热脆”问题，目前国内已成为皮革涂饰剂一个主要品种，少数胶黏剂、织物处理剂等产品也有开发。国外采用多异氰酸酯溶液交联剂来提高水性聚氨酯的性能，国内最近有研究报道。有少数单位已开发出水性聚氨酯涂料和胶黏剂。

（中国塑料加工工业协会　廖正品）

注塑制品

【行业现状】

2002年全国轻工注塑制品行业（全国塑料周转箱行业）35家生产企业完成工业总产量87.988kt，其中塑料周转箱产量20.133kt，日用制品产量12.795kt，工业配件产量2.59kt，家电配件产量9.563kt，汽车配件产量5.683kt，与2001年同期比工业总产量增长13.9%，其中周转箱，日用制品、工业配件、家电配件和汽车配件产量同比分别为1.7%、-39.8%、-61.4%、61.2%和19.2%。完成工业总产值123 201万元，其中塑料周转箱产值20 650万元，日用制品产值1 519万元，工业配件产值4 468万元，家电配件产值9 990万元，汽车配件产值22 380万元，与2001年同期比，总产值增长4.8%，其中周转箱产值、日用制品产值、工业配件产值、家电配件产值和汽车配件产值，同比分别为2.4%、-34%、20.4%、8.9%和15.7%。完成工业增加值26 543万元，产品销售收入130 409万元，同比增长11.9%，企业实现利润6 449万元，亏损1 576万元，利税总额8 498万元，同比增长16.2%，全行业固定资产净值平均余额57 268万元，同比增长2.7%，全行业从业人员6 035人，同比减少237人，2002年全行业出口交货总额3 701万元，保持同期水平。

行业重点企业产能：常州巨力塑料集团有限公司2002年日用制品产量6.428kt，占全行业产量50%。广州洛民塑料有限公司2002年塑料周转箱产量3.674kt 250万只，行业排名第一，占全国产量10%。浙江远翅塑料有限公司，哈尔滨塑料九厂和齐齐哈尔齐塑塑料制品有限公司三家企业，2002年汽车配件产量分别为2.017kt、1.698kt和1.638kt，三家企业汽车配件总量5.353kt占全行业产量94%。浙江远翅塑料有限公司汽车配件销售收入达到10 387万元，创利300万元，行业排名第一。苏州富事达塑料有限公司2002年家电配件产量3.789kt，行业排名第一，占全行业产量39.6%。

常州巨力塑料集团有限公司、广州洛民塑料有限公司、浙江远翅塑料有限公司、哈尔滨塑料九厂和苏州富事达塑业有限公司等五家企业，2002年制品产量分别完成29.467kt，12.608kt，2.017kt，2.326kt和6.922kt；销售收入分别为42 973万元，15 287万元，10 387万元，9 688万元和9 402万元。实现利润2 788万元，1 109万元，300万元，1 008万元和128万元，成为行业中销售达亿元，产量近万吨盈利大户，成为带动行业与支撑地方塑料工业发展的重点骨干企业。

【专委会活动】

① 2001年4月16日，在西安市召开中国塑料加工工业协会注塑制品专业委员会第二届第四次年会，中国塑料加工工业协会曾家华副秘书长和中国包协塑料制品包装委员会郑彧出席了会议。

大会首先由中国塑料加工工业协会曾家华副秘书长做了重要讲话，他从五个方面阐述我国塑料加工工业发展现状及其存在问题，提出今后发展方向。中国包协塑料制品包装委员会郑彧代表包协做了塑料包装材料“十五”发展展望简介，结合塑料周转箱生产发展提出进一步提高产品科技含量，促进产品规格系列化，以满足不同层次的要求，为繁荣塑料包装制品做出应有贡献。接着由无锡市巨龙塑化股份有限公司代表理事会做2001年二届四次年会工作报告。2000年在全国国民经济GDP增长的带动下，全行业完成塑料制品产量88.029kt，同时增长4.5%，完成工业总产值12.44亿元，同比增长12.28%，销售收入11.6亿元，同比增长28.17%，实现利润4 920万元，完成工业增加值2.45亿元，同步与全国轻工塑料加工行业的发展水平。整个行业经济营运仍保持平衡，稳中有进的局面，但同时存在沿海经济发达地区与中西部区域的生产发展差距还在进一步扩大，一些企业产品结构调整不到位，生产规模小，产品缺乏市场竞争能力，势必被市场淘汰。21世纪以信息产业为代表的高新技术产业的迅速发展改变经济格局，我们进一步认清经济形势，拓展产品市场，一定要加大科技投入，提高产品技术含量，增加附加值，才是我们企业的出路。大会根据会议日程安排邀请苏州富事达塑业有限公司包建总经理代表行业先进企业做“建立现代企业制度”的专题发言，四川大学高分子材料与工程学吴智华博士做“国内外注塑成型技术发展动态”科技学术报告，得到与会代表的热烈欢迎。震德塑料机械厂有限公司也派员工参加年会，并介绍该公司最新系列注塑机产品。最后会议组织全体代表参观学习考察了西安塑料四厂和西安高新技术产业开发区西安高科塑业有限公司。

② 2001年5月21日在苏州市召开编制行业第十个五年计划会议。

遵照中国塑料加工工业协会文件通知精神，行业由苏州市富事达塑业有限公司，萧山远翅塑料有限公司、哈尔滨塑料九厂、杭州万里塑料制品总厂、天津塑料制品模具厂和无锡市巨龙塑化有限公司等单位参加行业第十个五年计划（初稿）的编写工作。初搞起草工作在中国塑料加工工业协会的支持和帮助下，通过全体起草小组人员辛勤和富有成效的工作下，尤其在会议东道主苏州市富事达塑业有限公司包建成总经理和季敏华部长鼎力相助，圆满完成了编写初稿任务。

③ 专委会秘书处定期出版行业技术、销售信息刊物。

【重点企业】

常州巨力塑料集团有限公司

常州巨力塑料集团有限公司是一家专业生产经营各种塑料制品，多种经营共存的集团型企业，自1964年创办至今已有近40年的发展历史，多年来，公司以“精益求精，发展塑料科技”宗旨，在塑料加工制造方面取得了卓越的成就，公司现拥有净资产15 000万元，年销售收入4亿元。公司产品涉及家电、化工、建材、电子、包装、纺织、汽车、交通等多个领域，主导产品塑料冰箱板、PC耐力板、PC中空板、家用电器塑料配件，塑料密封桶长期为国内外知名企业和跨国公司配套服务，部分产品已打入国际市场，综合经济效益居全国同行业第二位，名列江苏省第一。

公司坚持实施以资产经营为核对，以产品开发为主导，外引内联、滚动发展的战略，先后投资组建了常州丰盛塑料有限公司、常州威康特塑料有限公司、常州红翎塑料有限公司、常州亚太塑料有限公司、常州市红裕塑料有限公司。

齐齐哈尔齐塑塑料制品有限公司

齐齐哈尔齐塑塑料制品有限公司是民营企业，是在原国家大型二档企业（原齐齐哈尔塑料二厂1965年建厂）黑龙江齐塑塑料制品有限责任公司的基础上经过改制后创立的，是黑龙江省注塑、压延产品生产中心。公司现有员工335人，其中管理人员50人，各类技术人员94人。公司占地面积10.8万m^2，建筑面积30 000m^2。公司拥有门类齐全、配套的各类塑料机制设备及先进技术水平的仪器设备168台/套，主要设备均从国外引进，现已形成注塑、喷漆、压延、挤出等塑料制品生产自动程控加工体系，技术、装备在国内同行业处于领先地位，年生产能力1.5万吨。

主要产品有汽车塑料配件（为一汽集团、哈飞汽车公司常年配套生产件：松花江微型车、中意车、民意车、路宝车）、工业配件、叉车托盘、食品周转箱、桶、盆、筐等日用品、UPVC塑料管件、压延薄膜系列产品（农膜、盐池塑苫膜、包装膜）、土工合成材料（PVC土工膜、PE土工膜、复合土工膜）、防火卷材等，挤出产品有PVC装饰板材、木塑内饰门、红泥浪板瓦等二百余个品种的塑料制品。

齐塑公司之所以在瞬息万变、激烈竞争、残酷淘汰的市场竞争下能够持续经营并正在取得发展，离不开科学、战略的长远的规划，同时更依赖于一种脚踏实地、实事求是的实干精神，依赖于员工的团队合作意识。近年来，公司为适应市场经济，提高竞争能力，不断深化内部改革，积极推选现代企业制度，不断开发新产品，实施名牌战略，使企业管理上新台阶。我公司于1996年通过了中国方圆标志委员会ISO 9002质量体系认证。全公司实现微机化管理，并实现了公司内外联网。多年来公司坚持做到“统一体系、有章可循、有据可查、自我完善。”产品质量与运行体系都有不同程度提高。2002年公司又进行了ISO 9001：2000及QS 9000-1998两个标准的双认证，2002年底，中国汽车产品双认证委员会首次审核已处在基本通过和限期整改的过程中，预计在2003年3月初就可领到证书。

无锡市巨龙塑料有限公司

无锡市巨龙塑化有限公司（原无锡市塑料一厂），始建于1956年，40多年来，公司从小到大，从生产塑料发夹、鞋底等日用小商品，发展形成拥有从80～20 000克注塑机群、塑料制品年加工能力7 000吨的专业化公司。年生产销售100万只共2 000吨八个系列，一百多个品种规格塑料周转箱，系列大型塑料托盘和配套生产汽车、家电、电子、电器塑料配件以及高新技术工程塑料制品。公司现有员工350余人，其中工程技术人员占12%。产品曾荣获国家质量银奖，公司通过ISO 9002质量认证。

公司引进建立注塑模具CAD辅助设计系统和CAD/CAM模具加工中心，模具职工人均年创产值8万元，达到国内模具行业的先进水平。

公司是中国塑料加工行业的骨干单位。1990年以来一直担任中国塑料加工工业协会注塑制品专业委员会主任委员和中国包协塑料制品包装委员会箱包组组长的职务，是两个行业组织秘书处的所在地。

广州洛民塑料有限公司

广州洛民塑料有限公司成立于1995年，是一家以生产注塑产品为主的中外合资企业。合资的主体之一——原珠江塑料制品厂。主要产品包括塑料周转箱、箩、储运塑料卡板、塑料日用品，以及PVC压延薄膜。产品严格按国家标准和企业标准生产。2002年塑料制品产量12.608kt，销售收入15 287万元，实现利税1 109万元。

本公司拥有注塑类型的高中级专业技术人才30多人，技工100多人，熟练操作工200多人。凭着自己雄厚的技术力量，以及先进的管理模式、健全的质量监控机制，已经发展成为华南地区乃至全国最大的注塑制品生产厂家之一。

公司拥有数十台锁模力从几吨至二千五百吨不同类型的注塑设备，其中六台为具有国际先进水平的大中型进口设备，能为客户加工各类高品质的产品。

苏州富事达塑业有限责任公司

苏州富事达塑业有限责任公司是由原苏州塑料一厂整厂改制而成立的股份制企业。公司主要生产设备为两大类：①注塑成型设备近30台，锁模力由22～1 500t，年生产能力7kt；②挤塑成型设备12条生产线，年生产能力7kt。产品结构为两大系列：①注塑类：主要以汽车、机电、家电等工业配件，以及周转箱等物流产品；②挤塑类：主要以塑料片板材、波纹管、发泡片材、异型材和专用改性材料等。

公司的质量体系在继ISO 90000获通过后，本年度内又获得QS 9000的质量认证，同时为后续的VDA6.1的质量认证进行了准备；公司对外的苏州市塑料研究所测试中心顺利通过CMA的认证。

浙江远翅塑料有限公司

浙江远翅塑料有限公司是国内最早开发生产汽车软、硬塑仪表板、保险框、方向盘、公交座椅等汽车塑料件的企业之一。公司占地面积60 000m^2，总资产1.1亿元，有员工360余人，具有大中专学历的技术人员70余人。2002年公司共完成工业产值9 483万元，实现销售10 387万元，创利300万元。

公司具有较强的装备实力，拥有与悬挂流水线、涤表面涂装流水线、五条装配流水线。拥有德国产PU30、PU80高压发泡机组三台套及RL86/180热成型机、M8型八工位转台两台。产品理化性能检测设备20多台。拥有SM-3000G龙刨，数控机床、MAF2000镗铣床、71125大型电火花，X2010龙门铣床等模具加工设备30多台套。

公司具有较强的技术力量和产品开发能力。被誉为杭州市级的企业技术中心，拥有CAD辅助设计系统和CAD/CAM加工中心，2000、3000三坐标电脑测量仪。2000年以来，公司投入新品开发资金1 100多万元，开发完成或正在开发的新品有26种（套），2001年已投入新品开发资金600多万元，开发新品11种。

目前，公司的年生产能力为全塑（软、硬）仪表板40万套，方向盘10万只，保险杠20万支，公交座椅20万张。

哈尔滨市塑料九厂

哈尔滨市塑料九厂始建厂1956年，现有职工300余人。系原航空航天工业部汽车塑料配件定点生产厂。现有各种塑料加工设备100余台，注塑量从100～30 000g成系列配套。1999年通过了国家ISO9002质量体系认证。

该厂主要产品是大型注塑制品，以配套生产汽车塑料内外饰件为主。从1991年开始，先后为松花江中意、松花江百利、松花江赛马等车型配套，同时为汉江牌、北狮牌、一汽粤江牌等汽车配套生产汽车内、外饰塑料件；为康佳电视机、电冰箱配套生产抽屉、壳体等塑料件。周转箱制品有食品、蔬菜、啤酒、饮料、蛋类、奶类、豆制品等；叉车托盘；日用小商品有各种规格的盆、桶、沙滩椅；劳保防护安全帽、双壁波纹管、气垫膜等。热固性塑料制品（酚醛塑料），主要生产民用电器附件。近几年来，企业连续获得省、集体经济“百强明星企业”，1998年被评为“小明珠企业”；并获得哈尔滨市第二十八届劳模大会“先进单位”称号；哈尔滨市科技示范企业；塑料配套产品被“哈尔滨飞机汽车制造有限公司”及康佳电器公司评为“优秀配套产品”。2000年在全国注塑制品行业排行榜中名列前茅。

天津市塑料制品模具厂

天津市塑料制品模具厂始建于1965年1月1日，属中二型国有企业，是国内著名的注塑加工专业厂和塑料模具制造专业厂。现任中国模协理事长单位和中国塑料加工工业协会会注制品专业委员会副主任委员单位，中国包协塑料制品包装委员会箱包组副理事长单位。主要生产经营注塑、挤出、模具制造三大产品系列。

企业拥有日本、奥地利、德国、香港及国内较先进的注塑成型设备和挤出设备。年生产能力4 000吨，并拥有日本产NC数控铣床及各种模具加工机床，模具制造能力2400标准套/年。

企业“冰山”牌塑料周转箱系列产品为国内首创，多次荣获天津市及轻工业部颁发的优质产品称号。主要产品周转箱有十大系列30多个品种及规格。

企业塑料加工技术方面具有很大优势，各类型专业技术人员在塑料加工技术和模具制造方面均有独到之处，其中部分人员在国外经过多年研修。目前工程技术人员占全厂人员15%，其中具有高级职称和中级职称占工程技术人员8%。

杭州万里塑胶有限公司

杭州万里塑胶有限公司由原杭州万里塑料制品总厂改制成立的专业生产各种塑料制品的中型企业。现为中国塑料加工工业协会注塑制品专业委员会常务委员单位。职工人数282人，其中各类专业技术人员59人。公司有从45～6 300g注塑机和从$\phi45$到$\phi150$的挤出机等塑料加工专用设备32台（套），塑料制品年生产能力4 600吨，各种塑料烫金、印刷、制版、加工辅助设备6台（套）。各种塑料性能检测和产品检测设备18台（套）。各种金加工设备15台（套）。主要产品有24瓶啤酒箱、12瓶啤酒箱、食品周转箱、饮料周转箱、活塞专用周转箱、扑克专用周转箱、各种规格的通用周转箱和多种规模的异型周转箱、周转筐等；各种规格的高发泡聚乙烯（EPE）片材、复合片材、管材、棒材；各种汽车和工业配套件；高档家电塑料件；中空制品和日用塑料制品等500余种。

公司质量检测手段齐全，质量管理体系完善，取得由中国进出口商品质量认证中心颁发的ISO 9001质量体系认证证书。塑料饮料周转箱和食品周转箱多次被评为轻工部优质产品和浙江省优质产品。公司的“万里”商标是杭州市著名商标。公司资信良好，自1994年起，每年被省和市银行评为企业信用等级AAA级。

昆明民族塑料化工实业总公司

昆明民族塑料化工实业总公司（原昆明市民族塑料制品厂），现有职工180人，是1956年建厂的城镇集体所有制企业。固定资产已由建厂初期的20多万元增加到3 700万元，目前，拥有引进20 000g大型注塑机，实现利税最高达500多万元的中型企业，“九五”期间上缴各种税金700多万元。

【新产品开发】

1. 包装物流仓储产品

新产品名称	开发研究单位
300L塑料周转箱垃圾分类和大型垃圾桶	昆明民族塑料化工实业总公司
系列塑料托盘	无锡市巨龙塑化股份有限公司
烟草配送周转箱	杭州万里塑胶有限公司
塑料保温箱	天津塑料制品模具厂
农用电表箱	天津塑料制品模具厂
邮电箱	天津塑料制品模具厂
中国人民银行专用箱	无锡市巨龙塑化股份有限公司
地台板系列	广州洛民塑料有限公司
密封包装桶系列	广州洛民塑料有限公司

2. 汽车塑料配套件

新产品名称	开发研究单位
仪表板（软、硬）、方向盘、保险杠、公交座椅	浙江远翅塑料有限公司
邦迪管路系统配套防尘帽捷达遮阳板骨架产品	齐齐哈尔齐塑塑料有限公司
新型依维柯护罩网络	杭州万里塑胶有限公司
汽车内外饰塑料件	哈尔滨塑料九厂

3. 家电、电子、电器产品

新产品名称	开发研究单位
数码式发电机塑配件	无锡市巨龙塑化有限公司
高级足疗器	
洗碗机配件	
通讯专用异型材制品	苏州富事达塑业有限公司
阻燃耐候彩色聚丙烯制品	
耐候聚甲醛制品	
水管护罩	杭州万里塑胶有限公司

4. 日用制品

新产品名称	开发研究单位
塑料家具系列产品	昆明民族塑料化工实业总公司
塑料花盆（返销美国）	天津塑料制品模具厂
高级系列饮水器	无锡市巨龙塑化股份有限公司
塑料家具系列产品	广州洛民塑料有限公司
绿化托盘	苏州富事达塑业有限公司
高档座厕板系列	广州洛民塑料有限公司

【存在的问题】

① 我国目前注塑制品专业化生产企业，大多数是原国家轻工部管辖下五、六十年代建立的塑料制品厂，其特点是生产规模小、科技力量薄弱、中低档产品偏多，市场开发应变能力弱。而国内一些原料生产基地和大型家电集团、汽车制造厂、建材厂自己投资合资搞注塑配件厂，其生产规模、科学技术水平和产品市场拥有率大大超过我们这些企业水平，市场竞争的地理化和本土化，这种上游产品往下发展，而下游产品往上发展，使我们处于中间状态的加工企业发展空间越来越小。单一注塑制品企业生存和发展、越来越困难。

② 重复建设、产能过剩，产品互相削价，致使经济效益大幅度滑坡。

③ 国内注塑制品企业整体技术、装备、水平与

发达国家比还处于比较落后状态，产品开发能力差、创新少、深度加工跟不上市场需要。全国模具厂缺乏龙头企业，模具开制能力不及先进发达国家。我国塑料模具制造企业设备数控化和CAD/CAM应用覆盖比国外低得多，利用率低的现象十分严重，国产设备在精度加工表面粗糙度、刚性、稳定性、可靠性及刀具和附件的配套和精度保持性等方面与国外相比仍有较大差距。

④ 原材料供应方面。国内自己生产原料品种牌号少，选择余地小，不能满足加工厂需求，每年还需大量进口原材料。解决国内原材料供需矛盾。

⑤ 加入WTO后，我国的市场将进一步开放，国外产品将大量进入国内市场，势必对我国经济带来一定的压力，总量减少导致国内注塑制品配套生产量减少，直接影响生产发展。特别是我国汽车行业加入WTO组织之后，各种非关税壁垒的逐步取消，将对我国零部件工业造成潜在冲击。主要表现在：国际上汽车零部件实现全球化采购、系统配套、模块化供货方式的扩大，加入WTO之后，主机厂为了提高整车竞争力，会对质量和价格具有优势的国外零部件生产企业，合资企业的产品进行选购，这将对国内汽车零部件企业构成巨大威胁。同时企业因新品开发、技改投资费用增多而造成了企业资金的周转困难。

⑥ 人才竞争更加激烈。加入WTO后，国外的资金进一步可通过合资或独资形式进入中国市场，由于中外企业人才激励机制存在差异，外企可以用高薪聘用，委以重任，出国深造等优厚的条件以及科学的人才管理挖掘人才，造成行业人才的大量流失。

⑦ 生产总量不足，形不成大批量供货，产生管理弊病、成本上升、无法与国外专业化配套生产相比。例如：包装物流制品（周转箱）国内企业最高年生产4.3kt，国外42kt；汽车塑料配件国内企业最高年产配套仅12万辆，1 600吨。

⑧ 目前塑料行业产品竞争激烈，存在一些假冒产品现象影响企业的发展。

【发展趋势】

1. 我国注塑制品行业产量预测目标

2. 产品结构调整

“九五”期间随着我国家电、汽车、交通运输等工业部门经济发展，为其配套的注塑制品也得到迅速调整和发展，生产出大量的多档次的、品种规格繁多的零部件、如汽车保险杠、仪表板、内饰件、电子接插件、精密、特种工程塑料制品、洗衣机内桶、面板、电视机及电脑壳体、家用电器外壳、管件和大型托盘物流产品等等，逐步成为我国注塑制品行业主导产品，而相对技术含量低、附加值低的传统日用民用制品将会萎缩。

3. 政府支持

国家鼓励和扶持注塑制品行业中高新技术单位的发展，给予优惠政策，向研究和开发，跟踪世界先进技术设备提供资助和奖励；建立能与国外模具竞争的模具制作中心，缩小与世界先进水平的差距。促进计算机信息处理技术，网络技术和电子商务在注塑制品行业生产经济管理和销售中的应用。加强与其他行业（如电子、信息、汽车、包装）的交流与合作。

4. 行业规范

行业协会规范企业生产经营管理活动，努力提高产品质量档次，骨干企业基本上通过ISO 9000质量体系认证；有条件的单位在改扩建和新建企业时采用ISO 14000标准组织生产。

5. 政策优惠

国家制定优惠政策支持行业在生产环保，废旧制品的回收利用和可持性发展政策法规给予全面合作。大力支持开发，推广应用环保型（绿色）注塑制品。

项目 / 年份	农用注塑制品/kt	包装储运物流产品/kt	建筑注塑管件/kt	工业、交通及工程塑料注塑件/kt	日用制品/kt	合计/kt
2000年	26.5	62	226	1 270	1 282	2 866.5
2005年	47	110	400	2 250	2 270	5 077

注：“十五”期间平均递增率10％。

2002年度全国轻工注塑制品行业企业完成技经指标实绩排行榜 （1～10名）

排行名次	销售收入/万元	实现利润/万元	工业总产值/万元	工业总产量/t	
				工业总产量/t	其中:周转箱产量/t
1	常州巨力塑料集团有限公司 42 973	常州巨力塑料集团有限公司 2 788	常州巨力塑料集团有限公司 42 364	常州巨力塑料集团有限公司 29 467	广州洛民塑料有限公司 3 674

续表

排行名次	销售收入/万元	实现利润/万元	工业总产值/万元	工业总产量/t	
				工业总产量/t	其中:周转箱产量/t
2	广州洛民塑料有限公司 15 287	广州洛民塑料有限公司 1 109	广州洛民塑料有限公司 12 691	广州洛民塑料有限公司 12 608	顺德市大良塑料二厂有限公司 2 352
3	浙江远翅塑料有限公司 10 387	哈尔滨塑料九厂 1 008	浙江远翅塑料有限公司 9 483	苏州富事达塑业有限公司 6 922	杭州万里塑料有限公司 1 827
4	哈尔滨塑料九厂 9 688	天津市津英达塑料制品有限公司 451	苏州富事达塑业有限公司 9 035	新疆珠江塑料厂 4 108	苏州富事达塑业有限公司 1 538
5	苏州富事达塑业有限公司 9 402	浙江远翅塑料有限公司 300	哈尔滨塑料九厂 7 188	顺德市大良塑料二厂有限公司 3 553	无锡市巨龙塑化有限公司 1 115
6	齐齐哈尔齐塑塑料有限公司 5 607	杭州万里塑料制品有限公司 179	齐齐哈尔齐塑塑料有限公司 4 717	绵阳塑料厂 3 268	西安塑料四厂 1 011
7	天津春海钢塑制品有限公司 3 954	齐齐哈尔齐塑塑料有限公司 155	天津春海钢塑制品有限公司 4 006	杭州万里塑料制品有限公司 3 148	大连塑料七厂 898
8	天津市津英达塑料制品有限公司 3 510	苏州富事达塑业有限公司 128	顺德市大良塑料二厂有限公司 3 151	广汉锐星塑胶有限公司 2 479	汕头农用塑料厂 882
9	新疆珠江塑料厂 3 410	烟台旭日塑料有限公司 86	天津市津英达塑料制品有限公司 3 138	天津春海钢塑制品有限公司 2 400	烟台旭日塑料有限公司 870
10	广东顺德市大良塑料二厂有限公司 3 049	天津春海钢塑制品有限公司 85	广汉锐星塑胶有限公司 2 829	哈尔滨塑料九厂 2 326	文登苘山塑料厂 841

（中国塑料加工工业协会注塑制品专业委员会 顾大全）

中 空 制 品

【行业现状】

随着塑料制品应用的日益广泛，中空制品行业也有了长足的发展，在产品性能、产品的应用领域、新技术的开发等方面有许多新的成果。

1984年，我国开始试产200L全塑大桶。北京塑料制品厂、黑龙江肇州塑料包装制品厂、济南塑料九厂、山东庆云塑料厂、齐鲁石化公司树脂所、金陵石化公司塑料厂、大连塑料十三厂、济宁塑料一厂、青岛塑料五厂先后引进国外大型吹塑中空成型机组，生产自承式刚性塑料桶，从而把我国大型塑料中空容器的生产提高到一个新的高度。目前，生产200L以上大型塑料桶的企业主要有：金陵石化公司塑料厂、青岛塑料五厂、北京华盾塑料有限责任公司、南海市新宝德塑料有限公司、武汉塑料工业集团股份有限公司、成都亿洲塑料制品有限公司等。

PET是应用最为广泛的饮料包装材料，用PET生产的聚酯瓶广泛用于碳酸饮料、瓶装水、调味品、化妆品、白酒、干果糖果等产品的包装，而且经过特殊处理的热灌装瓶还可用于果汁和茶饮料的包装，我国约有超过30%的饮料采用PET瓶包装，而且这一比例正在逐年上升。1996年PET瓶产量为30亿个，1998年达到50亿个，2001年达到90亿个。国内生产聚酯瓶的厂家主要有珠海中富、上海紫江等专业的制瓶厂以及娃哈哈、康师傅、乐百氏等大型饮料生产厂所拥有的制瓶厂。

在汽车工业中，塑料油箱具有金属油箱不可替代的优点：塑料油箱比同规格的金属油箱轻40%～50%；塑料油箱形状自由度大，可最大限度地利用汽车内的有效空间，大大提高了汽车的储油量；生产塑料油箱的模具比生产金属油箱的模具研制周期短、费用低，方便了汽车的设计制造及改型；塑料油箱安全可靠性高、耐冲击、耐腐蚀、防爆性能好，是金属油箱无法比拟的。我国汽车塑料燃油箱专业生产企业有长春君子兰工业集团汽车工程塑料厂、扬州汽车塑料公司、武汉塑料集团亚普塑料有限公司、重庆益弘工程塑料制品有限公司、江苏泰兴工程塑料制造公司、常州新中天实业有限公司、杭州新飞塑料油箱厂、南宁八菱工程塑料制品有限公司、江阴江南模塑化有限公司和重庆市北盛塑料有限公司，可生产单层和多层共挤 H D P E 油箱。产品均获得一汽大众、上海大众、东风汽车集团和重庆长安汽车集团等企业的认可，为奥迪、捷达、桑塔纳、夏利、富康和奥拓等车型配套。2001 年我国汽车油箱产量为 80 万～100 万只，约消耗 PE 7 000t。此外，江苏泰兴工程塑料制造公司已经生产出了只有欧美少数几个国家能生产的汽车用 6 层塑料油箱。该油箱从根本上解决了汽车油箱的渗漏现象，被称为“零渗漏”，同时净化了燃油，消除了铅污染。

此外，中空容器制品还广泛应用在日用品、工业用品和生活用品包装上，如药用高密度聚乙烯包装瓶、聚丙烯或高密度聚乙烯中空吹塑托盘、聚碳酸酯净水桶、游艇、舢板等。

【发展趋势】

本行业总体发展缓慢，但随着国民经济的发展和人民生活水平的提高，化妆品、饮料、酒类、食用液体、果酱等需求量在逐年递增，这类中部分包装必然由塑料中空制品逐步代替。中空制品的市场有着广阔的发展空间，行业内企业应当抓住机遇加快发展，不断开发新的产品、提高生产效率、降低成本，以开发出企业的新的增长点。

产品的开发

塑料制品有质量轻、成本低、易存放运输、可回收利用等优点，中空制品正逐步取代玻璃、金属等包装容器，越来越多的应用在各种包装领域中。但是，不同的产品对其包装材料有着特殊的要求，为了使用这些要求。制品企业要不断开发出相应的产品以适应需求。

我国是世界上第一大啤酒销售国，2002 年啤酒产量已达到 2 360 万吨，塑料瓶装啤酒可减少啤酒中碳酸气流失，使啤酒较长时间保鲜，质地轻、不易碎、方便运输、降低成本，可回收利用等优点，在市场上大有潜力。因此，提高塑料容器的阻隔性成为这一产品的关键所在。目前各国在提高塑料瓶的阻隔性方面都有很大的进展，一般采用 PEN、阻隔性 PET 等作为原材料或 PET 和其他材料多层复合以及 PET 加阻隔涂层等方法提高塑料瓶的阻隔性。我国的珠海中富等厂家也已经生产出商业化的聚酯啤酒瓶。但是由于塑料啤酒瓶的成本与玻璃瓶相比成本还相对较高，只能用在高档啤酒的包装上。如果能进一步降低成本，塑料啤酒瓶将有广阔的发展空间。热灌装饮料瓶，也是我国塑料瓶发展的一个趋势。我国 2001 年茶饮料的产量已达 300 万吨，因此热灌装 85～90℃的 PET 瓶已成为聚酯瓶增长最快的品种。异型中空制品也越来越多的应用在各种工具箱、油箱、托盘、门窗、箱板、冰箱内衬、农用工具上，有着十分广阔的发展前景。此外其他新型包装材料，如：开发适应食品、药品的包装，提高保护功能、延长货架寿命的高阻渗包装材料、无菌包装材料；适用于微波炉等加热及耐蒸煮的耐热性材料也是新型中空制品的发展趋势。

新型的生产设备

为了适应中空制品的发展趋势，世界上各大设备厂商的设备有以下几个发展趋势。

① 制品生产高速化。西德尔（Sidel）的 SBO10 型吹瓶机能够以每小时 15 000 个瓶的速度生产碳酸饮料用的 1/2 升瓶，这家法国公司称，在过去的 8 年中，他们已将其 PET 吹瓶机的生产速度提高了 50%。Krones 公司的吹瓶机速度已达 28 800 个/h。

② 生产制品大型化。Mauser 公司等许多厂家都已生产出了大型中空容器——集装桶，其外形尺寸为 1 000mm×1 200mm×1 165mm。

③ 设备更加节能。意大利 Automa 公司生产的全电动成型机 NSB100 型设备，节能可达 60%，成型注射和吹胀之间的转变时间更长，型坯部分冷却，改进了瓶的质量。注射/吹胀比为 5∶1。时间减少，黏度提高，整个成本下降。德国 SLGBlowtec 公司推出了最大的电动挤吹中空成型机 Blowpac4/4-100D，锁模力 18t，生产大型容器时，生产率提高 33%，节能达 20%～40%。

【存在的问题】

虽然我国的中空制品行业取得了巨大的发展，但相对快速发展的塑料包装行业而言，我国中空制品行业却不十分活跃，主要是由于制品的发展很大程度上受原料的制约，国产原料，尤其是国产的工程塑料，其性能与国外的一些大的原料厂家还有很大的差距，许多原料还要依赖进口。而且我们还应清醒的看到行业内的制品质量、生产技术、管理方法、企业规模上都还存在一定的问题，行业总体水平与发达国家相比还有一定差距。

① 总体技术水平相对较低。虽然一些大型的生产厂家都拥有先进的设备和较高的技术水平，但我国中空制品行业中的大型企业较少，而中小企业较多。一些企业总体装备水平低、工艺技术相对落后；产品结构不合理，中低档产品偏多等，科技投入不足、开发能力薄弱等。

② 经营管理能力薄弱。行业内一些企业缺乏科学的管理，未能充分的利用现有的生产资料，生产集

约化程度低。随着我国加入世贸组织，关税大幅度降低，塑料行业中产、供、销等环节对手增多，市场竞争更加激烈。并且，行业内的企业对世贸法规还不熟悉，不能正确利用有关法规政策保护自身权益。如何改进企业的经营管理、增加企业竞争力，是摆在企业面前的一个大问题。

③ 产品应用范围需要进一步扩大、质量有待提高。现在我国的中空制品企业的产品主要集中在小型塑料容器上，产品结构相对单一、应用范围也相对较窄。并且一些产品的质量也不容乐观。例如，新近开发并投入使用200L的闭口塑料桶，该类桶主要是用于装运易燃、有毒和腐蚀性的液体，而且体积较大，一旦泄漏所造成的危害非常严重。从以前发生的多起危险品在运输中泄漏事故中可以充分反映它所造成的严重影响。因此行业内企业应该充分重视产品的质量。

【重点企业】

工贸合营常州市塑料厂

工贸合营常州市塑料厂始建于1958年，1980年由中国包装进出口公司与常州塑料集团公司合资，成立工贸合营常州市塑料厂，专业从事塑料包装容器生产。该厂拥有专业生产设备60余台（套），其中从日本、德国引进具有当代国际先进水平的塑料中空成型机组11台（套），生产规模、技术装备水平、产量。产品市场覆盖面广、产品质量高是全国塑料中空行业经济技术协作组理事长厂。该厂于2000年3月通过ISO 9002质量体系认证。该厂现拥有3个独资企业：昆阳分厂、澄江分厂、鑫盛实业公司，4个合资企业：常州兰鸿塑料有限公司、常州兰鹏塑料有限公司、常州常顺塑料有限公司和成都分厂。

工贸合营常州市塑料厂生产的产品符合出口质量许可证制度的规定要求，可出具商检证、卫生许可证。为我国化工、粮油、食品、土畜产、医药保健等出口商品提供优质的包装。该厂还可根据客户要求定制各种异型中空制品。

北京华盾塑料有限责任公司

北京华盾塑料有限责任公司创建于1965年，是北京市确定的大中型骨干企业之一，为农膜、土工膜国家定点生产企业，拥有雄厚的技术力量和精良的塑料制品加工设备。1999年通过了ISO 9001国际标准质量认证。2000年华盾公司建成国内同行业一流的产品质量检测中心，荣获“北京市质量管理先进企业”荣誉称号。盾牌中空产品在国内有较高的知名度，广泛用于化肥、农药、日化、石油、造纸、印染、涂料、酿造、中间体、饮料等行业。北京华盾公司坚定不移地走科技兴企之路，继续深化体制改革，建立完善的现代企业制度。建设一支高素质的职工队伍，追求进步，继续保持吹塑制品国内领先水平。企业的主要产品有：IBC集装桶、塑料托盘、200L桶、土工膜、农用薄膜、塑料包装印刷制品和塑料容器等。

珠海中富实业股份有限公司

珠海中富实业股份有限公司为广东省高新技术企业，是美国“可口可乐”、“百事可乐”两大国际饮料公司在中国的灌装厂，也为国内名牌饮料厂家提供食品饮料包装容器，是目前中国生产设备最齐全、技术最先进、规模最大的PET瓶专业生产企业。产品符合我国食品卫生标准，并获美国“可口可乐”、“百事可乐”公司质量认可，指定为该两大公司的饮料提供包装材料。该公司产品有各种款式的PET汽水，矿泉水，纯净水，蒸馏水瓶和PET热灌装（茶、果汁）饮料瓶与PET防爆啤酒瓶及系列瓶胚，PVC热收缩型与OPP粘贴型彩印标签，PVC、LDPE、LLDPE热收缩膜（套），HDPE、LDPE、LLDPE薄膜与各种规格的塑料袋，高级优质包装纸箱等。公司的主要产品有：PET汽水瓶、矿泉水、纯净水、蒸馏水瓶、PET瓶胚、（瓶用）收缩与粘贴型标签等。

上海紫江企业集团股份有限公司

紫江集团成立于20世纪80年代，是中国最早拿到可口可乐和百事可乐PET瓶产品认证的企业之一，也是可口可乐和百事可乐在中国最主要的两家PET瓶供货商之一。伴随着两家品牌在中国的发展，紫江企业走上了高速扩张的道路，而紫江企业也顺理成章地成为紫江集团的核心企业。1999年紫江企业A股上市，成为中国少数包装类上市公司之一。从创业伊始，紫江就坚持引进最先进的技术。他们一直使用HUSKY和SIDEL的二步法PET瓶生产设备。紫江的瓶坯中心在规模上是亚洲第一，在技术和设备上也居全球领先水平，年产瓶坯30亿只。瓶坯生产车间非常先进，湿度很低，采用中央控制方式，确保瓶坯质量。

（全国塑料加工工业信息中心　刘本刚　刘均科）

改性塑料

【行业现状】

改性塑料是指通过物理的、化学的，或者物理、化学相结合的方法使塑料材料的性能发生人们预期的变化或者赋予材料新的功能而得到全新的材料。改性的过程有的是在聚合时发生，而更多的情况下是在塑料制品加工企业中进行。通常在塑料制品加工企业中实现塑料改性的手段有填充、共混合增强等。自20世纪80年代以来，改性塑料逐渐摆脱塑料加工企业中的一个车间或工段的单一模式，逐渐形成以填充母料、功能性母料和改性塑料专用料为主导产品的又一个方面军，它介于生产合成树脂的大型石油化工企业和以具体塑料制品为主要产品的塑料加工企业之间，形成了以合成树脂为主要原料，以中间粒子料为主要产品的专业化生产队伍。到21世纪初，已形成以填充母料及各种功能性母料、改性塑料专用料为主导产品的500多家企业的改性塑料行业，其中生产能力达10kt/a以上的企业有50多家，从业人员一万多人。在多年的拚搏奋斗过程中一些知名企业脱颖而出，逐渐形成了有规模、较高技术水平和装备水平，产品行销国内国际市场的知名企业，如广州金发科技有限公司、上海杰事杰新材料股份有限公司、上海日之升新技术发展有限公司、温州俊尔高聚物有限公司等。2001年一批具有相当规模和实力的改性塑料企业纷纷亮相，成为改性塑料骨干企业，如南京聚隆化学实业有限公司、浙江省台州市嘉基格塑料有限公司、台州吉贝塑业有限公司、山东兴隆道恩化学有限公司、宁波信高塑化有限公司、广东东莞银禧塑胶有限公司等。据不完全统计，目前我国塑料制品年产量已超过2 000万吨，其中使用无机矿物填料的量已达250万吨以上，这些填料几乎全部是以填充母料、改性塑料专用料的形式用到塑料加工中去的，虽然母料和专用不是最终提供给社会的塑料制品，但在塑料制品使用的原材料中，(不包括电缆料、透明PVC粒料等传统中间粒料在内)，至少有30%以上的塑料制品使用了经过改性加工的中间粒料，这部分塑料制品总量达到600万吨以上，如年产一百多万吨的聚丙烯编织袋中碳酸钙组分占总量的15%左右，年产80万吨左右的聚氯乙烯门窗异型材中碳酸钙组分占8%左右，汽车、家电等工业配套塑料件中大都含有或多或少的碳酸钙、滑石粉、高岭土、云母等矿物，还有很多塑料材料是由不同的聚合物配混在一起的，称之为共混物或塑料合金，它们虽然不一定经过中间粒料过程，但从原理和最终的配合都是塑料改性技术的产物。

经过20多年的发展，我国改性塑料行业从无到有、从小到大、从零散地分布在加工企业内部的车间、工段里到汇集成有一定规模和影响力的专业化队伍，离不开改性塑料行业从业人员的艰辛努力和战略发展的目光，但也离不开原料、添加剂、助剂和加工机械制造等相关行业的支持，也离不开我国逐渐步人全球经济一体化的大形势，特别是进入WTO后，国内外的原料市场和应用市场相互交融，为改性塑料行业提供了物质保证和更广泛的选择余地。特别需要指出的是我国混合混炼机械设备制造行业发展迅速，20世纪80年代中期，同向平行双螺杆挤出机还属于重点科研单位的宝贝，仅仅10多年国内同向平行螺杆挤出机制造厂家已达30多家，每年提供给改性塑料行业的各种规格型号的混炼造粒设备达500台套以上。从设计制造水平看，这些设备已达到或接近发达国家的同类产品水平，从应用的适用性和塑料改性效果看，国产设备并不比发达国家的产品逊色，但价格仅为同型号进口产品的几分之一，对于大多数改性塑料产品来说，国产混合混炼设备基本上能满足使用要求，可以达到预期混合混炼效果。

由于原料、添加剂和助剂以及混合、混炼设备基本上可以满足改性塑料行业的要求，我国改性塑料行业的整体技术装备水平较发达国家差距并不显著，有的方面还居领先地位。改性塑料的核心技术是原辅材料的种类、配比和加工工艺过程，而我国大学、研究所乃至企业中的科技人员比较擅长的是配方研究，如果说在塑料工业整体上还缺乏更多的我们独立自主的知识产权的话，在材料配方及加工工艺研究方面我们并不落后，而且有许多发明创造，在国际上也是先进的。这些年来改性塑料行业的突飞猛进和我国科技人员的聪明才智是息息相关的。

【专委会活动】

1. 2001年6月8～11日在浙江省温州市召开年会

年会上以“中国改性塑料回顾与展望”为题开展行业经济技术交流活动，在世纪之交为改性塑料及相关行业提供“交流信息、把握商机、立足高科技、迎接新世纪”的机会与场合，得到专委会成员单位和当地塑料企业的积极响应和热情参与。此次年会共有来自全国20多个省市自治区的200多位企业家、管理人员和科技人员与会，浙江省及温州地区的一些塑料加工企业也闻讯而来，对促进该地区改性塑料行业发展提供了一次难得的机会。

专委会为会议做了充分的准备工作，为每位代表提供了50多万字的论文资料集，包括国内著名专家报告在内的40多篇论文以及大量关于合成树脂材料与制品、助剂、添加剂和加工机械设备等信息与发展动向方面内容，组织了大会发言和会外交流，还安排代表到会议主办单位——温州俊尔高聚物有限公司和温州超维工程塑料公司参观考察，受到与会代表的欢迎。

2. 2001年8月6～9日在河北省涞源县召开专委会理事长办公（扩大会议），研究讨论专委会在新形势下如何发展以及落实几项工作安排

会议由赵安赤理事长主持，刘英俊等多位副理事长和副秘书长出席了会议，还有多位热心于专委会工作和成长发展的常务理事参加了会议。

通过热烈讨论，与会人员献计献策，大家在以下几方面形成共识。

① 专委会工作富有成效，经常得到中国塑协的表扬，是目前中国塑协所领导的 20 多个专委会中办得最好的几个专委会之一。

② 在中国轻工总会撤消后，协会及所属组织作为政府职能转变后出现的具有民间社团性质的行业组织将要肩负起更重的任务，任重而道远，我们还有很多事情要做，国家和企业两个方面都迫切需要我们做更多事情。

③ 目前我们专委会的组织形式、人员结构、工作内容等方面还远不能适应新的形势，但由于我们的主要领导成员都是业余兼职，今后如不加以“职业化”和“年轻化”，将责、权、利有机结合起来，专委会很难有更大的发展。

④ 依靠企业办专委会并不等于企业家亲自办专委会，原轻工业部按制品类成立的以国营大中型企业为理事长单位的“协作组”为基础的专委会很多都已丧失了活动能力，这个经验教训应认真汲取。

⑤ 当前专委会应从实际出发，多为企业做事，多为企业服务，同时也要做好企业与政府之间的桥梁，为推动行业的发展和捍卫本行业的正当权益而不懈地奋斗。

⑥ 专委会每年举办的学术、技术、商务交流活动使众多企业受益，今后还应坚持，同时也应注意举办这些活动要有特色，要在全国乃至国际上树立“改性塑料”的“知名品牌”。

⑦ 专委会编辑出版的《塑料改性通讯》深受业内人士欢迎。大家在能否增加出版期数，增大信息量，如何加强和改进编辑出版工作等方面提出了许多建设性意见。会议决定以专委会文件形式下发“关于会刊《塑料改性通讯》编辑出版工作的几点意见”，请有关单位照此执行。

⑧ 根据江阴新达塑机有限公司和何立溶副秘书长提议，大家认为 2002 年 4～5 月份在江苏省无锡市或苏州市举办“改性塑料行业技贸洽谈交流会”是适宜的，大家还同意于 2002 年 8 月份在青海省西宁市召开“改性塑料热点技术研讨会”。

3. 继续努力办好会刊《塑料改性通讯》

《塑料改性通讯》自 1990 年作为中国塑料加工工业协会改性塑料专业委员会的会刊以来，至 2001 年 8 月份已出版 36 期。由于该刊内容丰富、报道贴近企业，理论学术与实践技术紧密结合，经济技术多方信息并茂，深受广大专委会成员和业内人士喜爱，不仅增强了专委会凝聚力，成为广大科技人员和管理人员的良师益友，而且也为促进改性塑料行业的发展做出了贡献。

在新的形势下，多种传媒迅猛发展，单一的文字形式虽然还有生存的必要，但面临着严峻的挑战。在专委会理事长办公会议上大家认为会刊还要继续办下去，而且要办得更好，更有特色，同时会刊的办刊方式也要有所创新，还希望能够得到更多高等院校、研究所以及企业中科技人员的大力支持。

2001 年共编辑出版包括温州会议论文资料集在内的会刊两期（总第 36 期和第 37 期），总字数 60 多万字。

4. 继续在条件成熟的地方设立专委会“科研试验开发生产基地”

专委会根据行业发展的需要和一些企业的愿望，曾经在江苏科亚化工装备有限公司、南京橡塑机械厂等企业中设立专委会“科研试验开发生产基地”，对树立企业形象实施名牌战略起了良好的作用。在专委会筹备温州年会期间，由赵安赤理事长、刘英俊副理事长兼秘书长带领多位专家对温州俊尔高聚物有限公司和温州超维工程塑料公司进行考察，认为这两个民营企业在改性塑料行业中具有坚实的技术和经济基础，发展势头良好，而且十分关注科技进步和发挥科技人员在企业发展中的作用。温州俊尔高聚物有限公司年产改性塑料已达万吨以上，还组建了高分子材料技术开发中心；温州超维工程塑料有限公司重视与大专院校合作，与清华大学组成产、学、研联合体，得到科技部和浙江省中小企业科技进步创新基金的支持。为此专委会决定在这两个企业分别设立“科研试验开发生产基地”，并在温州年会上颁布了铭牌。

5. 不失时机做好组织建设工作，保持相对稳定的会员队伍

专委会是企业自愿参加的民间组织，没有任何行政和权力的依托，企业入会并交纳会费是出于对企业自身发展有利的考虑。在当前各种组织林立，招人入会的办法奇多的社会环境中，我们靠竭诚为企业服务，着眼于行业发展，办会为公，取信于民的指导思想，多年来得到广大会员单位的理解和支持。但由于我们处在计划经济向市场经济过渡的转型期，企业兴衰更替十分频繁，专委会的会员队伍难免发生变化。为了稳定会员单位，我们采取多种措施积极发展会员的同时，也对一些遇到暂时困难的会员单位采取保留会籍、减免会费的措施，赢得了会员单位的信任。同时我们为具有活动的新一代企业敞开大门，并给予他们应有的地位。2001 年共有新加入的理事单位 50 多个，我们及时将福建师范大学环境材料开发研究所、海尔科化工程塑料国家工程中心有限公司、四川省都江堰钙品股份有限公司、海南天人降解塑料技术研究所、北京誉美佳塑胶技术开发中心、石家庄江河实业公司、四川宝兴华明实业有限公司、浙江省上虞市华

佳亿塑化有限公司等八个单位增补为专委会常务理事单位，并将温州俊尔高聚物有限公司增补为副理事长单位，并在温州年会上按照专委会章程获得与会理事单位代表的批准。

这些工作为稳定专委会队伍，增强专委会凝聚力，提高成员单位知名度都起了积极有效的作用。

【重点企业】

改性塑料作为一种高分子材料遍布塑料应用领域，几乎所有的塑料制品在加工过程中都涉及改性技术，至少运用了改性的原理。作为和其他塑料制品并列的改性塑料行业主要是指以塑料共混、填充、增强为主要主段，生产填充母料、功能母粒及各种改性专用料的企业，在有些企业中改性塑料产品有可能是在一个车间，一个分厂里生产出来。尽管如此改性塑料行业仍然可以看作是大型石化合成树脂生产企业与塑料制品加工企业之间相对独立存在的，生产中间原料供下游制品加工企业使用的一个独立的行业。

在《中国塑料工业年鉴》（2001）中曾重点罗列了以填充母料和功能性改性母料为主要产品的一批重点企业，同时介绍了“温州俊尔高聚物有限公司”、“上海日之升新技术发展有限公司”和“辽宁鞍山龙马塑料有限公司”等以改性塑料专用料为主要产品的骨干企业，此外还有一大批以改性塑料专用料为主要产品的生产企业，如上海杰事杰新材料股份有限公司、南京聚隆化学实业有限公司、深圳市伟生塑化科技有限公司、青岛宏信塑胶有限公司、上海科塑高分子新材料有限公司、岳阳维远实业有限公司、南京锦天塑胶有限公司、三博高分子合金（宁波）有限公司、宁波华盛塑料有限公司、广东东莞银禧塑胶有限公司、广州金发科技股份有限公司、福建振云塑业股份有限公司、龙口兴隆道恩化学有限公司、宁波信高塑化有限公司、淄博欧齐塑胶有限公司、天水电缆材料有限公司、河南濮阳三龙塑胶有限公司等。

还有一大批为改性塑料行业提供加工助剂、功能性添加剂、加工机械设备的其他行业的企业，为改性塑料行业的发展提供了必要的，不可或缺的物质保证。这些企业有江苏科亚化工装备有限公司、南京橡塑机械厂有限公司、江苏联冠科技发展有限公司、南京瑞亚高聚物装备有限公司、南京诚盟化工机械有限公司、江阴新达塑料机械有限公司、北京崇高纳米科技有限公司、福建师范大学高分子实验厂、北京加成助剂研究所、四川宝兴华明实业有限公司、苏州兴泰国光化学助剂有限公司、张家港通沙塑料机械厂、石家庄星烁实业公司、北京建诚机械有限公司、大连通用橡胶机械有限公司等。

福建振云塑业股份有限公司

福建振云塑业股份有限公司系中国化工建材大型骨干企业，生产“振云”牌 UPVC、CPVC、HDPE 等各种管材、管件等系列上千种产品，如 UPVC 给、排水管、UPVC 或 HDPE 双壁波纹管、UPVC 多孔套管、PE 燃气管、大口径中空双重壁管、HDPE 自润滑复合管等，年产量已达 3 万多吨。产品经国家塑料制品质量监督检验中心检测，性能均达到或超过相应国家标准与行业标准的要求，荣获“福建省著名商标”、“福建名牌产品”等称号，是福建省科学技术厅命名的“福建省高新技术企业”。

青岛宏信塑胶有限公司

青岛宏信塑胶有限公司是一家集科研、生产、经营为一体的新型科技型改性塑料企业，从事塑料加工及高聚物的化学改性或共混改性以及相关工艺的研究开发、产品制造、技术服务等，可承接交钥匙工程。公司多项研究成果及产品在国内居领先地位。

加工助剂及功能性母料

•聚乙烯易加工流变改性剂 YL88F（粉状）、YL88（液体）、YL88m^2（粒状）

•电缆料专用复合抗氧剂 B225

•塑料光亮润滑剂、聚乙烯蜡（粉状、粒状）

•CKT 铜离子抑制剂（抗铜剂）MD-6

•电缆料专用功能型、普通型黑色母料（45%、52%含量）

•聚烯烃塑料用母料（45%、52%含量）、燃气管、夹克管专用母料

改性专用料

•交联、非交联聚乙烯半导电内屏蔽电缆料等多种规格电缆料

•10kV 及以下级硅烷交联聚乙烯黑色架空绝缘料

•1～10kV 一步法、二步法硅烷交联聚乙烯绝缘料

•改性聚丙烯绝缘料

•ADSS 耐电痕聚乙烯护套料

•多种功能聚乙烯护套料

•黑色耐候性高密度聚乙烯绝缘料（NGJ）

•高密度聚乙烯通信电缆绝缘料

塑料板材

•冰箱、洁具、汽车装饰、火车内饰板材

塑料管材专用料

•聚乙烯硅烷交联管料（PEX）

•黑色高密度高强度管料（PE 防腐夹克料）

•高密度聚乙烯燃气管料

广州金发科技股份有限公司

广州金发科技股份有限公司是一家专业从事高性能改性塑料研发、生产和销售的国家重点高新技术企业。公司位于广州高新技术产业开发区天河科技园内，拥有54条生产线，具备年产20万吨改性塑料的生产能力。自2001年开始，规模为年产16万吨的功能塑料生产基地已在上海投入建设。

公司成立了技术研发中心，2000年12月被认定为广东省重点工程技术研究开发中心，以持续创新来提高产品的技术含量和提升产品的市场竞争力。除公司科技人员针对客户个性化要求进行技术攻关外，还与多所大学建立了长期技术合作关系，如与华南理工大学合作建立了“金发高分子材料研究开发中心”，与中山大学合作建立了“金发改性塑料实验室”，对一些基础性研究课题展开前瞻性探索工作，并充分发挥产学研互动整合的优势。

公司共研发生产阻燃专用料、增强增韧专用料、塑料合金和功能母料四大系列产品，多达50多个品种1000多个牌号，广泛应用于家电、电气、汽车、信息、建筑和军工等行业。产品质量稳定，2001年7月通过德国莱茵公司ISO 9001：2000版质量体系认证，使产品质量保证体系达到国际化标准，大部分产品已获得美国UL认证和国家省、市科技成果奖，承担国家级火炬计划项目5项、国家级重点新产品项目2项，申报国家专利17项。

高美伟记塑胶原料有限公司

高美伟记塑胶原料有限公司成立于20世纪70年代，主要经营各种工程塑料、改性专用料、再生塑料、色母料等。自20世纪80年代起，高美陆续在深圳、东莞、苏州设立分公司和合资厂，从事塑料原料经营，并使用先进改性塑料加工设备和制造技术从事改性塑料专用料、色母料及再生塑料的加工制造，所生产的产品已获得美国UL认证E201019。此外高美还在内地拥有注塑制品厂，采用日本产单色、双色注塑机生产有UL认证E127002（H）的塑胶制品，并可自己设计制造注塑模具和翻新日产注塑机。

东莞银禧塑胶有限公司

东莞银禧塑胶有限公司是坐落在广东珠江三角洲的历史名镇——虎门的一座现代化塑料专用料加工企业。公司是集研发、生产、销售于一体的改性塑料和其他塑料专用料的重要生产基地，拥有同向平行双螺杆挤出、异向双螺杆挤出和混炼型单螺杆挤出生产线19条，年生产改性塑料、工程塑料和PVC电缆料等产品4万吨，产品远销海外，并可为用户提供使用产品的最优化方案。

银禧公司是以1996年在虎门新联工业区成立的银禧商业发展公司为开端的。1997年银禧商业发展公司与香港银华实业有限公司合资，正式成立了东莞银禧塑胶有限公司，拥有3条造粒生产线，年生产能力达到3 000多吨。1999年东莞南峰实业集团加盟银禧，当年PVC电缆料产量超过万吨。至2000年生产线增至12条，产量逾1.5万吨，销售额突破亿元。2001年公司开始将开发重点转到工程塑料和改性塑料上来，先后将PA6、PA66、PBT、PC/ABS等专用料产品投产，并大力引进优秀技术人才和管理人才，从而为公司进一步发展积聚了力量，增添了后劲。

南京聚隆工程塑料有限公司

南京聚隆工程塑料有限公司是专业从事工程塑料改性和高分子复合材料开发、生产和经营的高新技术企业，公司始终坚持以“市场为导向、技术为基础、质量为生命”的经营方针，发扬“团结、创新、优质、高效”的企业精神。竭诚为发展我国工程塑料工业做贡献。

品种：改性尼龙66（PA66）、尼龙6（PA6）、聚碳酸酯（PC）、PBT、ABS、聚丙烯（PP）等高性能工程塑料和新型复合材料。

性能：增强、增韧、阻燃、耐热、耐磨、抗老化、抗紫外线、导电、抗静电等。

公司是科技型的生产企业，拥有多名教授级高级工程师和高级工程技术人员，精良的检测仪器和丰富的信息资源以保证新产品的开发。

增强增韧高性能尼龙产品2000年通过省级鉴定，2001年获江苏省科技成果三等奖。

“1 800t增强增韧高性能尼龙生产线”项目被国家科技部批准为“国家火炬计划项目”。

公司先后开发生产了近300个改性塑料品种，行销国内20多个省、直辖市，在广州、厦门、余姚、郑州、青岛等地设立了办事处或特约经销商，全国性的销售网络正在形成。

福建师大高分子实验厂

福建师大高分子实验厂始建于1986年，属福建师范大学校办企业，是中国塑料加工工业协会改性塑料专业委员会理事单位，专业委员会授予的明星企业。工厂主导产品铝酸酯偶联剂曾获国家发明金奖和省优部优称号，产品的知名度高、用户遍布全国各地以及我国台湾省和东南亚等地。

近几年来，福建师范大学高分子实验厂注重引进和培养人才，走科技兴厂之路，培养自己的技术力量，并拥有福建师范大学高分子研究所和福建师范大学环境材料开发研究所（实验中心）的技术支持，使企业具有较强的产品开发能力。

产品以“长安山”牌作为注册商标，产销量已达200t。

工厂现有产品：

① DL-411系列铝酸酯偶联剂，外观乳白色固态及液态；

② 防沉降铝酸酯偶联剂；

③ 亚乙基双硬脂酸酰胺EBS；

④ 降解塑料复合光敏剂和增容剂。

陕西省宝鸡市云鹏塑料科技有限公司

宝鸡市云鹏塑料科技有限公司创建于1998年5月，是集生产经管、科技开发、应用和技术服务为一体的综合性股份制企业，中国塑料加工工业协会改性塑料专业委员会常务理事单位、改性塑料明星企业、陕西省高新技术企业，2001年被确认为中国塑料加工工业协会改性塑料专业委员会的“改性塑料科研试验生产基地”。

公司目前主要以生产PPM塑料改性填充母料和耐老化、防雾滴双防母料、通讯电缆绝缘料、通讯电缆护套料、聚苯醚、通讯电缆堵塞剂等专用料为主，满足西部市场的需求。首批PPM改性母料已走出国门。

公司发展的基本思路是继续以市场需求为导向，坚持持续、稳定的发展速度，努力增加产品的科技含量、大力提高经济效益，积极开发研制滴灌带专用料，争取早日投放市场，满足西部塑料加工企业的需要。

四川省德阳市富昊塑料有限公司

四川省德阳市富昊塑料有限公司是专业从事改性塑料科研、开发、生产、经营业务的民营企业，是中国塑料加工工业协会改性塑料专业委员会常务理事单位。

公司拥有先进生产设备和完善的质量检测手段，技术力量雄厚，其主导产品——富昊牌PP、PE、PS、ABS等塑料用填充母料，年生产能力达5000t。产品具有白度高、分散性强、塑化良好、使用时添加量大等特点。可广泛用于塑料编织袋、打包带及各种注塑、中空吹塑、挤塑成型制品。

公司产品不仅在四川本省有稳定市场，而且远销宁夏、云南、陕西、重庆、上海等省市，并已出口海外。

江苏联冠科技发展有限公司

江苏联冠科技发展有限公司（张家港轻工机械有限公司）扬起“联合发展，实力夺冠”的风帆，以诚信为企业发展的根本，将“优质产品，星级服务”的经营理念演化为企业持续发展的澎湃动力。公司立大志、创大业高举科技为先导的大旗，让企业真正成为科技含量高、市场信誉佳、综合效益好的现代化企业。

张家港市轻工机械厂创办于1958年，1982年注册了“白熊”商标，1994年组建了以轻机厂为核心，以“白熊”品牌为纽带的江苏白熊机械集团，1997年完成了产权体制改革的张家港轻工机械厂正式更名为张家港市轻工机械有限公司，2000年融入品牌国际化、现代化潮流，“联冠”在新世纪的曙光中应运而生。

江苏省张家港市通沙塑料机械厂

通沙塑机位于江苏省南部长江之滨，已有十几年生产塑料加工机械的历史，具有雄厚技术力量和先进的现代化管理体系，并与上海同济大学高分子材料系携手合作开发新技术、新产品。

公司产品已行销全国29个省市，并已出口到东南亚地区。公司负责指导培训使用各种产品，还可承接交钥匙工程。

主要产品有：SRL-Z系列混合机，SRH系列混合机，SRL-CZ系列卧式混合机，此外还有多种规格的料斗式干燥机、粉末上料机、破碎机、磨粉机等。

江阴新达塑料机械有限公司

江阴市新达塑料机械有限公司是国内独家制造SJW系列往复式单螺杆混炼挤出机的厂家，自1999年自行设计制造出第一台SJW-70型往复式单螺杆混炼挤出机之后，不仅将其用于本企业纤维级黑色、红色等色母料生产，而且也陆续销售20余台。该机设计合理、物料混合混炼效果良好、适用面广、机械运作可靠（基本无故障），特别是普通同向旋转平行双螺杆挤出机所不能适应的物料混炼，如炭黑含量达45%以上的黑色母料，该机可在炭黑不予先处理的情况下，通过按比例进料进行混合混炼，避免了炭黑处理时粉尘飞扬造成的严重污染。

该公司还推出系列剖分式同向旋转双螺杆挤出机，长径比可达36∶1，全部螺筒可整体分开，操作方便，全过程仅需数分钟。

北京加成助剂研究所

北京加成助剂研究所是由从事化工领域科研、生产、管理、营销等方面工作的专业人员及北京爱邦科技发展有限公司等出资组建的股份制科技企业。具有较强的新技术、新产品开发能力以及科技成果转化为工业化生产，进行工业性中间试验的能力。

该所研发生产的产品主要有：

• 抗氧剂有硫代酯类；亚磷酸酯类；酚类；复合型等

• 光稳定剂有受阻胺类；紫外线吸收剂；中间体类四甲基哌啶醇、哌啶酮等

• PVC热稳定剂有稀土稳定剂，脂肪酸锌稳定剂，有机锡稳定剂等

• 增塑剂、农膜流滴剂、荧光增白剂、高效阻聚剂等

苏州兴泰国光化学助剂有限公司

苏州兴泰国光化学助剂有限公司主要从事供塑料、纤维、电缆料、色母料、染料等行业使用的加工助剂的研究、开发与生产，是中国塑料加工工业协会改性塑料专业委员会、中国工程塑料工业协会塑料助剂专业委员会以及中国染料工业协会色母粒专业委员会等行业组织的成员单位。

该公司独立研制生产的“虎丘”牌TA系列助剂产品可广泛用于PE、PP、PVC、ABS、PC、PA、PS、AS、PBT、PET等塑料，用于色母料、电缆料、化纤、工程塑料以及回收塑料的加工生产。其主要品种有医用PVC透明料外润滑剂；具有分散、增亮、改善相容性等多种功能的润滑剂；（细粉级）无机、有机染料分散剂；C电缆料专用润滑剂；TAF光亮润滑剂；TAP经温水、化学交联的PE电缆料屏蔽专用剥离剂。

北京崇高纳米科技有限公司

北京崇高纳米科技有限公司，依托中科院理化所和工程塑料国家工程研究中心，是北京市科委认定的新技术企业。其目标是研究开发高科技成果，为提升传统产业的竞争力提供“工业芯片”技术，促进纳米材料和功能材料在高分子制品领域的应用。

董事长李毕忠博士在工程塑料、抗菌材料、功能纤维、纳米材料等新材料领域取得了多项发明专利和重大产业化成果，是“抗菌塑料”项目的发明人，公司还拥有美国国家标准技术院院士、国际知名的聚合物科学家Charles C. Han博士为首席技术顾问。

主要产品有：

• 抗菌防霉母粒系列

• 抗菌剂系列

• 果蔬长时保鲜袋

• PET、PA、PBT用纳米塑料母粒

南京橡塑机械厂有限公司

南京橡塑机械厂有限公司创建于1959年，是从事塑料、橡胶加工机械设计制造的专业工厂，企业总资产达5 000多万元，年销售额近亿元。公司拥有先进的电脑设计系统和完善的检测手段，产品覆盖全国各省、市、自治区，并出口10多个国家。公司有两类三种新产品被评为国家级新产品；并获得多项省、部、市级科技进步奖；拥有实用新型专利5个。

自1982年国产第一台试验型SJSH-30平行同向双螺杆挤出机在该公司诞生以来，在平行同向双螺杆挤出机的适用性方面进行了深入的研究，目前已形成SJSH-25～SJSH-125等多规格的平行同向双螺杆挤出机系列。

为满足用户生产PVC电缆料、交联PE电缆料和ABS着色、PET、PP、PE等废料回收要求，该厂先后设计、制造出双阶挤出机组和排气、混炼式单螺杆塑料挤出机，使用情况反映良好。

南京诚盟化工机械有限公司

南京诚盟化工机械有限公司为20世纪90年代成立的民营股份制企业，是生产平行双螺杆挤出机及其配件的专业厂家。

在20世纪90年代初，公司就最先为进口德国“WP公司”等双螺杆挤出机进行设备维修和更换配件，同时还为当时国营企业南京第三化工机械厂等厂家生产配套双螺杆主要配件，在总结了大量实践经验的基础上，开发研制出新型的双螺杆挤出机，实现了高扭矩、高转速、高产量的“三高”优化组合。公司厂房面积4 500多平方米，拥有各种加工设备50余台，月生产量达到8～15台。在原有实践经验的基础上，与南京航天航空大学材料科学与技术学院等大专院校签订了技术合作协议，形成技术与生产融为一体的诚盟强大的研发队伍，成为一个集设计开发、生产制造和装配调试于一体的高新技术企业。

主要产品：SHJ系列配混造粒同向平行双螺杆挤出机，ML双阶（双螺杆/单螺杆）挤出造粒机组。

南京瑞亚高聚物装备有限公司

南京瑞亚高聚物装备有限公司主要从事以同向双螺杆造粒机组为代表的高聚物配混改性装备制造及相关工艺与应用领域技术开发、直至提供成套装备与技术的交钥匙工程服务等业务。

主要产品有TSE系列同向双螺杆挤出造粒机组；TSC系列双阶式混炼挤出造粒机组；SZF系列双螺杆排气脱挥后处理挤压机组；SFJ系列双螺杆反应挤出机组；HSJ系列单螺杆废膜回收造粒机组；SZC系列失重式电子秤；全自动成套配混料系统与装置（含物料输送、计量配料、分布初混、挤压造粒、均化掺混、成品包装等）。

江苏科亚化工装备有限公司

江苏科亚化工装备有限公司是从事研究设计、加工制造高分子材料配混成套设备的专业化企业，主要产品有TE系列双螺杆挤出机、KY系列双阶挤出机、MD系列混炼机等。各种规格型号的配混设备连续多年销售额居全国同行前列，并有多台产品出口到美

国、加拿大、中东、南非、俄罗斯等国，年销售额已过亿元。

公司已向改性塑料行业提供1 000多台套的配混设备，满足了几乎所有领域对材料配混合改性的加工要求。公司先后荣获国家级科技进步奖1项，省部级科技进步奖10多项，并拥有8项专利，是行业标准的主要起草单位，为行业的发展做出了贡献！

【新产品开发】

1. 光钙型环境友好塑料材料

传统塑料材料主要追求尽可能完美的使用性能，对使用后是否给环境带来不良影响考虑不够或根本未加考虑，而环境友好塑料材料除具有良好的满足使用要求的性能外，还具有节约资源、降低能耗，对环境影响小，易被环境消纳的特点，因此更能符合新世纪中绿色消费的理念，更符合塑料工业重视环境保护，做到可持续发展的要求。

福建师范大学环境材料开发研究所、海南天人降解塑料技术研究所、上海林达塑胶化工有限公司等单位研究开发含有适量光敏降解剂和碳酸钙的改性塑料材料，并已投入工业化生产，上海林达塑胶化工有限公司还通过了国家环境保护总局组织的环境产品标志认证。该种环境友好材料有别于普通碳酸钙填充的塑料材料是具有适当的使用性能的同时，通过添加复合光敏剂达到适合多种使用条件的光降解要求，而多达30%碳酸钙的存在不仅可以节省宝贵的石油资源，而且比纯塑料制品更加节省加工能量。在使用后碳酸钙的存在有利于塑料材料彻底地焚烧，减少有害的焚烧产物；以填埋方式处理垃圾对碳酸钙的存在，有利于塑料材料的崩解，同时对地下水的污染微乎其微。

2. 微发泡聚氯乙烯/木粉复合材料及型材

河北省廊坊市神龙金海塑木科技有限公司在生产微发泡聚氯乙烯型材的基础上，研究开发成功木粉含量达30%以上的微发泡聚氯乙烯/木粉复合材料，并生产出多种建筑装饰装修用的型材、板材、线材。

木粉填充聚乙烯塑料并经挤出成型再组合成货物运输用的平托盘或其他制品在国内得到高度重视并已投入批量生产，但木粉/聚乙烯复合材料的刚性不足、户外使用耐候性不好、易燃烧等缺点在某些方面限制了这种材料的使用，而且木粉的加入并未使复合材料的密度与木材接近，木粉含量达50%左右的木塑复合材料的密度是纯聚乙烯塑料的1.5倍，也在很多场合影响推广使用。廊坊市神龙金海塑木有限公司研制成功的微发泡聚氯乙烯/木粉复合材料克服了聚乙烯/木粉复合材料的上述缺点，密度可达0.6～0.85g/cm^3，而且在加工性能上，可锯、刨、钉、钻、粘接等，完全可以替代天然木材用于各种包装和建筑装修用途。

3. 聚烯烃塑料增韧母料

南京工业大学科技开发中心（高分子系）研究开发的聚烯烃塑料增韧母料在国内同类产品中居领先地位，不仅其使用效果好，而且所使用的关键助剂是由自己研制的。

聚烯烃塑料增韧母料（简称增韧母料）是以聚烯烃树脂、超细碳酸钙和复合偶联剂等为主要原料，经表面处理、共混复合和挤出造粒而制得的用于增韧改性聚烯烃塑料的添加材料。该增韧母料可广泛应用于HDPE、均聚PP、共聚PP、PP/EPDM或PP/POE（弹性体）共混材料的改性中，有效提高改性制品的缺口冲击韧性、弯曲模量和成型尺寸稳定性，降低改性材料制造成本，且改性材料加工流动性能优良，使用方便，材料性能可根据所加入的母料含量随意控制。可使大型注塑制件的冲击韧性和刚度都得到较大幅度提高，可明显降低小汽车保险杠、方向盘等专用塑料中弹性体用量，降低材料生产成本。应用于HDPE及PP的薄膜或扁丝制品中可改善制品的挺度、防滑性能和手感，有效提高改性制品的强度、柔韧性，提高改性制品的品质。

4. SJW-70型往复式单螺杆挤出机

往复式单螺杆挤出机是塑料改性的混合、混炼关键设备，它不同于传统密炼机、开炼机，也不同于近年来发展十分迅速的同向旋转平行双螺杆挤出机，由于螺杆在旋转运动的同时做轴向往复运动，使物料在螺杆和螺筒之间的运动更为复杂，物料除在楔形区中正常流动外，还有一小部分发生倒流，形成拖曳流，更有利于物料中各组分的分布均匀。

往复式单螺杆挤出机在国际上只有瑞士布斯公司独家生产（专利使用权限制），进口价格极为昂贵，数百万元至上千万元的高价使其应用受到限制。

江阴市新达塑料机械有限公司于1999年开始研制，并于2000年通过国家轻工业局和江苏省科委联合组织的新产品鉴定。该机研制成功不仅结束了我国不能自主制造生产、长期依赖进口的历史，而且该机起点高，其制造水平和使用性能已达到或接近进口产品，不仅为我国塑料改性专用料和色母料等行业提供了质优价廉（仅为进口同型号产品的1/10）的加工设备，而且为我国塑料机械加工制造业赶超国际先进水平树立了典范。公司已申请了国家专利，专利号为ZL 99229982.9。

在用户逐渐了解往复式单螺杆挤出机工作原理和相比其他混合混炼设备所具有的优势基础上，通过展览会上演示和报刊媒体广告宣传，邀请客户带料到公司现场试机以及完善周到的售后服务，公司逐渐取得用户的信任，2001年取得销售20余台的好业绩。

5. 超细全硫化粉末橡胶

由中国石油化工总公司化工研究院研制的超细全硫化粉末橡胶的主要应用领域为塑料增韧改性剂以及制备新型的全硫化热塑性弹性体。主要特点是在树脂中极易分散，且不含隔离剂；粒径小，平均粒子直径为50～200nm；可应用于各类热塑性塑料和热固性树脂的增韧改性，具有独特的增韧改性效果，对部分热塑性和热固性树脂可实现同时增韧、增强和提高耐热温度。该粉末橡胶用于制备全硫化热塑性弹性体时，工艺简单、成本较低，产品性能可以同国外的动态全硫化法制备的热塑性弹性体媲美。

6. 纳米塑料专用料

北京纳米阳光科技有限公司是一家从事纳米塑料研究开发生产经营和技术推广的高新科技企业，通过与美国Nanocor公司和湖北工学院合作，形成了具有自主知识产权的系列纳米塑料专用料生产技术。

公司现已接受美国Nanocor公司授权，成为其nanomer@纳米蒙脱土中国区域代理商；公司还在武汉和咸宁成立两家分公司，并在大学和科研机构中建立了纳米材料研发基地。

公司现已批量生产如下品种纳米塑料专用料：

① 高阻隔纳米聚丙烯保鲜膜专用料；

② 纳米尼龙6保鲜膜专用料；

③ 纳米塑料热灌装饮料瓶专用料；

④ 纳米塑料啤酒瓶专用料；

⑤ 纳米塑料油箱油壶专用料；

⑥ 高刚性纳米双向拉伸膜（香烟包装膜）专用料；

⑦ 纳米高抗冲低膨胀PP-R管专用料；

⑧ 高阻燃纳米环保塑料光缆电缆护套料等。

【存在的问题】

1. 改性塑料行业发展缺少统一规划，发展目标也不清楚，加强宏观指导，明确前进方向至关重要。

在我国改性塑料是塑料工业中的新兴领域，虽然从技术到市场都非常活跃，但基本上处于各自为战，各自为政的状态。对于改性塑料的概念从学术上的认识比较一致，但从产品上纵横交叉，不知如何归属、分类。企业确定发展规模和产品的品种基本上源于市场需求，对于国内国际整体情况，某种技术和产品的发展趋势是什么，差距在哪里，奋斗目标如何等都说不清楚。尽管十几年来改性塑料行业从无到有，从小到大，产品从低档到高档，相关行业也随之得到前所未有的发展机遇，但如果对全局缺乏了解，对前途缺少战略性目光，势必将对行业的发展带来不利影响，许多企业将会陷入困境，走上弯路甚至歧途。在改性塑料行业从起步走入蓬勃发展阶段的今天，加强全局性的宏观分析指导，明确前进方向和奋斗目标至关重要。

2. 科技成果转让，产学研结合还有待加强

制约我国经济发展的重要因素之一就是科学技术在生产实践中所起的作用。党和政府十分强调科学技术面向国民经济、科研与生产相结合，并明确指出科技是第一生产力。目前行业中许多骨干企业自身的科技力量较强，自设研发中心、添置仪器设备从事开发性工作，但众多中小企业仍然面临着知识和人才匮乏的问题，反之许多大学和研究所重视发表论文和完成科研课题，对企业面临的实际问题和成果的推广仍然不予重视，致使科技成果的转化，产学研结合的问题仍很突出。

在企业自身实力有限或受地域、环境限制无法留住人才的情况下，采用厂校挂钩，定向服务的方式是目前解决一大批中小企业技术力量不足，科研成果转化不够而又要依靠科学技术推动企业发展的较好的办法。

3. 改性塑料产品质量评价标准、改性塑料所使用的原辅材料的标准亟待制定

作为一个行业，其产品没有公认的质量标准，也缺少原辅材料的标准，很难保证行业有序地、健康地发展。一方面改性塑料品种繁多，另一方面用户的要求千变万化，制定有关标准有一定难度，特别是企业自身以满足用户要求为准则，对于行业，乃至国家标准的起草、制定动力不足。这种现象在行业发展的初期是可以的，但在行业发展到一定的规模，应当有意识地强化标准方面的工作，特别是行业主管部门更应重视和落实这方面的工作。

4. 改性塑料产品所需要的改性剂和加工助剂品种与价格不能适应行业的需要，制约了改性塑料行业的发展

改性塑料的材料性能在某些方面得到改善、提高或者加工性能得到改善，很大程度上是正确地使用了改性剂和加工助剂。例如自20世纪80年代以来，钛酸酯、铝酸酯偶联剂的使用，对改善无机矿物粉体材料与高分子材料之间亲合性起到了决定性的作用。随着我国进入WTO，外国公司的产品更快更多地涌入国内，许多新的助剂是我们尚不熟悉的，国内更是无人生产的，说明在某些领域，某些产品与外国企业产品差距主要在于助剂的选择和使用，这就为我们发展自己的助剂产品提供了思路。

【发展趋势】

就改性塑料行业整体技术装备水平和科技含量来说，我们在世界上并不落后，有些自主开发的技术还具有鲜明特色，甚至领先于发达国家。例如以重质碳酸钙为填料的聚烯烃填充母料，无论从品种上、生产过程和应用效果上，都可以说居国际领先水平。我们生产的阻燃塑料、增强增韧塑料等改性塑料专用料也已达到国外同类产品水平，大量出口或被外资企业使用。实践证明塑料改性是今后塑料工业最具发展前景，最为充满活力的领域，是提高企业经济效益、赋予塑料材料新的功能、开发塑料材料新用途的重要途径，是带动原辅材料、助剂添加剂、加工机械设备制造等行业发展的重要力量。随着我国持续快速步入新世纪的步伐，各行各业对包括改性塑料在内的整个塑料工业提出范围越来越广泛、层次越来越多、要求越来越苛刻的课题，改性塑料将得到更大的发展机遇和推动力。在今后的工作中要重点树立下列指导思想。

1. 高举绿色环保的旗帜，通过塑料改性推进实施塑料工业可持续发展战略

塑料材料的使用给人类社会带来安全、方便、快捷等种种享受时，“白色污染”也应运而生。尽管污染的罪魁祸首不是塑料工业本身，但我们仍然有义务通过对塑料材料改性增强塑料使用后环境可消纳性。只有摘掉了制造污染的帽子，才能减轻发展塑料工业的社会阻力，有利于整个工业的健康、持续、快速发展。

2. 通过改善无机矿物填料粉末与高分子之间的亲合性，实现改性材料的增强增韧

近年来很多科研人员都进行刚性粒子增强增韧方面的研究，特别是碳酸钙粒子的表面经过适当处理，包括包覆、偶联、界面诱导等各种方法，调控无机矿物粉末与塑料基体高分子之间的界面，实现填充材料的韧性大幅提高，有的甚至在高填充达 50%（质量百分数）时，其冲击强度仍能比纯基体材料高几倍至十几倍，尤其是这种韧性的提高不同于橡胶或热塑性弹性体的增韧，不是以牺牲材料的刚性和强度为代价，而是在材料的刚性和强度变化不显著的情况下，冲击韧性大幅度提高。由于无机矿物粉体材料的价格仅为塑料基体材料的几分之一，是橡胶或热塑性弹性体等传统增韧材料的十几分之一，因此必然显著提高填充改性材料的性能价格比，无论从材料所具有的优异性能方面，还是从用非金属矿材料代替宝贵的石油资源方面，都可以说其意义重大，必将成为众所关注的改性技术领域，从而得到进一步发展。

3. 纳米塑料和纳米技术在剥去神秘面纱后将得到健康的发展

纳米材料和纳米技术在新世纪中必将占据重要地位。近年来关于纳米塑料的报道与争论非常频繁，一些不实的技术甚至商业化的炒作影响了“纳米”的形象和声誉。经过大浪淘沙式的实践的检验，人们逐渐取得了共识，即纳米塑料虽然好，但真正做到纳米材料在塑料基体中以纳米尺度（几十纳米）的分散相存在并不是轻而易举的事情，纳米材料及加工技术只有使纳米塑料的性能发生显著变化，而这种变化是一般微米级材料所不能比拟的时候，才具有真正意义上的学术价值和应用价值。近年来除通过插层聚合实现尼龙/蒙脱土纳米复合材料之外，一些大专院校进行的研究，如表面钝化及沙袋化、微米级粒子表面沉积纳米级颗粒实现表面纳米级结构、在碳酸钙乳液中原位聚合制作聚氯乙烯树脂等都是有益的探索。相信在不久的将来，纳米材料和纳米技术将为塑料工业带来全新的气象。

4. 改性塑料将越来越增加其功能性以满足社会发展的要求

改性塑料就是将石油化工企业生产出的大批量通用树脂通过物理的、化学的、机械的方法，改善其部分性能或增加其功能，在电、磁、光、热、耐老化、阻燃等方面达到特殊环境条件下的使用功能。社会的发展给材料工业既带来发展机遇，又带来新的使用要求。如公共场所的消防安全越来越得到普遍的关注，阻燃材料，特别是低烟无卤的阻燃材料将越来越多地进入公共场所，甚至走进千千万万个家庭。此外抗静电塑料材料、发光转光塑料材料、磁性塑料材料等功能性材料将越来越多地应用在电子、电气、汽车、家电、农业、建筑乃至人民生活用品等各个方面。

（中国塑料加工工业协会改性塑料专业委员会 刘英俊）

工 程 塑 料

【行业现状】

1. 市场概况

2000 年世界工程塑料市场总需求量为 553.3 万吨，用量最大的是 PA，占总量的 35%，第二位是 PC，占 32%，已逼近 PA 的市场占有率，居第三的是 POM，占 11%，以下依次为 PBT（10%）、PPO（3%）、PET（2%）、UHMWPE（2%），高性能工程塑料（包括 PPS、LCP、PEEK、PEI、PES、PSU、PVDF、FTP 等）占 5%。

按地区分，北美、欧洲和亚洲（不包括日本）居

前三位，2000年需求和市场占有份额分别为1 791kt、1 751kt、1 230kt和32.4%、31.6%和22.2%，预计2000～2005年间市场需求年均增长率则分别为6.7%、8.1%和11.3%，日本、俄罗斯（包括东欧）工程塑料2000年市场和2000～2005年增长率分别为695kt、66kt和5.4%、8.2%，可见不包括日本的亚洲是未来工程塑料需求和市场增长最快的地区。

“十五”末期我国通用工程塑料和ABS总产能将分别达到350～390kt/年和1160kt/年；1992～2000年的8年间其年均增长率分别为18.3%和35.5%；年总产值分别约达56.0亿元和98.4亿元。通用工程塑料和ABS的国内市场占有率将分别提高到43%和51%。2001年我国通用工程塑料消费量达到426.8kt，而年产量只有50kt，自给率不足16%，成为工程塑料的第一大进口国。

专家预计，在今后5年内，世界工程塑料市场需求年均增长率仍将达到8%，其中PA的应用量和产量仍居五大工程塑料之首。2005年需求量将达到8 500kt，其中，亚洲将是主要需求增长地区，年均增长率将达到11.3%。

工程塑料的主要应用市场及其份额依次为电子电气25%、汽车22%、机械20%、日用消费品10%、其他23%。工程塑料的应用已从主要限于航空航天、原子能等国防尖端技术、电子电气、汽车、仪器仪表等领域，扩大到各种机械、办公设备、信息产业、建材、信号照明、食品加工、医疗保健、文化娱乐、运动器材及生活日用品等国民经济各个领域及人民生活的方方面面。

目前，世界主要工程塑料生产商拜耳、巴斯夫、杜邦、GE塑料和Ticona等公司非常看好工程塑料产品的前景，仍在不断追加投资，以满足工程塑料未来增长的需求。索尔维公司并购了BP公司的功能塑料业务，将工程塑料作为战略性投资领域。塞拉尼斯子公司Ticona公司2001年新建装置的投资超过9 000万美元。拜耳投资10亿欧元将使其在全球5个生产中心的聚碳酸酯生产能力翻番，扩增至1 300kt/年。

据分析，受电子电器组件、光导纤维以及与聚碳酸酯的掺混物用于汽车零部件需求增长的驱动，预计欧洲PBT（聚对苯二甲酸丁二醇酯）总生产能力将增加到2003年的300kt/年。Ticona公司与DSM公司联合投资欧洲PBT项目，50～60kt/年新装置可望2003年投产。亚洲PBT总生产能力也将不断增加。预计未来几年内，PBT树脂年增长率为7%～9%，聚甲醛市场平均增长率为5%。

我国聚碳酸酯年需求量逐年增加，而国内生产量尚不能满足需求；2002年和2005年预计聚甲醛需求量将分别达到110kt和120kt；聚苯硫醚年需求量约为2kt，主要依赖进口，预计2010年聚苯硫醚需求量将达到13kt。

到2002年，我国汽车的年产量已达到320万辆，对工程塑料的需求量将达到400kt，主要的塑料品种是PA、ABS、POM和PC/ABS。

据2000年召开的世界纳米复合材料会议报道，2000年世界纳米复合材料的用量约为1000t，而且全部为尼龙系。会议认为纳米复合材料的发展将极为迅速，到2004年将达到125kt左右，主要是因为建材市场需求的推动。预计未来用量最大的品种仍为纳米尼龙复合材料，纳米聚丙烯将居第二位，而另一种可能商业化的品种为纳米PET（聚酯），而聚碳酸酯（PC）和热塑性聚氨酯（PUR-T）类还不可能商业化。

汽车市场是推动纳米复合材料发展的动力，另一个市场是阻隔包装，阻隔性好是纳米塑料的显著优点，依靠纳米黏土的合理分散，可降低气体透过性，可制成更薄的薄膜，或作为共挤薄膜中的阻隔层。Eastman公司曾展示过PET/PA/PET瓶；美国GE公司也在用纳米PA复合材料制造包装薄膜和瓶，另外，美国军队使用的能保鲜3年的容器也是Triton公司以纳米复合材料为原料制备的。

到2005年，中国工程塑料掺混物需求量年增长率为15%，到2010年为10%。需求量将从2000年440kt/年增长到2010年1 400kt/年。

国内聚甲醛每年只有12kt生产能力，其中云天化股份有限公司10kt，上海溶剂厂0.2kt。国外同类型企业最大装置规模为70kt/年。目前国内聚甲醛年需求量为100kt左右。由于供给严重不足，2000年中国进口聚甲醛总量达到99kt。预计到2005年、2010年需求量将分别达到150kt、200kt 。

2. 发展概况

（1）研究开发概况

热塑性工程塑料研究、开发异常活跃。通用塑料的工程化、工程塑料的功能化及特种工程塑料的实用化是研究的重点，此外，采用纳米材料和技术及茂金属催化剂改性成了改性技术研究的新热点。

热固性工程塑料研究主要集中在大品种树脂（环氧树脂、酚醛树脂、不饱和树脂）的改性、精细功能化及专业化方面，其中纳米粒子改性效果较为突出。

工程塑料加工技术有了长足的进步。计算机在挤出、注塑成型中的应用更加深入；在吹塑、压延中的应用日趋广泛；全液压式注塑成型机、电磁动态塑化挤出机、聚合物熔体齿轮泵、混炼型锥形双螺杆等的开发成功，推动了塑料加工技术的进步。在模具设计方面，挤出模具的模块化、标准化设计、挤出口模的改进设计、注塑模三维成型零件技术的应用等使模具质量的提高有了可靠的保证。

工程塑料的应用研究更加深入、应用领域更加广泛，产品应用开发的重点在车辆、机械、电子电气、建材、家电、家具及航空领域。

(2) 产业发展概况

LG化学公司在广东投资1 160万美元建设工程塑料掺混物装置，该装置将生产20kt/年掺混物，定于2003年3月投产。到2010年，将使该装置能力扩增至50kt/年，并计划于2010年在中国建设第二套50kt/年掺混物装置。

GE塑料、杜邦和拜尔公司占据全球工程塑料掺混物大部分市场，到2010年，LG化学公司将在工程塑料掺混物市场中排名世界前3位，其工程塑料掺混物能力将从现在的120kt/年增至400kt/年。其中，在韩国的能力将由现在120kt/年增加到2005年160kt/年、2010年200kt/年，在中国的能力由2005年50kt/年增加到2010年100kt/年，世界其他地区的能力由2005年20kt/年增加到2010年100kt/年。

据报道，日本出光石油化学加速对中国大陆塑料事业的开拓。计划提高与台塑集团合作的中国第3期PC设备产能。出光石化海外事业一直以欧美、中国为核心，发展塑料复合物。由于苯乙烯系制品经营环境恶化，效益严重滑坡。出光石化把马来西亚的下一期投资转向中国。该公司与台塑在大陆合作投资的PC塑料计划，主要分3期进行，第1期50kt预定在2002年4月，第2期50kt预定在2003年2月运转，第3期原先预定50kt，后调整为80～100kt，预计到2005年投入商业运营。

出光石化欲扩大在中国市场的业务，拟以工程塑料为中心来开拓塑料及塑料复合物事业，除了与台塑合作PC塑料外，也计划在其他树脂方面合作。目前两公司正针对上海的PC项目计划进行进一步研究。

南京聚隆化学实业有限公司接到了国家科技部颁发的证书，该公司1.8kt增强增韧高性能尼龙生产线项目被批准列入国家火炬计划。

郑州大学材料工程学院利用生物法生产的二元酸，研制成功了长碳链尼龙1212，结束了我国长期依赖进口长碳链尼龙的局面。这是我国五大工程塑料中又一拥有自主知识产权的尼龙品种。

中国上海漕泾化学工业区到2004年底将新增聚碳酸酯能力100kt/年。

国家计委批准上海溶剂厂通过引进和开发相结合，建设20kt/年聚甲醛装置的方案持积极肯定的意见。

经国家外经贸部批准，由宝泰菱工程塑料（南通）有限公司、Ticona公司、日本聚合塑料公司和三菱瓦斯公司合作投资的共聚甲醛项目近日在江苏南通签字。该项目总投资1.4亿美元，年产60kt共聚甲醛，预计2005年上半年投产。

我国聚苯醚树脂（PPO）目前由上海太平洋化工公司合成树脂研究所和北京化工研究院进行中试生产。中国首座万吨级聚苯醚（PPO）项目将落户山西芮城福斯特化工有限公司。

前不久，在上海召开的中国国际化纤会议上，与会专家普遍认为，中国正在日益成为世界聚酯业的领导者。中国的聚酯产量1995年是1 593kt，2001年是6 325.3kt，预计到2005年，产量将达到9 000kt。中国聚酯产量占世界总产量的比重将从1995年的9%提高到2005年的27%，中国占领世界聚酯市场的趋势是不可避免的。

日本筒中塑料工业公司开发废PET瓶制透明塑料板，产品有可以和纯PET原料合金化的室内用及和聚碳酸酯（PC）合金化之室外用两种产品，两者都含25%以上再生PET，透光率在90%以上，保持和原来PC板相同的透明性，即使在后段加工热成型时，亦可以维持透明性。

我国首条千吨级聚苯硫醚生产线日前在四川德阳动工兴建。该工程总投资上亿元，由四川华拓科技有限公司负责承建，是国家高技术产业化示范工程。

美国Nanocor Co. 开发了PA MXD6/*n*-MMT高阻隔树脂，商品名Imperm。用于三层PET瓶的芯层，厚度为PET瓶厚度的10%，比纯PET瓶透氧性可下降100倍。且中间不需要黏结层，故不存在回收问题，另一优点是PA MXD6的热行为和结晶过程和PET极相似，加工很方便而且阻隔瓶可保持玻璃色要求的透明度。

Pdrier矿泉水公司首次向市场推出轻质PET瓶，这种0.5～1升绿色包装瓶由德国Schmabach-Lubeca公司制备，目前已在法国、英国、比利时、瑞士的服务站、咖啡店、售货机和点心店使用。Schlnallach-Lubeca公司开发的这种专门结构的PET瓶，由2层PET和1层叫MXD6的特殊尼龙芯层组成。采用该包装的商品货架寿命可达12个月，且1年后二氧化碳仅失逸15%。

江苏省常熟建设我国最大的国际高科技氟化学工业园区，是我国新兴的氟化工基地。预计将于2003年秋季正式投产。该公司将主要生产广泛应用于汽车、半导体等尖端产业的氟树脂（聚四氟乙烯、氟化乙烯-丙烯共聚物等）和氟橡胶产品，70%以上将出口到国外市场。投资该氟化学工业园区建设的有：世界氟化工领域仅次于美国杜邦公司的第二大企业日本大金工业株式会社和世界著名的氟化工企业集团法国阿托菲纳公司。

杂萘联苯聚醚酮（PPEK）、杂萘联苯聚醚砜（PPES）及其系列共聚物杂萘联苯聚醚砜（PPESK）是吉林工业大学开发成功的新型高性能工程塑料。其综合性能优异，克服了英国ICI公司垄断的PEEK不溶解的缺点，是目前耐热等级最高的可溶性聚芳醚新品种，其应用领域比传统品种大为扩展，具有很强的市场竞争优势。该技术已通过国家教育部主持的中试（100t/年）验收鉴定，均被确认为国际首创。PPESK被评价为国际领先水平，PPEK PPES被评价为国际先进水平。已获两项发明专利授权，拥有自主知识产权。目前，杂萘联苯聚醚酮、杂萘联苯聚醚砜及其系列共聚物杂萘联苯聚醚砜酮树脂业经大连宝力摩新材料有限公司形成一定的生产规模，其近期目标是达到年产2 000t的生产能力。

清华南风纳米粉体技术产业化工程中心开发的15kg/h碳纳米管批量生产技术创国际新高，按每年8 000h计，产能将达120t/年。表明我国碳纳米管产业化技术已走在世界前列。

【专委会活动】

1. 传播科技信息，办好定期出版物

自1998年专委会定期出版物《工程塑料通讯》第一期问世至今已出版24期（双月刊）。共分八个栏目：政策法规要闻、行业动态及发展趋势、薄膜及包装材料、通用大品种塑料、通用工程塑料、特种工程塑料及复合材料、热塑性弹性体、加工助剂及其他。每期精选国内外20多种期刊杂志和信息中心的相关条目，以文摘的形式刊登，使读者便于了解当今国内外塑料产业发展的最新动态。标明准确的出处，便于查找，对那些没设专人搞情报资料的企业十分有帮助。因而从诞生之日起就受到了广泛的欢迎，对会员单位免费寄送，也送上级主管单位和进行业内交换。

2. 搞好学术技术交流会，在科学家和企业家之间架起交流的桥梁

专委会自1998年成立时起，每年金秋季节举办一次“塑料高新科技成果交流会”同时出版一本论文集。在广泛征集稿件的基础上，每次均根据当年业界最活跃的主题，邀请国内著名的专家撰写论文，到会讲演。正是由于一批国内著名专家和学者的支持才体现出专委会活动的学术水平。

2002年9月根据国内外塑料产业的现状和发展趋势，由中国塑料加工工业协会、浙江省塑协和专委会共同主办在杭州召开了“2002年塑料高新科技成果交流会”，与会代表100余人。会议的重要议题有“中国塑料工业发展现状与未来”、“聚合物纳米复合材料新进展”、“大口径塑料埋地排水管制造技术及应用概况”、“塑料微发泡技术进展及应用概况”、“中国农用塑料薄膜应用现状及开发热点”、“塑料中空吹塑托盘”、“塑料啤酒瓶制造技术及发展现状”、“高性能材料及耐高温塑料”、“氟塑料成形加工技术进展及应用现状”、“塑料在医疗器械中的应用现状及发展趋势”、“绿色塑料-生物降解性聚酯的发展概况”、“薄膜包装材料用抑菌型抗静电剂的研究与应用”、“全液压式注塑机的特点及应用”、“聚烯烃成核剂应用技术进展”、“塑料特种挤出及装备研究现状和发展”、“UHMWPE管材挤出成型技术进展”、“国内废旧塑料回收利用技术研究概述”等17个专题39篇论文。

3. 积极支持兄弟专委会的工作

2002年应中国汽车零部件工业塑料发展中心的要求，工程塑料专委会特地为他们的年会准备了一篇题为“汽车用高分子材料文献汇编”，时间跨度为2001.1～2002.6，分为5个专题：（1）发展趋势评述；（2）汽车用通用大品种塑料；（3）汽车用工程塑料及复合材料；（4）汽车用新材料、新技术；（5）汽车用热塑性弹性体及其他共87篇文献摘录。2002.10和2002.12受中国工程塑料协会塑料加工及应用专委会和塑料加工助剂专委会的邀请分别到会做了专题演讲。

4. 尽可能给会员单位以最大的支持和帮助

除了日常上百次的电话咨询外，还应会员单位的要求提供了专题文献服务，如：（1）2001年世界塑料新材料发展概况；（2）降解塑料文献汇编；（3）ABS国内市场需求及技术发展概况；（4）废旧塑料再利用相关文献；（5）木塑复合材料相关文献；（6）阻燃尼龙相关文献等，受到了企业的好评。

【重点企业】

- 上海杰事杰新材料股份有限公司
- 海尔科化工程塑料国家工程研究中心股份有限公司
- 广州金发科技股份有限公司
- 龙口兴隆道恩化学有限公司
- 温州俊尔高聚物有限公司
- 常州丰盛塑料有限公司

- 南京聚隆工程塑料有限公司
- 辽阳市宏伟区康达塑胶树脂厂
- 湖南岳阳石化总厂
- 江苏联冠科技发展有限公司
- 科亚公司
- 南京橡塑机械厂

【存在的问题】

工程塑料在发达国家早已形成一个规模庞大的高新技术产业，我国工程塑料的发展与发达国家有较大的差距，有可能越来越严重地影响我国高新技术产业及其他国民经济领域的发展。加快工程塑料产业的发展，对于满足我国国民经济特别是高新技术和支柱产业日益增长的需要，适应加入 WTO 后更为激烈的国内外市场的竞争，有着非常重要的战略意义。

长期以来投入不足已成为我国工程塑料产业化最大的制约因素和突出矛盾。同时，与国外先进国家相比，我国工程塑料的品种和数量还不多，自主开发能力不够强，工程化、商品化水平不高。

在扩大开放、争取合作、合资、技术引进的同时，要坚持自主研究开发，包括对引进技术的消化吸收与创新，以免受制于人。

重视必要的应用性基础研究，解决和掌握如有机催化技术、聚合或缩聚技术、化学工程与设计放大技术、助剂复配技术、改性技术，特别是合金化技术、加工应用技术乃至分析检测技术、环保技术等一些关键技术。

只有拥有自己的专利技术和知识产权，才能为工程塑料的产业化奠定可靠的基础，并在产业化后不断地推进技术进步和产业升级，使工程塑料产业跟上当今世界日新月异的发展步伐。

【发展趋势】

通用塑料工程化、工程塑料的高性能化仍然是研究开发的热点。

采用纳米材料和技术及茂金属催化剂改性成了改性技术研究的新热点。

聚合物/无机纳米复合材料制备技术在一些品种上在发达国家已经获得突破性进展，正在走向产业化。

微孔发泡塑料（孔径 50μm 以下，孔密度 10^{12}～10^{15}个/cm^3）挤出、注塑及吹塑产品技术在西欧、北美应用已比较广泛。其优点在于：宏观性能不变，可以减重 20%～80%，同时还能降噪、隔热。我国尚处于研发阶段。

（中国塑料加工工业协会工程塑料专业委员会　王德禧）

电　缆　料

【行业现状】

电线电缆绝缘及护套用塑料俗称电缆料，其中包括了橡胶、塑料、尼龙等多种品种。电缆料生产企业是以电缆生产企业为用户，只要有电线电缆需求就有电缆料的市场。目前我国有电线电缆生产企业近 5 000家，由于我国城乡电网改造、西电东送、长江三峡水电站、西部大开发及通信设施大面积升级改造等一大批国家重点建设项目带动了国内对电缆产品的需求，因而从一段时间来看，电缆料在我国具有广泛的市场发展前景。

目前我国电缆料的生产大体可以分为几种情况：一是化工行业企业生产，代表性的企业为上海化工厂、北京燕山石化、大庆石油化工等企业，他们都有电缆料产品，在国内有自己的市场份额；另一种是电缆厂自己生产电缆料，基本是以本企业自给自足为目的，也有少量外销，这类企业很多，郑州电缆厂、北京电缆厂、河北永进电缆集团及天津安琪尔集团有限公司等均有自己的电缆料生产车间；第三种是专业的电缆料生产企业生产。

近几年来，我国电缆料生产企业有了很大的发展，特别是一些民营企业，在生产规模、产品结构调整及新产品开发上顺应市场需求，有很大的提高。在高技术含量电缆料方面，依然是一些国际知名公司占据着电缆料的国内市场。

电缆行业中使用的橡塑材料有两大类，即以橡胶为基的橡套电缆用橡胶及助剂的混合物和以塑料为基的配以混合剂混合而成的混合物。在电缆行业中，目前主要使用的是，以聚氯乙烯为基的聚氯乙烯绝缘和护套，以聚乙烯树脂为基的绝缘和护套。其中用量最大的塑料是聚氯乙烯（PVC），约占电缆料总量的 70%～80%。其次是聚乙烯（PE），约占电缆料总量的 20%～28%。聚丙烯（PP）和热塑弹性体（TPE）的用量估计不足总量的 1%～2%，氟塑料只用于特种线缆的制造。本行业用量最大的橡胶是天然胶，其次是丁苯胶。

1. 电力电缆用绝缘料

电力电缆是电缆料的最大用户，有 2/3 的电缆料生产企业生产电力电缆绝缘料。

用于城乡电网“两网”改造的电力电缆，近两年来市场形势持续看好，6～35kV 中压电缆年需求有可能达到 3.5 万千米左右。而 110kV 超高压电缆有可能达到 800km 左右。在国外 10kV 交联电缆为 600mm，220kV 交联电缆为 1000mm，而我国 10kV

电缆的供货规格较小，截面积为150mm，以3芯150mm为代表规格核算，则每公里电缆约需绝缘和半导电屏蔽料为1.1t，其中绝缘料为800kg，内半导电屏蔽料为90kg，外半导电屏蔽料为210kg。

我国电网发电需大量应用1～10kV架空绝缘电缆，数量多达数万公里，每年需耗用硅烷和辐照交联聚乙烯产品数千吨。

低压电缆主要用硅烷交联聚乙烯料，硅烷交联聚乙烯料目前的情况是供大于求，年产量约为5万km，比较大的生产企业一条生产线就具有年生产7 000t的能力。可交联聚乙烯在我国电力电缆生产中是主要的绝缘材料，目前中压电缆（10kV级）用可交联料国内可以自给，年用量大致为18 000～22 000t。此外，我国目前内半导电屏蔽料的需求约为2 200t，外半导电屏蔽料的需求为5 000t。

我国目前高压电缆用可交联料基本全部进口，用量大致为每年1 500～2 000t。从目前国产的35kV及以下中压电缆绝缘料和屏蔽料来看，稳定性差，质量没有保证；从企业的装备水平看，很多电缆料企业缺乏技术和检测手段，有些厂没有流变特性测量设备，没有绝缘料水分测试设备，没有杂质检测设备。在国外这些都是最起码的检测装置。应该说，如果我国电缆料生产企业的产品进入110kV高压电缆绝缘料领域，就是进入了电缆料行业的高新科技领域了。我国目前110kV电缆的需求约500km/年，今年可达800km/年，每公里电缆需超净绝缘料约2.5t，年需超净绝缘料约2 000t，有较好的技术经济效益。

2. 电气装备线用绝缘料

在各类工程建设中，阻燃电缆的用量逐步增加，耐火电缆也列入消防规范之一，电力电缆、控制电缆、信号电缆、仪器仪表电缆、计算机电缆、热电偶电缆等，均要求阻燃，近几年已有部分地区的消防部门要求使用无卤阻燃材料，因而低烟无卤材料是发展方向。当前用量较大的是低烟无卤热塑性护套料，少量用可交联型护套料。此外有一些要求高的工程，电缆绝缘要求用可交联低烟无卤材料。电气装备用电线电缆由于使用范围较广，用户对装备线的要求五花八门，用户的使用要求百分之百的转嫁到对电缆料的要求上来。

① 机械性电机引接电缆、汽车低压电缆、机车车辆电线、石油平台用电缆等，性能要求各有差异，如拉伸强度、断裂伸长率等。

② 阻燃性能包括阻燃或非阻燃、含卤或无卤、烟密度等。

③ 绝缘性能包括老化温度和指标、绝缘厚度、体积电阻系数等。

④ 工艺性能包括易撕裂、易剥性能等。

⑤ 抗断裂性在十分恶劣的矿井工作条件下，矿用电缆均要求外绝缘层具有一定机械强度。

⑥ 其他性能包括耐刮性能、耐油性能、超薄等。

这些指标相互制约，不能用一个牌号满足全部产品要求，实际上也没有全能牌号。

在市场预测方面，从历年的统计数字来分析，以电机引接电线来计算，当年产量达到2 000km时，年消能电缆料300t。其他用途的装备线由于过于繁杂，无法预测市场需求。

3. 半导电屏蔽材料

半导电屏蔽材料是中、高压电力电缆必须的配套材料，最初认为半导电层屏蔽层起到均匀电场的作用，长期运行经验说明半导电屏蔽对电缆使用寿命有较大关系，例如屏蔽的光洁性、屏蔽与绝缘的黏结、杂质的迁移，这些对电缆有潜伏性影响。国外高压和超高压交联电缆用半导电屏蔽料指标要求很高，国内技术不过关，目前依赖进口。就10kV电力电缆用屏蔽料而言，国产料的性能和工艺也并不很理想。内外屏蔽料与绝缘料用量的比例大致为400∶100，估计我国屏蔽料年用量为8 000～10 000t。

伴热电缆（也有称自控温电热带）属另两个产品领域，国内基本没有生产，主要原因是正温度系数电热材料（也称PTCR效应）国内没有供应，产品完全依赖进口。这类产品和材料的利润十分丰厚，期望不久的将来能实现国产化。

【新产品开发】

随着科技的不断发展，对电缆料的要求越来越向着科技含量高的方向发展。首先，材料和电缆的阻燃特性已被人们所重视，在许多重点工程中，对电缆阻燃特性不仅要求阻燃而且要求在燃烧时低烟，无有毒气体发生。因此低烟无卤阻燃电缆料的研究开发，是电缆材料开发的重点。

阻燃辐照交联聚烯烃绝缘电线电缆，采用阻燃聚烯烃绝缘电缆料、通过电子加速器辐射交联，具有良好的阻燃、耐寒（－50℃）、耐热（＋150℃）、耐辐射、耐环境等优良性能，也是近年来电缆料产品开发的重点和热点。

【存在的问题】

① 近几年来，我国电缆料生产企业有了很大的发展，特别是一些民营企业，在生产规模、产品结构调整及新产品开发上顺应市场需求，有很大的提高。但是在高压电缆料方面，依然是一些国际知名公司占据着电缆料的国内市场。

② 近年全球电缆市场日趋成熟，电线电缆制造业发展趋缓，增长幅度不大，因此行业间竞争非常激烈。

企业名称	主要产品品种	主要生产设备	产量/kt
天水万维电缆材料有限公司	①PE电缆料 ②PVC电缆料	聚乙烯和聚氯乙烯电缆料生产线8条	20
杭州高新塑料厂	①PVC绝缘料 ②PVC护套料 ③PE交联绝缘料	有5条生产流水线	23
浙江万马集团	①PE电缆料 ②PVC电缆料 ③硅烷交联电缆料	Buss造粒机1条，双螺杆双阶解机两条，流变仪检测设备	
上海华吉高分子材料厂	①ADSS护套料 ②半导电内外屏蔽料 ③可交联聚乙烯 ④黑色架空电缆绝缘料	3条双螺杆挤出机	
苏州双虎高分子材料公司	半导电内外屏蔽料	Buss机1条	3.5
上海化工厂有限公司	① 聚氯乙烯电缆料 ②可交联聚乙烯电缆料	Buss机2条，国产挤出造粒3机条	
江苏三角洲塑料集团公司	①PE电缆料 ②PVC电缆料	双阶式双螺杆生产线6条	

③ 行业内部缺乏统一的质量管理和价格管理，使得电缆料的整体质量得不到保证。

④ 大部分的电缆料由于回收再利用工作做得不好，有待改进。总之，今后电缆行业中必须加强行业管理，加强学术交流，以提高行业的整体水平。

【发展趋势】

随着我国经济的不断发展和电缆业技术、材料的不断更新，对电线电缆业科技含量的要求也越来越高。功能强、性价比高、具有绿色环保概念的新材料将支撑高性能电线电缆的发展。纳米技术的运用，为电线电缆行业展示了诱人的前景。各种以功能命名的电线电缆品种：高温、阻燃、无卤、稀土更是全部材料特性的体现。

从目前的发展趋势来看，无卤阻燃材料将成为今后电缆料行业发展的重点，关于无卤阻燃电缆料的研究已经受到了国内企业的重视，而且已在此领域取得了一定的成果。超光滑内半导电料的开发也正在受到国内一部分企业重视，但现在国内尚不能生产。伴热电缆（也有称自控温电热带）属另一个产品领域，国内基本没有生产，主要原因是正温度系数电热材料（也称PTCR效应）国内没有供应，产品完全依赖进口。这类产品和材料的利润十分丰厚，期望不久的将来能实现国产化。总之，电缆料行业仍然有许多新产品期待开发，以满足工农业生产和国防建设的需要。

【重点企业】

电缆料行业中的重点企业一般从该厂的生产量、产品的技术含量以及其产品的影响力三方面来考虑。下表是本年度电缆行业重点企业的主要生产和经营情况（见上表）。

（全国塑料加工工业信息中心　苗丹　刘均科）

降解塑料

【行业现状】

近年来，在加强环境保护和走可持续发展道路的全球战略方针指引下，环境降解塑料（EDP）在国内外均取得了较大的进展，有资料报道：2000年全世界EDP产量在世界塑料总产量中所占比例仅1%～2%，其中生物降解塑料BDP产量达35～40kt；2002年美国Cargill Dow化学公司的聚乳酸（Natrue Worke）生产线建成并试产；美国Du Pont公司和Eastman Chemical公司、德国BASF公司的脂肪族/芳香族共聚酯、日本昭和高分子和昭和电工公司、三菱ガス化学公司等的脂肪族聚酯；意大利Novamont公司、美国Novon International公司、德国Biotec公司的淀粉基生物降解塑料；日本クラレ公司和化学合成化学工业公司的聚乙烯醇可水解降解塑料进一步扩大生产规模（详见表1），并积极开拓市场，使生物降解塑料高昂的成本有所降低。据预测，到2005年，生物降解塑料将形成100kt的市场规模，2015年后，EDP的消费量将占塑料市场总量的10%。另一方面，生物降解塑料的定义已有国际标准，试验检测方法的国际标准ISO14851、ISO14852、ISO14855已正式颁布和开始实施，美国、欧洲、德国、日本已制定和发布了可生物降解、可堆肥化降解塑料的认证机构、认证标准和标章，对降解周期和生物降解率也已有了定量化的规定，这些均有利于促进生物降解塑料的市场化进程。生物降解塑料正在出现一片欣欣向荣的局面，但高昂的价格仍是市场化的主要壁垒。目前各国一方面提高生产技术，扩大生产规模、积极开拓市场以及与天然有机材料或无机材料共混，企图进一步降低成本。

表 1　世界几个主要国家生物降解塑料发展概况

生产国家	生产公司	主要成分	商品名称	生产能力/(t/年)	类　别
美国	NOVON International	热塑性淀粉 改性淀粉/PE	NOVON Degranovon	45 000	淀粉基类
	U. C. C	聚己内酯(PCL)	Tone Polymer	1 000～5 000	脂肪族聚酯
	Solvay	聚己内酯(PCL)	Polymer CAPA	20 000 5 000	脂肪族聚酯
	Eastman Chemical	聚(己二酸-丁二醇酯/对苯二甲酸-乙二醇酯)	Eastar Bio	15 000	脂肪族/芳香族共聚酯
	Dupont	聚(己二酸-丁二醇酯/对苯二甲酸-乙二醇酯)	Biomax	90 000①	脂肪族/芳香族共聚酯
	Cargill Dow Polymers	聚乳酸(PLA)	Nature Works	8 000～140 000	聚乳酸
	Environmental Products	聚乙烯醇(PVA)	—	10 000	聚乙烯醇
	Willow Ridge	改性淀粉/PE	—	—	淀粉基类
	P&G	聚 3-羟基丁酸/己酸酯	Nodax	—	聚羟基脂肪酸酯
	National Starch	淀粉基衍生物	—	—	淀粉基类
意大利	Novanmont	淀粉/聚乙烯醇(PVA) 淀粉/聚己内酯(PCL)	Mater-Bi	10 000	淀粉与 PVA 或 PCL 共混
德国	Bayer	聚(己二酸-丁二醇酯/对苯二甲酸-乙二醇酯)	BAK	事业化终止	脂肪族/芳香族共聚酯
	BASF	聚(己二酸-丁二醇酯/对苯二甲酸-乙二醇酯)	Ecoflex	8 000	脂肪族/芳香族共聚酯
荷兰	Biotec	淀粉/PCL	Bioplast	—	淀粉与 PCL 共混
	Paper Foam	淀粉、纤维素	—	—	淀粉、纤维素
日本	三井化学(mitsuichemical)	PLA	LACEA	500	聚乳酸
	岛津制作所(shimadzu)	PLA	ラクテイ	300	聚乳酸
	三菱ガス化学	聚 3-羟基丁酸酯(PHB) 聚 3-羟基丁酸/戊酸酯(PHBV)	ゼオグリ-ン	10～1 000	聚羟基脂肪酸酯
		二氧化碳/环氧乙烷共聚酯(PEC)	エーペック	中试数百吨	脂肪族聚碳酸酯
	昭和高分子/昭和电工(Showa High Polymer Co)	聚(丁二酸-丁二醇酯/已二酸-丁二醇酯)(PBS)	Bionolle	3 000～20 000	脂肪族聚酯
	日本触媒	聚己二酸乙二醇酯	ルナーレSE	—	脂肪族聚酯
	日本谷物淀粉 con/ Starch	热塑性淀粉	コーンポール	—	淀粉基类
	ダイセル化学工业	PCL	セルグソーン PH Celgreen-PH	—	聚己内酯
	クラレ 日本化学合成化学工业 フイセロ化学	聚乙烯醇(PVA)	ポバール ゴーセイール ドロンVA	200 000②	聚乙烯醇

续表

生产国家	生产公司	主要成分	商品名称	生产能力/(t/年)	类别
日本	ダイセル化学工业 Planet Polymer 日本触媒帝人	醋酸纤维素	セルグソーン PCA Lunare 2T セルロース Pセラート	100 000③	纤维素
	Novamont 日本合成化学工业 日本食品化工	淀粉/化学合成类生物降解塑料	淀粉/PVA Mater-Bi プラローン	8 000	淀粉与PVA共混
韩国	Ire Chemicai Ltd	二元醇、二元酸、脂肪族热塑性聚酯	Enpol^{TM}	—	脂肪族聚酯
	DAESANG	热塑性淀粉	Bionyl Regreen foam	—	淀粉基类
中国	清华大学 汕头华逸生物工程公司 江门生物技术开发中心	聚3-羟基丁酸酯(PHA) 聚3-羟基丁酸/聚3-羟基己酸酯(PHBHHx)	—	1 000	聚羟基脂肪酸酯
	中科院微生物所 中科院长春应化所 宁波天安生物材料有限公司	聚3-羟基丁酸酯(PHB) 聚3-羟基丁酸戊酸酯(PHBV)	—	1 000	聚羟基脂肪酸酯
	湖南国防科技大学 湖南益阳中玉环保材料公司	聚己内酯(PCL) 淀粉/聚己内酯(PCL)	—	1 000	聚己内酯
	上海微生物研究所 上海化工厂	聚乳酸(PLA)	—	扩试	聚乳酸
	中科院北京化学所 清华大学	聚丁二酸丁二醇酯(PBS)	—	1 000	脂肪族聚酯
	中科院长春应化所 蒙西高新材料股份有限公司	二氧化碳/环氧丙烷共聚酯(PPC)	—	30 000	脂肪族聚碳酸酯
	北京工商大学	改性聚乙烯醇PVA	—	—	聚乙烯醇
	西安交大 西安华源生态农业高科技公司 兰州凯翔科技有限公司	淀粉/聚乙烯醇PVA	— — 实达科	— 1 000 1 000	聚乙烯醇
	中科院北京化学所 中科院长春应化所 天津丹海股份有限公司 南京苏石降解树脂有限公司	改性淀粉	— — 生态利 苏石	— — 30 000④ 10 000④	淀粉基类
	广东揭阳斯普林降解制品有限公司	改性淀粉聚乳酸/淀粉	斯普林	3 000④	淀粉基类聚乳酸

① 包括通用PET生产能力;

② 包括全部聚乙烯醇的产品的生产能力;

③ 包括纤维原料、胶片等生产能力。

2002年我国EDP无论在研发、生产、应用及标准制定方面也有了可喜的进步，主要表现在品种增多、产量增加、用途扩大。

研发的品种除光降解、光/生物降解、淀粉填充降解塑料以及碳酸钙环境友好材料外，增添了光/热氧/生物降解，高淀粉含量（热氧化）降解、高碳酸填充光（热氧）化降解、水解降解以及全生物降解塑料等。

EDP产能和产量有了较大的增长，据不完全统计，母料（专用料）产能近200kt，产量约40kt，其中出口量约占40%；EDP制品约220kt，出口量约20%。

EDP的主要用途仍是包装膜（袋）、垃圾袋、餐饮具、地膜、育苗钵等，新开发的产品有无纺布、医用工作服、手套、沙滩拖鞋、化妆品容器、轻型缓冲包装材料、抛秧盒、水果网套，高尔夫球座等。

【新产品、新技术】

改性聚乙烯醇水解降解塑料

聚乙烯醇（PVA）是一种具有环境友好性能的水溶性聚合物，由于PVA结构规整，分子内存在很强的氢键，结晶度高，致使其熔融温度高于分解温度，较难热塑成型加工。北京工商大学高分子材料与工程系、轻工业塑料应用加工研究所多年来对PVA干法塑化及吹膜技术和工艺进行了较深入的研究，优选了可降低PVA塑化温度的塑化改性剂及成膜助剂。研究结果表明，改性剂改变了PVA的聚集态结构，有效的降低了PVA的熔点，改善了稳定性，使PVA干法熔融造粒成为可能；另由于加入了成膜助剂，降低了熔体的加工流动性，提高了成膜性能和正品率；薄膜再进行热处理，有助于提高PVA吹塑薄膜的结晶度，降低其吸湿性，目前该技术已在河北批量生产。

干法挤出吹塑PVA薄膜主要性能（23℃，HR50%）

性　　能	指标	
	纵向	横向
拉伸强度/MPa	41.7～54.0	39.4～77.1
断裂伸长率/%	340～380	160～200
直角撕裂强度/(kN/m)	109.1～151.4	52.1～54.9
氧透过系数/[cm^3 cm/(cm^2·s·cmHg)]	1.63～1.97×10^{-13}	

注：1cmHg=1.33kPa。

聚3-羟基丁酸/3-羟基己酸酯（PHAHHX）

聚烃基脂肪酸酯（PHA）是由很多细菌合成的一种细胞内聚酯，具有生物可降解性、生物相容性、压电性等许多优良性能，在生物医学材料、组织工程材料、缓释材料、电学材料以及包装材料等方面的应用日渐广泛。

据报道，已有超过90个属的细菌被发现可以合成150种以上不同结构的PHA，其中聚3-羟基丁酸酯（PHB）聚3-羟基丁酸/戊酸酯（PHBV）已工业化生产。最近清华大学生物科学与技术系首次开发成功利用Aeromonas hydrophila大规模生产3-羟基丁酸/3-羟基己酸酯共聚物（PHBHHX）的生产技术，用作生物医学材料比聚乳酸具有更优异的生物相容性。

PHBHHX生产技术2002年分别获北京市科技进步一等奖和国家发明二等奖。目前该技术已在广东江门生物技术开发中心和汕头华逸生物工程公司进行了批量生产，并已有产品出口美国。

聚丁二酸丁二醇酯

脂肪族聚酯是以脂肪族二元醇和二元酸为原料通过缩聚反应而成，早期产品由于分子量较低致产品发脆而未能实用化。近年来，国内外对此品种进行了大量深化研究，已开发出具有实用性能的脂肪族聚酯。我国中科院理化技术研究所、清华大学化工系高分子研究所研发的丁二酸丁二醇酯（PBS）是一类综合性能良好的人工合成生物降解塑料。

中科院理化所是在酯化缩聚过程中，通过采用新型高效催化体系及独特的合成工艺，直接合成高分子量PBS（Evergeen RT-100），该技术简化了合成工艺，从而有利于降低成本，并已申请两项发明专利，已获受理，目前正在中科院物质科学研究基地进行中试研究。Evergeen RT-100的性能介于PE和PP之间，可利用PO、PET、PBT的设备进行注塑、吹塑、层压、发泡、纺丝等成型加工。其制品可用于垃圾袋、包装袋、化妆品瓶、饮料瓶、塑料卡片、婴儿尿布、农用地膜、医疗卫生用品及药物缓释材料等。

PBS性能

性　　能	典型值	测试方法
密度/(g/m^3)	1.26	GB 1033—86
熔融指数/(g/10min)	8-12	GB 3682—83
熔点/℃	114	DSC
拉伸屈服强度/MPa	37	GB/T 1040—92
断裂伸长率/%	420	GB/T 1040—92
悬壁梁缺口冲击强度/(J/m)	80	GB/T 1843—1996
弯曲强度/MPa	42	GB 9341—88

清华大学化工系高分子研究所采用化学合成法成功合成了线性聚酯——聚丁二酸丁二醇酯。合成工艺包括酯化和后缩聚反应。后缩聚可在真空有扩链剂存在下在挤出机中进行，也可在高真空、高温下进行。采用该法合成的树脂，可直接挤出成型制品，生产效率可进一步提高。目前，该研究所已进行了以下工作：通过控制适宜的反应条件和合成或寻找新型催化剂，使产品具有较高的分子量；研究了催化聚合反应及其生物降解机理；合成了多种扩链剂，探讨与预聚聚酯端羟基快速反应的扩链剂，使反应能在挤出机中完成；采用不同的共聚单体，使其与丁二酸和丁二醇酯进行共聚反应，对线性聚酯进行分子设计，调节其

力学性能和生物降解性，以满足不同领域的应用要求；研究了线性聚酯的结构与性能的关系以及在不同条件下的微生物降解性。

目前聚丁二酸丁二醇酯仅在日本有小批量产品问世，清华大学研究的产品其分子量已达到日本产品水平。现正在进行机理和应用开发研究，并计划进行中试和扩大生产。

新型高效光敏剂

我国开发的光降解塑料主要是添加型。福建师范大学环境材料开发研究所在继过渡金属络合物降解塑料光敏剂及复合光敏剂的研发后，近年来对塑料制品经光诱导后避光继续氧化的降解技术进行了较深入研究，系统地研发了羧酸铈或羧酸共生稀土配合物的可光降解聚乙烯母料，大大提高了 PE 降解塑料的降解效果。该系列的复合光敏剂已投入了工业化生产，在垃圾袋、购物袋、地膜和餐饮具方面获得了成功的应用。另外该所还研发了羧酸共生稀土的聚氯乙烯光敏剂，该助剂可以引导 PVC 光降解，并具有避光继续氧化降解和诱发 PVC 在光照射发生交联作用的效果。目前已批量生产，并在降解 PVC 热收缩薄膜和环保休闲鞋上获得应用。

LTHO 低温热氧化剂

为加速一次性塑料包装废弃物在垃圾场内的降解作用和环境消纳，由北京化工大学、中国降解塑料网和雄县塑胶厂联合开发生产的低温热氧化剂目前已批量生产。低温热氧化剂是一类金属盐过渡金属催化剂，可成功用于垃圾袋，包装袋、保鲜膜、收缩包装膜及垃圾场覆盖膜等，降解效果良好，如江西、山西等地生产的降解塑料包装膜中，添加 0.1%～0.3% 的 LTHO 低温热氧化剂，经有关权威部门通过 120 小时氙灯照射检测，其断裂伸长率由降解前的 452% 下降为试样已粉化而无法检测，同时在 60℃左右的堆肥培养箱内，经 1 个月的试验时间后，试样也全部粉化。

细化交联改性淀粉

淀粉的超细化是当前淀粉基降解塑料为提高淀粉含量、保证制品强度和外观、降低成本的主要关键技术之一。此技术除了天津丹海已在工业化生产中成功采用的超细化技术外，近年来不少单位也进行了研究。其中广东揭阳斯普林降解制品有限公司在对德国超级微粉细化设备经消化、吸收及配合自研发的淀粉交联改性新工艺的基础上，经过多年的潜心研究和反复实验，研发成功细化交联改性淀粉生产工艺和设备。其产品特点：

① 淀粉的粒径细化可达到 6μm（2000 目）且粒径分布窄。

② 淀粉含水量可降到 5%，为挤出造粒创造了条件。

③ 淀粉表面由于交联而引起的表面的改变，使淀粉亲油性增大，与塑料树脂的相容性大大增强。

④ 细化淀粉储存数月后检查无团聚现象，淀粉分散性好，在显微镜下观察淀粉添加量 30% 的 PE 薄膜中，淀粉呈均匀的状态分布，界面结合情况良好。

⑤ 由于淀粉添加量大而且分散性好，所以在发生生物降解时，由于淀粉先行降解而使得留下的空洞比添加普通淀粉增大了几个数量级，从而造成了表面积增大使 PE 更加容易氧化降解。

光/热/生物多重降解塑料母料及制品

光/热/生物多重降解塑料及制品是云南省个旧市塑料厂与西安交通大学合作开发，并经自主采用云南省特有的优势资源——非金属超细粉体为主要原料，辅之以改性剂、降解助剂、专用交联剂等开发研究的一种共混新材料，其主要特点：集光、热、生物降解为一体，解决了在无阳光条件下，如地膜埋土部分及垃圾场内的塑料废弃物，可通过热氧化降解功能而产生裂变易被环境消纳；另外添加该母料生产的薄膜易加工，性能稳定，边角料可充分回收利用，从而有利于降低成本。该产品自试制到投产以来，先后通过了国家塑料制品质量监督检验中心、西北大学分析测试中心、云南省环境检测中心、云南省产品质量监督检验中心及卫生防疫监测中心站等权威部门检测合格。该项目于 2002 年初通过了云南级科技鉴定，并被国家经贸委列为 2002 年度国家重点新产品。

化学促降解母料

天津丹海股份有限公司研制成功一种化学促降解母料，使塑料废弃物在堆肥化环境条件下，通过热氧化形式进行降解。化学促降解母料能够在低温下缓慢地释放出自由基，引发聚烯烃 C—H 键的断裂，加速分子链的氧化过程；而在高温下具有一定的稳定性，不会在聚烯烃的加工温度下快速分解。

化学促降解母料可直接作为一种添加化合物，在塑料加工成型中使用。它与聚烯烃有良好的相容性，适合吹塑、注塑、模压、挤出等成型工艺，而对制品的物理性能无不良影响。加入该母料后，可以制成在一定时间后发生化学促降解的膜、袋、片材、注塑产品等降解塑料制品，同时还可以促进光降解和生物降解塑料的降解速度，加快降解速率，形成对环境无害的小碎片。该促降剂母料具有无毒、无异味、无腐蚀性、对人体无害的特性，可以用于普通包装和食品包装。

化学促降解母料的推荐用量为：地膜——添加比

例为 1%～2%；包装膜吹塑——添加比例为 3%～5%；注塑、模压等其他成型制品——添加比例为 5%～8%。最佳用量请根据实际需要实验确定。

化学促降解母料的技术指标为：

测试项目	指 标
外观	淡黄色颗粒，塑化良好
有效物含量/%	≥15
含水量/%	≤0.5
熔体流动速率/(g/10min)	12.0～17.0
密度/(g/cm^3)	1.0～1.3

DHYS——可控降解添加剂

DHYS——可控降解添加剂是江阴市顾山东风合成化工厂科技人员会同国内专家通过多年的努力，研发成功的一种新型光降解复合添加剂。该产品是集光降解、润滑、分散、活性为一体的多功能复合光降解剂。最大的特点是：无色、无毒、无味、无粉尘污染，能与 LLDPE、HDPE、LDPE、PP、PS 等的聚烯烃有较好的相容性，优良的热稳定性。经国家环保产品质量监督检验中心检测，其使用性能、卫生食品等性能均符合国家标准。是目前国内外较先进、可靠、理想的添加剂。

DHYS——可控降解剂直接用在 PE、PP 膜上参考用量为 0.01～0.3 份，制作降解母料参考用量为 1%～2%，用户可根据不同材料，不同厚度的制品增减用量。

可焚烧可降解多功能塑料

以聚乙烯或聚丙烯为主材料，添加“助燃剂、复合光敏剂和用特殊生物活性剂处理的无机超微粉体等塑料添加剂”组成的“可焚烧可降解塑料材料”，具有塑料原有的使用性能，废弃后，在环境作用下降解，达到 HJB12—2000 或 GB 18006.1—1999 技术要求。同时还具有其独特的性能：堆肥或掩埋细菌可在塑料表面大量繁殖；在光引发后可避光继续氧化降解性能；在光敏剂和 30%以上无机粉体作用下燃烧可减少有害气体。专家鉴定认为：“其研究成果具有创造性，综合技术指标及降解和焚烧相互促进的机理研究及生产技术处国内领先地位，达到国际先进水平。不管采用降解、填埋或焚烧方法均能达到环境保护目的”。同时申请了“可降解可焚烧聚乙烯塑料”（申请号：99111037.4）发明专利，并实现了产业化，2000 年获福建省科技进步三等奖。

无机基复合降解地膜及育苗容器（袋）

山西漳源农业环保开发有限公司研发的无机基复合降解塑料母料，系采用无机材料碳酸钙为基料，添加化学助剂和生物活性物质，集光/生物降解功能于一体。该技术已于 2000 年 11 月通过山西省科技厅技术鉴定，无机基复合降解塑料母料项目，2001 年被列入国家科技部火炬计划。

2002 年漳源农业环保开发公司在自己研发的母料的基础上，改进了助剂配方，使其在光降解条件呈弱势或无太阳光照情况下，能继续降解。并开发了无机基复合降解地膜及育苗器（袋），产品经有关权威单位检测和用户试用结果表明，应用性能和降解性能良好。根据山西省榆次农业技术推广中心田间覆盖玉米的地膜跟踪试验结果证明，“漳源”牌降解地膜在大田应用，降解诱导期基本可控，作物收成后，地面残膜已粉碎成用肉眼几乎无法辨认。育苗袋经山西华德生态农林业开发有限公司试用证明：“漳源”牌降解育苗袋在技术和产品设计方面有所突破，在树苗生长过程中，苗木的毛根可穿透降解育苗袋，育苗袋既可保持营养土水分和氧分，保护苗木根系不受损，又因其透气性好，提高了苗木的成活率。该成果添加了部分微细无机材料和天然材料的生物促降解剂，不仅可减少聚乙烯用量，节约有限的石油资源，而且可减少垃圾产生量，减轻环境负荷，符合保护环境和走可持续发展的方向。该成果 2002 年 12 月通过了山西省科委组织的专家鉴定。

脂肪族聚碳酸酯-二氧化碳/环氧化合物共聚物

脂肪族聚碳酸酯（PAC）是以二氧化碳为基本原料与环氧化合物在催化剂作用下经开键、开环、缩聚而成的共聚物。由于它是采用来自化石（石油、煤炭）能源燃烧排放出过多的、会产生温室效应、对环境会造成污染的二氧化碳作为一种新的资源，且其制品在一定环境条件下，具有良好的生物降解性能，属一碳化学发展的一个新的科学领域，受到世界瞩目。

近年来，我国中科院长春应化所、中科院广州化学所、内蒙古蒙西高科技材料股份有限公司等单位进行了较深入的研究开发。

中科院长春应化所从 1993 年开始，在中科院重点项目的支持下开展了“可生物降解的二氧化碳共聚物的合成及加工研究”。目前又被列入中科院“十五”创新方向性重点项目，同时获吉林省省长特别基金、国家自然基金委青年基金及长春应化所创新基金的支持。该项目采用二氧化碳和环氧丙烷为原料，采用稀土复合催化剂，在 10L 反应釜的聚合及后处理加工的基础上，已完成 120L 反应釜的聚合及后处理工作，获得的二氧化碳/环氧丙烷共聚物（PPC）数均分子量超过 15 万，重均分子量 60 万以上，聚合物中二氧化碳含量高达 40%以上，催化剂活性 5.6～7.0g 聚合物/催化剂/小时，共聚物中交替结构含量超过 98%，该技术已通过吉林省技术鉴定。并在国内申请了三项有关稀土复合催化剂和聚合方法的专利。目前该技术已与内蒙古蒙西高科技材料股份有限公司合作进行产业化研究开发，在利用蒙西集团公司从水泥厂回收纯度达99.9%，年产能力20kt的二氧化碳基础上，正在兴建年产30kt二氧化碳高效固定为全降解塑料的装置，并加紧进行产品的性能表征和产品应用开发工作。

中科院广州化学所关于“二氧化碳聚合与利用技术”经多年研究，目前已有所突破。该所研制的二氧化碳共聚物，可以采用普通塑料工艺与设备加工日常使用的塑料快餐盒和饮料瓶等，除具有较好的降解性能外，某些性能还优于普通塑料。

【专委会活动】

2002年10月25～27日中国塑协降解塑料专委会与联合国工发组织科学与高科技国际研究中心(ICS-UNIDO)、清华大学在北京清华国际交流中心联合召开“2002年中国可持续发展及环境降解塑料(EDP)工业发展国际论坛”，大会由中国塑协降解塑料专委会副理事长、清华大学陈国强教授主持，ICS—UNIDO纯化学与应用化学区域协调员、管理理事Mr. Stanislav Miertus、清华大学生物学院院长赵南明和中国塑料加工工业协会副理事长杨力行代表主办方分别致欢迎辞。ICS-UNIDO Mirada Da crar教授、UNIDO驻北京办事处官员Rudcf walder、国家经贸委副秘书长甘智和、科技部高科技发展及产业化司司长邵立勤、中国轻工业联合会副会长张善梅应邀出席了大会并做了重要讲话。应邀出席的还有中国环保产业协会、中国包协塑料包装委员会、中国包装总公司等有关领导和奥地利Graz理工大学、意大利Pisa大学、美国Michigan大学、韩国生物材料研究会等多名知名专家教授以及新华社、中央人民广播电台等多家新闻单位。参加会议的代表有来自美国、德国、日本、加拿大、新加坡、澳大利亚等国的专家和企业代表，国内有来自北京、上海、天津等10多个省市的专家、教授，企业家共约100人。论坛开始前，中国塑协降解塑料专委会理事长刘嘉藩向与会领导和代表简单介绍降解塑料专委会概况。会议共收到论文和报告32篇，分9个单元：各国塑料废弃物治理情况和有关政策法规；各国环境降解塑料(EDP)的研究开发概况；聚羟基脂肪酸酯、淀粉基生物降解塑料的最新进展；其他降解塑料的新技术、新产品和用途开拓；标准、助剂和相关技术的进展；EDP在保护环境及实施可持续发展战略中的作用等方面进行研讨交流。部分公司和企业还同时在会上展示了他们的新产品和最新成果。

论坛会始终是在热烈友好的气氛中进行的，代表们充分发表和论述各自的见解和观点，介绍自己的科技成果，情绪高涨，发言十分热烈。通过研讨交流，获得以下几点共识。

1. EDP在中国的研究、生产和应用所取得的迅速发展，令联合国官员以及国外专家、同行们十分震惊。目前中国在EDP方面的研究、生产和应用，除合成型光降解和全生物降解塑料外，处于国际先进水平。

2. EDP的研究开发其重要意义不仅仅在有利于保护地球环境起到减轻污染、缓解矛盾以及开发医用生物高分子材料造福人类方面的作用，而在节约资源、补充替代有限的、日益减少的不可再生的石油资源方面也具有十分重要意义，因此符合全球关注的走可持续发展道路的发展方向。

3. 当前我国对EDP的分类认识上比较混乱，也造成一定误解，特别是对中国当前广泛推向市场淀粉添加型的降解塑料(高淀粉含量的降解塑料)既有部分生物降解功能，也还具有部分氧化功能，如何确切定义和分类，应组织人力研究，以利于采用适应的检测方法评价其降解性能及有序地推向市场。

4. 标准对检验产品的优劣及产品推向市场至关重要，当前国际上已有ISO 14851、ISO 14852和ISO 14855的试验评价方法标准，美国、日本、欧洲发达国家也已制定了生物降解塑料产品的生物降解率标准。中国目前也正在制定等效采用国际标准的试验评价方法，但这些方法均是以全生物降解塑料为评价对象，加速制定既与国际标准接轨又适合国情的降解塑料产品标准十分重要。

5. 有机废弃物堆肥化处理已成为当前世界上垃圾处理再资源化的一个十分重要的方向。欧美日等发达国家已颁布了可生物降解可堆肥化的试验方法和认证标志，中国也应组织人力对我国研发的高淀粉含量降解塑料产品除实验室模拟堆肥化试验外，积极和环卫部门及农业部门联合进行实地堆肥化试验，以取得可信数据，鉴别堆肥化的可行性，以利于市场推广。

6. 从国情出发，当前中国开发和已推向市场的各种降解塑料，根据不同的降解机理和环境条件均有自己的定位，并在减轻环境污染，缓解环境矛盾，补充替代资源方面起了一定作用，但在工艺配方、降解的可控性、快速降解性和彻底降解性方面还有待进一步改善和提高。从可持续发展的战略视角，生物降解塑料是今后主要发展方向，当前其主要问题是高昂的价格成为推广应用的壁垒，应加强科研投入和应用开发以进一步降低成本。

7. 降解与回收利用并没有矛盾，易回收利用，又有较好经济效益的塑料废弃物，应加大力度回收利用再资源化，而不易收集或不宜收集或即使强制收集回收再生利用，经济效益甚微的一次性塑料废弃物，开发和推荐采用EDP，被认为是明智的选择。当前回收利用和降解已成为全球关注降低塑料废弃物环境负荷的重要措施，两者正在相辅相成共同为治理塑料废弃物对环境造成的负面影响做出贡献，推动着塑料工业与环保协调发展。

8. 保护地球环境，走可持续发展道路是全球的热点和紧迫任务，为推进EDP的开发和实用化进程，应积极向有关领导部门汇报和反映问题，争取支持和扶植，同时应加强国内外交流与协作，特别是与ICS-UNIDO的紧密联系与合作，促进中国降解塑料健康顺利的发展。

本次大会是在中国举办的一次EDP高学术水平的国际交流盛会，与会代表深感得益匪浅，特别是与会领导及联合国专家教授从保护环境和可持续发展的角度，强调和肯定EDP的重要意义和作用，并对中国EDP的研发工作和逐步推向市场、减轻环境污染方面取得的进展和发挥的作用表示赞赏，与会代表受到极大鼓舞，也深感肩负的环保重任既艰巨，而又光荣、伟大。本次大会将对中国EDP技术的进一步提高和加速产业化进程；降低塑料废弃物的环境负荷；以及加强国际间的交流与合作；推动EDP事业健康发展具有十分重要意义。EDP的发展也将为2008年北京创办绿色奥运，提供绿色包装发挥积极的作用。

【重点纪事】

2002年中国降解塑料行业十件大事

1. 由联合国工发组织科学与高科技国际研究中心（ICS-UNIDC）、中国塑协降解塑料专委会、清华大学于2002年10月25～27日在北京清华紫光国际交流中心联合成功举办“2002年中国可持续发展及环境降解塑料工业发展国际论坛”。

2. 山东九发股份集团公司在烟台牟平将建成年产15亿只降解塑料餐盒生产基地，并于2002年6月25日发布董事会公告：收购北京市瑞德宝生物降解制品公司，出资2 100万元设立北京九发生物降解制品有限公司，山东九发股份集团公司占70%的股份。

3. 天津丹海股份有限公司降解塑料高科技产业化示范工程项目，经国家计委全面验收合格。已分别建成年产30kt生态利母料和30kt制品的生产基地，并已正式生产和推向国内外市场。在工艺技术、生产能力、市场占有率等方面成为我国降解塑料行业的龙头企业。

4. 2002年5月29日国家计划发展委员会主任曾培炎在天津市市委书记张立昌、市长李盛霖、杨栋梁等的陪同下来到天津丹海股份有限公司视察了生态利生物降解塑料母料的整个生产过程和样品间陈列的生态利生物降解塑料母料所涉猎的应用领域，并就今后扩大产业化发展做了重要指示“是个好项目，要加快发展”。

5. 2002年7月1日，天津丹海股份有限公司作为中国大陆地区惟一的代表，应邀参加了第四届在瑞士日内瓦Intercontinental hotel隆重召开国际质量会议（International Quality Convention），并有幸成为国际质量世纪金奖的获得者，成为2002年度亚洲地区惟一获取殊荣的企业，并成为该奖项在我国第二家获此殊荣的单位。

6. 清华大学生物科学与技术系研究成功的新型聚羟基脂肪酸酯（PHA）-3-羟基丁酸/3-羟己酸共聚酯（PHBHHX）荣获国家发明二等奖及北京科技进步奖一等奖。PHBHHX的研制成功，标志着我国PHA生物降解塑料技术又取得了新的进展。

7. 中国科学院长春应化所、中科院广州化学所、内蒙古蒙西高科技材料股份有限公司等研发的脂肪族聚碳酸酯（PAC）二氧化碳/环氧化合物共聚物及利用技术已获新的突破，正在兴建万吨级二氧化碳/环氧丙烷共聚酯（PPC）产业化装置，这预示人类将二氧化碳变废为宝并实现产业化开发利用成为可能。

8. 2002年茂达环境生化产业集团有限公司、深圳市中包茂达环境生化有限公司研发生产的降解塑料餐饮具产品，通过了国家塑料制品质量监督检验中心，依据GB 18006.1—1999《一次性可降解塑料餐饮具通用技术条件》的检测，及英国国际质检中心（ITS）根据美国包装材料及包装组分条例（CONEG LEGISLATION）包装物料有毒元素含量测试、美国食品及药物管理局条例《FDA 21CFR PART 177.1640》——聚苯乙烯中苯乙烯单体含量检测、美国空气及环境保护条件——第1及第2类损耗臭氧层化学物检测、欧共体对包装以及包装材料要求指引的测试及欧共体对直接接触食品的塑料制品要求指引（90/128/EEC & 97/48/EEC）浸取测试的检测等。同年公司新研制的产品无塑淀粉光/生物降解塑料（CSBDM），已通过英国国际质检中心（ITS）欧美标准检测。

9. 由全国塑料制品标准化中心生物分解材料检测标准工作小组（BMSG）负责组织转化的水性培养液中材料最终生物分解能力的测定——采用测定密闭呼吸计中需氧量的方法（ISO 14851—1999，IDT）、水性培养液中材料最终生物分解能力的测定——采用测定释放的二氧化碳的方法（ISO 14852—1999，IDT）、受控堆肥条件下材料最终生物分解和崩解能力的测定——采用测定释放的二氧化碳的方法（ISO 14855—1999，IDT）以及非等效采用材料在特定微生物作用下生物分解和崩解能力的评价等四项生物分解塑料材料检测方法国家标准，日前通过了专家审定，专家一致认为该四项标准达到了国际水平。

10. 为了更好发挥降解塑料专委会的作用，以及有效的加强会员（包括非会员）间的专业交流与合作，专委会下设置淀粉基降解塑料母料（专用料）部、光氧生物降解、环境友好材料部、全生物降解塑料部、标准部、信息部、国外联络部，同时成立《降解塑料通讯》编委会。

（中国塑料加工工业协会降解塑料专委会 唐赛珍）

废弃塑料再生利用

【基本情况】

塑料工业是我国国民经济的支柱产业之一，已步入世界塑料大国的行列。塑料合成树脂与助剂、塑料机械与模具、塑料加工与应用等都呈现大幅度增长。整个加工行业中大多数的生产企业的机械与模具水平在不断提升，产品档次和质量有所提高，塑料制品品种和数量有明显的增加，在满足国内消费的同时出口逐年在增加，2001 年出口达 5 600kt，远大于进口的 1 800kt。2001 年，我国合成树脂已名列美国、德国、日本之后居第四位，总产量达 12 040kt，但远远满足不了社会消费的需求，进口合成树脂达 14 260kt，进口废塑料 2 230kt，创进口最高记录。因而 2001 年全国塑料表观消费量为 24 000 多 kt，人均超过 18kg。预计到 2002 年至 2003 年将提前实现 2005 年我国塑料表观消费量 25 000kt 的前景规划目标。塑料已成为人类社会生活中不可或缺的生产资料和生活资料，塑料制品生产与应用发展走势良好。

现在我国已在全国各地形成有一定规模的废塑料加工、经营市场十几处，其中河北文安、望都；浙江台州、东阳、慈溪；江苏从化、徐州；山东临沂；河南安阳、长葛；安徽五和县等地的废塑料回收、加工、经营市场规模越来越大，交易额大都在几个亿以上，呈蓬勃发展之势。从事废塑料行业的人也越来越多，特别是为农村富余劳动力提供了一种就业、致富的门路。当然需要政府有关部门结合当地实际情况会同有关专业协会共同合理规划、并配以正确的指导措施，达到综合治理的目的。

【对环境的影响】

我国每年产生的废弃塑料量约为 5 000kt 左右，由于塑料原料属化学合成原料，不能够被自然分解，尤其是一次性塑料包装废弃物、塑料农地膜被人们随意丢弃而造成的视觉污染，即所谓的“白色污染”，以及废塑料对环境造成的潜在危害，已引起政府有关部门和社会的普遍关注。但是在每年产生的废塑料中能成为“白色污染”的一次性包装废弃物、塑料地膜在我国塑料消费量中占有的比例很小，垃圾中的非一次性废塑料大部分已被回收利用。据国家环保总局介绍北京市周边的几个垃圾场的废塑料被拣得“很干净”，说明在大城市周边的垃圾场中废塑料已被充分回收。而在农村，垃圾中废塑料的回收就不是很乐观。随着我国塑料工业的不断发展，废弃塑料再生利用越来越成为我国资源再生和环境保护事业的一个重要方面。

“白色污染”主要是指对环境的两种危害，即“视觉污染”和“潜在危害”。视觉危害是指散落在环境中的废塑料制品对市容、景观的破坏。在大城市、旅游区、河流中、铁道旁，散落的废塑料给人们的视觉带来污染，影响城市、风景点的整体美感，社会各界反应强烈。潜在危害是废塑料制品进入自然环境后难以降解而带来的长期深层次环境问题。其危害有：第一，废塑料制品在土壤中影响农作物吸收养分和水分，导致农作物减产。第二，抛弃在陆地上或江河中的废塑料制品，被动物当作食物吞入，导致动物死亡。在动物园、牧区、农村、江河中，此类情况已屡见不鲜。第三，进入生活垃圾中的废塑料制品很难处理，如果将其填埋会占用土地，且长时间不能降解。有的从垃圾中分拣出来的废塑料，因无法保证质量，其利用价值很低。所以，无论哪一类，凡是一次性消费品，其废弃物必须妥善回收处理，如听任其随地丢弃，同样都会对市容景观和生态环境造成污染和危害。

塑料的耐酸、耐碱、耐气候老化等耐腐蚀、不易分解特性，决定了它的最终处置不宜填埋，但它是热值很高的材料，回收利用符合我国基本国策，也能充分发挥起内在价值，节约资源，保护环境。而对于在失去使用价值后不易回收消费后塑料应当采用降解塑料或其他不值得回收利用的废塑料应该用焚烧回收能量的方式处理。尽可能减轻对环境的影响。

2001 年 9 月 22 日，由南海市波丽塑料包装公司、佛山鸿基包装材料公司等 9 家塑料包装制品企业发起的“废旧塑料回收再利用技术演示汇报暨治白对策研讨会”在广东省南海市举行。在会上，广东省人大城乡建设及环境保护委员会主任陈之泉指出，废旧物资特别是废塑料的回收利用必须走一条行之有效的可持续发展之路。要实现可持续发展，必须推行“循环经济”。所谓循环经济就是按照清洁生产的方式，对资源及其废弃物实行综合利用的生产活动过程，这个过程要求将资源作为一种循环使用的原材料，可重复多次地使用，从而实现资源→产品→再生资源→再生产品的循环式经济发展模式。这一论点引起了包括广东省环保局、广州市人大常委、各相关院校专家及《人民日报》等媒体的广泛关注。

发起此次会议的9家企业位于珠江三角洲，一直致力于废旧塑料回收再利用技术系统工程的研究与开发，现已在广州地区建立了比较完善的回收系统，并在南海选址建设再利用中试工程，分析废旧塑料特点，采用熔融造粒的工艺对回收来的废塑料进行加工，通过技术革新，有效地提高再生塑料的品质。该系统启动5个月以来，已从广州地区共回收以发泡塑料餐具为主的废旧塑料共170t，在改善城市环境质量的同时，获得了较好的经济效益。

【回收方式】

目前国内外对聚乙烯（PE）和聚丙烯（PP）废弃物的回收，如果很容易分选，回收利用主要以机械再生为主，其简单工艺为：表面除杂→粉碎→洗涤→干燥→造粒→包装。我国对PE和PP回收利用方式要有两种，一是对于加工中的边角料破碎造粒后按15％～25％掺入新料中生产制品，另一是对于较清洁且老化不十分严重的则经破碎和清洗后造粒降级使用。目前已开发应用的有制造泡沫塑料、土工材料、填充母料和防水毛毡等。

对于不清洁，严重老化或几种塑料混在一起的废塑料，热分解则成为一个主要方式，即通过热解转化为化工原料或燃油和能量，国外报道混合废塑料在无氧条件下，热解有直接热解和催化热解两种方法，直接热解所需温度较高，为400～500℃，残渣量相对多，气体含量大；催化裂解为二段式装置，裂解温度为300～400℃，可以调节反应条件和催化剂以得到更多的要求的产品。目前国外报道所用催化剂有Y-AL203，Y型分子筛及ZSM-5等，日本富士再生塑料公司新近开发的以ZSM-5为催化剂得到了汽油成分较多的燃料油，回收率为80％。

我国废塑料回收再生尚处于起步阶段，目前以废塑料为原料裂解生产汽油和柴油的技术开发十分引人注目，主要工艺过程有：废塑料→清洗→干燥→加热熔融→裂解汽化→催化裂解→分馏、油气收集→质量检查→成品。据实地调查，目前国内经此工艺生产的油品质量不过关，仅得到70号左右汽油，还有味，仍没有一家实现每年1kt以上废塑料处理的工业化生产。

关于废塑料以燃油形式的回收再利用方式，国家经济贸易委员会等四部委于2001年6月12日发布“关于加强利用废塑料生产汽油、柴油管理有关问题的通知”（国经贸技术［2001］440号）予以规范。据国家经贸委会同有关部门对部分地区用废塑料生产汽油、柴油情况进行了专题调查，并组织有关专家进行了研究后认为，目前利用废塑料生产汽油、柴油只取得了实验室成果，工业化生产技术尚不成熟。主要存在以下问题：一是企业生产设备简陋，工艺不完整，缺乏必要的产品检测手段，有的企业甚至从未进行过正规产品检测；二是经对部分产品抽检，所取汽油、柴油样品有多项指标达不到90号汽油和0号柴油的标准，不合格油品已流入市场；三是在炼油过程中产生的不凝气体，直接排放，存在较明显的二次污染；四是缺乏必要的安全措施，存在安全隐患。

【回收利用新途径】

近几年来，我国在废塑料回收利用的技术研制和开发途径上取得了进展。

南开大学催化剂厂也对聚乙烯和聚丙烯废塑料再生利用技术进行了开发，采用两段工艺，第一段加热催化裂解，第二进行芳构化，得到了很好的实验结果，工艺路线为：废塑料→清洗→干燥→加热汽化→催化裂解→芳构化→产品。反应后液体收率达55％，主要产品为甲苯、二甲苯，固体活性炭约有10％，液化气收率为15％，其余气体部分可作于气体使用。该技术的特点经是利用率高，主要产品为比汽油更有工业价值的苯类产品，属废塑料再生利用的一条新的开发途径。

由黑龙江省东府塑料实业有限公司研制开发的粉煤灰和废塑料合成的树脂基复合井盖、水箅，刚柔相济，是较好的铸铁产品代用品。自1996年投入市场以来，已在北京、上海、南京、武汉、太原、深圳、大连等22个省市使用40多万套，取得了较好的经济效益和环保效益。该产品不仅具有价格低、外型美观、抗冲击强度高等优点，而且能节约大量能源和钢铁资源，可消化掉大量的粉煤灰和废塑料，符合国家节能与环保政策要求。据有关专家介绍，在同类产品中，该产品通过了国家建设部标准司制定的产品标准和产品设计标准。为确保用户利益，东府公司还请中保财产保险有限公司对该产品承保了产品质量险和产品质量责任险，建立了完善的售前和售后服务体系，并在产品规模及技术更新上走在了同行业的最前面。目前该技术已获国家专利，并被建设部列为科技成果重点推广项目，被国家环保总局评为环境保护实用技术推广项目，被黑龙江省列入火炬计划。

中科院广州化学研究所研制的废塑料制水泥减水剂是以废塑料为原料，经化学预处理后，加进有机溶剂及填料，可制备出高效水泥减水剂。产品主要用于水泥混凝土的拌制，既可减少混凝土拌制时的用水量，提高混凝土的强度，又可保持混凝土具有良好的流动性，产品经质量检验部门检测，各项技术指标达到（部分超过）国际一等品水平。

南京利鹏化工有限公司日前正式投产的废聚苯乙烯发泡塑料造漆项目，为“白色污染”变废为宝开辟了新的途径，并获国家专利。该技术用粉碎装置将发泡塑料切割成 30～50mm 见方的碎片后通过专用设备，并添加催化剂、助剂后生产出油漆原料，再根据需要添加颜料等辅料，就可生产出不同品种的成品漆。1t 发泡塑料可生产 3.6t 油漆，售价比同类产品低 10%左右。2002 年 7 月份，联合国环境署、国家环保总局官员在南京考察了该项目，并给予了肯定。据了解，南京市每年产生废发泡塑料约 1.2kt，该公司年处理能力为 1kt，现已在浦口区设立了 20 个废发泡塑料收购点，正准备在全市范围内再联系 60 个收购点，扩大生产规模。

中国科学院福建物质结构研究所的废塑料热熔胶装饰板项目。该技术的工艺特点：①克服了游离甲醛等挥发性物质对人体的慢性中毒和废塑料与石粉污染环境的公害；②选择不同材质的废旧塑料和助剂，使得制出的装饰板具有耐水、耐油、耐酸碱及阻燃等特殊功能；③价格低廉，效益好，原料来源广泛，工艺简便等。利用废旧塑料为热熔胶黏剂代替脲醛、酚醛树脂胶黏剂，是改善人造板加工工人条件和使用环境十分有效的根本性措施。在建材和家具制造方面有着广泛的应用前景。

国家环境保护总局华南环境科学研究所利用废塑料制造新型悬浮填料及其应用的研究。该课题重点研究了 NSC-1 型新型悬浮填料在最大比表面条件下的形体结构、配方及制造方法，NSC-1 型生物反应器应用该填料的最佳运行参数，设计和处理废水的实际效果；并对其工程应用进行了技术经济分析。研究结果表明：①应用 NSC-1 型悬浮填料的（好氧性）反应器，填料有机负荷可达 4.4kg $CODCr/m^3 \cdot d$ 以上（远高于传统的接触氧化法等生物膜工艺）；②对 BOD_5、CODCr 有较高的去除率；③对充氧能力和充氧效率有一定的提高。研究成果可广泛地应用于工业废水、市政污水处理、水源预处理及旧废水处理系统技术挖潜、改造，具有较明显的经济效益和环境效益。

塑木复合材料就是用塑料和木纤维（或稻壳、麦秸、玉米秆、花生壳等天然纤维）加入少量的化学添加剂和填料，经过专用配混设备加工制成的一种复合材料。它兼备塑料和木材的主要特点，可在许多场合替代塑料和木材，这对木材资源严重匮乏的我国国情来说，具有重大的开发价值。国内近几年来也有不少大学或研究院所的关于研制塑木复合材料的研究论文或研究成果报道，但真正进入生产阶段的只有少数几家公司，主要是用废塑料和木粉生产托盘、包装箱、铺垫板等产品方面，技术含量不高，生产量也不大，由于成本较高和质量不够稳定等原因，发展速度并不理想，有一些大型企业利用各自的优势也准备开发塑木托盘项目，如齐鲁石化、秦川发展等。

塑木复合材料有如下特点。

① 耐用、使用寿命长，有木材的外观，比普通塑料制品硬度高、刚性好。

② 有优良的物性，比木材尺寸稳定性好，不会产生裂纹、翘曲、无木材的节疤、斜纹，还可通过着色、覆膜或复合表层等工艺制成外观绚丽的制品。

③ 具有热塑性塑料的加工性，便于推广应用。

④ 有木材二次加工性：可锯、刨、黏结、涂漆、用钉子或螺钉固定，并且容易维修。

⑤ 不怕虫蛀、耐老化、耐腐蚀、不会吸湿变形。

⑥ 能重复使用和回收再利用，也可生物降解，对环境友好。

国外塑木复合材料的研发已有很长的历史，其技术和工艺已趋成熟，实现了产业化生产，并朝发泡塑木复合材料和高木粉填充的方向发展。具体广泛应用于以下几方面。

① 建筑结构材料：室内外各种铺板、栅栏、护墙板、天花板、壁板、门窗框、高速公路隔音板、海边铺地板、建筑模板、防潮隔板、楼梯板、扶手、站台及路板等。

② 汽车上应用：门内装饰板、底板、备用轮罩、坐椅靠背、仪表板、扶手、手套箱、后架、座位底座、顶板、行李厢边框装饰条、头枕插件等。

③ 物流方面的应用：各种托盘，尤其是特殊规格的托盘、仓库铺垫板、包装箱、玻璃运输货架等。

④ 园林方面应用：室外桌椅、庭院扶手及装饰板、花箱、露天铺地板、废物箱等。

⑤ 室内装潢方面应用：各种装饰条、装饰板、镜框条、窗帘杆、窗帘圈及装饰件、活动百叶窗等。

⑥ 其他：船舱隔板、储存箱、活动架等。

中国林科院木材工业研究所先后研制了木纤维-

废塑料中密度纤维板，木屑-废塑料碎料板，竹屑-废塑料碎料板以及稻草、麦草、稻壳等农业剩余物与废塑料结合制造的刨花板，这些研究都取得了满意的结果并申请了国家发明专利。木-塑复合刨花板的性能指标及应用情况研究结果表明，此种复合刨花板的各项物理力学性能指标完全可以达到普通刨花板规定的各项标准。该种板材优异的耐水性，尺寸稳定性，无毒性物质挥发性以及良好的可模压性，大大扩展了它的应用领域，除了可代替普通刨花板用于家具等方面外，在建筑方面用于木结构房屋的非承重内外墙，对尺寸稳定性要求极严的门窗框，以及在包装、运输、各种室外、高湿环境等方面都有广阔的应用前景。另外，山东塑料机械厂已研制出同类产品的设备，加工木塑产品。

首都钢铁公司技术研究院全力攻关的“利用首钢焦炉实现废旧塑料与煤共焦化”项目已经进入工业化实验阶段，取得初步成功。利用废塑料与煤共焦化技术处理白色垃圾前景广阔，其特点是：废塑料处理规模较大，工艺简单，投资较小，建设期短；无需对传统焦化工艺进行改造，只需将废塑料收集、粉碎后与煤混合后入炉炼焦；无需添加催化剂，无需增加新的化产回收、气体净化与回收和废塑料入炉与焦炭出炉等系统设备等，可在不影响焦炭质量的前提下，增加炼焦油产率和高热值煤气，有利于废塑料的资源化利用，并产生较好的经济效益。首钢具有现成的炼焦油回收系统、煤气净化与回收利用系统，这些都为该工程实施提供了物质基础。只需增加废塑料分选和破碎处理系统，无需对炼焦、化产回收以及煤气净化与回收系统进行改造，即可实现生产，投资小，运行成本较低。

【国外情况】

发达国家的经验和做法值得借鉴，解决塑料发展与环境问题的成功策略是实施“三 R”战略，即塑料制品的减量（Reduce），再使用（Reuse）和塑料废弃物的回收利用（Recycle）。2002 年 4 月 19 日欧洲塑料制造者协会最新发布的数据显示：2000 年在所有应用领域中再循环和以其他方法回收的塑料显著增长，减少了垃圾中的废塑料处置。2000 年，西欧塑料需求增长了 3%，达到 36 769kt，但是通过机械再循环、再生原材料和能量回收的总回收量增长了 11%。2000 年西欧塑料消费和回收的一项分析显示：尽管塑料需求增长了，使用后废弃塑料总量仍然低于所有材料的废料总量的 1%，废塑料回收的增长达到 36%，已经减少了废塑料的填埋，一个最重要的因素就是减少了塑料对环境的负面影响。2000 年有 8 个国家回收了超过 50% 的包装用废塑料，他们是荷兰、瑞士、丹麦、挪威、德国、瑞典、奥地利和比利时。

日本环境省决定大力支持以废塑料为主的工业垃圾发电事业，并在 2003 年度的预算中就此提出 10 亿日元的额度，以着手辅助对 5 处发电设施的整备工作。日本环境省计划用来发电的主要工业垃圾是废塑料。目前日本每年形成的废塑料总量约近 5 000kt，2000 年为 4 890kt，其中 25% 作为塑料产品原料被回收循环利用；42% 被埋掉；6% 被白白烧掉，只有 3% 用来发电。而一套垃圾发电设备的发电功率可达 2 万千瓦，规模非常可观。垃圾发电足以和太阳能发电并驾齐驱成为一种主力新能源。另外，用废塑料进行发电可以减少煤炭、石油的消耗以及二氧化碳的排放。因此，日本环境省计划在未来的 8 年中在全日本建 150 个废塑料发电站，到 2010 年将目前垃圾发电量提高 5 倍，使年垃圾发电达量达 400 万千瓦以上。日本在“京都议定书”中承担的防止温室效应气体减排的任务是 6%。为达到这一目标，日本计划到 2010 年用新能源发的电要占到全日本发电总量的 1%。

日本川崎钢铁公司将研究利用废塑料作为炼铁还原剂的技术。这项技术的名称为“废塑料的脱氯和粉碎技术”，具体做法是先对废塑料进行简单的预处理，去掉其中的氯，这些氯经回收可用作清洗钢材的洗涤剂。然后再将脱氯后的废塑料粉碎成直径约 40μm 的颗粒。这些微粒可以代替煤炭作为炼铁用的还原剂。为此需要研究的有：对混有氯乙烯的废塑料进行预处理的技术，从废塑料中除去杂质并进行脱氯、固化、粉碎的技术，将塑料微粒吹入高炉的技术等。川崎钢铁公司发表的资料表明，这项技术可以收到一箭双雕的效果，既节能资源，又减轻废塑料产生的环境污染。该公司计划在 3 年内开发出实用化的操作技术和设备。

在爱尔兰，消费者未来购物时每使用一个塑料袋将被征收 0.15 欧元的环保税，爱尔兰政府期望这项规定能改善其环境污染。

挪威政府把废塑料用在修建公路上，经多年使用证明，塑料公路使用期限长，能消除和减轻路基下部建筑不稳而导致的路基损坏，而且弹性好，修起来十分方便。可见国外环境意识强的一些国家政府能够积极通过实际应用的演示和做法来刺激废塑料的回收利用和带动本国环保产业和事业的发展。而且这已成为各国经济、社会、环境可持续发展的重要选择。

【发展趋势】

我国塑料工业相关部门对塑料废弃物的回收利用一直十分重视，早在 1975 年 7 月原轻工业部曾在上海主持召开"全国废旧塑料回收利用经验交流会"，会议指出废旧塑料回收利用不是权宜之计，而是一个长远的工作。1978年9月原轻工业部组织对废旧塑料回收技术及装置进行了实地考察。1993年中国塑料加工工业协会召开全国废弃塑料回收再生利用交流会，充分体现了行业主管部门对废弃塑料处理工作的重视。

进入21世纪后，中国资源结构主体将逐步转移到依赖再生资源。我国国民经济也将越来越大的依赖再生资源，因此，利用再生资源将成为我国的基本国策。中国塑料加工工业协会借鉴国外的经验，结合我国国情，提出"塑料工业和环境保护协调发展是塑料工业可持续发展的一项重要战略"，"回收利用为主，替代为辅，区别对待，综合防治"的方针。

治理"白色污染"是一项社会系统工程，当前应在提高人们环保意识和抓好舆论的正确导向前提下，借鉴国外的减量、回收再用、再生利用、降解材料的治理对策，实施省资源化（减容、减量）、再资源化（回收利用）、无害化（可降解）等多法并举、防治结合的综合治理对策和措施。

省资源化（减容、减量）是防患于未然从源头抓起的好办法。

再资源化（回收利用）是环境无害化重要措施。再资源化（回收利用）不仅仅是一个技术问题，而更重要的是包括从立法、回收、生产、检验、销售等一整套系统工程问题。是各国积极开发的、保证国民经济持续发展的以及经济、资源、环境相互协调的有效方法。从塑料废弃物总体而言，大部分是得到了回收利用。但对一次性塑料废弃物而言，必须根据废弃物的种类、质量、数量、流向及处理方法，易回收又具有回收价值、经济合算的应尽量加大力度去回收利用，这不仅仅有利于保护环境，而且从节约地球有限资源，有效利用再生资源的角度看均具有重大意义。

无害化（可降解）在现实生活中，有许多一次性塑料废弃物是很难收集在一起的，如堆肥袋、垃圾袋、超市、早市用的轻型塑料包装袋、餐具、地膜等，这些领域采用可降解塑料比较适宜。经过10年的跟踪应用实践证明，我国开发的降解塑料具有以下特点：①实用性：其应用性能和卫生性能与普通塑料相近或相当；②降解性：在完成使用功能后，能在自然环境条件下较快地降解，成为易被环境消纳的无害化碎片或碎末；③安全性：降解过程中产生和降解后残留的物质对环境影响很小；④经济性：价格与同类普通塑料制品持平或略高。从而对那些量大、分散、脏乱、难于收集或即使强制收集经济上不合理的一次性塑料产品，采用可降解塑料比较适宜，在短期内可降解碎裂成碎片达到塑料垃圾减容减量、减轻或抑制环境污染的目的。

近几年，我国废塑料回收利用机械设备的研制开发上已经取得了重大成效，目前我国自己已经能够制造出各种聚乙烯、聚丙烯废膜回收生产设备、塑料破碎机、回收造粒机组（包括排气式挤出造粒）、切粒设备，而且简单、适用、自动化程度较高，投资不大等特点，有些还具有适合我国国情的独创性和自主知识产权。

当前，我国废塑料回收市场需求大，如果加强管理，对该行业实施减免税的扶持政策，前景看好。

废塑料在环境上合理处置是一项社会系统工程，应采取积极对策，制定有针对性的政策法规，运用行政、科技、经济手段综合治理，同时提高人们的环保意识和抓好舆论的正确导向，借鉴国外的减量、回收、资源再生利用、降解等治理对策，实施多法并举、防治结合等综合治理措施。但是我国目前废弃塑料的清洗分离技术水平较低，再制品的应用开发不足，经济效益不高。因此，我们认为：首先为使塑料材料有持续发展之路，在材料制备和制品设计时就要考虑环境问题，使塑料材料对环境的影响控制到最小程度。如在塑料制品进入市场前就采用塑料材料的分类标志，标明塑料制品或其配套件的材料属性，便于回收时分类，这样能充分地利用其再生资源的价值，并能提高效益，减少浪费。

其次是开发能适合不同塑料类的分类、粉碎、清洗、加工造粒等专用配套设备，并进一步提升整个废塑料回收利用过程的技术水平，目的是充分利用和节约再生资源，有利于环境保护。

第三，在开展废塑料应用领域的研究方面加大投入，大力推进资源综合利用技术研究开发，加强废塑料回收利用，加快废塑料处理的产业化，促进废塑料转化为可用资源。并加强废塑料回收利用的宣传，通过多种渠道和形式努力提高从事废塑料回收人员的素质，强化他们的废塑料识别能力。国家应在一些能废物利用的领域内尽可能提倡使用废塑料制品，如木塑制品可以做货物运输、港口装卸用托盘、高速公路的护栏和界桩等，废聚苯乙烯泡沫塑料是制油漆、涂料、黏合剂原料，PET瓶回收后可拉丝做纤维用等等。

第四，为使废塑料真正成为社会有"用"之材、充分为社会服务，还需要制定废塑料回收利用及其制品应用的国家、行业标准，一方面可以达到科学管理、合理规范的目的，另一方面可以提升全行业的管理和技术水平。

国家有关领导以及环境保护专家对废弃塑料回收再利用都给予了充分肯定。再生资源回收利用是我国经济、社会可持续发展的战略选择。目前，世界各国都把数量巨大的多种废弃物经过回收利用，变废为宝，使其得以减量化、无害化和资源化。总而言之，近20多年来，塑料废弃物回收利用的研究进展表明，塑料废弃物的处理不单纯是一个技术问题，它需要建立全社会的处理体系，建立科学合理的资源回收系统，也需要政府及其他各部门的重视，各个环节的相互配合，并制定相关的法规加以保证。大力开展再生资源回收利用是提高资源利用效率、保护环境、建立资源节约型社会的重要途径之一。

总之，今天塑料工业的发展围绕着“塑料与环境”这一中心展开。我们相信塑料废弃物的回收与利用的逐步发展，将促进塑料工业的科技进步，它将成为进行环境保护提高资源利用率，造福人类的一项事业。

（中国塑料加工工业协会废弃塑料再生利用专业委员会　马占峰）

色　母　粒

【行业现状】

色母粒由于其着色效果好，使用方便，已成为塑料制品的主要着色方法。目前，世界塑料色母粒年消费量约2 000kt。在我国色母粒行业发展很快，年生产能力已达400～500kt，基本能生产国外的现有品种。

我国色母粒生产始于1975年，北京化工大学（原北京化工学院）1975年开始研制聚丙烯纤维色母粒，后又研制聚酯、PVC等色母粒。在1993年由该校发起、组织了两次全国性色母粒会议，会上代表们提出组织行业会的要求。1994年在北京召开了第一届色母粒会议，到会代表150多人，并成立了筹备小组，秘书处设在北京化工大学。目前会员已从第一届64名扩展至今250余名。

我国色母粒厂其特点是规模小，技术水平较低，生产的品质仅少数几个厂外，普遍较差，根据统计100人以上的仅占20%，不足10人的工厂也占10%。

由于当今色母粒竞争剧烈，小工厂采用价格优势等手段来竞争。造成色母粒行业的低水平的发展。而一些高档次的色母粒还采用进口。

影响色母粒最大的问题，在于色母粒用的原材料的质量问题。例如色母粒中最重要之一的颜料（包括炭黑、钛白粉）质量较进口差。尤其是最关键一步，即颜料（炭黑、钛白粉）表面处理没有引起重视。因此我国只能生产低水平的颜料，举例来说我国生产的C. I. P. R48∶2，与Ciba工艺上一样，但是Ciba前后进行了处理，就直接可用作高档次色母，而我们就不行，因此价格就上不去。其实Ciba等在中国开了许多颜料厂，但是没有表面处理这一工序。

而色母另一种原料，即分散剂，国内均采用裂解法生产的低分子质量聚乙烯，而国外均是聚合法。且针对不同塑料、颜料（炭黑）生产出不同品种，价格比国产贵1～2倍，甚至3～4倍，但质量好。综述上述两条国外部分色母粒在国内只有一定份额。

【专委会活动】

1. 组织学术、技贸交流及进出口贸易

色母粒专委会成立以来，每年召开一次年会，通过年会达到业内人士交流技术、沟通信息、洽谈贸易、广交朋友的目标，因而深受代表的欢迎，参加人数由第一届的150人到目前2002年重庆年会议450多人。由于专委会的成立，外国公司纷纷向我专委会介绍他们的产品，我们也积极向需要的会员单位推荐，与此同时专委会也将我国的产品例如杭州某公司的有机颜料，无锡的黑母粒等向国外推荐，并给会员单位的产品联系出口越南和泰国。

2. 为会员单位技术咨询和服务

针对色母粒厂生产规格小、技术力量薄弱等实际情况，专委会开展技术服务。我们对会员单位来函、来电咨询较为简单的问题，例如颜料、分散剂选择，工艺问题及原料的产地、性能等等，均给予免费解答，较为技术性的咨询，也协助联系专家解决，保证件件有落实。

充分发挥挂靠北京化工大学的优势，利用学校的仪器和设备为会员单位大部分免费测试，例如，天津化工进出口公司出口一批铬黄，因更换生产厂而引起加拿大方面要求退赔，我们为该公司进行一系列颜料测试和实验，证明无质量问题，避免了索赔，与此同时为杭州、山东、河北等颜料厂的产品进行分析和测试；为出口色母粒做检验报告；为钛白粉、炭黑、增白剂和填料等生产厂产品做系统的应用实验报告。

专委会也曾对日本三井、BASF、Merck和Eckart公司的产品进行应用实验，对国外产品充分认识，为用户作参考。

专委会也将国外产品与国内产品进行性能比较，提出改进意见，促进了国产产品质量的提高，例如四川某钛白粉厂即将投入生产，我专委会组织在京的杜邦等世界四大钛白粉代理和部分用户进行了一次技术交流，对他们建厂生产提供了很好的帮助。

3. 无偿为会员单位提供书籍、杂志及有关技术资料

为使会员单位获得最新技术及信息以提高产品质量、根据不同业务范围，本专委会无偿向会员单位及有关工厂、公司提供书籍、杂志及技术资料已超过4 000余册。

4. 办好刊物和出版有关行业专著

本专委会特邀高级职称专业编辑查阅近50种刊物，编写“色母粒通讯”，改刊物信息量大，涉及范围广，深受会员关注和欢迎，经常来电来函咨询和索取有关资料及信息来源，改刊物为季刊，至今已发行27期，每期500册。

在各会员大力支持下，专委会组织编写了《塑料着色和色母粒实用手册》、《色母粒应用技术问答》、《塑料着色配方设计》和《塑料着色实用色卡》(国内品牌颜料按国际要求制成色卡)；正在着手编写《钛白粉应用手册》；参与了由杭州百合化工有限公司组织编译的《色彩技术原理》的出版，为行业的整体水品的提高作出努力。

5. 进行色母粒基础理论研究，制定色母粒行业标准

为提高色母粒行业的产品质量及适应WTO的竞争需要，专委会成立以来已向上级多次呼吁，并通过中国化工报1998年、2000年刊登了会员们建立各类产品的行业标准的呼声，但一直没有得到解决，直到2002年初经中国塑料加工工业协会的大力支持，已向全国塑料制品标准化技术委员会批报，并以同意制定PET、PP纤维母粒和ABS色母粒三项行业标准除此之外，已着手编写塑料着色用有机颜料、钛白粉、炭黑的标准。

呼吁建立标准之前，专委会已着手下述工作。

① 对用于塑料着色用的国内外大部分颜料、钛白粉和增白剂进行耐热性实验，并在广州中科院老化所进行为期一年的自然老化实验。

② 对塑料着色用国内外低分子聚乙烯蜡分散剂做了大量实验和测试，得到大量数据，在此基础上制定了行业标准草案，经国内典型具代表性生产厂讨论通过，现已上报，与此同时也发表相关论文10多篇。

6. 专委会与相关行业间的沟通

色母粒的相关行业很多，包括上游行业（颜料、助剂及加工设备厂)，下游单位-用户（各类塑料加工及纤维厂)。上游单位的产品质量、使用范围直接影响本行业的产品质量及成本。例如有机颜料的毒性直接影响食品包装和儿童玩具的安全性，为此本专委会得到大部分国外知名厂商的支持出版了颜料的标准色板，并附有相关数据供参考。进而将着手国内品牌颜料的相关工作。和下游行业密切沟通及信息反馈也直接影响本会员单位的产品质量及销售畅通，为此本专委会已向中国塑料加工协会，中国工程塑料工业协会和塑料助剂专委会等提出联合举办年会和学习班的建议，以促进我专委会的技术和贸易的扩张。

7. 专委会添置专用测试仪器

专委会为了更好地为会员单位服务，节省办公经费添置了测色仪、分光光度计等7台专用仪器。

8. 公益事业

深圳顺记号塑胶原料厂、河北捷虹颜料化工厂和河南鹤壁特种炭黑厂向专委会设立了奖学金，各赠送1万元奖学金，共提供给30名优秀学生。

自2001年起专委会将每年举办学习班所得收入设立奖学金，约5 000～10 000元，供化工大学材料科学与工程学院的贫困生。

【今后的工作】

短短的九年过去了，在广大会员的支持下做了一些工作，但离会员的要求尚欠不足，今后专委会仍将不懈努力。

1. 为会员服务的思想

协会的主要工作是为会员服务，这是衡量一个协会标准，为此专委会必须提高自身素质和专业水平，关心会员的利益和要求。

2. 做好与国内外相关行业沟通

今后应与国内外相关行业合作，使我们专委会得到更多信息和发展。我们将以制作国内外颜料色板为起点，让会员了解国内外产品，也让世界了解我们的产品，希望专委会能起中外合作的桥梁作用。

3. 完善色母粒行业各项原材料及产品标准与世界接轨

有关色母粒原料及产品的标准目前已取得中国塑料加工工业协会和各会员单位支持，进行测试方法及数据整理工作，进而将争取完善各项标准，为走向世界做准备。

4. 建立中国的色母粒专用配色软件

色母粒的配色是色母粒厂生存的关键之一，目前国内尚未有建立色母粒专用配色软件的工作，作为专委会应肩负起这项任务。今后将结合国产品牌颜料色板的建立，逐步完成数据库和软件的开发。

5. 进行有机颜料国产化研究

有机颜料国产化的关键在于颜料表面处理，本专委会着手此项工作，但无突破性进展。今后仍希望有关领导和会员支持，为有机颜料国产化做贡献。

【发展趋势】

·多功能化已成为发展重点

目前国内色母粒企业的生产大都集中在低档次产品上，由于厂家过多，生产能力过剩，在销售时竞相压价，利润空间越来越小。企业要想发展，就必须不断推陈出新，这样才能使企业具备发展潜力。随着塑料制品应用领域的不断扩大，具有抗菌、阻燃、抗静电、防老化、防紫外线的多功能母粒将成为发展重点。由于色母粒行业整体技术水平低，大多数企业尚不具备开发新产品的能力。针对这种情况，在重庆召开的“2002全国塑料着色与色母粒学术、技术贸信息交流年会”邀请了从事多功能母粒研究的专家，请他们介绍了最新技术和研究成果，为企业调整产品结构，提供多种选择。

·表面处理是发展“瓶颈”

有机颜料的表面处理分为两步，首先是对颜料进行分散细化，使其可用于高档纤维级色母粒的生产；然后采用包膜法、包核法及插层等方法对其做进一步表面处理。经过表面处理的有机颜料，不仅耐热性、耐候性等使用性能得到提高，而且成本可降低40%左右，并且在使用过程中不会产生粉尘污染，提高了产品的市场竞争力。在我国，有机颜料的表面处理一直是国内塑料着色中的最大问题，至今还未取得突破性进展。我国是颜料生产和出口大国，但生产的大部分是污染严重的前期产品。国外的环保法规非常严格，这使颜料的生产受到限制，国外公司购买我们的颜料产品作为原料，对其进行表面处理后，又出口到中国，这样即赚到利润，又使环境免受污染。从中可以看出，有机颜料的表面处理工艺已成为颜料生产的“瓶颈”。要想从根本上改变这种状况，就必须把有机颜料的表面处理提到色母粒行业发展的日程上来。

·制定行业标准迫在眉睫

色母粒行业的发展，缺乏统一的色母粒行业标准一直是困扰行业发展的问题。制定行业标准这个问题已呼吁了4年，希望能引起行业管理部门的重视。色母粒行业标准对行业的发展非常重要，由于没有色母粒行业标准，国内的色母粒企业在出口时已受到影响，随着中国加入WTO，这一影响将越来越突出。在食品包装和化妆品领域，塑料着色中的毒性问题也日益受到关注，由于没有相应的标准，已引起了多起纠纷。实际上制定标准并非一件难事，国外已有通行的色母粒标准，我国只要根据国内的实际情况对其进行修改即可。另外在标准的执行方面，需要上级管理部门指定一个标准的认定机构，这样可以避免产品质量争议。

·企业技术水平有待提高

我国的色母粒生产已初具规模，但质量上档次的产品并不多。影响产品质量的主要因素有两个，即生产设备和技术。国内企业的现有设备并不比国外差，许多企业都是从国外直接进口的成套设备，产品质量上不去的一个主要原因是企业的技术水平太低。国内色母粒企业生产规模较小，技术人员少。所以要想提高产品质量和档次，就必须提高企业的技术水平，帮助企业培养自己的技术人员。针对企业的这种需要，色母粒委员会已连续4年举办色母粒技术培训班，凭借北京化工大学的优势，通过理论教学、产品检测、实验室原材料控制和实际生产操作等一系列培训，提高企业的技术水平。

【重点企业】

中石化北京燕山石油化工股份有限公司塑料分公司

该公司1984年引进Ciba技术，湿法研磨生产色母粒技术，可以利用国产有机颜料生产出高档次纤维色母粒。

其设备为Ciba12m^{3}球研磨机3台、卢森堡双螺杆挤出机以及意大利Union公司单螺杆挤出机、并有DF值挤测机以及美国ACS公司Data Color System配色仪一套，以及其仪器多台。是国内惟一一家可用国产颜料经湿法处理得到预处理颜料和色母粒的工厂，年产可达1 500t/a。

上海远虹塑胶色料有限公司

上海远虹塑胶色料有限公司是中外合资产品出口型生产企业。公司由外方全资引进全套塑胶色母粒生产设备和工艺，专业生产用于聚乙烯（LDPE、HDPE)、聚丙烯（PP)、聚苯乙烯（PS、HIPS)、EVA、ABS及聚氯乙烯（PVC)、等塑胶着色用的浓色母粒。

颜色的品种多达1 300余种，绝大部分备有现货，客户对上号即可取货。年产量为2 400t，在国内外有大小用户1 500余家，并在国内8个城市设有代销店。

公司已通过ISO 9000质量验证，其色母质量还通过美国UL标准认可。他选用进口中、高级有机颜料，用超细分散和特殊表面处理技术，先进加工设备制成，可广泛用作吹膜、挤型、喷型、涂型等加工过程中的塑料颜色着色剂（如家用电器外壳、玩具、文具类片材、塑料包装袋、纺丝、管材等等)。

锐新高分子科技（无锡）有限公司

锐新高分子科技（无锡）有限公司系新加坡锐新集团在中国的独资企业，成立于2002年12月，注册资本达310万美金，主要从事高分子树脂的加工和改性添加剂的生产和加工，包括功能性色母粒、高分子合金及树脂染色等。其新建于无锡国家高新技术开发区内，第一期设计生产能力为年产 12 000 吨，待三期建设完工后其生产能力可达 30 000 吨，并成为长江三角洲规模较大的全方位高分子材料加工和服务专业厂家。

新加坡锐新高分子科技有限公司成立于 1989 年，是东南亚最大的高分子树脂染色和色母粒专业厂家之一。每年生产、加工和销售高分子树脂近 2 万吨，包括尼龙、ABS、聚苯乙烯、高强聚苯乙烯、ABS/聚碳酸酯和热塑性弹性体等，及功能性色母粒数百吨，包括各种彩色母粒、阻燃母粒、抗紫外和抗老化母粒，是多家著名跨国公司如巴斯夫（BASF），阿托菲那（ATOFINA）等的长期合作伙伴，主要下游用户为大型电子和电器产品制造商，如惠普（HP），戴尔（DELL），汤臣多媒体（THOMSON MULTIMEDIA）等。目前锐新集团属下有 3 间工厂，分布于新加坡的兀兰、大士的工业园区和马来西亚的柔佛州。锐新下属的工厂都获 ISO 9000 的认证。近年来锐新的发展受到创业资本的关注，并注入资金。锐新目前主要股东之一的新加坡双龙集团在新加坡一级股市已上市达 20 年，经济技术实力雄厚，其业务包括建材、化工、房地产及创业投资。其投资部至今已投入近 300 家高科技和高速增长企业，总投资额达5 000多万美元，锐新就是其中的一家。双龙集团资本的注入为锐新的快速增长提供了良好的资本保障并为其技术来源和客户群提供了新的渠道，如双龙风险投资的纳米材料技术和生物降解母料技术在高分子材料的应用等。

广东佛山市南海区天彩塑料有限公司

佛山市南海区天彩塑料有限公司是一家专业生产色母粒和各类功能色母粒的先进民营企业。

公司引进先进水平的国内色母粒生产线，并配套有过滤性能测试仪，小型纺织机等一系列产品开发检测设备。最引人注目的是公司荟萃了行业内的众多精英，同时公司拥有实力雄厚的产品开发和销售队伍，完善的管理和售后服务体系。

公司经营的产品主要有以下几大类：涤纶长纤、涤纶短纤色母，丙纶长纤、BEF 色母粒，锦纶色母粒，纤维、塑料用功能性母粒，各类塑料建材专用母粒。

宁波色母粒有限公司

宁波色母粒有限公司，是国内生产色母粒最早工厂之一，品种齐全，质量稳定，是浙江名牌产品之一。2002 年度公司生产母粒超过 4 000t，销售产值 7 000万元以上，在国内色母行业中名列前茅。

生产的品种 ABS、PP、PC 等专用色母粒，还有阻燃、珠光、消光、抗菌等多功能母粒。

广东阳西县华强塑料色母粒厂

华强塑料色母粒厂是阳江地区最大民营技术企业之一，是阳西县的创税大户。工厂建于 1985 年，目前已发展到 8 条生产线，年产可达 12kt。产品已经广泛用于电力电缆护套、通信线缆护套、包装薄膜、包装容器、发泡材料、家用电器等塑料制品着色。

（北京化工大学　吴立峰）

家 用 电 器

【行业现状】

1. 我国家用电器业发展历程

我国家用电器行业自 1978 年起到 2002 年的 24 年间，从无到有，发展迅速，家电工业总产值由 1980 年的 8.6 亿元增加到 1999 年的 1 500 亿元，销售额持续增长，品种不断增加，成为我国发展最快的行业之一（见表 1 和表 2）。近年来，洗衣机、电冰箱、电风扇、微波炉、彩电、影碟机等产量一直居世界首位，国际跨国企业纷纷向中国转移家电制造基地，我国家电出口逐年增加（见表 3），我国现已成为世界家电生产大国。

表 1　我国历年来主要家电产量（数据来源：国家统计局）　　万台

年　份	1985	1990	1994	1996	1997	1998	1999	2000	2001	2002
彩电	435	1 033	1 689	2 538	2 711	3 497	4 262	3 936	4 187	5 447
洗衣机	887	663	1 094	948	1 075	1 207	1 342	1 443	1 334	1 587
电冰箱	145	463	768	980	1 044	1 060	1 210	1 279	1 349	1 599
家用空调	12	24	393	786	974	1 157	1 338	1 827	2 313	3 135

表 2　国产主要家电产量（数据来源：国家统计局）　　万台

产品名称	录像机	收音机	组合音响	吸尘器	冷冻箱	电风扇	电饭锅
2000 年	790.6	2 953.7	2 917.3	1 010.3	384.2	7 661.6	1 355.5
2002 年	1 562	3 371.7	4 715.7	1 516.5	464.6	9 056.2	2 109.3

表 3　中国主要家电出口量（数据来源：中国海关）　　万台

产品名称	彩电	电冰箱	洗衣机	空调器	电风扇	微波炉	电饭锅	电熨斗	电吹风
2000 年	1 032	354.63	100.70	370.11	8 091.64	836.76	729.20	4 723.85	6 566.23
2001 年	1 179	453.14	156.49	579.18	8 626.5	1 252.63	822.54	5 130.1	6 312.77
2002 年①	1 717	704	199	921	18 726	1 842	921	5 507	5 723

① 表中 2002 年数据为 1～11 月份统计数据。

2002 年 1～3 季度全国城镇居民家庭平均每百户主要家电拥有量：冰柜 6.9 台，洗衣机 92.6 台，电风扇 182.0 台，电冰箱 87.0 台，空调器 50.2 台，吸尘器 12.1 台，家用电脑 20.2 台，彩电 125.6 台，录像机 18.4 台，移动电话 60.9 台，影碟机 52.2 台，组合音响 25.0 套，摄像机 1.9 架，微波炉 30.5 台，吸油烟机 60.4 台。

2. 家用电器的种类

家用电器种类繁多，按其用途可分为：厨房电器、家务电器、视听电器、空调类电器、医疗健身电器、其他家用电器。厨房电器有：冰箱、冰柜、电饭煲、电子蒸炖煲、电蒸锅、电锅、微波炉、电烤箱、电炊具、电磁灶、电热壶、电热杯、饮水机、冷饮机、净水机、电咖啡壶、电茶壶、果汁机、豆浆机、绞肉机、和面机、烤面包机、电动压面机、消毒柜、烧烤机、抽油烟机、排气扇、有机垃圾处理机等。家务电器有：洗衣机、洗碗机、吸尘器、电熨斗、电吹风、刷鞋机、电动缝纫机、电动剃须刀、电推剪、电热晾衣架、割草机等。视听电器有：电视机、录像机、摄像机、VCD 机、CD 机、DVD、收音机、录音机、随身听、激光视盘机、掌上电脑、电子字典、录音笔、复读机、立体声音响视听设备、电话机、手机、照相机、电子表、微型计算机。空调类电器有：空调机、电风扇、电暖器、富氧机、负氧离子发生器、空气净化器、加湿器。医疗健身电器有：助听器、按摩器、远红外烤灯、紫外灯、针灸仪、电脉冲治疗仪、电动中药壶、电子体温计、电子血压计、走路机、跑步机等。其他家用电器有：台灯、应急灯、灯具、干手器、淋浴热水器、电动牙刷、电热美发器、电热墙板、驱蚊器、门铃、报警器、鱼缸电器、充电器等。

3. 家电用塑料

家电用塑料件中，约 90％为热塑性塑料，热固性塑料约占 10％。热塑性塑料中大部分是通用塑料，使用的通用塑料主要有 PP、PS、PVC、PE 等，使用的工程塑料主要有 ABS、AS、PA、PC、POM、PPO、PPS、PET、PBT、PMMA、LCP、PEEK、PSF、PUR 等，热固性塑料有酚醛塑料、氨基塑料、环氧树脂等。PP 是近年来家电中用量增长最快并已成为用量最大的品种，约占 30％左右，其次是 ABS、HIPS 和 PC。我国目前家电用塑料总量已超过 1 100kt/年，其中以海尔公司用量最大每年 60kt。

PP 因具备优良的综合性能、价格低、密度小在家用电器中得到广泛应用，特别是近年来开发的高抗冲高光泽 PP 在替代 ABS 方面得到了广泛的应用，PP 在家用电器中主要用于洗衣机内外筒、底座、脱水桶、盖板，电视机壳体、后盖，电风扇外壳件，电冰箱门胆、透明抽屉，微波炉等小家电外壳件。PS 过去用于家电透明件，现主要用于泡沫包装材料大量使用。HIPS 在家用电器中主要用于电冰箱门胆、内胆、蔬菜箱、肉盘、冰盒，电视机、计算机、录音机、空调器、吸尘器、电话机、电子琴及其他家用电器壳体，录音录像带盒，键盘。HIPS 中最有前途的品种是高光泽、高流动、耐环境应力开裂的品种，此外还有高分子量 PS。PVC 在家电中应用不多，主要用于冰箱密封条和一些小注塑件；PVC/ABS、PVC/PS 等合金因可以降低成本，在替代 ABS、HIPS 方面得到应用，如电视机壳、电风扇、吹风机、洗衣机内桶、吸尘器等部件特别是一些要求阻燃的部件。PE 在各种家电中都有一些应用但量不大，主要是一些要求不高的非受力件如洗衣机、吸尘器的波纹管等。

ABS 居家电用工程塑料之首，主要用于电冰箱内衬，电视机、计算机、录音录像机、空调器、吸尘器、电话机、电子琴及其他小家用电器壳体及其内部结构件，透明 ABS 用作家电透明外部件及冰箱内部透明件。AS用于冰箱蔬菜盘、电器开关、小家电透明件。PC因韧性好、透明、高低温性能好、自熄性在家电中应用广泛且增长较快，用于电吹风、电热器等有耐热、阻燃要求的透明罩壳，光学性能要求较高的光碟，PC/ABS合金手机外壳等。PA系列主要用于家电齿轮、轴承及滑动类零件，纤维增强尼龙和PA合金用于精密结构件，阻燃尼龙用于阻燃结构件，透明尼龙用于透明结构件。POM综合性能好，过去主要用于家电齿轮、轴套及滑动类零件，近年来POM合金应用快速增长，广泛应用于精密结构件。改性PPO属耐热工程塑料，综合性能好，有自熄性，用于电视机收音机零部件、插座、绝缘支撑体、绕线架等。PET主要用于录音录像带基材，PBT用于一些透明件如磁带盒及经纤维增强后制成线圈骨架、变压器外壳等。PPS、LCP、PEEK目前用量较少，一般用于高耐热精密结构件如计算机接插件等。PUR在家电中用于弹性零件如电饭煲密封圈，但大量用作硬质泡沫塑料在冰箱中隔热和在电饭煲中保温。

热固性塑料中，酚醛塑料主要用于电热类电器底板、开关、接线板、纤维增强零部件等。氨基塑料主要用于旋钮、小家电耐热壳体、装饰贴面等。环氧树脂主要用于印刷电路板、封装材料。

家电行业的快速发展及其对塑料的大量需求，促进了整个塑料行业的发展。合成出一批家电专用的树脂，如聚丙烯EPS30R、透明ABS、透明尼龙、高分子量PS、高光泽PS、高熔体强度PC等。塑料改性技术得到快速发展，一些新的改性技术迅速完善并得到快速推广应用，如聚合物接枝马来酸酐技术、高流动PP制备技术、高光PP制备技术、PC/ABS合金、PVC/ABS合金、透明PP、阻燃ABS等。改性技术的发展也促进了一些助剂及其应用技术的发展，如一些新型阻燃剂、成核剂、流动改性剂、光亮剂、纳米抗菌剂、其他纳米材料及其改性技术。家电的低成本要求对塑料改性技术及代用技术的发展产生了积极的推动作用。家电业的发展也使一些塑料加工新技术新设备在我国的应用得到快速发展，如精密注塑、热流道模具、快速成型技术、熔芯注塑技术、气辅注塑成型技术。家电对塑料模具需求量大（如一台冰箱需塑料模具量超过100副，一台全自动洗衣机需100多副塑料模具，一台空调器需塑料模具20多副，一台彩电需塑料模具50～70副），同时技术要求相对较高，模具加工周期要短，促进了模具设计技术、快速制模技术的发展及现代模具制造技术在我国的应用和普及，此外模具CAD/CAE/CAM技术也在家电领域的应用中得到较快发展。家电业在近年来的发展中，逐步将一些传统的非电类家用物品变成了家用电器，提高了产品附加值也开辟了新的市场，家电业中近年来出现的人性化个性化理念、海尔等家电龙头企业的经营理念，这些新的观念对于一些塑料加工老企业的调整、改造和适应新的市场形势具有一定启示作用。

【重点企业】

海尔集团公司
四川长虹集团
科龙集团
广东美的集团
江苏小天鹅集团
珠海格力电器股份有限公司
河南新飞电器有限公司
合肥美菱集团公司
顺德市格兰仕电器实业有限公司
杭州金松集团有限公司
国信华凌集团有限公司
江门金羚集团
上海日立家用电器有限公司
青岛澳柯玛集团
合肥荣事达集团

上述家电企业以及其他大部分家电生产企业均有一定的家电用塑料研发生产能力，可解决本企业部分塑料专用料；此外，在塑料加工行业，有一批研发生产家电塑料专用料的企业和科研单位，主要有：上海杰事杰新材料有限公司、广州金发公司、北京化工研究院、海尔科化工程塑料国家工程研究中心有限公司、晨光化工研究院、兵器工业第五三研究所、上海工程塑料应用开发中心、南京聚隆公司、华北工学院塑料研究所、崇高纳米公司、各地石化公司下属研究院所等。

【存在的问题】

由于家电业的快速发展、家电的大规模生产和市场的激烈竞争，大多数家用电器已成为微利产品。家电企业运转所需资金量很大，不少家电企业在快速扩张，因此为家电企业提供配套的塑料加工企业应根据自身实力量力而行，以免家电市场变化时自身企业陷入困境。

家电涉及的工程塑料种类及其专用料牌号很多，由于工程塑料的合成技术含量高、投资大，受资金和技术的限制，国内工程塑料工业处于较低层次，仅可提供部分品种的通用工程塑料，一些通用工程塑料和特种工程塑料产能几乎为零全靠进口。近年来国内年进口工程塑料100万吨，成为国际第一工程塑料进口大国，并以每年18%的速率递增。

我国从事工程塑料改性研究起步较晚，研发技术队伍仍显薄弱，改性技术水平不高，改性料生产规模均不大，对满足市场需求贡献不大。

家电企业在塑料专用料方面均有一定研发能力，但实力不足，而在对外技术合作中又存在一些条条框框，不利于企业技术进步。

家电行业的低成本竞争在一定程度上助长了塑料原料市场上的一些以次充好的行为，有损塑料行业健康发展。

【发展趋势】

家用电器主要向质量轻、结构紧凑、多功能、智能化、个性化方向、节能化、无污染方向发展，此外，新品种和非电器类家用器具的电气化也是不可忽视的发展方向。

家电用塑料在今后几年的主要发展方向是在工程塑料的合成和改性方面加快技术进步，扩大家电用工程塑料的产能，满足市场需求，减少工程塑料进口量特别是改性工程塑料的进口量。

随着家用电器的发展，对家电用塑料逐步会有一些新的要求，如最近提出的冰箱密封条无增塑剂迁移要求、一些发达国家提出的 EPS 包装全降解要求等，逐步加以研究解决。

（华北工学院　贾润礼）

上 市 公 司

2001～2002年塑料行业上市公司情况

截止2002年底，塑料行业及与塑料行业相关的上市公司已经分布于塑料原料、塑料机械、塑料产品、塑料制品等多个领域。由于这些企业具有较大的生产规模、较多的资金实力、较高的技术水平、较强的竞争能力等特点，所以在所处的塑料领域中，处于领先地位。

同时，通过企业自身不断开展股份制改造与调整产业结构；依靠科学技术和资金优势进行技术创新、提高生产能力；灵活利用市场机制不断拓展市场、开发适销对路的新产品等工作，使企业在生产规模、技术装备、技术创新、经济效益等方面与非上市企业相比均具备较大优势，成为带动塑料工业发展的中坚力量。

特别是在中国加入WTO后，随着关税不断降低，市场竞争日益加剧，尤其是在受到国际恐怖主义以及国际战争的影响，使原油价格产生波动的情况下，这些企业仍然能够保持平稳发展，为我国的塑料行业做出了巨大贡献。

现将部分塑料行业相关上市企业2001～2002年的情况简要介绍如下。

公司名称:南京中达制模(集团)股份有限公司(南京中达)	证券代码:600074

基本情况

主营业务:生产销售双向拉伸聚酯薄膜、双向拉伸聚丙烯薄膜、多层共挤流延薄膜等

发行日期:19970605　　上市日期:19970623

法人代表:张国平　　联系人:万文山

主承销商:申银万国证券股份有限公司

公司名称:南京中达制膜(集团)股份有限公司

公司地址:南京市汉中路89号金鹰国际商城20层C座

公司电话:025-4718467　4718465

此公司经批准,由南京塑料包装材料总厂、中国包装总公司内江包装材料总厂、申达集团公司、南京双惠新技术开发公司、北海中包工贸有限公司、江阴市黎明幕墙有限公司联合发起设立。前三家分别以所属聚酯薄膜一分厂,全资子公司万事达塑胶制品公司、聚丙烯车间和新乙烯车间评估后的净资产折价入股,后三家以现金出资投资入股,采用社会募集方式设立。1997年6月5日～6月15日向社会公众公开发行股票,同年6月23日,“南京中达”(A股)在上交所上市交易。1998年4月,为适应公司经营发展需要,公司名称由“南京中达制膜股份有限公司”变更为“南京中达制膜(集团)股份有限公司”。

注:以上公司基本概况数据截止日期20020810。

2001年经营情况

2001年年报摘要

每股收益/元	每股净资产/元	净资产收益率/%	每股资本公积金/元	每股经营现金流量/元
0.52	4.10	12.80	2.02	0.86

2002年经营情况

2002年年报摘要

每股收益/元	每股净资产/元	净资产收益率/%	每股资本公积金/元	每股经营现金流量/元
0.25	3.03	8.07	1.54	0.57

近几年收益

每股收益/元			每股净资产/元			净资产收益率/%		
2001年末	2000年末	1999年末	2001年末	2000年末	1999年末	2001年末	2000年末	1999年末
0.52	0.44	0.22	4.10	3.72	3.37	12.80	11.90	6.61

续表

公司名称：南京中达制模(集团)股份有限公司(南京中达)	证券代码：600074

南京中达(600074)财务指标变动

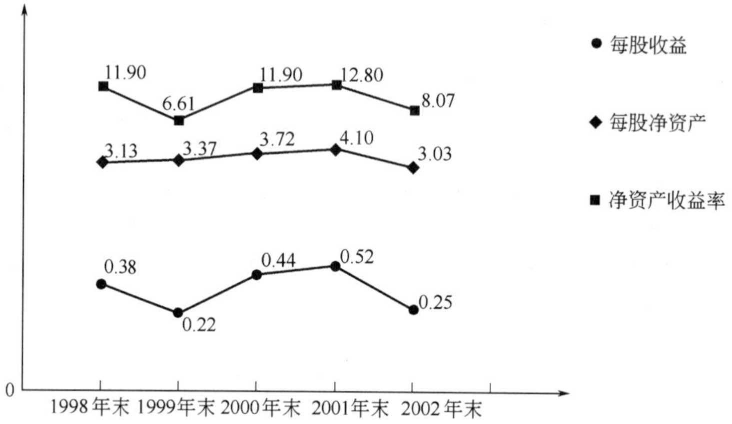

南京中达 (600074) 最新股本结构

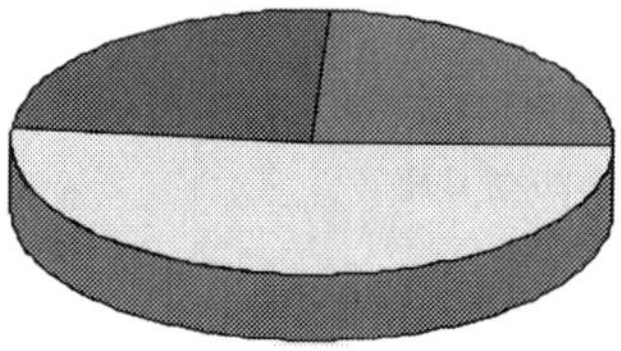

近年分红方案

年　　度	每股收益	分红方案	配股方案
2002 中期	0.211 元	每 10 股送 3.00 股转增 5.00 股，派 0.0400 元	
2001 末期	0.524 元	每 10 股派 0.8000 元	
2000 末期	0.442 元	每 10 股派 0.8000 元	每 10 股拟配 3.00 股，配股价 13.00～17.00 元

特别提示

1. 南京中达公司发布公告称，子公司将出资不高于 6.8 亿元购买江苏申龙创业集团有限公司、江阴申力新材料有限公司所拥有的热收缩膜、可降解膜两条生产线。由于这两条生产线的技术较先进，因此可以有效提升公司的市场竞争力，特别是通过收购可以在较快的时间内掌握较先进的技术，迅速扩大生产能力。(20021127)

2. 南京中达日前发布公司国有法人股转让的提示性公告。公司属于软塑包装新材料行业，具有较好的发展前景，且公司技术水平先进，去年曾获得国家 3 项专利。此次公司第一大股东和第三大股东愿意以现金方式且高出净资产的价格购买原第二大股东的大部分股份，表明这些股东对公司的未来发展前景十分看好，而南京塑包厂是公司发起人之一，卖出股份也获得了较理想的投资回报。因此，此次股份转让可谓各得其所。(20020703)

3. 日前，经国家科学技术部火炬高技术产业开发中心认定，南京中达制膜(集团)股份有限公司为 2002 年火炬计划重点高新技术企业。这是南京中达制膜(集团)股份有限公司依托资本市场，依靠自身力量，大力开展科技创新，推动技术进步取得的新成绩。(20020516)

续表

公司名称:南京中达制模(集团)股份有限公司(南京中达)	证券代码:600074
特别提示	
4. 南京中达是我国专业从事软塑新材料研发、生产和销售的高科技企业集团,成立之初就被誉为"中华制膜第一股"。主营新产品 BOPP 薄膜是亚洲十强之一,BOPP 香烟专用包装薄膜产销量居全国第一,CPP 生产线也是全国最大的生产线之一。加入 WTO 以后,南京中达实施了新世纪发展战略,在投资、研发、应用等领域不断突破,力争建成全国乃至亚洲最大的高科技软塑新材料企业集团之一。公司目前所处的软塑包装行业被誉为新世纪的"朝阳行业"。尤其是南京中达下游的烟草行业市场规模巨大,为公司的高档产品提供了广阔的市场。(20020426)	

公司名称:新疆天业股份有限公司(新疆天业)	证券代码:600075

基本情况

主营业务:塑料制品、节水器材、化工产品的生产和销售,节水灌溉技术的推广;农业种植等
发行日期:19970523　　上市日期:19970617
法人代表:郭庆人　　联系人:沈明
主承销商:申银万国证券股份有限公司
公司名称:新疆天业股份有限公司
公司地址:新疆石河子市北一路 94 号
公司电话:0993-2866164　2864515

新疆天业股份有限公司是经新疆生产建设兵团新兵函[1996]28 号文和兵体改发[1996]20 号文批准筹建,由新疆生产建设兵团农八师直属的国营企业新疆石河子天业塑化总厂独家发起,并将其下属的新疆石河子塑料制品总厂和新疆石河子化工厂部分改组,以募集方式设立的股份有限公司。

注:以上公司基本概况数据截止日期 20020810。

2001 年经营情况

2001 年年报摘要

每股收益/元	每股净资产/元	净资产收益率/%	每股资本公积金/元	每股经营现金流量/元
0.21	4.85	4.26	2.86	0.47

2002 年经营情况

2002 年年报摘要

每股收益/元	每股净资产/元	净资产收益率/%	每股资本公积金/元	每股经营现金流量/元
0.20	4.89	4.09	2.86	1.50

近几年收益

每股收益/元			每股净资产/元			净资产收益率/%		
2001 年末	2000 年末	1999 年末	2001 年末	2000 年末	1999 年末	2001 年末	2000 年末	1999 年末
0.21	0.39	0.28	4.85	4.78	4.49	4.26	8.07	6.15

新疆天业 (600075) 财务指标变动

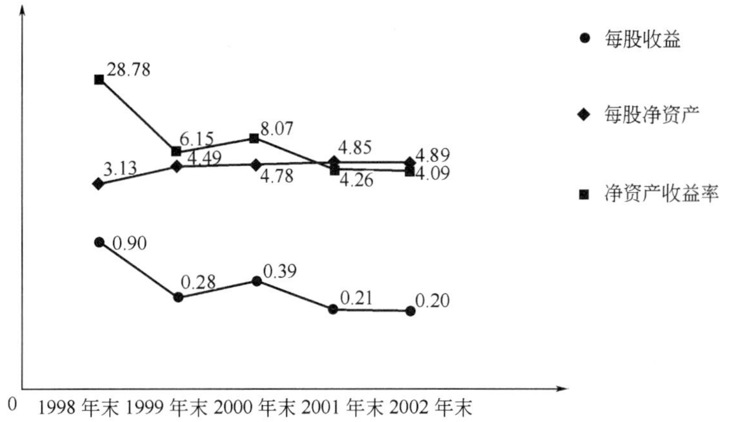

续表

公司名称:新疆天业股份有限公司(新疆天业)	证券代码:600075

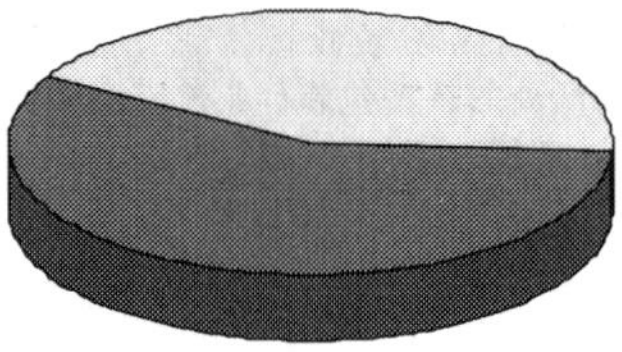

近年分红方案

年　　度	每股收益	分红方案	配股方案
2002 中期	0.014 元	利润不分配不转增	
2001 末期	0.210 元	每 10 股派 0.4000 元	
2000 末期	0.386 元	每 10 股派 0.8000 元	

特别提示

1. 在“全国节水灌溉技术应用推广现场会”的闭幕仪式上,国家经贸委、水利部、农业部有关负责人充分肯定了新疆天业在节水产业中的带头作用,表示将研究制定相关政策措施,继续支持节水滴灌技术的应用推广。本次会议旨在观摩学习由新疆天业研究开发的塑料节水灌溉器材在石河子地区大田膜下应用所取得的成绩。有关协会和专家认为,新疆天业“大田膜下灌溉技术”的推广应用,引发了我国农业生产的一场大变革——从根本上改变了传统的用水方式,极大地提高了水资源的利用率。(20020821)

2. 为了突破西部发展的“水瓶颈”,新疆天业从 1996 年起,就瞄准以色列等发达农业国家的先进技术,不断引进消化,终于实现了节水灌溉器材的国产化,他们所推广的膜下滴灌技术,引起了社会各界的极大关注。新疆天业股份有限公司董事长郭庆人充满信心地说:“在 3 年之内,我们可以将每亩使用滴灌带的成本降到 50～60 元,届时,中国绝大多数的农民,都能很轻松地享受滴灌技术带来的便利。”国务院研究室的有关专家表示,新疆天业此举为解决我国、特别是西部开发中水资源的有效利用找到了一条捷径,为实现高效农业探索了一条新路。(20020725)

3. 公司决定将所持石河子天源燃气有限公司全部股权转让给天富热电。此次转让是新疆天业进行产业结构调整的重要举动。目前,公司披露了第一大股东易人的消息,而伴随其前后的是收购石河子绿洲节水灌溉公司 27.99%股份,整体转让北泉农场和阜城农场,组建阿拉尔天农节水灌溉公司。新疆天业主营塑料制品、氯碱化工等产品的生产经营,但该业务呈下滑的势头,下属的农场和其他企业也难以达到盈利预期,在节水方面,公司早于 1999 年开始涉足,公司产业布局的充分调整,有利于保持公司节水器材行业的领先,提升业绩。(20020708)

公司名称:宁夏大元化工股份有限公司(大元股份)	证券代码:600146

基本情况

主营业务:燃料油、液化气、重油、石脑油、氢氧化钾、聚丙烯等
发行日期:19990614　　上市日期:19990707
法人代表:焦学义　　联系人:张洪斌
主承销商:中信证券有限责任公司
公司名称:宁夏大元化工股份有限公司
公司地址:宁夏银川市城区鼓楼北街 2 号
公司电话:0951-6042066　6032396

续表

公司名称:宁夏大元化工股份有限公司(大元股份)	证券代码:600146

基本情况

此公司是经宁夏回族自治区人民政府宁政函[1998]121号文批准,由宁夏大元炼油化工有限责任公司独家发起以募集方式设立的股份有限公司。公司的发起人是在对原宁夏炼油厂进行改制的基础上,于1998年4月21日成立的国有独资的有限责任公司。公司的前身宁夏炼油厂于1991年建成并投产。截至1998年底,宁夏炼油厂拥有总资产9.20亿元,净资产5.21亿元。经证监会证监发行字[1999]64号文批准,公司已成功发行每股面值为1.00元人民币普通股股票5 400万股,另向证券投资基金配售了600万股,发行后,公司总股本为人民币20 000万股。

注:以上公司基本概况数据截止日期20020816。

2001年经营情况

2001年年报摘要

每股收益/元	每股净资产/元	净资产收益率/%	每股资本公积金/元	每股经营现金流量/元
−0.61	1.75	−34.81	1.25	0.13

2002年经营情况

2002年年报摘要

每股收益/元	每股净资产/元	净资产收益率/%	每股资本公积金/元	每股经营现金流量/元
0.01	1.80	0.58	1.25	0.03

近几年收益

每股收益/元			每股净资产/元			净资产收益率/%		
2001年末	2000年末	1999年末	2001年末	2000年末	1999年末	2001年末	2000年末	1999年末
−0.61	0.03	0.11	1.75	2.31	2.28	−34.81	1.49	4.59

大元股份(600146)财务指标变动

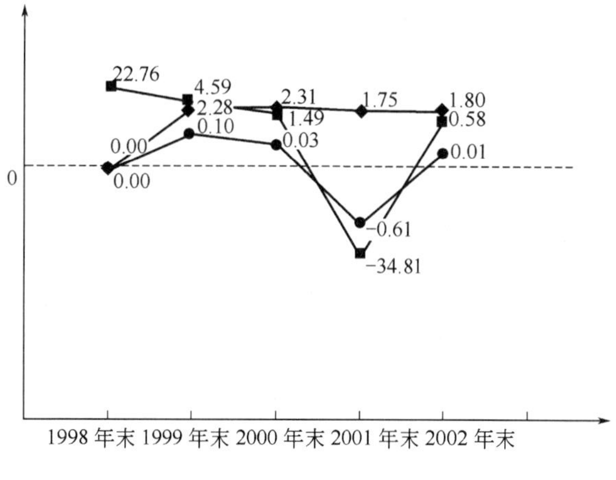

大元股份(600146)最新股本结构

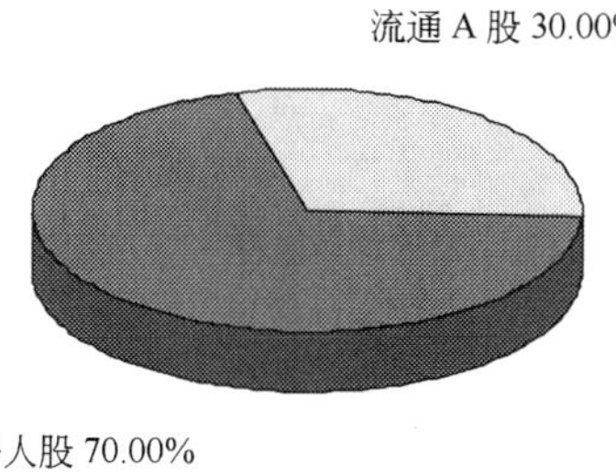

续表

公司名称：宁夏大元化工股份有限公司(大元股份)			证券代码：600146
近年分红方案			
年　度	每股收益	分红方案	配股方案
2002 中期	0.016 元	利润不分配不转增	
2001 末期	－0.610 元	利润不分配不转增	
2000 末期	0.030 元	利润不分配不转增	

特别提示

1. 遵照宁夏回族自治区政府的安排，宁夏大元炼化公司进行了一系列重组改造：2001 年 11 月 26 日，宁夏大元炼化公司 70%的股权(即 14 000 万股)无偿划拨给宁夏综合投资公司，2002 年 1 月 6 日，宁夏大元炼化公司有偿划转中国石油天然气集团。宁夏大元股份公司“壳”留在宁夏，进入银川高新技术开发区，其将以高新技术为依托，对大元股份进行重新改造。(20020122)

2. 在 12 月 1 日的大元股份公告中，披露公司向大连实德工程塑料有限公司购买与 PVC 板材、管材相关的资产，以 2001 年 11 月 27 日为基准日，审计后净资产为 14 816 万元，经评估后的净资产为 25 681 万元，购买价格为 25 681 万元。(20011211)

3. 宁夏大元化工股份有限公司与宁夏回族自治区综合投资公司近日签署了《资产出售协议书》，同时公司与大连实德工程塑料有限公司签署了《资产购买协议书》。本次重大资产出售包含公司与炼油化工相关的资产与负债。资产出售涉及的金额占公司资产总额的 88.07%。公司拟购买大连实德与 PVC 板材、管材相关的资产，金额约为 2.6 亿元。如完成此次划拨，宁夏大元炼油化工有限责任公司将不再持有上市公司股权，但最终入主的实质性经营资产将是大连实德工程塑料有限公司。(20011204)

公司名称：河北宝硕股份有限公司(宝硕股份)	证券代码：600155

基本情况

主营业务：塑料制品和化工产品的生产和销售
发行日期：19980629　　上市日期：19980918
法人代表：周山　　联系人：何胜利
主承销商：中国经济开发信托投资公司
公司名称：河北宝硕股份有限公司
公司地址：河北省保定市国家高新技术产业开发区朝阳北路 175 号
公司电话：0312-3109607　3109605

此公司的前身为河北保塑集团有限公司，始建于 1957 年，当时为保定市细菌肥料厂。1959 年改名为保定化工厂；1963 年，改为保定塑料厂；1988 年，与保定第二塑料厂合并为保定塑料总厂；1993 年在保定塑料总厂的基础上组建河北保塑集团有限公司；1996 年改制为河北保塑集团国有独资核心企业；1998 年，集团公司为独家发起人，以集团公司改组前的部分经营性资产及负债形成的净资产进行股份制改组，并以社会募集方式设立本公司，其余的净资产留在集团公司。

注：以上公司基本概况数据截止日期 20020813。

2001 年经营情况

2001 年年报摘要

每股收益/元	每股净资产/元	净资产收益率/%	每股资本公积金/元	每股经营现金流量/元
0.18	1.91	9.15	0.52	0.36

2002 年经营情况

2002 年年报摘要

每股收益/元	每股净资产/元	净资产收益率/%	每股资本公积金/元	每股经营现金流量/元
0.15	1.96	7.67	0.52	0.37

续表

公司名称:河北宝硕股份有限公司(宝硕股份)						证券代码:600155		
近几年收益								
每股收益/元			每股净资产/元			净资产收益率/%		
2001年末	2000年末	1999年末	2001年末	2000年末	1999年末	2001年末	2000年末	1999年末
0.18	0.32	0.43	1.91	3.00	2.98	9.15	10.06	14.39

宝硕股份(600155)财务指标变动

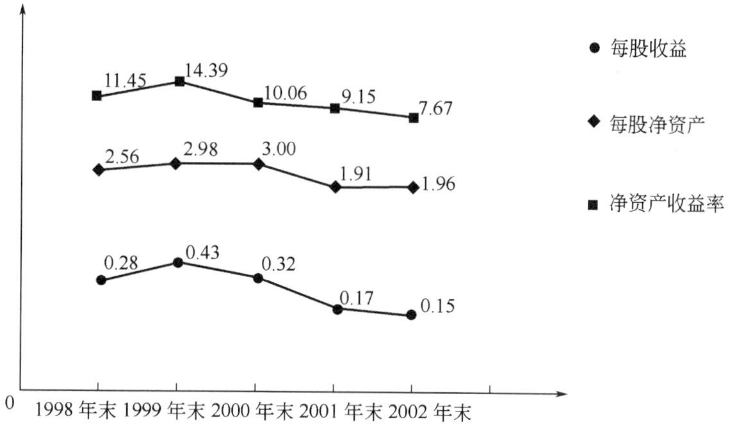

宝硕股份(600155)最新股本结构

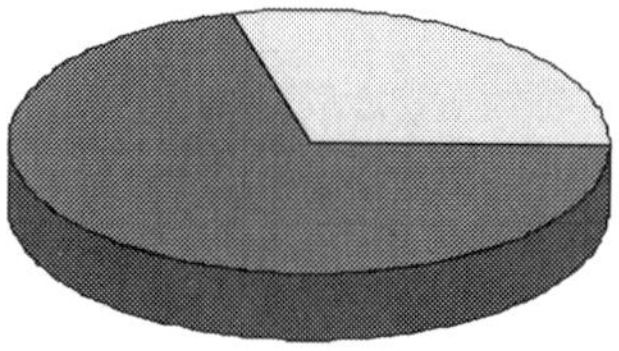

近年分红方案

年　　度	每股收益	分红方案	配股方案
2002中期	0.067元	利润不分配不转增	每10股拟配3.00股
2001末期	0.175元	每10股派0.8000元	
2000末期	0.301元	每10股转增5.00股,派0.8000元	每10股配2.31股,配股价12.00元

特别提示

据中国化工报报道:河北省宝硕集团创业塑料分公司土工膜和PP-R塑料管材两项新产品日前试车获得成功,不久将投入批量生产。该公司土工膜生产线是目前国内最先进、规模最大的设备。其土工膜的幅度也是目前最宽的,可用于大坝、公路、垃圾填埋场的底部铺衬。产品防渗水、久用不腐、无毒,不对土壤、土质构成危害。其PP-R塑料埋地管可用于市政排水、输水、调水、农业排灌、采油气场、输油管线、输煤管道及特殊要求的管线,具有环保节能、抗腐蚀、密封好、便于施工、使用寿命长久、工程造价低等特点。(20010614)

公司名称：中国化学建材股份有限公司(中国化建)	证券代码：600176

基本情况

主营业务：建筑材料，玻璃纤维及其制品，建筑塑料制品的研究

发行日期：19990305　　上市日期：19990422

法人代表：曹江林　　联系人：贾建军

主承销商：广发证券有限责任公司

公司名称：中国化学建材股份有限公司

公司地址：北京市海淀区紫竹院南路2号

公司电话：010-68434863　88418866

公司于1998年8月31日经国家经贸委国经贸企改[1998]544号文批准，由中国新型建筑材料公司、浙江永联集团公司和中国建筑材料及设备进出口公司四家企业联合发起，在对江苏常州建筑塑料厂、中新集团南京新型建材有限公司、江苏江阴化工塑料厂、巨石集团有限公司进行整体改组的基础上，加上中新公司将所持有山东烟台渤海钢铁建材股份有限公司的投资收益投入和中国建筑材料及设备进出口公司的现金投入，以募集设立方式设立。

2001年经营情况

2001年年报摘要

每股收益/元	每股净资产/元	净资产收益率/%	每股资本公积金/元	每股经营现金流量/元
0.01	2.16	0.31	0.92	－0.22

2002年经营情况

2002年年报摘要

每股收益/元	每股净资产/元	净资产收益率/%	每股资本公积金/元	每股经营现金流量/元
0.07	2.19	3.09	0.92	0.40

近几年收益

每股收益/元			每股净资产/元			净资产收益率/%		
2001年末	2000年末	1999年末	2001年末	2000年末	1999年末	2001年末	2000年末	1999年末
0.01	0.14	0.13	2.16	2.19	2.22	0.31	9.52	5.99

中国化建(600176)财务指标变动

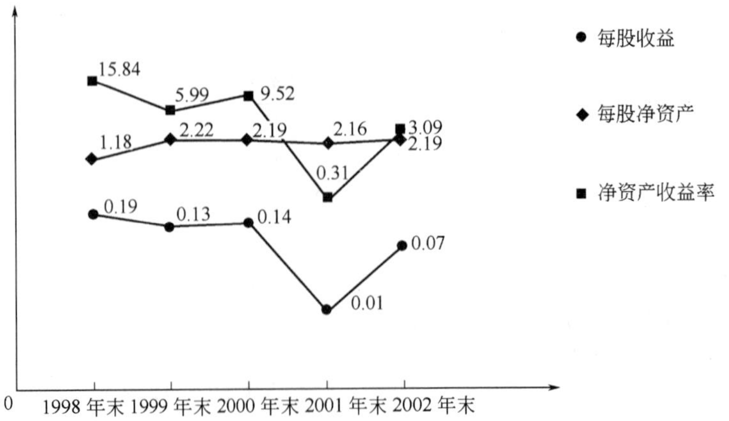

续表

公司名称：中国化学建材股份有限公司（中国化建）	证券代码：600176

中国化建 (600176) 最新股本结构

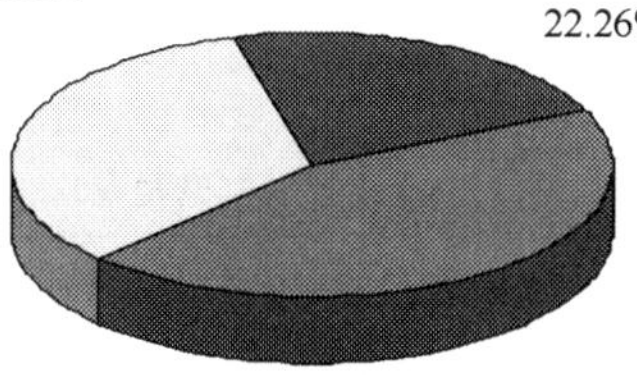

近年分红方案

年　　度	每股收益	分红方案	配股方案
2002 中期	0.011 元	利润不分配不转增	
2001 末期	0.010 元	利润不分配不转增	
2000 末期	0.210 元	每 10 股派 0.8000 元	

特别提示

1. 2002 年 5 月 31 日，中国化建原第一大股东——中国新型建筑材料集团公司决定，将所持公司国有法人股共计 8 411.1万股全部划转给北新集团。中国化建董事长兼总经理曹江林认为，股权划转一是体现了中新集团自身的战略调整，概括地说，就是中新集团只做管理，而不参与具体业务经营；二是由北新集团接管中国化建，必然有利于北新集团对中国化建的资产重组。对中国化建未来的战略规划，曹江林认为，公司今后将锁定三个战略方面，即玻璃纤维、商业房地产以及连锁经营、物流配送业务。(20020929)

2. 中国化建，流通 A 股 7 420 万股。2002 年上半年每股收益 0.011 元。公司主要从事玻璃纤维及其制品、建筑塑料地板、PVC 塑料管材、管件。8 月 13 日公司临时股东大会通过修改公司章程中经营范围的决议。经营范围的修改，预示着公司将发生翻天覆地的变化。同时公司决定下半年的工作计划中，对巨石公司的资产进行评估，重新确定巨石公司的资产净值；责成巨石公司与杰普森(美国)有限公司对逾期货款签定还款协议。同时，随着北新建材的入主，公司资产的一步步剥离，资产重组的展开，预计下一步将是优质资产的注入。(20020926)

公司名称：新疆广汇实业股份有限公司（广汇股份）	证券代码：600256

基本情况

主营业务：花岗岩矿山开采、加工、销售；塑钢门窗生产、销售及安装服务等
发行日期：20000421　　上市日期：20000526
法人代表：杨铁军　　联系人：闫金生
主承销商：国信证券有限公司
公司名称：新疆广汇实业股份有限公司
公司地址：新疆维吾尔自治区乌鲁木齐经济技术开发区上海路 6 号
公司电话：0991-3719668　8637008

公司是经批准，由新疆广汇晨晖花岗岩石材开发有限公司整体变更而成，1999 年 4 月 10 日办理了变更登记。石材公司成立于 1995 年 1 月 20 日，是由新疆广汇企业(集团)有限责任公司和晨晖亚太有限公司共同出资组建的合资企业，注册资本 1.2 亿元人民币。石材公司 1998 年 2 月 28 日经审计的账面净值 126 891 594.19 元，根据公司法的有关规定，按1∶1的比例折为发起人所持有的股份。2000 年 4 月，公司发行人民币普通股 5 000 万股，形成总股本 17 689.16 万股。2000 年 5 月 26 日，“广汇股份”在上交所上市。2002 年 3 月，因公司经营范围增加，公司名称由“新疆广汇石材股份有限公司”变更为“新疆广汇实业股份有限公司”。

注：以上公司基本概况数据截止日期 20021211。

续表

公司名称:新疆广汇实业股份有限公司(广汇股份)	证券代码:600256

2001年经营情况

2001年年报摘要

每股收益/元	每股净资产/元	净资产收益率/%	每股资本公积金/元	每股经营现金流量/元
0.51	1.42	35.67	0.09	0.34

2002年经营情况

2002年年报摘要

每股收益/元	每股净资产/元	净资产收益率/%	每股资本公积金/元	每股经营现金流量/元
0.44	1.54	28.42	0.08	0.56

近几年收益

每股收益/元			每股净资产/元			净资产收益率/%		
2001年末	2000年末	1999年末	2001年末	2000年末	1999年末	2001年末	2000年末	1999年末
0.51	0.42	0.27	1.42	1.70	1.31	35.67	24.58	20.64

广汇股份(600256)财务指标变动

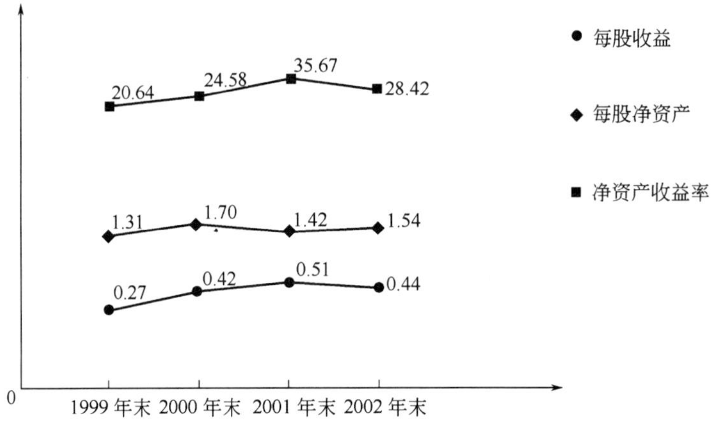

广汇股份(600256)最新股本结构

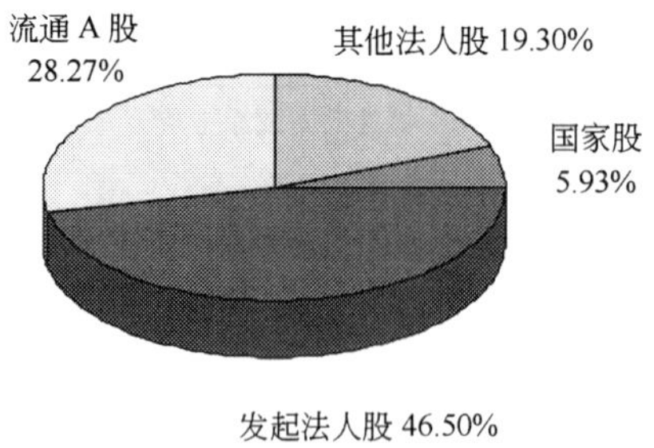

近年分红方案

年　　度	每股收益	分红方案	配股方案
2002中期	0.205元	每10股送2.00股	
2001末期	0.506元	利润不分配不转增	每10股拟配3.00股
2000末期	0.418元	利润不分配不转增	

公司名称:湖北凯乐新材料科技股份有限公司(凯乐科技)	证券代码:600260

基本情况

主营业务:塑料硬管及管件、软管管材、塑料零件及塑料土工合成材料等产销
发行日期:20000622　　上市日期:20000706
法人代表:朱弟雄　　联系人:陈杰
主承销商:长江证券
公司名称:湖北凯乐新材料科技股份有限公司
公司地址:湖北省公安县斗湖堤镇城关
公司电话:0716-5209433 5209491　5209433

1993年2月,经批准,由湖北省荆州地区塑料管材厂、公安县国资局、湖北省荆州板纸厂、湖北省公安县纺纱厂共同发起,以定向募集方式设立此公司,1993年2月28日注册登记。1995年9月更名为"湖北省凯乐塑料管材股份有限公司"。1997年6月更名为"湖北省凯乐塑料管材(集团)股份有限公司"。2002年6月12日～6月28日,公司向社会公开发行股票5 500万股,同年7月6日,"凯乐股份"在上交所上市。随着公司产品结构的不断调整,其高新技术产品已占公司产品销售业务的75%,为了使公司名称与主营业务相符,2000年9月5日,公司更名为"湖北凯乐新材料科技股份有限公司"。2001年2月19日,证券简称变更为"凯乐科技"。

注:以上公司基本概况数据截止日期20021019。

2001年经营情况

2001年年报摘要

每股收益/元	每股净资产/元	净资产收益率/%	每股资本公积金/元	每股经营现金流量/元
0.51	4.66	11.04	2.66	0.24

2002年经营情况

2002年年报摘要

每股收益/元	每股净资产/元	净资产收益率/%	每股资本公积金/元	每股经营现金流量/元
0.30	5.01	6.05	2.72	−0.37

近几年收益

每股收益/元			每股净资产/元			净资产收益率/%		
2001年末	2000年末	1999年末	2001年末	2000年末	1999年末	2001年末	2000年末	1999年末
0.51	0.39	0.45	4.66	4.52	1.98	11.04	8.54	22.66

凯乐科技(600260)财务指标变动

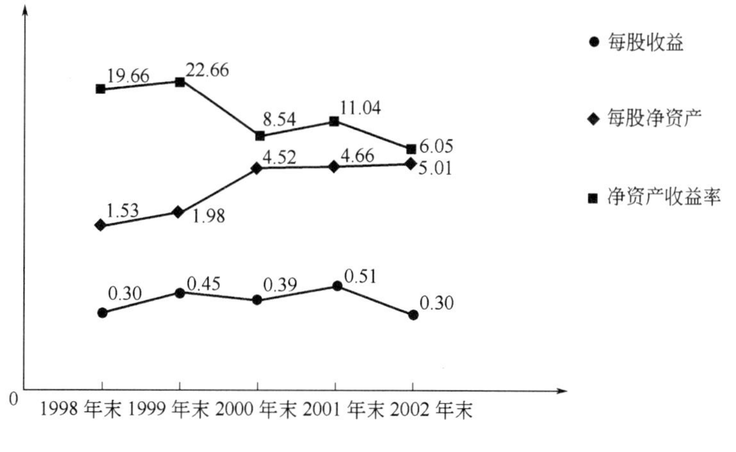

续表

公司名称：湖北凯乐新材料科技股份有限公司(凯乐科技)	证券代码：600260

凯乐科技 (600260) 最新股本结构

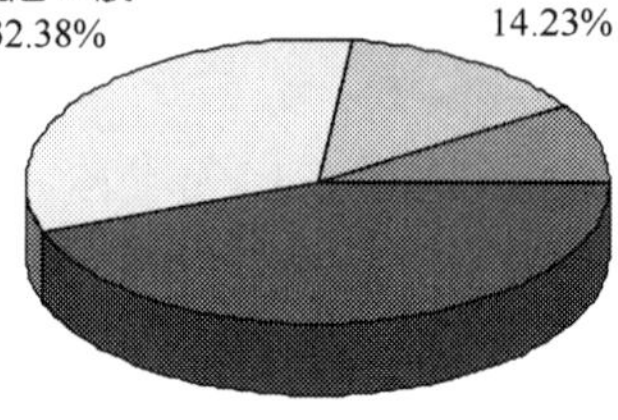

近年分红方案

年　　度	每股收益	分红方案	配股方案
2002 中期	0. 220 元	利润不分配不转增	
2001 末期	0.510 元	每 10 股派 1.6000 元	
2000 末期	0.390 元	每 10 股派 0.8000 元	

特别提示

1. 凯乐科技日前决定与全球最大的土工网、土工格栅生产厂家之一——英国坦萨集团有限公司，合资成立坦萨-凯乐土工合成材料(武汉)有限公司。据介绍，该合资公司成立后，开发、生产及销售包括单向、双向土工格栅的土工合成材料产品及工程塑料，并提供产品的售后及相关技术服务。合资公司产品在满足国内市场需求的同时，还将有部分产品出口到亚洲和太平洋地区特别是亚洲地区潜在需求较大。据悉，该合资公司将在 2004 年 7 月投产，预计投产后可年实现 7 500 万元销售收入，在 3～4 年内达产后，可年实现 2.4 亿元销售收入。(20030115)

2. 凯乐科技股东大会通过决议，拟将 PP-R 无规共聚聚丙烯管材项目变更为通信光缆和通信特种光缆生产项目，新项目总投资额为 9 880 万元。公司称，这是凯乐科技产业结构向高、新、尖技术领域发展的一个重要标志，也是凯乐培植新的利润增长点的一个重要举措。在生产经营中，公司和中国电信、中国联通等众多应用部门建立了长期的友好合作关系和企业信誉，原有的市场资源和用户可以完全得到利用，这样可以大大节约和降低产品销售费用和市场推广成本，因此这是公司进入通信光缆生产领域的一个重要基础。(20020528)

公司名称：烟台万华聚氨酯股份有限公司(烟台万华)	证券代码：600309

基本情况

主营业务：聚氨酯及其助剂、异氰酸酯及衍生产品的开发、生产和销售
发行日期：20001215　　上市日期：20010105
法人代表：丁建生　　联系人：郭兴田
主承销商：广发证券有限责任公司
公司名称：烟台万华聚氨酯股份有限公司
公司地址：烟台市幸福南路 7 号
公司电话：0535-6837888-8537　6837894

公司成立于 1998 年 12 月 16 日由万华集团为主发起人联合东方电子、烟台冰轮、氨纶集团和红塔兴业共同发起设立。注册资本 8 000 万元，主公司投入净资产 11474.46 万元，其他以现金出资，东方电子 307.63 万元、烟台冰轮 307.63 万元、氨纶集团 153.81 万元、红塔兴业 61.52 万元。各发起人投入资产总额为 21 395.88 万元，净资产 12 305.05 万元按 65%的折股比例折成相应股份，发行成功后总股本增至 12 000 万元。公司 4 000 万股 A 股于 2001 年 1 月 5 日上市流通。
注：以上公司基本概况数据截止日期 20020423。

续表

公司名称:烟台万华聚氨酯股份有限公司(烟台万华)			证券代码:600309	
2001年经营情况				
2001年年报摘要				
每股收益/元	每股净资产/元	净资产收益率/%	每股资本公积金/元	每股经营现金流量/元
0.42	2.72	15.41	1.43	0.35
2002年经营情况				
2002年年报摘要				
每股收益/元	每股净资产/元	净资产收益率/%	每股资本公积金/元	每股经营现金流量/元
0.40	1.91	21.09	0.58	0.32

近几年收益

每股收益/元			每股净资产/元			净资产收益率/%		
2001年末	2000年末	1999年末	2001年末	2000年末	1999年末	2001年末	2000年末	1999年末
0.42	0.42	0.33	2.72	5.01	1.60	15.41	8.29	20.48

烟台万华 (600309) 财务指标变动

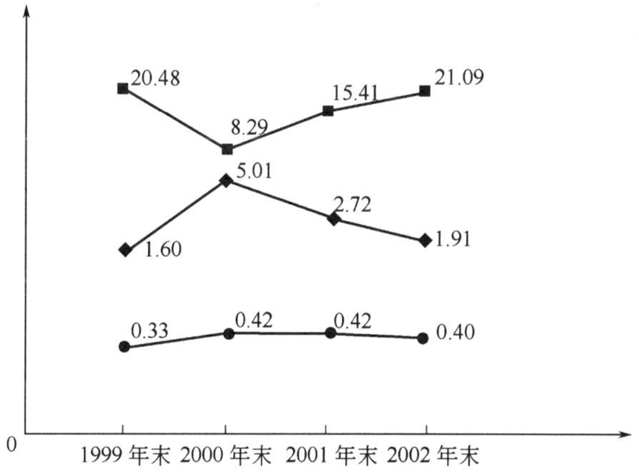

烟台万华 (600309) 最新股本结构

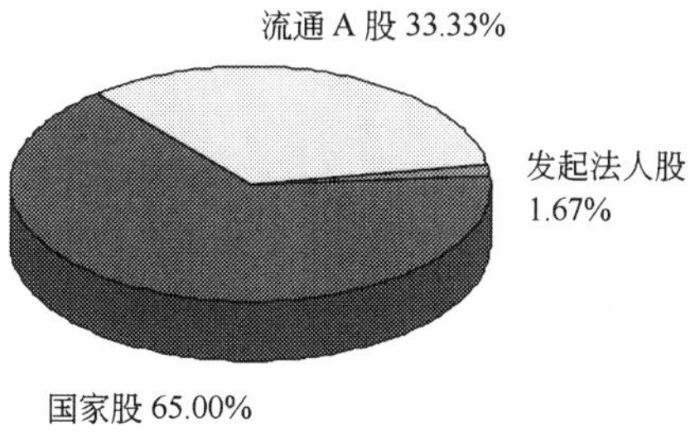

近年分红方案

年　　度	每股收益	分红方案	配股方案
2002中期	0. 240元	利润不分配不转增	
2001末期	0.420元	每10股送1.00股转增5.00股,派1.4000元	

续表

公司名称:烟台万华聚氨酯股份有限公司(烟台万华)			证券代码:600309
近几年分红方案			
2000 末期	0.420 元	每 10 股送 2.00 股转增 8.00 股,派 0.4000 元	
特别提示			

1. MDI(二苯基甲烷异氰酸酯)需求潜力巨大的国内市场给烟台万华带来了丰厚利润的同时,也吸引了国外 MDI 生产厂家的关注,他们纷纷将中国看做是消耗过剩生产能力的主要市场,由此引发了 9 月 23 日外经贸部决定对 MDI 反倾销立案调查。MDI 反倾销立案调查的消息一经公布,国内市场立即做出了反应,其中温州地区表现得最为典型。当然,该消息的影响作用究竟能持续多久还不能确定。在有关惩罚性措施尚未出炉前,该消息影响作用应该属于短期行为。(20021022)

2. 烟台万华日前发出一纸公告,称我国外经贸部和国家经贸委现已受理其提出的关于对原产于日本和韩国的进口 MDI 产品进行反倾销的立案调查。烟台万华董事长兼总经理丁建生指出,烟台万华是在激烈的市场竞争中发展壮大起来的,所以不怕竞争,只是要求有一个符合 WTO 原则的公平的市场竞争环境,因此对日、韩有关企业采取的那种不公平的市场竞争手段,即用补贴贸易的方式在本国争取高额利润,然后在中国低价倾销的市场竞争手段,公司坚决向国家有关部门提出反倾销申诉。这将会为国内企业提供一个公平有序的市场竞争环境,促进我国聚氨酯工业的健康发展。(20021009)

3. 本次立案的申请人为烟台万华。目前,我国 MDI 生产能力除烟台万华外,其余如江苏常州合成化工总厂、重庆长风化工厂等合计年产量不足万吨。另外,中、德、美在上海化学工业园区共建异氰酸酯项目也在加快进行,其中包括 1 套 16 万吨/年的 MDI 生产装置;拜耳聚氨酯子公司也将在上海化学工业园区独资建设 23 万吨/年的 MDI 装置。当然,这些项目的真正建成投产尚需时日。因此可以说,烟台万华是目前我国惟一一家上规模的 MDI 生产企业。本案通常情况下在一年内结束。“反倾销”若成功,将会对烟台万华的业绩产生积极的影响。(20021008)

4. 烟台万华公告,外经贸部日前决定自 9 月 20 日起对原产于日本和韩国的进口 MDI 产品进行反倾销立案调查,该项调查是由目前国内惟一的 MDI 产品生产企业烟台万华提出申请的。据烟台万华证券部人士称,烟台万华调查表明,日本公司的 MDI 产品在中国的价格仅为其同样产品在日本国内的 50%,而韩国产品在我国的售价也比其在本国的售价低 15%左右。另据了解,除日韩公司以外的一些大国公司,也纷纷看好我国 MDI 的市场前景。烟台万华近日提出反倾销申请,显然是想在更加激烈的竞争到来之前,为自己赢得迅速成长的机会。(20020925)

公司名称:潍坊亚星化学股份有限公司(亚星化学)	证券代码:600319
基本情况	

主营业务:氯化聚乙烯、聚氯乙烯、烧碱等化工产品及其延伸产品的生产、开发和销售
发行日期:20010214　　上市日期:20010326
法人代表:董顺兴　　联系人:汪波
主承销商:中信证券股份有限公司
公司名称:潍坊亚星化学股份有限公司
公司地址:山东省潍坊市奎文区鸢飞路 899 号
公司电话:0536-8667941　8666877

公司于 2000 年 1 月 17 日经亚星集团控股的中外合资企业——潍坊化工有限公司为改制主体,由亚星集团联合潍坊化工有限公司其他 4 家股东,香港嘉耀、厦门外贸、十六化建、大连实德将潍坊化工有限公司整体变更为而来的股份公司。经山东省国有资产管理局确认,亚星集团、厦门外贸、十六化建所持股份合计 15 360.7288 万股被界定为国有法人股;大连实德 23.5594 万股为法人股;香港嘉耀 8 175.1118 万股为外资法人股,公司 8 000 万股 A 股于 2001 年 2 月 14 日上网定价发行。
注:以上公司基本概况数据截止日期 20030111。

2001 年经营情况

2001 年年报摘要

每股收益/元	每股净资产/元	净资产收益率/%	每股资本公积金/元	每股经营现金流量/元
0.19	3.13	6.18	2.08	0.22

续表

公司名称:潍坊亚星化学股份有限公司(亚星化学)	证券代码:600319

2002年经营情况

2002年年报摘要

每股收益/元	每股净资产/元	净资产收益率/%	每股资本公积金/元	每股经营现金流量/元
0.15	3.18	4.74	2.10	0.19

近几年收益

每股收益/元			每股净资产/元			净资产收益率/%		
2001年末	2000年末	1999年末	2001年末	2000年末	1999年末	2001年末	2000年末	1999年末
0.19	0.30	0.25	3.13	1.16	1.06	6.18	25.75	24.02

亚星化学(600319)财务指标变动

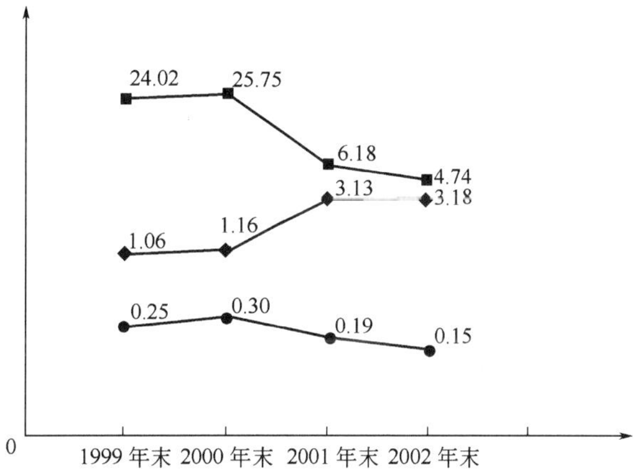

亚星化学(600319)最新股本结构

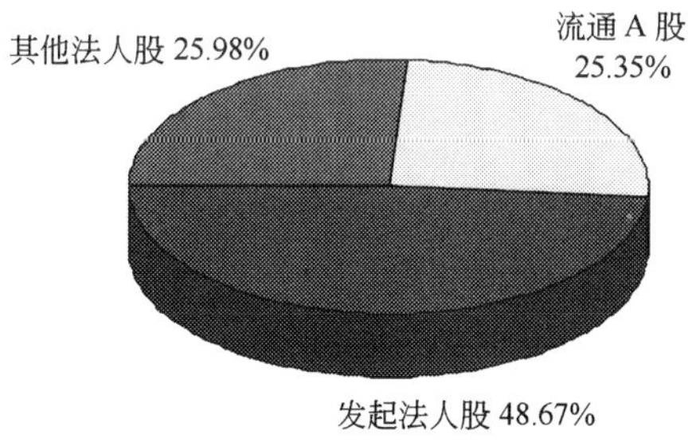

近年分红方案

年　　度	每股收益	分红方案	配股方案
2002中期	0.108元	利润不分配不转增	
2001末期	0.194元	每10股派0.4800元	
2000末期	0.300元	利润不分配不转增	

续表

公司名称:潍坊亚星化学股份有限公司(亚星化学)	证券代码:600319

特别提示

1. 亚星化学今日就2001年度只完成年度盈利预测的71.15%做出说明。公司方面解释说,受同类产品低价进口冲击的影响,公司主要产品聚氯乙烯(PVC)价格下跌幅度达25%左右,影响利润总额减少3 741万元;为扩大市场占有率,公司主动下调了CPE的销售价格,影响利润额减少2 969万元。公司还说,在编制盈利预测时不够谨慎,对主要产品PVC及CPE的价格风险分析不透,尤其是对PVC国外市场对国内市场的冲击以及韩国、日本、俄罗斯等国对中国倾销行为估计不足,从而导致在其销售价格大幅度下跌的情况下无得力措施加以弥补。(20021213)

2. 随着年产7万吨氯化聚乙烯(CPE)技改工程于近日正式建成投产,亚星化学已成为目前世界上CPE产品生产规模最大的企业。据悉,这一仅用了15个月建成投产的项目是该公司又一项提前完成的首次募股资金项目。此次年产7万吨CPE扩建工程是化学公司继去年年产5万吨CPE技术改造项目之后的又一项重大技改项目。该项目自去年4月开工建设,今年7月上旬投料试车,7月底正式投产后,经检测已达到设计能力。据亚星化学董事长陈华森介绍,这一项目属于投资少、成本低而见效快的短平快项目。(20020802)

3. 亚星化学流通A股8 000万股,2001年每股收益0.194元,主要从事烧碱、聚氯乙烯、氯化聚乙烯及延伸化工产品的科研开发、生产、销售业务。公司拥有核心技术和规模优势,产品市场占有率高。公司是世界上最大的聚氯乙烯制造商、年生产能力为5万吨,目前生产能力扩大一倍 ,一跃成为全球最大的聚氯乙烯制造商,公司独家拥有世界上最先进的“盐酸相悬浮氯化”氯化聚乙烯核心工艺技术,没有重要的竞争对手。从总体上看,在未来3~5年内国内聚氯乙烯市场需求仍将保持旺盛的状态。这将为公司主业的稳定发展提供较大的空间。(20020731)

4. 亚星化学2001年利润仅完成《招股说明书》中盈利预测的71.5%,公司解释:主打产品价格下降,其中,聚氯乙烯销售价格下跌25%。当2001年初二级市场对“新材料”概念如痴如醉时,大家只看到亚星化学的正面——1994年亚星独家买断了德国赫司特公司的CPE(氯化聚乙烯)技术,成为目前世界上惟一拥有这一先进技术的公司,亚星CPE弹性体材料在全世界市场上的占有率已达到18%,在国内市场的占有率达40%。(20020515)

5. 世界规模最大的氯化聚乙烯(CPE)生产企业亚星化学(600319)继续致力于做大做强主业。1月18日,以公司为投资主体的潍坊亚星工业园一期工程,在潍坊经济技术开发区正式投建。据悉,亚星工业园位于公用设施配套齐全、交通运输便利的潍坊经济技术开发区,此次投建的一期工程占地面积380多亩,主要用于建设其上市募集资金项目之一——6万吨/年离子膜烧碱项目。公司去年7月份公布的该项目可行性报告显示,项目总投资额为1.83亿元,投资回收期为3.9年,建成后每年可新增销售收入6 900万元左右。(20020118)

公司名称:新疆独山子天利高新技术股份有限公司(天利高新)	证券代码:600339

基本情况

主营业务:开发、生产、销售、出口高级润滑油系列添加剂产品、高级沥青系列产品等
发行日期:20001206　　上市日期:20001225
法人代表:付德新　　联系人:马新海
主承销商:光大证券有限责任公司
公司名称:新疆独山子天利高新技术股份有限公司
公司地址:新疆克拉玛依市独山子区大庆东路2号
公司电话:0992-3655959/3877118　3659999

公司成立日期1999年4月28日,总股本11 000万股,由新疆独山子天利与新疆石油、高新房地产、新疆特变电工和上海中大共同发起设立。前两者以经营性资产投入折股为国有法人股5 605.44万股和4 375万股;后三者分别以现金投入折为法人股618.58万股、363.87万股和37.11万股。公司于2000年12月6日上网定价发行人民币普通股6 000万股,发行成功后公司总股本将增至17 000万股。

注:以上公司基本概况数据截止日期20020927。

2001年经营情况

2001年年报摘要

每股收益/元	每股净资产/元	净资产收益率/%	每股资本公积金/元	每股经营现金流量/元
0.22	2.65	8.20	1.46	0

续表

公司名称:新疆独山子天利高新技术股份有限公司(天利高新)	证券代码:600339

2002年经营情况

2002年年报摘要

每股收益/元	每股净资产/元	净资产收益率/%	每股资本公积金/元	每股经营现金流量/元
0.15	1.76	7.94	0.64	0.31

近几年收益

每股收益/元			每股净资产/元			净资产收益率/%		
2001年末	2000年末	1999年末	2001年末	2000年末	1999年末	2001年末	2000年末	1999年末
0.22	0.21		2.65	3.58		8.20	5.93	

天利高新(600339)财务指标变动

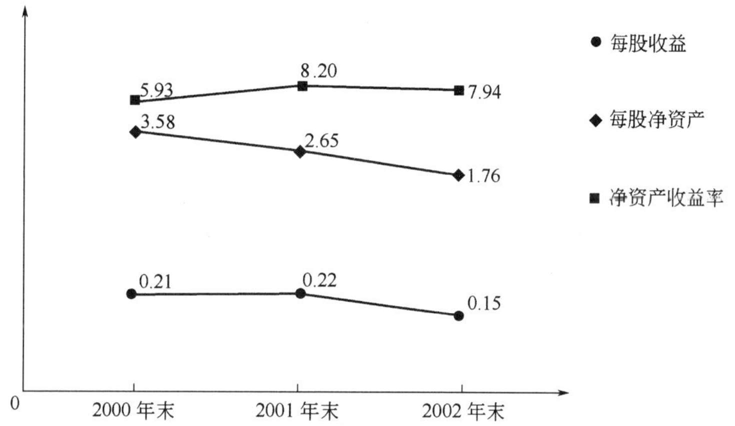

天利高新(600339)最新股本结构

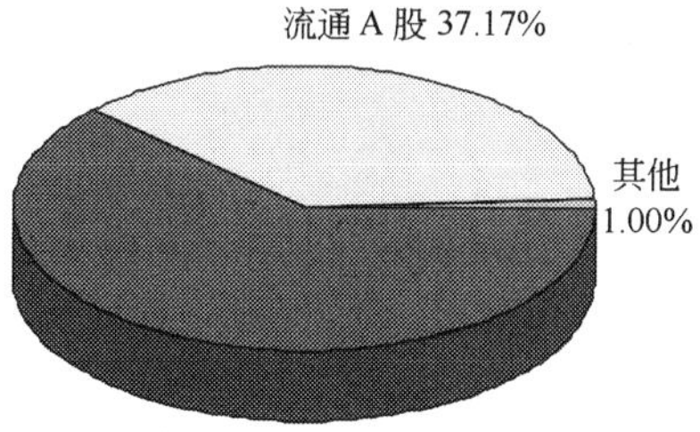

近年分红方案

年　度	每股收益	分红方案	配股方案
2002中期	0.093元	每10股转增5.00股	
2001末期	0.220元	每10股派1.2000元	
2000末期	0.210元	每10股派1.2000元	

续表

公司名称:新疆独山子天利高新技术股份有限公司(天利高新)	证券代码:600339

特别提示

1. 2002年11月26日,新疆独山子天利高新技术股份有限公司3万吨/年甲乙酮、3万吨/年甲基叔丁基醚装置和5万吨/年仲丁醇装置顺利建成投产,并一次投料试车成功。其中甲乙酮装置是目前国内生产能力最大、技术最先进的装置,并填补了新疆甲乙酮生产的空白。天利高新副董事长、总理理李太成日前表示,公司将依托独山子地区独特的资源、技术优势,利用自筹资金大力发展低成本、高科技、环保型的石化下游精深加工产业。(20021127)

2. 天利高新年报以每股收益(摊薄)0.23元,主营业务利润、净利润(调整前)分别比上年增长15.7%和43.16%。前不久天利高新还跻身于中国石油和化学工业、化工企业管理协会在全国评选的18家"2001年度全国化工管理特色企业"行列。谈及天利高新为何能保持稳步增长的经营趋势时,公司副董事长、总经理李太成谈起了他的"管理经":人才是企业发展的核心因素,人才的管理是企业持续发展的保障。公司在坚持不断创新中,大力推行动态的科学管理,激发员工智力和潜能,使企业内部充满了活力。(20020420)

3. 天利高新继前不久在瑞典举办的国际技术博览会上占据本次我国三项获奖产品中的两项之后,近日又荣获2001年度全国化工管理特色企业称号。这是天利高新以高新技术产品为依托,内抓管理,外拓市场,走出一条持续发展之路。据了解,目前,我国高碱性环烷酸钙只有天利高新公司独家生产,国外仅有英荷SHELL、法国ELF和日本OSCA等企业生产。该产品是具有优良的清净、酸中和、扩散、热氧化稳定性能的润滑油添加剂。另据了解,自上市之日至2005年12月,天利高新所得税按应征税额直接减征55%。(20020320)

公司名称:大连冰山橡塑股份有限公司(冰山橡塑)	证券代码:600346

基本情况

主营业务:橡胶机械、塑料机械及其零部件
发行日期:20010730　　上市日期:20010820
法人代表:穆传江　　联系人:孙培德
主承销商:国泰君安证券股份有限公司
公司名称:大连冰山橡塑股份有限公司
公司地址:大连市甘井子区周水子广场1号
公司电话:0411-6641378　6641645

公司前身是大连橡胶塑料机械厂,始建于1907年。1997年经批准整体划入冰山集团。公司成立于1999年3月,注册资本为7 000万元。发起人有大连冰山集团有限公司、大连冷冻机股份有限公司、大连冶金轴承集团公司、大连金州区锻压件厂、烟台气动元件厂,分别投入资金为10 358.4万元、230.8万元、80万元、50万元、50万元,分别占总资本的96.2%、2.14%、0.74%、0.46%、0.46%。公司3 850万股A股于2001年7月30日上网定价发行。

注:以上公司基本概况数据截止日期20020824。

2001年经营情况

2001年年报摘要

每股收益/元	每股净资产/元	净资产收益率/%	每股资本公积金/元	每股经营现金流量/元
0.15	2.97	5.12	1.81	0.04

2002年经营情况

2002年年报摘要

每股收益/元	每股净资产/元	净资产收益率/%	每股资本公积金/元	每股经营现金流量/元
0.08	3.00	2.72	1.81	—0.07

近几年收益

每股收益/元			每股净资产/元			净资产收益率/%		
2001年末	2000年末	1999年末	2001年末	2000年末	1999年末	2001年末	2000年末	1999年末
0.15	0.20		2.97	1.86		5.12	10.60	

续表

公司名称:大连冰山橡塑股份有限公司(冰山橡塑)	证券代码:600346

冰山橡塑(600346)财务指标变动

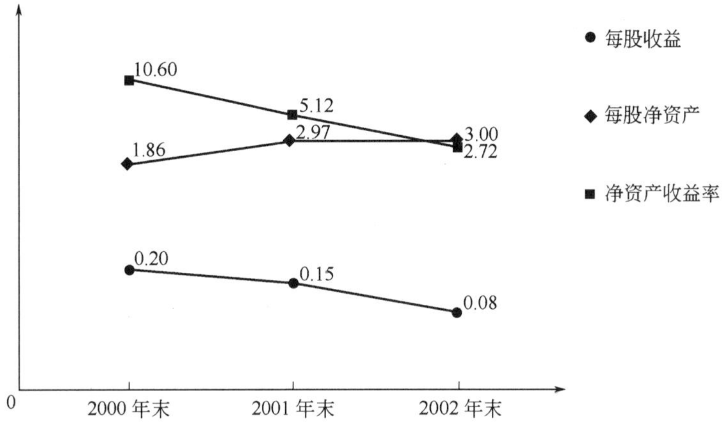

冰山橡塑(600346)最新股本结构

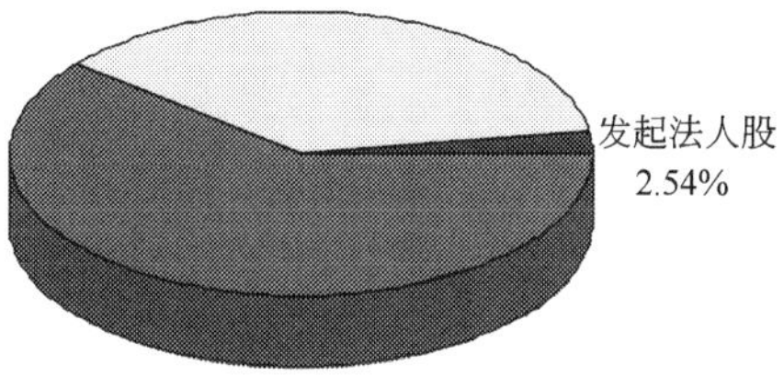

近年分红方案

年　度	每股收益	分红方案	配股方案
2002中期	0.060元	利润不分配不转增	
2001末期	0.150元	每10股派0.8000元	
2000末期	0.197元	利润不分配不转增	

特别提示

1. 日前,由冰山橡塑自行开发研制的SJSH—90×40B SJL—F90双螺杆塑料混炼挤出造粒机组被国家经贸委列入2002年国家重点新产品试产计划,获得国家级重点新产品证书,至此,冰山橡塑已有13种产品获得了国家级重点新产品证书。据了解,双螺杆塑料混炼挤出造粒机组的主要性能指标达到了国际同类规格产品的领先水平,目前该产品已成为企业新的利润增长点。(20021226)

2. 在日前召开的冰山橡塑上市后第一次年度股东大会上,公司董事长穆传江强调,要实现公司跨越式发展,必须走技术引进、合资合作的道路。目前公司在技术引进和合资合作方面已取得了很大成绩,先后同加拿大、德国、意大利、日本等国的数个公司等建立了合作关系,其中与加拿大PMS公司的合作已经进入实质性阶段。(20020522)

3. 在日前召开的冰山橡塑股票上市后第一次年度股东大会上,公司董事长穆传江表示,2001年公司在治理结构、经营机制、生产组织协调等方方面面都发生了根本性的变化,这种变化是公司三年改制上市过程中从未有过的。展望2002年的经营前景,穆传江董事长说,冰山橡塑要加快产品结构调整和技术引进、科学规范地用好募集的资金,早日形成公司新的利润增长点。(20020521)

续表

公司名称:大连冰山橡塑股份有限公司(冰山橡塑)	证券代码:600346
特别提示	
4. 日前,冰山橡塑董事长穆传江表示:今年公司工作的两大主线是通过调整组织结构实现降低成本;通过开展合资合作提升公司产品档次,实现产品的升级换代。继去年10月公司整体剥离了技术含量低、生产成本高的结构车间之后,今年还将进一步调整组织结构,达到减员增效的目的,最终使公司成为真正的橡塑机专业制造企业。公司将继续巩固与国际知名大企业加拿大RMS公司、日本大繁公司等公司的合资合作,并力争有所突破,通过引进先进技术,实现公司产品的升级换代。(20020521)	
5. 大连冰山橡塑股份有限公司开发的密炼机同步转子日前被国家知识产权局授予专利权。该同步转子是密炼机关键部件,由长棱、短棱、端板和长轴组成,每个转子有两组棱,转子内腔及棱部位有强循环冷却水道。该同步转子在橡胶的搅拌过程中具有吃料快、胶料搅拌充分、流动性好、胶温均匀等特点,可提高炼胶质量,减少浪费,节能环保。(20020205)	

公司名称:铜陵三佳模具股份有限公司(三佳模具)	证券代码:600520

基本情况

主营业务:集成电路塑胶模具与化学建材挤出模具等精密模具的生产与经营

发行日期:20011219　　上市日期:20020108

法人代表:黄明玖　　联系人:谢乐平

主承销商:平安证券有限责任公司

公司名称:铜陵三佳模具股份有限公司

公司地址:安徽省铜陵经济技术开发区

公司电话:0562-2627520　2627555

2000年4月28日经安徽省人民政府批准,铜陵市宏光模具有限公司依法整体变更为铜陵三佳模具股份有限公司,注册资金为人民币3 780万元。铜陵市宏光模具有限公司成立于1998年7月28日,由国有独资企业铜陵市三佳电子(集团)有限责任公司与安徽省信托投资公司共同出资设立。公司2500万A股于2002年1月8日在上交所上市流通。

注:以上公司基本概况数据截止日期20021029。

2001年经营情况

2001年年报摘要

每股收益/元	每股净资产/元	净资产收益率/%	每股资本公积金/元	每股经营现金流量/元
0.34	3.53	9.59	2.16	0.10

2002年经营情况

2002年年报摘要

每股收益/元	每股净资产/元	净资产收益率/%	每股资本公积金/元	每股经营现金流量/元
0.33	4.01	8.13	2.42	0.12

近几年收益

每股收益/元			每股净资产/元			净资产收益率/%		
2001年末	2000年末	1999年末	2001年末	2000年末	1999年末	2001年末	2000年末	1999年末
0.34	0.44		3.53	1.05		9.59	41.65	

续表

公司名称：铜陵三佳模具股份有限公司（三佳模具）	证券代码：600520

三佳模具（600520）财务指标变动

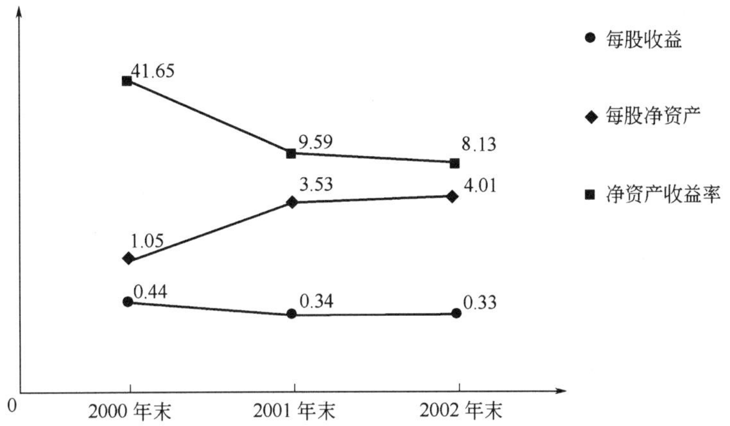

三佳模具（600520）最新股本结构

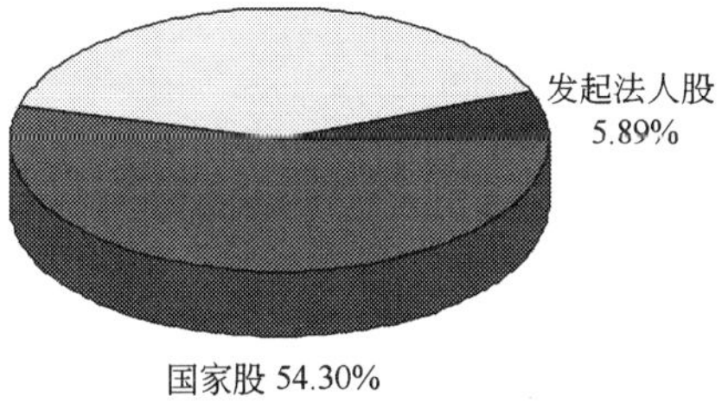

近年分红方案

年　　度	每股收益	分红方案	配股方案
2002中期	0.190元	每10股派0.8000元	
2001末期	0.340元	利润不分配不转增	
2000末期	0.440元	利润不分配不转增	

特别提示

三佳模具一上市就得到基金的青睐。三佳模具是由铜陵市宏光模具有限公司八家股东设立的。公司自设立以来，经营业绩呈现稳步增长的态势。从公司现有主业来看，主要由半导体集成电路塑封模具与化学建材挤出模具等精密模具的生产、销售和科研开发两大块组成。公司将大部分资金投入半导体集成电路专用模具，一方面表明公司对半导体集成电路专用模具今后市场较为看好，另一方面也表明公司继续做大做强化学建材挤出模具，实施专业化、精品化的领先，确保化学建材挤出模具的市场领先地位和赢利能力。（20020531）

公司名称：广东榕泰实业股份有限公司（广东榕泰）	证券代码：600589

基本情况

主营业务：ML复合新材料及其制品的生产和销售等
发行日期：20010528　　上市日期：20010612
法人代表：杨启昭　　联系人：林岳金

续表

公司名称:广东榕泰实业股份有限公司(广东榕泰)	证券代码:600589

基本情况

主承销商:广东证券股份有限公司
公司名称:广东榕泰实业股份有限公司
公司地址:广东省揭阳市榕城区新兴东二路1号
公司电话:0663-8676616　8676899

公司成立于1997年12月25日,由广东榕泰高级瓷具有限公司和揭阳市兴盛化工原料有限公司作为主发起人,联合广东榕泰制药、揭阳市鸿凯贸易发展公司、揭阳市益科电子器材公司共同发起设立。注册资金为12 000万元。其中广东榕泰瓷具出资6 000万元,占50%股权;兴盛化工出资4 450万元,占37.1%;其余三家法人分别以现金1 000万元、300万元和250万元出资,分别占股份总额的8.3%、2.5%和2.1%。公司4 000万股A股于2001年5月28日上网定价发行。

注:以上公司基本概况数据截止日期20020426。

2001年经营情况

2001年年报摘要

每股收益/元	每股净资产/元	净资产收益率/%	每股资本公积金/元	每股经营现金流量/元
0.22	3.41	6.46	2.15	0.20

2002年经营情况

2002年年报摘要

每股收益/元	每股净资产/元	净资产收益率/%	每股资本公积金/元	每股经营现金流量/元
0.33	3.54	9.28	2.15	0.15

近几年收益

每股收益/元			每股净资产/元			净资产收益率/%		
2001年末	2000年末	1999年末	2001年末	2000年末	1999年末	2001年末	2000年末	1999年末
0.22	0.22		3.41	1.25		6.46	17.59	

广东榕泰(600589)财务指标变动

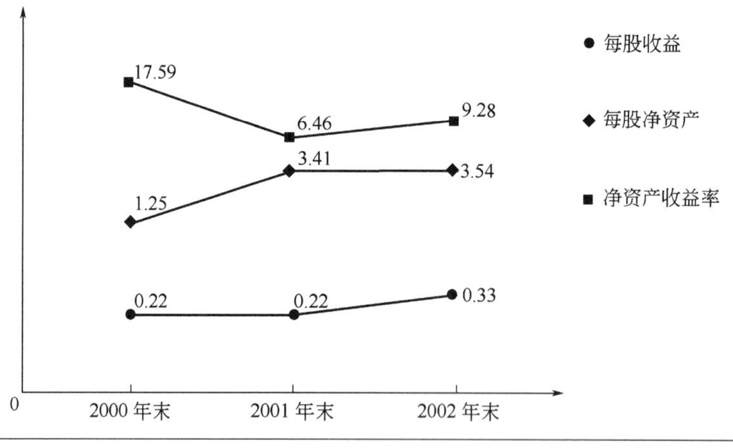

广东榕泰(600589)最新股本结构

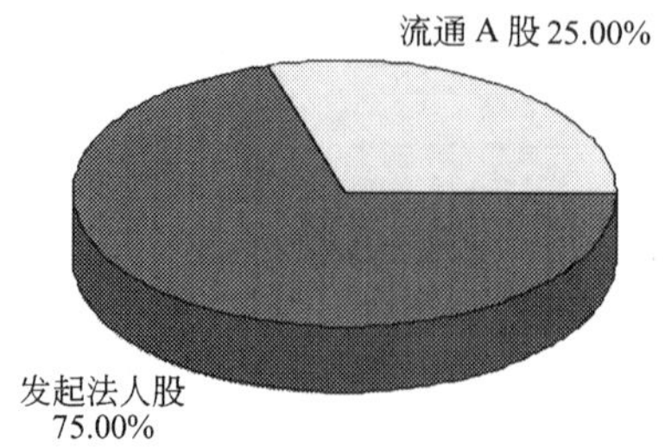

续表

公司名称：广东榕泰实业股份有限公司（广东榕泰）		证券代码：600589	
近年分红方案			
年　度	每股收益	分红方案	配股方案
2002 中期	0.176 元	利润不分配不转增	
2001 末期	0.220 元	每 10 股派 1.2000 元	
2000 末期	0.220 元	利润不分配不转增	

特别提示

2001 年 6 月 12 日上市的广东榕泰是当年上市的第五家家族控股型企业，公司由其董事长杨启昭家族控股 67.19%，上市短短五日股价上升了近 20%，上市首日开盘已达到 30.8 元，相比其 9.9 元的发行价翻了 3 倍多，上市后的几日更是逆市上扬，到 6 月 18 日最高价已达到 36.38 元。截止到当日，杨氏家族市值已达到 95 亿，造就了家族企业的又一个神话。广东榕泰实业有限公司主要从事化工新材料及其制品、树脂基复合材料、生化药的研究、开发、生产并应用于高新技术企业；其主要产品是 ML 复合材料。（20010626）

公司名称：沧州化学工业股份有限公司（沧州化工）　　证券代码：600722

基本情况

主营业务：化工原料、塑料制品、建筑材料的批发零售
发行日期：19960604　　上市日期：19960626
法人代表：周振德　　联系人：邢金生
主承销商：南方证券有限公司
公司名称：沧州化学工业股份有限公司
公司地址：河北省沧州市南环中路 18 号
公司电话：(0317)3030719　3042321

此公司由河北沧州化工实业（集团）公司独家发起并以定向募集内部职工股的方式设立的股份有限公司。发起人以评估后经营性净资产 20 468.3 万元入股，折合为 7 310 万股，每股折合净资产为人民币 2.80 元。内部职工股以每股 2.80 元的价格对沧化公司募集，共募集 188 万股。1996 年 6 月 4 日～6 月 17 日公开发行 A 股 2 312 万股，发行价格 9.18 元，公司原有内部职工股 188 万股转为社会公众股，社会公众股共增加 2 500 万股。公司总股份数为 9 810 万股，1996 年 6 月 26 日公司 2 500万 A 股（含内部职工股 188 万股）在上交所上市交易。

注：以上公司基本概况数据截止日期 20020418。

2001 年经营情况

2001 年年报摘要

每股收益/元	每股净资产/元	净资产收益率/%	每股资本公积金/元	每股经营现金流量/元
0.05	2.31	2.05	0.69	0.17

2002 年经营情况

2002 年年报摘要

每股收益/元	每股净资产/元	净资产收益率/%	每股资本公积金/元	每股经营现金流量/元
0.01	2.28	0.47	0.69	0.30

近几年收益

每股收益/元			每股净资产/元			净资产收益率/%		
2001 年末	2000 年末	1999 年末	2001 年末	2000 年末	1999 年末	2001 年末	2000 年末	1999 年末
0.05	0.25	0.35	2.31	2.42	1.90	2.05	10.2	18.50

续表

公司名称:沧州化学工业股份有限公司(沧州化工)	证券代码:600722

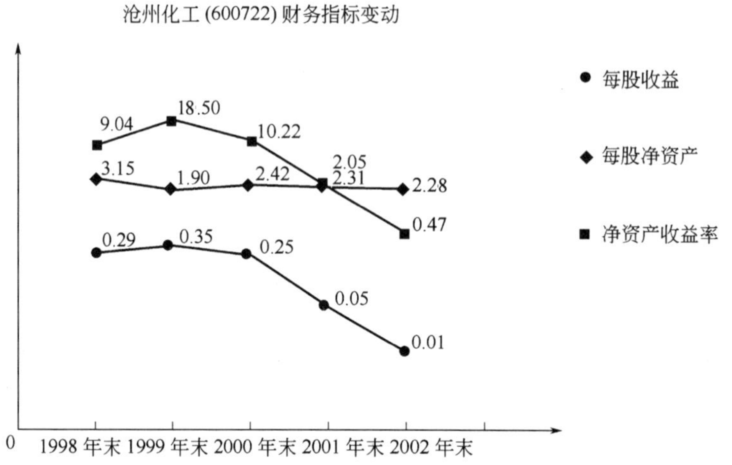

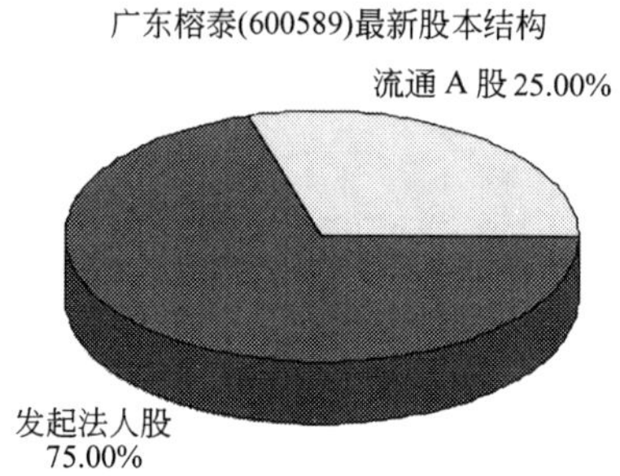

近年分红方案

年　　度	每股收益	分红方案	配股方案
2002 中期	0.020 元	利润不分配不转增	
2001 末期	0.047 元	利润不分配不转增	
2000 末期	0.250 元	每 10 股派 0.6000 元	

公司名称:湖南安塑股份有限公司(安塑股份)	证券代码:000156

基本情况

主营业务:PVC、PU 人造革、塑料制品的生产与销售,以及相关的进出口业务

发行日期:20000818　　上市日期:20000906

法人代表:肖贤辉　　联系人:陈付华

主承销商:湘财证券

公司名称:湖南安塑股份有限公司

公司地址:长沙市芙蓉中路海东青大厦 16 楼

公司电话:0731-4318808-717　4315978

续表

公司名称:湖南安塑股份有限公司(安塑股份)	证券代码:000156

基本情况

公司前身湖南安江塑料厂始建于1966年,1992年10月与意大利努瓦埃索德克斯公司共同组建中外合资企业湖南金利塑料制品有限公司,公司持有75%的股权。1994年公司进行股份制改组并联合黔阳县汽车配件厂、黔阳县电石厂等以定向募集方式设立湖南中圆塑料制品股份有限公司。1998年3月20日,公司向全体股东每10股送红股1股,另用资本公积金每10股转增9股,公司总股本增至11 000万股。因做法不符合有关规定,公司决定每10股冲回4.5股。冲回后,公司总股本为6 050万股。2000年8月,公司发行社会公众股3 600万股,公司总股本增至9 650万股。

注:以上公司基本概况数据截止日期20021024。

2001年经营情况

2001年年报摘要

每股收益/元	每股净资产/元	净资产收益率/%	每股资本公积金/元	每股经营现金流量/元
0.15	4.96	3.03	3.40	0.21

2002年经营情况

2002年年报摘要

每股收益/元	每股净资产/元	净资产收益率/%	每股资本公积金/元	每股经营现金流量/元
0.29	5.26	5.60	3.40	0.28

近几年收益

每股收益/元			每股净资产/元			净资产收益率/%		
2001年末	2000年末	1999年末	2001年末	2000年末	1999年末	2001年末	2000年末	1999年末
0.15	0.23	0.25	4.96	4.82	2.18	3.03	4.79	11.48

安塑股份(000156)财务指标变动

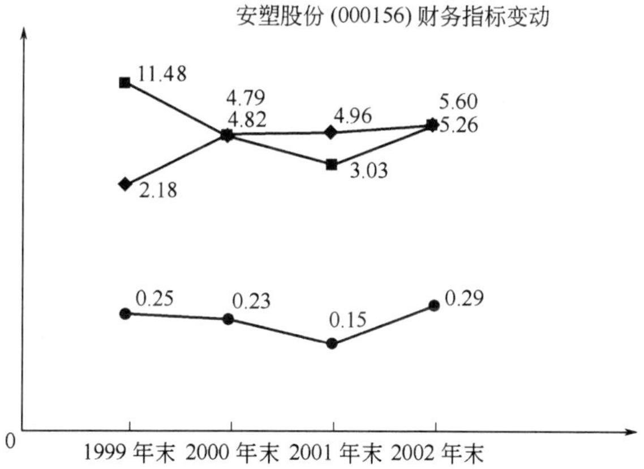

安塑股份(000156)最新股本结构

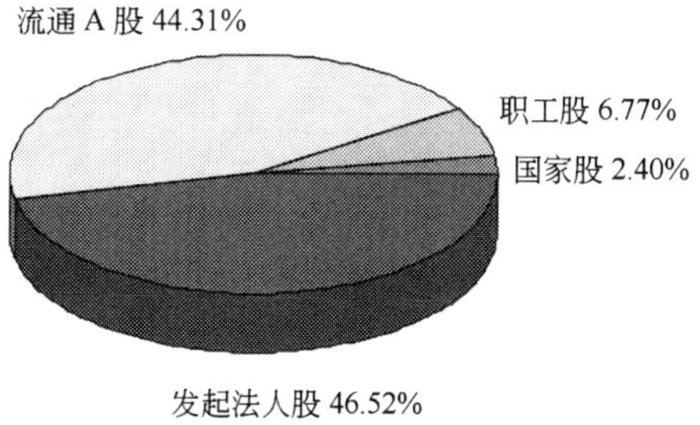

续表

公司名称：湖南安塑股份有限公司（安塑股份）			证券代码：000156
近年分红方案			
年　　度	每股收益	分红方案	配股方案
2002 中期	0.117 元	利润不分配不转增	
2001 末期	0.150 元	每 10 股派 0.6400 元	
2000 末期	0.230 元	每 10 股派 0.4000 元	

特别提示

1998 年，上市公司湖南安塑股份有限公司自主研制出弹性 PU 透气服装革、沙发革，使中国成为继日本之后，世界上能生产该种产品的少数几个国家之一，2001 年，安塑建成中国惟一的年产 1200 万平方米湿法 PU 弹性透气革生产和科研示范基地，中国塑料工业协会理事长廖正品说："该项目结束了人造革产品不透气的历史，是人造革行业产品发展史上的第二次革命。"安塑股份有限公司董事长肖贤辉告诉记者："因此，从某种程度上而言，企业要发展壮大，就必须先革新人造革这个行业，而技术上的创新突破是革新行业的关键"。(20030109)

公司名称：山东胜利股份有限公司（胜利股份）	证券代码：000407

基本情况

主营业务：塑胶产品的研制生产和销售安装等

发行日期：19960619　　上市日期：19960619

法人代表：隋立祖　　联系人：于晓峰

主承销商：中国国泰证券有限公司

公司名称：山东胜利股份有限公司

公司地址：山东省济南市黑虎泉西路 139 号胜利大厦

公司电话：(0531)6920495　6018518

公司由山东省胜利集团公司作为独家发起人采取定向募集方式设立的股份有限公司。1994 年 2 月，把确认的净资产 3 894万元中的经营性国有资产 2 625 万元中的 1 750 万元折为 1 750 万股国家股，再经定向募集法人股和内部职工股 3 250 万股形成公司发行前股本。公司发行前总股本为 5 000 万股。

1996 年 6 月 19 日通过深交所上网定价发行 1 050 万股 A 股，发行价为每股 6.00 元，本公司形成了 6 050 万股的总股本。同年 7 月 3 日公司 1 750 万股（含内部职工股 700 万股）在深交所上市流通。

注：以上公司基本概况数据截止日期 20020820。

2001 年经营情况

2001 年年报摘要

每股收益/元	每股净资产/元	净资产收益率/%	每股资本公积金/元	每股经营现金流量/元
0.14	2.24	6.44	0.84	0.32

2002 年经营情况

2002 年年报摘要

每股收益/元	每股净资产/元	净资产收益率/%	每股资本公积金/元	每股经营现金流量/元
0.08	2.19	3.49	0.84	0.35

续表

公司名称:山东胜利股份有限公司(胜利股份)	证券代码:000407

近几年收益

每股收益/元			每股净资产/元			净资产收益率/%		
2001年末	2000年末	1999年末	2001年末	2000年末	1999年末	2001年末	2000年末	1999年末
0.14	0.17	0.25	2.24	2.41	1.69	6.44	7.21	14.98

胜利股份(000407)财务指标变动

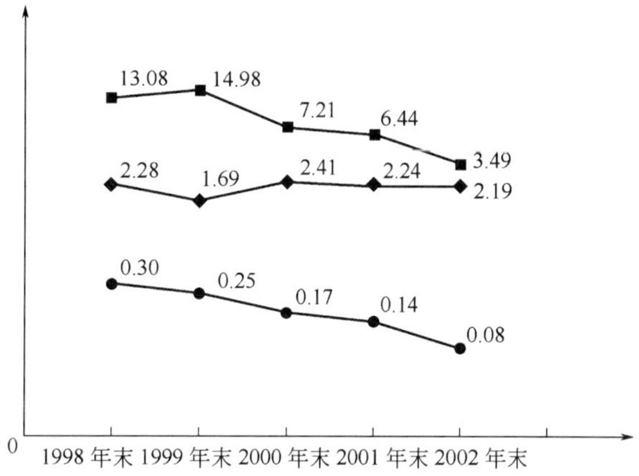

胜利股份(000407)最新股本结构

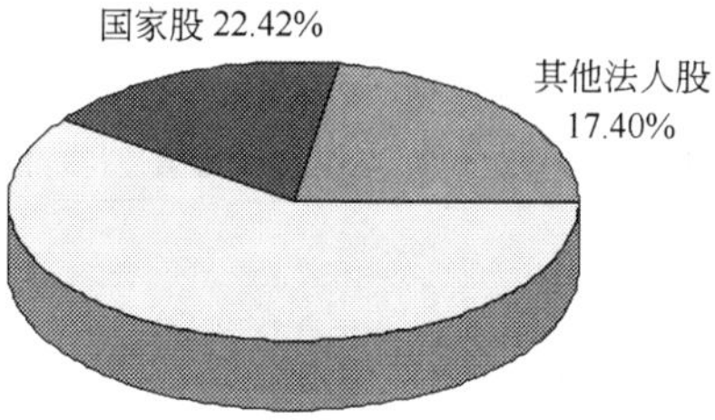

近年分红方案

年　度	每股收益	分红方案	配股方案
2002中期	0.050元	利润不分配不转增	
2001末期	0.140元	利润不分配不转增	
2000末期	0.170元	利润不分配不转增	

特别提示

1. 近期发生在胜利股份的MBO,终于令近三年前的那次股权之争的性质,变得清晰起来。MBO本是国际上企业并购浪潮中的一种反收购手段,那些不愿意外部资本进入和重组本公司的管理者或经理层,利用借贷所融资本购买本公司的股份,使公司的控制权继续掌握在熟悉公司经营状况的管理者或经理层手里。从这个意义看来,胜利股份的MBO正是原汁原味的反收购概念。(20021202)

续表

公司名称：山东胜利股份有限公司(胜利股份)	证券代码：000407
特别提示	
2. 管理层收购在中国是件新鲜事，在山东更是第一次，胜利股份成为山东首家实施MBO(管理层收购)的公司，因此引来了众多关注的目光。从公司董事会发布的公告上看到，胜利投资注册资本1.1亿元，主营对外投资，由43名自然人以现金出资发起设立。胜利投资将持有1641万股，成为公司第三大股东，胜利集团将不再持有胜利股份公司的股权。有业内专家还认为，管理层收购虽不失为国有股减持的一种办法，但由于这种办法在实施中有一定的弊端，政府及上市公司一定要谨慎操作。胜利股份已在国有股减持方面迈出了第一步。(20021125)	

公司名称：芜湖海螺型材科技股份有限公司(海螺型材)	证券代码：000619

基本情况

主营业务：中、高档塑料型材、板材、门窗、五金制品的生产、销售和科研开发

发行日期：19960919　　上市日期：19961023

法人代表：郭景彬　　联系人：明章春

主承销商：安徽省国际信托投资公司

公司名称：芜湖海螺型材科技股份有限公司

公司地址：安徽省芜湖市经济技术开发区港湾二路

公司电话：0553-5840158　5840118

公司是经安徽省人民政府皖政秘[1996]146号文批准，由中国宣纸集团公司独家发起，采用募集方式设立的股份有限公司。经安徽资产评估事务所评估，国家国有资产管理局国资评[1996]572号文确认，集团公司以及542厂和312厂的涉及宣纸生产的经营性资产投入到此公司。经安徽省国有资产管理局国资工字[1996]126号文批准，评估后净资产4 876.38万元，按67.67%折成3 300万股国有法人股。

安徽海螺建材股份有限公司协议受让中国宣纸集团公司持有的本公司3 825万股国有法人股，受让后安徽海螺建材股份有限公司成为公司第一大股东。2000年5月9日公司更名为“芜湖海螺型材科技股份有限公司”。

注：以上公司基本概况数据截止日期20020904。

2001年经营情况

2001年年报摘要

每股收益/元	每股净资产/元	净资产收益率/%	每股资本公积金/元	每股经营现金流量/元
1.26	2.58	48.76	0.31	1.49

2002年经营情况

2002年年报摘要

每股收益/元	每股净资产/元	净资产收益率/%	每股资本公积金/元	每股经营现金流量/元
0.52	3.26	16.09	1.26	0.33

近几年收益

每股收益/元			每股净资产/元			净资产收益率/%		
2001年末	2000年末	1999年末	2001年末	2000年末	1999年末	2001年末	2000年末	1999年末
1.26	0.65	0.14	2.58	1.72	2.21	48.76	37.96	6.38

续表

公司名称:芜湖海螺型材科技股份有限公司(海螺型材)	证券代码:000619

海螺型材(000619)财务指标变动

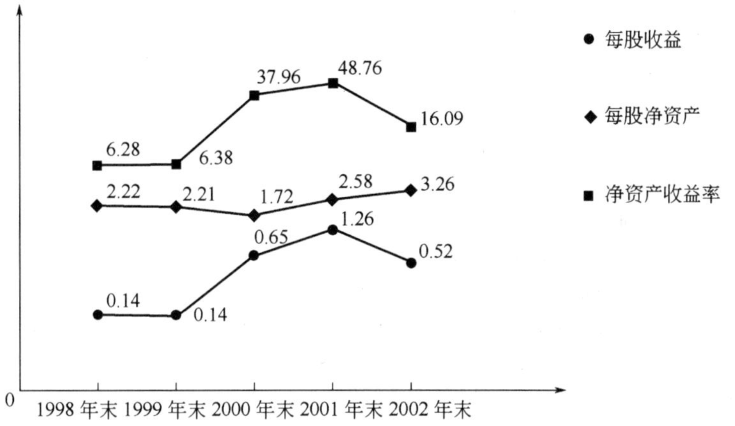

海螺型材(000619)最新股本结构

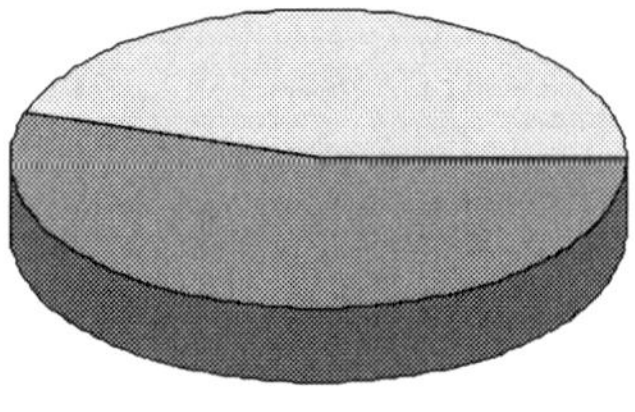

近年分红方案

年　　度	每股收益	分红方案	配股方案
2002中期	0.560元	每10股转增10.00股	
2001末期	1.256元	每10股派1.6000元	
2000末期	0.651元	利润不分配不转增	

特别提示

1. 目前,门窗用材在经历了木材、钢材、铝合金后,正逐渐向第四代塑料门窗发展。与三类传统门窗相比,塑钢门窗有着许多无可比拟的优越性能。海螺型材从1995年建厂以来一直就致力于发展规模经济。在1995年建厂投产后,其生产规模即达到5 000吨,1997～2001年期间,生产能力呈几何级数增长,伴随着产能的快速扩张,公司主营收入、利润总额巨幅增长。成为沪深股市少有的高成长股。海螺型材作为科技部确定的高新技术企业,以销产量计,公司为国内最大的型材生产企业之一,在行业中居主导地位。(20020909)

2. 从芜湖海螺型材科技股份有限公司了解到,承继一季度良好的销售势头,今年4月份该公司产品销售又创新高,月销量达15 000吨以上。经过几年建设,公司产品市场销售网络日趋完善,并发挥出明显优势。其中以武汉、西安、深圳为主的增量市场的产品销售继续保持明显优势,以上海、安徽、浙江、江苏为主的成熟市场继续保持稳步增长势头;潜在市场中,江西、福建、新疆、内蒙、东北等地,海螺型材产品在当地的市场占有率逐步提高,尤以北京市场增幅最为明显,在几大同类产品的竞争中,该公司产品在当地已占主导地位。(20020517)

公司名称：兰宝科技信息股份有限公司（兰宝信息）	证券代码：000631

基本情况

主营业务：轿车塑料保险杠、轿车空调操纵机构总成、汽车工程塑料件、光电子信息产品等

发行日期：19961107　　上市日期：19961122

法人代表：刘铁杲　　联系人：曹志伟

主承销商：中国经济开发信托投资公司

公司名称：兰宝科技信息股份有限公司

公司地址：吉林省长春高新技术产业开发区高新路 4370 号

公司电话：(0431)5528289　5528285

公司是经长春市体改委批准，由长春君子兰工业集团（公司）、营口天力电机股份有限公司、中轻贸易中心共同发起，采用定向募集方式设立的股份有限公司。公司成立于 1993 年 5 月 26 日，在长春市工商行政管理局登记注册，股本总额为 3 600 万股。经中国证券监督委员会证监发字[1996]298 号文和证监发字[1996]299 号文批准，公司于 1996 年 11 月 7 日在深圳证券交易所以上网定价发行方式向社会成功地发行了每股面值 1 元的人民币普通股 1 600 万股，发行价为每股 6.98 元，发行市盈率为 14.65 倍。1996 年 11 月 22 日，"长春兰宝"在深圳证券交易所挂牌交易。根据公司业务向高科技、信息领域拓展的需要，公司名称于 2000 年 11 月 7 日变更为"兰宝科技信息股份有限公司"，简称变更为"兰宝信息"。

注：以上公司基本概况数据截止日期 20021030。

2001 年经营情况

2001 年年报摘要

每股收益/元	每股净资产/元	净资产收益率/%	每股资本公积金/元	每股经营现金流量/元
0.19	2.97	6.34	1.26	0.10

2002 年经营情况

2002 年年报摘要

每股收益/元	每股净资产/元	净资产收益率/%	每股资本公积金/元	每股经营现金流量/元
0.19	3.13	6.19	1.26	1.15

近几年收益

每股收益/元			每股净资产/元			净资产收益率/%		
2001 年末	2000 年末	1999 年末	2001 年末	2000 年末	1999 年末	2001 年末	2000 年末	1999 年末
0.19	0.30	0.33	2.97	4.20	3.00	6.34	7.15	11.05

兰宝信息 (000631) 财务指标变动

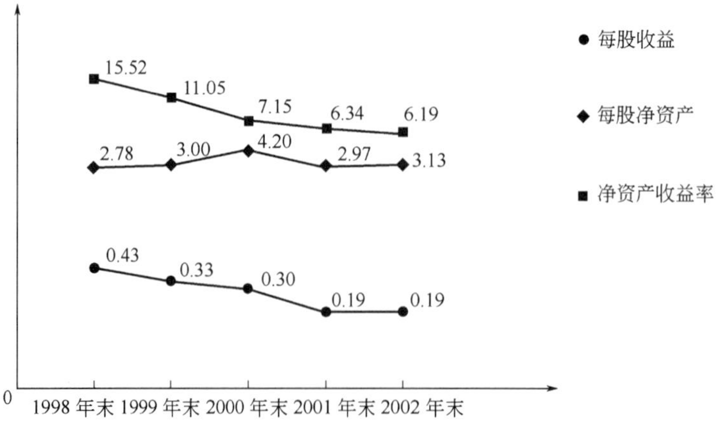

续表

公司名称：兰宝科技信息股份有限公司（兰宝信息）	证券代码：000631

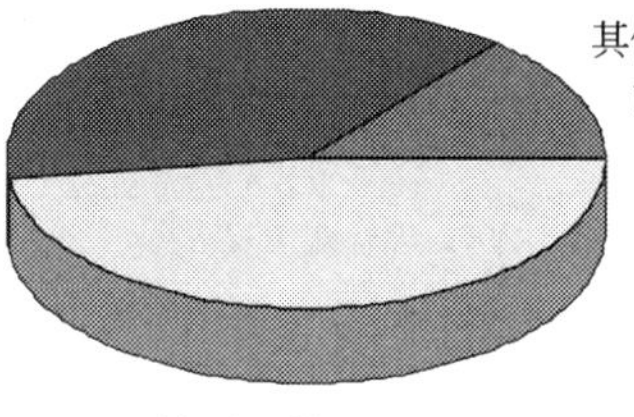

近年分红方案

年　　度	每股收益	分红方案	配股方案
2002 中期	0.090 元	利润不分配不转增	
2001 末期	0.190 元	利润不分配不转增	每 10 股拟配 3.00 股
2000 末期	0.300 元	每 10 股转增 4.00 股，派 0.8000 元	

特别提示

1. 兰宝信息公告以净资产账面值收购外方持有的长春力得汽车塑料制品有限公司 26%的股权，本次股权收购完成后，公司持有长春力得的股权比例将由 74%增至 100%，长春力得成为公司全资子公司，此举不但有利于公司"以光电子信息为龙头，以汽车零部件、通信业为基础，三业并举，共同发展"的产业格局的形成和完善，关键还能为公司带来可观的经济效益。从利润增收角度看，长春力得有进一步向这些方向演变的可能。(20011126)

2. 去年底兰宝信息以控股的形式发起设立华禹光谷股份有限公司，这标志着公司在光电子信息产业迈出了关键性的一步，逐步实现了从传统产业向高科技产业的转变。中报显示，兰宝信息汽车零部件业务保持稳定增长，该公司配套生产轿车塑料保险杠的子公司长春力得汽车工程塑料制品有限公司，2000 年上半年主营业务增长 36.41%，主营业务利润增长更高达 66%，稳居国内汽车保险杠产量的前三名。正是在这种背景下，公司在不放弃原有主业的同时，以功为守、积极推进产业升级。(20011122)

公司名称：珠海中富实业股份有限公司（珠海中富）	证券代码：000659

基本情况

主营业务：塑料 PET 饮料瓶、瓶胚系列，PVC、OPP 标签等产品的生产和销售
发行日期：19880301　　　上市日期：19961203
法人代表：黄乐夫　　　　联系人：陈立上
公司名称：珠海中富实业股份有限公司
公司地址：广东省珠海市湾仔镇第一工业区
公司电话：0756-8821350　8821103

公司前身是珠海市香洲区湾仔中富瓶厂，始建于 1985 年 12 月，是中国最早被美国"可口可乐"、"百事可乐"公司认可的 PET 饮料瓶生产厂家之一；1988 年初进行了农村股份合作制改造，募集股本 20.75 万股，每股 100 元。1990 年该厂正式改制为"珠海经济特区中富实业股份有限公司"。1992 年公司将原股份拆细为每股 1 元，同时向原股东以 10：6.5 的比例配股，每股发行价 2.6 元，公司于 1996 年 12 月 3 日在深圳交易所上市 2 887.5 万股。

1998 年度股东大会审批公司更名，1999 年 5 月 27 日，公司名称由"珠海经济特区中富实业股份有限公司"变更为"珠海中富实业股份有限公司"。

注：以上公司基本概况数据截止日期 20020316。

续表

公司名称:珠海中富实业股份有限公司(珠海中富)	证券代码:000659

2001年经营情况

2001年年报摘要

每股收益/元	每股净资产/元	净资产收益率/%	每股资本公积金/元	每股经营现金流量/元
0.23	3.22	7.05	1.48	0.20

2002年经营情况

2002年年报摘要

每股收益/元	每股净资产/元	净资产收益率/%	每股资本公积金/元	每股经营现金流量/元
0.35	3.46	10.11	1.47	1.39

近几年收益

每股收益/元			每股净资产/元			净资产收益率/%		
2001年末	2000年末	1999年末	2001年末	2000年末	1999年末	2001年末	2000年末	1999年末
0.23	0.24	0.45	3.22	3.13	2.52	7.05	7.53	17.92

珠海中富(000659)财务指标变动

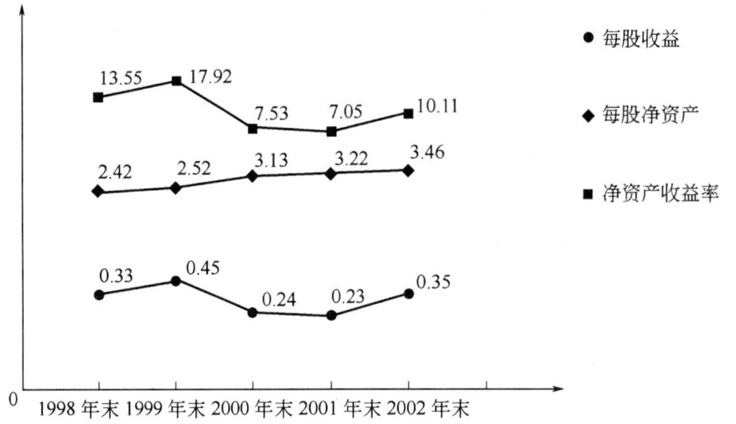

珠海中富(000659)最新股本结构

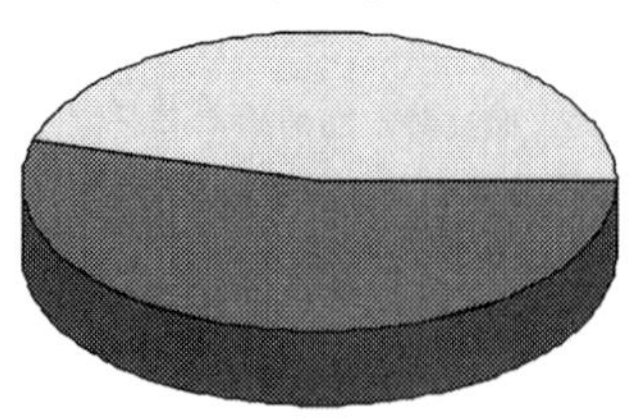

近年分红方案

年　　度	每股收益	分红方案	配股方案
2002中期	0.160元	利润不分配不转增	
2001末期	0.227元	每10股派0.8000元	
2000末期	0.236元	每10股派1.6000元	

续表

公司名称:珠海中富实业股份有限公司(珠海中富)	证券代码:000659
特别提示	
1. 珠海中富通过竞标,以5 600万元竞得了已破产企业——四川广康化纤有限公司的资产。据悉,此次竞标资产包括:约170亩的土地使用权和3.2万平方米的房屋建筑面积、年产6万吨聚酯切片生产设备及其配套设施。有关人士认为,由于聚酯切片为生产瓶胚的主要原料,此次竞拍成功,意味着公司主业在原有基础上,已开始向其上游扩张和延伸,对提升公司产品竞争力十分有利。(20021213)	
2. 在珠海中富召开的临时股东大会上,关于"公司以2.12亿元收购大股东中富集团控股的13间吹瓶企业资产或股权"的议案得以顺利通过。由于该项议案属于关联交易,且数额巨大,加之公司刚刚在上半年完成一项涉及1.39亿元的关联收购,故此举引起了市场的关注。关联方资产与主业密切相关。由于收购的企业与公司都有着长期的业务合作关系,公司对其资产及相关状况都有着较为充分和深入的了解,并在评估报告中有所体现,所以此次收购不但资产质量有保障且交易价格客观公允,未损害其他股东及非关联股东的利益。(20021018)	
3. 珠海中富拟收购控股股东珠海中富工业集团有限公司控股的13家主要从事PET吹瓶业务企业的资产和股权元。公司为国内最大的饮料瓶生产企业,也是国内最早被美国"可口可乐"、"百事可乐"公司认可的PET饮料瓶生产厂商之一。由于缺乏技术上的垄断优势,公司近几年致力于生产规模的扩大,希望通过产量的提高取得规模垄断优势,从而不断提高自身的市场竞争力。这一策略在今年取得了明显的成效。此次公司再次投资2亿多元收购PET生产企业,将使公司规模优势更加突出,同时产量的增加也将直接增加公司的利润水平。(20020923)	
4. 珠海中富及4家控股子公司拟收购控股股东珠海中富工业集团有限公司控股的13家主要从事PET吹瓶业务企业的资产,收购总金额为2.12亿元。点评:珠海中富是国内最早被美国"可口可乐"、"百事可乐"两家公司认可的PET饮料瓶生产厂家之一,在16年的发展过程中,珠海中富一直围绕着自己的主业寻求发展,并没有过多地介入其他的行业。上市以来,主营业务收入和净利润连续四年大幅增长。但是,由于行业竞争加剧,最近两年公司主营业务收入增长趋缓。珠海中富始终围绕"饮"字做大做强产业布局,使公司原有主营业务的发展有了更牢固的基础。(20020921)	
5. 珠海中富今年1～6月累计实现销售收入5.87亿元,净利润6 073.37万元,同比增长分别为53.7%、91.99%。公司方面表示,公司遍布全国的生产、销售网络加强和提高了对客户的供应能力和供货效率,从而提高了公司的盈利水平。上半年,国内饮料生产消费出现了良好的增长势头,尤其是茶饮料、果汁的需求强劲,直接拉动了公司PET瓶胚、瓶,特别是热灌装瓶的生产和销售,使产品产量、销量大幅增长。同时,公司在2001年底收购的珠海中富工业集团公司6家吹瓶厂已全部投产并产生效益,为公司带来新的利润。(20020817)	

公司名称:武汉塑料工业集团股份有限公司(武汉塑料)	证券代码:000665
基本情况	

主营业务:开发、制造、经营汽车零部件、高新科技工程塑料制品及其他塑料制品等

发行日期:19890108　　上市日期:19961210

法人代表:刘文彦　　联系人:詹大虎

主承销商:自办发行

公司名称:武汉塑料工业集团股份有限公司

公司地址:武汉江汉区解放大道单洞路特1号武汉国际大厦A座11-12楼

公司电话:027-85425727　85891746

1988年,公司向社会发行股票,当时公司名称为"武汉塑料工业集团公司",公司所有制形式为股份制企业,股本总额为2 644.85万股,同时取消各发起人的法人资格。

1992年2月公司增资扩股后股本总额为4 624.85万股,1992年10月,公司更名为"武汉塑料工业股份有限(集团)公司"。

1993年5月,将公司经营性土地使用权价值折为国家股,此次股本变更后股本总额为5 009.33万股。

1993年12月,国家体改委同意公司进行规范化股份制试点,1996年11月21日公司名称变更为"武汉塑料工业集团股份有限公司"。

注:以上公司基本概况数据截止日期20021021。

续表

公司名称：武汉塑料工业集团股份有限公司（武汉塑料）				证券代码：000665
2001年经营情况				
2001年年报摘要				
每股收益/元	每股净资产/元	净资产收益率/%	每股资本公积金/元	每股经营现金流量/元
0.22	3.17	7.03	1.34	0.32
2002年经营情况				
2002年年报摘要				
每股收益/元	每股净资产/元	净资产收益率/%	每股资本公积金/元	每股经营现金流量/元
0.01	2.83	0.38	1.34	0.20

近几年收益

每股收益/元			每股净资产/元			净资产收益率/%		
2001年末	2000年末	1999年末	2001年末	2000年末	1999年末	2001年末	2000年末	1999年末
0.22	0.21	0.21	3.17	3.07	2.14	7.03	6.49	10.06

武汉塑料(000665)财务指标变动

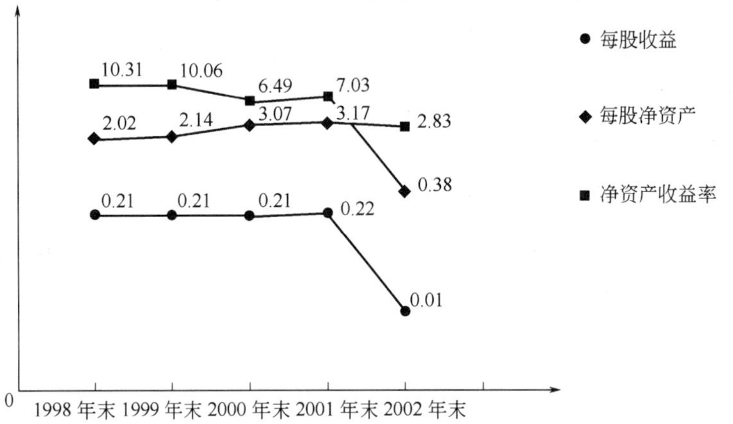

武汉塑料(000665)最新股本结构

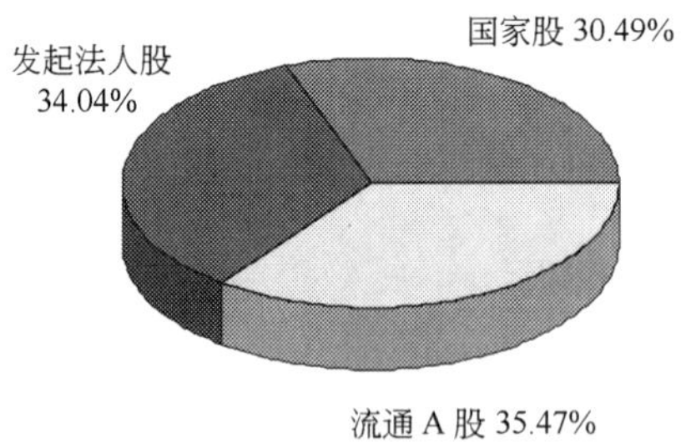

近年分红方案

年度	每股收益	分红方案	配股方案
2002中期	0.040元	利润不分配不转增	
2001末期	0.220元	每10股派0.5500元	
2000末期	0.200元	利润不分配不转增	每10股配3.00股，配股价11.50元

续表

公司名称:武汉塑料工业集团股份有限公司(武汉塑料)	证券代码:000665

特别提示

1. 武汉塑料,近日公司通过了拟增发不超过5 000万股A股的议案,从此次拟增发新股的募集资金投向来看,轿车彩色塑料保险杠生产线技改项目具有良好的市场前景。另一项目收购1 600台出租车将使公司由汽车塑料零配件生产商纵向延伸为汽车营运商,从而为公司带来稳定的现金流,同时公司采购的出租车全部由公司汽车塑料零配件的采购商提供,这将有利于加强公司与汽车生产商之间的紧密协作关系,提高公司与汽车生产商的合作地位。(20020528)

2. 武汉塑料主营开发、制造、经营高新科技工程塑料制品,新型建筑材料制品;塑料化工原辅材料等。该公司已被科技部认定为高新技术企业。部分产品已达国际先进水平。在退出传统的一般塑料制品业后,实现了产业转型。其投资的塑料新材料——聚烯烃粒料项目是国家火炬计划项目,除用于汽车塑料外,还可用于光纤光缆产品配套材料。该公司还以中科院化学所工程塑料国家重点实验室为技术依托,涉足纳米复合材料领域——生产汽车塑料件所需的黏土纳米符合材料,其产品市场前景较好。(20010426)

公司名称:江南模塑科技股份有限公司(模塑科技)	证券代码:000700

基本情况

主营业务:加工、销售模具、塑料制品(箱包、塑料管材、汽车用装饰件)、机械设备等
发行日期:19881008　　上市日期:19970228
法人代表:陶炜　　联系人:许剑
主承销商:大鹏证券有限责任公司
公司名称:江南模塑科技股份有限公司
公司地址:江苏省江阴市周庄镇长青路8号
公司电话:0510-6242802　6242818

公司是经批准于1988年6月由原江阴钢厂改组设立的无锡市首家股份制试点企业。1994年10月注册登记"江阴兴澄冶金股份有限公司",公司1988年向社会公开发行500万元股票,每股面值100元,按面值发行。同年职工资款291.66万元也按每股面值100元转为社会公众股,"兴澄股份"于1997年2月28日在深圳证券交易所挂牌交易。

1999年公司第一大股东江苏兴澄集团公司与江苏江阴模塑集团总公司签订了"股份转让协议",转让后,江苏江阴模塑集团总公司成为公司的第一大股东。公司名称自2000年5月18日起由"江阴兴澄冶金股份有限公司"正式变更为"江南模塑科技股份有限公司"。2000年5月26日股票简称由"兴澄股份"变更为"模塑科技"。

注:以上公司基本概况数据截止日期20021009。

2001年经营情况

2001年年报摘要

每股收益/元	每股净资产/元	净资产收益率/%	每股资本公积金/元	每股经营现金流量/元
0.48	3.42	14.05	1.10	1.25

2002年经营情况

2002年年报摘要

每股收益/元	每股净资产/元	净资产收益率/%	每股资本公积金/元	每股经营现金流量/元
0.40	5.38	7.36	3.22	0.94

近几年收益

每股收益/元			每股净资产/元			净资产收益率/%		
2001年末	2000年末	1999年末	2001年末	2000年末	1999年末	2001年末	2000年末	1999年末
0.48	0.42	0.26	3.42	3.26	3.14	14.05	12.89	8.42

续表

公司名称:江南模塑科技股份有限公司(模塑科技)	证券代码:000700

模塑科技 (000700) 财务指标变动

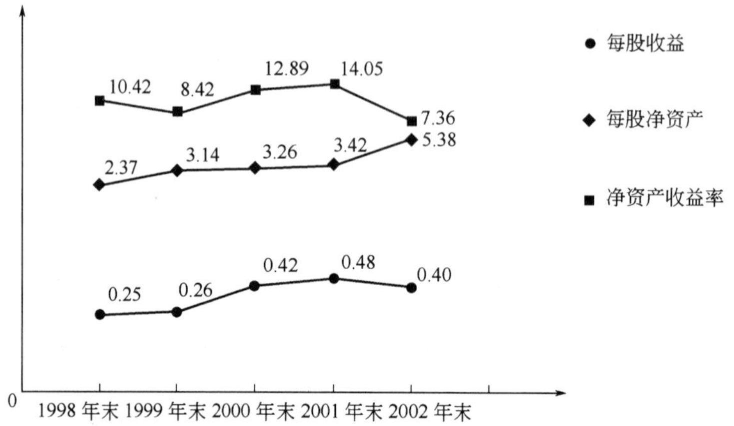

模塑科技 (000700) 最新股本结构

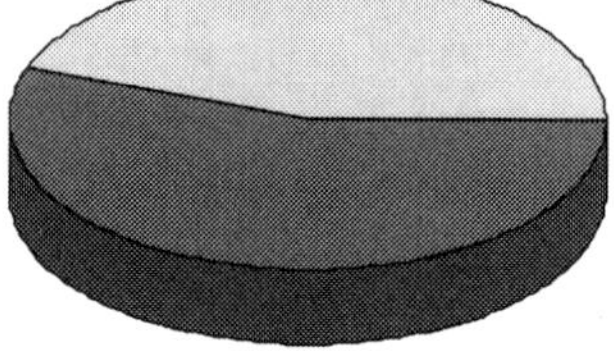

近年分红方案

年　　度	每股收益	分红方案	配股方案
2002 中期	0.200 元	每 10 股派 0.8000 元	
2001 末期	0.480 元	每 10 股派 0.9600 元	
2000 末期	0.420 元	每 10 股派 2.4000 元	

特别提示

1. 据权威机构预测,中国的轿车年产销量将在 3～5 年内持续 30%以上的增长。这对于上海通用、上海大众、一汽大众等公司的配套供应商、汽车外饰件业务利润占 90%以上的模塑科技来说,无疑迎来了行业发展以来的最好机会。模塑科技董事长陶炜认为:总体来看,公司的盈利能力较强,主营业务的毛利率保持稳定,这主要得益于行业优势、规模效益、质量良好等几个因素。本次增发将极大地提高生产装备水平,增强主导产品的综合开发和制造能力,使公司相关产业科技水平迅速提高,促进产业升级,进一步提升在行业中的优势地位。(20020918)

2. 模塑科技所处的汽车零部件和塑料机械行业,具有巨大的发展空间:第一,市场潜力大;第二,政策扶持;第三,行业趋势有利。巨大的市场空间,给模塑科技带来了发展机遇,公司在未来两年的经营目标中,明确表示要发展成具有国际竞争力的企业。公司本次募集资金项目集中在汽车零部件和塑料机械行业,将有助于公司进一步提高竞争优势:第一,抢占彩色保险杠市场制高点,跻身国际著名汽车装饰件供应商行列;第二,产品创新,满足中高档市场需求;第三,替代同类产品的国外进口。(20020917)

续表

公司名称:江南模塑科技股份有限公司(模塑科技)	证券代码:000700

3. 模塑科技自1984年投入主业生产以来,一直致力于中国汽车零部件和塑料机械行业的生产和经营。经过近20年的发展,模塑科技已经树立了在中国汽车保险杠领域突出的领导地位,公司已成为国内汽车保险杠的主导供应商,模塑已成为中国保险杠当之无愧的品牌。公司将通过本次A股发行募集资金,进一步加强相关技术引进、吸收,扩大生产规模,完善企业发展战略布局,迅速占领不断扩大的中国汽车市场。(20020916)

公司名称:北京化二股份有限公司(北京化二)	证券代码:000728

基本情况

主营业务:聚氯乙烯、氯醋共聚物、烧碱、盐酸、液氯、二氯乙烷等产品的生产和销售等。
发行日期:19970522　　上市日期:19970616
法人代表:孙绍刚　　联系人:李崇华
主承销商:中信证券有限责任公司
公司名称:北京化二股份有限公司
公司地址:北京市朝阳区大郊亭
公司电话:010-67758106　67781459

公司前身化工二厂始建于1958年。1985年,北京市化学工业局改组为北京市化学工业总公司。1991年北京化学工业总公司组建为北京化学工业集团公司,北京化工二厂成为其分部,同时被撤销法人资格。1995年12月31日改制为北京化学工业集团有限责任公司,成为国有独资公司,北京化工二厂仍为其组成部分。1996年8月9日,北京化工二厂更名为北京化学工业集团有限责任公司化工二厂,公司是由化工集团公司独家发起,在对其资产进行重组的基础上,以募集方式设立的股份有限公司。

注:以上公司基本概况数据截止日期20020819。

2001年经营情况

2001年年报摘要

每股收益/元	每股净资产/元	净资产收益率/%	每股资本公积金/元	每股经营现金流量/元
−0.48	2.67	−18.17	1.95	0.25

2002年经营情况

2002年年报摘要

每股收益/元	每股净资产/元	净资产收益率/%	每股资本公积金/元	每股经营现金流量/元
0.01	2.66	0.35	1.95	0.30

近几年收益

每股收益/元			每股净资产/元			净资产收益率/%		
2001年末	2000年末	1999年末	2001年末	2000年末	1999年末	2001年末	2000年末	1999年末
−0.48	0.22	0.02	2.67	3.15	2.96	−18.17	6.93	0.58

北京化二(000728)财务指标变动

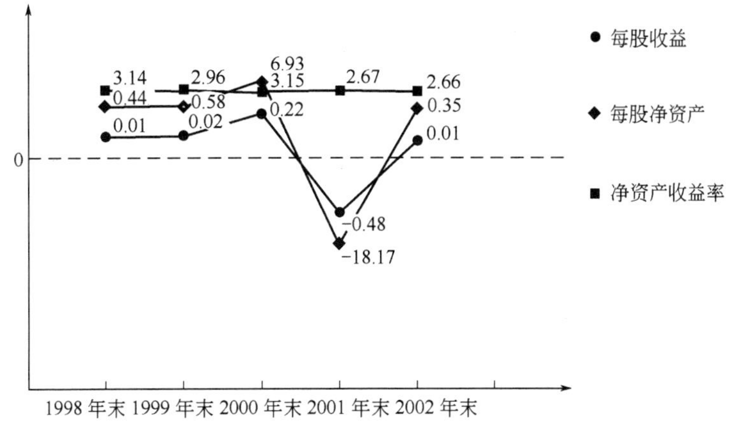

续表

公司名称:北京化二股份有限公司(北京化二)	证券代码:000728

北京化二 (000728) 最新股本结构

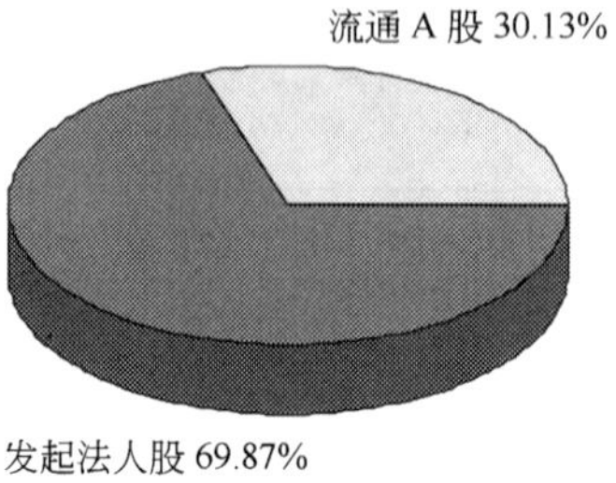

近年分红方案

年　　度	每股收益	分红方案	配股方案
2002 中期	－0.057 元	利润不分配不转增	
2001 末期	－0.480 元	利润不分配不转增	
2000 末期	0.220 元	利润不分配不转增	

公司名称:北新集团建材股份有限公司(北新建材)	证券代码:000786

基本情况

主营业务:新型建筑材料、塑钢门窗、新型墙体材料、新型房屋、化学建材、装饰装修材料及配套产品等
发行日期:19970520　　上市日期:19970606
法人代表:李谊民　　联系人:常张利
主承销商:南方证券
公司名称:北新集团建材股份有限公司
公司地址:北京市海淀区三里河路甲 11 号中国建材大厦 16 层
公司电话:010-88082398　88082383

公司惟一发起人北新建材(集团)有限公司是 1997 年原国家建材总局投资兴建的国内规模最大的新型建筑材料生产基地。1996 年 12 月经批准由中国新型建筑材料公司作为总厂的投资主体,将总厂改制为国有独资公司,更名为北新建材(集团)有限公司。经国家体改委“体改委[1997]48 号文”批准,集团公司将三个厂的资产评估作价,折为国有法人股 11 000 万股,并向社会募集 4 500 万股社会公众股,募集设立的公司。

注:以上公司基本概况数据截止日期 20021025。

2001 年经营情况

2001 年年报摘要

每股收益/元	每股净资产/元	净资产收益率/%	每股资本公积金/元	每股经营现金流量/元
0.30	4.22	7.15	2.48	0.28

2002 年经营情况

2002 年年报摘要

每股收益/元	每股净资产/元	净资产收益率/%	每股资本公积金/元	每股经营现金流量/元
0.16	2.19	7.20	0.84	0.25

续表

公司名称:北新集团建材股份有限公司(北新建材)						证券代码:000786		
近几年收益								
每股收益/元			每股净资产/元			净资产收益率/%		
2001 年末	2000 年末	1999 年末	2001 年末	2000 年末	1999 年末	2001 年末	2000 年末	1999 年末
0.30	0.28	0.25	4.22	4.08	2.84	7.15	6.90	8.66

北新建材 (000786) 财务指标变动

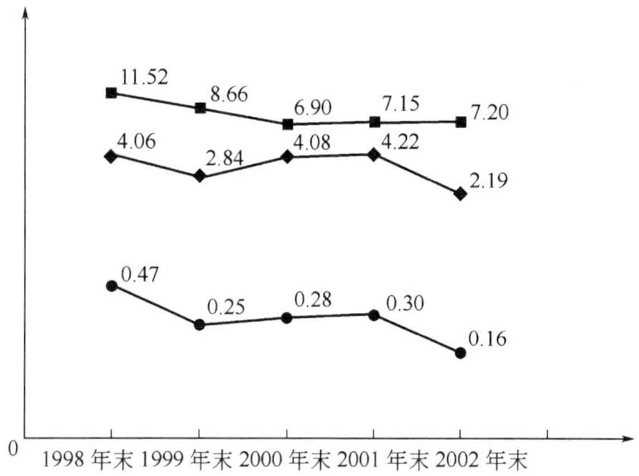

北新建材 (000786) 最新股本结构

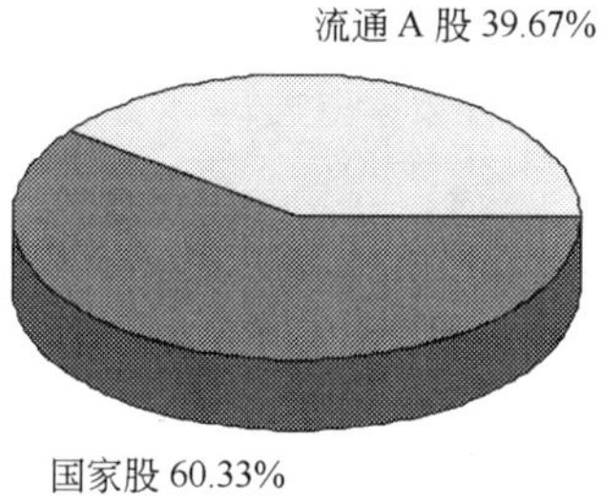

近年分红方案			
年　　度	每股收益	分红方案	配股方案
2002 中期	0.070 元	利润不分配不转增	
2001 末期	0.300 元	每 10 股送 2.00 股转增 8.00 股,派 0.4000 元	
2000 末期	0.280 元	每 10 股派 1.2000 元	每 10 股配 3.00 股,配股价 15.00 元

公司名称:安徽国风塑业股份有限公司(国风塑业)	证券代码:000859
基本情况	
主营业务:塑胶建材及附件、塑料薄膜、其他塑料产品、非金属新型材料及金属制品制造销售等 发行日期:19980827　　上市日期:19981119 法人代表:郑忠勋　　联系人:吴亚 主承销商:安徽省国际信托投资公司 公司名称:安徽国风塑业股份有限公司 公司地址:安徽省合肥市马鞍山路 1 号	

续表

公司名称:安徽国风塑业股份有限公司(国风塑业)	证券代码:000859

公司电话:0551-2885333-3166　2888835

公司是由注塑总厂作为惟一发起人,通过募集设立方式组建的股份有限公司。注塑总厂前身为合肥电冰箱配件厂,创建于1984年,1992年企业更名为合肥电冰箱配件总厂。1997年6月,企业正式更名为安徽国风注塑总厂。经评估注塑总厂投入本公司总资产为49 265.45万元,总负债为30 995.57万元,净资产值为18 269.88万元。评估后净资产按65.68%折成12 000万股国家股,由注塑总厂作为国家股的持有单位,其余6 269.88万元进入公司的资本公积金。经证监会批准,公司首次公开发行6 000万股A股(其中向公司职工配售600万股)。

注:以上公司基本概况数据截止日期20021225。

2001年经营情况

2001年年报摘要

每股收益/元	每股净资产/元	净资产收益率/%	每股资本公积金/元	每股经营现金流量/元
0.22	3.17	7.06	1.73	0.54

2002年经营情况

2002年年报摘要

每股收益/元	每股净资产/元	净资产收益率/%	每股资本公积金/元	每股经营现金流量/元
0.20	3.76	5.28	2.19	0.38

近几年收益

每股收益/元			每股净资产/元			净资产收益率/%		
2001年末	2000年末	1999年末	2001年末	2000年末	1999年末	2001年末	2000年末	1999年末
0.22	0.21	0.33	3.17	3.20	3.03	7.06	6.50	10.85

国风塑业(000859)财务指标变动

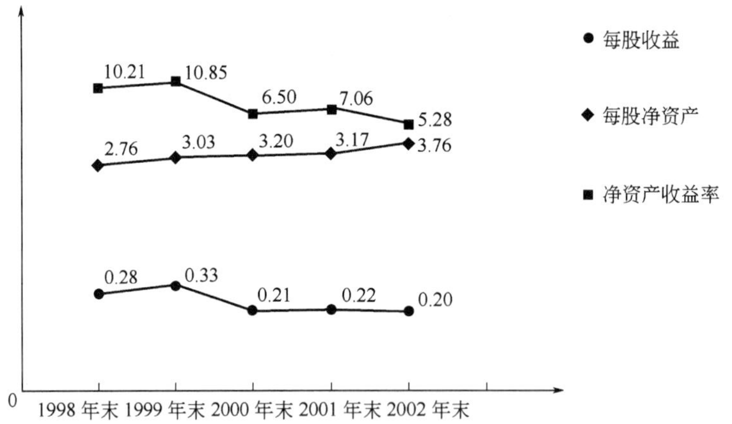

国风塑业(000859)最新股本结构

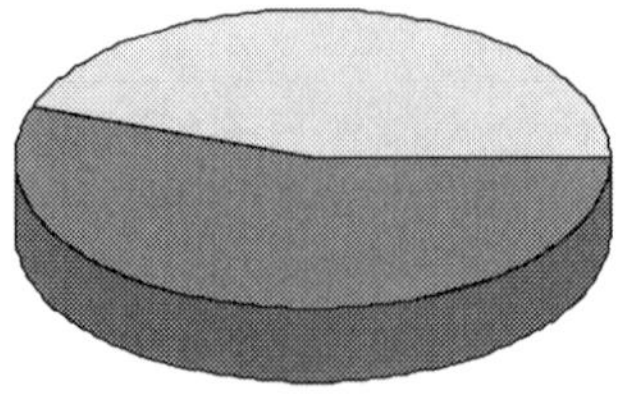

续表

公司名称：安徽国风塑业股份有限公司（国风塑业）		证券代码：000859	
近年分红方案			
年　　度	每股收益	分红方案	配股方案
2002 中期	0.130 元	利润不分配不转增	
2001 末期	0.220 元	每 10 股派 2.0000 元	每 10 股配 3.00 股，配股价 7.56 元
2000 末期	0.210 元	每 10 股派 0.8000 元	

特别提示

1. 公司董事会通过了用现金 4 780.99 万元收购控股股东安徽国风集团有限公司持有的金菱里克公司 27.78%的股权。合肥金菱里克公司是注册在合肥国家级高新技术开发区的中外合资企业，主要生产销售 BOPP 薄膜，由于公司设备先进，产品质量稳定，加之享受“两免三减半”的税收优惠，盈利能力很强。此次公司增持金菱里克公司 27.78%的股权，至持股 72%，将增加该公司对国风塑业利润的贡献程度，从而进一步提高自身的盈利能力，对其股价来讲也将起到一定的刺激作用。(20020304)

2. 由国风塑业投资兴建的年产 100 万吨新型非金属材料基地，近日在安徽省东至县破土动工。该项目的开工标志着目前国内最大的新型非金属材料生产、加工、经营和出口基地的诞生，也标志着国内新型非金属材料使用长期依赖进口的局面成为历史。(20010822)

公司名称：佛山塑料集团股份有限公司（佛塑股份）	证券代码：000973

基本情况

主营业务：各类塑料制品、黏胶制品、各类包装及印刷复合制品的制造、加工及工程设计安装
发行日期：20000420　　上市日期：20000525
法人代表：冯兆征　　联系人：罗汉均
主承销商：广东证券股份有限公司
公司名称：佛山塑料集团股份有限公司
公司地址：广东省佛山市汾江中路 82 号
公司电话：0757-3988189　3988186

股份公司成立于 1988 年 6 月，登记名称为“佛山市塑料皮革工贸集团股份公司”。1992 年 7 月，进行了股份制规范化改造。将评估后股份公司可折股的净资产 38 369.37 万元按 1.5∶1 的比例折股为 14 702.85 万股国有股及 11 002.44 万股法人股。同时内部职工投入的 3 209.65 万元，按照 1.5∶1 的比例折为 2 139.77 万股内部职工股，形成总股本为 27 845.06 万股，每股面值一元。1994 年 6 月公司更名为“佛山塑料集团股份有限公司”。1999 年 6 月股份公司下属五家全资子公司全部取消独立法人资格，变更为股份公司的分公司。2000 年 4 月，公司发行 9 500 万股社会公众股，形成总股本 7 345.06 万股。
注：以上公司基本概况数据截止日期 20020720。

2001 年经营情况

2001 年年报摘要

每股收益/元	每股净资产/元	净资产收益率/%	每股资本公积金/元	每股经营现金流量/元
0.27	3.18	8.38	1.74	0.58

2002 年经营情况

2002 年年报摘要

每股收益/元	每股净资产/元	净资产收益率/%	每股资本公积金/元	每股经营现金流量/元
0.31	3.11	10.04	1.74	0.62

续表

公司名称:佛山塑料集团股份有限公司(佛塑股份)						证券代码:000973		
近几年收益								
每股收益/元			每股净资产/元			净资产收益率/%		
2001年末	2000年末	1999年末	2001年末	2000年末	1999年末	2001年末	2000年末	1999年末
0.27	0.20	0.24	3.18	2.97	1.85	8.38	6.81	12.80

佛塑股份 (000973) 财务指标变动

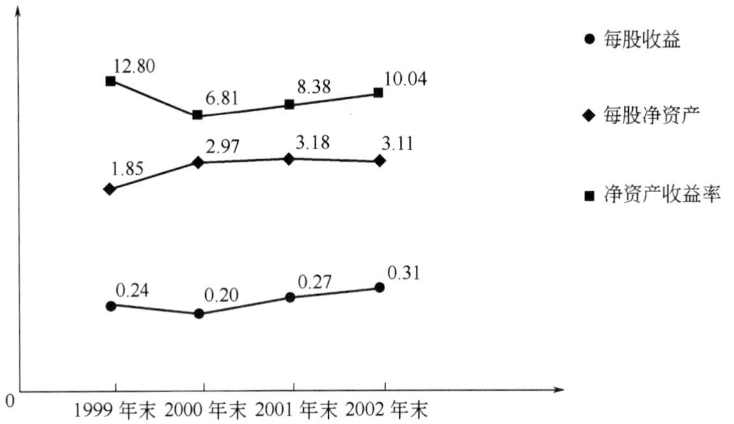

佛塑股份 (000973) 最新股本结构

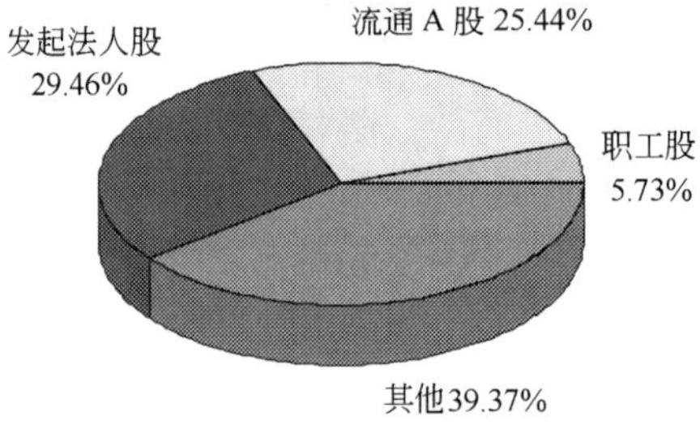

近年分红方案

年　　度	每股收益	分红方案	配股方案
2002中期	0.182元	利润不分配不转增	
2001末期	0.267元	每10股派1.4400元	每10股拟配3.00股
2000末期	0.200元	每10股派1.2800元	

特别提示

佛塑股份公告称,董事会日前审议通过了关于投资开发高性能辐照高分子材料系列产品项目的议案。高分子材料辐照技术主要用于高性能新材料的制造,其产品具有高性能、多功能及环保等特点,符合塑料新型材料的发展趋势,是国家重点鼓励发展的技术,项目建成后预计可实现年产量1 733吨,新增收入6 004万元。此次投资高性能辐照高分子材料系列产品将对公司产品技术含量的提高起到积极作用,在获得新利润增长点的同时也增强了公司整体竞争实力。(20021028)

(中国塑料加工工业协会　史立科)

公司名称:中国石化齐鲁股份有限公司(齐鲁石化)	证券代码:600002

基本情况

主营业务:石油化工及无机化工产品的生产,加工,销售及科研开发和技术服务等
发行日期:19980303　　上市日期:19980408
法人代表:张深　　联系人:李风安
主承销商:中信证券有限责任公司
公司名称:中国石化齐鲁股份有限公司
公司地址:山东省淄博市高新技术产业开发区
公司电话:(0533)3583728　3583718

公司由齐鲁石化公司独家发起,对其与化工生产经营相关的业务和资产进行重组,将烯烃厂、塑料厂、氯碱厂和树脂加工应用研究所的生产经营性资产经评估作价后投入此公司,采用募集方式设立的。1998年3月3日,公开向社会发行股票,同年4月8日,"齐鲁石化"在上交所上市交易。2001年10月,公司名称由"齐鲁石油化工股份有限公司"变更为"中国石化齐鲁股份有限公司"。

注:以上公司基本概况数据截止日期20020827。

2001年经营情况

2001年年报摘要

每股收益/元	每股净资产/元	净资产收益率/%	每股资本公积金/元	每股经营现金流量/元
0.01	2.42	0.45	1.14	0.45

2002年经营情况

2002年第三季度季报摘要

每股收益/元	每股净资产/元	净资产收益率/%	每股资本公积金/元	每股经营现金流量/元
−0.08	2.34	−3.47	1.14	

近几年收益

每股收益/元			每股净资产/元			净资产收益率/%		
2001年末	2000年末	1999年末	2001年末	2000年末	1999年末	2001年末	2000年末	1999年末
0.02	0.01	0.22	2.25	2.42	2.49	0.97	0.45	8.95

齐鲁石化 (600002) 财务指标变动

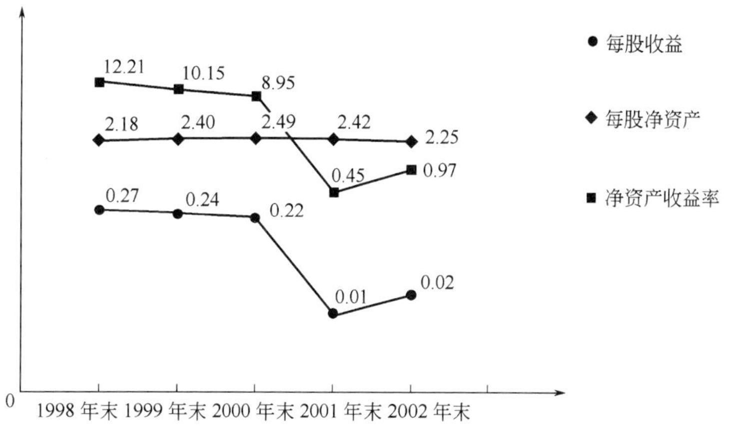

续表

公司名称:中国石化齐鲁股份有限公司(齐鲁石化)	证券代码:600002

齐鲁石化 (600002) 最新股本结构

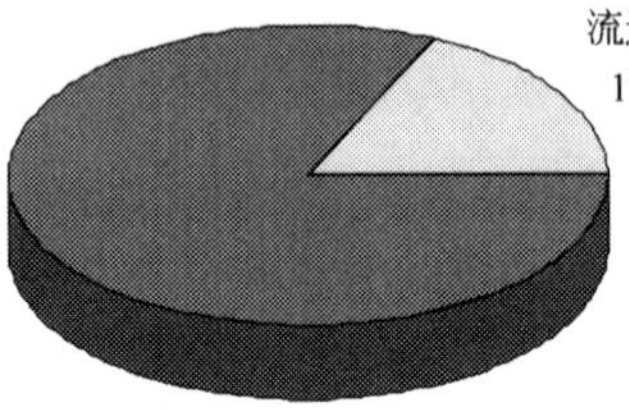

近年分红方案

年　　度	每股收益	分红方案	配股方案
2002 中期	−0.102 元	利润不分配不转增	
2001 末期	0.010 元	利润不分配不转增	
2000 末期	0.220 元	每 10 股派 0.7200 元	

特别提示

1. 齐鲁石化 72 万吨乙烯改造项目之一 2# 裂解炉改造日前建成投产。据了解,该项目总投资 4 000 万元,采用了荷兰 TECHNIP 公司的最新裂解专利技术。改造后,裂解炉的年生产能力由 4.5 万吨提升到 6.5 万吨,同时更好地优化了乙烯装置原料和产品结构,提高了装置生产规模和各项经济指标。(20020803)

2. 齐鲁石化的半年报显示,上半年公司业绩出现亏损。公司上半年净利润为−19 895.6 万元,每股收益为−0.102元,净资产收益率为−4.41%。该公司在今年一季度报告中曾预测上半年不会亏损。可是从 5 月份以后,石化产品价格持续走低,致使公司二季度仍然亏损。根据公司分析,亏损原因主要在于产品售价过低、固定资产折旧提取进入近几年来的顶峰、生产装置停工检修影响。公司管理层称,按目前市场情况预测,公司第三季度当季能够实现盈利,但前三季度仍会亏损,预计全年不会亏损。(20020827)

公司名称:中国石油化工股份有限公司(中国石化)	证券代码:600028

基本情况

主营业务:石油、天然气勘探、开采、销售;石油炼制;石油化工;成品油销售等
发行日期:20010716　　上市日期:20010808
法人代表:李毅中　　联系人:张洪林
主承销商:中国国际金融
公司名称:中国石油化工股份有限公司
公司地址:北京市朝阳区惠新东街甲六号
公司电话:86-10-64990060　64990022

经国家经贸委 2000 年 2 月 21 日《关于同意设立中国石油化工股份有限公司的批复》的批准,由中国石油化工集团公司于 2000 年 2 月 25 日独家发起成立。注册资本 8 670 243.9 万元人民币。公司 154 000 万股 A 股将于 2001 年 8 月 8 日在上海交易所上市流通。
注:以上公司基本概况数据截止日期 20020819。

2001 年经营情况

2001 年年报摘要

续表

公司名称:中国石油化工股份有限公司(中国石化)			证券代码:600028	
每股收益/元	每股净资产/元	净资产收益率/%	每股资本公积金/元	每股经营现金流量/元
0.16	1.60	10.08	0.42	0.69

2002年经营情况

2002年第三季度季报摘要

每股收益/元	每股净资产/元	净资产收益率/%	每股资本公积金/元	每股经营现金流量/元
0.10	1.69	6.19	0.42	

近几年收益

每股收益/元			每股净资产/元			净资产收益率/%		
2001年末	2000年末	1999年末	2001年末	2000年末	1999年末	2001年末	2000年末	1999年末
0.16	0.16	0.19	1.69	1.60	1.44	9.64	10.08	13.37

中国石化 (600028) 财务指标变动

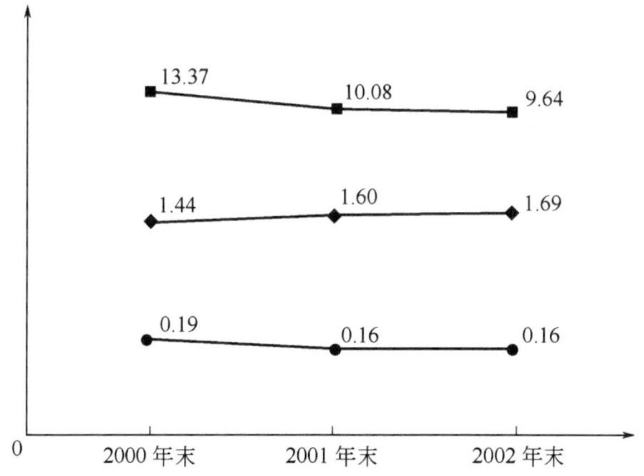

中国石化 (600028) 最新股本结构

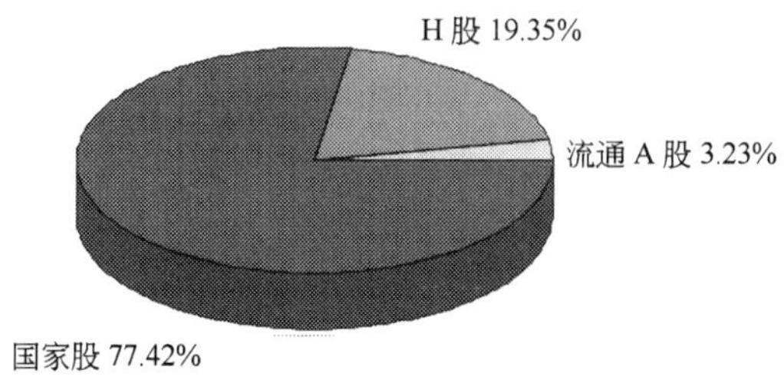

近年分红方案

年 度	每股收益	分红方案	配股方案
2002中期	0.052元	每10股派0.1600元	
2001末期	0.162元	每10股派0.6400元	
2000末期	0.193元	利润不分配不转增	

续表

公司名称：中国石油化工股份有限公司（中国石化）	证券代码：600028

特别提示

1.2000 年 10 月，中国石化在中国香港、纽约、伦敦三地上市。同年，中国石化董事会秘书局成立，中国石化的投资者关系工作正式启动。经过这两年的磨合，中国石化的投资者关系工作日臻成熟，中国石化被《亚洲金融》杂志评为国内最佳投资者关系公司之一。其经验与借鉴有几点：投资者关系是系统工程，需全面协调、集中控制、分层实施；做好投资者关系的关键在于在投资者中树立良好的信誉；发挥桥梁作用，推进公司的规范运作；领导重视与支持；重视人才培养、加强人员培训；强化服务意识；聘请专业公司，提高工作效率与水平。(20030127)

2. 中国石化分别于 2000 年 10 月和 2001 年 7 月成功地发行了 H 股和 A 股，成为中国第一家同时在香港、纽约、伦敦、上海四地上市的大型国有控股企业，也是目前境内资本市场融资规模最大的公司。在公司治理方面公司做了以下几点：构建相对制衡的多元股权结构；建设科学、高效和权责结合的决策机制；主动接受四地监管；竞争、开放、规范、诚信；持续改革，追求卓越。针对在今年检查中发现的公司在选举制度、培训、内部权限的划分和监事会构成等方面存在的不足，中国石化将不断强化上市公司意识、继续完善公司治理结构，不断规范相应的运行机制。(20021230)

公司名称：上海氯碱化工股份有限公司（氯碱化工）	证券代码：600618

基本情况

主营业务：聚氯乙烯、烧碱、氯系列基本化工原料及加工产品

发行日期：19920613　　上市日期：19921113

法人代表：周波　　联系人：许沛文

主承销商：上海申银证券公司

公司名称：上海氯碱化工股份有限公司

公司地址：上海市龙吴路 4747 号

公司电话：021-64340601　64342640

公司前身上海氯碱总厂，1992 年 7 月开始进行股份制改组，以原公司净资产折为面值 10 元的国家股 5 053.8 万股，于 1992 年 6 月 13 日～1992 年 7 月 7 日，发行法人股 700 万股，职工股 32.8 万股，公众股 131.5 万股，特种股 2 400 万股，总股份为 8 318.10 万股，股份总额 83 181.07 万元，1992 年 7 月 14 日，“上海氯碱化工股份有限公司”宣告成立，同年 8 月 20 日，“氯碱 B 股”在上海证券交易所挂牌交易，11 月 13 日，“氯碱化工”(A 股)上市，1992 年 12 月 10 日，氯碱化工股票每股面值 1 元。

注：以上公司基本概况数据截止日期 20030217。

2001 年经营情况

2001 年年报摘要

每股收益/元	每股净资产/元	净资产收益率/%	每股资本公积金/元	每股经营现金流量/元
0	2.41	0.18	1.32	0.20

2002 年经营情况

2002 年第三季度季报摘要

每股收益/元	每股净资产/元	净资产收益率/%	每股资本公积金/元	每股经营现金流量/元
－0.03	2.38	－1.21	1.32	

近几年收益

每股收益/元			每股净资产/元			净资产收益率/%		
2001 年末	2000 年末	1999 年末	2001 年末	2000 年末	1999 年末	2001 年末	2000 年末	1999 年末
0.01	0	0.04	2.42	2.41	2.62	0.23	0.18	1.66

续表

公司名称:上海氯碱化工股份有限公司(氯碱化工)	证券代码:600618

氯碱化工(600618)财务指标变动

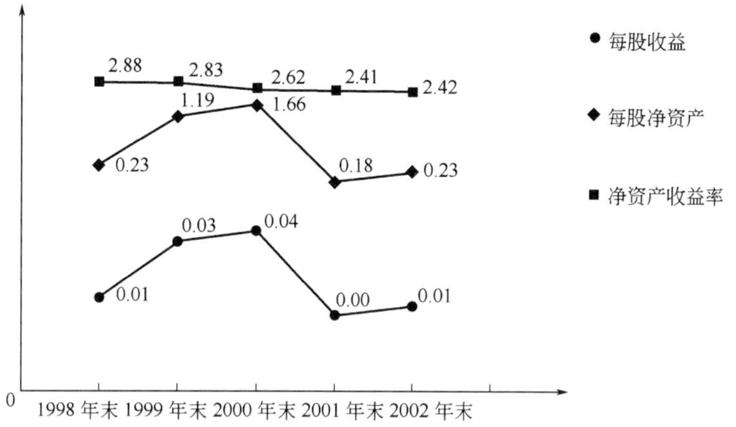

氯碱化工(600618)最新股本结构

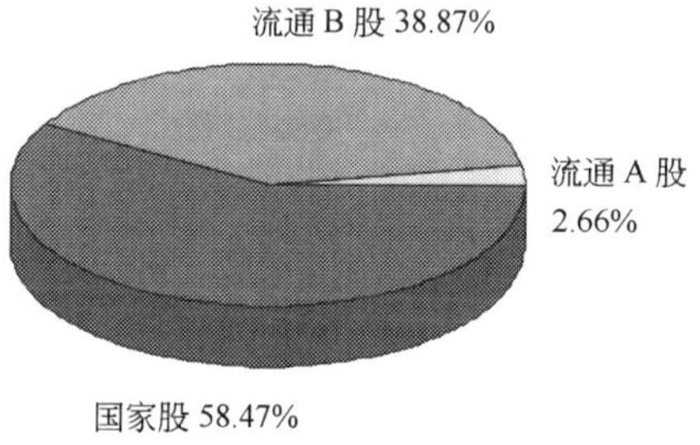

近年分红方案

年　　度	每股收益	分红方案	配股方案
2002 中期		利润不分配不转增	
2001 末期	0.004 元	利润不分配不转增	
2000 末期	0.044 元	利润不分配不转增	

特别提示

1. 氯碱化工发布公告称,公司上报的聚碳酸酯(PC)项目可行性研究调整报告已经获得国家计委批准。公司与拜耳合资的PC项目是国内从事这类项目的首家公司,有助于公司实现从传统化工企业到从事高新技术、精细化工的战略调整。该合资项目是拜耳在上海化学工业区建设一个完全一体化的综合性的"拜耳基地"的第一步,预计2005年建成,建成后将成为中国乃至亚洲的主要供货商。(20020723)

2. 据了解,德国拜耳公司与氯碱化工合资的PC项目目前已经动土奠基。聚碳酸酯项目是拜耳在上海化学工业区建设一个完全一体化的综合性的"拜耳基地"的第一步,拜耳已制定了在上海化学工业区投资31亿美元、建设12个项目的一揽子计划。有关人士认为,该合资项目的正式启动对氯碱化工而言,有助于实现其从单一的氯碱领域拓展到能涵盖精细化工、化工新材料领域的战略调整。(20020720)

公司名称:中国石化上海石油化工股份有限公司(上海石化)	证券代码:600688

基本情况

主营业务:原油加工、油品、化工产品、合成纤维、塑料及制品、针织原料等

发行日期:1993.08.08　　上市日期:1993.11.08

法人代表:陆益平　　联系人:张经明

主承销商:上海万国证券公司

公司名称:中国石化上海石油化工股份有限公司

公司地址:上海市金山区金一路48号

公司电话:(8621)57943143　57940050

公司前身上海石油化工总厂,始建于1972年,1993年6月29日改组为股份有限公司,1993年7月6日～7月16日向境外投资者发行H股16.8亿股,同年8月8日～11月30日,向境内投资者发行A股5.5亿股。1993年7月26日,“上海石化”(H股)在香港联交所挂牌交易,同年11月8日,“上海石化”(A股)在上交所上市交易。2000年10月公司更名为“中国石化上海石油化工股份有限公司”。

注:以上公司基本概况数据截止日期20020822。

2001年经营情况

2001年年报摘要

每股收益/元	每股净资产/元	净资产收益率/%	每股资本公积金/元	每股经营现金流量/元
0.01	1.89	0.53	0.40	0.39

2002年经营情况

2002年第三季度季报摘要

每股收益/元	每股净资产/元	净资产收益率/%	每股资本公积金/元	每股经营现金流量/元
0.07	1.95	3.47	0.40	

近几年收益

每股收益/元			每股净资产/元			净资产收益率/%		
2001年末	2000年末	1999年末	2001年末	2000年末	1999年末	2001年末	2000年末	1999年末
0.13	0.01	0.13	1.96	1.89	1.92	6.44	0.53	6.54

上海石化(600688)财务指标变动

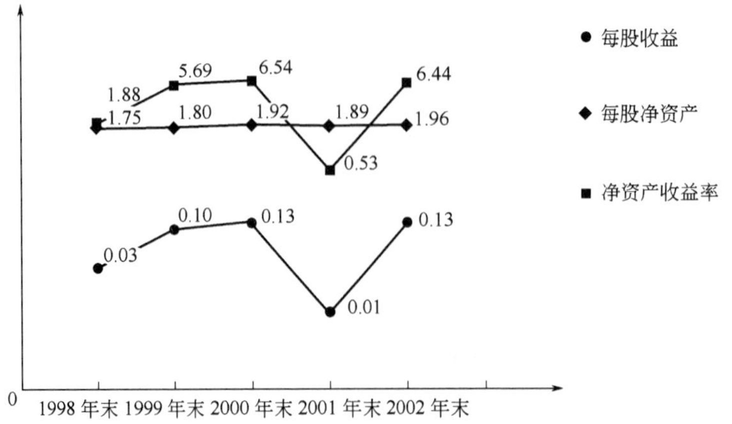

续表

公司名称:中国石化上海石油化工股份有限公司(上海石化)	证券代码:600688

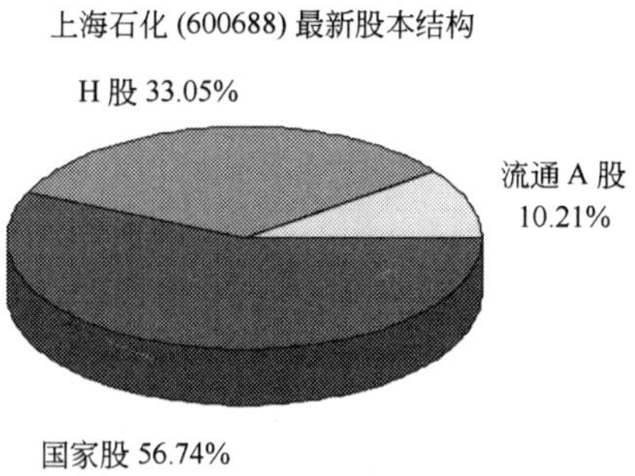

近年分红方案

年　　度	每股收益	分红方案	配股方案
2002 中期	0.028 元	利润不分配不转增	
2001 末期	0.010 元	利润不分配不转增	
2000 末期	0.130 元	每 10 股派 0.5300 元	

特别提示

1. 上海石化塑料事业部塑料研究所实验工厂日前通过竣工验收。该工厂以聚乙烯、聚丙烯等为主要原料,采用国内外先进的改性挤压造粒、吹吸塑成型等生产工艺及设备,实验生产多种性能、规格的改性聚乙烯、聚丙烯工程塑料及塑料制品。该工厂的建成,将进一步完善上海石化塑料研究所的功能,提高上海石化在塑料产品方面的技术创新和新产品研发能力。(20030213)

2. 据最新统计数据,上海石化 2002 年累计生产乙烯已突破 80 万吨,创下了石化行业一项新的全国纪录。据悉,公司将在"十五"期间,使其乙烯年产量达到 100 万吨。这样,加上由中国石化、上海石化和 BP 公司合资建设的上海赛科 90 万吨乙烯项目,到"十五"期末,上海地区的年乙烯总产能将接近 200 万吨。(20030103)

3. 上海石化塑料事业部在年产 20 万吨聚丙烯装置上成功生产出抗冲击共聚产品,标志着公司这一科研攻关项目取得了突破性的进展,同时也为进一步开发聚丙烯新产品打下了扎实的基础。聚丙烯共聚产品广泛应用于医疗器件、玩具以及其他轻工产品,有着广阔的市场前景。3PP 装置实现了生产共聚产品的目标,将大大提升上海石化聚丙烯产品的市场竞争力。(20021123)

公司名称:沈阳化工股份有限公司(沈阳化工)	证券代码:000698

基本情况

主营业务:化工产品,化工设备,压力容器,PVC 手套研制,开发,制造,施工等
发行日期:19970121　　上市日期:19970220
法人代表:何克新　　联系人:杨志国
主承销商:国泰证券有限公司
公司名称:沈阳化工股份有限公司
公司地址:沈阳市铁西区卫工北街 46 号
公司电话:024-25820516-3506　25524836

公司前身是始建于 1938 年的沈阳化工厂,1992 年进行股份制改造,1996 年 5 月更名为沈阳化工股份有限公司,曾连续三年被评为辽宁省先进外商投资企业和十大高销售额外商投资企业,连续五年名列 100 家最大合资企业;公司是国家在"九五"期间优先扶持的 300 家重点企业之一,公司 1997 年 1 月 21 日深交所向社会公众公开发行 8 000 万股股票,发行价格为 6.40 元/股,形成总股本 22 940 万股。内部职工股已按要求集中托管,将在本次社会公众股发行后三年方可上市。每一个股票账户申购数量上限为 80 000 股。
注:以上公司基本概况数据截止日期 20030118。

续表

公司名称:沈阳化工股份有限公司(沈阳化工)			证券代码:000698	
2001年经营情况				
2001年年报摘要				
每股收益/元	每股净资产/元	净资产收益率/%	每股资本公积金/元	每股经营现金流量/元
0.11	3.44	3.11	1.27	0.19
2002年经营情况				
2002年第三季度季报摘要				
每股收益/元	每股净资产/元	净资产收益率/%	每股资本公积金/元	每股经营现金流量/元
0.03	3.46	0.86	1.27	

近几年收益

每股收益/元			每股净资产/元			净资产收益率/%		
2001年末	2000年末	1999年末	2001年末	2000年末	1999年末	2001年末	2000年末	1999年末
−0.03	0.11	0.45	3.33	3.44	3.54	−0.99	3.11	12.82

沈阳化工（000698）财务指标变动

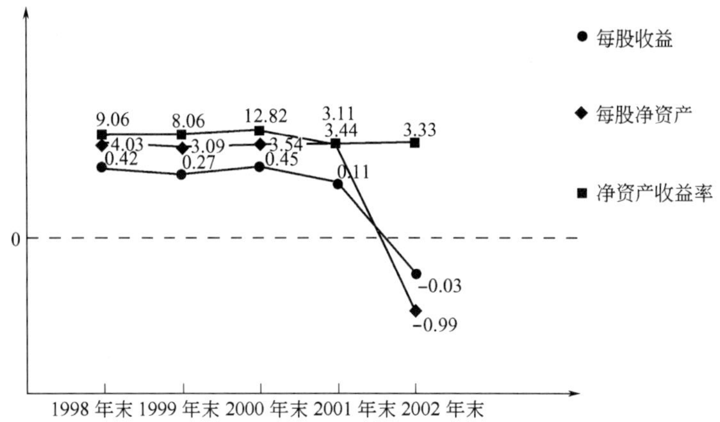

沈阳化工 (000698) 最新股本结构

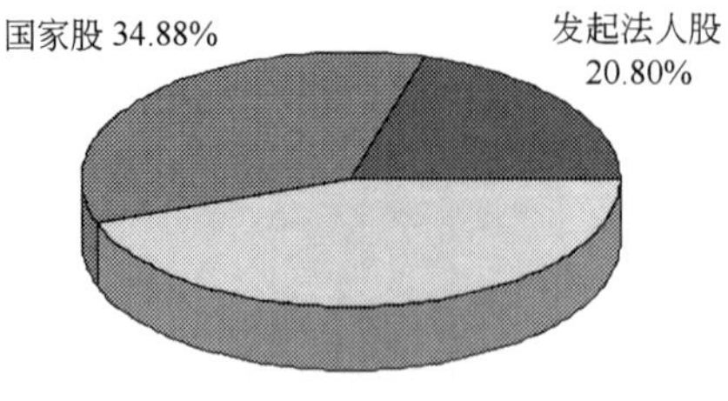

近年分红方案

年　度	每股收益	分红方案	配股方案
2002中期	0.031元	利润不分配不转增	

续表

公司名称:沈阳化工股份有限公司(沈阳化工)		证券代码:000698	
2001末期	0.107元	利润不分配不转增	
2000末期	0.454元	每10股派0.6000元	每10股拟配3.00股,配股价8.00～10.00元

特别提示

1. 在经历了连续几年的业绩高增长后,沈阳化工2001年业绩出现了大幅下滑,主营业务利润和净利润同比减少22.55%和75.09%。这主要是由于公司所处的化工行业竞争激烈,产品价格大幅下滑造成的。然而值得我们关注的是,公司目前正积极促进产业结构转型,涉足投资回报率较高的制药业和房地产业;同时,沈阳市整体合资合作的国有企业改革扶持政策又使沈阳化工具有了鲜明的外资并购概念。公司已付设备采购款出资3 960万元人民币,与日本埃申有限公司共同投资组建合资公司沈阳金碧兰化工有限公司,从而迈出了外资并购的关键性一步。(20020809)

2. 记者日前从沈阳化工股份有限公司获悉,针对去年效益大幅滑坡,2002年公司将加强对控股子公司的管理,从而进一步完善产业布局、提升创利能力,扶植子公司尽快步入高回报期。据了解,去年,受到国际能源价格震荡和全球经济低迷的影响,公司主营业务范围的两大化工市场氯碱化工和石油化工都受到巨大冲击。公司主导产品价位一路走低,致使效益持续下降。然而,值得关注的是,该公司在2000年通过资产置换进入上市公司的药业公司和房产公司却表现出了良好的发展前景和成长性,成为公司困境中的一个亮点。(20020422)

3. 在今日披露的年报中,沈阳化工业绩大幅下降令人关注。该公司2001年净利润、每股收益分别为4 520万元、0.107元;与2000年相比分别下降75.09%和75.12%。对于业绩大幅下滑,公司年报认为,2001年以来,受国际能源价格震荡和全球经济低迷的影响,国内外基础化工市场发生了急剧变化,公司主营业务范围的两大类化工市场氯碱化工和石油化工受到了巨大冲击,各种矛盾和困难相互交织,公司经受了严峻的考验。在这种行业背景下,公司主导产品——氯产品市场需求持续疲软,产品价位一路走低,公司效益持续下降。(20020320)

公司名称:中国石化扬子石油化工股份有限公司(扬子石化)	证券代码:000866

基本情况

主营业务:石油炼制及烃类衍生物的生产、加工和销售
发行日期:1998.04.02　　上市日期:1998.05.12
法人代表:马志平　　联系人:吴鹏鸣
主承销商:中信证券有限责任公司
公司名称:中国石化扬子石油化工股份有限公司
公司地址:南京市六合区沿江工业开发区新华路777号
公司电话:025-7787735　7787755

中国石化扬子石油化工公司于1983年9月经江苏省人民政府、中石化批准成立,直属于中石化的国有特大型企业,中国石化扬子石油化工公司作为惟一发起人,将下属的部分生产厂:炼油厂、烯烃厂、塑料厂、芳烃厂、贮运厂;部分经营实体:供销公司、物资装备公司、运输公司,以及研究院、设计院和原发起人机关12个处室的资产配比相应的负债投入,组建以募集方式设立的股份有限公司。公司于1998年4月24日在南京工商行政管理局注册登记成立。

公司为进一步剥离辅业,壮大和强化核心业务,决定与中国石化集团扬子石油化工有限责任公司进行部分资产等值置换,置换后中国石油化工股份公司成为本公司的第一大股东。2000年5月27日,公司更名为"中国石化扬子石油化工股份有限公司"。

注:以上公司基本概况数据截止日期20021024。

2001年经营情况

2001年年报摘要

每股收益/元	每股净资产/元	净资产收益率/%	每股资本公积金/元	每股经营现金流量/元
0.02	2.24	0.67	0.92	0.44

2002年经营情况

2002年第三季度季报摘要

每股收益/元	每股净资产/元	净资产收益率/%	每股资本公积金/元	每股经营现金流量/元
0.15	2.39	6.43	0.92	

续表

公司名称:中国石化扬子石油化工股份有限公司(扬子石化)						证券代码:000866		
近几年收益								
每股收益/元			每股净资产/元			净资产收益率/%		
2001 年末	2000 年末	1999 年末	2001 年末	2000 年末	1999 年末	2001 年末	2000 年末	1999 年末
0.27	0.02	0.28	2.51	2.24	2.22	10.70	0.67	12.51

扬子石化 (000866) 财务指标变动

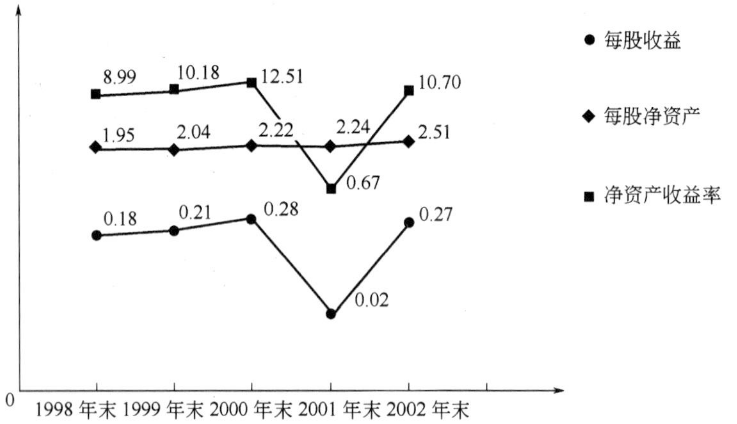

扬子石化 (000866) 最新股本结构

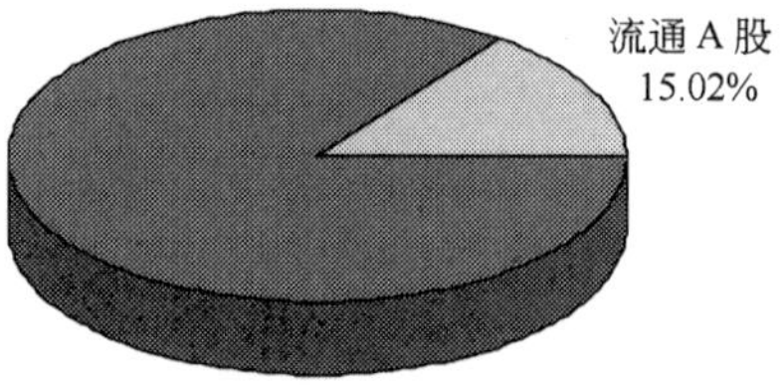

近年分红方案			
年　　度	每股收益	分红方案	配股方案
2002 中期	0.110 元	利润不分配不转增	
2001 末期	0.020 元	利润不分配不转增	
2000 末期	0.280 元	每 10 股派 0.9600 元	

特别提示

1.2002 年,扬子石化在改造发展、合资合作、科技进步等方面好戏连台,取得了令人瞩目的新成就。在改造发展方面,2002 年扬子石化首先是取得了 65 万吨乙烯改造的乙烯、丁二烯、聚丙烯和聚乙烯等装置提前试车一次成功;其次是获得第二套常减压装置改造成功。与此同时,2002 年扬子比欧西气体公司和扬子绍尔管业公司宣告成立,目前,扬子石化的合资公司已达到 7 家。另外,去年公司完成科技开发和技术攻关 130 项,申请专利 27 项,获得 8 项;完成了精对苯二甲酸工艺国产化开发并通过了中石化集团的鉴定;成功开发了乙二醇脱醛树脂,填补了国内空白。(20030124)

续表

公司名称:中国石化扬子石油化工股份有限公司(扬子石化)	证券代码:000866
2.扬子石化环氧乙烷扩容日前结束,产能由目前的5.2万吨/年增加到10.2万吨/年,占国内产能的1/3,成为国内最大环氧乙烷生产商和供应商。据介绍,扬子石化环氧乙烷产能的扩大,可以为其下游厂家提供更多原料,改变其下游产品过度依赖进口的被动局面,理顺其上下游产业链,使中国环氧乙烷产品系列得到良性发展。(20021024)	
3.日前从扬子石化传出捷报,该公司800万吨炼油改造工程和65万吨乙烯改造工程最后一套化工生产装置——乙烯装置相继产出了合格产品,实现了一次投料开车成功。至此,该公司二轮乙烯改造的所有五套化工生产装置暨与之配套的炼油装置均提前实现了一次投料试车成功,从而形成了以800万吨炼油为龙头、以65万吨乙烯为核心、上下游装置匹配合理的最佳装置结构。(20021011)	
4.近日,扬子石化65万吨乙烯改造工程最后一套化工生产装置产出合格乙烯,实现一次投料开车成功,这标志着总投资43.5亿元的扬子石化二轮乙烯改造工程圆满结束,扬子石化由此成为国内最大的石化产品生产商和供应商之一。同时该公司800万吨炼油改造工程亦建成投产,开始为65万吨乙烯改造新增装置提供部分原料。改造后,扬子石化的乙烯生产能力由目前的40万吨/年增加到65万吨/年,聚乙烯增加到37万吨/年,聚丙烯增加到43万吨/年。此外,由于新增40万吨/年塑料生产装置,扬子石化已具备大批量替代进口高品质塑料专用料的能力。(20021009)	

(中国塑料加工工业协会　史立科)

专利技术

2001年公开发布的部分专利技术

【名　称】 多功能塑钢推拉门窗
【公开号】 1289886
【公开日】 2001.04.04
【申请人】 郝长岭
【发明人】 郝长岭　林寿
【摘　要】 多功能塑钢推拉门窗属于建筑门窗技术领域，它主要解决现有普通塑料推拉门窗性能差、功能单一的问题。实现方案是将框扇塑料型材内腔的钢衬由开口变为闭合钢管，两端插入塑料插件并整体焊接；框型材纱扇滑轨加宽，其顶端开口并插入增高滑轨，以挡住外漏雨水；在框型材内腔相通的适当部位开孔，使门窗关闭后室内外空气微量流通；门窗框扇的密封毛条中再增加隔条。这样可显著提高门窗的各项性能指标。

【名　称】 废旧塑料溶混聚合物水泥防水外加剂
【公开号】 1289796
【公开日】 2001.04.04
【申请人】 张曦华　李中才
【发明人】 张曦华　李中才
【摘　要】 本发明利用废旧塑料（已有的高分子聚合物），在常温、常压下，经过有机混合溶剂溶解并经物理掺混法改性处理后，制成高级建筑新材料——聚合物水泥防水外加剂，能使水泥砂浆、混凝土在防水等多方面的性能得到显著的提高，与目前国内外已研制出来的具有先进水平的聚合物水泥外加剂相比（基本都是用复杂的化工聚合法生产工艺，使单体加链聚合而成），除去成本低而外，还节约了资源和能源；同时也有助于根治“白色污染”，保护环境。

【名　称】 废聚酯塑料再生改性纺制差别化功能化纤维生产工艺
【公开号】 1287188
【公开日】 2001.03.14
【申请人】 北京德通化纤工业有限公司
【发明人】 于志强　陈国祥　王剑国
【摘　要】 本发明涉及一种废聚酯塑料再生改性纺制差别化功能化纤维生产工艺，其特征在于它以废聚酯塑料为主原料加入不饱和聚酯、邻苯二甲酸二辛酯的辅料制成原料，再加入多种助剂的复配助剂进行改性，经挤压熔融，过滤抽丝，再按常规方法进行后序处理，本发明的工艺是聚酯塑料再生纺丝，变废为宝，解决了环境污染，同时纤维具有多种形状，可染色，混纺产品色泽鲜艳、疏松、柔软，根据用户需要可生产多种功能的纤维。

【名　称】 管壁有空心增强结构的高分子拉伸定向高强度复合塑料管
【公开号】 1287238
【公开日】 2001.03.14
【申请人】 甘国工
【发明人】 甘国工
【摘　要】 本发明提供了一种靠聚合物的高分子拉伸定向来增加强度的管壁具有空心增强结构的高强度复合塑料管。其特征是该管的管壁的内层有至少一层经过径向和轴向双向拉伸定向的或经过径向单向拉伸定向的或径向抗拉强度高于轴向抗拉强度的塑料层，在内层外表面复合有具有空心增强结构的外塑料层。本发明复合管比一般挤出法生产的塑料管和复合管以及拉伸定向的塑料管有更好的内、外承压能力。

【名　称】 光和生物双降解塑料及其制造方法
【公开号】 1289792
【公开日】 2001.04.04
【申请人】 王集忠
【发明人】 王集忠　黄材家　涂红湘　王荣珍　曹三成
【摘　要】 一种光和生物双降解塑料，其特征在于其组分为：聚烯烃 80～100（质量份，下同）、光敏剂 0.05～5、降解促进剂 0.05～2、光稳定剂 0.1～5、自由剂引发剂 0.001～1、共聚单体 0.01～5、自氧化剂 0.5～10、改性淀粉 80～100。本发明的制造方法 1. 制成改性淀粉；2. 将聚烯烃、共聚单体和引发剂按前述的比例充分混合，加热 60℃±5 ℃，反应 0.5 小时，制成改性聚烯烃，然后将 1 之改性淀粉加入其中，再加入光敏剂，降解促进剂、光稳定剂和自氧化剂，充分混合；3. 将全部组分混合物造粒。

【名　称】 含有树脂或有机化合物或两者的废塑料的处理方法
【公开号】 1286715
【公开日】 2001.03.07
【申请人】 新日本制铁株式会社
【发明人】 植松宏志　近藤博俊　高松信彦　野村诚治　加藤健次
【摘　要】 本发明提供一种含有树脂或有机化合物或两者的废塑料的处理方法，将含有树脂或有机化合物或两者的废塑料的一部分在高炉中进行燃烧处理，剩余的在焦炭炉中进行热分解处理。

【名　称】　具有成型枢转部位的塑胶模具
【公开号】　1287912
【公开日】　2001.03.21
【申请人】　郑荣元
【发明人】　叶廉聪
【摘　要】　一种具有成型枢转部位的塑胶模具，由第一模块、第二模块以定位元件结合连接梁板，第一、第二模块设下翼穴，连接梁板设连接梁穴，由第三、第四模块设下拉部穴及二导槽，二导槽各供一导块置入滑动，滑块由三面设上翼穴、突耳穴及上连接环穴，由走料槽射入塑料，形成滑件及可枢转的拉片。

【名　称】　聚酰胺66复合材料及其制备方法
【公开号】　1288023
【公开日】　2001.03.21
【申请人】　中国科学院化学研究所；中国石油辽阳石油化纤公司
【发明人】　阳明书　张世民　苏泉声
【摘　要】　本发明公开了聚酰胺66复合材料及其制备方法。该复合材料含有质量份数100份的聚酰胺66和1～25份纳米有机化蒙脱石，其中所述的纳米有机化蒙脱石是经过含有胺基的非离子型聚合物或阳离子型聚合物插层剂处理的蒙脱石矿物粉末。将含上述组分的各原料与抗氧化剂和润滑剂混合在一起，在双螺杆挤出机上熔融挤出造粒，从而制得聚酰胺66复合材料。这种复合材料模量高、耐温性能和尺寸稳定性好、可作为工程塑料应用于汽车、机械、电子电器和其他行业。

【名　称】　拉伸定向的高强度复合塑料管
【公开号】　1287917
【公开日】　2001.03.21
【申请人】　甘国工
【发明人】　甘国工
【摘　要】　本发明提供了一种靠聚合物的高分子拉伸定向来增加强度的高强度复合塑料管，其特征是塑料管管壁中至少有一层经过径向和轴向双向拉伸定向或经过径向单向拉伸定向或是径向强度高于轴向强度的塑料层。本发明复合塑料管比一般挤出法生产的塑料管和复合管除节约原材料以外还有更高的内承压能力和综合性能。

【名　称】　冷藏食品储存设备的隔热外结构及其泡沫塑料注入方法
【公开号】　1287257
【公开日】　2001.03.14
【申请人】　万都空调株式会社
【发明人】　李永吉
【摘　要】　一种冷藏食品储存设备的外结构，包括：一外壳和一由模塑塑料制成的内衬，内衬连接至外壳而形成一内板空间，在内板空间中注入泡沫塑料隔热体。内衬包括一些预定长度的凸起，凸起以固定间隔整体形成于内衬并向外壳延伸，以在外壳与内衬之间起支撑作用并保持一恒定间距，一个泡沫塑料注入口用于注入泡沫塑料，以及一些出口，用于将泡沫塑料注入工艺中产生的气体和空气排除。

【名　称】　利用废泡沫塑料和废柏梓油生产调和漆及其方法
【公开号】　1289809
【公开日】　2001.04.04
【申请人】　朱宗洪
【发明人】　朱宗洪
【摘　要】　本发明是一种用废塑料泡沫和废柏梓油，甲基柏木酮废脚料生产调和漆及其生产方法，利用废弃物为原料，生产成本低，工艺简单，无二次污染，产品质量较好。

【名　称】　氯化乙烯基树脂/纤维素共混物：组合物、方法、复合物及其制品
【公开号】　1289797
【公开日】　2001.04.04
【申请人】　罗姆和哈斯公司
【发明人】　J.R.派特森　S.W.瑞丁　E.P.道格提
【摘　要】　提供了用于制备含至少一种氯乙烯树脂和纤维素质的可挤出粉末共混物的组合物和方法。更具体地说，也提供了用于制备含PVC和木粉（WF）的可挤出自由流动粉末共混物的组合物和方法，以制备发泡或未发泡的挤出物。本文提供的方法掺入了可含有多达25%（质量百分数）的水的组分。也提供了制备发泡挤出物的方法，其中冷却流体用于提高泡沫塑料的发泡倍率。最后提供的是一种复合物，其含有可挤出的热塑性基体和至少一层置于其上的含有PVC/WF组合物的胎面胶层。

【名　称】　塑钢包覆管材及制造方法
【公开号】　1288125
【公开日】　2001.03.21
【申请人】　郑鸿鸣

【发明人】 郑鸿鸣

【摘　要】 一种塑钢包覆管材及制造方法，由内塑料管层、粘接层、钢管层、热熔胶层和塑料包覆层所组成。先取钢管清洗后，另取塑料管在外壁挤上胶黏剂，将挤有胶黏剂的塑料管插入钢管中，把结合的管材投入加热室加热，加热温度 150～350℃之间，加热后取出在管材外壁挤上热熔胶，使热熔胶冷却至半熔状态再在外面注制塑料包覆层。塑钢包覆管材具有强度好，耐腐蚀，不生锈，壁光滑，输送可靠等特点。

【名　称】 塑胶渗灌管及加工工艺

【公开号】 1287918

【公开日】 2001.03.21

【申请人】 鞠远胜

【发明人】 鞠远胜　刘衍胜　张廷祥

【摘　要】 本发明涉及一种塑胶渗灌管，其由再生橡胶粉、聚烯烃塑料、石蜡、硬脂酸润滑剂、AC 发泡剂组成，其含量范围为：再生橡胶粉 55%～70%（质量百分数）；聚烯烃塑料 25%～40%；石蜡、硬脂酸润滑剂 1.5%～3%，AC 发泡剂 1% ～3%。将上述组成按比例，放入搅拌机中常温搅拌混合，然后在造粒机中混炼、造粒，而后加入挤出机进行挤压，最后经成型、定型、牵引、收卷四个工序，制成塑胶渗灌管。本发明配方合理、工艺简单、成本低、外表较光滑、质地较密实、实用性强、节水节能效果明显。

【名　称】 塑料成型品的表面改性方法和表面改性的塑料成型品

【公开号】 1288908

【公开日】 2001.03.28

【申请人】 大赛璐化学工业株式会社

【发明人】 平石政宪　高桥启司

【摘　要】 本发明提供一种简单的干净的塑料成型品的表面改性方法，其特征包括：将塑料成型品在未达到该塑料玻璃转移温度的温度下在超临界二氧化碳中浸渍的工序，和将该塑料成型品表面附着的二氧化碳在未达到该塑料玻璃转移温度的温度下蒸发除去的工序。塑料成型品可以是具有极性基团的聚合物构成的。作为塑料成型品，可列举的有，双轴拉伸聚酯薄膜、未拉伸聚苯乙烯薄膜、双轴拉伸聚苯乙烯薄膜、吹塑瓶等。

【名　称】 塑木混合再生塑料生产方法

【公开号】 1288026

【公开日】 2001.03.21

【申请人】 蒋亚丁

【发明人】 李宏友　蒋亚丁

【摘　要】 本发明塑木混合再生塑料原料组成配比（质量比）包括：用废旧塑料再生而新制造的含单纯一种塑料或者是含不同种类的塑料的塑料材料 100 份、锯末 20～100 份、助剂 0.1～5 份，用塑料挤塑机加工成型。本发明使用各种废旧塑料重新制粒的再生塑料原料和锯末为原料生产塑木混合再生塑料材料制品，如生产管材、片材及型材，其生产成本低，质量轻，并具有很好的韧性和刚性。

【名　称】 土工膜及复合土工膜在防渗施工中接边黏结方法

【公开号】 1288095

【公开日】 2001.03.21

【申请人】 河南省水利科学研究所

【发明人】 蒋学行　尹向东　柳锋波　袁芳　冯侠

【摘　要】 土工膜及复合土工膜在防渗施工中接边黏结方法，选用以石油沥青、苯乙烯类热塑料性弹性体为主要原料制成的热熔型胶黏剂用于土工膜、无纺布、复合土工膜、混凝土之间粘接。黏结速度快，黏度强度高，防渗效果优良。

【名　称】 增白超细空心玻璃微珠及其制备方法

【公开号】 1289731

【公开日】 2001.04.04

【申请人】 黄世鲜

【发明人】 黄世鲜

【摘　要】 本发明提供一种增白超细空心玻璃微珠及其制备方法，所述空心玻璃微珠具有颗粒粒径达万目级以上的、白色的并具有完美无缺损的球状晶体。其通过优位取料、除杂质分选提纯、乳化处理、超高温充分烧结、快速冷却成型而制得。其作为填充剂、补强剂、增白剂既可以应用于国防军工、石油化工、汽车船舶等工业领域，还可以应用于对颜色要求较高的化妆品、民用牙膏、饲料添加、橡胶、塑料、油漆、涂料等特定领域。

【名　称】 塑料容器的可拆卸封口装置

【公开号】 1291157

【公开日】 2001.04.11

【申请人】 全成秀

【发明人】 全成秀

【摘　要】 一具有第一螺纹的外螺纹件安装在塑料容器的出口内部。此外螺纹件有一第一圆柱体，其上有一用来通过其将容器内含物倒出的第一轴向通孔。外螺纹件与内螺纹件啮合。塑料容器的出口卡在外螺纹件和内螺纹件之间。为了方便地插入塑料容器，外螺纹件上第一螺纹的下部直径比上部直径大。通过盖的开关来控制内螺纹件上第二通孔的开关。所以，容器的内含物可以通过打开盖方便干净地倒出。而后还可以关紧盖，使容器得以保存。

【名　称】　在制造可电热焊接的塑料管配件中用于在一注身模中支承一电阻丝端部的方法和装置
【公开号】　1291131
【公开日】　2001.04.11
【申请人】　图尔勒有限公司
【发明人】　J. A. 阿尔基奥
【摘　要】　本发明涉及一种在制造可电热焊的塑料管配件程中用于在一个注射模中支承一个电阻丝端部的方法和装置。在该方法中，一个电热式电阻丝缠绕在芯部的周围，所述电阻丝的端部与栓钉相连，销子安装在设置在所述芯部中的凹槽（孔）中，以及利用与所述栓钉相连的销子使所述栓钉支承在所述芯部上，根据本发明，导向衬套与每一个销子以及相关的栓钉相连，每一个导向衬套支承在设置在注射模中的凹槽，一种弹性制动器，诸如弹簧作用在每一个导向衬套上以使其保持力可将导向衬套、栓钉以及销子压入到抵靠芯部的位置中，以一种已知的方式将熔融的模制材料引入到模腔中，从而开始注射模制，所述模制材料散布在芯部的周围，当熔融材料达到每一个销子时，塑料材料压力将使销子、栓钉和导向衬套从芯部上升，并克服所述制动器的保持力，诸如弹簧，以及在注射模制完成后，将芯部从所述外壳部分中拉出，打开包括导向衬套的外壳部分并且将制成的配件从注射模中取出。

【名　称】　用于塑料薄膜凸版印刷的水性油墨及其制造方法
【公开号】　1290728
【公开日】　2001.04.11
【申请人】　中山大学
【发明人】　王小妹　麦堪成　刘振兴　刘惠兴
【摘　要】　本发明涉及一种水性印刷油墨及其制造方法。水墨系由水性丙烯酸树脂、颜料、助剂、水及极少的醇类（≤5%）经制备研磨树脂、制备备用色浆及配制油墨三个步骤配制而成。通过加入交联剂和助剂，提高墨层的抗水性、耐干、湿摩擦性及附着力，并选择分散颜料的水溶丙烯酸树脂及调节流变性、涂膜耐性的疏水性浮液和调节干燥的不成膜的增水乳液进行复配，试制的水性油墨印刷速度为40～60m/min。本发明的水性油墨干燥速度快、附着牢度佳，耐水性、耐干、湿摩擦性好，特别适合于食品包装用的塑料薄膜（聚乙烯、聚丙烯）的表面印刷。

【名　称】　一种抗菌塑料及冰箱门封条
【公开号】　1290719
【公开日】　2001.04.11
【申请人】　宜兴市四通家电配套厂；宜兴市联通净化材料有限公司
【发明人】　谈岳明　吴雪飞
【摘　要】　本发明涉及一种抗菌塑料及冰箱用抗菌门封条，其主要改进是塑料中添加有0.5%～30%的由无机纳米载带银离子的抗菌剂。由于采用纳米抗菌剂，因而表现出较高的杀菌活性，尤其在光照条件下，不仅抗菌活性高，而且还能分解沾污在塑料表面的油污物质。

【名　称】　新吡唑啉酮化合物及用其制成的眼用塑料镜片
【公开号】　1290699
【公开日】　2001.04.11
【申请人】　保谷健康护理株式会社
【发明人】　岩本英寿
【摘　要】　本发明涉及新的吡唑啉酮化合物。该化合物具有极好的共聚性，当用它作眼用塑料镜片时在有机溶剂中没有洗脱，在可见光范围它有极好的吸收峰，而且它有黄色活性染料功能。

【名　称】　对干扰辐射具有屏蔽作用的支持体的制备方法及屏蔽材料
【公开号】　1290473
【公开日】　2001.04.04
【申请人】　斯托克制筛有限公司
【发明人】　P. D. 伯格舍夫　J. J. 马奇尔瑟　S. G. J. 布兰肯波尔格
【摘　要】　一种对干扰辐射，如电磁辐射具有屏蔽作用的支持体的制备方法，根据本发明，该方法包括将金属化-金属包括锡的塑料基片放进注模，并将塑料注入模中以形成支持体。覆盖有锡的塑料基片可以很容易地变形，因此它能进行三维变形，而不会降低其屏蔽特性。

【名　称】　木塑空心砖
【公开号】　1291673

【公开日】 2001.04.18
【申请人】 林宝强
【发明人】 林宝强 姜天成
【摘　要】 本发明公开了一种由木粉和塑料以及添加剂和阻燃剂等混合材料，经注塑或压塑形成的木塑空心砖的各种形状与结构。利用本发明的形状与结构的木塑空心砖，不仅可以作为建房、造内外墙使用，而且可以做地板，组合成家具等。本发明的木塑空心砖表面自身就是一个装饰品，而且其表面同样可以进行装修，如上水泥、粘贴各种板材等。因此说，本发明是一种集生态、环保、结构、维护和装饰为一体的新型建筑材料的新型结构与形式。

【名　称】 模塑的聚合物气流扩散筛网
【公开号】 1292860
【公开日】 2001.04.25
【申请人】 化学织物有限公司
【发明人】 K.G. 克贝尔
【摘　要】 本发明涉及供气系统中模塑的气流扩散塑料筛网，它有效地用来扩散或偏转通过无芯或无叶片风道而供应的气流，使不期望的气流湍流和通风/气流大大减轻，尤其是新型的塑料筛网扩散器可将从供应的进气气流中发出的噪声降至最小。

【名　称】 木粉填充 PVC 制品
【公开号】 1292398
【公开日】 2001.04.25
【申请人】 丁澎 刘学东
【发明人】 丁澎 刘学东
【摘　要】 一种以废弃木材、农作物秸秆、果壳等材料研成的粉末做填料与 PVC 塑料混炼，采用现有挤出技术而制得的木粉填充 PVC 制品可仿制出梨木、椴木、红榉、白桦等不同材质、不同品种的塑木线，具有防腐、阻燃和良好的机械加工性能，替代木线，无需打磨上漆，广泛应用于室内外建筑装修和城市公共建设。

【名　称】 白色污染的治理：用泡沫塑料制造亮膜
【公开号】 1292396
【公开日】 2001.04.25
【申请人】 王立中
【发明人】 王立中
【摘　要】 亮膜是以聚苯乙烯泡沫塑料为主要原料溶解于有机溶剂（包括 α、β-松油烯-4-醇及乙酸戊酯为主要组成的溶剂）经过适当处理制成的无色透明液体，略稠厚，微有酯的秀气，喷涂于器物表面迅速干涸形成一层均匀透明的膜覆盖于器物表面，不遮盖器物外观却能增加光泽亮度。由于亮膜无色透明，且有很强的渗透作用，故用于纸张增光、纸张保护、防止纸上文字被涂改等尤为适合，并对纸张防潮、防霉、防老化等均有良好效果，也可用于竹木器具表面上光，有很好的耐酸、耐蚀性。

【名　称】 高强度塑料导爆管制造材料
【公开号】 1296883
【公开日】 2001.05.30
【申请人】 刘永丰
【发明人】 刘永丰
【摘　要】 本发明涉及一种制造塑料导爆管的高分子材料，确切地说是一种高强度塑料导爆管制造材料。技术特征在于它以以下各质量份数组分组成：高密度聚乙烯（HDPE）50～60 份、改性剂低密度聚乙烯（LDPE）20～30 份、增容剂注塑级高密度聚乙烯 20～30 份、黏附剂聚异丁烯 3 份、抗氧剂 BHT 0.2 份。本发明材料制成的导爆管曾经过四年多的国内、国外应用验证，与现有技术相比，用本发明材料制造的导爆管具有强度高、耐低温性能好、优良的弯曲挠度性（可达到“无记忆”）和良好的药粉附着性。调变本配方配合适当制造工艺就制成基本“无记忆”的塑料导爆管，具有现有技术制造的导爆管无法比拟的柔顺性，在地面上投放几乎无反弹。这种导爆管还具有十分漂亮的外观，手感好、表面光滑美观，产品品质高。

【名　称】 聚乙烯直埋防腐保温管外套管的非电晕热离子流注入极化处理方法
【公开号】 1296882
【公开日】 2001.05.30
【申请人】 兰州市政工程总公司管道防腐保温厂
【发明人】 贾孝义 冀勇夫
【摘　要】 一种聚乙烯直埋防腐保温管外套管的非电晕热离子流注入极化处理方法，在聚氨酯硬质泡沫塑料发泡前，对聚乙烯外套管内壁进行均匀移动式加热，同时注入热离子流：再经迅速冷却固化，稳定处理结果。本发明处理成本低、处理装置简单，经该方法处理后的聚乙烯外套管与聚氨酯硬泡沫塑料的粘接强度高且均匀。经国家级试验室检测，聚乙烯管与聚氨酯硬泡沫塑料的粘接剪切强度≥360kPa，其有效粘接面积达 98%以上，产品质量、使用寿命大大提高。

【名　称】　复合氟塑料制品的制备方法
【公开号】　1295094
【公开日】　2001.05.16
【申请人】　杜邦三井氟化物有限公司
【发明人】　J.C. 李　S. 康多　H. 萨托
【摘　要】　一种复合氟塑料制品的制备方法，包括步骤：将一种可熔化氟聚合物和一种液晶聚合物熔化并掺和在一起形成一种掺和物，所述液晶聚合物比氟聚合物的熔点至少高大约20℃，让掺和物取向，以便形成包括液晶聚合物以纤维形式分散在聚合物基体内的模塑颗粒，然后至少在氟聚合物熔点但不超过液晶聚合物熔点熔化加工颗粒。本方法制造的复合制品有优良的模塑性和线性膨胀系数，并且模塑收缩低，有优异的强度和挠曲温度。

【名　称】　一种用于砧板的抗菌塑料
【公开号】　1295093
【公开日】　2001.05.16
【申请人】　汕头市金园区海纳宝抗菌用品有限公司
【发明人】　施春海
【摘　要】　本发明公开了一种用于砧板的抗菌塑料。其特征在于在塑料基料中加入0.3%～1.5%的抗菌粉剂XK-SM-01，再加工成型。本发明的抗菌塑料，能杀灭砧板上的大肠杆菌、金黄色葡萄球菌、白色念珠菌等有害细菌。能防止以上细菌通过砧板传播，危害人类健康。

【名　称】　热熔粘接塑料排水板及其制造方法
【公开号】　1294970
【公开日】　2001.05.16
【申请人】　江苏浩创基础工程材料有限公司
【发明人】　刘家豪　张树奎　竺乃飞　徐展
【摘　要】　本发明属软地基处理用塑料制品及其制造方法。由一带排水槽的芯板及在其上下两侧面上复合的无纺布滤膜制成，其特点是该滤膜与芯板上下两侧面通过热熔粘接工艺粘接成一个整体。其制造工艺包括原料挤出、平板成型、成型轧辊制芯板、复合辊在100～200℃温度下将芯板与无纺布滤膜复合成一体、分切、收卷、切断、打包工艺流程。其优点是强度高，排水可靠性高，适于深地基排水处理，且可流水线生产，成本低，并利于环境保护。可广泛应用于需要进行排水处理的各类软地基处理。

【名　称】　铝塑复合管的生产工艺及其专用拉管机
【公开号】　1294948
【公开日】　2001.05.16
【申请人】　马林远
【发明人】　马林远
【摘　要】　本发明涉及一种无缝铝管与塑料复合生产铝塑复合管的生产新工艺，它主要是在塑料内管外涂胶，插入铝管后，加温并穿经挤压拉模，拔管拉伸，再在其外分别涂胶和塑料外层，即制成产品。而所述的拉管机由拉模器、机架和拉管小车构成，其中，前者由拉模定型板、模座和相配置的拉模套、拉模组成。因此，具有工艺合理、生产设备费用较低，操作方便，产品质量好、强度高等特点。

【名　称】　就餐筷具一次性卫生套
【公开号】　1294893
【公开日】　2001.05.16
【申请人】　李瑞龙
【发明人】　李瑞龙
【摘　要】　一种就餐筷卫生产品，是有利于生态环境保护的就餐筷具卫生产品，它是用一端为封口的食品级塑料注塑出的就餐筷具塑料套管。其套在筷具的手握部位，注塑时注成不分离开的两个并列套管。就餐时可稍用力分开，便于识别是否为已使用过的筷套，具有就餐手、口感好，是一种替代一次性卫生木筷的优秀理想产品，便于携带。

【名　称】　改进的尿样容器及其使用方法
【公开号】　1294675
【公开日】　2001.05.09
【申请人】　艾布纳·利维
【发明人】　艾布纳·利维
【摘　要】　一种用来收集并运送医用试样如尿的容器有一顶部开口和一可用来封闭顶部开口的盖。在盖内有一由人造橡胶材料制成的隔膜，可被一个前端较钝的取样工具，诸如一次性使用的塑料化验室移液管刺穿，并且在这样被刺穿后基本上能自动重新密封，使分析试样可被钝头工具吸取而无需开启容器。

【名　称】　用于泡沫塑料成型的加工助剂和使用该加工助剂的氯乙烯树脂组合物
【公开号】　1294609
【公开日】　2001.05.09
【申请人】　三菱丽阳株式会社
【发明人】　右田莱穗　中田章　若林茂夫　武井精二
【摘　要】　一种用于泡沫塑料成型的加工助剂

(B)，其含有由50%～80%质量百分数的甲基丙烯酸甲酯、20%～50%的含3～5个碳原子烷基的甲基丙烯酸烷基酯和0～20%的其他可共聚单体组成的粉状共聚物，该共聚物的比浓黏度为4～8。使用该加工助剂允许氯乙烯树脂被有效地捏合并赋予其以提高的熔体强度，从而能形成细致均匀的发泡泡孔，并可另外获得高发泡倍率和吸引人的模塑外观。

【名　称】　模制聚烯烃和聚苯基氧化物产品及其生产方法
【公开号】　1294547
【公开日】　2001.05.09
【申请人】　布法罗模具塑料公司
【发明人】　J.D. 桑德斯　P.J. 阿雷茨
【摘　要】　聚烯烃和聚苯基氧化物产品如用发泡聚苯乙烯（EPS）或发泡聚丙烯（EPP）制成的产品。乙烯基材料或其他适合装饰材料的“彩箔”或“皮层”与所述产品相关联获得合意的外观和令人满意的外表面。为制备该产品，将皮层放置在阴模模具部件的模腔上。闭合模具，在有或没有真空的协助下，在加入塑料期间使皮层与阴模表面接触。该塑料以选自聚烯烃和聚苯基氧化物颗粒的小颗粒形式加入，已预发泡至密度下降约75%。利用空气压力将颗粒加入模腔，并注入蒸汽使颗粒软化并使之黏合成整体。此外，颗粒的外层与彩箔黏合而从模具中取出整体部件。本发明还包括将框架结构加入整块的成品部件中以便于与金属板门或其他支承连接。可用一些种类的固定装置使框架与模具部件相连。然后在模塑步骤期间使框架与塑料部件成为一体，则可容易地使部件与金属板门等相连。

【名　称】　硬质聚氨酯泡沫塑料的制法
【公开号】　1296501
【公开日】　2001.05.23
【申请人】　亨茨曼ICI化学品有限公司
【发明人】　A.J. 哈米尔顿
【摘　要】　一种制备开孔硬质聚氨酯或氨基甲酸酯改性的聚异氰脲酸酯泡沫塑料的方法，包括使多官能基异氰酸酯反应性组合物与含有以高分子量的含氧化乙烯基的多元醇为基础的、NCO值21%～30%的预聚物的多异氰酸酯组合物反应。

【名　称】　一种聚氯乙烯发泡材料的制备方法
【公开号】　1296033
【公开日】　2001.05.23
【申请人】　中国石油化工集团公司北京化工研究院
【发明人】　张薇　翟仁立　张师军　施辉忠　邵静波　段淑卿　李魁　尹华　杨跃承
【摘　要】　本发明公开了一种高发泡倍率PVC泡沫塑料的生产方法，该方法是将包括PVC树脂或PVC接枝树脂、增塑剂、发泡剂和加工助剂等按配方计量后，搅拌均匀混合，经双辊开炼或密炼，再在双螺杆挤出机中由机头挤出，送入烘道，经塑化熔融和发泡后，冷却切割制得高发泡倍率PVC泡沫塑料成品。

【名　称】　螺旋金属丝增强塑料及其方法
【公开号】　1295922
【公开日】　2001.05.23
【申请人】　徐舟翔
【发明人】　徐舟翔
【摘　要】　本发明涉及一种螺旋金属丝增强塑料及其方法。它包括塑料和螺旋金属丝的结合。螺旋形金属丝的材质、粗细；螺旋直径的大小、节距；螺旋节段的长度、多少以及不同直径、大小、长短螺旋金属丝节段多少的搭配随塑料制品壁厚、结构形状的复杂程度及制品所需强度不同而合理搭配，使其在塑料制品中起到骨架作用，从而提高塑料制品的强度。

【名　称】　聚氯乙烯发泡材料的制备方法
【公开号】　1296031
【公开日】　2001.05.23
【申请人】　中国石油化工集团公司北京化工研究院
【发明人】　张薇　翟仁立　张师军　施辉忠　邵静波　段淑卿　李魁　尹华　杨跃承
【摘　要】　本发明公开了一种高发泡倍率PVC泡沫的生产方法，该方法是将包括PVC糊树脂、增塑剂、发泡剂和加工助剂等按配方计量后，搅拌均匀混合，经凝胶、塑化和发泡后，冷却切割制得高发泡倍率PVC泡沫塑料成品。

【名　称】　多孔塑料配制功能物体
【公开号】　1294496
【公开日】　2001.05.09
【申请人】　世界饮料美国有限公司
【发明人】　小罗伯特　S. 卢詹伯格
【摘　要】　本发明提供了一种多孔塑料配制功能物体用于混合水溶性的或水弥散性的配制物进入流体。所发明的物体最好由聚乙烯或聚丙烯组成，所形成的内部通道网路与物体的外露表面小孔相连通。小孔的直径最好从大约 20μm 到大约 200μm。根据本发明的首选方面，配制功能物体可取下的连接到饮料容器盖，瓶颈或导管，例如可变形的瓶吸管，使配制物进入与配制功能物体接触的流体中。

【名　称】　一种大型塑料水管管件
【公开号】　1294274
【公开日】　2001.05.09
【申请人】　陈自立
【发明人】　陈自立
【摘　要】　本发明公开了一种大型塑料水管管件，其管壁以 PE 塑料为基体，以钢筋网为骨架，并采用专门的搪塑设备搪塑，一次成型，管件口径为 0.5～6m，壁厚为 5～50cm，其两端具有一对螺纹接口，以便安装密封；该管件可以是直形管，也可以是各种连接管件，管件的外壁还可增设均匀分布的凸筋。本发明不仅具有很好的韧性和抗挠度性，还能满足强度要求，两管之间的连接无需管接头和密封材料，施工安装方便，而且还具有很好的耐蚀性。

【名　称】　一种含有抗菌防霉剂的树脂组合物及其制备方法
【公开号】　1294145
【公开日】　2001.05.09
【申请人】　海尔科化工程塑料国家工程研究中心有限公司
【发明人】　李毕忠　毛园兵　季君晖　严庆　董晓旭
【摘　要】　本发明提供了一种抗菌防霉组合物，包括 50～85（质量份）的热塑性树脂；5～15 份的抗菌剂；5～15 份的 ZnO；5～15 份的防霉剂；0.2～0.4 份的偶联剂；0.05～0.2 份的助剂；1～5 份的液体石蜡。本发明还提供了一种用于制备抗菌防霉组合物的方法。本发明的抗菌防霉组合物高效广谱，添加量少，使用方便，适用面广，对塑料的力学性能影响小，而且具有优良的颜色稳定性。

【名　称】　一种抗菌塑料母粒及其在制备抗菌塑料制品中的应用
【公开号】　1294144
【公开日】　2001.05.09
【申请人】　上海博纳科技发展有限公司
【发明人】　邵佳敏　陈雪花　孙亚平　王相田　程存康　古宏晨　黎清华　董文广　罗美芳
【摘　要】　本发明公开了一种抗菌塑料母粒及其在制备抗菌塑料制品中的应用。本发明将无机纳米抗菌剂粉末经过特殊的表面处理后，使抗菌剂与塑料基体具有良好的相容性，制得一种抗菌塑料母粒，可直接用于制备抗菌塑料制品。所获得的抗菌塑料母粒具有通用性强，分散性好，工艺简单，加工性、耐温性好和无环境污染等特点，所获得的塑料制品具有抗菌长效快速的优异性能，抗菌塑料母粒的加入不影响其机械性能。

【名　称】　可降解塑料中淀粉含量的快速测定方法
【公开号】　1293360
【公开日】　2001.05.02
【申请人】　天津丹海股份有限公司
【发明人】　李汉克　吴立丽
【摘　要】　本发明提供一种可降解塑料中淀粉含量的快速测定方法，取塑料膜类样品剪成碎片放入玻璃器皿中，加入低毒有机溶剂及淀粉酶液在 90℃温度下水浴 1h，再加入浓盐酸继续沸水浴 1h 萃取水解液，用氢氧化钠调至弱碱性，再加入 0.3mol 氢氧化钡和 5%硫酸锌溶液进行脱色，用 DNS 试剂脱色，分光光度计比色，记录吸光度 E 值，计算测定出塑料中淀粉含量。本发明具有测定速度快、测定准确的显著优点。

【名　称】　阻气性薄膜
【公开号】　1297464
【公开日】　2001.05.30
【申请人】　吴羽化学工业株式会社
【发明人】　大场弘行　田中英明　佐藤智明　长谷川智久　杂贺彻
【摘　要】　本发明提供了在选自聚（甲基）丙烯酸及聚（甲基）丙烯酸的部分中和产物的至少一种聚（甲基）丙烯酸系聚合物和聚醇类的混合物形成的成型物层表面涂布含有金属化合物的层而形成的阻气性薄膜及在前述阻气性薄膜的任一表面层叠了塑料薄膜的阻气性层叠薄膜，即用简便的方法获得的阻气性有所提高的阻气性薄膜。

【名　称】　可窜行灌溉的软管接头及附件
【公开号】　1303586
【公开日】　2001.07.18
【申请人】　温秀生
【发明人】　温秀生
【摘　要】　一种可窜行灌溉的软管接头及附件，属于水利灌溉设备领域。目前市场上没有出现过这种产品，该新型软管不但连接和分离迅速，而且还有节约材料和节省体力劳动以及可以窜行浇灌农田和树林的特点。可窜行灌溉的软管接头及附件，它是由软管、插管、止档、套筒构成的软管接头以及加接软管、喷头、止流塞件、卡套和窜行卷管轮6个部件所组成。可窜行灌溉的软管接头及附件以塑料、金属、尼龙、陶瓷、玻璃钢和橡胶等为材料制成。

【名　称】　一种抗菌软质材料和用途
【公开号】　1303599
【公开日】　2001.07.18
【申请人】　中国科学院化学研究所
【发明人】　宋延林　冯威　江雷
【摘　要】　本发明提供了一种抗菌软质材料和用途。该软质材料由70～99.8份软质塑料或橡胶、0.1～20份无机抗菌剂和0.1～10份有机抗菌剂混合而成。本发明软质材料用于计算机键盘抗菌保护罩、抗菌乳胶手套、计算器、电话（包括移动电话）键和话筒及各类家电遥控器和控制面板和透明抗菌贴片。由于采用抗病菌和具有自清洁功能的新型材料，本发明提供的计算机键盘保护罩等产品便于清洗，使用简便，同时具有抗菌、抗病毒功能，应用广泛。

【名　称】　刚性管道连接系统中的柔性截止阀管道连接组件
【公开号】　1293331
【公开日】　2001.05.02
【申请人】　甘国工
【发明人】　甘国工
【摘　要】　本发明提供了一种用于金属管、金属塑料复合管等刚性管道连接系统中与管道、管件连接的筒形的可以截断流体代替截止阀功能的柔性截止阀管道连接组件。包括对管壁施力可压扁管壁使内流道密封的筒型的以聚合物或聚合物与其他材料复合的材料制成的管道、一端与管道连接而另一端与管道系统中的管道或管件连接的管道连接件。可代替各种金属防腐截止阀，使管道系统成本降低、方便管道开口接管并操作方便，可埋地使用。

【名　称】　机动车棚顶的具有塑料框和边缝密封的盖件及其制造方法
【公开号】　1293121
【公开日】　2001.05.02
【申请人】　维巴斯特车辆系统国际有限公司
【发明人】　维尔纳·佩茨
【摘　要】　机动车棚顶的盖件，具有盖板，环绕盖板边缘、压铸或发泡成型的塑料框和在塑料框外边缘处的边缘隙缝密封。塑料框的外边缘具有向下敞开的、由构成边缘隙缝密封的唇件构成外边界的槽口，其中最好安置一个比塑料框材料软的塑料衬件。还涉及制造上述盖件的方法，塑料框被压铸或发泡成型在盖板，必要时在加强框的边缘区域上；最好在塑料框的压铸或发泡成型中或在随后的加工步骤中将塑料衬件置入塑料框的槽口中。

【名　称】　遮阳膜
【公开号】　1303771
【公开日】　2001.07.18
【申请人】　株式会社可隆
【发明人】　张元硕　朴钟民　池昌燮
【摘　要】　本发明涉及一种太阳能控制薄膜，其可以用于汽车、建筑物及陈列室的各种窗玻璃以屏蔽日光，也可以防止因事故中破碎的玻璃引起的二次事故的发生。根据该遮阳膜，其由表面防护层，塑料膜基材，全息图蚀刻层，金属沉积层，压敏性黏附层和防黏层按一定的顺序复合而成。因此上述的遮阳膜有一基本的功能，例如优良的可见光与紫外线屏蔽速率，同时其显示出还具有防雾功能与基于全息效果的精美外观。

【名　称】　一种塑料薄膜
【公开号】　1303891
【公开日】　2001.07.18
【申请人】　李作舟　孙伟民　许枫
【发明人】　李作舟　孙伟民　许枫
【摘　要】　本发明涉及一种塑料薄膜，主要解决柔韧性、延伸性和抗撕拉性比较差的问题，本发明由塑料和橡胶组成，塑料和橡胶的组分按质量百分数为：塑料84%～95%；橡胶5%～16%，本发明可用于保暖材料的夹层。

【名　称】　一种处理废橡胶废塑料的方法及其汽化装置
【公开号】　1304951
【公开日】　2001.07.25
【申请人】　中国科学院山西煤炭化学研究所
【发明人】　王洋　房倚天　黄戒介　吴晋沪　曹晏　张尚武　王鸿瑜　胡振　徐奕丰　陈富艳　张守玉
【摘　要】　一种处理废橡胶废塑料的方法是将废橡胶和废塑料先破碎至10～100mm，加入汽化炉下部，在720～850℃温度下进行热解汽化，生成含有焦油的空气煤气再经过汽化炉上部850～920℃的高温区，使焦油裂解，得到不含油焦洁净煤气。本发明具有经气体分析及气体冷凝液分析，三种物料产生的燃料气体均不含有高分子烃类物质（无焦油），经水洗后气体洁净，可直接燃烧使用，尾气净化系统简化，操作简单的优点。

【名　称】　一种发泡 UPVC 塑料管材及其制备工艺
【公开号】　1304957
【公开日】　2001.07.25
【申请人】　招远市海星塑料厂
【发明人】　张双全　黄学伦　王永选　王锡臣　于好兴　黄志诚
【摘　要】　本发明提供了一种发泡 UPVC 塑料管材及其制备工艺，它含有 PVC 树脂 40～60 份，稳定剂 1～4 份，发泡剂 0.5～8 份，丙烯酸树脂 1～4 份，工程塑料 3～10 份，增容剂 1～4 份，增韧剂 3～4 份，交联剂 0.5～4份，润滑剂 0.5～2 份，填充剂 10～30 份，采用一步法挤出生产工艺制成高性能的发泡 UPVC 塑料管材，该管材的刚度、抗冲性、耐候性、拉伸强度等性能均超过现有的发泡 UPVC 塑料管材。

【名　称】　堆肥环境自降解塑料制备方法
【公开号】　1304954
【公开日】　2001.07.25
【申请人】　天津大学
【发明人】　于九皋　高建平　林通
【摘　要】　本发明公开了一种堆肥环境自降解塑料制备方法。该方法是在聚乙烯中加入 15%～30%（质量百分数）的改性淀粉和含有 Fe^{3+} 离子化合物与油酸、亚油酸构成的促降解剂，经过搅拌混合构成。这样自降解塑料在温热酸湿的堆肥环境中自降解性尤为突出，生物降解后失重率达 20%以上，光解后断裂伸长率保留值小于 10%。

【名　称】　改性 PP-R 塑料专用料及其制备方法
【公开号】　1304956
【公开日】　2001.07.25
【申请人】　招远市海星塑料厂
【发明人】　黄学伦　于好兴　王永选　王锡臣　黄志诚　张双全
【摘　要】　本发明涉及一种通过工程塑料改性的 PP-R 塑料专用料及其制备方法，本发明的改性 PP-R 塑料专用料，按质量份，包括 PP-R 树脂 50～75 份、工程塑料 10～30 份、增容剂 1～10 份、润滑剂 0.5～3 份，还可以加入高熔点聚丙烯 7～20 份、活性纳米材料 1～5 份，其制备方法包括混料、冷却、造粒、冷却切料四个步骤，本发明的改性 PP-R 塑料专用料制成的塑料制品具有耐高温、高强度、耐疲劳性和较长的使用寿命。

【名　称】　一种改性 UPVC 塑料管材及其制备工艺
【公开号】　1304958
【公开日】　2001.07.25
【申请人】　招远市海星塑料厂
【发明人】　王永选　于好兴　黄学伦　王锡臣　黄志诚　张双全
【摘　要】　本发明提供了一种改性 UPVC 塑料管材及其制备工艺，它含有 PVC 树脂 50～90 份，PE 树脂 8～30 份，丙烯酸树脂 0.5～5 份，工程塑料 5～20 份，增韧剂 2～15 份，增容剂 2～5 份，稳定剂 1.8～5 份，润滑剂 0.5～3 份，填充剂 10～32.5 份，活性纳米材料 0.5～5 份，经过混料、高温捏合、冷却等工序制成改性 UPVC 塑料原料，然后用该原料制成塑料管材，其刚度、抗冲性、耐候性、拉伸强度等性能均超过现有的 UPVC 塑料管材。

【名　称】　用于塑料光学材料的单体组合物，塑料光学材料和透镜
【公开号】　1304421
【公开日】　2001.07.18
【申请人】　日本油脂株式会社
【发明人】　鲤沼康美　田中克佳　藤田隆
【摘　要】　一种提供具有高折射率和色散系数，低密度及极好的物理性质，例如染色性、耐热性、抗冲击性等的塑料光学材料的单体组合物。该组合物包括二（甲基）丙烯酸酯，二乙烯基苯和二乙烯基联苯中的至少一种，交联型异氰酸酯化合物，具有两个或多个硫羟基团的化合物和硫代氨基甲酸乙酯键合促进化合物。通过上述组合物与自由基聚合引发剂的反应获得的塑料光学材料被用做生产透镜的材料。

【名　称】　聚异氰脲酸酯泡沫塑料
【公开号】　1304426
【公开日】　2001.07.18
【申请人】　亨茨曼 ICI 化学品有限公司
【发明人】　A. 罗塔克尔
【摘　要】　本发明提供制造聚异氰脲酸酯泡沫塑料部件，如自 SRIM 法制造聚异氰脲酸酯泡沫塑料部件的聚异氰脲酸酯体系。该反应体系包括聚异氰酸酯和聚异氰酸酯反应性成分，后者包含三聚催化剂、多元醇和羧酸发泡剂，任选包含水作为共发泡剂。该反应体系能够仅仅用羧酸发泡，以便制造模具滞留时间较短的能够脱模的 SRIM 产品。

【名　称】　销售包装
【公开号】　1305424

【公开日】 2001.07.25
【申请人】 豪沃拉普鲁布斯特有限公司
【发明人】 格哈德·哈格尔 曼弗雷德·赖因哈特 迪特尔·H. 舍恩莱因
【摘 要】 用于容纳一个或多个具有固有稳定性，特别是工具产品的销售包装，该销售包装带有一个保护性的塑料封装件以便至少局部地容纳产品，该保护性的封装件为本身具有稳定性的塑料刚性膜，该塑料刚性膜形状贴合地至少局部包围着产品的外轮廓——其包装方式为一种表层包装——并且还有一个由纸、纸板、卡板、塑料或类似的材料制成的附加后封盖与该塑料刚性膜连接。在这种情况下，所说封盖仅包括了塑料刚性膜后面的一个子区域。

【名 称】 标记层压薄膜材料的方法
【公开号】 1305415
【公开日】 2001.07.25
【申请人】 诺瓦提斯公司
【发明人】 E. 朱克斯 R. 施罗特 D. 加恩
【摘 要】 本发明涉及一种标记至少包含金属薄膜和通过黏合剂固定于其上的塑料薄膜材料的层压薄膜材料的方法。为确保该薄膜材料的标记能经受任何随后的工艺步骤，如包装材料的消毒，且在视觉上吸引人，可以通过激光除去该塑料薄膜材料和/或明显改变结构。

【名 称】 在一次性使用的穿着用品中使用的挠性薄片
【公开号】 1301528
【公开日】 2001.07.04
【申请人】 尤妮佳股份有限公司
【发明人】 久中隆行 八卷孝一 铃木未央 高井尚志
【摘 要】 提供在一次性使用的穿着用品中使用的与皮肤接触良好的无塑料状光泽的挠性薄片。将在一次性使用的穿着用品中使用的塑料薄片进行开孔处理而得到挠性薄片有用开孔做成的多个开孔列和夹住开孔列的相邻的平坦部分，在平坦部分中的开孔的边缘处，形成重复的锯齿状的起伏的立起部分。立起部分在其两侧，有深度至少为 0.01mm 的峡谷部分，就有 $1cm^2$ 挠性薄片而言，至少形成 500 个立起部分。

【名 称】 一次性的体液吸收性物品的透液性复合薄片及其制造方法
【公开号】 1301530
【公开日】 2001.07.04
【申请人】 尤妮佳股份有限公司
【发明人】 合田裕树
【摘 要】 提高在一次性使用的体液吸收性物品中使用的透液性复合薄片的隐蔽力。在一次性使用的体液吸收性物品中使用的透液性复合薄片具有上面的塑料薄片层和下面的纤维集合层，塑料层由朝单向相互平行地延伸的多条带状材料部分和与带状材料部分接合，实质上覆盖整个纤维集合层的薄膜状材料部分做成。在薄膜状材料部分中，在带状材料部分，形成透液性开孔。

【名 称】 金属外表的塑料制品，尤其是无线电控制的手表壳
【公开号】 1301603
【公开日】 2001.07.04
【申请人】 荣汉斯·乌伦股份公司
【发明人】 W. 斯普林格 H. 斯塔德勒
【摘 要】 通过往塑料毛坯施用现代漆，其颜色装饰表面受到的保护大大优于其上使用常规的色漆的情况。固化主要采用常规的加热法，但还可以采用 UV 灯下的光固化，所述光固化具有非常好的前景并且只约有采用常规加热法所需能量的 1/10。

【名 称】 五防粮食保鲜专用袋
【公开号】 1301660
【公开日】 2001.07.04
【申请人】 天津市农产品保鲜研究中心
【发明人】 李喜宏 陈丽
【摘 要】 一种五防粮食保鲜专用袋，有内、中、外三层，内层为由 PVC 膜为载体的防虫、防霉层；中层为改性 PVC 的防潮和气调保鲜膜层；外层为机械强度高的带有驱鼠剂的塑料编织物层：特点是：其袋功效是综合性的。即化学防虫、防霉、防鼠、防陈化与粮食呼吸的 MA（自发气调）物理防虫、防霉、防鼠、防陈化、防潮相结合的综合方式达到粮食保鲜目的。

【名 称】 发光塑料母料及其制法
【公开号】 1301792
【公开日】 2001.07.04
【申请人】 大连路明科技集团有限公司
【发明人】 肖志国 熊楚耀 刘欣
【摘 要】 一种发光塑料母料，是用载体树脂，蓄光型发光材料与高分子蜡等原料，经混合、混炼、挤出、粉碎、切粒等工艺制得。其发光材料分散均匀，母料能与多种树脂熔合，特别是由于载体树脂包覆了

发光材料，提高耐磨性和阻断其与金属接触，避免了现有技术制作发光塑料时的变黑缺陷。使得用这种发光母料制得的发光制品的发光强度高并且颜色纯正、光洁、滑润。

【名　称】 联苯基聚酰亚胺超高温工程塑料专用料的制备方法
【公开号】 1301779
【公开日】 2001.07.04
【申请人】 中国科学院长春应用化学研究所
【发明人】 丁孟贤　高连勋　杨琦　张仲华
【摘　要】 本发明属于可以直接用来压制精密零件的超高温工程塑料专用料的制备方法。该方法是用联苯二酐为基本原料和二胺及封端剂共聚，在辅以添加剂，利用较低分子量的预聚物具有的较大的流动性可以提高其加工性能，再利用聚酰亚胺端基可以再反应的特性或利用活性端基彼此反应在模压条件下发生分子量增长或交联，最后得到既具有超高热稳定性和优良机械性能又具有加工性的联苯型聚酰亚胺专用料。

【名　称】 生产热塑性材料挤压成型模模体的装置的改进
【公开号】 1302251
【公开日】 2001.07.04
【申请人】 塞帕公司
【发明人】 马特奥·佐帕斯
【摘　要】 用于吹模生产中空塑料物体的装置，它包括多对相互可连接的、能够开启和闭合的半型，并与承载半型的适合的转动装置相连接，一用来在半型开启后将成型挤压成型模模体移出相应的该成对半型的取出设备，一在其经过预型件给进装置位置的阶段后闭合半型，和在经过成型挤压成型模模体移出装置位置的阶段前开启半型的装置，上述多对半型均由一固定半型和一能够相对上述固定半型开启和闭合的运动半型构成。在一个最佳方式下，上述固定半型与上述转动装置相连接，并设置在一大致竖直的位置，相应运动半型通过大致围绕一水平转动轴的转动运动来实现闭合。

【名　称】 包装材料和用它制成的防光包装容器
【公开号】 1302255
【公开日】 2001.07.04
【申请人】 利乐拉瓦尔集团及财务有限公司
【发明人】 L. 贝里霍尔茨　L. 克林特
【摘　要】 一种包装材料和用它制成的防光包装容器如瓶子。该包装材料包括至少一个矿物填充的塑料层，该层为了提高光障的目的，还包括炭黑微粒。该包装材料最好为三层式，含有炭黑的矿物充填层被设置在两个外部塑料层之间，外部层所用塑料最好与中间层相同。为了遮盖含有炭黑的中间层，至少一个，最好两个外部塑料层敷上最好为二氧化钛的白色涂剂。瓶子用本发明的包装材料经过复合的挤压和吹塑操作制成，可使用传统的过程设备。

【名　称】 热塑性塑料眼镜片的成型、退模及浸渍硬镀
【公开号】 1302726
【公开日】 2001.07.11
【申请人】 加利克-莫斯公司
【发明人】 S.M. 毛斯　G.J. 加利克
【摘　要】 无毛边纯净性改进的热塑性眼镜片的塑料注射压缩多模腔成型法，镜片适于浸渍硬镀，采用具有变容模腔的弹簧加载的模具，以形成成对的光学放大率范围很大的聚碳酸酯传统眼镜片，其上具有模制的特殊设计构件，特别适于用在全自动处理中，开始时从模具中退出，进入自动取出机，这种退出通过全自动化与随后的浸渍硬镀结合成一体。各对镜片或诸镜片的模制片特别适于有型自动机器操作。

【名　称】 一种塑料防盗瓶盖的制造方法
【公开号】 1305930
【公开日】 2001.08.01
【申请人】 上海紫日包装有限公司
【发明人】 储炯立
【摘　要】 本发明涉及一种塑料防盗瓶盖的制造方法，主要解决塑料瓶盖上具有注入点并不能连续生产的问题，其特征是：将原料经螺杆加热挤压，然后将挤压出来的柱状原料切入模具并将其压制成型，同时将其冷却，并脱模成盖体，然后用加热后的成型刀片在盖体的外壁切割出防盗环而成。

【名　称】 废旧塑料和粉煤灰复合制品的挤出、注射生产方法
【公开号】 1306031
【公开日】 2001.08.01
【申请人】 中国科学院长春应用化学研究所
【发明人】 莫志深　张宏放　那天海　于黎　吴绍佳　于英宁
【摘　要】 本发明选用废旧聚丙烯（PP）或聚乙烯（PE）或聚氯乙烯（PVC）或聚酯（PET）；筛后粉煤灰的粒度≤80 目复合，经加温捏合放入螺杆挤出机

中挤出、造粒，再经控制温度注射成管材和箱体制品。制备的管材和箱体制品与原用塑料相比，其力学性能可提高20%～40%，使用温度可提高10℃以上，氧指数>27。

【名　称】　废旧塑料和粉煤灰复合制品的塑炼压延生产方法
【公开号】　1306033
【公开日】　2001.08.01
【申请人】　中国科学院长春应用化学研究所
【发明人】　张宏放　莫志深　那天海　吴绍佳　于黎　于英宁
【摘　要】　本发明提供一种废旧塑料和粉煤灰复合制品的塑炼压延生产方法，使用通用废旧塑料聚乙烯(PE)、聚氯乙烯（PVC)、聚苯乙烯（PS)、聚酯(PET）与经筛选≤80目的烧蚀量<10%的火电厂静电除尘粉煤灰为主要原料；加入少量相关助剂通过捏合和塑炼混熔，利用压延法制造板材所制备的板材，其抗压强度可达22～50MPa，抗弯强度18～28 MPa，抗弯模量400～800MPa，断裂伸长率5%～18%，拉伸强度13～25MPa，使用温度提高10℃以上。

【名　称】　微波炉用无机填充增强聚丙烯复合材料
【公开号】　1306036
【公开日】　2001.08.01
【申请人】　从化市聚赛龙工程塑料有限公司
【发明人】　郝源增
【摘　要】　一种微波炉用无机填充增强聚丙烯复合材料，其特征在于：组分的质量百分比为聚丙烯树脂40%～92%，无机填料5%～40%，抗氧剂0.1%～2%，偶联剂0.05%～2.5%、增韧剂2.8%～20%。本发明具有较高的刚性及热变形温度，较好的韧性，良好的尺寸稳定性和热老化性，较低的热膨胀系数、收缩率及成本，可用做微波炉门封、微波炉风扇支架、微波炉导风罩、微波炉炉脚等微波炉塑料零件。

【名　称】　啤酒瓶盖隔氧层制作工艺
【公开号】　1307944
【公开日】　2001.08.15
【申请人】　上海紫日包装有限公司
【发明人】　储炯立
【摘　要】　啤酒瓶盖隔氧层制作工艺，将糊状的隔氧材料放入料盒内，通过传递辊将糊状的隔氧材料传递到压入辊的脚子表面；此时盖底向下的塑料盖排列进入每个压入辊的脚子下面，通过传递糨糊状隔氧材料传递到塑料盖的底部内侧，依次反复进行。这样盖底内侧形成很薄的一层隔氧层。这一隔氧层放置很短的时间后自行干涸。在隔氧层的上面再制密封垫，最后形成了一层隔氧材料和啤酒瓶密封用的垫片。本发明工艺步骤少，成品率高，节省材料。

【名　称】　三防伪密封塑料包装桶
【公开号】　1308007
【公开日】　2001.08.15
【申请人】　江阴市鑫宝铁塑制品有限公司
【发明人】　徐煜忠
【摘　要】　本发明涉及一种三防伪密封塑料包装桶。包括桶盖和桶身，桶盖与桶身交接口处的桶盖下沿设置有一环状撕拉圈，撕拉圈外表面上设置有开口处，桶身外边上沿装置有一外圈，外圈上开设防伪开口处，桶身上防伪开口处与桶盖上开口处位置相对，防伪开口处设置防伪拉块，防伪拉块与防伪开口处采用连接棒连接。本发明防伪彻底，无论桶盖与桶身均不能重复使用。杜绝了假冒，确保了著名产品的质量和信誉。

【名　称】　具有高密度表层的聚烯烃泡沫塑料珠粒料及其制备方法
【公开号】　1308096
【公开日】　2001.08.15
【申请人】　豪特克有限公司
【发明人】　郑文朝　金洛中
【摘　要】　公开了一种具有高密度表层的聚烯烃泡沫塑料珠粒料及其制备方法。可以通过以下方法制备具有密度高于其内部结构的表层（外皮）的新型聚烯烃泡沫塑料珠粒料，该方法包括：通过热作用下在压力容器中搅拌聚烯烃树脂颗粒、水和发泡剂的混合物，用发泡剂浸渍聚烯烃树脂，接下来将发泡剂从树脂颗粒的表层扩散出去，以降低表层的发泡剂的浓度。然后，通过将树脂颗粒投放到低压环境中而将聚烯烃树脂发泡。

【名　称】　一种农用塑料棚膜
【公开号】　1307070
【公开日】　2001.08.08
【申请人】　中国科学院长春光学精密机械研究所
【发明人】　李文连　赵丹　洪振义　李锐钢
【摘　要】　本发明指的是一类可利于农作物特别是蔬菜、果树及花卉栽培的新型农用塑料棚膜，通过添加无机-有机混合型荧光剂，可使塑料棚膜拥有两种光功能，吸收自然光中对农作物生长发育不利的波长为200～400nm波段的紫外光和480～570nm的绿光，转换成农作物光合作用最需要的波长为590～680nm的橙红光，发射出作物光合作用最需要的波长为410～470nm的蓝光、590～680nm的橙红光和可提高棚温的700～760nm的红外光。在自然光照射下，这两种塑料大棚下栽培的农作物、果树及花卉等品种提供了高光合作用能力和提高棚温，从而达到促进农作物生长发育和增加果实品质的目的。

【名　称】　塑料用抗紫外线母料的制备方法
【公开号】　1307072
【公开日】　2001.08.08
【申请人】　浙江工业大学　四川大学　宁波信高股份有限公司
【发明人】　王旭　黄锐　金春洪　陈海涛　范友水
【摘　要】　塑料抗紫外线母料的制备方法，其特点是将纳米粒子、分散剂按100：(0.01～0.05)的比例加入高速混合机中，于温度100～200℃，进行混合10～60min，目的是将纳米粒子进行表面分散处理，将表面处理过的纳米粒子按5～30份与载体树脂70～95份加入密炼机或双辊开炼机上混炼，然后将混合物在破碎机内破碎，再将破碎料加入双螺杆挤出机中，于温度175～220℃，螺杆转速60～150r/min，挤出造粒制得塑料抗紫外线母料。

【名　称】　生产防水涂料的工艺方法
【公开号】　1307078
【公开日】　2001.08.08
【申请人】　仝兆胜　李猛
【发明人】　仝兆胜　李猛
【摘　要】　以废旧聚苯乙烯塑料为主料生产防水涂料的工艺方法。主要包括配料、熔合和乳化三道工序，即首先利用一种或多种增塑剂、稳定性、防老剂、紫外线吸收剂、屏蔽剂和着色剂并按其与主料聚苯乙烯的适当比例配制成粉状副料，然后在适当的条件下将副料和主料先后送入熔合釜中加热熔合，最后将熔合后的熔融料送入乳化机并利用乳化液乳化成防水涂料。本发明工艺简单，生产的防水涂料的防水性能持久，故特别适于回收处理废旧聚苯乙烯塑料。

【名　称】　一种用废旧塑料生产汽油、柴油的工艺
【公开号】　1307084
【公开日】　2001.08.08
【申请人】　郭思席
【发明人】　郭思席
【摘　要】　一种用废旧塑料生产汽油、柴油的工艺，其是将废旧塑料放入裂解釜中，加入催化剂进行裂解反应，再经旋风分离器分离，冷却器冷却后得到液态裂解液，最后导入蒸馏釜中，分馏出汽油和柴油，分装入罐。采用本发明生产工艺，裂解迅速，产率高，成本低，无污染，生产安全可靠。

【名　称】　钢塑复合管内塑料层生产工艺
【公开号】　1327913
【公开日】　2001.12.26
【申请人】　吴爱国
【发明人】　吴爱国
【摘　要】　本实用新型公开了一种钢塑复合管内塑料层生产工艺，包括以下工序：制塑料管、钢管除锈、塑料管牵引至钢管内、塑料管充气、加热金属管、冷却成型制成钢塑复合管。该工艺简单，钢管层与塑料层无空隙，塑料层不易脱落起层，使用寿命长。

【名　称】　一种滤料的硬挺化工艺
【公开号】　1312124
【公开日】　2001.09.12
【申请人】　王蕴渔
【发明人】　王蕴渔
【摘　要】　本发明公开了一种滤料的硬挺化工艺，采用PET纤维，三维网状结构热轧无纺布作为基布，覆涂发泡后的高分子塑料，符合表面过滤机理，具有表面光滑、疏水性，解决了超细粉尘、纤维性粉尘、聚结性粉尘及含湿量较高的粉尘过滤难题，使空气过滤效果有了本质的提高。

【名　称】　薄膜式检漏仪
【公开号】　1323391
【公开日】　2001.11.21
【申请人】　因菲康有限公司
【发明人】　鲁道夫·弗洛斯巴赫
【摘　要】　本发明涉及一种具有两张分别绷紧在一个框架中的薄膜式检漏仪。为了获得简单稳定的结构而规定了每个框架由两个塑料框架部构成，薄膜被固定在它们之间。

【名　称】　激光可标记的塑料
【公开号】　1318578
【公开日】　2001.10.24
【申请人】　默克专利股份有限公司

【发明人】 H. 尼布 D. 海因兹 R. 德尔普 G. 普法夫 M. 孔茨
【摘　要】 本发明涉及激光可标记塑料，该塑料的特征是它包含作为掺杂剂的下列物质：至少一种选自铝、硼、钛、镁、铜、锡、硅和锌的金属粉末和/或半金属粉末，和一种或多种基于硅酸盐的有效颜料。

【名　称】 金属-塑料复合品的制造方法
【公开号】 1320722
【公开日】 2001.11.07
【申请人】 井上株式会社
【发明人】 山本敏博
【摘　要】 本发明提供金属-塑料复合品的制造方法，该方法使得在实施导电化处理后，即使对含有导电纤维的塑料成型品进行金属镀，金属镀层的表面也不会产生粗糙不平。其解决方法是，将含有导电纤维的塑料成型品在形成金属镀层前的化学粗化之前，先实施物理粗化。

【名　称】 提供耐候性薄膜和片材的聚合组合物及方法
【公开号】 1321705
【公开日】 2001.11.14
【申请人】 罗姆和哈斯公司
【发明人】 O. J. 乔勒特
【摘　要】 本发明公开了含乙烯基芳香族润滑共聚物的聚合组合物，它可熔融加工成具有优异的光学、印刷、耐候性以及抗拉伸冲击性的塑料薄膜或薄层。本发明也公开了制备本发明组合物的塑料薄膜的方法。本发明也公开了具有本发明塑料薄膜和基材的复合制品。

【名　称】 复合材料托盘
【公开号】 1313231
【公开日】 2001.09.19
【申请人】 李平　叱利民
【发明人】 李平　叱利民
【摘　要】 本发明公开了一种复合材料托盘，属用于物件或物料的储存或运输的容器技术领域。它是用一定量的粉煤灰、废旧塑料、废旧纤维，加上黏合剂，在高温高压下模压成形的。同已有技术方案相比，本发明产品强度高，耐用性好，不易变形，不受腐蚀，不被虫蛀，特别是利用废物而减少了环境污染，经济效益和社会效益显著。

【名　称】 利用废旧塑料生产涂料的方法
【公开号】 1312341
【公开日】 2001.09.12
【申请人】 张先庆
【发明人】 张先庆
【摘　要】 本发明是一种利用废旧塑料生产涂料的方法，该方法是将废旧塑料如聚乙烯、聚丙烯、聚氯乙烯与聚苯乙烯废旧泡沫按 1∶(0.5～1.2)的质量比，加入到汽化釜中，加温至 80～300℃，所得汽化物经过滤冷却得液体，调制成膏状得半成品，所得半成品再与稀释剂、抗老化剂混合，即得产品，生产设备简单、成本低、工艺条件温和、回收利用效率高。

【名　称】 环保塑料用添加剂及其制备方法
【公开号】 1317509
【公开日】 2001.10.17
【申请人】 福懋兴业股份有限公司
【发明人】 张钦堂
【摘　要】 一种环保塑料用添加剂，其包括 1%～40%质量百分数的煤灰，20%～80%的载体，1%～60%的第一种氢氧化物及 1%～50%的第二种氢氧化物。此环保塑料用添加剂可添加于各类聚烯烃塑料及通用塑料中，经使用后于焚化炉中燃烧，其有降低焚化炉中产生的氯化氢气体量的环保效果。一种环保塑料用添加剂的制备方法。

【名　称】 嵌段共聚聚丙烯涂覆料
【公开号】 1312342
【公开日】 2001.09.12
【申请人】 辽宁华锦化工（集团）有限责任公司技术开发中心
【发明人】 付传玉　刘作军　张静涛　王洪涛　梁立宏　王洪波　杨好堂　阎冰
【摘　要】 本发明为嵌段共聚聚丙烯涂覆料，适用于塑料编织袋内表面涂层、纸塑复合、薄膜复合等，涂覆料主要以丙烯和乙烯为原料，这种涂覆料的特征是乙烯含量高，韧性、低温性能好，使用寿命长，加工工艺简单，涂膜工艺稳定，加工温度低，节能。

【名　称】 用于光和生物降解塑料制品的多元组合物及用途
【公开号】 1312318
【公开日】 2001.09.12
【申请人】 郝本忠
【发明人】 郝本忠
【摘　要】 本发明是一种完全不含淀粉，以甲壳质、干酪素等新型生物活性物质，与助生物降解体系并科学配合以光降解和自氧化催化体系等多元复合的组合物的制备方法，以及应用它制造可光和生物降解的一次性使用和包装领域的各种塑料制品。在自然界条件下，降解物质能够被微生物利用，放出二氧化碳和水，成为对环境友好化的材料。

【名　称】　管子挤胀连接方法及连接组件
【公开号】　1317661
【公开日】　2001.10.17
【申请人】　北京化工大学
【发明人】　吴大鸣　丁玉梅　陈卫红　何亚东　朱复华
【摘　要】　本发明管子挤胀连接方法及连接组件是利用弹性体在加压件轴向压力的作用下受压变形对管子产生径向压力，使管子受压变形挤胀连接在连接组件上。连接组件包含有加压件、弹性件和胀接件，胀接件由外套和内筒构成。适合于塑料或橡胶弹性软管、能产生塑性变形的薄壁金属管或塑料金属复合管等管子之间或管件的连接。

【名　称】　吸收性物品的表面层及其制法
【公开号】　1310991
【公开日】　2001.09.05
【申请人】　尤妮佳股份有限公司
【发明人】　水谷聪　野田佑树　田村龙也
【摘　要】　用于覆盖吸收性物品的受液面的具有多个开孔的表面层，其特征在于上述表面层由含粒状体的热塑性树脂形成，上述粒状体是平均粒径在0.1～30μm。相对于形成上述表面层的热塑性树脂的100质量份为20～150的质量份。该表面层柔软，没有塑料所特有的发黏感和闷热感。

【名　称】　潜在的亲水性树脂及含该树脂的组合物
【公开号】　1314422
【公开日】　2001.09.26
【申请人】　大日精化工业株式会社
【发明人】　长沼均　中村道卫　小熊尚实
【摘　要】　本发明提供一种潜在的亲水性树脂，含该树脂的组合物及其使用，它由在碱性中易于进行皂化而产生羧基的单体单元、有羧基的单体单元和有羟基的单体单元所组成。由含该树脂的组合物的印刷被复膜或粘贴在该制品上的片状印刷物，在用碱水处理时易于脱落，可以无色状态使塑料制品等回收再生。

【名　称】　塑料光纤的管式加热拉锥方法
【公开号】　1313185
【公开日】　2001.09.19
【申请人】　东南大学
【发明人】　杨春　孙小菡　张明德　丁东
【摘　要】　本发明公开了一种用于光纤拉锥的塑料光纤的管式加热拉锥方法，其方法是用管式加热器对塑料光纤的拉锥处进行加热，待塑料光纤拉锥处的温度大于光纤玻璃化转变温度而小于光纤的分解温度时，对塑料光纤进行拉伸直至拉锥处形成锥体。本发明能使拉锥在温度均匀的状态下进行，提高了光纤拉锥的成形精度。

【名　称】　聚丙烯塑料与玻璃钢的复合方法
【公开号】　1317404
【公开日】　2001.10.17
【申请人】　武进市防腐设备厂
【发明人】　朱忠桓　杨伟东
【摘　要】　本发明涉及一种聚丙烯塑料与玻璃钢的复合方法。该方法不使用黏结剂，在聚丙烯塑料外包覆玻璃纤维织物并加热至聚丙烯塑料熔点，冷却至室温后，再进行玻璃钢的成型即制得聚丙烯塑料与玻璃钢复合制品。本发明方法黏结牢固、成本低，对聚丙烯塑料与玻璃钢复合制品的推广应用十分有益。

【名　称】　一种钢塑复合管
【公开号】　1311408
【公开日】　2001.09.05
【申请人】　李志雄
【发明人】　李志雄
【摘　要】　本发明公开了一种由塑料层和钢铁层组成的钢塑复合管，该钢铁层为波纹形管，钢铁层设在塑料层之间，这种结构利用了钢板本身的高强度和波纹管的几何特征形成的高刚度，加上塑料本身的优良化学、物理性能，使本发明的钢塑复合管具有质量轻、强度高、抗冲击、耐腐蚀、管路压力损失小，还具有良好的耐燃性和保温性和有效减弱液体冲击噪声的特点。

【名　称】　废塑料裂解油化装置
【公开号】　1309162
【公开日】　2001.08.22
【申请人】　赵恕然
【发明人】　赵恕然
【摘　要】　本发明涉及一种废塑料裂解油化装置，它解决了废塑料经过裂解催化，变废塑料为工业用油，成为有用资源的问题。它是在裂解釜中投入废塑料，通过催化室的催化物和加热裂解的作用下，经过输气管输入到冷凝塔冷凝，产生重油、汽油、柴油。本发明简单实用，安装方便，投资少，裂解反应速度快，时间短，密封程度好，减少了裂解加热废塑料过程中废气和废液对周边环境的污染。

【名　称】　热塑塑料制品的热模塑工艺及其设备
【公开号】　1323683
【公开日】　2001.11.28
【申请人】　中央研究试验有限公司
【发明人】　F. 塞萨诺
【摘　要】　一种热塑塑料制品的热模塑工艺，包括下列步骤：将至少一块热塑塑料板加热至增塑温度；对两个半模彼此相对的两个成型面之间的已加热塑料板进行压缩；以及在对所述两个成型面之间的塑料板进行压缩同时，采取注射模塑成形法形成至少一个固定在塑料板表面的元件。

【名　称】　含有天然纤维的聚氨酯发泡材料及其制造方法
【公开号】　1324893
【公开日】　2001.12.05
【申请人】　赵根普　江雪平
【发明人】　赵根普
【摘　要】　本发明提供一种含有天然纤维的新型聚氨酯发泡体及其制造方法。该发泡体中含有总体积20%～67%的天然纤维原料，在制造方法中采用天然纤维与聚氨酯二次混合发泡，其可大幅度降低聚氨酯泡沫塑料的气相容积率，提高制品的热导率，同时提高了聚氨酯泡沫塑料的机械性能，尤其适合制作夏季使用的如床垫、坐垫、枕芯、鞋底等制品。

【名　称】　一种给排水井盖及其生产工艺
【公开号】　1315243
【公开日】　2001.10.03
【申请人】　南通市太平洋电器设备有限责任公司
【发明人】　杨建华
【摘　要】　本发明公开了一种给排水井盖及其生产工艺产品包括聚烯烃类废弃塑料30%～60%、粉煤灰30%～55%、阻燃剂2%～4%、加强剂2%～6%、抗老化剂2%～5%。生产工艺包括选料、粉碎、配料混合、高温处理、挤出成型等步骤。本发明利用废弃物为主要有利原料，有利环保，且成本低、不易被盗，生产工艺简单、方便。

【名　称】　废橡胶、废塑料、废泡沫综合利用技术
【公开号】　1315488
【公开日】　2001.10.03
【申请人】　何顺生
【发明人】　何顺生
【摘　要】　本发明涉及一种固体废物的处理技术。它是将废橡胶、废塑料、废泡沫加上催化剂后，投入分解炉裂解成气体，将气体送入冷凝器冷却成液体、再经分馏、冷却、过滤，精制后成为成品油。上述催化剂由65%～80%的活性剂420与20%～35%的溶剂汽油混合配制而成。采用本发明能使废物得到最大限度的利用，且保护了生态环境，具有广泛的社会意义和较好的经济价值。

【名　称】　聚氨酯保温装饰复合墙板生产流程
【公开号】　1326038
【公开日】　2001.12.12
【申请人】　张小平
【发明人】　张小平
【摘　要】　本发明涉及复合墙板生产流程，其特点是用硬质聚氨酯泡沫塑料为保温材料，并充分运用硬质聚氨酯在发泡过程中的自黏性，将带有建筑构件或附件的墙板复合在一起，形成不同用途的复合墙板，墙板在平置状态下进行涂饰或装饰。生产厂无三废排出，投资小、能耗低、市场大、效益好。可用于各种框架式结构，建造拼装式房屋，尤其在高寒、酷暑、潮湿、交通不便、能源紧张的地区更显示出优势。

【名　称】　一种构建基因工程集胞藻生产可生物降解塑料的方法
【公开号】　1309183
【公开日】　2001.08.22
【申请人】　清华大学
【发明人】　沈忠耀　吴桂芳　吴庆余
【摘　要】　本发明涉及一种构建基因工程集胞藻生产可生物降解塑料的方法，首先利用聚合酶链式反应技术得到野生型集胞藻的agp基因，然后利用分子克隆技术对其进行部分删除，用获得的重组质粒转化野生型集胞藻，最后获得无糖原合成能力、能生产可生物降解塑料PHB的基因工程集胞藻，使用本发明的方法，为利用清洁和清洁原生产环境友好型物质提供了可能。

【名　称】　一种完全环保的食用类液体的包装方法
【公开号】　1319544
【公开日】　2001.10.31
【申请人】　赵申苓
【发明人】　赵申苓
【摘　要】　本发明公开了一种完全环保的食用类液

体的包装方法，它包括用于食用类液体的无毒塑料外包装，其特征是：有明显的“塑封分隔”将该包装分隔成“贮液区”和“出液区”两个相通的部分。并使该包装依靠底平面能完全实现稳定“站立”。由于该包装是采用单一材质的、能满足一定强度的无毒软塑袋实现的。所以该包装方便了回收再生，成为了食用类液体价廉物美的环保型包装。

【名　称】 填充塑料硬质容器的制造方法
【公开号】 1327412
【公开日】 2001.12.19
【申请人】 伊丽莎白-山多尔·瓦利伊基金会公司
【发明人】 埃默里·I. 瓦利伊
【摘　要】 本发明的工艺包括：在预成型生产现场下通过压模成型制造一个塑料预成型坯，在吹塑成型现场下将预成型坯吹塑成型为最终容器的形状，同时在填充现场下对吹塑成的容器进行填充，在预成型坯制造过程中，吹塑成型和填充在紧邻的操作中连续完成。

【名　称】 柔性软管
【公开号】 1316609
【公开日】 2001.10.10
【申请人】 柔性塑料比利时股份有限公司
【发明人】 多明·迪尔斯　埃里克·迪伦
【摘　要】 一种带波纹壁的柔性软管，包括一个带凸起和凹槽的内表面，通过模制塑料得到所述软管，其特征在于，各内部凸起包括一个基本平坦而光滑的顶面。各顶面有第一宽度（W_1），各内部凹槽有第二宽度（W_2）。第一宽度与第二宽度的比率（W_1/W_2）最好大于或等于 2.2。该软管可以包括一个空心纵向凸起或凹槽。

【名　称】 氯镁泡沫塑料保温板
【公开号】 1309143
【公开日】 2001.08.22
【申请人】 甘生水
【发明人】 甘生水　鲍永和
【摘　要】 本发明涉及一种氯镁泡沫塑料保温板，该保温板是由氯化镁、氧化镁、聚苯乙烯、碳酸钙、硫酸亚铁、膨胀珍珠岩、表面活性剂、膨胀蛭石、水组成，采用常规预制板制作方法混合、搅拌、填入模具成型，根据氯镁胶凝剂及填充材料的物理化学组成和结构特点，达到镁质水源胶凝剂与聚苯乙烯充分相容，提供一种抗水、抗压、性度好，导热系数低的氯镁泡沫保温板。

【名　称】 印刷电路板的制造方法
【公开号】 1314778
【公开日】 2001.09.26
【申请人】 神达电脑股份有限公司
【发明人】 曾乾豪
【摘　要】 本发明提供了一种印刷电路板的制造方法。该方法先将电路图案设计转移至模具上，然后提供具有预设电路图案的模具，再配合诸如注模等模塑成型方式，使塑料经前述模具直接成型为表面具有线路凹痕的基板。然后，进行导电处理，并用电镀方式在前述线路凹痕上形成导体，完成印刷电路板上电路图案的制作。由此，提供了一种可以减少制造步骤，进而达到快速生产印刷电路板的制造方法。

【名　称】 一种纳米粒子载锌复合抗菌材料及其制备方法
【公开号】 1327739
【公开日】 2001.12.26
【申请人】 陈罘杲
【发明人】 陈罘杲
【摘　要】 本发明涉及一种复合抗菌材料及其制备方法，特别是一种纳米载锌复合抗菌材料及其制作方法，其特征在于：用化学方法将锌离子设计在含有多微孔的纳米粒子的表面孔内，使其具有抑菌功能，用该方案制得的抗菌材料工艺简单、参数可控、所制得的抗菌材料成本低廉、抗菌效果明显、使用方便、具有较强的广谱灭菌功能，可广泛应用于纤维、涂料、塑料、陶瓷、书纸、药物及环保等方面的应用。

【名　称】 塑料管的管接头
【公开号】 1327527
【公开日】 2001.12.19
【申请人】 C-技术有限公司
【发明人】 B. 卡尔斯特伦
【摘　要】 本发明的管接头包括一个用玻璃纤维增强塑料制成的套筒 和用弹性材料制成的膜片，该膜片在至少一侧做成密封并具有一个套管段。凡是该膜片作为密封构成的部位，在管子插入的膜片的端部存在一短的圆筒段。在该圆筒段内，该膜片具有不变的壁厚，该膜片上面是管接头的玻璃纤维增强套筒部分。

【名　称】 空壁内螺旋管的制造方法及专用设备
【公开号】 1312156
【公开日】 2001.09.12

【申请人】 赵方坤
【发明人】 赵方坤 云丽
【摘　要】 一种空壁内螺旋管的制造方法及专用设备。属用塑料生产特殊制品，主要用于生产建筑物内排水管道。其特征是该方法包括：对塑料原料塑化、挤入模具、分别形成内外层管壁和小空腔及同时螺旋成型、锯割等步骤。设备包括螺旋成型机、塑料挤出机、模具、定型装置、锯割机和放料台。具有工艺简单，所需设备少，性能稳定，产品省原料，密度轻、隔音隔热效果好，排水噪声低等优点。

【名　称】 泡沫塑料的制法
【公开号】 1310192
【公开日】 2001.08.29
【申请人】 亨茨曼ICI化学品有限公司
【发明人】 R.德沃斯　G.L.J.G.比斯曼斯　A.J.哈米顿
【摘　要】 本发明涉及一种制备开孔硬质聚氨基甲酸酯或氨基甲酸酯改性聚三聚异氰酸酯泡沫塑料的方法，它包括有机多异氰酸酯与多功能对异氰酸酯反应活性的聚合物对异氰酸酯反应活性的环状化合物存在下反应，并且反应是在选自脂肪酸、脂肪酰胺、脂肪酸酰胺及脂肪酸酯的泡孔扩张剂存在下进行的。

【名　称】 用废弃聚苯泡沫制成的轻体保温材料及方法
【公开号】 1316460
【公开日】 2001.10.10
【申请人】 张凤臣
【发明人】 张凤臣
【摘　要】 本发明提供一种用废弃聚苯泡沫制成的轻体保温材料及方法，将聚苯乙烯泡沫塑料粉碎成3mm以下颗粒，加入水泥1g、苯5g、OP-20为0.3g、水1.9g，混合均匀后，注入到模具中成型，养生熟化72h，制得本发明产品。再生利用聚苯乙烯泡沫塑料，消除白色污染，降低生产成本，本发明产品的$\lambda<0.1W/m\cdot K$，抗压强度$>1.5MPa$，容重$<30kg/m^3$。可制成保温砖（板）、空心墙体砖（板）等建筑预制构件。

【名　称】 处理含氯有机化合物的方法
【公开号】 1317040
【公开日】 2001.10.10
【申请人】 新日本制铁株式会社
【发明人】 古牧育男　植松宏志　加藤健次
【摘　要】 处理含氯树脂和含氯有机化合物的方法包括使含氯树脂、含氯有机化合物或含有它们的废塑料热分解，将生成的含有含氯气体的热分解气体与含有氨的气体或液体接触，使热分解气体中的含氯组分作为氯化铵吸收在水中，再加入强碱，使氯组分生成强碱盐。

【名　称】 由间同立构聚丙烯与热塑性聚合物的共混物制备的泡沫塑料
【公开号】 1315982
【公开日】 2001.10.03
【申请人】 陶氏化学公司
【发明人】 C.P.帕克
【摘　要】 提供了由间同立构聚丙烯（sPP）树脂与可发泡的热塑性聚合物树脂的共混物制得的泡沫塑料，其展现先前难以（若非不可能者）达成的所需性质的结合。本发明的泡沫塑料可应用于诸如热绝缘、包装及形成模塑制品（诸如杯子及盘子）的用途。

【名　称】 早强型改性废旧聚苯乙烯复合减水剂
【公开号】 1312324
【公开日】 2001.09.12
【申请人】 中国科学院广州化学研究所
【发明人】 廖兵　黄玉惠
【摘　要】 本发明涉及一种早强型改性废旧聚苯乙烯复合减水剂，其利用改性废旧聚苯乙烯减水剂为主要原料，通过复配技术，与早强剂硫酸钠、普通减水剂木质素磺酸钙复配而成。比现有早强型减水剂成本大幅度降低，性能有所提高，由于利用废旧塑料为主要原材料，不仅成本较低，还可部分解决“白色污染”问题，保护了环境，在混凝土改性领域具有良好的应用前景。

【名　称】 缓凝型改性废旧聚苯乙烯复合减水剂
【公开号】 1313359
【公开日】 2001.09.19
【申请人】 中国科学院广州化学研究所
【发明人】 廖兵　黄玉惠
【摘　要】 本发明涉及一种缓凝型改性废旧聚苯乙烯复合减水剂，其利用改性废旧聚苯乙烯减水剂为主要原料，通过复配技术，与缓凝减水剂糖钙、普通减水剂木质素磺酸钙复配而成。比现有缓凝型减水剂成本大幅度降低，性能有所提高，由于利用废旧塑料为主要原材料，不仅成本较低，还可部分解决“白色污染”问题，保护了环境，在混凝土改性领域具有良好的应用前景。

【名　称】　双重光示塑料制品及其制造方法
【公开号】　1325918
【公开日】　2001.12.12
【申请人】　孙逸龙
【发明人】　孙逸龙
【摘　要】　本发明属于见光反光，在无光的夜晚仍会发光的双重光示塑料制品，它是将荧光材料和碱土铝酸盐光致发光材料和塑料树脂混合而制成的塑料制品，本发明制造简便、成本低廉、无毒、无放射性，见光反光，见光吸光储光，在无光的夜晚仍可持续发光10个小时以上。起到安全标志的作用，易于辨认，避免各种意外事故的发生。适用于各种民用、工业塑料制品，如自行车塑料圈、泥瓦、摩托头盔、工矿安全帽、电器开关、路标、楼梯扶手等。

【名　称】　泡沫材料的制备方法
【公开号】　1318580
【公开日】　2001.10.24
【申请人】　中国科学院广州化学研究所
【发明人】　陈鸣才　陶庆胜
【摘　要】　本发明涉及一种采用超临界或近临界流体制备泡沫材料的方法，其包括如下步骤：(1) 在温度为30～80℃，压力为5～40MPa的超临界或近临界流体中溶入有机小分子促进剂，促进剂的含量为1～10mg/ml；(2) 将聚合物置于上述流体中溶胀2～20h；(3) 对流体进行降压放气至常压，降压时间为0.2～2h。该方法能在较低的压力和较低的温度下对塑料进行发泡，且制备的泡沫材料可用作缓释载体，具有良好的应用前景。

【名　称】　树脂成型用的材料及使用这种材料的树脂成型物
【公开号】　1319488
【公开日】　2001.10.31
【申请人】　株式会社模德中心；株式会社模德工艺
【发明人】　降矢进　山本新治
【摘　要】　本发明涉及不需特殊废弃物处理的树脂成型物及其成型用的材料。所述材料由用来形成树脂的塑料原料和填充剂构成，所述填充剂是弄碎的玻璃纤维增强塑料成型物的废弃材料的粉末，其在所述材料中的含量为10%～50%（质量百分数），所述树脂成型物是使所述材料借助于预定的成型模型而成型成预定形状的成型物。本发明的树脂成型物不需特殊废弃物处理，并可有效地利用资源。

【名　称】　聚氨酯网状泡沫塑料及其制备方法
【公开号】　1313347
【公开日】　2001.09.19
【申请人】　杨卫
【发明人】　杨卫
【摘　要】　一种聚氨酯网状泡沫塑料及其制备方法，聚氨酯网状泡沫塑料主链由下述重复结构单元构成：Ar代表芳基，其特征在于，它由一种或多种平均分子量为700～3000，羟值为32～310的多元醇，结构为65/35、80/20的二异氰酸酯及发泡剂、表面活性剂、催化剂组成，且其开孔率为95%以上。其制备方法是将上述组分混合、搅拌而成，其搅拌速度为2600～4000r/min，搅拌时间为8～20s。本发明的聚氨酯网状泡沫塑料具有全开孔网状结构，其应用范围更广，强度更高。

【名　称】　纳米级抗菌塑料给水管制作方法
【公开号】　1316328
【公开日】　2001.10.10
【申请人】　上海维安新型建筑材料有限公司
【发明人】　崔新宇　吴佳林
【摘　要】　本发明公开了一种纳米级抗菌塑料给水管制作方法，包括以下步骤：将纳米材料、钛酸酯按比例进行预混合；再将预混合料与抗菌剂及树脂按比例再进行混合；将得到的混合料置于挤出机中进行挤出造料，得到母料；将母料进行烘干、脱水；最后将母料与树脂按比例再进行混合并置于挤出机中进行挤压成型。用本发明方法制作的塑料给水管的力学性能、表面状况、热稳定性以及抗老化性能得到明显改善；同时提高了人们饮用水质量。

【名　称】　医用避光塑料
【公开号】　1318587
【公开日】　2001.10.24
【申请人】　威海市医用高分子有限公司输液器制品；分公司
【发明人】　周俊锋　张迎春　王志范
【摘　要】　一种医用避光塑料，色母素0.1%～10%，钛白粉0.1%～10%，医用酒精0.1%～1%，其余为塑料基料，塑料基料可以是聚氯乙烯、聚丙乙烯、聚苯乙烯、工程塑料等，色母素可以为塑料基料着色，是避光剂，医用酒精使混料均匀，防止粉尘，钛白粉是防退剂，可以防止塑料退色，透光率达到30%以下，透光率低，避光剂色母素不易脱落，能够达到避光目的，不会影响药品使用效率，适用于药瓶、输液器、注射器、过滤器、滴斗、三通、血袋等医用器具。

【名　称】 用于制备超软聚氨酯泡沫塑料的分散多元醇
【公开号】 1309679
【公开日】 2001.08.22
【申请人】 拜耳安特卫普有限公司
【发明人】 S.L.哈格尔　J.R.雷瑟二世
【摘　要】 分散多元醇，它们是液-液分散体，包含：第一多元醇，具有当量大于约700 Da的主要为聚氧丙烯的内嵌段以及高氧乙烯含量外嵌段；以及第二多元醇，它主要是聚氧亚烷基多元醇，含有至少50%（质量百分数）氧乙烯部分。该分散多元醇稳定并且在制备超软聚氨酯泡沫塑料时表现出较宽加工范围。有利于就地制备该分散多元醇，优选在双金属氰化物烷氧基化催化剂存在下进行。

【名　称】 纳米有机/硅基介孔复合荧光颜料及其制备方法
【公开号】 1328094
【公开日】 2001.12.26
【申请人】 中山大学
【发明人】 张迈生　杨燕生　姚云峰
【摘　要】 本发明涉及一种纳米硅基介孔分子筛与有机染料复合的荧光颜料及其制备方法，该方法采用微波法-溶胶凝胶法先制备超细（纳米级）全硅球形介孔分子筛作为主体，然后再与客体有机染料通过分子组装成复合体，或直接采用溶胶-凝胶合成法，制得具有20～50nm尺寸的红、橙、黄绿等色新型荧光颜料。本发明方法具有合成设备简单，污染少，省电节能，且无需球磨，荧光强度高，性能稳定，用料少，成本低廉。可广泛用于广告牌、路标及各种安全标记、纤维制品的印花、印刷油墨、涂料、塑料等方面。

【名　称】 具有碳处理内表面的塑料容器
【公开号】 1321132
【公开日】 2001.11.07
【申请人】 普拉斯蒂派克包装公司
【发明人】 威廉.A.斯莱特
【摘　要】 一种吹塑容器，具有抗渗性并包括具有开口的上壁部；位于上壁部下方的中间侧壁部，以及位于中间侧壁部下方支持容器的底部。该容器包括至少由40%回收塑料形成的具有内表面和外表面的一模塑外层，以及一碳涂层形成在外层内表面并黏附其上且大体上与外层作同等扩张，其中所述碳涂层的厚度小于约10μm。

【名　称】 塑料分选方法及塑料分选装置
【公开号】 1312738
【公开日】 2001.09.12
【申请人】 日立造船株式会社
【发明人】 井上铁也　荒井浩成　玉越大介　长井健一
【摘　要】 塑料分选方法及塑料分选装置，在搅拌由多种不同的树脂类的塑料构成的塑料片并进行摩擦带电时，即使不同种类的塑料片的量差别大时，通过在搅拌时给予分离时所需要的带电量或极性可充分地进行塑料片的分选，并可以提高回收率。在欲回收的特定塑料片少时，在摩擦带电装置内作为摩擦带电辅助材料添加其特定塑料片，并在搅拌的状态下进行静电分离，使摩擦带电辅助材料残留在摩擦带电装置内反复进行使用。

【名　称】 铝塑管纳米热熔胶
【公开号】 1323867
【公开日】 2001.11.28
【申请人】 广州市鹿山化工材料有限公司
【发明人】 汪加胜　韩丽娜
【摘　要】 本发明公开了一种铝塑管纳米热熔胶，采用双螺杆挤出实施共混复合工艺挤出造粒得到纳米热熔胶，其特征是：采用如下组分组成：A. 以聚乙烯或乙烯共聚物以基体得到的接枝改性粘接树脂母料；B. 以HDPE、LLDPE为共混复合树脂，用于调节粘接树脂含量及热熔胶综合性能；C. 以丁腈橡胶、顺丁橡胶、石油树脂、SBS为增黏树脂，提高热熔胶的初黏力和亲合力；D. 加入无机纳米$CaCO_3$、TiO_2、滑石粉、SiO_2增加热熔胶的力学、热学性能，吸附性和持久粘接力。本发明不但可用于铝塑管中，也可使用于金属、玻璃、木材等与塑料层间复合的多种领域。

【名　称】 具有改善的润滑剂黏合性能的含水量单体的聚氨酯黏合剂
【公开号】 1310733
【公开日】 2001.08.29
【申请人】 汉高两合股份公司
【发明人】 格尔德·博尔特　马库斯·克吕德沙伊特
【摘　要】 本发明涉及一种聚氨酯黏合剂，它含少量易挥发的残余单体，主要形成不迁移物，并有改善的润滑剂黏合性能。本发明还涉及制备该黏合剂的方法和一种含这种聚氨酯黏合剂的胶黏剂。此外本发明还涉及一种低黏性的带有异氰酸酯基（NCO基）的聚氨酯黏合剂在制备胶黏剂，特别是含有单组分和双组分的胶黏剂时的应用，如在黏合由如纸、塑料和/或铝制作的带状材料中的应用，以及在涂层，特别是油漆、有色乳剂、浇铸树脂和模制体中的应用。

【名　称】　塑料膜的热封位置检测装置
【公开号】　1327530
【公开日】　2001.12.19
【申请人】　户谷技研工业株式会社
【发明人】　户谷干夫
【摘　要】　一种塑料膜的热封位置检测装置能检测具有带网眼等的微小凹凸表面的热封部分并沿一定方向被输送的塑料膜的热封位置，其光源和光学传感器对着塑料膜，将遮蔽板设置在光学传感器与塑料膜之间。遮蔽板具有通过光的小孔或细缝。从光源发射光，使塑料膜的反射光或透射光通过遮蔽板上的小孔或细缝并导向光学传感器，由光学传感器对反射光或透射光进行图像识别，根据其图像的变化读取热封部分上的微小凹凸表面并检测出塑料膜的热封位置。

【名　称】　塑料注射成型方法和装置
【公开号】　1315901
【公开日】　2001.10.03
【申请人】　阿泰克斯曼内斯曼股份有限公司；波拉南特有限公司
【发明人】　格伦·泰勒　普拉贾克·集拉德南特　约尔根·贝格迪克　安斯加尔·耶格
【摘　要】　本发明涉及用于塑料成型的一种方法和一种注射成型设备，该设备配有一个注射装置，该装置经过多个通道与一个设置在一模具上的模腔相连。在此，注射装置经过一条直接的连接导管与一机器喷嘴相连，在机器喷嘴和模腔之间配置了一个塑料材料供给结构部分，塑料材料供给结构部分的出口具有多个孔口，还配置了一个驱动装置，利用该驱动装置可以将连接机器喷嘴和模腔的塑料材料供给结构部分置于围绕中心轴（I）的旋转之中。

【名　称】　硬质聚氨酯泡沫塑料的原料制造方法，冷藏库的制造方法和冷藏库
【公开号】　1324894
【公开日】　2001.12.05
【申请人】　松下冷机株式会社
【发明人】　上门一登　汤浅明子
【摘　要】　一种从含有硬质聚氨酯泡沫塑料的废旧冷藏库中回收高纯度的硬质聚氨酯泡沫塑料、通过化学分解对可再利用的氨基甲酸乙酯原料进行回收利用的废弃物处理的原料制造方法，利用它的冷藏库的制造方法以及冷藏库。其中，将含有硬质聚氨酯泡沫塑料的冷藏库破碎，把在前述破碎工序中分离出来的硬质聚氨酯泡沫塑料块研磨粉碎制成的硬质聚氨酯泡沫塑料粉末借助氨基分解反应或酵解反应使其液态化之后，通过使前述液态化物质与超临界水或亚临界水接触来使硬质聚氨酯泡沫塑料粉末分解，把通过前述分解得到的粗制品分馏，从而将硬质聚氨酯泡沫塑料制造用的原料再生。

【名　称】　导电薄层材料
【公开号】　1312944
【公开日】　2001.09.12
【申请人】　曼哈顿科学公司
【发明人】　冈泽·罗森梅尔
【摘　要】　本发明的任务在于给出一种高度可弯曲的导电薄层材料及其制造方法，它包含非金属颗粒，尤其是碳作为导电成分。采用廉价的材料和应用简单的制造方法可以同时获得特别小的电阻，高的机械韧度和易弯曲性。本发明薄层材料的特征在于，导电的非金属颗粒间的接触点被很好地形成，并且避免了被黏合的聚合物包裹。这通过在加入主要黏合剂之前通过压制或碾压形成接触点来实现。以液体，可固化塑料形式追加输入黏合剂。它完全或部分地填充薄层材料的孔。为改善机械性能，薄层材料可含有纤维，例如碳纤维。此薄层材料可用于屏蔽电磁干扰，作为气体扩散电极的机械加强或作为电池，尤其是PEM燃料电池堆中分隔反应物的双极板。

【名　称】　硬质聚氨基甲酸乙酯泡沫塑料及其热绝缘建筑材料
【公开号】　1317025
【公开日】　2001.10.10
【申请人】　西克斯顿控股股份有限公司
【发明人】　吉阿姆鲍罗·托马西
【摘　要】　本发明所述的一种硬质聚氨基甲酸乙酯泡沫塑料为优选地、而非惟一地用于制造在建筑物中使用的复合建筑材料，或制造工业构筑物，其为发泡结构，该发泡结构由基本上不含任选地卤代烃发泡剂的封闭微孔构成，所述泡沫塑料对支承基底具有黏合力，依照标准EN 1607测定，等于或高于0.7kg/cm^2。有益地，所述聚氨基甲酸乙酯泡沫塑料可通过在严格的环境条件下，使用一种水基发泡剂将至少一种多元醇与至少一种异氰酸酯化合物彻底混合得到，

并且相对于现有的水基膨胀聚氨基甲酸乙酯泡沫塑料而言，改善了机械性能、尺寸稳定性、对支承基底的黏合性以及耐火性等。

【名　称】　制造塑料模制件的方法和装置以及塑料模制件
【公开号】　1310084
【公开日】　2001.08.29
【申请人】　大众汽车有限公司
【发明人】　H. 加贝尔特　R. 伯林　S. 姆拉塞克
【摘　要】　本发明涉及一种制造塑料模制件的方法和装置，其中在模具的模腔的至少一个第一部分内放入第一覆盖材料，在所述模腔的至少一个与所述第一部分相邻的第二部分内放入第二覆盖材料，所述覆盖材料的放入方式是，该材料在其边缘部分接触或者重叠，从而形成过渡区，所述模腔沿至少一个过渡区至少部分地被密封，从而产生至少两个分模腔，在至少一个分模腔内注入塑料的熔融体，在达到预定的填充率后，至少一个分模腔将过渡区释放，从而产生另一个分模腔，该另一个分模腔随即被塑料熔融体所充满。本发明还涉及一种塑料模制件。

【名　称】　输送和处理塑料挤出体的方法和设备
【公开号】　1315900
【公开日】　2001.10.03
【申请人】　里特自动化有限公司
【发明人】　F. 格洛克纳　W. 施泰因巴赫尔
【摘　要】　本发明涉及一种输送和处理以熔融液体形式从模具中排出的塑料挤出体的方法，在该方法中有一个粒化塑料挤出体的冷却区域，塑料挤出体离开模具之后即刻在结晶区域上的温度受控的液体媒质中被部分地结晶，液体媒质保持在塑料挤出体的玻璃态转变温度之上的一个温度。本发明还涉及一种实施该方法的设备，该设备包括一熔化塑料的装置、一从模具中挤出塑料的装置、一紧接在模具下游设置的结晶区域部和一设置在结晶区域部下游的制粒装置。为了控制结晶区域的温度，该设备具有加热和/或冷却装置和温度控制装置，借助温度控制装置就能将温度受控的液体媒质的温度设定在塑料挤出体的玻璃态转变温度之上的一个温度。

【名　称】　热敏产品的绝热包装
【公开号】　1307532
【公开日】　2001.08.08
【申请人】　GDHS战略开发集团公司
【发明人】　奥利维·格雷罗　保尔·多兰　加森·萨万　蒂姆·希尔
【摘　要】　所述包装包括可接近壳体，它具有包围着所述热敏感产品（P）、构成封套的一面或多面热绝缘壁，封套由开气孔类型的泡沫状的柔软聚合物或共聚物构成，所述封套由不可渗透的内层或织品和不可渗透的外层或织物限定，该内层和外层由金属化的塑料薄层构成，形成一层阻挡层，阻止气体和/或液体通过封套进行扩散交换；以及至少一个制冷剂元件用的容器，该容器形成热敏感产品（P）的盖板。构成所述包装各部分的所有部件在它们不被使用的运输和存储期间均分开放置，并具有扁平的紧凑位形。它们能由使用者在需要时加以安装组合，以便使用。

【名　称】　含有较少溴化阻燃剂的耐火性苯乙烯聚合物泡沫塑料
【公开号】　1317031
【公开日】　2001.10.10
【申请人】　陶氏化学公司
【发明人】　C. V. 沃　S. 博卡米
【摘　要】　公开了呈现改进的耐火性且含有较少溴化阻燃剂的挤出的基本上闭孔状的聚苯乙烯泡沫塑料。也公开了制备此泡沫塑料的方法，包括使聚苯乙烯与新的阻燃组合物挤出，该组合物包含以下组分的混合物：（a）磷酸酯化合物，优选TPP；（b）以100%聚苯乙烯为基准的少于约2.5%的HBCD；和任选（c）流动促进剂，例如二甲基二苯基丁烷，该挤出方法使用一种发泡剂，其优选选自二氧化碳，二氧化碳、水、醇、醚及烃的两种或多种的混合物，或氢氟碳化物、醇及烃的混合物。磷酸酯化合物在阻燃剂配方中的使用使得溴化化合物的用量减少，发泡温度降低，从而获得密度较低的泡沫塑料。

【名　称】　模压塑料及用该模压塑料制造软磁复合材料的方法
【公开号】　1322366
【公开日】　2001.11.14
【申请人】　罗伯特·博施有限公司
【发明人】　维尔弗里德·阿希勒　汉斯-彼得·科赫　安德烈亚斯·哈策尔　托尔斯滕·博贝尔
【摘　要】　本发明提出一种模压塑料，尤其用于制造软磁复合材料的模压塑料，它包含具有软磁特性的原始粉末、热塑性化合物及一种润滑剂，该润滑剂尤其是硬脂酸。此外本发明还提出使用这种模压塑料来制造软磁复合材料，其中该制造包括以下方法步骤：制备模压塑料，在低于热塑性化合物熔化的温度上压制该模压塑料，被压制的模压塑料在低于热塑性化合物熔化温度上的第一热处理，及被压制的模压塑料在高于热塑性化合物熔化温度上的第二热处理。根据本发明的软磁复合材料尤其可应用于制造用于快速调节器和执行元件的耐热变形、耐腐蚀及耐动力燃料的软磁组件。

【名　称】　平滑型金属屏蔽复合带的制作方法
【公开号】　1320512
【公开日】　2001.11.07
【申请人】　西安秦邦电信材料厂
【发明人】　杭涛
【摘　要】　本发明涉及一种用于光缆、电缆的金属屏蔽复合带制作方法。该方法主要解决现有方法制作的屏蔽复合带，与光缆、电缆纵包模具或定经模具接触面之间摩擦力大，容易造成光缆、电缆起包、漏气、脱膜、断带等问题。采用塑料薄膜与金属箔带表面之间进行凹凸不平的粗糙面热挤压黏合，使复合带与光缆、电缆纵包模具或定经模具之间形成点接触，以减小摩擦力，提高产品质量。其制作过程是，先将塑料熔体或塑料膜通过粗糙面的细目钢棍与挤压辊之间，形成有拉毛的凹凸不平粗糙面，热挤压在金属箔带基材上；再对复合处理后的复合带进行后加热处理，最后冷却收卷。使用本发明制作的复合带具有平直、平滑、无刀痕、无荷叶边、剥离强度好、不起包、不分层，不断带，无脱膜、性能稳定之优点，可广泛用于各种光缆、电缆生产单位。

【名　称】　功能性聚醚的制备
【公开号】　1310735
【公开日】　2001.08.29
【申请人】　阿科化学技术公司
【发明人】　沈建中　K.G. 麦丹尼尔　J.E. 哈耶斯　U.B. 霍勒肖夫斯基　H.R. 欣尼　E.T. 肖尔　周新华
【摘　要】　独特的、完善定义的、含有羟官能基和不饱和官能基的聚醚的制备是，通过在有效量双金属氰化物配合物催化剂存在下，任选，当必要时，在自由基聚合阻聚剂存在下，使含有至少一个可烷氧基化的氢的不饱和单体烷氧基化进行的。所得聚醚非常适于作聚合物多元醇稳定剂或稳定剂母体以及热塑性塑料的就地及非就地冲击性改性剂。独特的、完善定义的、含有羟官能基和不饱和官能基的大分子单体，以及聚氧化烯链段的制备是，通过在有效量双金属氰化物配合物催化剂存在下，任选，当必要时，在自由基聚合阻聚剂存在下，使含有至少一个可烷氧基化的氢的不饱和起始物分子烷氧基化进行的。所得不饱和大分子单体非常适于与含有诸如丙烯酸的羧酸基团的烯键不饱和单体进行共聚，形成水泥和混凝土用有效的超塑化剂和减水剂。

【名　称】　双模式聚（甲基）丙烯酸酯塑料溶胶及其制备方法
【公开号】　1327463
【公开日】　2001.12.19
【申请人】　罗姆两合公司
【发明人】　G. 罗丹　M. 特拉宾
【摘　要】　本发明涉及一种塑料溶胶，它含有下列组分的混合物。Ⅰ．通过含有下列组分作为可聚合组分的组合物的聚合得到的一种或多种（甲基）丙烯酸酯聚合物和/或共聚物：（A）20%～10%（质量百分数）甲基丙烯酸甲酯；（B）0～80%分子式为Ⅰ的与甲基丙烯酸甲酯不同的（甲基）丙烯酸酯，其中 R_1 代表氢或甲基和 R_2 代表含 1～18 个碳原子的直链或支化烷基；（C）0～40%与（A）和（B）不同的其他乙烯基类不饱和单体和（D）0～40%改善黏性的单体，其中（A）～（D）构成 100%可聚合组分。Ⅱ．基于 100 质量份数的由Ⅰ得到的聚合物和/或共聚物，5～400 质量份数的与其相容的增塑剂和Ⅲ．基于 100 质量份数组分Ⅰ，0～700 质量份数的无机填料；其特征为，（甲基）丙烯酸酯的聚合物和/或共聚物是具有双模式或多模式初级粒子尺寸分布的乳液聚合物。除了所得薄膜的机械性能的改善外，塑料溶胶还显示了改善的存放稳定性以及与廉价增塑剂突出的相容性。此外，它还具有相对高的黏结剂含量。

2002 年公开发布的部分专利技术

【名　称】　过滤筒及其工艺
【公开号】　1330585
【公开日】　2002.01.09
【申请人】　过滤技术澳大利亚有限公司
【发明人】　J. 温特　H.T. 克雷伦
【摘　要】　一注射模塑组件包括被一阴塑型体所围绕的一阳塑型体，从而在其间形成一空间，由此在将熔化的塑料注射到模具中时，可形成一个容器。该模塑组件包括一导向杆、排出凸缘、一对排出凸缘导向杆、一空气排放阀以及一注射通道。在该实施例中阳塑型体具有不均匀分布的 8 个沟槽，因此可使用排出凸缘从模具中推出形成在注射模具中的部分硬化的容器，该容器足够软以使形成在沟槽中的肋条在排出过程中能够越过阳塑型体的表面。

【名　称】　含有多股铰接钢筋网的塑钢管
【公开号】　1333126
【公开日】　2002.01.30
【申请人】　李富春
【发明人】　李富春
【摘　要】　含有多股铰接钢筋网的塑钢管，它由多股铰接钢筋网和塑料管壁组成，多股铰接钢筋网由环形钢圈和由至少两股铰接钢筋组成的条形钢筋组成，环形钢圈固定在条形钢筋的上面，多股铰接钢筋网固定在塑料管壁的中间，塑料管壁与多股铰接钢筋网及网上的铰接缝隙形成渗透性紧固连接。该塑料管因塑料管壁与多股铰接钢筋网的结合性好，所以强度高，又因塑料壁在钢筋网的外面，所以耐腐蚀性能好，使用寿命长。

【名　称】　具外观表面的发泡塑料板、其制造方法及用途
【公开号】　1331006
【公开日】　2002.01.16
【申请人】　皇旗资讯股份有限公司
【发明人】　许可升
【摘　要】　本发明涉及一种具外观表面的发泡塑料板、其制造方法及用途，主要利用双料共注射成型方式将发泡塑胶材料及树脂注入一次成型模具的模穴内，在共射过程中，外观表层材质将在模穴内的外围流动，发泡塑料材质则在模穴内的核心内部流动，可自然在发泡塑料层外表面形成披覆有外观表面。故本发明不仅避免另外粘贴外观表皮而需二次加工的麻烦，亦可以塑代木，而达到生态环保要求。

【名　称】　聚苯乙烯泡沫塑料溶液的制备方法及其设备
【公开号】　1330096
【公开日】　2002.01.09
【申请人】　方和忠
【发明人】　方和忠
【摘　要】　本发明公开了一种聚苯乙烯泡沫塑料溶液的制备方法及其设备，将溶剂苯和汽油按质量比为1∶5的比例倒入容器，然后搅拌，将质量与混合溶剂相同的聚苯乙烯泡沫塑料放入。该装置加料罐有加料口和出料口，混料罐上设有进料管和出料管，通过一个三通与混合泵连接，放入聚苯乙烯泡沫塑料之后，即可消泡，生成聚苯乙烯溶液，本方法不耗能，回收费用低，生成物可以制作建材和涂料。

【名　称】　可生物降解的PHA共聚物
【公开号】　1331710
【公开日】　2002.01.16
【申请人】　宝洁公司
【发明人】　野田勇夫
【摘　要】　本发明涉及包括至少两种无规重复单体单元的可生物降解PHA共聚物。本发明进一步涉及包含可生物降解共聚物的塑料制品，其中可生物降解共聚物包含至少两种无规重复单体单元（RRMU）。本发明进一步涉及吸收制品，它包括透液体的顶片、含有本发明PHA的膜的不透液体的后片和位于顶片和后片之间的吸收芯。

【名　称】　内外壁双剪切取向塑料管材旋转式挤出机头
【公开号】　1331007
【公开日】　2002.01.16
【申请人】　中国科学院化学研究所
【发明人】　王笃金　冯威　胡先波　徐怡庄　黄皓浩赵莹　刘学新　徐端夫
【摘　要】　本发明公开了一种内外壁双剪切取向塑料管材旋转式挤出机头，主要由传动装置、芯轴、芯棒、机头体、分流柱及其他相关件组成。传动装置经由传动齿轮带动芯轴和芯棒转动，使在芯轴内部熔体流通通道中熔融的塑料料流形成周向流动，经芯轴上的分流孔与螺旋槽流至芯棒与口模之间的间隙。使料流形成径向的速度梯度，使高分子链在该速度场中沿周向取向，从而提高管材的周向强度，降低管材的壁厚，减少管材成本，适用范围广。

【名　称】　喷雾造粒预制环保型ABS塑料复合添加剂工艺
【公开号】　1333304
【公开日】　2002.01.30
【申请人】　佟立新
【发明人】　佟立新
【摘　要】　本发明为喷雾造粒预制环保型ABS塑料复合添加剂工艺，这种新工艺是将几种粉末状的ABS塑料添加剂通过喷雾造粒预制成一种环保型颗粒状的复合添加剂。这种工艺节省传统生产设备中的添加剂掺混设备，降低工人劳动强度，改善环境污染，加料均匀，提高产品性能的稳定性，流动性好，在添加时不易形成架桥堵管现象。

【名　称】　双浸渍钯/锡交联剂
【公开号】　1330734

【公开日】 2002.01.09
【主分类号】 C25D5/54
【申请人】 恩索恩-OMI公司
【发明人】 P. 派斯
【摘　要】 塑料物品表面的直接金属涂覆工艺。通过酸浸使该塑料物品的表面粗糙化。借助于一种第一贵金属的胶体或离子源水溶液使该表面活化，而该胶体或离子源水溶液也含有一种第二贱金属。这在该表面上形成一个含有第一贵金属和第二贱金属的活化涂层。该活化涂层的电子电导率是借助于一种处理溶液提供的，利用该溶液，使该第二贱金属至少部分地从该活化涂层中溶出而且使电子传导物质吸附在该活化涂层中。然后，使该电子传导性活化涂层涂覆金属。在使该电子传导性活化涂层涂覆金属之前，"表面活化和电子电导率建立"这一连串步骤重复至少1次。

【名　称】 塑料表面覆镀金属的方法
【公开号】 1333843
【公开日】 2002.01.30
【申请人】 恩索恩-OMI公司
【发明人】 L. 纳鲁斯克维西乌斯　G. 罗佐韦斯基斯　J. 文克维西乌斯　M. 巴拉劳斯卡斯　A. 默比乌斯　P. 皮斯
【摘　要】 一种塑料表面敷镀金属的方法，由此依次实施以下加工处理步骤：塑料表面在温和蚀刻条件下蚀刻处理。随后，塑料表面用包含至少一种来自下面"钴盐、银盐、锡盐、铅盐"的盐的金属盐溶液处理。塑料表面用硫化物溶液处理。最后，塑料表面在金属槽中敷镀金属。

【名　称】 塑料光导纤维
【公开号】 1329260
【公开日】 2002.01.02
【申请人】 旭硝子株式会社
【发明人】 杉山德英　大西壮
【摘　要】 一种塑料光导纤维，它是具有至少两层同心的内/外层结构的渐变折射率的光导纤维，其中内层具有由实际上不含C－H键的非晶含氟聚合物形成的渐变折射率结构，外层的折射率低于内层最外部的折射率，而且由两种含氟聚合物材料形成：一种含有与含氟聚合物中相同的聚合单元的含氟聚合物，和一种含氟聚合物与另一种含氟聚合物的混合物。

【名　称】 塑料制矩形食品密封容器
【公开号】 1333168
【公开日】 2002.01.30
【申请人】 哈纳考比株式会社
【发明人】 金昶浩
【摘　要】 一塑料矩形食品密封容器，其构造使塑料熔体均匀、顺畅地流向各方向，熔合线不产生于铰链部分由此弯曲应力不会影响铰链强度。该容器包括：一矩形容器体；多个锁定突出部，在容器体四边各形成1～2个；一盖子，包括锁定翼片部分，其上有插入各锁定突出部的锁定孔，锁定翼片由铰链连接于顶盖片，顶盖片上的密封件密封容器体。其特征是熔体截流孔在锁定翼片的两锁定孔间形成一咽喉部分，由此熔体绕过截流孔而流向两侧的咽喉部分。

【名　称】 一种防火型铝塑复合板制造方法
【公开号】 1332081
【公开日】 2002.01.23
【申请人】 顺德市高士达建筑装饰材料有限公司
【发明人】 刘硕　任树新
【摘　要】 本发明涉及一种防火型塑铝复合板制造方法。包括将阻燃聚乙烯塑料加入单螺杆挤出机中挤成片材，以阻燃聚乙烯塑料成片材为芯层，外贴铝板复合外层，复合成铝塑复合板，其中，阻燃聚乙烯塑料的生产配方为：阻燃剂（氢氧化铝或氢氧化镁粉）75份、钛酸酯偶联剂（KH-201）0.75份、乙酸乙酯0.2份、聚乙烯27份、硬脂酸2份；阻燃聚乙烯塑料的加工工艺为：活化处理-混料-造粒。本发明在燃烧时低烟、无有害气体产生，具有防火功能，能达到GB 8624B1级。

【名　称】 一种具有可调式串联气缸的塑料气压热成型机
【公开号】 1335224
【公开日】 2002.02.13
【申请人】 张华林
【发明人】 张华林
【摘　要】 一种具有可调式串联气缸的塑料气压热成型机，包括有框架式机架、热成型装置、三孔外翻式双曲肘联动装置和气压装置，所述框架式机架内的热成型装置设有成型模、切刀模和加热板，所述双曲肘联动装置设有曲肘和连接板，其加热板安装在曲肘联动装置上，所述气压装置的主气缸为可调式串联气缸，所述可调式串联气缸设有三个气源进出口、上下两个活塞和上下两个活塞杆，所述下活塞杆为中空体，并在中空体的下活塞杆上设有带链轮的调节螺母。本发明利用气源进出口的压力变化，使上下活塞有秩序地推拉曲肘联动装置使塑料片材在模具中热压成型，及时冲裁和快速脱模的工作过程。

【名　称】　一种纳米活性碳酸钙的工业制备方法
【公开号】　1330039
【公开日】　2002.01.09
【申请人】　上海卓越纳米新材料股份有限公司
【发明人】　姚成　顾达　范瑾　凌高峰　倪海兵　詹业平　李伟
【摘　要】　本发明提供了一种纳米活性碳酸钙的工业制备方法。该方法在一定浓度的 $Ca(OH)_2$ 的悬浮液中通入二氧化碳气体进行碳化。通过对 $Ca(OH)_2$ 悬浮液的温度、二氧化碳气体的流量控制碳酸钙晶核的成核速率；在碳化至形成一定的晶核数后，由晶核形成控制转化为晶体生长控制，此时加入晶形调节剂控制各晶面的生长速率，从而达到形貌可控；继续碳化至终点加入分散剂调节粒子表面电荷得均分散的立方形碳酸钙纳米颗粒；然后将均分散的立方形纳米碳酸钙颗粒进行液相表面包覆处理。所获得的纳米活性碳酸钙粒子在 25～100nm 之间可控，立方形，比表面大于 $25m^2/g$，粒径分布 GSD 为 1.57，吸油值＜$28g/100gCaCO_3$，且无团聚现象。所获得的产品性能优异，可作为高档橡胶、塑料以及汽车底漆中的功能填料。

【名　称】　用于制造花式结构的、膨松的非织造带或薄膜的方法和装置
【公开号】　1329686
【公开日】　2002.01.02
【申请人】　HCD 卫生组合材料发展有限公司
【发明人】　维尔纳·瓦格纳
【摘　要】　本发明涉及一种由热塑性塑料通过制造无花式结构带并通过一对辊筒后续加工该无花式结构带，以制造形成花式结构的、膨松的非织造带或拉毛薄膜，辊筒对由一具有大量分布在辊筒外壳上的凸起的阳辊和一同样具有大量凹坑的阴辊组成。在滚压过程中凸起嵌入凹坑内，并在辊筒嵌合区内使带子伸张。使得得到一深拉的、具有无数凹陷的花式结构带。在带子穿过辊隙后已经变形的、还附着在阳辊上的带子与一打孔工具接触并打孔。

【名　称】　制作高透明度的保护和装饰膜的挤出贴面法
【公开号】　1334756
【公开日】　2002.02.06
【申请人】　艾弗里·丹尼森公司
【发明人】　H.H. 恩劳　J.J. 玛奇　J.E. 罗伊斯　K.L. 特鲁格　F. 杨
【摘　要】　用来制作保护和装饰涂层薄膜的方法，包括把无溶剂的聚合物材料从挤塑机模头挤出贴面到经过挤塑机模口行进的聚酯载体片材上以形成光学透明的第一层。挤出贴面的第一层在载体片材上立即被冷却以使它硬化，接下来把着色的第二层施于第一层。这种复合涂饰贴面被转移到增强衬层片材上，然后将载体片材与涂饰贴面分开以便露出为着色的第二层提供外层保护涂层的第一层的外表面作为具有高成像清晰度的高光泽表面。着色的第二层可以作为第一层上的独立涂层被溶剂流延和干燥或者挤出和硬化。复合涂饰贴面可以被黏合到共挤的底涂层和半刚性塑料基材板上，以便形成可热成型的层压结构。这项发明还揭示一些光学透明度极高的挤出的透明薄膜的生产技术，这些技术使用封闭式气流输送和 HEPA 过滤系统从树脂的处理和挤出过程中除去飞尘粒子，借此防止由于许多来源自然出现的微米级的污染物进入所述过程并降低最终的薄膜质量。

【名　称】　阻燃抑烟 PVC 包装片材
【公开号】　1333305
【公开日】　2002.01.30
【申请人】　江苏琼花集团有限公司
【发明人】　沈孝祥　王玮　王景清　姜俭
【摘　要】　本发明涉及塑料成型加工技术领域，尤其涉及阻燃抑烟 PVC 包装片材技术领域。本发明含有占总质量百分比 70％～80％的 PVC 树脂粉、1％～1.5％稳定剂、0.5％～1％润滑剂、1％～1.2％加工助剂、6％～8％增强剂、5％～8％填料，它还包含 8％～10％阻燃抑烟剂，该剂由三氧化二锑、八钼酸铵、硼酸锌组成，将上述材料顺序经高温搅和、冷搅、挤出、压延、剥离、冷却至室温而成。本发明抑烟效非常好，且能提高片材质量，同时大大减少环境污染。

【名　称】　消音塑料复合管及制备方法和设备
【公开号】　1338368
【公开日】　2002.03.06
【申请人】　无锡市江南塑料机械有限公司
【发明人】　陈金南　万志平　史亦斌　钱志华
【摘　要】　本发明涉及一种消音塑料复合管及制备方法和设备，所述消音塑料复合管为三层结构，内、外层为聚烯烃类塑料，中间芯层为聚烯烃塑料高填充 $CaCO_3$、滑石粉、$BaSO_4$ 无机微粒的混合料，采用两台或三台单螺杆挤出机经三层共挤复合模头共挤成型。具有取材容易，质量轻，价格便宜，制造设备及

工艺简单，成本低，使用寿命长，用于室内、外冷热水排水，最高耐温可达97℃，长期使用耐温70℃，吸声、隔音效果好，并且对环境友好无害，可以全回收利用。

【名 称】 一种高强度复合塑料及其生产方法
【公开号】 1338484
【公开日】 2002.03.06
【申请人】 姜宜川
【发明人】 姜宜川
【摘 要】 本发明所要解决的技术问题是提供一种强度高、耐磨性能好、耐腐蚀、耐冲击、低噪声、自润滑（摩擦系数小）、成本低的高强度复合塑料及其生产方法。本发明所采用的技术方案包括高强度复合塑料的配方如下：100～300目铸铁粉25%～30%、二硫化钼干粉剂5%～15%、其余是超高分子量低压聚乙烯母料，配方中还可含有石墨粉3%～10%、硬脂酸钙3%～5%、球状硅基氧化物纳米粉0.1%～0.15%。本发明的生产方法是采用热压成型自然冷却工艺。本发明主要用来制造机械传动和机械转动零部件，如齿轮、蜗轮、带轮、轴瓦、轴套、轴衬等。

【名 称】 具有提高的寿命的塑料卡链
【公开号】 1338903
【公开日】 2002.03.06
【申请人】 昭和高分子株式会社
【发明人】 葛西寿一 今仓博树
【摘 要】 一对塑料卡链，各自有一互相接合的阳钩和阴钩，其特征为，当从其打开侧向塑料卡链作用一打开力时，夹在阴钩的基部之间的阴钩的一部分设置在可弯曲的法兰上，该基部由打开侧的阴钩与含物侧的阴钩形成。打开侧的抵抗打开的能力始终保持在0.9～1.2kg/5cm左右的低值上，而含物侧的抵抗打开的能力则保持在7～8kg/5cm的高值上，即使重复100次或更多的打开/封闭作业，打开侧的抵抗打开的能力和含物侧的抵抗打开的能力都能保持在规定的范围内。此外，可以消除在传统的卡链中产生的缺点，该缺点为，树脂在低温下变硬，接合产生故障，或在高温下在几次的打开和封闭以后，接合失效；由此，塑料卡链可适用于包装容器。

【名 称】 含有改性松香树脂的颜料制剂
【公开号】 1340579
【公开日】 2002.03.20
【申请人】 默克专利股份有限公司；莱科哈兹沃克罗伯特克雷莫有限公司
【发明人】 T. 拉斯施拉格 C. 戈里斯曼 W. 萨弗特
【摘 要】 本发明涉及一种不起尘的、均匀的颜料制剂，其特点在于，以颜料计，它包含至少40%（质量）的一种或多种效应颜料和0.5%～59.5%（质量）的改性松香树脂，并涉及其用途，尤其是将其用于制备干制剂的用途。本发明的颜料制剂和由其制备的干制剂特别适于给油漆、涂料、粉末涂料、印刷油墨和塑料着色。

【名 称】 自加热或自冷却式容器
【公开号】 1341071
【公开日】 2002.03.20
【申请人】 热学发展有限公司
【发明人】 马修·约翰·瑟尔 罗伯特·尼尔·理查森
【摘 要】 一种自加热式容器，具有用于盛放东西的内腔和用于放置加热装置的外腔，加热装置由需要加热时就混合在一起的第一和第二化学反应材料构成。当加热装置将化学反应材料混合在一起时，就发生放热反应，从而产生蒸汽，例如水蒸气和热气。蒸汽经设置在腔盖上的槽而强制流入到腔盖外部。在容器周围邻近腔盖设有套，从而使流出的蒸汽被约束在套和容器之间流动。因此，使用者就可免于与热蒸气和空气接触，且容器所产生的蒸汽可促进加热过程。最好，套由吸附材料例如纸板制成，以便于吸收任何的凝结物，吸附材料由不可渗透的塑料材料包围，从而将使用者与反应热隔离开。

【名 称】 涂覆有聚合物的薄玻璃膜基质
【公开号】 1341083
【公开日】 2002.03.20
【申请人】 肖特显示玻璃有限责任公司
【发明人】 罗兰·伯克尔 西尔克·多伊奇贝恩赖纳·莫科 卡尔-海因茨·索森海莫 安德烈亚斯·韦伯 库尔特·纳特曼 沃尔克·塞伯特 莱因哈德·卡斯纳
【摘 要】 本发明涉及一种玻璃-塑料复合膜及其制备方法。传统的玻璃-塑料复合膜只能用于特定应用的需要。本发明的目的是创造一种可以在广泛的范围内应用并且能够简单地制造的新的复合膜。结果得到了一种涂覆有液相聚合物而不使用黏合剂的玻璃-塑料复合膜。这种膜具有高质量的最终表面和低光滞后。特别适用于制造基于液晶或光辐射层的显示器。

【名 称】 沥青聚氨酯硬质泡沫塑料及其制造方法

【公开号】 1341685
【公开日】 2002.03.27
【申请人】 青岛金北洋工程有限公司
【发明人】 张树华
【摘　要】 本发明公开了沥青聚氨酯硬质泡沫塑料，它是由组合料与多聚异氰酸酯按一定比例经化学发泡，采用浇注或喷涂工艺制得。所述的组合料由煤焦沥青液、聚醚多元醇、阻燃剂、泡沫稳定剂、交联剂、催化剂、发泡剂经混合搅拌制得。本发明沥青聚氨酯硬质泡沫塑料具有对钢材的抗腐蚀性能及抵抗大气的风化作用，特别适用于油田集输油管及城镇集中供热的埋地热力管道保温和储罐外绝热、工业绝热以及建筑物的绝热、防水、隔音降噪。

【名　称】 仿金属氟碳漆
【公开号】 1341688
【公开日】 2002.03.27
【申请人】 大连明辰振邦氟涂料股份有限公司
【发明人】 王万令　乔敦　殷宪霞　尚德宇　王军
【摘　要】 一种仿金属氟碳漆，解决了氟碳烤漆工序复杂成本高，影响了氟碳烤漆的应用。包括组分一：氟碳树脂（53%）、金属颜料浆、润温分散剂、醋酸丁酸纤维素、着色色浆、防沉淀流挂剂、溶剂；组分二：六亚甲基二异氰酸酯三聚体，配比为组分一：组分二＝(10～14)：1；按上述组分和配比制作出的仿金属氟碳漆具有如下优点：1. 常温固化成膜；2. 可在已封闭处理过的水泥建筑外墙表面直接喷涂；3. 施工简单，成本是烘烤型铝幕墙 1/5；4. 此种涂料不仅应用于墙体上做装饰保护更可以应用于钢铁结构、木器、塑料等方面。

【名　称】 筒体用高韧性内表面固化材料
【公开号】 1341764
【公开日】 2002.03.27
【申请人】 福田金属箔粉工业株式会社
【发明人】 田中完一　日高谦介
【摘　要】 一种筒体用高韧性内表面固化材料是由按质量 Cr：18%～24%、B：2.8%～3.5%、Si：1.0%～4.0%、Mo：0.5%～3.0%、Cu：0.5%～3.0%、W：1.0%～5.0%，Al：0.05%～0.15%、其余为 Co 及不可避免的杂质所构成。这种固化材料利用离心镀覆法可熔敷在塑料等的注塑成型机用筒体上成为镀覆层可极大的提高筒体的耐久性。

【名　称】 塑料渗灌管道
【公开号】 1342398
【公开日】 2002.04.03
【申请人】 王阅　王预　吴桂英
【发明人】 王阅　王预　吴桂英
【摘　要】 本发明使用塑料管道用于农田渗灌技术。目的在于利用现有的廉价易得的材料或废旧塑料，利用现有半成品或能利用现有设备简单制作的，投资很小，能尽快用于节水灌溉和抗旱的塑料渗灌管道。其一种是利用市场上现有的直径 22mm 的绿色硬塑料瓦楞壁排水管，在其管道壁上开小孔制成渗灌管道。第二种是利用废旧硬塑料制成三种瓦楞状塑料薄片，再构成三角形渗水管道。将其埋设在土壤耕作层下，定时定量供水，仅保持作物根系土层湿润，防止地下渗失水，又防止地表板结蒸发。

【名　称】 大口径金属塑料复合管道的连接方法
【公开号】 1342860
【公开日】 2002.04.03
【申请人】 罗荣尧
【发明人】 罗荣尧
【摘　要】 一种大口径金属塑料复合管道的连接方法，其特征是先把两段待接管材的待接接端靠拢、对正，再在该管材二待连接端的外管壁用粘接方法粘接至少一层拼合块层，所粘接的拼合块层将该管材二待接端的外管壁包覆。本发明的方法能够对大口径（特别是直径 1000mm 以上）金属塑料复合管道实行有效、可靠的连接，其方法方便、灵活、可行。另外，本发明的方法还具有如下优点：①作为连接件的拼合块（亦即构成拼合块层的拼合单元）制作容易。②施工方便。③ 连接可靠。

【名　称】 利用废旧塑料制造的道路反光标线带及其制备工艺
【公开号】 1343815
【公开日】 2002.04.10
【申请人】 郑国智　刘桂秋
【发明人】 郑国智　刘桂秋
【摘　要】 本发明公开了一种利用废旧塑料制造的道路反光标线带及其制备工艺，它是以下述原料配制而成，乙烯树脂 9～12 份、丙烯酸树脂 2～3 份、钛白粉 5～7 份、乙酸乙酯 3～5 份、二辛酯5～7份、玻璃微珠 15～20 份、废聚乙烯薄膜 8～10 份、滑石粉 28～32 份。先将废聚乙烯薄膜压成粉末，再将其余原料混合均匀后与粉末状废聚乙烯粉末混炼、滚压，再经过表面胶喷胶成为带胶的基础成品，将玻璃微珠均匀植于带胶的基础成品胶面上，然后干燥、卷盘。其产品价格比以天然橡胶和高分子聚乙烯制备的产品低50%，同时，也为废旧塑料废品的处理找到了一条切实可行的出路，并且制备工艺简化，设备参数要求低。

【名　称】 解决塑料基材管泄漏问题的方法
【公开号】 1344357
【公开日】 2002.04.10
【申请人】 迪载技术塑料管道及尔曼拉尼生及题艾及斯蒂
【发明人】 艾迪·绵马木图古拉利
【摘　要】 解决塑料基材管泄漏问题的方法，其中在形成套筒部分的同时通过特殊方法形成节流区域，垫圈置于套筒部分的垫圈槽中，其外部分为金属覆盖，卡爪或夹持系统安装在阳极连接头上。此改进的目的是通过取消对缝焊接、摩擦焊接、胶合连接和密封连接而解决制造塑料基材管的泄漏问题。

【名　称】 塑料产品的循环使用和清洗压碎塑料的方法及其设备
【公开号】 1344608
【公开日】 2002.04.17
【申请人】 富士胶片株式会社
【发明人】 末原和芳
【摘　要】 本发明的一个目的是提供一种用于对塑料进行再循环利用的方法和设备，该方法和设备可以提高生产效率、改善生产环境、减轻塑料的老化、降低再循环成本和环境的压力，其中包括节能。该再循环利用的过程如下：粗加工——压碎废旧的塑料产品，用吹气分离器使压碎的塑料与其他外部物质相分离；精加工——压碎废旧的塑料产品，通过采用循环流动的方法清洗精加工——压碎的塑料，其中的循环液流包括一个涡流，在该涡流中，压碎的塑料片之间的相互作用有助于在不使用洗涤剂的条件下对它们本身的清洗，对压碎的塑料进行干燥，通过使用金属探测器除去掺杂在压碎的塑料中的金属物质，然后将干燥后的压碎的塑料直接送入一个注射模塑机械中，该机械的喷嘴部分中装备有一个过滤器和一个液流切换机构，用于通过反向过滤对过滤器进行清洗。

【名　称】 塑料挤胀成型加工方法
【公开号】 1344610
【公开日】 2002.04.17
【申请人】 北京化工大学
【发明人】 朱复华　何亚东　唐文忠
【摘　要】 本发明涉及塑料的成型加工，特别是一种塑料的挤胀成型加工方法。利用热塑性塑料制品在一定温度和外力作用下产生塑性变形的特点，得到所需形状的制品。将热塑性塑料管材或封闭式异型材制品内部行腔充满胀形介质，置于模具内，加压挤胀，最终得到与模具相吻合的塑料制品。本发明的方法成型设备结构简单灵活，成本低；模具结构简洁，造价低；能耗低；适于生产端面尺寸相差较大的制品，对制品的断面尺寸适应性强。

【名　称】 有发泡保温层及螺旋缠绕钢丝的硅烷交联聚乙烯复合管
【公开号】 1344877
【公开日】 2002.04.17
【申请人】 甘国工
【发明人】 甘国工
【摘　要】 本发明提供了一种有发泡保温层及螺旋缠绕钢丝的硅烷交联聚乙烯复合管，其特征是包括硅烷交联聚乙烯内层，在内层外壁上螺旋缠绕有被胶黏剂或胶黏剂与聚合物共混物包覆的钢丝所形成的螺旋缠绕钢丝结构层，在螺旋缠绕钢丝结构层的外壁上挤出复合热塑性塑料将所形成的与内层螺旋缠绕钢丝结构层复合为一体的外层，在外层外周复合有一层发泡保温层。本发明耐压性能好、保温、阻燃、绝热、防冻且经济实用，特别适用于中压等级工程或零下几十度的高寒地带。

【名　称】 隔热壁
【公开号】 1346434
【公开日】 2002.04.24
【申请人】 BSH博施及西门子家用器具有限公司
【发明人】 U. 温宁　H.F. 埃伯哈德特　M. 纽曼　T. 蔡勒
【摘　要】 本发明涉及一种隔热壁，它有一个抽成真空的中间腔，该中间腔填有可抽成真空的隔热材料，并且至少在最大程度上由一个外面板和一个内面板至少近似真空密封地包围起来，内面板和/或外面板由热塑性塑料构成，这种塑料设置有装置，用于最大程度上降低它的水蒸气渗透性和气体透气性。

【名　称】 热塑性纳米复合材料
【公开号】 1346385
【公开日】 2002.04.24
【申请人】 BASF公司
【发明人】 S. 格鲁特克　M. 韦伯　C. 梅勒
【摘　要】 本发明涉及热塑性纳米复合材料，该材料包括（a）一种热塑性塑料（A），（b）由带负电荷的层状硅酸盐和嵌入它们（分层的表面处理的层状硅酸盐）中的阳离子构成的至少一种化合物（B），它均匀分散在组分（A）中，（c）另一种未经表面处理的且平均粒度＜50μm而长/径比（l/d）＜20μm的层状硅酸盐（C）。本发明还涉及所述纳米复合材料的生产方法及用途。

【名　称】　酚醛树脂低温发泡机
【公开号】　1345656
【公开日】　2002.04.24
【申请人】　广州擎天新材料研究开发有限公司
【发明人】　陈小霞　陈次颖　何剑锋　王崇国
【摘　要】　本发明涉及一种酚醛树脂低温发泡机，属高分子化工机械设备，用于制造酚醛树脂泡沫塑料。该发泡机的组成由A料（酚醛树脂）、B料（固化剂）、C料（发泡剂）的三套储料罐，管道，配量泵（齿轮泵），三通电磁阀，电机和混合头组成。由于B料是由多于一种的酸配制而成的特种酸，pH＝0.35；所以，发泡机的整个B料系统包括上述的储料罐等机件凡与B料相接触的部分均采用能耐特种酸腐蚀材料。

【名　称】　新型环保复合材料
【公开号】　1345898
【公开日】　2002.04.24
【申请人】　赖迈克　张仲骐
【发明人】　赖迈克
【摘　要】　一种新型环保复合材料，以废旧塑料、农作物废料及添加剂为原料，经粉碎、混合、挤压成型、冷却定型、切割等工艺制成成品。本发明的优点是：该材料质量轻、强度高、阻燃性好、抗酸碱，并可百分之百回收再利用，成本低廉，该复合材料兼具了塑料和木材两者的优良物理性能，使其可以像木材一样切、锯、钉，无需使用特殊工具，而且不会腐烂、反卷或开裂，在使用过程中无需维修。本复合材料可用作建筑模板，如门、窗、隔断、墙板、地板、屋顶、户外阳台板、户外桌椅、运输仓储用托盘等。

【名　称】　具有抗黏性和抗污性的涂料组合物和聚合模塑料
【公开号】　1345904
【公开日】　2002.04.24
【申请人】　比克化学股份有限公司
【发明人】　K. 豪本尼斯特　A. 布巴特　A. 弗兰克　A. 伍克　U. 克拉佩
【摘　要】　本发明涉及具有抗黏性和抗污性的涂料组合物，这些组合物混合有作为添加剂、占所述涂料组合物固体含量为0.1%～10%（质量）的一种支化聚合物，所述支化聚合物具有2 000～200 000的重均分子量并含有一种聚合骨架分子和经由Si-C键共价地键合到所述骨架分子上的聚二有机硅氧烷侧链，所述侧链具有1 000～30 000的重均分子量，它们在所述支化聚合物总质量中的分数为5%～25%。本发明还涉及具有抗黏性和抗污性的聚合模塑料，所述支化聚合物是作为添加剂以占所述聚合模塑料总质量的0.1%～10%的用量加入的。本发明另外还涉及上述提及的支化聚合物作为用于涂料组合物和聚合模塑料的添加剂的应用。

【名　称】　热可塑性塑料与木（竹）粉复合材料及其应用
【公开号】　1345654
【公开日】　2002.04.24
【申请人】　郑振发
【发明人】　郑振发
【摘　要】　本发明公开了一种热可塑性塑料与木（竹）粉复合材料及其应用，热可塑性塑料与木（竹）粉复合材料含有90%～40%（质量）的热可塑塑料，10%～60%（质量）的木（竹）粉，木（竹）粉的粒度60～120，热可塑性塑料可为硬质复合发泡非发泡聚氯乙烯（PVC）、复合发泡或非发泡聚苯乙烯（PS）或丙烯腈-丁二烯-苯乙烯共聚物（ABS），并可用热可塑性塑料与木（竹）粉复合材和热可塑性塑料挤出或共挤型材料，复合材料价格低廉，并具有良好特性。

【名　称】　用废旧高聚物制取改性沥青工艺
【公开号】　1347960
【公开日】　2002.05.08
【申请人】　田富才
【发明人】　田富才　石应四
【摘　要】　本发明涉及一种用废旧高聚物制取改性沥青的工艺，包含以下过程。清洗分类：将废旧高聚物中的无机杂质去除干净，保留塑料和橡胶并按塑料和橡胶分成两类；粒化：将上述的塑料类置入挤塑机制成条状或用造粒机制成颗粒状，直径或粒径小于或等于20mm，橡胶类则用粉碎机粉碎至小于或等于2mm的颗粒状；制胶：取10份渣油与1～3份上述粒化后的废旧高聚物混合，在220～320℃温度下的容器中充分熔化拌匀；氧化：在220～255℃温度条件下吹入空气，至针入度达到30～200mm即制成本发明的改性沥青。与现有技术相比，本发明使制取改性沥青的成本大大降低，而且能解决目前的废旧高聚物的污染问题，变废为宝。

【名　称】 用于制造通过长纤维加强的塑料模制品的方法和装置
【公开号】 1346737
【公开日】 2002.05.01
【申请人】 亨内克股份有限公司
【发明人】 J. 维尔斯　W. 帕夫利克
【摘　要】 在不会产生在模具填充操作结束时被供给至切割单元的连续线中产生线圈的危险性的情况下，或在即使在连续线具有相对较高输出速度时，通过与输送方向相反的气动张紧的作用恒定保持连续线而不会在下一模制填充期间的重新启动期间形成连续线断裂的情况下，能够制造通过长纤维加强的塑料模制品。本发明的装置设有至少一个分配至连续线的导引件的压缩空气输入口。

【名　称】 纳米级难燃聚合物聚醚多元醇及其制备方法和应用
【公开号】 1346836
【公开日】 2002.05.01
【申请人】 朱吕民
【发明人】 朱吕民　钱文浩　郭琦
【摘　要】 本发明提供一种纳米级难燃聚合物聚醚多元醇及其制备方法，其特征是在高活性聚醚多元醇介质中，将三聚氰胺、氰基胍、甲醛单体分散或局部接枝到高活性聚醚多元醇结构中去，反应温度在40～160℃范围，反应时间5～16h，得到粒径均为10～200nm的MPP，其黏度低于2 300MPa·s/25℃，密度1.120～1.126g/ml。MPP与高活性聚醚多元醇、助剂复配、合成聚氨酯高回弹泡沫塑料，其中高活性聚醚多元醇一般选用分子量Mn4 800～6 000，用量范围30%～70%，伯羟基含量≥60%，MPP用量范围30%～70%。聚氨酯高回弹泡沫塑料的氧指数：≥28%，烟密度：≤60%，回弹率：≥60%。

【名　称】 聚烯烃/聚对苯二甲酸乙二醇酯原位微纤增强复合材料的制备方法及装置
【公开号】 1346845
【公开日】 2002.05.01
【申请人】 四川大学
【发明人】 李忠明　杨鸣波　冯建民
【摘　要】 本发明公开了聚烯烃/聚对苯二甲酸乙二醇酯原位微纤增强复合材料的制备方法及装置，该方法是将聚对苯二甲酸乙二醇酯经干燥与聚烯烃按一定配比初混后，在选定工艺条件下经符合设备设计参数的挤出机熔融挤出，牵引机构拉伸，冷却水槽冷却，切粒等工序进行制备。本发明方法所用原料易得，价格低廉，工艺简单，易于控制，且对设备的要求不高，且所获材料的成本低，加工性好，生产效率高，对再加工设备磨损小，并具有良好的可与通用工程塑料ABS媲美的物理机械性能。

【名　称】 制造金属骨架——塑料复合管道的方法及装置
【公开号】 1351931
【公开日】 2002.06.05
【申请人】 胡启麟
【发明人】 胡启麟
【摘　要】 本发明是一种通过连续挤压成型制造金属骨架——塑料复合管道的方法及装置，其方法是在扁钢绕成的螺旋外面，焊接在圆周上均布的纵向扁钢，构成网状筒形金属骨架，将其加热后与塑料熔体一起送入复合机头，制成具有金属骨架的塑料管道，其装置包括送料辊、螺旋成型装置、复合机头、塑料挤出机、冷却机构、牵引机等，还包括传送筒、焊接模，它们依次连接而成。本发明可以连续稳定地生产，尤其是生产200mm以上的复合管道。

【名　称】 单方向性碳素纤维织物及其制造方法以及加强混凝土结构物
【公开号】 1350079
【公开日】 2002.05.22
【申请人】 日石三菱株式会社
【发明人】 高木秀敏
【摘　要】 本发明提供单方向性碳素纤维织物及其制造方法以及用该织物加强的混凝土结构物。本发明的织物，即使单位面积质量大，其柔软性、树脂含浸性也好，并且低价，能发挥高的强度特性。纵丝的规格和织物单位面积质量等的设计自由度大。织物的纵丝，是把多根由多根碳素纤维丝构成的非捻状态的丝合丝而成的纵合丝，该纵合丝也是非捻状态，用热塑性树脂将纵合丝与横丝固接。其制造方法是，将解舒了的碳素纤维丝，分别各以任意根数合丝，形成多根非捻状态的纵合丝；用该纵合丝和横丝制造成织物，再通过加热加压装置，将纵合丝形成为非捻的扁平状，并且使横丝中含的热塑性树脂熔融，将横丝与纵合丝固接。加强混凝土结构物，在结构物的表面，备有含上述织物的纤维强化塑料层。

【名　称】 纳米$CaCO_3$微乳化聚氯乙烯原位合成方法

【公开号】 1353121
【公开日】 2002.06.12
【申请人】 韩和良
【发明人】 韩和良
【摘　要】 本发明公开了一种纳米 $CaCO_3$ 微乳化聚氯乙烯原位合成方法。它的步骤为首先配制一种纤维素醚的分散剂溶液，加入十二烷基硫酸钠与十六个碳原子以上的脂肪酸，然后加入纳米碳酸钙固体物料；用高速剪切及超声波作用于分散体系，最后可得到一种纳米 $CaCO_3$ 的微乳化体系。本发明的优点是将用于聚氯乙烯改性的纳米 $CaCO_3$ 直接加入聚合反应体系在工业化装置实现了原位聚合，得到了一种高分子基纳米复合材料，用这种新材料加工成塑料建材，其 0℃时冲击性能比传统产品提高4 倍以上。

【名　称】 一种高刚高韧性塑料及其制备方法
【公开号】 1353136
【公开日】 2002.06.12
【主分类号】 C08L23/12
【申请人】 中国石油化工股份有限公司；中国石油化工股份有限公司北京化工研究院
【发明人】 乔金梁　张晓红　张师军　刘轶群　高建明　张薇　魏根栓　邵静波　尹华　翟仁立　宋志海　黄帆
【摘　要】 本发明提供了一种高刚高韧性塑料及其制备方法。将平均粒径为 20～500nm 的橡胶粒子和结晶型塑料共混，橡胶粒子在塑料基质中添加量为 0.3～5 份，由此可制得刚性和韧性同时提高、耐热性提高，且具有良好加工成型性的高刚高韧性塑料。

【名　称】 用疏水偶联剂进行珠光光泽颜料的后涂覆
【公开号】 1353147
【公开日】 2002.06.12
【主分类号】 C09C3/08
【申请人】 默克专利股份有限公司
【发明人】 R. 格劳施
【摘　要】 本发明涉及珠光光泽颜料，其以涂覆有金属氧化物的片状底材为基础，并且位于金属氧化物层上的面层具有多层结构，它包括第一层，含有元素铝或硅的氢氧化物或氧化物水合物，第二层，含有除了形成第一层的氢氧化物或氧化物水合物外的元素铝、硅、铈或锆的至少一种氢氧化物或氧化物水合物，以及第三层，含有至少一种有机疏水偶联剂。本发明还公开了其制备方法，以及颜料在油漆、油墨、塑料、涂料和化妆品中的用途。

【名　称】 功能泡沫塑料微生物固定化载体及其制备和应用
【公开号】 1353184
【公开日】 2002.06.12
【申请人】 崔树生
【发明人】 李彦锋　叶正芳
【摘　要】 本发明涉及一种功能泡沫塑料微生物固定化载体，该载体是以聚氨酯泡沫 /互穿聚合聚氨酯泡沫为母体先后通过或分别通过氰乙基化、胺化、氨解、缩合、水解反应制成；本发明以聚氨酯泡沫/互穿聚氨酯泡沫为母体，通过高分子功能化反应生成具有反应性、亲水性、通透性、高比表面积、并具空间悬臂结构的载体，可用于污水处理固定微生物用。

【名　称】 层合塑料模制体
【公开号】 1353645
【公开日】 2002.06.12
【申请人】 株式会社吉野工业所
【发明人】 铃木正人
【摘　要】 本发明的层合塑料模制体包括具有树脂层 A 和树脂层 B 交替层合的三层或五层层状结构部分的层合塑料模制体，其中至少设置在层状结构部分表面侧上的树脂层 A 是一种聚对苯二甲酸乙二醇酯树脂和选自无定形聚酯树脂、萘二甲酸乙二醇酯-对苯二甲酸乙二醇酯共聚物树脂和含有间二甲苯基团的聚酰胺树脂中的至少一种树脂的混合树脂层，以及介于树脂层 A 之间的树脂层 B 是一种阻挡树脂层，它包括选自含间二甲苯基团的聚酰胺树脂和乙烯-乙烯醇共聚物树脂的至少一种树脂。因此，所得到的多层层合塑料容器对氧气和二氧化碳气体具有很高的阻气性能以及透明度，具有优异的机械性能和具有食品卫生性能。

【名　称】 聚合物改性多元醇、它们用于制造聚氨酯产品的用途
【公开号】 1353727
【公开日】 2002.06.12
【申请人】 亨茨曼国际有限公司
【发明人】 D. R. L. 拉梅尔
【摘　要】 本发明提供高分子量多元醇，它包含分散在其中的多异氰酸酯和低分子量多元醇的反应产物，其中该低分子量多元醇是链烷醇胺与分子量低于600 的聚乙二醇的混合物。本发明还提供通过使用发

泡剂由多异氰酸酯和多元醇反应制造聚氨酯泡沫塑料的方法，其中该多元醇包括本发明的多元醇。本发明还涉及由本发明的方法获得的该泡沫塑料，尤其软泡沫塑料。

【名　称】　聚合物管道
【公开号】　1354337
【公开日】　2002.06.19
【申请人】　艾列克塞·皮特罗维胥·奥斯波夫　弗拉迪米尔·尼古拉维胥·米兰尼胥
【发明人】　艾列克塞·皮特罗维胥·奥斯波夫　弗拉迪米尔·尼古拉维胥·米兰尼胥
【摘　要】　本发明涉及管道结构领域，特别是主要由金属-塑料制成的管道的结构元件，尤其是涉及金属-塑料管道的构造以及将它们连接起来的元件，可用于装配在压力和温度波动情况下传送液体或气体的管道，所述液体或气体包括化学侵蚀性的介质。该聚合物管道是由若干个具有预定长度的聚合物强化管子组成，这些管子通过连接件、凸缘件、闭塞阀和泵而相互刚性地连接。其中连接件具有一呈管状穿孔元件形式的加强件，该加强件与纵向的穿孔元件相配合，后者是布置成可允许径向的偏移。被连接的管子和凸缘件的支管具有呈管状元件形式的加强件，该加强件上的每个孔都被一弧形链节所覆盖，该弧形链节缀合于所述孔的两个边缘。

【名　称】　制造至少有两个容器室的挤压吹模成型容器的设备
【公开号】　1354710
【公开日】　2002.06.19
【申请人】　贝恩德·汉森
【发明人】　贝恩德·汉森
【摘　要】　本发明涉及一种制造容器的设备，容器的内腔通过至少一个隔壁分成单独的容器室。设备包括一挤压装置，以便将经塑化加工的塑料制的软管从外喷嘴环与内喷嘴芯之间的环形间隙压出。喷嘴芯有一个用于从环形间隙分流的塑料的导引装置以及至少一个在端面的出口缝，分流的塑料作为在被挤压的软管内部连续延伸的隔壁从出口缝排出。用于分流的塑料的导引装置处于环形间隙的一个区域内，这一区域位于出口缝出口端上游的一定距离处。

【名　称】　一种功能化聚丙烯专用料及其制备方法和应用
【公开号】　1351086
【公开日】　2002.05.29
【申请人】　上海塑杰科技有限公司
【发明人】　郑安呐　管涌　危大福　卢红
【摘　要】　本发明公开了一种新型聚丙烯功能化专用料及其制备方法和应用。所说的功能化专用料是用特定量的聚丙烯树脂与特定量的多元胺与胍盐聚合物、烯烃单体、引发剂和抗氧剂等共混，通过溶液接枝、固相接枝或熔融接枝的方法而得到。用本发明的功能化专用料与相应的聚丙烯共混，可以制备可染、抗菌以及抗静电的丙纶，可漆性的汽车保险杠，抗菌型的聚丙烯塑料制品。

【名　称】　耐热性工程塑料树脂组合物和其成型制品
【公开号】　1351634
【公开日】　2002.05.29
【申请人】　住友电工超效能高分子股份有限公司
【发明人】　早味宏　西川信也
【摘　要】　一种耐热性工程塑料组合物，其满足260℃、10～60s的耐热性，价格低廉，注射成型加工没有问题以及具有良好的抗热老化性能。用耐热工程塑料组合物制成的耐热性成型产物如，安装在印刷线路板上的连接器。该耐热性成型产物是通过下列(a)、(b)制成的：(a)将具有或导入能与特定官能团反应的活性位点的工程塑料(a1)和在同一分子中具有上述特定官能团和聚合官能团的有机化合物，或者具有(a1)所述的特定官能团的(a2)进行熔体捏和，制成树脂组合物：(b)把含有(a)的树脂组合物进行熔体成型，以及(c)用电离辐射照射熔体成型的树脂组合物。

【名　称】　一种复合层压板及其制造方法
【公开号】　1355089
【公开日】　2002.06.26
【申请人】　上海欣达生活垃圾处理有限公司
【发明人】　韩秀珍
【摘　要】　本发明涉及新的建筑材料和环境保护技术领域，公开了一种利用垃圾中的再生资源制造复合层压板及其制造方法。它主要由纤维物质、塑料、黏合剂组成；它们的质量组分配比为：纤维物质50%～80%、塑料5%～30%、黏合剂5%～20%。本发明可替代天然木材制成的刨花板，既节约了大量的、宝贵的森林资源，又部分地、有效地解决了特别是城市的垃圾处理难题，避免了环境污染。本发明目前可广泛用于制作产品包装箱、垫仓板、建筑模板，今后使用范围可拓展到家庭装潢及家具制造用材。

【名　称】　塑料用超细填充材料及其应用
【公开号】　1357564
【公开日】　2002.07.10
【申请人】　北京中宣绿环科技发展有限公司
【发明人】　赵海宴　贾维民　黄秀娟
【摘　要】　本发明涉及一种塑料用超细填充材料及该超细填充材料在塑料中的应用。为提供一种微生物可降解，加工性能好的新型塑料填充材料，其是下述原料经超细粉碎后的混合物：普通淀粉、玉米粉、植物纤维、碳酸钙、滑石粉、膨润土。因此，本发明塑料用超细填充材料由于原料品种筛选得当并粉碎成超细粉末，既能充分利用我国过剩的农产品资源，又使该填料产品具备方便塑料加工的流动性和润滑性的特性。另外，采用该填充材料的塑料制品在自然条件下可被微生物分解为对自然环境无害的物质，并且采用该填充材料的塑料制品分解后在土壤中可直接转化为对植物有益的土壤有机质。

【名　称】　耐热塑料轴承材料及其制备方法
【公开号】　1357575
【公开日】　2002.07.10
【申请人】　吴泽宏
【发明人】　吴泽宏　李郁忠　张爱波
【摘　要】　一种耐热塑料轴承材料，是由聚苯硫醚、热致液晶聚合物、丙烯化芳烷基酚树脂、石墨及二硫化钼组成。其制造方法是将聚苯硫醚与热致液晶聚合物按质量份比(85～95)∶(15～5)混合，烘干，挤出，牵引，造粒成第一料粒；将丙烯化芳烷基酚树脂，石墨和二硫化钼按质量份比100∶(3～6)∶(8～18)进行辊压混合，挤出，牵引，造粒成第二料粒；再将第一料粒和第二料粒以质量份(20～35)∶(65～80)比例混合即成耐热塑料轴承材料。该材料能在250℃下连续使用，且短期使用温度可达300℃，且可用常用的模压或注射成型法制得耐热塑料轴承。该材料具有低的摩擦系数0.08～2及高的抗压强度≥100MPa。

【名　称】　一种用于生产高填充天然无机矿物粉PP微发泡材料的组合物
【公开号】　1357570
【公开日】　2002.07.10
【申请人】　北京凯奇北方环保材料技术开发有限公司
【发明人】　王锡臣　苏河山
【摘　要】　本发明涉及一种高填充天然无机矿物粉PP微发泡材料组合物及其用途。材料中无机矿物粉含量可达35%～60%，密度为0.8～1.2g/cm^3，并具有较好的使用性能。本发明采用先进的无机矿物粉表面活化处理技术和PP与其他树脂共混改性技术，可使无机矿物粉在基体树脂中均匀分散，增加体系熔体强度，提高发泡率。发泡剂为物理发泡剂或化学发泡剂，用量为2%～5%。生产设备为塑料制品通用设备。本发明制备的高填充天然无机矿物粉PP微发泡材料，主要用作一次性餐饮具和食品用托盘。与纯PP或填充同样量的无机矿物粉非发泡材料相比，具有韧性好、质量轻、成本低、隔热、保温性能好等优点，容易降解，属于环保型材料。

【名　称】　薄壁复合铝箔软管
【公开号】　1357702
【公开日】　2002.07.10
【申请人】　深圳石化丽星丰达塑料有限公司
【发明人】　陈文涛
【摘　要】　本发明为一种薄壁复合铝箔软管，包括复合铝箔内层、黏结层和塑料外层，所述复合铝箔内层为卷焊结构，黏结层和塑料外层为共挤结构。与现有的全塑无缝复合软管相比，本发明由于采用铝箔作为阻隔层材料，所以阻隔效果较好；与现有的铝塑有缝复合软管相比，本发明由于内层为卷焊结构，中间层和外层为共挤结构，采用共挤法生产，所以生产工艺较简单，而且在管体表面没有焊缝，易于印刷，外观也较美观。

【名　称】　高岭土/稀土/氧化铁基纳米复合颜料及其微波合成法
【公开号】　1359987
【公开日】　2002.07.24
【申请人】　中山大学
【发明人】　张迈生
【摘　要】　本发明涉及高岭土/稀土/氧化铁基纳米复合新颜料及其微波节能合成法。该方法采用硫酸亚铁为主要原料，通过微量稀土催促氧化，经三段微波热处理可分别制得纳米级复合铁黄、铁红和铁黑，其平均粒径为40～100nm。本产品不仅耐光、耐腐蚀、化学稳定性高、无毒，而且透明度高，分散性好和色泽鲜艳、原材料易得以及成本低廉，具有其他彩色难以替代的众多优点。可作为高级汽车漆，建筑涂料、防腐涂料、粉末涂料，高档油墨，美容化妆品，纤维制品，塑料，家电，陶瓷，建筑业等用高级铁系颜料。

【名　称】　利用废旧塑料防治风沙害
【公开号】　1360114

【公开日】 2002.07.24
【申请人】 李功业
【发明人】 李功业
【摘 要】 一种风沙害的工程（机械）防治方法，它是以废旧热塑性塑料为制作材料的。以这种方法制作的高立式沙障与矮立式沙障等，不仅质量易于控制，施工与维护方便，沙埋后易于拔起，而且其成本也较低。此外，运用这种方法，还能以害治害，这不仅对风沙地区的环境保护，而且对城市“白色污染”的治理，都是有益的。

【名 称】 一种塑料涂装用的聚合物纳米水分散树脂及制备方法
【公开号】 1363637
【公开日】 2002.08.14
【申请人】 中国科学院成都有机化学研究所
【发明人】 丁小斌 彭宇行 郑朝晖 张文传
【摘 要】 本发明涉及一种塑料表面涂装用的聚合物纳米水分散树脂及制备方法。该聚合物纳米水分散树脂的配比为A丙烯酸酯类单体（10%～50%），B功能性单体（1.0%～15%），C表面活性剂(0.0～2.5%)，D可聚合表面活性剂（0.05%～1.5%），E链转移剂（0.01%～1.5%），F引发剂（0.05%～2.0%），H成膜助剂（1.0%～20%），I中和剂（0.1%～40%），J水（50.0%～80%），该树脂粒径小于80nm，硬度大于HB级，对ABS、HIPS等塑料有优良的附着力。

【名 称】 非晶体塑料制品的局部结晶方法和装置
【公开号】 1362322
【公开日】 2002.08.07
【申请人】 哈斯基注模系统有限公司
【发明人】 迈克尔·科克 罗伯特·谢德 劳拉·马丁 詹姆斯·赛科斯 丹·斯特科夫斯基 布鲁斯·卡托茵
【摘 要】 一种塑料制品，它有一个结晶部分和一个非晶体部分。这种塑料制品用把熔融的塑料注入一个预成形坯模具的模腔内而制成。模腔内在要成为非晶体的区域内的热塑料迅速冷却，而要成为晶体的区域内的热塑料则冷却得很慢，或者加热。注塑成型模具还包括用于冷却熔融塑料的冷却通道和使得要结晶的区域与冷却剂绝热的绝热套筒。在另一个实施例中，把加热元件放置在靠近制品要结晶的区域的预成型坯模具上。

【名 称】 耐高温聚氨酯泡沫塑料
【公开号】 1361221
【公开日】 2002.07.31
【申请人】 上海英强橡塑制品有限责任公司
【发明人】 刘宏亮
【摘 要】 本发明公开了一种耐高温聚氨酯泡沫塑料，可采用辊式涂布、刮刀涂布或喷涂方法在聚氨酯泡沫塑料上涂布有机硅树脂，然后固化制得。该材料的耐热温度为180～220℃，视密度为0.15～0.50g/cm^3，有机硅树脂含量为75%～90%（质量百分数）。

【名 称】 光和生物双降解抗菌塑料
【公开号】 1365994
【公开日】 2002.08.28
【申请人】 戴锡麒
【发明人】 戴锡麒
【摘 要】 本发明公开了一种光和生物双降解抗菌塑料，它包括的组成成分为：淀粉、甘油、尿素、光敏剂、抗菌剂、填充剂、碳酸钙和聚烯烃。本发明是一种十分优质的塑料工业用材料，它不仅有较好的抗菌和杀菌的效果，而且在自然条件下，能较快地被降解掉，有利于环境的保护。

【名 称】 用于制备聚氨酯柔性模塑泡沫塑料的硅氧烷聚醚共聚物
【公开号】 1365990
【公开日】 2002.08.28
【申请人】 陶氏康宁公司
【发明人】 A.R. 小阿诺德 D.R. 巴提丝 J.H. 福雷
【摘 要】 制备聚氨酯柔性模塑泡沫塑料的方法，其中将有机多异氰酸酯与多元醇在聚氨酯催化剂、作为发泡剂的水、任选的开孔剂和硅氧烷表面活性剂（泡孔稳定剂）的存在下反应。

【名 称】 螺旋桨式风扇的叶片的注射模塑成型方法
【公开号】 1364688
【公开日】 2002.08.21
【申请人】 三菱重工业株式会社；柳生橡胶化成株式会社；出光石油化学株式会社
【发明人】 铃木敦 井上正志 近藤文男 户田直树 佐久间松夫 合田宏史 野村学
【摘 要】 一种利用固定侧金属模和可动型金属模注射模塑塑料螺旋桨式风扇的叶片的注射模塑成型方法，在对应螺旋桨式风扇的叶片叶片部分的厚壁部的部分设置可动型芯，在由前述固定侧金属模、可动侧金属模和可动型芯形成的螺旋桨式风扇的叶片中模具空间的叶片空间内注射一定量的塑料原料后，将前述可动型芯推出到模具空间内的内侧，然后使前述可动型芯返回至形成叶片空间的模具形状的标准位置，以形成螺旋桨式风扇的叶片。

【名　称】 辐照交联技术制备线性低密度聚乙烯泡沫塑料的方法
【公开号】 1370797
【公开日】 2002.09.25
【申请人】 四川大学
【发明人】 徐闻　刘鹏波　冯庆芬　罗利琴
【摘　要】 一种辐照交联技术制备线性低密度聚乙烯泡沫塑料的方法。线性低密度聚乙烯与发泡剂及其他助剂混合并成型为板材以后，经电子束辐照后线性低密度聚乙烯发生交联反应，辐照剂量为20～100kGy，使其在受热发泡过程中黏度下降减缓，从而可以在比较广的温度范围内发泡，制得发泡倍率30倍的泡沫塑料。

【名　称】 辐照交联制备乙烯-醋酸乙烯共聚物/线性低密度聚乙烯泡沫塑料的方法
【公开号】 1370798
【公开日】 2002.09.25
【申请人】 四川大学
【发明人】 徐闻　刘鹏波　冯庆芬　罗利琴
【摘　要】 辐照交联制备乙烯-醋酸乙烯共聚物/线性低密度聚乙烯泡沫塑料的方法。将乙烯-醋酸乙烯共聚物与线性低密度聚乙烯、发泡剂及其他助剂混合并成型为板材以后，经辐照使乙烯-醋酸乙烯共聚物及线性低密度聚乙烯发生交联反应，改善了加工性能，制得表观密度40kg/m^{3}左右的泡沫塑料。

【名　称】 不变形的喷铸金属聚酯复合雕塑工艺及其制品
【公开号】 1374205
【公开日】 2002.10.16
【申请人】 吴月利
【发明人】 吴月利
【摘　要】 本发明是不变形的喷铸金属聚酯复合雕塑工艺，制作时在雕塑模具内表面直接用喷枪进行高温熔融喷铸金属层，再加固聚酯复合层，自然固化脱模后即成一种表面纹理清晰、形态逼真、不会变形的喷铸金属聚酯复合雕塑，该雕塑克服了外喷金属雕塑存在的线条模糊、表面粗糙及浪费金属材耗能耗等缺点，雕塑模具可采用硅胶模、钢模、玻璃钢模、塑料模等，要求硅胶能承受金属高温熔融喷铸为度。喷铸的金属层一般为不锈钢、紫铜、黄铜、青铜、合金等，用于制造浮雕、圆雕以及建筑装潢装饰品。

【名　称】 一种豪华臂式汽车后视镜壳体制造方法
【公开号】 1374214
【公开日】 2002.10.16
【申请人】 赵红
【发明人】 曾锦丽
【摘　要】 本发明涉及一种豪华臂式汽车后视镜壳体制造方法，其特征是：(1) 将设计定型的后视镜壳体加工成模型；(2) 按吸塑模具脱壳工艺分解成上半壳，下半壳，尾壳；(3) 将步骤 (2) 分解成的上半壳，下半壳，尾壳加工成凸模；(4) 将凸模固定在吸塑机上，用塑料片材吸塑成型；(5) 安装零部件后三部分粘接或热合连成一体。本发明的优点是能使豪华臂式汽车后视镜壳体制造成本低廉。

【名　称】 非饮用氯化聚氯乙烯(PVC-C)热水管件材料
【公开号】 1374341
【公开日】 2002.10.16
【申请人】 上海汤臣塑胶实业有限公司
【发明人】 肖祥骅
【摘　要】 本发明涉及塑料管件材料，为解决具有耐热性能好的塑料热水管件材料，本发明提供了一种非饮用氯化聚氯乙烯 (PVC-C) 热水管件材料，其配方成分为氯化聚氯乙烯、复合稳定剂、润滑剂、改性剂、填充剂、防熔体破裂剂、颜料，通过粉料混合升温，然后冷却混合，再将粉料进行造粒的制作工艺，由该材料制成的管件，耐热性能好，维卡软化温度≥103℃，且具有较好的强度。

【名　称】 一种塑料合金
【公开号】 1374340
【公开日】 2002.10.16
【申请人】 刘建中
【发明人】 刘建中　王世兴　蒋国兴
【摘　要】 本发明涉及一种塑料合金，其特征在于它是由下述质量配比原料按常规方法制成的，原料为聚丙烯，高密度聚乙烯，热塑性弹性体，碳酸钙，抗氧剂润滑剂，稳定剂，偶联剂，增塑剂，抗紫外线剂、纳米蒙脱土或纳米黏土或纳米陶瓷粉，该塑料合金具有强度高，韧性好，耐腐蚀，耐高温，无毒，加工维修方便，使用寿命长的优点及效果，适用于工业，农业，化工，建筑，医药生活等领域应用。

【名　称】　一副眼镜及其制造方法
【公开号】　1375074
【公开日】　2002.10.16
【申请人】　林贝尔公司
【发明人】　弗莱明·克罗曼
【摘　要】　一副眼镜，包括两个与佩戴者的鼻子配合的支撑零件。每个支撑零件包括一个塑料垫、一个加固件和一个位于小孔中的销钉。加固件和销钉可以互相卡装接合。销钉使塑料垫不受任何张力，并且可以为塑料垫选择一种非常柔软、舒服的材料。这样提供了容易的装配和安全的固定。本发明还包括一种制造销钉的坯件及一种制造眼镜的方法。

【名　称】　苯胺涂覆膜转印装置及其方法
【公开号】　1373046
【公开日】　2002.10.09
【申请人】　东艳株式会社；松本机械制作株式会社；元亨利有限公司
【发明人】　藤彻　松本启树
【摘　要】　本发明提供对印刷片材进行表面加工所采用的苯胺涂覆膜转印装置和方法。本发明的苯胺涂覆膜转印装置由在长的塑料薄膜和印刷片材的其中之一上涂覆紫外线固化型涂料的苯胺涂覆部，在以对置状且轴心稍微前后位置的方式设置的第一辊1和第二辊2的加压接触部3，使轴心位于前方的第一辊1支持上述塑料薄膜4并供给该塑料薄膜，同时以前端和第二辊2接触的方式供给印刷片材5并接合的接合部，将紫外线照射到接合的层合体上而使涂料固化的紫外线固化机构和剥离塑料薄膜以及印刷片材的剥落机构组成。

【名　称】　有色软质聚氨酯泡沫塑料制备方法
【公开号】　1373146
【公开日】　2002.10.09
【申请人】　杭州吉华化工有限公司
【发明人】　邵佰金　杨国友
【摘　要】　本发明提供了一种有色软质聚氨酯泡沫塑料制备方法，用价格低的无机盐作为填充料，同时对颜料添加工艺进行了改进，使泡沫塑料热稳定性、染色均匀度得到了改善，减少了用量，降低成本，特别适合用作制备热压扬声器泡沫边和平面振动板的软质聚氨酯泡沫塑料。

【名　称】　用于制造塑料薄膜的方法和装置及塑料薄膜
【公开号】　1373706
【公开日】　2002.10.09
【申请人】　科讷瑙有限公司
【发明人】　卡里·克扎瓦伊内
【摘　要】　本发明涉及一种制造塑料薄膜的方法和装置，还涉及一塑料薄膜。本发明包括由一挤压机从塑料材料挤压一薄膜，挤压以后对该薄膜定向。将材料混入塑料使得当塑料薄膜被拉伸时，产生气泡。定向以后，气体作用在塑料薄膜上，在高压下使得气体在气泡中扩散，并且在其中产生过压。因此能够制造一种薄的起泡的薄膜，具有起泡率＞70％。

【名　称】　一种高黏度尼龙6工程塑料的连续生产方法
【公开号】　1371931
【公开日】　2002.10.02
【申请人】　夏焕文
【发明人】　夏焕文
【摘　要】　本发明涉及一种高黏度尼龙6工程塑料的连续生产方法，其特征是：首先配好助剂，然后投料置换，水解开环，水解器压力为0.8～1.0MPa，物料温度为250～280℃，卸压后将物料通过齿轮泵定量打入U形聚合管中，再在－0.03～－0.09MPa真空度下连续聚合时间为2～3h，最后将物料输入平衡罐中，静止平衡2～3h，制得相对黏度为4.5～5.5的尼龙6工程塑料。本发明适用于己内酰胺或己内酰胺低聚物或其两者的混合物为原料生产高黏度尼龙6工程塑料。

【名　称】　二氧化碳-环氧丙烷共聚物与聚3-羟基烷酸酯共混物的制备方法
【公开号】　1371942
【公开日】　2002.10.02
【申请人】　中国科学院长春应用化学研究所
【发明人】　刘景江　孙春荣
【摘　要】　本发明属于二氧化碳-环氧丙烷共聚物与聚3-羟基烷酸酯共混物的制备方法。由二氧化碳环氧丙烷共聚物、聚3-羟基烷酸酯、滑石粉、氮化硼和四［β-(3,5-二叔丁基-4-羟基苯基）丙酸］季戊四醇（抗氧剂ky-7910）组成。上述物质在高速搅拌机中机械混合，在普通塑料加工设备双螺杆挤出机中挤出、造粒，熔体物料的温度在175～185℃之间，所得到二氧化碳-环氧丙烷共聚物与聚3-羟基烷酸酯共混物的树脂可以用于制备薄膜、板材、片材和注塑成型塑料件。这些制品具有可生物降解性能，优异的力学性能，良好的印刷性能，良好的阻隔性能及热封性能。

【名　称】 充气气囊汽车安全保险杠
【公开号】 1376598
【公开日】 2002.10.30
【申请人】 邓道成
【发明人】 邓道成
【摘　要】 本发明涉及一种充气气囊汽车安全保险杠，所述保险杠用可含经纬线和不含经纬线的橡胶、橡塑、软质PVC、聚氨酯材料注模吹塑成型，内为空心，其核心技术是用可含经纬线和不含经纬线的橡胶、橡塑、软质PVC、聚氨酯材料，代替现行的金属、硬质塑料或玻璃钢材料、并制成空心，内充气即有强度又有适度的柔韧性和弹性的汽车安全保险，以减少和缓释事故发生时所产生的巨大的冲击力，从而避免或减小车辆和人员的损坏与伤亡。

【名　称】 转移法激光全息金属包装材料的生产方法
【公开号】 1378962
【公开日】 2002.11.13
【申请人】 绍兴京华激光制品有限公司
【发明人】 孙建成　骆建武
【摘　要】 一种转移法激光全息金属包装材料的生产方法，属激光全息金属包装材料的加工技术领域，其特征在于按以下工艺流程进行：在塑料薄膜表面先后涂布离型层和信息压纹层，并模压激光全息信息层，再真空镀阻隔层，然后将塑料薄膜阻隔层的一面与金属包装材料复合，最后在剥离机上，将塑料薄膜与金属包装材料分离，使激光全息信息层转移到金属包装材料表面，从而得到透明全息金属包装材料。本发明能将金属包装材料使用商所需的文字或图案、标志等经激光全息制版后通过模压、复合转移到金属包装材料上，拓宽了激光全息制品的使用范围，与普通金属彩印配套，更具有信息文字图案清晰、光线折射丰满等理想的防伪性能和鉴别、装饰效果。

【名　称】 使用树脂焊料的电气连接具，电气连接器及电线连接方法
【公开号】 1379501
【公开日】 2002.11.13
【申请人】 日本压着端子制造株式会社
【发明人】 保坂泰司　宫泽雅昭
【摘　要】 使用树脂焊料的电气连接具、电气连接器及其电线连接方法，本发明的目的在于包括对电气连接具进行电线的连接不必用焊接作业，可用自动机对电气连接具完成极细线的连接。本发明的电气连接具具备：联结在对应构件或与对应构件嵌合的第1连接部、和连接电线的导体的第二连接部。该电气连接具有以导电性树脂组成物所形成的铅游离超高导电性塑料形成至少连接第二连接部的电线的导体的部分。

【名　称】 碳纳米管增强的塑料/陶瓷基骨修复用复合材料
【公开号】 1381276
【公开日】 2002.11.27
【申请人】 清华大学
【发明人】 胡平　王东瑞　方壮熙
【摘　要】 一种碳纳米管增强的塑料/陶瓷基骨修复用复合材料，属生物医用材料领域。它以微生物合成的聚羟基脂肪酸酯（PHA）为基体，并以碳纳米管增强。所得复合材料具有良好的生物可降解性和生物相容性以及PHA材料独特的压电性和碳纳米管的良好导电性，并具有足够的力学强度，适合于做骨修复用材料。且这种材料随着断裂骨的愈合而逐渐降解，不需第二次手术取出。

【名　称】 高强低成本聚合物合成纸
【公开号】 1381347
【公开日】 2002.11.27
【申请人】 郴州华嵘合成纸有限公司
【发明人】 陈奎翰　胡亚鹏
【摘　要】 本发明涉及一种高强低成本聚合物合成纸。它是用塑料聚合物聚丙烯（热熔融流动指数MFI为0.3～0.6）或热熔融流动指数MFI为0.3～0.5的聚乙烯或热熔融流动指数MFI为0.3～3的聚乙烯或热熔融流动指数MFI为0.3～10的聚乙烯、填充剂、改质剂、外部润滑剂、内部润滑剂、抗静电剂、颜料制造，各种原料的配合比为（质量份）：塑料聚合物：100份、填充剂2.5～250份、改质剂3～40份、外部润滑剂0.2～5.0份、内部润滑剂0.1～5.0份抗静电剂0～10份、颜料0～5.0份。

【名　称】 纳米高吸水材料
【公开号】 1381507
【公开日】 2002.11.27
【申请人】 保定市科瀚树脂有限公司
【发明人】 魏华　申世刚
【摘　要】 本发明公开了新产品纳米高吸水材料，它是一种聚丙烯酸或盐的纳米高吸水树脂。这种高吸水树脂无色、透明、颗粒悬浮液，颗粒度为30～100nm，它可代替或部分代替照相明胶、改变卤化银

晶型、降低灰雾度、提高感光胶片的渗透性和感光性能，它用于纸张和织物的表面涂布处理可防止静电、增加柔软性，涂在塑料薄膜上可增加耐磨性和透光度，掺到涂料中可防止涂层裂变，涂在冰箱内表面可防潮、杀菌，用于古书和文物的表面涂层可防止风化和霉烂。

【名　称】　一种全硫化聚烯烃热塑性弹性体及其制备方法
【公开号】　1381524
【公开日】　2002.11.27
【申请人】　中国石油化工股份有限公司；中国石油化工股份有限公司北京化工研究院
【发明人】　张晓红　乔金梁　高建明　刘铁群　宋志海　黄帆　魏根栓
【摘　要】　本发明提供了一种全硫化聚烯烃热塑性弹性体及其制备方法。用普通橡塑共混的方法将粒径不大于 1μm 的具有交联结构的橡胶粒子和聚烯烃塑料共混，由此而制得橡胶相的粒径及凝胶含量可控性好、机械性能良好的全硫化聚烯烃热塑性弹性体。该热塑性弹性体具有较高的白度值，易于制成浅色及其他色彩的制品。本发明的制备方法工艺简单、设备成本低、工艺条件易于控制、适用于工业化大批量生产的要求。

【名　称】　聚氯乙烯制品用增强、增韧复合材料及制备方法
【公开号】　1381518
【公开日】　2002.11.27
【申请人】　北京空心微珠技术发展中心；北京工业大学
【发明人】　杜玉成　黄坤良
【摘　要】　本发明公开了一种聚氯乙烯制品用增强、增韧复合材料及制造方法，由粒径<10μm 的无机粉体和改性剂组成；无机粉体的晶体结构主要是片状、针柱状、纺锤状的组合体，改性剂由分散润滑剂、偶联剂和助剂组成；改性剂通过热化学反应与无机粉体表面结合，在表面上形成可与塑料长链分子紧密结合的活性基团，其制备方法为：将配制好的无机粉体置于高速捏合机中搅拌 10～15min，其间加热至 90～120℃；按质量百分比配制改性剂，将改性剂加入到高速捏合机中继续加热搅拌 15～20min 即为成品，将本品填充于聚氯乙烯制品中，与未改性的填充料比较，补强效果提高 80%，增韧效果提高 60%，填加量可从 5%～8%增加到 15%～20%，加工性和流动性显著提高。

【名　称】　轴支承结构
【公开号】　1381690
【公开日】　2002.11.27
【申请人】　美国拜耳公司
【发明人】　T. A. 帕尔默　C. T. 科尔森
【摘　要】　描述了一种轴支承结构，其包括，具有限定中空内部的内表面的细长外壳；以及多个位于该外壳的中空内部中的塑料材料的加强肋。加强肋的至少一部分与该外壳的内表面成贴靠关系。该加强肋限定了通过该细长外壳的纵向通道，以便接纳并支承可旋转的轴。该加强肋固定地附接到该细长外壳上。最好通过将塑料材料模制，例如注模在该细长外壳的内表面上来形成该加强肋。

【名　称】　一种塑料电热水器内胆
【公开号】　1381699
【公开日】　2002.11.27
【申请人】　广东美的集团股份有限公司
【发明人】　葛行
【摘　要】　本发明是一种塑料电热水器内胆，它由至少两个塑料成型壳体对接组成，在壳体内表面分布有若干成型的连接板和连接柱，相对接的壳体上的所有连接板和连接柱一一对应并相互连接在一起。壳体对接即可构成一个有空腔的内胆，它用塑料成型，因此具有加工容易、生产成本低、成型效率高、防腐和绝热能力强、可任意形成若干形状的特点。相对接的壳体上的所有连接板和连接柱一一对应并相互连接在一起正好可增加壳体的抗内压强度，确保内胆不致受力过大而变形。

【名　称】　一种全硫化聚酰胺热塑性弹性体及其制备方法
【公开号】　1381529
【公开日】　2002.11.27
【申请人】　中国石油化工股份有限公司；中国石油化工股份有限公司北京化工研究院
【发明人】　张晓红　刘铁群　乔金梁　高建明　宋志海　黄帆　魏根栓
【摘　要】　本发明提供了一种橡胶相粒径不大于 1μm 的全硫化聚酰胺热塑性弹性体及其制备方法。用普通橡塑共混的方法将粒径不大于 1μm 的全硫化粉末橡胶和聚酰胺塑料共混，由此而制得橡胶相粒径小、拉伸强度及断裂伸长率高、外观好且具有良好加工成型性的全硫化聚酰胺热塑性弹性体。

【名　称】　压实和冷却阶段预成型坯颈部完工时防

止失控的聚合物流动的方法
【公开号】 1377765
【公开日】 2002.11.06
【申请人】 大陆PET技术公司
【发明人】 托马斯·E. 纳希尔 苏帕扬·M. 克里希纳库马尔 韦恩·N. 科利特
【摘 要】 一种减小在注塑成型循环中压实和冷却阶段熔融的聚合物的失控流动的方法。在用于制造具有一种第一聚合物的外层和一种第二聚合物的内层的多层塑料制品，例如预成型坯的模腔与芯子之间，注入许多层聚合物。在模具的锥形区域中，选择该锥形区域的最小宽度，以防止第二聚合物前/后边缘作用的增大，这种作用能使得第二聚合物在压实和冷却阶段产生回流。这种方法对于制造用于吹塑模制的容器（例如，具有长而薄的颈部轮廓的番茄酱容器）的预成型坯特别有用。此外，这种方法保持了内（阻隔）层离开预成型坯的顶部密封表面的最小距离，以便防止有缺陷的热粘接密封。

【名 称】 聚苯乙烯漆
【公开号】 1377927
【公开日】 2002.11.06
【申请人】 刘冠军
【发明人】 刘冠军
【摘 要】 本发明涉及一种聚苯乙烯漆及制备方法，发明了一种以聚苯乙烯泡沫塑料为原料，生产出具备各种漆的特点的聚苯乙烯漆及生产方法。原料组分和质量百分比及生产方法为：将环己酮0.8%～12%，水杨酸乙酯12%～24%，水杨酸丁酯8%～20%，高号汽油31%～55%，放入容器里搅拌后，加聚苯乙烯泡沫塑料16%～25%，再经搅拌，研磨，过滤，制成成品。产品品质优良、实用性广，减少环境污染、设备投资少，成本较低，而且使用寿命高于其他漆，操作简单，无毒、无废弃物，属于环保性产品。

（全国塑料加工工业信息中心
刘均科 刘本刚 王晶）

科 研 院 所

全国塑料行业科研院所

中国科学院化学研究所工程塑料国家重点实验室

简介　工程塑料国家重点实验室依托于中国科学院化学研究所，部分利用世界银行“重点学科发展项目”贷款，经国家计委批准于1991年开始筹建，1993年12月批准边建设边开放，1995年11月通过国家验收，是我国聚合物材料领域三大国家重点实验室之一。1998年3月通过中国科学院的评估。1999年5月本实验室整体进入中国科学院知识创新工程试点的中国科学院北京物质科学基地分子科学中心。在“开放、流动、联合、竞争”的方针和坚持“锐意创新，开拓前沿”的思想指导下，实验室主要致力于聚合物材料的基础理论、新材料制备技术和新材料应用等方面的工作，其中高技术材料部分，主要从事航天、航空、微电子等高新技术用聚合物材料的研制与开发。

实验室着眼于高性能高分子材料、聚合物共混物和复合材料初期开发阶段所必需的应用基础研究，为进一步将聚合物材料在工业上推广应用提供科学与技术基础。

实验室拥有加工设备和测试仪器：共混挤出机CS-194，转矩流变仪Haake RC-90，小型聚合物混合表征系统CS-183，冲击试验机CS-137C，热变形测量仪CS-107，凝胶色谱仪Waters，核磁共振仪Bruker PC-120，热台偏光显微镜Leica DM LP-MP30，万能材料试验机Instron 1122，数字液压伺服材料试验机Instron 8501，控制应力流变仪Rheometric DSR 200，热失重分析仪PE TGA-7、高温热重分析仪Pyris1 TGA，FT红外光谱仪PE FTIR-2000，示差扫描量热仪PE DSC-7、DSC822e，动态力学分析仪PE DMA-7e、DMA242c，综合热分析仪STA409pc，热机械分析仪PE TMA-2。中国科学院化学研究所配备有各种大型测试表征公用仪器，如核磁共振谱仪、质谱仪、光电子能谱仪、FT红外光谱仪、扫描电子显微镜、透射电子显微镜、原子力显微镜、扫描隧道显微镜等。

实验室使用面积2 000m^{2}以上，在北京郊区有加工设备与扩试条件。

本实验室的研究课题及仪器设备向国内外学者开放。本室在国际上与美国、西欧、日本、韩国、俄罗斯等国家的大学、研究所及企业有实质性的合作研究项目，主办工程塑料国际学术研讨会（EP’2001和EP’2003）。本室的学术带头人也应邀在美国、法国、日本、韩国、澳大利亚、德国、新加坡等国的大学、研究所、公司作学术报告，介绍本室的研究工作组织和最新研究结果，使国外同行对本室有深刻印象，为建立与加强合作创造了条件。

我们针对“通过从烯烃聚合催化剂研究开始的一系列化学与物理改性方法，实现对高分子各层次结构的设计、剪裁与控制”的研究目标，现承担着国家重点基础研究发展规划项目、国家“863”项目、国家基金委重点项目、国家“十五”科技攻关项目及院重大、重点项目20余项。通过承担课题的形式开展应用基础研究，着重于科学技术的创新。形成的创新思想、新理论、新概念在国际重要学术刊物发表系列论文；形成的创新技术申请发明专利。

实验室现有职工39人，其中国家杰出青年基金获得者1人，中国科学院“百人计划”2人，副研究员以上20人，具有博士学位的21人。何嘉松研究员任实验室主任，王佛松院士任实验室学术委员会主任。研究人员的专业有高分子化学、高分子物理、高分子材料、物理化学、流变学、聚合物加工与工艺等，能够从事和承担高分子材料科学基础研究和材料应用与开发各个分支的项目，包括催化剂制备、高分子合成、结构与性能、高分子材料加工流变学、材料加工设备和材料制备等。

本实验室为高分子化学与物理学科的理学硕士点、博士点，化学学科博士后流动站及材料学的工学硕士点。拥有博士生导师7人。现在本室就读的硕士研究生27人，博士研究生35人，博士后人员6人。现已毕业硕士研究生44人，已毕业博士研究生27人，已出站博士后12人。

研究方向如下：

1. 烯烃聚合催化剂、聚合反应与加工；
2. 高性能有机/无机纳米复合材料；
3. 聚合物共混物及其复合材料；
4. 耐高温聚酰亚胺树脂及其复合材料；
5. 耐高温聚合物介电、绝缘材料；
6. 高性能酚醛树脂、环氧树脂及其复合材料；
7. 高性能有机硅材料；
8. 聚酯型热塑弹性体；
9. 聚合物流变表征与加工流变学；
10. 聚合物表面与界面改性。

实验室建设以来取得了以下主要研究成果、获奖和突出进展。

1. 成功研制系列烯烃聚合催化剂，在国内占用50%以上的市场份额，为国家聚烯烃行业的发展做出了贡献，获国家科技进步三等奖、中国科学院自然科学二等奖、辽宁省科学技术进步一等奖及中国石油化工总公司科技进步三等奖。

2. 探索刚性粒子增强增韧聚合物的新途径，解决制备关键技术，完成汽车用工程塑料工业化制造技术，获中国科学院科技进步一等奖、中国科学院自然科学三等奖及GM中国汽车科技成就奖。

3. 解决纳米复合材料制备的关键科学技术问题，成功地制备了以14种热塑、热固性高分子作为基体树脂的插层型或剥离型的聚合物/层状硅酸盐纳米复合材料。生产出纳米超高分子量聚乙烯塑料合金管材，获河北省科学技术进步二等奖。

4. 成功研制一系列可在315℃以上高温环境中长期使用的聚酰亚胺基体树脂及其碳/石墨（玻璃）纤维增强树脂基复合材料的制备技术，获中国科学院科技进步三等奖。

5. 研制的专利产品——微电子用聚酰亚胺系列树脂成功地应用于国家10余条微电子器件生产线上，这些生产线累计已生产各类微电子器件13亿只以上。

6. 实验室自建设以来还获得中国科学院自然科学三等奖1项、中国化学会高分子基础研究王葆仁奖2项、中国化学会青年化学奖1项及河北省科技成果奖1项。

7. 实验室自建设以来共发表论文400余篇，SCIE他人引用560次以上；授权专利39项，已申请待审专利109项。

地址：北京市海淀区中关村北一街2号
负责人：何嘉松
电话：010-62613251，010-82612857
传真：010-62559373
网址：www. sklep. labs. gov. cn
E-mail：director@sklep. icas. ac. cn，hejs@sklep. icas. ac. cn

中国石油化工股份有限公司北京化工研究院

简介　中国石油化工股份有限公司北京化工研究院成立于1958年，是中国最早从事石油化工综合性研究的最大研究机构。北京化工研究院现有近1 000名员工，其中750多名为专业技术人员，1/3左右为资深的高级研究人员。其研究开发主要集中在乙烯工程和有机化工，以聚烯烃为重点的高分子合成、塑料改性和加工应用，以及化工环境保护四大领域。由于北京化工研究院在专业上的杰出成就，国家已在此设立了国家聚烯烃工程中心、国家化学建筑材料测试中心、国家基本有机原料质量监督检验中心、全国石油化工信息总站和全国化工环境保护信息总站等全国性的技术中心。

北京化工研究院从事塑料改性研究的塑料加工研究开发中心共包括三部分：研究开发部分、国家化学建材测试中心和生产经营部分，共有职工100余人。

实验室　塑料加工研究中心除在院本部有5 000多平米实验室外，在北京化工研究院的试验基地次渠开发区拥有占地25万平方米的试验基地。同时也拥有完善的试验设备和先进的测试仪器。主要的研究设备有：各种规格的国产双螺杆挤出机及ZSK、WP等进口双螺杆挤出机生产线；ZSK反应型双螺杆挤出生产线等。各种规格的注塑机；BUSS挤出机生产线；CINCINNATI-PVC异型材挤出生产线；塑料门窗组装生产线等。其中改性塑料的生产能力超过10 000吨。主要的测试仪器为：万能材料试验机、管材试验机组、管材冲击试验机、RCP试验机；热氧老化试验机组、高低温和高低压管材循环试验机、塑料异型材试验机组、塑料成窗检验装置、CEAST冲击试验机组、老化试验箱、电、热、光学、流变学、密度、硬度、刚度仪等、疲劳试验机等。北京化工研究院测试中心建立、健全了完善的质量保证体系，可以开展从塑料原材料到制品的全性能检测服务。

科研队伍　多年的人才战略使北京化工研究院拥有了一批在塑料加工研究方面能力较强的科研人才，有国家“十五”攻关、“863”、“973”项目负责人3人，参加项目人员多名；担任中石化重点项目、“十五”攻关项目20余人，高级工程师及硕士以上学历占40%。完成了数项“七五”、“八五”、“九五”攻关项目和中石化及其他部委重点科研项目，工作人员具有丰富的科研经验和较强的市场沟通能力。

研究方向

1. 聚烯烃专用料的开发

汽车专用料；家用电器专用料；反应型聚烯烃；高熔体强度聚丙烯；聚烯烃微孔材料。

2. 聚烯烃管材的开发

聚乙烯管材如PE80、PE100、铝塑及钢塑复合管材料；聚丙烯热水管、聚丙烯型材等。

3. 聚合物基纳米复合材料

主要研究的有机纳米颗粒包括：丁苯橡胶颗粒、羧基丁苯橡胶颗粒，丁腈橡胶颗粒、羧基丁腈橡胶颗粒、丙烯酸酯橡胶颗粒、硅橡胶颗粒、丁吡橡胶颗粒和氯丁橡胶颗粒等的制备及应用研究，用有机纳米材料制备TPE和增韧塑料的方法，并工业化生产开发成套技术。

研究纳米$CaCO_3$、纳米TiO_2、纳米Al_2O_3、纳米ZnO、纳米SiO_2等在聚合基中的分布、分散状态及其与宏观性能间的关系，制备出高性能聚合物基纳米复合材料。同时利用有机纳米颗粒的良好分散性及无机纳米粒子的刚性、耐热等复合制备出性能特殊的聚合物纳米复合材料。

科研成果　近年来取得的主要成果如下。

1. 以聚烯烃为主的通用塑料的开发与应用

PP/EPDM、PP/POE 合金用于汽车保险杠等；PP/EPDM/$CaCO_3$、PP/POE/Talc 等用于仪表板；阻燃改性聚烯烃（包括高光泽 PP）用于电子、电器材料；交联电缆用材料，包括辐射交联、硅烷水交联、无卤阻燃等新型电缆材料；化学交联 PE 用于制备热水管，耐温可达 95℃。

2. 工程塑料及其合金

对多种工程塑料均有开发应用，包括：PA、POM、PC、PBT、PET、PPO、PPS 等；主要的合金品种有：PC/ABS、PA/EPDM、PA/PP、PBT/PC、PPO/PA、PET/PC、PPS/PA 等。

3. 维增强热塑性塑料

国内最早进行了纤维增强热塑性塑料的研究：成熟的品种有：PP/GF、PE/GF、ABS/GF、AS/GF、POM/GF、PA/GF、PC/GF、PBT/GF、PET/GF、TPU/GF、PPS/GF 等；碳纤维增强材料：POM/CF、PA/CF、PC/CF、PBT/CF、PET/CF、PPS/CF。

4. 以 PVC 和聚烯烃为主的化学建材

塑料门窗的生产技术及 PVC 管、化学交联 PE、硅烷水交联 PE、辐射交联 PE、PP 管等塑料管材的生产技术；防水卷材的生产技术；PVC-TPE 制备密封条技术；保温黄夹克技术等。

5. 微孔材料的开发和应用

PVC 微孔材料、PE 微孔材料、PP 微孔材料、PU 微孔材料，应用领域：汽车、建筑、农业等，可以采用化学交联或辐照交联。

6. 辐射改性聚合物材料

利用 γ 射线和电子加速器对聚合物进行改性得到一系列有独特性能的聚合物，例如，可控粒径的有机纳米级聚合物材料。

7. 聚合物基纳米复合材料

聚合物/聚合物分子复合材料；聚合物/聚合物纳米颗粒复合材料；聚合物/无机纳米混杂复合材料；聚合物/无机纳米粒子复合材料。

8. 推广应用情况

研究的聚烯烃汽车专用料广泛用于桑塔纳、夏利、神龙富康等国内主要汽车用塑料件；广州摩托车用的全部塑料制品；通用别克、天津丰田、重庆庆铃、哈尔滨和柳微等汽车厂部分配件等。

在研项目　目前正在进行研发的相关项目如下。

1. 有机纳米材料制备及应用技术的研究开发

研究纳米材料的特性与微观结构的关系，主要内容包括：丁苯橡胶颗粒、羧基丁苯橡胶颗粒，丁腈橡胶颗粒、羧基丁腈橡胶颗粒等，研究用有机纳米材料制备 TPE 和增韧塑料的方法，并工业化生产开发成套技术。

2. 汽车用改性聚烯烃产品的开发

配合国内汽车工业的发展，开发汽车用改性聚烯烃产品，主要有保险杠、仪表盘、防擦条、内饰件等专用料，以占领高档、新型轿车较大改性部件的专用料市场。

3. 家电用改性塑料产品的开发

配合国内家用电器工业的发展，开发家电用改性塑料产品，主要产品包括：高光泽 PP、阻燃 ABS、耐热 PA、阻燃 PP、GFRPBT、GFRPET、PC/ABS 合金等，提高国产家用电器专用料的性能水平，提高国产家电在国际市场上的竞争力。

4. PVC 型材及 PPR 管材专用料的开发

开发耐热耐冲击 PVC 管材料、交联 PE 热水管专用料、PPR 管材专用料等，开发管材成套技术。

5. 热塑性聚烯烃弹性体（TPO）的开发研究

进行以聚烯烃为基体的热塑性聚烯烃弹性体（TPO）的开发研究，替代合成橡胶，满足国内需求，替代进口材料。

6. 聚烯烃电缆专用料的研究开发

进行聚烯烃电缆专用料研究开发包括动力电缆和通讯电缆；交联方式包括辐射交联和化学交联，将目前进口原材料制备的电缆专用料进行国产化，提高国产电缆专用料的技术水平。

7. 聚烯烃微孔材料的研究开发

进行聚烯烃微孔材料的研究开发，主要包括：PE 微孔材料生产的成套技术的开发与推广；PP 微孔材料生产的成套技术的开发与推广，使聚烯烃微孔材料系列化，特别是将聚烯烃材料发泡，有重大的理论意义和工业化价值。

8. 反应性增容剂的开发与应用

进行反应性聚烯烃的开发与应用方面的研究，作为反应型增容剂制备聚合物合金，制备可涂装的聚烯烃制品。此技术对增加聚烯烃的附加值及通用塑料的工程化、工程塑料的高性能化有重要意义。

9. 对环境友好的改性聚合物材料的开发

开发对环境友好的改性聚合物材料，配合环保的要求逐步开发可回收、低污染的材料，如高碳煤粉填充聚合物材料、可降解聚合物材料等，减少高分子材料对环境的污染，在提高材料性能的同时赋予它良好的可回用性，在产生良好的经济效益的同时，使之有较好的社会效益。

地址：北京市北三环东路 14 号
邮编：100013

负责人：杨元一
电话：010-64216131
传真：010-64228661
网址：www. brici. ac. cn
E-mail：brici@brici. ac. cn

北京市化学工业研究院

简介　北京市化学工业研究院（企业集团）是北京化工集团有限责任公司下属的一个应用技术研究与产业化相结合的综合性科研单位，同时也是北京市重点科研院所之一。研究开发工作以工程塑料和功能高分子材料为重点，并覆盖精细化工、有机催化、胶黏剂、环境保护和分析检测等领域。

北京市化学工业研究院成立于 1958 年。40 年来，北京市化学工业研究院致力于新型高分子材料的合成与功能化改性的开发应用，累计 320 余项科研成果，其中获得国家和省部级科技进步奖的有 73 项。20 世纪 90 年代初，北京市化学工业研究院开始企业运作，相继将科研就地转化为产品进入市场，逐渐形成了以工程塑料及其合金、功能高分子材料、塑料助剂和食品包装用复合聚氨酯胶黏剂等开发®牌产品为主体的产品结构。进入 21 世纪，北京市化学工业研究院开始进行股份制改造，形成了“一个中心，四个基地”的企业架构。企业行政管理、营销和技术研发中心仍保留在中关村科技园区腹地，清华、北大之间。国家通用工程塑料研究中心、中国工程塑料工业协会秘书处、北京市工程塑料合金高新技术实验室、北京市高分子材料质量监督检测站均设于此。与内部职工股份共建的凡伟工程塑料有限公司位于浙江余姚经济开发区，其 PBT 树脂合成与加工改性能力达万吨。工程塑料合金及功能高分子材料生产基地建在北京顺义空港开发区，年产各类工程塑料及其合金 5 000t、各型彩色显像管用会聚组件 700 万套。北京东郊的精细化工基地拥有 5 000t/a 的双组分聚氨酯胶黏剂和 2 500t/a 各类塑料助剂的生产能力。广东新会国望精细化工有限公司年产胶黏剂 3 000t。

主要产品　以 PBT 为代表的多种工程塑料及其合金、磁性塑料及制件、塑料加工及农用塑料助剂等产品采用自己的技术，聚氨酯胶黏剂通过引进国外技术经消化、吸收，均实现了商品化。

实验室　3 个研究所、10 个生产实体、2 个中试基地和 1 个设计所国家通用工程塑料工程技术研究中心、北京工程塑料合金技术实验室和北京市高分子材料质量监督检验站也设于本院。

科研队伍　1 000 多名员工，科研人员 550 人，包括国家级和市级专家 3 人，有高级和中级职称分别为 95 人和 206 人。

科研成果　40 年来，累计 320 余项科研成果，其中获得国家和省部级科技进步奖的有 73 项。获国家级三等奖有无显影气相光刻工艺和 PBT 工程塑料合成工艺和阻燃增强工艺研究。获市、部级奖有 PBT 塑料为电子部工艺科研成果一等奖，PPO 工程塑料技术开发研究为北京市科技进步一等奖，高阻燃 PBT 工程塑料为北京市技术开发优秀项目一等奖。

地址：北京市海淀区成府街 2653 信箱
邮编：100084
负责人：聂海兰
电话：010-62567814
传真：010-62567814
网址：www. bciri. com. cn
E-mail：yuanban@bciri. com. cn

轻工业塑料加工应用研究所

简介　轻工业塑料加工应用研究所于 1999 年转制并入北京工商大学，实行“产、学、研”结合的系所合一新体制，作为事业单位仍然保留塑料研究所的建制，同时新建了材料科学与工程系，实行“一套班子、两块牌子”。内设国家塑料制品质量监督检验中心、全国塑料制品标准化技术委员会、全国塑料加工工业信息中心，编辑、出版和发行《中国塑料》杂志。

实验室　实验室面积 2 000 多平方米，中试基地厂房 3 000 多平方米，塑料加工设备和检测仪器齐全，合计资产 1 000 多万元。

科研队伍　系（所）现有教职员工 55 人，其中教授（研究员）3 人，副教授、副研究员、高级工程师 15 人，讲师、工程师 21 人。

研究方向　主要着重高性能、多功能、环保材料的研究开发；聚合物材料改性、成型加工共性技术研究以及材料寿命、破坏机理及产品质量标准等研究。

科研成果　研究所自“六五”以来先后承担了国家科技攻关项目和“863”项目，其中塑料加工改性、家用薄膜等领域成绩显著，先后荣获省部级科技进步奖、优秀新产品奖及其他奖励 30 多项，科研成果已转让全国 20 余个省市的数十家企业，取得了良好经济效益和社会效益。

近年来，出版专著 5 部，申请发明专利 3 项，其中 1 项已获专利授权。

在研项目　目前正在承担的国家重大科研项目有 5 项（科技部 4 项、国家环保总局 1 项），北京市教委基金项目 1 项，研究经费 250 万元；企业委托重大项目2项，经费约230万元。其中“多层反射塑料复合彩虹膜”项目技术填补国内空白，在科技部专项资金资助下正在实现产业化，生产出膜层为90～221层、总厚度为20～40μm、幅宽达1 000mm以上的产品，可以满足包装、装潢、装饰的需求，替代进口。“环境友好高阻隔水溶性塑料的研究开发”项目，实现了聚乙烯醇（PVA）干法加工，吹塑膜折径达1 000mm以上（幅宽超过2m），相对国际上通用的湿法加工具有工艺简单、投资最少、产品质量好、生产效率高的优点，加工工艺处于国际领先水平，产品具有高阻氧、抗静电、不吸尘、印刷和热封性好、水溶性可控、可自然降解和水解等特点，广泛应用于阻隔层包装、水转印等领域，完全可替代湿法产品的进口。

地址：北京市海淀区阜成路11号
邮编：100037
负责人：刘万蝉
电话：010-68905535
传真：010-68423957

北京市塑料研究所

简介　北京市塑料研究所始建于1964年。主要从事塑料加工成型工艺、生产与应用开发等技术研究；在功能性塑料、工程塑料、农用塑料、氟塑料及塑料机械等方面占有较强的技术优势，特别是在农用塑料、降解塑料和氟塑料等方面的研究和应用代表着较高的技术水准；其业务涉及工业、农业、化工、电子、交通以及航空航天、国防、军工等众多领域。建所30多年来共承担国家“六五”、“七五”、“八五”及目前在研的“九五”攻关课题和重点军工配套课题近百项，取得了一大批科研成果，获得国家级科技进步奖、部（市）级科技进步奖项近50项；培养了大批高素质的人才；具备了高水平的塑料新材料研究、设计、开发能力和雄厚的试制和生产能力以及完善的性能检测、质量监督手段。

全所现设研究开发部、板材生产部、护卡膜生产部、农膜生产部、北京市塑料制品质量监督检验站和《塑料》杂志编辑部。

研究方向　通用塑料及工程塑料的各种工艺研究及制品的开发和应用，主要研究领域包括：

·功能性塑料：导电塑料、电磁屏蔽塑料、高透声率声纳塑料、高透光高保温农膜塑料、高性能绝缘材料、降解塑料等。

·工程塑料：ABS/PC合金、PP/PA合金、PP/弹性体合金以及各种工程塑料的增强、改性复合材料。氟塑料：模压成型、喷涂成型、挤出成型、注射成型、传递模塑成型、等压成型、旋转成型、吹塑成型、双向拉伸成型等加工工艺和制品开发。

·各种黏合剂。

性能检测：塑料材料的剖析，物理、力学、化学、电性能、老化性能、卫生性能等。

塑料标准：国家标准、行业标准、国际标准的咨询服务及相关标准的制定。

科技信息：科研项目相关资料调研及可行性报告的编制。

研究成果　喷涂技术：该项目研究内容是提高涂层硬度和耐磨性。采用特殊处理方法及烧结工艺，改变氟树脂涂料的体积电阻率，从而解决了氟树脂涂料二次及多次喷涂的难题，属国内首创。获北京市科技进步三等奖。

大规模集成电路用器皿及工具（3in硅片承载器及提把）：根据PEA树脂的加工特点引进了德国巴登费尔德公司制造的BA1600/630型注射机。对PEA硅片承载器注射成型工艺进行研究，并试制成功3in硅片承载器及提把。获北京市技术开发优秀项目三等奖，轻工部科技进步三等奖。

聚四氟乙烯螺纹密封带：本项目采用我所设计的SFFD-400型设备制作普通及含油生料带。性能达到日本JISK6885-79《密封用聚四氟乙烯未烧结带》的各项性能指标。获轻工部科技进步三等奖和金龙腾飞奖。

大规模集成电路用PFA500ml烧杯：该项目为电子行业大规模集成电路生产配套的烧杯、量杯和量筒等产品。采用优异的PFA树脂材料，用特殊注射成型工艺研制而成。主要用于大规模集成电路和单晶生产厂家及化工行业中耐强酸碱、氢氟酸的容器。

PFA、FEP、PVDF管线的研制：该项目所挤出三种可热熔加工的含氟塑料管材，由于其加工温度高，采用了特殊耐腐蚀材料制成挤出机，挤出三种材料多种规格的管材采用了特殊的真空定径装置，直径小到0.8mm的薄壁管材，直径均匀度好，质量均匀，工艺技术达到国外先进水平，该挤出工艺特别着重解决了熔体破裂现象。

聚四氟乙烯螺旋管：该产品主要用于发动机电缆的防护，使之在高速运行过程中产生的强烈振动不引起电线、电缆间的碰撞、摩擦，导致事故发生。该产品选用适宜的PTFE树脂，采用糊状挤出法或磨压制坯车屑法制取0.7mm×8mm，0.5mm×5mm两种规格的扁带，经过螺旋缠绕成型。

ETFE旋转成型制品：乙烯-四氟乙烯共聚物简称ETFE或F40，旋转加工产品有很好的市场前景。复合材料用耐高温隔离膜研究：此成果为国家科技攻关项目。该产品是高性能复合材料所需的辅助材料。原料熔点275℃，比重2.12～2.17，机头为自行设计螺旋芯轴式，口模直径200mm，口模间隙1.5mm。

PVDF/ABS耐候复合板的研制成开发：该课题为国家科委下达的“八五”科技攻关项目。旨在结合具有优异耐候性的PVDF材料和ABS的性能，通过共挤复合工艺制备具有优越耐候性，尤其是耐紫外光照宽达1m的复合板材。

PVDF挤出板材与织物复合材料的研制：是国家科委下达的“八五”科技攻关项目。主要用于化工防腐衬里。

炭黑填充导电塑料：该项目研究了炭黑填充导电塑料的配方，掺混技术和挤出、注射成型工艺，即控制加工工艺，使填料分散均匀，且重复性好。炭黑或石墨填充导电塑料采用高速混合、挤出造粒的工艺路线。

防电磁波泄漏柔性粘接带材：此课题是“九五”国家科技攻关计划项目。该粘接带可避免焊接，直接简便地黏附于计算机壳的缝隙处，防止电磁泄漏，还可用于其他电子设施，如屏蔽室、方仓等。

EVA热熔胶：该成果主要用于金属与非金属、金属与金属、非金属与非金属的黏合，尤其对难粘接的塑料PE、PP、PET、UHW、PE过滤材料等粘接，粘接力强，可根据不同用途做出不同黏度，不同粘接强度的热熔黏合剂，还可提供粒状、条状、棒状的黏合剂。

高导电率导电胶：该产品用于导电件的连接，代替金属焊接、铆接，可避免焊接的高温使材料变形，元器件损伤，铆接应力集中及电磁讯号损失、泄漏。

多层复合保温高透光棚膜的研究开发：是国家计委下达的重点科技攻关项目。由三家单位承担，本所为组长单位。该成果以国产聚烯烃树脂为主体原料，并通过研制、合并、筛选新型防雾滴剂、高分子结晶改性剂、远红外阻隔剂等多种功能性助剂，对三层复合膜的内、中、外各功能层进行配合设计，对复合工艺进行实验研究。

可控降解地膜的研究开发——非淀粉型可控光生物降解地膜的研究开发：为国家计委下达的国家科技攻关项目。由本所与营口石化研究所共同承担，中国农科院承担农用应用实验。该地膜采用以铁的衍生物为主的铁系复合光敏体系和以含N.P.K元素的可被生物降解的化学物质组成的生物降解体系与PE共混制得高浓缩母料，并能吹制成0.005mm超薄膜的可控光生物降解地膜。另外该膜没有废品损耗，可将废膜、废料回收重新制成各种降解地膜。该成果已达到国际同期先进水平。获1986年轻工部二等奖。

地址： 北京市西城区旧鼓楼大街47号
邮编： 100009
负责人： 庄甦
电话： 010-64304448
传真： 010-64057552
网址： www.slyjs.com.cn

北京化工大学塑料机械及塑料工程研究所

简介　重点开展塑料机械、塑料制品及新材料方面的研究工作，招收“聚合物加工原理及机械”专业的硕士生、博士生及博士后。

实验室（实验室面积、主要实验设备等）

设有挤出成型、新材料及装备、可视化及共混改性、新型建材、注射成型等研究室，面积约3 000m^2。另有化大光明公司，中国塑料工程信息中心等机构。

师资队伍　研究人员30人，大都有博士、硕士学历，教授、副教授职称。

培养方向　聚合物加工原理及设备。

2001年毕业生　博士3名，硕士10名。

著作和教学成果　出版编译著3本，发表论文80篇。获北京市科技进步三等奖一项，全国优秀图书三等奖一项。

科研成果

1. 化学交联聚乙烯管材生产技术—北京市科技进步二等奖，山东省科技进步二等奖，国家级科技成果重点推广计划；
2. 超高分子量聚乙烯管材生产技术——北京市科技进步三等奖；
3. 精密挤出机理及装备——北京市自然科学基金项目；
4. 木塑复合材料及其制品加工技术；
5. 三螺杆连续混炼机；
6. 土工格栅生产设备；
7. 挤胀成型技术；
8. PP交联及发泡技术；
9. 可视化技术。

地址： 北京市朝阳区北三环东路15号
邮编： 100029
负责人： 吴大鸣
电话： 010-64433912
传真： 010-64413929

北京加成助剂研究所

简介　北京加成助剂研究所主要从事塑料、橡胶加工助剂的研制、生产、分析测试及有关技术性工作，现主要生产抗氧剂系列、光稳定剂系列、热稳定剂系列等系列产品。

实验室　实验室面积120m²。设备：合成釜、分离设备、过滤、蒸馏、分析、测试设备等。

科研队伍　教授级高级工程师、高级工程师约占33%，约40%的人员为部级、北京市级科技成果奖、科学进步奖、新产品奖获得者。

研究方向　抗氧剂、光稳定剂、热稳定剂等塑料添加剂。

研究成果　光稳定剂GW-944、GW-480、UV-531、UV-326等，抗氧剂DLTP、168、OSTP等。

在研项目　PVC热稳定剂：稀土、钙锌稳定剂等。

地址：北京市丰台区宋家庄顺八条（化工三厂内）
邮编：100078
负责人：李杰
电话：010-67611464
传真：010-67635072
网址：www. beijing-addieives. com. cn
E-mail：jia cheng@cei. gov. cn

天津市塑料研究所

简介　天津市塑料研究所始建于1965年，占地面积6 000m²，建筑面积3 555m²，本所是天津市科委重点支持的医用塑料产品的开发、研制和生产基地，是国家药品监督管理委员会批准生产的“三类”医疗器械专业企业，是中国塑协医用塑料专委会的理事长单位，多年来一直致力于医用塑料制品的开发、研制和生产。

实验室　实验室面积为500m²。设备：阻燃检测仪，电性能检测仪、拉力试验机、低温性能测试仪、热性能测试仪、气相色谱仪、扫描仪、红外分光光度仪、紫外分光光度仪。

科研队伍　正高级工程师1名，高级工程师17名，工程师9名；助理工程师7名，享受国家级、市级特殊津贴的专家4人。

研究方向　医用塑料、工程塑料、农用塑料及塑料改性、合金技术、塑料特殊成型工艺技术的研究。

研究成果　鼓泡式氧合器、多功能灌注针、主动脉插管、动脉微栓滤器、长寿命PE工艺技术的研究。

在研项目　膜式氧合器、复合腔静脉插管、介入治疗用导管等。

地址：天津市南开区黄河道445号
邮编：300110
负责人：曹常在
电话：022-27592537
传真：022-27590383
E-mail：tjsuyan@eyou. com.

天津市合成材料工业研究所

简介　天津市合成材料工业研究所成立于1957年，隶属天津渤海化工（集团）公司，是天津市骨干研究所，主要从事有机高分子及助剂的合成、结构、性能、应用及产业化研究，及精细化工材料和精细化学品的生产和营销，2000年转制为科、工、贸一体化的科技型企业，职工240人，固定资产2 400万元。

实验室　6个研究中心（室），1个信息中心，1个分析测试中心，8个独立科研组；实验室总面积7 000m²，中试、生产车间总面积2 500m²；主要设备有气、液色谱，色质联用，红外、紫外、热、电、机械测试仪及化工设备等。

科研队伍　科技人员170人，占职工人数的70.8%，其中正高工4人，高工46人，工程师67人。

研究方向　医用高分子材料，如骨水泥齿科材料；电子信息材料，如灌封料、电缆堵塞剂、墨粉用共聚树脂、荷电控制剂；汽车密封胶，如焊缝胶、底涂胶；特种环氧及环氧胶黏剂；造纸及纸餐具化学品，如抗水剂、抗油剂、湿强剂；改性塑料及塑料助剂，如抗氧剂、抗铜剂、紫外线吸收剂等。

研究成果　承担并完成国家、部级、市级科研项目数百项，共获科研成果600余项，获部、省、市级科技进步三等奖以上项目60余项，获国家新产品证书项目20余项。

在研项目　国防军工项目：低黏度环氧密封胶；高强度、低密度发泡环氧树脂。

天津市基金项目：新型血滤、吸附功能血液净化器；多功能齿科材料的研究。

天津市攻关项目：新型注射用骨水泥的研究；介入疗法微球栓子的研究等。

地址：天津市河西区洞庭路29号
邮编：300220
负责人：王永红
电话：022-28341652
传真：022-28340113
E-mail：lxy@mail. zlnet. com. cn

山西省化工研究院精细化工研究所

简介　山西省化工研究院精细化工研究所长期从事塑料、橡胶、化纤、涂料等聚合物助剂开发研究和产业化工作，近年来致力于聚烯烃成核剂、光稳定剂、偶联剂、抗氧剂、阻燃剂、抗静电剂、加工和抗冲改性剂、PVC热稳定剂等方面的开发和研究，是我国聚合物新功能助剂的专业科研单位。

实验室　2 000m^2 实验室面积，包括各种合成用单元操作试验设备和仪器分析、化学分析装备，双螺杆挤出机，哈克流变仪等助剂评价和测试设备。

科研队伍　全所现有职工40人，其中高级职称20名，中级职称10名。

研究方向　塑料助剂、化纤助剂、橡胶助剂、公路化学品、涂料助剂。

研究成果　在塑料助剂研究领域，30多年来累计取得科研成果200多项，产业化项目115项，取得国家和地方奖励项目80多项。

在研项目　TMP系列磷酸酯盐类聚合物成核剂的研究，反应型复合光稳定剂GW-4611的研究，永久防雾滴光稳定剂GWFD-6286的研究，高效抗氧剂KY-1330的研究，新型亚磷酸酯抗氧剂KY-461的研究。

地址：太原市万柏林区义井
邮编：030021
负责人：王克智
电话：0351-6076384
传真：0351-6076384
网址：www.sxhyy.com
E-mail：spici@163.net

太原市塑料研究所

简介　太原市塑料研究所是太原市科技局直属的科研单位，始建于1958年，约有固定资产400余万元，占地面积7 000m^2，所内设有4个科研室，1个情报室，财务、业务、科研办3个职能科室和1个中试基地。科研一室主要从事塑料成型工艺及各种功能性塑料薄膜方面的研究；科研二室主要承担各种高分子材料及塑料产（商）品的质量检测；科研三室主要从事各类防腐涂料及胶黏剂的研究；科研四室主要从事高分子合成及塑料油墨方面的研究。该所的中试基地可进行科研新产品的研制和中间试验。山西省技术监督局塑料产品质量监督检验站是我省惟一国家授权省级质检站设在市级所——太原市塑料研究所。1986年经原山西省计量局计量认证，山西省标准局授权认可建立的。是独立于塑料产（商）品技术开发研究、制造、销售、使用之外的具有第三方公正性的塑料产（商）品质量监督检验机构，具有公正性、科学性、权威性。该站承担着建筑窗、塑料异型材、各类塑料管材、薄膜，泡沫塑料等100余种产（商）品的质量抽查检验，定期监督检验、质量技术鉴定、行评创优（名）、质量仲裁检验、委托检验、质量评价的任务。建站16年来，不断发展壮大，根据塑料行业发展的需要，特别开展了管材长期液压（寿命），热、人工加速老化等试验。现已拥有较强的实力，具备完善的质量管理体系和质量保证体系。可为国内外高分子塑料行业提供质量检测和技术服务、技术咨询。2001年该所还被山西省环境保护局授权山西省环保型涂料、环保型塑料产品检测机构。山西省塑料行业协会也挂靠在本所，起着政府和企业之间的桥梁和纽带作用。

实验室　现实验室占地面积2 500平方米，主要实验仪器、设备有气相色谱仪、氙灯人工加速老化机、智能型液压试验设备、塑钢门窗物理机械性能的全套检测设备、电子拉力试验机、熔体流动速率测定仪、高速分散机、砂磨机、反应釜等。

科研队伍　本所现有职工76人，各类专业技术人员占职工总数的80%，具有高级职称者16人（其中教授级高工2人），中级职称者24人，初级职称者21人。

研究方向　为适应市场需求我所拓宽研究领域。除进行高分子材料的合成、塑料成型的基础性研究、功能性薄膜研究外，还进行精细化工如各类塑料油墨、新型金属涂料和特种防腐涂料、胶黏剂等研究。

科研成果　十一届三中全会以来，该所紧跟科技体制改革的步伐，先后承担了国家、部、省、市级的科研项目40余项。获全国科技大会奖，国家科技攻关先进项目奖，国家优秀新产品奖，国家科技成果推广一等奖，国家、部、省、市级科技进步一、二、三等奖共22项，其中国家科技攻关项目“聚丙烯塑料油墨用氯化聚烯烃”中试，填补了一项国内空白，达到国际先进水平。获国家科技攻关先进项目奖和国家科技进步三等奖。并在广东、辽宁等省转让形成了工业化生产，使科研成果转化为生产力，受到了国家经委、科委、计委、轻工部的表彰。获国家科技成果推广一等奖。该所的科研成果还有各种功能性塑料薄膜、胶黏剂、防腐涂料等。特别是金属用彩色喷塑涂料、醋厂专用防腐涂料均获省科技进步二等奖。金属用彩色喷塑涂料还获国家重点推广新产品证书，醋厂专用防腐涂料被列为省内推广应用项目取得了显著经济效益。

在研项目

省科委项目——新型密封保温材料研究。

省计委项目——958防腐涂料、金色彩色涂料中试。

太原市科技启明星项目——活性陶土聚乙烯保鲜膜、转日光型高光效棚膜、难黏塑料用热熔胶黏剂研究。

地址：山西省太原市迎泽桥西后王街5号
邮编：030024
负责人：张玉英
电话：0351-6171227
传真：0351-6171227

包头市塑料制品工业科学研究所

简介　包头市塑料制品工业科学研究所成立于1978年，属全民事业单位，是自治区内惟一从事塑料工业开发研究的专业研究所，所内附设实验工厂，负责科研中试和生产，测试室是国家认证的塑料制品和原料的测试站，并负责全区的技术培训、咨询服务、情报信息等技术工作。

实验室　实验室面积320m^2，主要设备有力学性能测试仪8台，热性能测试仪3台，耐候性测试仪1台，低温性能测试仪1台，塑料原料及理化性能测试仪9台及制样设备。

科研队伍　现有科研人员占职工总数的70%，其中，中高级职称占40%。

研究方向　1. 重点研究稀土材料在塑料制品中的应用，主要为高性能化和低成本化。2. 研究稀土功能高分子材料，主要有发光塑料，磁性塑料，耐老化塑料等。3. 开发塑料制品新品种和探讨新的应用领域。4. 根据企业和市场需求，引进新技术，改造传统产业。

研究成果　1. 稀土聚氯乙烯无毒热稳定剂。2. 稀土光改性自发光塑料。3. 稀土改性MC尼龙等。4. 薄壁高强聚烯烃管材。5. 橡塑共混仿皮革。6. 乌兰土在塑料中的应用。7. 尼龙/金属复合材料。8. 废塑料再生制品的开发等。

在研项目　1. 纳米材料/聚乙烯复合土工膜；2. 高阻隔液态奶复合包装保鲜膜；3. 稀土增强聚氯乙烯结构微孔材料；4. 稀土无毒聚氯乙烯热稳定剂的工业化生产；5. 利用废塑料废填材生产化学建材；6. 完成“稀土改性MC尼龙”产业化生产。

备注　“稀土改性MC尼龙”科研成果，转让包头经纬稀土新材料公司生产，列入国家高新技术产业化示范工程项目，总投资6 300万元，引进英国尼拉卡斯特公司生产设备，总产量3 000吨，是目前国内产量最大，性能、品种最全的MC尼龙生产企业。

地址：内蒙古自治区包头市东河区工业北路
邮编：014040
负责人：孟杰
电话：0472-4171576
传真：0472-4172496
网址：www.jing.com
E-mail：jing w@jing w.com

大连塑料机械研究所

简介　大连塑料机械研究所的前身是大连橡胶塑料机械研究所，始建于1960年，1990年改名为大连塑料机械研究所，是国内机械工业塑料机械的归口所。内设技术开发室、信息室、标准化试验室和监测中心等业务实体。全国橡胶塑料机械标准化技术委员会塑料机械标准化分技术委员会及中国机械工业塑料机械科技信息网设在该所。机械工业塑料机械产品质量监督检测中心也挂靠于该所。信息室、标准化室和产品质量监测中心均主要以行业服务工作为主。

实验室　实验室建筑面积：1 470平方米。

主要实验设备有双螺杆管材试验设备、铝塑复合管试验设备、塑料吹塑试验设备及其他配套设备及检测仪器等。

科研队伍　大连塑料机械研究所现有103人，其中教授级高工4人、高工18人、工程师36人、助工39人。

研究方向　大连塑料机械研究所以研究开发塑料机械新产品为主，重点方向为：单、双螺杆挤出机及各类辅机、塑料开炼机及密炼机、塑料压延机组等新产品及新技术的研发。

研究成果　SJSH-90×40B SJL-F90双螺杆塑料混炼挤出造粒机组和SJW-206×6 SWSZ-140塑料色母料挤出造粒机组，分获2002年度机械工业科学技术奖二等奖和三等奖；液压上顶栓密炼机被评为2001年度全国橡塑工业十佳新技术骏马杯一等奖。

在研项目　塑料大型混炼挤压造粒机组；精密重包装及医用膜吹塑膜技术及塑料精密压延技术。

地址：辽宁省大连市甘井子区周水子广场1号
邮编：116033
负责人：刘梦华
电话：0411-6641861-6322
传真：0411-6641645
网址：www.dlrpm.com
E-mail：hlh0028ly@elong.com

大连塑料研究所、大连塑料工程机械研究所

简介　大连塑料研究所始建于1965年，1988年受轻工总会安排又成立了大连塑料工程机械研究所。职工中各类工程技术人员占80%以上，占地面积约30 000m^2，是我国同类型研究所建立最早、规模最大、技术力量最强的塑料加工应用技术研究所之一。

全所现设立的研究开发机构有：塑料加工工艺研究室，中试车间，机械加工车间，省、市塑料制品检测站及轻工总会塑料制品质量监督检测中心大连站，辽宁省塑料工业科技信息站，《塑料科技》杂志编辑部。专门从事塑料加工工艺、塑料机械、塑料制品检测、塑料标准制定以及塑料科技信息研究的应用技术研究所。

塑料加工工艺：通用塑料及工程塑料的挤出、注塑、模压、吹塑、压延、涂覆、浸渍、复合、缠绕、共混、填充及二次加工等各种工艺研究及制品的开发应用。

塑料机械：机头、模具、辅机及专用机组的设计、加工制造。

塑料制品性能检测：塑料制品的分析，物理、化学、力学、电性能及老化等性能检测。

本所建所以来，先后承担了国家、部、省、市科研课题120多项，获国家、部、省、市科技成果奖项约60项。

实验室　国家轻工业塑料产品质量监督检测大连站。

实验室面积1 440m²，主要实验仪器设备100余台件。

科研队伍　职工：234人，工程技术人员187人，工人（含工人技师）47人。

研究方向　塑料加工工艺、塑料机械、塑料制品检测、塑料标准制定、塑料科技信息。

研究成果　建所以来，先后承担了国家、部、省、市级科研课题120多项，获国家、部、省、市级奖励项目60多项。

在研项目　塑料土工格栅生产线及工艺技术、大口径绕缠管生产线及工艺技术、塑料异型地垫生产线及工艺技术。

地址：辽宁省大连市甘井子区周家街11号
邮编：116033
负责人：奚世风
电话：0411-6601491
传真：0411-6601784
E-mail：dlslyjs@mail.dlptt.ln.cn

沈阳市塑料机械研究所

简介　沈阳市塑料机械研究所创建于1998年，是从事塑料机械及塑料制品研究、开发、设计、制造、生产的专业场所，主要生产大型单、双壁螺旋塑料管成套设备、外波纹多孔光缆导管成套设备、燃气、输油、自来水用大口径PE80、PE100聚乙烯管材成套设备、PP-R、PP-C供热、供自来水管材成套设备、自动育秧杯成型设备、UPVC Ⅰ型消音管材成套设备、复合管材成套设备（ϕ630mm以下）、挤出机、挤出造粒机组、自动上料机、高速混合机、履带式牵引机、行星式切割机、破碎机、各种机头、模具等系列产品20多种。

我所技术力量雄厚，在生产塑料机械及制品方面已有20多年的历史，产品行销全国各地。企业被沈阳市市政府授予市“百强民营”企业、“星火示范”企业、“民营科技”企业，并连续四年获“明星企业”称号。

我所现生产的主导产品是由金世源所长发明并研制成功的SLSGJ型双壁螺旋塑料管成套设备及双壁螺旋塑料管材。该成套设备及管材是国家“八五”重点科技攻关项目，编号：85-605-02-02，1995年通过国家级鉴定及专题验收，其鉴定结论是：该设备系国内外首创，在缠绕成型工艺上有所创新，质量达到（部分指标超过）日本、韩国同类产品水平。该成果获两项发明专利，两项实用新型专利，1994年获国家级新产品证书，1996年获国家“八五”科技攻关重大科技成果奖，沈阳市星火计划一等奖。该成套设备一条生产线年产量500吨以上，产值600万元以上，能生产ϕ90～ϕ1 000mm规格的双壁螺旋塑料管。该管材由于设计成双壁螺旋结构，因而强度高、刚性和挠曲性好。

大型双壁螺旋管成套设备现已在北京、山东、河南、河北、安徽、江苏、吉林、内蒙古、甘肃、新疆维吾尔、福建等地建起了20多条管材线，通过生产表明了技术成熟、运行可靠，该成套设备硬、软件费用比引进国外同类设备可节省90%，该成套设备的研制成功为我国这方面填补了一项空白。

我所生产的单壁螺旋塑料管成套设备是国家星火计划项目，获国家实用新型产品专利证书，一条生产线年产量500吨以上，产值600万元以上，能生产ϕ30～ϕ200mm规格的单壁螺旋塑料管。该管材由于螺旋结构，与同材质同直径的光管相比较，强度高、弯曲性好。

单、双壁螺旋塑料管材是以高密度聚乙烯为主要原料，具有耐寒、耐热、耐药性好、使用寿命长、质轻、运输施工方便等优点，可广泛应用于电线、电缆、路灯电缆、通信电缆护管、城市排水、工、农、牧业输排水、井用井壁管、排气、通风等诸多领域。双壁螺旋塑料管特别是作为农田机电井壁管材料，它以独特的质轻、强度高、抗腐蚀、施工方便等优势取代了水泥管和铁管等井壁管材。管材自销售以来深受广大用户的好评，为国家带来了巨大的经济效益和社会效益。

如今沈阳市塑料机械研究所所长金世源带领他的攻关人员又开发了PP-C、PP-R供热、供自来水成套设备、多孔光缆导管成套设备等10多项新产品。

实验室　实验室面积200m²。实验设备有：塑料挤出机3台；真空定径机1台，环刚度试验压力机1台。

科研队伍　科技人员10名，其中高级工程师4名，工程师6名。

研究方向　我所将不断向具有高科技含量、实用价值高、新型，并有广阔市场前景的塑料机械和塑料制品方向发展。

研究成果

1. SLSGJ型双壁螺旋塑料管成套设备及管材（国家“八五”重点科技攻关项目，编号：85-605-02-02。该项目研究获两项国家发明专利证书，两项实用新型专利证书，1996年获国家“八五”科技攻关重大科技成果奖）。该设备可生产ϕ90～ϕ1 000mm规格管材。

2. DLSG型单壁螺旋塑料管成套设备及管材（国家星火计划项目，获国家实用新型专利证书）。该设备可生产ϕ30～ϕ200mm规格的单壁螺旋塑料管。

3. PP-C、PP-R供热、供自来水管成套设备及管材。

4. PE80、PE100供水、燃气用聚乙烯管成套设备及管材。

5. COD Ⅰ型汶多孔光缆导管成套设备及管材。

6. 钢管包覆管材成套设备及管材。

7. UPVC1.0型消音管材成套设备及管材。

8. FSJC1.0型防水卷材成套设备。

9. YYBCHJ1.0型高效自动育秧杯成型设备。

在研项目

1. 木型制品成套设备及制品。

2. 高分子彩色瓦成套设备及制品。

地址：辽宁省沈阳市苏家屯区香杨路101巷37号
邮编：110101
负责人：金世源
电话：024-89808056
传真：024-89809982

沈阳市塑料研究所有限公司

简介　沈阳塑料研究所有限公司现有沈阳塑料集团和直属成员单位，其前身沈阳市塑料研究所为市属科研所，经企业化改造后，已成为集团公司的产品研发中心、产品测试中心与经济技术信息中心，现有资产总额近300万元，拥有实际经验丰富的科研人员和生产人员，重点研发方向为功能性塑料改性材料高性能塑料制品的建材、汽车用塑料结构件。

实验室　现有理化实验室，原为沈阳市轻工局塑料产品质量检验站，面积为150m²，主要实验测试设备50台（套），如万能材料试验机等。

科研队伍　目前承担产品开发项目人员6人，高级工程师1人，工程师3人，助理工程师2人。

研究方向

1. 功能性塑料改性材料，主要用于民用产品、汽车部件、化工制品等。

2. 高性能塑料制品，主要为内外贸、合资企业提供各种塑料配件。

3. 开发新结构：建材制品，解决节能、环保方面的问题。

研究成果　一种聚烯烃改性材料（用于塑料导爆管）获国家发明专利，授权日为2001年3月，产品已向市场推广。

在研项目

1. 新型外观设计的间隔墙用塑料制品。

2. 新型公路交通标识设施。

3. 一种化工用塑料改性材料。

地址：辽宁省沈阳市大东区望花南街49号
邮编：110044
负责人：田贵利
电话：024-88333475
传真：024-88326488

吉林省塑料研究所

简介　吉林省塑料研究所是以从事塑料制品研制、开发、生产、经营为主的科、工、贸一体化的专业性研究所，是目前国内技术力量较强，具有一定规模的塑料研究所，是国内医用塑料重点生产厂家之一，是吉林省农用塑料中试基地，是国家确定的重点军工配套科研单位之一。研究所现拥有固定资产2 075万元，占地面积10 000平方米，建筑面积8 000平方米。

实验室　实验室建筑面积3 000平方米，拥有密炼机、双螺杆挤出造粒机、多种型号配套的挤出机组、型材挤出机组和注塑机、吸塑机以及其他一些塑料加工设备；可用来定性、定量分析高分子材料和进行高分子材料性能测试的仪器；自行设计研制的热收缩套管缠绕机组和塑料薄膜压花机组等设备。

科研队伍　现有职工152人，离退休86人，在职人员66人。在职人员中专业技术人员58人，其中高级职称20人，中级职称17人。

研究方向　医用塑料、工程塑料、农用塑料及特种塑料的开发应用。

研究成果　先后承担了国家科技部、国防科工委、国家经贸委和吉林省科技厅、计委、经贸委等部门下达的科研项目87项，其中国家重点攻关项目3项，部省级项目57项，军工配套项目27项，已通过技术鉴定72项，其中达到国际先进水平13项，国内先进水平59项，先后获国家、部、省级奖励16项。

在研项目　在研项目共15项，有《年产2亿个NON-PVC大输液用复合包装膜》、《片式钽电容器包装用凹纹带的研制》、《新型高抗湿抗辐照复合膜与包封工艺研究》、《喷水管阻隔海水材料的研究》、《汽车助力器用塑料材料及成型技术研究》等。

地址：吉林省长春市南关区汇文路2号
邮编：130022
负责人：王泽春
电话：0431-5381250
传真：0431-5380547

中国石油天然气股份有限公司大庆石化树脂研究所

简介　研究所组建于1987年，现有员工70人，高级工程师8人，工程师21人。主要从事塑料后加工改性、合成树脂生产用催化剂开发等工作，先后研发及应用40多项科研成果，发表论文70多篇。

实验室　拥有中试实验室、测试实验室、聚合实验室等，占地面积约3 000m^2，主要实验设备有混炼造粒机、吹膜机组、管材、中空、注塑等设备和物性、力学性能、加工性能检测仪器等。

科研队伍　员工总数70人，其中研发人员35人，实验、检测人员35人。

研究方向　聚烯烃新产品开发、专用料研究、纳米新材料研究、无卤阻燃专用科研究、聚烯烃催化剂研究等。

研究成果　电缆专用料、塑料加工流变剂、氟改性剂、硅烷交联基础树脂、铝塑管专用树脂、透明聚丙烯、管材专用料等。

在研项目　催化剂开发、纳米改性功能化聚烯烃研究、透明聚丙烯系列产品开发，交联电缆专用料开发等。

地址：黑龙江省大庆市龙凤区卧里屯兴化北街
邮编：163714
负责人：姜进宪
电话：0459-6762176
传真：0459-6251578
E-mail：jjx459@petro China. com. cn

上海市塑料研究所

简介　上海市塑料研究所位于上海杨浦大桥的北端，占地6 600余平方米，建筑面积约1.1万平方米，建有四幢研制生产大楼。上海市塑料研究所成立于1963年7月1日，是我国最早建立的、主要从事含氟塑料成型加工和应用的研究所。建所近40年来，共鉴定了170余项科研项目，先后为国防工业和其他科研领域提供了大量、新颖的氟塑料产品；目前还承担10余项国家重点项目配套的新产品、新材料的研制工作。现有职工203人，各类专业技术人员占全体职工的比例为46%，2002年生产产值达到3 254万元。经上海市技术质量监督局认可的《上海市化工产品质量监督检验中心塑料站》设立在上海市塑料研究所，实验室也已通过国家级实验室的认证。于2001年通过GB/T 19001—2000和GJB 9001A—2001质量体系的认证，自1993年起，上海市塑料研究所被评为“上海市高新技术企业”并保持至今。上海市塑料研究所的产品已广泛应用于航空航天、生物医药、IT、电子、电器、机械、化工、纺织、建筑、建材等各个领域。

实验室　主要试验设备如下：

工程塑料常规机械力学、热学、光学、电学性能等测试仪器和设备，以及软管专用测试设备，例如：高温、高压脉冲试验台、高压试验泵、高压耐压试验台、脉冲烘箱、高低温弯曲试验设备、气密试验设备等。

科研队伍　中高级技术人员32人、初级技术人员33人。

研究方向　特种性能的聚四氟乙烯材料和制品成型和加工以及其他含氟塑料材料和制品的改性、成型工艺等。

研究成果　聚四氟乙烯板、棒、膜、管，聚四氟乙烯浸渍材料和制品，聚四氟乙烯微孔材料和制品以及其他含氟塑料材料和制品等。

在研项目　医用植入膨体聚四氟乙烯制品的研制、膨体聚四氟乙烯密封材料的研制、高温高压聚四氟乙烯软管组件等。

地址：上海市杨树浦路1664号
邮编：200090
负责人：王敏
电话：021-65193460
传真：021-35120386
E-mail：tjxingxing@21cn. com

上海市塑料制品工业研究所

简介　上海市塑料制品工业研究所是研究应用于工业、家电、日用品等各个领域的塑料加工新技术新装备的科研生产经营实体。拥有固定资产1 200万元，较先进试验生产设备仪器110台。在浦东新区金桥开发区南区建有生产基地。1978年建所以来，已取得80多项科研成果，荣获国家级、部级、上海市、轻工局级重大科研项目50多项。

实验室　实验室面积80m²。设备有SK-160B双辊筒炼塑机、25T平板硫化机、GH-10D高速捏和机、NH-35捏和机、TM35V双螺杆挤出机流水线。

研究方向　该所塑料科研项目包括包装材料、建筑材料、包装容器、日用制品等新产品研制，重点是研制生产包装材料、医用塑料、特种塑料等。

研究成果　国内首创保鲜膜，BOPP专用珠光母料、抗静电母料、特白母料、聚丙烯改性特种粒料、输血管、单面黏性缠绕膜、抗漏保鲜膜等。

在研项目　马来酸酐接枝改性聚烯烃塑料；单面黏性缠绕膜；聚酯药瓶；纳米材料改性PP-R水管用料。

地址： 上海市浦东新区利航路468号

邮编： 201201

负责人： 陈昌麟

电话： 021-58388836-803

传真： 021-58380108

上海橡胶制品研究所

简介　上海橡胶制品研究所创建于1960年，属全民所有制单位，是一所应用开发型的研究所。拥有若干中试车间，实验工厂以及协作企业组成的一定规模的生产能力，能满足客户批量订货需要。

实验室　实验室面积5 000m²，主要设备有气相色谱仪；Desma橡胶注射成型机；lsotex实验室涂胶机。

科研队伍　上海橡胶制品研究所共有职工300余名，半数以上是工程师和技术员。

研究方向

1. 以通用型和准通用型橡胶为基础的橡胶制品；
2. 以特种橡胶为基础的橡胶制品；
3. 医用橡胶制品；
4. 胶黏剂和胶黏带制品；
5. 热塑性弹性体及其制品。

研究成果　F型氟橡胶胶料，D型有机硅胶黏剂/密封剂，斯贝发动机配套胶带。

在研项目

1. 环保型胶黏剂研究。
2. 油田用橡胶制品。
3. 计划生育用硅橡胶制品。
4. 发动机叶片用橡胶阻尼块。

地址： 上海市番禺路381号

邮编： 200052

负责人： 江红贵

电话： 021-62815008

传真： 021-62816790

网址： www.chemol.com.cn/entepri/sirp

E-mail： shinrupr@public2.sta.net.cn

江苏省塑料研究所

简介　江苏省塑料研究所成立于1987年，所内有江苏省塑料质量监督检测站，研究室和两个改性材料生产企业。

实验室　实验室1 000m²，全套进口和国产塑料性能检测设备，双螺杆机组，密炼、开炼机组，吹膜机组等。

科研队伍　高级职称6人。

研究方向　材料改性、功能母料制造、纳米改性材料及环境友好材料。

研究成果　降解塑料、增强塑料、长寿防雾滴母料、色母料光缆硅芯管母料。流变母料、抗静电母料。

在研项目　纳米功能化母料、多重复合母料、纳米增强增韧母料。

地址： 江苏省南京市广州路104号

邮编： 210008

负责人： 吴勇

电话： 025-3309602

传真： 025-3309884

网址： www.plastics-test.com.

E-mail： plastics-wy@163.net.

苏州塑料研究所

简介　企业发展实践证明，企业没有创新必然走向衰亡。机制创新、管理创新、技术创新诸要素中，技术创新是一切工作的起点。创新是企业生存与发展的“灵魂”。

1989年，我们根据结构调整、产品升级换代的需要，把当时已举步维艰的苏州市塑料研究所吸纳进入我厂，实行一套班子，两块牌子，对外仍为市级塑料研究所。厂所合一，使研究所与企业、市场贴近了。科研开发以市场为导向，科研开发的新产品就是企业的产品，把研究所建成了企业的技术开发中心，也成了企业技术创新的核心。近几年来，每年研究所对公司内部均要完成30～40只新产品或新技术研究开发项目。对外承接模具设计、制造业务，年产值300万元以上，对外进行技术咨询、技术服务几十次，应外单位需求研制新材料5～6种。

研究所下面检测中心，在2000年取得了江苏省质量技术监督局的CMA认证。它除了承担本单位的原材料和有关产品的检测外，它还开展为行业和市有关部门（市质监所、市标准计量局、市商检局等）委托的各项检测分析工作，特别是它作为“江苏省塑料质量监督检测站苏州分站”后，它又承担了对省内有关单位委托的塑料制品质量监督检测任务。

我所已连续10多年是全国塑料研究所技术情报协作网理事长单位和秘书长单位，组织主持召开了七届年会。在国内塑料行业中具有一定的影响和地位。

研究所在多年的各项科技开发及服务中，既出产品，又培养和造就了一大批的科技骨干人才。

本公司总师办和研究所牵头与有关的大专院校合作，以产、学、研合作方式，进行产品的开发，如与苏州大学合作进行“纳米在塑料中的应用”的题目研究。

实验室　目前共有研究开发小批试制设备10台套，工模制造设备20台套，研究分析测试设备40台套。

研究所现有主要设备和仪器：

CAD系统工作站包括13套UG软件，LJ-250N拉力机，LJ-1000N拉力机，UJ-4冲击机，XJJX-5冲击机，RL-11A熔体流动测试仪，PHBT-625A球压痕硬度计，CDR-1差热分析仪，XWB-300B热变形测定仪，UT6060热老化测试箱，ZC46A高阻仪，分光光度仪，红外光谱分析仪，综合燃烧测定仪，TSM-2扫描电镜，超声波焊接机，暖水伐测试仪，ϕ160mm双辊混炼机，45t油压机，ϕ52mm双螺杆改性材料生产线，WG-140注塑机，TT1-220/80注塑机，TT1-90/22×2注塑机，SZ-100/50注塑机，电火花机床，线切割机床，加工中心，1t电子拉力机，波纹管弯折、拉伸、疲劳测试仪，10L高速混合机，ϕ30mm单螺杆挤出机，ϕ55双螺杆挤出机。

科研队伍　研究所主要是由三部分人员组成：

（1）从事企业管理及科技管理的管理人员

（2）从事研究开发的技术人员

（3）从事工模制造试制，小批量生产的人员

根据行业的特点以及市场需求，结合企业近期和中长期发展的需求，我厂在技术开发上实行了以研究所为中心的技术开发创新体系，实行了专职科技人员开发和兼职科技人员开发相结合，重大项目与快速应答市场的短平快项目相结合，自主开发和产学研联合开发相结合的方针。专职开发人员直接归属研究所编制。目前正式编制有50人，其中高级职称4人，中级职称16人，初级职称8人，技师2人，有5名大学本科生。

以市场为导向，瞄准市场容量大（含潜在市场），技术起点高，附加值高的新技术、新材料、新产品和新工艺进行研究开发和攻关，并加快科技成果向现实生产力的转化。具体为：

（1）高新技术产品的开发。主要是

特种或功能性的改性材料（专用料）及其相关制品。如具有耐候性系列的，阻隔性系列等专用料和制品/或其他的塑料制品，纳米改性技术等。

工程塑料及特种工程塑料的注塑制品及其他成型工艺的制品的开发。如PC、POM、PA、PES、PEEK、PI等。

（2）新的成型工艺的研制及其应用的研究

主要有：热流道技术、气体辅助注塑技术、低压注射技术、发泡成型技术、精密注塑成型技术、共挤出复合技术等。

（3）国内外有关新技术的应用

研究成果　公司十分注重科技兴厂，以创新姿态超越自我，营造优势，追求卓越。多年来在新品开发、科技创新方面取得了实实在在的成效，既为客户、为市场提供了产品，又为本厂的发展做出了贡献。1996年至今，我公司开发并经鉴定的项目有200余项之多。其中30多项为省、市级项目。现将近几年来其中重大的科研项目介绍如下（见下页表）。

近几年内计划主要完成下列研究项目，使公司的科研开发水平进一步提高，具体计划如下：

（1）体育场座椅专用料及其系列制品的研制与开发。

（2）汽车线束管专用料及其系列制品的研制与开发。

（3）帕萨特（桑塔纳车B5）有关零部件的研制开发。

（4）SGM（上海通用Bulck）有关零部件的研制开发。

（5）通信发射接收仪异型材的研制开发。

（6）磁性塑料及其制品的开发。

（7）抗菌材料及其制品的研制开发。

（8）共挤出复合片板材的研制。

（9）塑料厚板（>10mm）的研制开发。

（10）气体辅助注塑成型工艺、技术（含模具）。

（11）纳米复合材料产品研制。

（12）抗静电系列产品研制。

（13）工程塑料制品研制开发。

（14）物流系列产品研制开发。

（15）电子冷暖箱系列产品的研制开发。

（16）休闲泳池系列产品的研制开发。

（17）大型真空制品的研制和开发。

近中期的研究项目

序号	项目名称	获奖情况	获奖时间	颁奖单位
1	超高强、超韧性改性聚丙烯(PP10)	国家科技成果奖	1996.9	国家科学技术委员会证书
2	玻璃纤维增强超韧聚丙烯	省(1994～1997)技术创新优秀项目奖	1997.6	省计经委
3	增韧聚丙烯(PP)	市科技进步三等奖	1996.7	市政府
4	阻燃增韧ABS	市科技进步四等奖	1996.7	市政府
5	汽车用改性聚丙烯粒料	1991～1996年省科技成果向生产力转化优秀项目	1997.9	省政府
6	JB/T 6638—93“滚动轴保持架用玻璃纤维增强聚酰胺66技术条件”及JB/T 7048—93“滚动轴承工程塑料保持架技术条件”	科技进步三等奖	1996.12	机械工业部
7	桑塔纳轿车用塑料门外密封夹紧条、夹钳滑块、导向件	市科技进步四等奖	1996.7	市政府
8	依维柯轻型汽车散热器塑料水室	市科技进步三等奖	1996.7	市政府
9	阻燃耐候聚烯烃专用料及其制品	市科技进步四等奖	2000.9	市政府
10	PS挤出发泡生产中烷替代氟里昂	市科技进步三等奖	2000.9	市政府
11	耐候改性聚甲醛及其制品	市科技进步三等奖	2001.12	市政府
12	防尘防潮系列通用物流货箱	市科技进步四等奖	2001.12	市政府
13	塑料草坪保护板专用料及其制品	市科技进步三等奖	2002.8	市政府

军工项目

序号	项目名称	鉴定时间	组织鉴定单位
1	特种工程塑料注射成型工艺研究	1996.12	国家轻工部
2	“DF31”工程用聚碳酸酯塑料压盖	1999.5	国家轻工总局

地址：江苏省苏州市养育巷415号
邮编：215002
负责人：包建成
电话：0512-5223949
传真：0512-523953
网址：www.first-plastic.com
E-mail：worldsy@public 1.sz.js.cn

常州塑料研究所

简介　常州塑料研究所是以塑料产品开发、塑料材料改性和产品与材料检测为主的专业研究所，常州塑料产品质量监测中心取得省级计量认证标志的专业检测机构。

实验室　实验室面积400平方米。主要设备：炼塑机、密炼机、压机、高低温箱、热老化仪，UV-A、B型荧光人工老化仪（美国）等。

科研队伍　拥有　本科以上工程技术人员10名，其中高级职称3名。

研究方向　塑料材料改性、防老化、阻燃、抗静电，汽车用聚丙烯管材专用料、PVC管材专用料、聚丙烯改性新材料。

研究成果　聚烯烃防老化母料、聚烯烃阻燃母料、汽车用聚丙烯管材专用料。

在研项目　汽车用PVC管材专用料。

承接塑料原料及板、片、膜、箱、桶、鞋、革、袋、管等几十种产品的力学性能、物理性能、老化性能、电性能、热性能项目检测。

地址：江苏省常州市博爱路129号
邮编：213003
负责人：周国成
电话：0519-6620864
传真：0519-6602883-8001

无锡市化工研究设计院

简介　无锡市化工研究设计院创建于1958年，主要从事电子化工材料、丝网印刷材料及器材、环氧塑封料和灌封料等新型电子高分子化工材料以及纤维素衍生物等领域的研究、开发和生产；承接化工、石油化工、精细化工、民用与工业建筑、污水处理和公用工程等方面的设计业务。是集科研、生产、设计为一体的综合型化工科研设计单位，具有乙级化工及石油化工设计资质、乙级工程总承包资质及一、二、三类压力容器设计资质。我院又是中国电子材料行业协会电子专用精细化工与高分子材料分会、全国电子化工材料信息站的挂靠单位，并且是江苏省电子化学品质量检测中心、无锡市化学物品中心检测站的所在地，是全国纤维素醚工业协会（筹）技术开发中心。我院技术力量雄厚，科研设备先进，拥有中、高级等各类专业技术人员100多人，已有110多项科研和设计项目获全国、部、省、市科技进步奖和设计成果奖，曾多次被评为省、市科技进步先进单位。

目前，全院设有恒禾设计工程公司、封装材料公司、丝印材料公司、实验厂、电子化工公司和纤维素材料公司等6个实体及5个专业研究室，并参股一家合资企业，"十五"期间将朝着建立高科技企业集团的方向发展。

实验室　该院拥有光刻胶研究室、印制线路板配套材料研究室、封装材料研究室、纤维素材料研究室和理化测试室

科研队伍　该院技术力量雄厚，拥有各类专业技术人员100多人，其中高、中级技术人员70多人。

研究方向

1. 化工材料，包括光刻胶、封装材料、印制线路板配套化工材料、丝网印刷配套化工材料等；

2. 纤维素衍生物材料，包括三醋酸纤维素、醋酸丁酸纤维素等纤维素酯及混合酯；羟乙基纤维素、羟丙基甲基纤维素等纤维素醚及混合醚和纤维素酯醚类产品的研究。

研究成果　片式钽电容器专用模塑料；彩色等离子体显示器用光刻导电银浆、三基色荧光粉光刻胶；耐高温注塑环氧模塑料；集成电路用硅烷化抗蚀剂；耐腐蚀自干印料；凹蒙油墨；电工、电器用环氧模塑料；阻焊剂、助焊剂；银锌电池用高绝缘性三醋酸纤维素和薄膜；醋酸丁酸纤维素；羟乙基纤维素；甲基纤维素；醋酸苯二甲酸纤维素；羟丙基甲基苯二甲酸纤维素。

地址：江苏省无锡市运河东路102号
邮编：214031
负责人：徐亚超
电话：0510-2706126
传真：0510-2707715

中国轻工业杭州机电设计研究院

简介　轻工业杭州机电设计研究院前身系轻工业部杭州机械设计研究所，是1979年经国务院批准，由国家科委和轻工业部联合发文，1982年在杭州正式成立，是我国轻工装备行业的重点设计研究单位，到2001年底实有净资产2 000万元，院区占地8.5亩，办公用户15 200m^2。

实验室　实验室面积2 000m^2，主要设备为车铣刨磨、液压试验台、中空成型机。

科研队伍　该院有教授级高工8人，高工60人，工程师89人。

研究方向　塑料机械、包装机械、造纸机械。

研究成果　全自动注-吹中空成型机，全自动注-拉-吹中空成型机；全自动挤-吹中空成型机、橡胶注射成型机；塑料注射成型机、热固性塑料注射成型机、塑料编织袋扁丝生产线、多功能一次性卫生床垫、多功能高速制袋机，蜜胺餐具注射成型机，多组分塑料注射机，小型精密注塑机，全自动纸浆模塑成型生产线，全自动纸浆模塑外施胶喷涂生产线。

在研项目　新型全自动注-吹中空成型机，一次性马桶拉膜垫生产线。

地址：浙江省杭州市体育场路71号
邮编：310004
电话：0571-85182934
传真：0571-85186711
网址：www.cncoway.com
E-mail：ztbe2000@163.net

福州市塑料科学技术研究所

简介　福州市塑料科学技术研究所是专业从事塑料橡胶类高技术——新材料产品研发、生产、销售及技术服务的科研机械。研究所成立于1982年，注册资本120万元，现有固定资产650万元，职工51人，建有初具规模的中试基地，拥有一支稳定的高素质科研开发队伍，专业涉及高分子、化学工程、塑料工艺等多门学科。

实验室　实验室面积约100平方米。实验设备有：万能制样机、熔体流动测定仪、洛氏硬度计、拉力试验机、冲击试验机、氧指数测定仪、热变形温度测定仪、色差测定仪等。

科研队伍　高级工程师5人、工程师8人，助理工程师4人。

研究方向　塑料功能材料、塑料合金材料、塑料

增强材料、塑料增韧材料等改性材料。

研究成果　光降解母料、生物降解母料、光-生物双降解母料、超微细无机填充母料、阻燃母料、塑料高耐磨工程塑料、农用高分子保水剂、透明聚丙烯材料、玻璃纤维增强聚丙烯改性材料及合金材料（HDP PVC/ABS合金、PC/ABS合金）等。

在研项目　硫化胶粉增韧改性聚丙烯材料、动态硫化聚丙烯改性材料、热固性聚氨酯泡沫废料回收利用、感温变色塑料。

地址： 福州市福马路浦东
邮编： 350014
负责人： 彭超
电话： 0591-3665184
传真： 0591-3663074
E-mail： fzplas@sina.com

福建省龙岩橡塑工程研究所

简介　以陶土、硅土、高岭土、重钙、轻钙等原料为载体，并将其改性为具有有机功能的适用于塑料等制品的新型材料——塑料增益剂，具科研、开发、生产、销售为一体。

实验室　实验室面积145m²。主要设备有捏和机、破碎机、抗冲击（垂直式）测试器、扭力测试仪、阻抗仪、烘烤箱、电子天平、光谱分析仪。

科研队伍　高级工程师2人，工程师4人，硕士生2人。

研究方向

1. 无机矿产原料的深加工、改性；
2. 淀粉替代有机物之交联作用。

研究成果　《塑料增益剂》获国家专利。专利号为00108800.X。

在研项目　各种无机矿产原料改性的配方及工艺。

地址： 福建省龙岩市南城新坡
邮编： 364000
负责人： 刘庭驹
电话： 0597-2391054
传真： 0597-2391057

山东省塑料研究开发中心

简介　山东省、塑料研究开发中心是1987年经国家科委批准成立的省级科研事业单位，现有资产3 200万元，占地约20 000m²，现有总工办公室、3个实验室、试验生产厂、山东省塑料工业检测中心、山东英华塑料有限公司，专门从事塑料加工工艺、塑料改性、塑料机械、塑料制品检测、塑料标准制定以及塑料科技信息等的应用技术研究开发工作。

实验室　面积400m²，主要设备有电子拉力机、维卡/热变形仪、氧指数仪、低温脆化仪、熔体流动指数仪、落球回弹仪、介电损耗仪、摆锤冲击仪、落锤冲击仪、卡尔-费休水分滴定仪、简支梁冲击试验仪、悬臂梁冲击试验仪、电热鼓风干燥箱、低温伸长仪、介电稳定测定仪、RC哈克扭矩流变仪、LSM30.LSM32异向双螺杆挤出机、ϕ80mm锥形双螺杆挤出机。

科研队伍　职工80人，其中高、中级工程技术人员60人。

研究方向　塑料材料及塑料制品。

科研成果　PP改性、ABS/PP合金、POM改性、磁性塑料、流变仪、芯层发泡PVC管材、硅芯管母料、发光母料、多孔PE、PVC通讯管材、PE及PP电缆料、纳米材料改性聚丙烯上水管。

在研项目　微电机用稀土类磁性塑料、大口径双壁聚乙烯缠绕管管件及管件设备。

地址： 山东省济南市市中区土屋路29号
邮编： 250002
负责人： 刘丰田
电话： 0531-2977194
传真： 0531-2977194

中国石化齐鲁股份有限公司树脂研究所

简介　中国石化齐鲁股份有限公司树脂研究所隶属国家特大型企业——中国石化齐鲁股份有限公司，1993年建所，主要从事合成树脂加工应用研究，是中国石化集团公司联合开发中心成员单位之一。固定资产11 171.90万元人民币，占地48 000m²。建所10年来，已完成国家级课题10项，省部级课题15项，公司课题42项。获省部级以上奖励13项。包覆管专用料、汽车油箱专用料2项获国家级新产品证书。1999年被建设部、国家石油和化学工业局、国家轻工业局、国家建筑材料工业局、中国石油化工集团公司联合授予"全国化学建材工作先进集体"。

实验室　中国石化齐鲁股份有限公司树脂研究所下设科研开发中心和生产经营中心两部分。科研开发中心下设聚乙烯研究室、聚丙烯研究室、聚氯乙烯研究室、信息情报室和高分子材料检验检测中心；生产经营中心下设中试基地和专用料基地两部分，具有万吨级的树脂专用料和制品生产能力。

高分子材料检验检测中心是专门从事高分子材料性能检测与结构研究的单位，拥有各种先进的性能检测及试验设备，如NICOLET750型红外光谱仪、DSC2910

齐鲁树脂研究所科研成果

序号	项　目　名　称	序号	项　目　名　称
1.	油田用聚乙烯管道专用料	23.	硬 PVC 芯层发泡复合管材专用料
2.	HDPE 汽车油箱专用料	24.	刚性无机粒子增韧改性 PP 内装件专用料
3.	电冰箱用改性聚丙烯专用料	25.	高阻隔汽车油箱专用料
4.	高性能 PVC 门窗型材及五金件专用料	26.	短纤维增强 PP 改性料
5.	程控交换机用 PVC 通信电缆绝缘料	27.	车门内衬用木粉/PP 复合板材
6.	通信电缆用聚乙烯泡沫绝缘料	28.	PP 通信电缆绝缘料
7.	聚乙烯夹克专用料	29.	滚塑交联高密度聚乙烯专用料
8.	木粉/聚丙烯复合板材专用料	30.	聚乙烯热收缩带专用料
9.	通信电缆绝缘料	31.	复合型聚乙烯自限温发热专用料及器件
10.	包覆管用 HDPE 黑色管材料	32.	聚乙烯波纹管专用料
11.	BOPP 薄膜料	33.	LDPE 高压交联电力电缆绝缘料
12.	医用专用料(PP PE PVC)	34.	聚烯烃微滴灌管专用料
13.	LLDPE 电话电缆护套料	35.	聚丙烯热水管专用料
14.	LLDPE 电缆绝缘专用料	36.	钢管防腐层用胶黏剂
15.	PPR 聚合工艺以及产品	37.	耐热抑烟 PVC 专用料
16.	聚乙烯热收缩防蚀专用料	38.	铝塑复合管专用料
17.	可控自发热聚烯烃材料	39.	改性 PP 注塑箱包专用料
18.	2～5L、20～50L 阻隔容器	40.	改性 PP 摩托车空气滤清器壳体专用料
19.	500ml 阻隔包装瓶	41.	改性聚丙烯蓄电池壳体专用料
20.	耐辐射 PVC 医用料	42.	聚烯烃特种油箱专用料
21.	LLDPE 低速电缆料	43.	聚乙烯无卤阻燃电缆护套料
22.	高抗冲 PVC 合金		

差示扫描量热仪、GOTTFERT 毛细管流变仪、HAAKE、BRABENDER 流变研究系统、ATLAS 全候老化仪、SCITEQ 长期静液压试验机、Q-PANEL 紫外老化仪、日本岛津万能材料试验机、中空容器检测系统等一大批进口设备。

科研队伍　现有职工 225 人，技术人员 118 人，硕士研究生 11 人，教授级高工 1 人，高级工程师 28 人。

研究方向　电线电缆、汽车工业、化学建材及工程材料、阻燃材料、导电材料、功能高分子材料、医用材料、纳米材料、管材管件等。

地址：山东省淄博市临淄区一诺路 46 号
邮编：255400
负责人：王文清
电话：0533-7511599
传真：0533-7582254
网址：www.qlszs.com
E-mail：qlszs@qlszs.com

青岛科技大学高分子工程材料研究所

简介　主要从事高分子新材料、金属材料、非金属材料新制品，特别是相关的光机电一体化成型加工设备的研制、开发及工业化生产。

实验室　实验室面积 240 平方米。

主要设备钢塑复合管机电一体化成型设备、全自动钢筋焊网设备。

师资队伍　博士、硕士、学士等共计200人。

培养方向　高分子材料、塑料机械、高分子材料改性。

2001年毕业生情况　研究生30人、本科生400人。

在研项目和取得的科研成果　获国家科技进步二等奖2项、国家科技进步二等奖1项、山东省科技进步一等奖4项，共申报发明专利及实用新型专利22项

地址：青岛市郑州路53号

邮编：266042

负责人：潘炯玺

电话：0532-4854747

传真：0532-4022889

中国石化股份有限公司武汉分公司科研所

简介　该所共有科研人员56人，其中从事聚丙烯改性和专用料生产的有20人。我们主要以我厂生产的聚丙烯为基料，进行聚丙烯改性研究，生产的专用料有PP涂覆料、PP注塑料等。

实验室　实验室面积1 000m²，中试基地（生产波纹管）面积500m²。

主要实验设备　SHJ-68B双螺杆挤出机1台；SHT-30小双螺杆挤出机1台；XS-ZY-125A注塑机1台；双壁波纹管挤出机1台及各种塑料测试仪器。

科研队伍　教授级高级工程师1人，高级工程师8人，工程师15人，技术人员13人。

研究方向　聚丙烯的改性及专用料的生产。

研究成果　涂覆级PP专用料的研制与生产；光缆护套料的研制；注塑级PP专用料的研制与生产；纳米阻燃聚丙烯的研究。

在研项目

1. 银纹对聚合物基生物复合材料的影响；
2. 多相接枝聚丙烯专用料的研究。

地址：湖北省武汉市青山区长青路

邮编：430082

负责人：沈喜洲

电话：027-86515662-45660

传真：027-86515043

湖南省塑料研究所

简介　湖南省塑料研究所坐落在古城长沙远大一路东屯渡浏阳河畔，占地14亩，始建于1965年，是全国重点塑料研究所之一。所内设有省政府批准的湖南省高分子应用技术重点实验室和面向社会的湖南省塑料产品质量监督检验授权站、湖南省塑料工业科技情报站。本所技术力量雄厚，科研手段齐全。先后承担和完成了"六五"、"七五"、"八五"、"九五"国家重点科技攻关项目和国家重点军工配套项目。

本所2000年完成从科研事业单位向企业的转制工作，现已发展成为集科研开发、生产经营、咨询服务为一体的高新技术企业。企业在高分子材料开发应用方面拥有较强的实力；在增强改性材料、功能性材料、特种泡沫材料及塑料着色母料等领域积累了一批产业化的科研成果。企业可为用户提供工程塑料、阻燃塑料、着色母料、PE板材、特种泡沫材料等产品。

为加快企业产业化步伐，本所围绕"用科技装点明天"的经营理念，全面实施"创新·产业化"战略，并在长沙市芙蓉区工业科技园新征土地30余亩，热忱欢迎省内外投资商加盟，共同打造高新技术企业的明天。

实验室　实验室面积2 100平方米，主要实验设备：双螺杆挤出机6台、发泡浇注机3台、注射机2台、水压实验机4台、万能材料实验机4台、氧指数仪1台、电性能仪器2台、冲击实验机以及各种测试仪器设备。

科研队伍　现有专业技术人员84人，其中：高级专业人员21人（含享受国家津贴3人、省优秀中青年专家1人），中级专业技术人员46人。

研究方向　改性塑料、泡沫材料、功能母料、着色母料以及塑料产品、化学建材的检测、咨询。

研究成果　本所先后承担和完成了"六五"、"七五"、"八五"、"九五"国家重点科技攻关项目和国家重点军工配套项目。并取得科研成果80多项，其中：获全国科学大会奖1项，省、部级成果奖17项。

在研项目　防热涂层；阻燃绝热抗冲击结构材料

地址：湖南省长沙市远大一路东屯渡

邮编：410001

负责人：蒯建政

电话：0731-4726239

传真：0731-4727592

E-mail：hprinsti@public. cs. lm. cn

中山大学高分子研究所

简介　中山大学高分子研究所于1978年经原国家教委批准成立，是我国高等学校最早成立的专业研究所之一。现为全国和广东省高分子化学与物理重点学科点单位，博士和硕士学位授予点，博士后流动

站。该所下设高分子合成研究室、功能高分子材料研究室和精细高分子研究室等3个研究室。

科研队伍　该所现有教职工31人，其中教授级10人（含博士生导师6人），副教授级14人，在学博士研究生和硕士研究生50余人，在站博士后研究人员2人（在此之前已有3名博士后研究人员出站）。该所师资力量雄厚，科研能力较强。拥有林尚安院士等一批在国内外同类学科中享有较高声誉的教师，教师中有博士学位14人。他们分别在烯烃聚合高效催化剂、高分子物理化学、高分子溶液理论与应用、高分子光化学、可控聚合等方面有较高的造诣，并取得了显著的成果，获得多项奖励。

研究成果　近年来，该所承担了国家、部委及有关单位重点科研项目近30项，其中有12项已通过成果鉴定，20多项成果获得了国家发明专利；23项成果获得奖励，其中获国家教委科技进步一等奖1项、获二等奖2项，广东省自然科学奖2项。这些项目均具有自己的特色和优势，有的正待转化，开拓市场，为国民经济建设服务。

在研项目　1985年以来，该所培养了一批具有扎实的基础理论，宽广的专业知识，熟练的实验技能的高分子化学与物理专业方面的高级人才，其中获得博士学位的有25人，获硕士学位的有约150人，均受到用人单位的好评。1990年集体荣获“全国高校国家级优秀教学成果特等奖”和“广东省优秀教学成果一等奖”。1991年，被广东省人民政府授予“广东省模范集体”荣誉称号。

地址：广东省广州市新港西路
邮编：510275
负责人：伍青
电话：020-84112828
网址：www.zsu.edu.cn
E-mail：ceswuq@zsu.edu.cn

广西塑料研究所

简介　广西塑料研究所成立于1964年，是广西科技厅直属单位，主要从事塑料加工应用及精细化工产品应用技术研究与产品开发。

广西塑料研究所现有职工56人，其中专业技术人员31人，占职工人数55%，在专业人员中拥有中、高级技术职称资格18人。广西塑料研究所是中国塑料加工工业协会理事单位和全国塑料研究所塑料科技情报协作网的理事单位，承担编辑出版国家轻工局主管公开发行的《国外塑料》杂志。广西塑料科技信息中心和广西二轻塑料产品检测中心设在所内，承担着塑料工业的资料查新和塑料专业改性试验工作。现在产业化的产品有普通液体食品包装薄膜、耐高温蒸煮杀菌豆奶包装薄膜、PE发泡材料、色母料、汽车灯具粘接热熔胶等。

实验室　广西塑料改性材料中试基地：共2 000m^2，主要的设备有双螺杆挤出生产线2条、注塑机1台、高速混合机2套、三机共挤挤出吹膜生产线2套、两辊机3台、液压机10台、聚氨酯发泡制品生产线1条。另有化工实验室共400m^2，目前主要的为酯基硫醇锡热稳定剂中试及小批量生产所用还有塑料制品物理机械性能测试仪器及设备和分子结构分析的红外光谱仪1套等。

科研队伍　高级工程师4人，中级职称10人，初级职称5人。

研究方向　研究工作主要以塑料包装材料为主，另外还有塑料制品。现有液体食品包装膜、发泡片材、高分子热熔胶黏剂、色母料等系列产品。

研究成果　自1980年以来先后在区内外塑料行业中进行技术协作和技术服务70多项，其中与企业合作开发新产品46项；荣获轻工业部、广西壮族自治区政府等部门授予的科技成果奖14项；荣获轻工业部、广西、广东新产品奖10个。目前每年除承担上级下达的科研与开发项目外，还根据市场需求，自主开发有市场前景、有经济效益的项目或产品。

在研项目　汽车灯用热熔胶、酯基硫醇锡热稳定剂、木塑复合板、高阻隔牛奶保鲜膜。

地址：广西壮族自治区梧州市新兴二路131号
邮编：543003
负责人：唐尧
电话：0774-3828356
传真：0774-3828354
E-mail：mafangzhen2@yahoo.com.cn

重庆市化工研究院

简介　重庆市化工研究院成立于1958年，是全国最早从事天然气化工和精细化工应用技术开发研究单位，占地150 000m^2，拥有固定资产1.1亿元。全院下设：重庆市化工行业技术中心、重庆市化工产品质量检验监督站、重庆市环境保护监测服务中心、高科技开发中心、科技信息中心、7个研究室、6个工程开发室（产业化基地）、第三产业公司、机械设备加工厂。

实验室　全院实验室总面积600m^2，从事塑料助剂研究的第五研究室有双螺杆挤出机、注塑机、捏和机、三辊机、高压釜等主要实验设备。

科研队伍　现有职工300余人，高中级技术人员198人，享受国家级津贴专家11人。

研究方向　天然气化工和精细化工。

研究成果　经过多年的努力，共取得150项主要科研成果，其中60项科研成果获国家、省、部级、市级科技进步奖，并先后承担了国家“六五”、“七五”、“八五”、“九五”重点科技攻关项目，现已发展成为重庆化医控股（集团）公司技术研发中心。

在研项目　树脂交联剂、偶联剂。

地址：重庆市江化区玉带山
邮编：400021
负责人：吴渝
电话：023-67658264
传真：023-67651262
网址：www.ccqci.com
E-mail：chyfzb@public.cta.cq.cn

煤炭科学研究总院重庆分院工程塑料应用开发中心

简介　本中心主要从事改性塑料的开发、生产和销售。主要有增强塑料、阻燃塑料、抗静电塑料及各种汽车、摩托车专用塑料。中心目前拥有双螺杆造粒生产线4条，年产能5 000吨。

实验室　实验室面积约200m²。主要实验设备：TE-35双螺杆挤出机、GH-100高速混合机、电子拉力试验机、悬臂梁冲击试验机、简支梁冲机试验机、热变形温度测试仪。

科研队伍　高分子专业技术开发人员8人，其中硕士2人，大学本科6人。

研究方向

1. 增强阻燃塑料材料；

2. 阻燃、抗静电高分子材料；

3. 特殊用途的功能高分子材料。

研究成果　汽车仪表板专用料；汽车内门板料；射钉弹弹夹专用料；汽车保险杠料；汽车轮盖料；汽车及摩托车灯体料；汽车炭罐专用料；油泵齿轮专用料；超韧尼龙系列。

在研项目　煤矿井下用瓦斯输送塑料管道。

地址：重庆市沙坪坝区上桥三村55号
邮编：400037
负责人：李天明
电话：023-65239418
传真：023-65239418

四川大学降解与阻燃高分子材料研究中心

简介　四川大学降解与阻燃高分子材料研究中心根据学科和国民经济发展的需要，结合四川大学这一综合大学的学科优势，组织了一批从事高分子材料及相关的其他学科，如微生物学、高分子化学与物理、有机化学、无机化学、精细化工、化学工程、化工机械、塑料成型加工、化学纤维、环境科学等专业的高级专业技术人员组建的一个跨学科的研究中心，涉及的学科有化学、化工、材料、生物、环境等5个一级学科。中心设有生物降解聚合物合成实验室、生物医用降解材料实验室、环境友好材料实验室、高分子纳米材料研究实验室、阻燃剂与阻燃材料研究实验室、功能与高性能高分子研究实验室、高分子材料回收研究实验室、高分子加工实验室、燃烧性能和降解性能测试实验室和化学合成与高分子加工两个中试车间。中心的主要宗旨为培养在高分子材料，特别是功能与高性能高分子材料领域的高层次的专业技术人才，如培养硕士生、博士生、博士后人员，为企业培训技术骨干，承担国家、部委及地方的重大科技项目的研究，承接国内外企业委托项目的研究与开发。

实验室情况　中心现有实验室面积2 800多平方米，具备了高分子合成与加工研究的从小试到中试规模的主要实验设备，特别是在降解塑料与阻燃材料两大研究领域的研究设备与测试仪器比较齐全，具备了承担国家重大科研项目和承接企业委托研究的基础实验条件。

师资队伍　在中心从事科研工作的人员中，教授5人、副教授11人。

培养方向

1. 生物降解聚合物与生物医用材料；

2. 利用可再生的天然资源制备可完全生物降解的高分子材料；

3. 降解塑料与环境友好材料；

4. 阻燃剂与阻燃材料；

5. 高分子合金与纳米材料；

6. 功能与高性能高分子与材料；

7. 废弃塑料的回收与再利用新技术；

8. 微波和等离子体技术在高分子合成与改性方面的应用。

研究生情况　每年招收硕士和博士研究生15～20人。同时，中心还招收博士后研究人员和接受访问学者。中心从材料学（高分子）、高分子化学与物理、环境科学、应用化学等二级学科招收研究生。

著作教学成果　中心已出版专著和编写内部用教材等6部，在国内外发表论文100多篇，2002年申请国家发明专利5项。

在研项目和取得的科研成果　中心在近10年间，承担和完成国家“八五”、“九五”国家重点科技攻关项目、“十五”国家“863”项目、国家重点技术创新项目、国家自然科学基金、高校博士点基金、部省级重点项目等纵向课题近30项，同时与20多个企业建立了合作关系，为企业提供了大量的科技成果。有一项成果被列为国家级重点推广项目，还获得2项国家级新产品。在获得的科研成果中，获得了12项科技奖励，其中国家科技进步二等奖1项、教育部科技进步一等奖1项、其他省部级科技进步奖5项。

目前的在研纵向课题有10项，其中国家“863”项目1项、国家自然科学基金2项、其他省部级科研项目7项。另外还有4项企业委托科研项目。

地址： 四川省成都市望江路29号四川大学化学馆
邮编： 610064
负责人： 王玉忠
电话： 028-85410259/85412614/85410284
传真： 028-85410259
网址： http://www.scu.edu.cn/home/chmistry/professors/yzwang/center.htm
http://www.fangsheng.com
E-mail： polymer@scu.edu.cn
yzwang@mail.sc.cninfo.net

四川大学塑料工程及机械研究所

简介　本所是由教育部和原轻工业部于1987年批准成立的，归属于四川大学高分子材料与工程学院。

近年来在耐热聚合物、高分子复合材料、导电、导磁、光敏高分子材料、多组分高分子合金及功能高分子材料及加工应用方面取得了众多的成果，并在塑料加工机械设计、塑料模具设计及塑料模CAD/CAE技术应用方面也取得了可喜的成果。获各种科技成果奖数十项，其中包括国家级科技奖多项，发表论文数百篇。

迄今已承担国家自然科学基金研究项目50余项，“973”项目、“八五”、“九五”攻关项目4项，国家科技进步奖3项，省部级奖12项，申请并获专利30余项。

塑料工程系塑料工程及机械研究所拥有门类齐全的塑料原料性能、制品性能测试仪器及装备，是国家批准的塑料制品性能检测出证单位。除各种性能测试设施外，还拥有多种聚合物加工教学和科研实验装备，如单螺杆挤出机、双螺杆混炼挤出机、精密注塑成型机、哈克流变仪、多功能电子材料实验机、各种开炼、密炼等实验科研装置。此外，还拥有塑料模实验室，模具CAD/CAE硬件和软件开发基地等科研设施。

科研队伍　教授10人（博士生导师5人），副教授及高工12人，讲师及工程师5人，研究生60人。

2002年毕业生情况　2002年毕业博士生5人，硕士生20人。

研究方向　特种高分子及高性能复合材料、生物医用高分子材料、特种橡胶及弹性体、高分子共混复合材料、精细高分子材料、自增强聚合物材料，塑料成型机械、塑料模具CAD/CAE，塑料加工，塑料机械及模具的开发和应用技术的培训和技术咨询。

在研项目和已取得的科研成果　2002年在研项目和已取得的科研成果如下：（共31项）

突出的项目如下：

1. 聚合物高性能化的基础研究。科技部“973”项目，26万元；

2. PVC双向拉伸管生产装置及工艺，15万元（横向合作项目）；

3. 自然科学基金项目5项，共48万元；

4. 教育部科研项目5项，共17万元；

5. 其他横向与企业的合作科研项目19项，合计经费71万元；

6. 出版《塑料成型模具》等教材和书籍。

地址： 四川省成都市一环路南一段24号
邮编： 610065
负责人： 刘廷华
电话： 028-85462143
传真： 028-85462143
E-mail： lth 116@sina.com

成都曙光电子化学高新技术研究所

简介　本所成立于1990年，高新技术企业，实有资本2 200万元，主要从事高性能工程塑料合成与改性研究、生产。开发技术有：①高分子量聚苯硫醚树脂（PPS）；②聚苯硫醚（PPS）系列产品；③改性尼龙；④改性聚酯；⑤改性聚碳等。

实验室　实验厂占地50亩，200t/aPPS树脂生产装置一套，塑料改性研发中心占地6亩，挤出机、注塑机、配备设备齐全，检测仪器齐全，工程实验室初具规模。

科研队伍　员工120人，本科以上学历39名，中专以上学历46名，高级技术职称人员12名（省级学科后备带头人2名）。

研究方向

1. 合成PPS树脂工艺与工程开发；

2. PA、PC、POM改性，高性能化。

研究成果

专利：ZL00120629X，PCT/CN01/01637

PPS系列各种高性能材料26牌号

在研项目

1. PPS嵌段共聚物；

2. 超高韧性尼龙；

3. PPS/PC合金材料；

4. PPS/POM复合材料。

地址： 四川省成都市高新区高朋东路8号

邮编： 610041

负责人： 古旗高

电话： 028-85132168

传真： 028-85161483

网址： www.cnletian.com

E-mail： sggl@cnletian.com

中国石油独山子石化公司研究院

简介　新疆独山子石化公司研究院是新疆规模较大、实力较强的综合性塑料科研机构之一，为独山子石化公司下属专门研究开发塑料新产品的科研机构。负责公司塑料新产品的开发、应用与推广工作，是一个集科研、推广、生产为一体的综合性科工贸实体。

实验室　现有实验室面积约为1 200m²，拥有HAAKE转矩流变仪、纺丝机、电子拉力试验机、仪器化冲击试验机、维卡软化点试验机、颜色测量仪、偏光显微镜、75型、58型、25型双螺杆挤出机、高温凝胶色谱仪、红外分光光度计、DSC差热分析仪、注射机等先进的测试和生产加工设备。

科研队伍　本院有从事塑料新产品科研、开发、中试生产、推广销售、售后服务的专业人员50余人。其中高工占10%，工程师80%，其他人员10%。

研究方向　主要是以我公司引进的BP公司铬系新产品为基础料的深加工，研制出高性能的PE80级的管材料色料；

各种汽车用专用料开发；

透明聚丙烯专用料的开发生产；

土工材料专用料的开发和生产等。

另外进行产品售后服务、外接委托测试等。

研究成果

聚丙烯汽车系列专用料；

蓄电池外壳专用料；

高抗冲共聚丙烯系列专用料；

节水灌溉系列专用料；

粉煤灰填充专用料；

LLDPE地膜专用料；

相关测试研究项目。

在研项目

铬系PE管材专用料开发；

夹克管专用料开发；

节水灌溉系列专用料开发与应用推广；

聚丙烯汽车系列专用料（中高档汽车）；

土工格栅专用料的开发；

硅烷交联聚乙烯专用料的开发；

HDPE电缆绝缘料的研制。

地址： 新疆独山子石化公司研究院

邮编： 833600

负责人： 徐文清

电话： 0992-3862400

传真： 0992-3682902

新疆独山子天利高新技术股份有限公司化工研究所

简介　新疆独山子天利高新技术股份有限公司是经国家科技部、中国科学院审查评定的，集科、工、贸于一体的一家高新技术上市企业。公司目前已在塑料深加工方面初具规模，形成了万吨专用料生产基地、万吨地膜生产基地、建立了国内品种最全，规模最大的土工膜、无纺布生产基地，共包括丙纶、涤纶短纤、长纤、土工复合膜、淋膜等5条生产线，年产量可达2.5万吨。为此自治区已确定以天利高新为龙头建设新疆新材料开发基地，并已报国家科技部待批准。化工研究所作为公司的研究开发机构，结合公司的发展战略，依托新疆独山子石化公司丰富的聚烯烃原料资源，并与四川大学，中科院等国内著名的高等院校、科研院所进行广泛的技术合作，多年来一直致力于聚烯烃改性专用料、功能性无纺布方面的研究和开发，同时化工研究所也建立了一支强有力的科研开发队伍，并配备了先进、完善的分析手段和实验设备，目前已开发出九大系列、几十个规格的聚丙烯改性专用料产品，并可根据用户的不同需求进行规格调整，为用户量身订做和设计材料。

实验室　我所目前有若干个小型实验室及一个中试基地，总面积约4 000m²。主要实验设备有TE-25、TE-32、SHJ-75双螺杆挤出机各1台及配套的5L、50L、100L的高速混合机；注塑机及配套的各类标准模具，熔融指数仪、冲击实验仪、万能电子拉力机、燃烧实验仪、哈克流变仪、高温凝胶色谱仪、分子量分布测试仪、红外色谱仪、耐环境应力开裂测试仪、热分析仪、老化实验箱等。

科研队伍　我所现有人员50余名，都为本科以上学历和中级以上职称，并具有多年从事塑料研究和开发的经验。

研究方向　聚丙烯系列改性专用料（包括管材料、透明料、高光泽料、填充改性料、阻燃料、玻璃纤维增强料、汽车系统专用料等），聚乙烯系列改性专用料（包括管材料、中空吹塑料、高强度膜料等），其他热塑性塑料的改性研究等。

研究成果 高透明聚丙烯产品通过国家医药管理局检验认可，现产品畅销华东地区；

高密度阻燃聚丙烯通过美国 UL-V0 级认证；

高抗冲聚丙烯蓄电池外壳专用料达到国外同类产品水平；

编织袋专用料远销中亚地区。

在研项目 汽车聚丙烯专用料、阻燃系列专用料、填充改性聚丙烯专用料、聚丙烯一次管带料、色母料、抗紫外线地膜料等。

地址：新疆克拉玛依市独山子区大庆东路 2 号
邮编：833600
负责人：陈科
电话：0992-3867427
传真：0992-3864026
网址：www.600339.com
E-mail：wxg_74@sohu.com

高 等 院 校

清华大学化工系高分子研究所

清华大学高分子研究所的前身——高分子教研组成立于1958年，是国内最早开始从事高分子教学和研究的单位之一，也是改革开放后最早授予硕士点和博士点的单位之一。在45年中，已为国家培养了近2 000名本科毕业生和200余名硕士、博士毕业生。这些毕业生很多已成为国内高分子教学、科研和工业生产等方面的骨干，为国家的科技进步事业做出了重要贡献。在国外的毕业生在高分子科研和工业生产部门等也有很高的学术声誉。

作为科研和教学并重的学术机构，高分子研究所开设了包括“高分子化学”、“高分子物理”等在内的20余门面向研究生和本科生的专业课，现有本科生4个班120余人、在读的研究生100余人。

高分子研究所代表性成果　20世纪60年代在国内首先研制成有“塑料王”之称的聚四氟乙烯，并将研究成果转化为我国聚四氟乙烯工业的技术基础。此项研究获国家新产品发明奖，并为国家培养了一大批从事含氟聚合物研究、开发、生产和管理的高素质人才。70年代，研制成了当时工业部门十分需要的聚碳酸酯工程塑料，并在校内建立了中试车间，产品质量达到国内领先水平，为我国援助罗马尼亚建立聚碳酸酯工厂提供了重要的技术数据。利用聚碳酸酯共混改性材料研制的塑料纬纱管解决了当时聚酯纺纱中的一大难题，在纺织行业中迅速推广；以塑代木，节约生产成本，提高生产效率，获国家科技进步三等奖。80年代，研制成了高强度、高模量、耐高温的液晶性的聚合物——芳香尼龙，获国家教委科技进步二等奖、国家“七五”攻关重大成果奖和亚太地区发明项目奖第二名，并获得发明专利两项。为国家的国防安全和高新技术的发展提供了很好的技术支持。

进入90年代以来，在国家进一步改革开放和加大对科教投入的良好外部环境下，高分子研究所进入了全新的发展阶段。承担了多项“八五”、“九五”攻关项目，863高技术基础研究项目，国家自然基金委重大、重点项目、国家杰出青年基金项目及面上项目和国家有关部委的科技攻关项目等。在高分子液晶、高性能高分子材料、精细高分子、多相多组分高分子材料、功能高分子材料、复合材料、胶黏剂及聚合物结构表征等诸多方面开展了深入的研究，分别获得国家科技进步奖、科技攻关奖、国家科委技术进步奖、轻工部及电子工业部科技进步奖、北京市科技成果奖和国家发明专利等多项，并在国内外核心刊物上发表了大量有影响的重要文章。

地址：北京市海淀区清华园
邮编：100084
电话：010-62781495
传真：010-62770304

北京航空航天大学高分子复合材料

专业状况　本专业成立于1958年，是国内最早开展航空非金属材料教学、研究及应用的单位之一。目前，本专业已形成以新材料、新工艺和材料性能表征研究为重点的鲜明特色，具有较完备的聚合物及其复合材料制备设施和成套先进热分析仪器的高水平实验室，为国家培养了大批复合材料高级人才。该专业是我校国家材料学一级学科的组成部分，具有材料学和材料工程学科两个博士点及1个博士后流动站，具有材料学、材料工程和物理化学三个硕士点。

该专业下设高分子物理、高分子化学、工程塑料和复合材料工艺四个实验室。面向国防和国民经济发展需求，先后承担过高空导弹靶机与无人机大型复合材料构件、复合材料旋翼、混杂复合材料、先进复合材料装甲、预浸胶技术、隐身雷达罩技术、卫星复合材料构件制造技术、先进低成本复合材料制造技术、汽车及电子设备复合材料应用技术，以及“863”高技术新材料性能表征等多项重大研究任务，多项研究成果处于国内领先和国际先进水平。1994年北京市聚合物基复合材料高技术实验室在本专业的成立，加速了专业的发展，已建设成为国内一流的高分子及复合材料方向上的高级人才培养、科研和技术开发基地。

师资队伍　教授5名，博士生导师3名，副教授10余名，多数教师是留学归国的。每年招收博士生10余名、硕士生约25名，培养本科毕业生40余名。

培养方向　该专业主要培养既能致力于国防（包括：航空、航天、航海、电子信息、武器装备等）先进材料的研究与发明创新人才，又能致力于国民经济所需先进材料（汽车、建筑、交通、医疗、农业等）的研究与开发人才。主要研究功能复合材料与高分子材料（防弹、电磁波、摩擦、光电子、隔热、高耐热、绝缘等）、复合材料制造模拟技术与新工艺、特种树脂基体与胶黏剂、混杂复合材料与蜂窝夹层结构复合材料、高性能高分子合金（增韧、增强、耐热、加工性等）、热塑性树脂基复合材料（长、短纤维增强，无机杂化）、聚合物加工工程（管、片膜、无缝管膜、片等完整的工艺技术）、低成本聚合物成型技术等。

地址： 北京市海淀区学院路37号

邮编： 100083

电话： 010-82317120

传真： 010-82328501

网址： www.nic.buaa.edu.cn/mse

北京理工大学化工与材料学院

专业状况　化工与材料学院成立于1940年。1997年按二系一部建制成立化学工程系、材料科学与工程系以及化学部。现有5个本科专业、9个硕士研究生专业、2个博士研究生专业，其中应用化学和材料学专业为部级重点学科点，含能材料学科点列入校“211工程”重点建设学科点。全院教职工123人，其中博士生导师7人，教授22人，副教授、副研究员47人。现有在校本科生735人，硕士生122名，博士生45名。

师资队伍　全院教职工123人，其中博士生导师7人，教授22人，副教授、副研究员47人。

2001年毕业生情况　每年招收本科生约150名，硕士生40名，博士生15名，现有在校本科生735人，硕士生122名，博士生45名。

研究方向　阻燃材料、高分子材料、功能材料高分子材料助剂的合成工艺、材料化学与应用、生物材料化学、精细化工、生物材料化学及生物技术、环境生物及相关技术。

在研项目和已取得的科研成果　获国家发明奖2项，国家科技进步奖2项，部委级科技进步奖40余项。

地址： 北京市海淀区白石桥路7号

邮编： 100081

电话： 010-68912659

传真： 010-68914006

网址： www.bit.edu.cn

北京工商大学材料科学与工程系高分子材料与工程

简介　本专业从1991年设立，主要培养具备高分子材料与工程等方面的知识，能够从事高分子材料的合成、加工与应用，以及新产品设计与开发等方面工作的高级工程技术人才。主要课程：有机化学、物理化学、机械工程基础、电工电子技术、高分子化学、高分子物理、聚合物流变学、聚合物工艺学、聚合物原料与助剂、聚合物工程原理、聚合物成型加工、聚合物共混改性原理、模具CAD、计算机基础与应用等。

实验室情况　实验室面积2 000多m^2，中试基地厂房3 000多m^2，塑料加工设备和检测仪器齐全，合计资产1 000多万元。

师资队伍　系（所）现有教职员工55人，其中教授（研究员）3人，副教授、副研究员、高级工程师15人，讲师、工程师21人。

培养方向　本专业培养具备高分子材料与工程等方面的知识，能够从事高分子材料的合成、加工与应用，以及新产品设计与开发等方面工作的高级工程技术人才。

2001年毕业生情况　2001年毕业本科生60名，硕士生5名。

著作教学成果　研究所自“六五”以来先后承担了国家科技攻关项目和863项目，其中塑料加工改性、家用薄膜等领域成绩显著，先后荣获省部级科技进步奖、优秀新产品奖及其他奖励30多项，科研成果已转让全国二十余个省市的数十个企业，取得了良好的经济效益和社会效益。

近年来，出版专著5部，申请发明专利3项，其中1项已获专利授权。

在研项目和已取得的科研成果　目前正在承担的国家重大科研项目有5项（科技部4项、国家环保总局1项），北京市教委基金项目1项，研究经费250万元；企业委托重大项目2项，经费约230万元。其中“多层反射塑料复合彩虹膜”项目技术填补国内空白，在科技部专项资金资助下正在实现产业化，生产出膜层为90～221层、总厚度为20～40μm、幅宽达1 000mm以上的产品，可以满足包装、装潢、装饰的需求，替代进口。“环境友好高阻隔水溶性塑料的研究开发”项目，实现了聚乙烯醇（PVA）干法加工，吹塑膜折径达1 000mm以上（幅宽超过2m），相对国际上通用的湿法加工具有工艺简单、投资最少、产品质量好、生产效率高的优点，加工工艺处于国际先进水平，产品具有高阻氧、抗静电、不吸尘、印刷和热封性好、水溶性可控、可自然降解和水解等特点，广泛应用于阻隔层包装、水转印等领域，完全可替代湿法产品的进口。

地址： 北京市海淀区阜成路11号

邮编： 100037

负责人： 刘万蝉

电话： 010-68905535

传真： 010-68423957

北京市塑料工业学校

简介　我校是全国轻工职业教育塑料成型专业指导委员会副主任学校。塑料成型专业是1964年建校以来就设立的专业，是我校的骨干专业，主要开设的课程有塑料成型工艺、塑料成型设备、塑料成型模具、塑料材料、塑料性能测试与分析、工业企业管理、计算机应用以及各类实验、实训课程。本专业自建校以来毕业生约2 500余名。

实验室情况　本专业有实验室6个，包括有机实验室、分析实验室、高分子实验室、测试实验室等，实验室面积约500余平方米。实验仪器及设备有电子拉力机、冲击机、偏光显微镜、融体流动速率测定仪以及挤出机、注射机、捏合机等。

师资队伍　塑料专业共有师资18人

其中高讲8人，讲师5人，助讲2人，实习、实验教师3人

培养方向　主要培养塑料成型加工方面生产操作及管理人才

2001年毕业生情况　2001年塑料成型专业共毕业91人

著作与成果　1)《高分子化学及物理》、《塑料成型工艺学》、《塑料挤出成型工艺与设备》、《塑料注射成型工艺与设备》、《塑料工艺设计与研究指南》，轻工业出版社出版。

2)《塑料专业英语》、《塑料基础》(校内使用)。

在研项目和已取得的科研成果

1. 聚苯硫醚（PPS）流变性能的讨论，塑料技术，2002，(1)

2. 洁具复合板材成型工艺加工，塑料加工应用，2001，(4)

地址：北京市德外双泉堡科荟（白庙路）甲2号
邮编：100085
负责人：王淑萍
电话：010-64874207
传真：010-64871046
网址：www.suxiao.com.cn
E-mail：Plastic@suxiao.com.cn

天津科技大学高分子材料与工程

简介　天津科技大学高分子材料与工程专业成立于1959年，是全国最早成立的塑料材料加工工程本科专业。本专业一直是原轻工部所属高校乃至全国相关专业高校中较有影响的专业，本专业于1984年9月被批准为材料加工工程硕士学位授权点，是原轻工业部所属高校中最早的高分子专业硕士授权点。经过多年的建设，实验设施在数量、类型等方面齐全先进，可以满足本科生、研究生对高分子材料、材料加工、共混改性的教学与研究工作。本专业于1996年被确定为轻工系统该专业中惟一的重点专业，多次被国家教委和天津市评为先进单位。40多年来，为高分子材料与加工行业培养了大批科研与技术高级人才，为该行业的发展做出了巨大贡献。

实验室情况　实验室分别为高分子材料与工程实验室，模具设计实验室，材料研究室，面积约为1 300m²。本实验室拥有一批功能齐全、性能先进的用于高分子材料分析、高分子材料合成以及成型加工研究、性能测试的仪器设备，为教学、科研奠定了良好基础。其中主要仪器设备有：差示扫描量热仪，动态机械分析仪，微控电子拉力机，转矩塑化记录仪，动态黏弹谱仪，毛细管流变仪，光学万能显微镜，注塑成型机，单、双螺杆挤出机，双辊筒炼塑机，试验密炼机，自控高压反应釜，接触角测定仪，旋转黏度计等。

师资队伍　现有专业教师21人，其中教授5人，副教授11人，博士生导师1人，硕士导师10人，承担着本科生和研究生的全部基础课和专业课的教学任务。

培养方向　专业培养具备高分子材料与工程方面的基础知识与专业技能，具有较强的应用、实践和创新能力；能在高分子材料和加工成型等领域从事科学研究、技术开发、工艺和设备设计、生产及经营管理等方面工作的高级工程技术人才。

2001年毕业生情况（博士、硕士、本科、专科毕业生人数）

本科毕业生60人，硕士研究生7人。

著作教学成果

1. 近5年来，主编了以下学术专著和教材：《Properties of PP/PP-g-MA Blends》，《实用注塑模CAD/CAM/CAE技术》，《塑料加工技术大全》，《塑料工程手册》，《塑料工业手册》，《模具CAD/CAE/CAM教程》，《塑料成型工艺与设备》，《塑料材料》，《塑料助剂》，《高分子材料工程专业英语》，《塑料成型工艺学》。

2. 主持完成的“计算机模拟高分子材料成型加工模式研究”于2000年7月获得天津市教学成果二等奖。

3. 被国际三大检索SCI、EI和ISTP收录论文30余篇。

在研项目和已取得的科研成果　1. 目前承担的(1) 国家自然科学基金资助项目“新型含磷可溶性聚芳醚酮的合成与性能研究”；(2) 国家科技攻关等部委项目“室内装修主要有害气体检测试剂盒的研发”、“一次性生化试剂盒模具研制”、“从制浆造纸废液中木素合成高分子新材料”、“废纸纤维与废塑料复合改

性的研究”、“齿轮泵在挤出系统中的开发”；(3) 天津市科委基金项目“农业用聚乙烯长效防雾滴膜”、“聚乙烯永久防雾膜的研制”、“环境友好型多功能涂料”、“可塑性全淀粉发泡塑料研究”、“微波食品包装技术的研究”、“氧化物镀膜新材料技术”；(4) 其他资助项目主要有“纸/BOPP 复合胶黏剂”、“高阻燃 PVC 电缆料的研究”、“超高分子量聚乙烯复合材料加工技术”、“化学建材 PVC 产品新技术新产品的研制”、“黏附式反光路标的研制”、“深海、硬质、耐压漂浮材料的研究”、“模具构件计算机辅助设计”。

2. 已经转让或被采用的科研成果主要有 FA-1 耐热型醇溶胶黏剂、通讯电缆堵塞剂、新疆独子工厂设计、PVC 改性注射料、阻尼密封条、ABS 阻燃材料及型材的研制、PVC 新型复合波纹建筑板材、远红外保健膜的研究、新型围油栏的研制、电视机纸浆缓冲包装等。

地址： 天津市河西区大沽南路 1038 号
邮编： 300222
负责人： 李树材
电话： 022-28193529
传真： 022-28343510
网址： http://www.tuli.edu.cn
E-mail： plastech@etang.com

河北科技大学高分子材料与工程

简介 高分子材料与工程专业成立于 1980 年。1981 年开始招收本科生，目前已有本科毕业生 600 多人，在校生 149 人。现有教师 10 人，结构合理，师资力量强，实验手段基本齐全。本专业着重于高分子材料的制备、加工成型、共混改性和功能化高分子材料等方面的基础知识和工程生产实践能力的培养，可从事科学研究、技术开发、工艺及设备设计等方面的工作。主要专业课有高分子化学、高分子物理、橡塑成型工艺学、橡塑成型机械、模具、高分子材料及加工助剂、聚合物共混改性原理等。

实验室情况 实验室面积 600 平方米，主要设备有 GH-10 高速混合机、SJ-45 挤出机、XS-ZY-125 塑料注射机、XK-160 开炼机、YA71-45A 塑料制品液压机、S100L 三辊研磨机、CMT7104 微机控制万能试验机、XHRD-150 塑料洛氏硬度计、RW77-Ⅲ 热变形仪、HC-2 氧指数仪、RJ-1 热机分析仪、ML-01 流变仪、XJL-10 落锤冲击机、XCJ-50、UJ-40 冲击试验机、ZC-36 高阻计、XPT-7 偏光显微镜、XSX-2 相称显微镜、KF-4 低温浴槽、401 老化试验箱、XRZ-400A 熔融指数仪等共计 150 余台。

师资队伍 全系现有教师 10 人，教授 2 人，副教授 5 人，高级工程师 1 人，讲师 1 人，实验师 1 人，平均年龄 41.2 岁（博士后 1 人，博士 2 人，硕士 2 人）。

培养方向 本专业培养具有高分子材料与工程等方面的知识，能在高分子材料的改性和加工成型等领域从事科学研究、技术开发、工艺和设备设计、生产及经营管理等方面工作的双翅型高级工程技术人才。

2001 年毕业生情况 2001 年毕业生 30 人

著作教学效果

1. Synthesis and characterization of block copolymers containing pc segments and PHTH—6 mesogenic units，赵雄燕，2002.2，Journal of Applied Polymer Science（SCI 收录）。

2. 用于 PS 材料的一种新型阻燃体系，塑料工业，2002 (1)，杨景兴等。

3. 染料在聚合法制备静电复印色粉中的应用及对荷电性能的影响，染料工业，2002 (3)，段玉丰等。

4. 毕业论文的现状分析与对策调适，河北科技大学学报，2002 (3)，陆光月等。

5. 矿用阻燃抗静电防护网配方的研制，河北工业科技，2002 (6)，陆光月等。

在研项目：

1. 双环戊二烯改性不饱和树脂，河北省科技厅项目，3.0 万元，李绍英主持，2002～2004 年。

2. LIPN 聚氨酯/聚丙烯酸酯皮革涂饰剂树脂的研究，河北省科技厅博士基金项目，5.0 万元，肖继君主持，2002～2004 年。

3. 高强度高韧性 MC 尼龙/纳米复合材料的应用研究，河北省教育厅基金项目，5.0 万元，张仕飚主研，2002～2004 年。

已取得成果：

1. 聚氨酯弹性体无溶剂喷涂原料及喷涂工艺，河北省科技厅鉴定，国内领先水平，肖继君主研。

2. 高性能聚氨酯弹性体复合管及制品，河北省科技厅鉴定，国内领先水平，张仕飚主持。

3. 改性沥青软包装袋的生产技术，牛春梅等。

4. 包塑哑铃的生产技术，张仕飚等。

地址： 河北省石家庄市裕华东路 186 号
邮编： 050018
负责人： 张仕飚
电话： 0311-8632180
网址： www.hebust.edu.cn

E-mail：Kedagaofenzi@163.com

华北工学院高分子材料与工程

简介　始建于1980年，教学之外，主要从事军用、民用塑料材料加工改性研究及产品开发，兼从事助剂、模具、设备等的研究。材料学专业招收硕士生。近年来在专业教研室基础上组建了华北工学院塑料研究所，研究所从事研究生培养、科研开发、小规模生产。2002年，在塑料研究所基础上与工程塑料国家工程研究中心合作组建了“工程塑料国家工程研究中心华北工学院联合研发中心”。

实验室情况　实验室面积500m^2，主要加工设备有ϕ20挤管机组、ϕ45吹膜机组、SHJ-36双螺杆机组、60g及100g注射机、200ml密炼机、ϕ160开炼机、平板硫化机、液压机、缠绕机；主要测试仪器有力学性能、热性能、电性能、流变性能、热机械性能、氧指数、透光率、密度梯度等测试设备。

师资队伍　副教授2人，讲师4人，助教2人。

培养方向　塑料、树脂基复合材料。

2001年毕业生情况　2001年毕业本科生72人，硕士生4人。

著作教学成果

主编《实用注塑模设计手册》（中国轻工业出版社）、《聚合物新材料》、《塑料加工新技术》、《新型注塑模设计》、《新型塑料挤出模具设计》（国防工业出版社）；

参编《塑料工程手册》（机械工业出版社）、《模具CAD/CAE/CAM教程》、《聚合物成型设备》（中国轻工业出版社）。

在研项目和已取得的科研成果　近年来完成并进入生产应用的部分民用成果：超高分子量聚乙烯系列（水泵轴承、可用普通注塑机成型的托辊与轴承座注射料等），聚丙烯改性系列（高流动系列、高光、填充与增强系列、阻燃、合金等），聚乙烯系列（填充、增强、合金等），工程塑料（PA-11、POM、ABS等强韧化改性），农用系列（复管式滴灌管挤出生产线、大棚无滴气雾剂、水果套袋、缓释药袋等），助剂（EBS、季戊四醇硬脂酸酯、纳米氧化锌母料等）。

在研民用品项目　UHMWPE耐热纤维、涂料、管材；ABS改性；PP改性；工程塑料核辐射改性；纳米粒子在工程塑料中的应用。

地址：山西太原市草坪区学院路3号
邮编：030051
负责人：贾润礼
电话：0351-3921794
传真：0351-3922118
网址：www.huifengplastics.com
E-mail：jiarunli@huifengplastics.com

华北工学院塑料研究所

研究所从事研究生培养、科研开发、小规模生产，科研主要从事军事、民用塑料材料加工改性研究及产品开发，兼从事助剂、模具、设备研究。2002年，在塑料研究所基础上与工程塑料国家工程研究中心合作组建了“工程塑料国家工程研究中心华北工学院联合研发中心”。主编本专业著作5部，参编3部。近年来完成并进入生产应用的部分民用成果有：超高分子量聚乙烯系列（水泵轴承、可用普通注塑机成型的托辊与轴承座注射料等），聚丙烯改性系列（高流动系列、高光、填充与增强系列、阻燃、合金等），聚乙烯系列（填充、增强、合金等），工程塑料（PA-11、POM、ABS等强韧化改性），农用系列（复管式滴灌管挤出生产线、大棚无滴气雾剂、水果套袋、缓释药袋等），助剂（EBS、脂肪酸及脂肪烃衍生物、纳米氧化锌母料等）。最新完成的项目有：麦田地膜回收交联制备管材、高强度传动平带用改性尼龙料、快速成型用尼龙粉料（手板料）。

地址：太原市草坪区学院路3号
邮编：030051
电话：0351-3921794，13803436410
网址：www.huifeng plastics.com
E-mail：jiarunli.huifengplastics.com

大连理工大学高分子材料系

简介　高分子材料系创建于1953年，是大连理工大学最早建立的工科系之一，当时为了尽快改变新中国成立后合成橡胶严重匮乏的局面，决定在我校首建“合成橡胶”专业，为适应社会发展的需要，1959年，更名为“基本有机合成及合成橡胶”，扩大了专业领域；1960年由从前苏联著名的卡尔波夫研究所学成回国的应圣康老先生首次招收硕士研究生；“文革”后，更名为“高分子化工”专业，2001年更名为“高分子材料与工程”专业。1980年成为有权授予“高分子材料”工学硕士学位的专业；1993年又获准有权授予“高分子材料”工学博士的专业。并设有高分子材料研究所、工程塑料开发公司。主要研究方向包括：高性能耐热工程塑料、先进聚合物基复合材料、功能高分子材料、新型热塑性弹性体。

师资队伍　全系现有教职工28名，其中博士生导师3名，教授6名，副教授8名，高级工程师1名，青年教师均具有博士学位。其中：国家有突出贡献专家1名，国务院政府特殊津贴专家2名，省材料学重点学科后备学科带头人 1 名，学术骨干 2 名。

科学研究　高分子材料系多年来形成了良好的科学研究传统和研究条件。“阴离子聚合”和“耐高温工程塑料的研究”在国内享有盛誉。成立至今共发表学术论文 500 余篇，出版专著及教材 12 部，专利 10 项。具有万能试验机、GPC、DSC、注塑机、挤出机、开炼机、密炼机等大中小型设备，能够完成聚合物结构分析、力学性能测试和加工等全过程，特别是近 10 年来，承担了多项国家、省部级重大科研项目，许多研究成果达到国内外先进水平。逐步形成了教学、科研、生产相配套的完整的体系。

高分子材料系多年来形成了良好的科学研究传统和研究条件。“阴离子聚合”和“耐高温工程塑料的研究”在国内享有盛誉。承担了多项国家、省部级重大科研项目，许多研究成果达到国内外先进水平。近 5 年发表被 SCI，EI，ISTP 收录与引用的论文 300 余篇，获省部级科技进步奖 10 余项。具有万能试验机、GPC、DSC、注塑机、挤出机、开炼机、密炼机等大中小型设备，能够完成聚合物结构分析、力学性能测试和加工等全过程，逐步形成了教学、科研、生产相配套的完整的体系，为国家培养了大批高分子材料科学研究、工程开发、技术管理方面的专门人才。

(1) 耐热工程塑料　现有在职教授 2 名、副教授 2 名、博士生导师 1 名。学科研究方向：新型耐热塑料的合成、特种工程塑料的改性、加工和应用。近年来获得省部级以上研究成果近 10 项，承担国家“八五”、“九五”攻关项目、国家自然科学基金和若干省部及市级研究项目。PPES、PPEK、PPESK 的合成制备方法先后获辽宁省、中国高校和国家教育部技术发明奖，获发明专利 6 项。

(2) 先进聚合物复合材料　现有在职教授 2 名、副教授 2 名、博士生导师 1 名。研究方向：先进聚合物基复合材料、聚合物合金制造加工和开发应用。承担国家“八五”、“九五”攻关项目、省部级科技基金项目。“风云 2 号”芳纶纤维复合材料雷达天线伸展机构及承力锥先后获中国石油化学工业和黑龙江省科学技术进步奖。

(3) 功能高分子材料的合成及应用　现有教授 1 名、副教授 1 名、博士生导师 1 名。研究方向：吸水树脂液晶高分子材料、聚合物分离膜、导电、抗静电、阻燃、生物降解塑料、聚烯烃功能化的研究与开发。多年来承担多项国家、省部级研究项目，包括教委博士点基金等很多研究成果获得实际应用。

(4) 新型弹性体的研究　现有教授 2 名、副教授 2 名。研究方向：立构嵌段顺丁橡胶、溶聚丁苯、集成橡胶、新型 SBS 的合成。参与了国内 BR、SBR、SBS 的小试及工业化研究工作，取得多项开创性成果，获得专利 6 项。

地址：大连市中山路 158 号
邮编：116012
电话：0411-3631333-3269
网址：www. dlut. edu. cn

大连轻工业学院高分子材料科学与工程

简介　本系设置无机非金属材料科学与工程、高分子材料科学与工程两个专业。1958 年开始招收本科生，1979 年起招收材料硕士学位研究生，材料科学与工程系具有硕士研究生学位授予点两个（材料学专业和材料加工工程专业），同时可以招收材料学同等学力硕士研究生。

师资队伍　有教工 35 人，其中教授 7 人，副教授 9 人，高工 3 人，讲师 7 人，工程师 4 人。在 23 名教师中已具有博士学位 6 人（博士后 3 人），具有硕士学位的 13 人。其中学术带头人 3 人。

培养方向　本专业培养的人才具有宽广的高分子材料科学与工程方面的基础理论、专业知识，熟练的计算机应用能力。能在高分子材料领域从事科学研究、高新材料研究、技术开发，应用计算机进行工艺和设备设计，在材料分析与检测、新产品开发及生产经营管理等方面具备创新意识的高级技术人才和管理人才。

2001 年毕业生情况　本科生 600 余人。

研究成果　多年来从事塑料工程及化学纤维的教学、研究，在高分子材料改性及工程方面进行了许多工作。

地址：大连市甘井子区轻工苑 1 号
邮编：116034
电话：0411-6323683
网址：www. dlili. edu. cn

辽宁大学高分子材料研究所

简介　辽宁大学高分子材料研究所利用先进的实验、检测手段专业从事改性塑料的开发与研制，主要品种有 PP、ABS、PA、PBT、PC、POM 等增强、阻燃、合金化、功能化塑料等。

实验室情况　实验室面积为 150m^2，主要实验设备有：双螺杆挤出机、万能电子拉力试验机、高速混合机、注射机、悬臂梁冲击实验机等。

师资队伍　教授 1 人，副教授 2 人，实验员 1 人，讲师 2 人。

培养方向　高分子材料改性与加工。

2001年毕业生情况　2001年毕业硕士生6人，本科生30人。

著作教学成果　《塑料材料选用》（化学工业出版社），《塑料配方大全》（化学工业出版社）。

在研项目和已取得的科研成果　新型电信化铁路绝缘板的研制；注射成型铵铁硼磁性塑料；反应挤出马来酸酐接枝ABS的研制。

地址：辽宁省沈阳市皇姑区崇山中路66号
邮编：110036
负责人：吕通健
电话：13304037731
传真：024-62202443
E-mail：tj-lu@hotmail.com

吉林大学高分子材料与工程

简介　吉林大学材料学院高分子材料与工程专业是教育部批准的工科类专业，现有本科生200人，博士、硕士生24人，教师11人，实验员4人。

实验室情况　本专业实验室面积为1 400m²，主要设备仪器有注塑机、双螺杆挤出机、真空吸塑机、流变仪、维卡仪、电子拉伸实验机、冲击实验机、熔体流动速率测定仪、DSC等。

师资队伍　本专业现有教授5人、副教授4人、高工1人、讲师2人、工程师3人。

培养方向　培养从事高分子材料制备、改性、加工成型、模具CAD/CAE/CAM等方面的专门高级人才。

2001年毕业生情况　2001年本科毕业生16人，在读研究生24人。

著作教学成果　主编《材料成型工艺学》、《材料成型技术基础》两本教材。

在研项目和已取得的科研成果　承担国家863项目“纳米高分子涂层大理石”；吉林省科技厅项目“柔软、阻燃、耐腐蚀高分子记忆材料”；吉林省科技环保项目“废旧塑料改性制造管道包覆带”；长春市科技局项目“电子、信息专业用巧克力胶”。申报多项国家发明专利。

地址：吉林省长春市人民大街142号
邮编：130025
负责人：张长春
电话：0431-5601502、5705170
E-mail：gaofenzisuo@sina.com

哈尔滨工业大学高分子材料与工程

简介　本专业成立于1960年，名称为航空非金属材料及其成型工艺，培养了两届本科生。1980年恢复为现在的专业名称，在胶接研究组的基础上重新组建了高分子材料教研室，1982年恢复招生。1981年被批准为复合材料学科硕士点，1990年被批准为复合材料学科博士点。2000年获批准成立化学工艺硕士点（落在本专业）。2003年获批准成立高分子物理与化学硕士点（理科）。

实验室情况　实验室现有面积560m²，为本科生开出高分子化学、高分子物理、高分子成型加工等实验100多学时。现有实验仪器50多台套，固定资产总值200余万元。主要设备包括：原子力显微镜、红外分光广度计、热分析测试系统、扭变仪、微脱黏测定仪、聚合釜、塑料成型加工机组MI测定仪、缠绕机、等离子体、RTM成型设备等。

师资队伍　教研室现有人员组成：教授（博士导师）2人，副教授（硕士导师）4人，讲师2人，高级工程师1人，实验室人员1人。40岁以下教师全部实现了博士化。

培养方向　本专业培养具备高分子材料与工程等方面的知识，能在高分子材料的结构、性能、合成、改性、制造加工、设计及应用等领域从事教学、科学研究、技术开发、工艺和设备设计、生产及经营管理等方面工作的高级工程技术人员。

2001年毕业生情况　2001年毕业博士生2名，全国留在高校从事教学、科研工作。毕业硕士生5名，出国深造2人，考取博士2人，1人就职。毕业本科生35人，其中考取硕士研究生14人。

著作教学成果　出版著作、图书、教材20余本。获得省级优秀教学成果奖2项。

在研项目有　高性能树脂基复合材料低成本技术基础研究；复合材料预浸料质量在线监测；纳米复合材料的成型工艺研究；胶原的提取、制备及应用；特种纤维的表面改性；高性能聚合物的合成；周期载荷下橡胶复合材料疲劳机制与寿命预测研究；超临界流体分解技术；车辆用工程塑料的研究和开发等。

取得的成果　获得省部级科技进步奖11项，其中二等奖4项，三等奖7项。

地址：黑龙江省哈尔滨市南岗区西大直街92号
邮编：150001
负责人：黄玉东
电话：0451-6413711
传真：0451-6413707
网址：www.hit.edu.cn
E-mail：YDHuang@hit.edu.cn

黑龙江大学高分子材料与工程

简介　高分子材料与工程专业是于2000年在原高分子化学专业建立的，主要从事功能高分子材料，可降解材料的研究。

实验室情况　实验室面积360m²，主要实验设备有：电子拉力机、双螺杆挤出机、注塑机、三角度激光光散射分子量及分布测点仪、万能制样机。

师资队伍　教授3人，副教授3人，讲师2人，助教2人。

培养方向　高分子材料合成与加工的专业人才。

2001年毕业生情况　2001年毕业硕士生4名，本科生20名。

著作教学成果　近期发表学术论文20余篇，其中被SCI收录4篇，国家级刊物10篇。

在研项目和已取得的科研成果

1. 高分子光电材料的研究。

2. 可降解高分子材料的研究（聚丙交酯，淀粉塑料）。

3. 聚丙烯共混改性。

4.《聚丙烯酰胺理化性能测试方法》1996年获黑龙江省科技进步二等奖一项。

地址：黑龙江哈尔滨市南岗区学府路74号
邮编：150080
负责人：张贞浴
电话：0451-6607795
传真：0451-6673647
E-mail：Lizewen145@sohu.com

上海交通大学化学化工学院

简介　上海交通大学1928年建立化学系，1946年建立化学工程系，1979年恢复建立应用化学系，1997年与上海化工研究院共同建立化学化工学院。化学化工学院下设化学系、化学工程系、高分子科学与工程系、高分子材料研究所、中心实验室、基础化学实验中心、院计算中心、院资料室等。学院有材料科学与工程博士后流动站，材料学博士学位授予点；材料学、化学工程、应用化学、高分子化学与物理、有机化学5个硕士学位授予点。全院现有在读硕士近100人、博士70余人，本科生500余人。

实验室情况　学院拥有11 700m²的实验大楼和逾2 500万元的仪器设备，拥有先进的教学和实验条件，世界银行贷款的基础化学实验中心，设备良好的院计算中心免费为院师生开放。为课程教学和其他教学活动的开展提供良好的实践场地和设施。

雄厚的师资力量，先进的实验设备，“211工程”、“世界银行贷款”与“985工程”等项目的建设，大批先进仪器设备的逐步到位，为学院的教学和科研提供了优越的条件。

师资队伍及培养方向　目前学院共有教职员工104名，其中中国科学院院士、中国工程院院士各1名，教授20名（含博士生导师16名），副教授及高级工程师30名。

学习科研成果　化学化工学院除培养本院应用化学与化学工程专业的本科生外，还面向全校开设基础化学课程和实验课程。学院在完成这些教学任务的同时，还积极开展课程体系的改革，一类课程建设，教学内容的整改及教材编写等多项教学研究工作。

化学化工学院的科学研究工作横跨化学、化工、材料和环境四大领域，以高新技术和应用基础研究为主要方向，与国民经济特别是支柱产业密切结合，达到服务社会的目的。学院承担了多项国家重点攻关课题、国防攻关课题、国家自然科学基金、国家“863计划”课题、上海市星火计划课题和产业攻关课题，以及大量企业委托项目研究及国际合作研究，取得了丰硕的成果。学院从事科研的主要领域有：具有光、电、磁、医等各种功能的应用于高技术领域的高分子材料的研究，在高分子合成与加工改性过程中的计算机模拟及设计，聚合物共混材料、纳米复合材料的研究与应用，化工过程与设备，环境化学工艺，应用电化学、燃料电池、金属腐蚀与防护技术、精细化学品的合成、环境保护和综合利用等。高水平论文和科研经费明显增长，1999～2001年度获国家自然科学四等奖1项，上海市自然科学一等奖1项，上海市科技进步二等奖1项、三等奖2项，上海市教学成果三等奖1项，上海市优秀教材三等奖1项。

地址：上海市华山路
邮编：200030
负责人：陈虹锦
电话：021-54742893
网址：www.sjtu.edu.cn

南京航空航天大学材料科学与工程（高分子、复合材料方向）

简介　1985年开设复合材料专业，并招收本科生，1995年设立复合材料硕士点，2000年按“材料科学与工程”类招生，下设高分子、复合材料培养方向，共培养高分子、复合材料专业（方向）本科生400余名。

实验室情况　实验室面积：材料公共实验室2 000m²，专业方向实验室200m²。

分析仪器：Dupont2000热分析系统、FT-IR、电子万能拉伸试验机等。

加工成型设备：塑料挤出机、热压机、微机控制7轴缠绕机等。

师资队伍　教授4人、副教授5人、高级工程师2人。

培养方向　（文物保护）特种高分子，高分子成型加工，复合材料设计与工艺。

2001年毕业生情况　2001年毕业硕士生2人，本科生50人。

著作教学成果　《复合材料结构设计基础》获1997年国家级优秀教学成果二等奖。

在研项目和已取得的科研成果　在研国家高技术（863）项目2项、省部级项目5项、企事业单位项目8项。专业点建设以来获“复合材料分层强度理论”、“复合材料设计手册”、“QZ脱胶剂”、“快速固化堵漏胶”、“高模量碳纤维低损伤一步预浸缠绕技术”等多项部级成果奖。

地址：江苏省南京市御道街29号
邮编：210016
负责人：肖军
电话：025-4892980
传真：025-4892980
网址：www.msc.nuaa.edu.cn
E-mail：j_xiao@nuaa.edu.cn

南京理工大学高分子材料与工程

简介　南京理工大学高分子材料与工程专业于1989年正式招生，目前为我校国家级重点学科——材料学的主要支撑专业，具有硕士、博士点和博士后流动站，为国家特别是为国防工业输送了成百名优秀的高级工程技术人才。

实验室情况　实验室面积达500m²。主要设备包括：①聚合物加工与试验装置（注塑机，双螺杆挤出机，开炼机，平板硫化机，硫化仪，疲劳、磨耗试验机，硬度计，电子拉力机，融熔指数测定仪）；②聚合物合成装置（10L反应釜等）；③多台先进的聚合物性能表征仪器（300MHz超导核磁共振仪，X射线衍射仪，傅里叶红外光谱仪，接触角测定仪，差热扫描量热仪）。

师资队伍　教授3人，副教授8人，讲师4人。

培养方向　功能高分子，高分子纳米复合材料，高分子加工成型。

2002年毕业生情况　2002年毕业博士生8人，硕士生30人，本科生50人。

著作教学成果　主要著作：《塑料、橡胶的力化学反应》（青岛出版社）；《轮胎的力学与热学》（化学工业出版社）；《复合材料大全》（化学工业出版社）。

在研项目和已取得的科研成果　近10年来，承担了2项国家自然科学基金，5项国防科工委预研项目以及几十余项其他科研项目，获省部级科技进步奖10余项，发表论文500多篇。

地址：江苏省南京市孝陵卫200号南京理工大学
邮编：210094
负责人：贾红兵
电话：025-4315949
传真：025-4315518
E-mail：jhbyrzy@yahoo.com

南京工业大学材料科学与工程

简介　南京工业大学材料科学与工程学院前身是南京工学院化学工程系（建于1952年），1958年并入南京化工学院。1962年开始招收研究生，1981年获硕士学位授予权，1983年获材料学博士学位授予权。1998年材料科学与工程学院成立。1999年获材料科学与工程硕士授予权。2000年获材料科学与工程一级学科博士学位授予权。2001年设立材料科学与工程博士后流动站。

近年来学院建设取得了突破成绩，现拥有材料科学与工程学科博士后流动站、材料科学与工程一级学科博士点：下设材料物理化学、材料学、材料加工工程二级学科及新型复合材料、纳米材料科学与工程、高分子材料与工程、土木材料与工程、生物材料自主设置专业学科；材料科学与工程工程硕士学位授予点；江苏省材料学重点学科；江苏省无机及其复合新材料重点实验室；部级建材行业集料碱活性检测中心；部级功能复合新材料研究基地；南京工业大学水泥混凝土重点实验室、现代分析中心和纳米材料研究所、高技术陶瓷研究所等六个校级研究所。学院下设无机非金属材料与工程、高分子材料与工程、金属材料与工程、复合材料与工程、材料化学、材料物理、材料科学与工程一级学科专业强化班（试点）等，校级材料科学与工程教学实验中心。固定资产总额3500多万。

师资队伍　现有教职工108人，其中教授级23人（其中中国工程院院士1人），副教授级43人，讲师级34人。教师中博士生导师13人，硕士生导师47人，具有博士学位、硕士学位的中青年教师占84.4%。

2001年毕业生情况　在校博士后5人，博士生40人，硕士生190人，工程硕士40人、本科生1 600余人。

著作教学成果　近3年承担纵、横向科研项目

400多项，获经费5 000多万元，其中包括国家973、国家863、国家自然科学基金、国家九五攻关、国防科技项目等70多项国家和部省级科研项目。先后获国家自然科学二等奖、国家科学进步二等奖、国家科技发明四等奖、国家级教学成果一等奖。1994年无机非金属材料学科分别被江苏省教委和化工部评为重点学科。

在研项目和已取得的科研成果　材料学院近年来在抓好基础理论研究、应用基础研究的同时，注重高新技术产品开发和科研成果的推广应用，取得各类纵、横向科研经费约3 000多万元，鉴定科研成果70多项，获得国家发明专利8项，获得国家、部、省级以上科研奖近50项。在国内外重点学术刊物上发表论文1 100多篇，显示了雄厚的科研实力，在全校居于前列。目前，我院仍承担国家级科研项目12项，部省级项目24项，其中“九五”科技攻关项目7项，横向科研项目近百项。已有多项科研成果推广应用到各类企业，取得了明显的社会效益和经济效益。

地址： 南京新模范马路5号
邮编： 210009
负责人： 王庭慰
电话： 025-3587266
网址： www. njut. edu. cn

江南大学高分子材料与工程

简介　本专业要求学生能系统掌握高分子材料科学与工程的基础知识、基本理论和基本技能，了解高分子材料学科前沿信息与发展趋势，掌握高分子材料的合成和分析测试，掌握成型加工工艺和成型模具设计，具有一定的产品开发、应用推广、管理及营销的能力。

实验室情况　高分子化学实验室108m^2，高分子物理实验室108m^2，高分子成型加工实验室220m^2，涂料涂装实验室120m^2。

实验室设备　DSC万能材料试验机、流变仪、凝胶色谱仪、热变型维卡测定仪、熔融指数仪、双螺杆挤出机、单螺杆挤出机、双辊机、硫化机、激光光散射、涂膜检测设备。

师资队伍　教授2名、副教授7名、讲师3名、助教2名。

培养方向

1. 高聚物改性及成型加工；
2. 高分子合成与改性；
3. 涂料涂装。

2001年毕业生情况　2001年毕业硕士2名，本科生69名。

著作教学成果　《实用塑料包装制品手册》、《塑料注射成型机原理》、《可降解塑料》。

在研项目和已取得的科研成果　功能聚丙烯材料，光固化涂料，功能性高分子纳米材料合成及应用，有机废料综合处理及燃料化，光固化彩色丝印油墨，改性$CaCO_3$及其工业规模应用，纳米ZnO_2材料制备，功能硅树脂合成及应用。

地址： 江苏省无锡市惠河路170
邮编： 214036
负责人： 刘晓亚
电话： 0510-5865915
传真： 0510-5865424
网址： www. sytu. edu. cm
E-mail： polymer@sytu. edu. cm

江苏省常州轻工职业技术学院塑料成型

简介　该专业创办于1978年，为学院重点骨干专业。1995年，获教育部第一个职业教育发展项目世界银行贷款支持；1996年，在全国率先创办五年制塑料成型高职专业；1998年，得到国家轻工总局和中国塑料加工工业协会联合批文，成立中国塑料加工行业职工培训中心；2000年，得到江苏省劳动厅批准，设立江苏省塑料加工行业国家职业技能鉴定所。

实验室情况　建有塑料原材料分析、仪器分析、有机化学、物理化学、力学性能、电学性能、光学性能、加工性能、老化性能、热性能、燃烧性能、测色与配色等实验室及塑料成型、改性实习车间。实验室总面积约1 200m^2。配备有各类微机控制实验仪器及电脑控制注塑机等实习设备。

师资队伍　现有副教授（高级讲师）8名、高级工程师4名、讲师3名、实验师3名。

培养方向　塑料成型工艺、塑料成型模具、塑料机械控制及塑料工艺、塑料改性。

2002年毕业生情况

1. 专科（高职）毕业生90名；
2. 中专毕业生70名；
3. 2002年培训注塑工90名，挤出工100名。

著作教学效果　主编主审教材：《塑料材料学》、《塑料原材料分析与性能测试》、《塑料成型模具》、《塑料工艺设计指南》、《塑料工艺实验指导》；

编著工程技术用书：《实用塑料加工技术》、《塑料制品挤出工艺手册》。

在研项目：EPDM/PP 动态硫化热塑性弹性体；低发泡木粉填充聚丙烯板材；ABS 塑料着色及耐候性研究；玻纤增强 ABS 塑料；耐候耐冲击阻燃 ABS 及 ABS/PC 合金；导电 ABS 塑料；ABS/PA 合金；ABS/PBT 合金。

已取得成果：导电塑料缆性阳极研制：计算机房用阻燃防静电型材研制；中高压电力电缆用内外屏蔽电缆科研制；发泡聚乙烯珠光薄膜；导电聚乙烯泡沫塑料；无卤阻燃聚烯烃塑料；耐候耐冲击阻燃聚丙烯；UPVC 上水管材与管件研制；海工钢管桩用聚乙烯被覆层研究；PVC 系列电缆料。

地址：江苏省常州市东郊凤凰路 6 号
邮编：213004
负责人：王荣成
电话：0519-8811489
传真：0519-8825558
网址：www. czqx. edu. cn

浙江大学高分子化学与物理

简介　浙江大学高分子科学研究所成立于 1990 年，其前身为浙江大学化学系高分子化学教研室，创建于 1958 年。1984 年设立“高分子化学与物理”博士点，1995 年建立博士后流动站。1998 年被批准为“长江计划特聘教授”设岗学科点。2000 年“高分子化学与物理”成为浙江省重点学科。主要研究方向：稀土和过渡金属催化聚合及可控聚合研究；高分子光电功能与磁性材料；生物医用高分子材料；高分子分离膜材料与精细高分子研究；高分子物理及物理化学研究。研究所成立以来先后承担国家自然科学基金项目 50 余项（包括 2 项重大项目和 7 项重点项目），863 高技术项目 4 项，973 国家重点基础研究项目 1 项，国家科技攻关项目 1 项，浙江省科学基金 20 余项，其他省部级项目 50 余项，企业委托研究 50 余项。近年来年均科研经费在 350 万元以上。已获国家级成果奖 3 项，全国优秀博士论文 1 篇，省部级成果奖 12 项。年均发表学术论文 70 篇以上。聚烯烃微孔膜分离材料与器件、高效原油降凝剂、服装用高性能热熔胶等多项成果已转化为生产力，产生了巨大的经济效益。

实验室情况　高分子科学研究所的实验室建筑面积为 2 000 平方米（2003 年将扩大为 3 500 余平方米）。拥有高分子化学、高分子物理教学实验室和高分子合成、高分子材料、功能高分子、高分子结构表征等多个研究实验室。主要实验仪器设备有：Parr 高压聚合反应釜，Buchi 0.5 升玻璃耐压聚合釜，MBraun 手套箱，Bruker Vector22 傅里叶红外光谱仪，Varian 紫外可见分光光度计，Perkin-Elmer Pyris1 示差扫描量热仪（DSC）与热重分析仪，常温凝胶渗透色谱仪，PL GPC220 高温凝胶渗透色谱仪，Wyatt 十八角激光光散射仪，Olympus 偏光显微镜，喷雾干燥机，Rheometrics ARES 先进流变学扩展系统，转矩流变仪，电子拉力试验机，密炼机，导电性能测试仪，气相色谱仪，结晶速率测定仪，小型中空纤维纺丝设备，平板膜刮膜机等。

师资队伍　高分子科学研究所现有教职员工 28 人，其中教师 25 人。中科院院士沈之荃教授是该所的学术带头人。另有教授、研究员 12 人（其中博士生导师 10 人），副教授与高级工程师 10 人。教师中有 13 人拥有博士学位。教授及其主要研究方向为：沈之荃（稀土催化聚合，功能高分子）；杨慕杰（光电功能高分子）；徐又一（分离膜材料）；朱康杰（生物医用高分子）；张一烽（配位聚合，功能材料）；范志强（烯烃催化聚合）；戚国荣（精细高分子，油田化学品）；钱锦文（高分子物理，功能高分子）；王立（配位聚合，功能高分子）；徐志康（高分子分离膜）；孙维林（磁功能高分子）；叶胜荣（聚酯与胶黏剂）；王利群（生物医用高分子）。

培养方向　本研究所培养“高分子材料与工程”专业本科生及“高分子化学与物理”专业的硕士和博士研究生。目前每年招收本科生约 50 人，硕士研究生约 25 人，博士生约 20 人。

2001 年毕业生情况　2001 年博士生毕业 13 人，硕士生毕业 15 人，本科生毕业 30 人。毕业生的就业去向为：高等院校教师和研究人员，科研院所的研究人员，从事高分子材料制造、加工和应用等企业的研发或管理人员等。

著作教学成果　1996 年以来已发表学术著作 3 部，SCI 和 EI 收录的学术论文 300 余篇。1 人获 1999 年（首届）全国百篇优秀博士论文奖。

在研项目和已取得的科研成果　目前在研的科研项目包括：国家重点基础研究规划项目（973）子课题二项（通用高分子材料高性能化的基础研究）；国家科技攻关项目 1 项（纳米涂料开发）；国家 863 计划重大项目 1 项（高分子分离膜材料在环保领域的应用）；国家自然科学基金项目 20 项（研究内容涉及高分子合成和功能高分子材料等方向）。此外还承担国防科研项目、国家各部委和浙江省下达的科研项目，以及国内多家大中型企业、高新技术企业和国外大型企业委托的科研开发项目 20 余项。在研项目的总经费约 1 000 万元。已取得的主要成果有：国家自然科学奖（三等）1 项（稀土催化聚合）；国家发明奖

（三等）2项（中空纤维膜用于氨水分离；高效原油降凝剂）；中国人民解放军全军科技进步奖（一等）1项（高性能服装用热熔胶）；以及省部级科技成果奖10余项。

地址： 杭州市浙大路38号
邮编： 310027
负责人： 范志强
电话： 0571-87952400
传真： 0571-87951773
E-mail： fanzq@zju.edu.cn

浙江大学高分子复合材料研究所

简介　研究所属理工结合，以工为主。以高分子功能复合材料为重点研究对象，兼顾结构材料，着重在光电功能高分子材料、多组分多相高分子材料动态过程的物理问题，生物医用高分子材料及其与生物体的相互作用等领域开展基础与应用研究工作。

实验室情况　实验室面积1 000m²。

设备：ARES高级流变扩展系统、Haake转矩流变仪、电子万能材料试验机、热变形温度测定仪、组合式数显冲击机、红外光谱仪等；注射机、双螺杆挤出机、密炼机、开炼机、成型机、拉力机等。

师资队伍　院士1人，教授5人，副教授6人，讲师3人，技术人员2人。

培养方向　材料科学与工程（高分子材料）一级学科博士点。

2001年毕业生情况　2001年毕业博士生9名、硕士生13名、本科生30人。

著作教学成果　年均发表论文45篇，其中SCI或EI收入30篇。

在研项目和已取得的科研成果　平均每年国家基金面上项目2～3项，省部级纵向课题2～3项，横向课题3～5项，在研项目十几项，科研成果几十项。

地址： 浙江省杭州市浙大路38号
邮编： 310027
负责人： 方征平
电话： 0571-87951295
传真： 0571-87951635
E-mail： ipczju@zju.edu.cn

中国科学技术大学高分子科学与工程系

简介　高分子科学与工程系的前身为高分子化学与物理系，伴随1958年中国科学技术大学建校而诞生，是国内第一个高分子领域的专门系，由高分子化学和高分子物理专业组成。从科大建校至今，两个专业先后归属于近代化学系、应用化学系、材料科学与工程系。随着高分子科学的发展，高分子材料已在尖端技术、国防建设和国民经济各个领域得到了广泛的应用，成为现代社会生活中衣食住行用各个方面不可缺少的材料。为使高分子这一对国计民生有重大影响的学科在中国科学技术大学有进一步发展，化学与材料科学学院于1997年成立时，在学院内恢复了高分子系的建制，更名为高分子科学与工程系。又于2001年将原为应用化学系（合并）的辐射化学专业并入该系，从而进一步加强了高分子科学与工程系的教学与科技实力。

高分子科学与工程系本科设有化学（高分子方向）和材料工程两个专业，原学制5年。从2000年招收的新生开始，学制改为4年。高分子科学与工程系以培养又红又专、德智体全面发展的，具有坚实、系统的高分子化学与物理基础和实践技能的，能适应我国经济、技术和教育发展的需要而从事高分子教学和科技工作的高素质人才为目标。

高分子科学与工程系拥有高分子化学与物理博士点、硕士点，学制3年。培养学生具有坚实系统的高分子化学与物理理论基础和熟练的实验技能，了解高分子化学与物理的发展前沿，并有一定的化工知识，能在本学科及相关学科领域内从事基础研究、应用开发和高等教学的高素质人才。从2000年起，每年可培养30～40名博士、硕士。每年可从应届毕业生中免试推荐15名以上德智体全优的学生直接攻读硕士、博士学位。

实验室情况　高分子科学与工程系除了具有用于教学的高分子化学实验室、高分子物理实验室和高分子辐射化学实验室以外，主要科研机构还有聚合物光子材料和光子学实验室、应用高分子实验室、纳米分子组装实验室、高分子合金实验室、功能高分子实验室、高分子电学性能实验室、高分子材料工程实验室、涂层辐射固化实验室、高分子辐射化学实验室等。学科实验室面积约为2 200平方米。本系拥有价值万元以上的仪器共42台，其中价值5万元以上的仪器近20台。包括全套热分析仪、Instron-1185万能拉力机、WK-100cm³注塑机、XSS-300万能转矩流变仪、SJSH-30双螺杆挤出机、ZRY-1P常温综合热分析仪、XWB-300F热变形、维卡软化点温度测定仪、XJ-50z低温数显组合冲击试验机、LKY-3微颗粒测定仪、ZHY-W万能制样机、富里埃红外等等。

师资队伍　高分子科学与工程系现在编教职员工总数37人，其中博士生导师11人，教授12人，副教授12人。另外，还聘有兼职教授12人，其中国内9人，国外3人；兼职教授中，有5人为中国科学院院士。高分子科学与工程系的本科生和研究生教学由高分子化学教研室、高分子物理教研室和高分子辐射化学教研室承担。

培养方向　高分子科学与工程系拥有高分子化学与物理博士点、硕士点，学制3年。培养学生具有坚实系统的高分子化学与物理理论基础和熟练的实验技能，了解高分子化学与物理的发展前沿，并有一定的化工知识，能在本学科及相关学科领域内从事基础研究、应用开发和高等教学的高素质人才。

2001年毕业生情况　每年培养30～40名博士、硕士。每年可从应届毕业生中免试推荐15名以上德智体全优的学生直接攻读博士、硕士学位。2001年授予博士生学位12名；授予硕士生学位16名；授予学士学位58名。

著作、教学成果　出版著作22部，包括专著13部、译著1部、教材8部。

在研项目和已取得的科研成果

1."国家重点基础研究发展规划"项目（973项目）子课题清洁高效阻燃新技术原理；超高密度光存储材料和器件；通用高分子材料的高性能化。

2.国家自然科学基金委重点项目：反应性超支化聚合物的设计、制备及其应用研究。

3.国家自然科学基金委面上项目：功能性超支化聚合物的设计合成、端基修饰和性能研究；以碟形柱状相液晶为基础的低维光导电材料；γ-射线辐照条件下的活性自由基聚合研究；树脂与玻璃界面的环境破坏；热固性树脂和树脂基复合材料的固化过程；聚合物宏观单晶体；由有机LB膜制备无机超薄膜；聚合物可能的二维橡胶态；用软刻蚀技术制造亚微米、纳米微结构；嵌段共聚物的合成及表征；稀土掺杂聚合物光纤材料和性质研究；聚丙烯/EPDM橡胶热塑弹性体的动态光交联；壳聚糖大单体定位接枝研究；无皂窄分布高分子纳米粒子的形成与稳定；高分子纳米合金膜的制备及其电磁性能的研究。

4.中科院"百人计划"项目：生物技术中新高分子材料的合成及性能研究，对高分子材料在防止非特异性吸附及对特定细胞的识别进行研究和调控；致力于制备低毒性、可提高基因表达效率的新型高分子材料。

5.中科院创新工程项目：梯度折射率聚合物光纤及其链路系统。

6.安徽省重点项目：壳聚糖医用材料。

7.安徽省自然基金面上项目：甲壳素仿生胶黏剂研究；淀粉基纳米复合超强吸水剂；无机-高分子杂合纳米粒子的制备及应用研究。

科研成果：辐射法生产KG型印染助剂（1997年12月）国家教委科技进步二等奖；PF-88无水树脂结合剂的制备及其应用（1998年12月）国家发明4等奖；聚乙烯光引发交联的机理及结构性能研究（1999年12月）安徽省科技进步二等奖；用于提取238Pu的高比表面积的大孔聚乙烯基吡啶型离子交换树脂，国家发明四等奖（1984）；高比表面积、大孔对硼特效的离子交换树脂，国家发明三等奖（1985）。

地址：安徽省合肥市金寨路96号

邮编：230026

负责人：施文芳

电话：0551-3606084

传真：0551-3606630

网址：http://www.ustc.edu.cn/depart ments/dpse/cn-main.htm

E-mail：wfshi@ustc.edu.cn

合肥工业大学化工学院高分子材料科学与工程系

简介　本专业主要包括高分子材料成型加工、结构与性能、精细高分子合成及应用、功能高分子结构设计及合成等主要研究方向。

实验室情况　实验室面积约300m^2，主要实验设备包括各种成型加工设备、高分子合成用仪器设备等。

师资队伍　总人员共14员，其中教授4人，副教授1人，讲师4人，博士学位获得者2人。

培养方向

1.多相高分子合金制备；

2.精细高分子合成及制备；

3.高分子基复合材料。

2001年毕业生情况　2001年毕业硕士生10名，本科毕业生100名。

在研项目和已取得的科研成果　目前承担：1项国家自然科学基金；2项安徽省自然科学基金；2项安徽省攻关项目；多项企业委托或合作项目；总科研经费近150万元。

地址：安徽省合肥市屯溪路193号

邮编：230009

负责人：王平华

电话：0551-2901461

E-mail：phwang@mail.hf.ah.cn

福建师范大学高分子材料学

简介　高分子材料学是我校在创办40多年的高分子研究所和环境材料开发研究所的基础上组建的学科，专门培养高分子材料方面的人才，侧重于塑料加工和金属有机高分子材料的研究，同时拥有高分子化学与物理、材料学和环境科学3个硕士点。

实验室情况　高分子材料和塑料加工的实验室面积有 4 000m^2，建立塑料加工中试实验室，高分子材料测试实验室，拥有 1 600 多万元的现代仪器分析设备。

师资队伍　总人数 50 人，其中博士 10 人，硕士 25 人，教授 14 人，副教授 26 人。

培养方向　高分子材料、塑料加工等。

2001 年毕业生情况　2001 年毕业硕士 20 人，本科 60 人。

著作教学成果　在国内外学术刊物发表论文 100 多篇，SCI 和 EI 摘录 10 多篇。

在研项目和已取得的科研成果　在这一领域目前承担国家基金项目 5 项，国家“十五”重点科技攻关计划项目 1 项，省部级重点重大项目 20 多项。已获国家科技进步三等奖 1 项，省部级科技进步奖 10 多项。

地址： 福建省福州市仓山上三路 32 号
邮编： 350007
负责人： 陈庆华
电话： 0591-3465158
传真： 0591-3426504
E-mail： Cqhuar@pub5. fz. fj. cn

青岛科技大学高分子材料与工程

简介　我校塑料专业始建于 1982 年，有专科、本科教育，有硕士学位授予权，设有山东省塑料工程中心。

实验室情况　实验室面积 450m^2，有双螺杆挤出机、注射机、吹塑成型机、电子拉力机、Brabander 流变仪、维长耐热实验机等各种成型设备和性能测试仪器。

师资队伍　教授 4 人，副教授 3 人，博士 2 人，硕士 2 人，工程师 3 人。

培养方向　高分子材料的高性能化、复合材料、材料加工工程。

2001 年毕业生情况　2001 年塑料工程专业本科毕业生有 60 人，硕士毕业生有 15 人。

著作教学成果　先后有近 10 本专著出版，如《常用塑料原料与加工助剂》、《塑料改性》、《塑料制品设计》、《常用塑料配方 900 例》等。

在研项目和已取得的科研成果　目前在研科研项目 11 项。先后获得国家科技进步二等奖 1 项，国家科技进步三等奖 1 项，山东省科技进步一等奖 2 项。

备注：塑料工程专业于 1999 年专业调整并入高分子材料与工程专业，但仍保留塑料工程专业方向，供学生自主选择。

地址： 山东省青岛市郑州路 53 号 80 号信箱
邮编： 266042
负责人： 邱桂学
电话： 0532-4022626
传真： 0532-4882744
网址： www. kd-polymer. com
E-mail： qiugx@public. qd. sd. cn

济南大学化工学院高分子材料与工程

简介　济南大学的高分子材料与工程专业是山东省和原国家建材总局重点学科应用化学学科的支柱专业。自 1986 年以来，为国家培养了 1 000 多名本科生和研究生及数百名专科生。经 10 多年的学科建设，已形成了一支素质好、水平较高的教学、科研师资队伍，并形成了以化学建材合成与加工和有机氟材料为特色的科研方向。高分子合成研究方向：主要研究新型高聚物的合成、工艺及表征；化学建材合成与加工研究方向：是以聚合物基建筑材料的合成、工艺及性能为主要研究内容；有机氟高分子研究方向：主要致力于高性能氟材料和功能型精细含氟高分子化学品的研究与开发；树脂基复合材料研究方向：是超混杂复合材料成型工艺、界面及制品的研究。近年来，共承担国家、省部级科研项目和企业委托项目 30 多项，项目总经费约 400 多万元，出版专著多部，在国内外杂志上发表论文 300 余篇，其中被 SCI 和 EI 收录的论文有 30 多篇，获得了多项国家发明专利，完成的工业项目多被转化成生产力，并取得了良好社会效益和经济效益，有多项成果获省部级奖励。

实验室情况　实验室总面积为 2 000 多平方米。主要实验设备有红外光谱仪、紫外可见光谱仪、荧光光谱仪、元素分析仪、扫描电镜、透射电镜、X 射线衍射仪、Instron 电子拉力机、高效液相色谱仪、凝胶色谱仪（GPC）等精密仪器。高分子合成、高分子材料加工和涂料等化学建材方面的设备有：等离子聚合多功能台、最低成膜温度测定仪、单螺杆和双螺杆挤出机、注塑机和平板硫化仪及高分子物理性能测试仪器等。

师资队伍　本专业有 20 名教职工，其中教授 5 名，副教授 7 名，博士 6 名，在读博士 3 名，其他为硕士。

培养方向　高分子合成、高分子材料加工。

2001 年毕业生情况　硕士 6 人，本科生 96 人。

著作教学成果

1.《化学建材》（40 万字）1992.9（中国建材工业出版社出版）。

2.《化学建材与应用》（60万字）2002.10（化学工业出版社出版）。

3.《工业分析》2002.12（中国科技出版社出版）。

4.《一年生植物纤维复合板的生产与应用》1998.5（山东科技出版社出版）。

5.《复合材料大全》（撰写超混杂复合材料部分）2000.1（化学工业出版社出版）。

在研项目和已取得的科研成果

（一）在研项目

国家自然科学基金项目“含氟烯烃自乳化共聚及其微乳液的成膜性能”（批号：50173010，经费19.0万元）。

教育部高校骨干教师资助项目“有机化合物等离子体聚合”（经费12.0万元）。

山东省科技发展计划攻关项目“新型氟涂料的研制与开发”（批号：012120109，经费5.0万元）。

山东省科技发展计划重大攻关项目“新型氟树脂及氟涂料中试生产”（批号：021120106，经费30.0万元）。

国家教育部开放实验室基金项目“极性单体微乳液聚合”（经费5.0万元）。

济南市科技发展计划重大攻关项目“环保型氟树脂与氟涂料的研制与开发”（批号：023034，经费40.0万元）。

山东省教育厅发展计划项目“吸水膨胀橡塑材料”（经费1.7万元）。

国家教育部回国人员基金项目“油酸共聚物高效减水剂的研制及减水机理”（经费3.0万元）。

山东省优秀中青年科学家基金项目“超塑化剂分子结构与其塑化混凝土泌水率关系研究”（经费12.0万元）。

山东省教育厅科技攻关重点项目“新型聚醚类共聚物高效减水剂的研制”（批号：J02C06，经费10.0万元）。

中石化胜利油田石油管理局开发项目“低密度聚合物泡沫钻井液的研制”（经费30.0万元）。

济南大学博士基金项目“聚合物改性水泥研究”（经费8.0万元）。

山东省科技发展计划攻关项目“多功能活动房用复合材料的研制与开发”（批号：022120107，经费5.0万元）。

山东省教育厅科技攻关项目“壳聚糖高分子应用研究”（批号：J01C13，经费3.5万元）。

山东省优秀中青年科学家基金项目“新型两亲性甲壳素功能材料的合成与应用”（批号：02BS108，经费8.0万元）。

济南市青年科技明星计划项目“两亲性甲壳素产品的合成及性质”（批号：20121，经费6.0万元）。

济南大学博士基金项目“甲壳素改性研究”（经费4.0万元）。

山东省科技发展计划项目“纳米复合材料新产品”（批号：012120104，经费3.0万元）。

山东海化集团开发项目“盐泥制高分子材料纳米增强剂”（经费8.0万元）。

交通部西部交通科技项目“水泥混凝土公路填缝材料抗老化性研究”（批号：01311822370-5，经费30.0万元）。

博山白杨河发电厂开发项目“水煤浆聚合物添加剂合成技术”（经费20.0万元）。

潍坊中星精细化工公司开发项目“芳香类聚合物分散剂”（经费30.0万元）。

济南大学博士基金项目“聚合物基非线性光学材料”（经费6.0万元）。

济南大学博士基金项目“废旧塑料再加工技术”（经费6.0万元）（其他横向项目略）。

（二）已取得的科研成果　已验收的纵向项目：

国家自然科学基金项目“吸水膨胀橡胶的研究”（批准号：59573004，经费8.0万元），已验收。

山东省自然科学基金项目“阳离子丙烯酸系共聚物及乳液的合成和特性”（批准号：Y97B10033，经费为4.0万元），已验收。

山东省自然科学基金项目“吸水膨胀橡胶在力场中的降解机理”（批号：Y99B03，经费3.5万元），已验收。

济南市科技发展计划重大攻关项目“新型氟树脂与氟涂料的研制”（批号：010110，经费80.0万元），已通过省级技术鉴定。

获奖情况

李学闵教授“抗静电阻燃树脂基/塑料多功能复合管道”，国家教育部科技进步三等奖，1999.10

李良波教授“超高分子量聚氯乙烯防水卷材”，山东省科技进步三等奖，2001.10

李良波教授“谢尔炉导电炭黑在防静电塑料中的应用研究”，山东高校优秀成果（自然科学类）二等奖，2001.12

孟平蕊教授“聚合物组成及有机添加剂分析方法研究”，国家建材局科技进步奖三等奖，1999.12

获得专利情况

李学闵教授“造纸机网笼用复合材料”，发明专

利 ZL 95110371.7，2001.2.3 授权

李学闵教授“一种纤维增强塑料电线杆”，实用新型专利 ZL 02213326.7，2002.11.1 授权

裴梅山教授“微细聚丙烯纤维增强水泥复合材料”，发明专利 ZL 98103243.5，2002.6.19 授权

地址： 山东济南市济微路 106 号
邮编： 250022
负责人： 张书香
电话： 0531-2765969
传真： 0531-7161600
E-mail： jdzch@yahoo.com.cn

烟台大学高分子材料与工程

简介 我校高分子材料与工程专业 2001 年开始招生。

主要培养具有高分子材料与工程等方面知识、能在高分子合成改性和加工领域等从事科学研究，技术开发，工艺设计，经营管理等的高级人才。

实验室情况 实验室面积：300m^2。实验设备：万能试验机、电击穿仪、偏光显微镜、流变仪、熔体流动速率仪、20 反应性挤出机、压片机等等。

师资队伍 现在岗人员：教授两名、博士副教授一名、硕士副教授一名、硕士讲师一名。

培养方向 高分子材料的成型加工，包括复合材料、塑料、橡胶的改性研究。

著作教学成果 《现代高分子物理学》科学出版社，2001；《化工百科全书》第十七卷，化学工业出版社，1999；《碳四碳五工艺学》，化学工业出版社，1998。

在研项目和已经取得的科研成果 目前承担的主要科研项目如下。

1. 聚烯烃加工过程中的化学反应及其与材料性能间的关系。

国家重点基础研究发展规划（973）项目（子课题）。

2. 稀土化合物参与的聚合物反应加工（国家自然科学基金）。

3. 废弃的通用树脂混合物的再生和高性能化（国家自然科学基金）。

4. 长效无滴膜专用料的开发应用（中国石油天然气总公司）。

5. 尼龙 46/聚烯烃合金研究（荷兰 DSM 公司）。

近年来有代表性的成果

1. Jinghua Yin et al," Rheology and Morphology of Reactively Compatibilized PP/PA6 Blends", Macromolecules, 2002, 35, 8005-8012

2. Yongtao Ding et al," Functionalization of Ethylene-Propylene Copolymer with Allyl (3-isocyanate-4-tolyl) Carbamate" J. Polym. Sci. B: Poly Phys. 41, 387-402 (2003)

3. Yongtao Ding et al, " Reactive Compatibilization of Polyamide 6 with Isocyanate Functionalized Ethylene-Propylene Copolymer", Macromol. Mater. Eng., accepted (2003)

4. Huimin Wang et al," A study on the preparation of polymer/montmorillonite nano-composite materials by photo-polymerization", Poly. Int., 51: 7-11 (2001)

5. Huimin Wang et al," A Novel Visible Light Photo-induced Acid-Generation System", J. Appl. Poly. Sci., 84, 909-915 (2002)

6. 丁永涛，辛志荣，殷敬华，含 α-烯键的封闭型异氰酸酯的合成方法，中国发明专利，01115821.2

地址： 山东省烟台市
邮编： 264005
负责人： 丁永涛
电话： 0535-6902726
传真： 0535-6902063
E-mail： whm@ytu.edu.cn

郑州大学高分子材料成型加工

简介 本学科现有人员 42 人，包括教授 7 人，其中博士生导师 3 人，副教授（或相当技术职务者）15 人，讲师、工程师 13 人，其他人员包括初级职称，实验员等共 7 人，本科学术梯队中拥有博士学位 10 人，在读博士生 17 人。

实验室情况 改造实验室用房 150m^2，铸造实验室 60m^2，金相实验室 60m^2，高分子材料力学性实验室 30m^2，主要实验设备有高速铣床、数控车床、加工中心雕刻机、电火花机床、耐磨试验机、气氛烧结炉、化学分析配套设备和电镀实验装置。

师资队伍 以中青年学术骨干为主的教学科研队伍，其中特聘教授或国家杰出青年科学基金获得者 2 人，博士生导师 10 人，博士 20 人。

培养方向 力争使本学科形成一个以高分子材料加工橡塑模具设计制造、轻合金加工等为特色的培养高层次专门人才，解决材料加工及相关领域重大技术问题的产学研基地。

2001 年毕业生情况 2001 年毕业博士 5 人，硕士 15 人。

著作教学成果 在《化学学报》、《应用力学学报》、《高分子材料科学与工程》、《中国有色金属学

报》、《钢铁研究学报》和《机械工程材料》等期刊发表论文60篇，出版专著3部。

在研项目和已取得的科研成果　“橡塑制品成型及模具设计中关键力学问题和计算方法”获2002年河南省科技进步一等奖；“铸钢冷却壁的开发研制”获2002年河南省科技进步二等奖；HJGX型四分道炼粉燃烧器获2002年河南科技进步三等奖。

地址：郑州市文化路97号148信箱

邮编：450002

负责人：申长雨

电话：0371-3887600

传真：0371-3887570

网址：www.zzu.edu.cn/nerc

E-mail：rdnerc@zzu.edu.cn

郑州轻工业学院高分子材料与工程

简介　本专业是综合高分子材料学科与塑料成型加工、模具设计制造学科的宽口径专业。主要学习材料学、化工、机械、计算机、控制等基础理论。主要课程有：四大化学、化工原理、机械设计、高分子化学、高分子物理、高分子材料、成型工艺、成型模具、成型机械等。

实验室情况　实验室总面积2 800m^2，主要设备有注塑机、双螺杆挤出机、转矩流变仪、毛细管流变仪、电子万能实验机、红外光谱仪、X射线衍射仪、综合热分析仪、热变形分析仪、熔融指数仪等30台套。

师资队伍　教授3人、副教授4人、高工2人、讲师及工程师7人，其中博士5人，硕士9人。

培养方向　高分子材料的研究、开发、改性、成型加工、模具设计、塑料机械等高级工程技术人才。

2001年毕业生情况　2001年毕业本科生90人，2002年毕业本科生90人。

著作教学成果　近年来发表高分子方面学术论文160余篇，出版高分子方面教材及专业书7部，获省级教学成果奖多项。

在研项目和已取得的科研成果　目前有省部级攻关项目8项，省自然基金项目3项，参与国家级项目5项，横向项目6项。

获省部级科技进步二等奖5项、三等奖6项、厅局级奖10多项、省级以上成果鉴定20多项、专利8项。

地址：河南省郑州市东风路5号

邮编：450002

负责人：方少明

电话：0371-3556792

传真：0371-3556792

网址：http://www.zzili.edu.cn

E-mail：hgbgs@zzili.edu.cn

华中科技大学材料加工工程

简介　包括金属材料加工和高分子材料加工两个领域，其教学和研究方向为现代模具技术、快速成型与制模、精密成型、材料加工设备及自动化、激光材料加工及质量控制。

实验室情况　包括塑性成型模拟及模具技术国家重点实验室在内共有面积7 000m^2，拥有大型、精密显微镜、热等静压、热分析仪、流变仪、成型加工精密设备等材料加工和测试仪器和设备。

师资队伍　院士1名、教授25名、副教授45名、讲师15名。

培养方向　培养既掌握材料加工先进技术又掌握计算机应用技术的复合型人才。

2001年毕业生情况　2001年博士毕业生15人、硕士毕业生60人、本科毕业生180人。

著作教学成果　1996年以来出版著作及教材20余本，获省部级教学成果及优秀教材一等奖3项，二、三等奖3项。

在研项目和已取得的科研成果　在研项目60余项，1996年以来曾获国家科技进步二等奖4项，省部级科技进步一等奖3项，省部级二、三等奖10项，获CASA/SME大学领先奖1项，GM中国科技成就一等奖2项。

地址：湖北省武汉市珞瑜路1037号

邮编：430074

负责人：李德群

电话：027-87544457

传真：027-87547935

网址：www.e-mold.com.cn

E-mail：info@e-mold.com.cn

武汉理工大学高分子材料与工程

简介　武汉理工大学高分子材料与工程专业成立于1989年，并于同年开始招收硕士研究生和博士研究生，于1993年开始招收专业本科生。迄今已向社会输送专业人才500余名。

实验室情况　武汉理工大学材料学院高分子材料实验中心拥有5个专业实验室——高分子化学实验室（教学）、高分子物理实验室（教学）、高分子材料加工实验室（科研教学）、高分子合成实验室（科研教学）和高分子材料性能测试实验室（科研教学）。实验室总面积约580平方米，现有杜邦TA公司

"AR—2000 高级流变仪"、"XZ639 注塑机"，"XSS—300 转矩流变仪"， "XWJ—500A 热机分析仪"，"SJSH—30 双螺杆配混挤出机"，"XRW—300HS 维卡软化点温度测定仪"，"SH-80A 氙灯耐气候试验老化箱"，"平板硫化机"和"开放式加热炼塑"，"QFS 涂层耐洗刷性能测试仪"，"QMB 最低成膜温度测定仪"，"QYG 涂膜鲜映性测定仪"，"QCJ 漆膜测厚仪"，"QBY 漆膜摆式硬度计"，"QF2—Ⅱ 漆膜附着力试验仪"，"QZM 锥形磨"，"QTG 漆膜涂布器"，"XL—250 胶体磨"，"250L—反应釜"，"LC—10P 梯度高压液相及高效凝胶色谱仪"，"LDF—200N 拉力试验机"，"J2HY—180 界面张力仪"，"XR—14 胶乳高速机械稳定性测定仪"，"XSK—160 电子配色仪"，"油漆，染料试验仪"等设备、仪器。

师资队伍　武汉理工大学材料学院高分子材料与工程系现有教师 11 名、实验师 1 名，其中教授 3 名，均为博士生导师；副教授 3 名，均为硕士生导师；讲师 3 名；助教 2 名。

培养方向　本科生培养方向为高分子材料；研究生培养主要有功能高分子材料、高分子材料成型加工、防水材料、纳米高分子材料、复合高分子材料、纳米绿色建筑材料等方向。

2002 年毕业生情况　2002 年本校高分子材料与工程专业有 3 名博士、9 名硕士和 30 名本科生毕业。

著作教学成果　近年来发表的具有代表性的学术论文主要如下。

1. Synthesis and adsorption properties of magnetic resin microbeads with amine and mercaptan as chelating groups，Zhang CC，JOURNAL OF APPLIED POLYMER SCIENCE 2001，82，Iss 7，1587～1592。

2. 基材对环氧树脂增韧的羧基封端丁二烯-丙烯腈共聚物微观结构和性能的影响《武汉理工大学学报》(材料科学版)，2001，16 (2)。

3. GMT-PP 的界面粘力与动态疲劳之间的关系《复合材料学报》，2001，18 (2)，Synthesis and adsorption studies on magnetic microbeads of polythioether-arylamine resins，Zhang，C.-C.，Journal Wuhan University of Technology，Materials Science Edition v 16 n 3 September 2001. 56～59。多硫醚-芳基胺树脂的磁性微珠的合成和吸收性研究《武汉理工大学学报》(材料科学版) 2001，16 (3)。

4. 丙烯酸共聚物的构造对它们的 PAn 复合涂布性能的影响《武汉理工大学》(材料科学版) 2001，16 (1)。

5. 含铬的玻璃-陶瓷装饰材料的研究和生产《武汉理工大学学报》(材料科学版) 2000，15 (3)。

6. 偶联剂和基材改性对连续玻纤增强聚丙烯力学性能的影响《复合材料学报》2000，17 (3)。

7. 在同向旋转双螺杆挤出机上功能性乙烯/丙烯橡胶的制备和在 PBT 增韧中的潜力《武汉理工大学学报》(材料科学版) 2001，16 (3)。

8. $BaTiO_3$/PVDF O-3 复合材料的制备方法和介电特性研究《武汉理工大学学报》(材料科学版) 2002，17 (2)。

在研项目和已取得的科研成果　湖北省重大科技攻关专项"纳米材料的应用研究与开发"、国家"863""十五"攻关项目"纳米晶 PVC 材料的研究"、国家教育部骨干教师基金"有机硅/聚丙烯酸酯梯度材料的研究"、重大横向课题"纳米二氧化硅/聚丙烯酸酯核壳乳液的研究开发"和"纳米晶 PVC 型材的开发研究"。

已取得的科研成果主要有　"单分散和两亲纳米二氧化硅液"、"纳米二氧化硅/聚丙烯酸酯核壳乳液及在涂料中的应用"和"纳米晶 PVC 材料的研究"等三项目已通过湖北省科技厅主持的鉴定，鉴定认为其研究达到国际先进水平，核心技术填补了国内外空白。"纳米晶 PVC 材料的研究"获得湖北省科技进步三等奖。研究开发的"纳米绿色建筑涂料"、"纳米塑钢门窗"已在内蒙古自治区蒙西高新技术集团有限公司实现产业化生产。

地址： 湖北省武汉市洪山区珞狮路 122 号
邮编： 430070
负责人： 张超灿
电话： 027-87663562
传真： 027-87864940
E-mail： polymers@mail. whut. edu. cn

湖北工学院高分子材料与工程

简介　本专业培养从事以塑料和橡胶为主体的高分子材料及其制品成型技术的研究、新产品的开发与应用、制品的成型加工工艺、工程设计、装备研制、现代企业管理以及技术开发研究的高级工程技术人才。

实验室情况　专业实验室面积共 1 434m^2。主要仪器设备有：HAAKE-90 转矩流速仪、扫描电镜、红外光谱仪、紫外光谱仪、差热分析仪、电子拉力试验机、硫化测试仪、液相色谱、卧式高温膨胀仪、气相色谱仪、双螺杆造粒机组、注塑机及全套性能检测设备等。

师资队伍　教授 6 人，副教授 18 人，讲师 16 人，其中具有博士学位的 9 人、硕士学位的 16 人。

培养方向　高分子材料成型加工，材料科学与工

程、高分子材料改性

2001年毕业生情况　硕士毕业生8人、本科毕业生64人

著作及教学情况

《塑料成型工艺与设备》（中国轻工业出版社）郦华兴；《塑料工程手册》（中国机械工业出版社）郦华兴；《包装技术大全》（中国科学出版社）孙义明；《塑料制品失效及其预防》（中国轻工业出版社）郦华兴；高校教师信息管理模型及软件研制，2001年湖北省优秀教学成果奖三等奖，应继儒。

在研项目和已取得的科研成果

聚合物亚微观结构及流变性能波致控制基础与实践，国家自然科学基金，彭少贤；聚合物/纳米$CaCO_3$功能复合材料技术开发，已转让，胡圣飞；纳米复合低膨胀PP-R管材专用料的研制，湖北省科委鉴定，国内领先，应继儒；功能性阻隔包装材料的研究，湖北省科委鉴定，国内领先，彭少贤；锂电池密封用热塑性弹性体的研究湖北省科委鉴定，国内领先，褚衡；富康轿车隔声垫的研制，湖北省科委鉴定，国内领先，徐声钧；硬质PVC管道管件研制，获省科技进步三等奖，严海标。

地址： 湖北省武汉市武昌南湖
邮编： 430068
负责人： 彭少贤
电话： 027-88032316
网址： www. hubpu. edu. cn
E-mail： jiruy@publicwh. hb. cn　psxbb@163. com

湖南大学高分子材料

简介　本专业介绍了高分子材料合成及成型加工的理论和工程基础知识，也为学生和广大从事高分子材料方面研究的人员提供了实验和测试的设备、仪器和场地。本专业的主要专业课程包括：材料科学基础、材料工程基础、有机化学、高分子化学、高分子物理、高分子材料成型基础、高分子材料成型加工设备、聚合物反应工程基础、高聚物合成工艺学、聚合物复合材料、高分子材料成型模具、弹性体应用及实验、涂料工艺。本专业的毕业生可在塑料、橡胶、纺织、涂料、家电、电子、建筑、机械、航空航天、军工等行业的公司、企业以及科研院所或高校就职。

实验室情况　主要仪器设备有微电子拉力机、热机械分析仪、小型电子密炼机、炼塑机、万能制样机、偏光显微镜、简支悬臂梁冲击试验机、高速混合机、电子平板硫化机，目前的实验室面积为$300m^2$。

师资队伍　现有教师6人，其中副教授1名，高级工程师2名，具有硕士以上学历的教师5名。

培养方向　主要研究方向：功能高分子材料、新型复合材料、橡胶、防水材料。

2001年毕业生情况　因为本专业于2001年组建暂时还没有毕业生，现在有本科生2000级、2001级、2002级各两个班150余人，在读硕士研究生5人。

在研项目和已取得的科研成果

1. 有机硅橡胶改性乳化沥青的应用；

2. 水泥混凝土刚性路面“病害”快速处置的研究；

3. 阳离子改性淀粉的研制；

4. 环氧树脂的改性。

地址： 湖南省长沙市岳麓山湖南大学
邮编： 410082
负责人： 陈宪宏
电话： 0731-8821614
网址： clxy. hnu. net. cn
E-mail： cxhyz@263. net

华南理工大学高分子材料与工程

简介　具有一级学科博士学位授予权和博士后流动站。高分子材料学科的整体实力在国内名列前茅，师资及科研力量雄厚。本学科进行着多项处于学科前沿领域的科学研究。建立了高分子成型加工教育部重点实验室、高性能与功能高分子材料广东省重点实验室。高分子材料与工程专业的主干学科“材料学”与“材料加工工程”为国家重点学科。

实验室情况　拥有聚合物成型加工工程教育部重点实验室、高性能与功能高分子材料广东省重点实验室和高分子材料广东省教育厅重点实验室。

实验室面积10 600m^2，固定资产2 800万元。

主要设备：全自动X射线衍射仪（带面探检测器）、PLASTI-CORDER塑料工作站、Dynatup仪器化摆锤冲击试验机、电子万能试验机、高温十八角度激光光散射仪、高温凝胶渗透色谱仪、裂解气相色谱-质谱联用仪、橡胶加工分析仪、傅里叶变换红外光谱仪、开炼机、密炼机、平板硫化机、注塑机、双螺杆挤出机、捏和机、吹塑机、硫化仪等。

师资队伍　形成了一支年龄结构、学历结构、职称结构较为合理的高水平学术队伍，其中包括多名学术造诣高、在国内外有影响的学术带头人。现有教师85人，其中包括中科院院士2人，长江学者特聘教授1人（同为国家杰出青年科学基金获得者），博士生导师14人，教授18人，副教授24人，讲师25人；具有博士学位教师46人，45岁以下的教师比例

占65%左右。

培养方向　学生毕业后可到高分子材料及高分子复合材料成型加工、高分子合成、化学纤维、精细化工、涂装、石化、新型建筑装饰材料、现代喷涂与包装材料、汽车制造、家用电器、电子电气、航空航天等企业从事设计、新产品开发、生产管理、市场经营及贸易部门工作，也可以到高等学校、科研单位从事科学研究与教学工作，还可以到政府部门从事相关的行政管理、质量监督等工作。

2001年毕业生情况　2001年授予博士学位24人，授予硕士学位58人，授予学士学位128人。

著作教学成果　出版教材、专著12本。

在研项目和已取得的科研成果　在研项目：国家攀登计划、国家"863"计划、国家"九五"科技攻关项目、国防科工委攻关项目、国家自然科学基金重大项目及重点项目、国家杰出青年基金项目等一批国家级重大重点项目及一批国家自然科学基金面上项目，承担了教育部跨世纪优秀人才基金、广东省科技攻关重大项目及重点项目、广东省自然科学基金重大项目、广州市重大及重点项目等一批省部级重大重点项目及教育部博士点基金、广东省自然科学基金等一批基金项目，此外还与深圳三九集团、广东新会美达股份有限公司、广州光耀星翰股份有限公司等一大批企业进行产学研合作项目。

近5年以来本学科在国内外重要刊物发表论文850篇，其中被SCI、EI、ISTP三大索引收录207篇，获得国家级科技奖励2项和省部级科技奖励15项，获授权发明专利26项。此外本学科十分重视科研成果转化，"九五"期间科研成果转化获得显著效益，据初步统计直接经济效益（新增产值）达10亿元以上。

地址：广东省广州市天河五山路
邮编：510640
负责人：赵建青
电话：020-87113576
传真：020-87113576
网址：www. scut. edu. cn
E-mail：jqzhao9@sohu. com

华南理工大学高分子材料加工工程、塑料机械

简介　1958年创建专业，主要培养高分子材料加工、塑料机械、塑料模具等领域的学士、硕士、博士，目前已有两个硕士学位授予点，两个博士学位授予点和一个博士后流动站，所属材料加工工程学科为国家重点学科，拥有本专业领域内全国惟一的聚合物新型成型装备国家工程研究中心和聚合物成型加工工程教育部重点实验室。

实验室情况　实验室面积3 200m^2，拥有国内外惟一的动态毛细管流变仪、动态流变综合试验仪、全方位全程可视化动态挤出试验机、中空吹塑可视化试验机，拥有布拉本德流变试验站、面探式X射线衍射仪、高温GPC等一批最新机型的技术居国内领先水平的仪器设备，拥有国际先进的Ansys、Moldflow、Pro/E等CAD/CAE工程实验与分析软件平台。

师资队伍　教师总数为32人，其中教授7人，副教授13人，有博士学位者12人，45岁以下者占73%。

培养方向　高分子材料动态成型加工、高分子材料加工过程CAD/CAE，聚合物动态成型加工模拟仿真、塑料成型加工机械与模具。

2001年毕业生情况　博士生4名，硕士生16名，本科生43名。

著作教学成果　《反应挤出——原理与实践》、《塑料产品设计和加工工程》、《国外塑料机械要览》、《聚合物成型原理及成型技术》。

在研项目和已取得的科研成果

已取得的科研成果：发明并产业化"电磁动态塑化挤出机（线）、混炼机（线）、反应挤出机（线）及电磁动态塑化注射机"，先后获国家技术发明二等奖、广东省科技进步特等奖、中国高校科技进步一等奖、国家"九五"科技攻关优秀成果奖，获10多个国家发明专利、获中国专利发明创造金奖等。

现在研项目：国家"863"计划项目、国家"十五"科技攻关项目、国家自然科学基金重大仪器基金项目等20多项，合同经费达4 000多万元。

地址：广东省广州市五山路381号
邮编：510640
负责人：瞿金平
电话：020-87111148
传真：020-87112503
网址：www. pnerc. com. cn
E-mail：pmad@scut. edu. cn

华南理工大学工业装备与控制工程学院塑料橡胶装备及智能化研究中心

简介　该学院牵头建设华南理工大学机械设计与理论博士点，其前身轻工机械博士点于1990年经国务院学位委员会批准建立，由创办于1958年的塑料机械、橡胶机械等专业发展而成，一直是轻工机械学科全国惟一的博士点。

目前已形成了培养本科、硕士、博士、博士后以

及在职工程技术人员继续教育（工程硕士）的完整的教育体系。培养掌握塑料机械、橡胶机械、模具等设计、制造及其自动化、智能化的基本理论、方法和技能，并能从事相关的工业装备与控制系统的研究、设计、制造及新产品开发、工业生产过程技术管理、机械系统性能分析和相关理论研究的高级技术人才。

师资队伍　现有教师 28 人，其中教授 4 人，副教授（含高工）14 人，博士生导师 3 人，硕士生导师 15 人，具有博士学位教师 6 人。

培养方向　该学科目前设有“塑料橡胶装备及智能化研究中心”和“轻工装备与控制工程研究所”，是开展科研的重要基地。拥有较先进仪器设备的科研基地，具有承担应用基础研究以及技术攻关和开发的能力。该学科科研工作属于机械与材料加工工程、力学、数值模拟和仿真以及优化理论和方法应用的交叉学科和技术的研究领域，其特点在于依托机理研究，进行塑料橡胶装备及其控制系统和智能化的研究和创新设计，并开展塑料橡胶加工成型等方面的研究。

著作教学成果　出版、发表了许多高水平的专著、教材和论文，如“十五”国家重点科技图书《塑料工业手册》之“注塑与模压工艺与设备”分册、《塑料机械设计》、《塑料吹塑技术》、《泡沫塑料成型》、《橡胶、塑料成型加工工艺》、《高分子材料加工机械设计理论基础及应用》、《工程材料》等。

在研项目和已取得的科研成果　该中心目前的研究领域主要有：(1) 塑料橡胶加工成型机理及流变学；(2) 塑料橡胶加工成型过程的建模与仿真；(3) 塑料橡胶加工成型装备的智能（数字）化控制技术；(4) 塑料橡胶成型模具的数字化设计；(5) 微米至纳米聚合物复合材料成型技术及机械；(6) BMC（团状料）注射成型装备及技术；(7) 发泡塑料成型装备；(8) 降解塑料成型设备及技术；(9) 高阻渗性塑料挤出及吹塑成型设备及技术；(10) 密炼机橡胶混炼的智能控制及质量在线预测技术等。利用学科交叉渗透的优势，自 1996 年以来，争取和完成了国家自然科学基金（包括重大项目子项目、重点项目）、国家火炬计划、高校博士学科点专项科研基金、广东省高新技术孵化项目、广东省重点科技攻关项目、广东省自然科学基金项目等一批重大重点项目以及技术开发项目，取得了一批具有国际先进水平或国内领先水平并具有较大经济和社会效益的科研成果。尤其在采用信息化和自动化技术改造塑料橡胶装备及加工工业方面取得了较重大的成果和经济效益，孵化出了 1 个高新技术企业，多个科研成果实现了产业化。

“基于聚合物流变学研究的成型机械创新设计及新型高性能材料制备”、“双工位团状料（BMC）注射成型机的研制”、“降解纤维素复合材料快餐盒”、“可降解淀粉树脂吹塑薄膜、发泡餐盒”、“密炼机橡胶混炼控制系统研制”、“密炼机混炼控制的智能化研究”和“混炼胶质量自动在线监测系统研制”等 10 多项科研成果通过了省部级鉴定，其中多项成果已获得省部级奖励。“多边螺槽对流式螺杆”、“团状料注射成型机”、“自增压式注射螺杆”、“活塞式团状物加料装置”、“密炼机橡胶混炼工艺自动优化监控系统及其自动优化方法”、“密炼机橡胶混炼工艺自动优化监控仪”和“密炼机混炼胶黏度分散预测装置”等 10 多项成果获得中国发明专利和实用新型专利授权。

已与多家制造塑料橡胶机械的重点企业合作建立了“博士后技术创新中心”、“博士后实验基地”、“塑料机械及加工研发中心”等。

地址： 广东省广州市五山路 381 号
邮编： 510640
负责人： 黄汉雄
电话： 020-87110562，87114273
传真： 020-87110562
网址： http://202.38.239.199
E-mail： mmhuang@scut.edu.cn

四川大学高分子科学与工程学院高分子材料与工程

简介　四川大学高分子科学与工程学院是我国高校中第一个以高分子学科为主体建立的学科型学院。我校高分子科学与工程学科是在 1953 年建立的我国高校中最早的在高分子化合物专业的基础上发展起来的，中科院院士徐僖教授是该学科的创始人。

学院现设有高分子材料与工程本科专业，并与材料学院共同办有生物医学工程本科专业。设有材料学（高分子材料）、材料加工工程（高分子材料成型加工）、生物医学工程（生物医用高分子材料）和化学工程（聚合物合成与工程方向）4 个学科点，其中前 3 个学科均为博士点，并建有 3 个博士后流动站。

学院高分子材料与工程学科是“211 工程”建设重点学科、国家级重点学科，具有博士学位授予权，高分子材料与工程学科现建有“四川省高分子材料与工程专业本科人才培养基地”，系教育部高分子材料与工程专业教学指导委员会主任委员单位。

实验室情况　学院设有高分子材料工程国家重点实验室，面积为 6 910m^2。拥有计算机工作站、热分析系统、注塑机、万能材料实验机、红外光谱仪等价值 30 万元以上的大型先进精密仪器 16 套。

学院另建有供本科教学使用的专业实验室 1 个，面积为 2 100m^2。通过四川大学“523 重点实验室建设工程”，2002 年新增 140 万元的设备，拥有注塑机、液相色谱分析仪等较先进的教学实验仪器设备。

师资队伍　学院现有教职工近200人，其中：中科院院士1人，长江学者特聘教授2人，国家杰出青年基金获得者1人，教育部骨干教师计划人选9人，教授、研究员33人，博士生导师17人，副教授、副研究员和高级工程师、高级实验师68人，他们中有39人具有博士学位、17人享受政府特殊津贴。

培养方向　高分子材料与工程专业系由原高分子材料、塑料工程、高分子材料加工机械、模具设计与制造、高分子化工、复合材料和化学纤维等七个本科专业归并而成。该本科专业学生除掌握外语、计算机技术、高分子化学与物理学等专业基础知识和技能外，还可得到从聚合物合成到材料制备、成型加工、结构表征和性能测试的全面系统的专业训练，成为掌握坚实的高分子材料理论知识和各种高分子材料制品的先进成型技术，具有高分子材料开发应用、特种新材料研制、成纤聚合物的制备及纤维成型、塑料成型、高分子材料加工机械和模具设计能力的高分子材料与工程高级工程技术人才。

2002年毕业生情况　2002年学院共有1名博士后出站，博士生毕业14名，硕士生毕业23名，工程硕士1名，本科生毕业234名。

另外学院还接待其他高校相关专业教师进修4名。

著作教学成果　2002年学院教师出版《材料科学与工程基础》（化学工业出版社）、《材料成型加工工艺及设备》（化学工业出版社）2本专著，2001年学院教师论文被三大检索收录近50篇，国内核心期刊发表近300余篇。

在研项目和已取得成果　2002年学院获准自然科学基金10项，其中重点项目1项。现在在研项目中有“863”项目1项，自然科学基金21项，四川省应用基础项目6项。2001年12月，学院的科研项目“树脂吸附法处理工业有机废水”获得“国家科技进步二等奖”，另有1个项目获得“成都市科技进步一等奖”，获得授权发明专利4项，实用新型专利2项。

学院学生科技活动成绩斐然，2002年我院本科学生组成的“PDS可降解手术缝合线开发生产项目”在全国“挑战杯”天堂硅谷大学生创业计划赛中获得铜奖。

备注　2003年5月，我院将承办第三届“东亚高分子国际学术会议”。

地址： 四川省成都市一环路南一段24号四川大学西区
邮编： 610065
负责人： 杨鸣波

电话： 028-85401988
传真： 028-85405402
网址： www.eapc-3.net
E-mail： gaocaixi@scu.edu.cn

西北工业大学高分子材料与工程

简介　高分子材料学科在40年的研究及发展过程中，主要从事高分子材料的合成、加工及结构与性能的研究。为中国的航天、航空、航海等高科技用高分子材料培养了一大批优秀人才，承担了多批国防科学研究的重大科研及工程项目。研究与开发高性能聚合物材料的结构与性能，该专业重点研究高强、高模、耐高温树脂基及复合材料、功能高分子材料、生物医用高分子材料及各种特种功能涂料。拥有一批高级教学和科研人员及当代先进的科学实验仪器设备。

实验室情况

1. 实验室面积：2 000m^3。

2. 主要设备：TA热分析仪，高效液相色谱仪，气相色谱仪，傅里叶变换FTIR红外光谱仪，色谱分析仪，流变仪，综合热分析仪，差动热分析仪，精密熔点测定仪，电子式拉力试验机，万能材料试验机，电子万能试验机，超声检测仪，注射机，热固性注射机，平板硫化机，塑料制品液压机，燃烧试验仪器等。

师资队伍　现有教授6名，副教授9名，讲师3名。

培养方向　高分子材料的合成、加工及结构与性能的研究。

2001年毕业生情况　本科生30人，硕士生8人，博士生5人。

著作教学成果　《中国航空材料手册》（塑料篇），《塑料模具设计师指南》，《塑料工程手册》，《双马来酰亚胺树脂》，《模压成型技术》等著作。《胶接科学与理论》，《高等无机化学》等教材。

获省部级优秀教学成果奖一等奖1项，二等奖3项。

在研项目和已取得的科研成果　在研项目：高吸水、保水树脂生产技术，医用聚丙烯酰胺水凝胶，纳米改性环氧树脂粉末涂料，含缺陷管道的玻璃钢修复技术，天然气井中抗CO_2腐蚀缓蚀剂，阴极辊表面无氰电刷镀银技术开发应用，新型多功能保水剂系列产品的研制及产业化开发（863），含不同结晶度的聚乙烯标准物质的制备及研究，界面对树脂基复合材料透波性能影响的研究（国家自然科学基金），防老化D、BHT的提纯及其标准物质，有机硅改性丙烯酸酯共聚复合乳液的研制，合成与表征热敏及pH敏感的高分子材料，高性能高分子材料的合成，功能/结构复合材料的研究，氰酸酯改性环氧树脂研究，缝编RTM-RFI复合材料用芳纶改性研究，共聚法合成聚丙烯酰胺驱油剂的研究，及国防预研和国防型号项目共计69项。

近3年在国内外刊物上发表科技论文230多篇，被SCI、EI收录30余篇。获省部级科技进步奖三等奖3项。

地址：陕西省西安市友谊西路127号
邮编：710072
负责人：范晓东
电话：029-8493347
传真：029-8493347
网址：www.nwpu.edu.cn
E-mail：Xfand@yahoo.com

兰州大学高分子材料应用技术研究所

简介　高分子所隶属于兰州大学化学化工学院，承担相应的专业教学工作以及从事聚合物的合成，结构表征，性能测试等科研工作，是博士学位授予专业。功能高分子材料，高性能树脂及高分子材料的应用改性是主要的研究内容。

实验室情况　高分子所拥有12间实验室，总计约350m^2。从事高分子材料加工的实验设备有单、双螺杆挤出机，密炼机，德国HAAKE（哈克）转矩流变仪及相应的配套仪器。

师资队伍　共有教师及研究人员8人，其中博士生导师2人，硕士生导师3人，5人具有博士学位。

培养方向　功能高分子，高分子材料，聚合物结构与性能，高分子物理化学。

2001年毕业生情况　博士生3人，硕士生6人，本科生（不分专业）若干。目前在读的博士及硕士研究生28人。

著作教学成果　2001年在国内外学术刊物上发表论文约30篇。为本科生，硕士及博士生开设十几门高分子专业课程。

在研项目和已取得的科研成果　已获8项省级科研鉴定成果，其中3项获奖。目前承担有10项省级和国家级科研项目，经费150万元。近期的科研成果主要有高吸水性树脂、生物降解塑料、螯合吸附分离树脂、固沙固土材料、生物高分子载体、水性涂料等。

在研的项目主要有　纳米材料改性聚合物、水性聚氨酯、高分子分散剂、纳米光催化材料、芳杂环高性能高分子材料、国家“863”固沙——植被一体化材料等。

地址：甘肃省兰州市天水路298号
邮编：730000
负责人：柳明珠
电话：0931-8912387
传真：0931-8912582
网址：www.lzu.edu.cn
E-mail：gjs@lzu.edu.cn

重点企业介绍

北京德厚朴化工技术有限公司

北京德厚朴化工技术有限公司成立于1995年，是一家高新技术企业，是国内最主要的聚酯切片（颗粒原料）干燥机及配套设备的供应商之一。致力于聚酯切片干燥机及其配套设备的研究开发、设计和制造，已为国内化纤及薄膜行业提供了几百套干燥设备，占国内市场份额的60%以上。

德厚朴公司积多年安装调试进口干燥机的经验，从1995年开始对其进行国产化，并在原机型的基础上不断发展和完善，开发出了自有知识产权的全流化预结晶充填干燥机，它具有干燥效果好、设备操作及维护简单、自动化程度高和节能等优点。

德厚朴公司现有职工110人，其中中高级以上专业技术人员30余名，具备较强的研发、设计、加工和营销能力，其产品已畅销全国并部分外销。公司生产和办公用房建筑面积3 000多平方米，业已通过ISO 9001认证，将继续为市场提供技术先进、品质优良、节能简单的干燥设备。

德厚朴公司与世界多个国家的知名工程公司建立了紧密的技术合作与交流，通过与全球专业设备供应商的密切合作，可以为国内外用户提供具有国际先进水平的交钥匙工程，包括从原料输送计量混料到切片干燥机的成套设备。

主要产品：聚酯切片干燥机，与BOPET薄膜生产线配套；原料输送计量混料，与BOPET和BOPP薄膜生产线配套。

地址： 北京市顺义区高丽营金马工业区
邮编： 101302
电话： 010-69495580/81/82/83
传真： 010-69495585
网址： www.dhp.com.cn

北京实达丰商贸有限公司

该公司专业从事各种塑料助剂产品的经营，代理多家世界著名化工公司的塑料助剂产品：

油酸酰胺、芥酸酰胺、硬脂酰胺、亚乙基双硬脂酰胺——EBS。

地址： 北京市朝阳区北四环中路6号深蓝华亭A座18A
邮编： 100029
电话： 010-82840787
传真： 010-82840790
网址： www.goodplastic.com
E-mail： lm823@sohu.com

天津石油化工公司

天津石油化工公司是隶属于中国石油化工集团公司的特大型炼油、乙烯、化工、化纤联合企业，公司地处天津市大港区，占地面积1 324万m^2，公司成立于1983年12月28日，天津石化公司下设乙烯、化工、化纤等8个生产厂，物装、运销、工程、电仪等12家二级公司；固定资产原值总计155.17亿元，正式职工人数12 266人。主要生产装置从国外引进，拥有化工装置15套，化纤装置9套，原油加工量500万吨/年，乙烯生产能力20万吨/年，聚酯生产能力20万吨/年，聚醚生产能力7万吨/年。

公司主要产品有：对二甲苯、精对苯二甲酸、对苯二甲酸二甲酯、纯苯、乙烯、聚乙烯、聚丙烯、环氧乙烷、乙二醇、聚醚、聚酯切片、涤纶长丝和短丝等70多个品种、200多个规格的产品，在市场上均受到用户的好评。

天津石油化工公司乙烯厂的前身是天津联合化学有限公司暨天津14万吨/年乙烯工程，是国家“九五”期间兴建的现代化石油化工企业之一，工程于1992年5月开工建设，1995年底建成投产，1996年12月通过国家竣工验收。并于2001年实施了装置挖潜改造，进一步提升了装置生产能力和技术含量。目前，企业拥有固定资产原值56.9亿元，共有四套主生产装置，分别是20万吨/年乙烯装置、12万吨/年聚乙烯装置、6万吨/年聚丙烯装置、7.2万吨/年环氧乙烷/乙二醇装置。生产装置分别采用美国、意大利、荷兰等国的专利技术，生产过程高度自动化。现有职工1 048名，有大专以上文化程度的有406名，占36%；中级职称188名，高级职称55名。

乙烯厂于1999年一次通过英国劳氏公司的ISO 9002认证，2002年又通过了2000版的转版升级认证。坚持以市场为导向，以质量为根本，以技术创新为手段，以替代进口为目标，大力调整产品结构，提升装置的技术含量，取得明显成效。

聚乙烯装置自1995年12月投产以来，经过消化吸收、技术攻关及创新，基本上消除了影响装置长周期稳定生产的“瓶颈”问题。特别是冷凝技术的开发成功，将装置能力由6万吨/年提高至目前的12万吨/年，最终能力将达到18万吨/年。冷凝技术被评为国家科技进步二等奖，中石化集团公司科技进步一等奖。目前可以批量生产高难度、高附加值的专用料产品，如电缆料9270、已烯共聚薄膜料7028、7002，以及自主开发的高熔指色母粒料2433、2650（通过了集团公司鉴定）、高强度棚膜专用料9085、微地膜专用料9020等。

聚丙烯装置采用意大利HIMONT公司的“Spheripol”工艺，于1995年12月开工投入生产。装置原设计生产能力为4万吨/年，能生产熔融指数从0.1～40的47个牌号产品，涉及均聚、无规共聚、高抗冲共聚、三元共聚等聚丙烯产品。1999年装置经技术改造，生产能力由4万吨/年扩至6万吨/年。自1999年以来，聚丙烯装置开始加大专用料生产力度，目前可生产高抗冲专用料EPS30R，纤维料H30S、Z30S，高速纺纤维料TJ1036、涂覆料TJ1032、高流动性共聚聚丙烯TJPP-2027、2028等专用料。

计划开发新产品有：高流动性、高刚性和高抗冲共聚注塑料及合金级共聚料、PPR（无规共聚）聚丙烯管材料、高档纤维料、无规共聚流延膜料，特别是三元产品、高刚性、高结晶、高透明注塑料等。

地址： 天津市大港区
电话： 022-63804318/63804310
传真： 022-25990747
网址： www.tpcc.com
E-mail： lanning@tpcc.com.cn

天津大沽化工有限责任公司

天津大沽化工有限责任公司前身大沽化工厂始建于1939年，是一家以食盐电解为基础，以发展海洋化工、石油化工为目标，生产烧碱、聚氯乙烯树脂、环氧丙烷、液氯、合成盐酸、塑料加工门窗异型材等20多种产品的综合性大型氯碱企业。

地址： 天津市塘沽区兴化道1号
邮编： 300455
电话： 022-25393966
传真： 022-25387908
电挂： 1129
网址： www.daguchem.com
E-mail： dginfo@public.tpt.tj.on

承德市金建检测仪器有限公司

该公司是专业制造高分子材料试验机的高新技术企业。公司本着以科技为先导、以市场为依托的原则和以诚为本的经营理念，使企业蓬勃发展，曾荣获多项省部奖项，连续几年被评为省重合同守信用企业，该公司有多年生产经验，使产品充分与国际先进技术相结合，性能与国际同步，部分产品已申请了国家专利，创造了特色的“金建”品牌，引导了国内市场，推动了国内行业的发展。公司技术力量雄厚，有强大的技术开发及创新能力，可应客户的不同要求提供相关的技术支持。公司位于承德的工业基地—高新技术开发区，占地8 000多平方米，厂房6 000多平方米，并先后在北京、上海、广州等地设立了办事处，现产品已遍及全国，并远销美国及亚洲各国。

地址： 河北省承德市开发西区14号
电话： 0314-2121111
传真： 0314-2121898
网址： www.jinjian-test.com.cn
E-mail： jjtest@heinfo.net

河北宝硕集团

河北宝硕集团是以河北宝硕集团有限公司为核心企业，以母子公司为主体，以产权为纽带，拥有37个成员企业，集科、工、贸、金、农为一体，主要从事塑料制品加工和基础化工的特大型综合性企业集团。现在总资产30亿元，净资产8亿元，职工万余人，塑料综合加工能力160kt以上，基础化工能力120kt以上，综合经济实力连续5年居全国塑料行业首位。“七五”、“八五”、“九五”期间，公司多次荣获国家、省、市级奖；1994年、1995年连续荣获全国轻工业优秀企业称号；1996年被河北省政府命名为河北省“八五”期间科技进步先进企业和轻工行业排头兵；1997年进入河北省30家大型支柱性企业集团行列；1998年创立上市公司——河北宝硕股份有限公司；1999年被列入全国520家重点企业行列；2000年被国家经贸委确认为特大型企业集团。

十几年前，宝硕集团还是一个职工不满300人，资产不到300万元的小型国有企业。经过不断的努力发展，宝硕集团已初步形成塑料建材、软包装材料、基础化工、农业塑料与研究四大生产基地。主导产品有BOPP包装膜、PE农用膜、PVC管材管件、PVC和PE/PP热收缩膜、PVC异型材及门窗、化工产品、生物制品、高新农业等八大系列，优质品率达到98%以上，远销全国各地。目前，宝硕集团共有富太、创业、管材等7个分公司通过了ISO 9000质保体系认证，管材公司还通过了ISO 14001环境管理体系认证。2003 年，宝硕将扩产 7 万吨（两个 3.5 万吨，一个在保定，一个在杭州）BOPP 包装膜项目，扩产 5 万吨（两个 2.5 万吨）管材管件项目的前期准备工作均已完成。这些项目的实施，将意味着宝硕规模化、专业化发展开始加速。至 2004 年宝硕 BOPP 包装膜生产能力将达 10 万吨，“十五”期间，宝硕集团主导产品的生产能力将达到 50 万吨以上，力争到 2005 年，实现销售收入 25 亿元，实现利税 4 亿元，主要产品市场占有率居国内同类产品之首，新产品产值率达到 80%以上，资产保值增值率达到 135%。

地址：河北保定向阳南路 117 号

邮编：071051

电话：0312-3209664

传真：0312-3209655

沧州市三塑有限责任公司

沧州市三塑有限责任公司是原沧州市第三塑料厂经过改制后重新组建的新公司，是中国塑料加工工业协会会员单位。

沧州市三塑有限责任公司属国家中型企业，拥有固定资产 1 500 万元，占地面积 20 000m^2，并在此基础上相继成立了两个子公司奇力达塑料制品有限公司和凯达塑业有限公司，同时年生产能力提高到 7 000 吨，公司总人数达到 342 人，是全国 500 家最大塑料企业之一。

主要产品：1. 硬质 PVC 板材；2. 硬质 PVC 管材；3. 软质 PVC 板材及软质透明 PVC 板材；4. 纯 PP 板材及改性 PP 板材。

地址：河北省沧州市开发区渤海路 26 号

邮编：061001

电话：0317-2024181 2017084

传真：0317-2023970

山西省化工研究所

山西省化工研究所研制出塑料助剂最新科研成果。

1. 聚烯烃成核剂

涉及 TM 系列 α 晶型成核透明剂和 TMB 系列 β 晶型成核剂两大体系。

TW 系列 α 晶型成核透明剂包括 TM-1、TM-2、TM-3 三个品种，具有改善聚丙烯、聚乙烯等半结晶树脂结晶性，促使晶粒尺寸微细化的功能。达到提高制品透明度、刚性、拉伸强度、抗蠕变性等物理力学性能的目的。广泛应用了各种聚丙烯薄膜、片材、注塑制品，亦用于 LLDPE 等聚乙烯薄膜的透明改性。

TMB 系列 β 晶型成核剂包括 TMB-4 和 TMB-5 两个品种，能使聚烯烃的结晶形态有效地转化为 β 晶型，提高制品的冲击强度、热变形温度和透气性。主要应用于改性聚丙烯工程制品、PP 的合成纸、聚乙烯管材专用料等领域。

2. OL-AT 系列铝钛复合偶联剂

包括 OL-AT1618、OL-AT2260 两个品种。兼具铝酸酯、钛酸酯等单一金属偶联剂的应用特点，色泽浅，呈低熔点固态，便于贮存和运输。偶联效果显著，适用于滑石粉、碳酸钙、白炭黑、氢氧化铝。氢氧化镁等无机材料填充聚丙烯、PVC 等改性体系，尤其在滑石粉填充聚丙烯体系中。其改性效果达到或超过硅烷偶联剂的水平。

3. 高效受阻酚抗氧剂 KY-586

一种半受阻酚抗氧剂。抗氧效率高，耐 NO_x 着色性好，与硫醚类、亚磷酸酯类辅助抗氧剂并用显示良好的协同效果。主要适用于 HIPS、ABS、POM、热塑性聚氨酯等工程或通用塑料加工。

4. 新型 PVC 辅助热稳定剂 β-二酮系列产品

包括 T-386 和 T-224 两个品种。适用于固体钙锌、固体钡锌、稀土金属皂类等热稳定体系，具有改善初期着色性，提高热稳定效果之功效。其中，T-386 为无毒品种，可用于接触食品的制品，T-424 对稀土及复合金属皂稳定体系效果卓著。

5. 其他助剂

FZY 系列复合阻燃抑烟剂；ACR 系列加工和抗冲残性剂；RH 系列润滑剂；KY-L 液体酚类抗氧剂；KJ 系列抗静电剂。

地址：山西省太原市万柏林区义井

邮编：030021

电话：0351-6076384

传真：0351-6071741

E-mail：spici@163. Net

大连冰山橡塑股份有限公司

大连冰山橡塑股份有限公司（原大连橡胶塑料机械厂）始建于 1907 年，从 1955 年开始生产橡胶塑料机械，是中国橡胶塑料机械行业主导厂，机械工业大型骨干企业和出口基地企业，中国机械工业 500 强之一，中国塑料机械工业协会理事长单位，中国橡塑机械行业第一家上市公司。

该公司开发实力雄厚，设有专业的技术开发中心和计算机管理中心，产品开发全部利用CAD、CAPP来完成；国家塑料机械产品质量检测中心和大连塑料机械研究所也坐落在公司内，负责全行业产品检测、产品标准和进行科技信息咨询服务；公司拥有各种大型、精密和数控加工设备，技术装备精良，检测手段完备，是国内同行业中惟一的国家一级计量单位，并率先通过ISO 9001质量体系认证。

该公司可为汽车、石油化工、农业、水利、电线电缆、建材、包装等行业生产各种橡胶制品（轮胎、管、板和密封件等）、塑料制品（膜、板、管、型材、各类塑料造粒、人造革、土工膜等）提供高附加值的橡胶塑料生产线和大、中型设备，主要有橡胶、塑料密炼生产线，橡胶、塑料压延机生产线，塑料挤出生产线，各种开炼机、轮胎定型硫化机、各种塑料挤出机和塑料辅助加工及二次成型加工设备等近150多个品种，300多个规格。

该公司拥有一支覆盖全国的专业化销售网络及维修服务中心，产品销往全国（包括香港、台湾、澳门）34个省、市、自治区和特区，远销欧、美、亚、澳、非洲60多个国家。

地址： 辽宁省大连市周水子广场1号
邮编： 116033
电话： 国内销售 0411-6651029 6641804
进出口部 0411-6651697
售后服务 0411-6651362
传真： 0411-6641645 6641873
网址： www.dlrpm.com
E-mail： saledlrpm.com

海城市博达化工有限公司

博达化工有限公司生产丙烯酸酯抗冲改性剂，品种有TAE-800、TAE-828、TAE-750。

地址： 辽宁省海城市南台镇
邮编： 114202
电话： 0412-3559978 3559980
传真： 0412-3559979

内蒙古自治区蒙西高岭粉体股份有限公司

内蒙古蒙西高岭粉体股份有限公司是从事超细高白煅烧高岭土系列产品生产经营的专业厂家，年生产规模为3万吨，是中国最大的煤系煅烧高岭土制造商。通过了ISO 9001：2000、ISO 14001体系认证和UKAS产品质量认证，采用自主知识产权的“干湿结合”工艺，是国内同行业首家全部生产线采用DCS自动控制的企业。

产品包括农膜、电缆专用的MXK501P、MXK501C在内的5大系列12个品种。产品具有高白、超细、粒度分布合理、质量稳定、明显提高应用领域产品的综合性能等特点，主要应用在造纸、涂料、橡胶、塑料及医药等领域。

地址： 内蒙古鄂尔多斯市蒙西高新技术工业园蒙西高岭粉体股份有限公司
邮编： 016014
电话： 0473-2552326
传真： 0473-2552329
网址： www.mengxigroup.com
E-mail： glftxs@mengxigroup.com

齐齐哈尔金枫塑胶有限公司

齐齐哈尔金枫塑胶有限公司是由中国北车齐车（集团）公司（全国500强企业）独资创办的，注册资本1 670万元人民币，专业生产硬质低发泡聚氯乙烯板材。该公司引进的生产线其工艺技术达到国际当代先进水平，可以根据用户需要，生产厚度为3、5、10、15、20mm，宽度为1 220mm，长度为2 440mm及特殊长度的各种规格板材，年生产能力2 000t。

地址： 黑龙江省齐齐哈尔市铁锋区中华东路厂前街10号
邮编： 161002
电话： 0452-2939197 2939198 2939199
传真： 0452-2514689

哈尔滨哈轻塑胶公司

（原哈尔滨市塑料九厂）

哈尔滨哈轻塑胶公司是在原哈尔滨市塑料九厂的基础上于2002年重组成立的股份公司，为中型塑料制品加工企业，是原国家航空工业部汽车塑料饰件定点厂，黑龙江省最具规模的工程塑料制品生产企业。现有生产厂区三处，占地总面积10万余平方米，建筑面积3万多平方米，企业拥有资产总额1.5亿，其中固定资产 9 556 万元，包括各种塑料加工设备百余台，以及先进的产品检测设备。年加工能力达 8 000 吨以上。同时具有 CAD/CAM 模具设计制作能力。经过 40 多年的发展，企业培养了一批从事塑料制品研制、开发、生产的专业技术队伍和熟练掌握生产操作技能的员工。企业现有员工 322 人，其中 1/4 的人员为高、中级工程技术人员。1999 年企业通过了 ISO 9002 国际质量体系认证。

企业目前主要产品有：汽车内、外塑料装饰件（仪表板、同色保险杠、门内护板、门槛柱类）；塑料物流产品（注塑叉车托盘、各种塑料周转箱、卫生垃圾箱）；家电及工程配套塑料功能件；塑料材料共混、改性；日用塑料小商品；塑料安全帽及防护用品；塑料轻包装膜及管材；电器附件。

地址： 黑龙江省哈尔滨市道里区通达街 469 号

邮编： 150076

电话： 0451-4601127 4851642

传真： 0451-4601071

上海杰事杰新材料股份有限公司

上海杰事杰新材料股份有限公司是由中国十大杰出青年杨桂生博士于 1992 年创办的、经国家科技部、中国科学院和上海市人民政府认定的高新技术企业。公司致力于工程塑料和复合材料的研究开发和产业化。众多知名用户如海尔、大众、三菱电机、韩国三星、LG、神龙富康、春兰、日本住友等通过应用杰事杰工程塑料选材的系统解决方案改善了自身产品的品质，降低了成本，提高了竞争力。公司建立在 ISO 9001、ISO 16949、ISO 14001 和 QS 9000 等体系基础上的品质管理和环境管理赢得了远在欧美和亚洲海外用户的信赖。

公司的主导产品为基于 PP、ABS、PA、PBT、PC 等的高性能改性工程塑料及其合金，广泛应用于汽车、家电、通讯、电子、建筑和办公设备等领域；同时，该公司运用创新技术开发出新一代超高强度热塑性树脂基先进复合材料 TPAC，可在多种场合替代金属零部件，提高性能，降低成本。

地址： 上海市闵行区北松路 800 号

邮编： 201109

电话： 021-64900066

传真： 021-64906922

网址： www.geniuscn.com

上海通冷挤出机有限公司

公司专业制造各种型号龙立牌单螺杆塑料挤出机及配套辅机；PVC 热收缩平吹、上吹薄膜机组；PE、PP 薄膜机组；拉丝机组，螺丝刀柄生产线等。

地址： 上海市唐山路 289 号

邮编： 200082

电话： 021-65356659 65359027

传真： 021-65359027

网址： www.shlongli.com.cn

上海白蝶管业科技股份有限公司

上海白蝶管业科技股份有限公司是一家从事高科技含量、高性能、环保型的新型管材、管件的生产和销售的股份制企业。

公司主要生产三型聚丙烯 PP-R 管材、管材产品；PE 燃气管材、管件；PE 给水管材、管件及 UPVC 排水管材、管件。

产品参照国家标准并采用德国工业标准 DIN8077 和 DIN8087。

地址： 上海市奉贤区泰日镇西

邮编： 201405

电话： 021-57583331

传真： 021-57586226

网址： www.chinappr.com

E-mail： shwb@chinappr.com

上海智强塑料助剂有限公司

该公司是专业开发、生产 PVC 加工用稳定剂的企业，具有 10 多年从事塑料助剂研发、生产的经验。多年来承诺向每一位客户提供质量可靠的产品，令人满意的技术服务和快捷便利的货源供应。根据市场需要开发的专用热稳定剂，已经得到越来越多客户的肯定和信赖。公司秉承“诚信服务为先、合作双赢”的经营理念，以科技含量提高产品竞争力，以良好的质量控制体系和有利的技术研发手段，保证为客户提供专业、可靠、稳定的服务。

主要产品：CT-50、CS-80 及硫醇锑热稳定剂、甲基硫醇锡、无毒亚磷酸酯等。

地址：上海市浦东新区王港上丰东路
邮编：201201
电话：021-58586280 58586779
传真：021-58586831
网址：www.zq-pa.com
E-mail：dongbin@hi2000.com

上海科塑高分子新材料有限公司

上海科塑高分子新材料有限公司是主要从事聚合物添加剂及专用料开发和生产的高新技术企业，拥有一批高素质的科研和管理人才。公司生产的产品——超细有机成核改性剂系列，其各项技术性能指标处于国际领先地位，并已形成年产200吨的生产能力。公司竭诚为聚烯烃生产企业产品的高性能化和多功能化提供优质服务，并可按客户需要进行聚烯烃专用料的设计和开发。

产品种类：

① 树脂改性成核剂。成核剂NA-9930T；成核剂NA-40；透明剂NA-45；成核剂NA-4030；透明剂NA-S20；透明剂NA-60。

② 稳定剂。SLAO-10；SLAO-12；SLAO-24；SLAO-36。

③ 橡胶促进剂。RA-CBS（CZ）；TBBS（NS）；RA-M。

④ 工程母粒。增强母粒PP-14；抗皱母粒PP-ST。

⑤ 功能母粒。增强母粒PP-TS20；可漆母粒PPM05；珠光母粒MP525。

⑥ 改性PP专用料。瓶盖专用料；透明专用料。

公司地址：上海市徐汇区嘉川路777号科汇中心303室
电话：021-54390433　54390434
工厂地址：上海奉贤区西渡工业园
电话：021-57436304
网址：www.shkesu.com
E-mail：KS@hi2000.com

上海华溢塑料助剂合作公司

（原上海塑料助剂厂）

该公司是以上海塑料助剂厂为主体，由东方化工厂、中华化工厂、东方氧化铅厂、东联化工厂、东方化工产品经营部等六个单位按上海市政府、上海华谊（集团）公司的有关政策进行资产重组改制后成立的新企业。新公司集原国有企业的技术优势、人才优势，在机制上比原有企业有更大的灵活性，经营更加务实，产品及服务更贴近市场。本公司在塑料助剂的生产上历史悠久，产品质量达到同类进口产品指标。目前的主要助剂产品如下。

① 分散剂、外润滑剂：聚乙烯蜡（PE蜡）、氧化聚乙烯（OPE）、G-74。

② 内润滑剂：硬脂酸丁酯（DL-100）、硬脂酸辛酯（DL-110）、G-16。

③ 塑料光亮剂：GL-101、GL-102。

④ 塑料加工改性剂：DV-6树脂、M-80、ACR-201、ACR-401。

⑤ 塑料加工分散剂、润滑剂：亚乙基双硬脂酰胺（EBS）等。

⑥ 塑料薄膜爽滑开口剂、抗静电剂：油酸酰胺、硬脂酸酰胺、芥酸酰胺。

⑦ 增塑剂：偏苯三酸三辛酯（TOTM）、对苯二甲酸二辛酯（DOTP）、V-276、癸二酸二丁酯（DBS）、癸二酸二辛酯（DOS）、顺丁烯二酸二辛酯（DOM）等。

⑧ PVC加工稳定剂：三盐、二盐、二盐硬铅及硬脂酸盐类产品及稳定剂原料一氧化铅。

⑨ PVC抗冲剂增强剂：CPE-135A、MBS。

⑩ 染料防尘剂：油酸丁酯（DL-200）、HY-200（预乳化防尘剂）、HY-260（预乳化防尘剂）、HY-280（预乳化防尘剂）。

⑪ 烯烃类产品聚合用-分子量调节剂：线性二聚体、调节剂-D。

⑫ 纺织印染、加工机械、汽轮发电机用高温润滑油（脂）：SL-301、CL-250等。

⑬ 医药原料：水杨酸甲酯（冬青油、柳酸甲酯）。

⑭ 荧光增白剂（DBS）：增白剂PF。

⑮ 胶黏助剂：氯化聚丙烯。

⑯ 涂料分散剂、纺织整理剂：OPE（乳液）（固含量：25%～40%）。

⑰ 涂料、油墨、造纸、日用化工、纺织助剂用：特效的防腐、防霉、杀菌剂——BOL 101。

地址：上海市沪太路4875号（近外环线）
邮编：201907
电话：021-56025516　66730068
传真：021-66730071
网址：www.huayichem.com

E-mail：huayid@china.com

南京科亚公司

科亚公司成立于1993年，是原化工部化工机械研究院10多位资深高级技术人员创建发展起来的高新技术企业，主要从事以同向双螺杆挤出机为核心的塑料高聚物配混改性设备以及相关工艺与工程领域的技术开发、产品制造直至成套交钥匙工程。已向国内外销售1 500多台套各种规格挤出机组，远销至美国、俄罗斯、乌克兰、南非、埃及、叙利亚、伊朗、马来西亚、泰国、越南、印度尼西亚、土耳其、韩国、日本等国和中国香港及台湾地区。连续10年居国内同行之冠，被《人民日报》专题报道为"南京有个小巨人"。

科亚汇聚了国内最早从事同向双螺杆挤出机的研究开发、生产制造及后处理加工等专业的骨干力量。所有产品的设计在国内同行业中率先采用CAD等先进设计手段并网络化，开发了独具科亚特色的整套技术软件包。在各种规格类型的同向双螺杆挤出机系列化开发方面多次荣获国家级科技进步奖，部、省、市级科技进步奖，实用新型专利8项，公司主研人员为国家行业标准《同向双螺杆塑料挤出机》的主要起草人。科亚的成绩同时也倍受国际同行瞩目，先后有德国WP公司、蒂森公司、美国世纪特公司、Farrel公司、瑞士Buss公司、意大利Maris公司等国外著名厂商来公司洽谈合作、技术交流。科亚将消化吸收与自身大量的创新实践融为一体，发展形成了机电工艺一体化整套独有的设计软件体系，并积累了丰富的经验，填补了国内空白，推动了中国塑机工业的发展。

该公司于2001年取得了ISO 9001质量体系认证证书，为同行业惟一。1999年推出的新一代高速新型同向双螺杆挤出机系列机组，在生产能力、生产效率、节能以及操作弹性等方面均有大幅度的提升。又相继成功开发了适用于橡塑共混等苛刻作业的MD系列连续混炼机、WF系列往复式单螺杆挤出机及用于配混改性与成型挤出一步法新工艺的KY系列双阶机和高温熔体齿轮泵等新产品，深受广大用户欢迎。在大型化和成套工程装置方面，科亚承揽了几乎所有国产化工程项目，其中齐鲁石化建造的万吨级成套自动配混装置已连续稳定运转3年多，新疆塔石化2万吨PP改性造粒、输送、均化装置和国内最大规模的天津丹海3万吨降解塑料生产线以及抚顺石化丁苯抗冲树脂溶液脱挥装置专用的135/150同向双螺杆挤出机组等，是国内目前国产同向双螺杆设备中产能最大的机组，均已在化工装置中连续运行。

科亚公司先后于1998年、2000年、2002年三次新建、扩建厂房设施，增添了大量的高精尖、专业化加工设备和实验、检测仪器。生产加工高速高扭矩双螺杆齿轮箱的德国加工中心已在恒温厂房投用，国内惟一采用计算机控制磨削加工啮合螺杆元件的专用磨床，渐开线花键芯轴和螺杆的专用机加工设备以及计算机控制齿轮专用检测仪等200多台加工设备和100多套检测仪器，使科亚总体加工制造能力和产品质量水平迈上了一个新的台阶。

"宝剑锋从磨砺出，梅花香自苦寒来。"10年前名不见经传的科亚，如今拥有亿元资产。科亚正在向集团化方向发展：两个中美合资企业、一个拥有国际加工水平的制造装配基地、一个以新技术新产品为己任的研发中心、一个远在大洋彼岸的美国KEYA公司均在成功运作。科亚本着质量第一、用户至上的宗旨，正朝着国际化大市场的集团战略方向发展。

科亚公司总部地址：南京市光华门外大校场路8号
邮编：210007
电话：025-2614909 2608401
2622844 2622981 2630877
传真：025-2611188
网址：www.keya-cn.com
www.chinakeya.com
E-mail：jskeyags@public1.ptt.js.cn
chinakeya@163.net
华南销售服务中心电话：020-82323581 13501526058
传真：020-82311243
北京销售服务中心电话/传真：010-84271653
13912946462
浙江销售服务中心电话/传真：0574-62536300
13905163476

无锡桥联轻化机械有限公司

该公司是多年生产塑料挤出机械及塑料辅机机组的专业厂家，融科研、制造、营销于一体，拥有精湛的生产设备及专用工装。主要产品有SJSZ45、50、65、80、100锥形双螺杆挤出机；SJ30、45、65、90、120、200单螺杆挤出机等主机，与其配套的有管材、型材、板材、片材、造粒等辅机；包括真空定径机、牵引机、切割机、胀管扩口机、塑料磨粉机、高低速混合机组；PPR、PE管材生产线及高密度聚乙烯硅芯管、高密度聚乙烯（HDPE）大口径双壁波纹管生产线等。

地址：江苏无锡洛社镇312国道旁
邮编：214187
电话：0510-3311509　3314212
传真：0510-3312241
网址：www.xsql-group.com
E-mail：xsql@pub.wx.jsinfo.net

张家港市兰马机械有限公司

该公司位于江苏省张家港市锦丰镇民营工业园，交通十分便利。

企业占地面积3 000多平方米，总资产达到400多万，具有20多年专业生产各种塑料机械及配套辅机的技术和经验。产品有兰马、长城牌系列单、双螺杆挤出机、系列干燥机、上料机、除湿干燥机、破碎机、全自动计量混合机、混色机、高速加热/冷却混合机组及国内独创的全自动集中供料系统等23个系列，近400种规格，并出口10多个国家和地区。

该公司引进了先进的设备和技术，有一批富有经验和实干精神的专业技术人才和管理人才，拥有精良的检测设备，在国内同行业中是综合性较强、品种较齐全的企业之一。

2003年，该公司成功开发研制出具有多项专利的反重力膜分离机，它的科技含量及应用在国内乃至国际都可堪称分离行业中的典范。该机是离心技术与膜技术相结合的产物，不仅大大降低了离心转速，同时还有效地解决了膜污染这个世界性难题。作为终端过滤装置的它，既能一次性完成浊液与清液的分离工作，也可以和螺旋式压榨机等联合使用，使过滤过程中的进液、出液、出渣、循环利用等工艺形成一套完整的工作系统。

该公司在2003年通过了ISO 9001：2000质量管理体系认证。

地址：江苏省张家港市锦丰镇民营工业园
邮编：215625
电话：0512-58560257　58560028
传真：0512-58563278
网址：www.pm-cn.com
E-mail：sales@pm-cn.com

常州市联丰镜面辊制造有限公司

该公司主要是以制造、修复各种国产、进口规格的冷铸辊、压光辊、压延辊、流延辊、压花辊、网纹辊、喷砂辊、热轧辊、消光辊及压光机械的专业公司，产品主要用于塑料板材、透明片材、防水卷材、造纸、人造革、皮革制品及无纺布等生产线上。

本公司技术力量雄厚，生产工艺先进，起点高，管理严，镜面辊表面粗糙度达到Ra0.025～0.012 5μm，同心度、不圆度保证在0.01mm之内，产品规格可达ϕ50～ϕ1 000mm，长度达5 000mm，经本公司制造和修复的各类辊筒，质量完全可与进口产品媲美，价格仅为进口同类产品的1/3。

地址：江苏省常州市新闸镇1号
邮编：213012
电话：0519-3260803　13806124801

江阴市顾山东风合成化工厂
江阴市东风特种电缆材料厂

该厂已形成生产各类塑料加工助剂5kt/a，电力电缆材料3kt/a的中型企业。全厂职工100多人，拥有高级工程师2名，工程技术人员8名，现有固定资产800万元。主要产品有：塑料加工助剂——聚乙烯蜡、氧化聚乙烯蜡、聚丙烯蜡、微晶蜡、PVC复合稳定剂、PVC增效剂、PVC内外润滑剂、G32-1、S-70、亚乙基双硬脂酰胺（EBS），硅烷改性低分子蜡、EVA蜡等和电力电缆材料——辐照交联用聚烯烃半导电屏蔽电缆料、辐照交联用聚乙烯绝缘料、聚乙烯护套料、电力电缆附件用热收缩材料二大系列30多个品种。电缆材料产品获1996年度中国高新技术专利及新产品博览会金奖，1999年评为无锡市重合同守信用企业。1998年、1999年、2000年多次评为江阴市民营科技先进单位。企业经有关资信评估公司评为AAA企业，2000年度通过ISO 9002质量体系认证。

地址：江苏省江阴市顾山镇
邮编：214413
电话：0510-6321284　6321854

网址：www. dongchem. com
E-mail：zdedf@pub. wx. isinfo. net

南京大学应用化学研究所
南京金硅化工材料研发中心

主要有有机硅大分子基团功能型热塑性弹性体，对无机微粒及玻纤具有独特的界面分散结合作用，并提高与聚合物的相容性；对无卤阻燃体系具有阻燃协同效应，并改善材料的物理力学性能；用于高分子共混改性材料具有增容、增韧、增强效果；粘接密封性好，有效使用温度－50～210℃。

品种如下。

① 偶联相容型：用于 $Mg(OH)_2$、$Al(OH)_3$、碳酸钙、滑石粉、硅灰石及玻纤等无机材料增强增韧改性聚酰胺、ABS、PBT 以及聚乙烯、聚丙烯、聚氯乙烯、聚苯乙烯、聚碳酸酯等高分子材料体系中，并可不同程度提高纳米无机粒子在高分子材料中的分散性及其与高分子材料的相容性。

② 相容增韧型：用于聚酰胺、聚碳酸酯、ABS、PBT、聚烯烃等高分子材料的共混改性以及上述聚合物与通用型合成橡胶、硅橡胶、丙烯酸胶的共混改性。

③ 包覆无卤阻燃型：由特制 $Mg(OH)_2$ 经有机硅大分子基团热塑性弹性体包覆而成，适用聚乙烯、聚丙烯、EVA、SBS、聚苯乙烯、聚酰胺及有机硅等材料的无卤阻燃。

④ 热熔密封型：用于部分工程塑料、金属、陶瓷等基材的快速热熔粘接密封，适用于电子电器、汽车、特种密封胶带等生产。

地址：江苏南京市汉口路 22 号南京大学化学楼
邮编：210093
电话：025-3304929　13951032895
传真：025-6271210
E-mail：jghgclzx@vip. 163. com

苏州市万邦环保化建有限公司

该公司位于江苏省苏州工业园区，东傍金鸡湖，西接“沪宁”、“苏嘉杭”二条高速公路，风景优美，交通便利，是中国塑料加工工业协会异型材及门窗制品专业委员会、中国塑料加工工业协会塑料管道制品专业委员会及中国工程塑料协会助剂专业委员会的会员单位。

公司长期与美国万邦化工有限公司合作，共同经销各类国外知名的复合稳定剂。多年来，我公司以客户至上；以质量为生命；以信誉为重的宗旨，赢得广大客户的好评，其产品更是得到了中国塑料加工协会作为优质产品的推荐。

2002 年我公司在总经理的带领下，不断扩大经营范围，现能提供各类知名的塑料助剂，以满足客户的各种需求。

地址：江苏省苏州市工业园区贵都花园 15 幢 203 室
邮编：215021
电话：0512-62525561　62525562
传真：0512-62525563
E-mail：wbhbhx@163. net

苏州工业园区富事达塑业有限公司
（苏州塑料一厂）

苏州工业园区富事达塑业有限公司（苏州塑料一厂）前身是原苏州塑料一厂，从事工程塑料制品、塑料货箱、塑料片管材、改性塑料、大型真空成型制品和各种异型材的研制、开发、生产，是省政府认定的江苏省高新技术企业，并已注册进入苏州工业园区。已通过 ISO 9001、QS 9000 和 VDA 6.1 质量体系认证，是上海大众汽车公司共同体成员单位之一，是美国上海通用汽车公司（SGM）供货商。近几年来，在激烈的市场竞争中，奋力拼搏，得到了迅速发展，凭借严格的管理、雄厚的技术力量和先进的设备，不断加强产品开发和市场开发，先后从德国、美国、意大利、日本等国家引进各类双螺杆挤出机、精密注射机、片板材生产线及检测仪器等近 30 台套；公司在科技开发能力和技术设备水平等方面已形成了较强的实力和规模。公司目前有 468 员工，各种专业人员 110 名，年产值 14 000 万元。

主要生产产品有六大类，即注射产品（塑料货箱等）、片板材、波纹管、改性塑料及大型真空成型制品和各种异型材等，并根据各个领域的发展和需求不断调整优化产品结构，已初步形成了以汽车、家电、电子、农机、生物工程等以及出口为主的产品发展方向。公司已有 20kt 塑料制品生产能力和规模。

地址：江苏省苏州市养育巷 415 号

电话： 0512-65223949
传真： 0512-65239532
网址： www. first-plastic. com
E-mail： worldsy@publicl. sz. js. cn

江苏常州市明盈合和塑料有限公司

常州市明盈合和塑料有限公司（原常州合和塑料有限公司）始建于1992年，创建初期是以生产聚氨酯泡沫制品为主，公司经多年的发展已逐步形成多系列、多品种的塑料制品加工单位。

公司现有职工40余人，各类资产850万元、年销售额800万元。产品覆盖铁路客车、汽车、摩托车、船舶制造、医疗保健器械、建筑保温隔热和防水、家具、玩具、精细化工包装、精密器械包装等市场。

聚氨酯产品系列：公司拥有德国BASF公司的全电脑高压注射反应成型生产线，适应制造生产各种形状复杂、技术要求高、阻燃性能好和不同密度、不同硬度要求的高回弹模塑制品，自结皮泡沫制品，各类硬质泡沫制品，年生产能力达5 000吨，同时公司还拥有国产低压注射反应成型机，专门从事小制品、小批量、多花色聚氨酯泡沫制品生产。长期以来我公司生产的聚氨酯制品在各类市场上有着良好的声誉，被铁道部纳入专业配件定点生产单位。

塑料复合增强材料系列：公司采用特殊的加工工艺，专业生产铝箔复合增强材料、镀铝膜复合增强材料。该系列产品深受精细化工、特种高分子材料、精密仪表、器械等行业的欢迎。该产品特点是防水、防潮、提升包装物的档次，特别是公司专门为建筑行业（用于彩钢屋顶内面）开发的基材具有强度高，耐老化，价位低等特点，受到用户好评。

地址： 江苏常州市青龙福成村
邮编： 213021
电话： 0519-8813977　8813994
传真： 0519-8815244 8813977

南京华立明科工贸有限公司

南京华立明科工贸有限公司是集科研、生产、贸易为一体的股份制公司，与南京大学、东南大学等建立了良好的产、学、研合作关系。公司主要致力于高分子聚合物添加剂的市场开拓，目前采用全新工艺与外商合作开发的紫外线吸收剂系列产品已远销欧美，并已拓展国内市场。同时为满足广大客户的配套要求，我们专业代理了各种型号的光稳定剂、抗氧剂等系列产品，如770、944；抗氧剂1010、1076、264等，并可按客户要求进行复配及提供各种规格的产品包装。

地址： 江苏省南京市福建路华富园1号华富大厦1005室
邮编： 210003
电话： 025-3534602　13305150128
传真： 025-3534804 3534602 13605148772
E-mail： sales@hlmchem. com

金陵石化有限公司塑料厂

金陵石化有限公司塑料厂是中国石化集团金陵石化有限公司所属的一个综合性的石油化工和塑料加工企业，2002年通过ISO 9002质量体系认证。

塑料加工、聚丙烯、聚氨酯辅装材料是该厂的三大系列产品，其中塑料加工系列可生产大型塑料中空容器、大中型塑料托盘、周转箱、座板、座椅等新型塑料加工产品，现已成为全国最大的塑料加工基地之一，有从德国MAUSER公司引进的1 500t BM201大型吹塑成型机、意大利TRIULZL公司引进的最大注射量4kg/次的大型注塑机组，生产能力为115万模/a。是中国石化集团重要的塑料加工和开发应用基地。

地址： 江苏省南京市和燕路390号
邮编： 210028
电话： 025-5314180
传真： 025-5311225
网址： www. sanye. com

江苏省江都市金都试验机械厂

该厂为专业橡塑物理测试机械的制造商，产品标准化、系列化，品种多样化、产品遍销全国各地，主要产品有拉力试验机、密度计、硬度计、测厚仪、切条机等多种检测试验仪器。

地址： 江苏省江都市真武镇振兴北路北首
邮编： 225265

电话：0514-6272654
传真：0514-6272654

海门市宇龙助剂厂

该厂地处长江三角洲，西邻开放城市南通，与上海、苏州等市隔江相望。该厂主要生产酰胺系列助剂及电线电缆产品，畅销全国 20 多个省、市，深受客户信赖。该厂奉行“质量第一、信誉第一、用户至上”的经营宗旨。已通过 ISO 9001：2000 质量标准认证。

主要产品：油酸酰胺、芥酸酰胺、硬脂酸酰胺、亚乙基双硬脂酰胺、油酸和电线电缆。

地址：江苏省海门市人民中路 268 号
邮编：226100
电话：0513-2107980　2107981
传真：0513-2107982

常州市碳酸钙厂

该厂坐落于 312 国道 166.5 公里处的全国“珍珠之乡”洛阳镇。拥有固定资产 5 000 万元，占地 4 万平方米，是全国最具规模，品种齐全的碳酸钙专业生产企业之一。

几年来在社会各界的支持和帮助下，公司走上了一条快速发展的道路，已具备 12 万吨的年生产能力。广泛用于塑料、橡胶、涂料、人造革，特别是对浅色制品有独特的作用。其中 6 万吨微细活性钙特别适用于塑钢门窗和电线电缆。“武南”牌碳酸钙最大的特点是含量高、粒径细、比重轻、白度高。产品经中国质量万里行随机抽样检测，各项技术指标都优于 HG 2226—91、HG/T 2567—94 标准，处于国内先进水平，产品通过省级技术鉴定，ISO 9002 认证，为江苏省特级信用企业（AAA）。

该厂主要设备引进德国技术，程序化操作，雄厚的技术力量，齐全的检测手段，完善的售后服务赢得了良好的市场声誉。市场占有份额处于行业领先。产品覆盖面大，有相当数量销售到中外合资企业，并出口到日本、韩国、东南亚等国。

地址：江苏省常州市洛阳镇
邮编：213104
电话：0519-8791230　8522118-8001
传真：0519-8522128
网址：www.cn-wunan.com
E-mail：wunan8@hi2000.com

余姚市中国塑料城电子商务有限责任公司

余姚市中国塑料城电子商务有限责任公司（余姚市中国塑料城信息中心）是中国塑料城惟一的信息权威发布机构，它以其专业性强、信息量大、涉及面广、准确及时而著称，它每天发布的中国塑料城价格行情，被业界广泛接受。它创建基于 INTERNET 平台上的中塑在线（包括中国塑料信息网、中国塑料制品网、中国工程塑料网、中国塑料城城域网、中国塑料博览会网站，内容涵盖了原料、配料、机械、模具、制品、科技、会展等），传真自动回复系统和《中国塑料城》（网讯）所发布的信息，它以其强大的企业影响力，利用数据库优势和网络优势，作为主要承办单位成功地承办了历届中国塑料博览会，有机地把网络和会展结合起来。公司正朝着“重时效、多功能、全方位、高层次、广辐射”的方向高速发展。

地址：浙江省余姚市中国塑料城 A 区圆厅二楼
邮编：315400
电话：0574-62533333　62531234
62533118　62531999
传真：0574-62532008　62532998
E-mail：sales@cpinfo.net

浙江德清东来化学有限公司

德清东来化学有限公司创建于 1982 年，前身属校办企业，于 1998 年 6 月改制为股份制企业，是塑料助剂专业生产厂家，是全国塑料助剂专业委员会副主任委员单位。现拥有固定资产 4 100 万元，职工 39 人，拥有年产 4 000 吨近 40 个牌号的各类液体热稳定剂；年产 2 000 吨环氧大豆油；3 000 吨环氧脂肪酸辛酯；1 000 吨 DOA 等生产能力。现经营状况良好，连续数年被评为重合同守信用单位，获得金融行业颁发的双 A 级企业称号。公司产品有两大类。

① PVC 液体热稳定剂。稳定剂为浅色全液型，品种齐全，适应各种不同 PVC 制品生产，满足压延、吹塑、挤出、涂刮等不同加工成型工艺的要求。产品

有钡/锌、钡/镉/锌、钾/锌、钙/锌系列。还有环氧大豆油、泡孔整理剂、降黏剂等其他助剂。

② 耐寒增塑剂。耐寒增塑剂产品有己二酸二辛酯、环氧脂肪酸辛酯等，广泛用于PVC透明薄膜、人造革、玩具、凉鞋等。目前新一代的钡/锌、钡/镉/锌产品的质量已达到进口产品的同等水平。无毒钙/锌产品更趋向世界化，无毒性、无污染、透明性、润滑性、热稳定性都能达到进口同类产品水平。同时，钡/锌、钙/锌热稳定剂、环氧脂肪酸辛酯已通过香港通标标准技术服务公司（SGS公司）的检测认证，其质量、环保性能均达到欧盟标准，可直接进入拉美、日本、欧盟等国家及地区。

地址：浙江省德清县新市镇环城北路
邮编：313201
电话：0572-8444594/8444772/8444354
传真：0572-8445317
网址：www.zjdonglaiauxiliarics.com
E-mail：zjdonglai@hi2000.com

宁波海太机械制造有限公司

宁波海太机械制造有限公司、中外合资宁波海太塑料机械有限公司位于中国塑机之都——宁波市。是中国塑料机械生产、研究、开发的主要基地。近年来，连获殊誉："宁波市百家重点企业"、"浙江省最佳经济效益企业"，2001年2月获企业最高荣誉："国家重点高新技术企业"。产品荣获浙江省名牌产品，海太商标荣获浙江省著名商标。

该公司总建筑规模达15万平方米。其总部拥有一流的海太企业管理中心、宽敞的生产基地，总面积为9.2万平方米。

公司拥有集生产、研究、开发为一体的省级企业工程技术研究中心，工程技术人员达百余人，具有开发国际先进技术产品的能力，是宁波市重点推广应用CAD和PDM技术的示范企业。

公司拥有一批先进的加工中心和数控机床，拥有一支检测手段完善、高素质的质量管理专业队伍，还拥有近百台微机控制的ERP资源管理运行体系，产品性能不断提升，位居国内领先水平，并通过ISO 9001：2000国际质量管理体系认证和欧共体（CE）安全认证。

海太牌HT系列注塑机是海太企业的主导产品，合模力从320～30 000kN（注塑重量45～20 000g），有近50余种规格型号的高档次注塑机，企业同时还生产各种专用塑料注射成型机。

地址：浙江省宁波市百丈东路海太工业园
邮编：315101
电话：0574-88410219（总机转）
传真：0574-88412858
网址：www.china-haitai.com
E-mail：machines@china-haitai.com

宁波方力机械有限公司

宁波方力机械有限公司创建于1993年，隶属宁波方力企业发展有限公司，是一家占地30 000多平方米，集科研、开发、生产、服务为一体的高新技术企业。公司通过引进、吸收国外先进塑机生产技术，独立开发出具有国内领先水平的塑料挤出生产线及其配套的辅机设备，产品已在国内多家知名企业广泛使用，并远销东南亚、欧美等国家和地区。方力机械有限公司锐意进取，已先后获得10多项国家专利，并已通过英国SGS颁发的ISO 9001国际质量体系认证，取得国家自营进出口权，连续3年被评为"重合同、守信用"单位和"资金信用AAA级"企业。

方力机械是中国著名的塑料管道挤出设备制造商，以其在产品和服务方面的科技优势，为客户提供全套解决方案。

方力机械的产品以质量取胜，以服务取信，价格性能比优越。生产的单螺杆和双螺杆挤出生产线，对于生产PVC给水、排水管和异型材、PE给水和燃气管、PPR热水和采暖管，以及硅芯管等都是理想的选择。

主要产品：HDPE大口径双壁波纹管生产线；HDPE大口径缠绕增强管生产线；PE大口径燃气，供水管材生产线；PP-R管材挤出生产线；PVC管材挤出生产线；超高分子量聚乙烯（UH/MW-PE）管材生产线；硅芯管材生产线；钢塑复合管材生产线；木塑复合型材挤出生产线。

地址：浙江宁波市长丰工业区方力工业村
邮编：315192
营销热线：086-0574-88205865　88208811
用户服务中心：0574-88216866　88206842-209
013355900213　013355900153
传真：0574-88200002
网址：www.fangli.com

E-mail：FangLinb@mail.nbptt.zj.cn

浙江经纬集团有限公司

浙江经纬集团是民营股份制企业。由浙江经纬集团有限公司、环保工程有限公司、雅特尔光电信息有限公司等8家企业组成，总资产5亿元。目前已形成一个以塑料管道、化工农药、医药橡胶、电子电器、机械采矿设备、环保工程水处理产品等多元化，业务综合化、营销网络化和管理现代化的经济联合体。

核心企业浙江经纬集团有限公司（原名浙江省东海塑胶管道有限公司）成立于1979年，是塑料管材、管件及阀门的专业生产企业，自有资产1.5亿元，在职员工150人，建于温州经济开发区内。位于国家著名风景区——雁荡山麓，毗邻楠溪江，滨临东海岸。公司紧靠104国道和甬台温高速公路，东距温州机场14公里，西离温州火车站4公里，北靠黄华码头15公里，海、陆、空交通便捷。

公司现有巴顿菲尔·震雄塑料设备有限公司等厂家制造的塑料管材挤出生产线8条，100～5 000g注塑机16台，可生产ϕ16～450mm直径的各种规格、不同压力等级的聚乙烯、聚丙烯、ABS、聚氯乙烯管材、管件与阀门，生产能力2万余吨。该公司生产的《燃气用埋地聚乙烯管材》、《给水用聚乙烯（PE）管材》、《冷热水用聚丙烯管材、管件》，分别通过了浙江省省级鉴定和建设部科技成果评估。并被建设部评定为“2002年科技推广项目”，被建设部标准化委员会确认为“工程建设推荐产品”。产品广泛适用于燃气、市政给水、建筑冷热水输配、化工、环保工程、医药、工业、农业等各个领域。

该公司一贯重视质量管理和技术创新，设有产品研发中心、检测中心、模具加工中心，设计、开发、生产、检验居同行业领先水平。1998年通过了ISO 9002质量体系认证，2002年通过了GB/T 19001—2000(ISO 9001：2000)质量管理体系认证，从而建立了科学严谨的开发、生产、营销、服务一体化管理体系。

“严谨、务实、积极、高效”。“经纬人”倡导“以人为本、品质制胜”的企业理念，以科技为核心，发展规模效益，力争把企业建成塑料管材、管件的生产基地。跻身一流建材企业行列，以振兴民族工业为己任！“经布全球、纬贯世界、纵横捭阖、全球畅通”。

地址：浙江省温州市经济技术开发区西片31号小区
邮编：325011
电话：0577-86528718　86528577　86528966
传真：0577-86528718
网址：www.chinajingwei.com
E-mail：zjjw@chinajingwei.com

浙江华泰塑胶股份有限公司

浙江华泰塑胶股份有限公司系省属民营企业，总资产1.8亿元，占地面积15 000平方米，是以PVC压延薄膜为主导产品的专业生产厂家，现拥有中国台湾及日本产大型压延生产线四条，中国台湾产宽幅塑胶膜六色印刷线一条，国产软片（板）挤出生产线一条。内设有一科研所，年产销售近3万吨。压延PVC膜最大宽幅2 200mm，最大厚度0.70mm，最小厚度0.05mm。主要产品系列有透明包装膜、民杂用膜、雨衣膜、吹气玩具膜、浴帘、桌布膜、灯箱广告膜、加压透明膜、各色印花膜以及新近研制成功的三维立体彩虹膜。挤出软片生产线生产宽幅1 400mm，厚度0.50～3.00mm的高透明环保型软片。

该公司一贯坚持质量第一、信誉第一的原则，走科技兴企之路，产品研制、质量检测手段先进，管理科学，连续获得“浙江省三优企业”、“温州市轻工百强企业”、“明星企业”等荣誉称号，并通过了ISO 9002质量认证，产品畅销国内外，出口产品达60%以上。

地址：浙江省瑞安市安阳工业区C区华泰路1号
邮编：325206
电话：0577-65536111　65528889　65528887
传真：0577-65532111
网址：www.chinahuatai.com
E-mail：master@chinahuatai.com

三友控股集团有限公司

三友控股集团有限公司位于中国民营经济发展的最前沿、浙江东海之滨的新兴商都——台州市路桥，是一家跨行业、综合性的企业集团，浙江省文明单位，浙江省“三优”企业，浙江省质量管理先进单位，浙江省农行“AAA”级资信企业，浙江省著名商标企业，浙江省名牌产品企业。总裁张小裉为全国劳模、全国优秀企业家、中国塑料加工工业协会副理事长、高级经济师。

公司始创于1971年，前身为浙江三友纺织器材总厂，1997年改制，组建成拥有12家子公司的有限责任公司，2001年升格为无地域冠名的国家级企业集团，是台州市最早的民营企业。集团占地400余亩，建筑面积15万平方米，总资产2.5亿元，员工1 700人，其中工程技术人员300多人。

公司主要产品有三大类。第一类是以纺织器材（塑料筒管）为核心的塑料制品类，包括汽摩、家电塑料件、塑料管材、农用塑料制品等；第二类是摩托车类，包括动力设计制造、整车装配、涂装、模具等；第三类是纺织服装类，包括精纺毛纱（针织绒线），服饰、服装等。三大类产品均通过ISO 9001：2000质量管理体系认证。

公司所属塑料行业，拥有年产纺织器材（塑料筒管）、双壁波纹管、汽摩家电塑料件、秧盘等塑料制品20 000吨的生产能力。是中国塑料加工行业重点骨干企业，中国塑料加工工业协会常务理事单位。

公司主营业务为纺织器材（塑料筒管），是国内同行业中规模最大的生产企业，产品曾荣获省优、部优等称号，市场占有率达40%以上，主要经济指标连续20多年居全国同行业榜首，2002年被评为浙江省名牌产品。公司新开发的双壁波纹管以其良好的品质跻身上海、杭州、天津、武汉等大中城市。

面对中国入世带来的新机遇和新挑战，公司及时调整发展规划。公司“十五”发展战略定位为：改革大股份，构筑大园区，发展大工业，做强大品牌，建设大集团，争取2005年工业总产值达到15亿元，创税利2亿元，技改投入3亿元。

具体发展规划是：1. 计划在2003年投资2 000万元，提高摩托车的设计开发能力，成立研发中心，重点开发125～250CC跨骑式摩托车以及50～150CC踏板式摩托车。2. 2003年计划投资1 500万元开发燃烧器和汽车电子测速仪；投资3 000万元扩大塑料制品生产规模，重点开发新型宽幅三层共挤复合多功能农用棚膜及土工布；投资2 000万元生产高中档西装、童装、休闲服装、服饰。3. 2003～2005年，计划投资15 000万元，建成高29层的三友大厦及扩建占地500亩的工业园区。同时，计划扩大投资区域和领域，涉足医药、机械、电子、房地产、旅游等行业。

新世纪，三友愿与海内外新老朋友诚信合作，携手共进，创造新的辉煌。

地址：浙江省台州市路桥区卷桥
邮编：318058
电话：0576-2700362　2701215
传真：0576-2700361

浙江黄岩傲霸塑料模具厂

傲霸模具厂地处浙东“模具王国”——黄岩，是中国塑料加工工业协会、中国管道协会专业委员会会员单位。

自建厂以来，专业从事PVC-U、PP-R、PE等各种管件模具、球阀模具、线凿模具、PET管坯模具、日用品模具及各种注塑模的设计和制造，以“质量求生存，信誉求发展”为宗旨，依托先进的技术成果，可靠的质量保证，良好的售后服务，赢得了广大用户的信赖与好评。

地址：浙江黄岩城关西洋镇
邮编：318020
电话：0576-4019807　4277072
传真：0576-4019807
E-mail：aobamold@163.net

玉环真空泵厂

玉环真空泵厂是中国著名的水环真空泵专业制造商，以其先进的技术、卓越的性能、过硬的质量、优质的服务，产品销量位居行业前列。玉环真空泵为国内10余个行业提供配套，并远销欧美、中东等国家和地区，深受用户青睐。企业已通过ISO 9002国际质量体系认证。

近年来，根据塑料机械行业的特殊要求，公司以强大技术实力开发了SK-A系列水环真空泵，解决了抽吸大量水分不能连续工作、水质硬严重结垢、停机时间长无法启动等问题。

该系列产品凭着优异的性能、稳定的质量，近年来已被上海、北京、南京、无锡、苏州、张家港、杭州、广东等地知名塑机制造企业所认可并与之配套。

地址：浙江省玉环县城中路103号
邮编：317600
电话：0576-7224770　7228784
传真：0576-7222770
网址：www.yzvacuum.com
E-mail：info@yzvacuum.com

浙江永庆塑胶股份有限公司

浙江永庆塑胶股份有限公司（1965年9月建

厂），原名嘉兴塑料橡胶厂，后又名嘉兴塑料橡胶总厂。1998年7月改制为股份公司。

浙江永庆塑胶股份有限公司，主要生产聚碳酸酯（PC）工程塑料阳光板；PP、PE中空板；聚甲基丙烯酸甲酯（PMMA）；硬质PVC层压板材、改性PP层压板材；PVC挤出硬板、PVC软板、PVC塞卢卡低发泡板；PVC化工、建筑管材和管件；ABS、PS、LDPE、HDPE、PP挤出板材、管、异型材、压延片等热塑性塑料制品。

该公司设备精良，技术力量雄厚。拥有各类塑料生产设备58台（套），精、大、稀设备16台（套），其中近年来分别从德国、中国台湾引进两条ABS挤出板材生产线，从美国引进一条超厚度聚烯烃挤出板材生产线，从意大利引进一条聚碳酸酯（PC）宽幅挤出板材生产线、一条PC阳光板生产线，一条聚烯烃片材生产线，从德国巴顿菲尔·震雄公司购进两条PVC-U管材生产线，综合年生产塑料制品能力2万多吨。现有固定资产7 202万元，职工500余人，其中专业技术人员72人。

该公司根据GB/T 19001-2000ibt ISO 9001：2000《质量管理体系要求》标准的要求建立和实施质量体系，以高素质的队伍，先进的技术，一流的装备确保本公司的产品质量国内领先，最大程度地满足顾客对产品质量的期望。产品覆盖26个省、市、自治区的化工、食品、医药、运输、建筑等行业，受到广大用户的欢迎。

地址： 浙江省嘉兴市吴泾路105号
邮编： 314001
电话： 0573-2805488
传真： 0573-2806488
网址： www.yqsj.com
E-mail： master@yqsj.com

浙江远翅塑料有限公司

公司总资产1.6亿元，占地面积6万平方米，建筑面积4万平方米。

主要产品有汽车仪表板，保险杠、方向盘、门内护板、公交座椅为主导的50多种汽车塑料零部件，适合车型有微型车、轻型车、卡车、豪华大客车、家庭轿车等。主要应用原材料以PP、ABS及其改性、PU发泡材料等。

年模具设计能力在1 500万元左右，专业模具设计人员20余人，企业技术中心为杭州市级企业技术中心，CAD、CAM系统完善，拥有SM-3000G龙门立式大型数控机床、MAF-2000镗铣床等模具金加工设备20余台（套）。

年产40万套汽车仪表板，15万只转向盘等聚氨酯软化汽车塑料件，并可年产40万套仪表板、保险杠和250万套注塑件等硬塑汽车塑料件。生产工艺包括：注塑、发泡、吸塑、涂装等，适合于各类汽车塑料件的生产制造。

为一汽、二汽、重汽、南汽、昌河、合昌、哈飞、吉轻、长安、福田、陕汽、江淮、上汽五菱等100余家汽车制造厂、改装车厂配套。

在景德镇、重庆、柳州、合肥、哈尔滨等地建立了分厂或分支机构，逐步走上汽车塑料件产业集团的发展之路。

地址： 浙江省杭州市萧山区新街镇
邮编： 311217
电话： 0571-82612232　82613923
网址： www.zjyuanchi.com
E-mail： ycsl@xsptt.zjpta.net.cn

温州天盛塑料助剂有限公司

温州天盛塑料助剂有限公司是由原国有企业改制而成立的股份制企业，它始创于1958年。40多年来，企业名称经过了“温州颜料化工厂”、“温州塑料助剂总厂”、“温州华塑集团公司”、“温州天盛塑料助剂总厂”、“温州天盛塑料助剂有限公司”等一系列演变，企业也经历了40多年的奋斗和发展。目前，公司占地面积约40 000m^2，建筑面积约16 000m^2，职工160余人，其中工程技术人员26人。改制后的当年，即2001年，公司完成产品总产量12 378吨，销售11 544吨，工业生产总值突破1个亿。如今，公司已发展成为具有年生产2万吨聚氯乙烯加工助剂能力的全国重要生产基地之一。

公司主要产品有三盐、二盐、二盐硬铅、二盐苯铅、硬脂酸盐类；加工改良剂丙烯酸酯类；管材、管件、异型材、电缆料专用复合铅盐稳定剂等3大系列20余个品种。其中三盐基硫酸铅获部优；二盐基亚磷酸铅获省优；复合铅盐热稳定剂FJ-301为国家专利产品并获1989年国家发明奖、第二届国际博览会金奖，历次被推荐为浙江省优秀高新技术产品；雁荡山牌PVC热稳定剂系列产品还多次被评为浙江省名牌产品。《雁荡山牌》塑料助剂以优良的质量和服务深得用户的青睐，公司在广州、沈阳、成都设有分公司，北京、山东、福建、江苏、湖北、陕西、浙江台州等地设立代理点，销售网络覆盖全国，主要产品远销国外，享有一定的声誉。

公司确立以品牌兴业的经营战略，在积极塑造雁荡山品牌形象、提供一流产品的同时，着力注重提高企业整体管理素质，加快与国际接轨的步伐。积极导入 ISO 9000 族标准，按 ISO 9001 标准建立实施质量管理体系，并于 2002 年 7 月通过认证。

地址： 浙江省温州市龙湾区屿田
邮编： 325011
电话： 0577-86552033　86552034
网址： www.wztssz.com
E-mail： market@wztssz.com

温州润华化工实业公司

温州润华化工实业公司创建于 1991 年，系中国塑料加工协会及中国工程塑料加工协会塑料助剂专业委员会会员单位。

公司下属有上海健达化工有限公司，上海润健化工有限公司，润华温州经营部，润华广州经营部。是一家集科研、生产、贸易于一体的经济实体，产品注册商标为“润华牌”、“鹿晓牌”。

公司专业生产 PVC 塑料加工用各类助剂及其他精细化工产品其中 PVC 塑料加工用助剂，现已形成年产 5 000 吨，7 大系列，10 多个型号的生产规模。品种齐全，极大程度地方便了 PVC 塑料加工企业的选用。

公司拥有精良的生产设备，雄厚的技术力量，先进的检测手段，其质量检验机构经中国质量检验协会评定，符合 GB/T 1900、ISO 9001 系列标准和 GB/T 15481—1995、GB/T 158483—1995、GB/T 154866—1995 系列国家标准。公司坚持科研生产相结合，致力于新产品开发，使企业产品质量不断发展和提高。近年来，公司均获“AAA 级”资信等级、“重点企业”、“重合同，守信用单位”等荣誉称号。多项产品填补省内空白，而 PVC 塑料加工用 ACR 系列助剂被法国科技质量监督评价委员会，中国国际贸易促进委员会，中国企业发展研究中心，浙江省科协，浙江省科技情报中心等机构评为“高质量、高科技产品”、“浙江市场跨世纪优秀品牌”。

地址： 浙江省温州市杨府山涂田工业区
电话： 0577-88130667
传真： 0577-88138633
网址： www.run-hua.com
E-mail： runhua@mail.wzptt.zj.cn

浙江省临安市益丰精细化工厂

浙江省临安市益丰精细化工厂是一家专业生产塑料助剂为主的精细化工企业，现有聚乙烯大棚膜用防流滴剂系列产品及聚乙烯包装膜用保鲜剂和聚烯烃抗静电剂等产品。其中长效 YF-Ⅱ型流滴剂通过中国农用塑料应用技术学会，北京华盾塑料公司，实地在北京 2002 年秋季试验，报告表明 YH-Ⅱ型流滴剂加工性能好，防流滴性好，透光率高，流滴剂析出情况少，与氟系消雾剂 AF-18 的配合效果好，棚内无雾气，产品在国内具有领先地位。本厂年生产能力 1 000吨，拥有固定资产 300 万元。

该厂起步虽晚，但却拥有国内同行业中先进的工艺技术和设备。为了保证质量，建立了完善的检测体系，还与科研单位广泛合作，共同致力于产品的更新和提高。

地址： 浙江省杭州临安太阳镇大街 080 号
邮编： 311314
电话： 0571-63831288
传真： 0571-63832678

临安市奥科塑料助剂厂

临安市奥科塑料助剂厂，是从事塑料抗静电剂、聚烯烃大棚膜流滴剂、食品保鲜膜助剂的研制开发、生产的科技型企业，LAK 抗静电剂系列产品质量稳定、性能优良。

LAK 抗静电系列产品适用于 PP、PE、ABS、PS、PVC 等的高分子材料的应用，能显著地降低制品表面的电阻率，有效地控制和消除静电作用。并对树脂有适宜的相容性，且不影响制品的加工和使用性能。

HS 型大棚膜流滴剂，根据地区、气候，选择更合理的材料配制，具有更先进的设备及生产工艺，产品质量更稳定，性能更优良。

地址： 浙江省临安市锦城镇
邮编： 311300
电话： 0571-63756553
传真： 0571-63756553

合肥安诺轻工机械有限公司

该公司设有：塑料机械及配件经营部，塑料原料及色母经营部，塑料制品厂，塑料模具加工厂。

塑料机械经营部主要从事塑料机械、辅机，塑料配件的销售和专业维修；其经营范围包括：注塑机(30～50 000g)、中空成型塑机、挤出机、吹塑机、超声波焊接机、干燥机、破碎机、丝印机、移印机、冷水机、模温机、混色机、喷码机等塑机配件。

塑料原料部主要经营进口、国产塑料、工程塑料、稀料、回料及改性塑料、色母（宁波象山总代理）、色粉（江苏高邮总经销）填充料等。

塑料制品厂拥有60～2 000g注塑机6台，挤出机1台，年加工塑料能力6 000余吨。

塑料模具加工厂拥有先进的车、铣、刨、磨、钳专业设备及电火花，线切割等精密的模具加工设备几十余台；经验丰富的高级专业模具人才和CAD电脑辅助设计，具有年开发，加工模具300余套的能力。

地址： 安徽省合肥市濉溪东路108号
邮编： 230011
电话： 0551-4234308　4234318　4236171（公司）
传真： 0551-4224318
电话： 0551-5530823（厂部）
网址： www. anlocy. com
E-mail： anlolim@anlocy. com

福建亚通新材料科技股份有限公司

福建亚通新材料科技股份有限公司是一家按照现代企业管理制度建立起来的高新技术企业，下设福建亚通塑胶有限公司、福建亚太建材有限公司、福建新特立建筑科技有限公司、福建亚特科技有限公司、福清创新机电有限公司等多家子公司。

亚通引进世界先进的生产设备和技术，专业生产PVC-U、PE系列管材管件及节水灌溉系统，新型塑钢门窗型材，高聚物复合材料，光接入网设备，智能化系统集成，精密机电设备等产品，年生产能力名列全国前茅，建立了遍及全国的销售和服务网络。

1998年1月，亚通在国内同行业率先通过了ISO 9002“质量体系”和“产品质量”国际双认证，产品广泛用于：建筑、房地产、装修、水利、电力、交通、通信、机电、现代农业、现代园艺等行业。

亚通创新集团正积极地向股份制公司迈进，拓展多元化经营，争取早日上市。

地址： 福建省福清市镜洋工业开发区
邮编： 350304
电话： 0591-5311061　5315902
传真： 0591-5315904
网址： www. atongroup. com
E-mail： aton88@pub2. fz. fj. cn

南亚塑胶管材（厦门）有限公司

台塑跨国集团创建于1954年，截至2001年，资产总额达3 500亿人民币，2002年集团营业总额高达1 300亿人民币，集团首创于中国台湾，初期以石化工业为主，后续投资遍及美国、东南亚，20世纪90年代起更积极投入中国市场。集团旗下，以“中国台湾塑胶公司”、“南亚塑胶公司”和中国台湾化学纤维公司为主，经营的项目包括石化工业、塑料加工、电子科技、纺织纤维、汽车工业及机械设备。

集团中的南亚塑胶公司，在20世纪90年代初期开始进入中国市场，投资初期，以塑料加工为主，项目包括PVC胶皮、PVC胶布及PVC建材。1996年以中外合资形式，在福建厦门、山东东营及安徽芜湖兴建三个PVC管材厂及一个PVC管件厂，资本总额高达1.16亿美元，成为当时国内规模最为庞大的PVC管材、管件生产企业。

南亚塑胶公司在PVC管材、管件方面具有40余年的生产经验，在美国、中国大陆及中国台湾建有工厂，每年产销PVC管材、管件高达100万吨以上，堪称目前世界最具规模的PVC管材、管件产销集团。

南亚塑胶公司对PVC管材、管件给予国家和社会带来的经济效益有深入体会，为将此经济效益扩展至中国大陆，除1996年在厦门、东营、芜湖创建的3个管材厂外，2001年在重庆，2002年在广州，又创建南亚（重庆）公司，南亚（广州）公司，目前，PVC-U管材年产量达13万吨，PVC-U管件达1.5万吨。后续并将加快速度在国内各地增建管材厂，未来，将在国内每省份至少投建一个管材厂，年产量目标将达100万吨以上，对国内PVC管材、管件推广与应用，充分体现领头羊的角色。

南亚塑胶公司PVC管材、管件因为具备上述特色与优点，从1996年进入国内市场后，已被广泛应用于建筑工程、自来水管网工程、公共基建工程，同时亦被扩展应用在养殖引水工程、凿井饮水工程，以及果园、城市绿化、高尔夫球场喷灌工程。产品质量、品牌形象经由国家建设部、各省建委建设系统、建设工程行业协会、各层级品质评选单位先后认定与推荐，并已通过ISO 9001认证，目前已奠立行业前导地位。

南亚塑胶公司本着“中国人发展中国”的精神，以贡献社会、共建国家经济作为长远目标，希望在长远发展过程中，得到相关各界鼎力支持。

地址：福建省厦门市海沧新阳工业区新美路2路
邮编：361022
电话：0592-6517601-609
传真：0592-6510974

江西腾飞塑胶有限公司

江西腾飞塑胶有限公司原为江西腾飞塑胶总厂，由刘培才厂长创建于1981年。目前在北京、武汉、南昌和萍乡设有4个分厂，总部设在江西省萍乡市。企业占地面积7万平方米，员工1 200多人，拥有150多台国内外先进生产设备（有锁模力1 000吨以上的注塑机5台，最大注射量40 000克），企业总资产1.2亿元，属国家大二型轻工企业；日用塑料制品生产规模已居全国同行前列。

企业主要产品有周转箱、托盘、桌椅凳桶盆等日用品、工业用注塑件、中空吹塑容器和塑料管件管材等20多个系列2 000多个花色品种，年用PE、PP、ABS、PP-R等塑料树脂万吨。企业的多个品种获得省优部优和国家科技重点新产品荣誉。

地址：江西省萍乡市环城南路171号
邮编：337055
电话：0799-6832369
传真：0799-6832747

江西省上高县宏远化工有限公司

上高县宏远化工有限公司是生产塑料助剂的专业公司，拥有中高级职称12人，其中高工2人，工程师6人。公司充分依靠科研院校的人才资源和技术优势，充分发挥科技创新能力，致力于塑料助剂新技术、新产品的开发、生产，已形成年生产能力10 000吨。目前生产的塑料助剂有5大系列48个品种，其中有硬脂酸盐系列及辅助产品三盐、二盐、氰尿酸铅；膏状复合稳定剂系列；无尘复合铅稳定剂及钙锌复合稳定剂系列；润滑剂系列有：聚乙烯蜡，氧化聚乙烯蜡，硬脂酸丁酯，单甘酯，亚乙基双硬脂酰胺；酰胺类（硬脂酸酰胺、芥酸酰胺、油酸酰胺）。

公司于2001年获得“江西省民营科技企业”称号，并于2002年通过ISO 9001国际质量体系认证。

地址：江西省上高县科技工业园
电话：0795-2505258　2505358
传真：0795-2505356
网址：www.jxhyhg.com
E-mail：wull@jxhyhg.comwu wull@yc365.com

山东省塑料工业总公司

山东省塑料工业总公司是集物资贸易、商业销售、工业生产、技术开发、信息服务为一体的具有自营进出口权的大型企业集团。总公司成立35年来，随着国家政治经济改革的深入，已经完成了由管理经营型公司向自主经营、全行业服务的综合性公司的稳步过渡。目前主营业务为：塑料原材料及辅料内外贸易等；兼营塑料制品的生产及出口、塑料机械设备开发及技术贸易等。总公司现下设4部处、10个全资子公司、4个控股公司及1个参股公司，与国内外30余家大型石化生产商建立了长期密切合作关系，成为各大石化在山东的产品指定经销商。每年平均经营塑料原材料达15万吨以上，销售收入10亿元，多年来总公司综合效益指标在山东塑料流通行业独占鳌头，在全国同行业也始终名列前茅。2002年总公司经营塑料原料20万吨，销售收入达12亿元，实现利税2 000万元。山东省塑料工业总公司优良的商业信誉和经营效益赢得了社会和广大客户的信赖和支持，总公司先后被上级有关部门授予“全国500家最大服务业企业”、“省级重合同守信用企业”、“AAA级信誉企业”、“省级文明单位”和“模范纳税企业”等荣誉称号，2001年又被山东省政府命名为“全省重点企业集团”。

随着总公司改革的深入发展，“十五”期间，总公司将充分发挥塑料原料流通主渠道作用，紧紧围绕发展的主题，以客户需求为根本，与时俱进、开拓进取，销售总量力争达到30万吨，销售收入20亿元，实现做强做大的战略目标。

总公司本部地址：山东省济南市泺文路9号
邮编：250011
本部传真：0531-6925497　6939855　6921738
网址：www.sdpi-cn.com
E-mail：sdpic@163.com

潍坊中云机器有限公司

该公司是一家有着20多年塑料机械研究制造历

史的中国塑料机械骨干生产企业，专业制造高性能、高品质的塑料挤出生产线，多项国家级科技成果持有单位，建设部指定的建材设备重点推广单位，省科技厅认定的省级高新技术企业和星火示范企业。随着中云公司在挤出技术和成型技术领域不断地取得重大进展，中云公司也稳步快速发展。2001年，中云公司被评为山东省先进民营企业。不久，公司又获山东省十佳民营高科技企业的殊荣。

作为国内一流的挤出设备制造商，中云公司在高聚物挤出领域一直享有盛誉，公司的多项技术均处于国内领先水平，如：一步法硅烷交联聚乙烯挤出技术、对接焊铝塑复合管生产技术、PPR管材生产技术、PE大口径管材生产技术、PE大口径双壁波纹管生产技术、木塑复合型材挤出技术等。中云公司取得这些研究成果，全部依赖于中云的专业化解决方案。针对不同的物料特性和成型工艺，都有与之相应的理论支持和加工系统。作为高聚物挤出领域前沿技术的反应挤出，一步法硅烷交联聚乙烯挤出技术是国内惟一拥有的一步法化学交联管生产技术，并且已成功地在国内推出数10条生产线。2000年，中云公司的对接焊铝塑复合管生产线成功出口到日本，成为国内惟一一家铝塑复合管生产设备出口到发达国家的设备制造商。同时中云公司还拥有处于国际领先水平的技术，如超高分子量聚乙烯连续挤出技术，这项技术克服了以往超高分子量聚乙烯不能连续挤出加工的缺点，并在美国、加拿大、日本等国家申请了专利。HDPE双壁波纹管生产线是中云公司在塑料管制造技术领域取得的最新研究成果。该生产线的领先技术将有力确保中云用户的产品在竞争中处于领先位置。

凭借领先的技术和卓越的品质，中云公司以及中云公司的挤出设备获得了高度认可，确立了中云公司在挤出领域的领先地位。

地址： 山东省潍坊国家高新区
电话（总机）： 0536-7722031
传真： 0536-7722888
网址： www. zhong-yun. com
www. plastics-machinery. com

山东莱芜塑料制品股份有限公司

山东莱芜塑料制品股份有限公司是集吹塑、注塑、滴塑、挤出为一体的综合性塑料加工企业，近年来坚持以市场为导向，坚持“团结务实、忠诚合作、开拓创新、勇于拼搏”的企业精神，在技术创新、新产品开发、精神文明建设等领域取得了与时俱进的成就，连续10年被评为省级“重合同、守信用”企业，中国水利协会农水专业委员会微灌学组副组长单位，中国水利企业协会灌排设备企业分会副会长单位，中国塑料加工工业协会理事单位，中国塑料加工工业协会节水器材专业委员会副理事长单位，山东省农地膜定点生产厂。1998年通过ISO 9001质量管理体系认证，并于2001年11月顺利通过ISO 9001（2000版）暨ISO 9001（1994版）换版复评工作。

2002年，莱塑继承担并圆满完成国家“八五”、“九五”重大科技攻关项目之后，又顺利承担了国家“863”计划“十五”重大科技专项——“温室微灌系统关键设备及新产品研制与产业化开发”的课题任务。该课题完成后，莱塑股份将达到年产微灌器材面积150万亩以上：可获小管径滴灌管、小管径滴灌带等8项专利，课题总体目标达到国内领先、国际先进。

莱塑股份现拥有“微灌系列产品、喷灌系列产品、滴塑制品、注塑制品”等8大类、69个品种、360多个规格。其中，微灌产品作为企业的龙头产品，先后荣获国家“八五”重大科技成果奖，国家科技进步三等奖，山东省科技进步一等奖，国家“九五”重点科技攻关计划优秀成果奖和山东省科技进步二等奖，省级名牌产品等称号。

地址： 山东省莱芜市鲁中东大街109号
邮编： 271100
电话： 0634-8805855　8808710
传真： 0634-8807623
网址： www. lsgroup. com. cn
E-mail： SDLWSLC@LW-public. sd. cninfo. net

青岛中塑经济发展有限公司

该公司为主营石化产品生产和贸易的跨国企业。

自1992年来，公司由原来的贸易为主扩大到现在的塑料（加工、管材、型材、片材等）助剂、纺织助剂、蜡制品添加剂、橡胶助剂、油墨助剂、涂料助剂、粉末喷涂、油品添加剂和塑料制品的生产。同时我们还在做一些塑料原料，橡塑材料的贸易。

公司始终坚持，“诚信久远，共同发展”的原则，希望和广大海内外的朋友在新世纪里共创辉煌。

地址： 山东青岛市香港中路6号世贸中心B-1709
邮编： 266071
电话： 0532-3894621　5910532
传真： 0532-5918054
网址： www. chemright. com

湖北凯乐新材料科技股份有限公司

湖北凯乐新材料科技股份有限公司前身为荆州塑料管材厂，创建于1982年，开始从不足2万元起步，通过近10年的资本积累，于1993年2月改制成立股份公司。1999年元月被省科技厅认定为高新技术企业，4月份通过中国科学院和科技部的“双高”论证。1999年通过ISO 9001质量体系认证，2000年7月在上海证券交易所挂牌上市（凯乐科技600260）。是中国塑料加工工业协会副理事长单位。公司现有员工1 800人，其中各类中、高级技术人员176名。公司占地面积40万平方米，总资产10.2亿元，净资产8.72亿元，拥有各类先进设备218台（套），年生产能力18万吨。连续12年实现经济效益两位数高速增长，连续3年利税突破亿元。

公司主导产品四大类：

1. 塑料门窗异型材；

2. 应用于给排水、通信、电力、电工管道系统的各种类型PVC、PE、PP、PVC-C管材、管件；

3. 应用于高速公路、堤坝建设的新型土工合成材料：塑料格栅、格网、三维植被网垫等；

4. 光缆、通信电缆等光电通信材料及通信线路护套管。

公司先后荣获湖北省“用户双满意企业”、“首届百佳诚信纳税人”和“全国轻工行业优秀企业”、“全国化学建材先进集体”、全国重合同守信用企业。1997～1999年连续三年被中质协评为“全国质量效益型先进企业”。今年又获得“全国精神文明建设先进单位”称号。

地址： 湖北省荆州市公安县凯乐塑料工业城
邮编： 434300
电话： 0716-5209337　0716-5209804
传真： 0716-5209379
网址： www.kaile.com.cn
E-mail： kailegroup@371.net

十堰鸿鹄塑料制品有限公司

十堰鸿鹄塑料制品有限公司是十堰市金利威汽车装饰材料公司与韩国统一工业株式会社共同投资兴建的中外合资企业，公司从国外全套引进XPE自动生产线及技术，具有当代国际先进水平。XPE无与伦比的技术、经济和实用性，填补了我国塑料行业的又一空白。公司生产汽车内饰件与多家大型汽车厂家配套，技术力量雄厚，开发力强。在1997年7月通过了ISO 9002质量认证。可根据用户要求开发生产各种XPE成型内饰件及复合产品，满足各类环境下产品的保温要求。

地址： 湖北省十堰市襄阳路18号
邮编： 442012
电话： 0719-8780248　8788810
传真： 0719-8784230
电挂： 6859
E-mail： SYHUSL GS@sy.hb.cninfo.net

湖南安塑股份有限公司

湖南安塑股份有限公司前身为湖南安江塑料厂，始建于1966年，迄今为止已有30多年塑料研究与加工的经验与历史，是湖南省第一批建立现代企业制度试点企业，湖南省22家重点企业集团之一，拥有湖南省工业企业第一批省级技术中心。

目前公司下辖五家控股子公司，分别是长沙中圆科技有限公司、湖南海天塑料有限公司、洪江市有源有限责任公司和岳阳安塑材料有限公司，其中长沙中圆科技有限公司控股湖南健康生物制品有限公司。近期公司还托管了长沙振升铝材有限公司。

湖南安塑股份有限公司是国内研发力量雄厚，设备先进的大型人造革合成革生产厂商，是中国第一家以人造革合成革研究、开发与生产为主营业务的上市公司。

湖南安塑股份有限公司现已发展成为人造革合成革行业的龙头企业，并先后获得了“湖南省优秀企业”、“中国行业百强”、“中国塑料100家最大工业企业”、“湖南省100家最佳经济效益工业企业”、“中国企业管理杰出贡献奖”等荣誉称号。

湖南安塑股份有限公司的主要产品有PU透气合成革、PV-PVC人造革、工业用铝型材、高精饰建筑用铝型材、PVC板材与管材、农用地膜、天然维生素E等。

地址： 湖南省长沙市芙蓉中路海东青大厦16楼
邮编： 410005
电话： 0731-4318808
传真： 0731-8815031

网址： www. chnanplas. com
E-mail： 00156@chnanplas. com

广东东莞市彩虹塑胶颜料有限公司

东莞市彩虹塑胶颜料有限公司，是一家生产销售原装颜料、染料的专业公司，主要产品有：油溶性，有机、无机、荧光系列等各种颜料，染料各种银白珠光粉，有色，幻彩珠光粉，黑粉、白种、珠光种、金种、银种、扩散剂、扩散油、增白剂、钛白粉、金粉、银数、金点、银点、云石点，镭射点，抗紫外光剂、挤氧化剂、抗静电剂、平光粉哑光粉、好滑粉、硫酸钡、透明粉、发泡剂，大理石流纹色母、光变温变色粉等。

地址： 广东省东莞市凤岗镇油甘埔工业区
电话： 0769-7779115　7779116
传真： 0769-7770858

深圳市瑞格尔仪器有限公司

深圳市瑞格尔仪器有限公司是研制、生产智能化材料检测仪器设备及研究材料试验技术的专业厂家。产品有用于金属、塑胶、线缆、纺织、造纸等行业的微机控制电子万能试验机、液晶显示组合式摆锤冲击试验机和落锤冲击试验机。

近期又研制开发了适用于工矿企业、国防科研、大专院校、质检计量和建材行业的微机控制全自动压力试验机、微机液压和伺服控制万能试验机、扭转试验机。

本公司积累10年经验开发生产的12大系列83种规格品种的试验机，除能对不同性质的材料按国内外不同标准进行常规拉、压、弯、剪、撕、剥、扭转、冲击等力学性能测试和分析研究外，还能在试验机上进行高低温和低周循环疲劳寿命的动态、静态试验，真正实现了一机多用途，是替代进口的理想产品。

地址： 深圳市高新技术产业园中区科华路5号
邮编： 518057
电话： 0755-26502538　26502528
传真： 0755-26639422
网址： www. reger. com. cn
E-mail： reger@reger. com. cn

广东顾地塑胶股份有限公司

广东顾地塑胶股份有限公司是广东伟雄集团最早设立的企业，同时也是中国塑胶建材行业的领先者。其控股子公司有：高明市顾地塑胶有限公司、重庆顾地塑胶电器有限公司、湖北顾地塑胶有限公司、北京顾地塑胶有限公司、顺德市顾地塑钢门窗有限公司、高明市顾地新材料科技企业有限公司等六家企业。主要产品有各类大口径输水管、通信电缆管、PE煤气管，建筑用绿色PVC电线槽管、环保U-PVC给排水管、抗菌PPR供水管等几十个系列及其配套产品，逾千个型号规格，另有高级PVC门窗型材、中空玻璃和门窗产品系列。

20世纪80年代，顾地塑胶在业界率先提出“以塑代钢”、“以塑代木”口号，并将产品定位在高质量，高档次之上，也正是这一准确的市场定位和国内巨大的发展空间，顾地成功地做成行业响亮的品牌，发展成为中国建材行业内知名企业。现为中国塑胶加工协会会员单位、中国塑胶加工协会管道专业理事单位。

21世纪是崇尚绿色的世纪，环保是一个世界性主题。顾地早在20年前就已率先朝此方向努力，推动中国建筑住宅环保、节能潮流，生产“环保、绿色建材”产品，是顾地产研的重中之重，顾地曾先后多次参加国家行业标准的制定和评审，先后有数十项专利技术填补国内空白，不仅有力地“推动中国以塑代钢的潮流”，同时凭借强大的科研开发实力，结合国内塑胶市场和国际塑胶发展趋势，通过长期与国内外著名院校和科研单位的技术合作，不断开发出引领行业的尖端产品。

同时，随着市场的发展变化，顾地同样也面临着前所未有的挑战。顾地认为要做塑胶建材行业No. 1，出路只有一个：朝规模化发展，把顾地生产基地覆盖到销地去。因此，为适应市场发展、变化的需要，业绩连年大幅增长的顾地塑胶果敢走上扩张之路。该公司先后在广东顺德、广东高明、重庆璧山、湖北鄂州、北京等地建立了五大生产基地，拥有标准厂房总面积20多万平方米、员工逾3 000人、国际先进自动化生产线160多条，目前拥有生产能力10万吨，初步实现其战略“核心”：从产地销向销地产转变。从而降低了生产成本，提升了竞争力。

作为实施多元化战略的一大举措，1998年顾地塑胶股份有限公司又相继成立塑料门窗型材事业部和顺德顾地塑钢门窗有限公司，项目投资逾亿元人民币的公司，拥有莱梅特全自动混料系统，克劳斯玛菲PVC型材挤出生产线、格瑞纳高速挤出模具、叶鲁四角焊机联线、李赛克全自动中空玻璃生产线等先进生产设备，目前产品产量、档次均居广东省内行业前茅。现在该公司共有“经典系列”、“雅居系列”、“阳光系列”三大系列，产品应用欧陆、北美之设计技术，分别针对中国地域气候和建筑多样性的特点而研发，顾地型材鲜明的个性化、本土化特征，正是顾地与加拿大PHTECH、德国KBE等国际伙伴通力合作的成果。

在树立品牌方面，“顾地”人也有着自己的名牌理念。他们认为，名牌是创造出来的，是经过多年的市场竞争，优胜劣汰闯出来的。名牌首先在产品质量上必须是绝对可靠的。名牌的创造是长期经营的结果，决不是短期行为的产物，靠一时的鼓吹，简单的“广告轰炸”是无法持久的。为了提高产品质量，顾地人依托ISO 9000质量保证体系的贯彻实施，以抓产品标准为前提，在吸纳国内外先进技术、先进经验的基础上，建立了完善的产品技术标准体系和企业生产标准，对原材料采购、加工都进行了严格的规范，制定和颁布了工序质量检测标准、产品测试标准和内部质量考核奖惩制度，使产品形成的各个阶段都有鉴别依据，从而以过程质量保证了产品质量，保证了企业产品的长期稳定。顾地多家公司均获得ISO 9000质量保证体系和高新技术企业的认证，并在行业内率先获得中国环境标志产品认证及绿色产品鉴定。

创造名牌，确保产品始终处于同行业的领先地位，同时也是顾地公司开发新产品的行为准则。他们凭借技术中心超前的开发技术和核心创新能力，不断取得产品核心技术的自主权，始终保持在同行业中技术上的领先优势。他们坚持以市场为导向，从市场入手开发新产品，经常组织高层次、大范围的市场调研活动，深入市场第一线，走访客户，及时获得第一手的市场资料，掌握市场动向，为公司制定具有市场竞争力的新产品开发策略提供可靠的信息依据。完全做到了按照市场的需求预测组织生产，并能根据市场反馈，及时做出更能适应市场需要的调整，使公司坚持市场导向的经营理念进一步落到实处，工作作风更加务实，营销观念更加进步。顾地品牌产品被评为“国家权威检验达标产品”、“国家推荐建材产品”、“广东省著名商标”。

现在，顾地塑胶已是一家外商投资股份制公司，确立了现代企业制度，并逐步加强资本运作。所有这些，都将成为顾地下一轮扩张的坚实基础。

地址：广东省顺德市容桂区环安路9号
电话：0765-6688938
传真：0765-6688928
E-mail：sdwels@pub.sdnet.gd.cn

东华机械有限公司

东华机械有限公司是一家以研制生产全自动电脑注塑机及其附属设备为主的高新技术企业，于1986年5月成立，占地50 000多平方米，现有人员550多人，拥有一整套先进完备的设计、生产、加工和装配检测设备，可一次性为不同规模的注塑制品厂家提供全套注塑机械及其配套设备，注射质量从43～30 000g，合模力从220～32 000kN，年产值3亿多元。1993年，东华公司即在国内塑机行业首家获得高新技术企业认定证书和ISO 9001质量管理和质量保证国际标准认证合格证书。

1994年东华公司被广东省科委批准成立“广东省塑料机械工程技术研究开发中心”，这是全省惟一一家依托企业进行塑料机械行业工程技术开发的科研中心。公司凭借着雄厚的产品设计开发力量，在多个项目的研发上屡创佳绩。1993年在国内首先突破特大型注塑机的设计和工艺技术，成功研制生产出国内首台合模力为2 500t的TTI-2500特大型注塑机，填补了我国的空白，获得了国务院颁发的“中华之最”荣誉证书，是我国注塑机设计和制造技术的重大突破。1999年又成功研制出国内第一台TTI-1800TON二板式注塑机，2000年研制出国内第一台环保节能高效的全电动注塑机，同时，公司于1998年采用欧美标准要求成功研制出L型、X型注塑机，产品以OEM方式已批量出口到欧美等发达国家，标志着东华公司的技术、生产水平已达到国际先进水平。

为了与世界先进技术保持同步，东华公司长期与北京化工大学、华南理工大学、广东工业大学等高等院校保持紧密的技术联系。同时，公司还与美国HPM公司、油研公司等世界著名公司保持紧密的技术合作，共同开发高新技术产品和非标产品。

为了实现管理现代化，东华公司于1998年开始大力推行CIMS管理系统，逐步在全公司实现电脑化管理。1997年公司开始使用MRPⅡ软件，目前已全面实现采购、生产、销售、财务电脑化管理。

地址：广东省东莞市建设路15号
邮编：523070
电话：0769-2810339　2810389
传真：2412829
网址：www.donghua-ml.com

茂名市塑料制品厂

茂名市塑料制品厂是固定资产总投资 2 250 万元的中型塑料制品加工企业，拥有先进的生产设备 50 多台（套），年生产塑料制品 5 000 多吨，有各类专业技术人员 30 多人，员工 307 人。主要产品有编织袋 2 500 万条；复合编织袋 BOPP 彩膜复合编织袋；塑纸复合水泥袋 2 500 万条；塑料薄膜 2kt。产品广泛用于石油化工、食糖、粮食、饲料、化肥、水泥包装。

地址：广东省茂名市计星工业区
邮编：525000
电话：0668-2523135　2520663
传真：0668-2520889

四川广汉锐星塑胶有限公司

该公司已通过 ISO 9000 质量体系认证评审。生产的“鱼跃”牌塑料制品质量稳定可靠，市场占有率及商标知名度不断提高，已成为四川省出口包装定点厂。产品得到四川省进出口检验检疫局、四川省技术质量监督局、全国行业质量检测中心及成都铁路局技术安全处等部门的技术质量认可，并获得相关的质量证书和荣誉称号。公司的“鱼跃”注册商标已成为德阳市知名商标。

该公司的主要产品是 2-200L 塑料各类吹塑中空容器、塑料周转箱、各种塑料板材、家用电器配件、热成型制品、塑料模具设计、加工和塑料辅机制造等。产品广泛用于出口化工、食品包装，建筑设计、家用电器、生活日用等领域。

地址：四川省广汉市南昌路二段
邮编：618300
电话：0838-5102222（传真）
网址：www. ghrxsj. com

成都科强高分子工程公司

成都科强高分子工程公司成立于 1992 年，是中蓝晨光化工研究院与成都倍特发展集团股份有限公司合资兴办、四川省认定的高新技术企业。

该公司注册资金约 600 万，固定资产达 400 万。公司以中蓝晨光化工研究院为技术依托，拥有一批高分子材料研制和高分子化工专用设备开发方面的专家和学科带头人，现有在职职工 70 人，而专业工程技术人员占了 75%，专家级教授高工占公司总人数的 30%，拥有 4 名享受国家特殊政府津贴的专家和两名中青年学科带头人。

公司拥有一个工程塑料厂和一个化工专用设备厂，可年产改性材料 5kt、化工专用设备 80 台（套），并可为客户提供全方位的工程技术咨询、转让、研究和开发服务。公司具有完善的质保体系，通过了 ISO 9001：2000 国际质量体系认证（获准使用英国“UKAS”皇冠标志）并得到了国际权威认证机构的有力监督和持续保证。

地址：成都市人民南路四段 30 号
邮编：610041
电话：028-5532101　5589921
传真：028-5543911
网址：www. ke-qiang. com
E-mail：keqiangg@mail. sc. cninfo. net

云南省个旧市塑料厂

云南省个旧市塑料厂位于城区西部，交通便利。在昆明市风景秀丽的滇池南湖畔建有分厂，工厂始建于 1970 年，现有职工 200 人，拥有总资产 3 500 万元。

该厂是云南省农地膜定点生产厂，出口磷酸包装桶定点生产企业，国家医药局在云南省塑料医用药瓶定点单位。降解塑料获国家重点新产品殊荣。企业先后被评为省级、州级、市级“高新科技先进企业”，“重合同、守信用单位”和“物质、精神双文明企业”。

地址：云南省个旧市西口冲
邮编：661000
电话：0873-2122231　2131986
传真：0873-2131986

新疆天业股份有限公司

新疆天业股份有限公司（简称“新疆天业”），位于新疆维吾尔自治区石河子市。该公司创立于 1997 年 6 月，是新疆生产建设兵团国有资产控股的首家大型综合类上市公司。至 2001 年末，公司已拥有资产总额 22.17 亿元，净资产 10.8 亿元，总股本 22 680 万元。现有员工 12 000 余名，各类专业技术人员

2 000余名。新疆天业已拥有9家分公司，9家控股公司和6家参股公司。拥有对外经济技术合作权和国家认定的企业技术中心。

新疆天业主要从事农用塑料节水器材、塑料制品、化工产品、食品和农业种植，以及农副产品深加工的生产和经营。

新疆天业是新疆最大的塑料制品生产企业，年生产塑料制品 50kt。新疆天业积极落实国家提出的“把节水灌溉作为一项革命性措施来抓”的要求，发挥天业“企业技术中心”的创新能力，不断引进、吸收国外节水灌溉技术和先进设备，自主开发符合国情的、农户用得起的“一次性可回收滴灌带”及其配套的“天业滴灌系统”。2000 年推广滴灌面积 15 万亩，2001 年达到 50 万亩以上，今年形成 200 万亩节水器具生产能力，“十五”期间可形成 600 万亩节水器具的生产能力。节水技术也走出国门，在塔吉克等中亚国家推广成功。新疆天业节水器具生产规模和技术推广应用已位居全国第一，农膜生产规模及产品质量都居全国同行前列，其产品被评为“新疆名牌”。其中，“天业”牌农用地膜被农业部评为优质产品，被 99 中国国际农业博览会认定为名牌产品。

新疆天业是新疆最大的氯碱化工企业，拥有 10 万吨化工产品生产能力，其中，年产烧碱 40kt，盐酸 25kt，硫酸 30kt，聚氯乙烯树脂 50kt，液氯 3kt。

新疆天业拥有 8 万吨食品加工能力，其中番茄酱 60kt，柠檬酸 15kt，胡萝卜汁 6kt。

新疆天业所属天业北泉农场和天业东阜城农场，拥有耕地 44 万亩，是天业在石河子垦区建立的农产品深加工，贸、工、农一体化示范基地。

地址：新疆石河子市迎宾大道天业工业园
邮编：832000
网址：www. xj-tianye. com
E-mail：master@xj-tianye. com

人物风采

王德全

男，汉族，辽宁省新民县人，1928年9月5日出生，教授级高级工程师。1953年毕业于大连工学院，分配到重工业部化学工业局工作。1955年以后在沈阳化工研究院、北京化工研究院、晨光化工研究院、南通合成材料实验厂工作。历任技术员、专题组长、工段长、车间主任、工程师、研究室主任、副总工程师、总工程师。曾担任国家科委发明评选委员会特邀审查员、中国塑料工程学会常务理事、工程塑料专业委员会主任、中国化工学会石油化工学会理事、全国塑料标准化技术委员会主任。

20世纪50年代参加组建了我国第一个塑料成型加工研究室（沈阳化工院塑料成型研究室），担任组长，研究专题是聚氯乙烯塑料加工应用。首先开发了薄膜、电缆料、管材、板材等制品。研制出的电缆料及真空成型军用地图薄膜均为军事部门所采用。聚氯乙烯塑料运输带已在工厂推广。60年代，参与了电容器用聚酯薄膜的研制，其加工工艺技术已用于工业生产，并通过了原化工部的鉴定。组织与参加聚四氟乙烯塑料挤压成型（管、棒）的研究，为部队供样并向工厂提供设备图纸。组织研制的填充氟塑料产品定型后交付军工及民用部门使用。70年代末组织并参加研制了玻璃纤维增强聚丙烯、玻璃纤维增强聚酯塑料，带领专题人员到工厂进行扩大试验，成功后投入生产。1978年玻纤增强聚丙烯塑料获全国科学大会奖，玻纤增强聚酯塑料获四川省科学大会奖。80年代组织野战军用尼龙-聚乙烯被覆线、增强尼龙610塑料脱壳弹弹托材料等项研制工作，均获得成功，产品通过了化学工业部鉴定。80年代末至90年代参加组建化工部南通合成材料实验厂，任总工程师，担任国家技术开发项目“工程塑料加工与应用”负责人。组织研制出了增强塑料（FR-PP、FR-PA、FR-PBT）及塑料合金（PC/PE、PC/PBT、PC/ABS）并通过了国家验收。1988年获国防科工委“献身国防科技事业”荣誉证章、证书。1992年获化学工业部“国防化工创业奖”奖励证书。1994年获国务院政府特殊津贴并颁发证书。60年代曾赴前苏联考察玻璃钢、80年代赴日本、德国、比利时考察聚酯薄膜、90年代赴美国、印度进行化工科研与技术开发的考察。回国后向国家科委、主管部、厅局汇报并出版专题考察报告供国内参考和借鉴。先后发表论文8篇，译著6部。

吴舜英

女，汉族，1932年6月出生于上海，1952年高中毕业于原省立松江女子中学（现松江二中），1953年考入原华东化工学院（现华东理工大学）化机系，1953年选拔考入北京外国语学院留苏预备部，1960年毕业于前苏联莫斯科化学机械工程学院、橡塑机械及装备专业，获前苏联化工机械工程师学位。1960年回国后分配到原华南工学院（现华南理工大学）橡塑机械教研组任教，1982年晋升为副教授，1989年晋升为教授，1992年获由国务院批准颁发的政府特殊津贴，1984年开始招收研究生，1993年经国务院学位委员会批准为博士生导师，现已培养出10名硕士研究生，8名博士研究生1名博士后，现任中国振动工程学会包装动力学专业委员会常务理事、中国塑料工程学会注塑技术专业委员会副主任。

1960年分配到华南理工大学工作后一直从事塑料加工机械专业的教学和科研工作，在教学方面一直在教学第一线，多次从事本科专业教学的各个环节工作，在讲授专业课中，侧重于注塑成型原理及技术，塑料成型模具，泡沫塑料成型原理及技术等专业课，曾多次参加本专业的全国统编教材的编审工作，讲授过研究生的专业基础课高分子物理，塑料成型定型过程的有关理论研究，泡沫塑料成型原理等。研究生的研究课题主要结合科研项目，其中对塑料发泡机理的研究方面比较有系统地做了以下一些课题研究：1989年，“挤出发泡的泡孔成核机理”；1990年“高聚物熔体中气泡成长动力学的研究”；1991年“含发泡剂的聚合物熔体在收敛管道中流动行为的研究”；1993年“挤出发泡过程中泡体密度变化的研究”；1996年“非等温条件下挤出发泡成型与定型过程的研究”；1997年“PS/CO_2微孔泡沫塑料挤出发泡成核机理的研究”；以上都是硕士研究生学位研究题目，博士研究生的学位论文有，1999年“挤出发泡成型中气泡膨胀过程的数字模型研究及简化”；2000年“泡沫塑料动态成核机理的研究”；2000年“泡沫塑料成型气泡膨胀阶段气泡振动机理的研究”；2000年“对塑料发泡中应用的经典成核理论的研究”，指导两位在读博士生开展有关气泡膨胀和以超临界CO_2为发泡剂的气泡动态成核的研究。有一位博士后的研究课题“精密注塑与微孔注塑机理及技术研究”，2003年6

月已通过出站论文报告。

主持过多项塑料机械的研制任务。1980年由轻工部机械局下达的研制“PE钙塑结构泡沫宽薄板工艺及设备”，1984年通过部级鉴定，获国家教委科技进步二等奖，轻工部金龙腾飞奖，广东省高教局科技进步二等奖。1984年由轻工部下达的“低发泡塑料结构泡沫板挤出机组”，1987年通过部级鉴定，获广东省高教局科技进步二等奖，广东省科委科技进步三等奖。这两项都是填补国内空白的项目。当时在国际市场上也还未见有此类产品。由于控制难度大，稳定生产比较困难，为了进一步开发新的技术，一直在进行发泡机理的研究，1995年、1998年两次获得国家教委博士点基金的资助，研究课题分别是“塑料发泡成型机理的研究，及计算机模拟”和“各种场量作用下挤出微孔发泡成核机理的研究”；2001年获得国家自然科学基金的资助，研究课题是“泡沫塑料动态成核机理研究及数学模型的修正”。刊登在国内核心刊物和统计源刊物上文章有20多篇。其中“对塑料发泡膨胀过程气泡振动的研究”刊登在2001年中国塑料第3期上，已被EI收录。

经过20多年教学和科研的实践，对塑料发泡机理和技术进行了比较系统的研究，收集了较多的有关资料，与徐敬一教授合写了《泡沫塑料成型》专著，并任主编。全书46万多字由化学工业出版社于1984年出版受到读者的好评。1996年中国台湾高分子杂志社向化学工业出版社购买了出版权，并于1997年1月在中国台湾出版。1999年2月《泡沫塑料成型》第二版由化学工业出版社出版，增添了一些新的有关发泡成型原理的研究成果和新技术的发展情况，全书54万多字。

何嘉松

男，1944年生，浙江杭州人，理学博士，中国科学院化学研究所研究员、博士生导师，化学所学术委员会委员，工程塑料国家重点实验室主任，中国科学院研究生院教授。1966年毕业于中国科学技术大学近代化学系高分子物理专业，1981年获理学硕士学位，1985年获理学博士学位，1987年应聘于荷兰DSM研究公司从事博士后研究。兼任中国化学会理事、中国化学会高分子学科委员会委员、中国复合材料学会理事、中国航空学会复合材料专业委员会委员、全国塑料标准化技术委员会委员、国际纯粹与应用化学联合会（IUPAC）大分子部（Ⅳ）大分子术语委员会委员（M401）、IUPAC化学名词与结构表达部（Ⅷ）国家代表（NR800）、IUPAC大分子部（Ⅳ）项目组成员（TGM 1999-039-1-400）、《Chinese Journal of Chemistry》杂志编委、《复合材料学报》杂志编委。

长期从事高分子材料科学研究工作，在高分子合金、共混物与复合材料领域，对现有聚合物品种在制取高性能材料过程中所涉及的结晶、取向、流变性能、增容与界面作用、形态演变与调控等科学问题，对高分子材料的设计、制备、结构与性能的关系进行应用基础研究。主持与承担国家科技攻关项目、国家自然科学基金重点项目、国际合作研究项目等多项。“热塑性树脂的增强：从原位复合材料到原位混杂复合材料”获中国化学会高分子化学基础研究王葆仁奖。应邀在“太平洋高分子大会”、“欧洲高分子大会”、“国际聚合物加工协会年会”、“新加坡国际化学大会”、“东亚高分子大会”等国际学术会议以及在国外大学、研究所、公司做邀请报告与讲学30余次。应邀撰写在美国出版的英文专著1章，发表学术论文100余篇，其中在Macromolecules、Polymer、Journal of Polymer Science、Polymer Engineering and Science、Journal of Applied Polymer Science、Composites Science and Technology等SCI国际学术刊物发表学术论文40余篇，SCI刊物他人引用共计100余次。申请了中国发明专利15项，其中7项已授权。

李德群

男，汉族，1945年8月7日出生于江苏泰县，1968年毕业于北京清华大学冶金系，1980年在武汉华中科技大学获工学硕士学位。中共党员，华中科技大学教授，博士生导师。现任华中科技大学材料科学与工程学院院长，华中科技大学模具技术国家重点实验室学术委员会副主任，华中科技大学模具技术国家重点实验室与上海交通大学模具国家工程中心塑料模C3P联合研究室主任，中国模具协会CAD/CAM技术分会主任委员，国务院学位委员会材料学科评议组成员。

李德群教授长期从事塑料注射过程计算机模拟和模具CAD/CAE/CAM的教学和科研工作。1986～1987年在美国康乃尔大学从事塑料注射模CAE研究，为美国AC-Tech公司开发出第一代商品化塑料注射成型冷却过程软件C-Cool1.0。

1987年回国后，李德群教授先后承担了国家

“七五”、“八五”和“十五”重点攻关项目，从事塑料注射模CAD/CAE/CAM系统的研究和开发，并在1988年和2000年两次获得国家自然科学基金的资助，系统地开展了塑料注射过程计算机模拟理论和方法的研究。

1990年，李德群教授所领导的科研组首次在国内推出了基于DOS操作系统的商品化塑料注射成型模拟软件和模具CAD/CAE/CAM系统，在国内重点企业获得了初步应用。1996年又率先推出了基于Windows操作系统的商品化软件，在国内近二十家企业和学校获得了成功应用。2001年完成的三维塑料注射成型模拟软件HSC系列能直接采用三维实体和表面模型进行分析，软件操作简便、分析准确、价格低廉，各项指标均达到了国际先进水平，得到了社会的好评。HSC系统包括流动、保压、冷却和模具CAD/CAE/CAM教学软件，已在国内80多家企业和学校获得了广泛的应用。以上成果曾多次获得省部级科学进步和教学成果一等奖和二等奖，如1989年教育部科技进步一等奖、1994年教育部科技进步二等奖，1995年贵州省科技进步二等奖，1996年河南省科技进步二等奖，1996年机械工业部优秀教材一等奖，2001年中国高校科技进步一等奖，2001年湖北省教学成果一等奖等。2002年HSC系列软件荣获国家科学进步二等奖并被评为中国机械工业协会2002年度中国机械工业五项重大科技进展发布项目之一。

李德群教授在国内外共发表论文190余篇，撰写专著3部，编写教材7本，20多年来培养了一大批优秀的博士和硕士。目前的研究方向为基于知识、面向宏微观结合的塑料注射模CAD/CAE/CAM/PDM集成系统的研究和开发。

许政仓

男，汉族，生于1941年12月。高级工程师，中国轻工业机械总公司副总工程师。1966年9月哈尔滨工业大学精密机器制造专业毕业后，先后在中国人民解放军北京军区4633部队、装甲兵科学技术研究院、第五机械工业部第二〇一研究所工作。担任过战士、见习排长、实习研究员、工程师。1982年4月调至原轻工业部机械局，现中国轻工业机械总公司。先后担任产品处处长、总公司副总工程师，同期被推选和聘任为中国塑料工程学会塑料机械专业委员会副主任委员；中国轻工机械协会塑料机械专业委员会主任委员；全国橡胶塑料机械标准化技术委员会副主任委员；《亚太塑料橡胶》杂志编辑委员会主任委员兼主编；国家经贸委、国家科技评估中心、商务部、北京市资产评估中心咨询专家及中国证监会行业专家。

主要工作是参加或主持制定全国或部门塑料机械工业发展计划及相关政策，组织新产品、新技术开发，引进国外先进制造技术，制定部级或行业标准及相关项目的论证、评审、咨询工作。20年中，组织在轻工业部及相关部位立项的塑料机械新产品新技术近百项，包括试制国内首台万克注射机、精密注射机、中空成型机、异向旋转平行双螺杆挤出机、聚氨酯发泡注射机及聚氯乙烯低发泡板材生产线等。上述产品及其后发展的系列产品绝大部分都已成为国产塑料机械的主导产品。

参加或主持在轻工业部立项的中外技术合作，技术引进的有6个厂和9个项目。包括浙江塑料机械厂和无锡塑料机械厂同德国巴登费尔德合作生产HK型、BK型注射机；山东塑料机械厂先后引进地膜机组、流延膜生产线制造技术；湖北省轻工业机械厂先后引进包装膜生产线和制袋机械制造技术；武汉塑料机械厂先后引进的平行双螺杆挤出机和大型中空成型机制造技术及武汉轻工业机械厂引进的聚氨酯发泡高压注射机等。这些引进技术对提高我国塑料机械制造水平和满足市场需求上发挥了重要的作用。其中由李家琳同志主持，许政仓同志参加并率队赴外技术培训的中德合作生产HK型和BK型注射机是我国改革开放后，首次打开了国内塑料机械制造业同国外厂商合作生产引进先进制造技术之门。

先后筹备和主持了首次全国塑料机械行业分别同德国力士乐、美国威格士和日本立石电机公司的液压电器控制技术交流会，并通过立项应用到国产塑料机械上，为国产塑料机械产品控制水平的提高开通了新渠道。20世纪80年代中期，参加筹办了我国第一次全国橡胶塑料工业展览会，随后多次主持筹办了全国性或国际性同类会展。多次率领国内企业有关人员赴德国、意大利和日本等国参观考察或技术培训。对国内外同行技术交流，国产塑料机械产品走向国际市场产生了积极作用。

参加编制轻工业部塑料机械行业“七五”发展计划，主持并执笔编制“八五”、“九五”发展计划，科技部“十五”及20年重点发展技术（塑料机械部分）。参加编写轻工机械“十五”计划前期工作的“轻工机械现状与发展”课题研究并执笔编写塑料机械部分。

先后在《中国塑料》、《中国塑料橡胶》、《工程塑料应用》和科技日报、中国包装报、建材报等杂志报刊发表约20篇文章，介绍国内外塑料机械制造技术发展情况，发展我国塑料机械工业思路，开拓国内外市场等，对我国塑料机械发展有一定的参考价值。

王兴天

男，汉族，1936年8月22日出生，辽宁凌源人，北京化工大学教授，中共党员。

1958年毕业于西北工业大学机械制造系，即到同年成立的北京化工学院（今北京化工大学）任教。曾任机械零件、机械原理、橡塑机械、塑料成型技术与装备教研室主任。1961年带职在莫斯科化工机械学院（МИХМ），著名俄罗斯学者A·H列文导师指导下做访问学者。回国后，借鉴МИХМ的教学大纲致力于橡塑机专业的教学改革与专业建设。

多年来，从事教学与学术研究，技术开发与实验研究。在学术研究方面，撰写国内外学术会议与刊物论文200余篇，并有多部著作，其中代表性的有《注塑成型技术》（1989年，化学工业出版社）；《轻工技术装备手册》（塑料加工机械）主编（1993年，机械工业出版社）；与俄罗斯学者舍列瑟夫教授合著，关于热成型技术的《塑料橡胶片材加工制品技术》（1998年，化学工业出版社）等。其中86万字巨著《注塑成型技术》一书反映了作者多年来从事教学、学术与实验研究成果。至今已11次印刷，对塑料加工业及制造业的发展有较深的影响，并被高校选为培养研究生的主要参考书。

取得多项研究成果。其中有代表性并具有实用工程价值的项目“SZE200/100注塑成型实验机及HPVC注塑成型技术的研究”1989年通过国家鉴定（国家科技成果登记号901931），鉴定为“属国内首创，国际领先”，“对HPVC的理论研究取得突破性进展”。在此项目中采用注塑透明料筒，对17种注塑新型专用螺杆：高、中、低剪切螺杆，波状、横纹、无计量段螺杆；PMMA排气螺杆；大理石、HPVC、精细陶瓷、钕铁硼等注塑螺杆进行可视化研究，流变性能研究，注塑成型工艺理论研究以及机电液一体化系统的实验研究。在此实验机上完成本校诸多硕士生论文及清华大学博士生论文的实验研究，此项技术研究成果的实用价值正日益凸现。

研发的“SZ200/100”新型注塑机，属我国首创，1984年通过鉴定。其特点是双曲肘、五支铰，内翻式合模机构并同时匹配双缸注射，大扭矩低转速油马达直接驱动螺杆的注塑部件，构成了完整的现代机型。此机型被“海天”公司承接，经多年的努力，发展成“海天牌”系列注塑机，驰名中外，年销售量8 000余台，居世界之首。1989年为张家港第一轻工机厂（后白熊集团）开发的热混、冷混机系列代替传统设备，成为主导产品，如今已覆盖全国。

“内动直锁双模板式合模机构”此项专利技术将为现代注塑机合模机构乃至整机的创新与技术进步起到关键作用。为此，本专利已被2003年9月在北京人民大会堂召开的“第二届中国科学家高峰论坛”特选为交流专利。

支持行业中技术创新与学术活动。其中有影响的是支持并主持前浙江大学校长路甬祥博士关于机电一体化系统工程控制研究与鉴定并评审我国首个关于“注塑机机电一体化系统工程研究”博士生及清华大学首个关于“精细陶瓷注射成型”博士生论文；支持并主持由“海天”开发的我国首台超大型系列注塑机（3 600t锁模力，5 000g注塑量）的开发与鉴定；支持并主持广州“泓利”（前秦川恒利）研发的带有自主知识产权的全液压外循环直锁式合模机构注塑机及我国首台数码光盘超精密注塑机的研发与鉴定；支持并主持2003年在中国召开的首届“国际塑料机械高峰论坛”，做关于“中国注塑机正走向世界”的报告，发表的有关“加入WTO后的中国塑机制造业”等文章，在中国塑机制造业发展的关键历史时期对推动我国塑机行业的发展起到了积极作用。

由于对塑机专业研究方面与行业技术进步方面所做的贡献，被录入《世界名人录》、《中国专家人才库》、《中国当代科技发明家大辞典》等名录中。

周南桥

男，汉族，湖北省武穴市人，1943年10月出生，教授，博士生导师，中共党员。1969年毕业于华南工学院（现华南理工大学）橡胶与塑料机械专业，毕业后留校任教。1995年享受政府特殊津贴。现任华南理工大学聚合物成型加工工程重点实验室副主任，兼任中国塑料工程学会塑料改性专业委员会理事。

长期从事高分子材料成型加工机械设计及理论的教学、科研工作，自20世纪70年代中期开始，先后承担了轻工业部下达的塑料挤出工程理论、高速高效塑料挤出机、PVC低发泡挤出、塑料共挤出复合吹塑薄膜机组等科研项目，并取得多项成果，《高效高速挤出机螺杆研究》获轻工业部科技成果二等奖、《HN-1 型 $\phi 45$ 塑料挤出机螺杆的研究》获广东省高教局科技成果二等奖、《SJ-65F 挤出机研究》获广东省科技成果四等奖。

从 1990 年开始从事高分子材料成型加工新方法新设备的前沿——聚合物电磁动态成型技术及装备的研究。先后参加或主持国家级火炬计划项目“塑料电磁动态塑化挤出设备”、“八五”国家重点科技（攻关）计划项目“塑料电磁塑料混炼挤出机的研制开发”和“电磁动态塑料注塑机的研制开发”、“九五”国家重点科技（攻关）计划项目“聚合物动态反应加工技术及设备开发”、国家自然科学基金重点项目“高聚物复杂流体的序态、结构和动力学行为研究”以及霍英东基金、博士点基金、国家计委、教育部、广东省等三十多项国家重点科研项目，并获得了多项科研成果，其中：“聚合物电磁动态塑化挤出方法及设备”获国家技术发明奖二等奖（第二完成人）、“塑料电磁塑化挤出设备”获广东省科技进步奖特等奖（第二完成人）、“电磁动态塑化挤出方法及设备”获中国专利发明创造金奖（第二完成人）、“SJDD 系列塑料电磁动态塑化挤出设备”2001 年获中国高校科技进步一等奖（第二完成人），“聚合物电磁动态注射方法及设备”2002 年获教育部提名国家科学技术发明一等奖等。“八五”国家重点科技（攻关）计划项目“电磁动态塑料混炼挤出机的研制开发”和“电磁动态塑料注塑机的研制开发”、“九五”国家重点科技（攻关）计划项目“聚合物动态反应加工技术及设备开发”均通过国家级技术鉴定和验收，其成果均处于国际领先水平。

近年来在聚合物电磁动态挤出过程中复杂流体在振动场作用下行为与响应，包括在振动力场作用下耗散热行为、动态混合机理、聚集态结构和力学性能以及电磁动态反应挤出成型等方面取得了一批新成果，目前从事微孔塑料成型研究。发表论文 50 余篇，编著《塑料复合制品成型技术及设备》及译著《反应挤出——原理与实践》、《塑料产品设计和加工工程》，已先后由化学工业出版社出版。

唐赛珍

女，高级工程师。1931 年 11 月出生。1953 年毕业于广州华南工学院（现华南理工大学）化学工程系。1955 年毕业于哈尔滨外国语专科学校俄语系。

曾任中国轻工业信息中心高级工程师，曾兼任 1989～1997 年国家科委国家级新计划项目评审专家组（化）成员、1988～1996 年任轻工业部科学技术进步奖评审委员会专家、1988～1996 年第三至第六届北京市人民政府专业顾问团顾问。中国塑料工程学会降解塑料研究会理事长、中国包协科学技术委员会委员、中央人民广播电台科技宣传顾问、中国经济技术投资担保公司特聘专家，全国塑料研究所技术协作网顾问。现任中国塑料加工工业协会降解塑料专委会秘书长，兼任中国降解塑料网信息总监、国家发展计划委员会产业发展司轻工纺织工业专家组专家、中国包装总公司专家咨询委员会委员以及《中国塑料》、《合成树脂及塑料》、《亚太塑料橡胶》、《国外塑料》等刊物编委。

大学毕业后曾先后在原化工部沈阳化工研究院、原化工部北京化工研究院、轻工业部塑料局情报所、中国轻工业信息中心从事合成材料技术经济和技术情报研究工作。在化工研究院工作期间，曾参与国家十二年长期发展规划中有关合成纤维专业的编写任务，曾编著出版《合成纤维丛书》及翻译出版《合成材料工业经济》一书。在轻工部工作期间，长期从事塑料工业信息研究工作。也曾参与轻工部有关国家“七五”、“八五”科技攻关的组织工作。1976～1980 年参加“国家七四八工程汉语主题词表”（轻工业主编）工作，1985 年获国家科技进步二等奖；先后主持和参加国家级、部级软课题调研项目 10 多项，其中“轻工业技术经济研究”项目获 1984 年轻工业部科技进步二等奖，1985 年国家科技进步三等奖，“国外轻工业最新技术进展”、“世界塑料机械发展水平和动向”、“塑料合金发展现状和前景”分别获 1990 年、1991 年、1992 年轻工业部科技进步三等奖，“轻工业科技水平和生产结构评估”获 1994 年轻工总会科技进步二等奖。1991～1995 年在国家“八五”科技攻关项目“可降解聚乙烯塑料地膜的研究”项目中，主持“国际降解塑料发展动向跟踪”软课题的研究，并组建中国塑料工程学会降解塑料研究会，主编《降解塑料通讯》，交流国内外降解塑料发展信息。1994 年应美国 SPE 协会邀请参加在美国旧金山举办的 SPE 第五届技术年会，会上宣读了“发展中的中国塑料工业”论文。2000 年受 UNIDO-ICS 邀请参加了在韩国汉城召开的环境降解塑料国际研讨会，会上宣读了“中国降解塑料的研究与发展”论文。

20 世纪 80 年代以来，共发表论文 90 余篇，主要有“国内外塑料工业科技发展水平及对我国‘八五’科技发展方向的探讨”、“微电子技术对塑料加工工业的渗透”、“国内外降解塑料研究开发现状、问题和前景”、“21世纪我国塑料材料应用发展前景”、“21世纪初世界塑料工业发展展望”、“塑料包装与环境”、“关于一次性塑料包装材料与环境问题的思考”等，后者获首届中国国际包装高峰会优秀论文奖。

1992年获国家科技委员会全国科学技术情报系统先进工作者及中国包装技术协会全国先进包装科技工作者称号；1998年在中国包装技术协会第五次全国代表大会上被评为优秀包装工作者（科技），获金杯奖。终身享受国务院政府特殊津贴。

唐赛珍同志作为专家已被收录在《玉林儿女在外地》、《中国高级专业技术人才辞典》、《当代中国科学家与发明家大词典》、《中国专家人才库》、《中国人才世纪献辞》、《二十世纪人才库》、《东方之光——共和国英才全集》等书中。

刘英俊

男，1944年6月出生于北京市。1967年毕业于清华大学工程化学系高分子专业，在辽宁省阜新市氟化学总厂工作10年后于1978～1981年在清华大学化学工程系就读研究生，获工学硕士学位。1981年在轻工业部科学研究院塑料研究室从事科研工作至今，该研究所后改为轻工业部塑料加工应用科学研究所、轻工业塑料加工应用研究所等。1987年获高级工程师任职资格，1998年获教授级高级工程师任职资格，1992年起享受国务院颁发的“政府特殊津贴”。自1987年起出任中国塑料工程学会塑料改性专业委员会秘书长、中国兵工学会阻燃专业委员会常务理事，1990年起出任中国塑料加工工业协会理事、中国塑料加工工业协会改性塑料专业委员会副理事长兼秘书长，1997年起出任中国非金属矿加工利用技术专业委员会常务理事，长期担任《塑料改性通讯》主编并兼任《塑料》、《现代塑料加工应用》、《合成树脂与塑料》、《中国塑料加工工业协会通讯》等杂志刊物的编委。

刘英俊同志长期从事塑料新材料、新工艺和废弃塑料再生利用等方面的研究工作，曾参加国家“六五”科技攻关项目和主持国家“七五”科技攻关项目，主持中国轻工总会科技计划项目和多项新产品研制项目，如“造纸废渣白泥在塑料中的应用”、“消泡回收聚苯乙烯泡沫塑料技术及应用研究”、“盐用聚氯乙烯吹塑苫盖薄膜”、“高填充聚乙烯薄膜专用母料”、“以粉料聚丙烯为载体树脂的聚烯烃填充母料”等，承担北京市自然科学基金项目“荧光转光技术及其在农用塑料薄膜中的应用研究”以及多项企业委托的新技术与新产品开发项目，还曾主持制定行业标准《聚烯烃填充母料》，荣获省部及科技进步一等奖1项、二等奖2项、三等奖15项以及多项优秀新产品奖和地市级奖励。在开发的新产品中有3项被评为国家级重点新产品，开发的新技术中有两项获国家知识产权局授予的发明专利。

在党和政府“科技是第一生产力”、“科技工作面向国民经济”、“产学研相结合”等指导思想的引导下，刘英俊同志十分重视将科研成果转化为生产力，与地方企业合作实现科技成果产业化，先后在全国近20个省市40多家企业使科研成果落地生根开花，为促进地方经济的发展做出了贡献。在多年科研工作和长期与实践相结合所获得的丰富的知识和宝贵经验的基础上，主编了《塑料填充改性》和《改性塑料行业指南》两书，参加撰写了《中国包装工程手册》和《塑料机械使用与维护》等书，并参与了教学和培养硕士研究生的工作。在国内外学术会议和专业杂志刊物上发表论文50多篇，如“无机矿物填充对农用塑料薄膜性能的影响”、“非金属矿物在塑料工业中的应用”、“废弃聚苯乙烯泡沫塑料消泡减容方法研究”、“改性塑料行业现状及发展趋势”、“煅烧系高岭土在农用塑料薄膜中的应用及面临的问题”、“塑料改性技术现状及加工机械设备发展思路”、“废旧塑料的利用及改性”等。

刘英俊同志在长期从事塑料加工及应用研究与成果转化工作的同时，为推动改性塑料行业的持续快速健康发展，一直担任中国塑料加工工业协会改性塑料专业委员会副理事长兼秘书长，在政府机构转变职能，计划经济向社会主义市场经济转变时期，他和其他有志于行业发展，自愿奉献的专委会领导一起创造性地开展各项工作，不仅得到上级主管部门的肯定和成员单位的信任，也为在新的历史条件下实现新模式的行业管理和推动行业的发展积累了宝贵经验。

杨桂生

男，1963年1月出生，汉族，中科院化学研究所研究员、博士生导师，上海市人大代表、中央国家机关青联常委、上海市青联常委、中国工程塑料工业协会副理事长、中国塑料加工工业协会副理事长，现任上海杰事杰新材料股份有限公司董事长、总裁。

杨桂生博士1990年3月毕业于中国科学院化学

研究所高分子化学与物理专业。他放弃出国深造的机会，以发展民族高分子材料事业为己任，坚持留所工作，任“八五”课题负责人。1994年被破格晋升为研究员。

1991年，面对国内工程塑料市场长期被国外产品垄断的状况，杨桂生携带2 000元只身一人从北京南下上海，在既无设备、资金又无人员的情况下，借贷60万元创办了上海杰事杰材料新技术公司，1999年，公司改制为股份有限公司并更名为上海杰事杰新材料股份有限公司，建立了规范的股份有限公司法人治理结构。目前杰事杰已发展到年产值7亿多元的规模，公司销售额和资产规模年均增长超过100%，是上海市技术创新典型企业及我国最大的工程塑料研究开发中心和产业基地之一。1999年，经上海市政府推荐，成为上海市第一家通过中国科学院和国家科技部的“双高”认证的企业。2001年公司的研发中心还被认定为上海市企业技术中心。

在杨桂生的领导下，杰事杰公司大胆创新，加速科技成果产业化，在新材料的研究开发上，不盲目模仿国外同行的产品，而是从选材的角度出发，对材料进行分子设计，实现材料的替代；以市场为导向，利用各学科的交叉运用，以优化配方来实现通用塑料的高性能化和金属等结构件的塑料化，发展工程塑料新品种，依靠雄厚的技术实力，为国民经济支柱产业解决了一大批关键技术难题，帮助汽车、电子等行业主机厂商成功完成了产品降低成本和升级换代，为我国工程塑料事业发展做出了突出的贡献。

杰事杰研究开发出的贯流风扇专用玻纤增强AS合金增强材料每年为国家节约成本3.5亿元。经检验，这些产品均达到了国际先进水平，且为国际国内许多同行所认可。现已广泛应用于春兰、海尔、开利、科龙、澳柯玛以及对供应商要求极为苛刻的日本富士和三菱等厂家。

另一方面，在杰事杰公司的经营管理中，杨桂生也非常注重管理与机制的创新。目前，公司现有的博士、硕士、研究员、高级工程师等本科学历以上的技术、管理人员占90%以上；全国杰出青年、国务院特殊津贴享受者、对国家有突出贡献的中青年专家数名，平均年龄28岁。同时，公司目前已通过了ISO 9001、QS 9000以及ISO 14001、ISO 16949等质量体系的认证。

2001年5月和2002年7月，2000年度诺贝尔化学奖获得者艾伦·黑格先生两次专程访问了杰事杰公司，这是世界诺贝尔奖获得者访问的第一家中国民营企业。黑格先生不仅对杨桂生博士为推动科技成果产业化所付出的努力表示了极大的赞赏，对杨博士及其领导的杰事杰公司在科技成果产业化道路上所取得的成就及所进行的探索予以了高度评价而且还愉快地接受了担任杰事杰董事会特别顾问的邀请，主动地表示了进行合作的意向。

作为知名的工程塑料专家及民营企业家，杨桂生获得了多项奖励及荣誉称号，主要有第十二届中国十大杰出青年、首届中科院十大杰出青年等，并被《中国青年》杂志推选为“21世纪可能影响中国的100位青年人物”。

朱弟雄

男，出生于1956年1月，汉族，中共党员，硕士研究生毕业，高级工程师。现任湖北凯乐新材料科技股份有限公司董事长、中国塑协副理事长、中国社会科学研究会研究员、中共湖北省党代表，第十届全国人大代表。

朱弟雄同志是凯乐科技的创始人，在他20多年的创业历程中，把一个仅20 000元起家的乡镇小厂，发展成了一个资产10亿多元、年销售额5亿元、利税1亿多元的大型综合塑料制品企业，一个绩优、高回报率的上市公司。

凯乐的发展历程是一个自力更生、不断积累发展壮大的历程，1991年就开拓性地兼并了有千万元资产的地级塑料厂，五年后又再次兼并了具有30多万平方米土地储备的企业，2000年凯乐科技在上交所成功挂牌上市，2002年两个投资上亿元的项目的实施，使公司在通信材料、土工合成材料等领域实现了飞跃发展。步步领先的开拓进取性决策，使凯乐科技保持了12年连续两位数的高速增长。

朱弟雄同志提出了“以人品铸产品”的企业经营理念，团结公司1 000多名职工以产品竞争力赢得市场，以质量取得用户信任，形成了适合凯乐特点的企业文化，造就了凯乐科技所特有的核心竞争力，取得了经济效益和企业凝聚力的双赢成果，今年公司被授予全国精神文明建设先进单位称号。

从技术岗位走上领导岗位的朱弟雄同志始终把技术发展、产品创新作为公司发展的重要一环，主持开发了PVC、PE双层壁波纹管、PVC芯层发泡管、U-PVC大口径排水管、塑料土工格栅、HDPE硅芯管、PVC-C电力套管等新产品，获得省创新产品一等奖、优秀成果奖等多项奖励，并使这些成果转化，批量投放市场，为公司产品发展战略奠定了坚实的技术基础。

1994～2000 年间，先后撰写了“硬质塑料废品回收与利用”、“高性能大口径 PVC 四元共混改性硬质管材研制与开发”、“硬质 PVC 管材应用与推广中的技术问题”、“硬质 PVC 应用技术”、“PVC 双壁波纹管的生产及故障处理”、“PVC 芯层发泡管材及质量评价”、“双螺杆挤出生产 PVC 装饰板技术与设备”、“塑料土工格栅的生产技术及设备”、“PVC-U 管材模具设计与改进”等多篇论文。分别发表在《塑料加工》、《山东塑料》、《现代中国塑料加工应用》、《中国给水排水》等专业技术刊物中。其中“硬质 PVC 管应用技术”、“塑料土工格栅生产技术与设备”两篇论文被《中国当代学者大辞典》收录，“PVC 芯层发泡管的生产技术及质量评价”一文，先后被《中国塑料》、《全国城镇最新科技成果信息评价》等丛书发表，而后又被香港国际协会、香港化工协会评选为 1999 年国际化学工业科技成果博览暨产品推广研讨优秀论文奖。

朱弟雄同志 1996 年被评为“省有突出贡献中青年专家”；1997 年荣获“湖北省卓越企业家”称号，并成为湖北省企业评价协会的常务理事；1998 年被国务院批准享受政府特殊津贴，荣获“全国青年带头人标兵”、“全国质量管理小组活动卓越领导者”、“全国轻工业系统优秀经营者”称号。同年，还被聘为中国科联经济发展研究中心研究员，中国塑料加工工业协会第三届理事会副理事长；2000 年被评为“中国经营模范”。2003 年当选为第十届全国人大代表。

曹志强

男，满族，1956 年 7 月 30 日出生，毕业于吉林大学，硕士研究生学历，高级经济师，1976 年 8 月加入中国共产党，1974 年 8 月参加工作，1975 年 8 月～1976 年 12 月浑江市第一塑料厂团总支书记，1977 年 1 月～1977 年 12 月白山市河口公社基本路线教育工作队工作，1978 年 1 月～1982 年 3 月浑江市第一塑料厂车间主任，1982 年 4 月～1985 年 6 月浑江市第一塑料厂副厂长，1985 年 7 月～1992 年 12 月浑江市第一塑料厂厂长，1992 年 12 月至今白山市喜丰塑料股份有限公司董事长兼总经理。

1981 年获省新长征突击手称号；1982 年获团省委五小发明奖称号；1986 年获省劳动模范称号；1987 年获浑江市特大贡献奖；1988 年获省政府优秀企业家称号；1990 年获省政府优秀青年企业家称号；1991 年被省政府提名为质量管理十佳厂长；1992 年获全国五一劳动奖章；1993 年获国务院特殊津贴；1993 年获全国优秀青年企业家称号；1993 年被评为吉林省依靠职工办企业好经理；1994 年获国务院全国民族团结进步模范；1994 年获省特等劳动模范；1994 年被全国轻工系统授予“全心全意依靠职工的优秀经营者”称号；1995 年获国务院授予的全国劳动模范；1995 年获团中央第五届全国十大杰出青年企业家称号；2001 年获省级优秀专家称号；光荣当选第十届全国人大代表。

曹志强同志在担任厂长和董事长的十几年里，带领喜丰公司的全体员工瞄准市场，激流勇进，谱写了一页页光辉的篇章。曹志强认为质量是企业的生命，科技是发展的源泉，人才是兴企的根本。为了广揽人才，留住人才，他曾经多次到大专院校和外地企业去挖掘，拿出巨资培养自己的职工，并在工资、奖金、住房等方面建立健全了激励机制。经努力，喜丰公司现已拥有专业技术人员 366 人，占员工总数的 31%。喜丰技术中心被列为吉林省重点科研机构，代表国家起草 PVC 农膜行业标准。为加快技术进步，曹志强主持制定了“人平我优、人优我新、人新我奇”的差异化技术开发战略，完善了防雾剂、无滴剂等核心技术的研究开发；与一汽、韩国等技术合作项目已经付诸实施；产品的透明度、抗析出、防雾无滴等成果已享有完全独立知识产权，重要指标走过韩国、日本同类产品。喜丰农膜技术水平荣膺全国第一、亚洲一流。在 10 年的再创业时间里曹志强本着“团结进取、求实奉献、以勤立业、争创一流”的喜丰精神，以超人的胆略和魄力，闯出了一条资本拓展之路。2000 年，曹志强推出了“扩大规模、做强主业、多元经营、跨越发展”适时地提出了“三星”发展战略。战略的基本思路是：以白山喜丰公司为主线，在西安、山东各收购一家塑料企业，形成东北、华北、西北的三个生产企业为龙头，运用遍及全国的销售网络，降低销售费用，降低运输成本，实现市场扩张。在山东寿光市成立了喜丰山东寿光分公司、在陕西托管西安塑料制品厂、控股白山市第四塑料厂，实践证明“三星”发展战略成效显著。他先后兼并了 7 家亏损倒闭企业，并实现了 7 家当年兼并，当年扭亏为盈。2000 年他对长白山药业集团股份有限公司进行了资产重组，2001 年实现利润 110 万元。他还进军房地产业，引进资金 3 000 万元，建设 6 万平方米的喜丰小区。曹志强想职工之所想，急群众之所急，他究竟为人民群众办了多少好事实事，最熟悉他的人一时也难以说清。在他的创新经营管理下，2001 年喜丰公司农膜总产量达到 31 805 吨，超过长期领先的日本喜爱华成公司的同期产量，雄居亚洲第一。目前，喜丰公司已成为辖 11 个子公司，生产经营塑料薄膜、节水器材、化工制品、建材制品、医药制品等 7 个系列 200 多个品种，总资产达 3.8 亿元的综合性跨行业大型集团公司。

刘光知

男，汉族，河北省景州县，1950 年 3 月 7 日出生，毕业于北京化工大学，工学硕士、高级工程师、中共党员。

1978～1998 年在原化工部化工机械研究院历任助理工程师、工程师、高级工程师；南京挤压机械研究所所长、总工程师；1993 年至今南京科亚实业有限公司董事长、总经理、总工程师、专业组组长。

在研究院工作期间，曾参与或主持过国家及部委下达的十余项科研工作，主要有：上海高桥化工厂湿粉造料工艺与装置的研制，获国家科技大会奖；常州有机化工厂光气法 PC 新工艺与设备开发，获国家三部一委重大科研成果奖。由本人担任主设计的 SHL-60 双螺杆挤出机组的研制成功，标志着中国第一台生产型商品化的积木式同向双螺杆挤出机的国产化，从而结束了我国不能生产同向双螺杆挤出机的历史，为此荣获 1990 年国家科技进步奖。

从事同向双螺杆挤出机及其变型机、配套辅机的研究、设计工作，至今已 25 年历史，在研究院工作期间，先后将研制设计的不同规格的双螺杆挤出机转让给四家企业生产，而后于 1993 年创办南京科亚公司的前身江苏科亚化工装备有限公司担任总经理、总工程师，开始生产第二代产品。自 1995 年起，南京科亚公司一跃成了国内产品质量、销售量均居首位的科技型企业。1999 年由本人为主设计的第三代同向双螺杆挤出机系列产品，其主要技术指标达到或接近国际先进水平，居国内领先水平。推广使用后，使科亚公司 2000 年销售额首次超过亿元。近 3 年来，平均每年销售额达 1.3 亿元。10 年来，本公司销售国内外各种机型已超过 2 000 台套，不但结束了国内企业依赖进口双螺杆挤出机的历史，而且近几年出口到美国、俄罗斯、南非、埃及、马来西亚以及泰国等十几个国家，为国家创汇数百万美元。公司 10 年来累计实现销售超过 7 亿元人民币，为中国同向双螺杆挤出机行业的发展做出了重大的贡献，替代进口产品为国家节省了数亿美元（本公司产品销售价仅为进口同类型的 1/5～1/7)。

1997 年被授于国家级有突出贡献的中青年学家，并受聘担任硕士研究生导师，先后在国家一级刊物发表论文近 20 篇，并与他人合作编写出版《塑料改性与设备》一书，独立编写了此书中的机械设备部分。除上述成果外，还曾荣获江苏省科技进步三等奖、河北省科技进步三等奖、上海市科技进步一等奖等十几项奖励。科亚公司经过 10 年的努力，已由创办初期 200 万投资、几个员工，发展到拥有近 400 名员工、资产达 1.6 亿万元、年销售额超亿元的，2000～2003 年三年每年纳税超千万元。2002 年科亚公司荣获南京市十大民营科技先进企业、高新技术企业等光荣称号。

刘廷华

男，1955 年出生，四川大学高分子科学与工程学院教授，工学博士（留美博士后）。

1982 年 7 月本科毕业于北京化工学院塑料机械设计专业，获工学学士学位。分配至原成都科技大学高分子材料系任教。1990 年 7 月在原成都科技大学获聚合物成型原理工学硕士学位，并继续留校任教。1995 年 5 月于北京化工大学获聚合物加工原理及装备工学博士学位，同年留北京化工大学塑料机械及塑料工程研究所工作。1996 年 10 月返原四川联合大学塑料工程系任教。1997 年初赴香港大学从事新型螺杆塑料挤出理论访问研究一年。1998 年初转赴美国康奈尔大学（Cornell University）从事聚合物注塑过程计算机集成系统的博士后研究。1999 年底回国受聘于四川大学高分子科学与工程系并晋升为正教授，任塑料工程及机械研究所所长。并同时受聘为四川大学高分子材料工程国家重点实验室客座教授。

刘廷华教授长期在聚合物材料成型学科从事教学及科研。在教学方面，多次承担聚合物加工原理、塑料成型机械及模具以及计算机数值模拟等方面的本科及研究生的教学。在科研方面，主要从事聚合物成型原理及其装备的基础理论与应用研究。参与过轻工部项目“塑料热成型工艺及装备的研究”、四川省科技项目“透明 PVC 片材配方及工艺研究”、国家自然科学基金项目“聚合物注塑充模动力学的研究”、国家“八五”攻关项目“注塑成型及其模具 CAD/CAE”、国家自然科学基金项目“双螺杆挤出可视化及挤出理论研究”等科学研究，尤其在塑料挤出成型可视化研究及挤出螺杆功能研究方面成绩卓著。

独立承担过解放军总后勤服装研究所项目“超高

分子量聚乙烯凝胶纺丝料的双螺杆挤出造粒研究”、北京化工大学与美国通用电气公司合作项目“工程塑料共混合金的双螺杆挤出研究”，该项研究经费8万美元、教育部“超高分子量聚乙烯与聚烯烃共混挤出成型工艺研究”等技术开发。曾在美国康奈尔大学作为主研完成了“注塑成型计算机集成化研究”。曾获过国家教委科技进步二等奖一项，拥有国家专利“全程透明视窗双螺杆挤出机”等数项。主编出版有《塑料成型机械使用与维护手册》一部。近年在国内外重要学术刊物上发表论文40多篇。自1999年参与了四川大学高分子材料工程国家重点实验室的科研多项，并圆满地完成了相应的研究任务。现为中国电子学会工程塑料应用专业委员会主任委员、中国模协技术委员会委员、中国模协教育委员会和中国模协标准化委员会委员，是四川大学高分子材料工程、高分子材料成型机械和模具方向的新一代学术带头人。

陈庆敏

男，汉族，1956年3月24日出生于福建仙游，中共党员，大专学历，高级工程师，山东省劳动模范，国内橡塑机械领域惟一工作在企业的国家级有突出贡献的中青年技术专家，我国塑机行业首位享受国务院特殊津贴专家，现任山东华冠股份有限公司董事长，中国塑料加工工业协会副理事长。主要工作简历如下。1972～1974年任山东塑料机械厂车工、车间技术员。1975～1976年在北京化工大学进修。1977～1978年任山东塑料机械厂技术科技术员。1979～1981年山东广播电视大学机械专业学习。1982～1992年历任山东塑料机械厂设计科设计员、副科长、科长、工程师，技术开发部主任、副总工程师、总工程师，高级工程师。1993～1996年任山东塑料橡胶机械总厂副厂长、总工程师。1997～2001年历任山东华冠股份有限公司副总经理、总经理、总工程师。2001年11月至今任山东华冠股份有限公司董事长。

陈庆敏同志长期工作在塑料橡胶机械科研第一线，先后主持完成29项科研任务，包括国家“七五”、“八五”重点科技攻关项目各1项，国家和省部级重大设计项目18项。开发的新产品有：SJY180/80塑料门窗异型材挤出机组；3PMS300-I宽幅三层共挤复合膜机组；SJ-65BMF塑料微薄膜机组；3FM100-IC三层共挤吹塑薄膜机组；PL1100平膜法挤出拉丝机组；LD6300-I宽幅大棚膜机组；SL-65IMF塑料地膜机组；ZFB（L）I自由发泡板材挤出生产线；LD4000-I宽幅薄膜机组；螺杆自循环冷却芯管；新型彩虹膜；复合彩带膜制造方法及其专用模头；SG110塑料软管机组。由他设计的新产品，荣获国家科技进步二等奖1次，三等奖2次，省部级科技进步一等奖1次，二等奖5次，三等奖4次，18种产品填补国内塑料机械行业空白。鉴于他在科研工作中取得的突出成绩，自1998年起，他先后获得“全国轻工业科技先锋”、“山东省科技拔尖人才”、“全国青年科技标兵”等荣誉称号，1998年获山东省技术创新重大贡献奖，省政府给予记大功奖励，2001年又当选为山东省十佳中青年科技专家，2002年被评为山东省千名知名专家。

1989年，年仅33岁的陈庆敏成为轻工部所属企业中最年轻的高级工程师。在他的带动下，经过13年的积极努力，原本只有十几名“土”技术员的公司技术科已发展成为拥有100多名高中级设计人员的国内塑机行业技术中心；质量管理工作获得省级质量管理奖，并在国内同行业中率先通过ISO 9001质量体系认证。目前，公司的塑料机械设计生产能力已代表国内最高水平，部分产品的科技含量和技术水平已达到国际先进水平，并出口欧美发达国家。陈庆敏同志的辛勤努力也得到了社会同行的肯定，先后受聘为中国塑料加工工业协会副理事长、中国塑机协会科技发展委员会主任，并参与主持制定了国家塑料和塑料机械行业“八五”、“九五”发展规划和2010年远景规划，成为真正的学科带头人。

自从事科研工作以来，由他主设计研制的塑料橡胶机械产品累计为企业创造销售收入6.2亿元，实现利税9 800万元，替代进口为国家节汇3 600万美元，创综合社会经济效益20多亿元。在他的带领下，企业每年都推出10～20个新产品，新产品产值率始终保持在40%以上，仅10年时间，企业就由一个产值2 000万元、利税仅百万元的小型加工厂，发展壮大为年创产值5亿元，利税6 000万元的综合性企业集团。1995年，陈庆敏同志被授予山东省“富民兴鲁劳动奖章”。

吴大鸣

男，1982年北京化工大学本科毕业，1992年在俄罗斯莫斯科化工机械学院获得博士学位，毕业后回到北京化工大学工作，1994年晋升副教授，1997年破格晋升教授。1994年被评为北京市优秀青年骨干教师，1998年被评为北京市青年学科带头人。

吴大鸣教授多年来从事聚合物成型原理及装备方面的研究和开发，近年来，作为项目负责人，主持“九五”国家科技成果重点推广计划项目一项，北京市自然科学基金项目一项、省部级科研项目五项，与企业间的科技开发项目五十余项，累计获得科技经费1 000余万元；作为第一负责人完成“冷热水用交联聚乙烯管材”国家标准的编制工作。出版专著1部，发表论文80余篇，有鉴定成果6项，专利8项，获北京市科技进步二等奖和山东省科技进步二等奖各一项，均为第一完成人。

主要研究方向。①精密挤出原理及技术的研究开发：致力于挤出过程的精密控制和制品的精密成型，系统研究精密挤出机理及其关键技术，发明了并联式稳压装置。实现精密挤出意义重大，一方面可以显著提高制品精度，满足很多高新技术产品的要求，另一方面，可以通过提高壁厚均匀度来显著减少树脂的浪费，具有极大的经济和社会效益。这方面的研究，得到了业内同行的关注。②原位气泡拉伸法制备聚合物基纳米复合材料的研究：创新提出了利用聚合物发泡过程产生的高拉伸场分散纳米粉体的新方法，已申报专利，并在国外权威杂志 Journal of Polymer Science 上发表了相关研究论文。

吴大鸣教授现为北京化工大学学位委员会委员、北京化工大学机电工程学院学术委员会副主任、北京化工大学机电工程学院学位委员会副主任、中国塑料工程协会塑料改性专业委员会常务理事、中国塑料管道应用协作网副秘书长；《塑料》、《塑料工业》、《北京化工大学学报》等杂志的编委。

蔡明池

男，高级工程师，1964年毕业于广东轻工业学院塑料工艺专业。1963～1989年任职于原二轻部、轻工业部塑料局技术员、工程师、副处长、负责塑料加工行业生产及质量技术管理工作。曾参与“三五”、“四五”、“五五”、“六五”、“七五”塑料行业发展规划草案工作。80年代在改革开放政策指引下，掀起行业技术改造高潮，大量引进塑料加工设备，使行业技术水平提高一个新的水平。先后到日本、澳大利亚、泰国、新加坡等国考察，参与引进设备的谈判等工作，曾参加第一条编织袋生产线的引进，参与双向拉伸塑料包装薄膜生产设备的引进及国家重点项目烟台合成革的生产建设工作。参与重点产品行业协作组的组织工作等。

1989～1999年在中国轻工业原材料总公司发展部经理（处长）工作，负责项目开发工作，在此期间，1993～1997年参与双向拉伸尼龙薄膜项目的合作生产工作，任合作项目副董事长。

1981年至今，负责中国包协塑料包装委员会副主任兼秘书长工作，参与“七五”、“八五”、“九五”、“十五”塑料包装发展市场调查提出建议。组织开展行业活动，每年召开一次年会，进行国内外技术交流，提出行业主要产品的发展方向和政策措施建议；参与重点项目的评估和咨询，并于1992年参与创办《塑料包装》期刊，该刊物1995年经国家科委批准成为正式刊物，公开发行，为行业管理人员、技术人员技术信息交流提供一个理论场地。此外，组织编辑塑料包装丛书的出版工作，曾编审《塑料中空容器》、《塑料包装薄膜》、主持美国《塑料包装技术》一书的翻译编审工作，为塑料包装行业的发展做出了积极的贡献。

刘培才

男，1949年4月生。大专学历，高级工程师。市、区人大代表，区政协常委，市工商联常委，江西省塑料工业协会副理事长。

1981年，刘培才同志自筹资金1 200元创办小塑料厂（1985年成为市塑料七厂）。在商海搏击中，企业从小到大，成为拥有资产1.2亿的国家轻工大二型企业，得到了超常规的发展。1998年七塑改制为江西省腾飞塑胶总厂。20余年他一直任厂长、书记。

在社会主义市场经济中，作为一名企业家，他一直进行把企业做大做强的实践和追求：坚持以人为本，严谨务实，开拓创新。他创造的“零管理法”，成功地使企业得到跨越式发展，受到江西省经贸委的推介，成为全省轻工行业的样板。20年来，他一直大胆引进国内外先进设备技术，不断进行高水平的技术改造和技术开发，目前企业有五项国家专利和一项国家科技重点新产品，生产装备具有国内先进水平，企业充满发展后劲。80年代起，他就以强烈的竞争意识大胆进行资源配置和管理制度的改革，以市场经济的理念管理企业、培训职工和培育市场。他始终坚持“业绩报国”，热心公益事业，目前还担任江西光彩事业促进会的常务理事。

多年来，党和国家给予他许多荣誉：连续十几年评为省优秀企业家和省劳动模范、全国轻工业优秀企业家、荣获全国“五一”劳动奖章、并获得政府“终身津贴奖”。

在刘培才同志的带领下，江西腾飞塑胶总厂正以市场为导向，提升企业科技含量，全面提高管理水平和员工素质，进行资本运营，抓住党的“十六”大后带来的良好契机，使企业各项工作与时俱进，得到更快地发展。

王克智

男，高级工程师，1963年9月出生，山西临漪人，现任山西省化工研究院总工程师兼精细化学品研究部主任。1985年毕业以来，长期从事塑料助剂和聚合物改性研究开发工作，先后承担并完成聚合物助剂方面的国家攻关项目、国家级火炬计划项目、山西省科技攻关项目、山西省自然科学基金项目和中石化总公司项目20多项，主编和参编技术专著7部，发表学术论文100余篇，在聚合物助剂领域具有较高的造诣，多次主持和参加国家塑料助剂五年发展规划的编制工作，是国内聚合物助剂行业公认的著名专家和学者。2002年被评为山西省优秀青年科技工作者。承担完成的TM系列聚烯烃成核透明剂、TMA系列（取代）芳基羧酸皂类聚烯烃成核剂、TMB系列聚丙烯β晶型成核剂、TMP系列（取代）芳基磷酸酯盐类成核剂、反应型受阻胺光稳定剂GW-628和KY系列受阻酚类抗氧剂等项目已投入工业化生产，取得了良好的经济和社会效益，并获得山西省科技进步奖和优秀新产品奖。

陈　宇

男，北京市化学工业研究院副院长，教授级高级工程师，享受国务院特殊津贴专家，北京市优秀青年知识分子和优秀跨世纪人才。

1986年毕业于厦门大学化学系后，入北京市化学工业研究院从事塑料助剂等精细有机化学品的合成与应用研究工作。相继担任北京市化学工业研究院精细化工研究所所长、副院长等职。

长期致力于塑料功能助剂的合成与应用开发以及高分子材料功能化研究工作。主持进行的农用聚烯烃棚膜功能助剂系列研究居国内领先水平。其中“无毒高分子量受阻胺光稳定剂BW-10LD在农用聚烯烃棚膜中的应用”获北京市科技进步二等奖，新型复合受阻胺光稳定剂BW-6911填补了国内空白。主持开发的聚烯烃包装材料抗静电剂替代了进口。在工程塑料助剂、化学建材助剂、通用树脂功能化方面也多有建树，其中“纤维级耐候聚丙烯用受阻胺光稳定剂的应用研究”获北京市科技进步三等奖。1997年入选“北京市科技新星”，2001年完成科技新星计划项目“聚合型溴代磷酸酯阻燃剂的合成与应用”。

著有《阻燃高分子材料》、《塑料助剂产供销指南》、《农用塑料制品生产与应用》，参与编写《塑料助剂与配方设计》、《新型功能塑料助剂》。在各类学术期刊发表学术论文60余篇。担任《中国塑料》、《塑料》、《塑料助剂》、《国际塑料物料商情》编委。

担任中国农用塑料应用技术学会常务理事、中国阻燃学会常务理事；工程塑料专委会副理事长、助剂专委会副主任；中国精细化工学会工业表面活性剂分会、改性塑料专委会理事；中国工程塑料工业协会、《塑料异型材》专家组成员。

附　　录

附录一 塑料行业常用网址

中国塑料加工工业协会
http：//www. Cppia. com. cn
中国膜工业协会
http：//www. membranes. com. cn
中国聚氨酯工业协会
http：//www. pu. org. cn/
中国模具工业协会
http：//www. cdmia. com. cn/
美国塑料协会
http：//www. socplas. org
英国塑料协会
http：//www. bpf. co. uk
德国塑料协会
http：//www. kunststoffindustrie. com
日本塑料协会
http：//www. jpif. gr. jp
法国塑料协会
http：//www. laplasturgie. fr
意大利塑胶机械制造商协会
http：//www. assocomaplast. com
加拿大塑料协会
http：//www. cpia. ca
印度塑料协会
http：//www. plastic federation. org
欧洲塑料橡胶机械制造商协会
http：//www. euromap. org
马来西亚塑料协会
http：//www. mpma. org. my
新西兰塑料协会
http：//www. plastics. org. nz

专业网站
中国塑料工业信息网
http：//www. chinaplastics. com. cn/
中国开门化工网
http：//www. chemn. com/
中国乐从塑料网
http：//www. plasb2b. com/
中塑在线
http：//www. plaschina. com. cn
勤加缘化工在线
http：//www. hgzx. com. cn/
慧聪塑料化工网
http：//www. plas. sinobnet. com/
华东化工网
http：//www. nbchem. com/
中国聚氨酯网
http：//www. puchina. com/
中国化工在线
http：//www. chemsina. com/
中国包装网
http：//www. pack. net. cn/
中国化工网
http：//www. chemnet. com. cn/
中国化工信息网
http：//www. cheminfo. gov. cn/
中国化工市场七日讯
http：//www. chemmarket. net. cn
中国工程塑料网
http：//www. engplast. com. cn/
中国产业经济信息网
http：//www. cinic. org. cn/
厦门塑料商务网
http：//www. xmplas. com/
塑料助剂信息网
http：//www. cepaia. com/
塑料机械杂志社
http：//www. plas_mach. com/
中国通用塑料信息网
http：//www. plastics_chem. com. cn/
中国塑料网
http：//www. chinaplastic. net/
中国塑料市场
http：//www. plasmarket. com/
中国塑料交易网
http：//www. plastics. com. cn/
中国塑料管道信息网
http：//www. china_plastic_pipe. com/index2. htm
中国塑胶信息网
http：//www. plasticschina. com/
中国塑料工业网
http：//www. plast_ind. com. cn/
中国塑料制品交易网
http：//www. chinappmarket. com/
中国塑料信息网
http：//www. plastic_info. com/

中国塑料万维网
http：//www. plastic. org. cn/
中国塑料商务网
http：//www. plasway. com/
中国塑料管材网
http：//www. china-plastic_ pipe. com/
北京市塑料研究所
http：//www. slyjs. com. cn/
中国塑料机械网
http：//www. plasticmachine. com/
中国塑料装备
http：//www. plasticchina. org. cn/
中国模具城
http：//www. hymould. com/
国家橡塑模具工程研究中心
http：//www2. zzu. edu. cn/nerc/
中国模具在线
http：//www. 21mould. com/
中国模塑网
http：//www. china-mold. net/
中国轻工模具网
http：//www. pm_ info. com
中国塑料模具网
http：//www. plasticmould. net
中国塑料互通网
http：//www. cnexch. com
隆众石化商务网
http：//www. pcbi. net
南海石化信息网
http：//www. petronanhai. com
中石化电子商务网站
http：//www. sinopec_ ec. com

合成树脂
上海石化
http：//www. spc. com. cn
中国石化
http：//www. sinopec. com. cn
扬子石化
http：//www. ypc. com. cn
大庆石化
http：//www. dqsh. com. cn
台塑石化
http：//www. fpcc. com. tw
燕山石化
http：//www. yanshanpcgc. com. cn
茂名石化
http：//www. mpcc. com. cn
金陵石化
http：//www. jlpec. com
齐鲁石化
http：//www. qlsh. net
天津大沽化工有限责任公司
http：//www. daguchem. com
上海氯碱化工股份有限公司
http：//www. scacc. com
LG 大沽
http：//www. lgdagu. com. cn
潍坊亚星
http：//www. chinayaxing. com
锦化集团
http：//www. jinhuagroup. com
吉林化学工业股份有限公司
http：//www. jcic. com
熊牌远东化工股份有限公司
http：//www. bearlocher. com. sg
巴斯夫中国有限公司
http：//www. basf. com. cn
拜耳中国有限公司
http：//www. bayerchina. com. cn
伊士曼化学亚太有限公司
http：// www. eastman. com
大湖化工（远东）有限公司
http：//www. greatlakeschem. com
三菱工程塑料株式会社
http：//www. mep_ gz. com
三井物产株式会社
http：//www. mitsui. co. jp
苏威集团
http：//www. solvay. com
帝人化成株式会社
http：//www. teijinkasei. co. jp

助剂
北京加成助剂研究所
http：//www. beijing_ additives. com. cn
山东齐鲁增塑剂股份有限公司
http：//www. china_ plasticizers. com
江苏靖江市化纤塑料助剂厂
http：//www. jjslzjc. com
济南泰星精细化工有限公司
http：//www. taixinghuagong. com

北京北化精细化学品有限责任公司
http：//www.bjhgch.com.cn
杭州大自然有机化工实业有限公司
http：//www.hzoranicchem.com
北京东方化工厂
http：//www.bechem.com.cn
北京花山助剂厂
http：//www.bjhuashan.com
北京化工研究院
http：//www.brici.ac.cn
廊坊市龙泉助剂有限公司
http：//www.chinalq.com
黑龙江龙新化工有限公司
http：//www.longxinchem.com
荆州市博尔德化学有限公司
http：//www.pearled.com.cn
浙江建德有机化工厂
http：//www.chinaorganicchem.com
江苏化工农药集团有限公司
http：//www.jcpgc.com
太仓塑料助剂厂有限公司
http：//www.dcpaa.com
辽阳鸿泰有机化工有限公司
http：//www.china_organics.com
沈阳化工股份有限公司
http：//www.sychem.com.cn
石家庄白龙化工股份有限公司
http：//www.bailongchem.com
苏州安利化工厂
http：//www.jhanli.com
温州龙化塑料助剂有限公司
http：//www.cnlonghua.com
温州润华化工实业公司
http：//www.run_hua.com
浙江华泰精细化工有限公司
http：//www.china_plasticizer.com
温州塑化助剂厂
http：//www.wzsuhua.com
汽巴助剂（中国）有限公司
http：//www.cibasc.com
艾科化学公司
http：//www.akcros.com

设备
共立精机（大连）有限公司
http：//www.kyoritsuseiki.co.jp
南京智诚橡塑机械有限公司
http：//www.nj_zc.com
宁波海天
http：//www.haitian.com
江苏联冠科技发展有限公司
http：//www.lianguan_js.com
无锡市江南塑料机械有限公司
http：//www.jiangnansuji.com
常熟市同大机械有限公司
http：//www.tongdamachine.com
巴顿菲尔震雄
http：//www.sms_k.com
秦川恒利塑机有限公司
http：//www.heng_li.com.cn
南京科亚
http：//www.keya_cn.com
华丰工业集团
http：//www.kingswel.com.cn
精诚模具机械有限公司
http：//www.jingcheng.com
张家港亿利机械有限公司
http：//www.yilicn.com
上海金纬机械制造有限公司
http：//www.jwell.net
大连塑料机械厂
http：//www.dlpm.com.cn
兰州兰泰塑机有限公司
http：//www.lantai.com.cn
无锡格兰机械有限公司
http：//www.china_cosmos.com
广东东华机械有限公司
http：//www.donghua_ml.com
浙江申达塑料机械有限公司
http：//www.injectionmachine.com
上海金湖机械有限公司
http：//www.jinhu_china.com
上海申威达机械有限公司
http：//www.shenweida.com
山东华冠股份有限公司
http：//www.huaguangufen.com
金川集团有限公司
http：//www.jnmc.com
南京瑞亚高聚物装备有限公司
http：//www.njruiya.com
浙江华业塑料机械有限公司
http：//www.huaye_machinery.com

浙江舟山市汉龙塑料机械有限公司
http：//www. hanlong_ china. com
上海新星双螺杆机械有限公司
http：//www. xxscrew. com
西德尔
http：//www. sidel. com. cn
德马格公司
http：//www. demag_ ergotech. com
震雄机械有限公司
http：//www. chenhsong. com. cn
赫斯基注塑系统中国有限公司
http：//www. husky. ca
加拿大麦克罗机械工程有限公司
http：//www. macroeng. com
布鲁克纳公司
http：//www. brueckner. de
美国 NDC 红外技术公司
http：//www. ndcinfrared. com
日精 ASB 机械株式会社
http：//www. nisseiasb. co. jp
意大利欧米帕公司
http：//www. omipa. it
意大利新得多工业股份有限公司
http：//www. sandretto. it
美能达香港有限公司
http：//www. minolta. com
友宁机械制造股份公司
http：//www. unionextrusion. it
爱色丽（亚太）有限公司
http：//www. x_ rite. com

模具

海尔模具有限公司
http：//www. haier. com
黄岩兰华塑料模具厂
http：//www. hai_ jia. com
宏达模具制造有限公司
http：//www. hongdamould. com. cn

制品

北新建塑有限公司
http：//www. bnbmbp. com. cn
北京实达丰商贸有限公司
http：//www. goodplastic. com
内蒙古蒙西高薪材料股份有限公司
http：//www. mengxigroup. com

富士达塑业有限公司
http：//www. first-plastic. com
常州市勤业塑料厂
http：//www. qyplastic. com
安徽国风集团有限公司
http：//www. guofeng. com
成都科强高分子工程公司
http：//www. ke_ qiang. com
江苏索普（集团）有限公司
http：//www. sopo. com. cn
东塑集团股份有限公司
http：//www. hbcz_ dongsu. com
三友控股集团有限公司
http：//www. china_ sanyou. com
大庆华科股份有限公司科技开发分公司
http：//www. dqhk. com. cn
新疆天业股份有限公司
http：//www. xj_ tianye. com
青岛中塑经济发展有限公司
http：//www. chemright. com
珠海中富实业股份有限公司
http：//www. zhongfu. com. cn
烟台万华合成革集团
http：//www. wanhua. com. cn
工贸合营常州市塑料厂
http：//www. czpf. com
北京华盾塑料有限责任公司
http：//www. bjhuadun. com. cn
上海紫江企业集团股份有限公司
http：//www. zijiangqy. com
江苏梅兰化工股份有限公司
http：//www. chinameilan. com
杭州万里塑胶有限公司
http：//www. hzwlsj. com
华塑集团
http：//www. cgpc. com. tw
沂源瑞丰高分子材料有限公司
http：//www. ruifengchemical. com
安徽国风塑业股份有限公司
http：//www. guofeng. com
安徽天大企业（集团）公司
http：//www. tianda-group. com/
常州巨力塑料集团有限公司
http：//www. juli. com
大连爱丽思欧雅玛工贸有限公司
http：//www. iris. net. cn

佛山塑料集团股份有限公司
http：//www. foshan-plastic. com
广东榕泰实业股份有限公司
http：//www. rongtai. com. cn
宏仁集团
http：//www. gracethw. com
河北宝硕股份有限公司
http：//www. bspipe. com. cn
湖北凯乐新材料科技股份有限公司
http：//www. kailegroup. com
德赛精密部件有限公司
http：//www. hzdsp. com
江苏蝙蝠塑料集团有限公司
http：//www. bat_group. com
江苏琼花集团有限公司
http：//www. qionghua. com. cn
江苏珠花集团公司
http：//www. zhuhua. com
锦州彩练塑料集团有限责任公司
http：//www. lnclsy. com. cn
南海市南方包装有限公司
http：//www. southern_packaging. com
南京中达制膜（集团）股份有限公司
http：//www. njzdzm. com
鹏思特天津实业公司
http：//www. pemstar. com. cn
山东三塑集团有限公司
http：//www. sansugroup. com
上海大智企业发展有限公司
http：//www. dazhiqy. com
台达化工
http：//www. ttc. com. tw
武汉塑料工业集团股份有限公司
http：//www. wuhanplas. com. cn
浙江大东南塑胶集团公司
http：//www. ddn. com. cn
浙江永高塑业发展有限公司
http：//www. yonggao. com
浙江中财集团
http：//www. zhongcai. com
山东北联集团公司
http：//www. sdbl. com. cn
健力宝塑料制品有限公司
http：//www. jianlibaosl. com
温州人造革有限公司
http：//www. dtleather. com
杜邦中国集团有限公司
http：//cn. dupont. com

（全国塑料加工工业信息中心）

附录二 国外及港台地区公司介绍

艾科化学公司

AKCROS CHEMICALS LTD.

地址： 510 Thomson Road，
＃14-01 SLF Building.
Singapore

邮编： 298135

电话： 65 3546497

传真： 65 3584646

E-mail： anthonyw@singnet. com. sg

网址： www. akcros. com

中国办事处：

阿克苏诺贝尔中国有限公司广州代表处

地址： 中国广州市东风东路836号东峻广场1座1505-6室

邮编： 510080

电话： 86 20 8761 1059

传真： 86 20 8761 1027

产品/业务： 艾科公司生产PVC稳定剂、杀菌剂、防霉剂、纤维粘接剂，此外，还有聚硫橡胶原胶。

AMUT SPA

地址： Via Cameri 16，
28100 Novara，
Italy

电话： 39 0321 6641

传真： 39 0321 474200

网址： www. amut. it

E-mail： amut@ amut. it

产品/业务： 阿穆特挤出生产线，用于生产管材，型材，片材和造粒，可靠性高，产量大、能价格比高、阿穆特公司提供完备的当地售后服务。

株式会社 青木固研究所

AOKI TECHNICAL LABORATORY，INC.

地址： 日本国长野县填科郡坂城町4963-3
4963-3 Minamijo Sakaki-Machi，
Hanishina-Gun，
Nagano-Ken，389-0603；
Japan

电话： 81 268 820111

传真： 81 268 823699

E-mail： info@aokitech. co. jp

网址： www. aokitech. co. jp

ARTEC MASCHINENBAU

GES. M. B. H

地址： Industriestrasse 10，
A-4531 Kematen/Krems，
Austria

电话： 43 7228 6979

传真： 43 7228 697910

网址： www. artec. co. at

E-mail： artec@artec. co. at

中国办事处：

美最时洋行广州代表处

地址： 中国广州市流花路109号之9达宝广场1108室

邮编： 510010

电话： 86 20 8666 8700

传真： 86 20 8667 7845

E-mail： guangzhou@melChers. de

熊牌远东化工股份有限公司

BAERLOCHER FAR EAST PTE. LTD.

地址： 9，碧山坊＃07-03，新加坡
9 Bishan Place＃07-03，
Singapore

邮编： 579837

电话： 65 2525 860

传真： 65 2525 867

E-mail： admin@baerlocher. com. sg

网址： www. baerlocher. com

中国办事处：

熊牌远东化工股份有限公司（上海办事处）

地址： 中国上海延安西路2077号2103室金桥大厦

邮编： 200336

电话： 86 21 6219 2821

传真： 86 21 6219 3889

E-mail： bfeftlsh@online. sh. cn

产品/业务： 熊牌公司是PVC添加剂专业生产厂家，提供整系列热稳定剂，润滑剂，加工助剂，抗冲改性剂及其他塑料添加剂、在国内有广泛的经销网络，为广大用户提供最完善的服务。

巴斯夫中国有限公司

BASF CHINA LIMITED

地址： Tower 1,7/F,
South Seas Centre. 75 Mody Road,
Tsimshatsui East,Kowloon,
Hong Kong

电话： 852 2731 1222

传真： 852 2734 9631

E-mail： basf@basf_china. com. hk

网址： www. basf. com. cn

中国办事处/代理商/分销商：

巴斯夫（中国）有限公司

地址： 中国北京市朝阳区麦子店街 37 号盛福大厦 15 层

邮编： 100026

电话： 86 10 6591 8899

传真： 86 10 8527 5603

巴斯夫（中国）有限公司
上海分公司

地址： 中国上海市西藏中路 18 号港陆广场 20 楼

邮编： 200001

电话： 86 21 6385 1630

传真： 86 21 6385 1629

巴斯夫（中国）有限公司
广州分公司

地址： 中国广州市先烈中路 69 号东山广场 2801-03

邮编： 510095

电话： 86 20 8732 2681

传真： 86 20 8732 1262

巴斯夫（中国）有限公司
哈尔滨办事处

地址： 中国哈尔滨市赣水路 20—22 号
福顺天天大酒店 801—803 室

邮编： 150090

电话： 86 451 2320928

传真： 86 451 2320908

巴斯夫（中国）有限公司
南京代表处

地址： 中国南京市中山东路 319 号希尔顿国际大酒店 5 楼

邮编： 210016

电话： 86 25 480 0845

传真： 86 25 480 2845

拜耳中国有限公司

BAYER CHINA CO. LTD

地址： 香港铜锣湾恩平道 28 号嘉兰中心 18 楼

电话： 852 2895 5888

传真： 852 2577 5908

网址： http://www. bayerchina. com. cn
http://plastics. bayer. com

中国办事处：

拜耳中国有限公司-北京办事处

电话： 86 10 6597 3181

传真： 86 10 6597 8183

拜耳中国有限公司-上海办事处

电话： 86 21 6386 8282

传真： 86 21 6385 5343

拜耳中国有限公司-广州办事处

电话： 86 20 8382 8331

传真： 86 20 8382 8325

拜耳中国有限公司-成都办事处

电话： 86 28 5860340

传真： 86 28 5860338

产品/业务：

拜耳作为世界领先的原料生产和供应商，一直为各项工业提供品质优良的热塑性工程塑料。

主要产品：

Makrolon-聚碳酸酯、APec-耐高温聚碳、Makrofol/IBayf-聚碳薄膜、Sunglight-聚碳双层板材、Bayblend-PC/ABS、Lustran/Novodur-ABS、Lustran-SAN、Durethan-尼龙 6 和尼龙 66、Pocan-PBT、Desmopan/Texin-热塑性聚氨酯。

这些产品被广泛应用于家用电器，电子和电气设备，玩具，光盘，聚碳单/双层板材，水瓶，光学仪器；照明，医疗设备，汽车工业，资讯科技产品外壳，包装材料，建筑工业，光纤套管等行业。为了满足中国加入 WTO 后对塑料需求的增加，拜耳在上海的 PC 厂将在 2003 年投产，主要生产 PC 和 PC/ABS。

比利时苏德新比中贸易公司

德国 IRLE 轧辊公司成立于 1820 年，是专业生产用于塑料、胶片、橡胶行业轧辊的生产厂家。德国 IRLE 轧辊在压光辊生产及开发处于世界领先地位。

公司为塑料加工行业设计提供的轧辊有复合冷硬铸铁（K40/50-V-G），特殊高铬钢（CR25/35）及特殊锻钢（FS1/2）等材质。此外，为塑料加工行业提供轧辊设计方案，如 TRIPASS 2000。

另外，德国 IRLE 轧辊公司为用户提供全面的轧辊磨削和表面处理服务，如镀铬以及采用先进热磨削工艺，从而达到客户要求的表面质量、辊形及磨削公差。

德国IRLE轧辊公司，以技术为本，开发研制出了全新的轧辊设计Mono Therm®，比其他产品在温度均匀性方面表现更为出色。

地址： 北京市朝阳区建国门外大街一号，中国国际贸易中心一座2322室

邮编： 100004

电话： 010-65054331

传真： 010-65051255

E-mail： sodeximb@public. bta. net. cn

加拿大伯格冷冻系统有限公司

BERG CHILLING SYSTEMS INC.

地址： 51 Nantucket Blvd
Scarborough
Ontario Canada Mip 2N5

电话： 1 416 7552221

传真： 1 416 7553874

E-mail： berg@public. east. cn. net

网址： www. berg_ group. com

中国办事处：

加拿大伯格冷冻系统有限公司中国代表处

地址： 中国北京市朝阳区亮马河大厦2座1705室

邮编： 100004

电话： 86 10 65906230

传真： 86 10 65900530

E-mail： berg@publlc. east. cn. net

网址： http://www. berg_ group. com

产品/业务： 加拿大伯格（Berg）冷冻系统有限公司是伯格集团的成员。在1997年被加拿大政府评选为全加拿大10个获得出口奖的单位之一，作为以生产全范围的工业制冷、冷冻、冷却塔、冷库、制冰和食品速冻生产线为主的专业生产公司；产品广泛地应用于塑料工业、食品加工、捕鱼、金属加工、化工、纸浆及制药等多种不同的行业，用于塑料行业的主要产品有：独立或中央制冷系统、模温机、吹膜冷却装置及水处理设备和系统等。

布鲁克纳公司

BRUECKNER MASCHINENBAU GMBH

地址： Konigsberger Strasse 5—7,
83313 Siegsdorf
Germany

电话： 49 8662 63 0

传真： 49 8662 63 220

E-mail： sales@brueckner. de

网址： http://www. brueckner. de

中国办事处/代理商/分销商：

布鲁克纳布鲁克纳

地址： 香港铜锣湾希慎道8号裕景商业中心801室

电话： 852 2882 1412

传真： 852 2882 1023

E-mail： bfe@newigator. com

布鲁克纳布鲁克纳-佛山办事处

地址： 中国广东省佛山市汾江南路75号佛山宾馆3505室

邮编： 528000

电话： 86 757 338 6178

传真： 86 757 338 6078

卡博特塑料

CABOT PLASTICS

地址： 18dai Kwai street
Taipo Industrial Estate
Taipo
New Territories. hongkong

电话： 852 2666 2666

传真： 852 2666 0807

E-mail： cphk_ sales@cabot_ corp. com

网址： www. cabot_ corp. com/plastics

产品/业务： 卡博特塑料在香港设厂已超过10年，专营黑、白色母料；改性母料和导电材，年产量可达3万多吨，业务覆盖整个亚太地区。

震雄机械厂有限公司

CHEN HSONG MACHINERY CO.，LTD.

地址： 香港新界大埔

电话： 852 2665 3222

传真： 852 2664 1115

E-mail： marketing@chenhsong. com. hk

网址： www. chenhsong. com. hk

中国办事处/代理商/分销商：

震雄工业园（深圳）有限公司

地址： 中国深圳市龙岗区坑梓镇人民路东144号

邮编： 518122

电话： 86 755 4139999

传真： 86 755 4137814

产品/业务： 震雄机器厂有限公司为香港著名的工业集团，是全球最大的注塑机制造商之一，拥有分布于中、港两地的研究开发队伍及先进的生产设备，震雄为客户提供不同型号的注塑机，锁模力由20～3200t；射胶量则由1～736安士不等。

德国捷高机械工程（香港）有限公司

CICO ENGINEERING CO.，LTD.

地址： Units 1601A-3，
16/F，Stclux House 698 Prince Edward East，
San Po Kong，Kowloon，
Hong Kong

电话： 852 2723 9412

传真： 852 2722 0749

E-mail： hongkong@illies. de

网址： www. desma_fridingen. de

中国办事处：

德国捷高机械工程（香港）有限公司

地址： 中国上海市漕河泾新兴技术开发区桂平路 481 号 18 号楼 6 层

邮编： 200233

电话： 86 21 64851272

传真： 86 21 64851228

E-mail： shanghai@illies. de

产品/业务： 经营范围包括制鞋机械，橡胶注射机、橡胶挤出机、人造皮革及涂层复合设备、各类塑料挤出生产线，注压机、吹塑机、塑料及橡胶（轮胎）回收设备等。

大昌机械工业株式会社

DAECHANG MACHINERY IND. CO.，LTD.

地址： 韩国仁川市南洞区古栈洞 641-6 55B/7L
55B/7L，641-6，Gojan-Dong，
Namdong-Ku，
Incheon
Korea

电话： 82 32 8124061-5

传真： 82 32 8124066

E-mail： dcm@daechangdcm. co. kr

网址： www. daechangdcm. co. kr

产品/业务： 型材单/双螺杆挤塑机；管材单/双螺杆挤塑线；锥形双螺杆挤塑线；水卸料及编织管生产线；柔性螺线管生产线；多层挤塑线；高级混合机；高速吹塑机；多层共挤吹塑机；无菌灌装吹塑机；单/双模具储料缸式模头挤塑机。

法国 DMT 公司

DMT S. A.

地址： Savoie Technolac BP270，
73375 Le Bourget-du-Lac，
France

电话： 33 479 261 000

传真： 33 479 252 327

E-mail： dmt@biax. com

网址： www. biax. com

陶氏化学太平洋（新加坡）私人有限公司

DOW CHEMICAL PACIFIC（SINGAPORE）PTELTD.

地址： 260 乌节路，＃18-01，新加坡
＃18-01 The Heeren，
260 Orchard Road，
Singapore

邮编： 238855

电话： 65 830 4616

传真： 65 834 0319

网址： www. polyethylene. com

产品/业务： 陶氏是全球最大的聚乙烯生产商，在世界各地设有十四家聚乙烯制造厂。除低密度、中密度和高密度聚乙烯树脂之外，陶氏主要的聚乙烯产品包括：利用 INSITE® 技术生产的 ELITE® 增强聚乙烯树脂及 AFFINITY® 聚烯烃塑性体（POPs）DOWLEX® 线性低密度聚乙烯（LLDPE）树脂 ATTANE® 超低密度乙烯（ULDPE）辛烷共聚物树脂 PRIMACOR® 共聚物树脂 ASPUN® 纤维级树脂和 Saran® 偏二氯乙烯（PVDC）树脂及薄膜（® 陶氏化学公司商标）。

伊士曼化学亚太有限公司

EASTMAN CHEMICAL ASIA PACIFIC PET LTD

地址： 3 killiney Road，
＃05-04，Winsland House 1，
Singapore

邮编： 239519

电话： 65 8313136　65 6831-3100

传真： 65 7347897　65 6732-4930

E-mail： jojo@eastman. com

网址： www. eastman. com

产品/业务： 伊斯曼（Eastman）透明聚合物提供全面的物理性能和优势：优异的外观、清澈无暇、高光亮度、优良的耐化学剂性能、冲击强度、易于加工、环保优势和优越的经济性能，用于生产世界领先注塑产品、产品主要包括：

◆ Eastar 共聚物：用于生产化妆瓶、牙刷、日用消费品、电器和电器部件、展示品、书写笔和文化

用品

◆ Durastar 聚合物：用于生产电器、玩具、体育用品和展示用品

◆ Eastalloy 聚合物：用于生产娱乐和公用设备、电器部件和地板护理件

◆ Tenite Cellulosics：用于生产工具手柄、眼镜架、太阳镜、玩具和牙刷

ENGEL

VERTRIEBSGESELLSCHAFT M. B. H.

地址： Ludwig-Engel-Strasse 1，
A-4311 Schwertberg，
Austria

电话： 43 72 62 620-0

传真： 43 72 62 620-3009

E-mail： sale@engel. at

网址： www. engel. at

中国办事处：

恩格尔机械香港有限公司

地址： 香港湾仔港湾道 26 号华润大厦 4309A 室

电话： 852 2827 6916

传真： 852 2583 9020

E-mail： sales@engel. com. hk

产品/业务： Engel 注塑机可应用于热塑性、热固性及弹性体等材料，Engel 可提供以下设备及服务：

标准卧式（单色）注塑机；双色及多色注塑机；弹性体注塑机；组合式注塑生产单元（PRODUCTION CELL）连自动换模装置；软件应用于优化生产过程，控制及制造数据之收集；复杂或多色的注塑模具。

奥地利 EREMA 塑料再生机械

设备工程有限公司

EREMA ENGINEERING RECYCLING

MASCHINEN UND ANLAGEN GES. M. B. H.

地址： Freindorf-Unterfeldstr. 3，P. O. B. 38，
A-4052 ANSFELDEN/LINZ，
Austria

电话： 43 732 319000

传真： 43 732 319023

E-mail： erema@erema. at

网址： www. erema. at

产品/业务： 针对项目提供塑料再生的全套设备及/或部件（熔融过滤器，造粒设备，熔液泵），提供用于热塑材料再生的全套紧凑设备。如：LLDPE、LDPE、HDPE、PP、BOPP、PET、BOPA、PA、PS、Metallocene 膜料、PP、PET、PA 纤维、ABS、PS、EPS、EVA、泡沫材料和镀金属膜料等。

埃克森美孚化工亚太区

EXXONMOBIL CHEMICAL ASIA PACIFIC

地址： c/o 埃克森美孚化工国际商务有限公司
香港湾仔港湾道 18 号中环广场 22 楼

电话： 852 3197 8888

传真： 852 3197 8345

中国办事处/代理商/分销商：

上埃索（广东）有限公司

地址： 中国广州市天河北路 183 号大都会广场 8 楼

邮编： 510075

电话： 86 20 8755 0888

传真： 86 20 8755 3491

产品/业务： 埃克森美孚化工是全球首屈一指的石油化工公司，生产和营销各种优质树脂，该厂产品有聚乙烯、聚丙烯，增塑剂，增黏剂，特殊产品及新一代的茂金属产品。

香港气体辅助注塑有限公司

GAS INJECTION LTD.

地址： Kiltearn House，Hospital Street；
Nantwich，Cheshire，
CW5 5RL，
United Kingdom

电话： 44 1270 613830

传真： 44 1270 626646

E-mail： terrpearson@gasinjectlon. com

网址： www. gasinjection. com

中国办事处：

香港气体辅助注塑有限公司

香港办事处

地址： 香港沙田小沥源安平街 6 号新贸中心 B 座 701 室

电话： 852 2601 0200

传真： 852 2601 0554

深圳办事处

地址： 中国深圳市南湖路 3005 号国贸商业大厦 18 楼 J 室

电话： 86 755 5195364/5195596

传真： 86 755 5195663

上海办事处

电话： 86 21 6413 2115

传真： 86 21 6413 8579

产品/业务： 生产总厂是位于英国曼彻斯特城，名为CINPRES GAS INJECTION LTD.（简称：CGI）。辅助注塑设备。这个先进的注塑技术，是把高压氮气经气输主控制器（分段压力控制系统）直接注射入模腔内塑化塑料里，使塑件内部膨胀而造成中空，但仍然保持产品表面和外形完整无缺。在全球拥有超过20多项的气体辅助注塑技术专利权/牌照权。香港气体辅助注塑有限公司在国内市场已售出500多台设备，暂占市场销售的第一位，在香港、深圳和上海的办事处，能为国内客户提供销售、技术培训、维修和专业咨询等“一条龙”的服务。

大湖化工（远东）有限公司

GREAT LAKES CHEMICAL（FAR EAST）LTD.

地址： 香港湾仔港湾道18号中环广场38字楼3801室

电话： 852 2258 2200

传真： 852 2258 2211

网址： www. greatlakeschem. com

中国办事处：

大湖化工（亚洲）北京代表处

地址： 中国北京市海淀区白石桥路48号九龙商务中心

邮编： 100081

电话： 86 10 6217 5631/6217 8021

传真： 86 10 6217 2195

E-mail： lxfll@public. bta. net. cn

产品/业务： 大湖化工公司是一家多元化的特殊化工品生产企业，在国际塑料添加剂技术领域居领先地位。大湖化工塑料添加剂分公司系世界上生产抗氧剂、紫外线吸收剂及复配产品的顶尖级生产企业、大湖化工本身独具的阻燃剂及阻燃增效剂业务更加强化了大湖化工塑料添加剂业务的领导地位。

德国哈斯特进出口有限公司

H&Z IMPORT＋EXPORT GMBH

地址： 7Muhlenbergstrasse，
D-58540 Meinerzhagen，
Germany

电话： 49 2354 904246

传真： 49 2354 904247

E-mail： H-zexport@t-online. de

中国办事处：

德国哈斯特进出口有限公司北京办事处

地址： 中国北京市西城区南礼士路3号龙蕃写字楼A402室

邮编： 100037

电话： 86 10 6802 5224

传真： 86 10 6802 5227

E-mail： hzgmbh @ chnmail. com，hzgmbh2001 @ sina. com

德国哈斯特进出口有限公司南京办事处

电话： 86 25 3413595

传真： 86 25 3413595

E-mail： hzmcjr@publicl. ptt. js. cn

产品/业务： 经营代理各类塑料加工设备，包括：

中空吹塑机（BEKUM）；注塑成型机（BATTENFELD）；双壁波纹管设备（FRANKISCHE）；大口径管材设备（KWH）；挤出生产线（EXTRUDEX）；减速箱（THYSSEN HENSCHEL）；模具（Tooler）；制冷及模温控制器（GWK）；螺筒螺杆及集成装置（CPM），配件及售后服务。

赫斯基注塑系统中国有限公司

HUSKY INJECTION MOLDING SYSTEMS CHINA LTD.

地址： 香港北角渣华道191号嘉华国际中心1706-9室

电话： 852 2811 29

传真： 852 9468 4103

E-mail： hk@husky. ca

网址： www. husky. ca

产品/业务： 赫斯基是大家全球性的注塑设备供应商，生产一系列的注塑机、PET瓶胚模具、热流道及机械手，这些设备广泛应用于包装、汽车及高科技产品，在各地设有40多个服务及销售办事处，为100多个国家的客户服务。

钟渊化学工业株式会社

KANEKA CORPORATION

地址： 1-12-32，Akasaka，Minato-Ku，
TOkyO 107-6025，
Japan

电话： 81 3 5574 8030

传真： 81 3 5574 8127

三井物产株式会社

MITSUI & CO.，LTD.

地址： 2-1，Ohtemachi 1-Chome，
Chiyoda-ku，
TOkyO，

Japan

电话： 81 3 3285 5207

传真： 81 3 3285 9577

中国办事处：

钟化资讯（上海）有限公司

地址： 中国上海浦东大道 138 号永华大厦 16 楼

电话： 86 21 5879 5436

传真： 86 21 5879 4730

产品/业务：

塑料用添加剂：

公司的添加剂的主要牌号为：Kane Ace B 系列和 M 系列非耐候性抗冲改性剂；KANE ACE FM 系列耐候性丙烯酸类抗冲改性剂；KANE ACE PA 系列加工助剂。

（1）Kane Ace B：提高聚氯乙烯制品的冲击强度，可用于片材，瓶粒料，管材和管件等非耐候性制品的生产。

（2）Kane Ace M：提高工程塑料制品的冲击强度。

（3）Kane Ace FM：提高聚氯乙烯户外产品的冲击强度和耐候性，可用于门窗型材，壁板等耐候性制品的生产。

（4）Kane Ace PA：改善聚氯乙烯制品加工性能，有促塑化型加工助剂和润滑型加工助剂两大类。

克劳斯玛菲机械公司

KRAUSS MAFFEI KUNSTSTOFFTECHNIK GMBH

地址： Krauss-Maffei-Strasse 2，
D-80997 Munich，
Germany

电话： 49 89 88990

传真： 49 89 88992497

网址： www. krauss-maffei. de

中国办事处/代理商/分销商：

注塑机

INJECTION MOULDING

MARKWISE（H. K.）LTD.

地址： Unit，I/F.，Global Trade Center，
15 Wing Kin Road，Kwai Chung，
N. T.，
Hong Kong

电话： 852 2487 9386

传真： 852 2489 9869

E-mail： markwise@netvigator. com

反应处理机

REACTION PROCESS MACHINERY

LOOK EASE ENTERPRISES LTD.

地址： Suite 906，Dominion Centre，
43-59 Queen's Rd.，East，
Hong Kong

电话： 852 2527 0759

传真： 852 2861 3523

DYNAWIN INTERNATIONAL LTD.

HONG KONG OFFICE

地址： Room 603，6/F Koon Fook Centre，
9 Knutsford Terrace，
Tsimshatsui，Kowoon，
Hong Kong

电话： 852 2721 3363

传真： 852 2311 2741

DYNAWIN INTERNATIONAL LTD.

SHANGHAI OFFICE

地址： 中国上海宣华路福多花园 1-2B，299 室

邮编： 200050

电话： 86 21 6240 4019

传真： 86 21 6240 5035

中国业务代表：

升捷科技香港有限公司

地址： 香港九龙长沙湾永康街作 A 经纬商业大厦 15 楼 C 室

电话： 852 2148 4888/2148 4881-3

传真： 852 2148 4889

E-mail： synergy@email. com

升捷科技香港有限公司（北京代表处）

地址： 中国北京市朝阳区建国门外大街永安东里 8 号华彬国际大厦 901 室

邮编： 100022

电话： 86 10 8528 8301/8528 8302

传真： 86 10 8528 8303

E-mail： synergy@email. com

升捷科技香港有限公司（上海代表处）

地址： 中国上海市愚园路 168 号环球世界商厦 2408 室

邮编： 200040

电话： 86 21 6249 2110　86 21 6249 1322

传真： 86 21 3214 0262

E-mail： synergy@email. com

产品/业务： 产品范围：

· 注塑机技术

注塑机，合模力达 300～64000kN，用于生产热塑性塑胶、热固性塑胶和弹性体，专用机械、CD 生产线和 PET 加工工艺；为客户提供多用途全方位解决方案，包括注塑机子系统和客户化灵活性生产系统。

• 挤塑机技术

单螺杆和双螺杆挤塑机、周边设备、下游设备、模头和校准装置；用于自动生产和直接挤塑的部件和造粒系统；用于生产管材、型材、板材和粒料的全套挤塑生产线。

• 反应技术

机械和系统，采用交替发泡剂进行聚氨酯和其他反应性材料加工、系统配件、高压反应机、计量机、戊烷预混机（Pentamix）、载模架、混合头和混合头焊接台、专用工艺：长纤维注塑（PUR）、旋转烧结、CO_2 计量填充料应用工艺。

加拿大麦克罗机械工程有限公司

MACRO ENGINEERING&TECHNOLOGY INC.

地址： 199 Traders Boulevard East，
Mississauga，Ontario，L4Z 2E5，
Canada

电话： 1 905 5079000

传真： 1 905 5073000

E-mail： sshi@macroeng. com

网址： www. macroeng. com

中国办事处：

加拿大麦克罗机械工程有限公司北京办事处

地址： 中国北京北三环东路北京中旅大厦 2404 室

邮编： 100028

电话： 86 10 6461 2695

传真： 86 10 6461 2690

E-mail： bjochina@public. gb. com. cn

产品/业务： 提供全套单层及多层共挤吹膜生产线，流延膜生产线提供全套收缩膜生产线提供 PVDC 薄膜及膜衣生产线。

美最时洋行

C. MELCHERS GMBH&CO

地址： SchlaChte 39-40，
28195 Bremen，
Germany

电话： 49 421 1769247

传真： 49 421 1769402

E-mail： cmco5@melchers. de

中国办事处：

美最时洋行广州代表处

地址： 中国广州流花路 109 号之 9 达宝广惕 1108 室

邮编： 510010

电话： 86 20 8666 8700

传真： 86 20 8667 7845

E-mail：guangzhou@melchers. de

产品/业务： 在下列应用领域内，美最时洋行代表着欧洲和美国的众多生产商：喷射铸造机、压出吹膜生产线、层压及热成型机械、印花装潢机械、回收机械、压缩机械、混合计量设备。美最时洋行还对上述机器进行专门的销售和服务培训，为客户提供最良好的服务。

万通塑胶原料有限公司

MILTON PLASTICS COMPANY LIMITED

地址： Room 3303，3/F 148Electric Road
North Point，Hong Kong

电话： 852 2896 7888

传真： 852 2889 3828

E-mail： miltonhk@netvigator. com

中国办事处：

万通塑胶原料有限公司-东莞代表处

地址： 中国广东省东莞市长安镇长青街富乐阁十八楼 B 座

电话： 86 769 5313140

传真： 86 769 5313740

产品/业务： 万通塑胶原料有限公司乃一国际性进出口贸易商，主要从世界各地大量进口化工及塑胶原料供应于东南亚各地。而香港及中国为主要主场，在累积多年业内经验及人才培训后，本公司营业额稳步上升，从而在华东、华南地区建立起有规模的供销网络，除泛用原料如聚苯乙烯及聚烯烃外，亦不断拓展工程级及特殊级塑料市场。鉴于本公司与多个海外生产厂商达成长期合作协定，从而获取较佳价钱及稳定供货优惠、借此希望能以忠诚的服务及合理的价格。成为贵公司的长期塑料供应商。本公司亦为德国胶宝热塑性弹性体（TPE）在香港及中国地区总代理，胶宝 TPE 供应通用、耐候、食物、印刷、接合、医药、耐油等级别给予各类型塑胶工业，详情可来电洽谈。

美能达香港有限公司

MINOLTA HONG KONG LTD.

地址： 香港鲗涌英皇道 1065 号东达中心二楼 208 室

电话： 852 2565 2156

传真： 852 2565 5601

E-mail： bob@minolta. com. hk

网址： www. minolta. com

中国办事处：

美能达香港有限公司-上海事务所

地址： 中国上海市乌鲁木齐北路 4577 号朝代商务中心 511 室

邮编： 200040

电话： 86 21 6249 4107

传真： 86 21 6249 4109

网址： www. minolta. com

产品/业务： 全日本制造的高精度色彩测量仪器，包括手提及座台式电脑品质控制及配色系统、能全面控制任何塑胶色彩，包括透明色、全属色及珠光色。

三菱工程塑料株式会社

MITSUBISHI ENGINEERING-PLASTICS CORP

地址： 香港夏悫道 18 号海富中心第一座十三楼 1303 室

电话： 852 2536 4295

传真： 852 2868 4718

E-mail： mch0029@cc. m-kagaku. co. jp

网址： www. mep-gz. com

中国办事处：

MEP 香港有限公司广州代表处

地址： 中国广东省广州市天河北路 28 号 2803 室

邮编： 510610

电话： 86 20 3877 0885

传真： 86 20 3877 0890

E-mail： sudy_ c@mep-gz. com

网址： www. mep-gz. com

产品/业务： 三菱工程塑料株式会社为客户提供齐全、优质的通用工程塑料，其中例如：聚碳酸酯（PC）Iupilon，聚甲醛（POM）Iupital，尼龙 6（PA6）NOVAMID 聚对苯二甲酸丁二醇酯（PBT），能广泛应用于各种工业。此外，作为材料生产商，我社亦非常强调为客户提供完善的销售前后服务及技术支援。我社于日本及泰国均设有技术中心，并且配备完善的分析仪器，协助客户从选料，模具设计，试料、成型加工工艺等各工序提供意见，全面照顾客户需要。

三井物产株式会社

MITSUI & CO.，LTD.

地址： 2-1，Ohte lachii-Chome，Chiyoda-Ku Tokyo，Japan

电话： 81 3 3285 5152

传真： 81 3 3285 9418

E mail： n. natorl@xm. mitsui. co. jp

网址： www. mitsui. co. jp

代理商/分销商：

北京金红石贸易有限责任公司

地址： 中国北京市宣武区广安门南大街天缘公寓 A-3005

邮编： 100054

电话： 86 10 8352 1234

传真： 86 10 8352 2345

E-mail： cn-jhs@china. com

产品/业务： 日本石原产业是亚洲著名的钛白粉生产者、其产品最早进入中国市场，拥有完善的销售网络，以充足的货量，多样的规格和周到的技术支持，为中国客户服务。

美国 NDC 红外技术公司

NDC INFRARED ENGINEERING

地址： 5314 North Irwindale Avenue，Inwindale，California 91706，USA

电话： 1 626 9603300

传真： 1 626 9393870

网址： www. ndcinfrared. com

E-mail： info@ndcinfrared. com

中国办事处：

美国 NDC 红外技术公司

地址： 中国广州市解放北路 960 号越秀天安大厦 1210 室

邮编： 510040

电话： 86 20 8666 2790

传真： 86 20 8666 5963

E-mail： ndcgz@public. guangzhou. gd. cn

网址： www. ndcinfrared. com

产品/业务： 该测厚仪公司是一家成立于 1966 年，在美国、英国、德国拥有公司，中国广州、上海、北京设有办事处的跨国公司。专门研究与制造用于塑料制品（流延共挤膜、PVC 压延、BOPP/BOPET/BOPS、片材、管材、吹膜等），涂布类（胶带、砂纸/布、

PU革及特种涂胶/涂层如磁带/录像带、胶片/胶卷等)，橡胶轮胎、压延、造纸、无纺布、烟草、食品等行业的在线检测及控制设备，全世界共有20 000多套，其中国内已售出约1 000套，NDC公司目前是世界上最大的一家测厚仪专业制造厂商。设备特点：中/英文等15种语言软件；1000/0触摸屏操作，全球专利产品，低价位，安装方便，国内有零备件库，工程师服务。

日精ASB机械株式会社

NISSI ASB MACHINE CO.，LTD.

地址： 4586-3 Koo，Komoro-shi，Nagano-ken，
384-8585，
Japan

电话： 81 267 231565

传真： 81 267 231564

E-mail： sales@nisseiasb. co. jp

网址： www. nisseiasb,co. jp

上海代理商/分销商：

上海爱思必机械有限公司

地址： 中国上海市九亭经济开发区虬泾路5号

邮编： 201615

电话： 86 21 5763 0233

传真： 86 21 57630699

E-mail： sales@shasb. com

网址： www. shasb. com

代理商：

香港尼龙企业有限公司

地址： 中国广州市东风西路148号嘉和苑8座905室

邮编： 510170

电话： 86 20 8136 6580

传真： 86 20 8136 6717

E-mail： hknyongz@21cn. com

产品/业务： 日本ASB公司是一步法及两步法注拉吹塑成型机的生产厂家，产品适合盛装饮用水、碳酸饮料、茶、果汁、食用油类、啤酒、化妆品和医药等。

意大利欧米帕公司

OMIPA SPA

地址： Via Maddalena 7，
21040 Morazzone (VA)，
Italy

电话： 39 0332 461400

传真： 39 0332 873026

E-mail： omipa@omipa. it

网址： www. omipa. it

中国办事处/代理商/分销商：

意大利欧米帕公司北京代表处

地址： 中国北京市东城区建国门内大街18号恒基中心2座1106室

邮编： 100005

电话： 86 10 6518 6548

传真： 86 10 6518 6549

E-mail： omipa@public. gb. com. cn

产品/业务： 生产优质透明片材，成卷膜片，中空格子板的成套挤出生产线，共挤生产线，共聚物喂料齿轮泵以及根据客户要求加工定制的特殊挤出生产线。

美国纳科公司

NANOCOR LTD.

中国地区销售代理

北京纳米阳光科技有限公司

电话： 13910222313

E-mail： langang@email. com. cn

北京怡蔚特化科技发展有限公司

电话： 13911096800

E-mail： wang@est8west. com

产品/业务： Nanocor为Amol的全资子公司。Nanocor公司自1996年就致力于研究、开发及生产以蒙脱土为基体的纳米级塑料添加剂。Nanocor公司拥有雄厚的知识产权及技术力量。Nanocor公司现已被公认为世界先进的纳米蒙脱土塑料添加剂。产品应用范围包括交通运输、家用电器、食品保鲜包装、阻燃材料以及涂料等领域。

宝理塑料（中国）有限公司

POLYPLASTICS CHINA LTD

地址： 香港铜锣湾罗素街38号金朝阳中心17楼

电话： 852 2802 9488

传真： 852 2824 9913

E-mail： pcl@polypla. com. hk

中国办事处/代理商/分销商：

宝理塑料（中国）有限公司-重庆代表处

地址： 中国重庆市渝中区民生路283号
重庆宾馆商务大厦21楼B座

邮编： 400010

电话： 86 23 6381 9903

传真： 86 23 6372 9004

E-mail：plastics@public. cta. cq. cn

宝理塑料（中国）有限公司-广州代表处

地址：中国广州市先烈中路69号东山广场2103室

邮编：510095

电话：86 20 8732 1004/1745

传真：86 20 8732 1879

E-mail：pclgzcom@publicl. guangzhou. cn

网址：www. hkexporer. net

产品/业务：共聚甲醛是众多工程塑料中最具均衡性能的材料、宝理塑料（Polyplastics）的 Duracon' "夺钢 M90 系列（如 M90-04M90-44 等），其耐磨耗、耐摩擦、耐疲劳及自我润滑等性能，适用于各工业，永远走在业界尖端的宝理塑料、饮誉同侪、各工厂已获得 ISO 9002 的认证，材料品质有保证。

乐嘉文洋行有限公司

RIECKERMANN（HK）LTD

地址：香港九龙尖沙咀广东道30号

新港中心第二座1201-3室

电话：852 2375 9911

传真：852 2375 8947

E-mail：hkg@rieckermann. com. hk

中国办事处：

乐嘉文上海办事处

地址：中国上海市徐家汇路430号上海电力大厦211-215室

邮编：200025

电话：86 21 6472 8743

传真：86 21 6472 6395

E-mail：sha@rieckermann. com. hk

乐嘉文北京办事处

地址：中国北京市东城区建国门内大街7号

光华长安大厦第二座625室

邮编：100005

电话：86 10 6510 2266

传真：86 10 6524 0006

E-mail：bei@rieckermann. com. hk

产品/业务：乐嘉文洋行，创建于1892年，总部在德国。为一家机械和工业设备贸易与服务公司；在香港、上海和北京均设有分支。有专业工程服务人员和零备件库。主要经营德国 V&H 公司吹膜生产线，流延膜生产线，柔性板印刷机，凹板印刷机，管材生产线，滴灌管生产线，塑料编织袋生产线，涂布机，SOFTAL 电晕处理设备等。

意大利新得多工业股份有限公司

SANDRETTO INDUSTRIE S. P. A.

地址：Via E. De Amicis，44

10097 Collegno，

Torino；

Italy

电话：39 011 41011

传真：39 011 4117049

E-mail：sandretto@sandretto. it

网址：www. sandretto. it

中国办事处：

意大利新得多工业股份有限公司上海代表处/售后服务中心

地址：中国上海市普陀区西康路1068号

维多利广场B幢16层E座

邮编：200060

电话：86 21 6266 5873

传真：86 21 6276 4956

手提：86 13701681808

E-mail：sandretto@sh163. net

产品/业务：意大利最大的注塑机制造厂商，54年的生产经验，世界上首台电脑注塑机的诞生地，业务范围遍及各大洲，拥有本行业规模最大的机械加工无人化工厂。设计制造由30～5500t锁模力，超过2种规格的全参数闭环控制注塑机。

苏威集团

SOLVAY S. A.

地址：Rue Du Prince Albert 33-B-1050

Bruxelles

Belgium

电话：32 2 509 60 16

传真：32 2 509 72 40

E-mail：webmaster@solvay. com

网址：www. solvav. com

Branch Office：

苏威亚太

SOLVAY ASIA PACIFC LTD

地址：8 Cross Street，

24-01-PWC Building，

Singapore

邮编：48424

电话： 65 438 8886
传真： 65 438 8111
苏威亚太北京办事处
地址： 北京市建国门外大街 1 号国际贸易大厦 3626
邮编： 100004
电话： 86 10 6505 5911/6505 2280
传真： 86 10 6505 4921
E-mail： zhenan@public. bta. net. cn
产品/业务： 塑料原材料：高密度聚乙烯、聚丙烯、聚偏氯乙烯共聚物（PVDC）；PVC 预混料与合金；PVC 粉；均聚和共聚偏氟乙烯（PVDF）。

帝人化成株式会社
TEIJIN CHEMICALS LTD.
地址： 日本东京都千代田区内幸町叮 1 丁目 2 番 2 号
Hibiya Daibiru Bldg，2-2，
Uchisaiwai-cho，I-chome Chiyoda-Ku
TokyO；
Japan
电话： 81 3 3506 4776
传真： 81 3 3506 4760
网址： www. teijinkasei. co. jp
中国办事处/代理商/分销商：
帝人化成（香港）有限公司
地址： 香港铜锣湾告士打道 256-257 号信和广场 2905 室
电话： 852 2836 5256
传真： 852 2803 5732
E-mail： c-alfred@teijin-kasei. com. hk
产品/业务： 帝人化成的 Panlite 是最先在日本实现工业化生产的聚碳酸酯树脂（PC）经过长期的研究开发，Panlite 在耐冲击性、耐热性、尺寸稳定性、电学性能、透明性及卫生性能等多方面已具有极其突出的优点。现在广泛地应用于电器、电子通讯、办公文仪用品、精密机械、汽车、医疗、劳保及家庭用品等众多的领域。

其他产品包括：MultilonPC/ABS 合金树脂；Fire Guard 防火剂；Panlite；Sheet 聚碳酸酯树脂板材及薄膜并代理帝人 PBT 树脂、FR-PET 防火聚酯树脂。

泰森挤出技术有限公司
THEYSOHN EXTRUSIONSTECHNIK
GES. M. B. H.
地址： 奥地利捷瑞克街 2，科纽堡 A-2100
Girakstrasse 2，
A-2100 Korneuburg，
Austria
电话： 43 2262 75511 20
传真： 43 2262 75505
E-mail： office@theysohn. at
网址： www. theysohn. at
中国办事处：
泰森挤出技术有限公司北京办事处
地址： 中国北京市朝阳区光华路 12A 号
科伦大厦 A 座 1205 室
邮编： 100020
电话： 86 10 6581 4096
传真： 86 10 6581 3948
E-mail： office@theysohnbeijing. com
网址： www. theysohn. at
产品/业务： 我们可以为您提供生产 UPVC 窗户型材成套完整的生产设备，塑料管材、异型材和板材的挤塑设备，单螺杆和双螺杆挤塑机的螺杆和机筒。

友宁机械制造股份公司
UNION OFFICINE MECCANICHE S. P. A.
地址： Vial Maggio 12/14，
San vittore Olona（MI），
Italy
电话： 39 0331 519300
传真： 39 0331 518370
E-mail： info@unionextrusion. it
网址： www. unionextrusion. it

爱色丽（亚太）有限公司
X-RITE ASIA PACIFIC LIMITED
地址： 香港鲗鱼涌康山道 1 号康怡商业中心 808-10 室
电话： 852 2168 5733
传真： 852 2885 8610
E-mail： marketing@x-rite. com. hk
网址： www. x-rite. com
中国办事处/代理商/分销商：
天津办事处
地址： 中国天津市和平区河北路 202 号 209-10 室
邮编： 300040
电话： 86 22 2339 6741/2330 8808

传真：86 22 2312 8844

E-mail：xritetjc@publiel. tpt. tj. cn

上海办事处

地址：中国上海市金陵东路 2 号光明大厦 2605 室

电话：86 21 6323 7241/6323 7243

传真：86 21 6323 6951

E-mail：xritesh@online. sh. cn

产品/业务：美国爱色丽提供色彩解决方法

仪器包括：新一代分光光度仪 SP60，SP62&SP64、948 分光色度仪、968 分光光度仪、CFS57 台式分光光度仪、QA-Litee 色彩品质控制软件、QA-2000 专业色彩品质控制软件、FM2001 塑料及涂料电脑配色系统。

附录三 世界部分国家塑料协会名录

美国塑料工业协会

The Society of the Plastics Industry，Inc.（SPI）

地址：1801 K Street，NW
Suit 600K，Washington
DC 20006-1301

电话：202 296 7218

传真：202 293 0309

E-mail：landerso@socplas. org

网址：http://www. plasticsindustry. org

英国塑料联盟

The British Plastics Federation（BPF）

地址：6 Bath Place，Rivington
Street，London EC2A 3JE，
United Kingdom

电话：+44 20 7457 5000

传真：+44 20 7457 5045

E-mail：bpf@bpf. co. uk

英国塑料协会（BPF）是英国塑料集团的发起者，它代表着英国塑料机械、添加剂和原料供应的最高水平，是最专业的塑料信息提供者。

网址：http://www. bpf. co. uk
bpf@bpf. co. uk

加拿大塑料工业协会

Canadian Plastics Industry Association（CPIA）

地址：5925 Airport Road，Suite 500
Mississauga，Ontario L4V 1W1

电话：905 678 7405 Ext. 283

传真：905 678 0774

E-mail：Ontario@cpia. ca

网址：http://www. plastics. ca

欧洲塑料及橡胶机械制造商欧洲委员会

European Committee of Machinery Manufactures for the Plastics and Rubber Industry（EUROMAP）

地址：C/o VDMA，FV KuG P. O.
Box 710864 D-60498 Frandfurt

电话：+49 69 66031833/1835

传真：+49 69 6603 1840

E-mail：euromap@vdma. org

网址：http://www. euromap. org

欧洲门窗协会

Euro Windoor

地址：Bockenheimer Anlage 13
D-60322 Frankfurt/M

电话：+49 69 95505414

传真：+49 69 95505411

E-mail：degenhardt@window. de

网址：http://www. window. de

欧洲塑料橡胶机械协会

Plastics and Rubber Machinery Association

地址：Lyoner Strasse 18,60528
Frankfurt am Main，Germany

电话：+49 69 66031832

传真：+49 69 66031840

E-mail：guk@vdma. org

网址：http://www. kug. vdma. org

南非（阿扎尼亚）塑料联盟

Plastics Federation of South Africa

地址：18 Gazelle Avenue，
Corporate Park，Old Pretoria
RD，Midrand Gauteng

电话：+27 11 314 4021/7

传真：+27 11 314 3764

E-mail：enquiries@plasfed. co. za

网址：http://www. plasfed. co. za

新加坡塑胶工业总会

Singapore Plastics Industry Association（SPIA）

地址：15-B Lorong 4，Geylang，
Singapore 399272

电话：67435571

传真：67433309

E-mail：spia@pacific. net. sg

网址：http://www. spia. org. sg

印度全印塑料制造商协会

The All India Plastics Manufactures' Association（AIPMA）

地址：AIPMA HOUSE，A-52，

ROAD No. 1, M. I. D. C.,
MAROL, ANDHERI (E),
MUMBAI-400 093 (INDIA)
电话: +91 22 8217324/25
8352511/12
传真: +91 22 8312475
E-mail: aipma@bom2. vsnl. net. in
网址: http://www. aipma. org

印度塑料基金会

Plastindia Foundation
地址: 401/B, Landmark,
Opp. Cinemagic, 209A,
Suren Road, Off Andheri
Kuria Road, Andheri (East),
Mumbai-400 093, India
电话: +91 22 26832911
传真: +91 22 26845861
E-mail: plastindia@vsnl. com
网址: http://www. plastindia. org

韩国塑料工业协同组合

Korea Plastic Industry Cooperative
地址: Korea Plastic Building
146-2, Ssangrim-Dong, Chun
g-ku, Seoul, 100-400, Korea
电话: +02 22757991-4
传真: +02 22 775150 or 22757901
E-mail: Kpic01@koreaplastics. or. kr
网址: http://www. koreaplastic. org

日本塑料机械工业协会

The Japan Plastics Machine Industry Association
地址: 10-18 Ginaz 2-chome
Chuo-Ku, 104 Tokyo, Japan
电话: +81 3 35428575
传真: +81 3 35430619

越南塑料加工协会

Vietnam Plastic Manufacturers Association (VP-MA)
地址: 92-94 Ly Tu Trong Street 1st
District, Ho Chi Minh City (Vietnam)
电话: +84 8 8229022
传真: +84 8 8229266
E-mail: vspa@hcm. vnn. vn
网址: http://www. hcm. vnn. vn

中国塑料加工工业协会

China Plastics Processing Industry Association (CPPIA)
地址: 中国北京东长安街 6 号
No. 6 East Chang'an Street,
Beijing, China
电话: +86 10 65122056
传真: +86 10 65278590
E-mail: cppia@cppia. com. cn
网址: http://www. cppia. com. cn

中国香港塑胶机械协会

Hong Kong Plastic Machinery Association Limited
地址: 香港九龙又一村达之路 78 号生产力大楼 5 字楼
5/F, HKPC Building, 78 Tat
Chee Avenue, Yau Yat Chuen
电话: 2788 5552
传真: 2788 5543
E-mail: sec@hkpma. com
网址: http://www. hkpma. com

中国香港模具协会

Hong Kong Mould & Die Council
地址: 香港九龙尖沙咀汉口道 5-15 号汉口中心 407-411 室
Room 407-411, 4/F,
Hankow Centre, 5-15
Hankow Road, Tsim Sha
Tsui, Kowloon
电话: 2732 3188
传真: 2721 3494
E-mail: hkmdc@fhki. org. hk

中国香港塑胶业协会

Hong Kong Plastics Industry Council
地址: 香港九龙尖沙咀汉口道 5-15 号汉口中心 407-411 室
Room 407-411, 4/F,
Hankow Centre, 5-15
Hankow Road, Tsim Sha
Tsui, Kowloon
电话: 2732 3188
传真: 2721 3494

E-mail：hkmdc@fhki. org. hk

中国香港包装专业协会

Hong Kong Packaging Institute Limited

地址：香港九龙尖沙咀邮箱 98536 号

The P. O. Box 98536，Tsim

She Tsui Post Office，Kowloon

电话：2624 9083

传真：2624 9639

E-mail：hkpi@hkpi. org. hk

网址：http：//www. hkpi. org. hk

中国香港塑料袋制造业商会

Hong Kong Plastics Bags Manufacture's Association

地址：香港湾仔轩尼诗道 200 号恒生湾仔大厦 603 室

Room 603，6/F，Hang Seng

Wanchai Building，200

Hennessy Road，Wan Chai

电话：23945912

传真：23990152

中国台湾废弃物资源回收推广协会

地址：台北市吉林路 24 号 11 楼之 2

电话：886 2 25616969

传真：886 2 25232525

网址：http：//www. emperor. com. ctw

中国台湾塑料机械工业协会

Taiwan Association of Machinery Industry·(TAMI)

地址：110 Hwai Ning Street，Taipei

100 (Taiwan)

电话：+886 2 23494666

传真：+886 2 23813711

E-mail：tami@tami. org. tm

（中国塑料加工工业协会　陈燕）

附录四 塑料制品相关检测机构名录

一、国家级相关质量检测机构

国家塑料制品质量监督检验中心
通讯地址：北京市阜成路 11 号
邮编：100037
电话：010-68423956
传真：010-68423957

国家化学试剂质量监督检验中心
通讯地址：北京市朝阳区化工路
邮编：100022
电话：010-6778-6281，6771-8953
传真：010-6778-6281

国家基本有机原料质量监督检验中心
通讯地址：北京市朝阳区和平街北口
邮编：100013
电话：010-64270352
传真：010-64270352010-64228661

国家化学建材测试中心材料部
通讯地址：北京市 1442 信箱北京化工院
邮编：100013
电话：010-64208747，64216131
传真：010-64208747

国家化学建材测试中心建工部
通讯地址：北京市小黄庄路 9 号装修部
邮编：100013
电话：010-64202233-2337

国家皮革制品质量监督检验中心
通讯地址：北京市朝阳区酒仙桥将台路 3 号
邮编：100016
电话：010-64337794
传真：010-64362594

国家石化有机原料合成树脂质量监督检验中心
通讯地址：北京市房山区凤凰亭路 9 号
邮编：102549
电话：010-69343458
传真：010-69341930

国家石油油品质量监督检测中心
通讯地址：北京市海淀区学院路（北京 914 信箱）
邮编：100083
电话：010-62327551-8248-8752
传真：010-62311290

国家纤维质量监督检验中心
通讯地址：北京市东城区和平里东街 20 号
邮编：100013
电话：010-64204649
传真：010-64223323

国家橡胶轮胎质量监督检验中心
通讯地址：北京市西郊半壁店
邮编：100039
电话：010-68182211-2166
传真：010-68180963

国家分析仪器质量监督检验中心
通讯地址：北京市海淀区温泉
邮编：100095
电话：010-62451445
传真：010-62451445

国家建筑材料测试中心
通讯地址：北京市管庄大院南楼
邮编：100024
电话：010-65761331-2672

国家标准物质研究中心
通讯地址：北京市和平街 11 区 7 号
邮编：100013
电话：010-64228404

国家电化学和光谱研究中心
通讯地址：吉林省长春市人民大街 159 号
邮编：130022
电话：0431-5682801-269

国家色谱研究分析中心
通讯地址：辽宁省大连市中山路 161 号

邮编： 116011
电话： 0411-3693409

国家人造板质量监督检验中心
通讯地址： 北京市西郊万寿山后中国林科院
邮编： 100091
电话： 010-62888332
传真： 010-62888332

中国上海测试中心
通讯地址： 上海市宜山路 716 号
邮编： 200233
电话： 0201-64701390-135

中国广州分析测试中心
通讯地址： 广东省广州市先烈中路 100 号
邮编： 510070
电话： 020-87304307

海关总署化验室
通讯地址： 北京市建内大街 6 号
邮编： 100730
电话： 010-65195343

中国环境监测总站
通讯地址： 北京市北四环育慧南路 1 号
邮编： 100029
电话： 010-64966374

二、各省、市相关质量检测机构

北京市塑料制品质量监督检验站
通讯地址： 北京市西城区旧鼓楼大街 47 号
邮编： 100009
电话： 64034801

北京市高分子材料质量监督检验站
通讯地址： 北京市海淀区成府街（清华大学西门）
邮编： 100084
电话： 010-62575441-356

北京市产品质量监督检验站
通讯地址： 北京市朝阳区育慧南路 3 号
邮编： 100029
电话： 010-64964179

北京市理化分析测试中心
通讯地址： 北京市西三环北路 27 号
邮编： 100089
电话： 010-6841-9606
传真： 010-6841-9693

北京市化学试剂产品质量监督检验站
通讯地址： 北京市朝阳区广渠路 15 号
邮编： 100022
电话： 010-67718953
传真： 010-67718953

北京微量化学所测试中心
通讯地址： 北京市 1932 信箱
邮编： 100091
电话： 010-62861820

北京市纺织纤维检验所
通讯地址： 北京市朝外八里庄西里甲 15 号
邮编： 100025
电话： 010-65588625

北京航空材料研究院分析室
通讯地址： 北京市 81 号信箱
邮编： 100095
电话： 010-62458153

北京市涂料质量监督检验站
通讯地址： 北京市永外宋家庄顺八条 6 号红狮公司院内
邮编： 100078
电话： 010-67692874

北京市轻工产品质量监督检验一站
通讯地址： 北京市崇文区广渠门大街天龙东里 11 号
邮编： 100062
电话： 010-67160461

北京市橡胶产品质量监督检验站
通讯地址： 北京市丰台区马家堡角门 14 号
邮编： 100075
电话： 010-67254609

北京矿冶研究总院分析室
通讯地址： 北京市文兴街 1 号
邮编： 100044

电话： 010-68333366-3417

北京市地毯质量监督检验站

通讯地址： 北京市北四环南湖渠中心路

邮编： 100102

电话： 010-64382924

北京市纺织产品及染料助剂质量监督检验站

通讯地址： 北京市朝阳区十里堡 2 号

邮编： 100025

电话： 010-65565043

北京市工种管道及桥梁构件质量监督检验站

通讯地址： 北京市西城区平安里大帽胡同 26 号

邮编： 100035

电话： 010-66114337/66157172

北京市机械产品质量监督检验站

通讯地址： 北京市朝阳区工体北路 4 号

邮编： 100027

电话： 010-65912288-2559

北京市计量产品质量监督检验站

通讯地址： 北京市朝阳区安苑东里 1 区 14 号

邮编： 100029

电话： 010-64916380

北京市建筑材料质量监督检验站

通讯地址： 北京市石景山区金顶街西福村 1 号

邮编： 100041

电话： 010-68874984/68815177

北京市建筑水暖产品质量监督检验站

通讯地址： 北京市朝阳区建国门外八王坟

邮编： 100022

电话： 010-65083879

北京市农药、助剂质量监督检验站

通讯地址： 北京市丰台区永定门外宋家庄顺八条八号

邮编： 100078

电话： 010-67619433

北京市石油产品质量监督检验站

通讯地址： 北京市丰台大红门西路 7 号

邮编： 100075

电话： 010-67247906

北京市水泥质量监督检验站

通讯地址： 北京市玻璃河水泥厂院内

邮编： 102403

电话： 010-89382980-2530

北京市消防产品质量监督检验站

通讯地址： 北京市西城区西直门内大街 190 号

邮编： 100035

电话： 010-62241188-3116

北京市鞋帽质量监督检验站

通讯地址： 北京崇文区天坛路 89 号

邮编： 100050

电话： 010-67021246

北京市医疗器械产品质量监督检验站

通讯地址： 北京市北三环中路二号

邮编： 100011

电话： 010-62013862

总参防化院分析测试中心

通讯地址： 北京市 1044 信箱 16 号

邮编： 102205

电话： 010-69760259

天津市理化分析测试中心

通讯地址： 天津市成都道 116 号旁门

邮编： 300051

电话： 022-56-23396032

河北省分析测试研究中心

通讯地址： 河北省石家庄市槐北西路 4 号

邮编： 50021

电话： 0311-6011259

山西省分析测试中心

通讯地址： 山西省太原市北国街 6 号

邮编： 30000

电话： 0351-7240348

内蒙古自治区分析测试中心

通讯地址： 内蒙古自治区呼和浩特市新城西街 86 号

邮编： 010010
电话： 0471-6928854

辽宁省分析测试研究中心
通讯地址： 辽宁省沈阳市万柳塘路 103 号
邮编： 110015
电话： 024-24822089

沈阳地矿综合岩矿测试中心
通讯地址： 辽宁省沈阳市北陵大街凹号
邮编： 110032
电话： 024-68232736

黑龙江省分析测试中心
通讯地址： 黑龙江省哈尔滨市南通大街 27 号
邮编： 150050
电话： 0451-2513512

上海进出口商检局检测中心
通讯地址： 上海市四平路 851 号
邮编： 200092
电话： 021-65217707

南京地矿综合岩矿测试中心
通讯地址： 江苏省南京市珠江 700 路号
邮编： 210018
电话： 025-4801933

浙江省分析测试中心
通讯地址： 浙江省杭州市文二路 40 号
邮编： 310012
电话： 0571-8081862

安徽省分析测试中心
通讯地址： 安徽省合肥市濉溪路 312 号
邮编： 230031
电话： 0551-5145587

福建省分析测试研究所
通讯地址： 福建省福州市北环中路 61 号
邮编： 350003
电话： 0591-7841981

江西省分析测试中心
通讯地址： 江西省南昌市北京东路 171 号
邮编： 330029
电话： 0791-8334720

山东省分析测试中心
通讯地址： 山东省济南市科院路 19 号
邮编： 250014
电话： 0531-2605311

河南省分析测试中心
通讯地址： 河南省郑州市红专路 56 号
邮编： 450003
电话： 0371-5727239

武汉地矿综合岩矿测试中心
通讯地址： 湖北省武汉市利济北路 246 号
邮编： 430022
电话： 027-85832847

湖南省分析测试中心
通讯地址： 湖南省长沙市青园路 7 号
邮编： 410004
电话： 0731-5582668

广西壮族自治区分析测试研究中心
通讯地址： 广西壮族自治区南宁市星湖路 32 号
邮编： 530022
电话： 0771-5324691

成都地矿综合岩矿测试中心
通讯地址： 四川省成都市人民北路 101 号
邮编： 610081
电话： 028-3331097

四川省分析测试服务中心
通讯地址： 四川省成都市西胜街 24 号
邮编： 610015
电话： 028-6643809

贵州省理化分析测试中心
通讯地址： 贵州省贵阳市观水路 73 号
邮编： 550002
电话： 0851-5815181

云南省分析测试研究所
通讯地址： 云南省昆明市北京路 110 号
邮编： 650051
电话： 0871-3137617

甘肃省分析测试中心
通讯地址：甘肃省兰州市定西南路169号
邮编：730000
电话：0931-8616449

宁夏分析测试中心
通讯地址：宁夏回族自治区银川市西夏区朔方路9号
邮编：750021
电话：0951-2077564

新疆分析测试中心
通讯地址：新疆维吾尔族自治区乌鲁木齐市北京南路40号
邮编：830011
电话：0991-3835162

新疆农科院分析测试中心
通讯地址：新疆维吾尔族自治区乌鲁木齐市南昌路38号
邮编：830000
电话：0991-4520311-2164

三、大学和科学院所属质量检测机构

北京大学分析测试中心
通讯地址：北京市北京大学新化学楼
邮编：100871
电话：010-62754976

清华大学分析中心
通讯地址：北京市清华大学化学系
邮编：100084
电话：010-62771139

北京师范大学分析测试中心
通讯地址：北京市新外大街19号
邮编：100875
电话：010-62208268/2978

复旦大学分析测试中心
通讯地址：上海市邯郸路220号
邮编：200433
电话：021-65643000-3063

南京大学现代分析中心
通讯地址：江苏省南京市汉口路22号
邮编：210008
电话：025-3592293

南开大学中心试验室
通讯地址：天津市南开区八里台
邮编：300071
电话：022-23508724/1380

天津大学分析中心
通讯地址：天津市南开区七里台
邮编：300072
电话：022-27405526

同济大学测试中心
通讯地址：上海市四平路1239号
邮编：200092
电话：021-65982286

武汉大学分析测试中心
通讯地址：湖北省武汉市武昌珞珈山
邮编：430072
电话：027-87882136

四川大学分析测试中心
通讯地址：四川省成都市望江路29号
邮编：610064
电话：028-5412316

吉林大学分析测试中心
通讯地址：吉林省长春市柳条路2号
邮编：130023
电话：0431-8922331-3724

兰州大学分析测试中心
通讯地址：甘肃省兰州市天水路216号
邮编：730000
电话：0931-8912511

辽宁大学分析测试中心
通讯地址：辽宁省沈阳市崇山中路砧号
邮编：110036
电话：024-86809013

山东大学实验中心
通讯地址：山东省济南市山大路27号
邮编：250100

电话： 0531-8564724

中国科技大学结构成分分析中心
通讯地址： 安徽省合肥市金寨路 96 号
邮编： 230026
电话： 0551-3602802/2814

厦门大学分析测试中心
通讯地址： 福建省厦门市思明南路 432 号
邮编： 361005
电话： 0592-2186129

浙江大学分析测试中心
通讯地址： 浙江省杭州市玉古路 20 号
邮编： 310027
电话： 0571-7951287

郑州大学分析测试中心
通讯地址： 河南省郑州市大学路 75 号
邮编： 450052
电话： 0371-7763224

中山大学分析测试中心
通讯地址： 广东省广州市新港西路 135 号
邮编： 510275
电话： 020-84038454

东南大学分析测试中心
通讯地址： 江苏省南京市四牌楼 2 号
邮编： 210018
电话： 025-3793226/3221

上海交通大学理化测试中心
通讯地址： 上海市华山路 1954 号
邮编： 200030
电话： 021-62812997/2837

华东理工大学分析测试中心
通讯地址： 上海市梅陇路 130 号
邮编： 200237
电话： 021-64253235

华南理工大学测试中心
通讯地址： 广东省广州市五山
邮编： 510641
电话： 020-87111322

成都理工学院分析测试中心
通讯地址： 四川省成都市二仙桥东三路 1 号
邮编： 610059
电话： 028-4079012

哈尔滨工业大学分析测试中心
通讯地址： 黑龙江省哈尔滨市法院街 13 号 2150 号
邮编： 150001
电话： 0451-6414234

武汉工业大学材料研究与测试中心
通讯地址： 湖北省武汉市珞狮路 122 号
邮编： 430070
电话： 027-87657843

重庆化工学院中心实验室
通讯地址： 重庆市沙坪坝
邮编： 400044
电话： 023-65104439

中科院北京电镜实验室
通讯地址： 北京市 2724 信箱
邮编： 100080
电话： 010-62568304

中科院成都分院测试中心
通讯地址： 四川省成都市人民南路四段 9 号
邮编： 610041
电话： 028-5229917

中科院兰州分院测试中心
通讯地址： 甘肃省兰州市天水路 342 号
邮编： 730000
电话： 0931-8827971-3018

四、北京市区、县质量检测机构

北京市西城区产品质量监督检验站
通讯地址： 北京市西城区福绥境 37 号
邮编： 100034
电话： 010-66163875

北京市东城区产品质量监督检验站
通讯地址： 北京市东城区和平里五区甲 12 号
邮编： 100013
电话： 010-84222493

北京市海淀区产品质量监督检验站
通讯地址：北京市北四环西路甲 27 号
邮编：100083
电话：010-62348045

北京市朝阳区产品质量监督检验站
通讯地址：北京市朝阳区双龙南里 130 号楼
邮编：100021
电话：010-87322276

北京市顺义区产品质量监督检验所
通讯地址：北京市顺义区府前东街
邮编：101300
电话：010-81482494

北京市通州区产品质量监督检验所
通讯地址：北京市通州区玉带河大街 32 号
邮编：101100
电话：010-69538953

北京市大兴县产品质量监督检验站
通讯地址：北京市大兴县黄村
邮编：102600
电话：010-69249427

北京市房山区产品质量监督检验所
通讯地址：北京市房山区良乡拱辰大街 84 号
邮编：010-102401
电话：69351495

北京市丰台区产品质量监督检验站
通讯地址：北京市丰台区丰台镇文体路 6 号
邮编：100071
电话：010-63837652

北京市门头沟区产品质量监督检验站
通讯地址：北京市门头沟区新桥大街 58 号
邮编：102300
电话：010-69842083

北京市怀柔县产品质量监督检验站
通讯地址：北京市怀柔县迎宾中路 6 号
邮编：101400
电话：010-69623431

北京市密云县产品质量监督检验所
通讯地址：北京市密云县长安街 3 号
邮编：101500
电话：010-69041549

北京市平谷县产品质量监督检验所
通讯地址：北京市平谷县平谷镇文化南街 7 号
邮编：101200
电话：010-69982843

（中国塑料加工工业协会　许琳）

江西腾飞塑胶有限公司

腾飛 TENG FEI ®

诚信天下客　　满意在腾飞

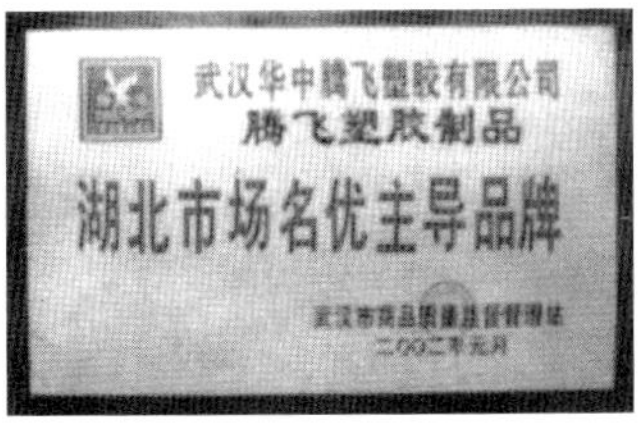

湖北市场名优主导品牌

江西腾飞塑胶有限公司原为江西腾飞塑胶总厂，由刘培才厂长创建于1981年。目前在北京、武汉、南昌和萍乡设有四个分厂，总部设在江西省萍乡市。企业占地面积7万平方米，员工1200多人，拥有150多台国内外先进生产设备（有锁模力1000吨以上的注塑机五台，最大注射量4万克），企业总资产1.2亿元，属国家大二型轻工企业；日用塑料制品生产规模已居全国同行前列。

企业主要产品有周转箱、托盘、桌椅凳桶盆等日用品、工业用注塑件、中空吹塑容器和塑料管件管材等20多个系列2000多个花色品种，年耗PE、PP、ABS、PP-R等塑料树脂万吨。企业的多个品种获得省优部优和国家科技重点新产品荣誉。

江西省著名商标

《腾飞》是江西省著名商标，腾飞产品是省名牌产品，一直深受市场欢迎。江西省工商局和湖北、湖南消费者协会分别给予了“市场占有率高品牌”、“消费者认定品牌”、“市场质量信得过品牌”等高度评价；企业产品畅销全国。

多年来，江西腾飞塑胶总厂一直保持着“纳税先进单位”、“重合同、守信用单位”、“特级信用企业”的荣誉，成为江西塑料的支柱企业。

地　址：江西省萍乡市环城南路171号

邮　编：337055

电　话：0799-6832369

传　真：0799-6832747

云南省个旧市塑料厂

YUNNAN GEJIU CITY PLASTICS PLANT

云南省个旧市塑料厂位于城区西部，交通便利。在昆明市风景秀丽的滇池南湖畔建有分厂，工厂始建于1970年，现有职工200人，拥有总资产3500万元。

我厂是云南省农地膜定点生产厂，出口磷酸包装桶定点生产企业，国家医药局在云南省塑料医用药瓶定点单位。降解塑料获国家重点新产品殊荣。企业先后被评为省级、州级、市级“高新科技先进企业”，“重合同、守信用单位”和“物质、精神双文明企业”。

云南省个旧市塑料厂

地址：云南省个旧市西口冲

邮编：661000

企业法人代表：李克平

电话：(0873)2122231　2131986

传真：(0873)2131986

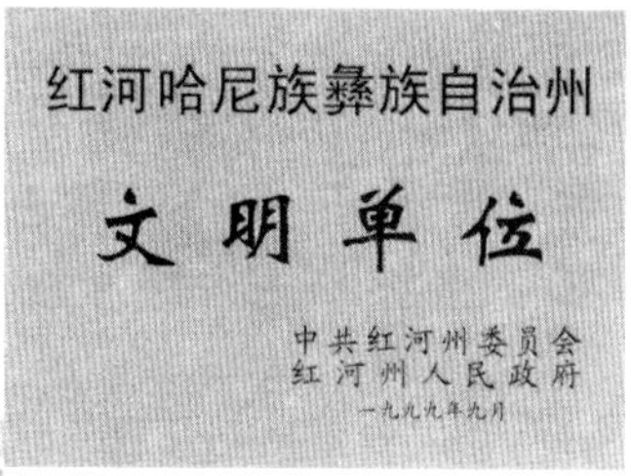

云南省个旧市塑料厂昆明分厂

地址：云南省昆明市官渡区陈家营

邮编：650228

电话：(0871)7173595

传真：(0871)7012725

沧州市三塑有限责任公司

企业概况

厂长：高树君

沧州市三塑有限责任公司是原沧州市第三塑料厂经过改制后重新组建的新公司，是中国塑料加工工业协会会员单位。我公司拥有一大批从事塑料研究及生产的科研人员、高级管理人员和一支具有高素质的员工队伍。公司重视产品质量，配有设备齐全的实验室和化验室，并建立了完整的质量保证体系和售后服务制度，使得我公司的产品深受用户的信赖，并被相关行业广泛采用。

沧州市三塑有限责任公司属国家中型企业，拥有固定资产1500万元，占地面积20000平方米，并在此基础上相继成立了两个子公司：奇力达塑料制品有限公司和凯达塑业有限公司，同时年生产能力提高到7000吨，公司总人数达到342人，是全国500家最大塑料工业企业之一。

我公司拥有两条从奥地利辛辛那提公司引进的CM80锥形双螺杆挤出生产线和多条国产生产线。主要产品有：

1、硬质PVC板材。它分为工业用硬质PVC板材和透明的装饰用硬质PVC板材。产品厚度为1mm-20mm，宽度为1300mm，长度根据用户需要而定，具有耐冲击、耐腐蚀性强、强度大、光洁度高、便于加工等特点，可广泛用于化工、石油、电镀、水净化处理设备、环保设备各种耐腐蚀性结构材料及广告装潢等行业。

2、硬质PVC管材。我公司可按德国标准，国家标准组织生产直径为90mm-560mm的全系列硬质PVC管材。产品具有重量轻、耐腐蚀、不结垢、耐久性好、承压强度高、安装维修方便、降低工程造价等优点。能充分满足国内外给水、排水、化工、农田灌溉等行业的要求。

3、软质PVC板材及软质透明PVC板材。此类产品具有强度大、收缩率小、耐侯性、耐腐蚀性好、施工方便等特点，可广泛用于耐酸、碱的化工渡槽（池）的衬里、机械设备的衬垫、工作台面及室内、楼道、车辆、船舶内的辅设等。

4、纯PP板材及改性PP板材。该产品具有卫生性能好、密度小、良好的耐腐蚀性和较高的耐热性、使用温度高等特点。其中改性PP板材较纯PP板材又提高了刚性，降低了收缩率，提高了耐老化性及产品的耐热性，扩大了应用范围。可广泛用于化学工业的耐腐蚀设备、水净化设备、环保设备等行业。

以上各产品获得了中国质量检验协会颁发的国家质量检测达标产品证书。其中硬质PVC板材荣获了振兴河北省轻工业奖；硬质PVC管材荣获了市科技进步奖。产品覆盖了全国十几个省、市自治区，信誉良好，具备了较强的行业竞争实力。

我公司将在现有生产能力的基础上，不断扩大再生产，使企业产品形成规模化生产。同时在稳固占有国内市场的基础上，逐步扩大国际市场份额。

地 址：河北省沧州市开发区渤海路26号
电 话：0317-2024181 2017084
传 真：0317-2023970
邮 编：061001

中塑在线
WWW.21CP.NET
21CP.NET
余姚市中国塑料城电子商务有限责任公司
E-mail:sales@cpinfo.net

新疆天业

股份有限公司

新疆天业股份有限公司（简称"新疆天业"），位于新疆维吾尔自治区石河子市。公司创立于1997年6月，是新疆生产建设兵团国有资产控股的首家大型综合类上市公司。公司几年来不断发展壮大，至2002年末，公司已拥有资产总额28亿元，净资产11亿元，总股本22680万元。现有员工2400余名，各类专业技术人员占30%。新疆天业已拥有7家分公司，13家控股公司和4家参股公司。拥有外贸自营进出口权，拥有国家认定的企业技术中心，拥有国家级节水农业工程技术研究中心，已被国家批准设立博士后流动工作站，并被评为新疆维吾尔自治区"重合同、守信用"企业。新疆天业主要从事农用塑料节水器材、塑料制品、化工产品、食品和农业种植，以及农副产品深加工的生产和经营。

新疆天业积极落实国家提出的"把节水灌溉做为一项革命性措施来抓"的要求，发挥天业"企业技术中心"的创新能力，不断引进、吸收国外节水灌溉技术和先进设备，自主开发符合国情的、农户用得起的"一次性可回收滴灌带"及其配套的"天业滴灌系统"。2000年推广滴灌面积15万亩，2001年50万亩，2002年已达150万亩，并形成400万亩节水器具生产能力，"十五"期间可形成600万亩节水器具的生产能力。新疆天业节水器具生产规模和技术推广应用已位居全国前列，农膜生产规模及产品质量都在全国名列前茅，其产品被评为"新疆名牌"。其中，"一次性可回收塑料滴灌带产品"被国家科技部、环保总局等五部（局）认定为国家重点新产品，"天业"牌农用地膜被农业部评为优质产品，被99中国国际农业博览会认定为名牌产品。

新疆天业是新疆最具规模的塑料制品生产企业，年生产塑料制品8万吨，其中：节水管材3万吨，农用地膜2.6万吨，给水管1.5万吨，塑料建材3000吨，燃气管3000吨，PE管2000吨，食品包装膜2000吨，排污管600吨，黄甲壳保温管600吨。

新疆天业是新疆最具规模的氯碱化工企业，拥有16万吨化工产品生产能力，其中，年产烧碱5万吨，盐酸2.5万吨，硫酸3万吨，聚氯乙烯树脂5万吨，液氯3000吨。

目前，新疆天业紧紧抓住国家"西部大开发"发展战略和兵团实施"400万亩高效节水农业示范工程"的历史机遇，开拓进取，按照把企业"做大、做强、做精、做优"的发展思路，向着高起点，规模化经营迈进。

地　　址：中国新疆石河子市迎宾大道天业工业园
网　　址：http://www.xj-tianye.com
电子信箱：master@xj-tianye.com
邮　　编：832000

董事长：李曙光

总经理：胡德荣

GENIUS
杰 事 杰
不断创新 杰出品质

粤制03000102
中国质量检验协会
定检产品
ISO 9001
SQCC
瑞格尔仪器®
REGER
www.reger.com.cn
全数字化电子
万能材料试验机
选择高品质
选择瑞格尔
www.reger.com.cn
RGL
RGM
深圳市瑞格尔仪器有限公司是研制、生产智能化材料检测仪器设备及研究材料试验技术的专业化厂家。产品有用于金属、塑胶、线缆、纺织、造纸等行业的微机控制电子万能试验机、液晶显示组合式摆锤冲击试验机和落锤冲击试验机。
近期又研制开发了适用于工矿企业、国防科研、大专院校、质检计量和建材行业的微机控制全自动压力试验机、微机液压和伺服控制万能试验机、扭转试验机。
本公司积十年经验开发生产的十二大系列83种规格品种的试验机，除能对不同性质的材料按国内外不同标准进行常规拉、压、弯、剪、撕、剥、扭转、冲击等力学性能试验和分析研究外，还能在试验机上进行高低温和低周循环疲劳寿命的动态、静态试验，真正实现了一机多用途，是替代进口的理想产品。
有更多更新产品，请访问网址：www.reger.com.cn
或拨打服务热线：
0755-26719010
深圳市瑞格尔仪器有限公司
SHENZHEN REGER INSTRUMENT CO., LTD.
地址：深圳市高新技术产业园中区科华路5号 邮编：518057
电话：0755-26502538，26502528 传真：0755-26639422
E-mail:reger@reger.com.cn